〔元〕脱脱等 撰

宋史

中華書局

二十四史

宋史

元 脱脱等撰

第一四冊

卷一八七至卷一九八（志）

中華書局

宋史卷一百八十七

志第一百四十

兵一 禁軍上

宋之兵制，大概有三：天子之衞兵，以守京師，備征戍，曰禁軍；諸州之鎭兵，以分給役使，曰廂軍；選於戶籍或應募，使之團結訓練，以爲在所防守，則曰鄉兵。又有蕃兵，其法始於國初，具籍塞下，團結以爲藩籬之兵；其後分隊伍，給旗幟，繕營堡，備器械，一律以鄉兵之制，今因舊史纂脩兵志，特置于熙寧保甲之前，而附之鄉兵焉。

其軍政，則有召募、揀選、廩給、訓練、屯戍、遷補、器甲、馬政八者之目，條分而著之，以見歷朝因革損益之不同，而世道之盛衰亦具是矣。

嗟乎！三代遠矣。秦、漢而下得寓兵於農之遺意者，惟唐府衞爲近之。府衞變而召募，因循姑息，至於藩鎭盛，而唐以亡。更歷五代，亂亡相踵，未有不由於兵者。太祖起戎

行有天下，收四方勁兵，列營京畿，以備宿衞，分番屯戍，以捍邊圉。于時將帥之臣入奉朝請，獷暴之民收隸尺籍，雖有桀驁恣肆，而無所施於其間。凡其制，爲什長之法，階級之辨，使之內外相維，上下相制，截然而不可犯者，是雖以矯累朝藩鎭之弊，而其所懲者深矣。

咸平以後，承平既久，武備漸寬。仁宗之世，西兵招刺太多，將驕士惰，徒耗國用，憂世之士屢以爲言，竟莫之改。神宗奮然更制，於是聯比其民以爲保甲，部分諸路以隸將兵，雖不能盡拯其弊，而亦足以作一時之氣。時其所任者，王安石也。元祐、紹聖遵守成憲。迨崇寧、大觀間，增額日廣而乏精銳，故無益於靖康之變。時其所任者，童貫也。

建炎南渡，收潰卒，招羣盜，以開元帥府。其初兵不滿萬，用張、韓、劉、岳爲將，而軍聲以振。及秦檜主和議，士氣遂沮。孝宗有志興復而未能。光、寧以後，募兵雖衆，土宇日蹙，況上無馭將之術，而將有中制之嫌。然沿邊諸壘，尙能戮力効忠，相與維持至百五十年而後亡。雖其祖宗深仁厚澤有以固結人心，而制兵之有道，綜理之周密，於此亦可見矣。

禁兵者，天子之衞兵也，殿前、侍衞二司總之。其最親近扈從者，號諸班直；其次，總於御前忠佐軍頭司、皇城司、騏驥院。餘皆以守京師〔一〕、備征伐。其在外者，非屯駐、屯

洎，則就糧軍也。太祖鑒前代之失，萃精銳於京師，雖曰增損舊制，而規橅宏遠矣。

建隆元年，詔殿前、侍衞二司各閱所掌兵，揀其驍勇升爲上軍，老弱怯懦置剩員以處之。詔諸州長吏選所部兵送都下，以補禁旅之闕。又選強壯卒定爲兵樣，分送諸道；其後代以木梃，爲高下之等，散給諸州軍，委長吏、都監等召募教習，俟其精練，卽送闕下。二年，改左右雄捷、左右驍武軍並爲驍捷，左右備征爲雲騎，左右平遠爲廣捷，左右懷德爲懷順。四年，賜河東樂平縣歸降卒元威以下二百六十六人衣服、錢絹有差，立爲効順指揮。

乾德二年，詔遼州降軍宜以効順、懷恩爲名。三年四月，詔改西川感化、耀武等軍並爲虎捷。九月，上御講武殿閱諸道兵，得萬餘人，以騎兵爲驍雄，步軍爲雄武，並隸侍衞司，且命王繼勳主之，給緡錢俾娶妻。繼勳縱之白日掠人妻女，街使不能禁。帝聞大怒，捕斬者百人，小黃門閻承翰見而不奏，亦杖數十。

開寶七年，泰寧軍節度使李從善部下及江南水軍凡千三十九人，並黥面隸籍，以歸化、歸聖爲額。

太平興國二年，詔改簇御馬直曰簇御龍直，鐵騎曰日騎，龍捷曰龍衞，控鶴曰天武，虎捷曰神衞，骨鋋子直曰御龍骨鋋子直，寬衣控鶴曰寬衣天武，雄威曰雄勇，龍騎曰雄猛。八

年，改濮州平海指揮爲崇武。

雍熙四年，改殿前司日騎鋋直指揮爲捧日鋋直，日騎改爲捧日，驍猛改爲拱辰，雄勇改爲神勇，上鐵林改爲殿前司虎翼，腰弩改爲神射，侍衞步軍司鐵林改爲侍衞司虎翼。

至道元年，帝閱禁兵有挽彊弩至一石五斗，連二十發而有餘力者，顧謂左右曰：「今宇內阜安，材武間出，弧矢之妙，亦近代罕有也。」又令騎步兵各數百，東西列陣，挽彊彀弩，視其進退發矢如一，容止中節，因曰：「此殿庭間數百人爾，猶兵威可觀，況堂堂之陣數萬成列者乎！」

咸平三年，詔定州等處本城廳子、無敵、忠銳、定塞指揮，已並升充禁軍馬軍雲翼指揮，依逐州軍就糧，令侍衞馬軍司管轄。定州揀中廳子第一充雲翼第一，第二充雲翼第二；相州廳子第一充雲翼第三，第二充雲翼第四；保州無敵第一充雲翼第五，第二充雲翼第六，忠銳充雲翼第七；威勇軍無敵第一充雲翼第八，第二充雲翼第九，忠銳充雲翼第十；靜戎軍無敵充雲翼第十一；寧邊軍無敵充雲翼第十二；北平塞無敵充雲翼第十三；深州無敵充雲翼第十四。北面諸處應管本城、定塞指揮已下，鎭定州、高陽關路都總管，並充禁軍馬軍雲翼指揮，纔候升立訖，分析逐指揮員兵士人數、就糧州府、本指揮見在去處以聞。

四年，詔陝西沿邊州軍兵士先選中者，並升爲禁軍，名保捷。五年正月，置廣捷兵士五指揮。五月，命使臣分往邠、寧、環、慶、涇、原、儀、渭、隴、鄜、延等州，於保安、保毅軍內，與逐處官吏選取有力者共二萬人，各於本州置營，升爲禁軍，號曰振武指揮。旣而帝曰：「邊防闕兵，朝廷須爲制置，蓋不得已也。候邊鄙乂寧，卽可銷弭。」六月〔二〕，以河東州兵爲神銳二十四指揮、神虎十指揮，又升石州廳子軍爲禁軍，又以威虎十指揮隸虎翼。

景德四年，詔河東廣銳、神銳、神虎軍以見存爲定額，缺則補之。

大中祥符元年，詔侍衞步軍司閱保寧軍士，分爲四等，其第一等徙營亳州永城縣，餘聽歸農；無家可還者，隸諸州爲剩員。四年，宣示永安縣永安指揮兵八千餘人以奉諸陵，其軍額猶隸西京本城廂軍〔三〕，可賜名奉先指揮，升爲禁軍，在清塞之下。八年，置禁軍左右淸衞二指揮，在雄武弩手之上，散卒月給鐵錢五百，以奉宮觀。

仁宗卽位，海內承平，而留神武備，始幸安肅教場觀飛山雄武發砲，命捧日、天武、神衞、虎翼四軍爲戰陣法，拔其擊刺騎射之精者，稍遷補之。由天聖至寶元間，增募諸軍：陝西蕃落、廣銳，河北雲翼，京畿廣捷、虎翼、効忠，陝西、河東淸邊弩手，京西、江、淮、荆湖

歸遠，總百餘營。

康定初，趙元昊反，西邊用兵，詔募神捷兵，易名萬勝，爲營二十。所募多市井選愞，不足以備戰守。是時禁兵多戍陝西，並邊土兵雖不及等，然驍勇善戰；京師所遣戍者，雖稱魁頭〔四〕，大率不能辛苦，而摧鋒陷陣非其所長。又北兵戍及川峽、荆湘、嶺嶠間〔五〕，多不便習水土，故議者欲益募土兵爲就糧。於是增置陝西蕃落、保捷、定功，河北雲翼、有馬勁勇，陝西、河北振武，河北、京東武衞，陝西、京西壯勇，延州靑澗，登州澄海弩手，京畿近郡亦增募龍騎、廣勇、廣捷、虎翼、步鬥、步武，復升河北招收、無敵、廳子馬，陝西制勝，幷州克戎、騎射，麟州飛騎，府州威遠，秦州建威，慶州有馬安塞，保州威邊，安肅軍忠銳，嵐、府州建安，登州平海，皆爲禁兵，增內外馬步凡數百營。又京東西、河北、河東、江、淮、荆湖、兩浙、福建路各募宣毅，大州二營，小州一營，凡二百八十八〔六〕。崇嵐軍別置床子弩砲手。時吏以所募多寡爲賞罰格，諸軍子弟悉聽隸籍，禁軍闕額多選本城補塡，故慶曆中外禁廂軍總一百二十五萬，視國初爲最多。西師旣罷，上患兵冗，帑庾不能給，乃詔省兵數萬人。

皇祐二年，川峽增置寧遠。五年，江、淮、荆湖置教閱忠節，州一營，大州五百人，小州三百人。於是宣毅寖廢不復補，而荆湖、廣南益募雄略。至和二年，廣、桂、邕州置有馬雄略。明年，併萬勝爲十營。其後，議者謂東南雖無事，不宜弛備。嘉祐四年，乃詔荆南

江寧府、揚廬洪潭福越州〔七〕募就糧軍，號威果，各營於本州；又益遣禁軍駐泊，長吏兼本路兵馬鈐轄，選武臣爲都監，專主訓練。於是東南稍有備矣。

七年，宰相韓琦言：

祖宗以兵定天下，凡有征戍則募置，事已則併，故兵日精而用不廣。今二邊雖號通好，而西北屯邊之兵，常若待敵之至，故竭天下之力而不能給。不於此時先慮而豫備之，一旦邊陲用兵，水旱相繼，卒起而圖之，不可及矣。

又三路就糧之兵雖勇勁服習，然邊儲貴踊，常苦難贍；若其數過多，復有尾大不掉之患。京師之兵雖雜且少精，然漕於東南，廣而易供設〔八〕，其數多，得彊幹弱枝之勢。祖宗時，就糧之兵不甚多，邊陲有事，則以京師兵益之，其慮深而其費鮮。願詔樞密院同三司量河北、陝西、河東及三司權貨務歲入金帛之數，約可贍京師及三路兵馬幾何，然後以可贍之數立爲定額；額外罷募，闕即增補；額外數已盡而營畸零，則省併之。既見定額，則可以定其路馬步軍一營，以若干爲額。仍請覈見開寶、至道、天禧、慶曆中外兵馬之數。蓋開寶、至道之兵，太祖、太宗以之定天下服四方也；天禧之兵，眞宗所以守成備豫也；慶曆之兵，西師後增置之數也。以祖宗之兵，視今數之多少，則精冗易判，裁制無疑矣。

於是詔中書、樞密院同議。樞密院奏：開寶之籍總三十七萬八千，而禁軍馬步十九萬三千；至道之籍總六十六萬六千，而禁軍馬步三十五萬八千；天禧之籍總九十一萬二千，而禁軍馬步四十三萬二千；慶曆之籍總一百二十五萬九千，而禁軍馬步八十二萬六千。視前所募兵寖多〔九〕，自是稍加裁制，以爲定額。

英宗卽位，詔諸道選軍士能引弓二石、彍弩四石五斗送京師閱試，第升軍額。明年，併萬勝爲神衞。三年，京師置雄武第三軍。時宣毅僅有存者，然數詔諸路選廂軍壯勇者補禁衞，而退其老弱焉。蓋治平之兵一百十六萬二千，而禁軍馬步六十六萬三千云。

熙寧元年十二月，詔：「京東武衞四十二指揮並分隸河北都總管司，六指揮隸大名府路，三十六指揮均隸定州、高陽關兩路更戍；其休番者，還差兵官三人依河北教閱新法訓練，仍差使臣押教。」又詔京東路募河北流民，招置教閱廂軍二十指揮，以忠果爲額。青、鄆、淄、齊州各三指揮，濟、兗、曹、濮州各兩指揮。

三年十二月，樞密使文彥博等上在京、開封府界及京東等路禁軍數，帝亦參以治平中兵數而討論焉。遂詔：殿前虎翼除水軍一指揮外，存六十指揮，各以五百人爲率，總三萬四百人；在京增廣勇五指揮，共二千人；開封府界定六萬二千人，京東五萬一千二百人，兩浙四千人，江東五千二百人，江西六千八百人，湖南〔一〇〕八千三百人，湖北萬二千人，福建四千五百人，廣南東、西千二百人〔一一〕，川峽三路四千四百人爲額。在京其餘指揮并河東、陝西、京西、淮南路既皆撥併，唯河北人數尚多，乃詔禁軍以七萬爲額。初，河北兵籍比諸路爲多，其緣邊者且仰給三司，至是而撥併畸零，立爲定額焉。是時，京東增置武衞軍，分隸河北四路，後又以三千人戍揚杭州、江寧府，其後又團結軍士置將分領，則謂之將兵云。

七年正月，詔頒諸班直禁軍名額：

殿前司　諸班：殿前指揮使、內殿直、散員、散指揮、散都頭、散祗候、金槍、東西、招箭、散直、鈞容直。諸直：御龍、御龍骨朶、御龍弓箭、御龍弩直。諸軍：捧日鍋直、捧日左射、捧日、寬衣天武、鍋直天武、左射天武、歸明渤海、拱聖、神勇、吐渾、驍騎、驍勝、宣武、虎翼水軍、寧朔、龍猛、捧日第五軍、捧日第七軍、天武第五軍、天武第七軍、契丹直第一、契丹直第二、神騎、廣勇、步鬥、龍騎、驍猛、雄勇、太原府就糧吐渾、潞州就糧吐渾、左射清朔、擒戎、廣捷、廣德、驍雄、雄威。

侍衞馬軍司　龍衞鍋直、龍衞左射、龍衞、恩冀州員僚直、忠猛、定州散員、驍捷、雲

騎、武騎、龍衞第十軍、揀中龍衞、新立驍捷、飛捷、驍武、廣銳、雲翼、禁軍有馬勁勇、廳子馬、無敵、克勝、飛騎、威遠、克戎、萬捷、雲捷、橫塞、慶州有馬安塞、蕃落、有馬雄略、員僚剩員直。

侍衞步軍司　神衞、虎翼水軍、神衞第十軍、步武、武衞、牀子弩雄武、飛山雄武、神衞〔一二〕、振武、來化、雄武弩手、上威猛、招收、雄勝、澄海水軍弩手、神虎、保捷、捉生、淸邊弩手、制勝、定功、靑澗、平海、雄武、効忠、宣毅、建安、威果、川效忠、揀中雄勇、懷順、懷恩、勇捷、威武、靜戎弩手、忠遠、寧遠、忠節、教閱忠節、川忠節、神威、歸遠、雄略、下威猛、彊猛、壯勇、橋道、淸塞、武嚴、宣效、神衞剩員、奉先園、揀中六軍、左龍武、右龍武、左羽林、右羽林、左神武、右神武。御營喝探、新團立揀中剩員。

諸班直資次相壓　殿前指揮使、御龍直、御龍骨朶子直、內殿直、散員、散指揮使、散都頭、散祗候、金槍、東西班、御龍弓箭直、御龍弩直、招箭班、散直〔一三〕、鈞容直。

諸軍資次相壓　捧日鍋直、捧日左射、捧日、寬衣天武、天武鍋直、天武左射、天武、龍衞鍋直、龍衞左射、龍衞、神衞、歸明渤海、拱聖、神勇、恩冀州員僚直、忠猛、定州散員、吐渾、驍騎、驍捷、雲騎、驍勝、宣武、武騎、殿前司虎翼、殿前司虎翼水軍、寧朔、龍猛、步軍司虎翼、步軍司虎翼水軍、捧日第五軍、捧日第七軍、天武第五軍、天武第七軍、龍衞第十

軍、揀中龍衛、神衛第十軍、契丹直第一、契丹直第二、神騎、廣勇、步門、龍騎、驍猛、雄勇、太原府就糧吐渾、潞州就糧吐渾、清朔、擒戎、新立驍捷、飛捷、驍武、廣銳、雲翼、禁軍有馬勁勇、步武、武衞、牀子弩雄武、飛山雄武、神銳、振武、來化、雄武弩手、上威猛、廳子馬、無敵、招收、雄勝、廣捷、廣德、克勝、飛騎、威遠、澄海水軍弩手、克戎、驍雄、雄威、萬捷、雲捷、橫塞、神虎、保捷、慶州有馬安塞、蕃落、捉生、清邊弩手、制勝、定功、有馬雄略、靑澗、平海、雄武、效忠、宣毅、建安、威果、川效忠、揀中雄勇、懷順、懷恩、勇捷、威武、下威武〔一四〕、靜戎弩手、忠勇、寧遠、忠節、教閱忠順〔一五〕、川忠節、神威、歸遠、雄略、下威猛、強猛、壯勇、員僚剩員直、橋道、川橋道、步軍司淸塞、武嚴、宣効、神衞剩員、奉先園、揀中六軍、御營喝探、新團立揀中剩員。

諸禁軍名額係捧日、天武、龍衞、神衞爲上軍，五百文已上料錢見錢爲中軍，不滿五百文料錢見錢并捧日天武第五第七軍、龍衞神衞第十軍、驍猛、雄勇、驍雄、雄威爲下軍。元豐五年十月，詔諸路教閱廂軍，於下禁軍內增入指揮名額，排連並同禁軍。蓋熙寧之籍，天下禁軍凡五十六萬八千六百八十八人；元豐之籍，六十一萬二千二百四十三人。

哲宗卽位，四方用兵，增戍益廣。元祐元年三月，寄招河北路保甲，充塡在京禁軍闕

額。龍、神衞以年二十以下，中軍以下以年二十五以下者，雖短小一指並招刺焉。二年，詔西關堡防拓禁軍和雇入役。復置河北、河東、陝西、府界馬步軍。七年，河東、陝西路諸帥府敢勇以一百人爲額，專隸經略司。

紹聖四年，陝西路增置蕃落馬軍。是年，蘭州金城置步軍保捷、馬軍蕃落。元符元年，利州路興元府、閬州各增置就糧武寧；又湖北〔一七〕、江東各增置有馬雄略。涇原路新築南牟會〔一六〕，賜名西安州，戍守共以七千人爲額，仍招置馬軍蕃落、步軍保捷；天都、臨羌砦戍守各以三千人爲額，仍各置馬軍蕃落、步軍保捷；永興軍等路創置蕃落；河北大名府等二十二州共創置馬軍廣威、步軍保捷，以河北大水，招刺流民故也。

二年正月，環慶增置敢勇二百人。四月，環慶路都總管司言：「本路新展定邊城，比之橫山、興平等處城砦尤深〔一八〕，乞增置住營馬軍蕃落、步軍保捷。」六月，環慶路都總管司言：「展築慶州白豹城，合增置住營馬步軍。」又鄜延路都總管司言：「本路新築米脂等八堡砦，合增置土兵，馬步軍。」皆從之。三年，樞密院奏：「河北增置馬軍廣威、步軍保捷二萬餘人，欲令揀選升換在京闕額軍分。」從之。自紹聖以來，陝西、河東連用兵六年，進築未已，覆軍殺將，供給不可勝紀。

徽宗崇寧元年九月，荆湖北路增置禁軍，以靖安名。十月，川峽置安遠軍。三年三月，隴右都護奏：乞於鄯州置水軍，守河浮橋；又樞密院乞增置府界、京東西等路步軍，荆湖南路雄略。皆從之。十月，京東西、河東北、開封府界創留馬步軍五萬人，馬軍以崇捷、崇銳名，步軍以崇武、崇威名，合用緡錢二百八十萬有奇，以常平、封樁等錢支，用蔡京之請也。京又言：「今拓地廣，戍兵少，當議添置兵額，以爲邊備。」從之。

四年十一月，廣西路置刀牌手三千人，於切要州軍更戍，以寧海名。十二月，詔：「四輔屛翰京師，兵力不可偏重，可各以二萬人爲額。」五年，環慶路進築徐丁臺城，賜名安邊，置馬軍蕃落、步軍保捷。

大觀元年五月，延安置錢監兵。閏十月，靖州置宣節。十一月，兩浙東、西路各增置禁軍。宣和三年，內侍、制置使譚稹奏〔一九〕，以方臘既平，乞節鎭增添禁軍兩指揮，餘州軍一指揮；又乞除溫、處、衢、婺外，將禁軍更招置成十指揮；又乞增置嚴州威果禁軍。並從之。五年二月，尙書省言：「古者，六軍爲王之爪牙，羽林則禁衞之總名也。今臣僚使令兵卒所居營分曰六軍，而復有左右羽林之名，稱謂失當。若將揀中六軍并六軍指揮並改爲廣勁〔二〇〕，內揀中六軍作第一指揮，左龍武第二，左羽林第三，左神武第四，右龍武第五，右羽林第六，右神武第七。」從之。

靖康元年，詔：「廣西宜、融二州實爲極邊，舊置馬軍難議減省，且依元降指揮招置。」

自元豐而後，民兵日盛，募兵日衰，其募兵闕額，則收其廩給，以爲民兵教閱之費。元祐以降，民兵亦衰。崇寧、大觀以來，蔡京用事，兵弊日滋，至於受逃亡，收配隸，猶恐不足。政和之後，久廢蒐補，軍士死亡之餘，老疾者徒費廩給，少健者又多冗占，階級既壞，紀律遂亡。童貫握兵，勢傾內外，凡遇陣敗，恥於人言，第申逃竄。河北將兵，十無二三，往往多仕招闕額，以其封樁爲上供之用。陝右諸路兵亦無幾，种師道將兵入援，止得萬五千人。故靖康之變，雖盡一之詔，哀痛激切，而事已無及矣。

高宗南渡，始建御營司，未幾，復併御營歸樞密院。建炎四年，改御前五軍爲神武軍，御營五軍爲神武副軍〔二一〕，並隸樞密院。五年，上以祖宗故事，兵皆隸三衙，乃廢神武中軍，隸殿前司，於是殿司兵柄始一。乾道元年，詔殿前兵馬權以七萬三千人爲額。

諸屯駐大軍則皆諸將之部曲，高宗開元帥府，諸將兵悉隸焉。建炎後，諸大將兵寖盛，因時制變，屯無常所。如劉光世軍或在鎭江、池州、太平，韓世忠軍或屯江州、江陰，岳飛一軍或屯宜興、蔣山，王彥八字軍隨張浚入蜀，吳玠兵多屯鳳州、大散關、和尙原。是時合內

外大軍十九萬四千餘，川、陝不與焉。及楊沂中將中軍總宿衞，江東劉光世、淮東韓世忠、湖北岳飛、湖南王𤫊四軍共十九萬一千六百，亦未嘗有屯〔三二〕。

紹興十一年，范同以諸將握兵難制，獻謀秦檜，且以柘皋之捷言於上，召張俊、韓世忠、岳飛入覲，張俊首納所部兵。分命三大帥副校各統所部，自爲一軍，更銜曰統制御前軍馬。罷宣撫司，遇出師取旨，兵皆隸樞密院，屯駐仍舊。而四川大將兵曰興成階鳳文龍利閬〔三四〕金洋綿房西和州、大安軍、興元隆慶潼川府凡十七郡〔三三〕，亦分屯就糧焉。

乾道之末，各州有都統司領兵：建康五萬，池州一萬二千，鎭江四萬七千，楚州武鋒軍一萬一千，鄂州四萬九千，荊南二萬，興元一萬七千，金州一萬一千。其後分屯列戍，增損靡常。所可考者，統制、統領、正將、副將、準備將之目也。

至於水軍之制，則有加於前者，南渡以後，江、淮皆爲邊境故也。建炎初，李綱請於沿江、淮、河帥府置水兵二軍，要郡別置水兵一軍，次要郡別置中軍，招善舟楫者充，立軍號曰凌波、樓船軍。其戰艦則有海鰍、水哨馬、雙車、得勝、十棹、大飛、旗捷、防沙、平底、水飛馬之名。隆興以後至于寶祐、景定間，江、淮沿流堡隘相望，守禦益繁，民勞益甚。迨咸淳末，廣東籍蛋丁，閩海拘舶船民船，公私俱弊矣。

其禁軍將校，則有殿前司都指揮使、副都指揮使、都虞候各一人，諸班有都虞候、指揮使〔三五〕、都知、副都知、押班；御龍諸直有四直都虞候，本直各有都虞候、指揮使、副指揮使、都頭、副都頭、十將、將虞候；馬步軍有捧日、天武左右四廂都指揮使，捧日、天武左右各有都指揮使，每軍有都指揮使、都虞候，每指揮有指揮使、副指揮使，每都有軍使、步軍謂之都頭。副兵馬使、步軍謂之副都頭。十將、將虞候、承局、押官。

所領諸班直、指揮。騎兵、步兵之額敍列如左。以其前後之異同者分爲建隆以來之制，熙寧以後之制，而將兵、水兵之制可考者，因附著于後云。

建隆以來之制

騎軍

殿前指揮使左右班二。宋初，以舊府親從帶甲之士及諸班軍騎中選武藝絕倫者充。

內殿直左右班四。周制，簡軍校暨武臣子弟有材勇者立。又有川班內殿直〔三六〕，乾德三年平蜀得奇兵，簡閱材貌魁偉便習騎射者凡百二十人立，開寶四年廢〔三七〕。

散員左右班四。周制，招置諸州豪傑立，散指揮、散都頭、散祗候凡十二班。又於北面驍捷員僚直及諸軍內簡擇塡補。咸平五年，定州路都部署王超言〔三八〕：「緣邊有強梁輩常居四界，擾動邊境，請厚給金帛募充散員。」從之。

散指揮左右班四。

散都頭左右班二。

金槍班左右班二，舊名內直。太平興國初，改選諸軍中善用槍槊者增補。

東西班弩手、龍旗直、招箭班共十二，舊號東西班承旨。淳化二年，改爲殿前侍，東西各第一第二弩手、龍旗直班六，並帶甲，選諸班及不帶甲班增補。其東第二茶酒及第三、西第四班不帶甲，並以諸軍員、使臣及沒王事者子弟爲之。又擇善弓箭者爲招箭班。

散直左右班四。雍熙四年，以諸道募置藩鎭廳頭軍將及詣登聞院求試武藝者立。咸平元年，選諸節度使從人、騎御馬小底增補。

鈞容直班二。太平興國三年，選諸軍諳曉音樂、騎御馬小底立。淳化二年，改之。

外殿直班一。諸班衞士中年多者號看班外殿直，後削看班之號；或詣諸道擇軍校之驍勇分州兵，謂之權管。國初又有內員僚直，開寶中廢。太平興國四年，征太原，得上軍。天禧四年，併入此班。

捧日并左射、銅直、弩手、左第五軍，總指揮三十五。京師三十三，雍丘、鄭各一。舊號小底，周改爲鐵騎，太平興國二年改爲日騎，雍熙四年改今名。分左、右廂，各四軍。雍熙三年，選善槍槊者充銅直。淳化三年，選善左射者爲左射。咸平五年，選天武、拱聖、驍騎善弩射者爲弩手。

契丹直三。咸平、許、壽各一。後唐置，旋廢。開寶三年，以遼人內附之衆復置。太平興國中，因事復置，旋廢。

歸明渤海指揮二。京師。太平興國四年，征幽州，以渤海降兵立。

拱聖指揮二十一。京師。乾德中，選諸州騎兵送闕下，立爲驍雄，後改驍猛。雍熙四年，又改拱辰。未幾改今名。

吐渾小底舊指揮五，治平中併爲二。京師。太平興國四年，平太原，獲吐渾子弟，又選監牧諸軍中所有者充。

驍騎指揮二十三。京師。太平興國四年置，後又選掉攔索兵及左右教駿兵增置。雍熙四年，改殿前司步門弩手爲驍騎弩手。淳化四年，選壯勇超絕者爲上驍騎，在本軍之上。咸平五年，分左、右廂。舊又有殿前小底。至道二年，選驍騎馬直及善射者充，後廢。

驍勝左右指揮各五。京師。咸平三年，選教駿、驍騎諸軍備征子弟材勇者立。

寧朔指揮十。京師、尉氏各三，雍丘、滑、河陽、河陰各一。咸平三年，選教駿諸軍備征及外州兵立。

龍猛指揮八。京師。太平興國中，揀閱龍騎及諸州部送招獲羣盜，取其材勇者立。淳化四年，又擇精悍者爲教閱龍猛以備禽盜，在本軍之上。景德四年，又選龍騎、驍騎兵增之。

飛猛指揮二。咸平二年，選龍猛、驍騎兵子弟之材勇者立。

驍猛指揮四。尉氏三，太康一。舊號驍雄，太平興國中改。雍熙四年，以拱聖年多者爲拱辰軍，其次等者如故。景德四年，以拱聖年多者隸之。

神騎指揮十八。雍丘十三，咸平五。端拱二年，選驍雄新配人及教駿、借事等兵立。淳化二年，廢掉攔索軍隸

之。咸平二年，又擇教駿、備征及外州增之。

驍雄指揮四。咸平、陳留各二。太平興國八年，選驍猛中次等者立。景德中，以驍騎、驍勝、寧朔軍年多者隸之。

吐渾直指揮三。太原二，潞一。太平興國八年，太原選雲州及河界吐渾立，屯幷、代州。雍熙三年，又得雲、朔歸明吐渾增立，屯潞州。

安慶直四。太原一，潞三。太平興國四年，選雲、朔及河東歸明安慶民分屯幷、潞等州，給以土田。雍熙四年立。

三部落指揮一。太原。太平興國四年，親征幽州，選雲、朔、應等州部落於幷州，因立。

清朔指揮四。西京二，許、汝各一。太平興國四年，選雲、朔州民於內地，得自置馬以爲騎兵，謂之家戶馬。雍熙四年立。

擒戎指揮五。西京、許各二，汝一。太平興國四年，選雲、朔州民於西京、許汝等州，給以土田，充家戶馬。端拱二年立。

新立內員僚直五。端拱二年，成德軍節度使田重進言：「易州靜塞兵先屯鎭州，賊陷勇鍇谷，盡俘其家，請以其軍備宿衞。」因而立此直。後廢，天聖後無。

散祗候左右班二。天聖前無。

步門指揮六。尉氏、太康各一，蔡四。慶曆中增置，天聖前無。

步軍

御龍直左右二。舊號簇御馬直〔二九〕，太平興國二年改爲簇御龍直，後改今名。

御龍骨鎟子直左右二。舊號骨鎟子直，太平興國二年改爲御龍散手直，後改今名。

御龍弓箭直五。選天武諸軍材貌魁傑者充。

御龍弩直五。

天武幷寬衣、劄直、左射，總指揮三十四。京師三十三，咸平一。

神勇上下共二十一指揮。乾德中，揀閱諸軍壯實而大體者立爲雄威。太平興國二年，改爲雄勇。雍熙四年改今名。淳化四年，選武藝超絕者立爲上神勇，以備擒盜。

宣武上下共二十指揮。京師。太平興國二年，併效節、忠猛二軍立，又選諸軍及鄉兵增之。至道二年，又選軍頭司步直善用槍槊掉刀者立殿前步直，後廢。

虎翼太平興國中，揀雄武弩手立爲上鐵林，又於雄武、定遠、寧勝床子弩手、飛山雄武等軍選勁兵以增其數。雍熙四年，改分左右四軍。淳化四年，選本軍精銳者爲上虎翼，以備禽盜。咸平二年，併廣勇軍隸之。大中祥符六年，詔在京諸軍選江、淮士卒善水者習戰於金明池，立爲虎翼水軍。舊指揮六十二，景德中增六。京師。

雄勇舊號雄威，太平興國二年改今名。雍熙四年，改神勇，復於本軍選退入次等者爲之。舊指揮五，至和五年增爲八。咸平三，鄆二，許、鄭、滑各一。

廣德開寶四年，平廣南，以其兵隸殿前司，次等隸八作司，闕則選廣南諸州兵補之。雍熙三年，選八作司之彊壯者爲揀中。總指揮十。咸平、尉氏、陽武、河陽、滄、殿、白波各一，西京三。

廣勇淳化二年，選神射、鞭箭、雄武、效忠等軍彊壯善射者立爲廣武，大中祥符二年改今名。舊指揮二十三，慶曆中增爲四十三，每指揮十爲一軍。京師五，陳留二十二，咸平、東明、太原、胙城、南京各二，襄邑、陽武、鄆各一，滑三。

廣捷舊名左右平遠，建隆二年改。咸平五年，又選廣德、神威等軍教以標槍旁牌補之。舊指揮五，景祐中增五，明道中增十，慶曆增三十六，總五十六。陳留八，咸平六，雍丘四，襄邑、尉氏、許各三，太康、扶溝、南京、亳、河陰、潁、寧陵各二，陳六，滑、曹、鄧、蔡、廣濟、穀熟、永城、襄城、葉各一。

雄威雍熙四年，選神勇兵退入第二等立爲神威，後改今名。指揮十。考城〔三〇〕、襄邑、陳留各一，南京四，陳二。

宣威雍熙四年，選神勇、宣武兵退入次等者立。上下指揮二。咸平、襄邑各一。

龍騎建隆間以諸道招致及捕獲羣寇立，號有馬步人，見陣卽步鬥。淳化三年，選本軍年多者爲帶甲剩員。咸平以後，又以本軍及龍猛退兵增之。舊指揮八，康定中，取配隸充軍者增置爲指揮二十，分三軍。京師四，尉氏、雍丘、咸平、鄭各二，南京、陳、蔡、河陽、潁、單、四波〔三一〕各一。

神射兩浙州兵，舊號腰弩。雍熙四年改今名。淳化元年，部送闕下，選其彊者爲廣武，次等復爲本軍。指揮五。陳留三，雍丘二。

步鬥雍熙三年，選諸州廂軍之壯勇者立，後廢。此下二軍，天聖後無。

鞭箭雍熙三年，選兩浙兵爲鞭箭，次等者爲忠節鞭箭。端拱二年併爲一。至道元年，發此兵援靈州芻粟，喪車

重兵器於滹洛河，詔免死，後廢。

侍衞司　侍衞親軍馬步軍都指揮使、副都指揮使、都虞候各一人。馬軍都指揮使、副都指揮使、都虞候各一人，步軍亦如之。自馬步軍都虞候已上，其員全闕，卽馬、步軍都指揮使等各領其務，與殿前號爲三司。馬步軍有龍衞神衞左右四廂都指揮使、都虞候。每指揮有指揮使〔三二〕、副指揮使。餘如殿前司之制。所領騎兵步兵之額敍列如左：

騎軍

員僚直顯德中，周平三關，召募強人及選高陽關馳捷兵爲北面兩直。建隆初，選諸州騎兵及藩鎭廳頭召募人等爲左三直。太平興國四年，平太原，選其騎兵爲右三直。北面兩直，營貝、冀，隸高陽關都部署。大中祥符中，改爲貝州左直、冀州右直，後改四直。京師二，恩、冀各一。

龍衞舊號護聖，周廣順中，改龍捷。建隆二年，揀去衰老，以諸州所募精勁者補之。太平興國二年，改分左、右廂。四年，平太原，選其降兵爲揀中龍衞。雍熙二年，又揀善槍槊者爲劄直。淳化三年，選剩員堪披甲者爲帶甲剩員。五年，又揀齊左射者爲左射。指揮四十四。京師三十八，雍丘、尉氏、河陽各一，澶三。

忠猛咸平一年置。指揮一。定州。

散員咸平五年置。指揮一。定州。

驍捷周顯德中，平三關，揀諸州士卒壯勇者爲河北驍捷。宋初，隸高陽關都部署。建隆二年，廢左右驍武，以其兵來隸。乾德中，又選備征及嵐州歸附之兵爲河南驍捷，其後止以驍捷爲名。太平興國四年，平太原，揀閱降兵爲揀中驍捷。淳化四年，又置新立驍捷。至道三年，分驍捷爲左、右廂。咸平五年，以其年多者爲帶甲剩員。指揮二十六。尉氏新立、陳揀中各一，恩十四，冀十。

雲騎舊號左右備征，建隆二年改。開寶以後，募子弟爲雲騎，以其次爲武騎，又選騎兵之次等爲武騎，又選本軍年多者爲帶甲剩員。指揮十五。京師十一，陳留、西京各一，鞏二。

歸明神武太平興國四年，親征幽州，以其降兵立此軍。初指揮一，後增爲四。雍丘。

克勝本潞州騎兵，端拱初升。指揮二。潞〔三三〕。

驍銳舊名散員指揮，咸平四年改。指揮四。莫三，冀一。

驍武本河北諸州忠烈、威邊、騎射等兵。淳化四年，揀閱其材，與雲騎、武騎等立，得自置馬，分左、右廂。指揮二十。北京七，眞定三，定六，相、懷、洺、邢各一。

廣銳本河州忠烈〔三四〕、宣勇能結社買馬者，馬死則市補，官助其直。至道元年立。咸平以後選振武兵增之，老疾者以親屬代。景德二年詔：非親屬願代者聽。大中祥符五年，以其退兵爲帶甲剩員。舊河東指揮三十一，陝西七。景祐、康定中，增爲四十二。太原、代、并各三，汾五，嵐、石、岢嵐各二，晉、熙〔三五〕、慈、絳、澤、隰、憲、寧化、威勝、平定、火山各一，涇、原、鄜各二，秦、渭、環、邠、寧各一。

武清晉州騎兵。端拱二年，以其久在北鄙，有屯戍之勞，選勇悍者就升。指揮一。晉。

有馬勁勇咸平四年，選江東諸州兵立。慶曆中，分置第六、第七。總指揮七。太原二，代、嵐各一，磁三。

雲翼舊指揮三十三，景祐以後，增置二十三，分左、右廂，總五十六。眞定、雄、瀛、深、趙、永寧各三，定、冀各六，保五，滄、北平、永靜、順安、保定各二，莫、邢、霸各一，廣信、安肅各四〔三六〕。

廳子本石州城立。景德元年，改徙營相州。慶曆初，升禁軍。指揮六。定一，相五。

萬捷開寶中，募趙、相、滄、冀州民立。大中祥符中，以驍武、雲騎退兵隸之。指揮七。相、冀、滄〔三七〕各二，滄一。

雲捷太平興國四年，選諸軍中應募子弟及教駿、借事、備征等有武幹者立。大中祥符五年，以寧朔退兵隸之。指揮十二。尉氏、咸平、西京、北京、澶各二，汝、懷各一。

橫塞咸平三年，選諸軍威邊、騎射及在京借事立。指揮七。雍丘、咸平、考城、襄邑、寧陵各一，衞二。

員僚剩員直禁軍員僚以罪責降者充。此下至騎捷凡六軍，天聖後，無。

清塞周立，指揮二。其一北蕃歸附之衆，營壽州；其一破淮南紫金山砦所得騎軍，營延州。宋初，選本軍子弟補其缺。太平興國三年，又得泉州、兩浙兵以益之。

飛捷本威虜軍、保州、易州靜塞兵、定州廳子軍立。淳化元年，詔赴闕揀閱，以靜塞爲三等，廳子爲一等，改今名。指揮四。

驍駿本壽州咸聖軍，咸平三年改。指揮一。

揀中夏州廳子本夏州家戶。淳化五年，河西行營都部署李繼隆遣部送京師立，指揮一。

騎捷本雍州強人指揮，咸平三年改。分營瀛、莫。指揮四。

武騎指揮一十一。京師、雍丘各一〔三八〕，尉氏三，陳留、考城、咸平、鄭各一，西京二。此下至有馬雄略凡十二軍，三朝志無。

驍騎指揮一，太原。

無敵河北沿邊廂兵，慶曆二年升禁軍。總指揮六。定、北平各二，安肅、廣信各一。

忠銳廣信廂兵有馬者，慶曆二年升禁軍。指揮一。

威邊諸州廂兵，惟保州教戰射，隸巡檢司。慶曆初，升禁軍。指揮二。定、保各一。

飛騎麟州廂兵，慶曆初，升禁軍。指揮二。

威遠府州廂兵，本胡騎之精銳，慶曆初，升禁軍。指揮二。

克戎并州廂軍有馬者，康定中，升禁軍。指揮一。

有馬安塞慶州廂軍，慶曆中，升禁軍。指揮一。

蕃落陝西沿邊廂兵有馬者，天禧後，升禁軍，極邊城砦悉置。至慶曆中，總指揮八十三。環五，延、慶各四，秦并外砦十七，原、渭并外砦各十二，德順并外砦〔三九〕十二，鳳翔、涇并外砦、儀、保安各二，隴外一。

并州騎射諸道廂軍惟并州路有馬備征役，慶曆五年升禁軍。指揮一。

有馬雄略至和二年，置指揮三。廣、桂、邕各一。

步軍

神衞晉曰奉國軍，周改虎捷。建隆二年，揀閱諸州所募禁軍增補。乾德三年，西川行營都部署王全斌僞署感化、耀武等軍平寇者功〔四〇〕，請備禁旅，詔並爲虎捷。太平興國二年改。舊水虎翼即軍中習水戰者，是歲改爲神衞水軍；又於剩員中選可備征役者立爲揀中神衞。大中祥符後，剩員又有帶甲、看倉草場、看船之名，凡四等，皆選本軍年多者補。宋初，指揮四十六，仁宗後，止存指揮三十一。京師。

步武本鄉軍選充神勇、宣武，雍熙三年，揀其次等者立。慶曆中，增指揮六。陳。

虎翼宋初，號雄武弩手。太平興國二年，選壯勇者爲上鐵林，其次爲下鐵林。雍熙四年，改爲左、右廂，各三軍。咸平五年，以威虎軍來隸。景德三年，選效順兵補其缺。大中祥符五年，擇本軍善水戰者爲上虎翼，六年又選江、淮習水卒於金明池，按試戰棹，立爲虎翼軍。江、浙、淮南諸州，亦准此選置。七年，改爲虎翼水軍。舊指揮七十五，慶曆中，增置二十一，總九十六。京師九十并水軍一，襄邑、東明、單各一，長葛一。

奉節乾德三年平蜀，得其兵立爲奉議〔四一〕，後改今名。景德三年，又選立上奉節。指揮五，京師。

武衞太平興國中，募河北諸州兵立。舊指揮十六，慶曆中，河北增置爲指揮六十七。南京、眞定、淄各四，北京、澶、相、邢、懷、趙、棣、洺、德、鄜、通利、乾寧、廣濟各一，青五，鄆、徐、兗、曹、濮、沂、濟、單、萊、濰、登、淮陽、瀛、博各二，齊、密、滄各三。

雄武并雄武弩手、床子弩雄武、揀中雄武、飛山雄武、揀中歸明雄武，總指揮三十四。京師十三，太原、尉氏、南京、鄭、汝、寧陵各二，咸平、東明、雍丘、襄邑、許、曹、廣濟、穀熟、長葛各一。

川効忠太平興國三年，選諸州廂兵歸京師者立。淳化四年，又選川峽威棹、克寧兵部送京師者立爲川效忠。景德六年，以德清廂軍及威遠兵增之。舊指揮二十八，後減爲七。南京六，寧陵一。

効順宋初，征潞州，以降卒立。指揮一。襄邑。

雄勝開寶中，以剩員立。太平興國中，選入上鐵林，餘如故，又有雄勝剩員。指揮三。峽、冀、濟各一[四二]。

揀中雄勇開寶中立，以常寧雄勇、效順等軍剩員中選其強者立爲揀中。大中祥符二年，又選歸遠軍爲新立。舊指揮四，後損爲一。襄邑。

懷勇開寶四年，揀蜀兵之在京師者立，指揮三。雍丘二，陳一。

威寧淳化中，部送西川賊帥王小波脅從之兵歸京師立。咸平元年，又以散員直增補。指揮一。許。

飛虎本虎翼、廣武兵屯西川無家屬者，太平興國中，歸京師。指揮三。陳留二，咸平一。

懷順本淮南兵，舊號懷德。建隆二年改。指揮一。霸。

歸聖開寶七年，以李從善所領兵及水軍立。八年，平江南，又以其降兵增補。指揮一。雍丘。

順聖太平興國中，部送兩浙兵歸京師立。指揮一。鞏。

懷恩乾德三年，平蜀，得其軍立。指揮三。荆南二，鄂一。

揀中懷愛本蜀兵，與懷恩同立，又拔精銳者爲揀中。淳化四年，又選川峽威棹、克寧兵夾等者立爲塗船，以給河漕之役。舊指揮三，後損爲一。寧陵。

勇捷太平興國四年，征太原立，分左、右廂，以諸州廂兵補左廂，廣濟、開山兵補右廂。指揮二十六。襄邑、北京、澶、陳、壽、汝、曹、宿各二，咸平、西京、南京、亳、寧、洪、河陰、鞏、長葛、韋城各一。

威武太平興國四年，征太原立，分左、右廂，以江南歸化兵補左廂，兩浙順化兵補右廂。大中祥符五年，又立下威武。共指揮十三。西京、河陽、鄭、鄆、澶、滑、濮、通利、鞏、河陰、永城各一，曹二[四三]。

靜戎弩手選江南歸化兵及諸州廂兵壯實者立。指揮四。河陽、澶、衞、通利各一。

平塞弩手本兩浙順化軍，揀其強壯立爲弩手，又以江、浙逋負官物隸窯務徒役者爲揀中平塞。指揮四。咸平、亳、河陽、白波各一。

新立弩手本勁勇兵，太平興國中，選其善弩者立。指揮一。廣濟。

忠勇咸平五年，以易州兵能禽賊者立。指揮一。成都。

寧遠大中祥符六年，選西川克寧、威棹兵立。舊指揮五，皇祐及至和中，增置爲八。戎三，遂、梓、嘉、雅、江安各一。

忠節太平興國三年，選諸州廂軍之強壯者立。淳化四年，又選川峽威棹、克寧兵立爲川忠節。舊指揮二十四，後增教閱忠節總爲六十[四四]。雍丘、襄邑、寧陵各三，陳留、咸平、東明、亳、河陰、永城各二，南京五，太康、陽武、許、江寧、揚、廬、宿、壽、楚、眞、泗、泰、滁、岳、澧、池、歙、信、太平、饒、宣、洪、虔、吉、臨江、興國、廣濟、南康、廣德、長葛各一，合流四。

神威咸平三年，選京師諸司庫務兵立。上下指揮十三。陳留三，許、鞏各二，雍丘、考城、咸平、河陽、廣濟[四五]、白波各一。

歸遠雍熙三年，王師北征，拔飛狐、靈丘，得其降卒立。咸平二年，選諸州雜犯兵增之。舊指揮三，天聖中，增置爲十六。陳、許、亳、壽、宿、鄧、襄、鼎各一，荆南五，潭四，鼎、澧各二，廣、辰、桂各二，許、全、邵、容各一。

雄略咸平六年，選諸州廂兵及香藥邏鋪兵立。舊指揮十五，皇祐五年，增置爲二十五。荆南五，潭四，鼎、澧各二，廣、辰、桂各二，許、全、邵、容各一。

威猛咸平三年，選諸州廂兵及召募者立。上下指揮十。襄邑四，咸平、許、長葛各二。

神銳咸平六年，料簡河東兵立。大中祥符五年，以本軍及神虎兵年多者爲帶甲剩員。指揮二十六。太原六，潞、晉各三，澤、汾、隰、平定各二，代、絳、忻、遼、邢、威勝各一。

神虎咸平五年，選陝西州兵馬立。六年，又料簡河東州兵立，以西路河東兵之[四六]。指揮二十六。永興六，鳳翔、河中、忻、晉、威勝各二，太原、秦、延、鄜、華各一，潞州三。

保捷咸平四年，詔陝西沿邊選鄉丁保毅升充。舊指揮四十五，慶曆中，揀鄉弓手增置，總一百三十五。永興十二，同九，秦八，河中、汾、涇各七，渭、寧、耀各六，鳳翔、延、儀、華、隴、解、乾各五，陝、原、鄜各四，成三，慶、鳳、坊、晉、鎮戎各二，環、丹、商、虢、階、慶成、德順各一。

振武舊指揮四十，慶曆後，河北增置爲指揮四十二，陝西增置爲指揮三十九，總八十一。北京、澶、相、懷、衞、霸、莫、鄆、棣、趙、濱、洺、保安、永寧、通利、安肅、儀各一，眞定、定、瀛、保、恩、邢、深、博、永靜、乾寧、陵、涇各二[四七]，延六，邠、隴各七，鄜、寧各五，磁四，滄、原各三。

橋道太平興國三年，選諸州廂兵夾等者立。淳化四年，又選川峽威棹、克寧爲川橋道。總指揮十八。襄邑、咸平、陽武各二，陳留、東明、尉氏、太康、西京、河陽、濮、鄆、鞏、河陰、白波、寧陵各一。

清塞太平興國初立。左、右廂，舊指揮二十三，嘉祐中，併爲十三。曹二，鄭、鄆、滑、通利、鞏、河陰、白波、汜水、長葛各一。

招收端拱中，獲通州大沙洲賊衆立，缺則以江、浙招致海賊補之。又收端拱中逃軍來復者，原其罪爲德壽軍，後改今名，隸保州巡檢司，慶曆初，升禁軍，爲指揮十七。保四，霸、信安各三，定、軍城砦[四八]各二，廣信、安肅、順安各一。

壯勇本招獲羣盜配近京徒役者揀拔立，咸平三年，選諸雜犯兵增之。至道三年，江、浙發運使楊允恭禽海賊送闕下增補，旋廢。舊指揮三，慶曆中，增置爲七。耀、解、滑各二，許一。

宣効咸平三年，選六軍、窯務、軍營務、天駟監効役、店宅務、州兵立。景德元年，又揀本軍材勇者爲揀中宣効。舊指揮五，後損爲二。京師。

來化雍熙中，以飛狐、靈丘歸附之衆立，又以朔州內附塞攞兵立，後廢。舊指揮三，後損爲二。寧陵。

歸恩雍熙中，平塞陷邊之民黥面放還立，分有家屬者隸左廂，無者隸右廂。指揮二。亳。

順化太平興國三年，以兩浙兵之次等者立。指揮二。河陽、鄆各一。

左右清衞大中祥符八年立，以奉諸宮觀洒掃之役。指揮二。此下至強壯軍員凡八軍，天聖後無。

川員僚直本西蜀賊全師雄所署將領，乾德中立。

造船務乾德初，平荆湖，選其軍善治舟楫者立。

歸明羽林太平興國四年，征幽州，獲其兵立。

新立清河緣河舊置鋪兵以備河決，後揀閱立。指揮二。

保寧大中祥符元年，馬步軍都虞候王超請以病軍經行陣者立。

新立歸化開寶七年，以江南李從善所領部曲水軍立，八年，平江南，又以降兵增之。指揮一。

強壯軍員咸平六年置，指揮一。

澄海弩手慶曆二年置，隸海州都巡檢司。指揮二。登。此下至武嚴凡十三軍。

捉生延州廂兵，天聖五年升禁軍，指揮二。

清邊弩手寶元初，選陝西、河東廂軍之伉健者置，以弩手名。指揮四十三。太原九，秦五，涇四，河中、隴各三，永興、代、潞、晉各二，慶、環、滑〔二九〕、同、坊、鎮戎、慈、丹、隰、汾、憲各一。

制勝陝西廂兵，慶曆中，升禁軍。指揮九。永興、華各二〔三〇〕，鳳翔、耀、同、解、乾各一。

定功陝西廂軍，慶曆四年，升禁軍增置，爲指揮十。永興、秦、慶、原、渭、涇、儀、鄜、延、鎮戎各一。

清澗慶曆初，募土人精悍者充，因其地名。指揮二。

建威秦州廂兵，慶曆八年升禁軍。指揮一。

効勇〔三一〕景祐中，募川峽流民增置，爲指揮二十七。陳留三，太康、尉氏、襄邑、河陽、曹、合流各二，咸平、鄭、亳、衞、許、單、澶、磁、廣濟、河陰、寧陵、白波各一〔三二〕。

宣毅慶曆中，京東、京西、河北、河東、淮南、江南、兩浙、荆湖、福建九路募健勇或選廂軍爲之。指揮二百八十八，至治平中，管一百七十四。京東路：南京、鄆、徐、曹、齊各二，青、兗、密、濮、沂、單、濟、淄、萊、濰、登、淮陽、廣濟各一；京西路：西京、滑、許、河陽、陳、襄、鄧、潁、蔡、汝、隨、信陽各一，鄧二；河北路：眞定〔三三〕、德、棣、博、邢、洺、恩、磁、深、定、濱、通利、永靜、乾寧各一；河東路：太原、汾各六，晉四，澤、絳、石、代各三，潞、嵐、忻、遼、威勝、平定各二，慈、隰、寧化各一；淮南路：揚、亳各二，廬、宿、壽、楚、眞、泗、蘄、海、舒、泰、濠、和、光、黃、通、無爲、高郵、漣水各一；江南路：江寧、洪、虔、吉、撫、袁、筠、建昌、南安各一；兩浙路：杭二，越、蘇、明、湖、婺、潤、溫、衢、常、秀、處各一；荆湖路：潭、全、鼎各三，荆南、邵、衡、永、郴、道、安、鄂、岳、澧、復、峽、歸、辰、荆門、漢陽、桂陽各一；福建路：建二，泉、南劍、漳、汀、邵武、興化各一。

宣毅床子弩炮手慶曆中置。指揮一。岢嵐。

建安府州廂兵，慶曆二年升禁軍。指揮二。府、嵐各一。

威果嘉祐四年置，指揮二十五。荆南、江寧、杭、揚、廬、潭各三〔三四〕，洪、越、福各二，虔一。

武嚴指揮一。京師。

御前忠佐軍頭司　馬步軍都軍頭、副都軍頭，馬軍都軍頭、副都軍頭，步軍都軍頭、副都軍頭。其所轄散員，有副指揮使、軍使、副兵馬使、十將。馬步直自指揮使而下，皆如殿前司之制。

御前忠佐散員本許州員僚剩員，淳化中，立爲軍頭司散員一班。又五代以來，軍校立功無可門署者，第令與諸校同其飲膳，名健飯都指揮使，後唯被譴者居此。大中祥符二年，改爲散指揮使。班一。

馬直雍熙四年置，指揮一。

步直端拱元年置，指揮一。

備軍一千九百六十人。

皇城司　親從官太平興國四年，分親事官之有材勇者爲之，給諸殿洒掃及契勘巡察之事。指揮三。入內院子天聖元年，揀親事官年高者爲之。九年，選聲官六十以上者充。治平二年，詔以五百人爲額。

騏驥院　騎御馬直太平興國二年置，分左右番。八年，分爲二直。其後增置八直。

左右教駿舊名左右備征，建隆二年改。指揮四。

校勘記

〔一〕餘皆以守京師　「餘」字原脫，據編年綱目卷一九補。羣書考索後集卷四〇引長編逸文作：「餘軍皆以守京師，備征戍。」

〔二〕六月　承上文，當指咸平五年六月，玉海卷一三九作咸平五年六月四日，但長編卷五四、太平治蹟統類卷三〇都作咸平六年四月。

〔三〕其軍額猶隸西京本城廂軍　「其」下原衍「知」字，據高承事物紀原卷一〇軍伍名額部奉先條刪。

〔四〕魁頭　通考卷一五五兵考作「魁頑」，「頭」字當爲「頑」字之訛。

〔五〕北兵戍及川峽荆湘嶺嶠間　「兵」字原脫，據同上書同卷補。

〔六〕二百八十八　原作「二百八十人」，據下文宣毅軍注和玉海卷一三九改。

〔七〕荆南江寧府揚廬洪潭福越州　「越」字原脫，據下文威果軍駐地、長編卷一八九、編年綱目卷一六補。

〔八〕漕於東南廣而易供設　「南」原作「西」，據通考卷一五二兵考改。按上文說「兵日精而用不廣」，疑「廣而易供設」前脫「用」字。

〔九〕視前所募兵寖多　「前」原作「其」，據玉海卷一三九、通考卷一五二兵考改。

〔一〇〕湖南　原作「湖廣」，據長編卷二一八、通考卷一五三兵考改。

〔一一〕廣南東西千二百人　長編卷二一八、玉海卷一三九「東西」下都有「各」字，疑是。

〔一二〕神衞　當作「神銳」。按上文已見「神衞」，此處不應重出；下文資次相壓條有神銳，排列在床子弩雄武、飛山雄武之下，次序和此處相當，而本條又別無神銳軍額，「衞」字當是「銳」字之訛。

〔一三〕散直　「直」字原脫，按志文體例，凡列舉諸班直、諸軍名額及資次，都用全稱，此處不應例外，據上文諸班直名額補。

〔一四〕下威武　「下」原作「丁」，據下文和下一卷熙寧以後之制「威武」條注改。按本軍係大中祥符五年立，熙寧三年廢，至六年又復，見下一卷「平塞弩手」條注。上文諸軍名額中未列本軍，當係失載。

〔一五〕敎閱忠順　上文侍衞司步軍名額中有「忠節、敎閱忠節、川忠節」，而無「敎閱忠順」。疑此處「順」字爲「節」字之誤。

〔一六〕湖北　下一卷本軍駐地和長編卷四九四都作「荆湖南路」。

〔一七〕南牟會　「牟」原作「年」。據本書卷八七地理志、宋會要方域一八之二〇改。長編卷五〇八作「鼐摩會」。按「南牟」、「鼐摩」聲近，「牟」、「年」以形近而訛。以南牟會爲西安州，三書都繫在

志第一百四十　校勘記　四六〇三

宋史卷一百八十七　四六〇四

元符二年。

〔一八〕比之橫山興平　「比」原作「北」，長編卷五〇八作「比」。按本書卷八七地理志，橫山在定邊城之南；又橫山、興平都築於元符元年，而此處所記是元符二年事，則所謂「城砦尤深」者，當指新展的定邊城。「北」字顯爲「比」字之訛。據改。

〔一九〕制置使　「使」原作「所」，據本書卷四六八童貫傳、編年綱目卷二九改。

〔二〇〕若將揀中六軍並六軍指揮並改爲廣効　「若」，通考卷一五五兵考作「欲」。

〔二一〕建炎四年改御前五軍爲神武軍御營五軍爲神武副軍　「建炎」原作「紹興」，「御營」下「五軍」二字原脫，「副軍」二字原倒，據本書卷二六高宗紀、繫年要錄卷三四改補。又下文之「五年」當作「紹興五年」。

〔二二〕亦未嘗有屯　通考卷一五四兵考作「亦未有常屯」。

〔二三〕闕　原作「門」，據朝野雜記甲集卷一八、通考卷一五四兵考改。

〔二四〕凡十七郡　「十七」原作「十四」，按所列府名應爲「十七」，據朝野雜記甲集卷一八關外軍馬錢糧數條改。

〔二五〕諸班有都虞候指揮使　「有」原作「直」，據上下文及本書卷一六六職官志改。又宋會要職官三二之四、通考卷五八職官考「有」下均作「都虞候、都虞候指揮使」。

〔二六〕川班內殿直　「內」原作「直」，據通考卷一五二兵考、長編卷一二改。

〔二七〕開寶四年廢　「四年」原作「二年」，據同上書同卷改。

〔二八〕定州路都部署王超言　「王超」原作「王起」，據長編卷五二改。王超本書卷二七八有傳，咸平五年王超爲定州路都部署，見本書卷六眞宗紀。

〔二九〕簇御馬直　「馬」字原脫，據本卷上文、玉海卷一三九補。

〔三〇〕指揮十考城　「考城」原作「考成」，查宋無「考成」州縣名；下一卷「雄威」條注作「考城」，據改。「指揮十」和下列各地指揮總數不合，當有誤；以下類似情況不再出校。

〔三一〕四波　按下一卷「龍騎」條注作「白波」。白波是宋時交通樞紐，置有三門、白波發運司，見宋會要職官四二之五；又是一個軍事重地，本卷和下一卷兵志白波之名屢見。「四」字疑爲「白」字形近之訛。

〔三二〕指揮使　原刊上衍「都」字，據本書卷一六六職官志、宋會要職官三二之五刪。

〔三三〕潞　原作「路」，下一卷「克勝」條注作「潞」。按宋代無「路州」或「路縣」，本書卷八六地理志河東路有潞州；上文也說本軍「本潞州騎兵」，據改。

〔三四〕本河州忠烈　按熙寧以前河州並未入宋，此時當無本河州兵之廣銳；宋會要兵二二之一、二四之五都記有河東廣銳結社買馬事，和此處所記相符，疑「河州」當爲「河東」之誤。

志第一百四十　校勘記　四六〇五

宋史卷一百八十七　四六〇六

〔三五〕熙　按熙州置於熙寧五年，此時不當有，「熙」字疑誤。

〔三六〕安肅　「安」字原脫。按上文康定初增置河北雲翼，本書卷八六地理志河北路有安肅軍，下一卷「雲翼」條注正作安肅軍，據補。

〔三七〕遼　疑當作「趙」。按上文說本軍是「開寶中，募趙、相、滄、冀州民立。」下一卷「萬捷」條注，本軍駐地即在此四州；此處有其他三州而無趙，「遼」當爲「趙」之訛。

〔三八〕指揮一十一京師雍丘各一　下一卷作「二十一。京師、雍丘各六。」按下一卷所載乃熙寧以前之制，和本句不應矛盾，必有一誤。又按本書體例，「一十一」都作「十一」，疑此處「一十一」爲「二十一」之誤；「各一」爲「各六」之誤。

〔三九〕德順幷外砦　下一卷「蕃落」條注「外砦」下還有「七鎮戎幷外砦」六字。按鎮戎指鎮戎軍，與德順軍鄰接，是宋代西北邊防重鎮，當屬上文所說「極邊城砦悉置」範圍。此處指揮駐地和指揮數疑有脫誤。

〔四〇〕王全斌僞署感化耀武等軍平寇者功　長編卷六記此事說：「改西川感化、耀武等軍並爲虎捷，王全斌奏諸軍平草寇有功，請備禁旅故也。」疑此處有脫誤。

〔四一〕奉議　長編卷六作「奉義」，宋人從正統觀出發，以歸宋爲奉義，似近是。

〔四二〕峽冀濟各一　「峽」，下一卷作「陝」，並說：「熙寧四年，分陝府雄勝隸他軍。」則熙寧四年之前

陝州已有雄勝，疑此處「峽」字誤。

〔四三〕各一曹二　原作「各二曹一」，合計指揮總數爲二十三，與上文不符；按下一卷「威武」條作「各一曹二」，總數也作「十三」，據改。

〔四四〕敎閱忠節　「敎」原作「校」。按上文敍述沿革時已見此名，下一卷「忠節」條注也作「敎閱忠節」，據改。

〔四五〕河陽廣濟　「陽」字原脫，「河」字單獨當指河州。但河州熙寧六年方入宋，見本書卷八七地理志，此時神威軍不可能駐在河州。按下一卷「神威」條注「河」下有「陽」字，據補。

〔四六〕以西路河東兵之　此處疑有脫誤。

〔四七〕陵涇各二　按上文康定初，增置陝西、河北振武，則本軍以陝西、河北爲駐地，甚明。但陝西、河北都無「陵州」，下一卷「振武」條注「陵」作「慶」，慶州在陝西，疑是。

〔四八〕軍城砦　「軍」原作「鄆」。按鄆州屬京東西路，而本軍隸保州巡檢司，於地理上不合。本書卷八六地理志，河北路定州有軍城砦，下一卷本軍駐地也作「軍城砦」，據改。

〔四九〕滑　按上文本軍是「選陝西、河東廂軍之伉健者置」，本條所列駐地，除滑州外其他都在此兩路，滑州屬於京西路，疑誤。下一卷「淸邊弩手」條注作「渭」，渭州正屬陝西，似較近是。

〔五〇〕永興華各二　「華」下原衍「永」字，按上文明說本軍由陝西廂軍升，但陝西無永州；且多一永州

即增二指揮，和指揮總數也不合。下一卷「制勝」條注無「永」字，「永」字顯係衍文，據刪。

〔五一〕効勇　疑當作「効忠」。按本條說本軍置於景祐中，駐京畿附近及其周圍，和上文所記天聖至寶元間，增募京畿効忠語正合；本卷上文禁軍名額與諸軍資次相壓，都有「効忠」而無「効勇」；下一卷所載軍額同。下一卷「効忠」條注所載本軍駐地指揮數全同本條，本卷軍額似誤。

〔五二〕河陰寧陵白波各一　「各」字原脫，據本卷體例和下一卷「効忠」條注補。

〔五三〕眞定　原作「鎭定」，據下一卷「宣毅」條注、本書卷八六地理志改。

〔五四〕杭揚廬潭　「潭」原作「澤」，據上文沿革嘉祐四年條和下一卷「威果」條注改。

宋史卷一百八十八

志第一百四十一

兵二　禁軍下

熙寧以後之制

騎軍

殿前指揮使左右班二。

內殿直〔一〕左右班四。

散員左右班四。

散指揮左右班四。

散都頭左右班二。

散祗候左右班二。

金槍班左右二。元祐二年六月，密院言：「元豐七年，承旨司傳宣密院：殿前指揮使左右班槍手可各以五分爲額，餘悉改充弓箭手。切詳先爲在京馬軍全廢槍手，其諸班槍手有闕，無人揀塡，遂有此宣旨。近因殿前馬步軍司奏，諸在京馬軍復置一分槍手，諸班槍手並依舊教閱。」詔：「元豐七年宣旨，更不施行。」

東西班及弩手、龍旗直、招箭，總十一。中興後，東凡五班，西凡三班。

散直左右四。熙寧九年，併南散直隸北散直。中興後，名招箭班散直。

外殿直一。熙寧五年廢。

銀槍班左右班二。中興置。

茶酒舊班中興置。

茶酒新班中興置。

鈞容直國初一班。中興因之，後廢。已上爲諸班〔二〕。

捧日幷左射、鞕直、弩手、左第五軍，總三十五。京師三十三，雍丘、鄭各一。熙寧五年，捧日三十三併爲二十二，廢弩手隸左射，餘留二十九。元第一，十月，以左射隸天武。二年，廢左射、鞕直〔三〕。八月，廢第五軍，雍丘第二、南京第一並改爲新立驍捷。九月，詔勿改，惟闕勿補，俟其少廢併。

歸明渤海二。京師。元豐元年，撥塡拱聖一，餘撥隸驍騎右四。

拱聖二十一。京師。熙寧六年，併爲十一，廢左射。中興後，副指揮一員。

吐渾五。治平中，併爲二。熙寧二年，併爲一。元豐元年廢。中興後，屬步軍。

驍騎二十二。京師。熙寧六年，併爲十四，廢弩手、上驍騎。元豐元年，撥在京驍騎左第一隸神勇。

驍勝十。熙寧三年廢。

寧朔十。京師、尉氏各三，雍丘、滑、河陽、河陰各一。熙寧二年，併爲七。元豐元年，在京第二第三並撥隸第一。

龍猛八。熙寧三年，併爲六。

飛猛一。熙寧二年廢。

契丹直三。咸平、棣昌、壽各二〔四〕。熙寧九年廢。

神騎十八。雍丘十三，咸平五。熙寧二年，併爲十。中興後，副指揮一員。

步鬥六。尉氏、太康各一，蔡四。元豐元年，尉氏、太康各一、蔡州二皆撥隸步軍司虎翼。十一月，蔡州二改爲新立驍捷，其第二充擒戎第四，第四〔五〕，尉氏三、太康四第四充擒戎第五，太康一元豐元年併尉氏第三隸第一，太康第二改驍雄。二年，尉氏一勿塡闕。

吐渾直三。太原二，潞一。熙寧六年，廢潞州一。一年，廢太原二〔六〕。元豐二年，太原、潞州各一，勿塡闕。中興屬步軍。

安慶直四。太原一，潞三。熙寧六年皆廢。

三部落一。太原。熙寧三年廢。

清朔四。西京二，潁昌、汝各一。

擒戎五。西京、潁昌各二，汝一。元豐元年，蔡州置二。

驍雄舊六，治平四年併爲四。咸平、陳各二。熙寧初，以驍猛第四改充一。元豐六年，咸平、尉氏各一，闕勿補。

其馬軍行司新軍目：

選鋒中興置。神策選鋒軍、左翼軍、右翼軍、摧鋒軍、遊奕軍、前軍、右軍、中軍、左軍、後軍、護聖馬步軍中興置。

步軍

御龍直左右二。

御龍骨朵子直左右二。

御龍弓箭直五。

御龍弩直五。中興，左右班二。

天武并寬衣、𫟰直、左射，總三十四。京師三十三，咸平一。熙寧二年，併三十三爲二十三。九年，廢左射。元豐元年，併陳留第七軍第一隸咸平第五軍第一。十月，廢寬衣天武。二年，廢第五軍，咸平第一改雄武弩手。九月，詔勿改，惟闕弗塡。四年，廢𫟰直。紹聖元年十一月，引進副使宋球言：「自立殿前司以來，有寬衣天武一指揮充駕出禁衛圍子，常守把在內諸門，熙寧中廢併，禁圍只差天武，皇城諸門更不差人。乞復置寬衣一指揮；或不欲添置，乞將天武本軍內以一指揮爲寬衣天武。」詔：禁圍子合用天武人兵，令殿前司今後並選定四十已上、有行止無過犯、不係新招揀到人充，遇闕選塡。

神勇并上神勇二十一。京師。熙寧六年，併爲十四，廢上神勇。孝宗初，改爲護聖軍。

廣勇四十三，每十爲一軍。京師五，陳留二十二，咸平東明、太康、胙城〔七〕、南京各二，襄邑、陽武、鄢各一，滑三。熙寧九年，在京增置一。元祐二年八月，詔在京置左第三軍第一、右第三軍第一。

神射五。陳留三，雍丘二。熙寧三年廢。

龍騎二十，分三軍。京師四，尉氏、雍丘、咸平、鄭各二，南京、陳、蔡、河陽、棣、單、宿、白波各一。熙寧二年，併爲十三。熙寧一年〔八〕，在京第七隸第九。

雄勇八。咸平三，鄢二，潁昌、鄭、滑各一。元豐元年，併咸平第二第三隸第一，鄢州第五隸第四，改曰雄威。併管城第七，白馬第八；潁昌一闕勿補。二年，咸平一闕勿補。

宣威上下二。咸平、襄邑各一。熙寧三年，以咸平一隸廣捷，以襄邑一隸威猛，四年廢。

廣捷五十六。陳留八，咸平六，雍丘四，襄邑、尉氏、潁昌各三，太康、扶溝、南京、亳、河陽、潁、寧陵各二，陳五，鄭、滑、曹、鄧、蔡、廣濟、穀熟、永城、襄城、萊各一。熙寧三年，亳州一併廣勇，永城縣一併隸亳州。元豐元年，併管城第四十隸本縣雄勇第七，併白馬縣第二十五隸本縣雄勇第八。

廣德并揀中廣德，總十。咸平、尉氏、陽武、河陽、滄、霸、白波各一，西京三。治平四年，併十四爲八。熙寧六年，廢揀中廣德，尉氏揀中廣德第一、陽武第二改爲廣德。

雄威十。考城、襄邑、陳留各一，南京四，陳三。治平四年，併十、三爲十。元豐元年，以南京第八分隸第三、第四、第七。二年，襄邑二闕勿補。

勝捷、威勝、威捷建炎初置，隸殿前司。

全捷、前軍、右軍、中軍、左軍、後軍自勝捷以下九軍，並中興後置。

侍衞司　侍衞親軍馬步軍都指揮使、副都指揮使、都虞候各一人。馬軍都指揮使、副都指揮使、都虞候各一人，步軍亦如之。自馬步軍都虞候以上，其員全闕，卽馬軍、步軍都指揮使等各兼領其務。馬步軍有龍衞、神衞左右四廂都指揮使，龍衞、神衞左右廂各有都指揮使，每軍有都指揮使、都虞候，每指揮有指揮使、副指揮使，餘如殿前司之制。其所領騎步軍之額如左。

騎軍

員僚直左右四。京師二，恩、冀各一。熙寧二年，併左直爲一，須人少撥隸如其軍省〔九〕。五年，廢恩、冀州左右直弗補。六年，撥隸龍衞。元豐三年廢。

龍衞并𫟰直、左射、帶甲剩員四十四。京師三十八，雍丘、尉氏、河陽并揀中各一，澶二。熙寧元年，以澶州右第

四軍第四隸第三，共并爲一。九年，陳留併帶甲剩員二爲一。熙寧元年，澶州、河陽、尉氏就糧四併隸別指揮。六年，三十九併爲二十。八年，置帶甲剩員二。十年，廢亳州一。元豐元年，陳留帶甲剩員闕勿補。二年五月，廢錙直、左射。八月，廢第十軍。十月，南京第十軍第一改新立驍捷左三。六年，廢帶甲剩員。中興，二十。

忠猛一。定。熙寧五年廢。

散員一。定。熙寧五年廢。

驍捷二十六。尉氏新立及揀中各一，恩十四，冀十。熙寧元年，廢帶甲剩員。三年，廢揀中。五年，瀛州三撥隸本州雲翼，冀州十、恩州十四各併爲五，莫州二併爲一。十年，併冀、恩驍捷各五各爲四。元豐元年，太康置新立驍捷一。

雲騎十五。京師十一，陳留、南京各一，鞏縣二。熙寧二年，併十五爲十。三年，第一至十二併爲七。七月，第八撥隸第一第二。八年，置帶甲剩員一。元豐二年闕，選雲捷第二軍補之。十月，雍丘帶甲剩員第一改爲橫塞第十。中興，七。

武騎二十一。京師、雍丘各六，尉氏三，陳留、考城、咸平、鄢各一，西京二。熙寧元年，廢咸平帶甲剩員爲剩員。二年，併二十作十五。八年，置帶甲剩員一。九年，以雍丘帶甲剩員一隸雲騎帶甲剩員，共爲一。十二月，在京四併爲三，尉氏二併爲一，考城一分隸雍丘寧朔，在京二併爲一。十年，廢帶甲剩員。元豐元年，併帶甲剩員亳州第一。中興，三。

驍鋭四。莫三，冀一。熙寧五年，莫州三併爲二，冀州第三虛其闕，以存者補捷〔一〇〕。六年七月，莫州第一第二、冀州第三並改驍捷，是月廢。

歸明神武馬一。尉氏。熙寧六年，改新立驍捷，七月，廢。

飛捷四。雍丘。熙寧二年，併爲二。元豐元年廢。

驍武左右二十。北京七，眞定三，定六，相、懷、洛、邢各一〔一一〕。熙寧元年，廢帶甲剩員。二年，北京七併爲五。五年，眞定府三併爲二，定州六併爲四，邢州、雲翼各一須人少併爲一。十北京五併爲四〔一二〕，定州四須人少併爲三。元豐七年，以忠猛一分入驍武第七、第八、第九。

廣鋭總四十四。太原、代、幷各三，汾五，石、嵐、岢嵐各二，晉、潞〔一三〕、慈、絳、澤、隰、憲、寧化、威勝、平定、火山各一，涇、原、鄜各二，秦、渭、環、邠、寧各一。元豐二年，忻、嵐州各一闕勿補。三年，涇州二以下一補上一闕。五年，置蘭州二。中興，二十三。

雲翼分左右廂，左三十四，右二十二，總五十六。眞定，雄、瀛、深、趙、永寧各三，定、冀各六，保五，滄、北平、永靜、順安、保定各二〔一四〕，莫、邢、霸各一，廣信、安肅各四。熙寧五年，併滄州二爲一，冀州六爲三，眞定府三爲一，趙州三爲二，定州六爲四，順安軍二爲一，永寧軍三爲二〔一五〕，北平軍二須其闕併爲一，安肅軍第一分隸第三，深州三爲二，保州一分隸他軍。十年，莫州第十三分隸驍捷，眞定府第八分隸驍武，定州四須其闕併爲三，安肅軍三須其闕併爲二，廣信軍四併爲三。元祐元年，桂州二仍不廢〔一六〕。中興，三十三。

有馬勁勇七。太原二，代、嵐各一，磁三。熙寧五年，磁三併爲一。中興，五。

騎捷五。瀛三，莫二。熙寧六年廢。

廳子七。定二，相五。熙寧五年，併相廳子五爲三，定廳子馬二爲一。六年，相州廳子三幷改廳子馬。十年，相州廳子馬第三分隸驍武廳子馬。中興，四。

驍駿一。太原。熙寧六年廢。

無敵六。定、北平各二，安肅、廣信各一。熙寧五年，北平二須人少併爲一，撥隸雲翼三；廣信軍一撥隸雲翼。

忠鋭一。廣信。熙寧五年廢。

威邊二。定、保各一。熙寧五年廢。

克勝二。潞。

飛騎二。麟。

威遠二。府。

克戎二。幷。

清塞一。延安。熙寧五年廢。

武清一。晉。熙寧六年廢。

萬捷七。相、冀、趙各二，滄一。熙寧五年，冀二併爲一，以隸雲翼；相二須人少併爲一。中興，七。

雲捷十二。尉氏、咸平、西京、北京、澶各二，汝、懷各一。

橫塞七。雍丘、咸平、考城、襄邑、寧陵各一，衞二。

有馬安塞一。熙寧五年廢。

蕃落八十三。環五，延、慶各四，秦併外砦十七，原、渭併外砦各十二，德順併外砦七，鎭戎併外砦十二，鳳翔、涇併外砦，儀、保安各二，隴一。熙寧三年，併外砦九爲七。八月，涇原路以新砦所減蕃落隸在州蕃落，定額以三萬二千人。五年，隴州添置招馬軍蕃落一。九年，併陝西土蕃落渭州八爲六，原州、秦州各五爲四。元豐四年，環州下蕃落未排定指揮，並爲禁軍。五年六月，葭蘆砦主乞置一。紹聖四年，詔，陝路增置馬軍十，各五百人爲額，於永興、河中、鳳翔、同、華各置二。元符元年，詔涇原路新築西安州置馬軍一，天都、臨羌砦各置馬軍一。六月，詔永興軍等路創置十指揮。二年，定邊城增置馬軍二，烏龍川、北嶺新砦各置馬軍一。崇寧五年，新築安邊城，置馬軍一。

幷州騎射一。熙寧六年，太原騎射第一改克戎。元豐七年，成都府置馬軍騎射一。中興後無。

有馬雄略三。廣、桂、邕各一。熙寧三年，廣、桂、邕有馬雄略闕勿補。十年，以邕州住營兩指揮闕額移桂州，依舊置。紹聖元年，沅州增置有馬一。元符元年正月，詔荆湖南路、江南東路各增置有馬一。中興，二。

崇捷崇寧三年，詔於京東、京西、河北、河東、開封府界創置馬步軍五萬人，計一百七指揮。馬軍三十五，步軍七十二，合三萬六千人。馬軍以崇捷、崇鋭爲名，步軍以崇武、崇威爲名。

崇鋭崇寧三年，見上。以上二軍，中興後無。

清澗騎射二。

員僚剩員直以罪謫降者充立。

前軍、右軍、中軍、左軍、後軍以上七軍，並中興後置。

步軍

神衞并水軍總三十一。京師。熙寧二年，併三十一爲三十。三年，廢水軍。元豐二年，廢第九第十，南京第一改雄武弩手。中興，四十六。

虎翼九十六。京師九十，併水軍一，襄邑、東明、單各一〔一七〕，長葛二。熙寧二年，除水軍一外，併九十五爲六十。六年，廢上虎翼。元豐四年，詔改差殿前虎翼右一四指揮爲李憲親兵。

奉節并上奉節五。京師。熙寧二年，殿上奉節〔一八〕。九月，上奉節兩指揮隸虎翼。六年十月，廢奉節。

步武六。陳。

武衞七十一。南京、眞定、定、淄各四，北京、澶、相、邢、懷、趙、棣、洺、德、祁、通利、乾、廣濟各一，青五，鄆、徐、兗、曹、濮、沂、濟、單、萊、濰、登、淮陽、瀛、博各二，齊、密、滄各三。熙寧四年，帝諭文彥博等：「京東武衞軍素號精勇得力，不減陝西兵。」彥博曰：「京東之人沈鷙精悍，亦其性也。」五年，併滄三爲二，眞定府各四各爲三〔一九〕，趙州、振武各一共爲一。六年，詔岷州置一。元豐三年，河州武衞二爲一。

雄武并雄武弩手、床子弩雄武、揀中雄武、飛山雄武、揀中歸明雄武，總三十四。京十三，太原、尉氏、南京、鄭、

汝、寧陵各二，咸平、東明、雍丘、襄邑、潁昌、曹、廣濟、穀熟、長葛各一。熙寧五年，廢揀中雄武。閏七月，併床子弩雄武、飛山雄武〔二〇〕各五爲二。六年，廢雄武。中興後，加「平海」字。

飛虎三。陳留二，咸平一。熙寧三年廢。

神銳二十六。太原六，潞、晉各三，澤、汾、隰、平定各二，代、絳、沂〔二一〕、遼、邢、威勝各一。元豐二年，潞州三闕勿補。

振武八十一。北京、澶、相、衞〔二二〕、霸、莫、祁、棣、趙、濱、洺、保安、永寧、通利、安肅、儀各一。眞定、瀛、保、恩、邢、深、博、永寧〔二三〕、乾寧、慶、涇各二，延六，邠、隴各七，鄜、寧各五，磁四，滄、原各三。熙寧五年，瀛州二爲一，滄州三爲二，眞定府二爲一，邢州二以一分隸武衞、神銳、鎭武，磁州四爲三。元豐三年，鄜州四爲三，邠州五以一補上四指揮闕，隴州四爲三。元祐七年，詔復置滄州第六十七、六十八。

來化一。寧陵。熙寧七年廢。

新立弩手二。廣濟。熙寧六年，定陶縣第二軍改雄武隊弩手。

懷勇三。雍丘二，陳一。熙寧三年廢。

威寧一。潁昌。熙寧二年廢。

威猛上下十。襄邑四，咸平、潁昌、長葛各二。熙寧三年，宣威併入。

雄勝三。陝、冀、濟各一。熙寧四年，分陝府雄勝隸他軍。中興，四。

歸恩左右二。亳。熙寧三年，左第一併右第一。六年，第一改爲雄勝。

澄海弩手二。登。熙寧八年，廣西經略司選澄海赴桂州，以新澄海爲名。中興，加「水軍」字。

神虎二十六。永興六，鳳翔、河中、忻、隰、晉、威勝〔二四〕各二，太原、秦、延、鄜、華各一，潞三。熙寧九年，秦州一闕勿補。

保捷一百三十五。永興十二，同九，秦八，河中、邠、涇各七，滑、寧、耀各六，鳳翔、延、儀、華、隴、解、乾各五，陝、原、鄜各四，成三，慶、鳳、坊、晉、鎭戎各二，環、丹、商、虢、階、慶成、德順各一。熙寧五年，鳳翔府添置三。六年，添置一。元豐三年，併同州七爲六，永興軍九爲八。五年，蘭州置步軍二。紹聖四年，蘭州金城關置步軍四。元符元年，新築西安州，置步軍一，天都、臨羌砦各置步軍一；又詔於河北路大名府二十二州軍共創置馬步軍，步軍二十九指揮以保捷爲名。二年，定邊城置步軍一。崇寧五年，安邊城置步軍一。中興後，增置一。

捉生二。延。紹聖三年，環、慶州各置一。

清邊弩手四十三。太原九，秦五，涇四，河中、隴各三，永興〔二五〕、代、潞、晉各二，慶、渭、環、同、坊、鎭戎、慈、丹、隰、汾、憲各一。熙寧六年，併鳳翔四爲三。八年，吉鄉併宜毅一來隸。九年，併秦州四爲三。元豐三年，以河中清邊弩手〔二六〕將兵一隸本府保捷、清邊弩手。

制勝九。永興、華各二，鳳翔、耀、同、乾、解各一。撥華一隸本州保捷、制勝，奉天一補其縣保捷闕。中興後增一。

定功十。永興、秦、慶、原、渭、涇、儀、鄜、延、鎭戎各一。

青澗二。中興後隸騎軍。

平海二。登。

建威一。秦。熙寧三年廢。

効忠二十七。陳留三，太康、尉氏、襄邑、河陽、曹、合流各二，咸平、鄭、亳、衞、潁昌、單、澶、磁、廣濟、河陰、寧陵、白波各一。熙寧九年，磁、衞各一須人少與武衞併爲一。

川効忠七。南京六，寧陵一。熙寧二年，南京六併隸上三。三年十二月，南京三併爲二。

宣毅一百七十四。隸京東西、河北、河東、淮南、江南、兩浙、荆湖、福建九路。京東路：南京、鄆、徐、曹、齊各二，青、兗、密、濮、沂、單、濟、淄、萊、濰、登、淮陽、廣濟各一；京西路：西京、滑、潁昌、河陽、陳、襄、鄭、潁、蔡、汝、隨、信陽各一，鄧二；河北路：眞定、德、棣、博、邢、祁、恩、磁、深、定、洺、濱、通利、永靜、乾寧、永寧各一；河東路：太原、汾各六，晉四，澤、絳、石、代各三，潞、嵐、忻、遼、威勝、平定各二，慈、隰、憲、寧化各一；淮南路：揚、亳各二，廬、宿、壽、楚、眞、泗、蘄、海、舒、泰、濠、和、光、黃、通、無爲、高郵、漣水各一；江南路：江寧、江、洪、虔、吉、撫、袁、筠、建昌、南安各一；兩浙路：杭二，越、蘇、明、湖、婺、潤、溫、衢、常、處、秀各一；荆湖路：潭、全、鼎各二，荆南、邵、衡、永、郴、道、安、鄂、岳、澧、復、峽、歸、辰、荆門、漢陽、桂陽各一；福建路：二〔二七〕，福、泉、南劍、漳、汀、邵武、興化各一。熙寧三年，宿、揚、廬、壽、楚、眞、泗、泰一併隸教閱忠節，各爲一；蘄、海、舒、濠、和、光、黃、通、無爲、高郵、漣水各一闕弗補。十二月，京東路三十三併爲十三，荆湖南路道永衡各一、潭二撥隸威果，全二、邵一撥隸雄略，郴、桂陽各一不充額，荆南一撥隸威果，鼎二、澧岳安復鄂

各一皆改教閱忠節，荆門、漢陽、歸、峽各一不充額，江南東路江寧、江南西路虔各一撥隸威果、雄略，洪、吉、撫、建昌各一皆改教閱忠節，筠、袁、南安各一不充額，福建路福一隸威果，建二併爲一改威果，兩浙路杭二、越蘇潤各一皆改威果，湖、婺、溫、衢、常、處、秀各一不充額。熙寧五年，恩一、乾寧永靜眞定邢洺磁定祁〔三八〕深永寧各一闕弗補。八年，吉鄉軍〔三九〕宣毅一隸淸邊弩手，潞復置一。九年，定、邢、深、祁、磁、永寧、永靜、乾寧各一皆劾忠〔四○〕。元豐元年，博二撥隸他州軍。

宣毅床子弩砲手一。岢嵐。熙寧三年廢。

建安二。府、嵐各一。

威果二十五。荆南、江寧、杭、揚、廬、潭各三，洪、越、福各二，虔一。宣和三年，嚴州增置一。

劾順一。襄邑。熙寧六年，改雄武。

揀中雄勇一。襄邑。

懷順一。覇。

歸聖一。雍丘。熙寧六年，改雄武。

順聖一。鞏。中興已後無。

懷恩三。荆南二，鄂一。

揀中懷愛一。寧陵。熙寧六年廢。

勇捷左右二十六。襄邑、北京、澶、陳、壽、汝、曹、宿各二，咸平、西京、南京、亳、寧陵、虹、河陰、鞏、長葛、韋城各

一。熙寧三年，併十隸九，右十二併右三。元豐二年，唐、汝州各置士兵一。

威武上下總十三。西京、河陽、鄭、鄆、澶、滑、濮、通利、鞏、河陰、永城各一，曹二。熙寧三年，廢下威武。九年，澶一隸劾忠、勇捷。

靜戎弩手四。河陽、澶、衞、通利各一。熙寧七年廢。

平塞弩手并揀中平塞、新立平塞，總四。咸平、亳、河陰、白波各一。熙寧六年，廢弩手及新立、揀中平塞〔四一〕，亳平塞弩手及白波新立平塞、咸平揀中平塞並改下威武。

忠勇二。成都。

寧遠八。戎三，遂、梓、嘉、雅、江安各一。熙寧六年，瀘州增置一。

忠節并川忠節、教閱忠節，總六十。雍丘、襄邑、寧陵各三，陳留、咸平、東明、亳、河陰、永城各二，南京五，太康、陽武、潁昌、江寧、揚、廬、宿、壽、楚、眞、泗、泰、滁、岳、澧、池、歙、信、太平、饒、宣、洪、虔、吉、臨江、興國、廣濟、南康、廣德、長葛各一，合流四。熙寧三年，亳州第十四併勇捷，川忠節一併忠節。十二月，添置八。五年，蔡州置一。

神威上下十三。陳留三，潁昌、鞏各二，雍丘、考城、咸平、河陽、廣濟、白波各一。

歸遠十六。陳、潁昌、亳、壽、宿、鄧、襄、鼎各一，荆南、澧、潭、洪各二。元豐五年，成州置一。

雄略二十五。荆南五，潭四，鼎、澧各三，廣、辰、桂各二，許、全、邵各一〔四三〕。熙寧三年，衡增置一，吉增置三百人及置部軍雄略一〔四二〕。崇寧三年，荆湖南路置四。

招收十七。保四，覇、信安各三，定、軍城砦各二，廣信、安肅、順安各一。熙寧五年，覇、信安各二併爲一，定二併爲一，安肅一、保二分隸振武、招收。八年，忻以保甲替罷揀充下禁軍。

壯勇七。耀、解、滑各二，潁昌一。

橋道并川橋道十八。襄邑、咸平、陽武各二，陳留、東明、尉氏、太康、西京、河陽、濮、鄆、鞏、河陰、白波、寧陵各一。熙寧三年，鄆川橋道改橋道，隸順化。

淸塞十二。曹二，鄭、鄆、滑、通利、鞏、河陰、白波、汜水各一，長葛二。

崇武崇寧三年，置步軍京東西、河東北。

崇威崇寧三年，置步軍京東西、河東北。

敢勇元祐七年，詔河東、陝西路諸帥府募敢勇，以百人爲額。宣和四年，詔越州招到敢勇三百人，撥充兩浙提刑司捉殺差使。

靖安崇寧元年，詔荆湖北路添置禁軍五指揮，以靖安爲名，隸侍衞步軍司。

廣固崇寧三年，詔添置廣固兵四指揮，以備京城工役。政和五年，詔於四指揮各增置五百人入額，自今更勿差客軍。

通濟政和六年，詔增置通濟兵十二千人，牽挽御前綱運。自崇武至此六軍，中興後無。

淸衞宣和七年，減淸衞等軍，令步軍司撥填一般軍分。

刀牌手崇寧中立。廣西桂州。

勁勇、壯武、靜江自勁勇以下三軍，舊隸廂軍。中興後，隸侍衞步軍。

振華五百人爲一軍。

安遠、奉先園四。

武寧、威勇、忠果、雄節、必勝六。

前軍、右軍、中軍、左軍、後軍自振華以下十三軍，並中興後立。

御前忠佐將校並與建隆以來制同

散員班一。

馬直指揮一。

步直指揮一。熙寧四年，馬步二直並廢，撥隸殿前、步軍司虎翼，其有馬者補雲騎。

備軍一千九百六十人。熙寧二年，罷九百六十人。

皇城司

親從官指揮四。政和五年，創置第五指揮，以七百人爲額。

親事官指揮三。元豐五年增置一，守奉景靈宮。政和五年，西京大內官一，以五百五十人爲額；又增置內園司一，以五百一十人爲額。

入內院子五百人。中興後，二百人。

快行、長行中興後置，一百人。

司圊三人。

曹司中興置，三十人。

將兵者，熙寧之更制也。先是，太祖懲藩鎭之弊，分遣禁旅戍守邊城，立更戍法，使往來道路，以習勤苦、均勞逸。故將不得專其兵，兵不至於驕墮。淳化、至道以來，持循益謹，雖無復難制之患，而更戍交錯，旁午道路。議者以爲徒使兵不知將，將不知兵，緩急恐不可恃。神宗卽位，乃部分諸路將兵，總隸禁旅，使兵知其將，將練其士，平居知有訓厲而無番戍之勞，有事而後遣焉，庶不爲無用矣。

熙寧七年，始詔總開封府畿、京東西、河北路兵分置將、副。由河北始，自第一將以下共十七將，在河北四路；自第十八將以下共七將，在府畿；自第二十五將以下共九將，在

京東；自第三十四將以下共四將，在京西：凡三十有七。而鄜延、環慶、涇原、秦鳳、熙河又自列將焉。在鄜延者九，在涇原者十一，在環慶者八，在秦鳳者五，在熙河者九：凡四十有二。八年，又詔增置馬軍十三指揮，分爲京東、西兩路。又募教閱忠果十指揮，在京西，額各五百人，其六在唐、鄧，其四在蔡、汝。

元豐二年，又增置土兵勇捷兩指揮於京西，額各四百人，唐州方城爲右第十一，汝州襄城爲左第十二。凡馬軍十三指揮[三四]，忠果及土軍共十二指揮。四年，又詔團結東南路諸軍亦如京畿之法，共十三將：自淮南始，東路爲第一，西路爲第二，兩浙西路爲第三，東路爲第四，江南東路爲第五，西路爲第六，荆湖北路爲第七，南路潭州爲第八，全、邵、永州應援廣西爲第九，福建路爲第十，廣南東路爲第十一，西路桂州爲第十二，邕州爲第十三。

總天下爲九十二將，而鄜延五路又有漢蕃弓箭手，亦各附諸將而分隸焉。凡諸路將各置副一人，東南兵三千人以下唯置單將；凡將、副皆選內殿崇班以上、嘗歷戰陳、親民者充，且詔監司奏舉；又各以所將兵多寡，置部將、隊將、押隊使臣各有差；又置訓練官次諸將佐；春秋都試，擇武力士，凡千人選十人，皆以名聞，而待旨解發，其願留鄉里者勿彊遣：此將兵之法也。

六年，熙河路經略制置李憲言：「本路雖有九將之名，其實數目多闕，緩急不給驅使。又蕃漢雜爲一軍，嗜好言語不同，部分居止悉皆不便，今未出戰，其害已多，非李靖所謂蕃漢自爲一法之意。若將本路九將併爲五軍，各定立五軍將、副，及都、同總領蕃兵將，使正兵合漢弓箭手自爲一軍，其蕃兵亦各自爲一軍。臨敵之際，首用蕃兵，繼以漢兵，必有成效，兼可減併將、副及部隊將員，於事爲便。」詔從之。

元祐元年，司馬光言：「近歲災傷，盜賊頗多，州郡全無武備。長吏侍衞單寡，禁旅盡屬將官，多與州郡爭衡，長吏勢力遠出其下。萬一有李順、王倫、王均、王則之寇乘間竊發，攻陷郡縣，豈不爲朝廷憂！祖宗以來，諸軍少曾在營，常分番出戍[三五]。蓋欲使之勞筋骨，知艱難，輕去其家，習知山川險阻也。自置將以來，惟是全將起發，然後與將官偕行，其餘常在本營，飲食嬉遊，養成驕惰，歲月滋久，不可復用。又每將下各有部隊將、訓練官等一二十人，而諸州又自有總管、鈐轄、都監、監押，設官重復，虛破廩祿。知兵者皆知其非。臣愚欲乞盡罷諸路將官，其禁軍各委本州長吏與總管、鈐轄、都監、監押等[三六]，如未置將已前，使州郡平居武備有餘，然後緩急可責以守死。」

諫議大夫孫覺亦以爲言，於是詔陝西、河東、廣南將兵不出戍他路，其餘河北差近裏一將更赴河東，而諸路逐將與不隸將之兵並更互出戍，稍省諸路鈐轄及都監員，仍以將官兼

州都監職事，卒不能盡罷將、副，如光等言。其年八月，樞密院言，近邊州軍及邊使經由道路，而減本處兵官，非是。於是邊州及人使經由道路，將官仍不兼都監。

至紹聖間，樞密院言：「往時軍士犯法，將官得專決遣，故事無留滯。自州縣官預軍事以來，動多牽制，不得自裁。欲仍依舊法，及諸軍除轉排補，並隸將司，州縣無得輒預。其非屯駐所在，當俟將、副巡歷決之，餘委訓練官行焉。」詔從之。至是，州縣一無關預，兵愈驕，無復可用矣。

元符元年，章楶又請增置涇原第十二將。

宣和元年，詔非救護水火、收捕姦細妖人而輒差將兵者，坐之。後三年，知婺州楊應誠言：「諸路屯戍，當隸守臣，兵民之任一，然後號令不二。不然，將驕卒橫，侵漁細民，氣壓州郡，有不勝其憂者。」於是詔自今令隸守臣。無何，復詔曰：「將兵遵將官條敎，除前隸守臣指揮。」其後，江、浙盜起，攻陷州邑，東南將兵，望風逃潰，無復能戰。事平，童貫奏言：「東南三將，類皆孱弱，全不知戰，虛費糧廩，驕墮自恣。平時主領占差營私，大半皆習工藝[三七]。遂致寇盜橫行，毒流一方，重費經畫。今事平之後，當添將增兵，鎭遏綏馭。然南人怯弱，素失訓練，終不堪戰。今欲於內郡別置三將，並隨京畿將分揆續排置，使陝西軍更互戍守，

庶幾東南可得實戰之士，於計爲便。」詔從之。其後南渡諸屯駐大軍卽舊將兵之類，而其駐劄之所則異於前矣。

今摭建炎以後將兵列於屯駐大軍之次，而建炎水軍亦附見焉。

建炎後諸屯駐大軍　武鋒、精銳、敢勇、鎭淮、彊勇、雄勝、武定、江都振武、泰熙振武、忠勇、遊奕、淮陰前軍、副司左右軍、移戍左軍。

淮東滁州：雄勝、安淮、青平小雄邊。

淮東泰州：鎭江左軍。

淮西廬州：彊勇前軍、彊勇右軍、武定、遊奕、忠義、雄邊、全年。

淮西濠州：武定選鋒軍、武定後軍、使効、威勝、遊擊、義士諸軍、定遠武定。

淮西安豐軍：武定前軍、武定右軍、防城戍軍、四色軍。

淮西無爲軍巢縣：池司右軍。

淮西黃州：雄關、飛虎軍。

臨安府屯駐諸軍：雄節、威果、全捷、龍騎、歸遠。

金州駐劄都統司兵。

成都路安撫副司駐劄兵。

四川大制司帳前飛捷軍。

利州節制司諸軍。

金州忠義軍。

閬州節制司諸軍。

潼川府制帳踏白軍。

隆慶屯駐遊奕軍。

潼川安撫司忠定軍。

夔州節制司軍。

興元節制軍事利州都統司兵。

四川制司帳前、信義兩軍。

興元都統司屯駐合州軍、沔州〔三八〕乾道三年，三百人。

沿江水軍建炎置。

明州水軍紹興置。乾道元年，二千人，分左右兩將。

福州荻蘆、延祥砦〔三九〕紹興置，百五十人。乾道七年添招，凡五千人。

鎭江駐劄御前水軍乾道三年，招三百人，淳熙五年增招千五百人。

沿海水軍乾道六年置，一千人。

潮州水軍乾道四年置，二百人。

江陰水軍乾道四年置，三百人。

廣東水軍乾道五年，增至二千人。

平江許浦水軍乾道七年，七千人，淳熙五年，增五百人。

江州水軍淳熙二年，招一千人。

池州都統司水軍淳熙元年千人，嘉定中增至三千人。

漳州水軍紹熙元年，漳、泉共六百人。

泉州水軍見上。

殿前澉浦水軍開禧元年，一千五百人。

鄂州都統司水軍開禧十年置。

太平州采石駐劄御前水軍嘉定十四年，五千人。

建康都統司靖安水軍元隸都統司，嘉定中隸御前。

馬軍行司唐灣水軍元隸馬軍行司，嘉定中隸御前。

通州水軍乾道五年置。

池州清溪鴈汊控海水軍建炎四年置，百五十人。

兩淮水軍紹興元年置，二千人。隆興元年，詔諸州斷配海賊刺隸。

校勘記

〔一〕內殿直　原作「內班直」，據本書卷一六六職官志、宋會要職官三二之四改。

〔二〕以上爲諸班　「班」下原衍「直」字，據本書卷一六六職官志、卷一八七兵志刪。

〔三〕元第一十月以左射隸天武二年廢左射鍋直　按上文爲熙寧五年，下文爲「二年」，「元第一」疑爲「元豐元年」之誤，「二年」當爲元豐二年。長編卷三〇〇元豐二年九月，載有雍丘捧日第五軍及他軍減員事，並說：「自今闕額勿補，候人數不多卽併廢。」與此條末句略同，疑卽指此條之事。

〔四〕咸平棣昌壽各二　按宋有棣州而無「昌州」，亦無名「棣昌」的州縣。本書上一卷建隆以來之制，本軍駐地作「咸平、許、壽」，許州後升府，改名潁昌，疑「棣」字乃「潁」字之訛。又指揮數作「各二」，與總數作「三」不符。上一卷「契丹直」條「二」作「一」，總數雖符，而該條載太平興國中本軍已廢，則此或爲新置，「三」與「各二」，顯有一誤。

〔五〕等四　自此至「太康第一改驍雄」，文義不明，疑有脫誤。

〔六〕一年廢太原二　上文爲熙寧六年，下文爲元豐二年，「一年」疑誤。殿、局本改作「七年」。

〔七〕東明太康胙城　「東明」原作「東門」，「胙」字原脫。按本志體例，此處先述熙寧變革前體制，故各軍駐地多與上卷符合。上一卷「廣勇」條注作「東明」、「胙城」。今據改補，指揮總數亦相符合。

〔八〕熙寧一年　上文爲熙寧二年，此處又作熙寧一年，當誤；殿、局本改「一」爲「二」，亦重出。

〔九〕須人少撥隸如其軍省　語義不明，疑有脫誤。

〔一〇〕以存者補捷　據下文「冀州第三並改驍捷」，疑「補」字下脫一「驍」字。

〔一一〕相懷洛邢各一　按本軍係河北諸州兵。宋代河北路無洛州而有洺州，上一卷「驍武」條此作「洺」，「洛」、「洺」形近易訛，疑作「洺」是。

〔一二〕十北京五併爲四　「十」下疑脫「年」字，或「十」字乃衍文。

〔一三〕汾五石嵐岢嵐各二晉潞　「汾」原作「分」，「岢」下原脫「嵐」字，「潞」原作「路」。按本軍爲河東、陝西兵，河東、陝西無名「分」、「岢」、「路」州軍，據上一卷「廣銳」條改補。

〔一四〕順安保定各二　「各」字原脫。按上一卷「雲翼」條，此處有一「各」字，如此各地駐軍數始和總數五十六指揮相合，據補。

〔一五〕永寧軍三爲二　「永寧」原作「永安」。按永安軍屬河東路，而本軍係河北軍，不當有永安；上文有永寧三指揮，和上一卷「雲翼」條同；此處指出三併爲二，其數正合。「安」字當爲「寧」字之訛，據改。

志第一百四十一　校勘記　四六三五

宋史卷一百八十八　四六三六

〔一六〕桂州二仍不廢　按本軍駐地都在河北，「桂州」屬廣南西路，且前文未見，此處疑有誤。

〔一七〕襄邑東明單各一　「單」原作「軍」。按上一卷「虎翼」條此字作「單」，據改。

〔一八〕殿上奉節　本志未見有此軍額，疑有誤，或「殿」爲「廢」字之訛。

〔一九〕眞定府各四各爲三　疑有脫誤。

〔二〇〕飛山雄武　原作「飛山」。按本志體例，各種雄武軍都用全稱，此處但稱「飛山」，與例不合，據上文補。

〔二一〕沂　上一卷「神銳」條作「忻」，按沂州屬京東東路，忻州屬河東路，疑以作「忻」爲是。

〔二二〕八十一北京澶相衞　上一卷「振武」條「相」下有「懷」字；下文「眞定」和「瀛」之間，上一卷有「定」字。本條無此二字，則本軍指揮總數爲七十八，與總數八十一不符，疑此處應作「北京、澶、相、懷、衞」，和「眞定、定、瀛」。

〔二三〕永寧　按上文已有「永寧」，此處不應重出，上一卷「振武」條作「永靜」，疑「寧」爲「靜」字之訛。

〔二四〕威勝　「威」字原脫。按上一卷「神虎」條，本軍爲陝西、河東兵，而陝西、河東無名「勝」之州軍，上一卷同條作「威勝」，據補。

〔二五〕永興　原作「永寧」，上一卷「清邊弩手」條作「永興」。按永寧屬河北路，永興屬陝西路；上一卷說，本軍係選陝西、河東廂軍置，作「永興」是，據改。

〔二六〕河中清邊弩手　「河」下原衍「間」字。按河間府在河北路，同本軍駐地不合；上一卷「清邊弩手」條和上文都有「河中」，而無「河間」。「間」字衍，今刪。

〔二七〕福建路二　「路」下缺一地名，按上一卷「宣毅」條在「福建路」下作「建二」，本條下文又有「建二併爲一」句，「路」下當脫「建」字。

〔二八〕祁　原作「析」。按上文本軍駐地無「析」，而在河北路有「祁」；下文熙寧九年亦有「祁」。「析」當爲「祁」之誤，今改。

〔二九〕吉鄉軍　原作「吉陽軍」。按上文「清邊弩手」條：「八年，吉鄉併宣毅一來隸」，與此處之事相合；而吉陽軍屬廣南西路，和清邊弩手駐地相隔很遠；且本條上文亦無廣西路，則吉陽當非宣毅駐地甚明。本書卷八六地理志載，河東路的慈州曾於熙寧五年改置吉鄉軍，而上文河東路本軍駐地正有慈州，作「吉鄉軍」是，據改。

〔三〇〕皆劾忠　按上文「劾忠」條未提此事，也不載有本條所列駐地；據上文，「皆」下疑脫「改」字。

〔三一〕新立揀中平塞　「立」原作「平」。按上文說：「並揀中平塞、新立平塞，總四。」下文又有「白波新立平塞」、「咸平揀中平塞」，則本句當爲新立、揀中兩種平塞軍的合稱，「平」爲「立」字之訛，據改。

〔三二〕許全邵各一　「邵」下疑脫「容」字。按上一卷「雄路」條此處有「容」字，故各地駐軍和總數二十五指揮相符，而本條則缺其一。又據上一卷本軍於皇祐五年增置後，下文未說有所廢併，似應仍有「容」字。

志第一百四十一　校勘記　四六三七

宋史卷一百八十八　四六三八

〔三三〕部軍雄略一　按本軍係屬步軍軍額，「部」疑當作「步」。

〔三四〕凡馬軍十三指揮　「三」原作「二」。按上文說：「又詔增置馬軍十三指揮。」編年綱目卷一九、通考卷一五三兵考「二」都作「三」，據改。

〔三五〕分番出戍　「番」原作「蕃」。按長編卷三七九、溫國文正司馬公文集卷五二請罷將官劄子，本句都作「常分番往緣邊及諸路屯駐駐泊」，「蕃」當爲「番」之訛，據改。

〔三六〕監押　原脫，據上文和同上二書同卷同篇補。

〔三七〕大半皆習工藝　「習」字原脫，據通考卷一五三兵考補。

〔三八〕沔州　按朝野雜記乙集卷一七有沔州十軍分正副兩司事始條，「沔州」下當有一「軍」字。

〔三九〕福州荻蘆延祥砦　按淳熙三山志卷一八：「紹興初乃置荻蘆、延祥二寨水軍。」朝野雜記甲集卷一八平江許浦水軍條附「延祥江上水軍」。「砦」下當有「水軍」二字。又三山志說於乾道七年增置士兵人數，荻蘆至五百五十人，延祥至六百人，疑注文「凡五千人」句有誤。

宋史卷一百八十九

志第一百四十二

兵三 廂兵

廂兵者，諸州之鎭兵也。內總于侍衞司。一軍之額有分隸數州者，或一州之管兼屯數州者。在京諸司之額五，隸宣徽院，以分給畜牧繕修之役，而諸州則各以其事屬焉。建隆初，選諸州募兵之壯勇者部送京師，以備禁衞，餘留本城，雖無戍更〔一〕，然罕教閱，類多給役而已。

景德四年七月，如京使何士宗言：「詔條禁軍將士依等級並行伏事之理，違者按軍令。其廂軍將士等未立條制，欲望約前詔減一等定令。」帝曰：「禁衞兵士無他役使，且廩給優厚，欲其整肅，有所嚴畏，故設此條禁。今以廂軍約此施行，恐難經久。況尊卑相犯，自有條

律，不行可也。」十二月詔：廂軍及諸州本城犯，所部決杖訖，並移隸他軍，內情理重及緣邊隨軍者奏裁〔二〕。

大中祥符元年詔：應諸道州、府、軍、監廂軍及本城指揮，自都指揮使已下至長行，對本轄人員有犯階級者，並於禁軍斬罪上減等，從流三千里上定斷；副兵馬使已上，勘罪具案聞奏。廂軍軍頭已下至長行，準敕犯流免配役，並徒三年上定斷，只委逐處決訖，節級已上配別指揮長行上名，長行決訖，配別指揮下名收管。如本處別無軍分指揮，即配鄰近州、府、軍、監指揮收管。內別犯重者，自從重法。其諸司庫務人員兵士有犯上件罪名者，並依前項廂軍條例施行。

五年二月，上諭王欽若等：「累議老病之兵漸多，在京者令逐司將臣，外處者散差諸司使副揀選。可指揮所揀殿前、侍衞馬步軍司，令先逐指揮自指揮使已下，據見管兵士除堪任披帶征役外，其自來懦弱教閱不出之人及老病不堪者，籍其名，供申次第，管轄處各就逐營看詳定奪，然後繳申逐司，與差去使臣同共揀選。如有協情不當，卽具始末以聞。其廂軍都指揮使已下並當嚴斷，外處揀就糧兵士亦如之。」又宣示：「外處就糧諸軍，有捧日、天武第七第九第十軍軍額，皆是自上軍經兩三度揀選，以其久處禁衞，不欲便揀落，特設上件軍額處之。朕深慮揀兵臣僚、軍頭等同諸軍例，更揀配下軍，可徧諭之。老病者便放歸農。內契丹、渤海、日本外國人恐無依倚，特與收充本軍剩員。」又：「所差臣僚、軍頭赴外處揀人，緣軍分指揮及出入次第名目體例甚多，令樞密院具合行條約及施行事件，並畫一處分，令遵守施行。」

又：「殿前、侍衞馬步軍司自來揀下披帶禁軍，量減衣賜月糧充剩員，並無定額，散在逐營拘繫，不獲營生，官中所給歲計不少，可乘此時一例揀選。除老病者放歸農外，據諸軍見管人數額定充看營剩員，餘並撥併一處收管，以備令赴諸處祗應。既有定額，必不敢多揀充剩員。」又詔：「承前遣使取內外軍中疲老者，咸給奉糧之半，以隸剩員，今可簡閱使歸農；其合留者，亦據逐營給役數外別爲營舍處之。內契丹、渤海、日本外國人慮無所歸，且依舊。仍令所至州郡並與總管、鈐轄閱驗，連書其狀，具當去留之數，及引視軍校之不任職者，附驛以聞。其當從隸軍額〔三〕，卽就配近便州郡；緣邊者，徙于內地，並與本州官吏移牒轉送；當停者，給與公驗，止許居本州，歲申上其籍，並給次月奉糧、裝錢、日食遣之。所簡馬，但筋齒弱老病不療者，件析以聞。在京殿前、馬步軍司有所升退，卽時具名籍申樞密院，未當者悉改正之；當徙者給裝錢，在道只給糧；當停者給一月奉糧，勿復奏裁。外州軍士當降以次軍分者，所隸州郡聽自擇。」

又詔：「廣南東西、荊湖南北、福建、江南、京西等七路諸州、府、軍、監見管雜犯配隸軍

人等，各差使臣一人，馳驛往逐處與轉運使、副或提點臣僚、知州、通判、鈐轄、都監、監押同共簡選，就近體量人數，分配側近州軍本城收管。如年老病患，委實久遠不任醫治充役者，放令逐便。其少壯者卽差人管押赴闕引見，當議選配近上軍分。如不願量移及赴闕者，亦聽其便，仍於軍分量與遷改。如地遠勾抽遲延，卽馳驛分路簡訖，具析以聞。」

七年，詔：「今後軍回在京者且未編排，依例引見。內有老疾合配外處軍分，及看倉庫、草場神衞剩員幷看營剩員等，與限歇泊半月後，編排引見訖，限五日般移。其外處軍迴經過兵士並依此例，仍見訖與假十日〔四〕，令移隸所配處。」

八年，詔：「諸路轉運司、殿前侍衞馬步軍軍頭司、三司、宣徽院、開封府、諸司庫務等處人員兵士等，如內有殺賊得功及諸般使喚得力者，或因官中取索之時具詣實結罪供，申所轄去處，保明申奏。」

天禧元年，詔選天下廂兵遷隸禁軍者凡五千餘人。二年，詔：「河北禁軍疲老不任力役者，委本路提點刑獄臣僚簡閱，不得庇匿，以費廩糧。」

慶曆中，招收廣南巡海水軍、忠敢、澄海，雖曰廂軍，皆予旗鼓訓練，備戰守之役。皇祐中，河北水災，農民流入京東三十餘萬，安撫使富弼募以爲兵，拔其尤壯者得九指揮，教以

武技。雖廩以廂兵，而得禁兵之用，且無驕橫難制之患。詔以其騎兵爲教閱騎射、威邊，步兵爲教閱壯武、威勇，分置青、萊、淄、徐、沂、密、淮陽七州軍，征役同禁軍。嘉祐四年，復詔西路於鄆、濮、齊、兗、濟、單州置步兵指揮六，如東路法。於是東南州軍多置教閱廂軍，皆以威勇、忠果、壯武爲號，訓肄如禁軍，免其他役。

治平初，遣使分募河北、河東、陝西〔五〕、京東民爲本城，遇就糧禁軍闕，即遣補。又陝西州軍悉置壯城如河北，以備繕完城壘之役。景祐中，本城四十三萬八千，逮治平三年，乃五十萬。

熙寧三年五月，詔以禁軍分五都法檢治廂軍〔六〕，其後禁軍或降剩員，或升補，皆以備廂軍諸路力役之事。間詔募增〔七〕，而京西轉運司所募多至三萬人；陝西減額五千人，亦至三萬人。河朔流民寓京東者如舊制招募教閱，以爲忠果二十指揮，分隸河北總管司，以除盜恤饑。而河北及熙河路修城壘，河北所募兵五千人，熙河亦三千人。修京城，以廢馬監兵置廣固、保忠凡十指揮，亦五千人。湖南猺人平，戎、瀘軍興，洮、河轉漕，又皆增置焉。

初，樞密院言：「京師役兵不足，歲取於諸路，而江、淮兵每饑凍，道斃相屬。略計歲所用外軍七千人，調發增給不貲。請募東西八作司壯役指揮，諸司雜犯罪人情輕者並配隸，以次補雜役、効役，代諸路役兵。」從之。又言：「諸路廂軍名額猥多，自騎射至牢城，其名凡二百二十三。其間因事募人，團立新額，或因工作、榷酤、水陸運送、通道、山險、橋梁、郵傳、馬牧、隄防、堰埭，若此者事在而名未可廢；及剩員直、牢城皆待有罪配隸之人；壯城專治城隍，不給他役，別爲一軍；而教閱廂軍亦自爲額。請以諸路不教閱廂軍併爲一額，餘從省廢，其移併如禁軍法。」奏可。遂下諸路轉運司，以州大小高下爲序，始自某州爲第一指揮，差次至某州，凡爲若干指揮，每指揮毋過五百人。河北曰崇勝，河東曰雄猛，陝西曰保寧，京東曰奉化，京西曰勁武，淮南曰寧淮，兩浙曰崇節，江南曰効勇，荊湖曰宣節，福建曰保節，廣南曰淸化，川四路曰克寧。八年，詔忻、代州諸砦，以禁軍代廂軍。

元豐四年，詔升南京、青鄆鄧曹濟濮州有馬教閱廂軍，及眞定府北砦勁勇、環州下蕃落未排定指揮〔八〕，並爲禁軍。五年三月，以西邊用兵，詔諸處役兵並罷，令諸路轉運司剗刷京東西、河東北、淮南廂軍，又令都水監刷河淸及客軍共三萬餘人赴陝西團結。十月，詔諸路教閱廂軍，於下禁軍內增入指揮名額，排連並同禁軍。於是，馬步排定有馬廂軍二十二指揮，無馬廂軍二百二十九指揮。元豐之末，總天下廂兵馬步指揮凡八百四十，其爲兵凡二十二萬七千六百二十七人，而府界及諸司或因事募兵之額不與焉。

哲宗元祐二年，太師文彥博言：「廂軍舊隸樞密院，新制改隸兵部，且本兵之府豈可無籍？」樞密院亦以爲言。乃詔本部自今進册，以其副上樞密院。三年，詔京西路廂軍以三萬五百人爲額，又詔天下州郡以地理置壯城兵。

元符元年詔：罪人應配五百里以上，皆配陝西、河東充廂軍，諸路經略司各二千人止。三年，詔撥陝西保寧指揮入諸路廂軍額。

崇寧四年詔：諸路廂軍不以等樣選少壯人招刺。又詔：廂軍工匠除上京修造外，其餘路所差，並放還休息之。

政和五年，廣固四指揮各增五百人，以備京城之役。六年三月，增置通濟兵士二千人，備御前牽挽綱運。於是工役日興，增募益廣矣。

建炎而後，兵制靡定，逮乾道中，四川廂軍二萬九百七十二人，禁軍二萬七千九百九十二人。厥後廢置損益，隨時不同，摭其可考者以附見焉。

其將校則有馬步軍都指揮使，有副都指揮使、都虞候。馬軍有都指揮使、副都指揮使、都虞候，步軍亦如之。馬步軍諸指揮〔九〕有指揮使、副指揮使。每都有軍使、副兵馬使、都頭、副都頭、十將、將虞候、承局、押官。

凡諸州騎兵、步兵、禁廂兵之類，敍列如左。其不同者，分爲建隆以來及熙寧以後之制云。

建隆以來之制

馬軍

騎射　京東路：南京、青、兗、鄆、曹、徐、齊、濰、淮陽。京西路：西京、河陽、陳、許、鄭、潁、滑。河北路：北京、眞定、滄、澶、相、恩、冀。陝西路：永興、鳳翔、河中、陝、華、秦、涇、鄜。荊湖路：江陵、潭、鄂、岳、復、安、澧、鼎、永、道、郴、邵、桂陽。內青、淮陽係教閱。

威邊　京東路：南京、青、鄆、密、徐、曹、齊、濮、濟、淄、登、萊、沂、單。內登係教閱。京西路：西京、河陽、鄭、蔡、襄、鄧、滑、潁、汝、郢、均、商、隨、唐、信陽、光化。河北路：瀛、相、邢、祁、濱、霸、磁、衞、趙、莫、洺、乾寧、廣信、通利。

河東路：潞、遼。陝西路：永興、鳳翔、河中、陝、同、華、耀〔一〇〕、乾、解、虢。淮南路：亳、廬、宿。荆湖路：安。

昭武南京、河中。

肅戎曹。

單勇單。

安武鄆、齊。

必敵鄆、陝、邠。

決勝濟。

飛勇棣。

靜山兗、宜。

勇敢沂、密。

定邊蔡、徐、涇。

馬闘永興、宿。

安東登、萊。

突陣延、定、乾、懷。

驍直濟、滄、莫、保、雄、霸、定、華。

保勝鄜、光、嵐。

歸恩鳳翔。

定戎涇。

安塞環、慶。

游奕許。

衙隊曹、陳、德、永靜、永、隴、儀、峽。

武勝濠、泗。

保忠滑。

輕騎邢。

順節眞定。

敢勝深。

飛塞環。

保節陝西路州軍。

本城馬軍廣。

必勝慶。

定塞河北路州軍。

勁勇眞定北砦，係教閱。

下蕃落環外砦，係教閱。

武清晉。自此至招收，凡十一軍，兩朝志無。

飛騎麟。

振邊儀、環。

威遠府。

本城廳子定。

克戎幷。

清邊陝西。

忠烈河北鄉兵，名神銳，後改是軍。舊制，老病者聽召人承補歸農，承補者逃亡，復取歸農者充役。大中祥符四年，詔罷之。

無敵保、安肅、廣信軍、北平砦。

忠銳廣、濟。

招收河北、河東。舊又有定州揀中廳子、易州靜塞、幷州威聖，後並廢。

飛將北京、亳。自此至揀中騎射凡三軍，三朝志無。

保靜恩。

揀中騎射淮南路：揚、廬、壽、宿、泗、眞、蘄、黃、濠、光、海、和、通、舒、滁、漣水、高郵、無爲。江南路：宣、撫、江、吉、筠、袁、歙、太平、池、饒、信、廣德、南康、南安、建昌、臨江、興國。

步軍

武和開封。

武肅開封。

忠靖開封。

威勇定、眞定、冀、滄、雄、博、深、乾寧。內青、鄆、淄、密、濟、沂、淮陽係教閱。

左衙南京、鄆、晉、耀、陝、通、安。

平難亳、濠。

奉化京西路：鄭、許、陳、蔡、滑。河北路：懷。陝西路：鳳翔。淮南路：揚、亳、廬、壽、宿、濠、和、通、泰、楚、舒、眞、泗、滁、無爲、漣水、高郵。

衙隊曹、峽。

開武曹。

保寧濟、衞〔一一〕。
開遠揚、楚、泗、齊、利、劍。
安平齊。
靜邊棣。
六奇楚。
開山西京、秦。
武勇濰、泰。
懷安秦。
建安解、府。
靜海徐、淮陽、通。
隨身宿、隨、唐、商。
崇順青、階。
忠略淄。
安海登。
水軍京東路：登。　河東路：潞、保德。　陝西路：秦、陝。　淮南路：揚、廬、壽、光、海、和、泰、楚、舒、蘄、黃、泗、

漣水、高郵、無爲。　江南路：江寧、洪、袁、虔、宣、歙、饒、信、太平、池、江、吉、筠、撫、興國、臨江、南康、廣德。　兩浙路
州軍。　荊湖路：江陵、潭、衡、永、郴、邵、鄂、岳、復、安、澧、峽、鼎、歸、漢陽、桂陽。　福建路：福、建、漳、泉、邵武。
利州路：興。　廣南路：廣、英、賀、封、連、康、南雄、春、廉、白、邕。
寧濟萊。
永安西京〔一二〕。
耀武河陽、鄧、楚、秦、寧、華。
橋道河陽、澶、壽、興。
開道鄭。
雄猛絳。
定安河中。
開河河中。
定遠鳳、復。
定邊涇。
壯武京東路：青、徐、曹、兗、密、濰、濟、濮、登、萊、淮陽。　京西路：西京、陳、蔡、鄧、襄、潁、汝、光化。　陝西路：
鳳翔、河中、同、耀、華、乾、解、陝、保安〔一三〕。　淮南路：揚、廬、壽、黃、光、海、和、通、蘄、楚、泰、舒、滁、高郵。　荊湖路：

潭、岳、安、復。內兗、徐、濟、萊係教閱。
寧淮潁、壽、澶。
忠順潁、壽。
崇寧汝、岳。
澄海韶、循、潮、連、梅、南雄、英、賀、封、端、南恩、春、惠、桂、容、邕、象、昭、龔、蒙、潯、貴、横、融、化、雷、賓、南儀、
白、欽、鬱林、廉、崖、儋。內廣、廉、高、藤、梧、英、賀、新、蒙、龔、儋係教閱。
保定均、信、陽。
懷寧定、眞定、祁、房。
宣節荊湖南路諸州軍監，北路：岳、澧、鼎、郢〔一四〕、荊門諸監。
步捷金。
崇化光。
廣平虢。
勇勝永興。
清邊永興、延、渭、鄜、慶、涇、儀、隴、保安。
開廣原、同。

建武密、鄜、環。
永清丹。
昭勝坊。
永寧潞。
永霸澤。
弓箭秦、晉。
順安慈。
順霸隰。
崇勇成。
肅清乾。
懷節澶。
崇武懷。
廣霸北京。
興安北京。
制戎冀。

雄銳真定。
定虜深。
招收汾、遼、澤、石、潞、慈、晉、絳、代、忻、威勝、平定。
定和定。
保順滄。
清遠雄、霸。
克勝瀛、滄、黃、保定。
寧邊乾寧。
開邊平定。
靜勝揚。
寧順廬。
旌勇壽。
備邊泗。
三捷滁。
寧化舒。

保勝光。
懷仁蘄、黃。
武雄江陵。
步騭襄、江陵、荊門、循、賀、封、梅、康、南雄、潮、韶。
克寧成都路：成都、蜀、漢、雅、邛、嘉、綿、陵、彭、眉。　梓州路：戎、榮、普、資、梓、合、瀘〔一五〕、遂、渠、昌、果、懷安、廣安。　利州路：興元、洋、利、龍、劍、蓬、璽、文、興、安德、三泉。　夔、渝、涪、萬、達、開、施、忠、雲安、大寧〔一六〕。
威棹荊湖路：江陵、歸、峽。　成都路：成都、嘉、眉、簡。　梓州路諸州軍。　利州路：劍、安德。　夔州路：渝、涪、萬、雲安。
懷遠興元。
保節河北路：定、真定、滄、瀛、相、邢、洺、冀、祁、德、濱、保、雄、磁、博、趙、深、懷、衞、順安、通利、信安、保定、安肅、永定、永靜〔一七〕。　河東路：太原、晉、絳、汾、遼、澤、石、潞、慈、麟、府、憲、代、忻、隰、威勝、岢嵐、火山、保德、平定。　陝西路：永興、秦、邠、寧、鄜、延、環、慶、涇、儀、丹、隴、坊、鎮戎、德順。　淮南路：舒。　江南路：洪、虔、江、池、饒、信、太平、吉、筠、袁、撫、興國。　福建路：汀、南劍。　荊湖路：鄂。　利州路：龍、利。
懷信利。
廣塞興元、三泉。

順化興。
効勇江寧、廣德。
裹運江寧。
貢運饒。
水運潭、泰、臨江。
廣濟京城上下鏁、陳、壽、揚、宿、高郵、漣水、通利。
崇節兩浙路：杭、越、蘇、湖、溫、台、衢、婺、處、睦、秀。　福建路：福、漳、泉、興化。　陝西路：成。
寧塞太原、汾、遼、石、代、忻。
牢城河北、河東、陝西、淮南、京東西、江南、荊湖、廣南、益梓利夔路諸軍州，惟汝、處〔一八〕、昭、保安不置。
羅城成都。
水軍奉化京畿諸縣、泰、泗。
船坊洺、潭、鼎。
渡船都潭。
橋閣龍、劍、文、三泉。
採斫處、衢、溫。

梢工都洪、楚、眞。
防河成都。
捍江都杭。
船務杭、婺。
巡海水軍廣。
雜作都壽。
本城曹、秀、常、火山〔一九〕、南安、梁山、梅。
勁勇邢、太原、嵐、汾、遼、澤、潞、晉、憲、代、忻、隰、岢嵐、平定、寧化、威勝。內眞定北砦係教閱。
裝發眞、泗、楚、通利。
寧海瓊。
西懷化許。
新招靜江邕。
南懷化許。
防城泗、均。
水軍橋道泗。

剩員直亳城〔二〇〕。
清化相、容、邕、象、昭、梧、藤、龔、蒙、貴、柳、宜、賓、融、化、竇、高、南儀、白、欽、鬱林、廉、瓊、儋。
江橋院明。
肅寧城寧〔二一〕。
崇勝眞定。
碇手明。
揀中宣節潭、澧、鼎。
採造西京、秦、明。
堰軍長安、京口、呂城〔二二〕、杉青。
裝卸南京、亳。
中軍將潭、汀。
宣武大名、眞定、懷、衞。
順節磁。此下至新立本城凡三十八軍，天聖後無。
七擒單。
安化濱。

武順懷。
平海登。
英武鄜。
長劍滑。
長寧衞。
德勝相。
保安博。
興化洺。
定勇深。
安勝通利。
霜水夔。
興造衡、潭。
水路都江陵。
山場斫軍溫、婺、睦。
本城廣軍廣。

河東定、眞。
本城剩員諸州並有。
蕃落慶。
都竇水軍容。
新水軍全。
武定陝西、晉、絳、慈、隰。
定塞河北。
舊水軍荆湖、江南、兩浙、淮南。
剩員澧、復。
下浮橋西京。
東南道巡海水軍、教閱澄海。
棹手常。
慶成慶成軍。
梅山洞剩員丹。
捉生延。

河清河陰、汴口。
宣勇河北、河東。本鄉兵，舊名忠勇。
保毅秦鄉軍。
新立本城曹。
奉先會聖宮、永熙陵。此下至酒務雜役凡六十軍，天聖以後置。
六軍京師。
御營喝探京師。
揀中窯務京師。
看船廣德京師。
揀中剩員雍丘、陳留、襄邑、咸平。
右衙南京、徐、鄆、曹、廣濟、晉、陝。
靜海徐、淮陽、通。
歸定河陽。
驍勇邠。
感順慶。

拓邊環。

宣猛威勝。

靜江京西路：陳〔三三〕、蔡、郢。江南路：南安。荆湖路：江陵、潭、岳、鼎、衡、永、郴、全。廣南路：廣、韶、循、潮、連、梅、南雄、英、賀、封、端、新、康、春、惠、桂、容、邕、象、昭、梧、藤、龔、蒙、潯、貴、柳、融、宜、賓、横、化、竇、高、雷、欽、鬱林、廉、瓊。利州路：利。

三路陝、鼎。

靜虜深。

克勝瀛、滄、黄、保定〔三四〕。

武捷鳳翔、秦、鳳、鄜、延、涇、原、儀、渭、邠、寧、階、坊、丹、晉、絳、隰、慈。

車軍眞、楚、常。

會通橋道西京。

司牧永興、秦、階、原、德順。

鹽車泰、眞。

新招梢工眞、泗。

拔頭水軍泗。

造船軍匠吉。

樓店務杭。

造船場虔。

駕綱水軍虔。

建安解。

省作院邠。

雄勇火山。

屯田保。

清務杭、蘇、婺、温、潭。

靜淮蔡。

捍海通、泰。

船坊鐵作潭。

揀中曹。

壯城京東路：青、密、濰、登、沂、濮、萊、淄。京西路：西京、蔡、汝。河北路：諸州軍。河東路：太原、遼、澤、晉、絳、潞、汾、石、慈、麟、府、憲、代、忻、隰、嵐、寧化、保德、火山、威勝、岢嵐。陝西路：永興、河中、涇、原、儀、渭、鄜、慶、陝、耀、坊、華、丹、同、隰〔三五〕、解、鎭戎、德順。江南路：洪。

彊勇瀛、滄、懷、冀、晉、絳、潞、汾、遼、石、慈、代、忻、澤。

馬監北京大名、相安陽、洺廣平、衞淇水、鄆東平、許單鎭、西京洛陽〔三六〕、同沙苑、鄭原武。

城面虔、端、惠、循、英、春、賀、梅、連、康、新、封、白、潮。

戰棹欽、廉。

遞角場留〔三七〕。

安遠桂。

作院丹、儀。

色役環。

雜攢代。

作院工匠太原。

咸平橋道〔三八〕永興。

運錫循。

水磨鄭。

東西八作西京。

窯務西京。

鼓角將潤、荆門。

錢監江。

鐵木匠營池。

酒務營池。

竹匠營池。

酒務雜役江寧。

諸司庫務、河淸〔三九〕、馬遞鋪等役卒：

東西八作司、廣備、雜役、効役、壯役。牛羊司〔四〇〕、御輦院、軍器庫、後苑造作所、後苑工匠、文思院、內弓箭庫、南作坊、北作坊、弓弩院、法酒庫、西染院、綾錦院、裁造院、修內司、翰林司、儀鸞司、事材場、四園苑、玉津園、養象、廣德、金明池雜役、鞍轡庫、醴泉觀、萬壽觀、集禧觀、禮賓院、駝坊、內酒坊，右宣徽院轉補，分隸三司、提舉司。

河淸、街道司，隸都水監。

後苑御弓箭庫、作坊物料庫、後苑東門藥庫、內茶紙庫、御廚、御膳廚、供庖務、內物庫、外物料庫、油庫、醋庫、都監院物料庫、西水磨務〔四一〕、東水磨務、大通門水磨、磁器庫、都茶

庫、內衣庫、朝服法物庫、祗候庫、榷貨務、內藏庫、左藏庫、布庫、奉宸庫、尙衣庫、內香藥庫、退材場、東西窯務、竹木務、左右廂店宅務(三)、修造。諸倉、修造。下卸司、東西裝卸。排岸司、廣濟。左右街司、左右金吾仗司、西太一宮、鑄瀉務、開封府步驛、致遠務、車營務、諸門井府界馬遞鋪，分隸三司、提舉司、開封府。

熙寧以後之制

河北路　騎軍之額，自騎射而下十有二；步軍之額，自奉化而下二十有六，並改號曰崇勝。凡一百一十二指揮，二萬九千二百七十人。

橋道澶。

壯城、牢城諸州。

馬監北京大名、相州安陽、洺州廣平、衞州淇水(三)。

騎射北京、眞定、滄、澶、相、恩、冀、棣。

威邊瀛、相、邢、鄜、濱、磁、衞、趙、莫、洺、乾寧、廣信、通利。

飛將北京。

飛勇棣。

突陣懷。

廳直瀛、滄、雄、霸、莫、保、定。

衙隊德、永靜。

保靜恩。

輕騎邢。

順節眞定。

敢勝深。

定塞定、眞定、冀、滄、雄、博、深、乾寧。

奉化懷。熙寧七年，京東、河北置揀中廂軍，懷、衞、濮各二，德、博、棣、齊各一。

靜邊棣。

耀武定。

懷節澶。

廣霸北京。

制戎冀。

雄銳眞定。

定虜深。

靜虜趙。

定和定。

保順滄。

清遠雄、霸。

克勝瀛、滄、莫、保定。

保節定、眞定、滄、瀛、相、邢、洺、冀、祁、德、濱、保、雄、磁、博、趙、深、懷、衞、順安、通利、信安、保定、安肅、永定、永靜。

懷寧定、眞定、祁。

勁勇邢。元豐四年，升爲眞定府北砦勁勇(四)，爲禁軍。

宣武大名、眞定、懷、衞。元祐二年，在京師置第十三至第十五三指揮。

威勇滄。

崇勝眞定。熙寧七年，京東、河北置揀中廂軍，懷、濮各一，德、博、棣、齊各二。

肅寧肅城。

廣濟通利。熙寧八年，詔以六分爲額，罷所差客軍。

屯田保。

寧邊乾寧。

彊壯邢。

宣勇瀛、滄、懷、冀。

廣威元符元年，詔河北路大名府等二十二州軍創置馬步軍五十六指揮，馬軍以廣威爲名。

河東路　騎軍之額，自威邊而下二；步軍之額，自左衙而下十有八，並改號曰雄猛。凡五十二指揮，一萬二千四百一十人。

本城火山。

牢城諸州。

壯城太原、遼、澤、晉、絳、潞、汾、石、慈、麟、府、憲、代、忻、隰、嵐、寧化、保德、火山、威勝、岢嵐。

雜攢代。

作院工匠太原。

威邊澤、遼。

保勝嵐。

左衙、右衙晉。

水軍潞、保德。
雄猛絳。
永寧潞。
永覇澤。
弓箭晉。
順安慈。
順覇隰。
宣猛威勝。
招收汾、遼、澤、石、潞、慈、晉、絳、代、忻、威勝、平定。
開邊平定。
保節太原、晉、絳、汾、遼、澤、石、潞、慈、嵐、府、憲、代、忻、隰、威勝、岢嵐、火山、保德、平定。
勁勇太原、嵐、汾、遼、澤、潞、晉、憲、代、忻、隰、岢嵐、平定、寧化、威勝。
武捷晉、絳、隰、慈。
寧塞太原、汾、遼、石、代、忻。
廣濟壽陽。熙寧八年，以六分爲額，減諸路所差防河客兵。

宣勇晉、絳、潞、汾、遼、石、慈、代、忻、澤、威勝、平定。
陝西路　騎軍之額，自騎射而下有六；步軍之額，自左衙而下二十有九，並改號曰保寧。
凡一百一十一指揮，二萬五百六十三人。
開山秦。
關河河中。
司牧永興、秦、階、原、德順。
省作院邠。
壯城永興、河中、涇、原、儀、渭、鄜、慶、陝、耀、坊、華、丹、同、隴、乾、解、鎮戎、德順。
牢城諸州。
馬監同州沙苑。
作院丹、儀。
色役環。
咸陽橋道永興。
騎射永興、鳳翔、河中、陝、華、秦、涇、鄜。
安邊永興、鳳翔、河中、同、華、耀、乾、解、虢。

昭武河中。
必敵陝、邠。
定邊涇。
馬闘永興。
突陣延、同、乾。
保勝鄜。
廳直華。
歸恩鳳翔。
定戎涇。
安塞環、慶。
衙隊隴、儀。
飛砦環。
必勝慶。
保節永興、秦、邠、寧、鄜、延、環、慶、涇、原、儀、渭、丹、隴、坊、鎮戎、德順。
左衙耀、陝。

右衙陝。
保寧渭。熙寧七年，詔保役廂禁軍自今權免役，專肄習武藝，置鳳翔府簡中保寧六指揮三千人，專備熙河修城砦。元豐五年，蘭州置二。紹興三年〔三〕，熙河增置四，又於涇原創置十。元符三年十月，詔撥陝西路保寧指揮入廂軍額，從知渭州章楶請也。
隨身商。
崇順階。
水軍秦、陝。熙寧五年鎮洮置一，崇寧三年鄯州及龍支城各置二。
耀武寧、華。
定安河中。
奉化鳳翔。
廣平虢。
勇勝永興。
清遠永興、延、渭、鄜、慶、涇、儀、保安。
開廣原、同。
建武鄜、環。

昭勝坊。
弓箭秦。
崇勇成。
肅清乾。
寧遠鳳。
壯武鳳翔、河中、同、隴、華、乾、解、陝、保安。
驍勇邠。
感順慶。
拓邊環。
崇節成。
武捷鳳翔、秦、鳳、鄜、延、涇、原、儀、渭、邠、寧、階、坊、丹。
威勇河中。
採造秦。元豐四年，通遠軍增置一。
建安解。
京東路　騎軍之額，自騎射而下有三；步軍之額，自左衙而下十有七〔三六〕，並改號曰奉

化。凡五十四指揮，一萬四千七百五十人。
壯城青、密、濰、登、沂、濮、萊、淄。
馬監鄆州東平。
裝卸南京。
牢城諸州。
騎射南京、青、兗、鄆、曹、徐、齊、濰。
威邊南京、青、鄆、密、徐、曹、齊、濮、濟、淄、萊、沂、單。
昭武南京。
肅戎曹。
單勇單。
安武鄆、齊。
必敵鄆。
決勝濟。
靜山兗。
勇敢密、沂。元符二年，環慶增置二百人。

定邊徐。
安東登、萊。
衙隊曹。
左衙南京、鄆。
右衙南京、徐、鄆、曹、廣濟。
開武、懷化曹。
保寧、開遠濟。
安平齊。
武勇濰。
靜海徐、淮揚〔三七〕。
崇順青。
忠略淄。
安海、水軍登。
寧濟萊。
建武密。

壯武青、徐、曹、兗、密、濰、齊、濮、登、萊、淮陽〔三八〕。
崇武濮。崇寧三年，詔於京西東、河東北、開封府界創置馬步軍五萬人，步軍以崇武爲名。大觀四年，詔四輔州闕額，於崇武等軍內撥塡。
本城曹。
京西路　騎軍之額，自騎射而下六；步軍之額，自奉化而下二十有五，並改號曰勁武。
凡四十五指揮，一萬五千一百五十人。
橋道河陽。
開道鄭。
步驛襄。
會通橋道西京。
採造西京。
牢城諸州。
壯城西京、蔡、汝。
馬監許州單鎮、鄭州原武、西京洛陽。
三水磨鄭。

東西八作西京。
騎射西京、河陽、陳、許、鄭、潁、滑。
威邊西京、河陽、鄭、蔡、襄、鄧、滑、潁、汝、郢、均、商、隨、唐、信陽、光化。
定邊蔡。
游奕許。
衙隊陳。
保忠滑。
奉化鄭、許、陳、蔡、滑、潁、
懷化許、潁。
開山西京。
隨身隨、唐。
永安西京。
耀武河陽、鄧。
歸定河陽。
壯武西京、陳、蔡、鄧、襄、潁、汝、光化。

靜江陳、蔡、郢。
三略陳。
寧淮、忠順潁。
崇寧汝。
澄江襄。
保定均、信陽。
懷寧房。
宣節郢。
崇化光化。
長劍滑。
西懷化許。
防城均。
威勇西〔三九〕。
廣濟陳。
靜淮蔡。

淮南路　騎軍之額，自威邊而下六；步軍之額，自左衙而下二十有七，並改號曰寧淮。凡一百二指揮，四萬一千二百八十五人。
橋道壽。
水運泰。
梢工都楚、眞。
雜作都壽。
裝發眞、泗、楚、通、和。
水軍橋道泗。
車軍眞、楚。
鹽車泰、眞。
新招梢工眞、泗。
拔頭水軍泗。
牢城諸州。
裝卸亳。
剩員直亳永城。

威邊亳、廬、宿。
飛將亳。
馬鬬宿。
保勝光。
武勝泗、滁。
揀中騎射揚、廬、壽、亳、宿、泗、眞、蘄、黃、滁、光、海、和、通、舒、滁、漣水、高郵、無爲。
左衙通。
平難亳、滁。
奉化揚、亳、廬、壽、宿、滁、和、通、泰、楚、舒、眞、泗、滁、無爲、漣水、高郵。
開遠揚、楚、泗。
六奇楚。
武勇泰〔四〇〕。
懷安泰。
靜海通。
隨身宿。

水軍揚、廬、壽、光、海、和、泰、楚、舒、眞、蘄、黃、泗、漣水、高郵、無爲。
耀武泰。
壯武揚、廬、壽、黃、光、海、和、通、蘄、楚、泰、舒、滁、高郵。
寧淮、忠順、旌勇壽。
靜勝揚。
寧順廬。
備邊泗。
三捷滁。
寧化舒。
保勝光。
懷仁蘄、黃。
保節舒。
廣濟宿、海、泰、通、泗、高郵、漣水。熙寧八年以六分爲額。
水軍奉化泰、泗。
捍海通、泰。

兩浙路　步軍之額，自捍江而下三，並改號曰崇節。凡五十一指揮，一萬九千人。
水軍諸州軍。
船坊明。
船務杭、婺。
車軍常。
採造明。
樓店務杭。
江橋院明。
堰軍長安[四二]、京口、呂城、杉青。
清務杭、蘇、婺、溫。
捍江杭三。
本城秀、常。
鼓角將潤。

江南路　騎軍之額，揀中騎射一；步軍之額，自効勇而下五，並改號曰効勇。凡五十三指揮，一萬六千六百五十人。

水軍江寧、洪、虔、宣、歙、饒、信、太平、池、江、吉、筠、撫、興國、臨江、南康、廣德。
裹運江寧。
貢運饒。
水運臨江。
梢工都洪[四三]。
造船軍匠吉。
步驛江寧。
牢城諸州軍。
壯城洪。
下卸錢監江。
鐵木匠營、酒務營、竹匠營池。
酒務雜役江寧。
揀中騎射宣、撫、江、吉、筠、袁、歙、太平、池、饒、信、廣德、南康、南安、建昌、臨江、興國。
効勇江寧、廣德。
本城南安。

靜江南安。崇寧二年七月召募。
武威江寧。
保節洪、虔、江、池、饒、信、太平、吉、筠、袁、撫、興國。

荊湖路　騎軍之額，自騎射而下三；步軍之額，自左衙而下二十，並改號曰宣節。凡四十四指揮，一萬一千三百人。

步驛荊門。
水運[四四]潭。
船坊潭、鼎。
渡船都潭。
清務、船坊鐵作潭。
騎射江陵、潭、鄂、岳、安、澧、復、鼎、永、道、郴、邵、桂陽。
威邊安。
衙隊峽。
左衙安。
水軍江陵、潭、衡、永、郴、邵、鄂、岳、復、安、澧、峽、鼎、歸、漢陽、桂陽。

寧遠復。
壯城潭、岳、安、復。
靜江江陵、潭、岳、鼎、衡、永、郴、全。
三略鼎。
寧淮澧。
崇寧岳。
澄江辰。
宣節南路諸州軍監。北路岳、澧、鼎、荊門諸監。熙寧七年九月，沅置一。大觀元年，靖置一。
步捷全。
威棹江陵、歸、峽。
保節鄂。
崇節潭。
威勇安。
牢城諸州軍。
中軍將潭、汀[44]。

揀中澧。
揀中宣節潭、澧、鼎。
鼓角將荊門。

福建路　步軍之額，自水軍而下三，並改號曰保節。凡三十三指揮，一萬一千一百五十人。

水軍福、建、漳、泉、邵武。
保節建、汀、南劍。
崇節福、泉、興化。

廣南路　騎軍之額，自靜山而下二；步軍之額，自水軍而下十，並改號曰淸化。凡八十二指揮，一萬二千七百人。

步驛循、賀、封、梅、康、南雄、潮、韶。
造船場廣。
駕綱水軍廣。
城面廣、端、惠、循、英、春、賀、梅、連、康、新、封、白、潮、
遞角場雷。

運錫循。
牢城諸州。
靜山宜。
本城馬軍廣。
水軍廣、惠、英、賀、封、連、康、南雄、春、廉、白、邕。
靜江廣、韶、循、潮、連、梅、南雄、英、賀、封、端、新、康、春、惠、桂、容、邕、象、昭、梧、藤、龔、蒙、潯、貴、柳、宜、賓、橫、融、化、竇、高、雷、欽、鬱林、廉、瓊。
澄海韶、循、潮、連、梅、南雄、英、賀、封、端、南恩、春、惠、桂、容、邕、象、昭、龔、蒙、潯、貴、柳、賓、橫、融、化、雷、竇、南儀、白、欽、鬱林、廉、崖、儋。並於配隸中選少壯者。
巡海水軍廣。
本城梅。
寧海瓊。崇寧四年，廣南西路經略司請置刀牌手三千人，於桂州置營，候教閱習熟，分戍諸州。
新招靜江邕。
淸化桂、容、邕、象、昭、梧、藤、蒙、龔、潯、貴、柳、宜、賓、橫、融、化、竇、高、南儀、雷、白、欽、鬱林、廉、瓊、儋[45]。
戰棹欽、廉。

安遠桂。崇寧元年十月，詔川、陝招揀足額。

四川路　步軍之額，自開遠而下十，並改號曰克寧。凡一百一十一指揮，二萬三千四百人。自河北路至此，凡改號、指揮人數，並因元豐以前，其後增改，各隨軍額。

橋道興。
橋閣龍、劍、文、三泉。
防河、羅城成都。
牢城益、梓、利、夔。
開遠利、劍。
水軍興。
靜江利。
懷遠興元。
廣塞興元、三泉。
克寧成都、蜀、漢、雅、邛、嘉、綿、陵、彭、眉、簡、戎、榮、普、資、梓、合、瀘、遂、渠、昌、果、懷安、廣安、興元、洋、利、龍、劍、蓬、壁、文、興、安德、三泉、夔、渝、涪、萬、達、開、施、忠、雲安[46]、大寧。
威棹成都、嘉、眉、簡。梓州路諸州軍，劍、安德、夔、渝、涪、萬、雲安。

懷信利。

順化興。

本城梁山。

武寧元豐七年，詔成都府減廢武寧第八指揮，置馬軍騎射一。

侍衞步軍司　宣効、揀中宣効、揀中六軍、武嚴、左右龍武軍、左右羽林軍、左右神武軍、左右武肅、武和、忠靖、神衞剩員。軍頭司備軍。諸司庫務、河清、馬遞鋪等役卒。

朝服法物庫、籍田司，隸太常寺。

東西作坊、作坊物料庫、東西廣備、皮角庫，隸軍器監。

車營、致遠務、養象所、左右騏驥院、左右天駟監、牧養上下監、鞍轡庫、駝坊、皮剝所、御輦院，隸太僕寺。

文思院、綾錦院、西染裁造院，隸少府監。

軍器衣甲庫、儀鸞司、左右金吾仗司、左右街司、六軍儀仗司、軍器什物庫，隸衞尉寺。

河清、街道司，隸都水監。

修內司、東西八作司、竹木務、東西退材場、事材場、東西窰務、作坊物料庫，隸將作監(四七)。

御廚、翰林司、牛羊司、法酒庫、內酒坊、外物料庫、醋庫、油庫，隸光祿寺。

左藏庫、布庫、香藥庫、都茶庫、左右廂店宅務、修造。榷貨務、祗候庫，隸太府寺。

修倉司、四園苑、都水磨、排岸司、裝卸、金明池雜役，隸司農寺。

醴泉觀、萬壽觀、集禧觀、西太一宮、禮賓院，隸鴻臚寺。

廣固，隸修治京城所。

孳生監，隸樞密院。

府界諸門馬遞鋪，隸尚書駕部。

已上並元豐以前所隸，後皆因之。

建炎後禁廂兵(四八)

威果安吉、嘉興、杭、平江、常、嚴、鎮江、紹興、慶元、溫、台、婺、處、隆興、江、寧國、南康、潭、永、衢、道、邵武、建寧、南劍、全、福、興化、漳、汀。

全捷中興立。杭、婺、安吉、平江、泉、鎮江、紹興、慶元、寧國、寶慶、福。

雄節杭、安吉、嘉興、平江、常、嚴、溫、鎮江、紹興、江陰、慶元、台、婺、處。

武衞鎮江、紹興、溫、婺、潭。

威捷杭、溫、鎮江、紹興、婺、潭。

雄捷中興立。紹興。

威勝中興立。寶慶、慶元。

翼虎中興立。隆興。

雄略中興立。吉、潭、永、衢、隆興、全、福、廣、容。

忠節中興立。隆興、撫、臨江、寧國、江、建昌、興國、南康。

武雄撫、隆興、江、建昌、吉、興國、南安、袁、臨江、寧國、南康。

靖安中興立。全、寶慶。

靜江桂陽、郴、衡、道、全。

廣節中興立。邵武、福、漳、建寧、南劍、興化、汀。

廣二、廣三指揮中興立。泉。

親効中興立。廣。

澄海廣、循、連、南雄、封、英德、南恩、惠、潮、藤、容、賀、德、慶、昭、高、欽、雷、

建炎後廂兵

武嚴、宣効、壯役中興立。

備軍中興立。

神衞剩員隸侍衞步軍，中興隸廂軍。

廣豐倉剩員中興立。

廣効中興有揀中廣効，在廣効立(四九)。

御營喝探中興，在京師。

武和開封一指揮。中興，左右二指揮，在京。

武肅中興，在京師。

忠靖一指揮，開封，屬步軍。

奉化屬步軍，三指揮。中興有揀中奉化，在奉化上。

勁武在京。

崇勝一指揮。中興有揀中崇勝，在崇勝上。

雄猛一指揮。

保寧中興有揀中保寧，在保寧上。

寧淮中興，在淮南。
捍江杭。
宣節中興，在寶慶、潭、永、武岡、郴、衡、全、桂陽、靖、道、沅。
効勇中興，江東、西。
保節中興，五指揮。
克寧中興，四川。
寧江中興立。一指揮。
清化中興，廣西。
牢城諸州，以待有罪配隸人。
崇節中興，杭、安吉、平江、江陰、常、嚴、鎮江、溫、慶元、台、婺、江東西。
開江中興，平江。
橫江中興，平江、杭。
寧節中興，台、福、寧國、建寧、靖。
清務中興，婺。
山場中興，婺。

効勇中興，隆興、撫、贛、建昌、興國、南安、袁、吉、臨江、寧國、南康。
靖安中興立。潭、永、常德。
靜江二指揮。
威果見禁軍。
雄略中興，四指揮。
澄海中興，武岡、全。
豐國監中興立。建寧。
駕綱中興立。
長運中興立。
修江中興，杭。
都作院中興，杭。
小作院中興立。杭。
淸湖閘中興立。杭。
開湖司中興立。杭。
北城堰中興立。杭。

西河廣濟中興立。杭。
樓店務中興，杭。
長安堰閘中興立。杭。
秤斗務中興立。杭。
壯城帥府望郡立之。
鼓角匠、船務中興，杭。

校勘記

〔一〕雖無戍更　按通考卷一五二兵考引兩朝國史志作「雖或戍更」，玉海卷一三九引宋祁兵錄序作「間亦戍更」。

〔二〕內情理重及緣邊隨軍者奏裁　「者」字原脫，據長編卷六七補。

〔三〕其當從隸軍額　「從」，長編卷七七作「徙」，於義較長。

〔四〕仍見訖與假十日　按宋會要職官三六之八〇載此事說：「其經過軍士編排引見後，令歸本營，限十日搬移。」疑志文「仍」下脫「引」字。

〔五〕陝西　「陝」字原脫。按宋無「河西路」，據通考卷一五六兵考補。

〔六〕五都法　「都」原作「部」。太平治蹟統類卷三〇、羣書考索後集卷四〇都作「都」；宋會要刑法七之一六載此事作：「依禁軍例分五都管轄。」本書卷一九五兵志：「今之軍制百人爲都，五都爲營，五營爲軍，十軍爲廂。」據改。

〔七〕間詔募增　太平治蹟統類卷三〇作「廣、浙間詔增募」，及參考羣書考索後集卷四〇所載，疑「間」字上有「廣浙」爲是。

〔八〕環州下蕃落　「下」字原置「環州」上。按長編卷三一五、通考卷一五六兵考，「下」字都在「蕃落」上；下文建隆以來之制「下蕃落」條並有「環外砦，係教閱」語，當卽此軍，據改。

〔九〕馬步軍諸指揮　句下原衍「使」字，據通考卷一五六兵考刪。

〔一〇〕耀　原作「輝」。按宋代陝西路無名「輝」的州縣；本卷下文作「耀」，今改。

〔一一〕濟衞　按下文熙寧以後之制，本軍係京東、陝西兩路廂兵，分別駐濟和潤。此處「衞」屬河北路，疑當作「潤」。

〔一二〕西京　原作「西安」。按本書卷八七地理志，西安州建於元符二年，此時不當有「西安」；卷一八七兵志大中祥符四年宣示，永安指揮軍額隸西京本城廂軍；下文熙寧以後之制，京西路本軍駐地作「西京」。據改。

〔一三〕保安　原作「西安」。按宋代此時無西安，陝西路的長安也不稱西安，下文熙寧以後之制陝西路

本軍駐地作「保安」，據改。

〔一四〕郢　按本書卷八五地理志，郢州屬京西路，荊湖北路不當有「郢」；下文熙寧以後之制本軍駐地荊湖路無「郢」，而京西路則有「郢」。疑此處志文有誤。

〔一五〕瀘　原作「廬」。按「廬」是淮南路州名，據本書卷八九地理志，梓州路的瀘州作「瀘」；下文熙寧以後之制四川路本軍駐地作「瀘」，今改。

〔一六〕雲安大寧　「雲安」上原衍「雲」字，「大寧」原作「大雲」。按本書卷八九地理志，夔州路無名「雲」和「大雲」的州軍，只有雲安軍、大寧監；下文熙寧以後之制四川路本軍駐地作「大寧」，「雲」字亦不重出，今改。

〔一七〕安肅永定永靜　「安」字原脫，「永靜」原作「靜邊」。按本書卷八六地理志，河北路無名「肅」和「靜邊」的州軍，只有安肅軍和永靜軍；下文熙寧以後之制河北路本軍駐地作「安肅」、「永靜」，今改。

〔一八〕處　按處州屬兩浙路，而本條列舉置有本軍的路名無「兩浙」，此處不當有「處」字；又同上路名中有江南，本書卷八八地理志，江南西路有虔州。疑「處」爲「虔」字之訛。

〔一九〕火山　「火」字原脫。按上文曾說，治平初，募河東民爲本城廂軍，則本條中當有河東路地名。又下文熙寧以來之制所載各路本城軍，其他各路都和本條相同，而在河東路有一「火山」，即本書

卷八六地理志所載的河東路火山軍。此處「山」上當脫「火」字，因補。

〔二〇〕亳城　按宋無「亳城」，下文熙寧以後之制淮南路本軍駐地作「亳、永城」，此處「亳」下當脫一「永」字。

〔二一〕肅寧城寧　按「肅寧城」軍額前文未見；下文熙寧以後之制河北路有肅寧軍，駐肅城，而本志別無肅寧軍，疑此處有誤。

〔二二〕昌城　按宋無此州軍；下文熙寧以後之制所載兩浙路堰軍作「呂城」，其他三堰與本條同。呂城是潤州堰名，見宋會要食貨一六之八。至順鎮江志卷二：「呂城堰在丹陽縣東南五十四里。」盧憲嘉定鎮江志卷一〇載，南宋鎮江閘兵原額一百三十人。「呂」、「昌」形近，疑「昌」是「呂」字之訛。

〔二三〕陳　原作「東」。按宋無此州縣；本書卷八五地理志，京西路有陳州，下文熙寧以後之制京西路本軍駐地條有「陳」，據改。

〔二四〕克勝瀛滄黄保定　已見前文，當爲重出。

〔二五〕隰　按上文已有「隰」，此處不當重出，亦不當繫於陝西路；下文熙寧以後之制陝西路本軍駐地有「隴」，疑此處作「隰」誤。

〔二六〕西京洛陽　「西」下原衍「上」字。按本書卷一九八兵志載有河南洛陽馬監，河南府爲宋之西京，下文熙寧以後之制京西路「馬監」所在地作「西京洛陽」，據刪。

〔二七〕留　按宋無此州，下文熙寧以後之制廣南遞角場本軍駐地作「雷」，疑此處作「留」誤。

〔二八〕咸平橋道　按咸平爲開封府縣名，見本書卷八五地理志，不當屬永興軍；其屬永興軍者乃咸陽縣，下文熙寧以後之制陝西路有「咸陽橋道」，駐地爲永興，疑「平」是「陽」字之訛。

〔二九〕河淸　二字原倒，據上下文及宋會要職官五之四二改。

〔三〇〕牛羊司　原作「牛馬司」，據本書卷一六四職官志、宋會要職官二一之一〇改。

〔三一〕西水磨務　「務」原作「庫」。按本書卷一六五職官志作「水磨務」，事物紀原卷七水磨務條：「水磨東、西二務，開寶三年置。」據改。

〔三二〕左右廂店宅務　「廂」原作「廟」，下文熙寧以後之制和宋會要食貨五五之二都作「廂」，據改。

〔三三〕北京大名相州安陽洺州廣平衞州淇水　「大名」二字原脫，「洺」原作「洛」，「淇」原作「洪」。據上文建隆以來之制「馬監」條和本書卷一九八兵志補改。

〔三四〕眞定府北砦勁勇　「眞」字原脫。按本書卷八六地理志，北砦隸眞定府，咸平二年置。參據上文建隆以來之制「勁勇」條補。

〔三五〕紹興三年　「紹興」是南宋的年號，南宋廂兵另有記載，此處不應攔入。按上文爲元豐，下文爲元符，疑此處當爲「紹聖」。

〔三六〕自左衙而下十有七　「十」字原脫，據下文列舉軍額數和通考卷一五六兵考補。

〔三七〕濰揚　按京東路有濰州，無揚州；上文建隆以來之制本軍駐地作「淮陽」，而淮陽屬京東路，疑此爲「淮陽」之誤。

〔三八〕淮陽　原作「淮揚」。按此處係指京東路之淮陽軍，上文建隆以來之制本軍駐地作「淮陽」，據改。

〔三九〕西　按京西路無此州縣，疑「西」下脫「京」字。

〔四〇〕泰　原作「秦」，秦州屬陝西路，不在淮南路，上文建隆以來之制本軍駐地作「泰」，據改。

〔四一〕長安　原作「張安」，按上文建隆以來之制本軍駐地作「長安」，下文建炎後廂兵也有「長安堰閘」；長安又是杭州堰閘名，見宋會要食貨一八之五。咸淳臨安志卷三九說：長安堰，在鹽官縣西北二十五里，閘兵舊額百二十人。「張」字實爲「長」字之訛，據改。

〔四二〕梢工都　原作「梢工部」。按梢工都自建隆以來即已建立，上文淮南路的眞、楚州，江南路的洪州均有。熙寧以後駐地未變，而志文分載於兩路之下，「部」字當爲「都」字之訛，據改。

〔四三〕水運　原作「水軍」，與下文「左衙」下「水軍」重出。按此處當作「水運」，自建隆以來即已建立，駐淮南路的泰州，江南路的臨江軍，荊湖路的潭州，均見上文。熙寧以後駐地未變，而志文分載於各路之下，「軍」字當爲「運」字之訛，據改。

〔四四〕汀　按汀州屬福建路，不當繫於荊湖路。上文建隆以來之制本軍駐地亦作「潭、汀」，此處當有舛誤。

〔四五〕儋　原作「儀」。按本條上文已有「南儀」，此處不當又出「儀」字；儀州亦不屬廣南路；上文建隆以來之制本軍駐地作「儋」，據改。

〔四六〕萬達開施忠雲安　「萬」原作「葛」，「雲安」原作「雲忠」。按宋代四川路無名「葛」和「雲忠」的州軍。本書卷八九地理志，四川路有萬州和雲安軍，上文建隆以來之制本軍駐地作「萬」和「雲安」，據改。

〔四七〕將作監　原作「將作院」，據本書卷一六五職官志、職官分紀卷二二改。

〔四八〕建炎後禁廂兵　考異卷七二說：「廂」字當衍。根據本志體例，先記禁兵，後記廂兵；下文建炎後廂兵「威果」條注「見禁軍」，係指「威果」條所列駐地，則作「禁兵」似是。

〔四九〕在廣効立　據下文「在奉化上」、「在崇勝上」、「在保寧上」等例，此處當作「在廣効上」。

宋史卷一百九十

志第一百四十三

兵四　鄉兵一

陝西保毅　河北忠順　河北陝西強人砦戶　河北河東強壯
河東陝西弓箭手　河北等路弓箭社

鄉兵者，選自戶籍，或土民應募，在所團結訓練，以爲防守之兵也。周廣順中，點秦州稅戶充保毅軍，宋因之。自建隆四年，分命使臣往關西道，令調發鄉兵赴慶州。咸平四年，令陝西係稅人戶家出一丁，號曰保毅，官給糧賜，使之分番戍守。五年，陝西緣邊丁壯充保毅者至六萬八千七百七十五人。七月，以募兵離去鄉土，有傷和氣，詔諸州點充強壯戶者，稅賦止令本州輸納，有司不得支移之。先是，河北忠烈、宣勇無人承替者，雖老疾不得停

籍。至是，詔自今委無家業代替者，放令自便。自是以至天禧間，并、代廣鋭老病之兵，雖非親屬而願代者聽。河北彊壯，恐奪其農時，則以十月至正月旬休日召集而教閱之。忠烈、宣勇、廣鋭之歸農而闕員者，並自京差補；戍於河上而歲月久遠者，則特爲遷補；貧獨而無力召替者，則令逐處保明放停。

當是時，河北、河東有神鋭、忠勇、強壯，河北有忠順、強人，陝西有保毅、砦戶、強人、強人弓手，河東、陝西有弓箭手，河北東、陝西有義勇，麟州有義兵，川峽有土丁、壯丁，荊湖南、北有弩手、土丁，廣南東、西有槍手、土丁，邕州有溪洞壯丁、土丁，廣南東、西有壯丁。

當仁宗時，神鋭、忠勇、彊壯久廢，忠順、保毅僅有存者。康定初，詔河北、河東添籍彊壯，河北凡二十九萬三千，河東十四萬四千，皆以時訓練。自西師屢衂，正兵不足，乃籍陝西之民，三丁選一，以爲鄉弓手。未幾，刺充保捷，爲指揮一百八十五，分戍邊州。西師罷，多揀放焉。慶曆二年，籍河北強壯，得二十九萬五千，揀十之七爲義勇，且籍民丁以補其不足。河東揀籍如河北法。

其後，議者論「義勇爲河北伏兵，以時講習，無待儲廩，得古寓兵於農之意。惜其束於

列郡，止以爲城守之備。誠能令河北邢、冀二州分東西兩路，命二郡守分領，以時閱習，寇至卽兩路義勇翔集赴援，使其腹背受敵，則河北三十餘所常伏鋭兵矣」。朝廷下其議，河北帥臣李昭亮等議曰：「昔唐澤潞留後李抱眞籍戶丁男，三選其一，農隙則分曹角射，歲終都試，以示賞罰，三年皆善射，舉部內得勁卒二萬。既無廩費，府庫益實，乃繕甲兵爲戰具，遂雄視山東。是時，天下稱昭義步兵冠於諸軍，此近代之顯效，而或謂民兵祇可城守，難備戰陣，非通論也。但當無事時，便分義勇爲兩路，置官統領，以張用兵之勢，外使敵人疑而生謀，內亦搖動衆心，非計之得。姑令在所點集訓練，三二年間，武藝稍精，漸習行陣；遇有警，得將臣如抱眞者統馭，制其陣隊，示以賞罰，何敵不可戰哉？至於部分布列，量敵應機，繫於臨時便宜，亦難預圖。況河北、河東皆邊州之地，自置義勇，州縣以時按閱，耳目已熟，行固無疑。」詔如所議。

治平元年，宰相韓琦言：「古者籍民爲兵，數雖多而贍至薄。唐置府兵，最爲近之，後廢不能復。今之義勇，河北幾十五萬，河東幾八萬，勇悍純實，出於天性，而有物力資產、父母妻子之所係，若稍加練簡，與唐府兵何異？陝西嘗刺弓手爲保捷，河北、河東、陝西，皆控西北，事當一體。請於陝西諸州亦點義勇，止涅手背，一時不無小擾，終成長利。」天子納其

言，乃遣籍陝西義勇，得十三萬八千四百六十五人。

是時，諫官司馬光累奏，謂：「陝西頃嘗籍鄉弓手，始諭以不去鄉里。既而涅爲保捷正兵，遣戍邊州，其後不可用，遂汰爲民，徒使一路騷然，而於國無補。且祖宗平一海內，曷嘗有義勇哉？自趙元昊反，諸將覆師相繼，終不能出一旅之衆，涉區脫之地。當是時，三路鄉兵數十萬，何嘗得一人之力？議者必曰：『河北、河東不用衣廩，得勝兵數十萬，閱教精熟，皆可以戰；又兵出民間，合於古制。』臣謂不然。彼數十萬者，虛數也；閱教精熟者，外貌也；兵出民間者，名與古同而實異。蓋州縣承朝廷之意，止求數多；閱教之日，觀者但見其旗號鮮明，鉦鼓備具，行列有序，進退有節，莫不以爲眞可以戰。殊不知彼猶聚戲，若遇敵，則瓦解星散，不知所之矣。古者兵出民間，耕桑所得，皆以衣食其家，故處則富足，出則精鋭。今既賦斂農民粟帛以給正軍，又籍其身以爲兵，是一家而給二家之事也。如此，民之財力安得不屈？臣愚以爲河北、河東已刺之民，猶當放還，況陝西未刺之民乎？」帝弗聽。於是三路鄉兵，唯義勇爲最盛。

熙寧以來，則尤重蕃兵、保甲之法，餘多承舊制。前史沿革，不復具述，取其有損益者著于篇。南渡而後，土宇雖不及前，而兵制多仍其故，凡其鄉兵、砦兵之可攷者，皆附見焉。

陝西保毅　開寶八年，發渭州平涼、潘原〔一〕二縣民治城隍，因立爲保毅弓箭手，分戍鎭砦。能自置馬，免役；逃死，以親屬代，因周廣順舊制也。

咸平初，秦州極邊止置千人，分番守戍。上番人月給米六斗，仲冬，賜指揮使至副都頭紫綾綿袍，十將以下皁綾袍。五年，點陝西沿邊丁壯充保毅，凡得六萬八千人，給資糧，與正兵同戍邊郡。

慶曆初，詔悉刺爲保捷軍，唯秦州增置及三千人，環、慶、保安亦各籍置。是時，諸州總六千五百十八人，爲指揮三十一。

皇祐五年〔二〕，涇原〔三〕都總管程戡上言：「陝西保毅，近歲止給役州縣，無復責以武技。自黥刺爲保捷，而家猶不免於保毅之籍；或折賣田產，而得產者以分數助役。今秦州僅三千人，久廢農業，請罷遣。」詔自今敢私役者，計傭坐之。治平初，詔置保毅田承名額者，悉揀刺以爲義勇。熙寧四年，詔廢其軍。

環慶砦戶、強人弓手，九年，詔如禁軍法，上其籍，隸于馬軍司，廩給視中禁軍。

河北忠順　自太宗朝以瀛莫雄霸州、乾寧順安保定軍置忠順，凡三千人，分番巡徼，隸沿邊戰櫂巡檢司。自十月悉上，人給糧二升，至二月輪半營農。慶曆七年，夏竦建議與正兵參戍。八年，以水沴，多逋亡者，權益正兵代其闕額。皇祐四年，權放業農，後不復補。

河北陝西強人、砦戶、強人弓手　名號不一。咸平四年，募河北民諳契丹道路、勇鋭可爲間伺者充強人，置都頭、指揮使。無事散處田野，寇至追集，給器甲、口糧、食錢，遣出塞偷斫賊壘，能斬首級奪馬者如賞格，虜獲財畜皆畀之。慶曆二年，環州亦募，涅手背，自備戎械幷馬，置押官、甲頭、隊長，戶四等以下免役，上番防守，月給奉廩。三年，涇原路被邊城砦悉置。

環、慶二州復有砦戶，康定中，以沿邊弓手涅手背充，有警召集防戍，與保毅弓手同。大順城、西谷砦有彊人弓手，天禧、慶曆間募置，番戍爲巡徼斥候，日給糧；人賦田八

十畝，能自備馬者益賦四十畝；遇防秋，官給器甲，下番隨軍訓練。爲指揮六。

河北、河東強壯　五代時，瀛、霸諸州已置。咸平三年，詔河北家二丁、三丁籍一，四丁、五丁籍二，六丁、七丁籍三，八丁以上籍四，爲強壯[四]。五百人爲指揮，置指揮使[五]；百人爲都，置正、副都頭二人、節級四人。所在置籍，擇善騎射者第補校長，聽自置馬，勝甲者蠲其戶役。五年，募其勇敢，團結附大軍爲栅，官給鎧甲。景德元年，遣使分詣河北、河東集強壯，借庫兵給糧訓練，非緣邊卽分番迭教，寇至悉集守城，寇退營農。

至康定初，州縣不復閱習，其籍多亡。乃詔二路選補，增其數；爲伍保，迭糾遊惰及作奸者。二十五人爲團，置押官；四團爲都[六]，置正、副都頭各一人；五都爲指揮，置指揮使[七]，各以階級伏事。年二十係籍，六十免，取家人或他戶代之。歲正月，縣以籍上州，州以籍奏兵部，按舉不如法者。慶曆二年，悉揀以爲義勇，不預者釋之[八]，而存其籍，以備守葺城池。而河東強壯自此寖廢矣。

其募於河北者，舊給塘泊河淤之田，力不足以耕，重苦番教[九]，應募者寡。熙寧七年

罷之，以其田募民耕，戶兩頃，蠲其賦，以爲保甲。

河東、陝西弓箭手　周廣順初，鎭州諸縣，十戶取材勇者一人爲之，餘九戶資以器甲芻糧。建隆二年，詔釋之，凡一千四百人。

景德二年，鎭戎軍曹瑋言：「有邊民應募爲弓箭手者，請給以閒田，蠲其徭賦，有警，可參正兵爲前鋒，而官無資糧戎械之費。」詔：「人給田二頃，出甲士一人，及三頃者出戰馬一匹。設堡戍，列部伍，補指揮使以下，據兵有功勞者，亦補軍都指揮使[一〇]，置巡檢以統之。」其後，鄜延、環慶、涇原幷河東州軍亦各募置。

慶曆中，諸路總三萬二千四百七十四人，爲指揮一百九十二。是時，河東都轉運使歐陽脩言：「代州、岢嵐寧化火山軍被邊地幾二三萬頃，請募人墾種[一一]，充弓箭手。」詔宣撫使范仲淹議，以爲便。遂以岢嵐軍北草城川禁地募人拒敵界十里外占耕，得二千餘戶，歲輸租數萬斛，自備弓馬，涅手背爲弓箭手。旣以幷州明鎬沮議而止。

至和二年，韓琦奏訂鎬議非是，曰：「昔潘美患契丹數入寇，遂驅旁邊耕民[一二]內徙，苟免一時失備之咎。其後契丹講和，因循不復許人復業，遂名禁地，歲久爲戎人侵耕，漸失疆界。今代州、寧化軍有禁地萬頃，請如草城川募弓箭手，可得四千餘戶[一三]。」下幷州富弼議，弼請如琦奏。詔具爲條，視山坡川原均給，人二頃；其租秋一輸，川地畝五升，坂原地畝三升，毋折變科徭。仍指揮卽山險爲屋，以便居止，備征防，無得擅役。

先是，麟、府、豐州亦以閒田募置，人給屋，貸口糧二石，而德順軍靜邊砦壕外弓箭手尤爲勁勇。夏人利其地，數來爭占，朝廷爲築堡戍守。至治平末，河東七州軍弓箭手總七千五百人，陝西十州軍幷砦戶總四萬六千三百人。先是，康定元年，詔麟、府州募歸業人增補義軍，俾耕本戶故地而免其稅租，其制與弓箭手略同而不給田。

熙寧二年，兵部上河東七郡舊籍七千五、今籍七千，陝西十郡幷砦戶舊籍四萬六千三百，今唯秦鳳有砦戶。

三年，秦鳳路經略使李師中言：「前年築熟羊等堡，募蕃部獻地，置弓箭手。迄今三年，所募非良民，初未嘗團結訓練，竭力田事。今當置屯列堡，爲戰守計。置屯之法，百人爲屯，授田於旁塞堡，將校領農事，休卽教武技。其牛具、農器、旗鼓之屬並官予。置堡之法，諸屯倂力，自近及遠築爲堡以備寇至，寇退則悉出掩擊。」從之。

五年，趙禼爲鄜延路，以其地萬五千九百頃，募漢蕃弓箭手四千九百人。帝嘉其能省

募兵之費，褒賞之。六年，禼言新募弓箭手頗習武技，請更番代正兵歸京師。詔審度之。十月，詔熙河路以公田募弓箭手，其旁塞民強勇願自占田，出租賦，聯保伍，或義勇願應募，或民戶願受蕃部地者聽。

七年正月，帶御器械王中正詣熙河路，以土田募弓箭手。所募人毋拘路分遠近，不依常格，差官召募，仍親提舉。三月，王韶言：「河州近城川地招漢弓箭手外，其山坡地招蕃弓箭手，人給地一頃，蕃官兩頃，大蕃官三頃。仍募漢弓箭手等爲甲頭，候招及人數，補節級人員，與蕃官同管勾[一四]。自來出軍，多爲漢兵盜殺蕃兵，以爲首功，今蕃兵各願於左耳前刺『蕃兵』字。」從之。十月，中書條例司乞五路弓箭手、砦戶，除防拓、巡警及緩急事許差發外，若修城諸役，卽申經略安撫、鈐轄司。其有擅差發及科配、和雇者，並科違制之罪。從之。其夔州路義軍、廣南槍手土丁峒丁、湖南弩手、福建鄉丁槍手，依此法。

八年，詔涇原路七駐泊就糧上下番正兵、弓箭手、蕃兵約七萬餘人分爲五將，別置熙河策應將副。十年，知延州呂惠卿言：「自熙寧五年，招到弓箭手，只是權行差補，未嘗團定指揮。本司見將本路團結將分團成指揮都分，置立將校統轄，卽於臨時易爲勾集。」從之。

元豐二年，計議措置邊防所言，以涇原路正兵、漢蕃弓箭手爲十一將，分駐諸州。從

之。

三年，詔：「凡弓箭手兵騎各以五十人〔一四〕爲隊，置引戰、旗頭、左右傔旗，及以本屬酋首將校爲擁隊，並如正軍法。蕃捉生、蕃敢勇、山河戶亦如之。凡募弓箭手、蕃捉生、強人、山河戶，不以等樣，第募有保任、年十七已上、弓射七斗、任負帶者。鄜延路新舊蕃捉生、環慶路強人、諸路漢弓箭手、鄜延路歸明界保毅蕃戶弓箭手，皆涅於手背。」

四年，涇原路經略司言：「本路弓箭手闕地九千七百頃，渭州隴山一帶川原陂地四千餘頃，可募弓箭手二千餘人，或不願應募，乞收其地入官。」熙河路都大經制司〔一六〕言：「乞依熙河舊例，許涇原、秦鳳路、環慶及熙河路弓箭手投換，仍帶舊戶田土，耕種二年，即收入官〔一七〕，別招弓箭手。」皆從之。

五年正月，鄜延路經略司乞以新收復米脂、吳堡、義合、細浮圖、塞門五砦地置漢蕃弓箭手，及春耕種，其約束補職，並用舊條。從之。二月，詔提舉熙河等路弓箭手、營田、蕃部共爲一司，隸涇原路制置司。四月，詔：「蕃弓箭手陣亡，依漢弓箭手給賻。弓箭手出戰，因傷及病羸不能自還者，並依軍例賜其家。」七月，提舉熙河路弓箭手營田蕃部司康識、兼提舉營田張大寧言：「乞應新收復地差官分畫經界，選知農事廂軍耕佃，頃一人。其部押人員、節級及雇助人工歲入賞罰，並用熙河官莊法。餘並招弓箭手營田，每五十頃爲一營，差諳農

事官一員幹當。」從之。

六年，鄜延路經略司言：「弓箭手於近裏縣置田兩處，立戶及四丁已上，乞取一丁爲保甲，一丁爲弓箭手，有二丁至三丁，即且令充弓箭手。」詔保甲願充弓箭手者聽，其見充弓箭手與當丁役，毋得退就保甲，陝西、河東亦如之。

八年，詔罷秦鳳路置場集教弓箭手，令經略司講求〔一八〕土人習教所宜立法。

元祐元年，詔罷提舉熙河等路弓箭營田蕃部司。三年，兵部言：「涇原路隴山一帶係官地，例爲人侵冒，略無色役。非自朝廷置局招置摽撥，無以杜絕姦弊。」從之。其後，殿前司副都指揮使劉昌祚奏根括隴山地凡一萬九百九十頃，招置弓箭手人馬凡五千二百六十一，賜敕書獎諭。四年，詔將隴山一帶弓箭手人馬別置一將管幹，仍以涇原路第十二將爲名。五年，詔戶部遣官往熙河蘭岷路代孫路措置弓箭手土田。

紹聖元年，樞密院言：「熙河蘭岷路經略司奏，本路弓箭手，自展置以來，累經戰鬥，內有戰功補三班差使已上之人，欲並遣歸所屬差使，仍以其地令親屬承刺，如無，即別召人承之。」三年正月，詔：「自今漢蕃人互投弓箭手者，官司不得收刺，違者杖一百。」五月，詔在京府界、諸路馬軍槍手並改充弓箭手，兼習蕃槍。四年，詔張詢、巴宜專根括安西、金城膏腴地

頃畝，可以招置弓箭手若干人，具團結以聞。

元符元年二月，樞密院言：「鍾傳奏，近往涇原與章楶講究進築天都山、南牟等處。今相度如展置青南訥心，須置一將。乞權於熙、秦兩路輟那〔一九〕。新城內土田并招弓箭手，仍置提舉官二員。熙、秦兩路弓箭手，每指揮以三百人爲額，乞作二十指揮招置，不一二年間，須得數千民兵，以充武備。」從之。七月，詔：「陝西、河東路新城砦合招弓箭手投換。其元祐八年四月不得招他路弓箭手指揮勿用。」三年，提舉涇原路弓箭手安師文知涇州，罷提舉弓箭手司。

崇寧元年九月，樞密院勘會：「陝西五路并河東，自紹聖開斥以來，疆土至廣，遠者數百里，近者不減百里，罷兵以來，未曾措置。田多膏腴，雖累降詔置弓箭手，類多貧乏，或致逃走。州縣鎮砦汙吏豪民冒占沃壤，利不及於平民，且並緣舊疆，侵占新土。今遣官分往逐路提舉措置，應緣新疆土田，分定腴瘠，招置弓箭手，推行新降條法。舊弓箭手如願出佃新疆，亦仰相度施行。」詔湯景仁河東路，董采秦鳳路，陶節夫環慶路，安師文鄜延路，並提舉弓箭手。元符三年，罷提舉司，今復置。

崇寧二年十一月，安師文奏：「據權通判德順軍事盧逢原申，根括打量出四將地分管下

五砦、新占舊邊壕外地共四萬八千七百三十一頃有奇，乞特賜優賞。」詔安師文特授左朝議大夫，差遣如故；盧逢原特授朝請郎。

二年九月〔二〇〕，熙河路都轉運使鄭僅奉詔相度措置熙河新疆邊防利害，僅奏：「朝廷給田養漢蕃弓箭手，本以藩扞邊面，使顧戀家產，人自爲力。今拓境益遠，熙、秦漢蕃弓箭手乃在腹裏，理合移出。然人情重遷，乞且家選一丁，官給口糧，團成耕夫使佃官莊。遇成熟日，除糧種外，半入官，半給耕夫，候稍成次第，聽其所便。」從之。

五年三月，趙挺之言：「湟、鄯之復，歲費朝廷供億一千五百餘萬。鄭僅初建官莊之議，朝廷令會計其歲入，凡五莊之入，乃能支一莊之費。蓋鄯、湟乃西蕃之二小國，湟州謂之邈川，鄯州謂之青唐，與河南本爲三國，其地濱河，多沃壤。昔三國分據時，民之供輸於其國厚，而又每族各有酋長以統領之，皆衣食贍足，取於所屬之民。自朝廷收復以來，名爲使蕃民各占舊地以居，其實屢更戰鬥，殺戮竄逐，所存無幾。今兵將官、帥臣、知州多召閑民以居，貪冒者或受金乃與之地，又私取其羊馬駝畜，然無一毫租賦供官。若以昔輸於三國者百分之一入於縣官，即湟州資費有餘矣。」帝深然之。

翌日，知樞密院張康國入見，力言不可使新民出租，恐致擾動衆情；且言蕃民既刺手背爲兵，安可更出租賦。帝因宣諭：「新民不可搖動，兼已令多招弓箭手矣。」挺之奏：「弓箭

手，官給以地而不出租，此中國法也。若蕃兵，則其舊俗既輸納供億之物，出戰又人皆爲兵，非弓箭手之比。今朝廷所費不貲，經營數年，得此西蕃之地，若無一毫之入，而官吏、戍卒饋餉之費皆出於朝廷，何計之拙也！」帝曰：「已令姚雄經畫。」時果詔令雄括空閑地，召人耕墾出課，故深以挺之所奏爲然。挺之又云：「鄯、湟之復，羌人屢叛，溪賒羅撒走降夏國，夏國納之，時時寇邊，兵不解嚴而饋運極艱。和糴入粟，鄯州以每石價至七十貫，湟州五十餘貫。蓋倉場利於客人入中乞取，而官吏利於請給斛斗中官，獲利百倍，人人皆富。是以上下相蒙，而爲朝廷之害。」

熙寧三年〔二〕，熙河運司以歲計不足，乞以官茶博糴，每茶三斤易粟一斛，其利甚博。朝廷謂茶馬司本以博馬，不可以博糴，於茶馬司歲額外，增買川茶兩倍茶，朝廷別出錢二百萬給之，令提刑司封樁。又令茶馬官程之邵兼領轉運使，由是數歲邊用粗足。及挺之再相，熙河漕司屢申以軍糧不足爲急，乃令會去年拋降錢數共一千一百萬馱，一馱價直三千至四十千，二百馱所轉不可勝計，今年已降撥銀、錢、絹等共九百萬，乃令更支兩倍茶一百萬馱。張康國同進呈，得旨，乃密檢元豐以來茶惟用博馬指揮以進。然康國不知兩倍茶自非博馬之數，而何執中、鄧洵武雜然和之。由是兩倍茶更不支給，而鄯、湟兵費不給矣。

七年〔三〕，詔：「邊地廣而耕墾未至，膏腴荒閑，芻粟翔踴，歲糴本不貲。昨累降指揮，令

涇原路經略司與提舉弓箭手司措置，召人開墾，以助塞下積粟，爲備邊無窮之利。訪聞提舉弓箭手司與經略司執見不同，措置議論，不務和協。其提舉涇原路弓箭手錢歸善可罷。」

大觀三年二月，臣僚言：「自復西寧州，饋給每多，而儲積未廣，買價數增，市物隨踴，地利不闢，兵籍不敷，蓋招置之術失講，勸利之法未興也。乞委帥臣、監司講求，或募或招，何爲而可足弓箭手之數，以期于不闕；或拘或誘，何爲而使蕃部著業而責以耕耘。田既墾則穀自盈，募既充而兵益振，是收班超之功，盡充國之利也。」詔：「熙、河、洮、岷前後收復，歲月深久，得其地而未得其利，得其民而未得其用。地利不闢，兵籍不敷，歲仰朝廷供億，非持久之道。可令詳究本末，條畫來上。」

政和三年，秦鳳路經略安撫使何常奏：

自古行師用兵，或騎或步，率因地形。兵法曰：「蕃兵惟勁馬奔衝，漢兵惟強弩掎角。」蓋蕃長於馬，漢長於弩也。今則不然。西賊有山間部落謂之「步跋子」者，上下山坡，出入谿澗，最能踰高超遠，輕足善走；有平夏騎兵謂之「鐵鷂子」者，百里而走，千里而期，最能倏往忽來，若電擊雲飛。每於平原馳騁之處遇敵，則多用鐵鷂子以爲衝冒奔突之兵；山谷深險之處遇敵，則多用步跋子以爲擊刺掩襲之用。此西人步騎之長也。我諸路並塞之民，皆是弓箭手地分，平居以田獵騎射爲能，緩急以追逐馳騁相尙。又沿邊土兵，習於山川，慣於馳驟。關東戍卒，多是硬弩手及摽牌手，不惟扞賊勁矢，亦可使賊馬驚潰。此中國步騎之利也。

至道中，王超、丁罕等討繼遷，是時馬上用弩，遇賊則萬弩齊發，賊不能措手足而遁。又元豐間，劉昌祚等趨靈州，賊衆守隘，官軍不能進。於是用牌子爲先鋒，賊下馬臨官軍，其勢甚盛，昌祚等乃以牌子踢跳閃爍，振以響環，賊馬驚潰。若遇賊於山林險隘之處，先以牌子扞賊，次以勁弓強弩與神臂弓射賊先鋒，則矢不虛發，而皆穿心達臆矣。或遇賊於平原廣野之間，則馬上用弩攢射，可以一發而盡殪。兼牌子與馬上用弩，皆已試之效，不可不講。前所謂勁馬奔衝，強弩掎角，其利兩得之，而賊之步跋子與鐵鷂子皆不足破也。又步兵之中，必先擇其魁健材力之卒，皆用斬馬刀，別以一將統之，如唐李嗣業用陌刀法。遇鐵鷂子衝突，或掠我陣脚，或踐踏我步人，則用斬馬刀以進，是取勝之一奇也。

詔樞密院劄與諸路經略司。

四年，詔：「西羌久爲邊患，乍叛乍服，譎詐不常。頃在先朝，使者在廷，猶或犯境。今植養積歲，屢饑久困，雖誓表已進，羌夷之性不保其往。修備禦於無事之時，戒不虞於萃

聚之際，正在今日。可令陝西、河東路帥臣訓練兵伍，除治軍器，繕修樓櫓，收積芻糧，常若寇至。不可謂已進誓表，輒或弛怠，墮其姦謀。所有弓箭手、蕃兵，常令優恤，逃亡者可速招補，貧乏者亦令貸借。將佐偏裨，如或輭懦失職，具名以聞，或寇至失事，並行軍法。」

五年二月，詔：「陝西、河東逐路，自紹聖開拓邊疆以來，及西寧湟廓洮州、積石等處新邊，各有包占良田，並合招置弓箭手，以爲邊防籬落。至今累年，曠土尙多，應募人數未廣。蓋緣自罷專置提舉官隸屬經略司，事權不專，頗失措置。根括打量、催督開墾、理斷交侵等職事，盡在極邊，帥臣無由親到。即今夏人通貢，邊鄙安靜。若不乘此委官往來督責，多方招刺弓箭手墾闢閑田，補助邊計，以寬飛輓之勞，竊慮因循寖久，曠土愈多，銷耗民兵人額，有害邊防大計；兼提舉文臣玩習翰墨，多務安養，罕能衝冒寒暑。可令陝西、河東逐路，並復置提舉弓箭手司，仍各選差武臣一員充，理任、請給、恩數等並依提舉保甲條例施行。每路各置幹當公事使臣二員。仍每歲令樞密院取索逐路招到弓箭手并開墾過地土，比較優劣殿最，取旨黜陟。合措置事節，所差官條畫以聞。」

八月，樞密院言：「欲將近裏弓箭手地，但有爭訟侵冒之處，並行打量，庶幾杜絕侵冒之弊。」從之。是月，提舉河東路弓箭手司奏：「本司體訪得沿邊州軍逐處招置弓箭手，多將人戶舊用工開耕之地指射剗奪，其舊佃人遂至失業。且所出租，僅比佃戶五分之一，於公私

俱不便。今欲將係官莊屯田已有人租佃及五年者，並不在招置弓箭手請射之限。其河東路察訪司初不以邊防民兵爲重，姑息佃戶，致有此弊。欲乞應熙寧八年以前人戶租佃官田，並先取問佃人，如願投刺弓箭手，每出一丁，許依條給見佃田二頃五十畝充人馬地，若不願充弓箭手，及出丁外尙有請占不盡地土，卽拘收入官。」從之。

十一月，邊防司〔三三〕奏：「據提舉熙河蘭湟路弓箭手何灌申：漢人買田常多，比緣打量，其人亦不自安，首陳已及一千餘頃。若招弓箭手，卽可得五百人；若納租稅，每畝三斗五升、草二束，一歲間亦可得米三萬五千石〔三四〕、草二十萬束。今相度欲將漢人置買到蕃部土田願爲弓箭手者，兩頃已上刺一名，四頃已上刺兩名；如願者〔三五〕，依條立定租稅輸納。其巧爲影占者，重爲禁止。」從之。

七年三月，詔：「熙、河、鄯、湟自開拓以來，疆土雖廣而地利悉歸屬羌，官兵吏祿仰給縣官，不可爲後計。仰本路帥臣相度，以錢糧茶綵或以羌人所嗜之物，與之貿易田土。田土既多，卽招置弓箭手，入耕出戰，以固邊圉。」

宣和六年七月，詔：「已降處分，陝西昨因地震摧塌屋宇，因而死傷弓箭手，內合承襲人、速具保明聞奏。」

靖康元年二月，臣僚言：「陝西恃弓箭手爲國藩籬，舊隸帥府，比年始置提舉弓箭手官，務取數多，自以爲功。自是選練不精，遂使法制寖壞。欲乞詳酌，罷提舉官，以弓箭手復隸帥司，務求以振邊聲。」詔從之，河東路依此。四月，樞密院奏：「陝西、河東逐路漢弓箭手自來並給肥饒田，近年以來，多將舊人已給田分擘，招刺新人。蓋緣提舉官貪賞欺蔽，務要數多，妄行招刺，無以激勸。朝廷近已罷提舉官，今復隸帥司所轄，況當今邊事全藉民兵，若不早計，深慮誤事。」詔令陝西五路制置使錢蓋及陝西、河東逐路帥臣相度措置，將已分擘弓箭手田土，依舊改正撥還，所有新招到人別行給地，務要均濟。仍仰帥臣嚴切奉行。是月，徐處仁又奏，詔並送詳議司。

熙寧五年，涇原路經略司蔡挺言：「涇原勇敢三百四十四人，久不揀練，徒有虛名。臣委二將領季一點閱，校其騎射能否升除，補有功者以爲隊長，募極塞博軍子嘗歷戰陣者補其闕。益募熟戶蕃部以爲蕃勇敢，凡一千三百八十人，騎一千一百九十四匹，挽弓一石，馳逐擊刺如法。其有功者受勇敢下等奉，餘遇調發，則人給奉三百，益以芻糧。」詔諸路如挺言行之。

六年，樞密院言：「勇敢効用皆以材武應募從軍，廩食既優，戰馬戎械之具皆出公上，平時又得以家居，以勞効賞者凡四補而至借職，校弓箭手減十資，淹速相遠，甚非朝廷第功均賞之意。請自今河東、鄜延、秦鳳、環慶、熙河路各以三百，涇原路以五百爲額。第一等步射弓一石一斗，馬射九斗，奉錢千；第二等以下遞減一斗，奉七百至五百。季首閱試於經略司，射親及野戰中者有賞，全不中者削其奉，次季又不中者罷之。戰有功者以八等定賞：一、給公據，二、以爲隊長，三、守闕軍將，四、軍將，五、殿侍，六、三班借差，七、差使，八、借職。其弓箭手有功，亦以八等定賞：一、押官，承局；二、將虞候，十將；三、副兵馬使，軍使；四、副指揮使；五、都虞候；六、都指揮使；七、三班差使；八、借職。卽以闕排連者次遷。

元豐三年，詔涇原路募勇敢如鄜延路，以百人爲額。自是以後，蕃部益衆，而弓箭手多蕃兵矣。

弓箭社　河北舊有之。熙寧三年十二月，知定州滕甫言：「河北州縣近山谷處，民間各有弓箭社及獵射人，習慣便利，與夷人無異。欲乞下本道逐州縣，並令募諸色公人及城郭鄉村百姓有武勇願習弓箭者，自爲之社。每歲之春，長吏就閱試之。北人勁悍，緩急可

用。」從之。

元祐八年十一月，知定州蘇軾言：

北邊久和，河朔無事，沿邊諸郡，軍政少弛，將驕卒惰，緩急恐不可用；武藝軍裝，皆不逮陝西、河東遠甚。雖據卽目邊防事勢，三五年間必無警急，然居安慮危，有國之常，備事不素講，難以應變。臣觀祖宗以來，沿邊要害，屯聚重兵，止以壯國威而消敵謀，蓋所謂先聲後實，形格勢禁之道耳。若進取深入，交鋒兩陣，猶當雜用禁旅。至於平日保境，備禦小寇，卽須專用極邊土人。此古今不易之論也。

晁錯與漢文帝畫備邊策，不過二事：其一曰徙遠方以實空虛，其二曰制邊縣以備敵國。寶元、慶曆中，趙元昊反，屯兵四十餘萬，招刺宣毅、保捷二十五萬人，皆不得其用，卒無成功。范仲淹、劉滬、种世衡等專務整緝蕃漢熟户、弓箭手，所以封殖其家、砥礪其人者非一道。藩籬既成，賊來無所得，故元昊復臣。今河朔西路被邊州軍，自澶淵講和以來，百姓自相團結爲弓箭社，不論家業高下，戶出一人。又自相推擇家資武藝衆所服者爲社頭、社副、錄事，謂之頭目。帶弓而鋤，佩劍而樵，出入山坂，飲食長技與敵國同。私立賞罰，嚴於官府，分番巡邏，鋪屋相望，若透漏北賊及本土強盜不獲，其當番人皆有重罰。遇其警急，擊鼓，頃刻可致千人。器甲鞍馬，常若寇至。蓋親戚墳

墓所在，人自爲戰，敵深畏之。先朝名臣帥定州者韓琦、龐籍，皆加意拊循其人，以爲爪牙耳目之用，而籍又增損其約束賞罰。

熙寧六年，行保甲法，强壯、弓箭社並行廢罷。熙寧七年，應兩地供輸人戶，除元有弓箭社、强壯并義勇之類並依舊存留外，更不編排保甲。看詳上件兩次聖旨，除兩地供輸村分方許依舊置弓箭社，其餘並合廢罷。雖有上件指揮，公私相承，元不廢罷，只是令弓箭社兩丁以上人戶兼充保甲，以至逐捕本界及他盜賊，並皆驅使弓箭社人戶用命捉殺。見今州縣，全藉此等寅夜防拓，灼見弓箭社實爲邊防要用，其勢決不可廢。但以兼充保甲之故，召集追呼，勞費失業，今雖名目俱存，責其實用不逮往日。

臣竊謂陝西、河東弓箭手，官給良田，以備甲馬。今河朔沿邊弓箭社，皆是人戶祖業田產，官無絲毫之損，而捐軀捍邊，器甲鞍馬與陝西、河東無異，苦樂相遠，未盡其用。近日霸州文安縣及眞定府北砦，皆有北賊驚劫人戶，捕盜官吏拱手相視，無如之何，以驗禁軍、弓手皆不得力。向使州縣逐處皆有弓箭社，人戶致命盡力，則北賊豈敢輕犯邊砦，如入無人之境？臣已戒飭本路將吏，申嚴賞罰，加意拊循其人，輒復拾用龐籍舊奏約束，稍加增損，別立條目。欲乞朝廷立法，少賜優異，明設賞罰，以示懲勸。今已密切取會到本路極邊定保兩州、安肅廣信順安三軍邊面七縣一砦內管自來團結

弓箭社五百八十八社，六百五十一火，共計三萬一千四百一十一人。若朝廷以爲可行，立法之後，更敕將吏常加拊循，使三萬餘人分番晝夜巡邏，盜邊小寇來卽擒獲，不至狃忕〔三六〕以生戎心。而事皆循舊，無所改作，敵不疑畏，無由生事，有利無害，較然可見。

奏凡兩上，皆不報。

政和六年詔：「河北路有弓箭社縣分，已令解發異等。其逐路縣令佐，俟歲終教閱異等，帥司具優劣之最，各取旨賞罰，以爲勸沮。仍具爲令。」又高陽關路安撫司言：「大觀三年弓箭社人依保甲法、政和保甲格較最優劣，縣令各減展磨勘年有差〔三七〕。」詔依保甲格賞罰施行。

宣和七年二月，臣僚言：

往年西路提刑梁揚祖奏請勸誘民戶充弓箭社，繼下東路令倣西路例招誘。原立法之意，不過使鄉民自願入社者閱習武備，爲禦賊之具爾。奈何邀功生事之人，唯以入社之民衆多爲功，厚誣朝廷而斂怨于民，督責州縣急於星火，取五等之籍甲乙而次之，家至戶到，追胥迫脅，悉驅之入社，更無免者。法始行於西路，西路既已冒受厚賞，於是東路憲司前後論列，誕謾滋甚。近者東路之奏，數至二十四萬一千七百人，武藝優長者一十一萬六千，且云比之西路僅多一倍。陛下灼知其不然，雖命帥臣與廉訪使者覈實，彼安肯以實聞乎？今東路憲司官屬與登、淄兩州當職官，坐增秩者幾二十人，而縣令佐不及焉。不知出入阡陌間勸誘者誰歟？此其誕謾可知矣。審如所奏，山東之寇，何累月淹時未見殄滅哉？則其所奏二十四萬與十一萬，殆虛有名，不足以捍賊明矣！大抵因緣追擾，民不堪其勞，則老弱轉徙道路，强壯起爲盜賊，此亦致寇之一端也。

近者，仰煩陛下遣將出師，授以方略；又命近臣持詔撫諭，至於發內庫之藏，轉淮甸之粟以振給之，寬免其稅租，蕩宥其罪戾，丁寧纖悉，罔不曲盡。方將歸伏田畝，以爲遷善遠罪之民，詎可以其所甚病擾之邪？且私有兵器，在律之禁甚嚴。三路保伍之法，雖於農隙以講武事，然猶事畢則兵器藏於官府。今弓箭社一切兵器，民皆自藏於家，不幾於借寇哉？望陛下斷自聖心，罷京東弓箭社之名，所藏兵器悉送之官，使民得免非時追呼迫脅之擾，以安其生。應兩路緣弓箭社推恩者並追奪改正，首議之人重賜黜責，後來奏請誕謾，亦乞特賜施行，庶幾羣下悚懼，不敢妄進曲說，以肆其姦，實今日之先務也。

詔並依奏，梁揚祖落職，兵器並拘入官，弓箭社人依已降指揮放散。

校勘記

〔一〕潘原　原作「潘源」，據本書卷八七地理志、長編卷一六改。

〔二〕皇祐五年　按長編卷一七三載程戡於皇祐四年知益州；本書卷二一一宰輔表載他於至和元年七月，自知益州參知政事。可見皇祐五年程戡實在益州，不可能以涇原都總管身分上書。又據長編有關記載，程戡知渭州爲涇原都總管，在慶曆五年三月以後至十一月庚戌之前。本書卷二九二本傳也說他知渭州及上書，事在慶曆七年王則據貝州之先。此處程戡上言，長編繫於慶曆五年，當是；「皇祐」二字衍。

〔三〕涇原　原作「涇毅」，據長編卷一五七、宋會要兵一之四改。

〔四〕强壯　原作「强人」，據長編卷四七、通考卷一五六兵考改。

〔五〕置指揮使　「置指揮」三字原脫，據同上書同卷補。

〔六〕置押官四團爲都　原脫，據長編卷一二八、通考卷一五六兵考補。

〔七〕置指揮使　「置指揮」三字原脫，據同上二書同卷補。

〔八〕不預者釋之　長編卷一三五、編年綱目卷一一都作「不願者」，疑是。

〔九〕番敎　原作「蕃敎」，按此處卽上文「分番迭敎」之義，通考卷一五六兵考作「番敎」，據改。

〔一〇〕據兵有功勞者亦補軍都指揮使　「據兵」，長編卷六〇作「校長」，疑是。

〔一一〕募人墾種　「人」字原脫，據文義和長編卷一七八補。

〔一二〕旁邊耕民　「邊」字原脫，據長編卷一七八、通考卷一五六兵考補。

〔一三〕四千餘戶　「四」原作「田」，據長編卷一七八、羣書考索後集卷四六改。

〔一四〕補節級人員與蕃官同管勾　「節級」、「勾」三字原脫，據宋會要兵四之七、食貨二之四補。

〔一五〕五十人　「五」字原脫。按長編卷三〇八作「五十人」。又本書卷一九五兵志載熙寧七年新定結陣法，以五十人爲一大隊，其所載引戰、旗頭等人正和下文同，當即下文所說的正軍法。據補。

〔一六〕都大經制司　「大」字原脫，據宋會要兵四之一〇、長編卷三一六補。

〔一七〕卽收入官　「收入」二字原倒，據宋會要兵四之一〇、長編卷三一六乙正。

〔一八〕講求　原作「購求」，據宋會要兵四之一二、長編卷三五七改。

〔一九〕乞權於熙秦兩路輟那　按宋會要兵四之一六載此事，於此句上有「正將在青南訥心駐箚，副將在青南訥心嶺耳中間駐箚，逐城寨防守軍馬」之文，此處疑有脫漏。

〔二〇〕二年九月　上文已載「二年十一月」，此處又出「二年九月」，於例不合，疑有誤。

〔二一〕熙寧三年　當作「崇寧二年」。按程之邵爲熙河路轉運使兼川、陝茶馬，據宋會要職官四三之七九，在崇寧二年九月；同年十月，管幹成都府等路茶事孫鼛奏：「今年，……承朝旨比年例增兩

倍茶，應副新邊支用。」則增川茶兩倍茶也在崇寧二年。至下文所說的趙挺之再相，本書卷二一二宰輔表載，也是崇寧間事，此作「熙寧三年」誤。

〔二二〕七年　承上文是指崇寧七年，但崇寧無七年，當有誤。

〔二三〕邊防司奏　句上原衍「詔」字，據宋會要兵四之二五刪。

〔二四〕三萬五千石　「千」字原脫，據宋會要兵四之二五、通考卷一五六兵考補。

〔二五〕如願者　通考卷一五六兵考同。宋會要兵四之二五「如」下有「不」字。按上文趙挺之奏：「弓箭手，官給以地而不出租，此中國法也。」此處何灌所言，意卽願爲弓箭手者給田而不出租；不願者則依條立定租稅輸納，當以有「不」字爲是。

〔二六〕狃忕　原作「埋伏」，據通考卷一五三兵考改。

〔二七〕大觀三年弓箭社人依保甲法政和保甲格較最優劣縣令各減展磨勘年有差　此處疑有脫字。按宋會要兵一之一二作：「准大觀三年十一月內朝旨，弓箭社人依保甲法推賞，准政和保甲格比較最優。」又宋會要在「縣令」下還有「佐」字，依上文政和六年詔，此「佐」字不可省。

宋史卷一百九十一

志第一百四十四

兵五 鄉兵二

河北河東陝西義勇　陝西護塞　川峽土丁　荆湖義軍土丁弩手　夔施黔思等處義軍土丁　廣南西路土丁　廣南東路槍手　邕欽溪洞壯丁　福建路槍仗手　江南西路槍仗手　蕃兵

河北、河東、陝西義勇　慶曆二年，選河北、河東強壯幷抄民丁涅手背爲之。戶三等以上置弩一，當稅錢二千；三等以下官給。各營於其州，歲分兩番訓練，上番給奉廩，犯罪斷比廂軍，下番比強壯。

治平元年，詔陝西除商、虢二州，餘悉籍義勇。凡主戶三丁選一，六丁選二，九丁選

三，年二十至三十〔一〕材勇者充，止涅手背。以五百人爲指揮，置指揮使、副二人，正都頭三人，十將、虞候、承局、押官各五人，歲以十月番上，閱教一月而罷。又詔秦州成紀等六縣，有稅戶弓箭手、砦戶及四路正充保毅者，家六丁刺一，九丁刺二；有買保毅田承名額者，三丁刺一，六丁刺二，九丁刺三，悉以爲義勇。是歲，詔秦、隴、儀、渭、涇、原、邠、寧、環、慶、鄜、延十二州義勇，遇召集防守，日給米二升，月給醬菜錢三百。蓋慶曆初，河北路總十八萬九千三十一人，河東路總七萬七千七十九人，陝西路治平初總十五萬六千八百七十三人。

熙寧初，樞密使呂公弼請以河北義勇每指揮揀少壯藝精者百人爲上等，手背添刺「上等」字，旌別教閱，及數外藝優者亦籍之，俟有闕則補。從之。十二月，詔河北義勇，縣以歲閱；當閱于州者，宜分番，歲以一番；災傷當罷者，聽旨。其以指揮分番者，大名府五十三爲四番，眞定、瀛、洺、邢、滄、定、冀、恩、趙、深、磁、相、博自三十九以及十二並爲三番，德、祁、澶、棣、霸、濱、永靜、永寧、懷、衞、乾寧、莫、保、通利自十一以及四並爲二番。九指揮已上者再分本番爲三，教始十月，止十二月；六指揮已上者再分本番爲二，教始十月，止十一月，終滿一月罷遣。

帝嘗問陳升之曰：「侯叔獻言義勇上番何如？」王安石曰：「此事似可爲，但少須年歲間議之。」升之曰：「今募兵未已，且養上番義勇，則調度尤不易。」安石曰：「言募兵之害雖多，

及用則患少，以民與兵爲兩途故也。」十二月，帝言：「義勇可使分爲四番出戍。」呂公弼曰：「須先省得募兵，乃可議此。」安石曰：「計每歲募兵死亡之數，乃以義勇補之可也。」陳升之欲令義勇以漸戍近州，安石曰：「陛下若欲變數百年募兵之弊，則宜果斷，詳立法制。不然，無補也。」帝以爲然，曰：「須豫立定條法，不要宣布，以漸推行可也。」兩府議上番，或以爲一月，或以爲一季，且令近戍，文彥博等又言難使遠戍，安石辯之甚力。

是月，兵部上陝西、河北、河東義勇數：陝西路二十六郡舊籍十五萬三千四百，益以環慶、延州保毅、弓箭手三千八百，總十五萬六千八百，爲指揮三百二十一；河北三十三郡舊籍十八萬九千二百，今籍十八萬六千四百，爲指揮四百三十；而河東二十郡，自慶曆後總七萬七千，爲指揮一百五十九。凡三路義勇之兵，總四十二萬三千五百人。

三年七月，王安石進呈蔡挺乞以義勇爲五番教閱事，帝患密院不肯措置，安石曰：「陛下誠欲行，則孰能禦？此在陛下也。」涇、渭、儀、原四州義勇萬五千人，舊止戍守，經略使蔡挺始令遇上番依諸軍結隊，分隸諸將。選藝精者遷補，給官馬，月廩、時帛、郊賞與正兵同，遂與正兵相參戰守。時土兵有闕，召募三千人。挺奏以義勇點刺累年，雖訓肄以時，而未施於征防，意可以案府兵遺法，俾之番戍，以補土兵闕。詔復問以措置遠近番之法。挺即條上，以四州義勇分五番，番三千人，防秋以八月十五日上，十月罷；防春以正月十五日

上〔二〕，三月罷，周而復始。詔從之，行之諸路。九月，秦鳳經略安撫司言：「保毅人數不曾揀充義勇，而其子孫轉易田土，分煙析姓，少有正身。乞令保毅軍已於丁數內揀刺充義勇者，與免承認保毅。」從之。十月，韓絳乞差著作佐郎呂大忠等赴宣撫司，以備提舉義勇，從之。是月，韓絳言：「今將義勇分爲七路，延、丹、坊爲一路，邠、寧、環、慶爲一路，涇、原、儀、渭爲一路，秦、隴爲一路，陝解同、河中府爲一路，階成鳳州、鳳翔府爲一路，乾耀華、永興軍爲一路。逐年將一州之數分爲四番，緣邊四路十四州，每年秋冬合用一番屯戍；近裏三路十二州軍，卽令依此立定番次，未得逐年差發，遇本處闕少正兵，卽得勾抽或那往次邊守戍。」從之。十一月，判延州郭逵言：「陝西起發義勇赴緣邊戰守，今後並令自齎一月糗糧，折本戶稅賦。若不能自備，則就所發州軍預請口食一月。」從之。

十二月，司馬光上疏曰：

臣以不才，兼領長安一路十州兵民大柄。到官以來，伏見朝廷及宣撫等司指揮，分義勇作四番，欲令以次於緣邊戍守，選諸軍驍銳及募閭里惡少以爲奇兵；造乾糧、炒飯〔三〕、布囊、力車以備餽運，悉取歲賜趙秉常之物散給緣邊諸路，又竭內地府庫甲兵財物以助之。且以永興一路言之，所發人馬，甲八千副，錢九萬貫，銀二萬三千兩，銀盤六千枚，其餘細瑣之物，不可勝數。動皆迫以軍期，上下相驅，急於星火。官吏狼狽，下民驚疑，皆云國家將以來春大舉六師，長驅深入，以討秉常之罪。

臣以疎賤，不得預聞廟堂之議，未知茲事爲虛爲實。昨者親承德音，以爲方今邊計，惟宜謹嚴守備。其入寇，則堅壁清野，使之來無所得，兵疲食盡，可以坐收其弊。臣退而思念，聖謀高遠，深得王者懷柔遠人之道，實天下之福。及到關中，乃見凡百處置，皆爲出征調度。臣不知有司在外，不諭聖意，以致有此張皇，將陛下默運神算不令愚賤之臣得聞其實也？臣不勝惶惑，竊爲陛下危之。況關中饑饉，十室九空，爲賊盜者紛紛已多。縣官倉庫之積，所餘無幾，乃欲輕動大衆，橫挑猛獸，此臣之所大懼也。

伏望陛下深鑒安危之機，消之於未萌，杜之於未形。速下明詔撫諭關中之民，以朝廷不爲出征之計；其義勇更不分番於緣邊戍守，亦不選募奇兵；凡諸調發爲饋運之具者悉令停罷，愛惜內地倉庫之儲，以備春深賙救饑窮之人。如此，豈惟生民之幸，亦社稷之福也。惟陛下裁察。

再言之甚力，於是永興一路獨得免。

四年，詔罷陝西路義勇差役。又詔罷陝西諸路提舉義勇官，委本屬州縣依舊分番教閱。

五年七月，命崇文院校書王安禮專一編修三路義勇條貫。是月，帝問王安石義勇事如何，安石曰：「宜先了河東一路。河東舊制，每年教一月，今令上番巡檢下半月或十日，人情無不悅。又以東兵萬人所費錢糧，且取一半或三分之二，依保甲養恤其人，卽人情無不忻願者。」閏七月，執政同進呈河東保甲事，樞密院但欲爲義勇、強壯，不別名保甲。王安石曰：「此非王安禮初議也。」帝曰：「今以三丁爲義勇，兩丁爲強壯，三丁遠戍，兩丁本州縣巡檢上番，此卽王安禮所奏，但易保丁爲強壯。人習強壯久，恐別名，或致不安也。」安石曰：「義勇非單丁不替，強壯則皆第五等戶爲之，又自置弓弩及箭寄官庫，須上教乃給。今以府界保甲法推之河東，蓋寬利之，非苦之也。」帝曰：「河東義勇、強壯，已成次第。今欲遣官修義勇強壯法，又別令人團集保甲如何？」安石曰：「義勇要見丁數，卽須隱括，因團集保甲，卽一動而兩業就。今既差官隱括義勇，又別差官團集保甲，卽一事分爲兩事，恐民不能無擾。」帝卒從安石議。彥博請令安石就中書一面施行此事。安石曰：「本爲保甲，故中書預議。若止欲作義勇、強壯，卽合令樞密院取旨施行。」帝曰：「此大事，須共議乃可。」是月，秦鳳路經略呂公弼乞從本司選差官，自十月初，擇諸州上番義勇材武者以爲「上義勇」，免齎送芻糧之役；募養馬者爲「有馬上義勇」，并免其本戶支移。從之。

六年九月，詔義勇人員、節級名闕，須因教閱排連遷補。十月，熙河路經略司言：「乞許人

投換義勇，以地給之，起立稅額。詔以官地招弓箭手〔四〕；仍許近裏百姓壯勇者占射，依內地起稅，排保甲；即義勇願投充及民戶願受蕃部地者聽之。其頃畝令經略司以肥瘠定數。十一月，詔永興軍、河中府、陝解同華邠延丹坊邠寧環慶耀十五州軍各依元刺義勇外，商虢州、保安軍並止團成保甲。七年，詔義勇正身不許應募充刺，已應募者召人對替。

八年四月，詔韓琦等。曰〔五〕：「河朔義勇民兵，置之歲久，耳目已熟，將校甚整，教習亦良。然團結保甲，一道紛然。義勇舊人十去其七，或撥入保甲，或放而歸農，得增數之虛名，破可用之成法，此又徒起契丹之疑也。」七月，詔應義勇家人投軍後，本戶餘丁數少，合免義勇，並許投軍。十月，詔：「五路義勇每年赴州教，保甲赴縣教，並自十月至次年正月終；義勇不及十指揮、保甲不及十都者，自十二月起教，各據人數分定番次，教閱一月，不許拆破指揮、都保。其人數少處，只作一番、兩番，不須滿所教月分；其年已上番者，止教半月。」十二月，詔五路義勇並與保丁輪充及檢察盜賊，有違犯，依保丁法。

九年正月，詔義勇、保甲逐年遇閱日比試所習武藝，五路每州以二十分爲率取一，分爲五等，第一等解發。四月，詔：「河北西路義勇、保甲分三十六番，隨便近村分，於巡檢、縣尉下上番，半月一替；歲於農閑月，并下番人並令所轄巡檢、縣尉擇寬廣處聚教五日。」是月，兵部言：「舊條，義勇、保甲所習事藝以十分爲率，弓不得過二分，槍刀共不得過二分，餘並

習弓弩。」詔槍手依舊專習外，刀牌手令兼習弓弩，仍頒樣下五路施行〔六〕。九月，詔永興、秦鳳等路義勇，以主戶三丁以上充，不拘戶等。是年，諸路所管義勇：河北東路三萬六千二百一十八人，河北西路四萬五千七百六十六人，永興軍路八萬七千九百七十八人，秦鳳路三萬九千九百八十人，河東路三千五百九十五人，總二十四萬七千五百三十七人。

元豐二年，中書、樞密院請河北陝西義勇、保甲皆如諸軍諦教閱法。從之。三年，詔五路轉運、提舉官巡歷所至，按閱見教義勇、保甲，不如法者牒提點刑獄司施行。四年，蒲宗孟言，乞開封府、五路義勇並改爲保甲〔七〕。自此以次行於諸路矣。此後義勇改爲義勇保甲，載保甲篇。

陝西護塞　慶曆元年，募土人熟山川道路蕃情、善騎射者涅臂充。二百人爲指揮，自備戎械，就鄉閭習武技，季一集州閱教。無事放營農，月給鹽茗。有警召集防守，即廩給之，無出本路。

川峽土丁　熙寧七年，經制瀘州夷事熊本募土丁五千人，入夷界捕戮水路大小四十六村，蕩平其地二百四十里，募民墾耕，聯其夷屬以爲保甲。元祐二年，瀘南沿邊安撫使司言：「請應瀘人因邊事補授班行，自備土丁子弟在本家地分防拓之人，更無廩給酬賞。若遇賊，臨時取旨。其敢邀功生事，重寘于法。」從之。

政和六年，瀘南安撫使孫羲叟奏：「邊民冒法買夷人田，依法盡拘入官，招置土丁子弟。見招到二千四百餘人，欲令番上。」從之。

宣和四年，詔：「茂州、石泉軍舊管土丁子弟，番上守把，不諳射藝。其選施、黔兵善射者各五十人，分任教習，候精熟日遣回。」

荆湖路義軍土丁、弩手　不見創置之始，北路辰、澧二州，南路全、邵、道、永四州皆置。蓋溪洞諸蠻，保據巖險，叛服不常，其控制須土人，故置是軍。皆選自戶籍，蠲免徭賦，番戍砦柵。大率安其風土，則罕嬰瘴毒；知其區落，則可制狡獪。其校長則有都指揮使、副都指揮使、指揮使、副指揮使、都頭、副都頭、軍頭、頭首、採斫招安頭首、十將、節級，皆敍功遷補，使相綜領。施之西南，實代王師，有禦侮之備，而無饋餉之勞。其後，荆南、歸、峽、

鼎、郴、衡、桂陽亦置。

慶曆二年，北路總一萬九千四百人，南路總五千一百五十人。番戍諸砦，或以歲，或以季，或以月。上番人給口糧，有功遷補；自都副指揮使歲給綿袍、月給食錢，副指揮使〔八〕給紫大綾綿袍，都頭已上率有廩給。

熙寧元年，籍荆湖南、北路義軍凡一萬五千人，軍政如舊制。六年，諸路行保甲，司農寺請令全、邵二州土丁、弩手、弩團與本村土人共爲保甲，以正副指揮使兼充都副保正，以都頭、將虞候、頭首、都甲頭兼充保長，以左右節級、甲頭兼充小保長。番上則本鋪土丁、弩手、弩團等同爲一保，其隔山嶺不及五大保者亦各置都保正一人。

元祐七年，選差邵州邵陽、武崗、新化等縣中等以下戶充土丁、弩手，與免科役，七年一替；排補將級，不拘替放年〔九〕，分作兩番邊砦防拓，不得募人。凡上番，依禁軍例教閱武藝及專習木弩。如有私役，並論如私役禁軍敕。

紹聖二年，樞密院言：「荆湖南路安撫、轉運、提刑、常平司奏請，邵州管下緣邊堡砦置弩手一千四百人，乞依元豐六年詔，於五等戶輪差，並半年一替。其上番人如有故，許家人少壯有武藝者代充。」從之。

崇寧二年，荆湖南路安撫、鈐轄李閎言：「收復綏寧縣上堡里、臨口砦，合用防拓弩手千

人，乞於邵州邵陽、武岡兩縣中等以下戶選差，半年一替；遇上番，月支錢米；排補階級，自正副使而下至左右甲頭，依舊爲七階；分兩番部轄，令邵州給帖。」從之。

政和七年，以辰、沅、澧等州更戍土丁與營田土丁名稱重疊，將兵馬都鈐轄司招塡土丁改爲鼎澧路營田刀弩手。

重和元年，辰州招到刀弩手二千一百人，其官吏各轉官，減磨勘年有差。

宣和四年，靖州通道縣有邊警，詔添置刀弩手二千人。

夔州路義軍土丁、壯丁　州縣籍稅戶充，或自溪洞歸投。分隸邊砦，習山川道路，遇蠻入寇，遣使襲討，官軍但據險策應之。其校長之名，隨州縣補置，所在不一。職級已上，冬賜綿袍，月給食鹽、米麥、鐵錢；其次紫綾綿袍，月給鹽米；其次月給米鹽而已。有功者以次遷。

施、黔、思三州義軍土丁，總隸都巡檢司。施州諸砦有義軍指揮使、把截將、砦將，幷土丁總一千二百八十一人，壯丁六百六十九人。又有西路巡防殿侍兼義軍都指揮使、指揮使〔一〇〕、都頭、十將、押番、砦將。黔州諸砦有義軍正副指揮使、兵馬使、都頭、砦將、把截將，

幷壯丁總千六百二十五人。思州、洪杜彭水縣有義軍指揮使、巡檢將、砦將、科理、旁頭、把截、部轄將，幷壯丁總千四百二十二人。

渝州懷化軍、溱州江津巴縣巡遏將，皆州縣調補。其戶下率有子弟、客丁〔一一〕，遇有寇警，一切責辦主戶。巡遏、把截將歲支料鹽，袂子須三年其地內無寇警乃給〔一二〕，有勞者增之。州縣籍土丁子弟幷器械之數，使分地戍守。

嘉祐中，補涪州賓化縣夷人爲義軍正都頭、副都頭、把截將、十將、小節級，月給鹽，有功以次遷，及三年無夷賊警擾，卽給正副都頭紫小綾綿旋襴一。涪陵、武龍二縣巡遏將，砦一人，以物力戶充，免其役。其義軍土丁，歲以籍上樞密院。

廣南西路土丁　嘉祐七年，籍稅戶應常役外五丁點一爲之；凡得三萬九千八百人。分隊伍行陣，習槍、鏢排，冬初集州按閱。後遞歲州縣迭教，察視兵械。以防收刈，改用十一月教，一月罷。

熙寧七年，知桂州劉彝言：「舊制，宜、融、桂、邕、欽五郡土丁，成丁已上者皆籍之。既接蠻徼，自懼寇掠，守禦應援，不待驅策。而近制主戶自第四等以上，三取一以爲土丁。而

旁塞多非四等以上，若三丁籍一，則減舊丁十之七。餘三分以爲保丁，保丁多處內地，又俟其益習武事，則當蠲土丁之籍。恐邊備有闕，請如舊制便。」奏可。

元豐六年，廣西經略使熊本言：「宜州土丁七千餘人，緩急可用。欲令所屬編排，分作都分，除防盜外，緣邊有警，聽會合掩捕。」從之。

元符二年，廣西察訪司言：「桂、宜、融等用土丁緣邊防拓，差及單丁，乞差兩丁以上之家。」從之。

廣南東路槍手　嘉祐六年，廣、惠、梅、潮、循五州以戶籍置，三等已上免身役，四等以下免戶役，歲以十月一日集縣閱教。治平元年，詔所在遣官按閱，一月罷，有闕即招補；不足，選本鄉有武技者充。

熙寧元年，詔廣州槍手十之三教弓弩手。是歲，會六郡槍手，爲指揮四十一，總一萬四千七百有奇。三年，知廣州王靖言：「東路槍手，自至和初立爲土丁之額，農隙肄業一月，乃古者寓兵於農之策也。然訓練勸奬之制未備，請比三路義勇軍政教法條上約束。」四年，知封州鄧中立〔一三〕請以本路未置槍手州縣，如廣、惠等五郡例置。奏可。六年，廣東駐泊

楊從先言：「本路槍手萬四千，今爲保甲，兩丁取一，得丁二十五萬，三丁取一，得丁十三萬，以少計之，猶十倍於槍手。願委路分都監二員，分提舉教閱。」詔司農寺定法以聞。其後，戶四等以上，有三丁者以一爲之，每百人爲一都，五都〔一四〕爲一指揮。自十一月至二月，月輪一番閱習，凡三日一試，擇其技優者先遣之。七年，詔廣南東西路舊槍手、土丁戶依河北、陝西義勇法，三丁選一，餘州無槍手、土丁者勿置。九年，兵部言：「廣、惠、循、潮、南恩五郡槍手，請籍主戶第四等以上壯丁〔一五〕，毋過舊額一萬四千，餘以爲保甲。」奏可。

元豐二年，詔：廣、惠、潮、封、康、端、南恩七州皆並邊，外接蠻徼，宜依西路保甲教習武藝。時又詔虔州槍仗手以千五百，撫州建昌軍鄉丁、關軍、槍仗手各以千七百爲額。監司以農隙按閱武藝如廣東制。

邕、欽溪洞壯丁　治平二年，廣南西路安撫司集左、右兩江四十五溪洞知州、洞將，各占鄰迭爲救應，仍籍壯丁，補校長，給以旗號。峒以三十人爲一甲，置節級，五甲置都頭，十甲置指揮使，五十甲置都指揮使，總四萬四千五百人，以爲定額。各置戎械，遇有寇警召集之，二年一閱，察視戎械。有老病幷物故名闕，選少壯者塡，三歲一上。

熙寧中，王安石言：「募兵未可全罷，民兵則可漸復，至於二廣尤不可緩。今中國募禁軍往戍南方，多死，害於仁政。陛下誠移軍職所得官十二三，鼓舞百姓豪傑，使趨爲兵，則事甚易成。」於是，蘇緘請訓練二廣洞丁。舊制，一歲教兩月。安石曰：「訓練之法，當什伍其人，拔其材武之士以爲什百之長。自首領以下，各以祿利勸獎，使自勤於閱習，即事藝可成，部分可立，緩急可用。」六年，廣南西路經略沈起言：「邕州五十一郡峒丁，凡四萬五千二百。請行保甲，給戎械，教陣隊。藝出衆者，依府界推恩補授。」奏可。

九年，趙卨征交阯，入辭，帝諭以「用峒丁之法，當先誘以實利，然後可以使人；甘言虛辭，豈能責其效命？比鄜延集教蕃兵，賴卿有以制之，使輕罪可決，重罪可誅。違西夏則其禍遠，違帥臣則其禍速，合於兵法『畏我不畏敵』之義，故能責其效命。王師之南，卿宜選募勁兵數千，擇梟將領之，以脅諸峒；諭以大兵將至，從我者有賞，其不從者按族誅之。兵威既振，先脅右江，右江既附，復脅左江，兩江附則諸蠻無不附者。然後以攻交人劉紀巢穴，甚非難也。郭逵性吝嗇，卿宜諭以朝廷兵費無所惜；逵復事崖岸，不通下情，將佐莫敢言者，卿至彼，以朕語詔之。」

十年，樞密院請：「邕、欽峒丁委經略司提舉，同巡檢總泣訓練之事，一委分接〔二六〕；歲終上藝優者，與其酋首第受賞。五人爲保，五保爲隊。第爲三等：軍功武藝出衆爲上，鐲其徭役；人材矯捷爲中，鐲其科配；餘爲下。遇盜發則酋長相報，率族衆以捍寇。」十二月，詔邕、欽丁壯自備戎械，貧者假以官錢，金鼓旗幟官給，間歲大閱，畢則斂藏之。

元豐元年，經略司請集兩江峒丁爲指揮，權補將校。奏可。二年，廣西經略司言：「團結邕、欽峒丁爲指揮一百七十五，籍武藝上等一萬三千六百七人。」詔下諸臣獻議措置峒丁事，付曾布參酌損益，創爲規畫，務令詳盡，便於施行。布乃請令鎮砦監押、砦主同管轄兵甲使臣與巡檢等，分定州峒總制，立賞罰懲勸；增置都巡檢使兩員，分提舉；及增首領丁壯，歲閱之，以武藝絕倫者聞，量材補授。詔增都巡檢使二員，餘下熊本擇其可者施行之。

五年，詔：「廣南保甲如戎、瀘故事，自置裹頭無刃槍、竹標牌、木弓刀、蒿矢等習武技，遇捕盜則官給器械。」

六年，詔樞密承旨司講議，廣西峒丁如開封府界保甲集教、團教法。是年，提點廣西路刑獄彭次雲言：「邕苦瘴癘，請量留兵更戍，餘用峒丁，以季月番上，給禁軍錢糧。」詔許彥先度之〔二七〕，彥先等言：「若盡以代正兵，恐妨農。請計戍兵三之一代以峒丁，季輪二千赴邕州肄習武事。」從之。

大觀二年，詔：「熙寧團集左、右江峒丁十餘萬衆，自廣以西賴以防守。今又二十萬衆來歸，已令張莊依左、右江例相度聞奏。倘慮有司不知先務，措置滅裂，今條畫行下其所修法，入熙河蘭湟、秦鳳路敕遵行之。」

福建路槍仗手　元豐元年，轉運使蹇周輔言：「廖恩爲盜，以槍仗手捕殺，乃有冒槍仗手之名，乘賊勢驚擾村落，患有甚於廖恩者。」詔犯者特加刺配。周輔請額定槍仗手人數，歲集閱之。下其章兵部。兵部請依保甲法編排，罷舊法，以隸提刑司。居相近者五人爲小保，保有長；五小保爲一大保長，十大保爲一部，副保正。具教閱、捕盜賊、食直等令頒焉。總一萬二百人有奇，以歲之農隙，部使者分閱，依弓手法賞之。二年，立法，聽自置兵械寄於官，遇捕盜乃給，數外置者從私有法。

元祐元年，御史上官均言：「福建路往年因寇盜召募槍手，多至數百人，少不下一二百人。每歲監司親至按試犒賞，比至閱視，其老弱不閑武技者十七八。監司所至，多先期呼集。既至，往往代名充數，冒受支賞，徒有呼集之勞，而無校試之實。欲乞重行考覈，不必充滿舊數，庶幾得實。」

靖康元年，臣僚言：「天下步兵之精，無如福建路槍仗手，出入輕捷，馭得其術，一可當十。乞選官前去召募。」從之。

江南西路槍仗手　熙寧七年〔二八〕，詔籍虔汀漳三州鄉丁、槍手等，以制置盜賊司言三州壤界嶺外，民喜販鹽且爲盜，非土人不能制故也。元豐二年，詔虔州槍仗手千五百三十六人〔二九〕，撫州建昌軍鄉丁、關軍、槍仗手〔三〇〕，各千七百七十八人爲定額。每歲農隙，輪監司、提舉司官案閱武藝，以備姦盜。從前江西轉運副使蔣之奇請也。

宣和三年，兵部言：「近因江西漕臣謂本路槍仗手，元豐七年以八千二十五人爲額，至元祐中減罷七千一百四十二人，元符間雖嘗增立人數，比之元額猶減其七。乞詔諸路監司、帥臣並遵熙寧舊制補足元額。」從之。

蕃兵者，具籍塞下內屬諸部落，團結以爲藩籬之兵也。西北邊羌戎，種落不相統一，保塞者謂之熟戶，餘謂之生戶。陝西則秦鳳、涇原、環慶、鄜延，河東則石、隰、麟、府。其大首

領爲都軍主，百帳以上爲軍主，其次爲副軍主、都虞候、指揮使〔二一〕、副兵馬使，以功次補者爲刺史、諸衞將軍、諸司使、副使、承制、崇班、供奉官至殿侍。其充本族巡檢者，奉同正員，月添支錢十五千，米麪傔馬有差。刺史、諸衞將軍請給，同蕃官例。首領補軍職者，月奉錢自三千至三百，又歲給冬服綿袍凡七種，紫綾三種。十將而下皆給田土。

康定初，趙元昊反，先破金明砦，殺李士彬父子，蕃部既潰，乃破塞門、安遠砦，圍延州。二年，陝西體量安撫使王堯臣言：「涇原路熟戶萬四百七十餘帳之首領，各有職名。曹瑋帥本路，威令明著，嘗用之以平西羌。其後，守將失於撫馭，寖成驕黠。自元昊反，鎮戎軍及渭州山外皆被侵擾，近界熟戶亦遭殺擄。蕃族之情，最重酬賽，因其釁隙而激怒之，可復得其用。請遣人募首領願效用者，籍姓名及士馬之數。數及千人，聽自推有謀勇者授班行及巡檢職名，使將領出境。破蕩生戶所獲財畜，官勿檢覈。得首級及傷者給賞，仍依本族職名遷補增奉。」詔如所請。

慶曆二年，知青澗城种世衡奏：募蕃兵五千，涅右手虎口爲「忠勇」字，隸折馬山族。言者因請募熟戶，給以禁軍廩賜使戍邊，悉罷正兵。下四路安撫使議，環慶路范仲淹言：「熟戶戀土田，護老弱、牛羊，遇賊力戰，可以藩蔽漢戶，而不可倚爲正兵。大率蕃情黠詐，畏強凌弱，常有以制之則服從可用，如倚爲正兵必至驕蹇。又今蕃部都虞候至副兵馬使奉錢止

七百，悉無衣廩。若長行遽得禁兵奉給，則蕃官必生徼望。況歲罕見敵，何用長與廩給？且錢入熟戶，蕃部資市羊馬、青鹽轉入河西，亦非策也。若遇有警，旋以金帛募勇猛，爲便。」議遂格。

治平二年，詔陝西四路駐泊鈐轄秦鳳梁寔、涇原李若愚、環慶王昭明、鄜延韓則順各管勾本路蕃部，團結強人、壯馬，預爲經畫，寇至則老弱各有保存之所。仍諭寔等往來蕃帳，受其牒訴，伸其屈抑，察其反側者羈縻之，勿令猜阻以萌釁隙。寔等至蕃部召首領〔二二〕，稱詔犒勞，賚以金帛；籍城砦兵馬，計族望大小，分隊伍，給旗幟，使各繕堡壘，人置器甲，以備調發。仍約：如令下不集，押隊首領以軍法從事。自治平四年以後，蕃部族帳益多，而撫御團結之制益密，故別附于其後云：

秦鳳路：砦十三，強人四萬一千一百九十四，壯馬七千九百九十一。三陽砦，十八門、三十四大部族、四十三姓、一百八十族，總兵馬三千四百六十七。隴城砦，五門、五大部族、三十四小族、三十四姓，總兵馬二千五十四。弓門砦，二大門、十七部族、十七姓、十七小族，總兵馬一千七百四。冶坊砦〔二三〕，二大門、二大部族、九姓、九小部族，總兵馬三百六十。床穰砦〔二四〕，二大門、二大部族、十一姓、十一小族，總兵馬一千八十。靜戎砦，門三，計大部族十、六姓、十六小族，總兵馬六百二十五。定西砦，四門、四大部族、十六姓、二十八族，總兵馬六百。伏羌砦，二門、二大部族、三十二姓、三十三小部族，總兵馬一千九百九十二。安遠砦，二十三門、二十三大部族、一百二十六姓、一百二十六小族，總兵馬五千三百五十。來遠砦〔二五〕，八門、八大部族、十九姓、十九小族，總兵馬一千五百七十四。寧遠砦，四門、四大部族、三十六姓、三十六小族，總兵馬七千四百八十。古渭砦，一百七十二門、一百七十一姓、十二大部族、一萬六千九百七十小帳，兵七千七百、馬一千四百九十。

鄜延路：軍、城、堡、砦十，蕃兵一萬四千五百九十五，官馬二千三百八十二，強人六千五百四十八，壯馬八百十。永平砦，東路都巡檢所領八族，兵一千七百五十四，馬四百九。青澗城，二族，兵四千五百十，馬七百三十四。龍安砦〔二六〕，鬼魁等九族，兵五百九十九，馬一百二十九。西路德靖砦，同都巡檢所領揭家等八族，兵一千一百一十四，馬一百五十。安定堡〔二七〕，東路都巡檢所領十六族，兵一千九百八十九，馬四百六十。保安軍，兩族，兵三百六十一，馬五十。德靖砦，西路同都巡檢所領二十族，兵七千八百五，馬八百七十七。又小胡等十九族，兵六千九百五十六，馬七百二十五。保安軍，北都巡檢所領厥七等九族，兵一千四百四十一，馬一百六十七。園林堡，兩族，兵八百二十二，馬九十三。肅戎軍，卞移等八族，兵七百四十八，馬一百二十三。

涇原路：鎮、砦、城、堡二十一，強人一萬二千四百六十六，壯馬四千五百八十六，爲一百十甲，總五百五隊。新城鎮，四族，總兵馬三百四十一，爲十六隊。截原砦，六族，總兵馬五百九十六，爲六甲二十隊。平安砦，十一族，總兵馬二千三百八十四，爲十甲四十六隊。開邊砦，十八族，總兵馬一千二百五十四，爲九甲四十四隊。新門砦，十二族，總兵馬一千七十三，爲三甲二十八隊。西壕砦，三族，總兵馬四百五十四，爲四甲二十隊。柳泉鎮，十二族，總兵馬九百八十六，爲七甲三十一隊。綏寧〔二八〕、海寧砦，四族，總兵馬七百八十八，爲四十甲三

十二隊。靖安砦，四族，總兵馬一千九百八十二，爲四甲五十九隊。瓦亭砦，四族，總兵馬五百九十一，爲四甲十九隊。安國鎮，五族，總兵馬六百三十四，爲五甲二十二隊。耀武鎮，一族，總兵馬三十二，爲一隊。新砦，兩族，總兵馬一百九。東山砦，四族，總兵馬二百二，爲四甲九隊。彭陽城，三族，總兵馬一百八十四，爲六甲十二隊。德順軍，強人三千六百七十六，壯馬二千四百八十五，爲三十六甲一百三十五隊。本軍二十一族，總兵馬二千五百二，爲三十六隊。隆德砦〔二九〕，七族，總兵馬二百五十六，爲一十七甲十九隊。靜邊砦，二十四族，總兵馬一千八百七，爲三十六隊。水洛城，十九族，總兵馬一千三百五十四，爲十九甲三十八隊。通邊砦，五族，總兵馬一百七十六，爲六隊。

環慶路：鎮、砦二十八，強人三萬一千七百二十三，壯馬三千四百九十五，總一千一百八十二隊。安塞砦，四族，強人三百五十一，壯馬三十，爲十六隊。洪德砦，二族，強人二百七十三，壯馬五十二，爲十隊。肅遠砦，三族，強人一千五百五十九，壯馬二百六十三，爲六十隊。烏崙砦，一族，強人六百八十四，壯馬一百一十八，爲二十六隊。永和砦，旁家一族計六標，強人一千二百五十五，壯馬二百二，爲四十四隊。平遠砦，六族，強人五百四十，壯馬八十七，爲二十七隊。定邊砦〔三〇〕，六族，強人七百四十八，壯馬一百一十六，爲三十隊。合道鎮，十四族，強人一千五百六十五，壯馬一百八十三，爲五十七隊。木波鎮〔三一〕，十四族，強人二千一百六十九，壯馬一百九十五，爲六十一隊。石昌鎮，二族，強人四百六十二，壯馬三十四，爲十七隊。馬領鎮，四族，強人一千一十六，壯馬八十，爲二十四隊。團堡砦〔三二〕，二族，強人一千二十二，壯馬一百十一，爲二十四隊。荔原堡，十三族，強人二千二百二十一，壯馬二百九十四，爲八十二隊。大順城，二十三族，強人三千四百九十一，壯馬三百十四，爲一百四十一

隊。柔遠砦，十二族，強人二千三百八十一，壯馬一千，爲九十隊。東谷砦，十六族，強人四百五十九，壯馬五十六，爲十四隊。西谷砦，十族，強人一千七百九十四，壯馬一百四十，爲六十五隊。淮安鎭，二十七族，強人四千三百六十八，壯馬三百二十一，爲一百七十隊。平戎鎭，八族，強人一千八百八十五，壯馬一百七十一，爲四十一隊。五交鎭，十族，強人一千一百七，壯馬七十三，爲四十九隊。合水鎭，四族，強人六百三十一，壯馬九十五，爲二十四隊。鳳川鎭，二十三族，強人八百七十五，壯馬一百四十三，爲二十隊。華池鎭，三族，強人二百六十二，壯馬三十八，爲十二隊。業樂鎭〔三三〕，十七族，強人一千一百七十二，壯馬六十四，爲四十六隊。府城砦，一族，強人二百三十三，壯馬五，爲七隊。

治平四年，郭逵言：「秦州青雞川蕃部願獻地，請於川南牟谷口置城堡，募弓箭手，以通秦州、德順二州之援，斷賊入寇之路。」閏三月，收原州九砦蕃官三百八十一人，總二百二十九族，七千七百三十六帳，蕃兵萬人，馬千匹。是歲，罷四路內臣主蕃部者，選逐路升朝使臣諳練蕃情者爲之。

熙寧元年，議者謂：

熟羌乃唐設三使所統之党項也。自西夏不臣，種落叛散，分寓南北。爲首領者父死子繼，兄死弟襲，家無正親，則又推其旁屬之強者以爲族首，多或數百，雖族首年幼，

第其本門中婦女之令亦皆信服，故國家因其俗以爲法。其大首領，上自刺史下至殿侍，並補本族巡檢，次首領補軍主、指揮使，下至十將，第受廩給。歲久，主客族帳，混淆莫紀。康定中，嘗遣蔣偕籍之。今踰三十年，主家或以累降失其先職族首名品，而客戶或以功爲使臣，軍班超處主家之上。軍興調發，有司惟視職名，使號令其部曲，而衆心以非主家，莫肯爲用。

請自今蕃官身歿，秩高者子孫如例降等以爲本族巡檢，其旁邊能捍賊者給奉，遠邊者如舊限以歲月；其已降等或三班差使、殿侍身歿無等可降者，子孫不降，充軍主、指揮使者即以爲殿侍。如此，則本族蕃官名品常在。或其部曲立功當任官者，非正親毋得爲本族巡檢，止增其奉；其軍主至十將，祖、父有族帳兵騎者，子孫即承其舊，限年受廩給；能自立功者不用此令。如此，則熟羌之心皆知異日子孫不失舊職，世爲我用矣。

樞密院乃會河東路，蕃部承襲不降資〔三四〕；秦鳳路降兩資，涇原路蕃官告老以門內人承代亦不降資，鄜延、環慶路蕃官使臣比類授職。蕃官副兵馬使以上元無奏到之人，詔鄜延、環慶路蕃官本族首領子孫當繼襲者，若都軍主以下之子孫勿降，殿侍幷差使、殿侍之子孫充都軍主，借職、奉職之子孫充殿侍，侍禁、殿直之子孫充差使、殿侍，供奉官之子孫補借職，承制以下子孫補奉職；其諸司副使以上子孫合繼襲者，視漢官遺表加恩二等。奏可。

二月，知青澗城劉怤言：「所隸歸明號箭手〔三五〕八指揮，凡三千四百餘人、馬九百匹，連歲不登，願以丹州儲糧振恤。」詔下其章轉運司行之。

二年，郭逵奏：「蕃兵必得人以統領之。若專迫以嚴刑，彼必散走山谷，正兵反受其弊。當設六術以用之：曰遠斥堠，曰擇地利，曰從其所長，曰捨其所短，曰利誘其心，曰戰助其力。此用蕃兵法也。」詔從之。

三年，宣撫使韓絳言：「親奉德音，以蕃部子孫承襲者多幼弱，不能統衆，宜選其族人爲衆信伏者代領其事。聖算深遠，眞得禦邊之要。請下諸路帥臣以詔從事。」

四年，詔：「蕃官殿侍、三班差使補職，或繇殿侍遷差使及十二年，嘗充巡檢或管幹本族公事，或爲蕃官指揮，或嘗備守禦之任者，總管司以聞，特與遷改。」

五年，王韶招納沿邊蕃部，自洮、河、武勝軍以西，至蘭州、馬銜山、洮、岷、宕、疊等州，凡補蕃官、首領九百三十二人，首領給殰錢、蕃官給奉者四百七十二人，月計費錢四百八十餘緡，得正兵三萬，族帳〔三六〕數千。

六年，帝謂輔臣曰：「洮西香子城之戰，官軍貪功，有斬巴氊角部蕃兵以效級者，人極嗟

憤。昔李靖分漢蕃兵各爲一隊，無用衆於紛亂。」王安石進曰：「李靖非素拊循蕃部者也，故其教兵當如此。今熙河蕃部既爲我用，則當稍以漢法治之，使久而與漢兵如一。武王用微、盧、彭、濮人，但爲一法。今宜令蕃兵稍與漢同，與蕃賊異，必先錄用其豪傑，漸以化之。此用夏變夷之術也。」帝乃詔王韶議其法。

帝曰：「岷、河蕃部族帳甚衆，儻撫御咸得其用，可以坐制西夏，亦所謂以蠻夷攻蠻夷者也。陝西極塞，儻會合訓練，爲用兵之勢以懾敵人，彼必隨而聚兵以應我。頻年如此，自致困弊。兵法所謂『佚能勞之』者也。」安石對曰：「朝廷當先爲不可勝，聚糧積財，選兵而已。新附之羌，厚以爵賞，收其豪傑，賜之堅甲利兵，以激其氣，使人人皆有趨赴之志，待我體強力充，鼓行而西，將無不可者。」馮京、王珪曰：「儻如聖策，多方以誤之，彼既疲於點集，而我無攻取之實，久之必不我應。因爾舉兵，若蹈無人之境矣。」帝曰：「此正晉人取吳之策也。夫欲經營四夷，宜無先於此矣。」帝嘗謂：「蕃部未嘗用兵，恐以虛名內附，臨事不可使。」安石對曰：「剛克柔克，所用有宜。王韶以爲先以恩信結納其人，有強梗不服者，乃以殺伐加之。大抵蕃部之情，視西夏與中國強弱爲向背。若中國形勢強，附中國爲利，即不假殺伐，自當堅附。矧蕃部之俗，既宗貴種，又附強國，今用木征貴種等三人，又稍以恩信收蕃部，則中國形勢愈強，恐不假殺伐，而所附蕃部自可制使。」帝以爲然。是時，王韶拓熙河

地千二百里，招附三十餘萬口。安石奏曰：「今以三十萬之衆，漸推文法，當卽變其夷俗。然韶所募勇敢士九百餘人，耕田百頃，坊三十餘所。蕃部既得爲漢，而其俗又賤土貴貨，漢人得以貨與蕃部易田，蕃人得貨，兩得所欲，而田疇墾，貨殖通，蕃漢爲一，其勢易以調御。請令韶如諸路以錢借助收息，又捐百餘萬緡養馬於蕃部，且什伍其人〔三七〕，獎勸以武藝，使其人民富足，士馬強盛，奮而使之，則所嚮可以有功。今蕃部初附〔三八〕，如洪荒之人，唯我所御而已。」

七年，詔言：「討平河州叛蕃，闢土甚廣，已置弓箭手，又以其餘地募蕃兵弓箭手，每砦三指揮或至五指揮，每指揮二百五十人，人給田百畝〔三九〕，以次蕃官二百畝，大蕃官三百畝，仍募漢弓箭手爲隊長，稍衆則補將校，曁蕃官同主部族之事。其蕃弓箭手並刺『蕃兵』字於左耳，以防漢兵之盜殺而效首者。」詔如其請。十一月，王中正團結熙河界洮、河以西蕃部，得正兵三千八十六人，正副隊將六十人，供贍一萬五千四百三十人。

八年五月，詔李承之參定蕃兵法。十一月，詔：「選陝西蕃兵丁壯戶，九丁以上取五，六取四，五取三，三取二，二取一，並年二十以上，涅手背，毋過五丁。每十人置十將一，五十人置副兵馬使一，百人置軍使一、副兵馬使一，二百人置軍使一、副兵馬使三〔四〇〕，四百人加軍使一、副兵馬使一，五百人又加指揮使一、副兵馬使一，過五百人，每百人加軍使一、副

兵馬使一，卽一族三十人已上亦置副兵馬使一，不及二十人止置十將。月受奉，仍增給錢，指揮使一千五百至十將有差。」

十年，樞密院言：「陝西、河東議立團結蕃部法，欲如所奏。」上手詔曰：「夏人所恃以強國者，山界部落數萬之衆爾。按其地誌，朝廷已據有其半。彼用之則并小凌大，所向如欲；在我則徒能含撫豢養，未嘗得其死力，豈惟不能用之，又恐其爲患也。故小有悖戾，有司惟能以利說解之，上下相習畏憚，任其縱散，久失部勒。其近降之法，固未可信其必行，然以理言之，彼此均有其人，而利害遼遠。今苟循邊人，衆知其說，止於舊法聊改一二，則收功疑亦不異往日。徒爲紛紛，無補於事。可再下呂惠卿參詳以聞。」

元豐六年，詔：「蕃官雖至大使臣，猶處漢官小使臣之下〔四一〕。朝廷賞功增秩，以爲激勸，乃爾卑抑，則孰知遷官之榮？宜定蕃漢官序位。」後河東經略司言：「蕃官部堡塞兵出戰，嘗以漢官驅策，恐不當與漢官序位。」而兵部請蕃漢非統轄者乃令序官，奏可。熙河蘭會路經略制置使李憲言：「治蕃兵，置將領，法貴簡而易行，詳而難犯。臣今酌蕃情立法，凡熙河蘭會五郡，各置都同總領蕃兵將二人；本州諸部族出戰，蕃兵及供贍人馬各置管押蕃兵使臣十人。五郡蕃兵自爲一將，出戰則以正兵繼之，旗幟同色。蕃兵以技藝功勞第爲四等，蕃官首領推遷如之。」八月，憲又言：「漢蕃兵騎雜爲一軍，語言不通，居處飲食悉不便利。昔李靖以蕃落自爲一法，臣近以蕃兵自爲一將，釐漢蕃爲兩軍，相參號令，軍事惟所使焉。」

七年，瀘南緣邊安撫司言：「羅始党生界八姓，各願依七姓、十九姓刺充義軍，團結爲三十一指揮，凡一萬五千六百六十人。」從之。

元祐元年，臣僚言：「涇原路蕃兵人馬凡衆，遇臨敵與正兵錯雜，非便。」詔下其章四路都總管詳議，環慶范純粹言：「漢蕃兵馬誠不可雜用，宜於逐將各選廉勇曉蕃情者一員專充蕃將，令於平日鈐束訓練，遇有調發，卽令部領爲便。」又言：「頃兵部議乞蕃漢官非相統轄者，並依官序相壓；其城砦等管轄蕃官，卽依舊在本轄漢官之下。詔從其請。且諸路蕃官，不問官職高卑，例在漢官之下，所以尊中國，制遠人也。行之既久，忽然更制，便與不相統轄之官依品序位，卽邊上使臣及京職官當在蕃官之下十有八九，非人情所能堪。蕃部兇驕，豈可輒啓？宜悉依舊制，並序漢官之下。」從之。

元符二年三月，涇原經略司言：「乞將東西路蕃兵將廢罷，仍於順便城砦隸屬逐將統領，與漢兵相兼差使〔四二〕。」秦鳳路如之。四月，環慶路經略安撫司言：「新築定邊城有西夏來投蕃部甚衆，欲自今將歸順之人，就新城收管給田，仍乞選置總領蕃兵正副二員。」從之。

校勘記

〔一〕三十　長編卷二〇三、編年綱目卷一七都作「五十」。

〔二〕防秋以八月十五日上十月罷防春以正月十五日上　兩「上」字原都作「止」，據長編卷二一三、通考卷一五六兵考改。

〔三〕炒飯　「飯」原作「飲」，據長編卷二一八、溫國文正司馬公集卷四三諫西征疏改。

〔四〕詔以官地招弓箭手　「詔」字原脫，據長編卷二四七補。

〔五〕詔韓琦等曰　按編年綱目卷二〇：「上以虜情無厭，橫使再至」，詔前宰相韓琦等，令密具「待遇之要，備禦之方」以聞。琦答以「所以致虜之疑者七事」，其四爲「創保甲」，卽下文所引內容。長編卷二六二所載略同。此處「曰」字以下云云乃韓琦答語，不是詔文，「詔韓琦等」四字下當有脫文。

〔六〕仍頒樣下五路施行　「頒」原作「額」。按宋會要兵二之一一作「其弩樣仍頒下五路施行」，據改。

〔七〕乞開封府五路義勇並改爲保甲　按宋會要兵二之一九載蒲宗孟言：「開封府界惟有保甲無義勇，五路義勇、保甲敎習之法，事體略同，給錢糧亦不相遠。今上番敎既立一法，五路不得獨異于府界。欲乞五路義勇並排爲保甲，所貴民兵法出于一。」長編卷三一一所載同，「開封府」三字

當屬衍文。

〔八〕副指揮使　「副」、「使」二字原脫，據文義和通考卷一五六兵考補。

〔九〕不拘替放年　「放」原作「故」，據宋會要兵一之一一、通考卷一五六兵考改。又「年」字下宋會要多一「月」字。

〔一〇〕指揮使　原脫，按上下文例，都指揮使下應有指揮使一級，據通考卷一五六兵考補。

〔一一〕客丁　原作「各丁」。按通考卷一五六兵考作「客丁」，下文說：「遇有寇警，一切責辦主戶。」作「客丁」是，據改。

〔一二〕狹子須三年其地內無寇警乃給　「須」原作「領」，據文義和通考卷一五六兵考改。

〔一三〕鄧中立　「立」，長編卷二二六作「元」，太平治蹟統類卷三〇作「玄」。疑「立」是「玄」字之訛。

〔一四〕五都　原作「一都」；下衍「之下」二字。按宋代鄉兵編制，指揮以下方爲都，「一都之下爲一指揮」，與事實不合。又上一卷河北河東強壯條載：「五百人爲指揮使，百人爲都」，與長編卷二四六、通考卷一五六兵考本條所載每百人爲一都，五都爲一指揮相合。據改。

〔一五〕請籍主戶第四等以上壯丁　「四等」二字原脫。按上文記載本路槍手：「戶四等以上，有三丁者以一爲之。」宋會要兵一之七倘書兵部言，也一再提到在第四等以上主戶中抽充，其內容當即本

條之事，而記載較詳，但繫於熙寧七年，與本條異。同書兵一之八又載元豐二年前權廣東提刑許懋等上言，也有「依廣、惠、循、潮、南恩五州例，於四等以上主戶三丁取一爲槍杖手」句，則「第」字下當有「四等」二字，據補。

〔一六〕一委分接　按長編卷二八三記此事作「每季分往按閱」，疑此句當爲「一季分按」。

〔一七〕詔許彥先度之　按宋會要兵四之三五、長編卷三三二「許彥先」下多一「劉何」，本句下接着又說：「彥先等言」。「先」字下當有脫文。

〔一八〕熙寧七年　「七」原作「十」，據長編卷二五〇、通考卷一五六兵考改。

〔一九〕千五百三十六人　「千」字原脫，據上文廣南東路槍手條「虔州槍仗手以千五百」句、長編卷三〇一所記虔州槍仗手名額補。

〔二〇〕槍仗手　原脫，據同上書同卷同條補。

〔二一〕指揮使　長編卷一三二此下有「副指揮使、軍使」兩職。此處志文係綜論蕃兵編制，「軍使」一名下文屢見，此下疑有脫文。

〔二二〕召首領　「召」字原脫，據長編卷二〇三、通考卷一五六兵考補。

〔二三〕冶坊砦　「冶」原作「治」，據本書卷八七地理志、九域志卷三改。

〔二四〕床穰砦　「床」原作「床」，據同上書同卷改。

〔二五〕來遠砦　「遠」原作「還」，據同上書同卷改。

〔二六〕龍安砦　「龍」原作「隴」，據同上書同卷改。

〔二七〕安定堡　「安定」二字原倒，據同上書同卷改。

〔二八〕綏寧　原作「綏宇」，據同上書同卷改。

〔二九〕隆德砦　「隆德」二字原倒，據同上書同卷改。

〔三〇〕定邊砦　「邊」原作「遠」，據同上書同卷改。

〔三一〕木波鎮　「木」原作「水」，據九域志卷三、宋會要兵二八之一一改。

〔三二〕團堡砦　「堡」下原衍「隊」字，據本書卷八七地理志、九域志卷三刪。

〔三三〕業樂鎮　「業」原作「葉」，據宋會要兵二八之一〇和長編卷二一四、卷二二五改。

〔三四〕樞密院乃會河東路蕃部承襲不降責　此句以下至「奏可」一段，疑有衍誤。

〔三五〕歸明號箭手　「號箭手」之名前文未見，宋會要兵四之四至五作「歸明弓箭手」，疑「號」字誤，當從會要作「弓」。

〔三六〕族帳　原作「族長」。按「族帳」之名本書屢見，據通考卷一五六兵考改。

〔三七〕什伍其人　「什伍」原作「十五」，據長編卷二三三、通考卷一五六兵考改。

〔三八〕今蕃部初附　「今」原作「令」，據長編卷二三三改。

〔三九〕人給田百畝　「人」字原脫，據本書卷一九〇兵志河東陝西弓箭手條、長編卷二五一補。

〔四〇〕副兵馬使三　按通考卷一五六兵考，此下尚有「三百人置副指揮使一、軍使二、副兵馬使三」之文，此處疑有脫誤。

〔四一〕蕃官雖至大使臣猶處漢官小使臣之下　上一「臣」字原脫，「漢」原作「從」，據宋會要兵一七之三、長編卷三三七補改。

〔四二〕與漢兵相兼差使　按長編卷五〇七此句下還有「從之」二字，疑志文有脫誤。

宋史卷一百九十二

志第一百四十五

兵六 鄉兵三

保甲　建炎後鄉兵　建炎後砦兵

保甲　熙寧初，王安石變募兵而行保甲，帝從其議。三年，始聯比其民以相保任。乃詔畿內之民，十家爲一保，選主戶有幹力者一人爲保長；五十家爲一大保，選一人爲大保長；十大保爲一都保，選爲衆所服者爲都保正，又以一人爲之副。應主客戶兩丁以上，選一人爲保丁。附保〔一〕。兩丁以上有餘丁而壯勇者亦附之，內家貲最厚、材勇過人者亦充保丁，兵器非禁者聽習。每一大保夜輪五人警盜，凡告捕所獲，以賞格從事。同保犯強盜、殺人、放火、強姦、略人、傳習妖教、造畜蠱毒，知而不告，依律伍保法。餘事非干己，又

非敕律所聽糾，皆毋得告，雖知情亦不坐，若於法鄰保〔二〕合坐罪者乃坐之。其居停強盜三人，經三日，保鄰雖不知情，科失覺罪。逃移、死絕，同保不及五家，併他保。有自外入保者，收爲同保，戶數足則附之，俟及十家，則別爲保，置牌以書其戶數姓名。既行之畿甸，遂推之五路，以達于天下。時則以捕盜賊相保任，而未肄以武事也。

四年，始詔畿內保丁肄習武事。歲農隙，所隸官期日於要便鄉村都試騎步射，並以中親疏遠近爲等。騎射校其用馬，有餘藝而願試者聽。第一等保明以聞，天子親閱試之，命以官使。第二等免當年春夫〔三〕一月，馬藁四十，役錢二千，本戶無可免，或所免不及，聽移免他戶而受其直。第三、第四等視此有差。藝未精願俟閱試，或附甲單丁願就閱試者，並聽。都副保正武藝雖不及等，而能整齊保戶無擾，勸誘丁壯習藝及等，捕盜比他保最多，弭盜比他保最少，所隸官以聞，其恩視第一等焉。都副保正有闕，選大保長充。都副保正雖勸誘丁壯習藝，而輒彊率妨務者，禁之。吏因保甲事受賕、斂掠，加乞取監臨三等，杖、徒、編管、配隸，告者次第賞之，命官犯者除名。時雖使之習武技而未番上也。

五年，右正言、知制誥、判司農寺曾布言：「近日保戶數以狀詣縣，願分番隸巡檢司習武技，提點司以聞朝廷及司農寺。未敢輒議，願下提點司送中書詳審，付司農具爲令。」於是詔：「主戶保丁願上番於巡檢司，十日一更，疾故者次番代之，月給口糧、薪菜錢，分番巡警，每五十人輪大保長二、都副保正一統領之。都副保正月各給錢七千，大保長三千。當番者毋得輒離本所。捕逐劇盜，雖下番人亦聽追集，給其錢斛，事訖遣還，毋過上番人數，仍折除其上番日。巡檢司量留廂界給使，餘兵悉罷。應番保丁武技及第三等已上，並記于籍。遇歲凶，五分已上者第振之，自十五石至三石爲差。」十一月，又詔尉司上番保丁如巡檢司法。

六年，詔開封府畿以都保置木契，左留司農寺，右付其縣，凡追胥、閱試、肄習則出契。是月〔四〕，又詔行於永興、秦鳳、河北東西、河東五路，唯毋上番。餘路止相保任，毋習武藝，內荆湖、川、廣並邊者可肄武事，令監司度之。後惟全邵土丁〔五〕、邕欽洞丁、廣東槍手改爲保甲者則肄焉。十二月，乃罷河北西路強壯、緣邊弓箭社係籍番上巡守者。

初，開封府畿、五路保甲及五萬人，二年一解發，詣京師閱試命官，開封府畿十人，五路七人。八年，詔開封府畿及一萬人、五路及一萬五千人，各許解發一人。

九年，樞密院請自今都副保正、義勇軍校二年一比選，縣考其訓習武藝及等最多、捕察而盜賊最少者上于州，州上所轄官司，同比較以聞。或中選人多，則擇武藝最優者。額外尚有可解發者，則第其次爲之旌勸。第一次，州縣籍記姓名，犯杖以下聽贖；第二次，以等第賜杖子、紫衫、銀帶，犯徒罪情輕奏裁；累及三次者，降宣補之，給馬及芻菽。五路義勇

軍校二千，解發毋得過三人。保甲都副保正之解發者亦以二年，府界六人，河北、河東各四人，永興、秦鳳等路七人。都保正、指揮使與下班殿侍，副保正、副指揮使與三司軍將，正副都頭與守闕軍將，並賜衣及銀帶、銀裹頭杖，給馬有差。

初，保甲隸司農，熙寧八年，改隸兵部，增同判一、主簿二、幹當公事官十，分按諸州，其政令則聽于樞密院。十年，樞密院副都承旨張誠一上五路義勇保甲敕；元豐元年，翰林學士、權判尚書兵部許將修開封府界保甲敕成書上之，詔皆頒焉。

二年十一月，始立府界集教大保長法，以昭宣使入內內侍省副都知王中正、東上閤門使狄諮兼提舉府界教保甲大保長，總二十二縣爲教場十一所，大保長凡二千八百二十五人，每十人一色事藝，置教頭一。凡禁軍教頭二百七十，都教頭三十，使臣十。弓以八斗、九斗、一石爲三等，弩以二石四斗、二石七斗、三石爲三等，馬射九斗、八斗爲二等，其材力超拔者爲出等。當教時，月給錢三千，日給食，官予戎械、戰袍，又具銀楪、酒醪以爲賞犒。

三年，大保長藝成，乃立團教法，以大保長爲教頭，教保丁焉。凡一都保相近者分爲五團，卽本團都副保正所居空地聚教之。以大保長藝成者十人衮教，五日一周之。五分其丁，以其一爲騎，二爲弓，三爲弩〔六〕。府界法成，乃推之三路，各置文武官一人提舉，河北則

狄諮、劉定，陝西則張山甫，河東則黃廉、王崇拯，以封椿養贍義勇保甲錢糧給其費。是歲，引府界保甲武藝成，帝親閱，錄用能者，餘賜金帛。

四年，改五路義勇爲保甲。狄諮、劉定部領澶州集教大保長四百八十二人見於崇政殿，召執政賜坐閱試，補三班借職、差使、借差凡三十六人〔七〕，餘賜金帛有差。遷諮四方館使，定集賢校理。又詔曰：「三路見訓民兵非久，什長藝成，須便行府界團教之，錢糧、官吏並如畿縣，未知及期能辦與不。若更稽延月日，必致有誤措置大法，可令承旨取索會校之。」其年，府界、河北、河東、陝西路會校保甲，都保凡三千二百六十六，正長、壯丁凡六十九萬一千九百四十五，歲省舊費緡錢一百六十六萬一千四百八十三，歲費緡錢三十一萬三千一百六十六，而團教之賞爲錢一百萬有奇不與焉。凡集教、團教成，歲遣使則謂之提舉按閱，率以近臣挾內侍往給賞錢，按格令從事。諸路皆以番次藝成者爲序，率五六歲一遍，獨河東以金帛不足，乃至十一歲。上以晉人勇悍，介遼、夏間，講勸宜不可後，詔賜緡錢十五萬。時繫籍義勇、保甲及民兵凡七百一十八萬二千一百二十八人云。熙寧九年之數。

保甲立法之初，故老大臣皆以爲不便，而安石主議甚力，帝卒從之。今悉著其論難，使來者攷焉。

帝嘗論租庸調法而善之，安石對曰：「此法近井田，後世立事粗得先王遺意，則無不善。今亦無不可爲，顧難速成爾。」及帝再問，則曰：「人主誠能知天下利害，以其所謂害者制法，而加於兼併之人，則人自不敢保過限之田；以其所謂利者制法，而加於力耕之人，則人自勸於力耕，而授田不能過限。然此須漸乃能成法。使人主誠知利害之權，因以好惡加之，則所好何患人之不從，所惡何患人之不避？若人主無道以揆之，則多爲異議所奪，雖有善法，何由立哉？」

帝謂府兵與租庸調法相須，安石則曰：「今義勇、土軍上番供役，既有廩給，則無貧富皆可以入衞出戍，雖無租庸調法，亦自可爲。第義勇皆良民，當以禮義獎養。今皆倒置者，以涅其手背也，教閱而縻費也，使之運糧也。三者皆人所不樂，若更毆之就敵，使被殺戮，尤人所憚也。」

馮京曰：「義勇亦有以挽彊得試推恩者。」安石曰：「挽彊而力有不足，則絕於進取，是朝廷有推恩之濫，初非勸獎使人趨武事也。今欲措置義勇皆當反此，使害在於不爲義勇，而利在於爲義勇，則俗可變而衆技可成。臣願擇鄉閭豪傑以爲將校，稍加獎拔，則人自悅服。矧今募兵爲宿衞，及有積官至刺史以上者。移此與彼，固無不可，況不至如此費官祿，已足使人樂爲哉！陛下誠能審擇，近臣皆有政事之材，則異時可使分將此等軍矣。今募兵出於無賴之人，倘可爲軍、廂主，則近臣以上豈不及此輩，此乃先王成法，社稷之長計也。」帝以爲然。

時有欲以義勇代正兵者，曾公亮以爲置義勇、弓手，漸可以省正兵。安石曰：「誠然，第今江、淮置新弓手，適足以傷農。」富弼亦論京西弓手非便。安石曰：「揆文敎，奮武衞，先王所以待遠邇者固不同。今處置江、淮與三邊，事當有異。」

帝又言節財用，安石對以減兵最急。帝曰：「比慶曆數已甚減矣。」因舉河北、陝西兵數，慮募兵太少，又訓擇不精，緩急或闕事。安石則曰：「精訓練募兵而鼓舞三路之民習兵，則兵可省。臣屢言，河北舊爲武人割據，內抗朝廷，外敵四鄰，亦有禦奚、契丹者，兵儲不外求而足。今河北戶口蕃息，又舉天下財物奉之，常若不足；以當一面之敵，其施設乃不如武人割據時。則三路事有當講畫者，在專用其民而已。」帝又言：「邊兵不足以守，徒費衣廩。然固邊圉又不可悉減。」安石曰：「今更減兵，即誠無以待急緩；不減，則費財困國無已時。臣以謂儻不能理兵，稍復古制，則中國無富彊之理。」

帝曰：「唐都長安，府兵多在關中，則爲彊本。今都關東而府兵盛，則京師反不足待四方。」安石曰：「府兵在處可爲，又可令入衞，則不患本不彊。」韓絳、呂公弼皆以入衞爲難。文彥博曰：「如曹、濮人專爲盜賊，豈宜使入衞？」安石曰：「曹、濮人豈無應募？皆暴猾無賴

之人，尙不以爲虞；義勇皆良民，又以物力戶爲將校，豈當復以爲可虞也？」

陳升之欲令義勇以漸戍近州。安石曰：「陛下若欲去數百年募兵之敝，則宜果斷，詳立法制，令本末備具。不然，無補也。」帝曰：「制而用之，在法當預立條制，以漸推行。」彥博等又以爲土兵難使千里出戍。安石曰：「前代征流求，討党項，豈非府兵乎？」帝曰：「募兵專於戰守，故可恃；至民兵，則兵農之業相半，可恃以戰守乎？」安石曰：「唐以前未有黥兵，然亦可以戰守。臣以謂募兵與民兵無異，顧所用將帥如何爾。將帥非難求，但人主能察見羣臣情僞，善駕御之，則人材出而爲用，不患無將帥；有將帥，則不患民兵不爲用矣。」

帝曰：「經遠之策，必至什伍其民，費省而兵衆，且與募兵相爲用矣。」安石對曰：「欲公私財用不匱，爲宗社長久計，募兵之法誠當變革。」帝曰：「密院以爲必有建中之變。」安石對曰：「陛下躬行德義，憂勤政事，上下不蔽，必無此理。建中所以致變，德宗用盧杞之徒而疏陸贄，其不亡者幸也。」

時開封鞫保戶有質衣而買弓箭者，帝恐其貧乏，艱於出備。安石曰：「民貧宜有之，抑民使置弓箭，則法所弗去也〔八〕。往者冬閱及巡檢番上，唯就用在官弓矢，不知百姓何故至於質衣也。然自生民以來，兵農爲一，耒耜以養生，弓矢以免死，皆凡民所宜自具，未有造耒耜、弓矢以給百姓者也。然則，雖使百姓置弓矢亦不爲過。第陛下優恤百姓甚至，故今

立法，一聽民便爾。且府界素多羣盜，攻刼殺掠，一歲之間至二百火，逐火皆有賞錢，備賞之人即今保丁也。方其備賞之時，豈無賣易衣服以納官賞者？然人皆以謂賞錢宜出於百姓。夫出錢之多不足以止盜，而保甲之能止盜，其効已見，則雖令民出少錢以置器械，未有損也。」帝曰：「賞錢人所習慣，則安之如自然；不習慣，則不能無怨。如河決壞民產，民不怨；決河以壞民產，則怨矣。」

帝嘗批：「陳留縣所行保甲，每十人一小保，中三人或五人須要弓箭，縣吏督責，無者有刑。百姓買一弓至千五百，十箭至六七百，當青黃不接之際，貧下客丁安能出辦？又每一小保用民力築射垜，又自辦錢糧起鋪屋。每保置鼓，遇賊聲鼓，民居遠近不一，甲家遭賊，鼓在乙家，則無緣聲鼓。如此，須人置一鼓，費錢不少。可速指揮令止如元議，團保覺察盜賊，餘無得施行。鄉民既憂無錢買弓箭，加以傳惑徙之戍邊，是以父子聚首號泣者非虛也。」安石進呈不行。

帝謂安石：「保甲誠有斬指者，此事宜緩而密。」安石曰：「日力可惜。」帝曰：「然亦不可遽，恐卻沮事。」安石曰：「此事自不敢不密。」權知開封府韓維等言：「諸縣團結保甲，鄉民驚擾。祥符等縣已畢，其餘縣乞候農閑排定。」時府界諸縣鄉民，或自殘傷以避團結，安石辨說甚力。時曾孝寬爲府界提點，榜募告捕扇惑保甲者雖甚嚴，有匿名書封丘郭門者，於是

詔重賞捕之。

安石曰：「乃者保甲，人得其願上番狀，然後使之，宜於人情無所驚疑。且今居藏盜賊及爲盜賊之人，固不便新法。陛下觀長社一縣，捕獲府界劇賊爲保甲迫逐出外者至三十人。此曹既不容京畿，又見捕於輔郡，其計無聊，專務扇惑。比聞爲首扇惑者已就捕，然至京師亦止有二十許人。以十七縣十數萬家，而被扇惑者才二十許人，不可謂多。自古作事，未有不以勢率衆而能令上下如一者。今聯十數萬人爲保甲，又待其應募乃使之番上，比乃以陛下矜恤之至〔九〕。令保甲番上捕盜，若任其自去來，即孰肯聽命？若以法驅之，又非人所願。且爲天下者，如止欲任民情所願而已，則何必立君而爲之張官置吏也？今輔郡保甲，宜先遣官諭上旨，後以法推行之。」帝曰：「然。」

一日，帝謂安石曰：「曾孝寬言，民有斬指訴保甲者。」安石曰：「此事得於蔡駟，趙子幾使駟驗問，乃民因斫木誤斬指，參證者數人。大抵保甲法，上自執政大臣，中則兩制，下則盜賊及停藏之人，皆所不欲。然臣召鄉人問之，皆以爲便。則雖有斬指以避丁者，不皆然也。況保甲非特除盜，固可漸習爲兵。既人皆能射，又爲旗鼓變其耳目，且約以免稅上番代巡檢兵；又自正、長而上，能捕賊者獎之以官，則人競勸。然後使與募兵相參，則可以銷募兵驕志，且省財費，此宗社長久之計。」

帝謂什伍百姓如保甲，恐難成，不如便團結成指揮，以使臣管轄。安石曰：「陛下誠能果斷，不恤人言，即便團結指揮，亦無所妨。然指揮是虛名，五百人爲一保，緩急可喚集，雖不名爲指揮，與指揮使無異，乃是實事。幸不至大急，即免令人駭擾而事集爲上策。」帝遂變三路義勇如府畿保甲法。

馮京曰：「義勇已有指揮使，指揮使即其鄉里豪傑，今復作保甲，令何人爲大保長？」安石曰：「古者民居則爲鄉，五家爲比，比有長，及用兵，即五人爲伍，伍有伍司馬。二十五家爲閭，閭有閭胥，二十五人爲兩，兩有兩司馬。兩司馬即閭胥，伍司馬即比長，第隨事異名而已。此乃三代六鄉六軍之遺法。其法見於書，自夏以來，至周不改。秦雖決裂阡陌，然什伍之，尚如古制，此所以兵衆而強也。征伐唯府兵爲近之。今舍已然之成憲，而乃守五代亂亡之餘法，其不足以致安強無疑。然人皆恬然不以因循爲可憂者，所見淺近也。」

安石又奏：「義勇須三丁以上，請如府界，兩丁以上盡籍之。三丁即出戍，誘以厚利；而兩丁即止令於巡檢上番，如府界法。大略不過如此。當遣人與經略、轉運司及諸州長吏議之，及訪本路民情所苦所欲，因以寓法。」帝曰：「河東修義勇強壯法，又令團集保甲，如何？」安石對曰：「義勇須隱括丁數，若因團集保甲，即一動而兩業就。今既遣官隱括義勇，又別遣官團結保甲，即分爲兩事，恐民不能無擾。」或曰：「保甲不可代正軍上番否？」安石

曰：「俟其習熟，然後上番。然東兵技藝亦弗能優於義勇、保甲，臣觀廣勇、虎翼兵固然。今爲募兵者，大抵皆偸惰頑猾不能自振之人。爲農者，皆朴力一心聽令之人，則緩急莫如民兵可用。」馮京曰：「太祖征伐天下，豈用農兵？」安石曰：「太祖時接五代，百姓困極，豪傑多以從軍爲利。今百姓安業樂生，而軍中不復有如嚮時拔起爲公侯者，即豪傑不復在軍，而應募者大抵皆偸惰不能自振之人爾。」帝曰：「兵之強弱在人。五代兵弱，至世宗而強。」安石曰：「世宗所收，亦皆天下亡命強梁之人。」文彥博曰：「以道佐人主者不以兵強天下。」安石曰：「以兵強天下者非道也，然有道者固能柔能剛，能弱能強。方其能剛強，必不至柔弱。張皇六師，固先王之所尙也，但不當專務兵強爾。」帝卒從安石議。

帝曰：「保甲、義勇芻糧之費，當預爲之計。」安石曰：「當減募兵之費以供之〔一〇〕。所供保甲之費，纔養兵十之一二。」帝曰：「畿內募兵之數已減於舊。強本之勢，未可悉減。」安石曰：「既有保甲代其役，即不須募兵。今京師募兵，逃死停放，一季乃數千，但勿招塡，即爲可減。然今廂軍既少，禁兵亦不多，臣願早訓練民兵。民兵成，則募兵當減矣。」又爲上言：「今河北義勇雖十八萬，然所可奬慰者不過酋豪百數十人而已。此府兵之遺意也。」帝以爲然，令議其法。

樞密院傳上旨，以府界保甲十日一番，慮大促無以精武事，共以一月爲一番。安石奏

曰：「今保甲十日一番，計一年餘八月當番，若須一月，卽番愈疏。又昨與百姓約十日一番，今遽改命，恐愈爲人扇惑。宜俟其習熟，徐議其更番。且今保甲閱藝八等，勸獎至優，人競私習，不必上番然後就學。臣愚願以數年，其藝非特勝義勇，當必勝正兵。正兵技藝取應官法而已，非若保甲人人有勸心也。」

元豐八年，哲宗嗣位，知陳州司馬光上疏乞罷保甲，曰：

兵出民間，雖云古法，然古者八百家纔出甲士三人、步卒七十二人，閑民甚多，三時務農，一時講武，不妨稼穡。自兩司馬以上，皆選賢士大夫爲之，無侵漁之患，故卒乘輯睦，動則有功。今籍鄉村之民，二丁取一以爲保甲，授以弓弩，敎之戰陳，是農民半爲兵也。三四年來，又令河北、河東、陝西置都敎場，無問四時，每五日一敎。特置使者比監司，專切提舉，州縣不得關預。每一丁敎閱，一丁供送，雖云五日，而保正、長以泥堋除草爲名，聚之敎場，得賂則縱，否則留之，是三路耕耘收穫稼穡之業幾盡廢也。

自唐開元以來，民兵法壞，戍守戰攻，盡募長征兵士，民間何嘗習兵？國家承平百有餘年，戴白之老不識兵革，一旦畎畝之人皆戎服執兵，奔驅滿野，耆舊歎息以爲不

祥。事既草創，調發無法，比戶騷擾，不遺一家。又巡檢、指使，按行鄉村，往來如織；保正、保長，依倚弄權，坐索供給，多責賂遺，小不副意，妄加鞭撻，蠶食行伍，不知紀極。中下之民，罄家所有，侵肌削骨，無以供億，愁苦困弊，靡所投訴，流移四方，襁屬盈路。又朝廷時遣使者，徧行按閱，所至犒設賞賚，糜費金帛，以巨萬計。此皆鞭撻平民銖兩丈尺而斂之，一旦用之如糞土。而鄉村之民，但苦勞役，不感恩澤。農民之勞既如彼，國家之費又如此，終何所用哉？若使之捕盜賊，衞鄉里，則何必如此之多？使之戍邊境，事征伐，則彼遠方之民，以騎射爲業，以攻戰爲俗，自幼及長，更無他務；中國之民，大半服田力穡，雖復授以兵械，敎之擊刺，在敎場之中坐作進退，有似嚴整，必若使之與敵人相遇，塡然鼓之，鳴鏑始交，其奔北潰敗可以前料，決無疑也，豈不誤國事乎？又悉罷三路巡檢下兵士及諸縣弓手，皆易以保甲。主簿兼縣尉，但主草市以裏；其鄉村盜賊，悉委巡檢，而巡檢兼掌巡按保甲敎閱〔二〕，朝夕奔走，猶恐不辦，何暇逐捕盜賊哉？又保甲中往往有自爲盜者，亦有乘保馬行刼者。然則設保甲、保馬本以除盜，乃更資盜也。

自敎閱保甲以來，河東、陝西、京西盜賊已多，至敢白晝公行，入縣鎭，殺官吏。官軍追討，經歷歲月，終不能制。況三路未至大饑，而盜賊猖熾已如此，萬一遇數千里之蝗旱，而失業飢寒、武藝成就之人，所在蜂起以應之，其爲國家之患，可勝言哉！此非小事，不可以忽。夫奪其衣食，使無以爲生，是驅民爲盜也；使比屋習戰，勸以官賞，是敎民爲盜也；又撤去捕盜之人，是縱民爲盜也。謀國如此，果爲利乎，害乎？

且嚮者干進之士，說先帝以征伐開拓之策，故立保甲、戶馬、保馬等法。近者登極赦書有云：「應緣邊州軍，仰逐處長吏幷巡檢、使臣、鈐轄、兵士及邊上人戶不得侵擾外界，務要靜守疆埸，勿令騷擾。」此蓋聖意欲惠綏殊方，休息生民，中外之人孰不歸戴，然則保甲、戶馬復何所用哉？今雖罷戶馬，寬保馬，而保甲猶存者，蓋未有以其利害之詳奏聞者也。

臣愚以爲悉罷保甲使歸農，召提舉官還朝，量逐縣戶口，每五十戶置弓手一人，略依緣邊弓箭手法，許蔭本戶田二頃，悉免其稅役。除出賊地分〔三〕，更不立三限科校，但令捕賊給賞。若獲賊數多及能獲強惡賊人者，各隨功大小遷補職級，或補班行，務在優假弓手，使人勸募。然後募本縣鄉村戶有勇力武藝者投充，計卽今保甲中有勇力武藝者必多願應募。若一人缺額，有二人以上爭投者，卽委本縣令尉選武藝高強者充。或武藝衰退者，許他人指名與之比較，若武藝勝於舊者，卽令衝替，其被替者，更不得蔭田〔三〕。如此，則不必敎閱，武藝自然精熟。一縣之中，其壯勇者既爲弓手，其

羸弱者雖使爲盜，亦不能爲患。仍委本州及提點刑獄常按察，令佐有取舍不公者，嚴行典憲。若召募不足，且卽於鄉村戶上依舊條權差，候有投名者卽令充替。其餘巡檢兵士、縣尉弓手、耆老、壯丁逐捕盜賊，並乞依祖宗舊法。

五月，以光爲門下侍郎。光欲復申前說，以爲敎閱保甲公私勞費而無所用。是時，資政殿學士韓維、侍讀呂公著欲復上前奏，先自進呈，乞罷團敎。詔府界、三路保甲自來年正月以後並罷團敎，仍依舊每歲農隙赴縣敎閱一月，其差官置場，排備軍器，敎閱法式番次，按賞費用，令樞密院、三省同立法。後六日，光再上奏，極其懇切，蔡確等執奏不行。詔保甲依樞密院已得指揮，保馬別議立法。

九月，監察御史王巖叟言：「保甲之害，三路之民如在湯火，未必皆法之弊，蓋由提舉一司上下官吏逼之使然。而近日指揮雖令多敎〔四〕，然尙存官司，則所以爲保甲之害者，十分之六七猶在，陛下所不知也。此皆奸邪遂非飾過，而巧辭強辨以欺惑聖聽，將至深之病略示更張，以應副陛下聖意而已，非至誠爲國家去大害、復大利，以便百姓，爲太平長久之計者也。此忠義之良心所以猶抑，奸邪之素計所以尙存。天下之識者，皆言陛下不絕害源，百姓無由樂生；不屏羣邪，太平終是難致。臣願陛下奮然獨斷，如聽政之初行數事，則天下之大體無虧，陛下高枕而臥矣。」十月，詔提舉府界、三路保甲官並罷，令逐路提刑及府界提

點司兼領所有保甲，止冬教三月。又詔逐縣監教官並罷，委令佐監教。

十一月，巖叟言：

保甲行之累年，朝廷固已知人情之所共苦，而前日下詔蠲疾病，汰小弱，釋第五等之田不及二十畝者，省一月之六教而爲三日之併教〔一五〕，甚大惠也。然其司尙存，其患終在。今以臣之所見者爲陛下言，不敢隱其實以欺朝廷，亦不敢飾其事以罔成法。

夫朝廷知教民以爲兵，而不知教之太苛而民不能堪；知別爲一司以總之，而不知擾之太煩而民以生怨。教之欲以爲用也，而使之至於怨，則恐一日用之有不能如吾意者，不可不思也。

民之言曰，教法之難不足以爲苦，而羈縻之虐有甚焉；羈縻不足以爲苦，而鞭笞之酷有甚焉；鞭笞不足以爲苦，而誅求之無已有甚焉。方耕方耘而罷，方幹方營而去，此羈縻之所以爲苦也。其教也，保長得笞之，保正又笞之，巡檢之指使與巡檢者又交撻之，提舉司之指使與提舉司之幹當公事者又互鞭之，提舉之官長又鞭之，一有逃避，縣令又鞭之。人無聊生，恨不得死，此鞭笞之所以爲苦也。創袍、市巾、買弓、絛箭〔一六〕、添弦、換包指、治鞍轡、蓋涼棚〔一七〕、畫象法、造隊牌、緝架、僦椅卓、團典紙墨、看定人〔一八〕雇直、均菜緡、納稭粒之類，其名百出，不可勝數。故父老之諺曰，「兒曹空手，

不可以入教場」，非虛語也。都副兩保正、大小兩保長，平居於家，婚姻喪葬之問遺，秋成夏熟，絲麻穀麥之要求，遇於城市，飲食之責望。此迫於勢而不敢不致者也。一不如意，卽以藝不如法爲名，而捶辱之無所不至。又所謂巡檢、指使者，多由此徒以出，貪而冒法，不顧後禍，有踰於保正、保長者，此誅求之所以爲甚苦也。

又有逐養子、出贅壻、再嫁其母、兄弟析居以求免者，有毒其目、斷其指、炙其肌膚以自殘廢而求免者，有盡室以逃而不歸者，有委老弱於家而保丁自逃者。保丁者逃，則法當督其家出賞錢十千以募之。使其家有所出，當未至於逃；至於逃，則其困窮可知，而督取十千，何可以得？故每縣常有數十百家老弱嗟咨於道路，哀訴於公庭。如臣之愚，且知不忍，使陛下仁聖知之，當如何也？

又保丁之外，平民凡有一馬，皆令借供。逐場教騎，終日馳驟，往往飢羸以至於斃，誰復敢言？其或主家倘因他出，一誤借供，遂有追呼笞責之害。或因官逋督迫，不得已而易之，則有抑令還取之苦，故人人以有馬爲禍。此皆提舉官吏倚法以生事，重爲百姓之擾者也。

竊惟古者未嘗不教民以戰，而不聞其有此者，因人之情以爲法也。夫緣情以推法，則愈久而愈行；倚威以行令，則愈嚴而愈悖。此自然之理也。獸窮則搏，人窮則詐，自古及今，未有窮其下而能無危者也。臣觀保甲一司，上下官吏，無毫髮愛百姓意，故百姓視其官司不啻虎狼，積憤銜怨，人人所同。比者保丁執指使，逐巡檢，攻提舉司幹當官，大獄相繼，今猶未已。雖民之愚，顧豈忘父母妻子之愛，而喜爲犯上之惡以取禍哉？蓋激之至於此極爾！激之至深，安知其發有不甚於此者？情狀如此，不可不先事而慮，以保大體而圖安靜。

夫三時務農，一時講武，先王之通制也。一月之間併教三日，不若一歲之中併教一月〔一九〕。農事既畢，無他用心，人自安於講武而無憾。遂可罷提舉司，廢巡教官，一以隸州縣，而俾逐路安撫司總之。每俟冬教於城下，一邑分兩番，當一月。起教則與正長論階級，罷教則與正長不相誰何。庶使百姓得以優游治生，無終年遁逃之苦，無侵漁苛虐之患，無爭陵犯上之惡矣。且武事不廢，威聲亦全，豈不易而有功哉？惟陛下深計遠慮，斷在必行，以省多事，以爲生靈安樂之惠，以爲國家安靜之福。

又乞罷三路提舉保甲錢糧司及罷提舉教閱，及每歲分保甲爲兩番，於十一、十二兩月上教，不必分作四番，且不必自京師遣官視教，止令安撫司差那使臣爲使。並從之。

元祐元年正月，樞密院言：「府界、三路保甲已罷團教，其教閱器械悉上送官，仍立禁約。」閏二月，詔河北東西路〔二〇〕、永興、秦鳳等路提點刑獄兼提舉保甲，並依提刑司例各爲

一司。三月，王巖叟劾狄諮、劉定姦贓狀。御史孫升亦言：「劉定上挾章惇之姦黨，下附狄諮之庸材，大肆憑陵，公行恐喝，故眞定獲鹿之變起於後，澶、滑之盜作於前，願早正其罪。」於是諮、定皆罷，與在外宮觀。十一月，詔府界、三路保甲人戶五等已下、地土不及二十畝者，雖三丁以上，並免教。從殿中侍御史呂陶之請也。

紹聖二年七月，帝問義勇、保甲數，宰臣章惇曰：「義勇，自祖宗以來舊法。治平中，韓琦請遣使詣陝西再括丁數添刺。熙寧中，先帝始行保甲法，府界、三路得七十餘萬丁。設官教閱始於府界，衆議沸騰。教藝既成，更勝正兵。元豐中，始遣使徧教三路。先帝留神按閱，藝精者厚賞，或擢以差使、軍將名目，而一時賞賚率取諸封椿或禁軍闕額，未嘗費戶部一錢。元祐弛廢，深可惜也。」

元符二年九月，御史中丞安惇奏乞教習保甲月分，差官按試。曾布言：「保甲固當教習，然陝西、河東連年進築城砦，調發未已，河北連年水災，流民未復，以此未可督責訓練。」帝曰：「府界豈不可先行？」布曰：「熙寧中教保甲，臣在司農。是時諸縣引見保甲，事藝精熟。」章惇卽曰：「多得班行。」布曰：「止是得殿侍、軍將，然俱更差充巡檢司指揮。以此，仕宦及有力之家子弟，皆欣然趨赴。及引對，所乘皆良馬，鞍韉華楚，馬上事藝往往勝諸軍。

知縣、巡檢又皆得轉官或減年。以此，上下皆踊躍自効。然是時司農官親任其事，督責檢察極精密，縣令有抑令保甲置衣裝非理騷擾者，亦皆衝替，故人莫敢不奉法。其後乃令上番。」帝曰：「且與先自府界檢舉施行。」蔡卞曰：「於先朝法中稍加裁損，無不可之理。」布以爲甚便，容檢尋文字進呈。

十一月，蔡卞勸上復行畿內保甲教閱法，帝屢以督曾布。是日(三一)，布進呈畿內保丁總二十六萬，熙寧中教事藝者凡七萬，因言：「此事固當講求，然廢罷已十五年，一旦復行，與事初無異，當以漸行，則人不至於驚擾。」帝曰：「固當以漸行之。」布曰：「聖諭如此盡之矣。若便以元豐成法一切舉行，當時保丁存者無幾，以未教習之人，便令上番及集教，則人情洶洶，未易安也。熙寧中，施行亦有漸。容臣講求施行次第。」退以語卞，卞殊以爲不快，乃云：「熙寧初，人未知保甲之法。今耳目已習熟，自不同矣。」布不答。

徽宗崇寧四年，樞密院言：「比者京畿保甲投八百七十一牒乞免教閱，又二百三十餘牒遮樞密張康國馬首訴焉。」是月(三二)，詔京畿、三路保甲並於農隙時教閱，其月教指揮勿行。

五年，詔河北東西、河東、永興、秦鳳路各武臣一員充提舉保甲並兼提刑，其見專提舉保甲文臣並罷。是月(三三)，詔京畿差武臣一員充提舉保甲兼提刑，仍差文臣提刑兼提舉

保甲。

政和三年四月，樞密院言：「神考制保甲之法，京畿、三路聚教，每番雖號五十日，其間有能勸習弓弩該賞者首先拍放。一歲之中，在場閱教，遠者不過二十七日，近者止於十八日而已。若秋稼災傷，則免當年聚教。如武藝稍能精熟，則有激賞之法。斗力出等，則免戶下春夫、科配；最高強者，則解發引見，試藝命官。行之累年，人皆樂從。惟京東、西雖有團成保甲之名，未嘗訓以武事，慮其間亦有人材甚衆，能習武藝，可以命官任使之人。今欲依三路保甲編修點揀條約。」從之。八月，樞密院言：「諸路團成保甲者六十一萬餘人，悉皆樂從無擾。其京東、西路提舉官任諒(三四)已轉一官，直祕閣。其朝議大夫已上與轉行，武臣武功大夫特與轉遙郡刺史，餘官減磨勘年有差。」

宣和元年，詔提舉保甲督察州縣都保不如令者，限一月改正，每歲以改正多寡爲殿最。二年，詔諸路保甲法並遵依元豐舊制，京東、京西路並罷。

三年，詔：「先帝若稽成周制保伍之法，自五家相比，推而達之，二十五家爲一大保，二百五十家爲一都保。保各有長，都各有正，正各有副，使之相保相愛，以察姦慝。故有所行，諸自外來者，同保互告，使各相知；行止不明者，聽送所屬。保內盜賊，晝時集捕，知而不糾，又論如律。所以糾禁幾察，纖悉具備，奇邪寇盜，何所容跡？訪聞法行既久，州縣玩習弛廢，保丁開收既不以實，保長役使又不以時。如修鼓鋪、飾粉壁、守敗船、治道路、給夫役、催稅賦之類，科率騷擾不一，遂使寇賊奇邪無復糾察，良法美意浸成虛文。可令尚書省於諸路提點刑獄或提舉常平官內，每路選委一員，令專一督責逐縣令佐，將係籍人丁開收取實；選擇保正長，各更替如法，使鈐束保丁，遞相覺察，毋得舍亡賴作過等人，遇有盜賊，晝時追捕，若有過致藏匿者，許諸人告首，仍具條揭示。」

欽宗靖康元年三月，以尚書戶部侍郎錢蓋爲龍圖閣學士、陝西五路制置使，專一措置京兆府路保甲。六月，御史胡舜陟奏：「秦元學兵法三十年，陛下拔之下僚，爲京畿提刑，訓練保甲，聞者莫不慰悅。乞罷武臣提刑，以保甲屬元，庶得專一。」從之。十一月，京畿提舉秦元集保甲三萬，先請出屯，自當一面。不從。金兵薄城，又乞行訓練，乘間出戰。守禦使劉韐奏取保甲自益，元謀遂塞云。

建炎後鄉兵

巡社建炎元年，詔諸路州軍巡社並以忠義巡社爲名，隸宣撫司，後募鄉民爲之。每十人爲一甲，有甲長(三五)；有

隊長；四隊爲一部，有部長；五部爲一社，有社長；五社爲一都，有都正。於鄉井便處駐劄。紹興初，罷之。

槍杖手建炎二年，令福建招五千人。

土豪建炎四年，詔諸州守臣募土豪、民兵，聽州縣守令節制。後存留強壯，餘並放散。

義兵紹興十年團集，諸州名數不等。後皆以縣令爲軍正。

義士紹興元年，籍興元良家子弟，兩丁取一，四丁取二，每二十人爲一隊，號曰義士。

民兵建炎二年，每五十人爲一隊，有長、副。一戶取一丁，五丁取二丁。淳熙十四年，三丁取一，五丁取二，十丁取三。

弓箭手建炎初，應諸路漢蕃弓箭手限百日自陳承襲，紹興間，以京城外閑地(三六)，依陝西沿邊例，招弓箭手蒔種。

土丁紹興中，詔依嘉祐措置，三時務農，一時講武，諸縣逐鄉置教場，自十一月起教，至次年正月罷教。

把截將紹興二十七年，詔恭州、隔門控扼之地置土丁二百人。

峒丁建炎三年，命江西、福建諸處總領官籍定槍杖手、峒丁人數，以備調遣。紹興中，罷之。

保勝紹興六年，詔金、均、房三州保甲分爲五軍，以保勝爲名。

勇敢紹興二年，詔池州就招土人充，二千爲額。

保丁二廣保丁，每戶一名，土丁父子兄弟皆在其數。乾道中，以拘留擾民，罷之。

山水砦詳見砦兵。

萬弩手初，熙寧間，以鼎、澧、辰、沅、靖五郡弓弩手萬三千人散居邊境訓練，無事耕作，有警調發。紹興以後，增損靡定。

壯丁民社乾道四年，楚州置。

良家子紹興四年，招兩淮〔二七〕、關陝流寓及陣亡主兵將子弟驍武不能存立者充，月給比強弓手，五十人爲一隊。

義勇湖北諸郡皆有義勇，惟澧州石門、慈利不置籍。其法取於主戶〔二八〕之雙丁。每十戶爲一甲，五甲爲團。甲皆有長〔二九〕，擇邑豪爲總首。農隙教武藝，食從官司給。

湖北土丁刀弩手政和七年，募土丁充，授以閑田，散居邊境，教以武藝。紹興因之。淳熙中，李燾力言其不便，罷之。

湖南鄉社舊制，以鄉豪領之，大者統數百家，小者亦二三百家。後言者以其不便，淳熙中，擇其首領，使大者不過五十家，小者減半。

忠勇關外西和、階、成、鳳四州所聚民兵，謂之忠勇。

鎮淮初，淮南募邊民號鎮淮軍，數至十萬，月給視効勇，惟不黥涅。久之，廩不足，肆劫掠。嘉定初，選汰歸農，僅存八千餘人，以充効用，餘補鎮江大軍。淮西選二萬六千餘充御前武定軍〔三〇〕，分爲六軍，軍設統制。

忠義民兵福州諸縣舊有忠義社，屯結邑民，擇豪右爲長，量授器甲，盜由是息，人甚賴之。後有司煩擾，失初意。開禧用兵，淮、襄民兵有籍于官者，至用百六十緡以養一兵。後又放令歸業，而無所歸，多散爲盜。乃令每郡擇豪酋一

人，授以官民鎮之〔三一〕。

建炎後砦兵

兩浙西路

臨安府十三砦外沙、海內、管界、茶槽、南蕩、東梓、上管、赭山、黃灣、硤石、奉口、許村、下塘。

安吉州七砦管界、安吉、秀塞、呂小幽嶺、下塘、北豪、皋塘。

平江府八砦吳江、吳長、許浦、福山、白茅、江灣、楊林、角頭。

常州五砦〔三二〕管界、小河、馬跡、香蘭、分界。

江陰軍二砦申港、石牌。

嚴州五砦威平、港口、鳳林、茶山、管界。

兩浙東路

慶元府十砦浙東、結埼、三姑、管界、大嵩、海內、白峯、岱山、鳴鶴、公塘。

溫州十三砦城下、管界、館頭、青奧、梅奧、鹿西、蕭門、南監、東北、三尖、北監、小鹿、大荊。

台州六砦管界、亭場、吳都、白塔、松門、臨門。

處州二砦管界、梓亭。

江南東路

南康軍五砦大孤山、水陸、四望山、河湖、左里。

江南西路

隆興府七砦都巡、鄔子、松門、港口、定江、杉市、管界。

撫州七砦城南、曾田、樂安、鎮馬、旗步、招攜、湖平。

江州六砦管界、江內、茭石、馬當、城子頭、孤山。

興國二砦池口、磁湖。

袁州四砦都巡、四縣、管界、白斜。

臨江軍三砦本軍、水陸、管界。

吉州十六砦富田、走馬塍、永和鎮、觀山、明德、沙溪、西平山、楊宅、栗傳、禾山、勝鄉、造口、秀洲、新砦、北鄉、黃茅峽。

荊湖南路

永州三砦都巡、同巡、衡永界。

寶慶三砦黃茅、西縣、盧溪。

郴州五砦管界、安福、青要、赤石、上猶。

武岡軍十砦三門、石查、眞良、岳溪、臨口、關硤、黃石、新寧、綏寧、永和。

道州四砦營道、寧遠、江華、永明。

全州四砦上軍、魚口、吉寧、平塘。

福建路

邵武軍十砦同巡檢、大寺、水口、永安、明溪、仁壽、西安、永平、軍口、梅口。

建寧府七砦黃琦、籌嶺、盆亭、麻沙、水吉、苦竹、仁壽。

南劍州八砦嶮峽、洛陽、浮流、巖前、同巡、仁壽、萬安、黃土。

泉州五砦都巡、同巡、石井、小兜、三縣。

福州四砦辜嶺、甘蔗、五縣、水口。

興化軍二砦同巡、巡鹽。

漳州二砦同巡、虎嶺。

廣西路

賀州二砦臨賀、富川。

昭州四砦昭平、雲峒、西嶺、立山。

欽州二砦西縣〔三三〕、管界。

校勘記

〔一〕附保　按宋會要兵二之五此句作「單丁、老幼、病患、女戶等不以多少，並令就近附保。」長編卷二一八略同。此上當有脫文。

〔二〕鄰保　原作「類保」，據宋會要兵二之六、長編卷二一八改。

〔三〕春夫　原作「春天」。按下文有「免戶下春夫科配」語；長編卷二二六、通考卷一五三兵考都作「春夫」，據改。

〔四〕是月　按上文但說「六年」，未說何月，此處不應說是「是月」。長編卷二四六繫此事於熙寧六年八月，疑「是月」當作「八月」。

〔五〕全邵土丁　「邵」原作「部」，據本書卷一九一兵志荆湖路鄉兵條、長編卷二四六八月戊戌條注改。

〔六〕三爲弩　按宋會要兵二之二一，元豐五年正月二十二日詔：「其團教保丁依元降指揮，二分教騎乘習馬槍，四分教弓，四分教弩。」今志文係以五分爲率，其中一爲騎，二爲弓悉與此詔所畢分數比例相合；此外尚有二分當卽詔文中之四分教弩者；疑此「三分弩」之「三」爲「二」字之訛。

〔七〕三十六人　「人」原作「日」，據宋會要兵二之二一、長編卷三一六改。

〔八〕則法所弗去也　「去」，通考卷一五三兵考作「許」；長編卷二三六本句作「然府界已累約束，毋得抑勒買弓箭」，似以作「許」爲是。

〔九〕比乃以陛下矜恤之至　長編卷二三五此句作「此乃以陛下每事過謹，故須如此」。疑此處「比」字是「此」字之訛。

〔十〕當減募兵之費以供之　長編卷二三六、通考卷一五三兵考均作「當減募兵，以其費供之」。

〔十一〕而巡檢乘掌巡按保甲教閱　「而巡檢」三字原脫，據長編卷三五五、溫國文正司馬公文集卷四六乞罷保甲狀補。

〔十二〕除出賊地分　按同上書同卷同篇所載，此句下都有「嚴加科罰，及令出賞錢外，其發賊地分」十五字，方接下句，疑此下有脫文。

〔十三〕更不得蔭田　「更」原作「中」，據同上書同卷同篇改。

〔十四〕雖令冬教　長編卷三五九作「雖止令冬教」。參酌上文，當有「止」字。

〔十五〕三日之併教　「日」原作「月」，本卷下文有「一月之間併教三日」語，長編卷三六一、通考卷一五三兵考「月」都作「日」，據改。

〔十六〕條箭　長編卷三六一、通考卷一五三兵考均作「修箭」。

〔十七〕蓋涼棚　「蓋」字原脫，據同上書同卷同篇補。

〔十八〕看定人　長編卷三六一作「看驗人」，通考卷一五三兵考作「看聽人」。

〔十九〕不若一歲之中併教一月　「中」，同上書同卷同篇都作「終」，按下文說「農事既畢，無他用心」，其後又說「每俟冬教於城下」，以文義言，當以作「終」爲切。

〔二十〕河北東西路　「北」下原衍「河」字，據宋會要兵二之三五、職官四四之五二及長編卷三七〇刪。

〔二一〕是日　據長編卷五一八，係指元祐二年十一月乙未日。

〔二二〕是月　本書卷二〇徽宗紀作「九月」。

〔二三〕是月　宋會要兵二之三九作「二月」。

〔二四〕任諒　原作「任掠」，據本書卷三五六任諒傳、宋會要兵二之三九改。

〔二五〕有甲長　據宋會要兵二之五一、繫年要錄卷八，此下當有「每五甲爲一隊」六字。

〔二六〕閑地　原作「闕地」，據通考卷一五六兵考改

〔二七〕兩淮　朝野雜記甲集卷一八興元良家子條：「興元良家子者，紹興四年，吳玠爲宣撫副使時所創也。其始，招兩河、關陝流寓及陣亡兵將子弟驍勇雄健不能自存者爲之。」當南渡之初，兩淮人口主要流寓江南，入川者當不如兩河流寓之多，疑作「兩河」是。

〔二八〕主戶　原作「至戶」，據朝野雜記甲集卷一八、通考卷一五六兵考改。

〔二九〕甲皆有長　朝野雜記甲集卷一八作「甲團皆有長」。

〔三十〕御前武定軍　「武定」二字原倒，據朝野雜記乙集卷一七、岳珂愧郯錄卷一三改。

〔三一〕授以官民鎮之　按兩朝綱目卷一二作「授以兵官使之彈壓」，通考卷一五六兵考作「授以官兵使之彈壓」，疑此處有誤。

〔三二〕常州五砦　「州」原作「山」。按本書卷八八地理志兩浙西路無「常山」而有「常州」；又大清一統志卷八六，常州府有小河寨巡司、馬蹟巡司，分別爲宋代小河寨、馬蹟山寨地，府內又有香蘭山和分界山，與本條注文正合，據改。

〔三三〕西縣　按本書卷九〇地理志，欽州共轄兩縣，無「西縣」之名，疑「西」爲「兩」字之訛。

宋史卷一百九十三

志第一百四十六

兵七 召募之制

召募之制　起於府衞之廢。唐末士卒疲於征役，多亡命者，梁祖令諸軍悉黥面爲字，以識軍號，是爲長征之兵。方其募時，先度人材，次閱走躍，試瞻視，然後黥面，賜以緡錢、衣屨而隸諸籍。國初因之，或募土人就所在團立，或取營伍子弟聽從本軍，或募饑民以補本城，或以有罪配隸給役。取之雖非一塗，而伉健者遷禁衞，短弱者爲廂軍，制以隊伍，束以法令。當其無事時，雖不無爵賞衣廩之費，一有征討，則以之力戰鬭，給漕輓，而天下獷悍失職之徒，皆爲良民之衞矣。

初，太祖揀軍中彊勇者號兵樣，分送諸道，令如樣招募。後更爲木梃，差以尺寸高下，

謂之等長杖，委長吏、都監度人材取之。當部送闕者，軍頭司覆驗，引對便坐，分隸諸軍。

眞宗祥符中，重定等杖，自五尺八寸至五尺五寸爲五等，諸州部送闕下，及等者隸次軍。

仁宗天聖元年，詔京東西、河北、河東、淮南、陝西路募兵，當部送者刺「指揮」二字，家屬給口糧。兵官代還，以所募多寡爲賞罰。又詔益、利、梓、夔路歲募民充軍士，及數卽部送，分隸奉節、川效忠、川忠節。於是遠方健勇失業之民，悉有所歸。

慶曆七年，諸路募廂軍及五尺七寸已上者，部送闕下，試補禁衞。

至和元年，河北、河東、陝西募就糧兵，騎以四百人，步以五百人爲一營。

嘉祐二年復定等杖，自上四軍至武肅、忠靖皆五尺已上，差以寸分而視其奉錢[1]：一千者以五尺八寸、七寸、三寸爲三等。奉錢七百者，以五尺七寸、六寸、五寸爲三等。奉錢五百者，以五尺六寸、五寸五分爲二等。奉錢四百者，以五尺五寸、四寸五分爲二等。奉錢三百者，以五尺五寸、四寸五分、四寸、三寸、二寸爲六等。奉錢二百者，以五尺四寸、三寸五分、三寸、二寸爲四等。不給奉錢者，以五尺二寸或下五寸七指八指爲等。唯武嚴、御營喝探以藝精者充，諸司笎庫執技者不設等杖。

七年，御史唐介言：「比歲等募禁軍多小弱，不勝鎧甲，請以初創尺寸爲定，敢議減縮者，論以違制。」詔：「禁軍備戰者，宜著此令。其備役雄武、宣敕六軍、搭材之類，如軍馬敕。」

治平二年，募陝西土民、營伍子弟隸禁軍，一營塡止八分。又遣使畿縣、南京、曹濮單陳許蔡亳州募民補虎翼、廣勇，人加賜絹、布各一。

治平四年，詔延州募保捷五營，以備更戍。

熙寧元年，詔諸州募饑民補廂軍。

二年，樞密院言：「國初邊州無警則罷兵，今旣講和，而屯兵至多，徒耗金帛。若於近裏糧賤處增募營兵，但令往戍極邊，甚爲便計。」帝與文彥博及韓絳、陳升之、呂公弼等議之，或以爲自古皆募營兵，遇事息卽罷，或以爲緣邊之兵不可多減。乃命彥博等詳議以聞。

三年七月，詔京西路於有糧草州軍招廂軍，共三萬人爲額。十一月，知定州滕甫乞下本路依舊制募弓箭社，以爲邊備。從之。

四年十二月，樞密院言：「在京係役兵士，舊額一萬八千二百五十九人，見闕六千三百九十二人，若招揀得足，卽不須外路勾抽，以免不習水土、凍餒道斃之患。欲於在京及府界、京東西、河北招少壯兵，止供在京功役，不許臣僚占差，不過期年，可使充足。却對減在外招募之數，樁管所減糧賜上供，以給有司之用。」從之。

五年，權發遣延州趙卨招到漢蕃弓箭手人騎四千九百八十四，爲八指揮，遂擢吏部員外郎，加賜銀絹二百。

七年，分遣使臣諸路選募熙河效用，先以名聞。河北、河東所募兵悉罷。

八年，詔：軍士祖父母、父母老疾無侍丁而應募在他處者，聽徙。

九年，詔選補捧日、天武以下諸軍闕，馬軍三分補一，步軍十分補五。

元豐二年二月，經制熙河路邊防財用司言：「岷州床川[2]、荔川、閭川砦，通遠軍熟羊砦[3]，乞置牧養十監，募兵爲監牧指揮。其營田乞依官莊例，募永濟卒二百人，其永濟卒通以千人爲額。」從之。七月，沿邊安撫司言：「北邊州軍主管刺事人乞給錢三千，選募使臣職員或百姓爲之，以鉤致敵情。仍選通判及監官考其虛實，以行賞罰。」從之。是年，以兗、鄆、齊、濟、濱、棣、德、博民饑，募爲兵，以補開封府界、京東西將兵之闕。

三年，又詔：「府界諸路將下闕禁軍萬數，有司其速募之。」又詔：「河北水災，闕食民甚

衆，宜寄招補軍。」

四年，京東、西路以調發兵將，累請增戍。朝廷以兵員有數，多寢其章。然州郡實有負山帶海，姦盜所窺，亦當過爲之慮，其令益廣應募者，與免貼軍及他役一年。六月，詔：「在京奉錢七百以下，選募馬步軍萬五千人；開封府界及本路共選募義兵保甲萬人，如涇原五千人不足，於秦鳳路選募。」

五年五月，同提舉成都府等路茶場蒲宗閔乞自秦州至熙州量地里遠近險易，置軍鋪二十八，招刺兵士。從之。八月，詔開封府界、京西招軍依式賜外，仍增錢千。十二月，詔京城四面巡檢募士於四門，取民年三十五以下者。又詔河北立額步軍，各於逐指揮額外招百人。

五年〔四〕，詔一歲內能募及百人者，加秩一等。四月，河東路經略司請以麟州飛騎、府州威遠子弟二十五以下刺爲兵。

七年，廣西都鈐轄司言：「本路土兵闕額數多，乞選使臣往福建、江南、廣東招簡投換兵四千人。」詔於江南、福建路委官招換。

八年四月，河東路安撫使呂惠卿言：「河東敢勇以三百人爲額，請給微薄，應募者少。臣頃在鄜延路日，奏請增三等請給，借支省馬給七分草料，置營教習，自後應募者衆。願依

陝西路已得指揮。」從之。

哲宗元祐元年三月，詔河北保甲願投軍人及得上四軍等杖事藝者，特許招塡，合給例物外，更增錢五千，中軍以下三千。比等杖短一指，射保甲第一等弓弩，並許招刺。從右司諫蘇轍請也。六月，門下侍郎司馬光言：「諸州軍兵馬全欠，不足守禦之處，量與立額招添。」

八年，樞密院言：「今新招兵士多是饑民，未諳教閱，乞自今住營州軍差官訓練，候半年發遣赴軍前。」

紹聖元年，樞密院乞立招禁軍官員賞格，如不及數，罰亦隨之。

四年，熙河蘭岷路都總管、提點熙河蘭岷等路漢蕃弓箭手司言，蘭州金城關欲招置步軍保捷四指揮，馬軍蕃落一指揮，從之。詔陝西路添置蕃落軍十指揮，各以五百人爲額，於永興軍、河中、鳳翔、同華州各置兩指揮，並隸住營州軍將下統制訓練，委逐路所屬都總管司〔五〕選官招人。初，三省、密院欲以牧地募民牧養馬，久而未集，曾布以謂不若增騎兵爲簡便。乘土兵乃勁兵，又諸路出戍者已竭，及建此議，衆翕然皆以爲允，帝亦樂從之。蓋牧租〔六〕見存者七百萬，歲額一百七十萬，而十指揮之費二十五萬而已，故可與募人養馬之法兼行也。

徽宗崇寧元年，湖北都鈐轄舒亶奉旨相度召募施、黔州土丁，致討辰、沅山猺，每州無過七百人。緣猺賊深在溪洞，險阻不通正軍故也。

三年，京東等路招軍五萬，馬軍以崇捷、崇銳名，步軍以崇武、崇威名。

四年七月，熙河蘭湟路轉運使洪中孚自河東入覲，帝問崇威、崇銳新兵教閱就緒否。中孚曰：「教閱易事也。臣不知藝祖取天下之兵與神考所分將兵曾無減損，若未嘗減損，似不須增。蓋兵貴簡練不貴多，今遽增二軍，所費至廣，臣不知獻議者於經費之外別有措置，或只仰給朝廷也。」帝愕然曰：「初議增兵，未嘗議費，可卽罷去。」中孚曰：「惰游之卒不復安於南畝，今一旦罷遣，強者聚而爲盜，弱者轉徙，則重爲朝廷憂。不若使塡諸營闕，無闕，聽於額外收管，不一二年盡矣。」帝稱善。九月，詔：「近降指揮，在京、諸路招崇捷、崇武等指揮十萬人，又招效忠、蕃落指揮及額內不足人數，慮卒難敷額，可先招崇捷、崇武十萬人。候人數稍見次第，卽具申取旨。」

五年，詔：「抑勒諸色人投軍者，並許自身及親屬越訴，其已刺字，仍並改正。」

政和二年，廣西都鈐司奏：「廣西兩將額一萬三百餘人，事故逃亡，於荆湖南北、江南東

西寄招，緣諸路以非本職，多不用心。今兵闕六分，欲乞本路、鄰路有犯徒并杖以下情重之人，除配沙門島、廣南遠惡并犯強盜兇惡、殺人放火、事干化外並依法外，餘並免決刺塡。」從之。

四年，中衞大夫童師敏言：「東南州郡例闕廂軍，凡有役使，並是和雇。若令諸郡守臣并提刑司措置招塡，庶可省費。」從之。

宣和元年，高陽關路安撫使吳玠奉手詔招塡諸路禁軍闕額，以十分爲率，招及四分以下遞展磨勘年，七分以上遞減磨勘年。高陽關路河間府、滄霸恩州、信安軍招塡數足，乞行推賞。從之。

二年，手詔：「比閱諸路州軍招置廂軍河清、壯城等，往往怯懦幼小，不及等樣，虛費廩食，不堪驅使。今後並仰遵著令招塡，如違戾，以違制論。」

四年正月，兩浙東路鈐轄司奏：「乞將温、處、衢、婺州元管不係將禁軍六指揮，更招置增爲十指揮，並以五百人爲額，凡五千人，庶成全將。及更於台州招置不係將禁軍一指揮，以四百人爲額。」從之。三月，臣僚言：「竊聞道路洶洶相怖，云諸軍捉人刺涅以補闕額，率數人驅一壯夫，且曳且毆，百姓叫呼，或齧指求免。日者，金明池人大和會，忽遮門大索，但長身少年，率之而去，云『充軍』。致賣蔬茹者不敢入城，行旅市人下逮奴隸，皆避藏恐懼，事

中華書局

駭見聞。今國家閒暇，必欲招填禁旅，當明示法令，賚以金帛，捐財百萬，則十萬人應募矣。捉人於途，實虧國體，流聞四方，傳播遠邇，殊爲未便。伏望亟行禁止，以弭疑畏。」時寶籙宮道士張繼滋因往尉氏，亦被刺涅，事聞，手詔提刑司根治。四月，臣僚因言：「招刺闕額禁軍，樞密院立限太遽，諸營弗戢，人用大駭。幸不旋踵德音禁止，羣情悅服。其已被刺涅而非願者，頗亦改正，尙有經官求免而未得者。輦轂若此，況其遠乎？竊聞小人假借聲勢，因緣奪攘，所在多有，若或哀鳴得脫，其家已空。今往來猶懷畏避。伏望聖明特賜戒敕，應在外招軍去處，毋得橫濫。」從之。

七年，減掖庭用度，減侍從官以上月廩，罷諸乘局，有司據所得數撥充諸路糴本及募兵賞軍之用。

欽宗卽位，詔守令募州縣鄉村土豪爲隊長，各自募其親識鄉里以行。及五十人以上先與進義副尉，三百人以上與承信郎，募文武官習武勇者爲統領。行日，所發州軍授以器甲，人給糧半月，地里遠者，所至州縣接續批支。京畿輔郡兵馬制置使司言：「諸路召募敢勇效用，每名先給錢三千，赴本司試驗給據訖，支散銀絹激賞。若監司、知通、令佐幷應有官人，能召到敢勇效用事藝高強及二百人以上者，乞與轉一官，每加二百人依此。或監

司、郡守、州縣官以下應緣軍期事件，稍有稽緩，並依軍法。」從之。

靖康元年春正月，臣僚言：「諸路見招募人兵，緣逐處漕計闕乏，乞於近州應奉司及延福宮西城錢帛，並許請用，庶得速辦。」從之。又詔：「龍猛、龍騎、歸遠、壯勇諸軍闕額，可行下諸路揀選配填。」又詔：「已降指揮，逐處各以召募效用敢勇武藝人數多寡等第推賞。」又詔：「聞希賞之人，抑勒強募。自今並取情願，敢有違戾，當議重罰。毋得將羸弱不堪出戰及已有係軍籍者一例充募。」及詔〔七〕：「募武舉及第有材武方略，或有戰功、曾經戰陣，及經邊任大小使臣不以罪犯已發未敍〔八〕，及武學有方略智謀，及曾充弓馬所子弟，及諸色有膽勇敢戰之人，並許赴親征行營司。」又詔：「募陝西土人爲兵幷使臣、效用等赴姚平仲軍使喚，其應募人修武郎已上二十貫，進義副尉〔九〕以上十五貫，軍人、百姓十貫，並於開封府應管官錢內支。」

四月，詔：「已降指揮發還歸朝人往大金軍前，如不願往，所在量給口劵津遣；元有官守人並不釐務，支奉給之半。其願效力軍前者，許自陳。」

五月，河北、河東路宣撫司奏：「河北諸州軍所管正兵絕少，又陝西游手惰民願充軍者亦衆，祇緣招刺闕乏例物，是致軍額常闕。今若給一色銀絹，折充例物犒設起發，召募人作義勇，止於右臂上刺字，依禁軍例物支衣糧料錢，陝西五路共可得二萬人，比之淮、浙等路所得將兵，實可使喚。」從之，詔遣文武官各一員前去陝西路募兵二萬人赴闕。遂命趙鼎特除開封府曹官，种湘差宣撫司準備將領，並充陝西路幹當公事，專一募兵。是月，遣戶部員外郎陳師尹往福建路募槍杖手。都水使者陳求道言：「朝廷差官往陝西招軍，適當歲豐，恐未易招塡。若就委監司招募保甲，啖以例物，與免科差，以作其氣，可得勁兵五萬。」從之。

六月，樞密都承旨折彥實〔一〇〕奏：「西人結連女眞，爲日甚久，豈無覬覦關中之志？卽今諸路人馬皆空，萬一敵人長驅，何以枝梧？言之可爲寒心，朝廷似未深慮也。河東、河朔之患已形，人故憂之；陝西之患未作，人故忽之。若每路先與十萬緡，令帥臣招募土人爲保護之計，責以控扼，不得放令侵入，仍須朝廷應副。漕司乘時廣行儲蓄，以爲急務。」

又開封府尹聶山奏：「招兵者，今日之急務。近緣京畿諸邑例各招刺，至於無人就募，則強捕村民及往來行人爲之。遂致里閈奔駭，商旅不行，殊失朝廷愛民之意。檢準政和令，諸盜再犯杖以上、情理不可決放而堪充軍者，給例物刺充廂軍。今京城裏外間有盜賊，皆是豪猾，無所畏憚，雖經斷罪，頑惡弗悛，若依上條刺充廂軍，不惟得強壯之用，又且收集姦黠不復爲盜。如允所請，則自內及外皆可見之施行。」從之。

七月，陝西五路制置使錢蓋言：「都水使者陳求道請招刺保甲五萬充軍。緣比來陝右正兵數少，全籍保甲守禦，及運糧諸役差使外，所餘無幾，若更招刺五萬充軍，則是正丁占

使殆徧，不唯難以選擇，兼慮民情驚疑，別致生事。欲乞令州縣曉諭保甲，取其情願；如未有情願之人，卽乞令保甲司於正丁餘數內選擇。通赴闕人共成七萬，可以足用。」從之。是月，錢蓋奏：「陝西募土人充軍，多是市井烏合，不堪臨敵。今折彥實支陝西六路銅錢各十萬緡，每名添錢十千，自可精擇少壯及等杖人，可得正軍一萬，六路共得六萬人。」從之。

十月，樞密院奏：「召募有材武勇銳及膽勇人幷射獵射生戶。」從之。又奏：「福建路有忠義武勇立功自效取仕之人，理宜召募，除保甲正兵外，弓手、百姓、僧行、有罪軍人並聽應募。如有武藝高強、實有膽勇、衆所推服、願應募爲部領人者，依逐項名目權攝部領，各以所募人數借補官資。」從之。

十一月，京城四壁共十萬人，黃人〔一一〕黃旗滿市。時應募者多庸丐，殊無鬥志。閏十一月，何㮚用王健募奇兵，雖操瓢行乞之人，亦皆應募，倉卒未就紀律。奇兵亂，毆王健，殺使臣數十人，內前大擾。王宗濋斬渠魁數人，乃定。及出戰，爲鐵騎所衝，望風奔潰，殲焉。

十二月〔一二〕，詔：「諸軍詐效番裝，焚劫財物，限十日齎贓自首，與免罪。」仍召募潰兵收管，給口食焉。

逃亡之法，國初以來各有增損。熙寧五年詔，禁軍奉錢至五百而亡滿七日者，斬。舊制，三日者死。初，執政議更法，請滿十日。帝曰：「臨陣而亡，過十日而首，得不長姦乎？」安石曰：「臨陣而亡，法不計日，即入斬刑。今當立在軍興所亡滿三日，論如對寇賊律。」樞密使蔡挺請沿邊而亡滿三日者斬。安石曰：「沿邊有非軍興之所，不可一概坐以重刑。本立重法，以禁避寇賊及軍興而已。」帝曰：「然。」文彥博固言：「軍法臣等所當總領，不宜輕改，如前代銷兵乃生變。」安石曰：「前代如杜元穎等銷兵，乃其措置失當，非兵不可銷也。且當蕭俛時，天下兵至多，民力不給，安得不減？方幽州以朱克融等送京師，請毋遣克融還幽州煽衆爲亂，而朝廷乃令克融等飄泊京師，久之不調，復遣歸北。克融所以復亂，亦何預銷兵事？」彥博曰：「國初，禁軍逃亡滿一日者斬，仁宗改滿三日，當時議者已慮壞軍法。」安石曰：「仁宗改法以來，活人命至多，然於軍人逃亡，比舊不聞加多，仁宗改法不爲不善。」帝乃詔增爲七日。

元豐元年，知鄂州王韶言：「乞自今逃亡配軍爲盜，聽捕斬，賞錢。」詔坐條箚韶照會：「如所犯情重，罪不至死，奏裁。」

三年六月，詔：「軍士、民兵逃亡隨軍效用，若首獲，並械送所屬論如法。雖立戰功不賞，仍不許以功贖過，令隨軍榜諭。」

四年，詔沈括：「奏以軍前士卒逃亡，潰散在路，本非得已，須當急且招安。卿可速具朝

旨出榜，云聞戰士止是不禁饑寒，逃歸其家，可各隨所在城砦權送納器甲，請給糧食，聽歸所屬。節次具招撫數以聞。」

崇寧四年九月，樞密院言：「熙河都總管司舊無兵籍，乞令諸將各置籍，日具有無開收，旬具元額、見管及逃亡事故細目，申總管司，本司揭貼都簿，委機宜一員逐時抽摘點檢。」從之。

十月，尚書省言：「今所在逃軍聚集，至以千數，小則驚動鄉邑，大則公爲劫盜。累降指揮，許以首身，或令投換，終未革絕。昔神宗以將不知兵，兵不知將，故分兵領將。統兵官司，凡兵之事無所不統，則其逃亡走死，豈得不任其責？檢會將敕與見行敕令，皆未有將官與人員任責之法，致令來兵將不加存恤，勞役其身，至於逃避，而任職之人悉不加罪。近日熙河一路逃者幾四萬，將副坐視而不禁，人員將校故縱而不問，至逃亡軍人所在皆有。蓋自來立法未詳，兼軍中長行節級人員，將校，什長相統，同營相依，上下相制，豈得致其逃亡漫不省察？況軍既立賞格，則逃走安可無禁？今參詳修立賞罰十數條。」並從之。

五年，樞密院備童貫所言：「陝西等處差官招諭逃亡軍人，並許所在首身，更不會問，便支口券令歸本營。邊上軍人憚於戍守之勞，往往逃竄於內郡首身，遂得口券歸營，恐相習成風，有害軍政。乞自今應軍人首身，並須會問逃亡赦限，依今來招諭指揮，若係赦後逃亡，即乞依條施行。」從之。

大觀三年，樞密院備臣僚言云：「自陝西路提點刑獄吳安憲始陳招誘逃亡廂禁軍之法，乃著許令投換改刺之令。自此諸弊寖生，軍律不肅。朝廷洞見其弊，已嚴立法，然尚有冒名一節，其弊未除。請如主兵官舊曾占使書札、作匠、雜技、手業之徒〔三〕，或與統轄軍員素有嫌忌，意欲舍此而就彼，或所部逃亡數多，欲避譴責，輒將逃軍承逃亡之名便與請給。既避譴責，又冒請受，上下相蒙，莫之能革，致使軍士多懷擅去之心者，良以易得擅住之地也。若加重賞，申以嚴刑，庶革斯弊，有裨成法。」從之。

四年，樞密院言：「諸路及京畿逃亡軍數居多，雖赦敕立限許首，終懷畏避。若諸路專委知州、通判或職官一員，京畿委知縣，若招誘累及三百人以上，與減一年磨勘，五百人以上一年半，千人以上取旨推恩，於理爲便。」

政和二年，臣僚言：「祖宗軍政大備，無可議者。比多逃亡者，緣所在推行未至，及主兵司官違奉未嚴故也。其弊有六：一曰上下率斂，二曰舉放營債，三曰聚集賭博，四曰差使不均，五曰防送過遠，六曰單身無火聚。似此雖具有條禁，而犯者極多。欲乞下有司推究，除兵將官歲終立定賞罰條格外，詔諸路提刑司，每歲終將本路州軍不係將禁軍見管及逃亡人

數，參互比較，具最多最少處各一州知、通職位姓名，申樞密院。」從之。

三年十一月，開封少尹陳彥脩言：「諸廂收到寒凍赤露共五千七百餘人，其間逃軍數多，合行措置。今欲依押送逃軍格，每二十人各差使臣一員付與係押送人，各踏逐穩便官屋安泊，依居養法關請錢米存養，候晴和，管押前去。所有沿路支破口券，並依本府押送逃軍法，請於合破口券等外，更量支盤纏。」詔：「每人支盤纏錢三百，衲襖一領，候二月晴暖即行發遣。」

四年，尚書省箚令：「諸禁軍差發出戍未到軍前，或已到而代去半年以上，逃亡首獲，雖會恩，配如捕獲法；上軍首身或捕獲，會恩，配依七日內法；下軍本名應配者，配千里。若本營輒停留，與同罪，雖該赦仍依配法。」從之。

五年，立錢監兵匠逃走刺手背法。

宣和二年，手詔：「逃卒頗多，仰宣撫司措置以聞。」童貫言：「凡逃卒，多犯大赦已有百日首身免罪之文，緣內有元犯難首身，於常法尚合移降移配者，即未敢赴官自陳。欲乞在京并京畿、京西、陝西、河東路逃軍，自今指揮到日，通未滿赦限共一百日，許令首身免罪，依舊軍分職次收管。仍免本司本營問償，及放免官遣。如本犯經多犯赦後，猶有移降移配，特與原免。若限滿不首，則依常法科罪。凡逃軍係在京住營，依限於在京首身者，令所隸軍司當日

押赴本營。若見出戍者，即破口券，轉押赴本路駐泊州軍，並依前項指揮免罪，依舊收管。凡逃軍在外，依限首身者，並於所在日破米二升，其縣、鎮、砦並限當日解本州軍，每二十人作一番，差職員管押，仍沿路給破口食，交付前路州軍，轉送住營去處。如見出戍，即轉駐泊州軍收管。凡首身軍人，並不許投換他軍。凡所在當職官，如能於限內用心招收逃軍，指置轉送住營或出戍處收管，候滿，在外委提刑司，在京委開封府取索到營、出戍處公文，驗人數，最優者申宣撫司取旨推恩。」並從之。

三年，詔：「江、浙軍前等處應逃竄軍兵，並特放罪，許於本將見出軍路分州縣首身，依舊給請，隨處權行收管。若走往他處，或於住營去處首獲，即令所在官司逐旋發遣赴本將應副使喚。仍委逐路安撫、鈐轄、提刑司覺察，如所在輒敢隱庇，或逐司不行覺察，並論違制。」

四年，臣僚言：「中外士卒無故逃亡，所在有之。祖宗治軍紀律甚嚴，若在戍者還家，當役者避事，必有皷門之戮。今既宥其罪，且許投換，不制於什伍之長；既立赦限，又特展日，以寬其自首之期。臣恐逃亡得計，其弊益滋。乞除恩赦外不輒與限，使知限之不可爲常，庶有畏懼。」從之。

五年，臣僚言：「今諸軍逃亡者不以實聞，諸處冒名請給，至於揀閱差役，則巧爲占破；

甚不獲已，則雇募逋逃以充名數，旋即遯去，無復實用。平居難於供億，緩急無以應用，而姦人擁臂其間，坐費財賦。雖開收勘斂，法制滋詳，而共利之人，一體傳會。望賜處分，先令當職官覈見實數，保明申達轉運司，期日委諸郡守貳點閱，仍關掌兵官司照會行下；不可勾押至州者，差官就閱，期以同日究見的實。稍涉欺罔，根治不赦。監司使者分郡覆實，具數申達于朝，以待差官分按，必行罪賞，使官無虛費，而軍有實用，則紀律可明，國用可省。」詔送樞密院條畫措置。

七年二月，尚書省言：「開封府狀：『乞應在京犯盜配降出外之人，復走入京投換者，許人告捕，科以逃亡捕獲之罪，酌情增配。其官司及本營典首人員、曹級容庇收留，各杖一百；因致爲盜者，依差使配軍入京作過法，與犯人同罪。罪止徒二年，不以去官赦原減。及在京犯罪編管出外逃亡入京之人，雖有斷罪增加地里條法，緣止是募告賞格太輕，是致往往復走入京。欲乞元犯杖罪賞錢十貫，徒罪二十貫，流罪三十貫，並以犯事人家財充。』」從之。

十二月，詔：「應諸路逃竄軍人或已該赦恩出首避免，却歸出戍去處再行逃竄之人，令於所在去處首身，並特與免罪，於一般軍分安排，支破請給，發赴軍前使喚。」

靖康元年三月，詔：「隨從行宮禁衞軍兵等有逃亡者，並依法施行。」五月，臣僚言：「泗州頃遣勤王之師，管押者不善統制，類多遁歸，既而畏法不敢出，本州遂閉閤請受。在外無以給養，竊慮因聚爲盜，恐他州亦多如此。乞赦應勤王兵有遁歸已經赦宥者，並令首身。」從之。

六月，詔：「應河東潰散諸路將佐，並仰逐路帥守發遣赴河東、河北制置司，以功贖過。」河北路制置司都統制王淵言：「被旨差充招集种師道等下潰散人馬，應援太原，限滿不首，即寄禁家屬，許人收捕赴軍前，重行處置。」從之。仍自指揮到日，限以十日。河北路制使劉韐奏：「近制置使种師中領軍到於榆次，失利潰散，師中不知存在。奉旨，師中下應統制、將佐、使臣等，並與放罪。臣按：用兵失主將，統制、將佐並合行軍法。軍法行，則人以主將爲重，緩急必須護救。若不行軍法，緩急之際爭先逃遁，視主將如路人，略不顧恤。近年以來，高永年陷歿，一行將佐及中軍將、提轄等未嘗罪以軍法，繼而劉法陷歿，今种師中又死王事。若兩軍相遇，勢力不加，血戰而敗，或失主將，亦無可言。榆次之戰，頃刻而潰，統制、將佐、使臣走者十已八九，軍士中傷十無一二，獨師中不出。若謂師中撫御少恩，紀律不嚴，而其受命即行，奮不顧身，初聞右軍戰却，即遣應援，比時諸將已無在者。至賊兵犯營，師中猶未肯上馬。使師中有偷生之心，聞敗即行，亦必得出。一時將佐若能戮力相救，

或可破敵。今一軍纔却，諸將不有主帥，相繼而遁。其初猶有懼色，既聞放罪，遂皆釋然。朝廷以太原之圍未解，未欲窮治。今師旅方興，深恐無所懲艾，遇敵必不用命。欲乞指揮，應种師中下統制、將佐並依聖旨處分，仍令軍前自效。如能用命立功，與免前罪；今後非立戰功，雖該恩赦不得敍復。仍乞優詔褒贈師中，以爲忠義之勸。」詔：「种師中下統制、將佐並降五官，仍開具職位、姓名申尚書省，餘依劉韐所奏。」

八月，河北、河東路宣撫司奏：「近據都統制王淵捉獲潰敗使臣，已管押赴宣撫副使劉韐軍前交割，依軍法施行外，訪聞尚有未曾出首將佐、使臣。」詔：「限今指揮到日更與展限十日，許令於所在州軍出首，仍依元降指揮免罪，特與支破遞馬驛券，疾速發赴軍前自効，候立功日優加推賞。如再限滿日更不首身，當取見職名重賞購捕，定行軍法。仍多出榜示諭。」

二年四月，詔：「訪聞諸處潰散軍人嘯聚作過，將百姓強刺充軍，驅虜隨行使喚，遇敵使前，害枉良民。其令有司牓諭：被虜強刺之人許以自陳，給據各令歸業。願充軍者，隨等杖刺塡禁、廂軍，依條支給例物。」又詔：「昨逃亡班直、諸軍，雖已降指揮撫諭，並與免罪，發歸元處。其管押兵官未有指揮，可候指揮到，許於所在官司自陳，亦與免罪。」

建炎初，招募多西北之人，其後令諸路州、軍、砦或三衙招募，或選刺三衙軍中子弟，或從諸郡選刺中軍子弟解發。復詔滄、濱及江、淮沿流州軍，募善沒水經時伏藏者，以五千爲額。神武右軍統制張俊言：「牙軍多招集烏合之衆，擬上等改刺勝捷，次等刺振華、振武，庶得部分歸一訓練爲便。」詔兩浙、江東，除江陰軍，各募水軍二百人。

紹興元年，廣東帥臣言：「本路將兵元五千二百，見千三百十九。今擬將官駐劄諸軍洎本路州軍，以十分爲率，各招其半。」

二年，累降令行在諸軍，毋互相招收，及將別軍人拘執，違者行軍法。

四年，詔：「所招河北人充河北振武，餘人刺陝西振華指揮；沿江招置水軍，備戰艦，募東南諳水者充，每指揮以五百爲額。」

十年，詔三京路招撫處置使司，招効用軍兵萬人，內招使臣二千員。

十五年，福建安撫莫將言：「汀、漳、泉、建〔四〕四州，與廣東、江西接壤。比年寇盜剽劫居民，土豪備私錢集社戶，防捍有勞，有司不爲上聞推恩，破家無所依歸，勢必從賊。官軍不習山嶮，且瘴癘侵加，不能窮追，管屬良民悉轉爲盜。請委四州守臣，募此游手無歸勇健之人，各收千人，仍以効用爲名，足可備用，實永久利。」詔令張淵同措置。

二十四年，殿前都指揮使楊存中言：「舊制，在京所管捧日、天武、拱聖、驍騎、驍勝、寧朔、神騎、神勇、宣武、虎翼、廣勇諸指揮禁軍內，捧日、天武依條升揀扈衞諸班直，拱聖、神勇以下升揀捧日、天武，除逃亡有故，僅千九百人。請於今年分定月內招千人。」

二十七年，楊存中奉旨，三衙所招効用兵令住招。今闕六千七百二十六人，若不招塡，兵數日損。詔本司來年正月爲始，依舊招募。

隆興元年，步軍司郭振言：「本司在京日軍額三萬九千五百，今行在僅千二百一十九。」詔招塡千七百八十一人，以三千爲額，刺充神衞，虎翼，飛山、床子弩雄武等指揮。

乾道七年，馬軍司王友直言：「見管戰馬二千七百餘，止有傔馬六百餘人，請招傔兵千五百，並充雄威。」詔招千人，刺「步傔」二字。步軍司吳挺言：「步司五軍，額二萬五千，見闕三千六百。」詔令招塡。

淳熙十六年，殿前副都指揮郭鈞言：「淳熙五年住招兵，今踰十載，戰隊合用火分、傔兵闕。」詔招千人。

紹熙二年，詔步軍司招軍千人。

慶元元年，詔楚州招到二百六十一人補弩手、効用。五年，詔給降度牒付金州都統，招塡闕額并揀汰兵，照紹熙初年令，自五尺四寸至五尺六寸三等招收。

開禧元年，興元都統秦世輔言：「本司軍多闕額，紹興之末，管二萬九千餘人。乾道三年，立額二萬七千，今二萬五千四百，差戍、官占實萬一百四十三人，點閱所部，堪披帶人僅六百二十七。請從本司酌紹興額招刺。」參知政事蔣芾言：「在內諸軍，每月逃亡不下四百人，若權住招一年半，俟財用稍足招強壯，不惟省費，又得兵精。且南渡以來兵籍之數，紹興十二年二十一萬四千五百餘人，二十三年二十五萬四千五百四十人，三十年三十一萬八千一百三十八人，乾道三年三十二萬三千三百一人，只比二十三年已增六萬九千六十一人，如此何緣財用有餘？」

寶慶二年，知武岡軍吳愈言：「禁衞兵所以重根本、威外夷，太祖聚天下精兵在京者十餘萬，州郡亦十餘萬。嘉定十五年，三衙馬步諸軍凡七萬餘，闕舊額三萬，若以川蜀、荆襄、兩淮屯戍較之，奚啻數倍於禁衞？宜遵舊制，擇州郡禁兵補禁衞闕，州郡闕額帥守招塡。」

紹定四年，臣僚言：「州郡有禁卒，有壯城，有廂軍，有土兵，一州之財自足以給一州之兵。比年尺籍多虛，月招歲補，悉成文具。蓋州郡吝養兵之費，所招無二三，逃亡已六七。

宜申嚴帥臣，應郡守到罷，具兵額若干、逃故若干、招塡若干，攷其數而黜陟之。」

寶祐間，州郡闕守，承攝者遣令招刺，不詢材武，務盜帑儲。

咸淳季年，邊報日聞，召募尤急，官降錢甚優厚。強刺平民，非無法禁。所司莫能體上意，執民爲兵。或甘言誑誘；或詐名貿舟，候負販者羣至，輒載之去；或購航船人，全船疾趣所隸；或令軍婦冶容誘于路，盡涅刺之。由是野無耕人，途無商旅，往往聚丁壯數十，而后敢入市。民有被執而赴水火者，有自斷指臂以求免者，有與軍人抗而殺傷者，無賴乘機假名爲擾。

九年，賈似道疏云：「景定元年迄今，節次招軍凡二十三萬三千有奇，除塡額，創招者九萬五千，近又招五萬，謂之無兵不可。」十年，汪立信書抵賈似道陳三策，一謂：「內地何用多兵，宜悉抽以過江，可得六十萬矣。蓋兵不貴多，貴乎訓練之有素。苟不堪受甲，徒取充數，將焉用之！」

考之舊制，凡軍有闕額卽招塡。熙寧、元豐講求民兵之政，於是募兵寖減，而三衙多虛籍。至于靖康，禁衞弱矣。中興復用招募，立等杖，選勇壯，覈人才，驗虛實，審刺之法雖在

諸屯，而已招者兵籍悉總于樞府云。

校勘記

〔一〕差以寸分而視其奉錢　句下各等尺寸疑有脫誤。通考卷一五二兵考載奉錢一千者，以五尺八寸、七寸三分、七寸爲三等。其餘待考。

〔二〕床川　原作「庥川」，據本書卷八七地理志、九域志卷三改。

〔三〕熟羊砦　原作「熟軍砦」，據本書卷一九八兵志、卷八七地理志改。

〔四〕五年　按上文已叙至五年十二月，此處不當又出「五年」；下文「四月」條，長編卷三二五繫於元豐五年四月，此「五年」當係重出，與上文時間順序失次，疑有舛誤。

〔五〕都總管司　「司」原作「同」，據長編卷四八七改。

〔六〕牧租　原作「收租」。按長編卷四八七作「牧租」，並有「以太僕牧租錢於陝西置蕃落馬軍十指揮」語，當以作「牧租」爲是，據改。

〔七〕及詔　「及」，通考卷一五三兵考作「又」。

〔八〕及經邊任大小使臣不以罪犯已發未敍　「發」，宋會要兵七之一四、北盟會編卷二七均作「敍」。

〔九〕進義副尉　「義」原作「議」，據本卷上文和本書卷一六九職官志改。

〔一〇〕折彥實　靖康要錄卷三、卷七和北盟會編卷四八均作「折彥質」。

〔一一〕黃人　靖康要錄卷一三、通考卷一五三兵考均無此二字。

〔一二〕十二月　原作「十一月」。按上文已叙至閏十一月，不當又出「十一月」。據靖康要錄卷一四、北盟會編卷七二改。

〔一三〕請如主兵官舊曾占使書札作匠雜技手業之徒　「請」疑當作「諸」。

〔一四〕汀漳泉建　「建」原作「劍」。按南劍州不與廣東、江西接壤，繫年要錄卷一五三作「建」，據改。

宋史卷一百九十四

志第一百四十七

兵八　揀選之制　廩給之制

揀選之制　建隆初，令諸州召募軍士部送闕下，至則軍頭司覆驗等第，引對便坐，而分隸諸軍焉。其自廂軍而升禁兵，禁兵而升上軍，上軍而升班直者，皆臨軒親閱，非材勇絕倫不以應募，餘皆自下選補。

咸平五年，於環、慶等州廂軍馬步軍六千餘人內選材勇者四千五百人，付逐砦屯防，以代禁兵。

景德二年，宣示：「殿前、侍衞司諸禁軍中老疾者衆，蓋久從征戍，失於揀練，每抽替至京，雖量加閱視，亦止能去其尤者。今多已抽還，宜乘此息兵，精加選揀，雖議者恐其動衆，

亦當斷在必行。昔太祖亦嘗患此，遂盡行揀閱，當時人情深以爲懼，其後果成精兵。」樞密使王繼英等曰：「今兵革休息，不乘此時遴選，實恐冗兵徒費廩食。」帝曰：「然。近者契丹請盟，夏人納款，恐軍旅之情謂國家便謀去兵惜費。」乃命先於下軍選擇勇力者次補上軍；其老疾者，俟秋冬愼擇將臣令揀去之。

三年正月，詔遣樞密都承旨韓崇訓等與殿前司、侍衞馬步軍司揀閱諸軍兵士，供備庫使、帶御器械綦政敏等分往京東、西路揀閱。八月，詔效順第一軍赴京揀閱，以補虎翼名闕。是軍皆河東人，帝念其累戍勞苦，故升獎焉。

大中祥符二年四月，詔曰：「江南、廣東西路流配人等，皆以自抵憲章，久從配隸，念其遠地，每用軫懷。屬喬嶽之增封，洽溥天之大慶，不拘常例，特示寬恩。江南路宜差內殿崇班段守倫就昇州、洪州，廣南東、西路差殿直、閤門祗候彭麟就桂州，與本路轉運使同勾抽諸州雜犯配軍，揀選移配淮南州軍牢城及本城；有少壯堪披帶者，即部送赴闕，當議近上軍分安排。如不願量移及赴闕者，亦聽。若地里遠處，即與轉運使同乘傳就彼，依此揀選。」

五年正月，帝諭知樞密院王欽若等：「在京軍校差充外處人員，軍數不足，有妨訓練，可詔示殿前、侍衞馬步軍司簡補。禁軍逐指揮兵士內，揀日上三軍耍及三百人，龍衞上四軍

各二百五十人，拱聖、驍騎、驍勝、寧朔、神騎、雲武騎各三百五十人，並於下次軍營升塡，須及得本額等樣，及令軍頭司於諸處招揀到人內選塡。營在京者引見分配，在外處者準此，仍委逐司擘畫開坐以聞。在京差出者，候替回揀選。」

九年十一月，詔河北、河東、陝西諸州軍揀料本城兵，五百人以上升爲一指揮，於本處置營教閱武藝，升爲禁軍。

天禧元年二月，遣使分往諸州軍揀廂軍驍壯及等者升隸上軍。六月，召選天下廂兵遷隸禁軍者，凡五千餘人。

天聖間，嘗詔樞密院次禁軍選補法：

凡入上四軍者，捧日、天武弓以九斗，龍衞、神衞弓以七斗，天武弩以二石七斗，神衞弩以二石三斗爲中格；恩冀員僚直、驍捷軍士選中四軍，則不復閱試。自餘招揀中者，並引對。凡員僚直闕，則以選中上軍及龍衞等樣、弓射七斗合格者充，仍許如龍衞例選補班直。

凡選禁軍，自奉錢三百已上，弓射一石五斗，弩蹠三石五斗，等樣及龍衞者，並親閱，以隸龍衞、神衞。凡騎御馬直闕小底，則閱拱聖、驍騎少壯善射者充。凡弓手，內殿

直以下選補殿前指揮使，射一石五斗；御龍弓箭直選補御龍直、御龍骨朵子直〔二〕，東西班帶甲殿侍選補長入祗候，御龍諸直將虞候選補十將，射皆一石四斗；東西班、散直選補內殿直，捧日、員僚直、天武、龍衞、神衞親從選補諸班直，御龍骨朵子直，弓箭直將虞候選補十將，御龍直長行選補將虞候，射皆一石三斗；員僚、龍御、騎御馬直小底選補散直，射皆一石二斗。凡弩手，東西班帶甲殿侍選補長騎祗候，射四石；御龍弩直將虞候選補十將，射三石八斗；長行選補將虞候，射三石五斗。其捧日、天武、龍衞親從選補弩手班、御龍弩直者，亦如之。其次別爲一等，減二斗。自餘殿前指揮使、諸班直以歲久若上名出補外職者，所試弓弩斗力皆遞減，弓自一石三斗至八斗，弩自三石二斗至五斗各有差。

凡班直經上親閱隸籍者，有司勿復按試。其升軍額者，或取少壯拳勇，或庶邊有勞。至於河淸遞補，牢城配軍亦間下詔選補，蓋使給役者有時而進，負罪者不終廢也。其退老疾，則以歲首，或出軍回，轉員皆揀汰，上軍以三歲。河北遇大閱亦如之。

景祐元年，詔選教駿塡拱聖諸軍，退其老疾爲剩員，不任役者免爲民。

三年，詔選驍騎、雲騎、驍勝塡拱聖，武騎、寧朔、神騎塡驍騎。

康定元年，選御輦官爲禁軍。輦官二十六人遮輔臣諠訴，斬其首二人，餘黥隸嶺南，卒選如初。

慶曆三年，詔韓琦、田況選京師奉錢五百已上禁軍武技精捷者，營取五人，樞密院籍記姓名，以備驅使。況因言：「今天下兵踰百萬，視先朝幾三倍，自昔養兵之冗，未有若是。且諸路宣毅、廣勇等軍孱弱衆甚，大不堪戰，小不堪役。宜分遣官選不堪戰者降爲廂軍，不堪役者釋之。」上然其言。

皇祐元年，揀河北、河東、陝西、京東西禁廂諸軍，退其罷癃爲半分，甚者給糧遣還鄉里。係化外若以罪隸軍或嘗有戰功者，悉以剩員處之。

三年，韓琦奏：「河北就糧諸軍願就上軍者，許因大閱自言。若等試中格，舊無罪惡，即部送闕，量材升補。」乃詔四路都總管司：「自今春秋閱，委主管選長五尺六寸已上、弓一石五斗、弩三石五斗者，并家屬部送闕。」

嘉祐二年，詔神衞水軍等以五年，諸司庫務役兵以三年一揀。五年，選京東西、陝西、河北、河東本城、牢城、河淸、裝卸〔三〕、馬遞鋪卒長五尺三寸勝帶甲者，補禁軍。其嘗犯盜亡坐黥者，配外州軍歸遠、壯勇。

八年，右正言王陶奏：「天下廂軍以歲首揀，至於禁軍雖有駐劄還日揀法，或不舉。臣竊惟調發禁軍本籍精銳，軍出之時尤當揀練。請下有司，凡調發禁軍，委當職官汰年六十

已上，將校年六十五已上衰老者，如此則兵精而用省矣。」下其章。殿前、馬步軍司奏曰：「舊制，遣戍陝西、河北、河東、廣南被邊諸軍悉揀汰，餘路則無令。請自今諸軍調發，悉從揀法。」詔可。又詔：「凡選本城、牢城軍士以補龍猛等軍者，並案籍取嘗給奉錢五百及龍猛等者，以配龍猛；其不及等與嘗給奉錢四百以下，若百姓黥隸及龍騎等者，以配龍騎；其龍騎軍士戍還，即選塡龍猛。自今本城、牢城悉三年一揀，著爲令。」

治平元年，閱親從官武技，得百二十人以補諸班直。乃詔：自今親從官，限年三十五以下者充。又詔：「如聞三路就糧兵，多老疾不勝鎧甲者，可勿拘時，揀年五十以上有子弟或異姓親屬等應樣者代之。如無，聽召外人。」是歲，詔京畿幷諸路揀龍騎、壯勇、歸遠、本城、牢城、宣効六軍；河淸、車營、致遠、窰務、鑄錢監、屯田務隸籍三十年勝鎧甲者，部送京師塡龍猛等軍；其自廣南揀中者，就塡江西、荆湖歸遠闕額。仍詔每三年以龍猛等軍闕數聞。又詔諸路，有步射引弓兩石、礦弩四石五斗已上者，奏遣詣闕。

二年，詔京東教閱補禁軍。先是，京東教閱本城，自初置即番隸本路巡檢，久不選補。上聞其軍多勇壯可用者，欲示激勸，故有是詔。

治平四年五月，揀選拱聖、神勇以下軍分〔四〕，以補捧日、天武、龍、神衞闕數。

元豐三年六月，權主管馬步軍司燕達言：「內外就糧退軍二十一指揮八千餘人，以禁軍小疾故揀退及武藝淺弱人配填，既不訓練，又免屯戍，安居冗食，耗蠹軍儲。若自今更不增補，庶漸銷減，候有闕，依禁軍選募，教習武藝，不數年間，退軍可盡變銳士。內奉錢七百者減爲五百，依五百奉錢軍等杖招揀。」從之。仍詔：「上四軍退軍改作五百奉錢軍額。」八月，殿前、步軍司虎翼十指揮出戍歸營，閔其勞苦，詔並升補爲神勇指揮。廣西路經略司言：「雄略、澄海指揮闕額，請以諸路配送隸牢城卒所犯稍輕及少壯任披帶者選補。」從之。

四年四月，提舉河北義勇保甲狄諮言：「舊制，諸指揮兵級〔四〕內有老疾年五十五已上有弟姪子孫及等杖者，令承替名糧，其間亦有不堪征役者，乞年四十已上許令承替。」詔河北馬步諸軍依此。十二月，詔諸班直、上四軍，毋得簡常有罪改配人。

元祐二年七月，詔諸路每歲於八月後解發試武藝人到闕，殿前司限次年正月，軍頭司限二月以前試驗推恩。呈試武藝人同。

三年閏十二月，樞密院言：「在京諸軍兵額多闕，而京東、西路就糧禁軍往往溢額。」詔差官往逐路同長吏〔五〕揀選發遣，以補其數。

大觀元年四月，詔曰：「東南諸郡軍旅之事，久失訓齊。民雖浮弱，而阻山帶江，輕而易搖。安必慮危，誠不可忽。其諸軍事藝生疎精熟不同，非獨見將官訓練優劣，實亦繫教頭能否。」樞密院請委逐路提舉訓練官妙選精熟教頭，二年一替，若能訓練精熟，然後推賞。從之。

至若省併之法，凡軍各有營，營各有額。皇祐間，馬軍以四百、步軍以五百人爲一營。承平既久，額存而兵闕，馬一營或止數十騎，兵一營或不滿一二百。而將校猥多，賜予廩給十倍士卒，遞遷如額不少損。帝患之，熙寧二年，始議併廢。陝西馬步軍營三百二十七，併爲二百七十，馬軍額以三百人，步軍以四百人。其後凡撥併者，馬步軍營五百四十五併爲三百五十五，而京師、府界、諸路及廂軍皆會總畸零，各足其常額。

凡併營，先爲繕新其居室，給遷徙費。軍校員溢，則以補他軍闕，或隨所併兵入各指揮，依職次高下同領。帝嘗謂輔臣曰：「天下財用，朝廷稍加意，則所省不可勝計。迺者銷併軍營，計減軍校、十將以下三千餘人，除二節賜予及傔從廩給外，計一歲所省，爲錢四十五萬緡，米四十萬石，紬絹二十萬匹，布三萬端，馬藁二百萬。庶事若此，邦財其可勝用哉！」

初議併營，大臣皆以兵驕已久，遽併之必召亂，不可。帝不聽，獨王安石贊決之。時蘇軾言曰：「近者併軍蒐卒之令猝然輕發，甚於前日矣，雖陛下不恤人言，持之益堅，而勢窮事礙，終亦必變。他日雖有良法美政，陛下能復自信乎？」樞密使文彥博曰：「近多更張，人情洶洶非一。」安石曰：「事合更張，豈憚此輩紛紛邪！」帝用安石言，卒併營之。自熙寧以至元豐，歲有併廢。

元符二年，樞密院言：「已詔諸路併廢堡砦，減罷兵將，鄜延、秦鳳路已減併，餘路未見施行。」詔涇原、熙河蘭會、環慶、河東路速議以聞。

三年，罷都護府，安撫使隸河、蘭州，以省餽運。詔邊帥減額外戍兵。

建中靖國元年，減放秦鳳路士兵。

大觀三年，詔：「昨降處分，措置東南利害，深慮事力未辦，應費不貲。其帥府、望郡添置禁軍，諸縣置弓手，並罷其壯城兵士，令帥府置一百人，餘望郡置五十人，舊多者自依舊。

沿邊州軍除舊有外，罷增招壯城。帥府、望郡養馬并步人選充馬軍指揮，及支常平錢收糴封椿斛斗指揮，並罷。已添置路分鈐轄、路分都監，許令任滿。江南東西、兩浙各共差走馬承受內臣一員、帥府添置機宜文字去處，並罷。」

四年，詔：「四輔州各減一將，其軍兵仰京畿轉運司將未足額并未有人，崇銳、崇威、崇捷、崇武內併廢四十四指揮已揀到人，隨等杖撥填四輔見闕禁軍。仍將逐輔係將、不係將軍兵，以住營遠近相度，重別分隸排定，及八將訓練駐劄去處，疾速開具以聞。河北、河東崇銳、崇威，河東十八指揮，河北不隸將十三指揮併廢，見管兵令總管司撥填本路禁軍闕額。河北路撥不盡人發遣上京，分填在京禁軍闕額；河東撥不盡人，並於本路禁軍額外收管。」

宣和五年，詔：「兩浙盜賊寧息，其越州置捕盜指揮，可均填江東、淮東三路州軍闕額。」

至神宗之世，則又有簡汰退軍之令。治平四年，詔揀拱聖、神勇以下軍補捧日、天武、龍衛、神衛兵闕。

熙寧元年，詔諸路監司察州兵招簡不如法者按之，不任禁軍者降廂軍，不任廂軍者免

爲民。

二年，從陳升之議，量減衛兵年四十以上稍不中程者請受。呂公弼及龍圖閣直學士陳薦皆言退軍不便。三年二月，司馬光亦曰：

竊聞朝廷欲揀在京禁軍四十五以上微有呈切者，盡減請給，兼其妻子徙置淮南，以就糧食。若實有此議，竊謂非宜。何則？在京禁軍及其家屬，率皆生長京師，親姻聯布，安居樂業，衣食縣官，爲日固久。年四十五未爲衰老，微有呈切，尚任征役，一旦別無罪負，減其請給，徙之淮南，是橫遭降配也。

且國家竭天下之財養長征兵士，本欲備禦邊陲。今淮南非用武之地，而多屯禁軍，坐費衣食，是養無用之兵，寘諸無用之地。又邊陲常無事則已，異時或小有警急，主兵之臣必爭求益兵。京師之兵既少，必須使使者四出，大加召募，廣爲揀選，將數倍多於今日所退之兵。是棄已教閱經戰之兵，而收市井畎畝之人，本欲減冗兵而冗更多，本欲省大費而費更廣，非計之得也。

臣愚欲願朝廷且依舊法，每歲揀禁軍有不任征戰者減充小分，小分復不任執役者，放令自便在京居止，但勿使老病者尚占名籍，虛費衣糧。人情既安於所習，國家又得其力，冗兵既去，大費自省，此國家安危所繫，不敢不言。

右正言李常亦以爲言。從之。是年，詔：「陝西就糧禁軍額十萬人，方用兵之初，其令陝西、河東亟募士補其闕。」

四年，詔：「比選諸路配軍爲陝西壃猛，其以爲禁軍，給賜視壯勇爲優，隸步軍司，役於逐路都監、總管司。」詔廣東、福建、江西選本路配軍壯勇者，合所募兵萬人，以備征戍。三月，詔廣東路選雜犯配軍丁壯，每五百人爲一指揮，屯廣州，號新澄海，如廣西之法。七月，手詔：「揀諸路小分年四十五以下勝甲者，升以爲大分，五十已上願爲民者聽。」舊制，兵至六十一始免，猶不即許。至是免爲民者甚衆，冗兵由是大省。

十年，遣官偕畿內、京東西、陝西、荊湖長吏簡募軍士，以補禁軍之闕。

元豐元年，詔，以馬軍選上軍，上軍選諸班者，並馬射弓一石力。諸班直槍弩手闕，選親從、親事官，餘並選捧日、龍衛弓箭手。

二年，雲騎軍闕二千一百，以雲捷等軍補之。

六年，騎兵年五十以下，教武技不成而才可以肄習者，並以爲步軍。

元祐四年，詔：「今後歲揀禁軍節級，筋力未衰者，年六十五始減充剩員。」

八年，涇原路經略司奏：「揀選諸將下剩員，年六十以下精力不衰，仍充軍，以補闕額。」從之。陝西諸路如之。

紹聖四年，樞密院言：「龍騎係雜犯軍額，闕數尚多。今欲將禁軍犯徒兵及經斷者，歲揀以填闕。」從之。

元符元年又言：「就糧禁軍闕額，於廂軍內揀選年四十以下者填。」從之。

宣和七年，詔京東西、淮南、兩浙帥司精選諸軍驍銳，發赴京畿輔郡兵馬制置使司。

靖康元年，詔：「軍兵久失教習，當汰冗濫，精加揀擇。」然不能精也。方兵盛時，年五十已上皆汰爲民，及銷併之久，軍額廢闕，則六十已上復收爲兵，時政得失因可見矣。

中興以後，兵不素練。自軍校轉補之法行，而揀選益精〔六〕。大抵有疾患則選，有老弱則選，藝能不精則選，或由中軍揀補外軍，或揀外邊精銳以升禁衞。考軍防令，諸軍招簡等杖：天武第一軍五尺有八寸，捧日、天武第二軍，神衞五尺七寸三分，龍衞五尺有七寸，拱聖、神勇、勝捷、驍捷、龍猛、清朔〔七〕五尺六寸五分，驍騎、雲騎、驍勝、宣武、殿前司虎翼、殿前司虎翼水軍五尺有六寸，武騎、寧朔、步軍司虎翼水軍、揀中龍衞、神騎、廣勇、龍騎、驍猛、雄勇、吐渾、擒戎、新立驍捷、驍武、廣銳、雲翼、有馬勁勇、步武、威捷、武衞、牀子弩雄武、飛山

雄武、神銳、振武、新招振武、新置振武、振華軍、雄武弩手、上威猛、廳子、無敵、上招收、冀州雄勝〔八〕、澄海水軍弩手五尺五寸，廣捷、威勝、廣德、克勝、陝府雄勝、驍雄、雄威、神虎、保捷、清邊弩手、制勝、清澗、平海、雄武、龍德宮清衞、寧遠、安遠五尺四寸五分，克戎、萬捷、雲捷、橫塞、捉生、有馬雄略、効忠、宣毅、建安、威果、全捷、川効忠、揀中雄勇、懷順、忠勇、教閱忠節、神威、雄略、下威猛五尺四寸，亳州雄勝、飛騎、威遠、蕃落、懷恩、勇捷、上威武、下威武、忠節、靖安、川忠節、歸遠、壯勇、宣効五尺三寸五分，濟州雄勝、騎射、橋道、清塞、奉先、奉國〔九〕、武寧、威勇、忠果、勁勇、下招收、壯武、雄節、靜江、武雄、廣節、澄海、懷遠、寧海、刀牌手、必勝五尺三寸，揀中廣効、武和、武肅、忠靖、三路廂軍五尺二寸。

建炎三年，詔：「江南、江東、兩浙諸州軍正兵、土兵，除鎭江、越州，委守臣兵官巡檢，六分中選一分，部轄人年四十五以下，長行年三十五以下，合用器甲，候旨選擇赴行在。有懦弱不堪，年甲不應，或占庇不如數選發，其當職官有刑。」

四年，詔：「神武義軍統制〔一〇〕王𤫉下閱到第三等軍兵一千六百六十人，塡廂禁軍，其不任披帶者，分塡嚴州新禁軍。」

紹興二年，上謂輔臣曰：「邵青〔一一〕、單德忠、李捧三盜，招安至臨安日久，卿等其極揀汰。」呂頤浩、秦檜得旨與張俊同閱視，堪留者近七千人。詔命張俊選精銳，得兵五千人詣

行在。

二十年，樞密院言都統吳玠選中護衞西兵千人，詔隸殿司。又統制楊政選西兵三百二十五人，塡步軍司。

二十四年，詔：「御龍直見闕數，可以殿、步二司選拍試塡諸班。」

乾道二年，詔王琪選三百人充馬軍。

慶元三年，殿司言：「正額効用萬一千五百九十二人，闕二百五十九人，於雄効內及効用帶甲拍試一石力弓、三石力弩合格人塡闕額。」詔：「崇政殿祗候、親從塡班直人數，特與免；其三衙舊司官兵及御馬直合揀班人，照闕額補。」

嘉定十一年，臣僚言「今軍政所先，莫如汰卒。」謂「如千兵中有百人老弱，遇敵先奔，卽千人皆廢矣。乞嚴敕中外將帥，務覈其實。」

其省併法，自咸平始。建炎以後，臣僚屢言，軍額有闕則併隸一等軍分，足其舊額，以便教閱，而指揮、制領、將佐之屬亦或罷或省，悉從其請。蓋當多事之秋，患兵之不足，望增補以壯軍容。事旣寧息，患其有餘，必併省以覈軍實，意則在乎少蘇民力也。

嘉熙初，臣僚言：「今日兵貧若此，思變而通之。於卒伍中取強勇者，異其籍而厚其廩，且如百人之中揀十人，或二十，或三十，則是萬人中有三千兵矣。時試之弓弩，課之武藝，暇則馳馬擊毬以爲樂，秋冬使之校獵。其有材力精彊，則厚賞賚之。又於其中拔其尤者，數愈少而廩愈厚，待之如子弟，倚之如腹心，緩急可用。蘇轍〔二〕有言：『天子必有所私之將，將軍必有所私之士。』又必申命主帥、制、領，鼓動而精擇之，假之統御之權，嚴其階級之法。將樂與士親，士樂爲將用，則可以運動如意，不必別移一軍，別招新軍矣。」

咸淳間，招兵無虛日，科降等下錢以萬計。奈何任非其人，白捕平民爲兵，召募無法，揀選云乎哉！

廩祿之制　爲農者出租稅以養兵，爲兵者事征守以衞民，其勢然也。唐以天下之兵分置藩鎭，天子府衞，中外校卒，不過十餘萬，而國用不見其有餘。宋懲五代之弊，收天下甲兵數十萬，悉萃京師，而國用不見其不足者，經制之有道，出納之有節也。國初，太倉所儲纔支三、二歲。承平旣久，歲漕江、淮粟六百萬石，而縑帛、貨貝、齒革百物之委不可勝用。其後軍儲充溢，常有餘羨。內外乂安，非偶然也。

凡上軍都校，自捧日、天武暨龍衞、神衞左右廂都指揮使遙領團練使者，月俸錢百千，粟五十斛；諸班直都虞候、諸軍都指揮使遙領刺史者半之。自餘諸班直將校，自三十千至二千，凡十二等；諸軍將校，自三十千至三百，凡二十三等，上者有傔；廂軍將校，自十五千至三百五十，凡十七等，有食鹽；諸班直自五千至七百，諸軍自一千至三百，凡五等；廂兵閱教者，有月俸錢五百至三百，凡三等，下者給醬菜錢或食鹽而已。自班直而下，將士月給粮，率稱是爲差；春冬賜衣有絹綿，或加紬布、緡錢。凡軍士邊外，率分口券，或折月粮，或從別給。其支軍食，粮料院先進樣，三司定倉敖界分，而以年月次之。國初，諸倉分給諸營，營在國城西，給粮于城東，南北亦然。相距有四十里者，蓋恐士卒習墮，使知負檐之勤。久之，有司乃取受輸年月界分，以軍次高下給之。

凡三歲大祀，有賜賚，有優賜。每歲寒食、端午、冬至，有特支，特支有大小差，亦有非時給者。邊戍季加給銀、鞵，邠、寧、環、慶緣邊難於爨汲者，兩月一給薪水錢，苦寒或賜絮襦袴。役兵勞苦，季給錢。戍嶺南者，增月奉。自川、廣戍還者，別與裝錢。川、廣遞鋪卒或給時服、錢、屨〔三〕。屯兵州軍，官賜錢宴犒將校，謂之旬設，舊止待屯泊禁軍，其後及于本城。

天聖七年，法寺裁定諸軍衣裝，騎兵春冬衣各七事，步兵春衣七事、冬衣六事，敢質賣者重寘之法。

景祐元年，三司使程琳上疏，論：「兵在精不在衆。河北、陝西軍儲數匱，而召募不已，且住營一兵之費，可給屯駐三兵，昔養萬兵者今三萬兵矣。河北歲費芻粮千二十萬，其賦入支十之三；陝西歲費千五百萬，其賦入支十之五。自餘悉仰給京師。自咸平〔四〕逮今，凡二邊所增馬步軍指揮百六十。計騎兵一指揮所給，歲約費緡錢四萬三千，步兵所給，歲約費緡錢三萬二千，他給賜不預。合新舊兵所費，不啻千萬緡。天地生財有限，而用無紀極，此國用所以日屈也。今同、華沿河州軍，積粟至於紅腐而不知用；沿邊入中粟，價常踊貴而未嘗足。誠願罷河北、陝西募住營兵〔五〕，勿復增置，遇闕卽選廂軍精銳者補之，仍漸徙營內郡，以便粮餉。無事時番戍于邊，緩急卽調發便近。嚴戒封疆之臣，毋得侵軼生事以覬恩賞，違令者重寘之法。如此，則疆場無事，而國用有餘矣。」帝嘉納之。

康定元年，詔戰場士卒給奉終其身。宰臣張士遜等言禁兵久戍邊，其家在京師者，或不能自給。帝召內侍卽殿隅條軍校而下爲數等〔六〕，特出內藏庫緡錢十萬賜之。

慶曆五年，詔：「湖南路發卒征蠻，以給裝錢者，毋得更予帶甲錢。」

七年，帝因閱軍糧，諭倉官曰：「自今後當足數給之。」初，有司以糧漕自江、淮，積年而後支，惟上軍所給斗升僅足，中、下軍率十得八九而已。

嘉祐八年，殿前諸班請糧，比進樣異，輒不受散去。御史中丞王疇以爲言。詔：「提點倉官自今往檢視，有不如樣，同坐之。軍士不時請及有諠譁，悉從軍法。」

皇祐二年〔七〕，詔：「在外禁軍，凡郊賚折色，並給以實估之直。」

五年，詔：「廣南捕蠻諸軍歲滿歸營，人賜錢二千，月增奉錢二百。度嶺陣亡及瘴癘物故者子孫或弟姪，不以等樣收一人隸本營者，支衣廩之半。」

治平二年，詔：「涇原勇敢軍揀爲三等，差給奉錢一千至五百爲三等，勿復置營，以季集渭州按閱。」

熙寧三年，帝手詔：「倉使給軍糧，例有虧減，出軍之家，侵牟益甚，豈朕所以愛養將士意哉！自今給糧毋損其數，三司具爲令。」於是嚴河倉乞取減刻之事。

四年，詔付趙卨：「聞鄜延路諸軍數出，至鬻衣裝以自給，可密體量振恤之。」先是，王安石言：「今士卒極窘，至有衣紙而擐甲者，此最爲大憂，而自來將帥不敢言振恤士卒，恐

成姑息，以致兵驕。臣愚以爲親士卒如愛子，故可與之俱死；愛而不能令，譬如驕子不可用也。前陛下言郭進事，臣案進傳，言進知人疾苦，所至人爲立碑紀德；士卒小有違令，輒殺之。惟其能犒賞存恤，然後能殺違令者而人無怨。今宜稍寬牽拘將帥之法，使得用封樁錢物隨宜振恤，然後可以責將帥得士卒死力也。」

四年〔八〕，樞密院言：「不教閱廂軍撥併，各帶舊請外，今後招到者，並乞依本指揮新定請受。河北崇勝、河東雄猛、陝西保寧、京東奉化、京西壯武、淮南寧淮各醬菜錢一百，月糧二石，春衣絹二匹、布半匹、錢一千，冬衣絹二匹、紬半匹、錢一千、綿十二兩。兩浙崇節、江東西効勇、荆南北宣節、福建保節、廣東西清化除醬菜錢不支外，餘如六路。川四路克寧已上各小鐵錢一千，糧二石，春衣絹一匹、小鐵錢十千，冬衣絹一匹、紬一匹、綿八兩、小鐵錢五千。」並從之。

七年，增橋道、清塞、雄勝諸軍奉滿三百。又詔：「今後募禁軍等賞給，並減舊兵之半。」

十年，詔：「安南道死戰沒者，所假衣奉咸蠲除之。弓箭手、民兵、義勇等有貸於官者，展償限一年。又中外禁軍有定額，而三司及諸路歲給諸軍亦有常數。其闕額未補者，會其歲給並封樁，樞密承旨司簿其餘數，輒移用，論如法。」

元豐二年，詔：「荆南雄略軍十一營南戍，瘴沒者衆，其議優恤之。軍校子孫降授職，有疾及不願爲兵若無子孫者，加賜緡錢；軍士子孫弟姪收爲兵，並給賻，除籍後仍給糧兩月；即父母年七十已上無子孫者，給衣廩之半，終其身。」

哲宗卽位，悉依舊制。

徽宗崇寧四年，詔：「諸軍料錢不多，比聞支當十錢，恐難分用，自今可止給小平錢。」初，蔡京謀逐王恩，計不行，欲陰結環衞及諸士卒，乃奏皇城鋪兵月給食錢五百者，日給一百五十。自是，每月頓增四貫五百，欲因以市私恩也。

五年，樞密院言：「自熙寧以來，封樁隸樞密院，比因創招廣勇、崇捷、崇武十萬人，權撥封樁入尚書省。緣禁軍見闕數多，若專責戶部及轉運司應副，恐致悞事。」詔：「尚書省候極足十萬人外，理合撥還。自今應禁軍闕額封樁錢，仍隸樞密院。」

宣和七年，詔：「國家養兵，衣食豐足。近歲以來，官不守法，侵奪者多；若軍司乞取及因事率斂，刻剝分數，反致不足。又官吏冗占猥多，修造役使，違法差借。雜役之兵，食浮於禁旅，假借之卒，役重於廂軍。近因整緝軍政，深駭聽聞。自今違戾如前者，重寘之法。」

靖康元年，詔：「諸路州軍二稅課利，先行樁辦軍兵合支每月糧料、春衣、冬賜數足，方許別行支散官吏請給等。禁軍月糧，並免坐倉。」

自國初以來，內則三司，外則漕臺，率以軍儲爲急務，故錢糧支賜，歲有定數。至於征戍調發之特支，將士功勞之犒賞，與夫諸軍闕額而收其奉廩以爲上供之封樁者，雖無定數，而未嘗無權衡於其間也。封樁累朝皆有之，而熙寧爲盛。其後雖有今後再不封樁之詔，然軍司告乏，則暫從其請，稍或優足，則封樁如舊。蓋宰執得人，則闕額用於朝廷；樞筦勢重，則闕額歸之密院。此政和軍政所以益不逮於崇寧、大觀之間者，由兩府之勢互有輕重，而不能恪守祖宗之法也。

中興以後，多遵舊制。紹興四年，御前軍器所言：「萬全雜役額五百，戶部廩給有常法。比申明裁減，盡皆遁逃。若依部所定月米五斗五升，日不及二升；麥四斗八升，斗折錢二百，日餐錢百，實不足贍。」詔戶部裁定，月米一石七斗，增作一石九斗。

五年，詔：「効用八資舊法，內公據、甲頭名稱未正，其改公據爲守闕進勇副尉，日餐錢二百五十、米二升；甲頭爲進勇副尉，日餐錢三百、米二升。非帶甲入隊人自依舊法。」宣撫使韓世忠言：「本軍調發，老幼隨行。緣効用內有不調月糧，不增給日請，軍兵米二升半、

錢百,効用米二升、錢二百,乞日增給贍米一升半,庶幾戰士無家累後顧憂,齊心用命。」詔分屯日卽陳請。

十三年,詔:「殿司諸統領將官別無供給職田〔九〕,日贍不足,差兵營運,浸壞軍政。可與月支供給:統制、副統制月一百五十千〔一〇〕,統領官百千,正將、同正將五十千,副將四十千,準備將三十千,皆按月給。旣足其家,可責後効。若仍前差兵負販,從私役禁軍法,所販物計贓坐之,必罰無赦。州縣知而不擧,同罪。」主管步軍司趙密言:「比定諸軍五等請給,招塡闕額,要以屛革姦弊。第數內招收白身効用,塡馬步軍使臣闕。其五等請給例內,馬軍効用依五人衙官例,步軍効用依三人衙官例。緣舊効用曾經帶甲出入,日止餐錢二百、米二升;有少壯善射者,旣見初收効用廩給稍優,因逃他軍以希厚請。今擬五等招收白身効用與舊効用,不以馬步軍論,概增其給,人日支錢二百、米二升,塡使臣闕。」

隆興二年,殿前司言:「諸軍法,兵級年六十,將校年六十五,減充剩員給請,內有戰功亦止半給。比來年及不與減落,乞每營置籍,鄉貫、年甲、招刺日月悉書之,一留本營,一留戶部,一留總領,以備闕落。」

乾道八年,樞密院言:「二月爲始,諸軍七人例以上,二分錢、三分銀、五分會子;五人

例,三分錢、四分銀、三分會子。軍兵折麥餐錢,全支錢。使臣折麥、料錢,統制、軍佐供給分數仍舊。」

淳熙三年,樞密院言:「兵部定請受格:効用一資守闕毅士,二資毅士,三資守闕効士,月各錢三千,折麥錢七百二十,米一石五升,春冬衣絹各二匹;四資効士,錢三千,折麥錢九百七十二,米一石一斗三升有奇,衣絹各二匹;五資守闕聽候使喚,錢四千五百,折麥錢一千八十,米一石二斗,絹三匹有半;六資聽候使喚,錢四千五百,折麥錢一千二百六十,米一石四斗七升,絹五匹;七資守闕聽候差使,八資聽候差使,錢四千五百,折麥錢一千四百四十,米一石六斗八升,絹各五匹;九資守闕準備使喚,十資準備差使,錢五千,折麥錢一千四百四十,米六石八升,絹各五匹。」

紹熙元年,知常德府王銖言:「沿邊城砦之官,以備疆埸不虞,廩祿旣薄,給不以時,孤寒小吏,何以養廉?致使熟視姦猾泄漏禁物,公私庇蓄,恬不加問,從而狥私受賕者有矣。弓手、士軍、戍卒備直粮食,累月不支,迫於饑寒,侵漁蠻獠,小則致訟爭,大則啓邊釁。乞嚴敕州、軍按月廩給,如其未支,守倅卽不得先請己奉。庶俾城砦官兵有以存濟,緩急之際,得其宣力。安邊弭盜,莫此爲急。」

厥後弊日以滋,迨至咸淳,軍將往往虛立員以冒稍食。以建康言之,有神策二軍,有游擊五軍,有親兵二軍,有制効二軍,有靖安、唐灣水軍,有游擊采石〔一一〕水軍,有精銳破敵軍,有効用、防江軍,原其初起,惟騎、戎兩司額耳。後乃各創軍分,額多而員少。一統制月請,以會子計之,則成一萬五百千,推之他軍,概可見矣。

九年,四川制司有言:「戍兵生券,人月給會子六千,蜀郡物賈翔貴,請增人月給九千。」當是時財賦之出有限,廩稍之給無涯,浚民膏血,盡充邊費,金帛悉歸于二三大將之私帑,國用益竭,而宋亡矣。

臣僚嘗言:「古者兵與農一,官無供億之煩,國有備禦之責。後世兵與農二,竭國力以養兵,奉之若驕子,用之若傭人。今守邊急務,非兵農合一不可。其說者有二:曰屯田,曰民兵。川蜀屯田爲先,民兵次之;淮、襄民兵爲先,屯田次之。此足食足兵之良策也。」其言阨于權姦,竟不行。

校勘記

〔一〕御龍骨朵子直　「直」字原脫,據本書卷一八七兵志、通考卷一五五兵考補。

〔二〕裝卸　原作「裝御」。按本書卷一八九兵志,廂兵軍額無「裝御」,而京東、京西路有「裝卸」,「御」字當爲「卸」字之誤,據改。

〔三〕神勇以下軍分　「軍」原作「勇」。按本卷下文記簡汰退軍時,重敍此事說:「詔揀拱聖、神勇以下軍補捧日、天武、龍衞、神衞兵闕。」則「勇」字當作「軍」,據改。

〔四〕諸指揮兵級　「兵級」原作「兵給」。長編卷三一二作「兵級」。按宋會要兵二五之三〇載,「兵級」係軍兵和節級之合稱,長編是,據改。

〔五〕長吏　原作「長使」。長編卷四一九作「長吏」。按本書卷一八七兵志,宋代禁軍係委諸州軍長吏募選部送,作「長吏」是,據改。

〔六〕自軍校轉補之法行而揀選益精　按上文旣說「中興以後」,而下文所記年號爲建炎三年,則此處所敍應屬南宋事。但本句以下直至「五尺二寸」一段,所記內容屬於揀選,和上文所載簡汰事不相銜接。又據本書卷一九六兵志,軍校轉補法自北宋以來已在施行,中間未聞廢罷,而志文所引軍防令,列擧的都是北宋時軍額,可見此處所記並非南宋時事,疑志文有錯簡。

〔七〕清朔　原作「精朔」,據本書卷一八七兵志、通考卷一五四兵考改。

〔八〕冀州雄勝　「冀州」原作「翼州」。按本書卷一八七、卷一八八兵志,雄勝軍駐地有「冀州」,而宋代未置翼州,「冀」、「翼」形近易訛,據改。

〔九〕奉國　按同上書同卷無此軍額，但有「奉先園」，中興後置；宋會要刑法七之一五治平四年詔，有奉園、奉先二軍額，「奉國」疑爲「奉園」。

〔一〇〕神武義軍統制　按繫年要錄卷三五，王璞此時爲神武前軍統制，熊克中興小紀卷九則說是神武前軍都統制，疑「義軍」爲「前軍」之誤。

〔一一〕邵青　原作「邵清」，據本書卷二七高宗紀、繫年要錄卷五一改。

〔一二〕蘇轍　當作「蘇軾」。按下引文句出蘇東坡集應詔集卷五策別二十二、經進東坡文集事畧卷一八倡勇敢一文。

〔一三〕廩　原作「屢」，據通考卷一五二兵考改。

〔一四〕咸平　原作「成平」，據同上書同卷、長編卷一一四改。

〔一五〕誠願罷河北陝西募佳營兵　「罷」字原脫，據長編卷一一四、編年綱目卷一〇補。

〔一六〕帝召內侍卽殿隅條軍校而下爲數等　「卽」原作「郎」。按宋代官制無內侍郎，長編卷一二六記此事作：「上召內侍就殿隅索紙筆，自指揮使而下條爲數等。」「就」、「卽」二字同義，「卽」、「郎」二字形近而誤，今改。

〔一七〕皇祐二年　按年代順序，皇祐在嘉祐之前。本句以下至「支衣廩之半」一段，應移至上文「嘉祐八年」句前。

〔一八〕四年　按上文已說是四年，此處當係重出，或有誤。

〔一九〕別無供給職田　「別無」二字原倒，據宋會要職官五七之七三乙正。

〔二〇〕一百五十千　「一」原作「五」。按下文列舉月支的級別差距，最大數字是五十千，統制一級和統領官之間，不應差距如此之大。宋會要職官五七之七三作：「統制、副統制一百五十貫。」繫年要錄卷一四九作：「統制、統領、將官月支供給錢自百五十千至三十千，凡五等。」據改。

〔二一〕采石　原作「菜石」。按朝野雜記甲集卷一八平江許浦水軍條，有「靖安、唐灣、采石諸水軍」，「菜」爲「采」字之訛，據改。

宋史卷一百九十五

志第一百四十八

兵九　訓練之制

訓練之制　禁軍月奉五百以上，皆日習武技；三百以下，或給役，或習技。其後別募廂兵，亦閱習武技，號教閱廂軍。戍川、廣者舊不訓練，嘉祐以後稍習焉。凡諸日習之法，以鼓聲爲節，騎兵五習，步兵四習，以其坐作進退〔一〕非施於兩軍相當者然。自宋初以來，中外諸軍皆用之。

明道二年，樞密使王曙言：「天下廂軍〔二〕止給役而未嘗習武技，宜取材勇者訓肄，升補禁軍。」上可其奏。

康定元年，帝御便殿閱諸軍陣法。議者謂諸軍止教坐作進退，雖整肅可觀，然臨敵難用，請自今遣官閱陣畢，令解鐙以弓弩射。營置弓三等，自一石至八斗；弩四等，自二石八

斗至二石五斗，以次閱習。詔行之陝西、河東、河北路。是歲，詔：「教士不衽帶金革，緩急不足以應敵。自今諸軍各予鎧甲十、馬甲五，令迭披帶。」又命諸軍班聽習雜武技，勿輒禁止。

慶曆元年，徙邊兵不教者于內郡，俟習武技卽遣戍邊。

二年，諸軍以射親疎爲賞罰，中的者免是月諸役，仍籍其名。闕校長，則按籍取中多者補。樞密直學士楊偕〔三〕請教騎兵止射九斗至七斗三等弓，畫的爲五暈，去的二十步，引滿卽發，射中者，視暈數給錢爲賞。騎兵佩劈陣刀，訓肄時以木桿代之。奏可。

四年，詔：「騎兵帶甲射不能發矢者，奪所乘馬與本營藝優士卒。」韓琦言：「教射唯事體容及彊弓，不習射親不可以臨陣。臣至邊，嘗定弓弩挽彊、蹠硬、射親格，願行諸軍立賞肄習。歲以春秋二時各一閱，諸營先上射親吏卒之數，命近臣與殿前、馬步軍司閱之。其射親入第四至第七等，量先給賜；入第三等已上及挽彊、蹠硬中格，悉引對親閱；等數多者，其正副指揮使亦第賜金帛。」詔以所定格班教諸軍。四年〔四〕，遣官以陝西陣法分教河北軍士。

五年，密詔益、利、梓、夔路鈐轄司，以弓弩習士卒，候民間觀聽寖熟，卽便以短兵日教三十人，十日一易。知幷州明鎬言：「臣近籍諸營武藝之卒，使帶甲試充奇兵外，爲三等，庶

幾主將悉知軍中武技強弱，臨敵可用。」詔頒其法三路。范仲淹請以帶甲射一石充奇兵，餘自九斗至七斗第爲三等，射力及等即升之。詔著爲令。

六年，詔諸軍夏三月毋教弓弩，止習短兵。又詔：「以春秋大教弓射一石四斗、弩蹶三石八斗、槍刀手勝三人者，立爲武藝出衆格。中者，本營闕階級即以次補。」

至和元年，詔：「諸軍選將校，武藝鈞，以射親爲上。」韓琦又言：「奉詔，軍士弩彍四石二斗并弓箭、槍手應舊規選中者，即給挺補守闕押官，然則排連舊制爲虛文矣。請三路兵遇春秋大教，武技出衆者優給賞物，免本營他役，候階級闕，如舊制選補。」奏可。

治平二年，詔：「河北戰卒三十萬一千、陝西四十五萬九百并義勇等，委總管司訓練，毋得冗占。」

熙寧元年，詔曰：「國家置兵以備戰守，而主兵之官冗占者衆，肄習弗時，或課軍事。帥臣、安撫、監司其察所部有占兵不如令者以聞。」十月，樞密院請陝西、河東選三班使臣及士人任殿侍者，以爲河北諸路指使，教習騎軍。或言河朔兵有教閱之名而無其實，請班教法於其軍，久而弗能者，罷爲廂軍。奏可。

二年，帝嘗語執政：「並邊訓練士卒，何以得其精熟？」安石對曰：「京東所教兵已精強，願陛下推此法以責邊將，間詔其兵親臨閱試。訓練簡閱有不如詔者罰之，而賞其能者。賞不遺賤，罰不避貴，則法行而將吏加勸，士卒無不奮勵矣。」九月，選置指使巡教諸軍，殿前司四人，馬、步軍司各三人。

三年，帝親閱河東所教排手，進退輕捷，不畏矢石。遂詔殿前司，步軍指揮當出戍者，內擇槍刀手伉健者百人，教如河東法，藝精者免役使〔五〕，以優奬之。

五年四月，詔在京殿前馬步諸軍巡教使臣，並以春秋分行校試。射命中者第賜銀楪，兵房置籍考校，以多少定殿最。五月，詔以涇原路蔡挺衙教陣隊於崇政殿引見，仍頒諸路。其法：五伍爲隊，五隊爲陣，陣橫列，騎兵二隊亦五伍列之。其出皆以鼓爲節，束草象人而射焉，中者有賞。馬步皆前三行槍刀，後二行弓弩，附隊以虎蹲弩、床子弩各一，射與擊刺迭出，皆聞金即退。預籍人馬之彊者隱於隊中，遇可用，則別出爲奇。帝以其點閱周悉，常有出野之備，故令頒行。

六年，詔：「河北四路承平日久，重於改作，苟遂因循，益墮軍制。其以京東武衞等六十二營隸屬諸路，分番教習，餘軍並分遣主兵官訓練。」九月，詔：「自今巡教使臣校殿最，雖以十分爲率，其事藝第一等及九分已上，或射親及四分，雖殿，除其罰；第二等事藝及八分，或射親不及三分，雖最，削其賞。」十月，選涇原士兵之善射者，以教河朔騎軍馳驟野戰。帝曰：「裁併軍營，凡省軍員四千餘人，此十萬軍之資也。儻訓練精勇，人得其用，不惟勝敵，亦以省財。」安石等曰：「陛下頻年選擇使臣，專務訓練，間御便殿躬親試閱，賞罰既明，士卒皆奮。觀其技藝之精，一人爲數夫之敵，此實國家安危所繫也。」是時，帝初置內教法，旬一御便殿閱武，校程其能否而勸沮之，士無不爭勸者。

七年，詔教閱戰法，主將度地之形，隨宜施行。二月，詔：「自今歲一遣使，按視五路安撫使以下及提舉教閱諸軍、義勇、保甲官，課其優劣以聞而誅賞之。」

八年，詔：「在京諸軍營屯迫隘，馬無所調習。比創四教場，益寬大，可以馳騁。其令騎軍就教者，日輪一營，以馬走驟閱習。」五月，臧景陳馬射六事：一、順鬉直射，二、背射，三、盤馬射，四、射親，五、野戰，六、輪弄，各爲說以曉射者。詔依此教習。八月，帝令曾孝寬視教營陣。大閱八軍陣於荆家陂，訖事大賞。

元豐元年十月，詔立在京校試諸軍技藝格，第爲上中下三等。步射，六發而三中爲一等，二中爲二等，一中爲三等。馬射，五發騾馬直射三矢、背射二矢，中數、等如步射法。弩射，自六中至二中，床子弩及砲自三中至一中，爲及等。並賞銀有差。槍刀并標排手角勝負，計所勝第賞。其弓弩墜落，或縱矢不及堋，或挽弓破體，或局而不張，或矢不滿，或弩蹠

不上牙，或擭不發，或身倒足落，並爲不合格。即射已中賞，餘箭不合格者，降一等。無可降者，罷之。

是月，賈逵〔六〕、燕達等言：「近者增損東南排弩隊法，與東南所用兵械不同，請止依東南隊法，以弩手代小排。若去敵稍遠則施箭，近則左手持弩如小排架隔，右手執刀以備斬伐，與長兵相參爲用。」詔可，其槍手仍以標兼習。十一月，京西將劉元言：「馬軍教習不成，請降步軍；又不成，降廂軍。」乃下令諸軍，約一季不能學者，如所請降之。十二月，詔：「開封府界、京東西將兵，十人以一人習馬射，受教於中都所遣教頭；在京步軍諸營弓箭手，亦十人以一人習馬射，受教於教習馬軍所。藝成，則展轉分教于其軍。」

二年四月，遣內侍石得一閱視京西第五將所教馬軍。五月，得一言其教習無狀，詔本將陳宗等具析。宗等引罪，帝責曰：「朝廷比以四方驕悍爲可虞，選置將臣分總禁旅，俾時訓肄，以待非常。至於部勒規模，悉經朕慮，前後告戒已極周詳。使宗等稍異木石，亦宜略知人意。尸祿日久，既頑且慵，苟遂矜寬，實難勵衆，可並勒停。」是月，詔殿前、步軍司兵各置都教頭掌隸教習之事，弩手五營、弓箭手十營、槍刀標排手五營各選一人武藝優者奏補。逐司各舉散直二人爲指使，罷巡教使臣。是日〔七〕，詔河東、陝西諸路：「舊制，馬軍自十月一日馳射野戰，至穀雨日止。塞上地涼，自今教起八月，止五月一日。」七月，詔諸路教閱禁

軍毋過兩時。九月，內出敎法格幷圖象頒行之。步射執弓、發矢、運手、舉足、移步，及馬射、馬使蕃槍、馬上野戰格鬥，步用標排，皆有法象，凡千餘言，使軍士誦習焉。

四年五月，詔東南諸路轉運、提點刑獄司，體量將兵自降敎閱新法之後，軍士有所倍費以聞。蓋自團立將兵以來，軍人日新敎閱，舊資技藝以給私費者，悉無暇爲故也。

六年，從郭忠紹之請，步軍弩手第一等者，令兼習神臂弓。

七年八月，詔開封府界、京東西路專選監司提舉敎閱。神宗留心武備，旣命立武學、校七書以訓武舉之士，又頒兵法以肄軍旅，微妙淵通，取成于心，羣臣莫望焉。

元祐元年四月，右司諫蘇轍上言：「諸道禁軍自置將以來，日夜按習武藝，將兵皆蚤晚兩教，新募之士或終日不得休息。今平居無事，朝夕虐之以敎閱，使無遺力以治生事，衣食殫盡，憔悴無聊，緩急安得其死力！請使禁軍，除新募未習之人，其餘日止一教〔八〕。」是月，朝請郎任公裕言：「軍中誦習新法，愚憒者頗以爲苦。夫射志於中，而擊刺格鬥期於勝，豈必盡能如法？」樞密院亦以爲元降敎閱新法自令敎者指授，不當令兵衆例誦。詔從之。九月，樞密院奏：「異時馬軍敎御陣外，更敎馬射。其法：全隊馳馬皆重行爲『之』字，透空發矢，可迭出，最便利。近歲專用順鬃直射、抹鞦背射法，止可輕騎挑戰，卽用衆乃不能重列，

非便。請自今營閱排日，馬軍『之』字射與立背射，隔日互教。」詔可。

三年五月，罷提舉敎習馬軍所。

六年六月，三衙申樞密院，乞依七十日依令式放諸軍敎〔九〕。王巖叟白韓忠彥曰：「景德故事，皆內侍省檢舉傳宣，今但歲舉爲常，則不復見朝廷恩意。」忠彥以爲然，又開陳太皇太后。曰：「如此則爲常事，待處分內侍省。」遂詔：「今後入伏，遣中侍傳宣諸軍住敎。」

紹聖元年三月，樞密院言：「禁軍春秋大敎賞法，每千人增取二百一十人，給賞有差。」從之。

二年二月，樞密院言：「馬軍自九月至三月，每十日一次出城洋渲，敎習回答野戰走驟向背施放，遇風雪假故權住。」從之。

三年五月，詔在京、府界諸路禁軍格鬥法，自今並依元豐條法敎習。七月，詔選弩手兼習神臂弓。八月，詔：「殿前、馬步軍司見管敎頭，別選事藝精強、通曉敎像體法者，展轉敎習。其弓箭手馬、步射親，用點藥包指及第二指知鏃，並如元豐格法。」是月，又詔復神臂弓射法爲百二十步。

元符元年十月，曾布旣上巡敎使臣罰格，因言：「祖宗以來，御將士常使恩歸人主，而威令在管軍。凡申嚴軍政，豈待朝廷立法而後施行耶？是管軍失職矣。」帝深以爲然。

政和元年二月，詔：「春秋大敎，諸軍弓弩斗力，並依元豐舊制。」

四年五月，臣僚上言：「神臂弓垛遠百二十步，給箭十隻，取五中爲合格，軍中少得該賞，恐惰於習射。」遂殿前、馬步軍司勘會，將中貼箭數並改爲上垛，其一中貼比兩上垛〔一〇〕。」從之。

五年三月，詔：「自今敢占留將兵，不赴敎閱，並以違御筆論。不按舉者，如其罪。」十一月，臣僚言：「春秋大敎，諸軍弓弩上取斗力高強，其射親中多者，激賞太薄，無以爲勸。」詔依元豐法。

八年，詔州郡禁軍出戍外，常留五分在州敎閱，從毛友之請也。

重和元年正月〔一一〕，而兵部侍郎宇文粹中進對，論禁軍訓練不精，多充雜役。帝曰：「祖宗軍旅之法最爲密緻，神考尤加意訓習，近來兵官寖以弛慢。古者春振旅，夏茇舍，秋治兵，冬大閱，皆於農隙以講事，大司馬敎戰之法，大宗伯大田之禮，細論周制，大抵軍旅之政，六卿無有不總之者。今士人作守倅，任勸農事，不以勸耕稼爲職；管軍府事，不以督訓練爲意。自今如役使班直及禁衞者，當差人捉探懲戒。更俟日長，卽親御敎閱激賞。」尋以粹中所奏參照條令行之。

宣和三年四月，立騎射賞法，其背射上垛中貼者，依步射法推賞。

靖康元年二月，詔：「軍兵久失敎習，當汰冗濫〔一二〕。今三衙與諸將招軍，惟務增數希賞，但及等杖，不問勇怯。招收旣不精當，敎習又不以時，雜色占破，十居三四。今宜招兵之際，精加揀擇，旣係軍籍，專使敎習，不得以雜色拘占。又神臂弓、馬黃弩乃中國長技，宜多行敎習，以扞邊騎。仍令間用衣甲敎閱，庶使習熟。」四月，詔復置敎場，春秋大閱，及復內敎法以激賞之。

陣法　熙寧二年十一月，趙卨乞講求諸葛亮八陣法，以授邊將，使之應變。詔郭逵同卨講求，相度地形，定爲陣圖聞奏。

五年四月，詔蔡挺先進敎閱陣圖。帝嘗謂〔一三〕：「今之邊臣無知奇正之體者，況奇正之變乎！且天地五行之數不過五，五陣之變，出於自然，非強爲之。」宰相韓絳因請諸帥臣各具戰陣之法來上，取其所長，立以爲法。從之。帝患諸將軍行無行陣之法，嘗曰：「李靖結

三人爲隊必有意。星書，羽林皆以三人爲隊〔二四〕，靖深曉此，非無據也。」乃令賈逵、郭固試之。十二月，知通遠軍王韶請降合行條約，詔賜御製攻守圖、行軍環珠、武經總要、神武祕略、風角集占〔二五〕、四路戰守約束各一部，餘令關秦鳳路經略司抄錄。

六年，詔諸路經略司，結隊並依李靖法，三人爲一小隊，九人爲一中隊，賞罰俟成序日取裁。其隊伍及器甲之數，依涇原路牙教法。九月，趙卨言：「欲自今大閱漢蕃陣隊，且以萬二千五百人爲法，旌旗麾幟各隨方色。戰國時，大將之旗以龜爲飾，蓋取前列先知之義。令中軍亦宜以龜爲號〔二六〕。其八隊旗，別繪天、地、風、雲、龍、虎、鳥、蛇。天、地則象其方圓，風、雲則狀其飛揚，龍、虎則狀其猛厲，鳥、蛇則狀其翔盤之勢〔二七〕，以備大閱。」樞密院以爲陣隊旗號若繪八物，應士衆難辨，且其間亦有無形可繪者。遂詔止依方色，仍異其形制，令勿雜而已。

七年，又命呂惠卿、曾孝寬比校三五結隊法。十月，以新定結隊法幷賞罰格及置陣形勢等，遣近侍李憲付趙卨曰：「陣法之詳已令憲面諭，今所圖止是一小陣，卿其從容析問，憲必一一有說。然置陣法度，久失其傳，今朕一旦據意所得，率爾爲法，恐有未盡，宜無避忌，但具奏來。」繼又詔曰：「近令李憲齎新定結隊法幷賞罰格付卿，同議可否，因以團立將官，更置陣法，卿必深悉朝廷經畫之意。如日近可了，宜令李憲齎赴闕。」卨奏曰：

置陣之法，以結隊爲先。李靖以五十人爲一隊，每三人自相得者結爲一小隊，合三小隊爲一中隊，合五中隊爲一大隊，餘押官、隊頭、副隊頭、左右傔旗五人即充五十，並相依附。今聖制：每一大隊合五中隊，五十人爲之；中隊合三小隊，九人爲之；小隊合三人爲之，亦擇心意相得者。又選壯勇善槍者一人爲旗頭，令自擇如己藝、心相得者二人爲左右傔；次選勇悍者一人爲引戰〔二八〕；又選軍校一人執刀在後，爲擁隊。凡隊內一人用命，二人應援；小隊用命，中隊應援；中隊用命，大隊應援；大隊用命，小隊應援。如逗撓觀望不卽赴救，致有陷失者，本隊委擁隊軍校〔二九〕，次隊委本轄隊將，審觀不救所由，斬之。其有不可救，或赴救不及，或身自受敵，體被重創，但非可救者，皆不坐。其說雖與古同，而用法尤爲精密。此蓋陛下天錫勇智，不學而能也。

然議者謂四十五人而一長，不若五人而一長之密。且以五人而一長，卽五十人而十長也，推之於百千萬，則爲長者多，而統制不一也。至如周制：五人爲伍，屬之比長；五伍爲兩，屬之閭胥；四兩爲卒，屬之族師；五卒爲旅，屬之黨正；五旅爲師，屬之州長；五師爲軍，屬之命卿。此猶今之軍制，百人爲都，五都爲營，五營爲軍，十軍爲廂。自廂都指揮使而下，各有節級，有員品，亦昔之比長、閭胥、族師、黨正之任也。

議者謂〔三〇〕什伍之制，於都法爲便，然都法恐非臨陣對敵決勝之術也。況八陣之法，久失其傳，聖制一新，稽之前聞，若合符節。夫法一定，易以致人。敵好擊虛，吾以虛形之；敵好背實，吾以實形之。然而所擊者非其虛，所背者非其實，故逸能勞之，飽能飢之，此所謂致人而不致於人也。

七年七月〔三一〕，詔諸路安撫使各具可用陣隊法，及訪求知陣隊法者以聞。九月，崇儀使郭固以同詳定古今陣法賜對，於是內出攻守圖二十五部付河北。

八年二月，帝批：「見校試七軍營陣，以分數不齊，前後牴牾，難爲施用。可令見校試官摭其可取者，草定八軍法以聞。」初，詔樞密院曰：「唐李靖兵法，世無全書，雜見通典，離析譌舛〔三二〕。又官號物名與今稱謂不同，武人將佐多不能通其意。令樞密院檢詳官與王震、曾收、王白、郭逢原等校正〔三三〕，分類解釋，令今可行。」又命樞密院副都承旨張誠一、入內押班李憲與震、逢原行視寬廣處〔三四〕，用馬步軍二千八百人教李靖營陣法。以步軍副都指揮使楊遂爲都大提舉，誠一、憲爲同提舉，震、逢原參議公事，夏元象、臧景等爲將副、部隊將、幹當公事，凡三十九人。

誠一等初用李靖六花陣法，約受兵二萬人爲率，爲七軍，內虞候軍各二千八百人，取戰兵千九百人爲七十六隊，戰兵內每軍弩手三百〔三五〕，弓手三百，馬軍五百，跳盪四百，奇兵四

百，輜重每軍九百，是爲二千八百人。帝諭近臣曰：

黃帝始置八陣法，敗蚩尤於涿鹿。諸葛亮造八陣圖於魚復平沙之上，壘石爲八行。晉桓溫見之曰：「常山蛇勢。」此卽九軍陣法也。至隋韓擒虎深明其法，以授其甥李靖。靖以時遇久亂，將臣通曉者頗多，故造六花陣以變九軍之法，使世人不能曉之。大抵八陣卽九軍，九軍者方陣也。六花陣卽七軍，七軍者圓陣也。蓋陣以圓爲體，方陣者內圓而外方，圓陣卽內外俱圓矣。故以方圓物驗之，則方以八包一，圓以六包一，此九軍六花陣之大體也。六軍者，左右虞候軍各一，爲二虞候軍；左右廂各二，爲四廂軍；與中軍共爲七軍。八陣者，加前後二軍，共爲九軍。開國以來，置殿前、馬步軍三帥，卽中軍、前後軍帥之別名；而馬步軍都虞候是爲二虞候軍，天武、捧日、龍神衞四廂是爲四廂軍也。中軍帥總制九軍，卽殿前都虞候，專總中軍一軍之事務，是其名實與古九軍及六花陣相符，而不少差也。今論兵者俱以唐李筌太白陰經中陣圖爲法，失之遠矣。

朕嘗覽近日臣僚所獻陣圖，皆妄相眩惑，無一可取。果如其說，則兩敵相遇，必須遣使豫約戰日，擇寬平之地，夷阜塞壑，誅草伐木，如射圃教場，方可盡其法爾。以理推之，其不可用決矣。今可約李靖法爲九軍營陣之制。然李筌圖乃營法，非陣法也。

朕採古之法，酌今之宜，曰營曰陣，本出于一法，特止曰營，行曰陣；在奇正言之，則營爲正、陣爲奇也。

於是以八月大閱八軍陣於城南荆家陂。已事，賜遂而下至指使、馬步軍銀絹有差。

八年[三六]，詔諸路權住敎五軍陣，止敎四御陣。

九年四月，帝與輔臣論營陣法，謂：「爲將者少知將兵之理，且八軍、六軍皆大將居中，大將譬則心也，諸軍四體也，運其心智，以身使臂，以臂使指，攻左則右捄，攻右則左捄，前後亦然，則軍何由敗也！」

元豐四年，以九軍法一軍營陣按閱於城南好草陂，已事，獎諭。

七年，詔：「已降五陣法，令諸將敎習[三七]，其舊敎陣法並罷。」蓋九軍營陣爲方、圓、曲、直、銳，凡五變，是爲五陣。

元祐元年，高翔言，乞以御陣與新陣法相兼敎閱，從之。蓋元豐七年，詔專用五陣法，而舊敎御陣遂廢；至是，復令互敎。

紹聖三年，復罷敎御陣。

大觀二年，詔以五陣法頒行諸路。

靖康元年，監察御史胡舜陟奏：「通直郎秦元所著兵書、陣圖、師律三策、大八陣圖一、小圖二，皆酌古之法，參今之宜，博而知要，實爲可用。」詔令賜對。當時君臣雖無雄謀遠略，然猶切切焉以經武爲心。

高宗建炎元年，始頒樞密院敎閱法，專習制禦摧鋒破敵之藝、全副執帶出入、短樁神臂弓、長柄刀、馬射穿甲、木挺。每歲儗春秋敎閱法，立新格。神臂弓日給箭二十，射親去垛百二十步。刀長丈二尺以上，氈皮裹之，引門五十二次，不令刀頭至地。每營選二十人閱習，經兩閱者五十人爲一隊，敎習分合，隨隊多少，分隸五軍。每軍各置旗號，前軍緋旗，飛鳥爲號；後軍皂旗，龜爲號；左軍青旗，蛟爲號；右軍白旗，虎爲號；中軍黃旗，神人爲號。又別以五色物號制招旗、分旗。舉招旗，則五軍以旗相應，合而成陣；舉分旗，則五軍以旗相應，分而成隊。左右前卻，或分藏爲伏，或分出爲奇，皆舉旗爲號。更鳴小金、應鼓，以備瞻望不及者。豫約伏藏之所，緩鳴小金卽止，急鳴應鼓卽奇兵出陣趨戰，急鳴小金卽伏兵出。其春秋大敎推賞，依海行格法。

李綱言：「水戰之利，南方所宜。沿河、淮、海、江帥府、要郡，宜倣古制造戰船，以運轉輕捷安穩爲良。又習火攻，以焚敵舟。」詔命楊觀復往江、浙措置，河、淮別委官。三年，親閱水軍于鎭江登雲門外。

紹興四年，詔內殿按閱神武中軍官兵推賞。

二十四年，臣僚言：「州郡禁卒，遠方縱弛，多不訓練，春秋敎閱，臨時備數，乞申嚴舊制。」

三十一年，詔：「比聞諸路州廂、禁軍、土軍，有司擅私役，妨敎閱。帥府其嚴責守兵勤兵歸營，訓練精熟，以備點視。」

孝宗乾道二年，幸候潮門外，次幸白石閱兵，三衙率將佐道駕，射生官兵就御輦下獻所獲。是日，有數將獨手運大刀，上曰：「刀重幾何？」李舜舉奏：「刀皆重數十斤[三八]。」有旨：「卿等敎閱精明。」又諭陳敏曰：「軍馬衣裝整肅如此。」特錫賚鞍馬、金帶，士卒推賞有差。

四年，幸茅灘敎閱。舉黃旗，連三鼓，變方陣；五鼓，舉白旗，變圓陣[三九]；次二鼓，舉赤旗，變銳陣；青旗，變直陣。畢事，上大悅，賞賚加倍。兵分東西，呈大刀、火砲，上問李舜舉：「按閱比曩時如何？」舜舉奏：「今日之兵，陛下親訓練，撫以深恩，錫以重賞，忠勇倍常。」

乾道中，詔弓箭手元射一石四斗力升加三斗，元射一石力升加五斗，弩手元射四石力升加五斗，元射兩石七斗力升加八斗，進秩推賞有差。宰執進射親賞格，虞允文曰：「拍試以斗力升請給，今用射親定賞，恐不加意斗力。」上曰：「然。他日雖強弓弩可以取勝，若止習射親，則斗力不進。此賞格不須行。」

淳熙間，立槍手及射鐵簾格。上謂輔臣曰：「閱射鐵簾，諸軍鼓躍奮厲。」周必大曰：「兵久不用，此輩無進取，自然氣惰。今陛下激勸告戒，人人皆勝兵。」於是殿前、步軍司諸軍及馬軍舊司弓弩手，射鐵簾合格兵共一千八百四十餘。詔中垛簾弓箭手一石二斗力十箭，弩手四石力八箭，依格進兩秩，各賜錢百緡；弓箭手一石力十箭以上，弩手三石力八箭，各進兩秩。詔中外諸軍賞格亦如之。

紹熙元年，詔殿司：「許浦水軍并江上水軍歲春秋兩教外，每月輪閱習。沿海水軍準是。」

知徽州徐誼言：「諸路禁軍，近法以十分爲率，二分習弓，六分習弩，餘二分習槍、牌。習弓者聽兼習弩，斗力可以觀其進退，射親可以察其能否。勤惰之實，人有稽考。」詔下諸路遵守

之。執政胡晉臣言：「比年用射鐵簾推賞，往往獲遷秩，是亦足以作成人才。」上曰：「射鐵簾不難，此賞格太濫，其專以武藝精熟爲尙。」

二年，樞密院言：「殿、步司諸軍弓箭手，帶甲六十步射，一石二斗力，箭十二，六箭中垜爲本等。弩手，帶甲百步射，四石力，箭十二，五箭中垜爲本等。槍手，駐足舉手攛刺，以四十攛爲本等。主帥委統制、統領較其藝。本等外取升加多者，每軍五千五百人以上弓、弩、槍手各十五人，詣主帥審實，上樞密院覆試。各擇優等二人升轉兩秩，餘人給錢五緡，俟將來再試。」

慶元二年，幸候潮門外大閱。

嘉泰二年，詔將按閱諸軍，賞賚依慶元二年增給。

寶慶二年，莫澤言：「州郡禁軍，平時則以防寇盜，有事則以備戎行，實錄於朝廷，非州郡可得私役。比年州郡軍政隳廢，吝於廩給，闕額恆多。郡官、主兵官有窠占，寓公有借事，存留者不什一。當教閱時，鈐、總、路分雖號主兵，僅守虛籍，莫敢號召。入教之次，坐作進退殆同兒戲。守臣利虛劵不招塡，主兵受厚賂改年甲。且一兵請給，歲不下百緡，以小計之，一郡占三百人，是虛費三萬緡也。私役禁軍，素有常憲。守帥闢園池，建第宅，不給

餐錢；寓公去城遼絕，類得借兵，擾害鄉閭，近而輔郡至有寓公占四五百兵者。良由兵官之權輕，而私占之禁弛也。乞嚴戒監司、守倅等，止許借廂軍，仍不得妨教閱，餘官雖廂軍亦勿借。」

淳祐十一年，臺臣條陳軍匠不閑閱習之弊：「按舊制，禁兵毋私役。比歲凡州軍屯營駐箚之處，多循舊習，每一州軍匠無慮數百，官無小大各占破〔三〇〕，而雕鏤、組繡、攻金、設色之事靡所不有。工藝雖精，擊刺不習，設有小警，何能授甲？乞申嚴帥守及統兵官，應軍匠聽歸營伍閑習訓練，勿競作無益，虛糜廩稍，以妨軍實。」

咸淳初，臣僚言：「諸軍統領、統制、正將、副將正欲在軍訓練，閑於武事，一有調用，令下即行，士悉將智，將悉士勇，所向無敵。今江南州郡、沿江制閫置帳前官，專任營運，不爲軍計，實爲家謀，絕無戰陣新功，率從帳前升差。大略一軍僅二三千，而使臣至五六百，以供雜役。」

九年，臣僚言：「比者招募軍兵，一時徒取充數，以覬賞格。涅刺之後，更不敎閱。主兵官苦以勞役，日夜罔休，一或少違，卽罹囹圄榜掠之酷，兵不堪命，而死者逃者接踵也。今請以新招軍分隸諸隊，使之熟紀律，習事藝，或旬或月上各郡閱試。」蓋弊至於此，而訓練之制大壞矣。

校勘記

〔一〕以其坐作進退　「其」，通考卷一五七兵考、武經總要前集卷二作「敎」。

〔二〕天下廂軍　「天」原作「本」，「下廂」二字原倒，據長編卷一一三、通考卷一五七兵考改。

〔三〕楊偕　原作「楊楷」，據本書卷三〇〇本傳、長編卷一三八改。

〔四〕四年　按上文已說是四年，而長編卷一五〇記此事也將韓琦等奏繫於慶曆四年，此二字當係重出。

〔五〕藝精者免役使　「免」字原脫。長編卷二一四本句作：「藝精與免本指揮差使。」據補。

〔六〕賈逵　原作「賈達」，據本書卷三四九本傳、長編卷二九四改。下文同。

〔七〕是日　上文「是月」事，長編卷二九八繫於元豐二年五月乙酉。承上文，此「是日」當是「乙酉」日。

〔八〕其餘日止一敎　「日」原作「月」，據蘇轍欒城集卷三七乞禁軍日一敎狀、通考卷一五七兵考改。

〔九〕乞近伏七十日依令式放諸軍敎　「伏」原作「狀」。按長編卷四五九：「初，三衙申樞密院狀，近伏七十日已依令式減放訖。」則本句係指伏天減免軍士敎閱事，「狀」字當爲「伏」字之訛，據改。

下文「今後入伏」句同。

〔一〇〕其一中貼此兩上垜　按文義，「此」字疑是「比」字之訛。

〔一一〕重和元年正月　按重和元年卽政和八年，此處紀年和上文的「八年」相混。

〔一二〕軍兵久失敎習當汰冗濫　「失」、「當」二字原脫，據本書卷一九四兵志、北盟會編卷三七補。

〔一三〕帝嘗謂　按長編卷二五四、玉海卷一四三，「帝嘗謂」以下語和韓絳建議都是熙寧七年六月的事。因神宗論結隊法同蔡挺進敎閱陣圖事有關，故前後連寫在一起。

〔一四〕皆以三人爲隊　按武經總要後集卷一七諸星占條：「羽林四十五星，三三而聚，散在壘壁之南，主天軍營陣翊衞之象。」「羽林」卽此羽林星座，「三人」，疑當作「三星」。

〔一五〕風角集占　「占」原作「古」，據長編卷二四一、玉海卷一四一改。

〔一六〕令中軍亦宜以龜爲號　「令」，長編卷二四七、通考卷一五七兵考都作「今」，作「今」字於義爲長。

〔一七〕龍虎則狀其猛厲鳥蛇則狀其翔盤之勢　「猛」字以下七字原脫，據長編卷二四七、玉海卷一四三補。

〔一八〕次選勇悍者一人爲引戰　「次」原作「自」，據長編卷二五七、羣書考索後集卷四七改。

〔一九〕擁隊軍校　「隊」字原脫，據上文「爲擁隊」句及長編卷二五七補。

〔二〇〕議者謂　「者」原作「曰」，據長編卷二五七改。

〔二一〕七年七月　按上文已敍至七年十月，此處不應又出「七年七月」，「七年」二字當係重出；「七月」以下至「付河北」一段，應移至上文「十月」之前。

〔二二〕離析譌舛　「析」原作「拆」，據長編卷二六〇、通考卷一五七兵考改。

〔二三〕令樞密院檢詳官與王震曾收王白郭逢原等校正　「令」原作「今」，據長編卷二六〇、通考卷一五七兵考改。「震」原作「振」（下文同），據長編卷二六〇、本書卷三二〇王震傳改。「曾收」，長編卷二六〇作「曾旼」，通考卷一五七兵考作「曾晈」。

〔二四〕行視寬廣處　「處」字原脫，據長編卷二六〇、玉海卷一四三補。

〔二五〕三百　原作「二百」，據武經總要前集卷六、長編卷二六〇改。

〔二六〕八年　按此事長編卷二六〇繫於熙寧八年，和上文的「八年」是同一年，疑此當爲「是年」之誤。

〔二七〕七年詔已降五陣法令諸將教習　句首原衍「熙寧」二字，但此詔實頒於元豐七年，和上文「元豐四年」相接，據下文高翔言和玉海卷一四三刪；「令」原作「今」，今改。

〔二八〕數十斤　「十」字原脫，據玉海卷一四五、通考卷一五七兵考補。

〔二九〕舉黃旗連三鼓變方陣五鼓舉白旗變圜陣　按同上書同卷「黃」、「白」二字互易，鼓數也有所不同。

〔三〇〕占破　「占」原作「戰」。按「占破」爲當時習用語，上文卽有「雜色占破」一語，據改。

宋史卷一百九十六

志第一百四十九

兵十　遷補之制　屯戍之制

遷補之制　自殿前、侍衞馬步軍校，每遇大禮後，各以次遷，謂之「轉員」。轉員至軍都指揮使，又遷則遙領刺史，又遷爲廂都指揮使，遙領團練使。員溢，卽從上罷軍職，爲正團練使、刺史之本任，或有他州總管、鈐轄〔一〕。其老疾若過失者，爲御前忠佐馬軍都軍頭、副都軍頭〔二〕，隸軍頭司。其黜，則爲外州馬步軍都指揮使。凡軍主闕，以軍都指揮使遞遷；餘闕，以諸軍都虞候、指揮使、副指揮使、行首、軍使、副行首、副兵馬使、十將遞遷。凡將校，一軍營止補十人，其廂都指揮使、軍都指揮使、都虞候、指揮使，營主其一，卽闕其三。殿前左右班都虞候遙領刺史，卽與捧日軍都指揮使通，以次遷捧日、龍衞廂都指揮使，仍遙領團練使。若員溢，卽爲正刺史補外，他如諸軍例遞遷。

凡列校轉補，有司先閱走躍、上下馬〔三〕；次出指二十步，掩一目試之，左右各五占數爲見物。武藝，弓射五斗，弩彍一石五斗，槍刀手稍練。負罪不至徒，年未高，或雖年高而無疾、精力不耗者，並取之。

凡諸軍轉員後，取殿前指揮使長入祗候塡行門，取東西班長入祗候、殿侍、諸班直充諸班押班，諸軍將校者，皆親閱。前一日，命入內都知或押班一人，勾當御藥院內侍一人，同軍頭引見司較定弓弩斗力標誌之。凡弓弩藝等者，人占其一。至日，引見，弓弩列置殿前，命取一以射。軍頭引見司專視喝箭以奏。如喝失當，卽奏改正。入內都知或押班同勾當御藥院內侍殿上察視，如引見司不覺舉，亦奏改正。槍刀手竭勝負，若喝不以實，并引見司失覺舉，並劾其罪。

太平興國九年，上詣崇政殿轉改諸軍將校，自軍都指揮使以下、員僚以上，皆按名籍驗勞績而升陟之，凡數日而畢。內外感悅。乃謂宰臣等曰：「朕遷轉軍員，先取其循謹能御下者，武勇次之。若不自謹飭，則其下不畏憚，雖有一夫之勇，亦何所用！」

咸平三年五月，上御便殿遷補軍職，凡十一日而畢。自神衞右第二軍都指揮使、恩州

刺史周訓而下，遞遷者千三十一人。

四年十二月，帝謂呂蒙正曰：「選衆求才，誠非易事。朕常孜孜詢訪，冀有所得。向求於軍校中，超擢八九人，委以方任，其間王能、魏能頗甚宣力，陳興、張禹珪亦有能名。」蒙正等曰：「才難求備。今拔十得五，有以見陛下知臣之明也。」

五年，帝謂知樞密院周瑩曰：「國朝之制，軍員有闕，但權領之，三歲一遷補。未及期以功而授，止奉朝請而已。今闕員處則乏人部轄，須當例與轉補。」於是召瑩等至便殿，按軍籍次補，其屯戍於外及軍額在下素不該恩例，亦溥及之。凡再旬方畢。

景德二年四月，帝曰：「殿前諸班、侍衞馬步諸軍及軍頭司諸軍員，因衰病或以他事出補外職，率皆臨事奏裁，殊無定制，可條其所入職名類例以聞。」又曰：「近累有諸處立功指揮使，未可別加遷擢，皆特補本軍都虞候。舊無此職名，蓋權宜加置，若後有闕，不須復補。」又曰：「內外諸軍所闕小校，儻以名次遷補，或慮不能盡得武幹之士，自今並令閱試武藝，選擢爲之。」

大中祥符四年七月，詔曰：「自來轉補軍員，皆是議定降宣命訖，方引見轉補。其間有老病不任職者，臨時易之，無由整齊。經汾陰大禮，應殿前馬步軍諸班諸軍員，並分作甲次於崇政殿逐人唱名引見，朕自視之。有不任職者，當於不係禁軍處優與安排，免轉員之

際，旋議改易。」八月，詔：「殿前、侍衞馬軍步軍司所管內外禁軍軍員，自來補轉，體例不一，未得均平。朕夙夜思之。今來該汾陰轉員，可立定久遠規制。其馬軍、步軍，自指揮使以下，各別轉補，皆令自下而升。仍將殿前、侍衞馬軍步軍司所轄軍分，各衮同轉補。如馬軍員自近下補至拱聖，即雙取之，以分補捧日、龍衞，其近下軍分有闕，即却自捧日、龍衞雙取，升一員資補填。其步軍有闕，填補並準此。」又詔：「所議改更轉補軍員職名，恐諸軍未喻，可降宣命云：殿前、侍衞馬步軍司自來多是龍衞更轉入捧日，并神衞更入天武之類，是致難得出職，久成沉滯。今來轉員，出自朕意，並各與分兩頭遷改，其龍衞更不入捧日，并神衞更不入天武。其捧日、龍衞闕，於拱聖內隔間取人，分頭充填。其拱聖闕，即將驍騎、雲騎分頭轉入。其天武、神衞闕，於神勇內隔間取人，分頭充填。其神勇闕，即將宣武充填。其宣武闕，取殿前、步軍司虎翼充填。已上如取盡指定軍員，即轉已次軍員充填。所有寧朔軍分次第請受幷轉員出入，今後並特與依驍勝體例施行。」

六年十月，詔：「諸班直并馬步軍事[四]軍員，其諸班、捧日、龍衞、天武、神衞五頭下出人外，其御龍諸直作一處轉；員僚直、拱聖、驍騎、雲騎、驍勝、武騎、寧朔、神騎已上軍額軍員，作一處挨排遞遷；水軍神勇、宣武，殿前司虎翼、衞聖，步軍司虎翼、奉節、廣勇、神射已上軍額軍員，作一處挨排轉補；事內殿前指揮使[五]押班至都知只本班轉，其神衞、廣勇、神射已下至軍使、都頭，卽逐指揮內遞遷。內有年及六十已下者[六]並勾押赴闕，令殿前司看驗聞奏，當議相度安排。所有副兵馬使、副都頭員闕，仍取捧日、龍衞、神勇十將充填，餘並從之。內神衞水軍第一指揮，令立充神衞水軍指揮；殿前司上虎翼第二、步軍司上虎翼第一，並立充虎翼水軍指揮，依舊係逐司管押。其神衞水軍見管軍員，先自奉節補入，多不會舟楫，並一齊轉上外，却將虎翼水軍兩指揮會水軍員與神衞水軍共三指揮一處衮轉。如轉至神衞水軍指揮使，除年老病患依例出職安排外，更不轉上。」

天禧元年十月，以御前忠佐郭豐等六人並受將軍。初，軍頭司定年老負犯者將黜之。帝以其久居武列，命寘環衞，其帶遙郡者與大將軍，不帶遙郡者與將軍。

天聖六年，將轉員，樞密院奏：「諸軍將校有因循不敢戢士者，請諭殿前、馬步軍司密以名聞。」八年，詔殿前、侍衞司同定內外諸軍排立資次。

景祐二年，詔緣邊就粮兵有員闕，奏以舊人次遷。

康定元年，詔三路就粮將校半以次遷，半遣自京師。又詔陝西土兵校長遣自京師，情不諳達，自今悉就本路通補。

慶曆四年，詔捧日、天武選退將校超三資，餘超二資，悉補外職。五年，眞定府、定州路

都總管司奏：「奉詔閱教軍士，選補階級，弓射九斗至一石，距堋七十步至百步，射最親者爲第一等。其閱教時，弓不必引滿，力競卽發，務在必中。伏緣舊例軍中揀節級，以挽彊引滿爲勝。今一旦取射親者爲第一等，其弓力止九斗、一石，箭留三兩指，而退素習挽強引滿之士，於理未便。」詔諸軍選節級用舊例，遇閱教卽如近制。

皇祐元年，詔：諸路就粮兵闕將校，須轉補滿三年聽遷。又詔：將帥麾下兵，非有戰功毋得請遷隸上軍。

嘉祐二年[七]，詔：京東教閱本城、騎射、威邊、威勇、壯武，自初募置，卽給鼓旗閱教以代禁軍，如有員闕，聽遞遷至副指揮使止，轉補後滿三歲，闕三分已上卽舉行。其指揮使闕，卽步軍司補之。

至和三年，詔親從官入殿滿八年者補節級，從樞密院之請也。

治平元年，選諸班直長行洎禁軍副兵馬使已上有材武者，得七十人，帝臨軒親閱。喻天武右第三軍都指揮使王秀曰：「爾武藝雖不中格，而有戰功，且能恪守法度，其以爾爲正刺史，務勤乃職，無負朕之委寄也。」又喻散直都虞候胡從、內殿直副都知張思曰：「爾能勤以持身，忠以事上，治軍又皆整肅，其以從爲內園使，思爲崇儀副使。」自餘擢遷有差。

二年，詔：「廣南教閱忠敢、澄海，一營者卽本營遞遷，兩營已上者，營三百人補五人，二百人至三百人補三人，二百人以下補二人，百人以下補一人，止於副指揮使。凡遞遷滿三歲，五階闕二、三階闕一卽補。」四年，詔：「自今一營及二百五十人已上，置校十人，闕三人卽補。二百五十人已下，置校七人，闕二人卽補。京師非轉員幷諸道就粮並準此令。」

凡軍頭、十將、節級轉補，謂之「排連」，有司按籍閱試，如列校轉員法。弓射六斗、弩彍一石七斗、槍刀手稍練並取之。如舊不試武技者，卽遞遷。其不教閱廂軍節級，則其半遞遷，其半取伉健未嘗犯徒刑、角力勝者充。

治平四年，有司言：「軍士闕額多而將校衆，請以實領兵數制將校額，第其遷補，並通領五都之事。」乃詔：「二百五十人以上，補指揮使十人，以下七人，闕二人者以次補。補十將者，馬軍四十人，步軍如馬軍之數而加其一焉。百五十人以上者三十人，闕五人者以次補。不及百五十人者，如舊格補單將二十人。」

熙寧二年，樞密院請：「自今捧日、龍衞、天武、神衞廂都指揮使闕，無當次遷者，並虛之。其諸軍都指揮使、都虞候當遷者，闕多則間一名補轉，兼以次職事。吐渾等軍都指揮使、都虞候闕者，虛其闕。」六月，詔：「河東、陝西就粮軍士將校，其間材劾之人，孤遠無由自

達，有司審度其有軍功驍勇者以名聞，當擢寘班行，以備本路任使。」

四年，詔：「諸班直嘗備宿衞，病告滿尚可療者，殿前指揮使補外牢城指揮使，餘以為捧日、天武第五軍押營，奉錢三千者予五百，二千以下者予三百。」

六年，詔：「軍校老而諳部轄者優假之；雖疾不至罷癃，或未七十猶堪任事者勿罷；卽法雖當留而不能部轄者以聞，當議處之廂軍。」十月，詔：「軍士選為節級，取兩嘗有功者，功等以先後，又等以重輕，又等以傷多者為上。」

七年，詔：「十將以下當轉資而不欲者，凡一資，以功者賜帛十五匹，技優者十匹。」六月，詔：「在京轉員諸軍都虞候已上至軍都指揮使，以軍功當遷而願以授子孫者聽，視其秩有差。」

八年，轉員，帝親閱，凡三日。舊制，捧日都虞候四人，至是，補者五人，而馬軍都指揮使闕驍騎二人〔八〕，以捧日一人補驍騎軍主，餘四人如故則次軍皆不得遷，乃補四人者皆為馬步軍副都軍頭。舊龍衞、拱聖、驍騎、武騎、寧朔、神騎為一百三十一營，今省五十營〔九〕，而馬軍指揮以下已補八十一營，補外尚有溢員，乃詔所省營未移併者凡四十三，每營權置下名指揮使、副指揮使各一，軍使三，以便遞遷。

九年，將轉員，樞密院奏：「換官稍優，軍校由行伍有功，不久乃至團練使。」帝曰：「祖宗以來，軍制固有意。凡隸在京殿前、馬步軍司所統諸營，置軍都指揮使、都虞候分領之。凡軍事，止責分領節制之人。責之既嚴，則遇之不得不優。至若諸路，則軍校不過各領一營，不可比也。」吳充等以本大末小對，帝然之。因言：「周室雖盛，成、康之後，寖以衰微。本朝太平百有餘年，由祖宗法度具在，豈可輕改也。」

元豐元年，詔禁軍排連者三分其人，以其一取立功額外人，二分如令簡試。十二月，詔諸軍軍使、都頭以下並充兵額，正副指揮使以上置於額外，軍行則分押諸隊。又詔：「內殿直以下諸班直闕，按籍闕二分者虛其闕四之一，二分以上亦如之，不及二分補其半，餘並闕之。」

四年，詔：「五路衮轉土軍與諸路不衮轉禁軍法，十將、副都頭、副兵馬使、都頭、軍使〔一〇〕並如令。自副都指揮使至都虞候嘗轉資者，間以賜帛，已賜帛乃遷。」

五年，詔以諸路教閱廂軍為下禁軍，排連如禁軍法。

七年，樞密院言：「騎軍諸營、諸班直以年勞升至軍使者甚衆，無闕可補。」詔捧日、龍衞、拱聖、驍騎、雲騎、驍勝權置下名軍使，凡二百四十員，拱聖、驍騎、雲騎權置副兵馬使，凡九十員以處之。

元祐元年，樞密院奏：「諸軍將年七十，若有疾，假滿百日不堪療者，諸廂都指揮使〔一一〕

除諸衞大將軍致仕；諸軍都指揮使、諸班直都虞候帶遙郡除諸衞將軍致仕；諸班直、上四軍除屯衞，拱聖以下除領軍衞：仍並以有功勞者為左，無功勞者為右。」從之。

二年，樞密院言：「舊例，行門對御呈試武藝，並臨時特旨推恩，前期未嘗按試，至日旋乞增加斗力，或涉唐突，因以抵罪。請於轉員前一日，按定斗力。」從之。四月，樞密院言：「舊例，諸班直長行補諸軍員僚，並取入班及轉班二十年、年四十以上人。迨元豐四年，以闕額數多，乃特詔減五年，繫一時之命。今諸軍員僚溢額，儻不定制，卽異時遷補不行；若便依限年舊法，又慮未有合該出職之人。請於三次漸次增及舊例年限。」從之。

五年，樞密院言：「轉員馬軍指揮使以下至副兵馬使，人數溢額，轉遷不行。」詔權置下名軍使一百七十人，副兵馬使一百七十五人。又言：「禁軍大閱，請以匹帛、銀楪支賜，罷轉資。」從之。六年，又言：「應排連長行充承局、押官者，先取年五十五以下、有戰功公據者，仍以戰功多少、得功先後、傷中輕重為次，事等而俱無傷中，則以事藝營名為次。」從之。

紹聖二年，詔：「將來轉員換前班人，並從元豐轉員令，仍不得過一百二十人。元祐所限人數比試家狀指揮勿用。」

三年，樞密院進呈轉員及行門試武藝、換前班、留住等條例。曾布言：「國初以來，皆面問其所欲，察相人才，或換官，或遷將校，或再任，此則威福在人主。以至唐突，或放罪，或

行法，亦視其情狀而操縱之。元祐改法，乃令大閱與三司、軍頭司先指試定，但對御引呈，依拍定等第推恩，殊失祖宗馭衆之法。不許唐突，例坐徒罪兼決責人員，皆非舊法。唐突人雖有理，亦不施行。緣情輕者放罪，重者取旨，自有舊格。先朝燕達、林廣嘗唐突當降配，先帝釋之，後皆爲名將。至情重則杖脊配嶺表者，有王明者住留叫呼，云：『若不得換前班，乞納命。』管軍賈逵乞重配〔二〕，先帝亦貸之，但降一等，與換外官。如此，故人知恩威皆自人主出，豈可一切付之有司！」帝悅，詔令並依元豐以前條例施行。

五年〔三〕，馬步軍司言：「三路衮轉軍員，請依元豐七年詔，『應三月一日後續有得功嵌補升名并改轉名職自充下名者，並依先補名次，各理降宣月日以爲高下，審會給據，候再經衮轉，即依嵌補升轉名次高下轉那。』自今三路軍員衮轉亦如之。」詔侍衞馬、步軍司，自今開具合轉補職名申樞密院降宣，餘並從之。七月，軍頭司引見殿前、馬步軍司揀到御龍諸直人材事藝應格，並補逐直將虞候，賜杖子。一名開弓偃身不應法，黜之。

八月，樞密院言：

轉員旁通格：「捧日、天武不帶遙刺軍都指揮使，換左藏庫使，仍除遙刺；殿前班不帶遙刺都虞候，換左藏庫使。」看詳殿前班帶遙郡都虞候，係與捧日帶遙郡軍都指揮使理先後相壓轉遷；其不帶遙郡殿前班都虞候、捧日軍都指揮使換官班，合一等推

恩。欲殿前班不帶遙郡都虞候，依捧日不帶遙郡軍都指揮使換官。

又拱聖、神勇與驍騎已下軍分有異，其逐軍都虞候、指揮使理難一等換官。欲拱聖、神勇都虞候依舊換供備庫使外，驍騎、雲騎、宣武都虞候換左藏庫副使，拱聖、神勇指揮使換內殿承制。捧日、天武、神、龍衞指揮使皆係上四軍，其捧日、天武換西京左藏庫副使，龍、神衞換內殿承制，比捧日、天武隔兩官，理有未均，欲神、龍衞指揮使換供備庫副使。

又殿前班上名副都知換供備庫副使，下名副都知換內殿承制，自來以左右第一、第二班爲資次，欲第一班換供備庫副使，第二班換內殿承制。

又：「換前班差遣，州總管以下，並以五路緣邊爲優，諸路爲次。正團練使，州總管；正刺史，州鈐轄；諸司使副，都巡檢使、駐泊都監；內殿承制、崇班，巡檢、州都監；供奉官至借職，教押軍隊指使。」看詳諸司使、副已上差遣，見依格施行外，承制以下，欲依今來轉員所差遣例。

又：「拱聖、神勇、驍騎、雲騎、宣武軍都指揮使換文思，仍除遙刺，已帶者依舊；御龍直都虞候，文思使，帶遙刺者依舊；內殿直兩次都虞候換左藏庫使，一次文思使，帶遙刺者依舊。」看詳拱聖、神勇與驍騎以下軍分有異，兼御龍直都虞候遇轉員合次神勇軍都指揮使轉行，及係環衞諸直人員最上名人，兼內殿直都虞候以次殿前班，及轉員無闕，合隨龍衞軍都指揮使轉行，理難於驍騎、雲騎、宣武軍都指揮使之下換官。欲御龍直、內殿直都虞候依格合換官外，並除遙刺；驍騎、雲騎、宣武軍都指揮使止與換文思使，更不除遙郡刺史，內已帶遙刺者並依舊。內殿前班副都知並與換供備庫副使。

今馬步軍諸指揮事藝高彊十將引見，取揀充員僚，內弓箭手短一指箭人合降一軍安排；弩手括不發，事體頗同，并弩手墮箭與括不發亦同，欲並降一軍安排。

從之。

十一月，樞密院言：「轉員旁通册內御龍直都虞候至副都頭換官，惟指揮使上兩直與文思副使係降兩資，餘止降一資，散員至金槍都知、副都知皆換內殿承制，不惟職名有差，自副都知約六遷方轉都知；兼東西班、散直、鈞容直係近下班分，副都知亦降都知一等換內殿崇班。其東西班、散直押班與副都知職名不等，兩經轉遷，方入近下班分副都知，理難與都知一等換內殿崇班。又散指揮至鈞容直指揮使並換供備庫副使，緣東西班、散直、鈞容直遇轉員，止是遷入上班，亦難一等換官。」詔：「御龍下兩直指揮使換左藏庫副使，散員、散指揮、散都頭、散祗候、金槍都知換供備庫副使，東西班、散直押班換東頭供奉官，東西班指揮使換官依舊外，散直、鈞容直指揮使換左藏庫副使。」緣轉員旁通册內未載雲、武騎軍都指

揮使轉遷換官并恩例等，詔並依驍騎軍都指揮使格。

四年二月，軍頭司引見捧日等兵試藝，帝於行間召邢斌、韓辰問曰：「開弓猶有餘力乎？」各對願增二石二斗弓。遣內侍監定斗力授之，射皆應法，並特充殿前指揮使，賜緡錢。

元符元年七月，樞密院言：「將校、軍頭、十將各轉補者，委本將體量，不掩眼試五次，二十步見，若一次不同，減五步，掩一眼再試。但兩眼共見二十步，或一眼全不見二十步，仍試上下馬。如無病切，弓射五斗，弩踏一石五斗，槍刀、標牌手各不至生疎，並與轉補。卽有病切，或精神尫悴，或將校年六十九，或經轉補後犯姦盜贓罪情罪重以上〔四〕雖該降，並隔下奏聽旨。如差出者勾赴本將體量，在別州者報所在州體量。排連長行充承局、押官者，先取年五十五以下、有兩次以上戰功人塡闕，六人更取一名；餘取年四十以下、武藝高彊、無病切人，試兩眼各五次，二十步見者選拍。內步軍以闕六分爲率，先取弓手一分，次取弩手三分，次取槍牌刀手二分，更有零分者依六分爲率，資次取揀，周而復始。長行犯徒經決及二年，或軍人因犯移配杖罪經三年、徒罪經四年，或已升揀軍分又經一年，各無過犯，並聽排連。不應充軍人，已投狀後，審會取放逐便，雖未給公憑，其請給差使並罷，有違犯，加凡人二等。不應充軍人，於法許逐便者，並追納元請投軍例物訖，報合屬去處，給公憑放逐

便。如非品官之家，無例物回納，願依舊充軍者聽。」從之。

三月〔二五〕，禮部言：「檢會故事，臣僚申請諸州軍府管押進奉衙校等，祖宗以來，並加散官。自更官制，階散並罷，既罷階散，若與轉資，似屬太優。欲每轉一資，支賜絹二十疋。如一名管押兩處，只許就一處支給。或一州一軍差二人同押，亦共與上件支賜。若一員官兩處進奉，只隨本官合推恩處從一支給。今押進奉皇帝登寶位禮物衙校等，欲依故例施行。」並從之。

宣和七年十一月，南郊制：「應軍員逐軍頭司未得與差遣者，如後來別無過犯，却與差遣。應廂軍人員補職及十五年未經遷補者，令所屬保明聞奏。應禁軍、廂軍因一犯濫情重不得補充人員及遞遷資給者，若經斷及五年不曾再犯，及不曾犯贓，委所在候排連日審實，特與不礙遷補。」

建炎、紹興之間，排連、轉員屢嘗損益，而大率因於舊制。

乾道六年，主管侍衞馬軍司公事李顯忠言：「本司諸兵將官有闕，自來擇衆所推者，不以次序上聞升遷。比年須自訓練官充準備將，準備將及二年升副將，副將及二年升正將，

正將及三年升統領官，再及三年升統制官，竊恐無以激揚士氣。請今後兵將官有闕，不以年爲限，許本司銓量人材膽勇服衆上聞補用。」詔從其請。此誠砥礪兵將之良法也。

嘉定中，樞密院言：

諸軍轉員遷補，務在均一。如內諸班直循舊格排連，積習既久，往往超躐升轉，後名反居前列，高下不倫，甚失公平之意。

今參酌前後例格，均次資序：其一曰，內殿直左第一班副都知轉東西班西第二都知，內殿直左第二班副都知轉散直左班都知；其二曰，散員左第二班副都知升內殿直左第一班副都知，散員右第一班副都知升內殿直左第一班副都知；其三曰，散員右第一班副都知升內殿直右第一班副都知，散員左第二班副都知升內殿直右第二班副都知；其四曰，散指揮左第一班副都知升散員左第一班副都知，散指揮右第一班副都知升散員右第一班副都知；其五曰，散指揮左第二班副都知升散員左第二班副都知，散指揮右第三班副都知升右第二班副都知；其六曰，散都頭左班副都知升散指揮左第一班副都知，散都頭右班副都知升散指揮右第一班都知〔二六〕；其七曰，散祗候左班副都知升散指揮左第二班副都知，散祗候右班副都知升散指揮右第二班副都知；其八曰，內殿直左第一班押班遷轉東西班西第一班副都知，內殿直右第一班押班轉東西班西第三班副都知。

以上各係升四名外，御龍直御龍左第一直十將轉御龍弓箭直副都頭，御龍直右第一直十將轉御龍弩直副都頭，御龍骨朵子直左第一直十將升御龍左第一直十將，御龍弩直左第一直十將升御龍弓箭左第三直十將，係各升六名。

於是超躐積習之弊盡革，而爲定制焉。

淳祐十一年，御史臺條奏軍功賞格違法之弊：「在法，邊戍獲捷、奇功、暴露、撤戍者，制閫、軍帥舉奏授官，必其人身親行陣，有戰禦功。今自守闕進勇副尉至承信郎、承節郎者，其弊尤多，迺以奉權要，酬私恩，或轉售於人。方等第功賞之初，卽竄名其中，朝廷審核，動涉歲年，已無稽考。甚至承受、廳吏、廝卒之流，足跡未嘗出都門，而沾親冒矢石、往來軍旅之恩，授以名器。請申嚴帥閫，令立功人親授告身，庶革冒濫。」

寶祐五年，樞密院言：「應從軍職事，必立戰功，幷隊伍中人曾經拍試武藝；若訓練官以遞而升者，或年限未及仍帶『權』字，俟年及方升正統制，此定法也。近年任子、雜流冒授者，纔無差遣，便請從軍，繇統領至總管，曾幾何時，超躐而進。甫得總管，却恥軍職，輒稱

私計不便，或托父母老疾，巧計離軍，又以筋力未衰，求差正任，甚非法意。」

至咸淳中，大將若呂文德、夏貴、孫虎臣、范文虎輩，矜功怙寵，慢上殘下，行伍功賞，視爲己物，私其族姻故舊，俾戰士身膏於草莽，而姦人坐竊其勳爵矣。

屯戍之制　凡遣上軍，軍頭司引對，賜以裝錢，代還，亦入見，犒以飲食，簡拔精銳，退其癃老。至於諸州禁、廂軍亦皆戍更，隸州者曰駐泊。戍蜀將校，不遣都虞候，當行者易管他營。凡屯駐將校帶遙郡者，以客禮見長吏，餘如屯駐將校。凡駐泊軍，若捍禦邊寇，卽總管、鈐轄共議，州長吏等毋預。事涉本城，幷屯駐在城兵馬，卽知州、都監、監押同領。若州與駐泊事相關者，公牒交報。凡戍更有程，京東西、河北、河東、陝西、江、淮、兩浙、荆湖、川峽、廣南東路三年，廣南西路二年，陝西城砦巡檢幷將領下兵半年。

景祐元年，詔：「若聞陝西戍卒，多爲大將選置麾下，及偏裨臨陣，鮮得精銳自隨。自今以全軍隸逐將，毋得選占。」三年，詔廣、桂、荆、潭、鼎、澧六州各置雄略一營，與歸遠軍更戍嶺外。

中華書局

康定元年，頒銅符、木契、傳信牌。銅符上篆刻曰「某處發兵符」，下鑄虎豹爲飾，而中分之。右符五，左旁作虎豹頭四；左符五，右旁爲四竅，令可勘合。又以篆文相向側刻十干字爲號：一甲己，二乙庚，三丙辛，四丁壬，五戊癸。左符刻十干半字，右符止刻甲己等兩半字。右五符留京師，左符降總管、鈐轄、知州軍官高者掌之。凡發兵，樞密院下符一至五，周而復始。指揮三百人至五千人用一虎一豹符，五千人已上用雙虎豹符。樞密院下符，以右符第一爲始，內匣中，緘印之，命使者齎宣同下，云下第一符，發兵與使者，復緘右符以還，仍疾置聞。所在籍下符資次日月及兵數，毋得付所司。

其木契上下題「某處契」，中剖之，上三枚中爲魚形，題「一、二、三」，下一枚中刻空魚，令可勘合，左旁題云「左魚合」，右旁題云「右魚合」。上三枚留總管、鈐轄官高者掌之，下一枚付諸州軍城砦主掌之。總管、鈐轄發兵馬，百人已上，先發上契第一枚，貯以韋囊，緘印之，遣指揮〔一七〕齎牒同往。所在驗下契與上契合，卽發兵，復緘上契以還，仍報總管、鈐轄。其發第二、第三契亦如之。掌契官籍發契資次日月及兵數以爲驗。

傳信牌中爲池槽，藏筆墨紙，令主將掌之。每臨陣傳命，書紙內牌中，持報兵官，復書事宜內牌中而還。主將密以字爲號驗，毋得漏泄軍中事。

呂夷簡言：「自元昊反，被邊城砦各爲自守計，萬一賊有奔衝，卽關輔驚擾。雖夏竦等

屯永興，其實兵少。自永興距鄜延、環慶諸路，皆數百里，設有急緩，內外不能相救。請募勇敢士三萬，訓以武技，分置十隊，以右謀勇者三人將之，分營永興。西寇至，則舉烽相應，或乘勢討擊，進退不以地分，並受夏竦等節制。」詔從之。初，趙元昊反，以夏竦、陳執中知永興軍，節度陝西諸軍，久之無功。乃析秦鳳、涇原、環慶、鄜延爲四路，以秦、渭、慶、延知州分領本路馬步軍。是歲，罷銅符、木契。詔曰：「陝西屯重兵，罄本路租稅，益以內庫錢帛，并西川歲輸，而軍儲猶不足。宜度隙地爲營田務，四路總管、轉運悉兼領使。」

慶曆二年，詔：「已發士三萬戍永興，委總管司部分閱教。歲以八月遣萬五千人戍涇原儀渭州、鎭戎軍，十二月以萬五千人代，至二月無警卽還，歲以爲常。」葛懷敏等喪師，命范仲淹、韓琦、龐籍復統四路，軍期中覆不及者，以便宜從事。四年，夏人已納款，乃罷。四月，帝謂輔臣曰：「湖廣擊蠻吏士，方夏瘴熱，而罹疾者衆，宜遣醫往爲胗視。」

六年，詔：「騎軍以盛夏出戍，馬多道死。自今以八月至二月遣發。」又詔：「廣南方春瘴癘，戍兵在邊者權休善地。其自嶺外戍回軍士，予休兩月。」李昭亮上言：「舊制，調發諸軍先引見，試以戰陣，遷補校長。今或不暇試戰陣，請選彊壯有武技者，每十人引見轉資後遣。」詔可。

時契丹使來議關南地，朝廷經制河北武備，議者欲增兵屯。程琳自大名府徙安撫陝西，

上言曰：「河朔地方數千里，連城三十六，民物繁庶，川原坦平。自景德以前，邊數有警，官軍雖衆，罕有成功。蓋定州、眞定府、高陽關三路之兵，形勢不接，召發之際，交錯非便。況建全魏以制北方，而兵隸定州、眞定府路，其勢倒置。請以河朔兵爲四路，以鎭、定十州軍爲一路，合兵十萬人；高陽關十一州軍爲一路，合兵八萬人；滄、霸七州軍爲一路，合兵四萬人；北京九州軍爲一路，合兵八萬人。其駐泊鈐轄、都監各掌訓練，使士卒習聞主將號令，急緩卽成部分。」

天子下其章，判大名府夏竦奏：「鎭、定二路當內外之衝，萬一有警，各藉重兵，控守要害，迭爲應援。若合爲一，則兵柄太重，減之則不足以備敵。又滄州久隸高陽關，道里頗近，瀕海斥鹵，地形沮洳，東北三百里，野無民居，非賊蹊徑。萬一有警，可決漳、御河東灌，塘淀隔越，賊兵未易奔衝，不必別建一路。惟北京爲河朔根本，宜宿重兵，控扼大河南北，內則屏蔽王畿，外則聲援諸路。請以大名府、澶懷衞濱棣德博州、通利軍建爲北京路。四路各置都總管、副都總管一人，鈐轄二人，都監四人。平時祇以河北安撫使總制諸路，有警，卽北京置四路行營都總管，擇嘗任兩府重臣爲之。」

議未決，竦入爲樞密使，賈昌朝判大名府，復命規度。昌朝請如竦議，惟保州沿邊巡檢并雄、霸、滄州界河二司兵馬，國初以來，拓邊最號彊勁，今未有所隸，請立沿邊巡檢司隸

定州路，界河司隸高陽關路。

於是下詔分河北兵爲四路：北京、澶懷衞德博濱棣州、通利保順軍合爲大名府路；瀛莫雄霸貝冀滄州、永靜乾寧保定信安軍合爲高陽關路；鎭邢洺相趙磁州合爲眞定府路；定保深祁州〔一八〕、北平廣信安肅順安永寧軍合爲定州路。凡兵屯將領，悉如其議。韓琦謂兵勢大分，請合定州、眞定府爲一，高陽關、大名府爲一，朝廷以更寘甫新，不報。詔四路兵依陝西遣部將往來按閱。又詔自今兵戍回，揀充〔一九〕捧日、龍衞、天武、神衞等軍。

皇祐元年，發禁兵十指揮戍京東，以歲饑備盜。詔陝西邊警既息，士兵可備守禦，東軍屯戍者徙內郡，以省餉饋。二年，詔：「如聞河北諸屯將校，有老疾廢事而不知退，有善部勒著勞效而不得進，帥臣、監司審察，密以名聞。」

四年，詔：「戍兵歲滿，有司按籍，遠者前二月，近者前一月遣代，戍還本管聽休。」五年〔二〇〕，又詔：「廣西戍兵及二年而未得代者罷歸，鈐轄司以士兵歲一代之。」自儂智高之亂，戍兵踰二萬四千，至是聽還，而令士兵代戍。

至和元年，詔陳、許、鄭、滑、曹州各屯禁兵三千。嘉祐五年，用賈昌朝奏，京北路〔二一〕置都監三人，駐箚許、蔡、鄭州，分督近畿屯兵。七年，詔陝西士兵番戍者毋出本路。

治平二年，發兵指揮二十，分戍永興軍、邠州、河中府，仍遣官專掌訓練。三年，詔員僚直、龍衛毋出戍，神衛嘗留十指揮在營。又詔：「頃以東兵戍嶺南，冒犯瘴癘，得還者十無五六。自今歲滿，以江、淮教閱忠節、威果代之。」

神宗嗣位，軍政多所更革。熙寧初，嘗與輔臣論河北守備。韓絳等曰：「漢、唐重兵皆在京師，其邊戍裁足守備而已。故邊無橫費，彊本弱末，其勢亦順。開元後，有事四夷，權臣皆節制一方，重兵在西北。天寶之亂，由京師空虛，賊臣得以肆志也。」帝曰：「邊上老人亦謂今之邊兵過於昔時，其勢如倒植浮圖。朕亦每以此爲念也。」三年，詔：「諸路戍兵，畸零不成部伍，致乖紀律，或互遣郡兵，更相往來，道路艱梗，宜悉罷之，易以上番全軍或就糧兵爲戍；當遣者並隸總管司，以詔令從事。」

舊制，河北軍馬不出戍，帝慮其驕惰，五年，始命河北、河東兵更戍，減其一歲以優之。其年，詔徙河州軍馬駐熙州，熙州軍馬駐通遠軍，追召易集，可省極邊軍儲。帝嘗曰：「窮吾國用者，冗兵也。其議徙軍於內郡，以弓箭手代之，冀省邊費。」

九年，詔：「京師兵比留十萬，餘以備四方屯戍，數甚減少。自今戍兵非應發京師者勿遣。」其後，言者屢請損河北冗兵，詔立額止留禁兵七萬，而京東增置武衞軍四十二營，訓練

精銳，皆以分隸河北，而以三千人散戍東南杭、揚、江寧諸州，以備盜賊。嶺外惟廣、韶、南雄州常有戍兵千人，桂林以瘴癘，間徙軍於全、永。元豐中，或請遣陝西路騎軍五七百戍桂林者，詔遣在京軍馬以戍之。

元祐元年六月，右諫議大夫孫覺言：「將兵之禁，宜可少解，而責所在守臣與州郡兵官，可令乘時廣行召募，稍補前日之額。循祖宗之法，使屯駐三邊及川、廣、福建諸道州軍，往來道路，足以服習勞苦，南北番戍，足以均其勞佚。」詔：「陝西、河東、廣南將兵，不輪戍他路，河北輪近裏一將赴河東，府界、諸路逐將與不隸將兵，並更互差撥出戍別路。赴三路者差全將或半將，餘路聽全指揮分差，仍不過半將。」

十月，樞密院言：「東南一十三將，自團將以來，未曾均定出戍路分，及不隸將兵內有出戍窠名數少、所管指揮數多去處，未得均當。欲除廣南東、西兩路駐劄三將只充本路守禦差使，虔州第六將、全永州第九將準備廣南東、西路緩急勾抽策應，並不差戍他路外，餘八將及不隸將兵依均定路分都鈐轄司駐泊，分擘差使。內將兵、不隸將兵路分，却於自京差撥步軍前去補戍，候將兵回日，却行勾抽。」從之。

十二月，廣西經略安撫使、都鈐轄司言：「乞除桂〔三二〕、宜、融、欽、廉州係將、不係將馬步軍輪差赴邕州極邊水土惡弱砦鎮監柵及巡防并都同巡檢等處，並乞依邕州條例，一年一替；其餘諸州差往邕州永平、古萬、太平、橫山、遷隆砦鎮及左、右江溪洞巡檢并欽州如昔峒駐劄抵棹砦，並二年一替；其諸州巡檢下，一年一替。」從之。

二年，河東經略安撫使曾布言：「河外上番四將，每將內抽減步軍赴嵐、石州，分擘沿河等處差使，代開封府界等五將兵馬歸營；及赴岢嵐、火山軍駐劄，代東兵兩指揮赴太原府就食。」從之。是月〔三三〕，樞密院言：「昨爲熙河蘭會路戍兵數多，尋以年滿，二千餘人節次抽減歸營，兼本路即目見管戍兵比額尚多一千三百餘人。今朝旨令熙河蘭會路都總管司，遇本路緩急闕人，許於秦鳳路勾抽一將應副。緣本路即目事宜，慮向秋闕人防守，欲熙河蘭會路都總管司遇本路緩急闕人，聽全勾抽秦鳳路九將應副差使，從京東〔三四〕差步軍五指揮赴永興軍、商虢州權駐劄，以備秦鳳路勾抽。」從之。

紹聖四年，樞密院備呂惠卿所言：「『比緣邊牒報，西界點集本路叛卒。見闕守禦人兵，兼土兵未塡闕額，并蕃兵弓箭手比元豐元年少二千二百有餘，東兵馬步軍比元豐四年、七年少十六指揮。乞於東兵步人內差撥一十六指揮添助防守。』兼本路自去歲泛差過軍馬三十六指揮，比之他路，已是倍多，即今戍兵三萬六千餘人，比之元豐四年人數，亦不至闕少，自可那融使喚。」詔：「鄜延路都總管司詳此照會，如遇賊兵犯塞，或本路舉兵，委是闕人，其

年滿人指揮兵級，令相度事宜，權留三兩月，候事宜稍息遣還。」是月〔三五〕，詔：「河東路總管司那融替換上番兵馬，無令戍邊日久，致有勞弊。如無人替換，候春月事宜稍息，即先後上番四將抽減一番兵馬歸營。」

元符二年閏九月，遣秦鳳戍兵十指揮應副熙河新邊戍守。十一月，以呂惠卿奏，減鄜延戍兵五十指揮。三年八月，詔遣虎翼軍六千戍熙河路，令代蕃兵及弓箭手還家休息。十二月，詔邊帥減額外戍兵。

崇寧四年，詔：「廣南瘴癘之鄉，東西雖殊，氣候無異。西路戍兵二年一代，而東路獨限三年，代不如期，有隕於瘴癘者，朕甚惻然。其東路亦令二年一替，前期半年差人，如違，以違制論。」

大觀二年六月，詔：「陝西諸路，自罷兵以來，數年于此，兵未曾徹。蓋緣邊將怯懦，坐費邊儲，戍卒勞苦。可除新邊的確人外，餘並依元豐罷邊事日戍額人數外，餘並直抽歸營。有司不得占吝，如違，以違制論。」又詔：「東南除見兵額外，帥府別屯二千人，望郡一千人。帥府置奉錢五百一指揮，以威捷爲名；望郡奉錢四百一指揮，以威勝爲名；帥府三指揮、望郡一指揮各奉錢三百，以全捷爲名；並以步軍五百人爲額。」三年六月，詔：「國家承平百

五十年，東南一方，地大人衆，已見兵寡勢弱，非持久之道。可除見今兵額外，帥府別屯兵士二千人，望郡一千人。」

宣和二年，詔河北軍馬與陝西、河東更戍。

三年正月，詔：「河北軍馬與陝西、河東更戍，非元豐法，遂罷其令。應拖後人並與免罪，依舊收管。」閏五月，江、浙、淮南等路宣撫使童貫奏：「勘會江南東路、兩浙東西路各有東南一將，平日未嘗訓練武藝，臨敵必誤驅策。昨睦寇初發，天兵未到已前，遣令上項將兵捕賊，遂致敗衄，亡失軍兵甚多。今睦賊討平之後，脅從叛亡者方始還業，非增戍兵鎭遏，無以潛消兇暴。臣今擬留戍兵二萬五千五百七十八人，分置江南東路、兩浙東西路州軍防把〔三〕，一年滿替出軍一次，依平蠻故事，每月別給錢三百，歲給鞋錢一千。其兵並隸本路安撫司統轄訓練。」詔從之。是年，權知婺州楊應誠奏：「凡屯戍將兵，須隸守臣，使兵民之任歸一，則號令不二，然後可以立事。」詔從之。續有旨改從舊制。

四年，臣僚言：「東軍遠戍四川，皆京師及府界有武藝無過之人。既至川路，分屯散處，多不成隊，而差使無時，委致勞弊。蓋四川土兵既有詔不得差使，則其役併著東軍，實爲偏重。若令四川應有土兵、禁軍與東軍一同差使，不惟勞逸得均，抑亦不失熙、豐置東軍彈壓蜀人兼備蠻寇之意。」詔本路鈐轄、轉運兩司公同相度利害以聞。

五年，制置所奏：「江、浙增屯戍兵，相度節鎭增添兩指揮處，餘州各一指揮，各不隸將。內兩指揮處，將一指揮以威果爲名，一指揮以全捷爲名，餘州並以威果爲名。」從之。

七年三月，詔：「廣南東、西路地遠山險，盜賊間有竊發。內郡戍兵往彼屯守，多緣瘴癘疾病，不任捕盜；又不諳知山川道里、林壑曲折，故盜不能禁。可令每巡檢下招置土人健勇輕捷者，參戍兵之半，互相關防，易於擒捕。令樞密院行之。」

靖康元年四月，以种師道爲太尉，依前鎭洮軍節度使、河北河東宣撫使，後加同知樞密院事。時師道駐軍滑州，實無兵從行，請合山東、陝西、京畿兵屯於青、滄、滑、衞、河陽，預爲防秋之計。徐處仁等謂：「金人重載甫還，豈能復來？不宜先自擾費，示之以弱。」議格不行。

七月，河北東路宣撫使李綱奏：「臣兩具論，以七月七日指揮止諸路防秋之兵爲不可，必蒙聖察。今宣撫司既無兵可差，不知朝廷既止諸路防秋之兵，將何應副。兼遠方人兵各已在路，又已借請數月，本路漕司、州縣又已預備半年、百日之粮，今一放散，皆成虛費，而實要兵用處無可摘那，深恐誤國大計。」詔依所奏。

紹興之初，羣盜四起，有若岳飛、劉光世諸大將領兵尤重，隨宜調發，屯泊要害，控制捍蔽，是亦權宜之利矣。厥後樞府、帥臣屢言久戍之弊，甚者或十年或二十年而不更，尤可念。蓋出戍者皆已老瘁，而諸州所留，類皆少壯及工匠，三司多以坐甲爲名，占留違制，有終身未嘗一日戍者。於是命帥臣、鈐轄司置諸州尺籍，定其姓名，依期更戍。帥臣又言：「有如貴溪戍兵，三月一更，繇貴溪至池州，往返一千五百里，卽是一月在途，徒有勞費。願以一年終更。」

今攷紹興閒邊境弗靖，故以大軍屯戍，而踐更之期，近者三月，遠者三年。逮和議既成，諸軍移屯者漸歸營矣，惟防秋仍用移屯更戍之法，沿邊備禦亦倚重焉。乾道、淳熙、紹熙之際，一遵其制。開禧初，復議用兵，駐箚諸兵始復移屯。和議再成，邊地一二要郡雖循舊貫，其諸駐箚更戍之法不講，而常屯之兵益多。逮夫端平破川蜀，咸淳失襄樊、裂淮甸，疆宇蹙而兵法壞。叛將賣降，庸夫秉鉞，間有圖國忘死之士，則遙制于權姦，移屯更戍，靡有定方。於是戍卒疲於奔命，不戰而斃者衆矣。至若將校之部曲，諸軍之名號，士卒之衆寡，詳列于屯駐者，茲不重錄云。

校勘記

〔一〕或有他州總管鈐轄　按洪邁容齋三筆卷一五禁旅遷補條說：「高者以正任團練使、刺史補外州

總管、鈐轄。」下文也有「若員溢，卽爲正刺史補外」語，志文「有」字疑當作「補」。

〔二〕副都軍頭　「都」字原脫，據本書卷一八七兵志、范鎭東齋記事卷二補。

〔三〕有司先閱走躍上下馬　「閱」原作「闕」。按本書卷一九三兵志，宋初沿襲後梁制度，募兵時「先度人材，次閱走躍」。據改。

〔四〕馬步軍事　疑當作「馬步軍司」。

〔五〕事內殿前指揮使　「事」字疑衍，或爲「自」字之訛。

〔六〕年及六十已下者　「已下」，疑當作「已上」。

〔七〕嘉祐二年　按年代順序，嘉祐當在至和後，今此條置在至和三年之前，疑有舛誤。

〔八〕闕驍騎二人　「二人」，長編卷二六一作「一人」，按下文有「以揀日一人補驍騎軍主」一語，疑作「一人」爲是。

〔九〕今省五十營　「省」下原衍「爲」字。按下文「已補八十一營」，八十一加五十恰爲一百三十一，和上文所載數字相合，可見省去的是五十營；長編卷二六一「省」下無「爲」字，據刪。

〔10〕都頭軍使　「頭軍」二字原倒。按本書卷一八七兵志，禁軍將校無「都軍頭使」之名；而十將之上爲副兵馬使（步軍謂之副都頭），其上爲軍使（步軍謂之都頭）。今上文既爲「副都頭、副兵馬使」，則此處當爲「都頭、軍使」，據改。

〔一一〕諸廂都指揮使　「都」原作「軍」。按本書卷一八七兵志：「馬步軍有捧日、天武左右四廂都指揮使。」長編卷三六五「軍」也作「都」，據改。

〔一二〕賈逵　原作「賈達」，據本書卷三四九本傳、長編卷二九四改。

〔一三〕五年　承上文當指紹聖五年。按紹聖五年六月改爲元符元年，志文於敍述五年十一月之後，又出「四年二月」和「元符元年七月」，顯有舛誤。

〔一四〕犯姦盜贓罪情罪重以上　「罪情」下「罪」字疑衍。

〔一五〕三月　上文既敍至元符元年七月，此處不應又出「三月」。按下文有「今押進奉皇帝登寶位禮物衙校等」一語，則此當爲元符三年徽宗即位時事，「三月」疑爲「三年」之誤。

〔一六〕右第一班都知　據上下文，「都知」上疑脫「副」字。

〔一七〕指揮　按宋會要刑法七之一三、長編卷一二九都作「指使」，武經總要前集卷一五作「指揮使或職員」。

〔一八〕定保深祁州　「定」字原脫。按本路名定州路，不應無定州。據本書卷八六地理志、長編卷一六四補。

〔一九〕揀充　「充」字原脫，據長編卷一六四補。

〔二〇〕五年　原作「五月」。按儂智高事發生在皇祐五年，本條詔文宋會要兵五之四、長編卷一七五都

繫於皇祐五年閏七月，「五月」當爲「五年」之誤，據改。

〔二一〕京北路　按宋無此路；太平興國間分京西路爲京西南路和京西北路，至嘉祐五年未聞廢置；又下文列舉的許、蔡、鄭州，據本書卷八五地理志，都屬京西北路。疑「京」下當脫「西」字。

〔二二〕除桂　原脫，據宋會要兵五之一一、長編卷三九三補。

〔二三〕是月　按上文「二年」條未記月份，長編卷四〇二繫於元祐二年六月甲辰；此條，同。宋會要兵五之一一，此條繫於元祐二年六月二十四日。

〔二四〕京東　按宋會要兵五之一一、長編卷四〇二都無「東」字；上文又有「自今戍兵非應發京師者勿遣」一語，此處「東」字疑衍。

〔二五〕是月　按上文「紹聖四年」條未記月份，宋會要兵五之一三繫於紹聖四年二月二十二日；此條，宋會要兵五之一二繫於紹聖四年二月九日。

〔二六〕防把　按宋會要兵五之一五作「防托」。

宋史卷一百九十七

志第一百五十

兵十一　器甲之制

器甲之制　其工署則有南北作坊〔一〕，有弓弩院，諸州皆有作院〔二〕，皆役工徒而限其常課。南北作坊歲造塗金脊鐵甲等凡三萬二千，弓弩院歲造角靶弓等凡千六百五十餘萬，諸州歲造黃樺、黑漆弓弩等凡六百二十餘萬。又南北作坊及諸州別造兵幕、甲袋、梭衫等什物，以備軍行之用。京師所造，十日一進，謂之「旬課」，上親閱視，置五庫以貯之。嘗令試牀子弩於郊外，矢及七百步，又令別造步弩以試。戎具精緻犀利，近代未有。

開寶三年五月，詔：「京都士庶之家，不得私蓄兵器。軍士素能自備技擊之器者，寄掌本軍之司；俟出征，則陳牒以請。品官準法聽得置隨身器械。」時兵部令史馮繼昇等進火

箭法，命試驗，且賜衣物束帛。

淳化二年，申明不得私蓄兵器之禁。

至道二年二月，詔：先造光明細鋼甲以給士卒者，初無襯裏，宜以紬裏之，俾擐者不磨傷肌體。

咸平元年六月，御前忠佐石歸宋獻木羽弩箭，箭裁尺餘而所激甚遠，中鎧甲則簳去而鏃存，牢不可拔。詔增歸宋月奉，且補其子爲東西班侍。

三年四月，神騎副兵馬使焦偓獻盤鐵槊，重十五斤，令偓試之，馬上往復如飛，命遷本軍使。八月，神衛水軍隊長唐福獻所製火箭、火毬、火蒺藜，造船務匠項綰等獻海戰船式，各賜緡錢。先是，相國寺僧法山，本洺州人，彊姓，其族百口，悉爲戎人所掠。至是，願還俗隸軍伍以効死力，且獻鐵輪撥，渾重三十三斤，首尾有刃，爲馬上格戰具。詔補外殿直。

五年，知寧化軍劉永錫製手砲以獻，詔沿邊造之以充用。

六年十月，給軍中傳信牌。其制，漆木爲牌，長六寸，闊三寸，腹背刻字而中分之，置鑿枘令可合；又穿二竅容筆墨，上施紙札。每臨陣則分而持之，或傳令，則署其言而繫軍吏之

頒，至彼合契，乃書復命。因冀州團練使石普之請也。

仁宗時，天下久不用兵。天聖四年，詔減諸路歲造兵器之半。是歲，詔作坊造鐵槍一萬五千，給秦渭環慶延州、鎮戎軍。

六年，詔：外器甲久不繕，先遣使分詣諸路閱視修治之。

景祐二年，罷秦州造輸京師弓弩三年。詔：「廣南民家毋得置博刀，犯者并鍛人並以私有禁兵律論。」先是，嶺南爲盜者多持博刀，杖罪輕，不能禁，轉運使以爲言，故著是令。

四年，詔作坊製栓子槍、柧槍各五萬。

康定元年四月，詔江南、淮南州軍造紙甲三萬，給陝西防城弓手。又詔河東彊壯習弩者聽自置，戶四等以下官給之。八月，詔陝西製柳木旁牌。

慶曆元年，知并州楊偕遣陽曲縣主簿〔三〕楊拯獻龍虎八陣圖及所製神盾、劈陣刀、手刀、鐵連槌、鐵簡，且言龍虎八陣圖有奇有正，有進有止，遠則射，近則擊以刀盾。彼蕃騎雖衆，見神盾之異，必遽奔潰，然後以驍騎夾擊，無不勝者。歷代用兵，未有經慮及此。帝閱于崇政殿，降詔獎諭。其後，言者以爲其器重大，緩急難用云。

二年，詔鄜延、環慶、涇原、秦鳳路各置都作院，賜河北義勇兵弓弩箭材各一百萬。

四年，賜鄜延路總管風羽子弩箭三十萬。

五年，詔諸路所儲兵械悉報三司，三司歲具須知以聞，仍約爲程式頒之。

八年，詔：「士庶之家，所藏兵器，非法所許者，限一月送官。敢匿，聽人告捕。」

皇祐元年，御崇政殿閱知澧州、供備庫副使宋守信所獻衝陣無敵流星弩、拒馬皮竹牌、火鐮石火綱三刃、黑漆順水山字鐵甲、野戰拒馬刀弩、砦脚車、衝陣劍輪無敵車、大風翎弩箭八種。

四年，河北、河東、陝西都總管司言，郭諮所造獨轅衝陣無敵流星弩，可以備軍陣之用。詔弓弩院如樣製之。除諮爲鄜延路鈐轄，許置弩五百，募士民教之。既成，經略夏安期言其便，詔立獨轅弩軍。

五年，荊南兵馬鈐轄王遂上臨陣枴槍。

至和元年，詔河北、河東、陝西路每歲夏曝器甲，有損斷者，悉令完備。如復閱視有不堪用者，知州、通判并主兵官並貶秩。

嘉祐四年，詔：京師所製軍器，多不鋒利，其選朝臣、使臣〔四〕各一員揀試之。

七年，詔江西制置賊盜司，在所有私造兵甲匠並籍姓名，若再犯者，并妻子徙淮南。

熙寧元年，始命入內副都知張若水、西上閤門使李評料簡弓弩而增修之。若水進所造神臂弓，實李宏所獻，蓋弩類也。以檿爲身，檀爲弰，鐵爲蹬子槍頭，銅爲馬面牙發，麻繩扎絲爲弦。弓之身三尺有二寸，弦長二尺有五寸，箭木羽長數寸，射三百四十餘步〔五〕，入榆木半笴。帝閱而善之。於是神臂始用，而他器弗及焉。

二年，命河北州軍凡戎器分三等以聞，又詔內庫凡器甲擇其良若干條上。

四年，詔諸路遣官詣州，分庫藏甲兵器爲三等如沿邊三路，而川峽不與。

五年，帝匣斬馬刀以示蔡挺，挺謂製作精而操擊便，乃命中人領工造數萬口賜邊臣，鐔長尺餘，刃三尺餘，首爲大環。是歲，詔權三司度支副使沈起詳定軍器制度。起以爲一己之見有限，宜令在京及三路主兵官、監官、工匠審度法度所宜，庶可傳久。詔從之。

時，帝欲利戎器，而患有司苟簡。王雱上疏曰：「漢宣帝號中興賢主，而史稱技巧工匠，獨精於元、成之時。是雖有司之事，而上繫朝廷之政。方今外禦邊患，內虞賊盜，而天下歲課弓弩、甲冑入充武庫者以千萬數，乃無一堅好精利實可爲備者。臣嘗觀諸州作院兵匠乏少，至拘市人以備役，所作之器，但形質而已。武庫之吏，計其多寡之數而藏之，未嘗責其實用，故所積雖多，大抵敝惡。夫爲政如此，而欲抗威決勝，外攘內修，未見其可也。儻欲弛武備，示天下以無事，則金木、絲枲、筋膠、角羽之材，皆民力也，無故聚工以毀之，甚可惜

也。莫若更制法度，斂數州之作聚爲一處，若今錢監之比，擇知工事之臣使專其職；且募天下良工散爲匠師，而朝廷內置工官以總制其事，察其精窳而賞罰之，則人人務勝，不加責而皆精矣。聞今武庫太祖時弓尚有如新者，而近世所造往往不可用，此可見法禁之張弛矣。」大抵雱爲此言，以迎逢上意，欲妄更舊制也。

六年，始置軍器監，總內外軍器之政。置判一人、同判一人。屬有丞，有主簿，有管當公事。先是，軍器領於三司，至是罷之，一總於監。凡產材州，置都作院。凡知軍器利害者〔六〕，聽詣監陳述，於是吏民獻器械法式者甚衆。是歲，又置內弓箭南庫。軍器監奏以利器〔七〕頒諸路作院爲式。是年冬，以騎兵據大鞍不便野戰，始製小鞍，皮韉木鐙，長於回旋，馬射得以馳驟，且選邊人習騎者分隸諸軍。

時周士隆上書論廣西、交阯事，請爲車以禦象陣，文彥博非之。安石以爲自前代至本朝，南方數以象勝中國，士隆策宜可用，因論自古車戰法甚辯，請以車騎相當試，以觀其孰利。帝亦謂北邊地平，可用車爲營，乃詔試車法，令沿河採車材三千兩，軍器監定法式造戰車以進。

七年，判監呂惠卿言，其「所上弓式及其他兵器制度，下殿前、馬、步三司令定奪去取，而逐司不過取責軍校文狀以聞，非獨持其舊說不肯更張，又其智慮未必能知作器之意。臣

於朝廷已行之令，非敢言改，乞就一司同議」。帝乃遣管軍郝質赴監定奪，皆曰「便」。時軍器監製器不一，材用滋耗。於是詔不以常制選官馳往州縣根括牛皮角筋，能令數羨，次第加獎。是歲，始造箭曰狠牙，曰鴨觜，曰出尖四楞，曰一插刃鑿子，凡四種推行之。

八年，詔：「河北拒馬，或多以竹爲之，不足當敵。令軍器監造三萬具赴北京、澶定州。」又令計河北所少兵器製造，其不急者毋得妄費材力。又詔民戶馬死，舊不以報官者並報，輸皮筋以充用。

帝慮置監未有實效，而虛用材役，詔中書、樞密院覈實其事，令條畫以聞。軍器監奏，置監以來，增造兵器若干，爲工若干，視前器增而工省。帝復詰之，且令與御前工作所較工孰省，驗器孰良。王韶謂：「如此，恐內外相傾成俗。且往年軍器監檢察內臣折剝弓弩，隙由此生。今令內臣較按軍器監，又如曩日相傾無已。」帝曰：「比累累說軍器監事，若不較見事實，即中外便以爲聽小臣譖愬。今令得實行法，所以明曲直也。」安石曰：「誠當如此。若每事分別曲直，明其信誕，使功罪不蔽，則天下之治久矣。」王韶曰：「軍器監事不須比較。」帝曰：「事不比較，無由見枉直。」安石曰：「朝廷治事，唯欲直而已。」其後，安石卒以辯口解帝之疑，而軍器監獲免欺罔之罪。多十月，軍器監欲下河東等路采市曲木爲鞍橋，帝以勞民費財，不許。是時，河東、陝西、廣南帥臣邀功不已，請增給兵器，帝各令給與之。至

是，有乞以耕牛博買器甲者。

元豐元年冬，鄜延路經略使呂惠卿乞給新樣刀，軍器監欲下江、浙、福建路製造，帝不許，給以內南庫短刃刀五萬五千口。

二年，御批有曰：「河東路見運物材於緣邊造軍器，顯爲迂費張皇，可令軍器監速罷之。」

三年，吉州奏：「奉詔市箭笴三十萬，非土地所產，且民間不素蓄，乞豫給緡錢，期以一年和市。」從之。

時西邊用兵久不解。四年春，陝西轉運使李稷奏：「本道九軍，什物之外，一皆無之，乞於永興軍庫以餘財立法營辦。」七月，涇原路奏修渭州城畢，而防城戰具寡少，乞給三弓八牛床子弩、一槍三劍箭，各欲依法式製造。詔圖樣給之。

五年七月，鄜延路計議邊事所奏乞緡錢百萬、工匠千人、鐵生熟五萬斤、牛馬皮萬張造軍器，並給之。八月，詔令沈括以劈陣大斧五千選給西邊諸將。十一月，陝西轉運使李察言：「本路都作院五，宜各委監司提舉。」從之。

六年二月，詔：熙河路守具有闕，給氈三千領、牛皮萬張，運送之。八月，從環慶路趙禼之請，以神臂弓一千、箭十萬給之。未幾，賜蘭會路藥箭二十五萬。

七年，陝西轉運副使葉康直言：「秦鳳路軍器見闕名物計四百三十餘萬，使一一爲之，非十餘年可就，乞自京給賜。」詔量給之。

帝性儉約。有司造將官皮甲，欲以生絲染紅代氂牛尾爲瀝水，帝惜之，代以他毛。於一弓、一矢、一甲、一牌之用，無不盡心焉。弓曰闊閃促張弓，罷長弰舊法。矢曰減指箭。牌以欒竹穿皮爲之，以易桐木牌。改素鐵甲爲編揀甲〔八〕。其法精密，乃劉昌祚、尹扑、閻守懃等所定制度云。

八年十月，詔內外所造軍器，以見餘物材工匠造之，兵匠、民工即罷遣之。

元祐元年，詔：三路既罷保甲團教，其器甲各送官收貯，勿得以破損拘民整治。八月，詔太僕少卿高遵惠，會工部及軍器監內外作坊及諸州都作院工器之數，以要切軍器立爲歲課，務得中道，他非要切，並權住勿造。於是數年之間，督責少弛。

紹聖三年，有司言：「州郡兵備，全爲虛文，恐緩急不足備禦。請稍推行熙寧之詔，常令封樁，排垜，依雜隊法。」從之。

元符元年，詔江、湖、淮、浙六路合造神臂弓三千、箭三十萬。

二年，臣僚奏乞增造神臂弓，於是軍器監所造歲益千餘弓。是歲，詔河北沿邊州城壁、樓櫓、器械，各務修治，有不治者罪之。

先是，二廣路土丁令依熙寧指揮修置器械。三年，知端州蕭刓上疏，極言傷財害民，其弊非一，乞住買槍手器械。疏奏不報。

崇寧初，臣僚爭言元祐以來因循弛廢，兵不犀利。詔復令諸路都作院創造修治，官吏攷察一如熙寧時矣。時，有詔造五十將器械。從工部請，令內外共造，由是都大提舉內外製造軍器所之名立焉。

初，從邢恕之議，下令創造兵車數十乘，買牛以駕。已而蔡碩又請河北置五十將兵器，且爲兵車萬乘。蔡京主其說，姦吏旁緣而因爲民害者深矣。

崇寧三年，河北、陝西都轉運司言：「兵車之式，若用許彥圭所定，則車大而費倍；若依往年二十將舊式，則輕小易用，且可省費。」詔卒以許彥圭式行之。時熙河轉運副使李復先奏曰：「今之用兵，與古不同。古者征戰有禮，不爲詭遇，多由正塗，故車可行而敵不敢輕犯。今之用兵，盡在極邊，下砦駐軍，各以保險爲利，車不能上。又戰陣之交，一進一退，車不能及，一被追襲，遂非己有。臣屢觀戎馬之間，雖粮糗、衣服、器械不能爲用，況於車乎？臣聞此車之造，許彥圭因姚麟以進其說。朝廷以麟熟於邊事，而不知彥圭輕妄，麟立私恩

以課國計。其車比於常法闊六七寸，運不合轍，東來兵夫牽輓不行，以致典賣衣物，自賃牛具，終日而進六七里，乘車而逃者往往而是。夫未造則有配買物材、顧差夫匠之擾，既成，又難運致，則爲諸路之患有不可勝言者矣。彥圭但圖一官之得，不知有誤於國，此而不誅，何以懲後！今乞便行罷造，已造者不復運來，以寬民力。」其後，彥圭卒得罪。

元豐之時，河北、河東路軍器，每季終委逐路職司更互攷察。元祐罷之。四年，因工部之請，復行之。

大觀二年，手詔曰：「前東南備禦指揮，深慮監郡縣吏急切者倚法害民，廢職者慢令失事，如築城壁、造軍器、收戰馬、習水戰之類，並可量度工力，計以歲月，漸次興作，毋得急遽科斂及差雇百姓，使急不擾民，緩不廢事，然後爲稱。」尋詔限十年一切畢工。四月，罷鄜、雅等州市氂牛尾，慮爲民害。八月，提舉御前軍器所奏，乞如崇寧五年指揮，下諸路買牛角四十萬隻、筋十萬斤。從之。

政和二年二月，詔諸路州郡造軍器有不用熙寧法式者，有司議罰，具爲令。六月，又詔並用御前軍器所降法式，前二月指揮勿行。

三年，詔：「馬甲曩用黑髹漆，今易以朱。」是歲，姚古奏更定軍器，曩時甲二副，今拆造三副；曩時手刀太重，今皆令輕便易用；曩時神臂弓硾二石三斗，今硾一石四斗。從之，

悉下諸路改造。

六年，軍器少監鄧之綱奏：「國家諸路爲將一百三十有一，訓練士卒，各給軍器，以備不虞。惟河北諸將軍器乃熙、豐時造，精利牢密，冠於諸路。臣恐歲久因循，多致損弊。乞自河北、陝西路爲首，令諸路一新戎器，仰稱陛下追述先志，儲戎器，壯國威之意。」從之。

七年，之綱三上奏，一言修武庫，二言整軍器，大省國用。詔升之綱爲大監，又遷一官。時宇文粹中賜對崇政殿，奏武庫事，因奏：「武庫有祖宗所御軍器十餘色，乞編入鹵簿圖志，遇郊兵重禮，陳於儀物之首，以識武功，且示不忘創業艱難意。」是年，御筆以武庫當修軍器近一億萬，其中箭鏃五千餘萬，用平時工料，須七十年餘然後可畢。於是令鄧之綱分給沿流作院，限三年修之，而權住三年上供軍器。

八年，以之綱奏，諸路歲起上供料買分數，特免三年綱發。然自時厥後，申明郡縣牛皮角筋之禁，紛然爲害者，之綱之請也。

宣和元年，權荊湖南路提點刑獄公事鄭濟奏：「本路惟潭、邵二州，各有年額製造軍器。今年製造已足，躬親試驗，並依法式，不誤施用。」詔加旌賞，以爲諸路之勸。然自是歲督軍器率用御筆處分，工造不已而較數嘗闕，繕修無虛歲而每稱弊壞。大抵中外相應，一以虛文，上下相蒙，而馴致靖康之禍矣。

靖康初，兵仗皆闕，詔書屢下，嚴立賞刑，而卒亦無補。時通判河陽、權州事張旂奏曰：「河陽自今春以來，累有軍馬經過，軍士舉隨身軍器若馬甲、神臂弓、箭槍牌之類，於市肆博易熟食，名爲寄頓，其實棄遺，避逃征役。拘收三日間，得器械四千二百餘物。此乃太原援師，尚且棄捐器甲，則他路軍馬事勢可知。宜諭民首納，免貽他患。」帝善旂奏，賞以一官。

初，御前軍器監、軍器所萬全軍匠以三千七百爲額，東西作坊工匠以五千爲額。紹興初，役兵纔千人，久之，增至五千六百餘〔九〕，又於諸道增二千九百餘，本劵外復增給日錢百七十、月米七斗半〔一〇〕。於是內庫累歲兵械山積，而諸軍悉除戎器。二十六年〔一一〕，詔：「工匠宜減免，江、浙、福建諸州物料悉蠲之。」有司奏物料減三之一，工匠二千，雜役兵五百爲額。

舊，軍器所得專達。建炎中，嘗以閹官董愍提舉，尋罷之。紹興五年，隸工部，後復以中人典領〔一二〕。三十年，工部言非祖宗建官意，詔依條檢察。孝宗受禪，增提點官一員，御史力論其不可，復隸工部焉。

造車之制。渡江後，東南地多沮洳險隘，不以車爲主。宗澤、李綱有戰車法，王大智獻車式，皆不復用，而屬意甲冑、弓矢之利矣。建炎初，上諭宰執曰：「方今戰士無慮三十萬，若皆被堅執銳，加以弧矢之利，雖彊敵，無足畏也。造弓必用良工善價。」紹興三年，提舉製造軍器所言：「以七十工造全裝甲一。又長齊頭甲每一甲用工百四十一，短齊頭甲用工七十四。乞以本所全裝甲爲定式。」席益言：「諸州造馬蝗弩，不若令造弓。」詔並改造弓弩，內馬蝗弩改手射弓。

紹興四年，軍器所言：「得旨，依御降式造甲。緣甲之式有四等，甲葉千八百二十五，表裹磨鋥。內披膊葉五百四，每葉重二錢六分；又甲身葉三百三十二，每葉重四錢七分；又腿裙鶻尾葉六百七十九，每葉重四錢五分；又兜鍪簾葉三百一十，每葉重二錢五分。并兜鍪一，盔子、眉子共一斤一兩〔一三〕，皮線結頭等重五斤十二兩五錢有奇。每一甲重四十有九斤十二兩。若甲葉一一依元領分兩，如重輕差殊，即棄不用，虛費工材。乞以新式甲葉分兩輕重通融，全裝共四十五斤至五十斤止。」詔勿過五十斤。三十二年，詔江東安撫司造木弩五千、箭五十萬。

隆興元年，御降木羽弩箭式，每路依式製箭百萬。淳熙九年，衢州守臣製到木鶴觜弩

二千、箭十萬。又湖北、京西造納無羽箭。上曰：「箭不用羽，可謂精巧，其屋藏之。」淮東總領朱佺言：「鎮江一軍，乃韓世忠部曲。世忠造克敵弓，以當敵騎衝突，其發可至百步，其勁可穿重甲，最爲利器。往歲調發，弓不免損失，存者歲久亦漸弛壞。今考諸軍見弩手八千八百四十二人，人合用兩弓，一弓一日上教，一弓備出戰，合用弓萬七千六百八十有四，僅存六千五百七十有四，餘皆不堪施教，乞下鎮江都統司足其額。」

十五年，工部侍郎李昌圖言：「弓矢之利，貴於便疾。神臂弓斗力及遠，屢獲其用。後又造神勁弓，及遠雖在神臂弓上，軍中多言其發遲，每神臂三矢而神勁方能一發，若臨敵之際，便疾反出神臂下。」上曰：「平原曠野宜用神勁弓，西蜀崇山峻嶺，未知孰利。」詔金州都統司詳議以聞。既而都統制吳挺奏：「神勁弓并彈子頭箭，諸軍用之誠便疾，神臂不及也。」詔從其便。楚州兵馬鈐轄言：「弩之力，勁者三十石，次者十五石，矢之鏃狀若鍬，所發何啻數百步，洞穿數人。江上諸軍有弩式，皆廢不修。」詔兩淮、荆襄沿邊城守，各製二十枝，御前軍器所亦如之。紹熙而後，日造器械，數目山積。

開慶元年，壽春府造䃸筒木弩，與常弩明牙發不同，箭置筒內甚穩，尤便夜中施發。又造突火槍，以鉅竹爲筒，內安子窠，如燒放，焰絕然後子窠發出，如砲聲，遠聞百五十餘步。

咸淳九年，沿邊州郡，因降式製回回砲，有觸類巧思，別置砲遠出其上。且爲破砲之策尤奇。其法，用稻穰草成堅索，條圍四寸，長三十四尺，每二十條爲束，別以麻索繫一頭於樓後柱，搭過樓，下垂至地，栿梁垂四層或五層，周庇樓屋，沃以泥漿，火箭火砲不能侵，砲石雖百鈞無所施矣。且輕便不費財，立名曰「護陴籬索」。是時，兵紀不振，獨器甲視舊制益詳。

校勘記

〔一〕南北作坊　「坊」下原衍「院」字。據下文及長編卷一七、曾鞏元豐類稿卷四九兵器條刪。下文「南北作院」亦當作「南北作坊」，據改。

〔二〕作院　「院」原作「坊」。據下文及長編卷一七、通考卷一六一兵考改。

〔三〕知并州楊偕遣陽曲縣主簿　「并」字原脫，據本書卷三〇〇楊偕傳、長編卷一三二補；「陽曲」二字原倒，據本書卷八六地理志、九域志卷四乙正。

〔四〕使臣　原脫，據長編卷一九〇、羣書考索後集卷四三補。

〔五〕三百四十餘步　按宋會要兵二六之二八、洪邁容齋三筆卷一六、朱弁曲洧舊聞卷九都作「二百四十餘步」，疑此有誤。

〔六〕凡知軍器利害者　「軍器」下原衍「監」字。按通考卷一六一兵考同；長編卷二四五六月戊戌條注無「監」字；本卷下文有「於是吏民獻器械法式者甚衆」語，當以長編所載爲是，據刪。

〔七〕利器　原作「利害」，據長編卷二四五六月戊戌條注、通考卷一六一兵考改。

〔八〕編挨甲　長編卷二四六注引國史兵志同，但同書卷三三九、卷三四二和羣書考索後集卷四三都作「偏挨甲」。

〔九〕五千六百餘　按朝野雜記甲集卷一八御前軍器所條、通考卷一六一兵考都無「五」字。

〔一〇〕月米七斗半　同上朝野雜記作「月𣹟半米」。

〔一一〕二十六年　「二」原作「三」。按紹興無三十六年；繫年要錄卷一七一、同上朝野雜記都作二十六年，據改。

〔一二〕後復以中人典領　「後」字原脫。按上文既說改隸工部，即不得說是復以中人典領，據同上朝野雜記、玉海卷一五一補。

〔一三〕共一斤一兩　同上朝野雜記作「共重二斤十二兩」，通考卷一六一兵考作「共重二斤一兩」。

宋史卷一百九十八

志第一百五十一

兵十二 馬政

國馬之政，歷五代寖廢，至宋而規制備具。自建隆而後，其官司之規，廄牧之政，與夫收市〔一〕之利，牧地之數，支配之等，曰券馬，曰省馬，曰馬社，曰括買，沿革盛衰，皆可得而考焉。

凡御馬之等三，入殿祗候十五匹，引駕〔二〕十四匹，從駕二十匹。給用之等十有五，曰揀中，曰不得支使，曰添價，曰國信，曰臣僚，曰諸班，曰御龍直，曰捧日、龍衛，曰拱聖，曰驍騎，曰雲、武騎，曰天武、龍猛，曰配軍，曰雜使〔三〕，曰馬鋪。羣號之字十有七〔四〕，曰「左」，曰「右」，曰「千」，曰「立」，曰「永」，曰「官」，曰「吉」，曰「天」，曰「主」，曰「王」，曰「方」，曰「興」，曰「來」，曰「萬」，曰「小」，曰「官」，曰「退」。毛物之種九十有二，叱撥之別八，青之別二，白之別一，烏之別五，赤之別五，紫之別六，騮〔五〕之別十一，赭白之別六，騮之別八，騧之別六，駱之別五，騅之別

五，騧之別八，駁胯之別六，駁之別三，驃之別七。

其官司之規，則太祖承前代之制，初置左、右飛龍二院，以左、右飛龍二使領之。太平興國五年，改飛龍爲天廄坊〔六〕。雍熙四年，改天廄爲左、右騏驥院，左右天駟監四、左右天廄坊二皆隸焉。

眞宗咸平元年，創置估馬司。凡市馬，掌辨其良駑，平其直，以分給諸監。

三年，置羣牧使，以內臣勾當制置羣牧司，京朝官爲判官。

景德二年，改諸州牧龍坊悉爲監，賜名，鑄印以給之。在外之監十有四：大名曰大名，洺州曰廣平，衞州曰淇水，並分第一、第二，河南曰洛陽，鄭州曰原武，同州曰沙苑，相州曰安陽，澶州曰鎭寧，邢州曰安國，中牟曰淳澤，許州曰單鎭。

四年，以知樞密院陳堯叟爲羣牧制置使，又別置羣牧使副、都監，增判官爲二員。凡廄牧之政，皆出於羣牧司，自騏驥院而下，皆聽命焉。諸州有牧監，知州、通判兼領之，諸監各置勾當官二員。又置左右廂提點。又置牧養上下監，以養療京城諸坊、監病馬。又詔左右騏驥院諸坊、監官，並以三年爲滿；如習知馬事願留者，羣牧司以聞，而徙泣他監焉。

其廄牧之政，則自太祖置養馬務二，葺舊務四，以爲牧放之地始。太平興國四年，太宗觀兵于幽，得汾晉、燕薊之馬四萬二千餘疋，內皁充牣，始分置諸州〔七〕牧養之。時殿直李謌坐贓，監牧許州，盜官菽，馬多死，并主吏斬於市。又詔擇豐曠地置牧龍坊八，以便牧養。

淳化二年十二月，詔圉人取善馬數十疋，於便殿設皁棧，敎以秣飼，且以其法諭宰執，仍頒于諸軍。復以醫馬良方賜近臣。嘗從趙守倫之請，於諸州牧龍坊畜牝馬萬五千疋，逐水草牧放，不費芻秣，生駒蕃息，足資軍用。至是，守倫復言：「諸坊牧馬萬疋，歲當生駒四千，今歲止二千五百，典司失職，當嚴責罰。若馬百疋歲得駒七十，則加遷擢。諸坊產駒，即籍以聞。牧放軍人，當募少壯充役。」並從之。

眞宗大中祥符元年，立牧監賞罰之令，外監息馬，一歲終以十分爲率，死一分以上勾當官罰一月奉，餘等第決杖。牧倍多而死少者，給賞緡有差。凡生駒一疋，兵校而下賞絹一疋。當是時，凡內外坊、監及諸軍馬凡二十餘萬疋，飼馬兵校一萬六千三十八人。每歲京城〔八〕草六十六萬六千圍，麩料六萬二千二百四石，鹽、油、藥、糖九萬五千餘斤、石，諸州軍

不預焉。左右騏驥六坊、監止留馬二千餘疋，皆春季出就牧，孟冬則別其羸病，就棧皁養飼。其倘乘之馬，唯備用者在焉。

凡牧監之在河南北，天禧後，靈昌監爲河決所衝。至乾興、天聖間，兵久不試，言者多以爲牧馬費廣而亡補，乃廢東平監〔九〕，以其地賦民。五年，廢單鎭監〔一〇〕。六年，廢洛陽監。於是河南諸監皆廢，悉以馬送河北。既而詔取原武監馬赴京師，移河北孳生馬牧於原武。

八年，羣牧司上言：原武地廣而馬少，請增牧數。詔以淇水第二監四歲馬屬原武，歲取河北孳生四歲馬分屬淇水第二并原武監，移原武下等馬牧于靈昌鎭廢監，仍隸原武。

九年，詔諸監孳生駁馬，四時遊牧，勿復登廄。

明道元年，議者謂：「自河南六監廢，京師須馬，取之河北，道遠非便。」詔遣左廂提點王舜臣往度利害。舜臣言：「鎭寧、靈昌、東平、淳澤四監雖廢，然其地猶牧本監并騏驥院馬，洛陽、單鎭去京師近，罷之非便。」乃詔復二監，以牧河北孳生馬。

景祐二年，揀河北諸監馬一千九百牧於趙州界，隸安陽監。既而詔廣平廢監留其一，以趙州界牧馬復隸焉，所餘一監，毋毀廄舍。

四年，復以原武第二監爲單鎮，移于長葛縣，以縣令、都監兼領之。三年，詔院坊、監馬歲留備用外，餘爲兩羣，牧于咸豐門外牟駞岡。

凡收養病馬，估馬司、騏驥院取病淺者送上監，深者送下監，分十槽醫療之。天聖六年，詔月以都監、判官一人提舉。八年，言者謂上監去京城遠，送病馬非便。詔廢之，以病淺馬分屬左右騏驥院六坊、監，季較拋死數，歲終第賞罰。更以騏驥院官迭往提舉。明道二年，復置上監，易名天坰，養無病馬，病馬并屬下監。景祐二年，詔以牧養監〔一一〕馬圈羣牧于陳、許州界鳳凰陂，免耗芻菽，歲以爲常。治平二年，詔院坊、監馬之病不堪估賣者，送淇水第一監，別爲一羣以牧養之。

凡馬之孳生，則大名府、洺衞相州七監多擇善種，合牝牡爲羣，判官歲以十二月巡行坊、監，閱二歲駒點印，第賞牧兵〔一二〕。諸軍收駒及二歲，卽送官。天聖七年，羣牧司言：「舊制，知州軍、通判領同羣牧事，歲終較馬死數及分已上，并生駒不及四分，並罰奉。死數少，生駒多，卽奏第賞。三歲都比，以該賞者聞。今請申明舊制，通判始到官，書所轄馬數，歲一考之，官滿，較總數爲賞罰。」詔從之。

嘉祐八年，羣牧司言：「孳生七監，每監歲定牝馬二千，牡馬四百，歲約生駒四百，以爲定數。」

治平二年，詔：「諸監生駒滿三十月已上，每歲點印，選牡之良者送淇水第二監，餘雜大馬悉送河南三監。其淇水第二監馬，候滿六十月，給配諸監。諸監牝馬，滿三十月，本監別立羣牧放，候滿五十月，乃撥配他監。」

凡收市馬，戎人驅馬至邊，總數十、百爲一券，一馬預給錢千，官給芻粟，續食至京師，有司售之，分隸諸監，曰券馬。邊州置場，市蕃漢馬團綱，遣殿侍部送赴闕，或就配諸軍，曰省馬。陝西廣銳、勁勇等軍，相與爲社，每市馬，官給直外，社衆復裒金益之，曰馬社。軍興，籍民馬而市之以給軍，曰括買。

宋初，市馬唯河東、陝西、川峽三路，招馬〔一三〕唯吐蕃、回紇、党項、藏牙族，白馬、鼻家、保家、名市族諸蕃。至雍熙、端拱間，河東則麟府豐嵐州、岢嵐火山軍、唐龍鎭、濁輪砦，陝西則秦渭涇原儀延環慶階州、鎭戎保安軍、制勝關、浩亹府，河西則靈、綏、銀、夏州，川峽則益文黎雅戎〔一四〕茂夔州、永康軍，京東則登州。自趙德明據有河南，其收市唯麟府涇原儀渭秦階環州、岢嵐火山保安保德軍。其後置場，則又止環慶延渭原秦階文州、鎭戎軍而已。

太祖時，歲遣中使詣邊州市馬。先是，兩河之民入蕃界盜馬入中國，官給其直。時方留意撫綏，詔禁之。

太平興國四年，詔市吏民馬十七萬疋。六年，詔內屬戎人驅馬詣闕下者，首領縣次續食，且禁富民無得私市。十二月〔一五〕，詔：「蕃部鬻馬，官取良而棄駑，又禁其私市，歲入數既不充，且無以懷遠人。自今委長吏謹視馬之良駑，駑卽印識之，許民私市焉。」先是，以銅錢給諸蕃馬直。八年，有司言戎人得錢，銷鑄爲器，乃以布帛茶及他物易之。

天禧中〔一六〕，宰相向敏中言國馬倍於先朝，廣費芻粟。乃詔以十三歲以上配軍馬估直出賣〔一七〕。先是，市馬以三歲已上、十三歲已下爲率。天聖中，詔市四歲已上、十歲已下。旣而所市不足，羣牧司以爲言。乃詔入券幷省馬市三歲已上、十二歲已下。明年，詔府州、岢嵐軍自今省馬三歲、四歲者不以等第，五歲已上十二歲已下、骨格良善行者，悉許綱送估馬司，餘非上京省馬並送幷州揀馬司。

景祐元年，御史中丞韓億言：「蕃部以馬抵永康軍中賣，所得至少，徒使羌人知蜀山川道路，非計之得。」乃詔罷之。

四年，羣牧司奏河北諸軍闕馬，請製等杖六，付天雄軍、眞定府、定瀛貝滄州，市上生馬十二歲以下，視等第給直。馬自四尺七寸至四尺二寸，凡六等。其直自二萬五千四百五十至萬六千五百五十，課自萬三千四百五十至八千九百五十九，六等，取備邊兵戶絕錢充直。以第一等送京師，餘就配諸軍。

康定初，陝西用兵，馬不足。詔京畿、京東西〔一八〕、淮南、陝西路括市戰馬，馬四尺六寸至四尺二寸，其直自五十千至二十千，凡五等。宰臣、樞密使聽畜馬七，參知政事、樞密副使五，尚書、學士至知雜、閤門使已上三，升朝官閤門祗候已上一，餘命官至諸司職員、寺觀主首皆一。節度使至刺史，殿前馬步軍都指揮至軍頭司散員、副兵馬使皆勿括。並邊七州軍免。出內庫珠償民馬直。又禁邊臣私市，闕者官給。二年，詔：「河北州軍置場市馬，雖除等様，如聞所得不廣，宜加增直。第一等二萬八千，第二等二萬六千，第三等二萬四千，第四等以下及牝馬卽依舊直，仍自第二等以下遞減一寸。」

慶曆四年，詔：「河北點印民間馬，凡收市外，見餘二萬七百，除坊郭戶三等、鄉村三等已上養飼如舊，餘點印者悉集揀市。」五年，出內藏庫絹二十萬，市馬于府州、岢嵐軍。六年，詔陝西、河東社馬死者，本營鬻錢以助馬直。

至和元年，詔：「蜀馬送京師，道遠多病瘠。自今以春、秋、多部送陝西四路總管司。」二年，修陝西蕃馬驛，羣牧司每季檄沿路郡縣察視之。邊州巡檢兵校，聽自市馬，官償其直。又詔陝西轉運使司以銀十萬兩市馬于秦州，歲以爲常。

嘉祐元年，詔三司出絹三萬，市馬于府州以給河東軍。五年，薛向言：「秦州券馬至京師，給直并路費，一馬計錢數萬。請於原渭州、德順軍置場收市，給以解鹽交引，卽不耗度支縑錢。其券馬姑存，以來遠人。歲可別得良馬八千，以三千給沿邊軍騎，五千入羣牧司。」七年，陝西提舉買馬監牧司奏：「舊制，秦州蕃漢人月募得良馬二百至京師，給綵絹、銀椀、腰帶、錦襖子，蕃官、回紇隱藏不引至者，並以漢法論罪。歲募及二千，給賞物外，蕃都補蕃官，蕃官轉資，回紇百姓加等給賞。今原、渭、德順軍置場市馬，請如秦州例施行。」詔從之。先是，詔議買馬利害。吳奎等議於秦州古渭、永寧砦及原州、德順軍各令置場，京師歲支銀四萬兩、紬絹七萬五千疋充馬直，不足，以解鹽鈔并雜支錢給之。詔行之。八年，宰臣韓琦言：「秦州永寧砦舊以鈔市馬，自修古渭砦，在永寧之西，而蕃漢多互市其間，因置買馬場，凡歲用緡錢十餘萬，蕩然流入虜中，實耗國用。」詔復置場永寧，罷古渭砦中場。蕃都馬至，徑鬻于秦州。

治平元年，薛向請原渭州、德順軍買馬官，永興軍養馬務，如原州、德順軍并渭州同判，

三年爲任，悉以所市馬多少爲殿最。又言：「秦州山外蕃都至原渭州、德順軍、鎭戎軍鬻馬，充豪商錢，至秦州，所償止得六百。今請於原渭州、德順軍，官以鹽鈔博易，使得輕齎至秦州，易蜀貨以歸。蜀商以所博鹽引至岐、雍，換監銀入蜀，兩獲其便。」羣牧司請如向言施行。是歲，詔河東陝西廣鋭、蕃落闕馬，復置社買，一馬官給錢三十千。久之，馬不至，乃增直如慶曆詔書，第三等三十五千，第四等二十八千。四年，以成都府路歲輸紬絹三萬給陝西監牧司。自是蕃都馬至者衆，官軍仰給焉。先是，以陝西轉運使兼本路監牧買馬事，後又以制置陝西解鹽官同主之。

大抵國初市馬，歲僅得五千餘疋。天聖中，蕃部省馬至三萬四千九百餘疋。嘉祐以前，原、渭、德順凡三歲市馬至萬七千一百疋，秦州券馬歲至萬五千疋。

凡牧地，自畿甸及近郡，使擇水草善地而標占之。淳化、景德間，內外坊、監總六萬八千頃，諸軍班又三萬九百頃不預焉。歲久官失其籍，界堠不明，廢置不常，而淪於侵冒者多矣。

淳化二年十二月，通利軍上十牧草地圖，上慮侵民田，遣中使檢視疆理。嘉祐中，韓琦請括諸監牧地，留牧外，聽下戶耕佃。遣都官員外郎高訪等括河北，得閑田三千三百五十頃募佃，歲約得穀十一萬七千八百石，絹三千二百五十疋，草十六萬一千二百束。羣牧司言：「諸監牧地間有水旱，每監牧放外，歲刈白草數萬束，以備冬飼。今悉賦民，異時監馬增多，及有水旱，無以轉徙牧放。」詔遣左右廂提點官相度，除先被侵冒已根括出地權給租佃，餘委羣牧司審度存留，有閑土卽募耕佃。五年，羣牧司言：「凡牧一馬，往來踐食，占地五十畝。諸監既無餘地，難以募耕，請存留如故。」廣平廢監先賦民者，亦乞取還。」乃詔：「河北、京東牧監帳管草地，自今毋得縱人請射，犯者論以違制。」

羣牧使歐陽脩言：「唐之牧地，西起隴右金城、平涼、天水，外暨河曲之野〔九〕，內則岐、豳、涇〔一〇〕、寧，東接銀、夏，又東至于樓煩。今則沒入蕃界，淪於侵佃，不可復得。惟河東嵐、石之間，山荒甚多，汾河之側，草地亦廣，其間水草最宜牧養，此唐樓煩監地。迹此推之，則樓煩、元池、天池三監舊地，尙冀可得。臣往年出使，嘗行威勝以東及遼州、平定軍，其地率多閑曠。河東一路，水草甚佳，地勢高寒，必宜馬性。又京西唐、汝之間，荒地亦廣。請下河東、京西轉運司遣官審度，若可興置監牧，則河北諸監，尋可廢罷。」

治平末，牧地總五萬五千，河南六監三萬二千，而河北六監則二萬三千。

凡支配，騏驥院、估馬司以當配軍及新收馬閱于便殿，數毋過二百。凡配軍，視其奉錢之數，馬自四尺六寸至四尺三寸，奉錢自一千至三百，爲四等，差次給之，至五月權止。外州軍士闕馬，先奏稟乃給。荊湖路歸遠、雄武軍士，配以在所土產馬。凡闕馬軍士，以分數配塡。

慶曆四年，詔陝西、河北、河東塡五分，餘路塡四分。他州軍、府界巡檢兵校聽自市，官償其直，毋過三十千。是歲，詔諸路以馬給軍士，比試武技，優者先給，比試兩給；闕馬十疋以下全給，十匹以上如舊數支。

至和元年，詔軍士戍陝西、河東、河北塡七分，餘路塡六分。凡主兵官當借馬者，至罷兵權。殿前馬步軍都指揮使賜所借馬三，都虞候、捧日天武龍神衞四廂都指揮使二，軍都指揮使一。外州在官當借馬者，經略使三，總管、鈐轄二，路分都監、承受、極邊砦至監押、都巡檢、把截、保丁指使一，毋得乘之他州并以假人，犯者論以違制。

寶元元年，詔羣臣例賜馬者，宰相至樞密直學士，使相至正任刺史，并皇族緣姻事當賜者，如舊制；餘給以馬直，少卿監已上三十五千，內殿承制已下二十三千。凡羣臣假官馬

進奉者，置籍報左藏庫，償直四十千，其後多負不償。乃詔借馬者先輸直，久逋不償者尅其奉料。

熙寧以來，有保馬、戶馬，其後又變爲給地牧馬。

神宗嘗患馬政不善，謂樞密使文彥博曰：「羣牧官非人，無以責成效。其令中書擇使，卿舉判官，冀國馬蕃息，以給戰騎。」於是以比部員外郎崔台符權羣牧判官，又命羣牧判官劉航及台符刪定羣牧敕令，以唐制參本朝故事而奏決焉。

熙寧元年，又手詔彥博等曰：「今諸州守貳雖同領羣牧，而未嘗親涖職事，其議更制。應監牧、郡守貳並朝廷選授，與坊、監使臣皆第其能否，制賞罰而升黜之，宜立法以聞。」又手詔曰：「方今馬政不修，官吏無著效，豈任不久而才不盡歟？是何監牧之多，官吏之衆，而乏才之甚也！昔唐用張萬歲三世典羣牧，恩信行乎下，故馬政修舉，後世稱爲能吏。今上自提總官屬，下至坊、監使臣，既非銓擇，而遷徙迅速，謂之『假道』，欲使官宿其業而盡其能，不可得也。爲今之計者，當簡其勞能，進之以序。自坊、監而上至於羣牧都監，皆課其功而第進之，以爲任事者勸焉。」於是，樞密副使邵亢〔三一〕請以牧馬餘田修稼政，以資牧養之

利。而羣牧司言：「馬監草地四萬八千餘頃，今以五萬馬爲率，一馬占地五十畝，大名、廣平四監餘田無幾，宜且仍舊。而原武、單鎮、洛陽、沙苑、淇水、安陽、東平等監，餘良田萬七千頃，可賦民以收芻粟。」從之。

已而樞密院又言：「舊制，以左右騏驥院總司國馬。景德中，始增置羣牧使副、都監、判官，以領廐牧之政。使領雖重，未嘗躬自巡察，不能周知牧畜利病，以故馬不蕃息。今宜分置官局，專任責成。」乃詔河南北分置監牧使，以劉航、崔台符爲之，又置都監各一員。其在河陽者，爲孳生監。凡外諸監並分屬兩使，各條上所當行者。諸官吏若牧田縣令佐，並委監牧使舉劾，專隸樞密院，不領於羣牧制置。先是，羣牧司請於河北、河東、陝西都總管治所各置一監，以便給軍，乃遣官下諸路詳度。既又以知太原唐介之請，發沙苑馬五百，置監於交城。又分置河南、河北兩使。時上方留意牧監地，然諸監牧田皆寬衍，爲人所冒占，故議者爭請收其餘資以佐芻粟。言利者乘之，始以增賦入爲務。

二年，詔括河南北監牧司總牧地。舊籍六萬八千頃，而今籍五萬五千，餘數皆隱於民。自是，請以牧地賦民者紛然，而諸監尋廢。是歲，天下應在馬凡十五萬三千六百有奇。

初，內外班直、諸軍〔三二〕馬以四月下槽出牧，迄八月上槽，風雨勞逸之不齊，故多病斃。圉人歲被榜罰，吏緣牧事害民，棚井科率無寧歲。四年十月，乃命同修起居注曾孝寬較度其利害。孝寬請罷諸班直、諸軍馬出牧，以田募民出租。詔自來年如所請，仍令三司備當牧五月芻粟。

五年，廢太原監。七年，廢東平、原武監，而合淇水兩監爲一。八年，遂廢河南北八監，惟存沙苑一監，而兩監司牧亦罷矣。沙苑先以隸陝西提舉監牧，至是，復屬之羣牧司。

始議廢監時，羣牧制置使文彥博言：「議者欲賦牧地與民而收租課，散國馬於編戶而責孳息，非便。」詔元絳、蔡確較其利害上之。於是中書、樞密院言：「河南北十二監，起熙寧二年至五年，歲出馬一千六百四十匹，可給騎兵者二百六十四，餘僅足配郵傳。而兩監牧吏卒雜費及所占地租，爲緡錢五十三萬九千有奇，計所出馬爲錢三萬六千四百餘緡而已。今九監見馬三萬，若不更制，則日就損耗。」於是卒廢之，以其善馬分隸諸監，餘馬皆斥賣，收其地租，給市易茶本錢〔三三〕，分寄籍常平、出子錢，以爲市馬之直。監兵五千，以爲廣固指揮，修治京城焉。後遂廢高陽、眞定、太原、大名、定州五監。凡廢監錢歸市易之外，又以給熙河歲計。

諸監既廢，淤田司請廣行淤漑，增課以募耕者。而河北制置牧田所繼言，牧田沒於民者五千七百餘頃。乃嚴侵冒之法，而加告獲之賞，自是利入增多。元豐三年，廢監租錢遂至百一十六萬，自羣牧使而下，賜賚有差。乃命太常博士路昌衡、秘書丞王得臣與逐路轉運

司、開封府界提點司按租地，約三年中價以定歲額。若催督違滯，以擅支封樁法論。

初，經制熙河邊防財用司奏於岷州床川〔三四〕荔川閭川砦、通遠軍熟羊砦置牧養十監，議者繼言蕃馬法，帝欲試之近甸。六年，手詔樞密院：「牧馬重事，經始之際，宜得左右近臣以總其政。今自霧澤陂牧馬所造法，始於畿內置十監，以次推之諸路。宜令樞密院都承旨張誠一〔三五〕、副都承旨張山甫經度制置，權不隸尙書駕部及太僕寺。有當自朝廷處分者，樞密院主之。」已而其說皆不效。八年，同提舉經度制置曹誦言：「自崇儀副使溫從吉建議創孳生監，迨今二年，駒不蕃而死者益衆。」乃命御史臺校覈，自置監以來，得駒不及一分四釐，馬死已十分之六。於是責議者及提舉官，而罷畿內十監。

元祐初，議興廢監，以復舊制。於是詔庫部郎中郭茂恂往陝西、河東所當置監〔三六〕，尋又下河北陝西轉運、提點刑獄司按行河、渭、并、晉之間牧田以聞。時已罷保甲，教騎兵，而還戶馬於民。於是右司諫王巖叟言：「兵之所恃在馬，而能蕃息之者，牧監也。昔廢監之初，識者皆知十年之後天下當乏馬。已而不待十年，其弊已見，此甚非國之利也。乞收還戶馬三萬，復置監如故，監牧事委之轉運官，而不專置使。今鄆州之東平，北京之大名、元城，衞州之淇水，相州之安陽，洺州之廣平監，以及瀛、定之間棚塞草地疆晝具存，使臣牧卒大半猶在，稍加招集，則指顧之間措置可定，而人免納錢之害，國收牧馬之利，豈非計之

得哉？又況廢監以來，牧地之賦民者，爲害多端，若復置監牧而收地入官，則百姓戴恩，如釋重負矣。」自是，洛陽、單鎮、原武、淇水、東平、安陽等監皆復。

初，熙寧中，併天駟四監爲二，而左、右天廐坊亦罷。至是，復左、右天廐坊。時又有旨，內外馬事並隸太僕寺，不由駕部而達尙書省。兵部尙書王存、右司諫王覿言：「先帝講求歷代之法，正省、臺、寺、監之職，上下相繼，各有統制。其間或濡滯不通，宜量加裁正，不可因而隳紊。」言不果行。又詔舊屬羣牧司者專隸太僕寺，直達樞密院，不由尙書省及駕部。至崇寧中，始詔如元豐舊制。

紹聖初，用事者更以其意爲廢置，而時議復變。太僕寺言，府界牧田，占佃之外，尙存三千餘頃，議復畿內孳生十監。詔以莊宅副使麥文昞、內殿崇班王景儉充提舉。後二年而給地牧馬之政行矣。

先是，知任縣韓鐈等建議，凡授民牧田一頃，爲官牧一馬而蠲其租。縣籍其高下、老壯、毛色，歲一閱，亡失者責償，已佃牧田者依上養馬。知邢州張赴上其說，且謂授田一頃爲官牧一馬，較陝西沿邊弓箭手既養馬又戍邊者爲優，試之一監一縣，當有利而無害。樞密院是其請，且言：「熙寧中，罷諸監以賦民，歲收緡錢至百餘萬。元祐初，未嘗講明利害，惟務罷元豐、熙寧之政，奪已佃之田而復舊監。桑棗井廬多所毀伐，監牧官吏爲費不

貲，牧卒擾民，棚井抑配，爲害非一。蓋自復監以來，臣僚屢陳公私之害。若循元祐倉卒更張之法，久當益弊。且左右廂今歲籍馬萬三千有奇，堪配軍者無幾，惟沙苑六千疋愈於他監。今赴等所陳授田養馬，既蠲其租不責以孳息，而不願者無所抑勒，又限以尺寸，則緩急皆可用之馬矣。」乃具爲條畫，下太僕寺，應監牧州縣悉行之。

時殿中侍御史陳次升言：「給地牧馬，其初始於邢州守令之請，未嘗下監司詳度。諸路各有利害，既不可知。民居與田相遠者，難就耕牧。一頃之地所直不多，而亡失責償，爲錢四五十千，必非人情所願。」言竟不行。時同知樞密院者，曾布也。

四年，遂廢淇水、單鎮、安陽、洛陽、原武監，罷提點所及左右廂，惟存東平、沙苑二監。曾布自敍其事曰：「元祐中，復置監牧，兩廂所養馬止萬三千疋，而不堪者過半。今既以租錢置蕃落十指揮於陝西，養馬三千五百。又人戶願養者亦數千，而所存兩監各可牧萬馬。馬數多於舊監，而所省官吏之費非一，近世良法，未之能及。」時三省皆稱善。其後，沙苑復隸陝西買馬監牧司，而東平監仍廢。

崇寧元年，有司較諸路田養馬之數，凡一千八百疋有奇，而河北西路占一千四百，他路自二百疋以下，至河東路僅九疋，而開封府界、京西南路、京東東路皆無應募者。蓋法雖已具，而猶未及行也。

大觀元年，尙書省言：「元祐置監，馬不蕃息，而費用不貲。今沙苑最號多馬，然占牧田九千餘頃，芻粟、官曹歲費緡錢四十餘萬，而牧馬止及六千。自元符元年至二年，亡失者三千九百。且素不調習，不中於用。以九千頃之田、四十萬緡之費，養馬而不適於用，又亡失如此，利害灼然可見。今以九千頃之田，計其磽瘠，三分去一，猶得良田六千頃。以直計之，頃爲錢五百餘緡，以一頃募一馬，則人得地利，馬得所養，可以紹述先帝隱兵於農之意。請下永興軍路提點刑獄司及同州詳度以聞。俟見實利，則六路新邊閑田，當以次推行。」時熙河蘭湟路〔三七〕牧馬司又請兼募願養牝馬者，每收三駒，以其二歸官，一充賞，詔行之。是歲，臣僚言岷州應募養馬者至萬餘疋，於是自守貳而下，遞賞有差。明年，詔熙河路應縣、鎮、城、砦、關〔三八〕、堡官並兼管幹給地牧事。四年，復罷京東西路給地牧馬，復東平監。

政和二年，詔諸路復行給地牧馬，復罷東平監。五年，提舉河東給地牧馬尙中行以奏報稽違，且欲擅更法，詔授遠小監當官。七年，有司言給地增牧，法成令具，諸路告功。乃下諸路春秋集教，以備選用。令下，奉行之者益力。

蔡京既罷政，新用事者更言其不便。宣和二年，詔罷政和二年以來給地牧馬條令，收見馬以給軍，應牧田及置監處並如舊制。又復東平監。凡諸監興罷不一，而沙苑監獨不

廢。自給地牧馬之法罷，三年而復行。時牧田已多所給占，乃詔見管及已拘收，如官司輒復請占者，以違制論。

六年，又詔立賞格，應牧馬通一路及三千疋，州通縣及一千，縣及三百，其提點刑獄、守令各遷一官，倍者更減磨勘年。於是諸路應募牧馬者爲戶八萬七千六百有奇，爲馬二萬三千五百。既推賞如上詔，而兵部長貳亦以兼總八路馬政遷官。然北方有事，而馬政亦急矣。

靖康元年，左丞李綱言：「祖宗以來，擇陝西、河東、河北美水草高涼之地，置監凡三十六所，比年廢罷殆盡。民間雜養以充役，官吏便文以塞責，而馬無復善者。今諸軍闕馬者太半，宜復舊制，權時之宜，括天下馬，量給其直，不旬日間，則數萬之馬，猶可具也。」然時已不能盡行其說矣。

保甲養馬者，自熙寧五年始。先是，中書省、樞密院議其事於上前，文彥博、吳充言：「國馬宜不可闕。今法，馬死者責償，恐非民願。」安石以爲令下而京畿投牒者已千五百戶，決非出於驅迫，持論益堅。五月，詔開封府界諸縣保甲願牧馬者聽，仍以陝西所市馬選給之。

六年，曾布等承詔上其條約：凡五路義勇保甲願養馬者，戶一疋，物力高願養二疋者聽，皆以監牧見馬給之，或官與其直令自市，毋或彊與。府界毋過三千匹，五路毋過五千匹。襲逐盜賊外，乘越三百里者有禁。在府界者，免體量草二百五十束，加給以錢布；在五路者，歲免折變緣納錢。三等以上，十戶爲一保；四等以下，十戶爲一社，以待病斃逋償者。保戶馬斃，保戶獨償之；社戶馬斃，社戶半償之。歲一閱其肥瘠，禁苛留者。凡十四條，先從府界頒焉。五路委監司、經略司、州縣更度之。於是保甲養馬行於諸路矣。

時河東騎軍馬萬一千餘疋，番戍率十年一周。議欲省費，乃行五路義勇保甲養馬法。兵部言：「河東正軍馬九千五百疋，請權罷官給，以義勇保甲馬五千補之以合額。俟正軍馬不及五千，始行給配。」下中書、樞密院。樞密院以爲：「官養一馬，歲爲錢二十七千。民養一馬，纔免折變緣納錢六千五百，折米而輸其直，爲錢十四千四百，餘皆出於民，決非所願。況減軍馬五千疋，邊防事宜何所取備？若存官軍馬如故，漸令民間從便牧馬，不以五千爲限，於理爲可。」中書謂：「官養一馬，以中價率之，爲錢二十七千。募民牧養，可省雜費八萬餘緡。計前二年官馬死，倍於保甲馬。而保甲有馬，可以習戰禦盜，公私兩便。」帝卒從樞密院議。九年，京畿保甲養馬者罷給錢布，止免輸草而增馬數。

元豐六年，取河東路保甲十分之二以教騎戰，且以本路鹽息錢給之。每二十五千令市

一馬，仍以五年爲限。

七年，詔京東、西路保甲免教閱〔三九〕，每都保養馬五十疋，疋給錢十千，限京東以十年，京西十五年而數足。置提舉保甲馬官，京西以呂公雅，京東以霍翔領之。罷鄉村物力養馬之令，養戶馬者免保甲馬，皆翔所陳也。

翔及公雅既領提舉事，多所建白。請借常平錢，每路五萬緡，付州縣出息，以賞馬之充肥及孳息者。願以私馬印爲保馬者聽。養馬至三匹，蠲役外，每疋許次丁一人贖杖罪之非侵損於人者。詔悉從之。公雅又令每都歲市二十疋，限十五年者促爲二年半。京西不產馬，民貧乏益不堪，上慮有司責數過多，百姓未喩上意，詔如元令，稍增其數。公雅乃請每都歲市八疋，限以八年，山縣限以十年。翔又奏本路馬已及萬疋，請令諸縣弓手各養一疋，以贖失捕之罪。

哲宗嗣位，言新法之不便者，以保馬爲急。乃詔曰：「京東、西保馬，期限極寬。有司不務循守，遂致煩擾。先帝已嘗手詔詰責，今猶未能遵守。其兩路市馬年限並如元詔。」尋又詔以兩路保馬分配諸軍，餘數付太僕寺，不堪支配者斥還民戶而責官直。翔、公雅皆以罪去，而保馬遂罷。

戶馬者，慶曆中，嘗詔河北民戶以物力養馬，以備官買。熙寧二年，河北察訪使曾孝寬以爲言，始參考行之。是時，諸監既廢，仰給市馬，而義勇保甲馬復從官給，朝廷以乏馬爲憂。

元豐三年春，以王拱辰之請，詔開封府界、京東西、河北、陝西、河東路州縣戶各計資產市馬，坊郭家產及三千緡、鄉村五千緡、若坊郭鄉村通及三千緡以上者，各養一馬，增倍者馬亦如之，至三疋止。馬以四尺三寸以上，齒限八歲以下，及十五歲則更市如初，籍於提舉司。於是諸道各上其數，開封府界四千六百九十四，河北東路六百一十五，西路八百五十四，秦鳳等路六百四十二，永興路一千五百四十六，河東路三百六十六，京東東路七百一十七，西路九百二十二，京西南路五百九十，北路七百一十六。

時初立法，上慮商賈乘時高直以病民，命以羣牧司驍騎以上千疋出市，以平其直。熙寧中，嘗令德順軍蕃部養馬，帝問其利害。王安石謂：「今坊、監以五百緡得一馬，若委之熙河蕃部，當不至重費。蕃部地宜馬，且以畜牧爲生，誠爲便利。」已而得駒庳劣，亡失者責償，蕃部苦之，其法尋廢。至是，環慶路經略司復言已檄諸蕃部養馬，詔閱實及格者一疋支五縑，鄜延、秦鳳、涇原路準此。

時西方用兵，頗調戶馬以給戰騎，借者給還，死則償直。七年，遂詔河東、鄜延、環慶路

各發戶馬二千以給正兵，河東就給本路，鄜延益以永興軍等路及京西坊郭馬，環慶益以秦鳳等路及開封府界馬。

戶馬既配兵，後遂不復補。京東、西既更爲保馬，諸路養馬指揮至八年亦罷。其後給地牧馬，則亦本於戶馬之意云。

至於收市，則仍嘉祐之制，置買馬司於原渭州、德順軍，而增爲招市之令。後開熙河，則更於熙河置買馬司，而以秦州買馬司隸焉。八年，遂置熙河路買馬場六〔四〇〕，而原、渭、德順諸場皆廢。繼又置熙河岷州、通遠軍、永寧砦等場，而德順軍置馬場亦復。先是，麟府路上所市馬三百，以其直增於熙河而又多羸憊，乃罷本路博易，令軍馬司自市。時又以邊臣之議，市嵓嵐、火山軍土產馬以增戰騎。既又以邊人盜馬越疆以趣利，尋皆罷之。自是，國馬專仰市於熙河、秦鳳矣。

熙寧七年，熙河用兵，馬道梗絕。乃詔知成都府蔡延慶〔四一〕兼提舉戎、黎州買馬，以經度其事。明年，延慶言：「威、雅、嘉、瀘、文、龍州，地接烏蠻、西羌，皆產善馬。請委知州、砦主，以錦綵、茶、絹招市。」未及施行，會威、茂州夷人盜邊，及西邊馬已至，八月，遂詔罷提舉戎、黎買馬。

元豐中，軍興乏馬。六年，復命知成都呂大防同成都府、利州路轉運司，經制邊郡之可市馬者，遂制嘉州中鎮砦、雅州靈關〔三〕等買馬場，而馬皆不至。元祐初，乃罷之。

元祐中，嘗詔以蜀馬給陝西軍，以陝西馬赴京師。崇寧五年，增黎州市馬至四千疋。然凡云蜀馬者，惟沈黎所市爲多，其他如戎、瀘等州，歲與蠻人爲市，第存優恤，數馬以給其直。大觀初，又詔播州夷界巡檢楊桀，許歲市馬五十疋於南平軍，其給賜視戎州之數。

熙寧中，罷券馬而專於招市，歲省三司錢二十萬緡。自馬不下槽出牧，三司復給芻秣之費，更相補除，而三司歲償羣牧者，爲緡錢十萬，以增市馬。券馬之罷已久，紹聖初，提舉買馬陸師閔奏復行之，令蕃漢商人願以馬結券進賣者，先從諸場驗印，各具其直給券，逐太僕寺償之。其說以爲券馬既盛行，則綱馬可罷。行之三年，樞密院言券馬死不及耋，而綱馬之死十倍。乃賜師閔金帛，加集賢修撰，以賞其功。時議既不以券馬爲是，主管買馬閤令亦言其枉費。然曾布力行之。崇寧中，乃詔買馬一遵元豐法。

市馬之官，自嘉祐中，始以陝西轉運使兼本路監牧買馬事，後又以制置陝西解鹽官同主之。熙寧中，始置提舉熙河路買馬，命知熙州王韶爲之，而以提點刑獄爲同提舉。八年，提舉茶場李杞言：「賣茶買馬，固爲一事。乞同提舉買馬。」詔如其請。十年，又

置羣牧行司，以往來督市馬者。

元豐三年，復罷爲提舉買馬監牧司。四年，羣牧判官郭茂恂言：「承詔議專以茶市馬，以物帛市穀，而併茶馬爲一司。臣聞頃時以茶易馬，兼用金帛，亦聽其便。近歲事局既分，專用銀絹、錢鈔，非蕃部所欲。且茶馬二者，事實相須。請如詔便。」奏可。仍詔專以雅州名山茶爲易馬用。自是蕃馬至者稍衆。六年，買馬司復罷兼茶事。七年，更詔以買馬隸經制熙河財用司。經制司罷，乃復故。

自李杞建議，始於提舉茶事兼買馬，其後二職分合不一。崇寧四年，詔曰：「神宗皇帝厲精庶政，經營熙河路茶馬司以致國馬，法制大備。其後監司欲侵奪其利以助糴買，故茶利不專，而馬不敷額。近雖更立條約，令茶馬司總運茶博馬之職，猶慮有司苟於目前近利，不顧悠久深害。三省其謹守已行，毋輒變亂元豐成法。」自是職任始一。

市馬之數，以時增損。初，原、渭、德順凡三歲共市馬萬七千一百疋，而羣牧判官王誨言：「嘉祐六年以前，秦州券馬歲至者萬五千疋。今券馬法壞，請令增市，而優使臣之賞。」熙寧三年，乃詔涇、原、渭、德順歲買萬疋，三年而會之，以十分爲率，及六分七釐者進一官，餘分又析爲三等，每增一等者更減磨勘年。自是，市馬之賞始優矣。時誨上馬政條約，詔頒行之。其後，熙河市馬歲增至萬五千。紹聖中，又增至二萬疋，歲費五十萬緡。後遂以爲定額，特詔增市者不在此數。

崇寧四年，提舉程之邵、孫鼇抃以額外市戰馬及二萬疋，各遷一官。鼇抃仍賜三品服。大觀元年，龐寅孫等又以買御前良馬及三萬疋，推恩如之邵例。宣和中，宇文常、何漸等更以遵用元豐成法，省費不貲，各加職遷官。時如此類頗衆。賞典優濫，官屬利於多市馬，取充數而已。

支配。舊制，自御馬而下，次給賜臣僚，次諸軍，而驛馬爲下。

熙寧初，樞密院言：「祖宗時，臣僚任邊職者，或賜帶甲馬，示不忘疆埸之事。承平日久，僥倖滋長。請應使臣閤門祗候以上，充三路路分州軍總管、鈐轄之類，賜馬價如故，餘皆罷給。」奏可。十年，羣牧司又言：「去歲給安南行營及兩省、宗室、諸班直及諸軍、諸司馬總三千餘疋，未支者猶二千。請裁宗室以下所給馬，諸司停給。」從之。自罷監至此，始闕馬矣。

熙寧初，詔河北騎軍如陝西、河東社馬例立社，更相助錢以市馬，而遞增官直。尋出奉宸庫珠十餘萬以充其費。其後，陝西馬社苦於斂率。元豐中，乃詔本路罷其法，更從買馬

司給之。時又諸路置將，馬不能盡給，則給其直，而委諸將自市。其在熙河蘭會路者，即以爲買馬之數。

初，內外諸軍給馬，例不及其元額，視其闕之多寡，以分數塡配。元豐更立爲定制，凡諸軍闕馬應給者，在京、府界、京東西、河東、陝西路無過十之七，河北路十之六。然其後諸軍闕馬者多，紹聖三年，乃詔提舉陸師閔於歲額外市馬三萬疋，給鄜延、環慶路正兵，餘支弓箭手，仍權不限分數。

宣和初，眞定、中山、高陽等路乏馬，復給度僧牒，令帥臣就市，以補諸軍之闕。

高宗紹興二年，置馬監於饒州，守倅領之，擇官田爲牧地，復置提舉。俄廢。四年，置監臨安之餘杭及南蕩。

十九年，詔：「馬五百疋爲一監，牡一而牝四。監爲四羣。歲産駒三分及斃二分以上，有賞罰。」帝謂輔臣曰：「議者言南地不宜牧馬。昨自牧養，今二三年，已得馬數百。」先是，川路所置馬，歲牧於鎮江。是年春，上以未見蕃息，遂分送江上諸軍〔四〕。後又置監郢、鄂間，牝牡千，十餘年僅生二十駒，且不可用，乃已。故凡戰馬，悉仰秦、川、廣三邊焉。

秦馬舊二萬，乾道間，秦、川買馬額歲萬一千九百有奇，川司六千，秦司五千九百。益、梓、利三路漕司，歲出易馬紬絹十萬四千疋。成都、利州路〔三四〕十一州，產茶二千一百二萬斤。茶馬司所收，大較若此。慶元初，合川、秦兩司爲萬一千十有六。嘉泰末，合兩司爲萬二千九十四。

然累歲市易，多不及額。蓋南渡前，市馬分而爲二：其一曰戰馬，生於西鄙，良健可備行陣，今宕昌、峯貼峽、文州所產是也；其二曰羈縻馬，產西南諸蠻，短小不及格，今黎、敍等五州所產是也。羈縻馬每綱五十，其間良者不過三五，中等十數，餘皆下等，不可服乘。守貳貪賞格，以多爲貴。經涉險遠，且綱卒盜其芻粟，道斃者相望。

成都府馬務，歲發江上諸軍馬凡五十八綱，月券錢米二百緡，歲計萬一千六百緡。興元府馬務〔三五〕，歲發三衙馬百二十綱，其費稱是。卒未嘗如數，蓋茶馬司靳錢帛，馬至，價不即償致然也。

舊蕃蠻中馬，良駑有定價。紹興中，張松爲黎倅，欲馬溢額覬賞，乃高直市之。夷人無厭，邀求滋甚。後卭部川蠻恃功，趙彥博始以細茶、錦與之。而夷人每貿馬，以茶、錦不堪藉口。

慶元中，金人既失冀北地，馬至秦司亦罕。舊川、秦市馬赴密院，多道斃者。紹興二十七年，詔川馬不赴行在，分隸江上諸軍〔三六〕，鎭江、建康、荆、鄂軍各七百五十，江、池軍各五百，殿前司二千五百，馬司、步司各千，川馬良者二百進御。此十九年所定格也。

廣馬者，建炎末，廣西提舉峒丁〔三七〕李棫請市馬赴行在。紹興初，隸經略司。三年，卽邕州置司提舉，市於羅殿、自杞、大理諸蠻。未幾，廢買馬司，帥臣領之。七年，胡舜陟爲帥，歲中市馬二千四百，詔賞之。其後馬益精，歲費黃金五鎰，中金二百五十鎰，錦四百，絁四千，廉州鹽二百萬斤，得馬千五百。須四尺二寸已上乃市之，其直爲銀四十兩，每高一寸增銀十兩，有至六七十兩者。土人云，尤駔駿者，在其產處，或博黃金二十兩，日行四百里，第官價已定，不能致此。

自杞〔三八〕諸蕃本自無馬，蓋轉市之南詔。南詔，大理國也。乾道九年，大理人李觀音得等二十二人至橫山砦求市馬，知邕州姚恪盛陳金帛誇示之。其人大喜，出一文書，稱「利貞二年十二月」，約來年以馬來。所求文選、五經、國語、三史、初學記及醫、釋等書，恪厚遺遣之，而不敢上聞也。嶺南自產小駟，疋直十餘千，與淮、湖所出無異。大理連西戎，故多馬，雖互市于廣南，其實猶西馬也。每擇其良赴三衙，餘以付江上諸軍。

寶慶四年，兩淮制府貿易北馬五千餘，而他郡亦往往市馬不輟。咸淳末，有紀智立者獻謀，以爲兩淮軍將、武官、巨室皆畜馬，率三借二，二借一，一全起，團結隊伍，借助防江，各令飼馬役夫白乘之官，優給月錢一年，以半年爲約，江面寧卽放歸。又云，陳巖守招信，團馬至七千，出沒張耀，此其驗也。臣僚言：宜倣祖宗遺意，亟謀和市馬，如出一馬，則免其某色力役。惟是川、秦之馬，遵陸則崇岡複嶺，盤回斗絕；舟行則峽江湍急，灘磧險惡。每綱運，公私經費十倍，而人馬俱疲。上則耗國用，下則困州縣。綱兵所經，甚於寇賊。雖臣僚條奏更迭，終莫得其要領。豈馬政各因風土之宜，而非東南之利歟？

校勘記

〔一〕收市　原作「牧市」。按下文係就「官司之規」等五事分別敍述，與此處相應者爲「凡收市馬」；又長編卷一〇四、玉海卷一四九都作「收市」，據改。下文同。

〔二〕引駕　原作「別駕」，據宋會要兵二四之二、羣書考索後集卷四四改。

〔三〕雜使　原作「雜吏」，據宋會要兵二四之三、羣書考索後集卷四四改。

〔四〕羣號之字十有七　按下文所列十七字中「官」字複出，宋會要兵二四之三所列與此不同，其在「立」字上尚有「上」字一目，而下文又有「小官」字一目，疑志文「曰千」下脫「曰上」二字，「曰小曰官」的下一「曰」字衍。

〔五〕驄　原作「駿」。按宋會要兵二四之四、羣書考索後集卷四四都作「驄」。此處九十二種係指馬

的毛色，當以作「驄」爲是，據改。

〔六〕天廐坊　玉海卷一四九作「天廐院」。

〔七〕諸州　原作「諸坊」，據宋會要兵二四之一、通考卷一六〇兵考改。

〔八〕京城　原作「京坊」，據同上書同卷同篇改。

〔九〕乃廢東平監　承上文，東平監似廢於乾興、天聖間，但據宋會要兵二一之五、羣書考索後集卷四四，東平監先廢於天禧五年，後復置，又廢於熙寧七年，疑志文有誤。

〔一〇〕五年廢單鎭監　按宋會要兵二一之五、玉海卷一四九，都繫此事於天聖五年，此處失書「天聖」二字。

〔一一〕收養監　原作「收養監」。按當時設置牧養上下監以養療病馬，上文及長編卷一〇四、玉海卷一四九都作「牧養監」，據改。

〔一二〕牧兵　原作「收兵」，據長編卷一〇四、玉海卷一四九改。

〔一三〕招馬　原作「詔馬」。按宋會要兵二四之二、羣書考索後集卷四四，都載有市馬、招馬處，與志文以下所列地名基本相同，「詔」字乃「招」字之訛，據改。

〔一四〕戎　原作「成」，據宋會要兵二四之一、長編卷一〇四改。

〔一五〕十二月　按太宗實錄卷二七、長編卷二四繫此詔於太平興國八年十二月，此上當有「八年」二

字，疑志文將此二字誤舛至下文「有司言」句上。

〔一六〕天禧中　通考卷一六〇兵考作「天禧初」。按向敏中建言，長編卷九〇繫於天禧元年，下文出賣配軍馬事亦同，當以作「天禧初」爲是。

〔一七〕詔以十三歲以上配軍馬估直出賣　「十」字原脫，據宋會要兵二四之一四、長編卷九〇補。

〔一八〕京東西　「東」字原脫，據長編卷一二六、太平治蹟統類卷八補。

〔一九〕外暨河曲之野　「外」字原脫，據歐陽文忠公集卷一一二論監牧箚子、長編卷一九二補。

〔二〇〕涇　原作「涿」，據同上書同卷同篇改。

〔二一〕邵亢　原作「邵元」，據本書卷三一七本傳、通考卷一六〇兵考改。

〔二二〕諸軍　原作「騎軍」，據下文和宋會要兵二四之一九改。

〔二三〕市易茶本錢　「茶」字原脫，據長編卷二六二、編年綱目卷二〇補。

〔二四〕床川　原作「床川」，據本書八七地理志、九域志卷三改。

〔二五〕張誠一　「誠」原作「承」，據宋會要職官二三之一七、長編卷三三五改。

〔二六〕詔庫部郎中郭茂恂往陝西河東所當置監　按宋會要兵二四之二六、長編卷三六六都作：「詔郭茂恂往陝西、河東路按行相度以聞。」此處「河東」下當有脫文。

〔二七〕熙河蘭湟路　「路」字原置「蘭湟」上，據宋會要兵二一之三〇、通考卷一六〇兵考改。

〔二八〕闢　原作「闕」，據宋會要兵二一之三一，參考本書卷八七地理志改。

〔二九〕詔京東西路保甲免教閱　「保甲」二字原脫，據宋會要兵二四之二四、長編卷三四三補。

〔三〇〕買馬場　「場」原作「坊」，據宋會要兵二二之八、編年綱目卷一九改。

〔三一〕蔡延慶　原作「秦延慶」，據本書卷二八六本傳、編年綱目卷一九改。

〔三二〕靈關　原作「靈闕」，據本書卷八九地理志、羣書考索後集卷四四改。

〔三三〕分送江上諸軍　「送」字原脫，據繫年要錄卷一五九、玉海卷一四九補。

〔三四〕成都利州路　「利州」二字原脫，據朝野雜記甲集卷一八川秦買馬條、通考卷一六〇兵考補。

〔三五〕興元府馬務　原脫，據同上書同條同卷補。

〔三六〕分隸江上諸軍　「諸」字原脫，據同上朝野雜記三衙沿江諸軍取馬數條、同上通考補。

〔三七〕峒丁　原作「峒下」，據同上朝野雜記廣馬條、同上通考改。

〔三八〕自杞　原作「自北」，據同上書同條同卷改。

元　脱脱等撰

宋史

第一五册

卷一九九至卷二〇七（志）

中華書局

宋史卷一百九十九

志第一百五十二

刑法一

夫天有五氣以育萬物，木德以生，金德以殺，亦甚盭矣，而始終之序，相成之道也。先王有刑罰以糾其民，則必溫慈惠和以行之。蓋裁之以義，推之以仁，則震懾殺戮之威，非求民之死，所以求其生也。書曰：「士制百姓于刑之中，以教祗德。」言刑以弼教，使之畏威遠罪，導以之善爾。唐、虞之治，固不能廢刑也。惟禮以防之，有弗及，則刑以輔之而已。王道陵遲，禮制隳廢，始專任法以罔其民。於是作爲刑書，欲民無犯，而亂獄滋豐，由其本末無序，不足相成故也。

宋興，承五季之亂，太祖、太宗頗用重典，以繩姦慝，歲時躬自折獄慮囚，務底明慎，而以忠厚爲本。海內悉平，文教寖盛。士初試官，皆習律令。其君一以寬仁爲治，故立法之

制嚴，而用法之情恕。獄有小疑，覆奏輒得減宥。觀夫重熙累洽之際，天下之民咸樂其生，重於犯法，而致治之盛幾乎三代之懿。元豐以來，刑書益繁，已而憸邪並進，刑政紊矣。國既南遷，威柄下逮，州郡之吏亦頗專行，而刑之寬猛繫乎其人。然累世猶知以愛民爲心，雖其失慈弱，而祖宗之遺意蓋未泯焉。今摭其實，作刑法志。

宋法制因唐律、令、格、式，而隨時損益則有編敕，一司、一路、一州、一縣又別有敕。建隆初〔一〕，詔判大理寺竇儀等上編敕四卷，凡一百有六條，詔與新定刑統三十卷並頒天下，參酌輕重爲詳，世稱平允。太平興國中，增敕至十五卷，淳化中倍之。咸平中增至萬八千五百五十有五條，詔給事中柴成務等芟其繁亂，定可爲敕者二百八十有六條，準律分十二門，總十一卷。又爲儀制令一卷。當時便其簡易。大中祥符間，又增三十卷，千三百七十四條。又有農田敕五卷，與敕兼行。

仁宗嘗問輔臣曰：「或謂先朝詔令不可輕改，信然乎？」王曾曰：「此憸人惑上之言也。咸平之所刪，太宗詔令十存一二，去其繁密以便於民，何爲不可？」於是詔中外言敕得失，命官修定，取咸平儀制令及制度約束之在敕者五百餘條，悉附令後，號曰附令敕。天聖七

年編敕成，合農田敕爲一書，視祥符敕損百有餘條。其麗于法者，大辟之屬十有七，流之屬三十有四，徒之屬百有六，杖之屬二百五十有八，笞之屬七十有六。又配隸之屬六十有三，大辟而下奏聽旨者七十有一。凡此，皆在律令外者也。

既頒行，因下詔曰：「敕令者，治世之經，而數動搖，則衆聽滋惑，何以訓迪天下哉？自今有司毋得輒請刪改。有未便者，中書、樞密院以聞。」然至慶曆又復刪定，增五百條，別爲總例一卷。後又修一司敕二千三百十有七條，一路敕千八百二十有七條，一州、一縣敕千四百五十有一條。其麗于法者，大辟之屬總三十有一，流之屬總二十有一，徒之屬總百有五，杖之屬總百六十有八，笞之屬總十有二。又配隸之屬總八十有一，大辟而下奏聽旨者總六十有四。凡此，又在編敕之外者也。

嘉祐初，因樞密使韓琦言，內外吏兵奉祿無著令，乃命類次爲祿令。三司以驛料名數，著爲驛令。琦又言：「自慶曆四年，距嘉祐二年，敕增至四千餘條，前後牴牾。請詔中外，使言敕得失，如天聖故事。」七年，書成。總千八百三十四條，視慶曆敕大辟增六十，流增五十，徒增六十有一，杖增七十有三，笞增三十有八。又配隸增三十，大辟而下奏聽旨者增四十有六。又別爲續附令敕三卷。

神宗以律不足以周事情，凡律所不載者一斷以敕，乃更其目曰敕、令、格、式，而律恆存

乎敕之外。熙寧初，置局修敕，詔中外言法不便者，集議更定，擇其可采者賞之。元豐中，始成書二十有六卷，復下二府參訂，然後頒行。帝留意法令，每有司進擬，多所是正。嘗謂：「法出於道，人能體道，則立法足以盡事。」又曰：「禁於已然之謂敕，禁於未然之謂令〔二〕，設於此以待彼之謂格，使彼效之之謂式。修書者要當識此。」於是凡入笞、杖、徒、流、死，自名例以下至斷獄，十有二門，麗刑名輕重者，皆爲敕。自品官以下至斷獄三十五門，約束禁止者，皆爲令。命官之等十有七〔三〕，吏、庶人之賞等七十有七，又有倍、全、分、釐之級凡五等〔四〕，有等級高下者，皆爲格。表奏、帳籍、關牒、符檄之類凡五卷，有體制模楷者，皆爲式。

元祐初，中丞劉摯言：「元豐編修敕令，舊載敕者多移之令，蓋違敕法重，違令罪輕，此足以見神宗仁厚之德。而有司不能推廣，增多條目，離析舊制，因一言一事，輒立一法，意苛文晦，不足以該事物之情。行之幾時，蓋已屢變。宜取慶曆、嘉祐以來新舊敕參照，去取刪正，以成一代之典。」右諫議孫覺亦言煩細難以檢用，乃詔摯等刊定。哲宗親政，不專用元祐近例，稍復熙寧、元豐之制。自是用法以後衝前，改更紛然，而刑制紊矣。

崇寧元年，臣僚言：「有司所守者法，法所不載，然後用例。今引例破法，非理也。」乃令各曹取前後所用例，以類編修，與法妨者去之。尋下詔追復元豐法制，凡元祐條例悉

燬之。

徽宗每降御筆手詔，變亂舊章。靖康初，羣臣言：「祖宗有一定之法，因事改者，則隨條貼說，有司易於奉行。蔡京當國，欲快己私，請降御筆，出於法令之外，前後牴牾，宜令具錄付編修敕令所〔五〕，參用國初以來條法，删修成書。」詔從其請，書不果成。

高宗播遷，斷例散逸，建炎以前，凡所施行，類出人吏省記。三年四月，始命取嘉祐條法與政和敕令對修而用之。嘉祐法與見行不同者，自官制、役法外，賞格從重，條約從輕。紹興元年，書成，號紹興敕令格式，而吏胥省記者亦復引用。監察御史劉一止〔六〕言：「法令具在，吏猶得以爲姦，今一切用其所省記，欺蔽何所不至。」十一月，乃詔左右司、敕令所刊定省記之文頒之。時在京通用敕內，有已嘗衝改不該引用之文，因大理正張柄言，亦詔删削。十年，右僕射秦檜上之。然自檜專政，率用都堂批狀、指揮行事，雜入吏部續降條冊之中，修書者有所畏忌，不敢删削，至與成法並立。吏部尚書周麟之言：「非天子不議禮，不制度，不考文。」乃詔削去之。

至乾道時，臣僚言：「紹興以來，續降指揮無慮數千，牴牾難以考據。」詔大理寺官詳難，定其可否，類申刑部，以所隸事目分送六部長貳參詳。六年，刑部侍郎汪大猷等上其書，號乾道敕令格式，八年，頒之。當是時，法令雖具，然吏一切以例從事，法當然而無例，則事

皆泥而不行，甚至隱例以壞法，賄賂既行，乃爲具例。

淳熙初，詔除刑部許用乾道刑名斷例，司勳許用獲盜推賞例，并乾道經置條例事指揮，其餘並不得引例。既而臣僚言：「乾道新書，尚多牴牾。」詔戶部尚書蔡洸詳定之，凡删改九百餘條，號淳熙敕令格式。帝復以其書散漫，用法之際，官不暇徧閱，吏因得以容姦，令敕令所分門編類爲一書，名曰淳熙條法事類，前此法令之所未有也。四年七月，頒之〔七〕。淳熙末，議者猶以新書尚多遺闕，有司引用，間有便於人情者。復令刑部詳定，迄光宗之世未成。慶元四年，右丞相京鏜始上其書，爲百二十卷，號慶元敕令格式。

理宗寶慶初，敕令所言：「自慶元新書之行，今二十九年，前指揮殆非一事，或舊法該括未盡，文意未明，須用續降參酌者；或舊法元無，而後因事立爲成法者；或已有舊法，而續降不必引用者；或一時權宜，而不可爲常法者。條目滋繁，無所遵守，乞攷定之。」淳祐二年四月，敕令所上其書，名淳祐敕令格式。十一年，又取慶元法與淳祐新書删潤。其間修改者百四十條，創入者四百條，增入者五十條，删去者十七條，爲四百三十卷。度宗以後，遵而行之，無所更定矣。其餘一司、一路、一州、一縣敕，前後時有增損，不可勝紀云。

五季衰亂，禁罔煩密。宋興，削除苛峻，累朝有所更定。法吏寖用儒臣，務存仁恕，凡

用法不悖而宜于時者著之。太祖受禪，始定折杖之制。凡流刑四：加役流，脊杖二十，配役三年；流三千里，脊杖二十，二千五百里，脊杖十八，二千里，脊杖十七，並配役一年。凡徒刑五：徒三年，脊杖二十；徒二年半，脊杖十八；二年，脊杖十七；一年半，脊杖十五；一年，脊杖十三。凡杖刑五：杖一百，臀杖二十；九十，臀杖十八；八十，臀杖十七；七十，臀杖十五；六十，臀杖十三。凡笞刑五：笞五十，臀杖十下；四十、三十，臀杖八下；二十、十，臀杖七下〔八〕。常行官杖如周顯德五年制，長三尺五寸，大頭闊不過二寸，厚及小頭徑不得過九分。徒、流、笞通用常行杖，徒罪決而不役。

先是，藩鎮跋扈，專殺爲威，朝廷姑息，率置不問，刑部按覆之職廢矣。建隆三年，令諸州奏大辟案，須刑部詳覆。尋如舊制，大理寺詳斷，而後覆于刑部。凡諸州獄，則錄事參軍與司法掾參斷之。自是，內外折獄蔽罪，皆有官以相覆察。又懼刑部、大理寺用法之失，別置審刑院讞之。吏一坐深，或終身不進，由是皆務持平。

唐建中令，竊盜贓滿三匹者死。武宗時，竊盜贓滿千錢者死。宣宗立，乃罷之。漢乾祐以來，用法益峻，民盜一錢抵極法。周初，深懲其失，復遵建中之制。帝猶以其太重，嘗增爲錢三千，陌以八十爲限。既而詔曰：「禁民爲非，乃設法令，臨下以簡，必務哀矜。竊盜之生，本非巨蠹。近朝立制，重於律文，非愛人之旨也。自今竊盜贓滿五貫足陌者死。」

舊法，強盜持杖，雖不傷人，皆棄市。又詔但不傷人者，止計贓論。令諸州獲盜，非狀驗明白，未得掠治。其當訊者，先具白長吏，得判乃訊之。凡有司擅掠囚者，論爲私罪。時天下甫定，刑典弛廢，吏不明習律令，牧守又多武人，率意用法。金州防禦使仇超等坐故入死罪，除名，流海島，自是人知奉法矣。

開寶二年五月，帝以暑氣方盛，深念縲繫之苦，乃下手詔：「兩京諸州，令長吏督獄掾，五日一檢視，洒掃獄戶，洗滌杻械。貧不能自存者給飲食，病者給醫藥，輕繫即時決遣，毋淹滯。」自是，每仲夏申敕官吏，歲以爲常。帝每親錄囚徒，專事欽恤。凡御史、大理官屬，尤嚴選擇。嘗謂侍御史知雜馮炳曰：「朕每讀漢書，見張釋之、于定國治獄，天下無冤民，此所望於卿也。」賜金紫以勉之。八年，廣州言：「前詔竊盜贓至死者奏裁，嶺南遐遠，覆奏稽滯，請不俟報。」帝覽奏，惻然曰：「海隅習俗，貪獷穿窬，固其常也。」因詔：「嶺南民犯竊盜，贓滿五貫至十貫者，決杖、黥面、配役，十貫以上乃死。」

太宗在御，常躬聽斷，在京獄有疑者，多臨決之，每能燭見隱微。太平興國六年下詔曰：「諸州大獄，長吏不親決，胥吏旁緣爲姦，逮捕證佐，滋蔓踰年而獄未具。自今長吏每五日一慮囚，情得者即決之。」復制聽獄之限，大事四十日，中事二十日，小事十日，不他逮捕而易決者，毋過三日。後又定令：「決獄違限，準官書稽程律論，踰四十日則奏裁。事須

證逮致稽緩者,所在以其事聞。」然州縣禁繫,往往猶以根窮爲名,追擾輒至破家。因江西轉運副使張齊賢言,令外縣罪人五日一具禁放數白州。州獄別置曆,長吏檢察,三五日一引問疏理,月具奏上。刑部閱其禁多者,命官即往決遣,冤滯則降黜州之官吏。會兩浙運司亦言:「部內州繫囚滿獄,長吏輒隱落,妄言獄空,蓋懼朝廷詰其淹滯。」乃詔:「妄奏獄空及隱落囚數,必加深譴,募告者賞之。」

先是,諸州流罪人皆錮送闕下,所在或寅緣細微,道路非理死者十恆六七。張齊賢又請:「凡罪人至京,擇清強官慮問。若顯負沈屈,致罷官吏(九)。且令只遣正身,家屬俟旨,其干繫者免錮送。」迺詔:「諸犯徒、流罪,並配所在牢城,勿復轉送闕下。」

雍熙元年,令諸州十日一具囚帳及所犯罪名、繫禁日數以聞,俾刑部專意糾舉。帝閱諸州所奏獄狀,有繫三百人者。迺令門留、寄禁、取保在外幷邸店養疾者,咸準禁數,件析以聞。其鞫獄違限及可斷不斷、事小而禁繫者,有司駁奏之。開封女子李嘗擊登聞鼓,自言無兒息,身且病,一旦死,家業無所付。詔本府隨所欲裁置之。李無它親,獨有父,有司因繫之。李又詣登聞,訴父被繫。帝駭曰:「此事豈當禁繫,輦轂之下,尙或如此。天下至廣,安得無枉濫乎?朕恨不能親決四方之獄,固不辭勞爾!」即日遣殿中侍御史李範等十四人,分往江南、兩浙、四川、荆湖、嶺南審決刑獄。吏之弛怠者,劾其罪以聞;其臨事明

敏、刑獄無滯者,亦以名上。始令諸州十日一慮囚。

帝嘗謂宰相曰:「御史臺,閤門之前,四方綱準之地。頗聞臺中鞫獄,御史多不躬親,垂簾雍容,以自尊大。鞫按之任,委在胥吏,求無冤濫,豈可得也?」乃詔御史決獄必躬親,毋得專任胥吏。又嘗諭宰臣曰:「每閱大理奏案,節目小未備,移文按覆,動涉數千里外,禁繫淹久,甚可憐也。卿等詳酌,非人命所係,即量罪區分,勿須再鞫。」始令諸州笞、杖罪不須證逮者,長吏即決之,勿復付所司。羣臣受詔鞫獄,獄既具,騎置來上,有司斷已,復騎置下之州。凡上疑獄,詳覆之而無疑狀,官吏並同違制之坐。其應奏疑案,亦騎置以聞。

二年,令竊盜滿十貫者,奏裁;七貫,決杖、黥面、隸牢城;五貫,配役三年,三貫,二年,一貫,一年。它如舊制。八月,復分遣使臣按巡諸道。帝曰:「朕於獄犴之寄,夙夜焦勞,慮有冤滯耳。」十月,親錄京城繫囚,遂至日旰。近臣或諫勞苦過甚,帝曰:「儻惠及無告,使獄訟平允,不致枉橈,朕意深以爲適,何勞之有?」因謂宰相曰:「中外臣僚,若皆留心政務,天下安有不治者。古人宰一邑,守一郡,使飛蝗避境,猛虎渡河。況能惠養黎庶,申理冤滯,豈不感召和氣乎?朕每自勤不怠,此志必無改易。或云有司細故,帝王不當親決,朕意則異乎是。若以尊極自居,則下情不能上達矣。」自是祁寒盛暑或雨雪稍愆,輒親錄繫囚,多所原減。諸道則遣官按決,率以爲常,後世遂行不廢,見各帝紀。

先是,太祝刁衎上疏言:「古者投姦人於四裔,今乃遠方囚人,盡歸象闕,配務役。神京天子所居,豈可使流囚於此聚役。禮曰:『刑人于市,與衆棄之。』則知黃屋紫宸之中,非行法用刑之所。望自今外處罪人,勿許解送上京,亦不留於諸務充役。御前不行決罰之刑,殿前引見司鉗黥法具、敕杖,皆以付御史、廷尉、京府。或出中使,或命法官,具禮監科,以重明刑謹法之意。」帝覽疏甚悅,降詔褒答,然不能從也。

三年,始用儒士爲司理判官,令諸州訊囚,不須衆官共視,申長吏得判乃訊囚。刑部張佖言:「官吏枉斷死罪者,請稍峻條章,以責其明愼。」始定制:應斷獄失入死刑者,不得以官減贖,檢法官、判官皆削一任,而檢法仍贖銅十斤,長吏則停任。尋置刑部詳覆官六員,專閱天下所上案牘,勿復遣鞫獄吏。置御史臺推勘官二十人,皆以京朝官爲之。凡諸州有大獄,則乘傳就鞫。陛辭日,帝必臨遣諭之曰:「無滋蔓,無留滯。」咸賜以裝錢。還,必召問所推事狀,著爲定令。自是,大理寺杖罪以下,須刑部詳覆。又所駁天下案牘未具者,亦令詳覆乃奏。判刑部李昌齡言:「舊制,大理定刑送部,詳覆官入法狀,主判官下斷語,乃具奏。至開寶六年,闕法直官,致兩司共斷定覆詞。今宜令大理所斷案牘,寺官印署送詳覆。得當,則送寺共奏,否即疏駁以聞。」

淳化初,始置諸路提點刑獄司,凡管內州府十日一報囚帳,有疑獄未決,即馳傳往視

之。州縣稽留不決,按讞不實,長吏則劾奏,佐史、小吏許便宜按劾從事。帝又慮大理、刑部吏舞文巧詆,置審刑院於禁中,以樞密直學士李昌齡知院事,兼置詳議官六員。凡獄上奏,先達審刑院,印訖,付大理寺、刑部斷覆以聞。乃下審刑院詳議申覆,裁決訖,以付中書省。當,即下之;其未允者,宰相覆以聞,始命論決。蓋重愼之至也。

凡大理寺決天下案牘,大事限二十五日,中事二十日,小事十日。審刑院詳覆,大事十五日,中事十日,小事五日。三年,詔御史臺鞫徒以上罪,獄具,令尙書丞郎、兩省給舍以上一人親往慮問。尋又詔:「獄無大小,自中丞以下,皆臨鞫問,不得專責所司。」自端拱以來,諸州司理參軍,皆帝自選擇,民有詣闕稱冤者,亦遣臺使乘傳按鞫,數年之間,刑罰清省矣。既而諸路提點刑獄司未嘗有所平反,詔悉罷之,歸其事轉運司。

至道二年,帝聞諸州所斷大辟,情可疑者,懼爲有司所駁,不敢上其獄。迺詔死事有可疑者,具獄申轉運司,擇部內詳練格律者令決之,須奏者乃奏。

眞宗性寬慈,尤愼刑辟。嘗謂宰相曰:「執法之吏,不可輕授。有不稱職者,當責舉主,以懲其濫。」審刑院舉詳議官,就刑部試斷案三十二道,取引用詳明者。審刑院每奏案,令先具事狀,親覽之,翌日,乃候進止,裁處輕重,必當其罪。咸平四年(一〇),從黃州守王禹偁之請,諸路置病囚院,徒、流以上有疾者處之,餘責保于外。

景德元年[一]，詔：「諸道州軍斷獄，內有宜敕不定刑名，止言當行極斷者，所在卽寘大辟，頗乖平允。自今凡言處斷、重斷、極斷、決配、朝典之類，未得論決，具獄以聞。」

四年，復置諸路提點刑獄官。先是，帝出筆記六事，其一曰：「勤恤民隱，遴柬庶官，朕無日不念也。所慮四方刑獄官吏，未盡得人，一夫受冤，卽召災沴。今軍民事務，雖有轉運使，且地遠無由周知。先帝嘗選朝臣爲諸路提點刑獄，今可復置，仍以使臣副之，命中書、樞密院擇官。」又曰：「河北、陝西，地控邊要，尤必得人，須性度平和有執守者。」親選太常博士陳綱[二]、李及，自餘擬名以聞；咸引對於長春殿遣之。內出御前印紙爲曆，書其績效，代還，議功行賞。如刑獄枉濫不能擿舉，官吏曠弛不能彈奏，務從畏避者，寘以深罪。知審刑院朱巽[三]上言：「官吏因公事受財，證左明白，望論以枉法，其罪至死者，加役流。」從之。

御史臺嘗鞫殺人賊，獄具，知雜王隨請臠咼之，帝曰：「五刑自有常制，何爲慘毒也。」入內供奉官楊守珍使陝西，督捕盜賊，因請「擒獲強盜至死者，望以付臣凌遲，用戒凶惡」。詔：「捕賊送所屬，依法論決，毋用凌遲。」凌遲者，先斷其支體，乃抉其吭，當時之極法也。蓋眞宗仁恕，而慘酷之刑，祖宗亦未嘗用。

初，殿中侍御史趙湘嘗建言：「聖王行法，必順天道。漢制大辟之科，盡冬月乃斷。此古之善政，當舉行之。且十二月爲承天節，萬方祝頌之時，而大辟決斷如故。況十一月一陽始出，其氣尙微，議獄緩刑，所以助陽抑陰也。望以十一月、十二月內，天下大辟未結正者，更令詳覆；已結正者，未令決斷。所在厚加矜恤，掃除獄房，供給飲食、薪炭之屬，防護無致他故。情可憫者，奏聽敕裁。合依法者，盡冬月乃斷。在京大辟人，既當春孟之月，亦行慶施惠之時。伏望萬幾之暇，臨軒躬覽，情可憫者，特從末減，亦所以布聖澤於無窮。況愚民之抵罪未斷，兩月亦非淹延。若用刑順於陰陽，則四時之氣和，氣和則百穀豐實，水旱不作矣。」帝覽奏曰：「此誠嘉事！然古今異制，沿革不同，行之慮有淹滯，或因緣爲姦矣。」

天禧四年乃詔：「天下犯十惡、劫殺、謀殺、故殺、鬥殺、放火、強劫、正枉法贓、僞造符印、厭魅咒詛、造妖書妖言、傳授妖術、合造毒藥、禁軍諸軍逃亡爲盜罪至死者，每遇十二月，權住區斷，過天慶節卽決之[四]。餘犯至死者，十二月及春夏未得區遣，禁錮奏裁。」

在仁宗時，四方無事，戶口蕃息，而克自抑畏，其於用刑尤愼。卽位之初，詔內外官司，聽獄決罪，須躬自閱實，毋枉濫淹滯。刑部嘗薦詳覆官，帝記其姓名，曰：「是嘗失入人罪不得遷官者，烏可任法吏？」舉者皆罰金。

獄疑者讞，所從來久矣。漢嘗詔「讞而後不當讞者不爲失」，所以廣聽察、防繆濫也。時奏讞之法廢。初，眞宗嘗覽囚簿，見天下斷死罪八百人，憮然動容，語宰執曰：「雜犯死罪條目至多，官吏儻不盡心，豈無枉濫？故事，死罪獄具，三覆奏，蓋甚重愼，何代罷之？」遂命檢討沿革，而有司終慮淹繫，不果行。至是，刑部侍郎燕肅奏曰：「唐大辟罪，令尙書、九卿讞之。凡決死刑，京師五覆奏，諸州三覆奏。貞觀四年，斷死罪二十九，開元二十五年，財五十八。今天下生齒未加於唐，而天聖三年，斷大辟二千四百三十六，視唐幾至百倍。京師大辟雖一覆奏，而州郡獄疑上請，法寺多所舉駁，率得不應奏之罪，往往增飾事狀，移情就法，失朝廷欽恤之意。望準唐故事，天下死罪皆得覆奏。議者必曰待報淹延。漢律皆以季秋論囚，唐自立春至秋分不決死刑，未聞淹留以害漢、唐之治也。」下其章中書，王曾謂：「天下皆一覆奏，則必死之人，徒充滿狴犴而久不得決。諸獄疑若情可矜者，聽上請。」

天聖四年，遂下詔曰：「朕念生齒之蕃，抵冒者衆。法有高下，情有輕重，而有司巧避微文，一切致之重辟，豈稱朕好生之志哉？其令天下死罪，情理可矜及刑名疑慮者，具案以聞。有司毋得舉駮。」其後，雖法不應奏、吏當坐罪者，審刑院貼奏，率以恩釋爲例，名曰「貼放」。吏始無所牽制，請讞者多得減死矣。

先是，天下旬奏獄狀，雖杖、笞皆申覆，而徒、流罪非繫獄，乃不以聞。六年，集賢校理聶冠卿請罷覆杖、笞，而徒以上雖不繫獄，皆附奏。詔從其說。自定折杖之制，杖之長短廣狹，皆有尺度，而輕重無準，官吏得以任情。至是，有司以爲言，詔毋過十五兩。

初，眞宗時，以京師刑獄多滯冤，置糾察司，而御史臺獄亦移報之。八年，御史論以爲非體，遂詔勿報。祖宗時，重盜剝桑柘之禁，枯者以尺計，積四十二尺爲一功，三功以上抵死。殿中丞于大成請得以減死論，下法官議，謂當如舊。帝意欲寬之，詔死者上請。

刑部分四按，大辟居其一，月覆大辟不下二百數，而詳覆官纔一人。明道二年，令四按分覆大辟，有能駁正死罪五人以上，歲滿改官。法直官與詳覆官分詳天下旬奏，獄有重辟，獄官毋預燕遊迎送。凡上具獄，大理寺詳斷，大事期三十日，小事第減十日。審刑院詳議又各減半。其不待期滿而斷者，謂之「急按」。凡集斷急按，法官與議者並書姓名，議刑有失，則皆坐之。至景祐二年，判大理寺司徒昌運言：「斷獄有期日，而炎暍之時，繫囚淹久，請自四月至六月減期日之半，兩川、廣南、福建、湖南如急按奏。」其後猶以斷獄淹滯，又詔月上斷獄數，列大、中、小事期日，以相參考。

是歲，改強盜法。不持杖，不得財，徒二年；得財爲錢萬及傷人者，死。持杖而不得財，流三千里；得財爲錢五千者，死；傷人者，殊死。不持杖得財爲錢六千，若持杖罪不至死者，仍刺隸千里外牢城[五]。能告羣盜劫殺人者第賞之，及十人者予錢十萬。既而有司言：「竊盜不用威力，得財爲錢五千，卽刺爲兵，反重於強盜，請減之。」遂詔至十千始刺爲兵，

而京城持杖竊盜，得財爲錢四千，亦刺爲兵。自是盜法惟京城加重，餘視舊益寬矣。慶曆五年，詔罪殊死者，若祖父母、父母年八十及篤疾無期親者，列所犯以聞。

承平日久，天下生齒益蕃，犯法者多，歲斷大辟甚衆，而有司未嘗上其數。嘉祐五年，判刑部李綖言：「一歲之中，死刑無慮二千餘。夫風俗之薄，無甚於骨肉相殘；衣食之窮，莫急於盜賊。今犯法者衆，豈刑罰不足以止姦，而教化未能導其爲善歟？願詔刑部類天下所斷大辟，歲上朝廷，以助觀省。」從之。

凡在京班直諸軍請糧〔一六〕，斗斛不足，出戍之家尤甚。倉吏自以在官無祿，恣爲侵漁。神宗謂非所以愛養將士之意，於是詔三司，始立諸倉丐取法。而中書請主典役人，歲增祿至一萬八千九百餘緡。凡丐取不滿百錢，徒一年，每百錢則加一等；千錢流二千里〔一七〕，每千錢則加一等，罪止流三千里。其行貨及過致者，減首罪二等。徒者皆配五百里，其賞百千；流者皆配千里，賞二百千；滿十千，爲首者配沙門島，賞三百千，自首則除其罪。凡吏定約束十條行之。其後內則政府，外則監司，多倣此法。內外歲增吏祿至百餘萬緡，皆取諸坊場、河渡、市利、免行、役剩息錢。久之，議臣欲稍緩倉法，編敕所修立告捕獲倉法給賞條，自一百千分等至三百千，而按問者減半給之。中書請依所定，詔仍舊給全賞，雖按問，亦全給。呂嘉問嘗請，行貨者宜止以不應爲坐之，刑部始減其罪。及哲宗

初，嘗罷重祿法，而紹聖復仍舊。

熙寧四年，立盜賊重法。凡劫盜罪當死者，籍其家貲以賞告人，妻子編置千里；遇赦若災傷減等者，配遠惡地。罪當徒、流者，配嶺表；流罪會降者，配三千里，籍其家貲之半爲賞，妻子遞降等有差。應編配者，雖會赦，不移不釋。凡囊橐之家，劫盜死罪，情重者斬，餘皆配遠惡地，籍其家貲之半爲賞。盜罪當徒、流者，配五百里，籍其家貲三之一爲賞。竊盜三犯，杖配五百里或鄰州。雖非重法之地，而囊橐重法之人，以重法論。其知縣、捕盜官皆用舉者，或武臣爲尉。盜發十人以上，限內捕半不獲，劾罪取旨。若復殺官吏，及累殺三人，焚舍屋百間，或羣行州縣之內，劫掠江海船栰之中，非重地，亦以重論。

凡重法地，嘉祐中，始於開封府諸縣，後稍及諸州。以開封府東明、考城、長垣縣，京西滑州，淮南宿州，河北澶州，京東應天府、濮齊徐濟單兗鄆沂州、淮陽軍，亦立重法，著爲令。至元豐時，河北、京東、淮南、福建等路皆用重法，郡縣寖益廣矣。元豐敕〔一八〕，重法地分，劫盜五人以上，凶惡者，方論以重法。紹聖後，有犯卽坐，不計人數。復立妻孥編管法。至元符三年，因刑部有請，詔改依舊敕。

先是，曾布建言：「盜情有重輕，贓有多少。今以贓論罪，則劫貧家情雖重，而以贓少減免，劫富室情雖輕，而以贓重論死。是盜之生死，係於主之貧富也。至於傷人，情狀亦殊。以手足毆人，偶傷肌體，與夫兵刃湯火，固有間矣，而均謂之傷。朝廷雖許奏裁，而州郡或奏或否，死生之分，特幸與不幸爾。不若一變舊法，凡以贓定罪及傷人情狀不至切害者，皆從罪止之法。其用兵刃湯火，情狀酷毒，及汙辱良家，或入州縣鎭砦行劫，若驅虜官吏巡防人等，不以傷與不傷，凡情不可貸者，皆處以死刑，則輕重不失其當矣。」及布爲相，始從其議，詔有司改法。

未幾，侍御史陳次升言：「祖宗仁政，加於天下者甚廣。刑法之重，改而從輕者至多。惟是強盜之法，特加重者，蓋以禁姦宄而惠良民也。近朝廷改法，詔以強盜計贓應絞者，並增一倍〔一九〕；贓滿不傷人，及雖傷人而情輕者奏裁。法行之後，民受其弊。被害之家，以盜無必死之理，不敢告官，而鄰里亦不爲之擒捕，恐怨仇報復。故賊益逞，重法地分尤甚。恐養成大寇，以貽國家之患，請復行舊法。」布罷相，翰林學士徐勣復言其不便，乃詔如舊法，前詔勿行。

先是，諸路經略、鈐轄，不得便宜斬配百姓。趙抃嘗知成都，乃言嘗獨許成都四路。王安石執不可，而中書、樞密院同立法許之。其後，謝景初奏：「成都妄以便宜誅釋，多不當。」於是中書復刪定敕文，惟軍士犯罪及邊防機速，許特斷。及抃移成都，又請立法，御史劉孝孫〔二〇〕亦爲之請依舊便宜從事，安石寢其奏。

武臣犯贓，經赦敘復後，更立年考升遷。帝曰：「若此，何以戒貪吏？」故命改法。熙寧六年，樞密都承旨曾孝寬等定議上之，大概倣文臣敘法而少增損爾。七年，詔：「品官犯罪，按察之官並奏劾聽旨。毋得擅捕繫、罷其職奉。」

元豐二年，成都府、利路鈐轄言：「往時川峽絹匹爲錢二千六百，以此估贓，兩鐵錢得比銅錢之一。近絹匹不過千三百，估贓二匹乃得一匹之罪，多不至重法〔二一〕。」令法寺定以一錢半當銅錢之一。

元祐二年，刑部、大理寺定制：「凡斷讞奏獄，每二十緡以上爲大事，十緡以上爲中事，不滿十緡爲小事〔二二〕。大事以十二日，中事九日，小事四日爲限。若在京、八路大事十日，中事五日，小事三日。臺察及刑部舉劾約法狀並十日，三省、樞密院再送各減半。有故量展，不得過五日。凡公案日限，大事以三十五日，中事二十五日，小事十日爲限。在京、八路大事以三十日，中事半之，小事三之一。臺察及刑部並三十日。每十日，斷用七日，議用三日。」

五年，詔命官犯罪，事干邊防軍政，文臣申尙書省，武臣申樞密院。中丞蘇轍言：「舊制，文臣、吏民斷罪公案歸中書，武臣、軍士歸樞密，而斷例輕重，悉不相知。元豐更定官制，斷獄公案並由大理、刑部申尙書省，然後上中書省取旨。自是斷獄輕重比例，始得歸

一，天下稱明焉。今復分隸樞密，必有罪同斷異，失元豐本意，請並歸三省。其事干邊防軍政者，令樞密院同進取旨，則事體歸一，而兵政大臣各得其職。」六年，乃詔：「文武官有犯同按干邊防軍政者，刑部定斷，仍三省、樞密院同取旨。」

刑部論：「佃客犯主，加凡人一等。主犯之，杖以下勿論，徒以上減凡人一等。謀殺盜詐，有所規求避免而犯者，不減。因毆致死者不刺面，配鄰州，情重者奏裁。凡命士死於官或去位，其送徒道亡，則部轄將校、節級與首率衆者徒一年，情輕則杖百，雖自首不免。」

政和間，詔：「品官犯罪，三問不承，即奏請追攝；若情理重害而拒隱，方許枷訊〔二三〕。邇來有司廢法，不原輕重，枷訊與常人無異，將使人有輕吾爵祿之心。可申明條令，以稱欽恤之意。」又詔：「宗子犯罪，庭訓示辱。比有去衣受杖，傷膚敗體，有惻朕懷。其令大宗正司恪守條制，違者以違御筆論。」又曰：「其情理重害，別被處分。若罪至徒、流，方許制勘，餘止以衆證爲定，仍取伏辨，無得輒加捶考。其合庭訓者，並送大宗正司，以副朕敦睦九族之意。」中書省言：「律，『在官犯罪，去官勿論』。蓋爲命官立文。其後相因，掌典去官，亦用去官免罪，有犯則解役歸農，幸免重罪。」詔改政和敕掌典解役從去官法。

左道亂法，妖言惑衆，先王之所不赦，至宋尤重其禁。凡傳習妖教，夜聚曉散，與夫殺人祭祀之類，皆著于法，訶察甚嚴。故姦軌不逞之民，無以動搖愚俗。間有爲之，隨輒報

敗，其事不足紀也。

校勘記

〔一〕建隆初　「初」字疑誤。按宋會要刑法一之一說：「太祖建隆四年二月五日，工部尚書判大理寺竇儀言：周刑統科條繁浩，或有未明，請別加詳定。乃命儀與權大理少卿蘇曉正、奚嶼承、張希讓及刑部大理寺法直官陳光乂、馮叔向等同撰集。……至八月二日上之，詔並模印頒行。」玉海卷六六所載略同，可見刑統和編敕的編修和頒行都在建隆四年而不在建隆初。

〔二〕禁於已然之謂敕禁於未然之謂令　「已」、「未」二字原互倒，據宋會要刑法一之一二、長編卷三四四、玉海卷六六乙正。

〔三〕命官之等十有七　按長編卷三四四注引國史刑法志作：「命官之賞等十有七」，根據下文「吏、庶人之賞等七十有七」一語，當以長編所引爲是，「等」上應有「賞」字方合。

〔四〕又有倍全分釐之級凡五等　按洪邁容齋三筆卷一六敕令格式條記載此事說：「命官、庶人之等，倍、全、分、釐之給，有等級高下者皆爲格。」「級」字作「給」，是。蓋此係指宋代賞格中的倍給、全給、分給、釐給而言，此外尚有半給一等爲史文所省略，例詳謝深甫慶元條法事類卷二八、卷三二等卷。五等之給，是指告發贓私人的准價給賞辦法。下文告捕獲倉法給賞條亦有此例。

〔五〕編修敕令所　「所」字原脫，據宋會要刑法一之三二、靖康要錄卷一一補。

〔六〕劉一止　原作「劉一正」，據本書卷三七八劉一止傳、繫年要錄卷四九改。

〔七〕四年七月頒之　按宋會要刑法一之五二、中興聖政卷五七，都說淳熙條法事類七年五月成書，八年三月方明令頒布。

〔八〕二十十臀杖七下　原刊脫一「十」字。按宋刑統卷一笞刑條作：「笞貳拾、壹拾決臀杖七下，放。」編年綱目卷一作：「二十、十爲七。」又上文既說「凡笞刑五」，則此處「二十」下應有「十」字方合，據補。

〔九〕若顯負沈屈致罷官吏　長編卷二二作「若顯負沈屈，則量罰本州官吏」，通考卷一六六刑考作「如顯有負屈者，本州官吏則量加懲罰」。疑此處「致罷」二字有誤。

〔一〇〕咸平四年　「四年」原作「元年」，據長編卷四八、通考卷一六六刑考改。

〔一一〕景德元年　「元年」原作「三年」，據長編卷五七、通考卷一六六刑考改。

〔一二〕陳綱　原作「陳綸」，據本書卷二九八李及傳、宋會要刑法六之七七改。

〔一三〕朱巽　原作「朱選」，據東都事略卷一一七朱壽昌傳、通考卷一六六刑考改。

〔一四〕過天慶節即決之　「過」原作「遇」。按宋大詔令集卷二〇二令劫殺等死罪十二月權住區斷詔說：「每過十二月，權住區斷，過正月天慶節依舊行刑。」長編卷九五同，據改。

〔一五〕仍刺隸千里外牢城　「隸」下原衍「二」字，據宋大詔令集卷二〇二定強盜刑詔、長編卷一一七刪。

〔一六〕諸軍請糧　「糧」原作「量」，據長編卷二一四、通考卷一六七刑考改。

〔一七〕千錢流二千里　「二千里」，長編卷二一四作「一千里」。按下文「每千錢則加一等，罪止流三千里」。疑以作「一千里」爲是。

〔一八〕元豐敕　按下文所載敕語內容，長編卷四七八繫於元祐七年十一月，疑「元豐」爲「元祐」之誤。

〔一九〕並增一倍　「增」原作「減」。按陳次升所言，旨在反對減輕強盜刑罰。此處所謂增減，係指計贓論罪而言，如屬計贓數目減少，則當時所改之法實較過去增重，與文意不符。宋會要刑法三之四、通考卷一六七刑考「減」都作「增」，據改。

〔二〇〕劉孝孫　原作「劉季孫」。按東都事略卷一一〇劉季孫傳，季孫不曾任侍御史；十朝綱要卷八載神宗御史六十八人，無劉季孫而有劉孝孫，長編卷二三九、卷二四二都作「劉孝孫」，據改。

〔二一〕多不至重法　「不」字原脫，與文意不合，據宋會要刑法三之三、長編卷三〇一補。

〔二二〕每二十緡以上爲大事十緡以上爲中事不滿十緡爲小事　「緡」，長編卷四〇五作「紙」；宋會要職官二四之二八載紹興二十一年刑部所定斷案日限作「張」。

〔二三〕枷訊　原作「加訊」，據宋會要刑法三之七一、通考卷一六七刑考改。

宋史卷二百

志第一百五十三

刑法二

律令者，有司之所守也。太祖以來，其所自斷，則輕重取舍，有法外之意焉。然其末流之弊，專用己私以亂祖宗之成憲者多矣。

乾德伐蜀之役，有軍大校割民妻乳而殺之，太祖召至闕，數其罪。近臣營救頗切，帝曰：「朕興師伐罪，婦人何辜，而殘忍至此！」遂斬之。

時郡縣吏承五季之習，黷貨厲民，故尤嚴貪墨之罪。開寶四年，王元吉守英州〔一〕，月餘，受贓七十餘萬，帝以嶺表初平，欲懲掊克之吏，特詔棄市。陝州〔二〕民范義超，周顯德中，以私怨殺同里常古眞家十二口，古眞小子留留幸脫走，至是，擒義超訴有司。陝州奏，引赦當原。帝曰：「豈有殺一家十二人，可以赦論邪？」命正其罪。

八年，有司言：「自三年至今，詔所貸死罪凡四千一百八人。」帝注意刑辟，哀矜無辜，嘗嘆曰：「堯、舜之時，四凶之罪止於投竄。先王用刑，蓋不獲已，何近代憲網之密耶！」故自開寶以來，犯大辟，非情理深害者，多得貸死。

太平興國六年，自春涉夏不雨，太宗意獄訟冤濫。會歸德節度推官李承信因市蔥笞園戶，病創死。帝聞之，坐承信棄市。

初，太祖嘗決繫囚，多得寬貸。而開封婦人殺其夫前室子，當徒二年，帝以其凶虐殘忍，特處死。至是，有涇州安定婦人，怒夫前妻之子婦，絕其吭而殺之。乃下詔曰：「自今繼母殺傷夫前妻子，及姑殺婦者，同凡人論。」雍熙元年，開封寡婦劉使婢詣府，訴其夫前室子王元吉毒己將死。右軍巡推不得實，移左軍巡掠治，元吉自誣伏。俄劉死。及府中慮囚，移司錄司案問，頗得其侵誣之狀，累月未決。府白于上，以其毒無顯狀，令免死，決徒。元吉妻張擊登聞鼓稱冤，帝召問張，盡得其狀。立遣中使捕元推官吏，御史鞫問，乃劉有姦狀，慚悸成疾，懼其子發覺而誣之。推官及左、右軍巡使等削任降秩；醫工詐稱被毒，劉母弟欺隱王氏財物及推吏受贓者，並流海島；餘決罰有差。司錄主吏賞緡錢，賜束帛。初元吉之繫，左軍巡卒繫縛搒治，謂之「鼠彈箏」，極其慘毒。帝令以其法縛獄卒，宛轉號叫求速死。及解縛，兩手良久不能動。帝謂宰相曰：「京邑之內，乃復冤酷如此，況四方乎？」

端拱間，虜犯邊郡，北面部署言：「文安、大城二縣監軍段重誨等棄城遁，請論以軍法。」帝遣中使就斬之。既行，謂曰：「此得非所管州軍召之邪？往訊之乃決。」使至，果訊得乾寧牒令部送民入居城，非擅離所部，遽釋之。

咸平間，有三司軍將趙永昌者，素凶暴，督運江南，多爲姦贓。知饒州韓昌齡廉得其狀，乃移轉運使馮亮，坐決杖停職〔三〕。遂撾登聞鼓，訟昌齡與亮訕謗朝政，仍僞刻印，作亮等求解之狀。眞宗察其詐，於便殿自臨訊，永昌屈伏，遂斬之，釋亮不問，而昌齡以他事貶郢州團練副使。曹州民蘇莊蓄兵器，匿亡命，豪奪民產，積贓計四十萬。御史臺請籍其家，帝曰：「暴橫之民，國有常法，籍之，斯過也。」論如律。其縱捨輕重，必當於義，多類此。

凡歲饑，強民相率持杖劫人倉廩，法應棄市，每具獄上聞，輒貸其死。眞宗時〔四〕，蔡州民三百一十八人有罪，皆當死。知州張榮、推官江嗣宗議取爲首者杖脊，餘悉論杖罪。帝下詔褒之。遣使巡撫諸道，因諭之曰：「平民艱食，強取餱糧以圖活命爾，不可從盜法科之。」天聖初，有司嘗奏盜劫米傷主，仁宗曰：「饑劫米可哀，盜傷主可疾。雖然，無知迫於食不足耳。」命貸之。五年〔五〕，陝西旱，因詔：「民劫倉廩，非傷主者減死，刺隸他州，非首謀又減一等。」自是，諸路災傷即降敕，饑民爲盜，多蒙矜減，賴以全活者甚衆。

司馬光時知諫院〔六〕，言曰：「臣聞敕下京東、西災傷州軍，如貧戶以饑偷盜斛斗因而盜

財者，與減等斷放，臣竊以爲非便。周禮荒政十有二，散利、薄征、緩刑、弛力、舍禁、去幾，率皆推寬大之恩以利於民，獨於盜賊，愈更嚴急。蓋以饑饉之歲，盜賊必多，殘害良民，不可不除。頃年嘗見州縣官吏，有不知治體，務爲小仁。遇凶年，劫盜斛斗，輒寬縱之，則盜賊公行，更相劫奪，鄉村大擾，不免廣有收捕，重加刑辟，或死或流，然後稍定。今若朝廷明降敕文，豫言與減等斷放，是勸民爲盜也。百姓乏食，當輕徭薄賦，開倉振貸以救其死，不當使之自相劫奪。今歲府界、京東、京西水災極多，嚴刑峻法以除盜賊，猶恐春冬之交，饑民嘯聚，不可禁禦，又況降敕以勸之。臣恐國家始於寬仁，而終於酷暴，意在活人而殺人更多也。」事報聞。

帝嘗御邇英閣經筵，講周禮「大荒大札，薄征緩刑」。楊安國曰：「緩刑者，乃過誤之民耳，當歲歉則赦之，憫其窮也。今衆持兵杖劫糧廩，一切寬之，恐不足以禁姦。」帝曰：「不然，天下皆吾赤子也。一遇饑饉，州縣不能振恤，饑莩所迫，遂至爲盜，又捕而殺之，不亦甚乎？」

仁宗聽斷，尤以忠厚爲主。隴安縣民誣平民五人爲劫盜，尉悉執之，一人掠死，四人遂引服。其家辨于州，州不爲理，悉論死。未幾，秦州捕得眞盜，隴州吏當坐法而會赦，帝怒，特貶知州孫濟爲雷州參軍，餘皆除名流嶺南。賜錢粟五家，復其役三年。因下詔戒敕州

中華書局

縣。廣州司理參軍陳仲約誤入人死，有司當仲約公罪，應贖。帝謂審刑院張揆曰：「死者不可復生，而獄吏雖廢，復得敍官。」命特治之，會赦勿敍用。尚書比部員外郎師仲說請老，自言恩得任子，帝以仲說嘗失入人死罪，不與。其重人命如此。

時近臣有罪，多不下吏劾實，不付有司議法。諫官王贄言：「情有輕重，理分故失，而一切出於聖斷，前後差異，有傷政體，刑法之官安所用哉？請自今悉付有司正以法。」詔可。近臣間有干請，輒爲言官所斥。諫官陳升之嘗言：「有司斷獄，或事連權倖，多以中旨釋之。請有緣中旨得釋者，劾其干請之罪，以違制論。」許之。仁宗於賞罰無所私，尤不以貴近廢法。屢戒有司：「被內降者，執奏，毋輒行。」未嘗屈法以自徇也。知虢州周日宣詭奏水災，有司論請如上書不實法。帝曰：「州郡多言符瑞，至水旱之災，或抑而不聞。今守臣自陳墊溺，官私廬舍，意實在民，何可加罪？」

英宗在位日淺，於政令未及有所更制。然以吏習平安，慢於奉法，稍欲振起其怠惰。三班奉職和欽貸所部綱錢，至絞，帝命貸死免杖，刺隸福建路牢城。知審刑院盧士宗請稍寬其罪，帝曰：「刑故而得寬，則死者滋衆〔七〕，非『刑期無刑』之道。俟有過誤，貸無傷也。」富國倉監官受米濕惡，壞十八萬石，會恩當減，帝特命奪官停之。

熙寧二年，內殿崇班鄭從易母、兄俱亡於嶺外，歲餘方知，請行服。神宗曰：「父母在

遠，當朝夕爲念。經時無安否之問，以至踰年不知存亡邪？」特除名勒停。四年，王存立言：「嘉祐中，同學究出身，爲碭山縣尉，嘗納官贖父配隸罪，請同舉人法，得免丁徭。」帝憫之，復賜出身，仍與注官。九年，知桂州沈起欲經略交阯，取其慈恩州，交人遂破欽，犯邕管。詔邊人橫遭屠戮，職其致寇，罪悉在起，特削官爵，編置遠惡州。

復讎，後世無法。仁宗時，單州民劉玉父爲王德毆死，德更赦，玉私殺德以復父讎。帝義之，決杖、編管。元豐元年，青州民王贇父爲人毆死，贇幼，未能復讎。幾冠，刺讎，斷支首祭父墓，自首。論當斬。帝以殺讎祭父，又自歸罪，其情可矜，詔貸死，刺配鄰州。宣州民葉元，有同居兄亂其妻，縊殺之，又殺兄子，強其父與嫂爲約契不訟。鄰里發其事，州爲上請，帝曰：「罪人以死，姦亂之事特出葉元之口，不足以定罪。且下民雖無知，固宜哀矜，然以妻子之愛，既罔其父，又殺其兄，戕其姪，逆理敗倫，宜以毆兄至死律論。」

紹聖以來，連起黨獄，忠良屏斥，國以空虛。徽宗嗣位，外事耳目之玩，內窮聲色之欲，徵發亡度，號令靡常。於是蔡京、王黼之屬，得以誣上行私，變亂法制。崇寧五年，詔曰：「出令制法，重輕予奪在上。比降特旨處分，而三省引用敕令，以爲妨礙，沮抑不行，是以有司之常守，格人主之威福。夫擅殺生之謂王，能利害之謂王，何格令之有？臣強之漸，不可不戒。自今應有特旨處分，間有利害，明具論奏，虛心以聽；如或以常法沮格不行，以大不恭

論。」明年，詔：「凡御筆斷罪，不許詣尚書省陳訴。如違，並以違御筆論。」又定令：「凡應承受御筆官府，稽滯一時杖一百，一日徒二年，二日加一等，罪止流三千里，三日以大不恭論。」由是吏因緣爲姦，用法巧文寖深，無復祖宗忠厚之志。窮極奢侈，以竭民力，自速禍機。靖康雖知悔悟，稍誅姦惡，而謀國匪人，終亦末如之何矣。

高宗性仁柔，其於用法，每從寬厚，罪有過貸，而未嘗過殺。知常州周杞擅殺人，帝曰：「朕日親聽斷，豈不能任情誅僇，顧非理耳。」即命削杞籍。大理率以儒臣用法平允者爲之。獄官入對，即以慘酷爲戒。臺臣、士曹有所平反，輒與之轉官。每臨軒慮囚，未嘗有送下者，曰：「吾恐有司觀望，鍛鍊以爲重輕也。」吏部員外郎劉大中奉使江南回，遷左司諫，帝尋以爲祕書少監。謂宰臣朱勝非曰：「大中奉使，頗多興獄，今使爲諫官，恐四方觀望耳。」其用心忠厚如此。後詔：「用刑慘酷責降之人，勿堂除及親民，止與遠小監當差遣。」

當建、紹間，天下盜起，往往攻城屠邑，至興師以討之，然得貸亦衆。同知樞密院事李回嘗奏強盜之數，帝曰：「皆吾赤子也，豈可一一誅之？誅其渠魁三兩人足矣。」至待貪吏則極嚴：應受贓者，不許堂除及親民；犯枉法自盜者，籍其名中書，罪至徒即不敍，至死者，籍其貲。諸文臣寄祿官並帶「左」、「右」字，贓罪人則去之。是年，申嚴眞決贓吏法。令三省取具祖宗故事，有以舊法棄市事上者，帝曰：「何至爾耶？但斷遣之足矣。」貪吏害民，雜用

刑威，有不得已，然豈忍寘縉紳於死地邪？」

在徽宗時，刑法已峻。雖嘗裁定笞杖之制，而有司猶從重比。中興之初，詔用政和遞減法，自是迄嘉定不易。自蔡京當國，凡所請御筆以壞正法者，悉釐正之。諸獄具，令當職官依式檢校。枷以乾木爲之，輕重長短刻識其上，笞杖不得留節目，亦不得釘飾及加筋膠之類，仍用官給火印。暑月每五日一洗濯枷杻，刑、寺輪官一員，躬親監視。諸獄司並旬申禁狀，品官、命婦在禁，別具單狀。合奏案者，具情款招伏奏聞，法司朱書檢坐條例、推司錄問、檢法官吏姓名于後。

各州每年開收編配羈管奴婢人及斷過編配之數，各置籍。各路提點刑獄司，歲具本路州軍斷過大辟申刑部，諸州申提刑司。其應書禁曆而不書，應申所屬而不申，奏案不依式，檢坐開具違令，回報不圓致妨詳覆，與提刑司詳覆大辟而稽留、失覆大辟致罪有出入者，各抵罪。知州兼統兵者，非出師臨陳，毋用重刑。州縣月具繫囚存亡之數申提刑司，歲終比較，死囚最多者，當職官黜責，其最少者，褒賞之。

舊以絹計贓者，千三百爲一匹，竊盜至二貫者徒〔八〕。至是，又加優減，以二千爲一匹，盜至三貫者徒一年。三年〔九〕，復詔以三千爲一匹，竊盜及凡以錢定罪，遞增五分。四年，又詔：「特旨處死，情法不當者，許大理寺奏審。」

五年，歲終比較，宣州、衢州、福州無病死囚，當職官各轉一官；舒州病死及一分，惠州二分六釐，當職官各降一官。六年，令刑部體量公事，邵州、廣州、高州勘命官淹係至久不報，詔知州降一官，當職官展二年磨勘，當行吏永不收敍。九年，大理寺朱伯文廣西催斷刑獄，還言：「雷州海賊兩獄，並係平人七人，內五人已死。」帝惻然，詔本路提刑以下重致罰。

十二年，御史臺點檢錢塘、仁和縣獄具，錢塘大杖，一多五錢半；仁和枷，一多一斤，一輕半斤。詔縣官各降一官。十三年，詔：「禁囚無供飯者，臨安日支錢二十文，外路十五文。」十六年，詔：「諸鞫獄追到干證人，無罪遣還者，每程給米一升半，錢十五文。」二十一年，詔官支病囚藥物錢。

舊法，刑部郎官四人，分左右廳，或以詳覆，或以敍雪〔一〇〕，同僚而異事，有防閑考覆之意。南渡以來，務從簡省，大理少卿止一員，刑部郎中初無分異，獄有不得其情，法有不當於理者，無所平反追改。二十六年，右司郎中汪應辰言之。詔刑部郎官依元豐法，分左右廳治事。二十七年，詔：「四川以錢引科罪者，準銅錢。」

孝宗究心庶獄，每歲臨軒慮囚，率先數日令有司進款案披閱，然後決遣。法司更定律令，必親爲訂正之。丞相趙雄上淳熙條法事類，帝讀至收驛馬、舟舡、契書稅，曰：「恐後世

有算及舟車之譏。」戶令：「戶絕之家，許給其家三千貫，及二萬貫者取旨。」帝曰：「其家不幸而絕，及二萬貫迺取之，是有心利其財也。」又捕亡律：「公人不獲盜者，罰金。」帝曰：「罰金而不加罪，是使之受財縱盜也。」又：「監司、知州無額上供者賞。」帝曰：「上供既無額，是白取於民也，可賞以誘之乎？」並令削去之。其明審如此。

且於用刑，未嘗以私廢法。鎭江都統戚方以刻剝被罪，宰臣陳俊卿言內臣有主之者，帝曰：「朕亦聞之。」乃以內侍陳瑜、李宗回等付大理獄，究其賂狀，獄成，決配之。乾道二年下詔曰：「獄，重事也。用法一傾，則民無所措手足。比年以來，治獄之吏，巧持多端，隨意輕重之，朕甚患焉。其自今革玩習之弊，明審克之公，使姦不容情，罰必當罪，用迪於刑之中，勉之哉，毋忽！」三年，詔曰：「獄，重事也。稽者有律，當者有比，疑者有讞。比年顧以獄情白於執政，探取旨意，以爲輕重〔一一〕，甚亡謂也。自今其祗乃心，敬於刑，惟當爲貴，毋習前非。不如吾詔，吾將大寘於罰，罔攸赦。」六年，詔：「以絹計贓者，更增一貫。以四千爲一匹。」議者又言：「犯盜，以敕計錢定罪，以律計絹。今律以絹定罪者遞增一千，敕內以錢定罪，亦合例增一千。」從之。

臨安府左右司理、府院三獄，杖直獄子以無所給，至爲無籍。七年，詔：「人月給錢十貫，米六斗，每院止許置一十二人。」時州縣獄禁淹延，八年，詔：「徒以上罪入禁三月者，提刑司類申刑部，置籍立限以督之。」其後，又詔中書置禁，奏取會籍，大臣按閱，以察刑寺稽違，與夫不應問難而問難，不應會而會者。

淳熙初，浙西提刑鄭興裔上檢驗格目，詔頒之諸路提刑司。凡檢覆必給三本：一申所屬，一申本司，一給被害之家。紹興法，鞫獄官推勘不得實，故有不當者，一案坐之。乾道法，又恐有移替事故者，卽致淹延，乃令先決罪人不當，官吏案後收坐。至是，所司請更定死罪依紹興法，餘依乾道施行，從之。其後，有司以覆勘不同，則前官有失入之罪，往往雷同前勘。帝知其弊，十四年，詔特免一案推結一次。於是小大之獄，多得其情。二廣州軍獄吏，畏憲司點檢迻勘之害，凡有重囚，多斃於獄。臣僚以爲請，乃詔二廣提刑司詳覆公事，若小節不完，不須追逮獄吏，委本州究實保明；遇有死者，必根究其所以致死。

三衙及江上諸軍，各有推獄，謂之「後司」。獄成決于主帥，不經屬官，故軍吏多受財爲姦。光宗時，乃詔通曉條制屬官兼管之。廣東路瘴癘，惟英德府爲最甚，謂之「人間生地獄」。諸司公事欲速成者，多迻之，自非死罪，至卽誣伏，亟就刑責以出。五年，臣僚言之，詔：「本路諸司公事應迻別州者，無迻英德府。」

至寧宗時，刑獄滋濫。嘉泰初，天下上死案，一全年千八百一十一人，而斷死者纔一百八十一人，餘皆貸之。乃詔諸憲臺，歲終檢舉州軍有獄空幷禁人少者，申省取旨。嘉定四

年詔：「以絹計贓定罪者，江北鐵錢依四川法，二當銅錢一。」江西提刑徐似道言：「檢驗官指輕作重，以有爲無，差訛交互，以故吏姦出入人罪。乞以湖南正背人形隨格目給下，令於傷損去處，依樣朱紅書畫，唱喝傷痕，衆無異詞，然後署押。」詔從之，頒之天下。五年，詔三衙及江上、四川諸軍，以武舉人主管後司公事。

理宗起自民間，具知刑獄之弊。初卽位，卽詔天下恤刑，又親制審刑銘以警有位。每歲大暑，必臨軒慮囚。自謀殺、故殺、鬭殺已殺人者，僞造符印、會子，放火，官員犯入己贓，將校軍人犯枉法外，自餘死罪，情輕者降從流，流降從徒，徒從杖，杖已下釋之。大寒慮囚，及祈晴祈雪及災祥，亦如之。有一歲凡數疏決者。後以建康亦先朝駐蹕之地，罪人亦得視臨安減降之法。

帝之用刑可謂極厚矣，而天下之獄不勝其酷。每歲冬夏，詔提刑行郡決囚，提刑憚行，悉委倅貳，倅貳不行，復委幕屬。所委之人，類皆肆行威福，以要餽遺。監司、郡守，擅作威福，意所欲黥，則令入其當黥之由，意所欲殺，則令證其當死之罪，呼喝吏卒，嚴限日時，監勒招承，催促結款。而又擅置獄具，非法殘民，或斷薪爲杖，掊擊手足，名曰「掉柴」；或木索并施，夾兩脰，名曰「夾幫」；或纏繩於首，加以木楔，名曰「腦箍」；或反縛跪地，短豎堅木，交辮兩股，令獄卒跳躍於上，謂之「超棍」，痛深骨髓，幾於殞命。富貴之家，稍有罣

動籍其貲。又以趁辦月樁及添助版帳爲名，不問罪之輕重，並從科罰。大率官取其十，吏漁其百。

諸重刑，皆申提刑司詳覆，或具案奏裁，卽無州縣專殺之理，往往殺之而待罪。法無拘鎖之條，特州縣一時彈壓盜賊姦暴，罪不至配者，故拘鎖之，俾之省愆，或一月、兩月，或一季、半年，雖永鎖者亦有期限，有口食。是時，州縣殘忍，拘鎖者竟無限日，不支口食，淹滯囚係，死而後已。又以己私摧折手足，拘鎖尉砦。亦有豪強賂吏，羅織平民而囚殺之。甚至戶婚詞訟，亦皆收禁。有飲食不充，飢餓而死者；有無力請求，吏卒淩虐而死者；有爲兩詞賂遺，苦楚而死者。懼其發覺，先以病申，名曰「監醫」，實則已死；名曰「病死」，實則殺之。至度宗時，雖累詔切責而禁止之，終莫能勝，而國亡矣。

詔獄，本以糾大姦慝，故其事不常見。初，羣臣犯法，體大者多下御史臺獄，小則開封府、大理寺鞫治焉。神宗以來，凡一時承詔置推者，謂之「制勘院」，事出中書，則曰「推勘院」，獄已洒罷。

熙寧二年，命尚書都官郎中沈衡鞫前知杭州祖無擇于秀州，內侍乘驛追逮。御史張戩等言：「無擇三朝近侍，而驟繫囹圄，非朝廷以廉恥風厲臣下之意，請免其就獄，止就審問。」

不從。又命崇文院校書張載鞫前知明州、光祿卿苗振于越州。獄成，無擇坐貸官錢及借公使酒，謫忠正軍節度副使，振坐故入裴士堯罪及所爲不法，謫復州團練副使。獄半年乃決，辭所連逮官吏，坐勒停、衝替、編管又十餘人，皆御史王子韶啓其事。自是詔獄屢興，其悖于法及國體所繫者著之，其餘不足紀也。

八年，沂州民朱唐告前餘姚主簿李逢謀反。提點刑獄王庭筠言其無迹，但謗讟，語涉指斥及妄說休咎，請編配。帝疑之，遣御史臺推直官蹇周輔劾治。中書以庭筠所奏不當，幷劾之。庭筠懼，自縊死。逢辭連宗室秀州團練使世居、醫官劉育等，河中府觀察推官徐革，詔捕繫臺獄，命中丞鄧綰、同知諫院范百祿與御史徐禧雜治。獄具，賜世居死，李逢、劉育及徐革並凌遲處死，將作監主簿張靖、武進士郝士宣皆腰斬，司天監學生秦彪、百姓李士寧杖脊，並湖南編管。餘連逮者追官落職。世居子孫貸死除名，削屬籍。舊勘鞫官吏並劾罪。

李士寧者，挾術出入貴人門，常見世居母康，以仁宗御製詩上之。百祿謂士寧熒惑世居致不軌，且疑知其逆謀，推問不服。禧乃奏：「士寧贈詩，實仁宗御製，今獄官以爲反因，臣不敢同。」百祿以士寧嘗與王安石善，欲鍛鍊附致妖言死罪，卒論士寧徒罪，而奏「禧故出之，以媚大臣」。詔詳劾理曲者以聞。百祿坐報上不實，落職。

若淩遲、腰斬之法，熙寧以前未嘗用於元凶巨蠹，而自是以口語狂悖致罪者，麗于極法矣。蓋詔獄之興，始由柄國之臣藉此以威縉紳，逞其私憾，朋黨之禍遂起，流毒不已。

紹聖間，章惇、蔡卞用事，既再追貶呂公著、司馬光，及謫呂大防等嶺外，意猶未快，仍用黃履疏、高士京狀追貶王珪，皆誣以「圖危上躬」，其言寖及宣仁，上頗惑之。最後，起同文館獄，將悉誅元祐舊臣。時太府寺主簿蔡渭奏：「臣叔父碩，嘗於邢恕處見文及甫元祐中所寄恕書，具述姦臣大逆不道之謀。及甫，彥博子也，必知姦狀。」詔翰林承旨蔡京、吏部侍郎安惇同究問。初，及甫與恕書，自謂：「畢禫當求外〔三〕，入朝之計未可必，聞已逆爲機穽，以榛塞其塗。」又謂：「司馬昭之心，路人所知。」又云：「濟之以粉昆，朋類錯立，欲以眇躬爲甘心快意之地。」及甫嘗語蔡碩，謂司馬昭指劉摯，粉昆指韓忠彥，眇躬，及甫自謂。蓋俗稱駙馬都尉爲「粉侯」，人以王師約故，呼其父克臣〔三〕爲「粉父」，忠彥乃嘉彥之兄也。及甫除都司，爲劉摯論列。又摯嘗論彥博不可除三省長官，故止爲平章重事。及彥博致仕，及甫自權侍郎以修撰守郡，母喪除，與恕書請補外，因爲躁忿詆毀之辭。及置對，則以昭比摯如舊，眇躬乃以指上，而粉昆乃謂指王巖叟面如傅粉，故曰「粉」，梁燾字況之，以「況」爲兄，故曰「昆」，斥摯將謀廢立，不利於上躬。京、惇言：「事涉不順，及甫止聞其父言，無他證佐，望別差官審問。」乃詔中書舍人蹇序辰審問，仍差內侍一員同往。

蔡京、安惇等共治之，將大有所誅戮，然卒不得其要領。會星變，上怒稍息，然京、惇極力鍛鍊不少置。既而梁燾卒於化州，劉摯卒於新州，衆皆疑二人不得其死。明年五月，詔：「摯、燾據文及甫等所供言語，偶逐人皆亡，不及考驗，明正典刑。摯、燾諸子並勒停，永不收敍。」先時，三省進呈，帝曰：「摯等已謫遐方，朕遵祖宗遺志，未嘗殺戮大臣，其釋勿治。」

初，元祐更政，嘗置訴理所，申理寃濫。元符元年，中丞安惇言：「神宗厲精圖治，明審庶獄，而陛下未親政時，姦臣置訴理所，凡得罪熙寧、元豐之間者，咸爲除雪，歸怨先朝，收恩私室。乞取公案，看詳從初加罪之意，復依元斷施行。」時章惇猶豫未應，蔡卞卽以「相公二心」之言迫之。惇懼，卽日置局，命蹇序辰同安惇看詳案內文狀陳述，及訴理所看詳於先朝言語不順者，具名以聞。自是，以仲雪復改正重得罪者八百三十家。

及徽宗卽位，改正元祐訴理之人。右正言陳瓘言：「訴理得罪，自語言不順之外，改正者七百餘人。無罪者旣蒙昭雪，則看詳之官如蹇序辰、安惇者，安可以不加罪乎？序辰與惇受大臣諷諭，迎合紹述之意，因謂訴理之事，形迹先朝，遂使紛紛不已。考之公議，宜正典刑。」會中書省亦請治惇、序辰罪，詔蹇序辰、安惇並除名，放歸田里。

靖康初元，旣戮梁方平，太傅王黼責授崇信軍節度副使，永州安置。言者論黼欺君罔上，專權怙寵，蠹財害民，壞法敗國，朔方之釁，黼主其謀。遣吏追至雍丘殺之，取其首以

獻，仍籍其家。又詔賜拱衞大夫、安德軍承宣使李彥死。彥根括民田，奪民常產，重斂租課，百姓失業，愁怨溢路，官吏稍忤意，捃摭送獄，多至憤死，故特誅之。暴少保梁師成朋比王黼之罪，責彰化軍節度副使，行一日，追殺之。臺諫極論朱勔肆行姦惡，起花石綱，竭百姓膏血，罄州縣帑藏，子姪承宣、觀察者數人，廝役爲橫行，媵妾有封號，園第器用悉擬宮禁。三月，竄勔廣南，尋賜死。趙良嗣者，本燕人馬植。政和初，童貫使遼國，植邀於路，說以覆宗國之策，貫挾之以歸，卒用其計，以基南北之禍。至是，伏誅。七月，暴童貫十罪，遣人卽所至斬之。九月，言者論蔡攸興燕山之役，禍及天下，驕奢淫佚，載籍所無。詔誅攸并弟翛。

高宗承大亂之後，治王時雍等賣國之罪，洪芻、余大均、陳沖、張卿才、李彝、王及之、周懿文、胡思文〔一四〕並下御史臺獄。獄具，刑寺論芻納景王寵姬，大均納喬貴妃侍兒，及之苦辱寧德皇后女弟，當流；沖括金銀自盜，與宮人飲，當絞；懿文、卿才、彝與宮人飲，卿才、彝當徒，懿文當杖；思文於推擇張邦昌狀內添諂奉之詞，罰銅十斤，並該赦。上閔狀大怒，李綱等共解之，上亦新政，重於殺士大夫，乃詔芻、大均、沖各特貸命，流沙門島，永不放還；卿才、彝、及之、懿文、思文並以別駕安置邊郡。宋齊愈下臺獄，法寺以犯在五月一日赦前，奏裁。詔齊愈謀立異姓，以危宗社，非受僞命臣僚之比，特不赦，腰斬都市。詔

東京及行在官擅離任者，並就本處根勘之。淮寧守趙子崧，靖康末，傳檄四方，語頗不遜。二年，詔御史置獄京口鞫之。情得，帝不欲暴其罪，以棄鎭江罪貶南雄州。

建炎三年四月，苗傅等疾閹宦恣橫，及閹王淵爲樞密，愈不平，乃與王世脩謀逆。詔御史捕世脩鞫之，斬於市。七月，韓世忠執苗傅等，磔之建康。統制王德擅殺軍將陳彥章，臺鞫當死，帝以其有戰功，特貸之。慶遠軍節度使范瓊領兵入見，面對不遜。知樞密院張浚奏瓊大逆不道，付大理寺鞫之，獄具，賜死。越州守郭仲荀，寇至棄城遁，過行在不朝。付御史臺、大理寺雜治，貶廣州。神武軍統制魯珏坐贓殺不辜，掠良家子女，帝以其有戰功，貸之，貶瑞州。

紹興元年，監察御史婁寅亮陳宗社大計，秦檜惡之。十一月，使言者論其父死匿不舉哀，下大理寺劾治，迄無所得，詔免所居官。十一年，樞密使張俊使人誣張憲，謂收岳飛文字謀爲變。秦檜欲乘此誅飛，命万俟卨鍛鍊成之。飛賜死，誅其子雲及憲于市。汾州進士智浹上書訟飛冤，決杖編管袁州。廣西帥胡舜陟與轉運使呂源有隙，源奏舜陟贓汚僭擬，又以書抵檜，言舜陟訕笑朝政。檜素惡舜陟，遣大理官往治之。十三年六月，舜陟不服，死於獄。飛與舜陟死，檜權愈熾，屢興大獄以中異己者，名曰詔獄，實非詔旨也。其後所謂詔獄，紛紛類此，故不備錄云。

校勘記

〔一〕開寶四年王元吉守英州　「四年」原作「三年」，「王」原作「董」，據本書卷二太祖紀、長編卷一二改。

〔二〕陝州　原作「峽州」，據長編卷一三、通考卷一七〇刑考改；下文「陝州奏」句同。

〔三〕坐決杖停職　「杖」字原脫，據宋會要刑法五之五、長編卷四九補。

〔四〕眞宗時　按本書卷四太宗紀、編年綱目卷五繫此事於太宗淳化五年，疑「眞宗」爲「太宗」之誤。

〔五〕五年　按本書卷九仁宗紀、長編卷一〇三都繫此事於天聖三年，疑「五」字爲「三」字之誤。

〔六〕司馬光時知諫院　按司馬溫公文集卷一八此疏題爲言除盜箚子，下注：「治平元年十月十日上。」趙汝愚國朝諸臣奏議卷一〇六題爲上英宗論災傷除盜疏，下注：「治平元年十月上，時知諫院。」司馬光治平元年知諫院有長編卷二〇三、編年綱目卷一七可證。此句以下至「事報聞」一段當係錯簡，應移至下文英宗與盧士宗論和欽罪罰之後。

〔七〕死者滋衆　宋會要刑法六之一六作「犯者滋甚」，疑「死」是「犯」字之訛。

〔八〕竊盜至二貫者徒　「貫」下原衍「十」字，按宋會要刑法三之六作「纔及兩貫，遂斷徒刑」；又下文「盜至三貫者徒一年」句，亦無「十」字，今刪。

〔九〕三年　宋會要刑法三之五至六、繫年要錄卷六八繫此事於紹興三年，志文失書「紹興」紀元。

〔一〇〕敍雪　原作「敍審」，據本書卷一六三職官志、繫年要錄卷一七五、通考卷一六七刑考改。

〔一一〕以爲輕重　「爲輕」二字原倒，據中興聖政卷四六、宋史全文卷二一四改。

〔一二〕畢禫當求外　「禫」原作「禪」；「朝」原作「廟」，據長編卷四九〇、編年綱目卷二四改。

〔一三〕克臣　原作「堯臣」，據本書卷二五〇王克臣傳、長編卷四九〇改。

〔一四〕胡思文　按宋會要刑法六之二五、職官七〇之五，繫年要錄卷八都作「胡思」，無「文」字。

宋史卷二百一

志第一百五十四

刑法三

天下疑獄，讞有不能決，則下兩制與大臣若臺諫雜議，視其事之大小，無常法，而有司建請論駁者，亦時有焉。

端拱初，廣安軍[一]民安崇緒隸禁兵，訴繼母馮與父知逸離，今奪資產與己子。大理當崇緒訟母，罪死。太宗疑之，判大理張佖固執前斷，遂下臺省雜議。徐鉉議曰：「今第明其母馮嘗離，即須歸宗，否即崇緒準法處死。今詳案內不曾離異，其證有四。況不孝之刑，教之大者，宜依刑部、大理寺斷。」右僕射李昉等四十三人議曰：「法寺定斷為不當。若以五母皆同，即阿蒲雖賤，乃崇緒親母，崇緒特以田業為馮強占，親母衣食不給，所以論訴。若從法寺斷死，則知逸何辜絕嗣，阿蒲何地托身？臣等議：田產並歸崇緒，馮合與蒲同

居，供侍終身。如是，則子有父業可守，馮終身不至乏養。所犯並準赦原。」詔從昉等議，鉉、佖各奪奉一月。

熙寧元年七月，詔：「謀殺已傷，按問欲舉，自首，從謀殺減二等論[二]。」初，登州奏有婦阿云，母服中聘於韋，惡韋醜陋，謀殺不死。按問欲舉，自首。審刑院、大理寺論死，用違律為婚奏裁，敕貸其死。知登州許遵奏，引律「因犯殺傷而自首，得免所因之罪，仍從故殺傷法」，以謀為所因，當用按問欲舉條減二等。刑部定如審刑、大理。時遵方召判大理，御史臺劾遵，而遵不伏，請下兩制議。乃令翰林學士司馬光、王安石同議，二人議不同，遂各為奏。光議是刑部，安石議是遵，詔從安石所議。而御史中丞滕甫猶請再選官定議，御史錢顗請罷遵大理，詔送翰林學士呂公著、韓維、知制誥錢公輔重定。公著等議如安石，制曰「可」。於是法官齊恢、王師元、蔡冠卿等皆論奏公著等所議為不當。又詔安石與法官集議，反覆論難。

明年二月庚子，詔：「今後謀殺人自首，並奏聽敕裁。」是月，除安石參知政事，於是奏以為：「律意，因犯殺傷而自首，得免所因之罪，仍從故殺傷法；若已殺，從故殺法，則為首者必死，不須奏裁；為從者自有編敕奏裁之文，不須復立新制。」與唐介等數爭議帝前，卒從安石議。復詔：「自今並以去年七月詔書從事。」判刑部劉述等又請中書、樞密院合議，中丞呂誨、御史劉琦錢顗皆請如述奏，下之二府。帝以為律文甚明，不須合議。而曾公亮等皆以博盡同異、厭塞言者為無傷，乃以衆議付樞密院。文彥博以為：「殺傷者，欲殺而傷也，即已殺者不可首。」呂公弼以為：「殺傷於律不可首。請自今已殺傷依律，其從而加功自首，即奏裁。」陳升之、韓絳議與安石略同。會富弼入相，帝令弼議，而以疾病，久之弗議。至是乃決，而弼在告，不預也。

蘇州民張朝之從兄以槍戳死朝父，逃去，朝執而殺之。審刑、大理當朝十惡不睦，罪死。案既上，參知政事王安石言：「朝父為從兄所殺，而朝報殺之，罪止加役流[三]，會赦，應原。」帝從安石議，特釋朝不問。

更命呂公著等定議刑名，議不稱安石意，乃自具奏。初，曾公亮以中書論正刑名為非，安石曰：「有司用刑不當，則審刑、大理當論正；審刑、大理用刑不當，即差官定議；議既不當，即中書自宜論奏，取決人主。此所謂國體。豈有中書不可論正刑名之理。」三年，中書上刑名未安者五：

其一，歲斷死刑幾二千人，比前代殊多。如強劫盜並有死法，其間情狀輕重，有絕相遠者，使皆抵死，良亦可哀。若為從情輕之人別立刑，如前代斬右趾之比，足以止惡而除害。禁軍非在邊防屯戍而逃者，亦可更寬首限，以收其勇力之効。

其二，徒、流折杖之法，禁網加密，良民偶有抵冒，致傷肌體，為終身之辱；愚頑之徒，雖一時創痛，而終無愧恥。若使情理輕者復古居作之法，遇赦第減月日，使良善者知改過自新，凶頑者有所拘繫。

其三，刺配之法二百餘條，其間情理輕者，亦可復古徒流移鄉之法，俟其再犯，然後決刺充軍。其配隸並減就本處，或與近地。凶頑之徒，自從舊法。編管之人，亦迭送他所，量立役作時限，無得髡鉗。

其四，令州縣考察士民，有能孝悌力田為衆所知者，給帖付身。偶有犯令，情輕可恕者，特議贖罰；其不悛者，科決。

其五，奏裁條目繁多，致淹刑禁，亦宜刪定。

詔付編敕所詳議立法。

初，韓絳嘗請用肉刑，曾布復上議曰：「先王之制刑罰，未嘗不本於仁，然而有斷肢體、刻肌膚以至於殺戮，非得已也。蓋人之有罪，贖刑不足以懲之，故不得已而加之以墨、劓、剕、宮、大辟，然審適輕重，則又有流宥之法。至漢文帝除肉刑而定笞箠之令，後世因之以為律。大辟之次，處以流刑，代墨、劓、剕、宮，不惟非先王流宥之意，而又失輕重之差。古者鄉田同井，人皆安土重遷。流之遠方，無所資給，徒隸困辱，以至終身。近世之民，輕去

鄉井，轉徙四方，固不爲患，而居作一年，即聽附籍，比於古亦輕矣。況折杖之法，於古爲鞭扑之刑，刑輕不能止惡，故犯法日益衆，其終必至於殺戮，是欲輕而反重也。今大辟之目至多，取其情可貸者，處之以肉刑，則人之獲生者必衆。若軍士亡去應斬，賊盜贓滿應絞，則刖其足；犯良人於法應死，而情輕者處以宮刑。至於劓、墨，則用刺配之法。降此而後爲流、徒、杖、笞之罪，則制刑有差等矣。」議既上，帝問可否於執政，王安石、馮京互有論辨，迄不果行。

樞密使文彥博亦上言：「唐末、五代，用重典以救時弊，故法律之外，徒、流或加至於死。國家承平百年，當用中典，然猶因循，有重於舊律者，若僞造官文書，律止流二千里，今斷從絞。近凡僞造印記，再犯不至死者，亦從絞坐。夫持杖強盜，本法重於造印，今造印再犯者死，而強盜再犯贓不滿五疋者不死，則用刑甚異於律文矣。請檢詳刑名重於舊律者，以敕律參考，裁定其當。」詔送編敕所。

又詔審刑院、大理寺議重贓併滿輕贓法。審刑院言：「所犯各異之贓，不待罪等而累併，則於律義難通，宜如故事。」而大理寺言：「律稱，以贓致罪，頻犯者並累科；若罪犯不等者，即以重贓併滿輕贓各倍論；累併不加重者，止從重。蓋律意以頻犯贓者，不可用二罪以上之法，故令累科；爲非一犯，故令倍論。此從寬之一也。然六贓輕重不等，若犯二贓以上者，不可累輕以從重，故令併重以滿輕。此從寬之二也。若以重併輕後加重，則止從一重，蓋爲進則改從於輕法，退亦不至於容姦。而疏議假設之法，適皆罪等者，蓋一時命文耳。若罪等者盡數累併，不等者止科一贓，則恐知法者足以爲姦，不知者但繫臨時幸與不幸，非律之本意也。」帝是大理議，行之。

八年，洪州民有犯徒而斷杖者，其餘罪會恩免，官吏失出，當劾。中書堂後官劉袞駁議，以謂：「律因罪人以致罪，罪人遇恩者，準罪人原法。洪州官吏當原。」又請自今官司出入人罪，皆用此令。而審刑院、大理寺以謂：「失入人罪，乃官司誤致罪於人，難用此令。其失出者，宜如袞議。」

元豐三年，周清言：「審刑院、刑部奏斷妻謀殺案問自首，變從故殺法，舉輕明重，斷入惡逆斬刑。竊詳律意，妻謀殺夫，已殺，合入惡逆，以按問自首，變從故殺法，宜用妻毆夫死法定罪。且十惡條，謀與故鬭殺夫，方入惡逆，若謀而未殺，止當不睦。既用舉輕明重，宜從謀而未殺法，依敕當決重杖處死，恐不可入惡逆斬刑。」下審刑院、刑部參詳，如清議。

邵武軍奏讞，婦與人姦，謀殺其夫，已而夫醉歸，姦者自殺之。法寺當婦謀殺爲從，而刑部郎中杜紘議婦罪應死。

又興元府奏讞，梁懷吉往視出妻之病，因寄粟，其子輒取食之，懷吉毆其子死。法寺以

盜粟論，而當懷吉雜犯死罪，引赦原。而紘議出妻受寄粟，而其子輒費用，不入捕法。議既上，御史臺論紘議不當，詔罰金，仍展年磨勘。而侍郎崔台符以下三人無所可否，亦罰金。

八年，尚書省言：「諸獲盜，有已經殺人，及元犯強姦、強盜貸命斷配之人，再犯捕獲，有司例用知人欲告、或按問自首減免法。且律文自首減等斷遣者，爲其情非巨蠹，有改過自新之心。至於姦、盜，與餘犯不同，難以例減。請強盜已殺人，并強姦或元犯強盜貸命，若持杖三人以上，知人欲告、按問欲舉而自首，及因人首告應減者，並不在減等例。」初，王安石與司馬光爭議按問自首法，卒從安石議。至是，光爲相，復申前議改焉。乃詔：「強盜按問欲舉自首者，不用減等。」既而給事中范純仁言：「熙寧按問欲舉條並得原減，以容姦太多，元豐八年，別立條制。竊詳已殺人、強姦，於法自不當首，不應更用按問減等。至於貸命及持杖強盜，亦不減等，深爲太重。按嘉祐編敕：『應犯罪之人，因疑被執，贓證未明，或徒黨就擒，未被指說，但詰問便承，皆從律按問欲舉首減之科。若已經詰問，隱拒本罪，不在首減之例。』此敕當理，當時用之，天下號爲刑平。請於法不首者，自不得原減，其餘取嘉祐編敕定斷，則用法當情，上以廣好生之德，下則無一夫不獲之冤。」從之。

又詔：「諸州鞫訊強盜，情理無可憫，刑名無疑慮，而輒奏請，許刑部舉駁，重行朝典，無得用例破條。」從司馬光之請也。光又上言：「殺人不死，傷人不刑，堯、舜不能以致治。刑部奏鈔兗、懷、耀三州之民有鬭殺者，皆當論死，乃妄作情理可憫奏裁，刑部即引舊例貸之。凡律、令、敕、式或不盡載，則有司引例以決。今鬭殺當死，自有正條，而刑部承例免死決配，是鬭殺條律無所用也。請自今諸州所奏大辟，情理無可憫，刑名無可疑，令刑部還之，使依法處斷。若實有可憫、疑慮，即令刑部具其實於奏鈔，先擬處斷，門下省審覆。如或不當，及用例破條，即駁奏取旨勘之。」

元祐元年，純仁又言：「前歲四方奏讞，大辟凡二百六十四，死者止二十五人，所活垂及九分。自去年改法，至今未及百日，所奏按凡一百五十四，死者乃五十七人，所活纔及六分已上。臣固知未改法前全活數多，其間必有曲貸，然猶不失『罪疑惟輕』之仁；自改法後，所活數少，其間必有濫刑，則深虧『寧失不經』之義。請自今四方奏大辟按，並令刑部、大理寺再行審覆，略具所犯及元奏因依，令執政取旨裁斷，或所奏不當，亦原其罪。如此則無冤濫之獄。」

又因尚書省言，遠方奏讞，待報淹繫，始令川、廣、福建、荆南路罪人，情輕法重當奏斷者，申安撫或鈐轄司酌情決斷乃奏。門下侍郎韓維言：「天下奏按，必斷於大理，詳議於刑部，然後上之中書，決之人主。近歲有司但因州郡所請，依違其言，即上中書，貼例取旨，

故四方奏讞日多於前。欲望刑清事省，難矣。自今大理寺受天下奏按，其有刑名疑慮、情理可憫，須具情法輕重條律，或指所斷之法，刑部詳審，次第上之。」詔刑部立法以聞。

崇寧五年，詔：「民以罪麗法，情有重輕，則法有增損。故情重法輕，情輕法重，舊有取旨之令。今有司惟情重法輕則請加罪，而法重情輕則不奏減，是樂於罪人，而難於用恕，非所以爲欽恤也。自今宜遵舊法取旨，使情法輕重各適其中，否則以違制論。」宣和六年，臣僚言：「元豐舊法，有情輕法重，情重法輕，若入大辟，刑名疑慮，並許奏裁。比來諸路以大辟疑獄決于朝廷者，大理寺類以『不當』劾之。夫情理巨蠹，罪狀明白，奏裁以幸寬貸，固在所戒；然有疑而難決者，一切劾之，則官吏莫不便文自營。臣恐天下無復以疑獄奏矣。願詔大理寺並依元豐法。」從之。

紹興初，州縣盜起，道不通，詔應奏裁者，權減降斷遣以聞。既而奏讞者多得輕貸，官無失入之虞，而吏有鬻獄之利，往往不應奏者，率奏之。

三年，乃詔大辟應奏者，提刑司具因依繳奏。宣州民葉全二盜檀偕窖錢，偕令佃人阮授、阮捷殺全二等五人，棄屍水中，有司以「屍不經驗」奏。侍御史辛炳言偕係故殺，衆證分明，以近降法，不應奏。諸獄不當奏而奏者雖不論罪，今宣州觀望，欲併罪之。帝曰：「若宣州加罪，則實有疑者亦不復奏陳矣。」於是法寺、刑部止罰金。

五年，給事中陳與義奏有司多妄奏出入人罪，帝爲申嚴立法，終不悛。

二十六年，右正言凌哲復上疏曰：「漢高入關，悉除秦法，與民約法三章耳。所謂殺人者死，實居其首。司馬光有言：『殺人者不死，雖堯、舜不能以致治。』斯言可謂至當矣。臣竊見諸路州、軍大辟，雖刑法相當者，類以可憫奏裁。自去歲郊後距今，大辟奏裁者五十餘人中，有實犯故殺、鬭殺常赦所不原者，法既無疑，情無可憫，刑、寺並皆奏裁貸減。彼殺人者可謂幸矣，被殺者銜恨九原，何時已邪？臣恐強暴之風滋長，良善之人，莫能自保，其於刑政，爲害非細。應今後大辟，情法相當、無可憫者，所司輒奏裁減貸者，乞令臺臣彈劾。」帝覽奏曰：「但恐諸路滅裂，實有情理可憫之人，一例不奏，有失欽恤之意。」令刑部坐條行下。

馴至乾道，讞獄之弊，日益滋甚。孝宗乃詔有司緣情引條定斷，更不奏裁。其後刑部侍郎方滋言：「有司斷罪，其間有情重法輕，情輕法重，情理可憫，刑名疑慮，命官犯罪，議親議故之類，難以一切定斷。今後宜於敕律條令，明言合奏裁事件，乞並依建隆三年敕文。」從之。

六年，臣僚請：「今後大辟，只以爲首應坐死罪者奏，爲從不應坐死者，先次決遣。及流、徒罪，不許作情重取旨。不然，則坐以不應奏而奏之罪。」從之。

至理宗時，往往讞不時報，囚多瘐死。監察御史程元鳳奏曰：「今罪無輕重，悉皆送獄，獄無大小，悉皆稽留。或以追索未齊而不問，或以供款未圓而不呈，或以書擬未當而不判，獄官視以爲常，而不顧其遲，獄吏留以爲利，而惟恐其速。奏案申牘既下刑部，遲延日月方送理寺。理寺看詳，亦復如之。寺回申部，部回申省，動涉歲月。省房又未遽爲呈擬，亦有呈擬而疏駁者，疏駁歲月，又復如前。展轉遲回，有一二年未報下者。可疑可矜，法當奏讞，矜而全之，乃反遲回。有矜貸之報下，而其人已斃於獄者；有犯者獲貸，而干連病死不一者，豈不重可念哉？請自今諸路奏讞，卽以所發月日申御史臺，從臺臣究省、部、法寺之慢。」從之。而所司延滯，尋復如舊。

景定元年，乃下詔曰：「比詔諸提刑司，取翻異駁勘之獄，從輕斷決。而長吏監司多不任責，又引奏裁，甚者有十餘年不決之獄。仰提刑司守臣審勘，或前勘未盡，委有可疑，除命官、命婦、宗婦、宗女及合用蔭人奏裁外，其餘斷訖以聞。官吏特免收坐一次。」

凡應配役者傅軍籍，用重典者黥其面。會赦，則有司上其罪狀，情輕者，縱之；重者，終身不釋。初，徒罪非有官當贖銅者，在京師則隸將作監役，兼役之宮中，或輸作左校、右校役。開寶五年，御史臺言：「若此者，雖有其名，無復役使。遇祠祭，供水火，則有本司供官。望令大理依格斷遣。」於是並送作坊役之。

太宗以國初諸方割據，沿五代之制，罪人率配隸西北邊，多亡投塞外，誘羌爲寇，乃詔：「當徒者，勿復隸秦州、靈武、通遠軍及緣邊諸郡。」時江、廣已平，乃皆流南方。先是，犯死罪獲貸者，多配隸登州沙門島及通州海島，皆有屯兵使者領護。而通州島中凡兩處官鬻鹽，豪強難制者隸崇明鎭，懦弱者隸東州市。太平興國五年，始令分隸鹽亭役之，而沙門如故。端拱二年，詔免嶺南流配荷校執役。初，婦人有罪至流，亦執鍼配役。至是，詔罷免之。始令雜犯至死貸命者〔四〕，勿流沙門島，止隸諸州牢城。舊制，僮僕有犯，得私黥其面。帝謂：「僮使受傭，本良民也。」詔：「盜主財者，杖脊、黥面配牢城，勿私黥之。十貫以上，配五百里外；二十貫以上，奏裁。」帝欲寬配隸之刑，祥符六年，詔審刑院、大理寺、三司詳定以聞。既而取犯茶鹽礬麴、私鑄造軍器、市外蕃香藥、挾銅錢誘漢口出界、主吏盜貨官物、夜聚爲妖，比舊法咸從輕減。

乾興以前，州軍長吏，往往擅配罪人。仁宗卽位，首下詔禁止，且令情非巨蠹者，須奏待報。又詔諸路按察官，取乾興赦前配隸兵籍者，列所坐罪狀以聞。自是赦書下，輒及之。初，京師裁造院募女工，而軍士妻有罪，皆配隸南北作坊。天聖初，特詔釋之，聽自便。婦人應配，則以妻窰務或軍營致遠務卒之無家者，著爲法。時又詔曰：「聞配徒者，其妻子流離

道路，罕能生還，朕甚憐之。自今應配者，錄具獄刑名及所配地里，上尚書刑部詳覆。」未幾，又詔應配者，須長吏以下集聽事慮問。後以奏牘煩冗，罷錄具獄，第以單狀上承進司。既又罷慮問焉。

知益州薛田言：「蜀人配徙他路者，請雖老疾毋得釋。」帝曰：「遠民無知犯法，終身不得還鄉里，豈朕意哉？察其情可矜者許還。」後復詔罪狀獷惡者勿許。初，令配隸罪人皆奏待報，既而繫獄淹久，奏請煩數。明道二年，乃詔有司參酌輕重，著爲令。凡命官犯重罪，當配隸，則於外州編管，或隸牙校。其坐死特貸者，多杖、黥配遠州牢城，經恩量移，始免軍籍。天聖初，吏同時以贓敗者數人，悉竄之嶺南，下詔申儆在位。有平羌縣尉鄭宗諤者，受賕枉法抵死，會赦當奪官。帝問輔臣曰：「尉奉月幾何，豈祿薄不足自養邪？」王欽若對曰：「奉雖薄，廉士固亦自守。」特杖宗諤，配隸安州。其後數懲貪吏，至其末年，吏知以廉自飾，犯法者稍損於舊矣。

罪人貸死者，舊多配沙門島，至者多死。景祐中，詔當配沙門島者，第配廣南地牢城〔五〕；廣南罪人，乃配嶺北。然其後又有配沙門島者。慶曆三年，既疏理天下繫囚，因詔諸路配役人皆釋之。六年，又詔曰：「如聞百姓抵輕罪，而長吏擅刺隸他州，朕甚憫焉。自今非得於法外從事者，毋得輒刺罪人。」皇祐中，既赦，命知制誥曾公亮、李絢閱所配人

罪狀以聞，於是多所寬縱。公亮請著爲故事，且請益、梓、利、夔四路就委轉運、鈐轄司閱之。自後每赦命官，率以爲常。配隸重者沙門島砦，其次嶺表，其次三千里至鄰州，其次羈管，其次還鄉。斷訖，不以寒暑，即時上道。吳充建請：「流人冬寒被創，上道多凍死。請自今非情理巨蠹，遇冬月聽留役本處，至春月遣之。」詔可。

熙寧二年，比部郎中、知房州張仲宣嘗檄巡檢體究金州金阬〔六〕，無甚利。土人憚興作，以金八兩求仲宣不差官。及事覺，法官坐仲宣枉法贓應絞，援前比貸死，杖脊、黥配海島。知審刑院蘇頌言：「仲宣所犯，可比恐喝條。且古者刑不上大夫，仲宣官五品，有罪得乘車，今刑爲徒隸，其人雖無足矜，恐汙辱衣冠爾。」遂免杖、黥，流賀州。自是命官無杖、黥法。

六年，審刑院言：「登州沙門砦配隸，以二百人爲額，餘則移置海外，非禁姦之意。」詔以三百人爲額。廣南轉運司言：「春州瘴癘之地，配隸至者十死八九，願停配罪人。」詔：「應配沙門島者，許配春州，餘勿配。」既而諸配隸除凶盜外，少壯者並寘河州，止五百人。初，神宗以流人去鄉邑，疾死於道，而護送禁卒，往來勞費，用張誠一之議，隨所在配諸軍重役。後中丞黃履等言，罷之。凡犯盜，刺環於耳後：徒、流，方；杖，圓；三犯杖，移於面。徑不過五分。

元祐六年，刑部言：「諸配隸沙門島，強盜殺人縱火，贓滿五萬錢、強姦毆傷兩犯至死，

累贓至二十萬錢、謀殺致死，及十惡死罪，造蠱已殺人者，不移配。強盜徒黨殺人不同謀，贓滿二十五萬，遇赦移配廣南，溢額者配隸遠惡。餘犯遇赦移配荆湖南北、福建路諸州，溢額者配隸廣南。在島十年者，依餘犯格移配。篤疾或年及七十在島三年以上，移配近鄉州軍。犯狀應移而老疾者同。其永不放還者，各加二年移配。」後又定令：「沙門島已溢額，移配瓊州、萬安軍、昌化、朱崖軍。」

紹聖三年，刑部侍郎邢恕等言：「藝祖初定天下，主典自盜，贓滿者往往抵死。仁祖之初，尚不廢也。其後用法稍寬，官吏犯自盜，罪至極法，率多貸死。然甚者猶決刺配島，錢仙芝帶館職，李希甫歷轉運使，不免也。比朝廷用法益寬，主典人吏軍司有犯，例各貸死，略無差別。欲望講述祖宗故事，凡自盜，計贓多者，間出睿斷，以肅中外。」詔：「今後應枉法自盜，罪至死、贓數多者，並取旨。」

或患加役流法太重，官有監驅之勞，而道路有奔亡之慮。蘇頌元豐中嘗建議：「請依古置圜土〔七〕，取當流者治罪訖，髡首鉗足，晝則居作，夜則置之圜土。滿三歲而後釋，未滿歲而遇赦者，不原。既釋，仍送本鄉，譏察出入。又三歲不犯，乃聽自如。」時未果行。崇寧中，始從蔡京之請，令諸州築圜土以居強盜貸死者。晝則役作，夜則拘之，視罪之輕重，以

爲久近之限。許出圜土日充軍〔八〕，無過者縱釋。行之二年，其法不便，迺罷。大觀元年，復行。四年，復罷。

南渡後，諸配隸，祥符編敕止四十六條，慶曆中，增至百七十餘條。至於淳熙，又增至五百七十條，則四倍於慶曆矣。配法既多，犯者日衆，黥配之人，所至充斥。淳熙十一年，校書郎羅點言其太重，乃詔刑、寺集議奏聞。至十四年，未有定論。其後臣僚議，以爲：「若止居役，不離鄉井，則幾惠姦，不足以懲惡；若盡用配法，不恤黥刺，則面目一壞，誰復顧藉？強民適長威力，有過無由自新。檢照元豐刑部格，諸編配人自有不移、不放及移放條限；政和編配格又有情重、稍重、情輕、稍輕四等。若依倣舊格，稍加參訂，如入情重，則倣舊刺面，用不移不放之格；其次稍重，則止刺額角，用配及十年之格；其次稍輕，則與免黥刺，用不刺面、役滿放還之格；其次最輕，則降爲居役，別立年限縱免之格。儻有從坐編管，則置之本城，減其放限。如此，則於見行條法並無牴牾，且使刺面之法，專處情犯凶蠹，而其他偶麗於罪，皆得全其面目，知所顧藉，可以自新。省黥徒，銷姦黨，誠天下之切務。」即詔有司裁定，其後迄如舊制。

嘉泰四年，臣僚言：「配隸之人，蓋有兩等。其鄉民一時鬥毆殺傷，及胥吏〔九〕犯贓貸命流配等人，設使逃逸，未必能爲大過，止欲從徒，配本州牢城重役，限滿給據，復爲良民。至

於累犯強盜，及聚衆販賣私商，曾經殺傷捕獲之人，非村民、胥吏之比，欲並配屯駐軍，立爲年限，限滿改刺從正軍。」從之。其所配之地，自高宗來，或配廣南海外四州，或配淮、漢、四川，迄度宗之世無定法，皆不足紀也。

凡內外所上刑獄，刑部、審刑院、大理寺參主之，又有糾察在京刑獄司以相審覆。官制既行，罷審刑、糾察，歸其職於刑部。四方之獄，則提點刑獄統治之。官司之獄：在開封，有府司、左右軍巡院；在諸司，有殿前、馬步軍司及四排岸；外則三京府司、左右軍巡院，諸州軍院、司理院，下至諸縣皆有獄。諸獄皆置樓牖，設漿鋪席，時具沐浴，食令溫煖，寒則給薪炭、衣物，暑則五日一滌枷杻。郡縣則所職之官躬行檢視，獄皾則修之使固。

神宗卽位初，詔曰：「獄者，民命之所繫也。比聞有司歲考天下之奏，而多瘐死。深惟獄吏並緣爲姦，檢視不明，使吾元元橫罹其害。書不云乎：『與其殺不辜，寧失不經。』其具爲令：應諸州軍巡司院所禁罪人，一歲在獄病死及二人，五縣以上州歲死三人，開封府司、軍巡歲死七人，推吏、獄卒皆杖六十，增一人則加一等，罪止杖一百。典獄官如推獄，經兩犯卽坐從違制。提點刑獄歲終會死者之數上之，中書檢察。死者過多，官吏雖已行罰，當更黜責。」

未幾，復詔：「失入死罪，已決三人，正官除名編管，貳者除名，次貳者免官勒停，吏配隸千里。二人以下，視此有差。不以赦降、去官原免。未決，則比類遞降一等；赦降、去官，又減一等。令審刑院、刑部斷議官，歲終具嘗失入徒罪五人以上，京朝官展磨勘年，幕職、州縣官展考，或不與任滿指射差遣，或罷，仍卽斷絕支賜。」以前法未備，故有是詔。又嘗詔：「官司失入人罪，而罪人應原免，官司猶論如法，卽失出人罪；若應徒而杖，罪人應原免者，官司乃得用因罪人以致罪之律。」

帝以國初廢大理獄非是，元豐元年詔曰：「大理有獄尙矣。今中都官有所劾治，皆寓繫開封諸獄，囚旣猥多，難於隔訊，盛夏疾疫，傳致瘐死，或主者異見，歲時不決，朕甚愍焉。其復大理獄，置卿一人，少卿二人，丞四人，專主鞫訊；檢法官二人，主簿一人。應三司、諸寺監吏犯杖、笞不俟追究者，聽卽決，餘悉送大理獄。其應奏者，並令刑部、審刑院詳斷。應天下奏按亦上之。」五年，分命少卿左斷刑、右治獄。斷刑則評事、檢法詳斷[10]，丞議，正審；治獄則丞專推劾，主簿掌按籍，少卿分領其事，而卿總焉。六年，刑部言：「舊詳斷官分公按訖，主判官論議改正，發詳議官覆議。有差失問難，則書於檢尾，送斷官改正，主判官審定，然後判成。自詳斷官歸大理爲評事、司直，議官爲丞，所斷按草，不由長貳，類多差忒。」迺定制：分評事、司直與正爲斷司，丞與長貳爲議司。凡斷公按，正先詳其當否，論定則簽印注日，移議司覆議，有辨難，乃具議改正，長貳更加審定，然後判成錄奏。

元祐初，三省言：「舊置糾察司，蓋欲察其違慢，所以謹重獄事，罷歸刑部，無復糾察之制。請以糾察職事，委御史臺刑察兼之，臺獄則尙書省右司糾察之。」

三年，罷大理寺獄。初，大理置獄，本以囚繫淹滯，俾獄事有所統，而大理卿崔台符等不能奉承德意，雖士大夫若命婦，獄辭小有連逮，輒捕繫。凡邏者所探報，卽下之獄。傅會鍛鍊，無不誣服。至是，台符等皆得罪，獄迺罷。

八年，中書省言：「昨詔內外，歲終具諸獄囚死之數。而諸路所上，遂以禁繫二十而死一者不具，卽是歲繫二百人，許以十人獄死，恐州縣弛意獄事，甚非欽恤之意。」詔刑部自今不許輒分禁繫之數。紹聖二年[11]，戶部如三司故事，置推勘檢法官，應在京諸司事干錢穀當追究者，從杖已下卽定斷。

三年[12]，復置大理寺右治獄，官屬視元豐員，仍增置司直一員。大理卿路昌衡請：「分大理寺丞爲左、右推，若有飜異，自左移右。再變，卽命官審問，或御史臺推究。不許開封府互勘及地分探報，庶革互送挾讐之弊。徒已上罪，移御史臺。命官追攝者，悉依條。若探報涉虛、用情託者，並收坐以聞。」

初，法寺斷獄，大辟失入有罰，失出不坐。至是，以失出死罪五人比失入一人，失出徒、

流罪三名，亦如之。著爲令。元符三年，刑部言：「祖宗重失入之罪，所以恤刑。夫失出，臣下之小過；好生，聖人之大德。請罷失出之責，使有司讞議之間，務盡忠恕。」詔可。政和三年，臣僚言：「遠方官吏，文法旣疏，刑罰失中，不能無冤。願委耳目之官，季一分錄所部囚禁，遇有冤抑，先釋而後以聞。歲終較所釋多寡，爲之殿最。其徼功故出有罪者，論如法。」詔令刑部立法：「諸入人徒、流之罪已結案，而錄問官吏能駮正，或因事而能推正者，累及七人，比大辟一名推賞。」

紹興六年，令諸鞫勘有情款異同而病死者，提刑司研究之，如冤，申朝廷取旨。十二年，令諸推究翻異獄，毋差初官、蔭子及新進士，擇曾經歷任人。二十七年，令監察御史每冬夏點獄，有鞫勘失實者，照刑部郎官，直行移送。二十九年，令殺人無證、屍不經驗之獄，具案奏裁，委提刑審問。如有可疑及翻異，從本司差官重勘，案成上本路，移他監司審定，具案聞奏。否則監司再遣官勘之，又不伏，復奏取旨。先是，有司建議：「外路獄三經翻異，在千里內者移大理寺。」三十一年，刑部以爲非祖宗法，遂釐正之。乾道中，諸州翻異之囚，旣經本州，次檄隣路，或再翻異，乃移隔路，至有越兩路者。官吏旁午於道，逮繫者困於追對。四年，乃令：「鞫勘本路累嘗差官猶稱冤者，惟檄隣路，如尙翻異，則奏裁。」淳熙三年，令縣尉權縣事，毋自鞫獄，卽令丞、簿參之。全闕，則於州官或隣縣選官權攝。

金作贖刑，蓋以鞭扑之罪，情法有可議者，則寬之也。穆王贖及五刑，非法矣。宋損益舊制，凡用官蔭得減贖，所以尊爵祿、養廉恥也。

乾德四年，大理正高繼申上言：「刑統名例律：三品、五品、七品以上官，親屬犯罪，各有等第減贖。恐年代已深，不肖自恃先蔭，不畏刑章。今犯罪身無官，須祖、父曾任本朝官，據品秩得減贖；如仕于前代，須有功惠及民、爲時所推、歷官三品以上，乃得請。」從之。後又定：「流內品官任流外職，準律文，徒罪以上依當贖法。諸司授勒留官及歸司人犯徒流等罪，公罪許贖，私罪以決罰論。」淳化四年，詔諸州民犯罪，或入金贖，長吏得以任情而輕重之，自今不得以贖論。婦人犯杖以下，非故爲，量輕重笞罰或贖銅釋之。

仁宗深憫夫民之無知也，欲立贖法以待薄刑，迺詔有司曰：「先王用法簡約，使人知禁而易從。後代設茶、酒、鹽稅之禁，奪民厚利，刑用滋章。今之編敕，皆出律外，又數改更，官吏且不能曉，百姓安得聞之？一陷于理，情雖可哀，法不得贖。豈禮樂之化未行，而專用刑罰之弊與？漢文帝使天下人入粟於邊，以受爵免罪，幾于刑措。其議科條非著于律者，或冒利犯禁，奢侈違令，或過悞可憫，別爲贖法。鄉民以穀麥，市人以錢帛，使民重穀麥，免刑罰，則農桑自勸，富壽可期矣。」詔下，論者以爲富人得贖而貧者不能免，非朝廷用法之

意。時命輔臣分總職事，以參知政事范仲淹領刑法，未及有所建明而仲淹罷，事遂寢。

至和初，又詔：「前代帝王後，嘗仕本朝官不及七品者，祖父母、父母、妻子罪流以下，聽贖。雖不仕而嘗被賜予者，有罪，非巨蠹，亦如之。」隨州司理參軍李抃父毆人死，抃上所授官以贖父罪，帝哀而許之。君子謂之失刑，然自是未嘗爲比。而終宋之世，贖法惟及輕刑而已。

恩宥之制，凡大赦及天下，釋雜犯死罪以下，甚則常赦所不原罪，皆除之。凡曲赦，惟一路或一州，或別京，或畿內。凡德音，則死及流罪降等，餘罪釋之，間亦釋流罪。所被廣狹無常。又，天子歲自錄京師繫囚，畿內則遣使，往往雜犯死罪以下，第降等，杖、笞釋之，或徒罪亦得釋。若并及諸路，則命監司錄焉。

初，太宗嘗因郊禮議赦，有秦再恩者，上書願勿赦，引諸葛亮佐劉備數十年不赦事。帝頗疑之。時趙普對曰：「凡郊祀肆眚，聖朝彝典，其仁如天，若劉備區區一方，臣所不取。」上善之，遂定赦。

初，太祖將祀南郊，詔：「兩京、諸道，自十月後犯強竊盜，不得預郊祀之赦。所在長吏告論，民無冒法。」是後將祀，必先申明此詔。天聖五年，馬亮言：「朝廷雖有是詔，而法官斷獄，

乃言終是會赦，多所寬貸，惠姦失詔旨。」遂詔：「已下約束而犯劫盜，及官典受贓，勿復奏，悉論如律。」七年春，京師雨，彌月不止。仁宗謂輔臣曰：「豈政事未當天心耶？」因言：「向者大辟覆奏，州縣至於三，京師至於五，蓋重人命如此。其戒有司，決獄議罪，毋或枉濫。」又曰：「赦不欲數，然捨是無以召和氣。」遂命赦天下。

帝在位久，明於人之情僞，尤惡訐人陰事，故一時士大夫習爲惇厚。久之，小人乘間密上書，疏人過失，好事稍相與唱和，又按人赦前事。翰林學士張方平、御史呂誨以爲言，因下詔曰：「蓋聞治古，君臣同心，上下協穆，而無激訐之俗，何其德之盛也！朕竊慕焉。嘉與公卿大夫同底斯道，而教化未至，澆薄日滋。比者中外羣臣，多上章言人過失，暴揚難驗之罪，或外託公言，內緣私忿，詆欺曖昧，苟陷善良。又赦令者，所以與天下更始，而有司多舉按赦前之事，殆非信命令〔三〕，重刑罰，使人洒心自新之意也。今有上言告人罪，言赦前事者，訊之。至於言官，宜務大體，非事關朝政，自餘小過細故，勿須察舉。」

神宗卽位，又詔曰：「夫赦令，國之大恩，所以蕩滌瑕穢，納於自新之地，是以聖王重焉。中外臣僚多以赦前事捃摭吏民，興起獄訟，苟有詿誤，咸不自安，甚非持心近厚之義，使吾號令不信於天下。其內外言事、按察官，毋得依前舉劾，具按取旨，否則科違制之罪。御史臺覺察彈奏，法寺有此奏按，許舉駁以聞。」知諫院司馬光言曰：「按察之官，以赦前事興起

獄訟，禁之誠爲大善。至於言事之官，事體稍異。何則？御史之職，本以繩按百僚，糾擿隱伏。姦邪之狀，固非一日所爲。國家素尙寬仁，數下赦令，或一歲之間至於再三，若赦前之事皆不得言，則其可言者無幾矣。萬一有姦邪之臣，朝廷不知，誤加進用，御史欲言則違今日之詔，若其不言，則陛下何從知之。臣恐因此言者得以藉口偷安，姦邪得以放心不懼。此乃人臣之至幸，非國家之長利也。請追改前詔，刊去『言事』兩字。」光論至再，帝諭以「言者好以赦前事誣人」，光對曰：「若言之得實，誠所欲聞，若其不實，當罪言者。」帝命光送詔于中書。

熙寧七年三月，帝以旱，欲降赦。時已兩赦，王安石曰：「湯旱，以六事自責曰：『政事不節與？』若一歲三赦，是政不節矣，非所以弭災也。」乃止。八年，編定廢免人敍格，常赦則郡縣以格敍用，凡三朞一敍，卽朞未滿而遇非次赦者，亦如之。

元祐元年，門下省言：「當官以職事墮曠，雖去官不免，猶可言；至於赦降大恩，與物更始，雖劫盜殺人亦蒙寬宥，豈可以一事差失，負罪終身？今刑部所修不以去官、赦降原減條〔四〕，請更刪改。」

徽宗在位二十五年，而大赦二十六，曲赦十四，德音三十七。而南渡之後，紹熙歲至四赦，蓋刑政紊而恩益濫矣。

宋自祖宗以來，三歲遇郊則赦，此常制也。世謂三歲一赦，於古無有。景祐中，言者以爲：「三王歲祀圜丘，未嘗輒赦。自唐興兵以後，事天之禮不常行，因有大赦，以蕩亂獄。且有罪者寬之未必自新，被害者抑之未必無怨。不能自新，將復爲惡，不能無怨，將悔爲善。一赦而使民悔善長惡，政教之大患也。願罷三歲一赦，使良民懷惠，凶人知禁。或謂未可盡廢，卽請命有司，前郊三日理罪人，有過誤者引而赦之。州縣須詔到倣此。」疏奏，朝廷重其事，第詔：「罪人情重者，毋得以一赦免。」然亦未嘗行。

校勘記

〔一〕廣安軍　原作「廣定軍」。按通考卷一七〇刑考作「廣安軍」，本書卷八九地理志有廣安軍，屬潼川府路。又通考載徐鉉所舉安崇緒繼母馮未曾與其父離異之證，有「遂州公論」「固非事實」等語。遂州亦屬潼川府路，「廣定軍」當卽「廣安軍」之誤，據改。

〔二〕熙寧元年七月詔謀殺已傷按問欲舉自首從謀殺減二等論　「七月」，原作「八月」，「二等」，原作「三等」，據本卷下文及本書卷一四神宗紀、長編紀事本末卷七五改。

〔三〕罪止加役流　「役流」二字原倒，據宋會要刑法四之七五、通考卷一七〇刑考改。

〔四〕始令雜犯至死貸命者　按此句以下至「止隸諸州牢城」，宋會要刑法四之三繫於咸平元年十二月，疑「始令」上有脫文。

〔五〕廣南地牢城　按長編卷一一九、通考卷一六八刑考作「廣南遠惡地牢城」，宋會要刑法四之一九作「廣南遠惡軍牢城」，疑此處「地」上脫「遠惡」二字。

〔六〕比部郎中知房州張仲宣嘗檄巡檢體究金州金阬　「房州」，通考卷一六七刑考作「金州」，本書卷三四〇蘇頌傳也作「金州」，並稱：「仲宣所部金坑，發檄巡檢體究，其利甚微。」本書卷八五地理志也稱金州貢金，而房州無之。疑「房州」爲「金州」之誤。

〔七〕請依古置圜土　「置」字原脫，據下文「崇寧中」條「令諸州築圜土」句及葉夢得石林燕語卷二補。

〔八〕許出圜土日充軍　「日」字原脫，據宋會要刑法四之三二補。

〔九〕胥吏　原作「胥徒」，據下文和宋會要刑法四之六四、通考卷一六八刑考改。

〔一〇〕斷刑則評事檢法詳斷　「詳斷」二字原脫，據宋會要職官二四之一五、通考卷一六七刑考補。

〔一一〕紹聖二年　按長編卷四一〇、宋會要刑法三之六八及職官二四之一〇都作元祐三年。

〔一二〕三年　按本書卷一八哲宗紀、宋會要職官二四之一二都作紹聖二年。

〔一三〕殆非信命令　「令」字原脫，據通考卷一七三刑考補。

〔一四〕今刑部所修不以去官赦降原減條　「去」字原脫，據宋會要刑法一之一五、通考卷一七三刑考補。

宋史卷二百二

志第一百五十五

藝文一

易曰：「觀乎天文，以察時變；觀乎人文，以化成天下。」文之有關於世運，尙矣。然書契以來，文字多而世代日降；秦火而後，文字多而世教日興，其故何哉？蓋世道升降，人心習俗之致然，非徒文字之所爲也。然去古既遠，苟無斯文以範防之，則愈趨而愈下矣。故由秦而降，每以斯文之盛衰，占斯世之治忽焉。

宋有天下，先後三百餘年。考其治化之汙隆，風氣之離合，雖不足以儗倫三代，然其時君汲汲於道藝，輔治之臣莫不以經術爲先務，學士搢紳先生，談道德性命之學，不絕于口，豈不彬彬乎進於周之文哉！宋之不競，或以爲文勝之弊，遂歸咎焉，此以功利爲言，未必知道者之論也。

歷代之書籍，莫厄於秦，莫富於隋、唐。隋嘉則殿書三十七萬卷。而唐之藏書，開元最盛，爲卷八萬有奇。其間唐人所自爲書，幾三萬卷，則舊書之傳者，至是蓋亦鮮矣。陵遲逮于五季，干戈相尋，海寓鼎沸，斯民不復見詩、書、禮、樂之化。周顯德中，始有經籍刻板，學者無筆札之勞，獲覩古人全書。然亂離以來，編帙散佚，幸而存者，百無一二。

宋初，有書萬餘卷。其後削平諸國，收其圖籍，及下詔遣使購求散亡，三館之書，稍復增益。太宗始於左昇龍門北建崇文院，而徙三館之書以實之。又分三館書萬餘卷，別爲書庫，目曰「祕閣」。閣成，親臨幸觀書，賜從臣及直館宴。又命近習侍衞之臣，縱觀羣書。眞宗時，命三館寫四部書二本，置禁中之龍圖閣及後苑之太清樓，而玉宸殿、四門殿亦各有書萬餘卷。又以祕閣地隘，分內藏西庫以廣之，其右文之意，亦云至矣。已而王宮火，延及崇文、祕閣，書多煨燼。其僅存者，遷于右掖門外，謂之崇文外院，命重寫書籍，選官詳覆校勘，常以參知政事一人領之，書成，歸于太清樓。

仁宗既新作崇文院，命翰林學士張觀等編四庫書，倣開元四部錄爲崇文總目，書凡三萬六百六十九卷。神宗改官制，遂廢館職，以崇文院爲祕書省，祕閣經籍圖書以祕書郎主之，編輯校定，正其脫誤，則主于校書郎。

徽宗時，更崇文總目之號爲祕書總目。詔購求士民藏書，其有所祕未見之書足備觀采

者，仍命以官。且以三館書多逸遺，命建局以補全校正爲名，設官總理，募工繕寫。一置宣和殿，一置太清樓，一置祕閣。自熙寧以來，搜訪補輯，至是爲盛矣。

嘗歷考之，始太祖、太宗、眞宗三朝，三千三百二十七部，三萬九千一百四十二卷。次仁、英兩朝，一千四百七十二部，八千四百四十六卷。次神、哲、徽、欽四朝，一千九百六部，二萬六千二百八十九卷。三朝所錄，則兩朝不復登載，而錄其所未有者。四朝於兩朝亦然。最其當時之目，爲部六千七百有五，爲卷七萬三千八百七十有七焉。

迨夫靖康之難，而宣和、館閣之儲，蕩然靡遺。高宗移蹕臨安，乃建祕書省於國史院之右，搜訪遺闕，屢優獻書之賞，於是四方之藏，稍稍復出，而館閣編輯，日益以富矣。當時類次書目，得四萬四千四百八十六卷。至寧宗時續書目，又得一萬四千九百四十三卷，視崇文總目，又有加焉。

自是而後，迄於終祚，國步艱難，軍旅之事，日不暇給，而君臣上下，未嘗頃刻不以文學爲務，大而朝廷，微而草野，其所製作、講說、紀述、賦詠，動成卷帙，絫而數之，有非前代之所及也。雖其間鈲裂大道，疣贅聖謨，幽怪恍惚，瑣碎支離，有所不免，然而瑕瑜相形，雅鄭各趣，譬之萬派歸海，四瀆可分，繁星麗天，五緯可識，求約於博，則有要存焉。

宋舊史，自太祖至寧宗，爲書凡四。志藝文者，前後部帙，有亡增損，互有異同。今刪

其重復，合爲一志，蓋以寧宗以後史之所未錄者(一)，倣前史分經、史、子、集四類而條列之，大凡爲書九千八百十九部，十一萬九千九百七十二卷云。

經類十：一曰易類，二曰書類，三曰詩類，四曰禮類，五曰樂類，六曰春秋類，七曰孝經類，八曰論語類，九曰經解類，十曰小學類。

周易古經一卷
薛貞注歸藏三卷
易傳十卷題卜子夏傳。
周易上下經六卷
繫辭說卦序卦雜卦三卷韓康伯注。
鄭玄周易文言注義一卷
王弼略例一卷
易辨一卷
阮嗣宗通易論一卷
干寶易傳十卷
易髓八卷唐人撰，不知姓名。
孔穎達正義十四卷
玄談六卷
易正義補闕七卷
任正一甘棠正義三十卷
關朗易傳一卷

王肅傳十一卷
陸德明釋文一卷
衞元嵩周易元包十卷蘇源明(二)傳，李江注。
李鼎祚集解十卷
史文徽(三)易口訣義六卷
成玄英流演窮寂圖五卷
蔡廣成啓源十卷
又周易外義三卷
沙門一行傳十二卷
王隱要削三卷
陸希聲傳十三卷
郭京舉正三卷
東鄉助物象釋疑一卷
邢璹補闕周易正義略例疏三卷
李翺易詮七卷
張弧周易上經王道小疏五卷
張韓啓玄一卷
青城山人揲蓍法一卷
王昭素易論三十三卷
縱康乂(四)周易會通正義三十三卷
陰洪道(五)周易新論傳疏十卷
陳摶易龍圖一卷
范諤昌大易源流圖一卷
又證墜簡一卷
胡旦易演聖通論十六卷
石介口義十卷
冀震周易義略十卷
代淵周易旨要二十卷
何氏易講疏十三卷不著名。
陸秉意學十卷

古易十三卷出王洙家。
王洙言象外傳十卷
劉牧新注周易十一卷
又卦德通論一卷
易數鈎隱圖一卷
吳祕周易通神一卷
黃黎獻略例一卷
又室中記師隱訣一卷
龔鼎臣補注易六卷
彭汝礪易義十卷
趙令湑易發微十卷
喬執中易說十卷
趙仲銳易義五卷
謝湜易義十二卷
譚世勣易傳十卷
陸太易周易口訣七卷
龔珍周易闡微詩六卷
李贊周易說九卷
張果周易罔象成名圖一卷
裴通周易玄解三卷
邵雍皇極經世十二卷
又敍篇系述二卷
觀物外篇六卷門人張㟭記雍之言。
觀物內篇解二卷雍之子伯溫編。
邵伯溫周易辨惑一卷
常豫易源一卷
徐庸周易意蘊凡例總論一卷
又卦變解二卷
宋咸易訓三卷
又易補注十卷

又劉牧王弼易辨二卷
皇甫泌易解十九卷
鄭揚庭時用書二十卷
又明用書九卷
易傳辭三卷
易傳辭後語一卷
陳良獻周易發隱二十卷
石汝礪乾生歸一圖十卷
鮑極周易重注十卷
葉昌齡圖義二卷
胡瑗易解十二卷
口義十卷
繫辭說卦三卷
歐陽脩易童子問三卷
阮逸易筌六卷
王安石易解十四卷
尹天民易論要纂一卷
又易說拾遺二卷
司馬光易說一卷
又三卷
繫辭說二卷
鮮于侁周易聖斷七卷
蘇軾易傳九卷
程頤易傳九卷
又易繫辭解一卷
張載易說十卷
呂大臨易章句一卷
龔原續解易義十七卷
又易傳十卷
李平西河圖傳一卷

李遇刪定易圖序論六卷
張弼易解義十卷
顧叔思周易義類三卷
劉槩易繫辭十卷
晁說之錄古周易八卷
晁說之〔六〕太極傳五卷
因說一卷
太極外傳一卷
游酢易說一卷
耿南仲易解義十卷
安泳周易解義一部卷亡。
陳瓘了齋易說一卷
鄒浩繫辭纂義二卷
張根易解九卷
周易六十四卦賦一卷題潁川陳君作，名亡。
林德祖易說九卷
陳禾易傳十二卷
李授之易解通義三十卷
朱震易傳十一卷
卦圖三卷
易傳叢說一卷
張汝明易索十三卷
郭忠孝兼山易解二卷
又四學淵源論三卷
任奉古周易發題一卷
陳高八卦數圖二卷
林儵易說十二卷
變卦八卷
變卦纂集一卷
凌唐佐集解六卷

袁樞學易索隱一卷
夏休講義九卷
郭雍傳家易解十一卷
沈該易小傳六卷
都絜易變體十六卷
鄭克揲蓍古法一卷
吳沆易璇璣三卷
李椿年易解八卷
疑問一卷
李光易說十卷
李衡易義海撮要十二卷
洪興祖易古經考異釋疑一卷
張行成元包數總義二卷
述衍十八卷
通變四十八卷
晁公武易詁訓傳十八卷
胡銓易傳拾遺十卷
程大昌易原十卷
又易老通言十卷
楊萬里易傳二十卷
林栗易經傳集解三十六卷
李舜臣易本傳三十三卷
曾穜大易粹言十卷
呂祖謙定古易十二篇爲一卷
又音訓二卷
周易繫辭精義二卷
朱熹易傳十一卷
又本義十二卷
易學啓蒙三卷
古易音訓二卷

張浚易傳十卷
倪思易訓三十卷
趙善譽易說二卷
劉文郁易宏綱八卷
吳仁傑古易十二卷
又周易圖說二卷
集古易一卷
王日休龍舒易解一卷
劉翔易解六卷
胡有開易解義四十卷
鄭巽易解六卷
鄭剛中周易窺餘十五卷
楊簡已易一卷
潘夢旂大易約解九卷
麻衣道者正易心法一卷
鄭東卿易說三卷
項安世周易玩辭十六卷
程迥易章句十卷
又外編一卷
古法〔七〕
古易考一卷
林至易裨傳一卷
葉適習學記言周易述釋一卷
李椿觀畫二卷
王炎筆記八卷
鄭汝諧易翼傳二卷
湯義周易講義三卷
樂只道人義文易論微六卷姓名亡。
朱氏三宮易一卷名亡。
劉烈虛谷子解卦周易三卷

劉牧、鄭夫(八)註周易七卷
楊文煥五十家易解四十二卷
孫份周易先天流衍圖十二卷程敦厚序。
劉半千義易正元一卷
馮椅易學五十卷
商飛卿講義一卷
周易卦類三卷
易辯徵三卷
易正經明疑錄一卷
易傳四卷
易樞十卷
口義六卷
繫辭要旨一卷
並不知作者。
易乾鑿度三卷
易緯七卷
易緯稽覽圖一卷
易通卦驗二卷
並鄭玄注。
流演通卦驗一卷不知作者。
王柏讀易記十卷
又涵古易說一卷
大象衍義一卷
曾幾易釋象五卷
劉禹偁易解十卷
程達易解十卷
戴溪易總說二卷
趙汝談易說三卷
眞德秀復卦說一卷
吳如愚易說一卷

李光易傳十卷
李燾易學五卷
又大傳雜說一卷
朱承祖易摭卦總論十卷
林起鰲易述古言二卷
方實孫讀易記八卷
魏了翁易集義六十四卷
又易要義十卷
鄭子厚大易觀象三十二卷張埜補注。

右易類二百十三部，一千七百四十卷。王柏讀易記以下不著錄十九部，一百八十六卷。

尚書十二卷漢孔安國傳。
古文尚書二卷孔安國隸。
伏勝大傳三卷鄭玄注。
汲冢周書十卷晉太康中，於汲郡得之。孔晁注。
陸德明釋文音義一卷
孔穎達正義二十卷
馮繼先尚書廣疏十八卷
又尚書小疏十三卷
尹恭初尚書新修義疏二十六卷
胡旦尚書演聖通論七卷
胡瑗洪範口義一卷
蘇洵洪範圖論一卷
程頤堯典舜典解一卷
王安石新經書義十三卷
又洪範傳一卷
蘇軾書傳十三卷

書說一卷程頤門人記。
孔武仲書說十三卷
曾肇書講義八卷
陳鄂開寶新定尚書釋文三卷
孟先禹貢治水圖一卷
尚書洪範五行記一卷
王晦叔周書音訓十二卷
司馬康等無逸講議(九)一卷
吳安詩等無逸說命解二卷
劉彝洪範解六卷
曾旼等講義三十卷
葉夢得書傳十卷
張綱解義三十卷
吳孜大義三卷
吳棫裨傳十三卷
張九成尚書詳說五十卷
洪興祖口義發題一卷
陳鵬飛書解三十卷
程大昌書譜二十卷
又禹貢論五卷
禹貢論圖五卷
禹貢後論一卷
晁公武尚書詁訓傳四十六卷
史浩講義二十二卷
呂祖謙書說三十五卷
黃度書說七卷
李舜臣尚書小傳四卷
吳仁傑尚書洪範辨圖一卷
陳伯達翼範一卷
朱熹書說七卷黃士毅集。

林之奇集解五十八卷
陳經詳解五十卷
康伯成書傳一卷
夏僎書解十六卷
王炎小傳十八卷
孫泌尚書解五十二卷
蔡沈書傳六卷
胡瑗尚書全解二十八卷
成申之四百家集解五十八卷
楊玉集尚書義宗三卷
三墳書三卷元豐中，毛漸所得。
尚書治要圖五卷
尚書解題一卷
渾灝發旨一卷
並不知作者。
王柏讀書記十卷
又書疑九卷
書附傳四十卷
袁燮書鈔十卷
袁覺讀書記二十三卷
黃倫尚書精義六十卷
趙汝談書說二卷
卞大亨尚書類數二十卷
胡銓書解四卷
李燾尚書百篇圖一卷
劉甄書青霞集解二十卷
應鏞書約義二十五卷
魏了翁書要義二十卷

右書類六十部，八百二卷。王柏讀書記以下不著錄十三部，二百四十四卷。

韓詩外傳十卷漢韓嬰傳。
毛詩二十卷漢毛萇爲詁訓傳，鄭玄箋。
鄭玄詩譜三卷
陸璣草木鳥獸蟲魚疏二卷
孔穎達正義四十卷
陸德明詩釋文三卷
成伯璵毛詩指說統論一卷
又毛詩斷章二卷
張訢別錄一卷
毛詩正數二十卷
毛詩釋題二十卷
毛詩小疏二十卷
鮮于侁詩傳六十卷
李常詩傳十卷

魯有開詩集十卷
胡旦毛詩演聖通論二十卷
宋咸毛詩正紀三卷
又外義二卷
劉宇〔10〕詩折衷二十卷
蘇子才毛詩大義三卷
周軾箋傳辨誤八卷
丘鑄周詩集解二十卷
歐陽脩詩本義十六卷
又補注毛詩譜一卷
蘇轍詩解集傳二十卷
彭汝礪詩義二十卷
趙令湑講義二十卷
喬執中講義十卷

毛漸詩集十卷
沈銖詩傳二十卷
孔武仲詩說二十卷
王商範毛詩序義索隱二卷
王安石新經毛詩義二十卷
舒王詩義外傳十二卷
新解一卷程頤門人記其師之說。
張載詩說一卷
趙仲銳詩義三卷
游酢詩二南義一卷
范祖禹詩解一卷
楊時詩辨疑一卷
茅知至周詩義二十卷
蔡卞毛詩名物解二十卷
董逌廣川詩故四十卷

吳良輔詩重文說七卷
劉孝孫正論十卷
吳景山十五國風咨解一卷
劉泉毛詩判篇一卷
吳棫毛詩叶韻補音十卷
李樗毛詩詳解四十六卷
晁公武毛詩詁訓傳二十卷
呂祖謙家塾讀詩記三十二卷
鄭樵詩傳二十卷
又辨妄六卷
范處義詩學一卷
又解頤新語十四卷
詩補傳三十卷
朱熹詩集傳二十卷
詩序辨一卷

張貴謨詩說三十卷
鄭諤毛詩解義三十卷
黃度詩說三十卷
吳氏詩本義補遺二卷名亡。
戴溪續讀詩記三卷
錢文子白石詩傳一十卷
又詩訓詁三卷
黃邦彥講義三卷
鮮于戣詩頌解三卷
黃櫄詩解二十卷
總論一卷
林岊講義五卷
三十家毛詩會解一百卷吳純編，王安石解義。
毛詩釋篇目疏十卷
詩疏要義一卷

毛詩玄談一卷
毛詩章疏二卷
毛詩提綱一卷
毛詩名物性門類八卷
義方二十卷
釋文二十卷
通義二十卷
毛鄭詩學十卷
詩關雎義解一部
比興窮源一卷
並不知作者。
陳寅詩傳十卷
許奕毛詩說三卷
李燾詩譜三卷
王應麟詩考五卷

又詩地理考五卷
詩草木鳥獸蟲魚廣疏六卷
輔廣詩說一部
嚴粲詩集一部
王質詩總聞二十卷
魏了翁詩要義二十卷
王柏詩辨說二卷

右詩類八十二部，一千一百二十卷。

儀禮十七篇高堂生傳。
大戴禮記十三卷戴德纂。
禮記二十卷戴聖纂。
鄭玄古禮注十七卷
又周禮注十二卷
禮記注二十卷

又詩可言二十卷
高端叔詩說一卷
曹粹中詩說三十卷
項安世毛詩前說一卷
又詩解二十卷
鄭庠詩古音辨一卷

陳寅詩傳以下不著錄十四部，二百四十五卷。

禮記月令注一卷
崔靈恩三禮義宗三十卷
成伯璵禮記外傳十卷張幼倫注。
韋彤五禮精義十卷
又五禮緯書二十卷
丘光庭兼明書四卷

中華書局

杜庸禮略十卷
陸德明音義一卷
又古禮釋文一卷
賈公彥儀禮疏五十卷
又禮記疏五十卷
周禮疏五十卷
孔穎達禮記正義七十卷
聶崇義三禮圖集註二十卷
楊逢殷禮記音訓指說二十卷
上官均曲禮講義二卷
歐陽丙三禮名義五卷
魯有開三禮通義五卷
殷介集五禮極義一卷
孫玉汝五禮名義十卷
余希文井田王制圖一卷
胡先生中庸義一卷盛喬纂集。
李洪澤直禮一卷
張訦喪禮十卷
禮粹二十卷不知作者。
王懋中禮八卷
程顥中庸義一卷
呂大臨大學一卷
又中庸一卷
禮記傳十六卷
喬執中中庸義一卷
游酢中庸解義五卷
王安石新經周禮義二十二卷
王昭禹周禮詳解四十卷
陸佃禮記解四十卷
又禮象十五卷

述禮新說四卷
儀禮義十七卷
何洵直禮論一卷
陸佃大裘議一卷
郭忠孝中庸說一卷
龔原周禮圖十卷
郭雍中庸說一卷
陳詳道註解儀禮三十二卷
又禮例詳解十卷
禮書一百五十卷
陳暘禮記解義十卷
李格非禮記精義十六卷
楊時周禮義辨疑一卷
又中庸解一卷
喻樗大學解一卷
司馬光等六家中庸大學解義一卷
江與山周禮秋官講義一卷
馬希孟禮記解七十卷
四先生中庸解義一卷程頤、呂大臨、游酢、楊時撰。
方慤禮記解義二十卷
王普深衣制度一卷
夏休周禮井田譜二十卷
破禮記二十卷
周燔儀禮詳解十七卷
李如圭儀禮集釋十七卷
史浩周官講義十四卷
鄭諤周禮解義二十二卷
黃度周禮說五卷
徐煥周官辨略十八卷
陳傅良周禮說一卷

徐行三周禮微言十卷
易祓周禮總義三十六卷
朱熹儀禮經傳通解二十三卷
又大學章句一卷
或問二卷
中庸章句一卷
或問二卷
中庸輯略二卷
十先生中庸集解二卷朱熹序。
三家冠婚喪祭禮五卷司馬光、程頤、張載定。
吳仁傑禘祫綿蕞書三卷
劉彝周禮中義十卷
張九成中庸說一卷
大學說一卷
戴溪曲禮口義二卷
學記口義二卷
司馬光中庸大學廣義一卷
錢文子中庸集傳一卷
胡銓禮記傳十八卷
又周禮傳十二卷
二禮講義一卷
倪思中庸集義一卷
汪應辰二經雅言二卷
張淳儀禮識誤一卷
俞庭椿周禮復古編三卷
黃榦續儀禮經傳通解二十九卷
又儀禮集傳集註十四卷
林椅周禮綱目八卷
攄說一卷
鄭景炎周禮開方圖說一卷

李心傳丁丑三禮辨二十三卷
鄭伯謙太平經國書統集七卷
鄭氏三禮名義疏五卷不著名。
又三禮圖十二卷
江都集禮圖五十卷
三禮圖駁議二十卷
儀禮類例十卷
周禮類例義斷二卷
二禮分門統要三十六卷
禮記小疏二十卷
並不知作者。
石慤中庸集解二卷
項安世中庸說一卷
又周禮丘乘圖說一卷
衛湜禮記集說一百六十卷
楊簡孔子閒居講義一卷
鄭樵鄉飲禮七卷
張虙月令解十二卷
晁公武中庸大傳一卷
楊復儀禮圖解十七卷
魏了翁儀禮要義五十卷
又禮記要義三十三卷
周禮折衷二卷
周禮要義三十卷
趙順孫中庸纂疏三卷
袁甫中庸詳說二卷
陳堯道中庸說十三卷
又大學說十一卷
眞德秀大學衍義四十三卷
謝興甫中庸大學講義三卷

王與之周禮訂義八十卷

王應麟集解踐祚篇一冊

右禮類一百十三部，一千三百九十九卷。石經中庸集解以下不著錄二十六部，四百六十九卷。

蔡琰胡笳十八拍四卷
孔衍琴操引三卷
謝莊琴論一卷
梁武帝鍾律緯一卷
陳僧智匠古今樂錄十三卷
趙邦利彈琴手勢譜一卷
又彈琴右手法一卷
唐玄宗金風樂弄一卷
太宗九絃琴譜二十卷
琴譜六卷
唐宗廟用樂儀一卷
唐肅明皇后廟用樂儀一卷

崔令欽教坊記一卷
吳兢樂府古題要解二卷
王昌齡續樂府古解題一卷
劉眖大樂令壁記三卷
大樂圖義一卷不知作者。
田琦聲律要訣十卷
薛易簡琴譜一卷
段安節琵琶錄一卷
又樂府雜錄二卷
樂府古題一卷
陸鴻漸教坊錄一卷
李勉琴說一卷

陳拙琴籍九卷
徐景安新纂樂書三十卷
趙惟簡琴書三卷
宋仁宗明堂新曲譜一卷
又景祐樂髓新經一卷
審樂要記二卷
徽宗黃鍾徵角調二卷
沈括樂論一卷
又樂器圖一卷
三樂譜一卷
樂律一卷
馮元、宋祁〔一二〕景祐廣樂記八十一卷
宋祁大樂圖一卷
聶冠卿〔一三〕景祐大樂圖二十卷
劉次莊樂府集十卷

樂府集序解一卷
大周正樂八十八卷五代周竇儼〔一四〕訂論。
蜀雅樂儀三十卷
房庶補亡樂書總要三卷
眞館飲福等一卷
蔡攸燕樂三十四册
范鎮新定樂法一卷
崔遵度琴箋一卷
李宗諤樂纂一卷
陳康士琴調三卷
又琴調十七卷
琴書正聲十卷
琴調十七卷
琴譜記一卷
琴調譜一卷

楚調五章一卷
離騷譜一卷
李約琴曲東杓譜序一卷
琴調廣陵散譜一卷
獨孤寔九調譜一卷
齊嵩琴雅略一卷
僧辨正琴正聲九弄九卷
朱文濟琴雜調譜十二卷
蕭祐一作「祜」無射商九調譜一卷
呂渭一作「濆」廣陵止息譜一卷
張淡正琴譜一卷
蔡翼琴調一卷
僧道英琴德譜一卷
王邈琴譜一卷
沈氏琴書一卷失名。

琴譜調八卷李翺用指法。
琴略一卷
琴式圖一卷
琴譜纂要五卷
胡瑗景祐樂府奏議一卷
又皇祐樂府奏議一卷
阮逸皇祐新樂圖記三卷
陳暘樂書二百卷
僧靈操樂府詩一卷
吳良輔琴譜一卷
又樂書五卷
樂記三十六卷
楊傑元豐新修大樂記五卷
劉昺大晟樂書二十卷
又樂論八卷

運譜四議二十卷
政和頒降樂曲樂章節次一卷
政和大晟樂府雅樂圖一卷
鄭樵系聲樂譜二十四卷
李南玉古今大樂指掌三卷
郭茂倩樂府詩集一百卷
李昌文阮咸弄譜一卷
滕康叔韶武遺音一卷
麴瞻琴聲律二卷
又琴圖一卷
令狐揆樂要三卷
王大方琴聲韻圖〔一五〕一卷
昭徽古今琴樣一卷
劉籍琴義一卷
沈建樂府廣題二卷

馬少良琴譜三均三卷
喻修樞阮咸譜一卷
吳仁傑樂舞新書二卷
蔡元定律呂新書二卷
李如箎樂書一卷
琴說一卷
古樂府十卷
趙德先樂說三卷
又樂書三十卷
歷代樂儀三十卷
樂苑五卷
琴箋知音操一卷
樂府題解一卷
大樂署三卷
歷代歌詞六卷

律呂圖一卷
倣蔡琰胡笳十八拍
並不知作者。
右樂類一百十一部，一千七卷。
春秋七卷正經。
杜預春秋左氏傳經傳集解三十卷
又春秋釋例十五卷
何休公羊傳十二卷
又左氏膏肓十卷
范甯穀梁傳十二卷
董仲舒春秋繁露十七卷
汲冢師春一卷師春純集疏左傳卜筮事。
荀卿公子姓譜二卷一名帝王歷紀譜。
劉炫春秋述議略一卷
又春秋義囊二卷
孔穎達春秋左氏傳正義三十六卷
公羊疏三十卷
楊士勛春秋穀梁疏十二卷
黃恭密春秋指要圖一卷
李瑾春秋指掌圖十五卷
陳岳春秋折衷論三十卷
春秋災異錄六卷
春秋謚族圖五卷
陸德明三傳釋文八卷
陸希聲春秋通例三卷
趙匡春秋闡微纂類義統十卷

陸淳集傳春秋纂例十卷
又春秋辨疑七卷
集註春秋微旨三卷
盧仝春秋摘微四卷
楊蘊春秋公子譜一卷
左丘明春秋外傳國語二十一卷韋昭注。
柳宗元非國語二卷
葉眞是國語七卷
馮繼先春秋名號歸一圖
又春秋名字同異錄五卷
杜預春秋世譜七卷
張暄春秋龜鑑圖一卷
馬擇言春秋要類五卷
徐彥公羊疏三十卷
葉清臣春秋纂類十卷
孫復春秋尊王發微十二卷
又春秋總論一卷
李堯俞春秋集議略論二卷
王沿春秋集傳十五卷
章拱之春秋統微二十五卷
王哲春秋通義十二卷
又皇綱論五卷
丁副春秋演聖統例二十卷
又春秋三傳異同字一卷
朱定序春秋索隱五卷
杜諤春秋會義二十六卷
胡瑗〔六〕春秋口義五卷
劉敞春秋傳十五卷
又春秋權衡十七卷
又春秋說例十一卷

春秋意林二卷
蘇轍春秋集傳十二卷
王安石左氏解一卷
楊彥齡左氏春秋年表〔七〕二卷
又左氏蒙求二卷
沈括春秋機括二卷
趙瞻春秋論三十卷
又春秋經解義例二十卷
唐既濟春秋邦典二卷
孫覺春秋經社要義六卷
春秋經解十五卷
春秋學纂十二卷
晁補之左氏春秋傳雜論一卷
劉攽內傳國語十卷
春秋人譜一卷孫子平、練明道同撰。
朱長文春秋通志二十卷
家安國春秋通義二十四卷
張大亨春秋通訓十六卷
又五禮例宗十卷
陸佃春秋後傳〔八〕二十卷
又補遺一卷
程頤春秋傳一卷
黎錞春秋經解十二卷
王棐春秋義解十二卷
張冐德春秋傳類音十卷
韓台春秋左氏傳口音三卷
陳德寧公羊新例十四卷
又穀梁新例六卷
陰洪道注春秋敍一卷
張翰一作「幹」春秋排門顯義十卷

李撰春秋總要十卷
袁希一作「孝」政春秋要類五卷
張德昌春秋傳類十卷
沈緯春秋諫類二卷
郭翔春秋義鑑三十卷
王仲孚春秋類聚五卷
黃彬春秋敍鑑三卷
春秋精義三十卷
洪勳春秋圖鑑五卷
春秋加減一卷
王叡春秋守鑑一卷
春秋龜鑑一卷
張傑春秋指玄十卷
塗昭良春秋科義雄覽十卷
春秋應判三十卷
丁裔昌春秋解問一卷
邵川春秋括義三卷
劉英春秋列國圖一卷
春秋十二國年曆一卷
謝璺春秋綴英二卷
李塗春秋事對五卷蔡延龜注。
春秋扶懸三卷
春秋比事三卷
春秋要義十卷
春秋策問三十卷
春秋夾氏三十卷
李融春秋樞宗十卷
姜虔嗣春秋三傳纂要二十卷
惠簡春秋通略全義十五卷
元保宗春秋事要十卷

犖濬一作「濬」春秋琢瑕一卷
張傳靖左傳編紀十卷
崔昇春秋分門屬類賦三卷楊均注。
裴光輔春秋機要賦一卷
尹玉羽〔二九〕春秋音義賦十卷冉遂良注。
又春秋字源賦二卷楊文舉注。
李象續春秋機要賦一卷
玉霄春秋括囊賦集注一卷
王鄒彥春秋蒙求五卷
張傑春秋圖五卷
春秋指掌圖二卷
蹇遵品左傳引帖斷義十卷
春秋纂類義統十卷本十二卷，第二、第四闕。
春秋通義十二卷
春秋新義十卷

春秋十二國年曆一卷一名春秋齊年。
春秋文權五卷
魯有開春秋指微十卷
國語音義一卷
宋庠國語補音三卷
林槩辨國語三卷
崔表世本圖一卷
楊蘊春秋年表一卷
謝湜春秋義二十四卷
又總義三卷
崔子方春秋經解十二卷
春秋本例例要二十卷
呂奎春秋要旨十二卷
吳元緒左氏鼓吹一卷
劉易春秋經解二卷

吳孜春秋折衷十二卷
范柔中春秋見微五卷
鄒氏春秋總例一卷
謝子房春秋備對十三卷
朱振〔三〇〕春秋指要一卷
又春秋正名頤隱要旨十二卷
春秋正名頤隱旨要敍論一卷
春秋講義三卷
沈滋仁春秋興亡圖鑑一卷
陳禾春秋傳十二卷
又春秋統論一卷
任伯雨春秋繹聖新傳十二卷
鄭昻春秋臣傳三十卷
鄧驥春秋指蹤二十一卷
石公孺春秋類例十二卷

王當春秋列國諸臣傳五十一卷
張根春秋指南十卷
李棠春秋時論一卷
葉夢得春秋讞三十卷
又春秋考三十卷
春秋傳二十卷
石林春秋八卷
春秋指要總例二卷
胡安國春秋傳三十卷
又通例一卷
通旨一卷
余安行春秋新傳十二卷
韓璜春秋人表一卷
范沖〔三一〕春秋左氏講義四卷
黃叔敖春秋講義五卷

洪皓春秋紀詠三十卷
胡銓春秋集善十三卷
鄧名世春秋四譜六卷
辨論譜說一卷
劉本春秋中論三十卷
畢良史春秋正辭二十卷
環中左氏春秋二十國年表一卷
春秋列國臣子表十卷
鄭樵春秋地名譜十卷
又春秋傳十二卷
春秋考十二卷
周彥熠春秋名義二卷
毛邦彥春秋正義十二卷
王日休春秋孫復解辨失一卷
又春秋公羊辨失一卷

春秋左氏辨失一卷
春秋穀梁辨失一卷
春秋名義一卷
董自任春秋總鑑十二卷
夏沐春秋素志三百一十五卷
又春秋麟臺獨講十一卷
延陵先生講義二卷
呂本中春秋解二卷
晁公武春秋故訓傳三十卷
王炫春秋門例通解十卷
林栗經傳集解三十三卷
時瀾左氏春秋講義十卷
徐得之左氏國紀二十卷
蕭楚春秋經辨十卷
胡定春秋解十二卷

林拱辰春秋傳三十卷
陳傅良春秋後傳十二卷
又左氏章指三十卷
王汝猷春秋外傳十五卷
程迥春秋顯微例目一卷
又春秋傳二十卷
朱臨春秋私記一卷
春秋外傳十卷
王葆東宮春秋講義三卷
春秋集傳十五卷
呂祖謙春秋集解三十卷
又左傳類編六卷
左氏博議二十卷
左氏說一卷
左氏博議綱目一卷祖謙門人張成招標注。

左氏國語類編二卷祖謙門人所編。
沈棐春秋比事二十卷
李明復春秋集義五十卷
又集義綱領二卷
任公輔春秋明辨十一卷
楊簡春秋解十卷
戴溪春秋講義四卷
程公說春秋分記九十卷
春秋釋疑二十卷
春秋考異四卷
春秋加減四卷
春秋直指三卷
左氏紀傳五十卷
春秋四傳二十卷
春秋類六卷

春秋例六卷
春秋表記一卷
王侯世系一卷
春秋釋例地名譜一卷
春秋本旨五卷
左氏摘奇十二卷
並不知作者。
李浹左氏廣誨蒙一卷
章沖左氏類事始末五卷
王柏左氏正傳一十卷
高端叔春秋義宗一百五十卷
黎良能左氏釋疑、譜學各一卷
沈棐春秋比事二十卷
吳曾春秋考異四卷
又左氏發揮六卷
方淑春秋直音三卷
石朝英左傳約說一卷
又百論一卷
黃仲炎春秋通說一十三卷
辛次膺屬辭比事五卷
李孟傳左氏說十卷
程大昌演繁露六卷
李燾春秋學十卷
王應麟春秋三傳會考三十六卷
楊士勛春秋公穀考異五卷
陸宰春秋後傳補遺一卷
趙震揆春秋類論四十卷
宇文虛中春秋紀詠三十卷
王夢應春秋集義五十卷
李心傳春秋考義十三卷

魏了翁春秋要義六十卷
陳藻、林希逸春秋三傳正附論十三卷
右春秋類二百四十部，二千七百九十九卷。王柏左氏正傳以下不著錄二十三部，四百八十八卷。
古文孝經一卷凡二十二章。
鄭氏註孝經一卷
唐明皇註孝經一卷
元行沖孝經疏三卷
蘇彬孝經疏一卷
邢昺孝經正義三卷
司馬光古文孝經指解一卷
又古文孝經指解一卷
趙克孝孝經傳一卷
任奉古孝經講疏一卷
張元老講義一卷
范祖禹古文孝經說一卷
呂惠卿孝經傳一卷
吉觀國孝經新義一部卷亡。
家滋解義二卷
王文獻詳解一卷
林椿齡全解一卷
沈處厚解一卷
趙湘孝經義一卷
張師尹通義三卷
張九成解四卷
朱熹刊誤一卷

黃榦本旨一卷
項安世孝經說一卷
馮椅古孝經輯註一卷
古文孝經解一卷
袁甫孝經說三卷
王行孝經同異三卷
右孝經類二十六部，三十五卷。袁甫孝經說以下不著錄二部，六卷。
論語十卷何晏等集解。
皇侃論語疏十卷
韓愈筆解二卷
陸德明釋文一卷
馬總論語樞要十卷
陳銳論語品類七卷
論語井田圖一卷
邢昺正義十卷
周武〔三〕集解辨誤十卷
宋咸增註十卷
王令註十卷
紀亶論語摘科辨解十卷
王安石通類一卷
王雱〔三〕解十卷
孔武仲論語說十卷
呂惠卿論語義十卷
蔡申論語纂十卷
蘇軾解四卷
蘇轍論語拾遺一卷
程頤論語說一卷

劉正容重註論語十卷
陳禾論語傳十卷
晁說之講義五卷
楊時解二卷
謝良佐解十卷
范祖禹論語說二十卷
游酢雜解一卷
龔原論語解一部卷亡。
呂大臨解十卷
尹焞論語解十卷
又說一卷
侯仲良說一卷
鄒浩解十卷
汪革直解十卷
葉夢得釋言十卷
黃祖舜解義十卷
張九成解十卷
吳棫續解十卷
又考異一卷
說例一卷
喻樗玉泉論語學四卷
張栻解十卷
湯烈集程氏說二卷
倪思論語義證二十卷
葉隆古解義十卷
洪興祖論語說十卷
史浩口義二十卷
薛季宣論語小學二卷
林栗論語知新十卷
朱熹論語精義十卷

又集註十卷
集義十卷
或問二十卷
論語註義問答通釋十卷
鄭汝解義十卷
張演魯論明微十卷
意原十卷
錢文子論語傳贊二十卷
王汝猷論語歸趣二十卷
徐煥論語贅言二卷
曾幾論語義二卷
陳儀之講義二卷
姜得平本旨一卷
論語指南一卷黃祖舜、沈大廉、胡宏〔三四〕辨論。
戴溪石鼓答問三卷

東谷論語一卷不知作者。
陳耆卿論語記蒙六卷
孔子家語十卷魏王肅注。
論語玄義十卷
論語要義十卷
論語口義十卷
論語展掌疏十卷
論語閱義疏十卷
論語世譜三卷
並不知作者。
王居正論語感發十卷
畢良史〔三五〕論語探古二十卷
黃榦論語通釋十卷
又論語意原一卷
卞圜〔三六〕論語大意二十卷

高端叔論語傳一卷
眞德秀論語集編一十卷
右論語類七十三部，五百七十九卷。

魏了翁論語要義一十卷
王居正論語感發以下不著錄八部，八十二卷。

周公謚法一卷即汲冢周書謚法篇。
班固白虎通十卷
沈約謚法十卷
賀琛謚法三卷
晉陽方五經鉤沈五卷
王彥威續古今謚法十四卷
劉迅六經五卷
春秋謚法一卷即杜預春秋釋例謚法篇〔三七〕。
陸德明經典釋文三十卷
馬光極九經釋難五卷
章崇業五經釋題雜問一卷

僧十朋五經指歸五卷
蘇鶚演義十卷
劉餗六說五卷
兼講書五卷
授經圖三卷
胡旦演聖通論六十卷
劉敞七經小傳五卷
黃敏求〔三八〕九經餘義一百卷
丘光庭兼明書三卷
李肇經史釋題二卷
顏師古刊謬正俗〔三九〕八卷

李涪刊誤二卷
九經要略一卷
敍元要略一卷
謚法三卷
六家謚法二十卷范鎭〔四〇〕、周沆編。
程頤河南經說七卷
又五言集解三卷
蘇洵嘉祐謚法三卷
皇祐謚錄二十卷
楊會經解三十三卷
劉彝七經中義一百七十卷
蔡攸政和修定謚法八十卷
楊時三經義辨十卷
王居正辨學七卷
鄭樵謚法三卷

李舜臣諸經講義七卷
張九成鄉黨少儀咸有一德論孟子拾遺共一卷
張載經學理窟三卷
項安世家說十卷
附錄四卷
黃榦六經講義一卷
六經疑難十四卷不知作者。
許奕九經直音九卷
又正訛一卷
諸經正典十卷
論語尚書周禮講義十卷
楊甲六經圖六卷
林觀過經說一卷
戴勛西齋凊選二卷

葉仲堪六經圖七卷
俞言六經圖說十二卷
張貴謨泮林講義三卷
周士貴經括一卷
游桂經學十二卷
九經經旨策義九卷不知作者。
姜得平詩書遺意一卷
沈貴瑤四書要義七篇
右經解類五十八部，七百五十三卷。

張九成中庸大學孝經說各一卷
又四書解六十五卷
張綱六經辨疑五卷
又確論十卷
李燾五經傳授一卷
王應麟六經天文編六卷
陳應隆四書輯語四十卷
劉元剛三經演義一十一卷孝經、論、孟。
沈貴瑤四書要義以下不著錄九部，一百四十六卷、篇。

爾雅三卷郭璞注。
孔鮒小爾雅一卷
楊雄方言十四卷
史游急就章一卷
劉熙釋名八卷

許愼說文解字十五卷
孫炎爾雅疏十卷
高璉爾雅疏七卷
徐鍇說文解字繫傳四十卷
又說文解字韻譜十卷

說文解字通釋四十卷
僧曇械補說文解字三十卷
錢承志說文正隸三十卷
張揖廣雅音三卷
呂忱字林五卷
曹憲博雅十卷
顧野王玉篇三十卷
韋昭辨釋名一卷
王僧虔評書一卷
梁武帝評書一卷
千字文一卷梁周興嗣次韻。
顏之推證俗音字四卷
又字始三卷
虞荔鼎錄一卷
蕭該漢書音義三卷

陸法言廣韻五卷
唐玄宗開元文字音義二十五卷
庾肩吾書品論一卷
陸德明經典釋文三十卷
又爾雅音義二卷
顏元孫干祿字書一卷
李嗣眞書後品一卷
續古今書人優劣一卷
王之明述書後品一卷
張懷瓘書詁一卷
又評書藥石論一卷
六體論一卷
古文大篆書祖一卷
書斷三卷
顏眞卿筆法一卷

又韻海鑑源十六卷
朱禹善書評一卷
又有唐名書贊一卷
林罕字源偏傍小說三卷
金華苑二十卷
張參五經文字五卷
李商隱蜀爾雅三卷
顏師古急就篇注一卷
虞世南筆髓法一卷
唐玄度九經字樣一卷
又十體書一卷
張彥遠法書要錄十卷
杜林岳集備要字錄二卷
王僧虔圖書會粹六卷
呂總續古今書人優劣一卷

蔡希宗法書論一卷
劉伯莊史記音義二十卷
裴瑜爾雅注五卷
僧守溫清濁韻鈐一卷
黃伯思東觀餘論二卷
竇儼義訓十卷
崔逢玉璽譜一卷嚴士元重修，宋魏損潤色。
郭忠恕佩觿三卷
又汗簡集七卷
辨字圖四卷
歸字圖一卷
正字賦一卷
孫季昭決疑賦二卷
徐玄三家老子音義一卷
鄭文寶玉璽記一卷

景德韻略一卷戚綸等詳定。
宋高宗評書一卷亦名翰墨志。
邢昺爾雅疏十卷
歐陽融經典分毫正字一卷
沈立稽正辨訛一卷
唐耜字說集解三十册卷亡。
錢惟演飛白書敍錄一卷
周越古今法書苑十卷
祝充韓文音義五十卷
李舟切韻五卷
丘世隆切韻搜隱五卷
劉熙古切韻拾玉〔三〕五卷
胡元質西漢字類五卷
陳天麟前漢通用古字韻編五卷
陳彭年等重修廣韻五卷

韻詮十四卷
僧師悅韻關一卷
丘雍校定韻略五卷
韻選五卷
韻源一卷
孫愐唐韻五卷
天寶元年集切韻五卷
釋猷智〔三〕辨體補修加字切韻五卷
丁度集韻〔四〕十卷
又景祐禮部韻略五卷
墨藪一卷不知作者。
賈昌朝羣經音辨三卷
夏竦重校古文四聲韻五卷
又聲韻圖一卷
司馬光切韻指掌圖一卷

又類編四十四卷
劉溫潤羌爾雅一卷
宋祁摘粹一卷
歐陽脩集古錄跋尾六卷　又二卷
句中正雍熙廣韻一百卷　序例一卷
又三體孝經一卷
楊南仲石經七十五卷
又三體孝經一卷
燕誨字傍辨誤一卷
道士謝利貞玉篇解疑三十卷
象文玉篇二十卷
石懷德隸書賦一卷
褚長文書指論一卷
李訓範金錄一卷
翰林隱術一卷

荆浩筆法一卷
韋氏筆寶兩字五卷
徐浩書譜一卷
又古跡記一卷
宋敏求寶刻叢章三十卷
劉敞先秦古器圖一卷
李行中引經字源二卷
朱長文續書斷二卷
王安石字說二十四卷
米芾書評一卷
又寶章待訪集一卷
呂大臨考古圖十卷
李公麟古器圖一卷
陸佃爾雅新義二十卷
埤雅二十卷

蔡京崇寧鼎書一卷
張有復古編二卷
政和甲午祭禮器款識一卷
王楚鍾鼎篆韻二卷
吳棫韻補五卷
董衡唐書釋音二十卷
竇苹〔四〕唐書音訓四卷
宣和重修博古圖錄三十卷
趙明誠金石錄三十卷
又別本三十卷
薛尚功重廣鍾鼎篆韻七卷
歷代鍾鼎彝器款識法帖二十卷
張孟押韻十卷
許冠韻海五十卷
吳秊童訓統類一卷

鄭樵石鼓文考一卷
又字始連環二卷
象類書十一卷
論梵書三卷
爾雅註三卷
書考六卷
通志六書略五卷
郟升卿四聲類韻二卷
又聲韻類例一卷
淳熙監本禮部韻略五卷
劉球隸韻略七卷
潘緯柳文音義三卷
僧應之臨書關要一卷
呂本中童蒙訓三卷
周燔六經音義十三卷

李盛六經釋文二卷
黃褒班書韻編五卷
張貴石經注文考異四十卷
洪适隸釋二十七卷
隸續二十一卷
史浩童丱須知三卷
朱熹小學之書四卷
又四子四卷
程端蒙小學字訓一卷
呂祖謙少儀外傳二卷
陳淳北溪字義二卷
婁機班馬字類〔五〕二卷
漢隸字源六卷
廣干祿字書五卷
古鼎法帖五卷

楊師復漢隸釋文二卷
馬居易漢隸分韻七卷
翟伯壽籀史〔六〕二卷
胡寅注敍古千文一卷
呂氏敍古千文一卷
慶元嘉定古器圖六卷
僧妙華互注集韻二十五卷
羅點清勤堂法帖六卷
李從周字通一卷
遼僧行均龍龕手鑑四卷
黃伯思法帖刊誤一卷
釋元沖五音韻鏡一卷
施宿大觀法帖總釋二卷
又石鼓音一卷
蔡氏口訣一卷名亡。

書錄一卷
書隱法一卷
筆陣圖一卷
西漢字類一卷
纂注禮部韻略五卷
翰林禁經三卷
臨汝帖三卷
筆苑文詞一卷
法帖字證十卷
正俗字十卷
書斷例傳五卷
洪韻海源二卷

互注爾雅貫類一卷
諸家小學總錄二卷
集古系時十卷
蕃漢語一卷
並不知作者。
劉紹祐字學摭要二卷
洪邁次李翰蒙求三卷
集齋彭氏小學進業廣記一部
王應麟蒙訓四十四卷
又小學紺珠十卷
小學諷詠四卷
補注急就篇六卷

右小學類二百六部，一千五百七十二卷。劉紹祐字學摭要以下不著錄六部，六十九卷。

凡經類一千三百四部，一萬三千六百八卷。

校勘記

〔一〕蓋以寧宗以後史之所未錄者　考異卷七三以「蓋」字是「盍」字的刊本之譌，疑是。

〔二〕蘇源明　原作「蘇元明」，據晁公武郡齋讀書志（以下簡稱郡齋志）卷一、俞文豹吹劍錄四錄改。

〔三〕史文徽　陳振孫直齋書錄解題（以下簡稱書錄解題）卷一作「史之徽」，通志卷六三藝文略作「史之證」，通考卷一七五經籍考作「史證」，清輯本周易口訣義據永樂大典定爲「史徵」。

〔四〕縱康乂　四庫闕書目（輯本）、祕書省續四庫書目都作「縱匡乂」，「康」字蓋宋人諱改。

〔五〕陰洪道　新唐書卷五七藝文志、玉海卷三六都作「陰弘道」，「洪」字蓋宋人諱改。本志下文同。

〔六〕晁說之　原作「晁補之」，據郡齋志卷一、書錄解題卷一、玉海卷三六改。

〔七〕占法　卷數原闕，書錄解題卷一作「一卷」。

〔八〕鄭夫　按：郡齋志卷一、玉海卷三六有周易傳十二卷，鄭夬揚庭撰；並說：「姚嗣宗謂劉牧之學受之吳祕，祕受之夬。」疑「鄭夫」當作「鄭夬」。

〔九〕司馬康等無逸講議　「康」原作「光」。按：郡齋志卷一、玉海卷三七引中興館閣書目（以下簡稱書目）都作「康」；書目並說：「元祐五年二月壬寅，講無逸終篇，侍講司馬康、吳安詩、范祖禹等錄爲講義一卷。」「光」當爲「康」之訛，據改。

〔一〇〕劉宇　原作「劉字」，據書錄解題卷二、鄭樵通志（以下簡稱通志）卷六三藝文略、玉海卷三八改。
〔一一〕徐衎　玉海卷三九引續中興館閣書目（以下簡稱續書目）作「徐筠」。
〔一二〕宋祁　原作「宋郊」，據本書卷一二六樂志、長編卷一一九、玉海卷一〇五改。
〔一三〕聶冠卿　原作「聶崇義」。按：聶崇義宋初人，未及景祐制樂。據本書卷一二六樂志、長編卷一
一九、通考卷一八六經籍考改。
〔一四〕五代周竇儼　「五代」原作「三代」，「竇儼」原作「竇嚴」。據本書卷二六三竇儼傳、通考卷一
八六經籍考改。
〔一五〕王大方琴聲韻圖　「王大方」，新唐書卷五七藝文志、玉海卷一一〇都作「王大力」。又「琴聲韻
圖」都作「琴聲律圖」。
〔一六〕胡瑗　原作「朱瑗」，據書錄解題卷三、通志卷六三藝文略改。
〔一七〕左氏春秋年表　「年表」原作「集表」，據玉海卷四〇改。
〔一八〕春秋後傳　「後」字原脫，據本書卷三四三本傳、書錄解題卷三、玉海卷四〇補。
〔一九〕尹玉羽　「羽」下原衍「卿」字，據宋會要崇儒五之二〇、玉海卷五九、舊五代史卷九三本傳刪。
〔二〇〕朱振　玉海卷四〇作「朱震」，疑是。朱震，本書卷四三五有傳。
〔二一〕范沖　原作「范仲」，據玉海卷四〇改。范沖，本書卷四三五有傳。本志下文同改。

〔二二〕周武　玉海卷四一作「周式」，通志卷六三藝文略有周式撰論語辨。疑「周武」爲「周式」之譌。
〔二三〕王雱　原作「王雩」。按：王雱是安石之子，字元澤，本書卷三二七有傳。遂初堂書目著錄王元
澤論語解，宋會要崇儒五之二七也稱王雱撰論語義。「雩」當爲「雱」之訛，據改。
〔二四〕黃祖舜沈大廉胡宏　「舜」原作「禹」，「胡」原作「明」。據書錄解題卷三、玉海卷四二改。
〔二五〕畢良史　原作「章良史」。按：書錄解題卷三作「畢良史」；上文及玉海卷四〇有「畢良史春秋
正辭二十卷」。楊萬里誠齋集卷一二三題畢少董繙經圖說：畢良史，字少董，紹興初陷金，閉戶
著春秋正辭、論語探古。「章」字當爲「畢」字之訛，據改。
〔二六〕卞圜　原作「卞圖」，據書錄解題卷三、通考卷一八四經籍考改。
〔二七〕謚法篇　「謚」字原脫，據玉海卷五四補。
〔二八〕黃敏求　宋會要崇儒五之一九、玉海卷四二引實錄都作「黃敏」。
〔二九〕刋謬正俗　按新唐書卷五七藝文志作「匡謬正俗」，書錄解題卷二作「糺謬正俗」，本書卷二〇五
藝文志作「糾繆正俗」。「刋」、「糾」蓋宋人諱改。
〔三〇〕范鎮　原作「范正」。按宋會要禮五八之四、玉海卷五四、通考卷一八八經籍考，「范正」應是
「范鎮」之誤，據改。
〔三一〕劉熙古切韻拾玉　「熙」原作「希」，「拾」原作「十」。據本書卷二六三本傳、玉海卷四五改。下文
「劉熙古」同改。
〔三二〕猷智　二字原倒置，據新唐書卷五七藝文志、通志卷六四藝文略、玉海卷四四乙正。
〔三三〕集韻　原作「切韻」。按：郡齋志卷四、通志卷六四藝文略都作「集韻」；今傳本也作「集韻」。據
改。
〔三四〕竇莘　郡齋志卷七、書錄解題卷四、玉海卷四九都作「竇苹」，疑是。
〔三五〕班馬字類　原作「班馬字韻」，據本書卷四一〇本傳、書錄解題卷三改。
〔三六〕籀史　原作「籀文」，據書錄解題卷一四、遂初堂書目、通考卷一九〇經籍考改。

宋史卷二百三

志第一百五十六

藝文二

史類十三：一曰正史類，二曰編年類，三曰別史類，四曰史鈔類，五曰故事類，六曰職官類，七曰傳記類，八曰儀注類，九曰刑法類，十曰目錄類，十一曰譜牒類，十二曰地理類，十三曰霸史類。

司馬遷史記一百三十卷裴駰等集注。
又史記一百三十卷陳伯宣注。
班固漢書一百卷顏師古注。
范曄後漢書九十卷章懷太子李賢注。
趙抃新校前漢書一百卷
余靖漢書刊誤三十卷
劉昭補注後漢志三十卷
陳壽三國志六十五卷裴松之注。

房玄齡晉書一百三十卷
楊齊宣晉書音義〔一〕三卷
沈約宋書一百卷
蕭子顯南齊書五十九卷
姚思廉梁書五十六卷
又陳書三十六卷
魏收後魏書一百三十卷
魏澹後魏書紀一卷本七卷。
張太素後魏書天文志二卷本百卷，惟存此。
李百藥北齊書五十卷
令狐德棻後周書五十卷
顏師古隋書八十五卷
柳芳唐書一百三十卷　唐書敍例目一卷
劉煦唐書二百卷
歐陽脩、宋祁新唐書二百五十五卷　目錄一卷
李繪補注唐書二百二十五卷
薛居正五代史一百五十卷
歐陽脩新五代史七十四卷徐無黨注。
張守節史記正義三十卷
司馬貞史記索隱三十卷
張泌漢書刊誤一卷
三劉漢書標注六卷劉敞、劉攽、劉奉世。
劉攽漢書刊誤四卷
呂夏卿唐書直筆新例一卷
吳縝新唐書糾繆二十卷
又五代史纂誤三卷
張昭遠朱梁列傳十五卷
後唐列傳三十卷
任諒史論三卷

韓子中新唐史辨惑六十卷
吳仁傑兩漢刊誤補遺十卷
富弼前漢書綱目一卷
劉巨容漢書纂誤二卷
汪應辰唐書列傳辨證二十卷
西漢刊誤一卷不知作者。
王旦國史一百二十卷
呂夷簡宋三朝國史一百五十五卷
鄧洵武神宗正史一百二十卷
王珪宋兩朝國史一百二十卷
王孝迪哲宗正史二百一十卷
李燾、洪邁宋四朝國史三百五十卷
宋名臣錄八卷
宋勳德傳一卷
宋兩朝名臣傳三十卷
咸平諸臣錄一卷
熙寧諸臣傳四卷
兩朝諸臣傳三十卷
並不知作者。
張唐英宋名臣傳五卷
葛炳奎國朝名臣敍傳二十卷

右正史類五十七部，四千四百七十三卷。葛炳奎國朝名臣敍傳不著錄一部，二十卷。

荀悅漢紀三十卷
袁宏後漢紀三十卷
胡旦漢春秋一百卷
問答一卷

皇甫謐帝王世紀九卷
竹書三卷荀勗、和嶠編。
蕭方等〔二〕三十國春秋三十卷
孫盛晉陽秋〔三〕三十卷
杜延業晉春秋略二十卷
裴子野宋略二十卷
王通元經薛氏傳十五卷
馬總通曆十卷
柳芳唐曆四十卷
崔龜從續唐曆二十二卷
裴煜之唐太宗建元實跡一卷
路惟衡帝王曆數圖十卷
陳嶽唐統紀一百卷
丘悅三國典略二十卷
封演古今年號錄一卷
薛璫〔四〕大唐聖運圖略三卷
帝王照錄一卷
王起五位圖三卷
苗台符古今通要四卷
馬永易元和錄三卷
大唐中興新書紀年三卷不知作者。
韋昭度續皇王寶運錄十卷
程正柔〔五〕大唐補紀三卷
淩璠〔六〕唐錄政要十三卷
唐天祐二年日曆一卷
杜光庭古今類聚年號圖一卷
唐創業起居注三卷溫大雅撰。
唐高祖實錄二十卷許敬宗、房玄齡等撰。
唐太宗實錄四十卷許敬宗撰。
唐高宗後修實錄〔七〕三十卷

唐武后實錄二十卷
唐中宗實錄二十卷
唐睿宗實錄十卷 又五卷
並劉知幾、吳兢撰。
唐玄宗實錄一百卷元載、令狐峘撰。
唐肅宗實錄三十卷元載撰。
唐代宗實錄四十卷令狐峘撰。
唐德宗實錄五十卷裴垍〔八〕等撰。
唐建中實錄十五卷沈既濟撰。
唐順宗實錄五卷韓愈撰。
唐憲宗實錄四十卷
唐穆宗實錄二十卷
並路隋等撰。
唐敬宗實錄十卷李讓夷等撰。
唐文宗實錄四十卷魏謩〔九〕修撰。

唐武宗實錄二十卷
唐宣宗實錄三十卷
唐懿宗實錄二十五卷
唐僖宗實錄三十卷
唐昭宗實錄三十卷
唐哀帝實錄〔一〇〕八卷
並宋敏求撰。
五代梁太祖實錄三十卷張袞、郄象等撰。
五代唐懿祖紀年錄〔一一〕一卷
五代唐獻祖紀年錄一卷
五代唐莊宗實錄三十卷
並趙鳳、張昭遠等撰。
五代唐明宗實錄三十卷姚顗等撰。
五代唐愍帝實錄三卷張昭遠撰。
五代唐廢帝實錄十七卷張昭等同撰。

五代晉高祖實錄三十卷
五代晉少帝實錄二十卷
並竇貞固等撰。
五代漢高祖實錄十卷蘇逢吉等撰。
五代漢隱帝實錄十五卷
五代周太祖實錄三十卷
並張昭、尹拙、劉溫叟等撰。
五代周世宗實錄四十卷宋王溥等撰。
南唐烈祖實錄二十卷高遠撰。
後蜀高祖實錄三十卷
後蜀主實錄四十卷
並李昊撰。
宋太祖實錄五十卷李沆、沈倫修。
太宗實錄八十卷錢若水修。
眞宗實錄一百五十卷晏殊等同修。

仁宗實錄二百卷韓琦等修。
英宗實錄三十卷曾公亮等修。
神宗實錄朱墨本三百卷舊錄本用墨書，添入者用朱書，删去者用黃抹。
宋高宗日曆一千卷
孝宗日曆二千卷
光宗日曆三百卷
寧宗日曆五百一十卷 重修五百卷
神宗實錄〔一二〕二百卷趙鼎、范沖重修。
神宗實錄考異五卷范沖撰。
哲宗實錄一百五十卷
徽宗實錄二百卷
並湯思退進。
徽宗實錄二百卷李燾重修。
欽宗實錄四十卷洪邁修。

高宗實錄五百卷傅伯壽撰。
孝宗實錄五百卷
光宗實錄一百卷
並傅伯壽、陸游等修。
寧宗實錄四百九十九册
理宗實錄初稿一百九十册
理宗日曆二百九十二册
又日曆一百八十册
度宗時政記七十八册
德祐事蹟日記四十五册
孫光憲續通曆十卷
范質五代通錄六十五卷
劉蒙叟甲子編年二卷
顯德日曆一卷周扈蒙、董淳、賈黃中撰。
龔穎運曆圖三卷

陳彭年唐紀四十卷
宋庠紀年通譜十二卷
鄭向五代開皇記三十卷
兩朝實錄大事二十卷
王玉文武賢臣治蜀編年志一卷
武密帝王興衰年代錄二卷
五代春秋一卷
十代編年紀一卷
並不知作者。
章寔歷代統紀一卷
司馬光資治通鑑三百五十四卷
又資治通鑑舉要曆八十卷
通鑑前例一卷
稽古錄二十卷
歷年圖六卷

通鑑節要六十卷
帝統編年紀事珠璣十二卷
歷代累年二卷
劉恕資治通鑑外紀十卷
又疑年譜一卷
通鑑問疑一卷
章衡編年通載十卷
王巖叟繫年錄一卷
元祐時政記一卷
諸葛深紹運圖一卷
楊備歷代紀元賦一卷
胡仔孔子編年五卷
朱繪歷代帝王年運銓要十卷
司馬康通鑑釋文六卷
李燾續資治通鑑長編一百六十八卷

又四朝史稿五十卷
江左方鎭年表十六卷
混天帝王五運圖古今須知一卷
宋政錄十二卷
宋異錄一卷
宋年表一卷 又年表一卷
史炤資治通鑑釋文三十卷
晁公遹歷代記年十卷
熊克九朝通略一百六十八卷
中興小曆四十一卷
呂祖謙大事記二十七卷
又宋通鑑節五卷
呂氏家塾通鑑節要二十四卷
朱熹通鑑綱目五十九卷
又提要五十九卷

宋聖政編年十二卷不知作者。
汪伯彥建炎中興日曆一卷
袁樞通鑑紀事本末四十二卷
喩漢卿通鑑總攷一百十二卷
吳曾南北征伐編年二十三卷
徐度國紀六十五卷
胡宏皇王大紀八十卷
李丙丁未錄二百卷
李心傳建炎以來繫年要錄二百卷
國史英華一卷不知作者。
何許甲子紀年圖一卷
曾慥通鑑補遺一百篇
李孟傳讀史十卷

崔敦詩通鑑要覽六十卷
王應麟通鑑答問四卷
胡安國通鑑舉要補遺一百二十卷
沈樞通鑑總類二十卷
張根歷代指掌編九十卷
李心傳孝宗要略初草二十三卷
張公明大宋綱目一百六十七卷
洪邁節資治通鑑一百五十卷
又太祖太宗本紀三十五卷
又四朝史紀三十卷
又列傳一百三十五卷
黃維之太祖政要一十卷
呂中國朝治迹要略十四卷

右編年類一百五十一部，一萬五百七十五卷。寧宗實錄以下不著錄六部，無卷。曾慥通鑑補遺以下不著錄十五部，九百六十八卷。

王瓘廣軒轅本紀一卷
汲冢周書十卷
郭璞注穆天子傳六卷
趙曄吳越春秋十卷
皇甫遵注吳越春秋十卷
司馬彪九州春秋十卷
趙瞻史記牴牾論五卷
漢書問答五卷
劉珍等東觀漢紀八卷
孔衍春秋後語十卷
李延壽南史八十卷
又北史一百卷
元行沖後魏國典三十卷
金陵六朝記一卷

王豹金陵樞要一卷
李匡文漢後隋前瞬貫圖一卷
李康唐明皇政錄十卷
袁皓興元聖功錄〔三〕
功臣錄三十卷
唐僖宗日曆一卷
劉肅唐新語十三卷
唐總記三卷
渤海塡唐廣德神異錄四十五卷
歐陽迥一作「炯」唐錄備闕十五卷
裴潾大和新修辨謗略三卷
程光榮〔四〕一作「柔」唐補注記「注記」一作「紀」三卷
曹玄圭唐列聖統載圖十卷

郭脩唐年紀錄一卷
南卓唐朝綱領圖五卷
唐紀年記二卷
吳兢開元名臣錄三卷
又唐太宗勳史一卷
唐書備闕記十卷
高峻小史一百十卷
許嵩建康實錄二十卷
張詢古五代新說二卷
劉軻帝王曆數歌一卷
又唐年歷〔五〕一卷
裴庭裕東觀奏記三卷
新野史十卷題「顯德元年終南山不名子撰」。
張傳靖唐編記一作「紀」十卷
胡旦唐乘一作「策」七十卷

王沿唐志二十一卷
孫甫唐史記七十五卷
王皥唐餘錄六十卷
李匡文兩漢至唐年紀一卷
王禹偁五代史闕文二卷
陶岳五代史補五卷
詹玠唐宋遺史四卷
劉直方大唐機要三十卷
蘇轍古史六十卷
孫沖五代紀七十七卷
王軫五朝春秋二十五卷
劉攽五代春秋一部卷亡。
劉恕十國紀年四十二卷
常璩華陽國志十卷
江南志二十卷

李清臣平南事覽二十卷
吳書實錄三卷記楊行密事。
眞宗聖政紀一百五十卷
又政要十卷
仁宗觀文覽古圖記十卷
丁謂大中祥符奉祀記五十卷　目二卷
又大中祥符迎奉聖像記二十卷　目二卷
李維大中祥符降聖記五十卷　目三卷
王欽若天禧大禮記五十卷　目二卷
呂夷簡三朝寶訓三十卷
李淑三朝訓覽圖十卷
錢惟演咸平聖政錄三卷
李昭遘永熙政範二卷
張商英神宗正典六卷
林希兩朝寶訓二十一卷

舒亶元豐聖訓三卷
六朝寶訓一部卷亡。
鄭居中崇寧聖政二百五十五册
又聖政錄三百二十三册
賈緯備史六卷
史系二十卷
楊九齡正史雜論十卷
河洛春秋二卷
歷代善惡春秋二十卷
李筌閫外春秋十卷
薛韜玉帝照一卷
沈汾元類一卷
楊岑皇王寶運錄三十卷
瞿一作「翟」曭帝王受命編年錄三十卷
徐廙三朝革命錄三卷

錢信皇猷錄一卷
歷代鴻名錄八卷
韋光美嘉號錄一卷
崔倜帝王授受圖一卷
牛檢帝王事迹相承圖三卷
歷代君臣圖二卷
龔穎年一作「運」曆圖八卷
賈欽文古今年代曆〔一六〕一卷
張敦素通記一作「紀」建元曆二卷
柳璨〔一七〕補注正閏位曆三卷
杜光庭帝王年代州郡長曆二卷
王起五運圖一卷
曹玄圭五運圖一作「錄」十二卷
張洽五運元紀一卷
古今帝王記十卷
衞牧帝王眞僞記七卷
紀年志一卷
武密帝王年代錄三十卷
鄭伯邕帝王年代圖一卷
　又帝王年代記三卷
焦璐聖朝年代記一作「紀」十卷
韋光美帝王年號圖一卷
汪奇古今帝王年號錄一卷
李昉歷代年號一卷
蓋君平重編史雋三十卷
孫昱十二國史十二卷
西京史略二卷
史記掇英五卷
　並不知作者。
鄭樵通志二百卷

蕭常續後漢書四十二卷
李杞改修三國志六十七卷
陳傅良建隆編一卷一名開基事要。
蔡幼學宋編年政要四十卷
　又宋實錄列傳舉要十二卷
洪偃五朝史述論八卷洪邁孫。
趙甡之〔一八〕中興遺史二十卷
樓昉中興小傳一百篇

右別史類一百二十三部，二千二百十八卷。趙甡之中興遺史以下不著錄二部，一百二十卷篇。

馬史精略五十六卷
趙世逢兩漢類要二十卷
周護三史菁英三十卷
　十七史贊三十卷
三代說辭十卷不知作者。
孫玉汝南北史練選十八卷
史略三卷
楊侃兩漢博聞十二卷
林鉞漢雋十卷
宗諫三國採要六卷
薛儆晉書金穴鈔十卷
荀綽晉略九卷
張陟晉略二十卷
杜延業晉春秋略二十卷
晉史獵精一百三十卷
胡寅讀史管見三十卷

　又三國六朝攻守要論十卷
趙氏六朝採要十卷
杭㬢金陵六朝帝王統紀一卷
薛韜玉唐要錄二卷
張栻通鑑論篤四卷
孫甫唐史論斷二卷
石介唐鑑五卷
范祖禹唐鑑十二卷
　又帝學八卷
陳季雅兩漢博議十四卷
李舜臣江東十鑑一卷
陳傅良西漢史鈔十七卷
東萊先生西漢財論十卷呂祖謙論，門人編。
劉熙古歷代紀要五十卷
喬舜古今語要十二卷
賈昌朝通紀八十卷
趙善譽讀史興地考六十三卷一名興地通鑑。
裴松之國史要覽二十卷
鄭暐史雋十卷
曹化史書集類三卷
朱黼紀年備遺正統論一卷
唯室先生兩漢論一卷陳長方。
張唐英唐史發潛六卷
倪遇漢論十三卷
陳惇修唐史斷二十卷
王諫唐史名賢論斷二十卷
程鵬唐史屬辭四卷
　唐帝王號宰臣錄十卷
名賢十七史確論一百四卷不知作者。
胡旦五代史略四十二卷

韓保升文行錄五十卷
李皐續帝學一卷
姚廣賓諸史臣讜八卷
鄭少微唐史發揮十二卷
陳天麟前漢六帖十二卷
陳應行讀史明辨二十四卷
　又讀史明辨續集五卷
師古三國志質疑十四卷
　又西漢質疑十九卷
　　東漢質疑九卷
何博士備論四卷何去非。
陳亮通鑑綱目二十三卷
葉學士唐史鈔十卷不知名。
唐仲友唐史義十五卷
　又續唐史精義十卷
楊天惠三國人物論三卷
李石世系手記一卷
兩漢著明論二十卷
十二國史略三卷
章華集三卷
縱橫集二十卷
十三代史選五十卷
南史摭實韻句三卷
議古八卷
史譜七卷
五代纂要賦一卷
國朝撮要一卷
約論十卷
　並不知作者。
李燾歷代宰相年表三十三卷

又唐宰相譜一卷
李心傳舊聞證誤十五卷
王謝世表一卷
龔敦頤符祐本末一十卷
五代三衙將帥年表一卷
洪邁記紹興以來所見二卷
寶濟皇朝名臣言行事對十二卷

右史鈔類七十四部，一千三百二十四卷。李燾歷代宰相年表以下不著錄八部，七十五卷。

班固漢武故事五卷
韋述集賢注記二卷
蔡邕獨斷二卷
崔光庭〔一〇〕德宗幸奉天錄一卷
裴烜之承祚實跡一卷
沈既濟選舉志三卷
王綝魏鄭公諫錄〔九〕五卷
馬宇鳳池錄五卷
武平一景龍文館記十卷
韋執誼翰林故事一卷
吳兢貞觀政要十卷
李吉甫元和國計略一卷
又開元昇平源一卷
劉公鉉鄴城舊事六卷
蘇瓌中樞龜鑑一卷
韋處厚翰林學士記一卷
韓琬御史臺記十二卷
元稹承旨學士院記一卷

李德裕西南備邊錄一卷
樂史貢舉故事二十卷　目一卷
又兩朝獻替記二卷
鄭畋〔一一〕敕語堂判五卷
次柳氏舊聞一卷〔一二〕
李巨川勤王錄二卷
令狐澄貞陵遺事一卷
楊鉅翰林舊規一卷
令狐綯制表疏一卷
張著翰林盛事一卷
李司空論事七卷唐蔣偕編，李絳所論。
李構御史臺故事三卷
南卓綱領圖一卷
李肇翰林內誌一卷
鄭處誨明皇雜錄二卷
又翰林志一卷
又天寶西幸略一卷
蘇易簡續翰林志二卷
吳湘事迹一卷不知作者。
杜悰事迹〔一三〕一卷
王仁裕開元天寶遺事一卷
梁宣底三卷
盧駢御史臺三院因話錄一卷
汾陰后土故事三卷自漢至唐。
柳玭續貞陵遺事一卷
武成王配饗事迹二十卷
鄭向起居注故事三卷
並不知作者。
蘇頌邇英要覽一部卷亡。
林勳國朝典要雜編一卷

李大性典故辨疑二十卷
高宗聖政典章十卷不知作者。
呂夷簡、林希進五朝寶訓六十卷
宋朝大詔令二百四十卷紹興中，出於宋綬家。
三朝太平寶訓二十卷
永熙寶訓二卷李昉子宗諤纂。
三朝訓鑒圖十卷仁宗製序。
仁宗觀文鑒古圖十卷
沈該進神宗寶訓一百卷
王洙祖宗故事二十卷
神宗寶訓五十卷不知集者姓名〔一四〕。
李淑耕籍類事五卷
洪邁集哲宗寶訓六十卷
林特東封西祀朝謁太清宮慶賜總例二十六卷
欽宗寶訓四十卷
高宗聖政六十卷
韓絳治平會計錄六卷
高宗寶訓七十卷
李常元祐會計錄三卷
孝宗寶訓六十卷
崔立故事稽疑十卷
並國史實錄院進。
孝宗聖政五十卷
史彌遠孝宗寶訓六十卷
彭龜年內治聖鑒二十卷
紹興求賢手詔一卷
光宗聖政三十卷
高宗孝宗聖政編要〔一五〕二十卷乾道、淳熙中修。
富弼契丹議盟別錄五卷

朱勝非秀水閑居錄二卷
又會稽和買事宜錄七卷
呂本中紫微雜記一卷
程大昌北邊備對六卷
蔡絛北征紀實二卷
慶曆邊議三卷
万俟卨太后回鑾事實十卷
開禧通和錄一卷
湯思退等永祐陵迎奉錄十卷
開禧持書錄二卷
大惟簡塞北紀實三卷
開禧通問本末一卷
宋敏求朝貢錄二十卷
金陵叛盟記十卷
張養正六朝事迹十四卷
並不知作者。
吳彥夔六朝事迹別集十四卷
宋庠〔一七〕尊號錄一卷
韓元吉金國生辰語錄一卷
又掖垣叢志三卷
劉珙江東救荒錄五卷
董煟活民書三卷
宋介執禮集二卷
又活民書拾遺一卷
陳曄通州鬻海錄一卷
史館故事錄三卷
龔頤正續稽古錄一卷
五國故事二卷
洪遵翰苑羣書〔一六〕三卷
並不知作者。

尉遲偓中朝故事二卷
孔武仲金華講義十三卷
王禹偁建隆遺事一卷
田錫三朝奏議五卷
曾致堯淸邊前要五十卷
李至皇親故事一卷
杜鎬鑄錢故事一卷
丁謂景德會計錄六卷
王曙羣牧故事三卷
兩朝誓書一卷景德中，與契丹往復書(二八)。
辛怡顯雲南錄三卷
沈該翰林學士年表一卷
蘇耆次續翰林志一卷
錢惟演金坡遺事三卷
晁迥別書金坡遺事一卷
李宗諤翰林雜記一卷
王皡言行錄一卷
王旦名賢遺範錄十四卷
余靖國信語錄一卷
李淑三朝訓鑒圖十卷
陳湜三朝逸史一卷
沈立河防通議一卷
富弼救濟流民經畫事件一卷
田況皇祐會計錄六卷
陳次公安南議十篇
宋咸(二九)朝制要覽十五卷
李上交近事會元五卷
范鎭國朝事始一卷
又東齋記事十二卷
太平盛典三十六卷

國朝寶訓二十卷
慶曆會計錄二卷
經費節要八卷
並不知作者。
張唐英君臣政要四十卷
陳襄國信語錄一卷
趙槩日記一卷
司馬光日錄三卷
郟亶吳門水利四卷
王安石熙寧奏對七十八卷
程師孟奏錄一卷
羅從彥宋遵堯錄八卷
何澹歷代備覽二卷
王禹玉家三世書誥一卷
司馬光涑水記聞三十二卷
周必大鑾坡錄一卷
又淳熙玉堂雜記一卷
陳模東宮備覽一卷
三朝政錄十二卷
廣東西城錄一卷
交廣圖一卷
並不知作者。
曾鞏宋朝政要策一卷
畢仲衍中書備對十卷
李淸臣、張誠一元豐土貢錄二卷
龐元英文昌雜錄七卷
韓絳、吳充樞密院時政記十五卷
蘇安靜邊說一卷
薛向邊陲利害三卷
仁宗君臣政要二十卷不知何人編。

范祖禹仁皇訓典六卷
曾鞏德音寶訓三卷
汪浹榮觀集五卷
張舜民使遼錄(三〇)一卷
宋匪躬館閣錄十一卷
劉永壽章獻事迹一卷
曾布三朝正論二卷
林虙元豐聖訓二十卷
家安國平蠻錄三卷
羅畸蓬山記五卷
明堂詔書一卷不知集者。
高韋鹽池錄一卷
吳若虛崇聖恢儒集三卷
洪楡創業故事十二卷
耿延禧建炎中興記一卷
程俱麟臺故事五卷
洪興祖續史館故事錄一卷
張戒政要一卷
李源三朝政要增釋二十卷
歐陽安永祖宗英睿龜鑑十卷
陳騤中興館閣錄十卷
趙緦廣南市舶錄三卷
嚴守則通商集三卷
契丹禮物錄一卷
金華故事一卷
兩朝交聘往來國書一卷
並不知作者。
臧梓呂丞相勤王記一卷
李攸通今集二十卷
又宋朝事實三十五卷

袁夢麟漢制叢錄二十卷
倪思合宮嚴父書一卷
詹儀之淳熙經筵日進故事一卷
又淳熙東宮日納故事一卷
李心傳建炎以來朝野雜記十一卷
又朝野雜記甲集二十卷　乙集二十卷
陸游聖政草一卷
彭百川治迹統類四十卷
又中興治迹統類三十卷
江少虞皇朝事實類苑二十六卷
張綱列聖孝治類編一百卷
黃度藝祖憲監三卷
又仁皇從諫錄三卷
趙善譽宋朝開基要覽十四卷

右故事類一百九十八部，二千九十四卷。彭百川治迹統類以下不著錄七部，二百二十一卷。

東漢百官表一卷不知作者。
陶彥藻職官要錄七卷
又職官要錄補遺十八卷
李吉甫百司舉要一卷
唐玄宗六典三十卷
杜英師唐職該一卷
梁載言具員故事十七卷
大唐宰相歷任記二卷
任戩官品纂要十卷
宰輔年表一卷
官品式律一卷
歷代官號十卷

並不知作者。
楊侃職林三十卷
孔至道百官要望一卷
閻承琬君臣政要三十卷
蒲宗孟省曹寺監事目格子四十七卷
鄭殷象梁循資格一卷
王涯唐循資格一卷
杜儒童中書則例一卷
譚世勣本朝宰執表八卷
張之緒〔三〕唐文昌損益三卷
萬當世文武百官圖二卷
陳繹宰相拜罷錄〔三〕一卷
又樞府拜罷錄一卷
三省樞密院除目四卷
司馬光百官公卿表十五卷
孫逢吉職官分紀五十卷
梁勗職官品服三十三卷
趙氏唐典備對六卷不知名。
三省儀式一卷
職事官遷除體格一卷
循資格一卷
循資歷一卷
唐宰相後記一卷
國朝撮要一卷
宋朝宰輔拜罷圖四卷
宋朝官制十一卷
三省總括五卷
並不知作者。
王益之漢官總錄十卷
又職源五十卷

宋朝相輔年表一卷中興館閣書目云：「臣繹上，續表曰臣易記。」
蔡元道祖宗官制舊典三卷
趙隣幾史氏懋官志五卷
趙曄宋官制正誤沿革職官記三卷
何異中興百官題名五十卷
龔頤正宋特命錄一卷
司馬光官制遺稿一卷
徐自明宰輔編年錄二十卷
蔡幼學續百官公卿表二十卷
又續百官表質疑十卷
曾三異宋新舊官制通考十卷
右職官類五十六部，五百七十八卷。
劉向古列女傳九卷
又宋新舊官制通釋二卷
范沖宰輔拜罷錄二十四卷
徐筠〔四〕漢官考四卷
董正工職官源流五卷
金國明昌官制新格一卷不知何人撰。
楊王休諸史闕疑三卷
趙粹中史評五卷
王應麟通鑑地理考一百卷
又通鑑地理通釋十四卷
又漢藝文志考證十卷
又漢制考四卷
楊王休諸史闕疑以下不著錄六部，一百三十六卷。
漢武內傳二卷不知作者。

郭憲洞冥記四卷
班昭女戒一卷
伶玄趙飛燕外傳一卷
皇甫謐高士傳十卷
袁宏正始名士傳二卷
葛洪西京雜記六卷
習鑿齒襄陽耆舊記五卷
蕭韶太清紀十卷
杜寶大業雜記十卷
劉餗國史異纂三卷
梁載言梁四公記一卷
趙毅大業略記三卷
顏師古大業拾遺一卷
賈閏甫〔五〕李密傳三卷
李筌中台志十卷
杜儒童隋季革命記五卷
隋平陳記一卷
魏徵隋靖列傳一卷
徐浩廬陵王傳一卷
劉仁軌河洛行年記十卷
李恕〔六〕誡子拾遺四卷
越國公行狀一卷唐鍾紹京事迹。
陳翃郭令公家傳十卷
又忠武公將佐略一卷
殷亮顏杲卿家傳一卷
又顏眞卿行狀一卷
李邕狄梁公家傳一卷
包諝河洛春秋二卷
陳鴻東城父老傳一卷
張鷟朝野僉載二十卷

又僉載補遺三卷
李匡文明皇幸蜀廣記圖二卷
郭湜高力士外傳一卷
姚汝能安祿山事迹三卷
三朝遺事一卷載張說、姚崇、宋璟事，不知作者。
甘伯宗名醫傳七卷
臨川名一作「賢」士賢一作「名」迹傳三卷
李淑一作「渤」六賢傳一卷
孫仲遺士傳一卷
賢牧傳十五卷
張茂樞張氏家傳三卷
吳操蔣子文傳一卷
王方慶魏玄成傳一卷
郭元振傳一卷
范質桑維翰傳三卷
李翰張中丞外傳一卷
溫畬一作「奢」天寶亂離記一卷
劉諫〔七〕一作「練」國朝傳記三卷
賀楚奉天記一卷
太和摧兇記一卷
楊棲白南行記一卷
王坤僖宗幸蜀記一卷
牛朴登庸記一卷
江文秉都洛私記十卷
胡嶠陷遼記三卷
元澄秦京內外雜記一卷
蜀記一卷
西戎記二卷
顏師古獬豸記一卷
靜亂安邦記一卷

睢陽得死集一卷載張巡、許遠事，不知作者。
沈既濟江淮記亂一卷
李公佐建中河朔記六卷
陳岠朝廷卓絕事記一卷
谷況燕南記三卷
鄭澥涼國公平蔡錄一卷
李涪刊誤一卷
陸贄玄宗編遺錄二卷
韓昱壺關錄三卷
林恩補國史五卷
馬總唐年小錄六卷
杜佑賓佐記一卷
陳諫等彭城公事迹三卷
王昌齡瑞應圖一卷
路隋平淮西記一卷

又邠志三卷
李肇國史補三卷
李潛用乙卯記一卷
房千里投荒雜錄一卷
李繁鄴侯家傳十卷
李石開成承詔錄二卷
李德裕異域歸忠傳二卷
又大和辨謗略三卷
會昌伐叛記一卷
高少逸四夷朝貢錄十卷
李商隱李長吉小傳五卷
蔡京王貴妃傳一卷
李璋太原事蹟雜記十三卷
張雲咸通庚寅解圍錄一卷
鄭樵彭門紀亂三卷

韓偓金鑾密記一卷
朱朴日曆一卷
李氏大唐列聖園陵記〔三七〕一卷不知名。
丘旭賓朋宴語一卷
盧言雜說一卷
于政立類林十卷
李奕唐登科記一卷
唐顯慶登科記五卷
徐鍇登科記十五卷
樂史登科記三十卷
登科記一卷
登科記二卷起建隆至宣和四年。
張觀二十二國祥異記三卷
徐岱奉天記一卷
徽宗宣和殿記一卷

又嵩山崇福記一卷
太清樓特宴記一卷
蔣莊縱鶴宣和閣記一卷
宴延福宮承平殿記一卷
明堂記一卷
艮嶽記一卷
陳繹東西府記一卷
沈立都水記二百卷
又名山記一百卷
章惇導洛通汴記一卷
李清臣重修都城記一卷
王革天泉河記一卷
上黨記叛一卷
宋巨一作「宗拒」明皇幸蜀錄一卷
趙源一奉天錄四卷

陸贄遣使錄一卷
李繁北荒君長錄三卷
陸希聲北戶雜錄三卷
蘇特一作「時」唐代衣冠盛事錄一卷
鄭言平剡錄一卷
復交阯錄二卷
哥舒翰幕府故吏錄一卷
李巨川許國公勤王錄三卷
乾明一作「寧」會稽錄一卷
三楚新錄一卷
英雄佐命錄一卷
世宗征淮錄一卷
濠州干戈錄一卷
樂史孝悌錄二十卷
贊五卷
曹希逵一作「達」孝感義聞錄三卷

張讀〔三八〕建中西狩錄一卷
元宏錢塘平越州錄一卷
潘氏家錄一卷潘美行狀、告辭。
胡訥孝行錄二卷
又賢惠錄二卷
民表錄三卷
李暀登封誥成錄一百卷
凌准邠志二卷
郭廷誨〔三九〕妖亂志三卷
韋瑄國相事狀七卷
雲南事狀一卷
劉中州事迹一卷
魏玄成故事三卷
趙寅趙君錫遺事一卷
楊時開成紀事二卷

楊九齡桂堂編事二十卷
范鎮東齋記事十二卷
李隱一作「隨」唐記奇事十卷
史演咸寧王定難實序一卷
樂史登科記解題二十卷〔四〇〕
廣孝悌一作「新」書五十卷
危高孝子拾遺十卷
紹興名臣正論一卷題瀟湘樵夫序。
呂頤浩遺事一卷頤浩出處大概。
呂頤浩逢辰記一卷頤浩歷官次序。
朱勝非年表一卷勝非孫昱上。
朱勝非行狀一卷劉岑撰。
奉神述一卷眞宗製。
史浩會稽先賢祠傳贊二卷
張栻諸葛武侯傳一卷

趙彥博昭明事實二卷
呂文靖公事狀一卷不知作者。
王巖叟韓忠獻公別錄一卷
韓忠獻公家傳一卷韓琦五世孫庚卿作。
呂祖謙歐公本末四卷
韓莊敏公遺事一卷韓宗武記。
邵伯溫邵氏辨誣三卷
薛齊誼六一居士年譜一卷
胡剛中家傳一卷男胡興宗撰。
黃璞閩中名士傳一卷
岳珂籲天辨誣五卷
李綱等張忠文節誼錄一卷
陳曄种師道事迹一卷
張琰种師道祠堂碑一卷
談氏家傳一卷談鑰撰。

王淹槐庭濟美錄十卷
英顯張侯平寇錄一卷不知作者。
洪适五代登科記一卷
周鑄史越王言行錄十二卷
劉氏傳忠錄三卷劉學裘撰。
陳瓘墓誌一卷自撰。
了齋陳先生言行錄一卷陳瓘男正同編。
趙文定公遺事一卷不知何人編。
常諫議長洲政事錄一卷常安民撰。
朱文公行狀一卷黃榦撰。
李壆趙鼎行狀三卷
岳珂鄂國金佗粹編二十八卷
吳柔勝宗澤行實十卷
李朴豐清敏遺事一卷
劉岳李魏傳二卷張穎撰。

劉球劉鄜王事實一十卷
尹機宿州事實一卷
石茂良避戎夜話(四一)一卷
又靖康錄一卷
中興禦侮錄一卷
皇華錄一卷
南北歡盟錄一卷
裔夷謀夏錄二卷
並不知作者。
張師顏金虜南遷錄一卷
張棣金亮講和事迹一卷
洪遵泉志十五卷
張甲浸銅要錄一卷
姚康唐登科記十五卷
馬宇段公別傳(四二)二卷

張陟唐年經略志十卷
柳玭柳氏序訓一卷
柳珵柳氏家學一卷
李躍嵐齋集一卷
段公路北戶雜錄一卷
鄭暐蜀記三卷
野史甘露新記二卷
諱行錄一卷
大和野史三卷
逸史一卷
拓跋記一卷
文場盛事一卷
楊妃外傳一卷
並不知作者。
蕭叔和(四三)天祚永歸記一卷

薛圖存(四四)河南記二卷
李綽張尚書故實一卷
劉袒嶺外錄異三卷
王振汴水滔天錄一卷
王權汴州記一卷
高若拙後史補三卷
黃彬莊宗召禍記一卷
晉朝陷蕃記一卷不知作者。
余知古渚宮舊事十卷
張昭太康平吳錄二卷
王仁裕入洛記一卷
又南行記一卷
崔氏登科記一卷不知作者。
范質魏公家傳三卷
趙普飛龍記一卷

勾延慶成都理亂記八卷
錢儼戊申英政錄一卷
閻自若唐宋汎聞錄一卷
曹彬別傳一卷曹彬之孫偃撰。
陳承韞南越記一卷
蔣之奇廣州十賢贊一卷
安德裕滕王廣傳一卷
王延德西州使程記一卷
張緒續錦里耆舊傳十卷
沈立奉使二浙雜記一卷
路振(四五)乘軺錄一卷
李畋孔子弟子贊傳六十卷
又乖崖語錄一卷載張詠政績。
張齊賢洛陽搢紳舊聞記五卷
張逵蜀寇亂小錄一卷

曾致堯廣中台記八十卷
又綠珠傳一卷
許載吳唐拾遺錄十卷
樂史唐滕王外傳一卷
又李白外傳一卷
洞僊集一卷
許邁傳一卷
楊貴妃遺事二卷題岷山叟上。
李昉談錄一卷李宗諤撰。
潘美事迹一卷
平蜀錄一卷
國朝名將行狀四卷
議盟記一卷
寇準遺事一卷
丁謂談錄一卷

郭贄傳略一卷
並不知作者。
任升梁益記十卷
錢惟演錢俶貢奉錄一卷
王旦遺事一卷王素撰。
寇瑊奉使錄一卷
王皞唐餘錄六十卷
蔡元翰唐制舉科目圖一卷
劉渙西行記一卷
王曾筆錄一卷
富弼奉使語錄二卷
又奉使別錄一卷
王曙戴斗奉使錄一卷
燕北會要錄一卷
虜庭雜記十四卷

契丹須知一卷
陰山雜錄十五卷
契丹實錄一卷
學士年表一卷
韓琦遺事一卷
孫沔遺事一卷
並不知作者。
歐陽脩歸田錄八卷
王起甘陵誅叛錄一卷
趙緦廣州牧守記十卷
又交阯事迹八卷
曹叔卿儂智高一卷
滕甫征南錄一卷
馮炳皇祐平蠻記二卷
劉敞使北語錄一卷

宋景文公筆記五卷契丹官儀及碧雲騢附。
宋敏求三川官下記二卷
又諱行後錄五卷
入番錄二卷
春明退朝錄三卷
韓正彥〔三六〕韓琦家傳十卷
韓澤愛棠集二卷
趙寅韓琦事實一卷
杜滋談錄一卷杜師秦等撰。
李復圭李氏家傳三卷
朱定國歸田後錄十卷
陳昉北庭須知二卷
王通元經薛氏傳十五卷
宋如愚劍南須知十卷
黃靖國再生傳一卷廖子孟撰。
曾鞏行述一卷曾肇撰。
曾肇行述一卷楊時撰。
韓琦別錄三卷王巖叟撰。
章邦傑章氏家傳德慶編一卷
胡氏家傳錄一卷不知作者。
河南劉氏家傳二卷劉唐老上。
李遠青唐錄一卷
李格非永洛城記一卷
又洛陽名園記一卷
趙君錫遺事一卷趙演撰。
蘇轍偕耳手澤一卷
潁濱遺老傳二卷
蔡京黨人記一卷
吳栻雞林記二十卷
王雲雞林志三十卷

韓文公歷官記一卷程俱撰。
羅誘一作「羅綺」宜春傳信錄三卷
呂希哲呂氏家塾廣記一卷
安燾行狀一卷榮輯撰。
馬永易壽春雜志一卷
李季興東北諸蕃樞要二卷
何述溫陵張賢母傳一卷
洪興祖韓子年譜一卷
孔傳闕里祖庭記三卷
又東家雜記二卷
趙令時侯鯖錄一卷
王襄南陽先民傳〔三七〕二十卷
鄭熊番禺雜記三卷
范太史遺事一卷
范祖禹家傳八卷
並范沖編。
韓琦定策事一卷韓肖胄撰。
喻子材豐公逸事一卷
劉安世譚錄一卷韓瓘撰。
种諤傳一卷趙起撰。
劉棐孝行錄二卷
汪若海中山麟書一卷
胡瑗言行錄一卷闕注撰。
胡瑆道護錄一卷
劉安世言行錄二卷
范純仁言行錄三卷
使高麗事纂二卷
平燕錄一卷
三蘇言行五卷
並不知作者。

趙世卿安南邊說五卷
洪适宋登科記二十一卷
董正工續家訓八卷
洪邁皇族登科題名一卷
俞觀能孝悌類鑑七卷
馮忠嘉海道記一卷
淮西記一卷
朱熹五朝名臣言行錄十卷
又三朝名臣言行錄十四卷
四朝名臣言行錄十六卷
四朝名臣言行續錄十卷
並不知何人編
呂祖謙閫範三卷
費樞廉吏傳十卷
徐度〔三八〕卻掃編三卷
張景儉嵩嶽記三卷
史愿北遼遺事二卷
張隱文士傳五卷
郴州記一卷
洪匡先生傳一卷
開運陷虜事迹一卷
殊俗異聞集一卷
契丹機宜通要四卷
契丹事迹一卷
古今家誡二卷
南獄要錄一卷
豪異祕錄一卷
燕北雜錄一卷
遼登科記一卷
三國史記五十卷

並不知作者。
高得相海東三國通曆十二卷
金富軾奉使語錄一卷
董弅誕聖錄三卷
王安石舒王日錄十二卷
倪思北征錄七卷
張舜民郴行錄一卷
關耆孫建隆垂統略一卷
張浚建炎復辟平江實錄一卷
龔頤正清江三孔先生列傳譜述一卷
邵伯溫邵氏聞見錄一卷
陸游老學菴筆記一卷
陳師道後山居士叢談一卷
僧祖秀游洛陽宮記一卷
李元綱〔三九〕近世厚德錄一卷
安丙靖蜀編四卷
張九成無垢心傳錄十二卷
黎良能讀書日錄五卷
賀成大瀟湘師友錄三十三卷
汪藻裔夷謀夏錄三卷
又青唐錄三卷
晁公武稽古後錄三十五卷
又昭德堂稿六十卷
讀書志二十卷
嵩高樵唱二卷
范成大吳門志五十卷
又攬轡錄一卷
驂鸞錄一卷
虞衡志一卷
吳船志一卷

洪邁贅稿三十八卷

又詞科進卷六卷

蘇黃押韻三十二卷

張綱見聞錄五卷

吳芾湖山遺老傳一卷

李燾陶潛新傳三卷

又趙普別傳一卷

右傳記類四百一部，一千九百六十四卷。張九成無垢心傳錄以下不著錄二十一部，三百十二卷。

校勘記

〔一〕楊齊宣晉書音義　新唐書卷五八藝文志、玉海卷四六都說晉書音義三卷，何超撰。考異卷七三謂「此書何超所撰，楊齊宣爲序，志誤以爲齊宣」。

〔二〕蕭方等　「等」字原脫。據梁書卷四四本傳、隋書卷三三經籍志、玉海卷四一引書目補。本志下文同補。

〔三〕晉陽秋　「陽」下原衍「春」字，據隋書卷三三經籍志、新唐書卷五八藝文志、玉海卷四一引書目刪。

〔四〕薛璫　原作「薛黨」，據新唐書卷五八藝文志、玉海卷五六引書目改。

〔五〕程正柔　崇文總目卷二、書錄解題卷五都作「程匡柔」，「正」字蓋宋人諱改。

〔六〕淩璠　原作「淩璠」，據新唐書卷五八藝文志、崇文總目卷二、玉海卷四九改。

〔七〕唐高宗後修實錄　「後」原作「復」，據新唐書卷五八藝文志、崇文總目卷二、玉海卷四八改。

〔八〕裴垍　原作「裴洎」，據同上書同卷改。

〔九〕魏謩　原作「魏纂」，據同上書同卷改。

〔一〇〕唐哀帝實錄　「哀帝」原作「哀宗」，據郡齋志卷六、書錄解題卷四、玉海卷四八引書目改。

〔一一〕五代唐懿祖紀年錄　「懿祖」原作「懿宗」，據崇文總目卷二、通志卷六五藝文略改。

〔一二〕神宗實錄　「實錄」原作「日錄」，據本書卷四三五范沖傳、書錄解題卷四、玉海卷四八改。

〔一三〕興元聖功錄　卷數原闕，新唐書卷五八藝文志、崇文總目卷二作「三卷」。

〔一四〕程光榮　注：「榮」，「一作『柔』」。崇文總目卷二「唐補記」條作「程匡柔」，錢東垣輯釋說：「書錄解題、馬令南唐書並作『程匡柔』……蓋因避諱改『匡』爲『光』。」

〔一五〕唐年歷　「歷」下原衍「代」字，據祕書省續四庫書目、通志卷六五藝文略刪。

〔一六〕古今年代曆　「年」字原脫，據新唐書卷五八藝文志、崇文總目卷二補。

〔一七〕柳璨　原作「柳粲」，據同上書同卷改。

〔一八〕趙甡之　「之」字原脫，據書錄解題卷四、繫年要錄和北盟會編所引書目撰者姓名補。下同。

〔一九〕王緋　原作「王琳」，據新唐書卷一一六本傳、書錄解題卷五、玉海卷六一改。

〔二〇〕崔光庭　「光庭」二字原倒，據新唐書卷五八藝文志、崇文總目卷二乙正。

〔二一〕夾柳氏舊聞一卷　「夾」字原脫，據新唐書卷五八藝文志、郡齋志卷六補。

〔二二〕鄭畋　原作「鄭略」，據書錄解題卷一六、遂初堂書目改。

〔二三〕杜悰事迹　「杜悰」原作「杜宗」，據新唐書卷五八藝文志、崇文總目卷二改。

〔二四〕不知集者姓名　「集者」原作「集知」，據下文明堂詔書一卷註「不知集者」例改。

〔二五〕高宗孝宗聖政編要　「孝宗」二字原脫，據書錄解題卷五、通考卷二〇一經籍考補。

〔二六〕洪遵翰苑羣書　「洪遵」原作「洪邁」，「翰苑」原作「漢苑」。按：今本翰苑羣書題「宋洪遵編」，書末並有洪遵乾道九年題記。書錄解題卷六也說：「翰苑羣書三卷，學士承旨鄱陽洪遵景嚴撰。」據改。

〔二七〕宋庠　原作「宋祥」，據本書卷二八四本傳、書錄解題卷五改。

〔二八〕景德中與契丹往復書　「與」原誤作「輿」，今改。

〔二九〕宋咸　「咸」下原衍「平」字，據書錄解題卷五、玉海卷六九引書目刪。

〔三〇〕張舜民使遼錄　「遼」原作「邊」，郡齋志卷七作「遼」，和本書卷三四七傳所載使遼事相合，據改。

〔三一〕張之緒　原作「張文褚」，據新唐書卷五八藝文志、崇文總目卷二改。

〔三二〕宰相拜罷錄　「錄」原作「圖」，據郡齋志卷七、通考卷二〇二經籍考改。

〔三三〕徐筠　原作「徐均」，據郡齋志附志卷五上、書錄解題卷六改。

〔三四〕賈閏甫　「閏」原作「潤」，據新唐書卷五八藝文志、崇文總目卷二改。

〔三五〕李恕　「恕」下原衍「己」字，據新唐書卷五九藝文志、崇文總目卷三刪。

〔三六〕劉諫　新唐書卷五八藝文志、崇文總目卷二都作「劉餗」。

〔三七〕大唐列聖園陵記　「唐」原作「聖」，據書錄解題卷七、遂初堂書目改。

〔三八〕張讀　原作「張續」，據新唐書卷五八藝文志、通志卷六五藝文略改。

〔三九〕郭廷誨　「誨」原作「晦」，據新唐書卷五八藝文志、崇文總目卷二改。

〔四〇〕樂史登科記解題二十卷　「樂史」原舛置「二十卷」下，據本書卷三〇六樂黃目傳移正。「解題」，樂傳作「題解」。

〔四一〕避戎夜話　「戎」原作「羌」，據郡齋志卷六、書錄解題卷五、北盟會編卷九八所引書目改。

〔四二〕段公別傳　「傳」原作「集」，據新唐書卷五八藝文志、崇文總目卷二改。

〔四三〕蕭叔和　原作「蕭時和」，據同上書同卷改。

〔四四〕薛圖存　原作「薛國存」，據同上書同卷改。

〔四五〕路振　原作「路政」，據郡齋志卷七、書錄解題卷七改。

〔四六〕韓正彥　按本書卷三一二韓琦傳，琦五子無名「正彥」者；郡齋志卷九作「韓忠彥」，並云：「錄其父琦平生行事。」疑作「韓忠彥」是。

〔四七〕南陽先民傳　「先民」原作「先生」，據祕書省續四庫書目、書錄解題卷七改。

〔四八〕徐度　原作「徐虔」。書錄解題卷一一作「徐度」，今本卻掃篇有徐度自序，據改。

〔四九〕李元綱　「元」字原脫。按：今本近世厚德錄及聖門事業圖都作李元綱撰，書錄解題卷七也作「李元綱」，據補。

宋史卷二百四

志第一百五十七

藝文三

衞宏漢舊儀三卷

應劭漢官儀一卷

蔡質漢官典儀一卷

漢制拾遺一卷不知何人編。

蕭嵩唐開元禮一百五十卷一云王立等作。

又開元禮儀鏡五卷

韋彤開元禮儀釋二十卷

開元禮儀鏡略十卷

開元禮百問二卷

開元禮教林一卷

開元禮類釋十二卷

並不知作者。

顏眞卿歷古創置儀五卷

柳理唐禮纂要六卷

韋公肅禮閣新儀三十卷

王彥威一本作「崔靈恩」續曲臺禮三十卷

王涇〔二〕大唐郊祀錄十卷

李隨吉凶五服儀一卷

紅亭紀吉儀一卷獨孤儀及陸贄撰。

孟詵家祭禮一卷

徐閏家祭儀一卷

鄭正則祠享儀一卷

又家祭儀一卷

賈頊〔三〕家薦儀一卷

范傳式寢堂時饗儀一卷

孫日用仲享儀一卷

袁郊服飾變古元錄三卷

裴茝書儀三卷

劉岳吉凶書儀二卷

陳致雍曲臺奏議集

又州縣祭祀儀、五禮儀鏡六卷

褻祀儀一卷

朱熹二十家古今祭禮二卷

政和五禮新儀二百四十卷鄭居中、白時中、慕容彥逢〔三〕、強淵明等撰。

杜衍四時祭享儀一卷

劉溫叟開寶通禮二百卷

盧多遜開寶通禮儀纂一百卷

賈昌朝太常新禮四十卷

沿情子新禮一卷不知名。

大中祥符封禪記五十卷丁謂、李宗諤等撰。

大中祥符祀汾陰記五十卷丁謂等撰。

張知白御史臺儀制六卷

宋綬天聖鹵簿記十卷

文彥博、高若訥大饗明堂記二十卷

文彥博大饗明堂記要二卷

歐陽脩太常因革禮一百卷
韓琦參用古今家祭式無卷。
許洞訓俗書一卷
王安石南郊式一百十卷
李德芻聖朝徽名錄十卷
國朝祀典一卷不知作者。
陳襄郊廟奉祀禮文三十卷
諸州釋奠文宣王儀注一卷元豐間重修。
司馬光書儀八卷
又涑水祭儀一卷
居家雜儀一卷
范祖禹祭儀一卷
幸太學儀一卷元祐六年儀。
納后儀一卷元祐七年儀。
呂大防、大臨家祭儀一卷

橫渠張氏祭儀一卷張載撰。
釋奠祭器圖及諸州軍釋奠儀注一卷崇寧中頒
行。
藍田呂氏祭說一卷呂大均〔四〕撰。
伊川程氏祭儀一卷程頤撰。
宣和重修鹵簿圖記三十五卷蔡攸等撰。
李沆皇宋大典三卷
夏休辨太常禮官儀定章九晃服一卷
紹興太常初定儀注三卷
范寅賓五祀新儀撮要十五卷
鄭樵鄉飲禮三卷
又鄉飲禮圖三卷
史定之鄉飲酒儀一卷
中興禮書二卷淳熙中，禮部、太常寺編。
歷代明堂事迹一卷

儀物志三卷
祀祭儀式一卷
太常圖一卷
並不知作者。
葉克刊南劍鄉飲酒儀一卷
汪檝鄉飲規約一卷
淳熙編類祭祀儀式一卷齊慶胄所撰。
張維釋奠通祀圖一卷
李壅公侯守宰士庶通禮三十卷
趙師羿熙朝盛典詩二卷
趙希蒼趙氏祭錄二卷
朱熹釋奠儀式一卷
又四家禮範五卷
家禮一卷
李宗思禮範一卷

韓挺服制一卷
張叔椿五禮新儀十五卷
高閌送終禮一卷
陳孔碩釋奠儀禮考正一卷
周端朝冠婚喪祭禮二卷集司馬氏、程氏、呂氏
禮。
管銳嘗聞錄一卷
吳仁傑廟制罪言二卷
又郊祀贅說二卷
潘徽江都集禮一百四卷本百二十卷，今殘闕。
和峴祕閣集二十卷
王皥禮閣新編六十三卷
黃廉大禮式二十卷
何洵直、蔡確禮文三十卷
唐吉凶禮儀禮圖三卷

龐元英五禮新編五十卷
大觀禮書賓軍等四禮五百五卷　看詳十二
卷
大觀新編禮書吉禮二百三十二卷　看詳十
七卷
歐陽脩太常禮院祀儀二十四卷
和峴禮神志十卷
孫奭大宋崇祀錄二十卷
賈昌朝慶曆祀儀六十三卷
朱梁南郊儀注一卷
吳南郊圖記一卷
王涇一作「浮」祠儀一卷
陳繹南郊附式條貫一卷
向宗儒南郊式十卷
陳暘北郊祀典三十卷

蔣猷夏祭敕令格式一部卷亡。
宋郊明堂通儀二卷
明堂祫饗大禮令式三百九十三卷元豐間。
明堂大饗視朔頒朔布政儀範敕令格式一部
宣和初，卷亡。
王欽若天書儀制五卷
又鹵簿記三卷
馮宗道景靈宮供奉敕令格式六十卷
景靈宮四孟朝獻二卷
諸陵薦獻禮文儀令格式并例一百五十一册
紹聖間，卷亡。
張諤熙寧新定祈賽式二卷
張傑春秋車服圖五卷
劉孝孫二儀實錄衣服名義二卷
祭服制度十六卷

祭服圖三册卷亡。
五服志三卷
裴莅五服儀二卷
劉筠五服年月「年月」一作「用」敕一卷
喪服加減一卷
李至正辭錄〔五〕三卷
朝會儀注一卷元豐間。
大禮前天興殿儀二卷元豐間。
葉均徽號册寶儀注一卷
宋綬內東門儀制五卷
李淑閤門儀制十二卷
又王后儀範三卷
梁顥閤門儀制十二卷
又并目錄十四卷
閤門集例并目錄、大臣特恩三十卷

閤門儀制四卷
閤門令四卷
蜀坤儀令一卷
皇后册禮儀範八册大觀間，卷亡。
帝系后妃吉禮并目錄一百一十卷重和元年。
王巖叟中宮儀範一部卷亡。
王與之祭鼎儀範六卷
高中六尚供奉式二百册卷亡。
王叡雜錄五卷
營造法式二百五十册元祐間，卷亡。
張直方打毬儀一卷
李詠打毬儀注一卷
高麗入貢儀式條令三十卷元豐間。
高麗女眞排辨式一卷元豐間。
諸蕃進貢令式十六卷董氈、鬼章一，闍婆一，占城

一，屬僕一，大食一，勿巡一，注輦一，羅、龍、方、張、石蕃一，于闐、拂箖一，交州一，龜茲、回鶻一，伊州、西州、沙州一，三佛齊一，丹眉流一，大食陀婆離一，俞盧和地一〔六〕。

王晉使範一卷

李商隱使範一卷

家範十卷

盧僎家範一卷

司馬光家範四卷

孟詵家祭儀一卷

周元陽祭錄一卷

賈氏葬王播儀一卷

鄭洵瑜書儀一卷

杜有晉書儀二卷

鄭餘慶書儀三卷

右儀注類一百七十一部，三千四百三十八卷。

律十二卷

律疏三十卷唐長孫無忌等撰。

唐式二十卷

李林甫開元新格十卷

又令三十卷

唐律令事類四十卷

度支長行旨五卷

大和格後敕四十卷

元泳式苑四卷

宋璟旁通開元格一卷

蕭旻開元禮律格令要訣一卷

裴光庭開元格令科要一卷

狄兼謩開成刑法格十卷

開成詳定格十卷

張戣大中統類十二卷

大中刑法總要六十卷

大中已後雜敕三卷

大中後雜敕十二卷

梁令三十卷

梁式二十卷

梁格十卷

天成長定格一卷

天成雜敕三卷

天福編敕三十一卷

張昭顯德刑統二十卷

姜虔嗣江南刑律統類十卷

江南格令條八十卷

蜀雜制敕三卷

盧紓刑法要錄十卷

黃克昇五刑纂要錄三卷

刑法纂要十二卷

斷獄立成三卷

黃懋刑法要例八卷

張員法鑑八卷

田晉章程體要二卷

王行先一作「仙」。令律手鑑二卷

張履冰法例六贓圖二卷

張伾判格三卷

盛度沿革制置敕三卷

王皥續疑獄集四卷

趙綽律鑑一卷

法要一卷

外臺祕要一卷

百司考選格敕五卷

憲問十卷

建隆編敕四卷

開寶長定格三卷

太平興國編敕十五卷

蘇易簡淳化編敕三十卷

柴成務咸平編敕十二卷

丁謂農田勅〔七〕五卷

陳彭年大中祥符編敕四十卷

又轉運司編敕三十卷

韓琦端拱以來宣敕劄子六十卷

又嘉祐編敕十八卷　總例一卷

晁迥禮部考試進士敕一卷

呂夷簡一司一務敕三十卷

賈昌朝慶曆編敕十二卷　總例一卷

貢舉條制十二卷慶曆二年。

吳奎嘉祐錄令十卷

又驛令三卷

審官院編敕十五卷

王珪在京諸司庫務條式一百三十卷

銓曹格敕十四卷

孫奭律音義一卷

王誨羣牧司編十二卷

張稚圭大宗正司條六卷

王安禮重修開封府熙寧編十卷

沈立新修審官西院條貫十卷　又總例一卷

支賜式十二卷

支賜式二卷

官馬俸馬草料等式九卷

熙寧新編大宗正司敕八卷

陳繹熙寧編三司式四百卷

又隨酒式一卷

馬遞鋪特支式二卷

熙寧新定諸軍直祿令二卷

曾肇將作監式五卷

蒲宗孟八路敕一卷

李承之禮房條例并目錄十九册卷亡。

章惇熙寧新定孝贈式十五卷

又熙寧新定節式二卷

熙寧新定時服式六卷

熙寧新定皇親祿令十卷

司農寺敕一卷　式一卷

熙寧將官敕一卷

吳充熙寧詳定軍馬敕五卷

沈括熙寧詳定諸色人廚料式一卷

熙寧新修凡女道士給賜式一卷

諸敕式二十四卷

諸敕令格式十二卷

又諸敕格式三十卷

張敍熙寧葬式五十五卷

范鏜熙寧詳定尚書刑部敕一卷

張誠一熙寧五路義勇保甲敕五卷　總例一卷

又學士院等處敕式交并看詳二十卷

御書院敕式令二卷

許將熙寧開封府界保甲敕二卷

申明一卷

沈希顏元豐新定在京人從敕式三等卷亡。
李定元豐新修國子監大學小學元新格十卷
又令十三卷
賈昌朝慶曆編敕、律學武學敕式共二卷
武學敕令格式一卷元豐間。
明堂赦條一卷元豐間。
曾伉新修尚書吏部式三卷
蔡碩元豐將官敕十二卷
貢舉醫局龍圖天章寶文閣等敕令儀式及看詳四百一十卷元豐間。
宗室及外臣葬敕令式九十二卷元豐間。
皇親祿令并釐修敕式三百四十卷
吳雍都提舉市易司敕令并釐正看詳二十一卷　公式二卷元豐間。
水部條十九卷元豐間。
朱服國子監支費令式一卷
元絳讞獄集十三卷
崔台符元豐編敕令格式并赦書德音、申明八十一卷
吏部四選敕令格式一部元祐初，卷亡。
元豐戶部敕令格式一部元祐初，卷亡。
六曹條貫及看詳三千六百九十四冊元祐間，卷亡。
元祐諸司市務敕令格式二百六冊卷亡。
六曹敕令格式一千卷元祐初。
紹聖續修武學敕令格式看詳并淨條十八冊建中靖國初，卷亡。
樞密院條二十冊看詳三十冊元祐間，卷亡。
紹聖續修律學敕令格式看詳并淨條十二冊建中靖國初，卷亡。

諸路州縣敕令格式并一時指揮十三冊卷亡。
六曹格子十冊卷亡。
中書省官制事目格一百二十卷
尚書省官制事目格參照卷六十七冊卷亡。
門下省官制事目格并參照卷舊文淨條釐析總目目錄七十二冊卷亡。
徽宗崇寧國子監算學敕令格式并對修看詳一部卷亡。
崇寧國子監畫學敕令格式一部卷亡。
沈錫崇寧改修法度十卷
諸路州縣學法一部大觀初，卷亡。
大觀新修內東門司應奉禁中請給敕令格式一部卷亡。
國子大學辟廱并小學敕令格式申明一時指揮目錄看詳一百六十八冊卷亡。
鄭居中政和新修學法一百三十卷
李圖南宗子大小學敕令格式十五冊卷亡。
何執中政和重修敕令格式五百四十八冊卷亡。
政和祿令格等三百二十一冊卷亡。
宗祀大禮敕令格式一部政和間卷亡。
張動直達綱運法并看詳一百三十一冊卷亡。
王韶政和敕令式九百三卷
白時中政和新修御試貢士敕令格式一百五十九卷
孟昌齡政和重修國子監律學敕令格式一百卷
接送高麗敕令格式一部宣和初，卷亡。
奉使高麗敕令格式一部宣和初，卷亡。
明堂敕令格式一千二百六冊宣和初，卷亡。

兩浙福建路敕令格式一部宣和初，卷亡。
薛昂神霄宮使司法令一部卷亡。
劉次莊青囊本旨論一卷
王晉使範一卷
和凝疑獄集三卷
竇儀重詳定刑統三十卷
盧多遜長定格三卷
呂夷簡天聖編敕十二卷
天聖令文三十卷呂夷簡、夏竦等撰。
八行八刑條一卷大觀元年御製。
崇寧學制一卷徽宗學校新法。
附令敕十八卷慶曆中編，不知作者。
五服敕一卷劉筠、宋綬等撰。
張方平嘉祐驛令三卷
又嘉祐祿令十卷
王安石熙寧詳定編敕等二十五卷
新編續降并敍法條貫一卷編治平、熙寧詔旨并官吏犯罪敍法、條貫等事。
曾布熙寧新編常平敕二卷
審官東院編敕二卷熙寧七年編。
張大中編修入國條貫二卷
又奉朝要錄二卷
范鏜熙寧貢舉敕二卷
八路差官敕一卷編熙寧總條、審官東院條、流內銓條。
熙寧法寺斷例十二卷
熙寧歷任儀式一卷不知作者。
蔡確元豐司農敕令式十七卷
李承之江湖淮浙鹽敕令賞格六卷
曾伉元豐新修吏部敕令式十五卷

崔台符元豐敕令式七十二卷
呂惠卿新史吏部式二卷
又縣法十卷
程龜年五服相犯法纂三卷
孫奭律令釋文一卷
續附敕令一卷慶曆中編，不知作者。
三司條約一卷慶曆中纂集。
陸佃國子監敕令格式十九卷
曾旼刑名斷例三卷
章惇元符敕令格式一百三十四卷
鄭居中學制書一百三十卷
蔡京政和續編諸路州縣學敕令格式十八卷
白時中政和新修貢士敕令格式五十一卷
李元弼作邑自箴一卷
張守紹興重修敕令格式一百二十五卷
紹興重修六曹寺監庫務通用敕令格式五十四卷秦檜等撰。
紹興重修吏部敕令格式并通用格式一百二卷朱勝非等撰。
紹興重修常平免役敕令格式五十四卷秦檜等撰。
紹興重修貢舉敕令格式申明二十四卷紹興中進。
紹興參附尚書吏部敕令格式七十卷陳康伯等撰。
紹興重修在京通用敕令格式申明五十六卷紹興中進。
大觀告格一卷
鄭克折獄龜鑑三卷
乾道重修敕令格式一百二十卷虞允文等撰。

淳熙重修吏部左選敕令格式申明三百卷龔茂良等撰。
諸軍班直祿令一卷
鄭至道諭俗編一卷
趙緒(八)金科易覽一卷
劉高夫金科玉律總括詩三卷
金科玉律一卷
金科類要一卷
刑統賦解一卷並不知作者。
韓琦嘉祐詳定編敕三十卷
王日休養賢錄三十二卷
淳熙重修敕令格式及隨敕申明二百四十八卷
淳熙吏部條法總類四十卷淳熙二年，敕令所編。
慶元重修敕令格式及隨敕申明二百五十六卷慶元三年詔重修。
慶元條法事類八十卷嘉泰元年，敕令所編。
開禧重修吏部七司敕令格式申明三百二十三卷開禧元年上。
嘉定編修百司吏職補授法一百三十三卷嘉定六年上。
嘉定編修吏部條法總類五十卷嘉定中詔修。
趙仝疑獄集三卷
九族五服圖制一卷不知何人編。
大宗正司敕令格式申明及目錄八十一卷紹興重修。
編類諸路茶鹽敕令格式目錄一卷

右刑法類二百二十一部，七千九百五十五卷。

吳兢西齋書目錄一卷
毋煚古今書錄四十卷
李肇經史釋文題三卷
朱遵度羣書麗藻目錄五十卷
隆安西庫書目二卷不知作者。
唐祕閣四部書目四卷
唐四庫搜訪圖書目一卷
梁天下郡縣目一卷
後唐統類目一卷
杜鎬龍圖閣書目七卷
又十九代史目二卷
太清樓書目四卷
玉宸殿書目四卷
韋述集賢書目一卷
學士院雜撰目一卷
歐陽伸一作「坤」。經書目錄十一卷
楊九齡經史書目七卷
楊松珍歷代史目十五卷
宗諫注十三代史目十卷
商仲茂(九)十三代史目一卷
河南東齋一作「齊」。史書目三卷
曾氏史鑑三卷
孫玉汝唐列聖實錄目二十五卷
唐書敍例目錄一卷
沈建樂府詩目錄一卷
蔣彧書目一卷
劉德崇家藏龜鑑目十卷
田鎬、尹植文樞密要目(10)七卷

劉沆書目二卷
禁書目錄一卷學士院、司天監同定。
王堯臣、歐陽脩崇文總目六十六卷
沈氏萬卷堂目錄二卷
歐陽脩集古錄五卷
李淑邯鄲書目十卷
吳祕家藏書目二卷
祕閣書目一卷
史館書新定書目錄四卷不知作者。
李德芻邯鄲再集書目三十卷
崔君授京兆尹金石錄十卷
國子監書目一卷
荆州田氏書總目三卷田鎬編。
劉涇成都府古石刻總目一卷
趙明誠金石錄三十卷
又諸道石刻目錄十卷
徐士龍求書補闕一卷
董逌廣川藏書志二十六卷
鄭樵求書闕記七卷
又求書外記十卷
集古系時錄(11)一卷
圖譜有無記二卷
羣玉會記三十六卷
陳貽範潁川慶善樓家藏書目二卷
遂初堂書目(12)二卷尤袤集。
徐州江氏書目二卷
呂氏書目二卷
三川古刻總目一卷
鄱陽吳氏籝金堂書目三卷
孫氏羣書目錄二卷

紫雲樓書目一卷
川中書籍目錄二卷
祕書省書目二卷
陳騤中興館閣書目七十卷　序例一卷
石延慶、馮至游校勘羣書備檢三卷
晁公武讀書志四卷
張攀中興館閣續書目三十卷
諸州書目一卷
滕強恕東湖書自志一卷

右目錄類六十八部，六百七卷。

何承天姓苑十卷
林寶姓苑三卷
又姓史四卷
元和姓纂十卷
五姓證事二十卷
竇從一(13)系纂七卷
陳湘姓林五卷
李利涉姓氏祕略三卷
又編古命氏三卷
五聲類氏族五卷
孔平姓系氏族一卷
姓略六卷
崔日用姓苑略一卷
魏子野名字族十卷
同姓名譜六卷
尚書血脈一卷

春秋氏族譜一卷
春秋宗族盜譜一卷
帝王歷記譜二卷
帝系圖一卷
李匡文天潢源派譜說一作「統」一卷
　又唐皇室維城錄一卷
　又李氏房從譜一卷
李茂嵩一作「高」唐宗系譜一卷
唐書總記帝系三卷
宋玉牒三十三卷
仁宗玉牒四卷
英宗玉牒四卷
李衢皇室維城錄一卷
宋敏求韻類次宗室譜五十卷
司馬光宗室世表三卷

臣寮家譜一卷
黃恭之孔子系葉傳三卷
文宣王四十二一作「三」代家狀一卷
闕里譜系一卷
趙異世趙氏大宗血脈譜一卷
　趙氏龜鑑血脈圖錄記一卷
令狐峘陸氏宗系碣一卷
陸師儒陸氏英賢記三卷
蔣王惲家譜一卷
王方慶王氏譜一卷
唐衲[一四]家譜一卷
劉復禮劉氏大宗血脈譜一卷
劉興家譜一卷[一五]
王僧孺徐義倫家譜一卷
李用休家譜二卷

徐商徐詵家譜四卷
周長球家譜一卷
費氏家譜一卷
錢氏集錄三卷
陸景獻吳郡陸氏宗系譜一卷
毛漸毛氏世譜一部卷亡。
曾肇曾氏譜圖一卷
洪興祖韓愈年譜一部卷亡
周文汝南周氏家譜一卷
崔班歐陽家譜一卷
梁元帝古今同姓名錄二卷
竇澄之扶風竇氏血脈家譜一卷
李林甫唐室新譜一卷
　又天下郡望姓氏族譜一卷
唐相譜一卷不知作者。

孔至姓氏古今雜錄[一六]一卷
陶茇麟陶氏家譜一卷
李匡文元和縣主昭穆譜一卷
　又皇孫郡王譜一卷
　玉牒行樓一卷
　偕日譜一卷
邢曉帝王血脈小史記五卷
　又帝王血脈圖小史後記五卷
韋述百家類例三卷
韋述、蕭穎士宰相甲族一卷
裴楊休百氏譜五卷
曹大宗姓源韻譜一卷
杜信京兆杜氏家譜一卷
劉沆劉氏家譜一卷
唐顏氏家譜一卷

韓吏部譜錄二卷
李氏郇王家譜一卷
　並不知作者。
唐邴唐氏譜略一卷
楊侃家譜一卷
宋仙源積慶圖一卷起僖祖[一七]迄哲宗。
宗室齒序圖一卷
天源類譜一卷
祖宗屬籍譜一卷
向敏中家譜一卷向縝撰。
邵思姓解三卷
錢惟演錢氏慶系譜二卷
王回清河崔氏譜一卷
孫祕尊祖論世錄一卷
蘇洵蘇氏族譜一卷

錢明逸熙寧姓纂六卷
魏予野古今通系圖一卷
李復南陽李英公家譜一卷
成鐸文宣王家譜一卷
吳逵帝王系譜[一八]一卷
黃邦俊羣史姓纂韻六卷
顏岐兗國公正枝譜一卷
探眞子千姓編一卷
符彥卿家譜一卷符承宗撰。
建陽陳氏家譜一卷
萬氏譜一卷
趙郡東祖李氏家譜[一九]二卷
鮮于氏血脈圖一卷
長樂林氏家譜一卷
　並不知作者。

丁維皋百族譜三卷
鄧名世古今姓氏書辨證四十卷
李燾晉司馬氏本支一卷

又齊梁本支一卷
徐鍇姓氏源流考七十八卷
李氏歷代諸史總括姓氏錄一卷

右譜牒類一百十部，四百三十七卷。

桑欽水經四十卷酈道元注。
城塚記一卷按序，魏文帝三年，劉裕得此記。
葛洪關中記一卷
雷次宗豫章古今記三卷
沈懷遠南越志五卷
梁元帝職貢圖一卷
楊衒之洛陽伽藍記三卷
煬帝開河記一卷不知作者。
魏王泰坤元錄十卷
沙門辨機大唐西域記十二卷

梁載言十道四蕃志十五卷
韋述兩京新記五卷
達奚弘通西南海蕃行記一卷
馬温之鄴都故事[二〇]二卷
李吉甫元和郡國圖志四十卷
元結九疑山圖記一卷
賈耽皇華四達十卷
　又貞元十道錄四卷
　國要圖一卷
方志圖二卷

三代地理志六卷
地理論六卷
劉之推文括九土一作「州」要略三卷
樂史坐知天下記四十卷
王曾九域圖三卷
王洙皇祐方域圖記三十卷
要覽一卷
韓郁十道四蕃引一卷
趙珣開元分野圖一卷
又十道記一卷
十八路圖一卷　圖副二十卷熙寧間天下州府軍監縣鎮圖。
李德芻元豐郡縣志三十卷　圖三卷
沈括天下郡縣圖一部卷亡。
陳坤臣郡國人物志一百五十卷

歐陽忞巨鼇記五卷
孫結唐國鑑圖一卷
曹璠國照十卷
又元和國計圖十卷
韋澳諸道山河地名要略九卷一名處分語，一名新集地理書。
陳延禧隋朝洛都記一卷
又蜀北路秦程記一卷
北征雜記一卷
姜嶼明越風物志七卷
元廣之金陵地記六卷
劉公鉉(三)鄴城新記三卷
李璋太原事迹十四卷
盧求襄陽故事十卷
湘中記一卷

余知古渚宮故事十卷
張周封華陽風俗錄一卷
韓昱江州事迹三卷張密注。
韋宙一作「實」零陵錄一卷
楊備恩蜀都故事二卷
許嵩六朝宮苑記二卷
邢昺景德朝陵地理記三十卷
韋齊一作「濟」休(四)雲南行記二卷
馬敬寔諸道行程血脈圖一卷
陳隱之續南荒錄一卷
韋臯一作「皐」西南夷事狀二十卷
西戎記二卷
張建章渤海國記三卷
顧愔新羅國記一卷
達奚洪一作「通」海外三十六國記一卷

雲南風俗錄十卷
辛怡顯至道雲南錄三卷
李德裕黠戞斯朝貢圖一卷
崔峽列國入貢圖二十卷
郭璞山海經讚二卷
元結諸山記一卷
岳瀆福地圖一卷
盧鴻嵩嶽記一卷
華山記一卷
衡山記一卷
峨眉山記二卷
僧法琳廬山記一卷
陸鴻漸顧渚山記一卷
令狐見堯玉笥山記一卷
沈立蜀江志十卷

宣和編類河防書一百九十二卷
東方朔十洲記一卷
張華異物評二卷
劉恂嶺表錄異三卷
嶺表異物志一卷
孟琯嶺南異物志一卷
南海異事五卷
鄭虔天寶軍防錄一卷
林特會稽錄三十卷
盛度庸調租賦三卷
陳傳歐冶拾遺一卷
毛漸地理五龍祕法一部卷亡。
林諝閩中記十卷
盧肇海潮賦一卷
僧應物九華山記二卷

又九華山舊錄一卷
盧求成都記五卷
樊綽雲南志十卷
又南蠻記十卷
李居一王屋山記一卷
徐雲虔南詔錄三卷
韋莊蜀程記一卷
又峽程記一卷
莫休符桂林風土記一卷
章僚海外使程廣記(五)三卷
張建章戴斗諸蕃記一卷
曹璠須知國鏡二卷
王權大梁夷門記一卷
吳從政襄沔雜記三卷
竇滂雲南別錄一卷

陸廣微吳地記一卷
曹大宗郡國志二卷
韋瑾域中郡國山川圖經一卷
唐夷狄貢一卷
兩京道里記三卷不知作者。
張脩(六)九江新舊錄三卷
張氏燕吳行役記二卷不知作者。
羅含湘中山水記三卷
平居誨于闐國行程錄一卷
胡嶠陷虜記一卷
王德璉鄱陽縣記一卷
徐鍇方輿記一百三十卷
范子長皇州郡縣志一百卷
司馬儼峽山履平集一卷
潘子韶峽江利涉集一卷

杜光庭續成都記一卷
范旻邕管雜記三卷
李昉歷代宮殿名一卷
樂史太平寰宇記二百卷
魏羽吳會雜錄一卷
張參江左記三卷
陶岳零陵總記十五卷
李宗諤圖經九十八卷
又圖經七十七卷
越州圖經九卷
陽明洞天圖經十五卷
李垂導河形勝書一卷
王曾契丹志一卷
楊備恩平郡譜一卷
劉夔武夷山記一卷

林世程〔三五〕重修閩中記十卷
郭之美羅浮山記一卷
周衡湘中新記七卷
陳倩茅山記一卷
僧文政南嶽尋勝錄一卷
李上交豫章西山記二卷
廣西郡邑圖志一卷張維序。
王靖廣東會要四卷
張田廣西會要二卷
劉昌詩六峯志十卷
薛常州地理叢考一卷
李和篪輿地要覽二十三卷
重修徐州圖經三卷嘉定中撰。
離峯志十卷
鴈山行記一卷不知何人編。

王曰休九丘總要三百四十卷
余嘉聖域記二十五卷
程大昌雍錄十卷
錢景衎南嶽勝槪一卷
曾洵句曲山記七卷
周淙臨安志十五卷
談鑰吳興志二十卷
潘廷立富川圖志六卷
韓挺儀眞志七卷
劉浩然合肥志十卷
李說黃州圖經五卷
童宗說盱江志十卷
姜得平又續志十卷
袁震臨江軍圖經七卷
李仲重修臨江志七卷

雷孝友瑞州郡縣志十九卷
田渭辰州風土記六卷
袁觀澧川府圖經十一卷
張津四明圖經十二卷
史正志建康志十卷
江文叔桂林志一卷
蔡戡靜江府圖志十二卷
熊克鎭江志十卷
葛元騭武陽志十卷
宋宜之無爲志三卷
胡兆秋浦志八卷
羅願新安志十卷
汪師孟黃山圖經一卷
范成大桂海虞衡志三卷
韋楫昭潭志二卷

晁百揆尋陽志十二卷
吳芸沅州圖經四卷
安南土貢風俗一卷乾道中，安南入貢，客省承詔具其風俗及貢物名數。
程九萬歷陽志十卷
蘇思恭曲江志十二卷
毛憲信安志十六卷
臨賀郡志一卷不知作者。
蕭玠晉康志七卷
周端朝桂陽志五卷
劉子登武陵圖經十四卷
鄭昉都梁志二卷
赤城志四十卷陳耆卿序。
陸游會稽志二十卷
王中行潮州記一卷

莆陽人物志三卷鄭僑序。
王震閩苑記三十卷
冉木潛藩武泰志十四卷
趙抃成都古今集記三十卷
張朏齊記一卷
南北對鏡圖一卷
混一圖一卷
西南蠻夷朝貢圖一卷
巨鼇記六卷
交廣圖一卷
平江府五縣正圖經二卷
並不知作者。
李華湟川開峽志五卷
宋敏求長安志一十卷
又東京記二卷

河南志二十卷
陳舜俞廬山記二卷
謝顥素海潮圖論一卷
王瓘北道刊誤志十五卷
林須雷山記一卷
檀林甌冶拾遺一卷
又大理國行程一卷
陳冠熙河六州圖記一卷
王向溯龍門記三卷
王存九域志十卷
孟猷上饒志十卷
滕宗諒九華山新錄一卷
朱長文吳郡圖經續記三卷
王正倫古今洛城事類二卷
王得臣江夏辨疑一卷

譚掞邕管溪洞雜記一卷
李洪鎭洮補遺一卷
李獻父隆慮洞天錄一卷
林幖永陽志三十五卷
曾旼永陽郡縣圖志四卷
劉拯濠上摭遺一卷
蘇氏夏國樞要二卷
左文質吳興統記十卷
孫穆雞林類事三卷
馬子嚴岳陽志二卷
程縯職方機要四十卷
范致明岳陽風土記一卷
又池陽記一卷
歐陽忞輿地廣記三十八卷
虞剛簡永康軍圖志二十卷

錢紳同安志十卷
徐兢宣和奉使高麗圖經〔三六〕四十卷
吳致堯九疑考古二卷
洪芻豫章職方乘三卷
董棻嚴州圖經八卷
厲居正齊安志二十卷
洪遵東陽志十卷
許靖夫齊安拾遺一卷
環中汴都名實志三卷
陳哲夫李渠志一卷
續修宜春志十卷
唐稷清源人物志十三卷
李盛章貢志十二卷
曾賓括蒼志十卷
陳柏朋括蒼續志一卷

趙彥勵莆陽志十五卷
陸琰莆陽志七卷
李獻父相臺志十二卷
江行圖志一卷沈該訂正，不知作者。
同安後志十卷
大禹治水玄奧錄一卷
三輔黃圖一卷
高麗日本傳一卷
南劍州圖經一卷
地里圖一卷
指掌圖二卷
南海錄一卷
福建地理圖一卷
泉南錄二卷
吳興雜錄七卷
南朝宮苑記一卷
廬山事迹三卷
並不知作者。
李常續廬山記一卷
東京至益州地里圖一卷亡。
四明山記一卷
地里圖一卷
南岳衡山記一卷
考城圖經一卷
常州風土記一卷
清溪山記一卷
水山記一卷
茅山新記一卷
青城山記一卷
契丹國土記、契丹疆宇圖二卷

契丹地里圖一卷
並不知作者。
李幼傑莆陽比事七卷
何友諒武陽志二十七卷
陳謙永寧編十五卷
黃以寧惠陽志十卷
劉牧建安志二十四卷
又建安續志類編二卷
鄭孟卿寧武志十五卷
李皐汀州志八卷
林英發景陵志十四卷
楊彥爲保昌志八卷
傅巖鄖城志十二卷
楊泰之普州志三十卷
孫祖義高郵志三卷
宇文紹奕臨邛志二十卷
又補遺十卷
林哺姑孰志五卷
王招蕪湖圖志九卷
楊檦臨漳志十卷
方杰清漳新志十卷
章穎文州古今記十二卷
杜孝嚴文州續記四卷
孫楙春陵圖志十卷
張貴謨臨汝圖志十五卷
徐自明零陵志十卷
又浮光圖志三卷
梁克家長樂志四十卷
張埏零陵志十卷
陸峻、丁光遠蘄春志十卷

段子游均州圖經五卷
李章之邵陽圖志三卷
黃汰邵陽紀舊一卷
韋嶸邵陵類考二卷
孫顯祖靖州圖經四卷
黃曄龜山志三卷
李震彭門古今集志二十卷
蔡時續同安志一卷
程叔達隆興續職方乘十卷
項預吳陵志十四卷
朱端章南康記八卷
又廬山拾遺二十卷
練文廬州志十卷
吳機吉州記三十四卷
錢之望、吳幸楚州圖經二卷
劉宗襄陽志四十卷
劉淸之衡州圖經三卷
趙甲隆山志三十六卷
鄒補之毗陵志十二卷
王銖荆門志十卷
張孝曾富水志十卷
王棨重修荆門志十卷
徐得之郴江記八卷
史本古沔志一卷
周夢祥贛州圖經卷亡。
閭蒼舒興元志二十卷
許開南安志二十卷
孫昭先淮南通川志十卷
余元一淸湘志六卷
鄭少魏廣陵志十二卷

褚孝錫長沙志十一卷
鄭紳桂陽圖志六卷
黃疇若龍城圖志十卷
胡至重修龍城圖志十卷
陳宇房州圖經三卷
虞太中臨封志三卷
曹叔達永嘉志〔二七〕二十四卷
周澂永嘉志七卷
鄭應申江陰志十卷
梁希夷新昌志一卷
馬景脩通川志十五卷
黃環夷陵志六卷
馬導夔州志十三卷
四明風俗賦一卷不知何人撰。
丁介武陵郡離合記六卷
史定之番陽志三十卷
楊潛雲間志三卷
徐筠修水志十卷
張元成嘉禾志四卷
鄧樞鵝山叢志十卷
王寬夫古涪志十七卷
李棣浮光圖志二十卷
林仁伯古歸志十卷
趙興淸歷陽志補遺十卷
王知新合淝志十卷
霍箎澧陽圖志八卷
劉伋陵水圖志三卷
胡槻普寧志三卷
王寅孫沈黎志二十三卷
趙汝廈程江志五卷

又瓊管圖經十六卷
劉灝清源志七卷
沈作賓、趙不迹會稽志二十卷
邵笥括蒼慶元志一卷
趙善贛通義志三十五卷
張士佺西和州志十九卷
李脩己同谷志十七卷
李錡續同谷志十卷
巖太初高涼圖志七卷
趙師㝥潮州圖經二卷
鄭郞洋州古今志十六卷
張樲甘泉志十五卷
陳峴南海志十三卷
趙伯謙韶州新圖經十二卷
俞聞中敍州圖經三十卷
黎伯巽靜南志十二卷
任逢塹江志三十卷
劉德禮夔州圖經四卷
馬紆續廬山記四卷
江州圖經一卷
宕渠志二卷
吉陽軍圖經一卷
忠州圖經一卷
珍州圖經三卷
衢州圖經一卷
沅州圖經四卷
復州圖經三卷
果州圖經五卷
思州圖經一卷
南平軍圖經一卷

大寧監圖經六卷
並不知作者。

右地理類四百七部，五千一百九十六卷。

越絕書十五卷或云子貢所作。
趙曄吳越春秋十卷
司馬彪九州春秋九卷
常璩華陽國志十二卷
和苞漢趙記一卷
范亨燕書二十卷
蕭方等三十國春秋三十卷
三十國春秋鈔一卷不知作者。
吳信都鎬灃上英雄小錄二卷
吳錄二十卷徐鉉、高遠、喬舜、潘佑〔三八〕等撰。
南唐書十五卷不知作者。
王顏南唐烈祖開基志十卷
李昊蜀書二十卷
蔣文懌閩中實錄十卷
林仁志王氏紹運圖三卷
毛文錫前蜀王氏記事二卷
吳越備史十五卷吳越錢儼託名范坰、林禹撰。
錢儼備史遺事五卷
王保衡晉陽見聞要錄一卷
董淳後蜀孟氏記事三卷
徐鉉、湯悅江南錄十卷
路振九國志五十一卷
又楚書五卷
鄭文寶南唐近事集一卷

又江表志二卷
陳彭年江南別錄四卷
龍袞江南野史二十卷
曾顏渤海行年記十卷
胡賓王劉氏興亡錄一卷
陶岳荊湘近事十卷
周羽沖三楚新錄三卷
曹衍湖湘馬氏故事二十卷
王舉天下大定錄十卷
盧臧楚錄五卷
張唐英蜀檮杌十卷
劉恕十國紀年四十卷
閩王事迹一卷
高氏世家十卷
湖南故事十三卷
十國載記三卷
江南餘載二卷
高皇帝過江事實〔三九〕一卷
廣王事迹一卷
並不知作者。
錢惟演家王故事一卷

右霸史類四十四部，四百九十八卷。

凡史類二千一百四十七部，四萬三千一百九卷。

校勘記

〔一〕王涇　原作「王經」，據新唐書卷五八藝文志、崇文總目卷二改。
〔二〕賈頊　原作「賈頊」，據新唐書卷五八藝文志、書錄解題卷六改。
〔三〕慕容彥逢　「逢」原作「達」。按五禮新儀卷首，撰者有慕容彥逢；書錄解題卷六同。據改。
〔四〕呂大均　疑當作「呂大鈞」，大鈞本書卷三四〇有傳。
〔五〕正辭錄　「正」原作「王」，據本書卷九八禮志、崇文總目卷二改。
〔六〕大食陀婆離一俞盧和地一　「大食」下原衍「陀婆離一人俞盧和地一」十字。按：本書卷四九〇大食傳說：「其國部屬各異名，故有勿巡，有陁婆離，有俞盧和地，有麻囉跋等國，然皆冠以大食。」志文所載國名與傳合。又從董氊、鬼章起，至俞盧和地止，總數爲十六卷，與志文著錄的卷數亦合。其「陀婆離一人俞盧和地一」十字應是衍文，今刪。
〔七〕農田勑　「農田」二字原倒，據本書卷一九八刑法志、崇文總目卷二乙正。
〔八〕趙緒　崇文總目卷二作「趙綽」。郡齋志卷八說：「田氏書目有蕭緒金科易覽三卷，當是綽初撰一卷，緒刪改析之爲三爾。」
〔九〕商仲茂　四庫闕書目、祕書省續四庫書目等都作「殷仲茂」，「商」字蓋宋人諱改。
〔一〇〕田鎬尹植文樞密要目　按尹植唐人，田鎬宋人。新唐書卷五八藝文志、通志卷六六藝文略、玉海

卷五二都作「尹植文樞祕要目」。

〔一一〕集古系時錄　「古」下原衍「今」字，據通考卷二〇七經籍考刪。

〔一二〕遂初堂書目　「初」原作「安」。書錄解題卷八作「遂初堂書目」，今傳本同。據改。

〔一三〕竇從一　原作「竇從則」，據新唐書卷五八藝文志、崇文總目卷二改。

〔一四〕唐汭　祕書省續四庫書目、通志卷六六藝文略作「唐納」。

〔一五〕劉興家譜一卷　「興」原作「與」，「譜一」二字原脫。據新唐書卷五八藝文志、通志卷六六藝文略改補。

〔一六〕姓氏古今雜錄　「姓氏」原作「姓名」，據新唐書卷五八藝文志、崇文總目卷二改。

〔一七〕僖祖　原作「僖宗」。按宋奉趙朓爲「僖祖」，非「僖宗」，據玉海卷五一「積慶圖」條改。

〔一八〕帝王系譜　「系」下原衍「家」字，據書錄解題卷八、玉海卷四七引書目刪。

〔一九〕趙郡東祖李氏家譜　「趙郡」原作「趙群」，據新唐書卷五八藝文志、崇文總目卷二改。

〔二〇〕馬溫之鄴都故事　新唐書卷五八藝文志、通志卷六六藝文略、玉海卷一六都作「馬溫」。

〔二一〕劉公鉉　「鉉」上原衍「銜」字，據本書卷二〇三藝文志劉公鉉鄴城舊事條刪。新唐書卷五八藝文志、通志卷六六藝文略、崇文總目卷二「鄴城新記」條，「鉉」字都作「銳」。

〔二二〕韋齊休　「休」原作「沐」，據新唐書卷五八藝文志和太平御覽卷九一九、九二四、九七四改。

〔二三〕海外使程廣記　「外」字原脫，據書錄解題卷八、通志卷六六藝文略補。

〔二四〕張脩　新唐書卷五八藝文志、崇文總目卷二、通志卷六六藝文略都作「張容」。

〔二五〕林世程　原作「程世程」，據書錄解題卷八、崇文總目卷二改。

〔二六〕宣和奉使高麗圖經　「經」字原脫。按：今本卷首有徐兢所撰宣和奉使高麗圖經序；清波雜志卷七、書錄解題卷八也都作「圖經」，據補。

〔二七〕曹叔達永嘉志　據書錄解題卷八、本書卷四一六曹叔遠傳，疑「達」當作「遠」，「志」當作「譜」。

〔二八〕喬舜潘佑　「喬舜」當作「喬匡舜」，陸游南唐書卷八有傳，「匡」字蓋避宋諱刪。「潘佑」原作「潘祐」，據本書卷四七八潘佑傳、南唐書卷九高遠傳改。

〔二九〕高皇帝過江事實　「高」下原衍「宗」字，據通志卷六五藝文略、崇文總目卷二刪。

宋史卷二百五

志第一百五十八

藝文四

子類十七：一曰儒家類，二曰道家類，釋氏及神仙附。三曰法家類，四曰名家類，五曰墨家類，六曰縱橫家類，七曰農家類，八曰雜家類，九曰小說家類，十曰天文類，十一曰五行類，十二曰蓍龜類，十三曰曆算類，十四曰兵書類，十五曰雜藝術類，十六曰類事類，十七曰醫書類。

晏子春秋十二卷

曾子二卷

子思子七卷

孟子十四卷

陸善經孟子註七卷

王雱注孟子十四卷〔一〕

蔣之奇孟子解六卷

荀卿子二十卷戰國趙人荀況書。

楊倞注荀子二十卷

黎錞校勘荀子二十卷

魯仲連子五卷戰國齊人。

董子一卷董無心撰。

尸子一卷尸佼撰。

子華子十卷自言程氏名本，字子華，晉國人。中興書目曰：「近世依託。」朱熹曰：「僞書也。」

孔叢子七卷漢孔鮒撰。朱熹曰：「僞書也。」

桓寬鹽鐵論十卷

揚雄太玄經十卷

又揚子法言十三卷

張齊太玄正義統論一卷

又太玄釋文玄說二卷

宋惟幹〔二〕太玄經注十卷

王涯注太玄經六卷

柳宗元注揚子法言十三卷宋咸補注。

馬融忠經一卷

玄測一卷漢宋衷解，吳陸績釋之。

王符潛夫論十卷

關朗洞極元經傳五卷

四注孟子十四卷揚雄、韓愈、李翺、熙時子四家注。

王通文中子十卷宋阮逸注。

太宗帝範二卷

顏師古糾繆正俗八卷

王涯說玄一卷

林慎思續孟子二卷

韓熙載格言五卷

眞宗正說十卷〔三〕

徐鉉質論一卷
許洞演玄十卷
刁衎本說十卷
王敏太平書十卷
賈冏山東野錄〔三〕七卷
宋咸過文中子十卷
又太玄音一卷
章詧太玄圖一卷
又太玄經發隱一卷
聱隅子歔欷瑣微論一卷黄晞撰。
邵亢體論十卷
周惇頤太極通書一卷
司馬光潛虛一卷
又文中子傳一卷
集注四家揚子十三卷
集注太玄經六卷
並司馬光集。
家範十卷
師望元鑒十卷
范鎮正書一卷
張載正蒙書十卷
又雜述一卷
程頤遺書二十五卷
語錄二卷程頤與弟子問答。
孟子解四卷程頤門人記。
徐積節孝語一卷江端禮錄。
呂大臨孟子講義十四卷
蘇轍孟子解一卷
王令孟子講義五卷
龔原孟子解十卷

陳暘孟子解義十四卷
張鎰〔四〕孟子音義三卷
丁公著孟子手音一卷
孫奭孟子音義二卷
劉安世語錄二卷
王開祖儒志一卷
游酢孟子解義十四卷
又雜解一卷
謝良佐語錄一卷
陳禾孟子傳十四卷
晁說之易玄星紀譜二卷
陳漸演玄七卷
許允成孟子新義十四卷
范沖要語一卷
張九成孟子拾遺一卷
語錄十四卷
張憲武勸學錄六卷
劉子翬十論一卷
張行成潛虛衍義十六卷
又皇極經世索隱一卷
觀物外篇衍義九卷
翼玄十二卷
鄭樵刊繆正俗跋正八卷
文軫信書三卷
宋衷解太玄經義訣〔六〕十卷李沂集。
馮休〔七〕删孟子一卷
陳之方致君堯舜論一卷
又削荀子疵一卷
徐庸注太玄經十二卷
又玄頤一卷

僧全璧太玄略例一卷
王紹珪古今孝悌錄二十四卷
尹焞〔八〕孟子解十四卷
語錄四卷尹焞門人馮忠恕、祁寬、呂堅中記。
鄒浩孟子解十四卷
朱熹孟子集注十四卷
又孟子集義十四卷
或問十四卷
延平師弟子問答一卷
語錄四十三卷朱熹門人所記。
張栻孟子詳說十七卷
又孟子解七卷
蔡沉至書一卷
張氏孟子傳三十六卷
錢文子孟子傳贊十四卷
王汝猷孟子辨疑十四卷
諸儒鳴道集七十二卷濂溪、涑水、橫渠等書。
程迥諸論辨一卷
近思錄十四卷朱熹、呂祖謙編類周敦頤、程頤、程顥、張載等書。
外書十二卷程顥、程頤講學。
邵雍漁樵問對一卷
祝禹圭東西銘解一卷
蘇籀遺言一卷
曾發泮林討古二卷
張九成語錄十四卷
胡宏知言一卷
麗澤論說集十卷呂祖謙門人記。
周葵聖傳錄一卷
吳仁傑鹽石論丙丁二卷

陳舜申審是集一卷
塗近正明倫二卷
彭龜年止堂訓蒙二卷
呂氏鄉約儀一卷呂大鈞撰。
李公省心雜言一卷不知名。
董興幾學政發縱一卷
高登修學門庭一卷
劉敞弟子記一卷
石月至言一卷余應求刊其父之言。
戴溪石鼓孟子答問三卷
陳師道後山理究一卷
北山家訓一卷
伊洛淵源十三卷
聞見善善錄一卷
質疑請益一卷
並不知作者。
楊浚章子內篇三卷
又聖典三卷
王向忠經三卷
劉既〔九〕續說苑十卷
法聖要言十卷
李琪皇王大政論十卷
高舉帝道書十卷
魯大公公侯正術十卷
蕭佚牧宰政術二卷
趙瑩君臣政論二十五卷
興政論三卷
丘光庭康教論一卷
張弧素履子一卷
張陟里訓十卷

趙湙中庸論一卷
趙鄰幾鹹子一卷
朱昂資理論三卷
何涉治道中說三十篇卷亡。
龔鼎臣中說解十卷
范祖禹帝學八卷
章懷太子修身要覽十卷
太宗文明政化十卷
眞宗承華要略二十卷
名墨縱橫家無所增益〔10〕答邇英聖問一卷仁宗書三十五事，丁度等答。
顏之推家訓七卷
狄仁傑家範一卷
先賢誡子書二卷
開元御集誡子書一卷
古今家戒四卷
黃訥家戒一卷
柳玢誡子拾遺十卷
孫奕示兒編一部

右儒家類一百六十九部，一千二百三十四卷、篇。

河上公老子道德經注一卷
嚴遵老子指歸十三卷
王弼老子注二卷
又道德略歸一卷
陸修靜老子道德經雜說一卷
傅奕道德經音義二卷

唐玄宗注老子道德經二卷有序。
唐玄宗道德經音疏六卷
成玄英道德經開題序訣義疏七卷
杜光庭道德經廣聖義疏三十卷
僧文儻道德經疏義十卷
趙至堅道德經疏三卷
張惠超道德經志玄疏三卷
陸氏道德經傳四卷
扶少明道德經譜二卷
谷神子註經諸家道德經疏二卷河上公、葛仙公、鄭思遠、睿宗、玄宗疏。
李若愚道德經注一卷
喬諷道德經疏義節解二卷
道德經小解一卷
陳景元道德注二卷
蔣之奇老子解二卷
又老子繫辭解二卷
張湛列子音義一卷
張昭補注莊子十卷
張烜莊子通眞論三卷
南華眞經篇目義三卷
李暹訓文子注十二卷
朱弁〔11〕文子注十二卷
墨布一作「希」子文子注十二卷
王源亢倉子注三卷
亢倉子音義一卷
范乾元一作「九」四子樞要二卷
衞偕一作「稽」白朮子三卷
太公等陰符經注一卷
張果陰符經注一卷

又陰符經辨命論一卷
袁淑眞陰符經注一卷
又陰符經疏三卷
陰符集解五卷
韋洪陰符經疏訣一卷
蔡望陰符經注一卷
又陰符經要義一卷
陰符經小解一卷
張魯陰符經元義一卷
李靖陰符機一卷
房山長注大丹黃帝陰符經〔12〕一卷
梁丘子注黃庭內景玉經一卷
黃庭外景經一卷
黃庭外景玉經注訣一卷
黃庭五藏論圖一卷
老子黃庭內視圖一卷
胡愔黃庭內景圖一卷
黃庭外景圖一卷
魏伯陽周易參同契三卷
參同大易誌三卷
徐從事注周易參同契三卷
參同契合金丹行狀十六變通眞訣一卷
鄭遠之參同契心鑑一卷
張處參同契大易圖一卷
晁公武老子通述二卷
老子道德經三十家注六卷唐道士張君相集解。
葛玄老子道德經節解二卷
道德經內解二卷不知作者。
老子道德經內節解二卷題尹先生注。
王顧老子道德經疏四卷

李榮老子道德經注二卷
李約老子道德經注四卷
碧雲子老子道德經藏室纂微二卷不知名。
老子道德經義二卷
老子指例略一卷
並不知作者。
張湛列子注八卷
郭象注莊子十卷
成玄英莊子疏十卷
文如海莊子正義十卷
又莊子邈一卷
黃帝陰符經一卷舊目云，驪山老母注，李筌撰。
集注老子二卷明皇、河上公、王弼、王雱〔13〕等注。
呂知常老子講義十二卷
李筌陰符經疏一卷
陰符玄譚一卷不知作者。
文子十二卷舊書目云，周文子撰。
鶡冠子三卷不知姓名。漢志云：「楚人，居深山，以鶡羽爲冠，因號云。」
亢倉子三卷一名庚桑子。戰國時人，老子弟子。
抱朴子別旨二卷不知作者。
司馬子微坐忘論一卷
天機經一卷
道體論一卷
無能子一卷
並不知作者。
吳筠玄綱一卷
劉向關尹子九卷
劉驥老子通論語二卷
徽宗老子解二卷

列子解八卷
呂惠卿莊子解十卷
司馬光老子道德經注二卷
蘇轍老子道德經義二卷
趙令穆老子道德經解二卷
李士表莊子十論一卷
沈該陰符經注一卷
朱熹周易參同契一卷
朱安國陰符元機一卷
程大昌易老通言十卷

右道家類一百二部，三百五十九卷。

鳩摩羅什譯金剛般若波羅蜜經一卷
沙門曇景譯佛說未曾有因緣經二卷
玄奘譯波般若波羅蜜多心經一卷
般剌密帝彌伽釋迦譯首楞嚴經十卷
佛說一乘究竟佛心戒經一卷
佛說三亭廚法經二卷
佛說法句經一卷
佛垂涅槃略說教戒經一卷

四經失譯。

馬鳴大師摩訶衍論五卷
起信論二卷
僧肇寶藏論三卷
彥琮[二四]福田論一卷
道信大乘入道坐禪次第要論一卷
法琳[二五]辨正論八卷陳子良注。
慧海大師入道要門論一卷

淨本和尚語論[二六]一卷
惠能仰山辨宗論一卷
勸修破迷論一卷
金沙論一卷
明道宗論[二七]一卷
偈宗秘論一卷

四論不知撰人。

法藏心經一卷
惟慤首楞嚴經疏六卷
宗密圓覺經疏六卷
圓覺道場修證儀十八卷
起信論鈔三卷
傅大士、寶誌金剛經贊一卷
惠能金剛經口訣義一卷
金剛經大義訣[二八]二卷
大白和尚金剛經訣一卷
法深起信論疏二卷
忠師百法明門論疏二卷
蕭子良統略淨住行法門[二九]一卷
元康中觀論三十六門勢疏一卷
華嚴法界觀門一卷宗密[三〇]注。
傅大士心王傳語一卷
行道難歌一卷
竺道生十四科元贊義記一卷
灌頂國清道場百錄一卷
楞伽山主小參錄一卷
道宣通感決疑錄一卷
大唐國師小錄法要集一卷
紹修漳州羅漢和尚法要[三一]三卷桂琛。
白居易八漸通眞議[三二]一卷

張雲元中語寶三卷
大閩和尚顯宗集一卷
大雲和尚要法一卷惠海。
元覺一宿覺傳一卷
魏靜永嘉一宿覺禪宗集一卷
達摩血脈一卷
本先竹林集一卷
寶覺禪師見道頌一卷寓言居士注。
道璡禪宗理性偈一卷
石頭和尚參同契一卷宗美注。
惠忠國師語一卷冉氏。
東平大師默論一卷
義榮天台國師百會語要一卷
齊寶神要[三三]三卷
懷和百丈廣語一卷
統休無性和尚說法記一卷
惠明棲賢法雋一卷
龍濟和尚語要一卷
荷澤禪師徵訣一卷
楊士達禪關八問一卷宗美[三四]。
句令禪門法印傳五卷
淨惠禪師偈頌一卷
義淨求法高僧傳二卷
飛錫往生淨土傳五卷
法海六祖法寶記一卷
壇經一卷
辛崇僧伽行狀一卷
靈湍攝山棲霞寺記一卷
師哲前代國王修行記[三五]一卷
盧求金剛經報應記三卷

賢首華嚴經纂靈記五卷
元偉眞門聖冑集五卷
雲居和尚示化實錄一卷
覺晏高僧纂要五卷
智月僧美三卷
裴休拾遺問一卷
神澈七科義狀一卷
夢徵內典編要十卷
紫陵語一卷
大藏經音四卷
眞覺傳一卷
渾混子三卷解寶藏論。
遺聖集一卷
菩提心記一卷
積元集一卷
相傳雜語要一卷
德山集一卷仰山、潙山語。
會昌破胡集一卷
妙香丸子法一卷
潤文官錄一卷唐人。
迦葉祖裔記一卷
釋門要錄五卷

紫陵語[三六]以下不知撰人。

十朋請禱集一卷
瑞象歷年記一卷
惟勁禪師贊頌一卷
釋華嚴漩澓偈一卷
馬裔孫看經贊一卷
法喜集二卷
文益法眼禪師集一卷

法眼禪師集眞贊一卷
高越舍利塔記一卷
可洪藏經音義隨函三十卷
建隆雍熙禪頌三卷
魏德謩無上祕密小錄五卷
程讜釋氏蒙求五卷
延壽感通賦一卷
李遵勗天聖廣燈錄三十卷
呂夷簡景祐寶錄二十一卷
僧肇寶藏論一卷
又般若無知論一卷
涅槃無名論一卷
僧慧皎〔一七〕高僧傳十四卷
僧佑弘明集十四卷
僧寶唱比丘尼傳五卷

僧佑釋迦譜五卷
甄鸞笑道論三卷
僧慧可達摩血脈論一卷
費長房開皇歷代三寶記十四卷
又開皇三寶錄總目一卷
國清道場百錄五卷僧灌頂纂，僧智顗修。
僧法琳破邪論三卷
又辨正論八卷
僧彥琮釋法琳別傳三卷
僧慧能注金剛經一卷
又撰金剛經口訣一卷
僧慧昕注壇經二卷
僧辨機唐西域志十二卷
僧道宣續高僧傳三卷
又佛道論衡三卷

三寶感應錄三卷
釋迦氏譜一卷
廣弘明集〔一八〕三十卷
僧政覺金沙論一卷
僧神會〔一九〕荷澤顯宗記一卷
華嚴法界觀門一卷僧法順集，僧宗密注。
僧宗密禪源諸詮二卷
又原人論一卷
大乘起信論一卷
魏靜永嘉一宿覺禪師集一卷
僧道世法苑珠林一百卷〔二〇〕
僧慧忠十答問語錄一卷
無住和尚說法二卷僧飩林集。
僧普願語要一卷
龐蘊語錄一卷唐于頔編。

僧神清北山參元語錄十卷
僧慧海頓悟入道要門論一卷
僧義淨求法高僧傳三卷
僧元應唐一切經音義一十五卷
僧澄觀華嚴經疏十卷
僧紹脩語要一卷
裴休傳心法要一卷
唐六譯金剛經贊一卷鄭覃等撰。
釋迦方志一卷唐終南大一山僧撰。
僧慧祥古清涼傳二卷
僧應之四注金剛經一卷
僧延壽宗鏡錄一百卷
僧贊寧僧史略三卷
僧道原景德傳燈錄三十卷
晁迥法藏碎金十卷

道院集要三卷不知作者。
僧延昭衆吼集一卷
僧重顯瀑布集一卷
又語錄八卷
僧世沖釋氏詠史詩三卷
僧居本廣法門名義一卷
僧慧皎僧史二卷
僧契嵩輔教編三卷
僧省常錢塘西湖淨社錄三卷
僧道誠釋氏須知三卷
僧道誠釋氏要覽三卷
王安石注維摩詰經三卷
朱士挺伏虎行狀一卷
僧自嚴行狀一卷陳嘉謨撰。
李之純成都大悲寺集二卷

又成都大慈寺記二卷
僧惟白續燈錄三十卷
僧宗頤勸孝文二卷
又禪苑清規十卷
王敏中勸善錄六卷
蹇序辰諸經譯梵三卷
楊諤水陸儀二卷
僧智達祖門悟宗集二卷
棲穎傳翕小錄要集一卷
僧宗永宗門統要十卷
僧智圓閑居編五十一卷
僧懷深注般若波羅密多心經一卷
僧原白注證道歌一卷
僧宗杲語錄五卷黃文昌撰。
僧慧達夾科肇論二卷

僧應乾楞嚴經標指要義二卷
僧靈操釋氏蒙求一卷
僧馬鳴釋摩訶衍論十卷
僧闍那多迦譯羅漢頌一卷
僧菩提達磨存想法一卷
又菩提達磨胎息訣一卷
頌證道歌一卷篇首題正覺禪師撰。
淨慧禪師語錄一卷
蓮社十八賢行狀一卷
法顯傳一卷
諸經提要二卷
五公符一卷
寶林傳錄一卷
並不知作者。
李通玄華嚴合論一卷

張戒注楞伽集注八卷
佛陁多羅譯圓覺經二卷
般剌密諦譯楞嚴經十卷
晁迥耄智餘書三卷
法寶標目十卷王右編。
僧肇譯維摩經十卷
八方珠玉集四卷大圓、塗毒二僧集諸家禪語。
王日休金剛經解四十二卷
淨土文十一卷王日休撰。
語錄二卷松源和尚講解答問。
普燈錄三十卷僧正受集。
諸天傳二卷僧行霆述。
奏對錄一卷佛照禪師淳熙間奏對之語。
崇正辨三卷胡寅〔二一〕撰。

右釋氏類二百二十二部，九百四十九卷。

劉向列仙傳三卷
王褒桐柏眞人王君外傳一卷
周季通玄洲上卿蘇君記一卷
葛洪神仙傳十卷
馬陰二君內傳一卷
上眞衆仙記一卷
靈論雜訣一卷
金木萬靈訣一卷
抱朴子養生論一卷
太清玉碑子一卷葛洪與鄭惠遠問答。
二女眞詩一卷紫微夫人及東華中候王夫人作。
施眞人銘眞論一卷
旌陽令許遜靈劍子一卷
黃帝內傳一卷籛鏗得於石室。
東方朔十洲三島記一卷
淮南王劉安太陽眞粹論一卷
黃玄鍾蓬萊山西竈還丹歌一卷
婁敬草衣子還丹訣一卷
魏伯陽還丹訣一卷
周易門戶參同契一卷
太丹九轉歌一卷
華佗老子五禽六氣訣一卷
陸脩靜老子道德經雜說一卷
五牙導引元精經一卷
黃庭經一卷其文初爲五言四章，後有七言，論人身扶養修治之理。

李千乘黃庭中景經注一卷
尹喜黃庭外景經注一卷
襄楷太平經一百七十卷
李堅東極謝眞人傳一卷
王禹錫海陵三仙傳一卷
施肩吾眞仙傳道集二卷
三住銘一卷
西山羣仙會眞記〔三〕一卷
長孫滋崔氏守一詩傳一卷
吳筠神仙可學論一卷
又形神可固論一卷
著生論一卷
明眞辨僞論一卷
心目論一卷
玄門論一卷
元綱論一卷
諸家論優劣事一卷
辨方正惑論〔四〕一卷
杜光庭二十四化詩一卷
又二十四化圖一卷
神仙感遇傳十卷
墉城集仙錄十卷
應現圖三卷
仙傳拾遺四十卷
歷代帝王崇道記一卷
道教靈驗記二十卷
道經降傳世授年載圖一卷
謝良嗣〔五〕中嶽吳天師內傳一卷
李渤李天師傳一卷
眞系傳一卷

張隱居演龍虎上經二卷
盧潘侯眞人傳一卷
沈汾續仙傳三卷
尹文操樓觀先師本行內傳一卷
玄元聖記經十卷
刁琰廣仙錄一卷
見素子洞仙傳十卷
傅元鎭應緣道傳十一卷
晞陽子賓仙傳三卷
南嶽夫人清虛玉君內傳一卷
范邈南嶽魏夫人內傳一卷
李遵三茅君內傳一卷
梁日廣釋仙論一卷
赤松子中誡篇一卷
金石論一卷
門天老曆一卷
泠然子學神仙法一卷
賈嵩陶先生傳序三卷
吳先主孫氏太極左仙公神仙本起內傳一卷
華嶠眞人周君內傳一卷
劉海蟾詩一卷
陶弘景養性延命錄二卷
張融三破論一卷
太一眞君固命歌一卷晉葛洪譯。
導引養生圖一卷
神仙玉芝瑞草圖二卷
上清握中訣三卷
登眞隱訣三十五卷
眞誥十卷
華陽道士韋處玄注老子西昇經二卷

魏曇巒法師服氣要訣一卷
陳處士同洪讓〔六〕書老子道經一卷
李淳風正一五眞圖一卷
孫思邈退居志一卷
眞氣銘一卷
九幽福壽論一卷
龍虎亂日篇一卷
李用德晉州羊角山慶曆觀記一卷
王元正清虛子龍虎丹一卷
驪山母黃帝陰符大丹經解一卷房山長集。
吳兢保聖長生纂要坐隅障二卷
僧一行天眞皇人九仙經一卷
尹愔老子五廚經注一卷
周泌顯陽書一卷
昝商導養方三卷
李廣中指眞訣一卷
僧遵化〔七〕養生胎息祕訣一卷
高駢性箴金液頌一卷
黃仲山玄珠龜鏡三卷
裴鉉〔八〕延壽赤書一卷
張果紫靈丹砂表一卷
內眞妙用訣一卷
休糧服氣法一卷
大易誌圖參同經一卷玄宗與葉靜能、一行答問語。
王紳〔九〕太清宮簡要記一卷
康眞人氣訣一卷
盧遵元太上肘後玉經方一卷
楊知玄淮南王練聖法一卷
老子元道經一卷南統孟詵仙傳授。
李延章中元論一卷

胡微玉景內篇二卷
黃庭內景五藏六腑圖一卷大白山見素女子胡愔撰。
王懸河三洞珠囊三十卷
王貞範洞天集二卷
捷神子唐元指玄篇一卷
中央黃老君洞房內經一卷
黃老中道君洞房內經一卷
黃老神臨藥經一卷
太淸眞人絡命訣一卷
太上老君血脈論一卷
靈寶服食五芝精一卷
黃帝內經靈樞略一卷
黃帝九鼎神丹經訣十卷
黃帝內丹訣一卷

太極眞人風鳴爐火經一卷
紫微帝君王經寶訣一卷
太上老君服氣胎息訣一卷
老子中經二卷
老子神仙歷藏經一卷
王母太上還童採華法一卷
紫微帝君紫庭祕訣一卷
茅眞君靜中吟一卷
王茅君雜記一卷
陰眞君還丹歌一卷
金液還丹歌一卷
元君付道傳心法門一卷
徐眞君丹訣一卷
張眞君靈芝集一卷
彭君訣黃白五元神丹經一卷

太一眞君元丹訣一卷
陳大素九天飛步內訣眞經一卷
河間眞人劉演金碧潛通祕訣一卷
大白山李眞人調元妙經一卷
陳少微大洞煉眞寶經一卷
中天師服氣要訣一卷
張天師石金記一卷
玄元先生日月混元經一卷
鄭先生不傳氣經一卷
建平然先生少來苦樂傳一卷
赤城隱士服藥經三卷
臥龍隱者少玄胎息歌一卷
蜀郡處士胎息訣一卷
成都李道士太上洞玄靈寶修眞論一卷
務元子混成經一卷

務成子注太上黃庭內景經一卷
含光子契眞刊謬玉鑰匙一卷
鄧雲子淸虛眞人裴君內傳一卷
廣成子靈仙祕錄陰丹經一卷
紫陽金碧經一卷
昇玄養生論
青霞子旨道篇一卷
又龍虎金液還丹通玄論一卷
寶藏論一卷
易元子勸道詩一卷
逍遙子內指通玄訣三卷
攝生祕旨一卷
升玄子造化伏汞圖一卷
潁陽子神仙修眞祕訣十二卷
元陽子金石還丹訣一卷

眞一子金鑰匙一卷
九眞中經一卷赤松子傳。
暢元子雜錄經訣尊用要事一卷
狐剛子粉圖〔兲〕五卷
左掌子證道歌一卷
中皇子服氣要訣一卷
桑楡子新舊氣經一卷
玄明子柳沖用巨勝歌一卷
葉眞卿玄中經一卷
丁少微眞一服元氣法一卷
洞元子通元子通玄指眞訣一卷
眞常子服食還丹證驗法一卷
煙蘿子內眞通玄歌一卷
獨孤滔丹房鏡源文三卷
天台白雲服氣精義論一卷

徐懷遇學道登眞論一卷
曹聖圖鉛汞五行圖一卷
張素居金石靈臺記一卷
高先大道金丹歌一卷
陳君舉朝元子玉芝書三卷
呂洞賓九眞玉書一卷
陶植蓬壺集三卷
修仙要訣一卷華子期授於甪里先生。
上相青童太上八術知慧滅魔神虎隱文一卷
碧巖張道者中山玉櫃服神氣經一卷
司世抱陽劍術一卷
金明七眞人三洞奉道科誡三卷
楊歸年修眞延祕集三卷
陰長生三皇經一卷
馬明生赤龍金虎中鉛鍊七返還丹訣卷亡。

上官翼養生經一卷
王弁新舊服氣法一卷
傅士安還丹訣一卷
徐道邈注老子西昇經二卷
劉仁會注西昇經一卷
張隨解參同契一卷
李審頤神論二卷
處士劉詞混俗頤生錄一卷
閭丘方遠太上經祕旨一卷
道士張乾森自然券立成儀一卷
張承先度靈寶經表具事一卷
玉晨奔日月圖一卷
眞祕訣一卷寶冠授陸府。
僧玄玄疑甄正論三卷
王長生紫微內庭祕訣三卷

傳授五法立成儀一卷
寒山子大還心鑑一卷
守文居鐵長生纂要一卷
莊周氣訣一卷
朗然子詩一卷
山居道士佩服經符儀一卷不知名。
蘇登天老神光經一卷
內外丹訣二卷集王元正、李黃中等撰。
崔公入藥鏡三卷
混元內外觀十卷
張君房雲笈七籤百二十卷
樂史總仙祕錄一百三十卷
余卞十二眞君傳二卷
李信之雲臺異境集一卷
賈善翔高道傳十卷

猶龍傳三卷
張隱龍三茅山記一卷
王松年仙苑編珠一卷
李昌齡感應篇一卷
朱宋卿徐神翁語錄一卷
太宗眞宗三朝傳授讚詠儀二卷
眞宗汴水發願文一卷
徽宗天眞示現記三卷
陳摶九室指玄篇一卷
王欽若七元圖一卷
先天紀三十六卷
翊聖保德傳三卷
丁謂降聖記三十卷
耿肱養生眞訣一卷
青霞子丹臺新錄九卷

李思聰道門三界詠三卷
張端金液還丹悟眞篇一卷
彭曉周易參同契分章通眞義三卷
參同契明鑑訣一卷
姚稱攝生月令圖一卷
錢景衎南嶽勝概編一卷
謝修通玉笥山祖記實錄一卷
張無夢還元篇一卷
純陽集一卷
上清五牙眞祕訣一卷
二仙傳一卷
成仙君傳一卷
劉眞人傳一卷
平都山仙都觀記二卷
師譜一卷

十眞記一卷
仙班朝會圖五卷
賴卿記一卷
大還丹照鑑登仙集一卷
斷穀要法一卷
裴君傳行事訣一卷
太上墨子枕中記二卷
太上太素玉錄一卷
太上倉元上錄一卷
學仙辨眞訣一卷
洞眞金元八景玉錄一卷
五嶽眞形圖一卷
祭六丁神法一卷
神仙雜歌詩一卷
玄門大論一卷

九轉丹歌一卷
太和樓觀內紀本草記一卷
老君出塞記一卷
五嶽眞形論一卷
黃帝三陽經五明乾贏坤巴訣一卷
正一肘後修用訣一卷
正一法文目一卷
正一論一卷
正一上元九星圖一卷
正一脩行指要三卷
正一法十籙召儀一卷
正一奏章儀一卷
正一醮江海龍王神儀都功版儀一卷
太上存鏡一卷
谷神賦一卷

黃書過度儀一卷
太上八道命籍二卷
靈寶聖眞品位一卷
靈寶飛雲天篆一卷
上清佩文訣五卷
上清佩文黑券訣一卷
福地記一卷
曲素憂樂慧辭一卷
皇人三一圖一卷
西昇記一卷
胎精記解結行事訣一卷
高上金眞元籙一卷
長睡法一卷
大洞玄保眞養生論一卷
曲素訣辭一卷

太上丹字紫書一卷
絕玄金章一卷
紫鳳赤書一卷
靈寶步虛詞一卷
金紐太清陰陽戒文一卷
太上紫書錄傳一卷
度太一玉傳儀一卷
奔日月二景隱文一卷
司命楊君傳記一卷
回耀太眞隱書一卷
思道誡一卷
潘尊師傳一卷
三尸經一卷
金簡集三卷
無名道者歌一卷

大丹會明論一卷
太清眞人九丹神祕經一卷
金鏡九眞玉書一卷
八公紫府河車歌一卷
大還祕經一卷
神仙肘後三宮訣二卷
太極紫微元君補命祕錄一卷
老君八純玄鼎經一卷
海蟾子還金篇一卷
太清篇火式一卷
太一眞人五行重玄論一卷
龍虎大還丹祕訣一卷
煉五神丹法一卷
太清丹經一卷
神仙庚辛經一卷

紫白金丹訣一卷
仙公藥要訣一卷
三十六水法一卷
金虎赤龍經一卷
玉清內書一卷
太上老子服氣口訣一卷
燒煉雜訣法一卷
太清金液神丹經三卷
休糧諸方一卷
胎息根旨要訣一卷
修眞內煉祕訣一卷
上清修行訣一卷
大道感應論一卷
太上習仙經契錄一卷
回耀飛光日月精氣上經一卷

攝生增益錄一卷
服氣錬神祕訣一卷
神氣養形論一卷
老君金書內序一卷
服餌仙方一卷
尹眞人本行記一卷
鉛汞指眞訣一卷
陶陸問答一卷
服食日月皇華訣一卷
諸家修行纂要一卷
神仙藥名隱訣一卷
谷神祕訣三卷
錬花露仙醽訣一卷
太清導引調氣經一卷
繕生集一卷
大玄部道興論二十七卷
道術旨歸一卷
富貴日用篇一卷
按摩要法一卷
入室思赤子經一卷
醮人神法一卷
餌芝草黃精經一卷
上清大洞眞經玉訣一卷
治身服氣訣一卷
草金丹法一卷
玉皇聖台神用訣一卷
十二月五藏導引一卷
燒金石藥法一卷
大易二十四篇一卷
神仙服食經一卷

三天君烈紀一卷
神仙祕訣三論三卷
養生要錄三卷
元君肘後術三卷
神仙九化經一卷
山水穴竇圖一卷
調元氣法一卷
養生諸神仙方一卷
太上保眞養生論一卷
五經題迷一卷

右神仙類三百九十四部，一千二百十六卷。

右道家附釋氏神仙類凡七百十七部，二千五百二十四卷。

管子二十四卷齊管夷吾撰。
丁度管子要略五篇卷亡。
商子五卷衞公孫鞅撰。
董仲舒春秋決事一作「獄」(三〇)十卷丁氏平，黃氏正(三一)。
愼子一卷愼到撰。
韓子二十卷韓非撰。
李文博治道集十卷
尹知章注管子十九卷
張去華大政要錄三卷
杜佑管氏指略二卷

右法家類十部，九十九卷。

公孫龍子一卷趙人。
劉邵人物志三卷
尹文子一卷齊人。
杜周士廣人物志三卷
鄧析子二卷鄭人。

右名家類五部，八卷。

墨子十五卷宋墨翟撰。

右墨家類一部，十五卷。

鬼谷子三卷
鮑彪注國策十卷
高誘注戰國策三十三卷

右縱橫家類三部，四十六卷。

夏小正戴氏傳四卷傅崧卿注。
杜臺卿玉燭寶典十二卷
蔡邕月令章句一卷
唐玄宗刪定禮記月令一卷

李林甫注解月令一卷
張方夏時志別錄一卷
韓鄂歲華紀麗四卷
又夏時考異一卷
韋行規月錄一卷
許狀元節序故事十二卷許尙編。
李綽秦中歲時記一卷一名咸鎬記(三二)。
眞宗授時要錄十二卷
李邕金谷園記一卷
孫思邈齊人月令三卷
徐鍇歲時廣記一百二十卷內八卷闕。
宗懍荊楚歲時記一卷
賈昌朝國朝時令集解十二卷
李綽輦下歲時記一卷
宋綬歲時雜詠二十卷
劉靖時鑑雜一作「新」書四卷
劉安靖時鏡新書五卷
岑賁月壁一卷
孫昱備閱注時令一卷
孫翰月鑑二卷
歲中記一卷
嵇含南方草木狀三卷
十二月纂要一卷
賈思勰齊民要術十卷
保生月錄二卷
則天皇后兆人本業三卷
四時錄四卷
陸羽茶經三卷
並不知作者。
又茶記一卷

温庭筠採茶錄一卷
茶苑雜錄一卷不知作者。
張又新煎茶水記一卷
韓鄂四時纂要十卷
賈耽醫牛經一卷亡。
淮南王養蠶經一卷
孫光憲蠶書三卷
秦處度蠶書一卷
毛文錫茶譜一卷
史正志菊譜一卷
任璹彭門花譜一卷
周序洛陽花木記一卷
陶朱公養魚經一卷
熊寅亮農子一卷
賈朴牛書一卷

王旻山居要術三卷
　又山居雜要三卷
　山居種蒔要術一卷
戴凱之竹譜三卷
無求子酒經一卷不知姓名。
大隱翁酒經一卷
是齋售用一卷
李淳風四民福祿論三卷
牛皇經一卷
辨五音牛欄法一卷
農家切要一卷
荔枝故事一卷
　並不知作者。
封演錢譜一卷
張台錢錄一卷

于公甫古今泉貨圖一卷
侯氏萱堂香譜一卷
范如圭田夫書一卷
賈元道大農孝經一卷
陳靖勸農奏議三十篇
林勳本政書十卷
　又本政書比校二卷
　治地旁通一卷
僧贊寧筍譜一卷
王章水利編三卷
僧仲休花品記一卷
丁謂北苑茶錄三卷
　又天香傳一卷
歐陽脩牡丹譜一卷
蔡襄茶錄一卷

沈立香譜一卷
　又錦譜一卷
茶法易覽十卷
丁度土牛經一卷
孔武仲芍藥譜一卷
張峋花譜一卷
沈括志懷錄三卷
竇苹酒譜一卷
馮安世林泉備五卷
呂惠卿建安茶用記二卷
劉攽芍藥譜一卷
王觀芍藥譜一卷
洪芻香譜五卷
章炳文壑源茶錄一卷
吳良輔竹譜二卷

葛澧酒譜一卷
高伸食禁經三卷
劉異北苑拾遺一卷
宋子安東溪茶錄一卷
陳翥桐譜一卷
張宗誨花木錄七卷
周絳補茶經〔三〕一卷
葉庭珪南蕃香錄一卷

樓璹耕織圖一卷
曾安止〔四〕禾譜五卷
曾之謹農器譜三卷
陳旉農書三卷
熊蕃宣和北苑貢茶錄一卷
韓彥直永嘉橘錄三卷
王居安經界弓量法一卷

　右農家類一百七部，四百二十三卷、篇。

鬻熊子一卷
呂不韋呂氏春秋二十六卷高誘注。
陸賈新語二卷
賈誼新書十卷
淮南子鴻烈解二十一卷淮南王安撰。

許愼注淮南子二十一卷
高誘注淮南子十三卷
劉向新序十卷
　又說苑二十卷
仲長統昌言二卷

王充論衡三十卷
邊諳續論衡二十卷
應劭風俗通義十卷
徐幹中論十卷
蔣子萬機論十卷魏蔣濟撰。
諸葛亮武侯十六條一卷
沈顏聱書十卷
傅子五卷晉傅玄撰。
陸機正訓十卷
崔豹古今注三卷
周蒙續古今注三卷
張華博物志十卷
葛洪抱朴子內篇二十卷
　又抱朴子外篇五十卷
劉子三卷題劉晝撰。

奚克讓劉子音釋三卷
　又音義三卷
湘東王繹金樓子十卷
庾仲容子鈔三十卷
顧野王符瑞圖二卷
孫綽子十卷
范泰古今善言三十卷
沈約袖中記三卷
尹子五機論三卷
商子逸〔五〕商子新書三卷
鄭瑋道言錄三卷
杜正倫百行章一卷
李文博治道集十卷
虞世南帝王略論五卷
劉巖夫𦵏論三卷

李賢修書要覽〔四六〕十卷
羅隱兩同書二卷
李直方正性論一卷
韓熙載格言五卷
又格言後述三卷
黃晞聱隅書〔四七〕十卷
李淳風感應經三卷
魏徵時務策〔四八〕一卷
又祥瑞錄十卷
朱敬則十代興亡論十卷
張說才命論一卷
趙自勔造化權輿六卷
楊相如君臣政要論三卷
元子十卷元結撰。
杜佑理道要訣十卷

皇甫選注何亮本書三卷
邵元體論十卷
馬總意林三卷
又意樞二十卷
林愼思伸蒙子三卷
丘光庭規書一卷
又兼明書十二卷
牛希濟理源二卷
又治書十卷
朱朴致理書十卷
盧藏用子書要略三卷
臧嘉猷史玄機論十卷
歐陽浚周紀聖賢故實十卷
徐融帝王指要三卷
張輔宰輔明鑒十卷

趙湘補政忠言十篇卷亡。
徐氏忠烈圖一卷
孝義圖一卷
趙彥衞雲麓漫鈔二十卷
又雲麓續鈔二卷
南唐後主李煜雜說二卷
劉子法語二十卷劉鶚撰。
又通論五卷
宋齊丘化書六卷
又理訓十卷
葛澧經史摭微四卷
劉廙稽瑞一卷
趙甤長短要術九卷
吳筠兩同書二卷
馬縞中華古今注三卷

蘇鶚演義十卷
樂朋龜五書一卷
徵微子服飾變古一卷
狐剛子感應類從譜一卷
通幽子靈臺隱祕寶符一卷扶風隱者。
李恂前言往行錄三卷
尹子五卷
鄭至道諭俗編一卷
彭仲剛諭俗續編一卷
黃巖虛犧範圍圖傳二卷
張時舉弟子職女誡鄉約家儀鄉儀一卷
李宗思尊幼儀訓一卷
呂本中官箴一卷
何薳春渚記聞十三卷
王普答問難疑一卷

徐度崇道却掃編十三卷
吳曾漫錄十三卷
魏泰書可記一卷
又續東軒雜錄一卷
馮忠恕涪陵記一卷
洪興祖聖賢眼目一卷
又語林五卷
姚寬叢語上下二卷
唐稷硯岡筆志一卷
吳箕常譚二卷
袁采世範三卷
又欷歔子一卷
葉適習學記言四十五卷
項安世項氏家記十卷
徐彭年涉世錄二十五卷

又涉世後錄二十五卷
坐忘論一卷
呂祖謙紫微語錄一卷
葉模石林過庭錄三十七卷
李石樂善錄十卷
劉鶚縣務綱目二十卷
周朴三教辨道論一卷
僧贊寧物類相感志十卷
又要言二卷
柳宲藪記十卷
王錡動書一卷
宋祁筆錄一卷
龍昌期天保正名論八卷
胥餘慶瑞應雜錄十卷
刁衎治道中術三卷

朱景先默書三卷
鄧綰馭臣鑒古論二十卷
王韶敷陽子七卷
天鬻子一卷不知姓名。
吳宏肇公典刑二十卷
高承事物紀原十卷
陳瓘中說一卷
孔平仲良史事證一卷
李新塾訓十三卷
又欲書五卷
李格非史傳辨志五卷
晁說之客語一卷
方行可治本書一卷
王揚英黼扆誡一卷
何伯熊機密利害一卷

李皜審理書一卷
張大櫶翠微洞隱百八十卷
李易要論一卷
何亮本書三卷
劉長源治本論一卷
鄭樵十說二卷
潘植忘筌書〔四九〕二卷
洪氏雜家五卷不知名。
瑞錄十卷
冗錄一卷
治獄須知一卷
之官申戒一卷
瑞應圖十卷
玉泉子一卷
中興書一卷

汲世論一卷 並不知作者。

東筦子十卷

李子正辨十卷

劉潛羣書集三卷

成嵩韻史一卷

陳鄂十經韻對二十卷

又四庫韻對九十九卷

魏玄成祥應一作「瑞」圖十卷

劉振通籍錄異二十卷

趙志忠大遼事跡十卷

右雜家類一百六十八部，一千五百二十三卷、篇。

校勘記

〔一〕王雱注孟子十四卷　「王雱」原作「王雩」，據郡齋志卷一〇、宋會要崇儒五之二六改。

〔二〕宋惟幹　原作「宋惟斡」，據郡齋志卷一〇、四庫闕書目、祕書省續四庫書目改。

〔三〕眞宗正說十卷　「正說」原作「正統」。據玉海卷二八、通志卷六六藝文略改。

〔四〕賈罔山東野錄　「賈罔」原作「賈岡」。本書卷四三二賈同傳：同，初名罔，著山東野錄。祕書省續四庫書目、書錄解題卷九正作賈同，是賈同卽賈罔，「岡」爲「罔」之誤。據改。

〔五〕張鎰　原作「張諡」，據新唐書卷五九藝文志、郡齋志卷一〇、書錄解題卷三改。

〔六〕太玄經義訣　「經義」二字原倒，據隋書卷三四經籍志、玉海卷三六乙正。

〔七〕馮休　原作「馬休」，據郡齋志卷一〇、玉海卷四一改。

〔八〕尹焞　原作「尹惇」，按尹焞本書卷四二八有傳，據書錄解題卷三改，下同。

〔九〕劉貺　原作「劉餗」，據新唐書卷一三二本傳、卷五九藝文志和通志卷六六藝文略改。

〔一〇〕名墨縱橫家無所增益　考異卷七三謂此係宋國史舊文，元人修本書，「照本增入，此語亦遂存而不刪」。尋繹文義，此或爲丁度等答仁宗所問之語，卽以作爲書題，似亦可通。

〔一一〕朱弁　四庫闕書目、遂初堂書目作「朱弁」，本書卷三七三朱弁傳不記其注文子事。玉海卷五三有朱玄注文子十二卷，郡齋志卷一一作唐朱元（玄）注。疑「朱弁」當作「朱玄」。

〔一二〕房山長注大丹黃帝陰符經　「丹」原作「冊」，據通志卷六七藝文略及下文神仙類「房山長集驪山母黃帝陰符大丹經解」條改。

〔一三〕王雱　原作「王雩」。按本書卷三二七王雱傳：「又作老子訓傳及佛書解義」，「乃以雱所作策及注道德經鏤板」。郡齋志卷一一有王元澤（卽王雱）注老子二卷。據改。

〔一四〕彥琮　原作「彥宗」，據新唐書卷五九藝文志、通志卷六七藝文略改。

〔一五〕法琳　原作「法林」，據同上書同卷改。

〔一六〕淨本和尚語論　「語論」二字原倒，據崇文總目卷四、通志卷六七藝文略乙正。

〔一七〕明道宗論　「論」字原脫，據同上書同卷補。

〔一八〕金剛經大義訣　「經」字原脫，據上下文「金剛經口義訣」、「金剛經訣」例及崇文總目卷四補。

〔一九〕統略淨住行法門　崇文總目卷四、通志卷六七藝文略作「統略淨住子淨行法門」。

〔二〇〕宗密　原作「宋密」，據下文及郡齋志卷一六、金石萃編卷一一四改。

〔二一〕漳州羅漢和尚法要　「漳州」原作「漳洲」，據崇文總目卷四、通志卷六七藝文略改。

〔二二〕八漸通眞義　「通」字原脫，據新唐書卷五九藝文志、崇文總目卷四補。

〔二三〕神要　崇文總目卷四作「禪要」。

〔二四〕宗美　新唐書卷五九藝文志作「宗美對」。

〔二五〕師哲前代國王修行記　「師哲」原作「師質」，「國」字原脫。據新唐書卷五九藝文志、崇文總目卷四改補。

〔二六〕紫陵語　原脫「語」字，據上文補。

〔二七〕慧皎　原作「慧皓」，舊唐書卷四六經籍志、新唐書卷五九藝文志都作「惠皎」；通志卷六七藝文略作「慧皎」。據改。

〔二八〕廣弘明集　「廣」字原脫，據舊唐書卷四七經籍志、新唐書卷五九藝文志補。

〔二九〕神會　原倒，據景德傳燈錄卷三〇引荷澤大師顯宗記乙正。

〔三〇〕一百卷　「百」字原脫，據新唐書卷五九藝文志、崇文總目卷四補。

〔三一〕胡寅　原作「胡演」，按崇正辨三卷今存，題宋胡寅撰，胡寅本書卷四三五有傳，據改。

〔三二〕西山羣仙會眞記　「西山」原作「西都」。遂初堂書目、書錄解題卷一二都作「西山」；新唐書卷五九藝文志有施肩吾辨疑論，下注：肩吾，唐元和進士，隱洪州西山。據改。

〔三三〕辨方正惑論　「正」原作「士」，據新唐書卷五九藝文志、崇文總目卷四改。

〔三四〕謝良嗣　原作「謝良弼」，據新唐書卷五九藝文志、通志卷六七藝文略改。

〔三五〕同洪讓　考異卷七三說：「『同』，當作『周』，卽周弘讓，宋人避諱，改爲『洪』字。」

〔三六〕僧遵化　祕書省續四庫書目、通志卷六七藝文略作「賈遵化」。

〔三七〕裴鉉　新唐書卷五九藝文志、崇文總目卷四作「裴煜」。

〔三八〕王紳　祕書省續四庫書目、通志卷六七藝文略作「王坤」。

〔三九〕粉圍　崇文總目卷四、通志卷六七藝文略作「粉圖」，疑是。

〔四〇〕一作獄　「一」字原脫。舊唐書卷四七經籍志、新唐書卷五九藝文志此書都作春秋決獄，據補。

〔四一〕丁氏平黃氏正　「平」原作「主」，崇文總目卷一「春秋洪事比」條說：「漢董仲舒撰，丁氏平，黃氏正。……汝南丁季、江夏黃復平正得失。」作「平」是，據改。

〔四二〕咸鎬記　「咸」原作「成」。書錄解題卷六「咸鎬故事」條按語：「館閣書目，秦中歲時記一名咸鎬歲

詩記』。「咸」指咸陽，「鎬」指鎬京。此處省「歲時」二字，據改。

〔四三〕補茶經　原作「補山經」，據四庫闕書目、祕書省續四庫書目、郡齋志卷一二改。

〔四四〕曾安止　原作「曾安正」，按周必大周益國文忠公集卷五〇跋東坡秧馬歌、卷五二曾南夫提舉文集序、卷五四曾氏農器譜題辭都提及禾譜一書，作者爲曾安止，字移忠。四庫闕書目正作「曾安止移忠撰」，據改。

〔四五〕商子逸　原作「商孝逸」，據崇文總目卷三、通志卷六六藝文略改。

〔四六〕李賢修書要覽　按上文儒家類已載有章懷太子修身要覽，此疑重出，又誤「身」爲「書」。

〔四七〕黃晞聱隅書　「晞」原作「希」，「聱」原作「聲」，並誤。書錄解題卷一〇、遂初堂書目有黃晞撰聱隅子，本書卷四五八本傳，稱其「自號聱隅子，著歔欷瑣微論十卷」。上文儒家類著錄聱隅子歔欷鎖微論，註云黃晞撰，今改。

〔四八〕時務策　「務」原作「物」，據新唐書卷六〇藝文志、崇文總目卷五改。

〔四九〕潘植忘筌書　「植」原作「祖」，「忘」原作「志」。據書錄解題卷九、卷一〇、通考卷二一四經籍考改。

宋史卷二百六

志第一百五十九

藝文五

燕丹子三卷

東方朔神異經二卷晉張華傳。

師曠禽經一卷張華注。

王子年拾遺記十卷晉王嘉撰。

干寶搜神總記十卷

寶櫝記十卷

並不知作者。

殷芸小說十卷

劉義慶世說新語三卷

任昉述異記二卷

吳均續齊諧記一卷

沈約俗說一卷

陶弘景古今刀劍錄一卷

江淹銅劍讚一卷

顧烜〔一〕錢譜一卷

顏之推還冤志三卷

陽松玠八代談藪二卷

張說五代新說二卷

又鑑龍圖記一卷

陸藏用神告錄一卷

劉餗傳記三卷

又隋唐佳話一卷

小說三卷

段成式酉陽雜俎二十卷

又續酉陽雜俎十卷

廬陵官下記二卷

封演聞見記五卷

張讀宣室志十卷

唐臨冥報記二卷

陸長源辨疑志〔二〕三卷

柳宗元〔三〕龍城錄一卷

柳氏小說舊聞六卷柳公權撰。

柳珵常侍言旨一卷

盧弘正昭義軍別錄一卷

溫造瞿童述一卷

韋絢戎幕閑談一卷

又劉公嘉話一卷

賓客佳話一卷

房千里南方異物志一卷

鍾輅前定錄一卷

劉軻牛羊日曆一卷

李翺卓異記一卷

李德裕志支機實一卷

又幽怪錄十四卷

李商隱雜纂一卷

范攄雲溪友議十一卷

陸勳集異志二卷
李復言續玄怪錄五卷
李亢獨異志十卷
袁郊甘澤謠一卷
裴紫芝續卓異記一卷
鄭遂洽聞記二卷
康駢劇談錄二卷
馮贄〔四〕雲仙散錄一卷
尉遲樞南楚新聞三卷
皇甫枚三水小牘二卷
王叡炙轂子雜錄五卷
胡璩〔五〕談賓錄五卷
劉崇遠金華子雜編三卷
趙璘因話錄六卷
郭良輔武孝經一卷
女孝經一卷侯莫陳邈妻鄭氏撰。
皇甫松酒孝經一卷
羅邵會稽新錄一卷
李隱大唐奇事十卷
　又瀟湘錄十卷
陳翰〔六〕異聞集十卷
焦潞稽神異苑十卷
李匡文資暇錄三卷
顏師古隋遺錄一卷
鄭棨開天傳信記一卷
俞子螢雪叢說一卷
李義山雜藁一卷
劉存事始三卷
劉睿續事始三卷
馮鑑續事始五卷

李濬松窗小錄一卷
劉愿知命錄一卷
張固幽閑鼓吹一卷
會昌解頤錄五卷
樹萱錄三卷
桂苑叢談一卷
聞奇錄三卷
溟洪錄二卷
靈怪集一卷
燈下閑談二卷
續野人閑話三卷
吳越會粹一卷
　並不知作者。
闕史一卷參寥子述。
佛孝經一卷舊題名鸜，不知姓。
陳善捫虱新話八卷
吳曾〔七〕能改齋漫錄十三卷
盧氏逸史一卷
劉氏耳目記二卷
調露子角力記一卷
沈氏驚聽錄一卷
　並不知名。
漢武帝洞冥記四卷東漢郭憲編。
史虛白釣磯立談記一卷
陳致雍晉安海物異名記三卷
綦師系元道孝經一卷
文谷備忘小鈔二卷
杜光庭虬鬚客傳一卷
僧庭藻續北齊還寃志一卷
高擇羣居解頤三卷

王仁裕玉堂閑話三卷
石文德唐新纂三卷
劉曦度鑑誡錄三卷
潘遺〔八〕紀聞談一卷
皮光業妖怪錄五卷
逢行珪鬻子注一卷
李諷譔林五卷
鄭餘慶談綺一卷
續同歸說三卷
王定保摭言十五卷
李綽一作「綽」尙書故實一作「事」一卷
柳祥瀟湘錄十卷
陸希聲頤山錄一卷
柳玭家學要錄二卷
路子解一作「錄」一卷
何光遠鑑誡錄三卷
　又廣政雜錄三卷
蒲仁裕蜀廣政雜記一作「紀」十五卷
楊士逵儆戒錄五卷
王仁裕見聞錄三卷
　又唐末見聞錄八卷
韋絢佐談十卷
周文玘開顏集二卷
皮光業皮氏見聞錄十三卷
啓顏錄六卷
三餘外志三卷
楊九齡三感志三卷
段成式錦里新聞三卷
牛肅紀聞十卷崔造注。
周隨南溪子三卷

盧光啓初舉子三卷
玉泉筆論五卷
李遇之浅疑論三卷
金利用玉溪編事三卷
玉川子嘯旨一卷
章程四卷
孫棨北里志一卷
同歸小說三卷
胡節還醉鄉小略一卷
楊魯龜令圖芝蘭集一卷
唐說纂四卷
司馬光遊山行記十二卷
趙瞻西山別錄一卷
唐恪古今廣說一百二十卷
張舜民南遷錄一卷
高彥休闕史三卷
林思一作「黃仁望」史遺一卷
黃仁望續遺五卷
興國拾遺二十卷
姚崇六誡一卷
李大夫誡女書一卷
海鵬忠經一卷
正順孝經一卷
曹希達孝感義聞錄三卷
東方朔感應經三卷
王轂一作「穀」報應錄三卷
夏大珏一作「侯大珏」奇應錄五卷
狐剛子靈圖感應歌一卷
周子良冥通記四卷
牛僧孺玄怪錄十卷

李復言搜古異錄十卷
焦璐搜神錄三卷
龐安石祥異集驗二卷
吳淑異僧記一卷
陳邵一作「召」通幽記三卷
杜光庭錄異記十卷
李玫〔九〕一作「政」纂異記一卷
元眞子神異書三卷
裴鉶傳奇三卷
傳載一卷
曹大雅靈異圖一卷
裴約言靈異志五卷
曾寓鬼神傳二卷
曹衍湖湘神仙顯異三卷
靈怪實錄三卷

秦再思洛中紀異十卷
秉一作「乘」異三卷
貫怪圖二卷
鍾輅感定錄一卷
馮鑑廣前定錄七卷
趙自勤定命錄二卷
溫畬〔一〇〕續定命錄一卷
陳翰一作「韜」卓異記一卷
樂史續廣卓異記三卷
小名錄三卷
陸龜蒙古今小名錄五卷
名賢姓字相同錄一卷
三教論一卷
周明辨五經評判六卷
虞荔古今鼎錄一卷

歙器圖一卷
史道碩畫八駿圖一卷
異魚圖五卷
沈如筠異物志二卷
通微子十物志一卷
釋贊寧物類相感志五卷
丘光庭海潮論一卷
海潮記一卷
張宗誨花木錄七卷
僧仲休花品一卷
蔡襄荔枝譜一卷
同慶先生庭萱譜一卷
竇常正元飲略三卷
皇甫松醉鄉日月三卷
尹建峯令海珠璣三卷

何自然笑林三卷
路氏笑林三卷
南陽德長戲語集說一卷
集補江總白猿傳一卷
蘇鶚杜陽雜編二卷
薛用弱集異記一卷
國老閑談二卷題君玉撰，不知姓。
大隱居士詩話一卷不知姓名。
釋常談三卷
王洙談錄一卷
並不知作者。
曾季貍艇齋詩話一卷
譚世卿廣說二卷
嘯旨、集異記、博異志一卷谷神子纂，不知姓。
費袞梁谿漫志一卷

何谿汶竹莊書話二十七卷
晁氏談助一卷不知名。
幽明雜警三卷題退夫興仲之所纂，不著姓。
張氏儆誡會最一卷
唯室先生步里客談一卷
沈括筆談二十五卷
又清夜錄一卷
王銍續清夜錄一卷
郭彖睽車志一卷
洪邁隨筆五集七十四卷
又夷堅志六十卷甲、乙、丙志。
夷堅志八十卷丁、戊、己、庚志。
姚迴隨因紀述一卷
胡仔漁隱叢話前後集四十卷
王煥北山紀事〔一一〕十二卷

何晦摭言十五卷
又廣摭言十五卷
僧贊寧傳載八卷
徐鉉稽神錄十卷
蘇轍龍川志六卷
蘇軾東坡詩話一卷
楊囦道四六餘話二卷
謝伋四六談麈二卷
葉凱南宮詩話一卷
葉夢得石林避暑錄二卷
馬永卿嬾眞子五卷
趙槩見聞錄二卷
王同敍事一卷
劉斧翰府名談二十五卷
又摭遺二十卷

靑瑣高議十八卷
僧文瑩湘山野錄三卷
又玉壺清話十卷
李端彥賢已集三十二卷
王陶談淵一卷
錢明逸衣冠盛事一卷
句穎坐右書一卷
曾鞏雜職〔一二〕一卷
張師正怪集五卷
又倦遊雜錄十二卷
括異志十卷
畢仲詢幕府燕閑錄十卷
劉攽三異記一卷
岑象求吉凶影響錄八卷
龐元英南齋雜錄一卷

孔平仲釋稗一卷
又續世說十二卷
孔氏雜說一卷
魏泰訂誤集二卷
又東軒筆錄十五卷
陳正敏劍溪野話三卷
又遯齋閑覽十四卷
李廌師友談記十卷
王山筆奩錄七卷
董逌錢譜十卷
王闢之澠水燕談十卷
宋肇筆錄三卷次其祖庠遺語〔一三〕。
李孝友歷代錢譜十卷〔一四〕
劉延世談圃三卷
成材朝野雜編一卷

張舜民畫墁錄一卷
陳師道談叢究理一卷
　後山詩話一卷
李獻民雲齋新說十卷
和平談選士一卷
章炳文搜神秘覽三卷
王得臣麈史三卷
令狐皥如歷代神異感應錄二卷
王讜唐語林十一卷
黃朝英青箱雜記十卷〔一五〕
李注李冰治水記一卷
王鞏甲申雜記一卷
　又聞見近錄一卷
朱無惑萍洲可談三卷
僧惠洪冷齋夜話十三卷
汪藻世說敘錄三卷
洪皓松漠紀聞二卷
方勺泊宅編十卷
婁伯高好還集十卷
何侑歎息一卷
周煇清波別志二卷
孫宗鑑東皐雜記十卷
洪炎侍兒小名錄一卷
陸游山陰詩話一卷
秦再思洛中記異十卷
姚寬西溪叢話二卷
耿煥牧豎閑談三卷
　又野人閑話五卷
陳纂葆光錄三卷
孫光憲北夢瑣言十二卷

潘若沖郡閣雅言二卷
王舉雅言系述十卷
吳淑秘閣閑談〔一六〕五卷
　又江淮異人錄三卷
李昉太平廣記五百卷
陶岳貨泉錄一卷
張齊賢太平雜編二卷
賈黃中談錄一卷張洎撰。
錢易洞微志三卷
　又滑稽集一卷
　南部新書十卷
陳彭年志異十卷
祖士衡西齋話記一卷
樂史廣卓異記二十卷
張君房潮說三卷
　又乘異記三卷
　科名分定錄七卷
　搢紳脞說二十卷
王績補妒記〔一七〕八卷
李畋該聞錄十卷
蘇耆閒談錄二卷
黃休復〔一八〕茅亭客話十卷
歐靖宴閑談柄一卷
上官融友會談叢三卷
王子融百一紀一卷
梁嗣真荊山雜編四卷
邵思野說三卷
勾台符岷山異事三卷
聶田俱異志〔一九〕十卷
盧臧范陽家志一卷

丘濬洛陽貴尚錄十卷
宋庠楊億談苑十五卷
湯巖起詩海遺珠一卷
趙辟公雜說一卷
江休復嘉祐雜志三卷
窮神記十卷
延賓佳話四卷
林下笑談一卷
世說新語一卷
翰苑名談三十卷
說異集二卷
墨客揮犀二十卷
北窗記異一卷
道山新聞一卷
紺珠集十三卷
儆告一卷
垂虹詩話一卷
　並不知作者。

　右小說類三百五十九部，一千八百六十六卷。

甘、石、巫咸氏星經一卷
石氏星簿讚曆一卷
張衡大象賦一卷
苗爲注張華小象賦一卷
乾象錄一卷
抱眞子上象握鑑歌三卷
呂晚成上象鑑三卷
大象玄文二卷

垂象志二卷
閻丘業大象玄機歌一卷本三卷，殘闕。
天象圖一卷
大象曆一卷
入象度一卷
乾象秘訣一卷
祖暅天文錄三十卷
天文總論十二卷
天文廣要三十五卷
立成天文三卷
符天經一卷
曹士蔿〔二〇〕符天經疏一卷
符天通眞立成法二卷
天文秘訣二卷
天文經三卷
天文錄經要訣一卷鈔祖暅書。
後魏天文志四卷
王安禮天文書十六卷
　二儀賦一卷
李淳風乾坤秘奧七卷
太陽太陰賦二卷
日月氣象圖五卷
上象二十八宿纂要訣一卷
太白會運逆兆通代記圖一卷
日行黃道圖一卷
月行九道圖一卷
雲氣圖一卷
渾天方志圖一卷
九州格子圖一卷
張商英三才定位圖一卷

大象列星圖三卷
大象星經一卷
乾文星經二卷
劉表星經一卷
又星經三卷
上象占要略一卷
天文占三卷
天象占一卷
乾象秘占一卷
占北斗一卷
張華三家星歌一卷
又玉函寶鑑星辰圖一卷
渾天列宿應見經十二卷
衆星配位天隔圖一卷
文殊星曆二卷

上象星文幽棲賦一卷
唐昧秤星經三卷
星說繫記一作「紀」一卷
渾天星圖一卷
陶隱居天文星經五卷
徐承嗣星書要略六卷
星經手集二卷
天文星經五卷
皇祐星經一卷
五星交會圖一卷
徐昇長慶算五星所在宿度圖一卷
七曜雌雄圖一卷
文殊七曜經一卷
七曜會聚一作「曆」一卷
符天九星算法一卷

李世勣二十八宿纂要訣一卷
又日月運行要訣一卷
僧一行二十八宿祕經要訣一卷
宋均妖瑞星圖一卷
妖瑞星雜氣象一卷
桑道茂大方廣一作「大廣方」經神圖曆一卷
仰覆玄黃圖十二分野躔次一卷
仰觀十二次圖一卷
宿曜度分域名錄〔三〕一卷
華夏諸國城名曆一卷
渾儀一卷
渾儀法要十一卷
渾天中影表圖一卷
歐陽發渾儀十二卷
又刻漏五卷

晷影法要一卷
豐稷渾儀浮漏景表銘詞四卷
蘇頌渾天儀象銘一卷
韓顯符天文明鑑占十卷
瞿曇悉達開元占經四卷
二十八宿分野五星巡應占一卷
推占龍母探珠詩一卷
古今通占三十卷
握掌占十卷
荊州占三卷
蓍占星書要略五卷
占風九天玄女經一卷
雲氣測賦候一卷
占候雲雨賦一卷
驗天大明曆一卷

符天五德定分曆三卷
王洪暉日月五星彗孛淩犯應驗圖三十卷
上象應驗錄一十卷
郭穎夫一作「士」符天大術休咎訣一卷
五星休咎賦一卷
張渭符天災福新術五卷
天文日月星辰變現災祥圖一卷
仁宗寶元天人祥異書十卷
徐彥卿徵應集三卷
玄象應驗錄二十卷
祥瑞圖一卷
都利聿斯經一卷
聿斯四門經一卷
聿斯歌一卷
樞要經一卷

青霄玉鑑二卷
碧霄金鑑三卷
碧落經十卷
蔣權卿應輪心鑑五卷
崔寓神象氣運圖十卷
紫庭祕訣一卷
玄緯經二卷
辨負一作「員」經二卷
大霄論璧第五一卷
氣象圖一卷
乙巳略例十五卷
唐書距子經一卷
陶弘景象曆一卷
括星詩一卷
玄象隔子圖一卷

鏡圖三卷
天文圖一卷
三元經傳一卷
大衍明疑論十五卷
交食論一卷

並不知作者。

王希明丹元子步天歌一卷

右天文類一百三十九部，五百三十一卷。

郭璞三命通照神白經三卷
陶弘景五行運氣一卷
青子錄班氏經一卷不知名。
李淳風五行元統一卷
王希明太一金鏡式經十卷
僧一行遁甲通明無惑十八鈐局一卷

楊惟德乾象新書三十卷
新儀象法要一卷
張宋臣列宿圖一卷
張宏圖天文志訛辨一卷
阮泰發水運渾天機要一卷
鄒淮考異天文書一卷
元兢祿命厄會經一卷
楊龍光祿命厄運歌一卷
李吉甫三命行年韜鈐祕密二卷
李盧中命書格局二卷
路琭子賦一卷不知姓名，宋李仝注。
許季山易訣一卷

周易八帖四卷
周易髓要雜訣一卷
周易天門子訣二卷
周易三略經三卷
易林三卷
諸家易林一卷
易新林一卷
易傍通手鑑八卷
易玄圖一卷
周易菥蓂訣一卷
易頌卦一卷
大淸易經訣一卷
周易通貞三卷
周易子夏占一卷
周易口訣開題一卷

周易飛燕轉關林一卷
周易括世應頌一卷
周易鬼靈經一卷
周易三空訣一卷
周易三十六占六卷
周易爻詠八卷
周易鬼鎭林一卷
周易金鑑歌一卷
周易聯珠論一卷
周卦轆轤關一卷
易轆轤圖頌一卷
易大象歌一卷
周易卜卦一卷
又玄理歌一卷
地理觀風水歌二卷

陰陽相山要略二卷
郭璞周易玄義經一卷
周易察微經一卷
周易鬼御算一卷
周易逆刺一卷
易鑑三卷
黃子一作「景」玄易頌一卷
王守一周易探玄九卷本十卷。
易訣雜頌一卷
易杜祕林一作「林祕」一卷
易大象林一卷
李鼎祚易髓三卷　目一卷
瓶子記三卷
成玄英易流演五卷
虞翻注京房周易律曆一卷

陶隱居易髓三卷
王鄗周易通神歌一卷
張胥周易繚繞詞一卷
靈隱子周易河圖術一卷
焦氏周易玉鑑頌一卷
周易三備雜機要一卷
周易經類一卷
法易一作「易法」一卷
周易竅書一卷
周易靈眞述一卷
周易靈眞訣一卷
易卦林一卷
周易飛伏例一卷
周易火竅一卷
周易備要一卷

周易六神頌一卷
天門子易髓一卷
管公明隔山照一卷
文王版詞一卷
王巖金箱要錄一卷
朱异稽疑二卷
罔象玄珠五卷
六證括天地經一卷
黃帝天輔經一卷
孫臏卜法一卷
劉表荆州占二卷
海中占十卷
武密古今通占鑑三十卷
李淳風乙巳占十卷
又雜占一卷

帝王氣象占一卷
氣象占一卷
西天占書一卷
白澤圖一卷
周遁三元纂例一卷
陰陽遁八一作「入」局立成法一卷
陰陽二遁萬一訣四卷
遁甲要用歌式二卷
陽遁天元局法一卷
陰陽遁甲經三卷
陰陽遁甲立成一卷
天一遁甲兵機要訣二卷
三元遁甲經一卷
遁甲符應經三卷
太一玄鑑十卷

太一新鑑三卷
樞會賦一卷
九宮口訣三卷
玉帳經一卷
乾坤祕一作「要」七卷
蓬瀛經三卷
濟家備急廣要錄一卷
三元經一卷
二宅賦一卷
行年起造九星圖一卷
宅心鑑式一卷
相宅經一卷
宅體一作「髓」經一卷
九星修造吉凶歌一卷
陰陽二宅歌一卷

二宅相占一卷
太白會運織記一卷
九天祕記一作「訣」一卷
詳思記一卷
玄女金石玄悟術三卷
西王母玉訣一卷
通玄玉鑑頌一作「領」二卷
封演元正一作「正元」占書一卷
周輔占經要訣二卷
蓍占要略五卷
天機立馬占一卷
統占二卷
六甲五行雜占機要二卷
乙巳指占圖經三卷
人倫寶鑑卜法一卷

杜靈賁卜法一卷
占候應驗二卷
晷祚算經法三卷
易晷限算一卷
晷限立成一卷
費直焦貢晷限曆一卷
韋偉人元晷限經三卷
銘五卷
軌革祕寶一卷
軌革指迷照膽訣一卷
軌革照膽訣一卷
史蘇五兆龜經一卷
又龜眼玉鈐論三卷
五兆金車口訣一卷
五兆祕訣三卷
五行日見五兆法三卷
五兆穴門術三卷
靈碁經一卷
龜繚繞訣一卷
聶承休龜經雜例要訣一卷
玄女玉函龜經三卷
古龜經二卷
神龜卜經二卷
劉玄龜髓經論一卷
毛寶定龜竅一卷
龜甲曆一卷
龜兆口訣五卷
龜經要略二卷
龜髓訣二卷
春秋龜策經一卷

黃石公備氣三元經二卷
玄女五兆筮經五卷
李進注靈碁經一卷
金石經三卷
靈骨經一卷
螺卜法一卷
大道通靈肉瞤論一卷
鼓角證應傳一卷
郟子占鳥經二卷
占鳥法圖一卷
袁天綱一作「孫思邈」九天玄女墜金法一卷
怪書一卷
響應經一卷
玄女三廉射覆經一卷
通明玉帳法一卷
遁甲步小遊太一諸將立成圖二卷
相書七卷
相氣色詩一卷
要訣三卷
玄明經一卷
閭丘純射覆經一卷
東方朔射覆經三卷
又占神光耳目法一卷
相枕經一卷
馬經三卷
相馬經三卷
盧重玄夢書四卷
柳璨夢雋一卷
周公解夢書三卷
王升縮或無「縮」字占夢書十卷

陳襄校定夢書四卷
又校定相笏經一卷
校定京房婚書三卷
李靖候氣祕法三卷
又六十甲子占風雨一卷
五音法一卷
陰陽律體一作「髓」一卷
靈關訣益智二卷
袖中金五卷
玄女常手經二卷
遊都璧玉經一卷
神訣一卷
麻安石災祥圖一卷
風角鳥情三卷
日月風雲氣候一卷
日月暈貫氣一卷
日月暈蝕一卷
氣色經一卷
諸葛亮十二時風雲氣候一卷
五行雲霧歌一卷
占風雨雷電一卷
年代風雲一作「雨」占一卷
竇維鋈廣古今五行記三十卷
周麟竹倫經三卷
馮思古遁甲六經卷亡。
丘延翰金鏡圖一卷
通眞子玉霄寶鑑經一卷
三命指掌訣一卷
文靖通玄五命新括〔三〕三卷
董子平太陰三命祕訣一卷

楊繪元運元氣本論一卷
何朝命術一卷
李燕三命九中歌〔三〕一卷
徐鑒三命機要說一卷
林開五命祕訣五卷
僧善嵩訣金書一十四字要訣一卷
凝神子一卷不知姓名。
凝神子八殺經一卷
凝神子解悟經一卷
西域野人參五志二卷
八九變通一卷
白雲愚叟五行圖一卷
知玄子秦渙太一占玄歌一卷
劉烜元中祛惑經一卷
占雨晴法一卷
金鑑占風訣一卷
三元飛化九宮法一卷
行年五鬼運轉九宮法一卷
山岡機要賦一卷
山岡氣象雜占賦一卷
五音地理詩三卷
五音地理經訣十卷
陰陽葬經三卷
掘機口訣一卷
掘鑑經一作「握鑑經」五卷
洞幽識祕要圖三卷
靈寶六丁通神訣三卷
通天靈應寶勝法二卷
黃石記五卷
劉啓明雲氣測候賦一卷

定風占詩三卷
風角五音占一卷
日月暈圖經二卷
占候雲雨賦一卷
風雲關鑰祕訣一卷
雲氣形象玄占三卷
天地照耀占一卷
李經表虹蜺災祥一卷
宿曜錄鬼鑑一卷
日月城砦氣象災祥圖一卷
中樞祕頌太一明鑑五卷
太一五元新曆一卷
太一七術一卷
太一陰陽定計主客決勝法一卷
太一循環曆一卷

太一會運逆順通代記陣圖一卷
六壬軍帳賦一卷
六壬詩一卷
六壬六十四卦名一卷
六壬戰勝歌一卷
六壬出軍立就曆三卷
六壬玉帳經一卷
王承昭一作「紹」占風雲歌一卷
占風雲氣候日月星辰圖七卷
望江南風角集二卷
張良陰陽二遁一卷
胡萬頃太一遁甲萬勝時定主客立成訣一卷
一行遁甲十八局一卷
司馬驤遁甲符寶萬歲經圖曆〔三四〕一卷
馮繼明遁甲元樞二卷

玄女遁甲祕訣一卷
天一遁甲圖一卷
天一遁甲鈐曆一卷
天一遁甲陰局鈐圖一卷
遁甲搜元經一卷
遁甲陽局鈐一卷
遁甲陰局鈐一卷
杜惟翰一作「幹」太一集八卷
太一年表一卷
十三神太一一卷
御序景祐三式太一福應集要十卷
王處訥太一青虎甲寅經一卷
康洙序時遊太一立成一卷
廣夷太一祕歌一卷
太一細行草一卷

太一雜集筆草〔三五〕一卷
太一時計鈐一卷
太一陽九百六經一卷
太一神樞長曆一卷
太一陽局鈐一卷
太一陰局鈐一卷
九宮太一一卷
樂產王佐祕珠五卷
神樞靈轄經十卷
馬先天寶靈應式經一作「紀」一作「記」五卷
日遊太一五子元出軍勝負七十二局一卷
黃帝龍首經一卷
九宮經三卷
九宮圖一卷
九宮占事經一卷

桑道茂九宮一卷
又三命吉凶二卷
撮要日鑑一卷
六十四卦歌一卷
郗良玉三元九宮一卷
九宮應瑞太一圖一卷
楊龍光九宮要訣一卷
又九宮詩一卷
九宮推事式經一卷
祿命歌一卷
祿命經一卷
風后三命三卷
朱琬六壬寸珠集一卷
六壬錄六卷
五眞降符六壬神武經一卷

六壬關例集三卷
六壬維干照幽曆六卷
張氏六壬用三十六禽祕訣三卷
大六壬式局雜占一卷
六壬玄機歌三卷
六壬七曜氣神星禽經一作「紀」一卷
馬雄絳囊經一卷
金匱經三卷
髓經心經鑑三卷
徐琬啓蒙纂要一卷
李筌玉帳歌十卷
祕寶翠羽歌三卷
明鑑連珠歌一卷
清華經三卷
推人鈎元法一卷

由吾裕式心經略三卷
式合書成一卷
用式法一卷
式經纂要三卷
玄女式鑑一卷
三式訣三卷
天關五符式一卷
三式參合立就曆三卷
金照式經十卷
雷公式局一卷
靈應式五卷
小遊宿曆一卷
三元六紀曆一卷
玉鈐曆一卷
明鑑起例曆三卷

枝元長曆一卷
日輪曆一卷
五音百忌曆二卷
葬疏三卷
孫洪禮萬歲循環曆一卷
僧德濟勝金曆一卷
畢天水曆一卷
畢天六甲曆六卷
選日樞要曆四卷
姸神曆一卷
擇十二月鉗曆二卷
七門行曆一卷
大要曆三卷
三皇祕要曆一卷
選課歲曆一卷

大明曆二卷
杜崇龜明時總要曆一卷
陳恭釗天寶曆注例二卷
唐七聖曆一卷
橫推曆一卷
兵鈐月鏡纂要立成曆一卷
李淳風十二宮入式歌一卷
僧居白五行指掌訣二卷
逍遙子鮮鶚經三卷不知姓名。
三命總要三卷
太一中天密旨三卷
西天都例經一卷
三元經三卷
淘金歌（二六）一卷
三元龜鑑一卷

五命一卷
五音鳳髓經一卷
大衍五行數法一卷
三局天關論一卷
六十甲子釋名一卷
金掌圖竅一卷
三局九格六陽三命大數法
奇門萬一訣
遁甲萬一訣
太一遁甲萬一訣
已上四部無卷。
陰陽萬一訣一卷
金樞八象統元經三卷
太一陰陽二遁一卷
陰陽二遁局圖一卷

陰陽二遁立成曆一卷
遁甲玉女返閉局一卷
太一金鏡備式錄十卷
太一立成圖一卷
太一飛鳥十精曆一卷
僧重輝一作「耀」正德通神曆三卷
大會殺曆卷
史序乾坤寶典四百五十五卷
乾坤總錄五卷
黃淳通乾論（二七）五卷
黃帝朔書一卷託太公、師曠、東方朔撰。
年鑑一卷
劉玄一作「先」之月令圖一卷
陰陽寶錄（二八）一卷
西天陰符紫微七政經論一卷

五符圖一卷
選日陰陽月鑑一卷
李遂通玄三命論三卷
李燕三命一卷
又三命詩一卷
三命九中歌一卷
珞琭子三命消息賦一卷
凝神子五行三命手鑑一卷
三命大行年入局韜鈐三卷
大行年推祿命法一卷
三命殺曆一卷
孟遇三命訣三卷
祿命人元經三卷
祿訣經三卷
五行貴盛生月法一卷

五行消息訣一卷
蕭古一作「吉」五行大義五卷
金書四字五行一卷
四季觀五行論一卷
珞琭子五行家國通用圖錄一卷
訓字五行歌二卷
珞琭子五行疏十卷
樵子五行志五卷
羅賓老五行定分經三卷
濮陽夏樵子五行志（二九）五卷
寶塗廣古今陽復五行記三十卷
五行通用曆一卷
金河流水訣一卷
王叔政推太歲行年吉凶厄一卷
李燕穆護詞一卷一作馬融消息機口訣。

洪範碎金訓字一卷
七曜氣神星禽經三卷
納禽宿經一卷
廖惟馨星禽曆一卷
杜百一作「相伯」子禽法一卷
司馬先生三十六禽歌一卷
占課禽宿情性訣一卷
蘇登神光經一卷
許負形神心鑑圖一卷
始一作「姑」布子卿相法一作「書」一卷
朱逊相氣色面圖一卷
玄靈子祕術骨法圖一卷
相祿歌二卷
察色相書一卷
人鑑書七卷

龜照口訣五卷
人倫真訣十卷
女仙相書三卷
相氣色圖五卷
雲蘿通真神相一作「明」訣十卷
柳清風相歌二卷
郭峴逊顯光師相法一卷
十七家集衆相書一卷
占氣色要訣圖一卷
柳陰一作「隱」風占氣色歌一卷
形神論氣色經一卷
元解訣一卷
相書二卷
月波洞中龜鑑一卷
應玄玉鑑一卷

六神相字法一卷
相笏經三卷
陳混掌相笏經一卷管輅、李淳風法。
蕭繹相馬經一卷
常知非馬經三卷
谷神一作「鬼谷」子辨養馬一作「養良馬」論一卷
相馬病經三卷
相犬經一卷
王立豹鷹鷂候訣一卷
鷹鷂五藏病源方論一卷
堪輿經一卷
太史堪輿一卷
商紹（三〇）太史堪輿曆一卷
黃帝四序堪輿經一卷
占婚書一卷

周公壇經三卷
王佐明集壇經一卷
李遠龍紀聖異曆一卷
五音三元宅經三卷
陰陽宅經一卷
陰陽宅經圖一卷
王澄二宅心鑑三卷
又二宅歌一卷
陰陽二宅圖經一卷
黃帝八宅經一卷
淮南王見機八宅經一卷
一行庫樓經一卷
上象陰陽星圖一卷
金圖地鑑一卷
地鑑書三卷
孫季邕〔三一〕葬範五卷
地里六壬六甲八山經八卷
地理三寶經九卷
五音山岡訣一卷
地論經五卷
地理正經十卷
朱仙桃地理贊一卷
又玄堂範一卷
地理口訣一卷
僧一行地理經十二卷
又靈轄歌三卷
玉關歌一卷
含意歌七卷
通玄靈應頌三卷
天一通玄機微翼圖一卷

天一玄成局一卷
玄樞經一卷
玄樞纂要一卷
知人祕訣二卷
玄中祛惑經三卷
遁甲鈐一卷
八門遁甲入式歌一卷
三元陰局一卷
難逃論一卷
靈臺篇一卷
藻鑑了義經一卷
蓓首經三卷
玄象祕錄一卷
眞象論一卷
清霄玉鏡要訣一卷
二十八宿行度口訣一卷
星禽課一卷
羣書古鑑錄無卷
並不知作者。
仁宗洪範政鑑十二卷
楊惟德王立太一福應集要一卷〔三二〕
楊惟德景祐遁甲符應經三卷
七曜神氣經二卷楊惟德、王立、李自正、何湛等撰〔三三〕。
丘濬霸國環周立成曆一卷
張中太一金照辨課歸正論一卷
魏申太一總鑑一百卷
上官經邦大始元靈洞微數一卷
張宏國五行志訛辨一卷
黃石公地鏡訣一卷一名照寶曆，題東方朔進。

庚肩吾金英玉髓經一卷
陶弘景握鏡圖一卷
陳樂產神樞靈轄經十卷
李靖九天玄機八神課一卷
六壬透天關法一卷
李鼎祚明鏡連珠十卷
呂才廣濟百忌曆二卷
李淳風乾坤祕奧一卷
九天觀燈法一卷
六壬精髓經一卷一名鈐甲經。
賀龜論一卷李淳風得於石室。
僧一行肘後術一卷
選日聽龍經一卷
僧令岑六壬翠羽歌三卷
漢道士姚可久山陰道士經三卷
碧眼先生壬髓經三卷茅山野叟湯渭注。
發蒙陵西集一卷
發蒙入式眞草一卷
陰陽集正曆三卷
選日纂聖精要一卷
玄女關格經一卷
皆六壬占驗之訣。
式法一卷起甲子，終癸亥，皆六壬推驗之法。
雜占覆射一卷
六壬金經玉鑑一卷載六壬生旺剋殺之數。
萬年祕訣一卷載檢擇日辰吉凶之法。
玉女肘後術〔三四〕一卷以六壬三傳之法爲歌。
玉關歌一卷載六壬三傳之驗。
黃河餅子記一卷
神樞萬一祕要經一卷

越覆經一卷
事神歌一卷
會靈經一卷載六壬雜占之法。
纈翠經一卷
灰火經一卷
蛇髓經一卷以日辰衰旺爲占。
九門經一卷
小廣濟立成雜曆一卷
文武百官赴任上官壇經一卷
玄通玉鏡占一卷
六壬課祕訣一卷
六壬課鈐一卷
玉樞眞人玄女截壬課訣一卷
占燈法一卷
三鏡篇一卷
周易神煞旁通曆一卷
雜占祕要一卷
乾坤變異錄一卷
玄女簡要清華經三卷
太一占鳥法一卷
參玄通正曆一卷
擇日要法一卷
選時圖二卷
黃帝龍首經一卷
易鑑一卷
月纂一卷
萬勝候天集一卷
並不知作者。
雲雨賦一卷崇文總目有劉啓明占候雲雨賦式，即此書也。

鄭德源飛電歌一卷
偕紹端神釋應夢書三卷
詹省遠夢應錄一卷
楊惟德六壬神定經十卷
王升六壬補闕新書五卷
上官撮要一卷
陳從吉類編圖注萬曆會同三十卷
劉氏三曆會同一卷
周渭彈冠必用一卷
胡舜申陰陽備用十三卷
趙希道涓吉撮要一卷
顧眺壇經簪飾一卷
蔣文舉陰陽備要一卷
趙景先拜命曆一卷
徐道符六壬歌三卷

陸漸六壬了了歌一卷
余琇六壬玄鑑一卷
王齊醫門玉髓課一卷
張玄達相押字法一卷
苗公達六壬密旨二卷
楊稠六壬旁通曆一卷
劉玄之月令節候圖一卷
姜岳六壬賦三卷
楊可五行用式事神一卷
郭璞山海經十八卷
趙浮丘公相鶴經一卷
左慈助相規誡一卷
郭璞葬書一卷
山海圖經十卷郭璞序，不著姓名。
袁天綱玄成子一卷

孫思邈坐照論并五行法一卷
柳淸風、周世明等玉冊寶文八卷
李淳風立觀經〔二五〕一卷
僧一行地理經十五卷
呼龍經一卷
金歌四季氣色訣一行撰論。
孫知古人倫龜鑑三卷
王澄陰陽二宅集要二卷
僧正固骨法明鏡三卷
丘延翰銅函記一卷
天定盤古局一卷
漢赤松子海角經一卷
明鏡碎金七卷
唐舉肉眼通神論三卷
金鑠歌一卷

鬼谷子觀氣色出圖相一卷
黃石公八宅二卷
許負相訣三卷
李淳風一行禪師葬律祕密經十卷
呂才楊烏子改墳枯骨經一卷
曾楊一青囊經歌二卷
楊救貧正龍子經一卷
曾文展八分歌一卷
李筌金華經三卷
宋齊丘玉管照神局二卷
天花經三卷序云「黃巢得於長安」。
晏氏辨氣色上面詩一卷不知名。
劉虛白三輔學堂正訣一卷
危延眞相法一卷
五星六曜面部訣一卷

裴仲卿玄珠囊骨法一卷
劉度貝氣色眞相法一卷
王希逸地理祕妙歌訣一卷
地理名山異形歌一卷
孫臏葬白骨曆卷亡。
隱逸人玉環經一卷不知姓名。
天涯海角經一卷不知作者，九江李麟注解。
徽宗太平睿覽圖一卷
陳溥人倫風鑑一卷
司空班、范越鳳尋龍入式歌一卷
王洙地理新書三十卷
蘇粹明地理指南三卷
蔡望五家通天局一卷
報應九星妙術文局一卷
劉次莊青囊本旨論二十八篇一卷

胡翊地理詠要〔二六〕三卷
魏文卿撥沙經一卷
李誡〔二七〕營造法式三十四卷
月波洞中記一卷
月師歌一首言葬地二十四位星辰休咎。
廊子經一卷
玄靈子三卷
通心經三卷
藻鑑淵微一卷
雜相骨聽聲卷亡。
氣色微應三卷
通微妙訣卷亡。
中定聲氣骨法卷亡。
金歌氣色祕錄一卷
學堂氣骨心鏡訣卷亡。

玉葉歌一卷
洞靈經要訣一卷
雜相法一卷
天寶星經一卷
青囊經卷亡。
陰陽七元升降論卷亡。
玄女墓龍冢山年月一卷
玄女星羅寶圖訣一卷
紫微經歌卷亡。
白鶴望山經一卷
八山二十四龍經一卷
天仙八卦眞妙訣一卷
黃泉敗水吉凶法三卷
踏地賦一卷
分龍眞殺五音吉凶進退法一卷

地理澄心祕訣一卷
八山穿珠歌一卷
山頭步水經一卷
山頭放水經一卷
大卦煞人男女法一卷
地理搜破穴訣一卷
臨山寶鏡斷風訣一卷
叢金訣一卷
錦囊經一卷
玉囊經一卷
黃囊大卦訣一卷
地理祕要集一卷
通玄論一卷
地理八卦圖一卷
駐馬經一卷

活曜修造吉凶法一卷
天中寶經知吉凶星位法一卷
修造九星法歷代史相一卷
相具經〔一〕一卷
並不知作者。
李仙師五音地理訣一卷
赤松子碎金地理經二卷
地理珠玉經一卷
地理妙訣三卷
石函經十卷
銅函經三卷
周易八龍山水論地理一卷
老子地鑑訣祕術一卷
五姓合諸家風水地理一卷
昭幽記一卷
鬼靈經并枯骨經二卷
唐刪定陰陽葬經二卷
唐書地理經十卷
青烏子歌訣二卷
金鷄曆一卷
五音二十八將圖一卷
赤松子三卷
易括地林一卷
丘延翰五家通天局一卷
夫子掘斗記一卷
孔子金鑠記一卷
推背圖一卷
鬼谷子白虎經一卷
又白虎五通經訣一卷
洞幽祕要圖一卷

孝經雌雄圖四卷
河上公金藏祕訣要略一卷
玄珠握鑑三卷
玉函寶鑑三卷
眞人水鑑十三卷
張華三鑑靈書三卷
陶弘景握鑑方三卷
證應集三卷
金婁先生祕訣三卷
眞圖祕訣一卷
銘軌五卷
胡濟川小遊七十二局立成一卷
大小遊三奇五福立成一卷
十一神旁通太歲甲子圖一卷
曹植黃帝寶藏經三卷
括明經一卷
悟迷經一卷
余考一作「秀」旦暮經一卷
神樞萬一祕經一卷
紀重政祕要一卷
雷公印法三卷
雷公撮殺律一卷
徐遂發蒙一卷
玄女十課一卷
呂佐周地論七曜一卷
陰術氣神一卷
七曜氣神歷代帝紀五卷
玉堂祕訣一卷
大運祕要心髓訣一卷
呂才陰陽書一卷

五姓鳳髓寶鑑論一卷
陰陽雜要一卷
玄珠錄要三卷
張良玄悟歌一卷
斗書一卷
陰陽二卷
論一卷
黃帝四序經一卷
寶臺七賢論一卷
五姓玉訣旁通一卷
選日時向背五卷
陰陽立成選日圖一卷
七曜選日一卷
周公要訣圖一卷
師曠擇日法一卷假黃帝問答。
淮南子術一卷
推貴甲子太極尊神經一卷
祕訣歌一卷
福應集十卷
連珠經十卷
玄女斷卦訣一卷
明體經一卷
心注餅子記一卷
錦繡囊一卷
心鏡歌三卷
指要三卷
萬一訣一卷
符應三卷
隨軍樞要三卷
禳厭祕術詩三卷

廣知集二卷
圓象玄珠經五卷
脈六十四卦歌訣一卷
人元祕樞經三卷
陶隱居一卷
風后一卷
李寬一卷
通元論三卷
凝神子三卷
黃帝四序經一卷
聿斯四門經一卷
氣神經三卷
氣神帝紀五卷
符天人元經一卷
右五行類八百五十三部，二千四百二十卷。
聿斯經訣一卷
大定露膽訣一卷
聿斯都利經一卷
應輪心鏡三卷
秤經三卷
聿斯隱經三卷
碧落經十卷
新書三十卷
三鏡三卷
九天玄女訣一卷
龍母探珠頌一卷
通玄玉鑑頌一卷
徵應集三卷
王輿之鼎書十七卷

三墳易典三卷題箕子注。
周易三備三卷題孔子師徒所述，蓋依託也。
嚴遵卦法一卷
焦贛易林傳十六卷
京房易傳算法一卷
易傳三卷
管輅遇仙訣五音歌六卷
周易八仙歌三卷
郭璞周易洞林一卷
易傳一卷
呂才軌限周易通神寶照十五卷
李淳風周易玄悟三卷
易通子周易菥蓂璇璣軌革口訣三卷
蒲乾貫周易指迷照膽訣三卷

黃法五兆曉明龜經一卷
祿隱居士易英揲蓍圖一卷不知名。
中條山道士王鄯易鏡三卷
無惑先生易鏡正經二卷
耿格大演天心照一卷
牛思純太極寶局一卷
任奉古明用著求卦一卷
林儵天道大備五卷
軌革金庭玉鑑七卷
周易神鏡鬼谷林一卷
通玄海底眼一卷
六十四卦頌論一卷
爻象雜占一卷
六十四卦火珠林一卷

周易靈祕諸關歌一卷
龇骨林一卷
靈龜經一卷
軌革傳道錄一卷

證六十甲子納音五行一卷
龜圖一卷
周易讚頌六卷
並不知作者。

右蓍龜類三十五部，一百卷。

校勘記

〔一〕顧烜　原作「顧協」，據隋書卷三三經籍志、崇文總目卷三改。

〔二〕辨疑志　原作「疑辨志」，據新唐書卷五九藝文志、崇文總目卷三改。

〔三〕柳宗元　「元」原作「源」，據書錄解題卷一一改。

〔四〕馮贄　原作「馬贄」，據書錄解題卷一一及賓退錄卷一改。

〔五〕胡璩　新唐書卷五九藝文志、崇文總目卷二都作「胡璩」。

〔六〕陳翰　新唐書卷五九藝文志、崇文總目卷三都作「陳翰」。

〔七〕吳曾　原作「吳會」。按：能改齋漫錄今存，與書錄解題卷一一均題臨川吳曾虎臣撰，據改。

〔八〕潘遺　按書錄解題卷一一紀聞談三卷，蜀潘遠撰，並說作「潘遺」爲誤。

〔九〕李玫　原作「李攻」，據新唐書卷五九藝文志、通志卷六五藝文略改。

〔一〇〕溫畬　新唐書卷五九藝文志、崇文總目卷三都作「溫畬」。

〔一一〕王煥　按書錄解題卷一一說，撰北山紀事的是戶部侍郎濡須王遘少愚，通考卷二一七經籍考從之。

〔一二〕曾鞏雜職　按遂初堂書目有「曾南豐雜志」，或即是書，疑「職」爲「識」字之誤。

〔一三〕夾其祖祥遺語　按通考卷二一四經籍考「宋景文筆錄」條，「中興藝文志，筆錄三卷，皇朝宋肇次其祖庠遺語，凡一百七十條。」疑此處「祥」字爲「庠」之訛。

〔一四〕李孝友　遂初堂書目、郡齋志卷一四都作「李孝美」。

〔一五〕黃朝英青箱雜記十卷　按郡齋志卷一三、書錄解題卷一一，青箱雜記十卷都題吳處厚撰，今存本同。黃朝英撰緗素雜記十卷，見郡齋志卷一三，此處「黃朝英」當爲「吳處厚」之誤。

〔一六〕秘閣閑談　「談」原作「觀」，據本書卷四四一本傳、祕書省續四庫書目改。

〔一七〕補妒記　原作「補姑記」。按：是書今存，書錄解題卷一一也有著錄，「姑」爲「妒」之訛，據改。

〔一八〕黃休復　原作「黃林復」。按：是書今存，書錄解題卷一一、郡齋志卷一三都作黃休復撰，據改。

〔一九〕俱異志　書錄解題卷一一、郡齋志卷一三都作「祖異志」。

〔二〇〕曹士蔿　考異卷七三云：「士爲當是士蔿之譌。歷算類已有曹士蔿七曜符天歷二卷，七曜符天人元歷三卷，此必重出。」

〔二一〕宿曜度分域名錄　「域」原作「城」，據崇文總目卷四、通志卷六八藝文略改。

〔二二〕通玄五命新括　祕書省續四庫書目、通志卷六八藝文略均作「通玄五命新格」，疑「括」字誤。

〔二三〕李蒸三命九中歌　「李蒸」，祕書省續四庫書目及通志卷六八藝文略均作「李燕」。下文李燕三命九中歌一卷，疑係重出，「蒸」「燕」當有一訛。

〔二四〕遁甲符寶萬歲經圖曆　「圖」，新唐書卷五九藝文志、崇文總目卷四都作「國」。

〔二五〕太一雜集筆草　「筆」，崇文總目卷四、通志卷六八藝文略作「算」。

〔二六〕淘金歌　原作「淘命歌」，據四庫闕書目、書錄解題卷一一改。

〔二七〕黃淳通乾論　「黃淳」，新唐書卷五九藝文志作「董和」，注云：「和，本名純，避憲宗名改，善曆算，裴冑爲荊南節度使館之，著是書。」玉海卷三引國史補有「裴冑問董生」之語，疑「黃淳」爲「董純」之譌。

〔二八〕陰陽寶錄　崇文總目卷四、通志卷六八藝文略都作「陰陽實錄」。

〔二九〕濮陽夏樵子五行志　「夏」原作「復」，「樵」原作「蕉」。按：今本樵子五行志與新唐書卷五九藝文志、崇文總目卷四均題「濮陽夏撰」，據改。

〔三〇〕商紹　隋唐諸志及崇文總目卷四均作「殷紹」，此作「商紹」，乃避宋諱改。

〔三一〕孫季邕　原作「孫李邕」，據新唐書卷五九藝文志、崇文總目卷四改。

〔三二〕楊惟德王立太一福應集要一卷　「王立」原作「王立翰」。據玉海卷三所錄景祐三式太一福應集要御制序及景祐乾象新書御制序删。

〔三三〕楊惟德王立李自正何湛等撰　「王立」原作「王立翰」，「正」原作「立」、「何湛」原作「河堪」。據玉海卷三引景祐三式太一福應集要御制序、景祐乾象新書御制序及錢曾讀書敏求記卷三引景祐遁甲符應經御制序删改。

〔三四〕玉女肘後術　「術」原作「述」，據祕書省續四庫書目、通志卷六八藝文略改。

〔三五〕立觀經　祕書省續四庫書目及通志卷六八藝文略均作「玄觀經」，「立」疑爲「玄」之訛。

〔三六〕胡翊地理詠要　祕書省續四庫書目、通志卷六八藝文略均作「胡文翊地理脈要」。

〔三七〕李誠　「誠」原作「戒」，據程俱北山小集卷三三李公墓志銘、書錄解題卷七、郡齋志卷七改。

〔三八〕相貝經　新唐書卷五九藝文志、書錄解題卷一二都作「相貝經」。

宋史卷二百七

志第一百六十

藝文六

苗銳新删定廣聖曆二卷

僧一行開元大衍曆議十三卷

啓玄子天元玉册十卷

甄鸞五曹算術二卷

海島算術一卷

趙君卿周髀算經二卷

張丘建〔一〕算經三卷

夏侯陽算經三卷

王孝通緝古算經一卷

謝察微算經三卷

李籍九章算經音義一卷

又周髀算經音義一卷

李紹穀求一指蒙算術玄要一卷

郭獻之唐寶應五紀曆三卷

徐承嗣唐建中貞元曆三卷

邊岡〔二〕唐景福崇玄曆十三卷

大唐長曆一卷

馬重績〔三〕晉天福調元曆二十三卷

王處訥周廣順明元曆一卷

又建隆應天曆六卷

王朴周顯德欽天曆十五卷

蜀武成永昌曆三卷

唐保大齊政曆三卷

苗訓〔四〕太平乾元曆九卷

太平興國七年新修曆經三卷

史序儀天曆十六卷

曹士蔿七曜符天曆二卷

七曜符天人元曆三卷

楊緯一作「繹」符天曆一卷

王公佐中正曆三卷

正象曆一卷

李思議重注曹士蔿小曆一卷

七曜符天曆一卷

大衍通玄鑑新曆三卷

沈括熙寧奉元曆一部卷亡。

熙寧奉元曆經三卷

立成十四卷

備草六卷

比較交蝕六卷

衞朴七曜細行一卷

新曆正經三卷

義略二卷

立成十五卷

隨經備草五卷

七曜細行一卷

長曆三十卷

並孫思恭注。
大衍曆經二卷
大衍曆立成十一卷
大衍曆議略一卷
大衍議十卷
宣明曆經二卷
宣明曆立成八卷
宣明曆要略一卷
大衍曆經二卷
正元曆立成八卷
崇元曆經三卷
崇元曆立成七卷
調元曆經二卷
調元曆立成十二卷
調元曆草八卷

欽天曆經二卷
欽天曆立成六卷
欽天曆草三卷
應天曆經二卷
應天曆立成一卷
乾元曆經二卷
乾元曆立成二卷
儀天曆經二卷
儀天曆立成十三卷
崇天曆經二卷
崇天曆立成四卷
明天曆經三卷
明天曆立成十五卷
明天曆略二卷
符天曆三卷

姚舜輔蝕神隱耀曆三卷
丘濬霸國環周立成曆一卷
陰陽集正曆三卷
曆日纂聖精要一卷
曆樞二卷
難逃論一卷
符天行宮一卷
轉天圖一卷
萬歲日出入晝夜立成曆一卷
五星長曆一卷
正象曆一卷
胡秀林正象曆經一卷
章浦符天九曜通元立成法二卷
氣神經三卷
氣神鈐曆一卷

氣神隨日用局圖一卷
莊守德七曜氣神歌訣一卷
呂才刻漏經一卷
錢明逸西國七曜曆一卷
關子明注安脩睦都利聿斯訣〔五〕一卷
聿斯隱經一卷
聿斯妙利要旨一卷
李淳風注釋九章經要略一卷
　又注釋孫子算經三卷
　注王孝通五經算法一卷
　注甄鸞五曹算法二卷
劉徽一作「徽」九章算田草九卷
王孝通〔六〕緝古算經一卷
程柔五曹算經求一法三卷
魯靖五曹時要算術三卷

五曹乘除見一捷例算法一卷
夏翰一作「翱」新重演議海島算經一卷
甄鸞注徐岳大衍算術法一卷
謝察微發蒙算經三卷
僧一行心機算術括一作「格」一卷僧棲巖注。
徐仁美增成玄一算經三卷
陳從運得一算經七卷
三問田算術一卷
龍受益算法二卷
　又求一算術化零歌一卷
　新易一法算範九例要訣一卷
徐岳術數記遺一卷
合元萬分曆三卷作者名術，不知姓。
注九章算經九卷魏劉徽、唐李淳風注。
孫子算經三卷不知名。

五曹算經五卷李淳風等注。
長慶宣明大曆二卷
萬年曆十二卷
青蘿妙度眞經大曆一卷
行漏法一卷
太始天元玉册截法六卷
求一算法一卷
王曆通政經三卷
細曆書一卷
　並不知作者。
燕肅蓮花漏法一卷
錢明逸刻漏規矩一卷
王普小漏議一卷
官曆刻漏圖一卷
衞朴奉元曆經一卷

觀天曆經一卷紹聖、元符頒行〔七〕。
姚舜輔紀元曆經〔八〕一卷
婁伯壽、陳得一統元曆經〔九〕七卷
　又統元曆五星立成二卷
　統元曆日出入氣刻立成一卷
　統元曆盈縮朏朒立成一卷
　統元曆義二卷
　統元七曜細行曆二卷
　統元曆氣朔八行草一卷
　統元曆考古日食一卷
三曆會同集十卷紹興初撰，不知名。
張祚注法算三平化零歌一卷龍受益法。
王守忠求一術歌一卷
算範要訣二卷
明算指掌三卷

江本一位算法二卷
任弘濟一位算法問答一卷
楊鍇明微算經一卷
法算機要賦一卷
法算口訣一卷
算法秘訣一卷
算術玄要一卷
劉孝榮新曆考古春秋日食一卷
新曆考漢魏周隋日月交食一卷
新曆考唐交食一卷
新曆氣朔八行一卷
彊弱月格法數一卷
賈憲黃帝九章算經細草九卷
張宋圖史記律曆志訛辨一卷
儀象法要一卷紹聖中編。

細行曆書二十卷起慶元庚申，至嘉定己卯，太史局一進。

右曆算類一百六十五部，五百九十八卷。

風后握機一卷晉馬隆略序。
六韜六卷不知作者。
司馬兵法三卷齊司馬穰苴撰。
孫武孫子三卷
吳起吳子三卷
黃帝秘珠三略三卷
陰符二十四機一卷
握機圖一卷
決勝孤虛集一卷
太公兵書要訣四卷
朱服校定六韜六卷
又校定孫子三卷
校定司馬法三卷
校定吳子二卷
校定三略三卷
魏武帝注孫子三卷
蕭吉注或題曹、蕭注孫子一卷
賈林注孫子一卷
陳皞注孫子一卷
宋奇孫子解并武經簡要二卷
吳章注司馬穰苴兵法三卷
吳起玉帳陰符三卷
白起陣書一作「圖」一卷
又神妙行軍法三卷

戰國策三十三卷
黃石公神光輔星祕訣一卷
又兵法一卷
三鑑圖一卷
兵書統要三卷
三略祕要三卷
成氏注三略三卷
諸葛亮行兵法五卷
又用兵法一卷
行軍指掌二卷
占風雲氣圖一卷
兵書七卷
陶侃六軍鑑要一卷
李靖韜鈐祕術一卷
又總要三卷
六十甲子厭勝法一卷
兵書三卷
占風雪一作「雲」氣三卷
風雲論三卷
三軍水鑑三卷
用兵手訣七卷
出軍占風氣候十卷
衞國公手記一卷
李世勣六十甲子內外行兵法一卷
李淳風諸家祕要三卷
又行軍明時祕訣一卷
太白華蓋法二卷
雲氣營寨占一卷
行軍曆一卷
李筌通幽鬼訣二卷

又軍旅一作「放」指歸三卷
北帝武威經三卷
青囊託守勝敗歌并營野戰一卷
李光弼將律一卷
又武記一卷
九天察氣訣三卷
玄女厭陣法一卷
又兵要式一卷
行兵法二卷
兵法一卷
雜占法一卷
六甲陰符兵法一卷
軍謀前鑑十卷
兵家正書十卷
閫外紀一作「記」事十卷
李氏秘要兵書二卷
又秘要兵術四卷
對敵權變逆順法一卷
佐國玄機一卷
礮經一卷
總戎志二卷
李鼎祚兵鈐手曆一卷
許子兵勝苑十卷
統軍玉鑑錄一卷
張守一鑿門詩一卷
秘寶興軍集一卷
胡萬頃軍鑑式二卷
王適行軍立成七十二局一卷
安營臨陣觀災氣一卷
決戰勝負圖一卷

風雲氣象備急占一卷
祕寶風雲歌一卷
九宮軍要祕術一卷
倚馬立成鑑圖一卷
出軍占怪曆三卷
羅子昺一作「昺」神機武略歌三卷
易靜神機武略歌一卷
行軍占風氣一卷
軍占要略二卷
鄭先忠軍機討略策三卷
古今兵略十卷
論天鏡一作「鑑」出戰要訣一卷
將兵祕要法一卷
武師左領記三卷
牛洪道玄機立成法一卷
孤虛明堂圖一卷
軍用立成一卷
何延錫辨解序一卷
紀勳軍國要制五卷
將軍總錄三卷
李遠武孝經一卷
王欒行軍廣要算經三卷
金符經三卷
十二月立成陣圖法一卷
行軍走馬立成法一卷
立成掌中法一卷
行軍要略分野星圖法一卷
黃道法一卷
徐漢卿制勝略三卷
牟知白專征小格略一卷

圖南兵略三卷
從征錄五卷
出軍別錄一卷
兵書總要四卷
兵策祕訣三卷
萬勝訣二卷
戰鬥祕訣一卷
英雄龜鑑一卷
兵訣一卷
隨軍要訣一卷
軍謀要術一卷
韜鈐祕要一卷
軍旅要術一卷
軍祕禳厭術一卷
占軍機勝負龜訣一卷

訓將勝術二卷
兵書手鑑二卷
尉繚子五卷戰國時人。
常禳經三卷燕昭王太子撰，蓋依託。
黃石公三略三卷
又素書一卷張良所傳。
諸葛亮將苑一卷
兵書手訣一卷
文武奇編一卷
武侯八陣圖一卷
鬼谷天甲兵書常禳術三卷梁昭明太子撰。
陶弘景眞人水照〔10〕十三卷
李靖六軍鏡三卷
六十甲子禳敵克應決勝術一卷
玉帳經一卷

李靖兵鈐新書一卷
並不知作者。
九天玄女孤虛法一卷
郭代公安邊策三卷唐郭震撰。
李淳風懸鏡經十卷
李筌太白陰經十卷
占五行星度吉凶訣一卷
注孫子一卷
閫外春秋十卷
李光弼統軍靈轄祕策一卷
五家注孫子三卷魏武帝、杜牧、陳皞、賈隱林〔11〕、孟氏。
杜牧孫子注三卷
裴緒新令二卷
曹、杜注孫子三卷曹操、杜牧。

劉玄之行軍月令一卷
李大著江東經略十卷
綦先生兵書一十六卷
並不知名。
許洞虎鈐兵經二十卷
樂產太一王佐祕珠五卷
盧元韜珠祕訣一卷
黃帝太公兵法三卷盧彥行進。
趙善譽〔12〕南北攻守類攷六十三卷
柴叔達浮光戰守錄一卷
冲晦郭氏兵學七卷郭雍述。
論五府形勝萬言書一卷
閫外策鈐五卷
經武略二百九十卷
治亂貫怪記三卷

三賢安邊策十一卷
邊防備衞策一卷
出軍占候歌一卷
通玄玉鑑一卷
握鏡訣怪祥歌一卷
玄女遁甲經三卷
李僕射馬前訣一卷
防城勤用一卷
彭門玉帳訣錄一卷
遁甲專征賦一卷
帝王中樞賦二卷
長世論十卷
武備圖一卷
兵鑑五卷
陰符握機運宜要五卷

並不知作者。
仁宗攻守圖術三卷
曾公亮武經總要四十卷
蔡挺裕陵邊機處分一卷
符彥卿人事軍律三卷
曾致堯淸邊前要十卷
王洙三朝經武聖略十卷
淸邊武略十五卷
風角占一卷康定間司天臺集。
任鎭康定論兵一卷
趙珣聚米圖經五卷
慶曆軍錄一卷不知作者。
曾公奭軍政備覽一卷
耿恭平戎議三卷
邊臣要略二十卷〔13〕

趙瑜安邊致勝策三卷
呂夏卿兵志三卷
丘濬征蠻議一卷
阮逸野言一卷
劉湜備邊機要一卷
薛向陝西建明一卷
吉天保十家孫子會注十五卷
王韶熙河陣法一卷
何去非三備略講義六卷
備論十四卷
韓縝元豐淸野備敵一卷
戴溪歷代將鑑博議十卷
張文伯百將新書十二卷
劉温潤西夏須知一卷
王維淸武昌要訣一卷

徐研司命兵機祕略二十八卷
徐確總夫要錄一卷
張預集注百將傳一百卷
余壹兵籌類要十五卷
葉上達神武祕略論十卷
夏休兵法三卷
汪棹進復府兵議一卷
古今屯田總議七卷
游師雄元祐分疆錄二卷
崇寧邊略三卷不知作者。
劉荀建炎德安守禦錄三卷
度濟兵錄八十卷
西齋兵議三卷文覺兄弟問答兵機。
章頴四將傳三卷
神機靈祕圖三卷

軍鑑圖二卷
紀重政軍機決勝立成圖三卷
兵書氣候旗勢圖一卷
諸家兵法祕訣四卷
行師類要七卷
古今兵書十卷
五行陣決一卷
會稽兵術三卷
六十甲子出軍祕訣一作「略」一卷
玄珠要訣一卷
軍塾兵鈐三卷
韜鈐祕錄五卷
將略兵機論十二卷
三軍指要五卷
纛下六甲營圖一卷
五十七陣出軍甲子一卷
行軍玄機百術法一卷
兵書出軍雜占五卷
兵法機要三卷
神兵要術三卷
神兵機要三卷
總戎策二卷
兵書精訣二卷
權經對三卷
行軍用兵玄機三卷
兵機要論五卷
行軍備曆六十卷
兵機簡要十卷
兵談三卷
韓霸水陸陣圖三卷

強弩備術三卷
九九陣圖一卷
軍林要覽三卷
制勝權略三卷
兵書精妙玄術十卷
兵籍要樞三卷
太一行軍祕術詩三卷
戎機二卷
通神機要三卷
劉玄一作「定」之兵家月令一卷
又軍令備急一卷
湯渭天一兵機舉要歌一卷
王洪暉行軍月令四卷
裴守一軍誡三卷
兵家正史九卷
行軍周易占一卷
張從實將律一卷
焦大憲兵易歌神兵苑三卷
星度用一卷
將術一卷
行兵攻具術一卷
行兵攻具圖一卷
兵家祕寶一卷
祕寶書一卷
軍律三卷
張昭制旨兵法十卷
王洙青囊括一卷
杜希全兵書要訣三卷
釋利正長慶人事軍律〔四〕三卷
董承祖至德元寶玉函經十卷

王公亮行師類要七卷
劉可久契神經一卷
李洊靈關訣二卷一名靈關集益智。
兵機法一卷
太一厭禳法一卷
五行陣圖一卷
兵論十卷
六十甲子行軍法一卷
會稽兵家術日月占一卷
統戎式令一卷
六甲五神用軍法一卷
要訣兵法立成歌一卷
六甲攻城破敵法一卷
馬前祕訣兵書一卷
石普軍儀條目三卷
仁宗神武祕略十卷
又行軍環珠一部卷亡。
又四路獸守約束一部卷亡。
軍誡三卷
武記一卷
定遠安邊策三卷
新集兵書要訣三卷
兵書要略一卷
揀將要略十卷
兵論十卷
符彥卿五行陣圖一卷
新集行軍月令四卷
雲氣圖十二卷
統戎式鏡二卷
行軍氣候祕法三卷

天子氣章雲氣圖十二卷
預知歌三卷
從軍占三卷
兵書論語三卷
彭門玉帳歌三卷
太一行軍六十甲子禳厭祕術詩三卷
兵機舉要陽謂歌一卷
郟子新修六壬大玉帳歌十卷
郭固軍機決勝立成圖一卷
又兵法攻守圖術三卷
王存樞密院諸房例冊一百四十二卷
蔡挺教閱陣圖一卷
林廣陣法一卷
王拱辰平蠻雜議十卷

右兵書類三百四十七部，一千九百五十六卷。

敵樓馬面法式及申明條約并修城女牆法二卷
楊伋兵法圖議一卷
韓縝樞密院五房宣式一卷
又論五府形勝萬言書〔五〕一卷
方垌重演握奇三卷
又握奇陣圖一卷
梁燾安南獻議文字并目錄五卷
愈見禦戎十冊
韓絳宣撫經制錄三卷
王革政和營繕軍補錄序一卷
余臺兵籌類要十五卷
溱播州勝兵法二部
任諒兵書十卷

李廣射評要錄一卷
梁冀彈棊經一卷
梁元帝畫山水松石格一卷
姚最續畫品一卷
李嗣眞畫後品一卷
竇蒙畫錄拾遺一卷
張又新畫總載一卷
裴孝源貞觀公私畫錄一卷
李淳風歷監天元主物簿三卷
皇甫松醉鄉日月三卷
張彥遠歷代名畫記十卷
韋蘊九鏡射經一卷
唐畫斷一卷
王琚射經一卷

王堅道射訣一卷
荊浩筆法記一卷
李氏墨經一卷
張學士棊經一卷
宋景眞唐賢名畫錄一卷
墨圖一卷
釣鰲圖一卷
端硯圖一卷
畫總錄五卷
嘯眞一卷
樗蒲圖一卷
並不知作者。
蘇易簡文房四譜五卷
李永德點頭文一卷

李畋益州名畫錄三卷
唐績硯圖譜一卷
紀亶廣弓經一卷
王德用神射式一卷
劉懷德射法一卷
趙景小酒令一卷
趙明遠皇宋進士彩選一卷
蔡襄墨譜一卷
卜恕投壺新律一卷
劉敞漢官儀三卷亦投子選也。
唐詢硯錄二卷
竇儼飲戲助歡三卷
郭若虛圖畫見聞志六卷
司馬光投壺新格一卷
王趯投壺禮格二卷

劉道醇新編五代名畫記一卷
宋朝畫評四卷
李誡新集木書一卷
米芾畫史一卷
任權弓箭啓蒙一卷
張仲商〔一六〕射訓一卷
馬思永射訣一卷
王越石射議一卷
李孝美墨苑三卷
李廌德隅堂畫品〔一七〕一卷
温子融畫鑑三卷
王愼修宣和彩選一卷
陳日華金淵利術八卷
黃鑄玉籤詩一卷
李洪續文房四譜五卷

何珪射義提要一卷
射經三卷
張仲素射經三卷
叫逸射經四卷
王琚射經二卷
九鑑射圖一卷
徐鍇〔一八〕射書十五卷
韋蘊射訣一卷
李章射訣三卷
張子霄神射訣一卷
李靖弓訣一卷
法射指訣一卷
黃損射法一卷
張守忠射記一卷
弓訣一卷

呂惠卿弓試一部卷亡。
上官儀投壺經一卷
鍾離景伯草書洪範無逸中庸韻譜十卷
唐績棊圖五卷
金谷園九局譜一卷
王積薪等棊訣三卷
棊勢論并圖一卷
徐鉉棊圖義例一卷
棊勢三卷
楊希璨一作「燦」四聲角圖一卷
又雙泉圖一卷
玉溪圖一卷
蔣元吉等棊勢三卷
太宗棊圖一卷
局譜一卷

韋斑棊圖一卷
奕棊經一卷
棊經要略一卷
王子京彈棊圖一卷
樗蒲經一卷
雙陸格一卷
李郃骰子彩選格三卷
劉蒙叟彩選格一卷
尋仙彩選七卷
葉子格三卷
李煜妻周氏繫蒙小葉子格一卷
偏金葉子格一卷
小葉子例一卷
謝赫古今畫品一卷
徐浩畫品一卷

曹仲連畫評一卷
李嗣眞畫後品一卷
胡嶠廣梁朝畫目三卷
王叡不絕筆畫圖一卷
郭若虛圖畫見聞誌六卷
朱遵度漆經三卷
馬經一卷
辨馬圖一卷
馬口齒訣一卷
醫馬經一卷
明堂灸馬經二卷
論駞經一卷
療駞經一卷
醫駞方一卷

右雜藝術類一百十六部，二百二十七卷。

陸機會要一卷
朱澹遠語麗十卷
杜公贍編珠四卷
祖孝徵修文殿御覽三百六十卷
歐陽詢藝文類聚一百卷
虞世南北堂書鈔一百六十卷
高士廉、房玄齡文思博要一卷
徐堅初學記三十卷
燕公事對十卷
張鷟龍筋鳳髓判十卷
杜佑通典二百卷
陸贄備舉文言三十卷
張仲素詞圃十卷

白居易白氏六帖三十卷
前後六帖三十卷前，白居易撰，後，宋孔傳〔二九〕撰。
李翰蒙求三卷
白廷翰〔三〇〕唐蒙求三卷
劉綺莊集類一百卷
李商隱金鑰二卷
崔鉉弘文館續會要四十卷
李途記室新書三卷〔三一〕
顏休文飛應韶十五卷
高測韻對〔三二〕十卷
劉揚名戚苑纂要十卷
又戚苑英華十卷
孟詵錦帶書八卷

喬舜封古今語要十二卷
蘇冕古今國典一百卷
又會要四十卷
章得象國朝會要一百五十卷宋初至慶曆四年。
大孝一作「存」僚御覽要略十二卷
册府元龜音義一卷
王欽若彤管懿範七十卷　目十卷
彤管懿範音義一卷
歐陽詢麟角一百二十卷
白氏家傳記二十卷
薛高立集類三十卷
邊崖類聚三十二卷
類事十卷
徐叔暘〔三三〕羊頭山記十卷
于立政〔三四〕類林十卷

杜光庭歷代忠諫書五卷
諫書八十卷
唐諫諍論十卷
王昭遠禁垣備對十卷
魏玄成勵忠節四卷
王伯璵勵忠節抄十卷
書判幽燭四十卷
軺車事類三卷
周佑之五經資政二十卷
經典政要三卷
尹弘遠經史要覽三十卷
章句纂類十四卷
李知實一作「寶」檢志三卷
李愼微一作「徽」理樞七卷
鄒順廣蒙書十卷

劉漸〔三五〕羣書系蒙三卷
九經對語十卷
錢承志九經簡要十卷
經史事對三十卷
子史語類拾遺十卷
韋稔筆語類對十卷
又應用類對十卷一名筆語類對。
黃彬經語協韻二十卷
朱澹語類五卷
楊名廣一作「唐」略新書三卷
十議典錄三卷
李德孫學堂要記一作「紀」十卷
裴說脩文異名錄十一卷
搢紳要錄二卷
段景文場纂要二卷

文場秀句一卷
王雲文房纂要十卷
彤玉集類二十卷
彤金集三卷
劉國潤廣彤金類集十卷
庚肩吾彩璧五卷
金鑾秀蘂二十卷
陸贄青囊書十卷
蔣氏寶車一作「庫」十卷
瓊林採實三卷
温庭筠學海三十卷〔三六〕
鄭嵎一作「嵎」雙金五卷
孫翰錦繡谷五卷
齊逸人玉府新書〔三七〕三卷
叢髓三卷

盧重華文髓一卷
勁弩子三卷
玉苑麗文五卷
段景疊辭二卷
玉英二卷
玉屑二卷
金匱二卷
常僑牟臂十卷
紫香囊二十卷
陸羽警年十卷
窮神記十卷
李齊莊事解七卷
王氏千門四十卷
郭道規事鑑五十卷
沈寥子文鑑四十卷

李大華康國集四卷
姚勗起予集四十卷
李貴臣家藏龜鑑錄四卷
徐德言分史衡鑑十卷
薛洪古今精義十五卷
筆藏論三卷
蘇源治亂集三卷
治道要言十卷
馬幼昌穿楊集四卷
李欽玄累玉集十卷
支遷喬一作「奇」京國記二卷
郭徽屬文寶海一百卷
樂黃目學海搜奇錄六十卷
皇覽總論十卷
張陟唐年經略志十卷

楊九齡名苑五十卷
是光乂十九書語類[二八]十卷
雍公叡注張楚金翰苑十一卷
劉濟九經類議一作「義」。二十卷
黎翹廣略六卷
王博古脩文海十七卷
郭翔春秋義鑒三十卷
曹化兩漢史海十卷
楊知惲名字族十卷
馮洪敏寶鑑絲綸二十卷
胡旦將帥要略二十卷
劉顏輔弼名對四十卷
景泰邊臣要略二十卷
石待問諫史一百卷
王純臣青宮懿典十五卷

李虛一溉漕新書四十卷
童子洽聞一卷
麟角抄十二卷
雷壽之古文類纂十卷
漢臣蒙求二十卷
李伉系蒙求十卷
丘光庭同姓名錄一卷
王殷範續蒙求三卷
王先生十七史蒙求十六卷
黃簡文選韻粹三十五卷
白氏玉連環七卷
白氏隨求一卷不知名。
重廣會史一百卷
資談六十卷
聖賢事迹三十卷

引證事類備用三十卷
門類解題十卷
瓊林會要三十卷
青雲梯籍二十卷
南史類要二十卷
粹籍十五卷
六朝採要十卷
十史事語十卷
十史事類十二卷
三傳分門事類十二卷
嘉祐新編二經集粹十卷
鹿革事類二十卷
職官事對九卷
掞天集六卷
文章叢說十卷

新編經史子集名卷[二九]六卷
碎玉四淵海集百九十五卷
書林四卷
寶龜三卷
離辭筆苑二卷
詩句類二卷
南北事偶三卷
五色線一卷
珠浦一卷
重廣策府沿革一卷
鴻都編一卷
文章庫一卷
十三代史選三十卷
左傳類要五卷
唐朝事類十卷

羣玉雜俎三卷
增廣羣玉雜俎四卷
分聲類說三十二卷
文選雙字類要四十卷
書林事類一百卷
並不知作者。
鄭氏歷代蒙求一卷
孫應符初學須知五卷
王敦詩書林韻會二十八卷
曾恬孝類書二卷
邵笥賡韻孝悌蒙求二卷
譙令憲古今異偶一百卷
宋六朝會要三百卷章得象[三〇]編，王珪續。
續會要三百卷虞允文等撰。
中興會要二百卷梁克家等撰。

孝宗會要二百卷楊濟、鍾必萬總修。
光宗會要一百卷
寧宗會要一百五十卷祕書省進。
國朝會要五百八十八卷張從祖纂輯。
王溥續唐會要一百卷
五代會要三十卷
李安上十史類要十卷
李昉太平御覽一千卷
王倬班史名物編十卷
蘇易簡文選菁英二十四卷
宋白、李宗諤續通典二百卷
皮文粲鹿門家鈔籍詠五十卷
曾致堯仙梟羽翼三十卷
僧守能典類[三一]一百卷
王欽若册府元龜一千卷

葉適名臣事纂九卷
方龜年羣書新語十一卷
晏殊天和殿御覽四十卷
類要七十七卷
宋庠鷄跖集二十卷
過昜至孝通神集三十卷
鄧至羣書故事十五卷
故事類要三十卷
宋幷登瀛祕錄八卷
范鎮本朝蒙求二卷
馬共元祐學海三十卷
任廣書敍指南[三二]二十卷
朱繪事原三十卷
陳彥禧饕堂要覽十卷
陳紹重廣六帖學林三十卷

吳淑事類賦三十卷
王資深摭史四卷
馬永易實賓錄三十卷
異號錄三十卷
陳貽範千題適變錄十六卷
楊諮古今名賢歌詩押韻二十四卷
江少虞皇朝事實類苑二十六卷
葉庭珪海錄碎事二十三卷
陳天麟前漢六帖十二卷
蕭之美十子奇對三卷
莊子寓言類要一卷
三傳合璧要覽二卷
三子合璧要覽二卷
四子合璧要覽二卷
劉珏兩漢蒙求十卷

吳逢道六言蒙求六卷
徐子光補注蒙求四卷
　又補注蒙求八卷
　羣書治要十卷祕閣所錄。
蔡攸政和會要一百一十卷
晏袤數會要一百卷
謝諤孝史五十卷
度濟諫錄二十卷
柴才老和李翰蒙求三卷
林越漢雋十卷
倪遇漢書家範十卷
李宗序隆平政斷二十卷
鄭大中漢規四卷
張磁仕學規範四十卷
歐陽邦基勸戒別錄三卷

閭一德古今政事錄二十一卷
僧道蒙仕途經史類對十二卷
呂祖謙觀史類編六卷
　讀書記四卷
洪邁經子法語二十四卷
　春秋左氏傳法語六卷
　史記法語八卷
　前漢法語二十卷
　後漢精語十六卷
　三國志精語六卷
　晉書精語五卷
　南史精語六卷
　唐書精語一卷
程大昌演蕃露十四卷
　又續演蕃露六卷

　攷古編十卷
　續攷古編十卷
程俱班左誨蒙三卷
唐仲友帝王經世圖譜十卷
錢端禮諸史提要十五卷
陳傅良漢兵制一卷
　備邊十策九卷
徐天麟西漢會要七十卷
漢兵本末一卷
曾慥類說五十卷
錢文子〔三〕補漢兵志一卷
錢諷史韻四十二卷
鄭應龍務學須知二卷
高似孫緯略十二卷
　子略四卷

吳會南北分門事類十二卷
魏彥惇名臣四科事實十四卷
王掄羣玉義府五十四卷
范師道垂拱元龜會要詳節四十卷
　國朝類要十二卷
俞鼎、俞經儒學警悟四十卷
鄭厚通鑑分門類要四十卷
柳正夫西漢蒙求一卷
李孝美文房監古三卷
竇苹載籍討源一卷
王仲閎語本二十五卷
毛友左傳類對賦六卷
俞觀能孝經類鑑七卷
胡宏敍古蒙求一卷
玉山題府二十卷

熙寧題髓十五卷
帝王事實十卷
聖賢事實十卷
漢唐事實十五卷
國朝韻對八卷
　右類事類三百七部，一萬一千三百九十三卷。
黃帝內經素問二十四卷唐王冰注。
素問八卷隋全元起注。
黃帝靈樞經九卷
黃帝鍼經九卷
黃帝灸經明堂三卷
黃帝九虛內經五卷
揚玄操素問釋音一作「言」一卷
　素問醫療訣一卷

引證事類三十卷
魯史分門屬類賦一卷
古今通編八卷
諸子談論三卷
　並不知作者。
秦越人難經疏十三卷
黃帝脈經一卷
　又脈訣一卷
張仲景脈經一卷
　又五藏榮衛論一卷
耆婆脈經三卷
徐氏脈經三卷
王叔和脈訣一作「經」一卷

孩子脈論一卷
李勣脈經一卷
張及脈經手訣一卷王善注。
徐裔脈訣二卷
韓氏脈訣一卷
脈經一卷
百會要訣脈經一卷
碎金脈訣一卷
元門脈訣一卷
身經要集一卷
太醫祕訣診候生死部一卷
倉公決死生祕要一卷
神農五藏論一卷
黃帝五藏論一卷
黃庭五藏經一卷

黃庭五藏六府圖一卷
趙業黃庭五藏論七卷
張尙容大五藏論一卷
　又小五藏論一卷
五藏金鑑論一卷
段元一作「允」亮五藏鑑元一作「原」四卷
孫思邈五藏旁通明鑑圖一卷
　又鍼經一卷
張文懿藏府通玄賦一卷
五藏攝養明鑑圖一卷
吳兢五藏論應象〔四〕一卷
裴王庭五色旁通五藏圖一卷
五藏要訣一卷
太元心論一卷
岐伯鍼經一卷

扁鵲鍼傳一卷
玄悟四神針經一卷
甄權〔三五〕針經抄三卷
王處明玄祕會要針經五卷
呂博金滕玉匱鍼經三卷
黃帝問岐伯灸經一卷
顏齊灸經十卷
明堂灸法三卷
皇甫謐黃帝三部鍼灸經十二卷即甲乙經。
岐伯論針灸要訣一卷
山眺一作「兆」鍼灸經一卷
公孫克針灸經一卷
吳復珪小兒明堂針灸經一卷
王惟一明堂經三卷
明堂玄眞經訣一卷

朱遂明堂論一卷
金鑑集歌一卷
黃帝太素經三卷楊上善注。
刺法一卷
太上天寶金鏡靈樞神景內編九卷
扁鵲注黃帝八十一難經二卷秦越人撰。
扁鵲脉經一卷
張仲景傷寒論十卷
五藏論一卷
王叔和脉經十卷
脉訣機要三卷
巢元方巢氏諸病源候論五十卷
崔知悌灸勞法一卷
王冰素問六脉玄珠密語一卷
褚澄褚氏遺書一卷

華佗藥方一卷
金匱要略方三卷張仲景撰，王叔和集。
葛洪肘後備急百一方三卷
劉涓子神仙遺論十卷東蜀李頔錄。
宇文士及粧臺記六卷
師巫顱顖經二卷
孫思邈千金方三十卷
千金髓方二十卷
千金翼方三十卷
玉函方三卷
王起〔三六〕仙人水鏡一卷
王燾外臺祕方四十卷
陳藏器本草拾遺十卷
孔志約唐本草二十卷
李昉開寶本草二十卷　目一卷

盧多遜詳定本草二十卷　目錄一卷
補注本草二十卷　目錄一卷
李含光本草音義五卷
蕭炳四聲本草四卷
本草韻略五卷
楊損之刪繁本草五卷
杜善方本草性類一卷
陳士良食性本草十卷
龐安時難經解義一卷
宋庭臣黃帝八十一難經注釋一卷
張仲景療黃經一卷
又口齒論一卷
金匱玉函八卷王叔和集。
扁鵲療黃經三卷
又枕中祕訣三卷

青烏子風經一卷
吳希言風論山兆一作「眺」經一卷
支義方〔三七〕通玄經十卷
呂廣金韜玉鑑經三卷
雷一作「靈」公仙人養性治一作「理」身經三卷
醫源兆經一卷
林億黃帝三部鍼灸經十二卷
楊曄膳夫經手錄四卷
延年祕錄十一卷
混俗頤生錄二卷
千金纂錄二卷
金匱錄五卷
司空輿發焰錄一卷
梅崇獻醫門祕錄五卷
治風經心錄五卷

郭仁普拾遺候用深靈玄錄五卷
養性要錄一卷
党求平攟醫新說三卷
代榮醫鑑一卷
衞嵩金寶鑑三卷
段元亮病源手鑑二卷
田誼卿傷寒手鑑三卷
千金手鑑二十卷
王勃醫語纂要一卷
華顛醫門簡要十卷
蘇越羣方祕要一作「會」三卷
古詵三教保光纂要三卷
醫明要略一卷
張叔和新集病總要略一卷
外臺要略十卷

司馬光醫問七卷
耆婆六十四問〔三八〕一卷
伏氏醫苑一卷
神農食忌一卷
吳羣意醫紀曆一卷
孔周南靈方志一卷
穆脩靖靈芝記五卷羅公遠注。
張隱居金石靈臺記一卷
菖蒲傳一卷
李翺何首烏傳一卷
張尙容延齡至寶抄一卷
醫家要抄〔三九〕五卷
黃帝問答疾狀一卷
陶隱居靈奇祕奧一卷
南海藥譜一卷

家寶義囊一卷
小兒藥證一卷
神仙玉芝圖二卷
經食草木法一卷
孫思邈芝草圖三十卷
又太常分藥格一卷
神枕方一卷
崔氏產鑑圖一卷
攝生月令圖一卷
六氣導引圖一卷
侍膳圖一卷
徐玉藥對二卷
宗令祺廣藥對三卷
方書藥類三卷
江承宗〔四〇〕刪繁藥脉三卷

蔣淮療黃歌一卷
晏封草石論〔四一〕六卷
藥性論四卷
張果傷寒論一卷
陳昌祚明時政要傷寒論三卷
李涉傷寒方論二十卷
青烏子論一卷
石昌璉明醫顯微論一卷
清溪子消渴論一卷
龍樹眼論一卷
邢一作「郉」元朴癰疽論一卷
癰疽論三卷
李言少嬰孺病論一卷
楊全迪崔氏小兒論一卷
療小兒疳病論一卷

劉豹子眼論一卷
蘇巉一作「游」玄感論一卷
李暄嶺南脚氣論二卷
發背論二卷
邵英俊口齒論一卷
蕭一作「簫」宗簡水氣論三卷
骨蒸論一卷
唐一作「康」陵正師口齒論一卷
風疾論一卷
楊太業〔四二〕三十六種風論一卷
喻義瘡腫論一卷
又療癰疽要訣〔四三〕一卷
蘇游鐵粉論一卷
又玄感傳尸方一卷
褚知義鍾乳論一卷

李昭明嵩臺論三卷
玉鑑論五卷
王守愚產前產後論一卷
小兒眼論一卷
普濟方五卷
應驗方三卷
應病神通方三卷
張文仲法象論一卷
小兒五疳二十四候論一卷
劉涓子鬼論一卷
僧智宣發背論一卷
沈泰之癰疽論二卷
蘇敬徐玉唐侍中三家脚氣論一卷
吳昇宋處新修鍾乳論一卷
白岑發背論一卷

西京巢氏水氣論一卷
李越一作「鉞」新脩榮衞養生用藥補瀉論十卷
楊大鄴嬰兒論二卷
採藥論一卷
制藥論法一卷
連方五藏論一卷
五勞論一卷
夭壽性術論〔四四〕一卷
咽喉口齒方論五卷
產後十九論一卷
小兒方術論一卷
李温萬病拾遺三卷
張機金石制藥法一卷
王氏食法五卷
嚴龜食法十卷

養身食法三卷
太清服食藥法七卷
按摩法一卷
攝養禁忌法一卷
王道中〔四五〕石藥異名要訣一卷
譚延鎬脉色要訣〔四六〕一卷
吳復圭金匱指微訣一卷
葉傳古〔四七〕醫門指要訣一卷
華子顒相色經妙訣一卷
制藥總訣一卷
修玉粉丹口訣一卷
服雲母粉訣一卷
伏火丹砂訣序一卷
陳玄北京要術一卷
蕭家法饌三卷

饌林四卷
藥林一卷
王氏醫門集二十卷
李崇慶燕臺集五卷
穿玉集一卷
劉翰今體治世集〔四八〕二十卷
雷繼暉神聖集三卷
華氏集十卷
楊氏粧臺寶鑑集三卷南陽公主。
傷寒證辨集一卷
賈黃中神醫普救方一千卷 目十卷
楊歸一作「師」厚產乳集驗方三卷
安文恢萬全一作「金」方三卷
孫廉金鑑方三卷
金匱方三卷

韋宙獨行方十二卷
又玉壺備急方一卷
鄭氏惠民方三卷
鄭氏圃田通玄方三卷
又惠心方三卷
纂要祕要方三卷
溥濟安衆方三卷
支觀通玄方十卷
劉氏五藏旁通道一作「導」養方一卷
白仁敘集驗方五卷
服食導養方三卷
孟氏補養方三卷
崔元亮海上集驗方十卷
崔氏骨蒸方三卷
元希聲行要備急方二卷

劉禹錫傳信方二卷
王顏續傳信方十卷
嬰孩方十卷
黃漢忠祕要合煉方五卷
針眼一作「眼針」鉤方一卷
穆昌緒一作「叔」療眼諸方一卷
孩孺一作「嬰孩」雜病方五卷
朱傳孩孺明珠變蒸七疳方一卷
小兒祕錄集要方一卷
延齡祕寶方集五卷
錄古今服食導養方三卷
服食神祕方一卷
姚和衆童延齡至寶方十卷
又保童方一卷
許詠一作「泳」六十四問祕要方一卷

塞上方三卷
晨昏寧待方二卷
王道外臺祕要乳石方二卷
耆婆要用方一卷
崔行功纂要方十卷
千金祕要備急方一卷
華宗壽昇天一作「元」廣濟方三卷
段詠一作「泳」走馬備急方一卷
天寶神驗藥方一卷
太和濟安方一卷
貞元集要廣利方五卷
羅普宣靈寶方一百卷
悟玄子安神養性方一卷
篋中方一卷
蕭存禮百一問答方三卷

包會應驗方三卷
雜用藥方五十五卷
神仙雲母粉方一卷
服朮方一卷
慶曆善救方一卷
胡道洽方一卷
賈耽(四九)備急單方一卷
李八百方一卷
波馳波利譯吞字貼腫方一卷
李繼皐南行方三卷
杜氏集驗方一卷
韓待詔肘後方一卷
王氏祕方五卷
徒都子膜外氣方一卷
潛眞子神仙金匱服食方二卷

楊太僕醫方一卷
沈承澤集妙方三卷
章秀言草木諸藥單方一卷
吳希言醫門括源方一卷
王朝昌新集方一卷
老子服食方一卷
葛仙公杏仁煎方一卷
刪繁要略方一卷
集諸要妙方一卷
備急簡要方一卷
纂驗方一卷
養性益壽備急方一卷
秦聞單方一卷
反魂丹方一卷
玄明粉方一卷

癧瘍方一卷
婆羅門僧服仙茅方一卷
高福攝生要錄三卷
李絳兵部手集方三卷
孟詵食療本草六卷
沈知言通玄祕術三卷
昝殷產寶三卷
食醫心鑑二卷
甘伯宗歷代名醫錄七卷
鄭景岫廣南四時攝生論一卷
葉長文啓玄子元和紀用經一卷
張文懿本草括要詩三卷
雷斅炮炙方三卷
宋徽宗聖濟經十卷
通眞子續注脉賦一卷

脉要新括二卷
李大參家傷寒指南論一卷
嚴器之傷寒明理論四卷
王維一新鑄銅人腧穴鍼灸圖經三卷
高若訥素問誤文闕義一卷
傷寒類要四卷
徐夢符外科灸法論粹新書一卷
趙從古六甲天元運氣鈐二卷
丁德用醫傷寒慈濟集三卷
馬昌運黃帝素問入試祕寶七卷
王宗正難經疏義二卷
楊介存四時傷寒總病論(五〇)六卷
僧文宥必効方三卷
陳師文校正太平惠民和劑局方五卷
陳氏經驗方五卷不知名。

唐愼微大觀經史證類備急本草三十二卷
王寔傷寒證治三卷
又局方續添傷寒證治一卷
郭稽中婦人產育保慶集一卷
裴宗元藥詮總辨三卷
孫用和傳家祕寶方五卷
錢乙小兒藥證直訣八卷
洪氏集驗方五卷不知名。
李石司牧安驥集三卷
又司牧安驥方一卷
張渙小兒醫方妙選三卷
王俁編類本草單方三十五卷
趙鑄瘴瘧備急方一卷
李璆、張致遠瘴論二卷
鄭樵鶴頂方二十四卷

本草外類五卷
食鑑四卷
張傑子母祕錄十卷
王蘧經効癰疽方一卷
張銳鷄峯備急方一卷
王世臣傷寒救俗方一卷
胡權治癰疽膿毒方一卷
錢竿海上名方一卷(五一)
何偁經驗藥方二卷
劉元賓神巧萬全方十二卷
黨永年摭醫新說三卷
史源治背瘡方一卷
王貺濟世全生指迷方三卷
王袞王氏博濟方三卷
王伯順小兒方三卷

漢東王先生小兒形證方三卷
胡愔補瀉內景方三卷
栖眞子嬰孩寶鑑方十卷
蔣淮藥證病源歌五卷
成無已傷寒論一卷
朱旦(五二)傷寒論方一卷
沈虞卿衞生產科方一卷
沈柄產乳十八論卷亡。
温舍人方一卷不知名。
党禹錫(五三)嘉祐本草二十卷
劉方明幼幼新書四十卷
吳得夫集驗方七卷
馬延之馬氏錄驗方一卷
李朝正備急總効方四十卷
陳言三因病源方六卷

中華書局

陳抃手集備急經効方一卷
張允蹈外科保安要用方五卷
史載之方二卷
夏德懋衞生十全方十三卷
陸游陸氏續集驗方二卷
卓伯融妙濟方一卷
胡元質總効方十卷
王璆百一選方二十八卷
朱端章衞生家寶方六卷
又衞生家寶產科方八卷
衞生家寶小兒方二卷
衞生家寶湯方三卷
楊倓楊氏家藏方二十卷
許叔微普濟本事方十二卷
胡氏經驗方五卷不著名。
備用方二卷岳州守臣編，不著名氏。
丘哲備急効驗方三卷
宋霖丹毒備急方三卷
黃環備問方二卷
王磧易簡方〔五四〕一卷
方導方氏集要方二卷
王世明濟世萬全方一卷
張松究源方五卷
董大英活幼悟神集二十卷
安慶集十卷
曾孚先保生護命集一卷
戴衍尊生要訣一卷
定齋居士五痔方一卷
李氏癰疽方一卷不知名。
集効方一卷

中興備急方二卷
灸經背面相二卷
神應鍼經要訣一卷
伯樂鍼經一卷
傷寒要法一卷
蘭室寶鑑二十卷
小兒祕要論一卷
紹聖重集醫馬方一卷
傳信適用方一卷
治未病方一卷
用藥須知一卷
治發背惡瘡內補方一卷
博濟嬰孩寶書二十卷
川玉集一卷
產後論一卷
冲和先生口齒論一卷
脚氣論一卷
靈苑方二十卷
祕寶方二卷
古今祕傳必驗方一卷
太醫西局濟世方八卷
產科經眞環中圖一卷
陳昇醫鑑後傳一卷
陳蓬天元祕演十卷
龐安時〔五五〕難經解一卷
朱肱內外二景圖三卷
南陽活人書二十卷
席延賞黃帝鍼經音義一卷
莊綽膏肓腧穴灸法一卷
華氏中藏經〔五六〕一卷靈寶洞主探微眞人撰。

劉温舒內經素問論奧四卷
劉淸海五藏類合賦一卷
耆婆五藏論一卷
劉皓眼論審的歌一卷
徐氏黃帝脉經指下祕訣一卷
平堯卿傷寒玉鑑新書一卷
傷寒證類要略二卷
董常南來保生回車論一卷
黃維聖濟經解義十卷
東軒居士衞濟寶書〔五七〕一卷
李檉傷寒要旨一卷
醫家妙語一卷
小兒保生要方三卷
湯民望嬰孩妙訣論三卷
伍起予外科新書一卷
癰疽方一卷
董汲脚氣治法總要〔五八〕一卷
程迥醫經正本書一卷
婁居中食治通說一卷
蘇頌校本草圖經二十卷
王懷隱〔五九〕太平聖惠方一百卷
姚和衆童子祕要論三卷
錢聞禮錢氏傷寒百問方一卷
閻孝忠重廣保生信効方一卷
劉甫十全博救方一卷
周應簡要濟衆方五卷
王素經驗方三卷
張田幼幼方一卷
劉彝贛州正俗方二卷
李端愿簡驗方一卷

崔源本草辨誤一卷
晏傳正明効方五卷
甚懷敏神効備急單方一卷
沈括良方十卷
蘇沈良方十五卷沈括、蘇軾所著。
陳直奉親養老書一卷
文彥博藥準一卷
董汲旅舍備要方一卷
初虞世古今錄驗養生必用方〔六〇〕三卷
龐安驗方書〔六一〕一卷
勝金方一卷
王趙選祕方二卷

右醫書類五百九部，三千三百二十七卷。

凡子類三千九百九十九部，二萬八千二百九十卷。

校勘記

〔一〕張丘建　原作「張立建」，據隋書卷三四經籍志、新唐書卷五九藝文志、崇文總目卷三改。

〔二〕邊岡　原作「邊剛」，據新唐書卷五九藝文志、崇文總目卷四改。

〔三〕馬重績　原作「馬重續」，據舊五代史卷九六、新五代史卷五七本傳、崇文總目卷四改。

〔四〕苗訓　按本書卷四六一苗守信傳、宋會要運曆一之五、玉海卷一〇及本書卷七五律曆志，「苗

訓」應作「苗守信」。

〔五〕闞子明注安脩睦都利聿斯訣　「闞子明」原作「闒子明」，「都」下原脫「利」字，據崇文總目卷四、通志卷六八藝文略改補。

〔六〕王孝通　原作「王孝適」，據上文「王孝通緝古算經」條及新唐書卷五九藝文志、崇文總目卷三改。

〔七〕紹聖元符頒行　案本書卷一七哲宗紀、長編卷四六八及玉海卷一〇所記，觀天曆爲元祐六年十一月修成，玉海並說「紹聖元年頒行」。疑「元符」爲「元年」之誤。

〔八〕紀元曆經　原作「統元曆經」，據本書卷七九律曆志、書錄解題卷九、玉海卷一〇改。

〔九〕統元曆經　原作「紀天曆統」，據本書卷八一律曆志、宋會要運曆一之一〇、玉海卷一〇改。

〔一〇〕眞人水照　隋書卷三四經籍志、新唐書卷五九藝文志是書原名眞人水鏡，「照」字蓋宋人諱改。

〔一一〕賈隱林　崇文總目卷三、新唐書卷五九藝文志、書錄解題卷一二都作「賈林」。

〔一二〕趙善譽　原作「趙彥譽」，據本書卷二四七本傳、書錄解題卷八改。

〔一三〕耿恭平戎議三卷邊臣要略二十卷　按本書卷三二六景泰傳、玉海卷二五引書目，景泰曾撰平戎議與邊臣要略，下文類事類並著錄景泰邊臣要略二十卷。疑「耿恭」爲「景泰」之訛。

〔一四〕長慶人事軍律　「長慶」原作「長度」，據崇文總目卷三、新唐書卷五九藝文志改。

〔一五〕論五府形勝萬言書　「言」字原脫。案上文已錄論五府形勝萬言書，不著撰人，此題韓縝撰，當爲重出。據補。

〔一六〕張仲商　書錄解題卷一四作「張仲殷」，「商」字蓋宋人諱改。

〔一七〕李鷹德隅堂畫品　「鷹」原作「廌」，據書錄解題卷一四及本書卷四四四本傳改。

〔一八〕徐鍇　原作「徐諧」，據崇文總目卷三、通志卷六九藝文略改。

〔一九〕宋孔傳　「宋」原作「朱」，「孔傳」原作「孔傅」。據書錄解題卷一四改。

〔二〇〕白廷翰　原作「丘延翰」，據崇文總目卷三、新唐書卷五九藝文志改。

〔二一〕李途記室新書三卷　「三卷」，崇文總目卷三、新唐書卷五九藝文志、玉海卷五五都作「三十卷」。

〔二二〕韶對　原作「韶對」，據崇文總目卷三、新唐書卷五九藝文志、通志卷六九藝文略改。

〔二三〕徐叔暘　原作「徐叔陽」，據崇文總目卷三、通志卷六九藝文略改。

〔二四〕于立政　原作「于政立」，據崇文總目卷三、新唐書卷五九藝文志改。

〔二五〕劉漸　崇文總目卷三、通志卷六八藝文略都作「劉潛」。

〔二六〕溫庭筠學海三十卷　「學海」下原衍「兩字」二字，據新唐書卷五九藝文志、崇文總目卷三刪。

〔二七〕玉府新書　「玉」字原脫，據崇文總目卷三、祕書省續四庫書目、通志卷六九藝文略補。

〔二八〕是光乂十九書語類　「是」原作「晃」，「語類」二字原顛倒。據崇文總目卷三、新唐書卷五九藝文志改。

〔二九〕新編經史子集名卷　「名卷」，通志卷六九藝文略作「名數」。

〔三〇〕章得象　「象」原作「蒙」，據通志卷六五藝文略、郡齋志附志卷五上改。

〔三一〕典類　原作「典籍」，據四庫闕書目、祕書省續四庫目錄、通志卷六九藝文略改。

〔三二〕書敍指南　原作「書籍指南」，據書錄解題卷一四、郡齋志卷一四改。

〔三三〕錢文子　原作「錢文字」，據書錄解題卷一二、南宋館閣續錄卷九改。

〔三四〕五藏論應象　「應」下原衍「家」字，據崇文總目卷三、新唐書卷五九藝文志刪。

〔三五〕甄權　原作「甄擁」，據崇文總目卷三、新唐書卷五九藝文志改。

〔三六〕王起　崇文總目卷三、新唐書卷五九藝文志都作「王超」。

〔三七〕支義方　原作「文義方」，據崇文總目卷三、通志卷六九藝文略改。

〔三八〕耆婆六十四問　「六十四」，崇文總目卷三、通志卷六九藝文略都作「八十四」。

〔三九〕醫家要抄　崇文總目卷三、新唐書卷五九藝文志都作「醫家要妙」。

〔四〇〕江承宗　原作「王承宗」，據崇文總目卷三、新唐書卷五九藝文志改。

〔四一〕晏封草石論　原作「郭晏封草食論」，「郭」字衍，「食」字誤。據崇文總目卷三、新唐書卷五九藝文志、通志卷六九藝文略刪改。

〔四二〕楊太業　崇文總目卷三、通志卷六九藝文略都作「楊天業」。

〔四三〕瘰癧疽要訣　「瘰」原作「廣」，據崇文總目卷三、新唐書卷五九藝文志、通志卷六九藝文略改。

〔四四〕天壽性術論　「天」原作「大」，據崇文總目卷三、通志卷六九藝文略改。

〔四五〕王道中　崇文總目卷三、通志卷六七藝文略都作「王道冲」。

〔四六〕脈色要訣　「脈色」二字原倒，據崇文總目卷三、通志卷六九藝文略乙正。

〔四七〕葉傳古　原作「葉傳右」，據崇文總目卷三、通志卷六九藝文略改。

〔四八〕劉翰今體治世集　「翰」原作「輸」，「今」原作「全」。據通志卷六九藝文略、本書卷四六一本傳改。

〔四九〕賈耽　原作「賈沈」，據崇文總目卷三、新唐書卷五九藝文志改。

〔五〇〕楊介存四時傷寒總病論　考異卷七三說：「按晁氏志有楊介存眞圖一卷，其人名『介』，非名『介存』也。竊意『介存』下當有脫文，四時傷寒總病論則別是一人所撰。」

〔五一〕錢竿海上名方一卷　按書錄解題卷一三有海上方一卷，據稱：「括蒼刻本館閣書目有此方，云乾道中知處州錢竽編。」疑「錢竿」爲「錢竽」之誤。

〔五二〕朱旦　原作「東旦」，據祕書省續四庫書目、通志卷六九藝文略改。

〔五三〕党禹錫　郡齋志卷一五「補注神農本草」條、書錄解題卷一三「大觀本草」條都作「掌禹錫」。

〔五四〕王碩易簡方　按書錄解題卷一三作「永嘉王碩德膚撰」，通考卷二二三經籍考同。疑「碩」字或

「碩」之訛。

〔五五〕龐安時　「安時」原作「時安」，據本書卷四六二本傳、書錄解題卷一三「龐氏家藏祕寶方」條改。

〔五六〕華氏中藏經　「華」原作「黃」，據祕書省續四庫書目、書錄解題卷三改。

〔五七〕衞濟寶書　「寶書」二字原倒，據書錄解題卷一三乙正。

〔五八〕董汲脚氣治法總要　「董汲」原作「董伋」。按：此書今存，題董汲撰，書錄解題卷一三所錄同。據改。

〔五九〕王懷隱　原作「王懷德」，據本書卷四六一本傳、玉海卷六三引書目、書錄解題卷一三改。

〔六〇〕古今錄驗養生必用方　「養生」二字原倒，據郡齋志卷一五、書錄解題卷一三乙正。

〔六一〕龐安驗方書　書錄解題卷一三有龐氏家藏祕寶方，龐安時、安常撰。疑「安」下有脫字。

宋史

元　脱脱等撰

第一六册

卷一〇八至卷二一四（志表）

中華書局

宋史卷二百八

志第一百六十一

藝文七

集類四：一曰楚辭類，二曰別集類，三曰總集類，四曰文史類。

楚辭十六卷楚屈原等撰。
楚辭十七卷後漢王逸章句。
晁補之續楚辭二十卷
又變離騷二十卷
黃伯思翼騷一卷
洪興祖補注楚辭十七卷 考異一卷
周紫芝竹坡楚辭贅說一卷
朱熹楚辭集註八卷 辨證一卷
黃銖楚辭協韻一卷
離騷一卷錢杲之集傳。

右楚辭十二部，一百四卷。

董仲舒集一卷
枚乘集一卷
劉向集五卷
王褒集五卷
揚雄集六卷
又二十四箴二卷
李尤集二卷
張衡集六卷
張超集三卷
蔡邕集十卷
諸葛亮集十四卷
曹植集十卷
魏文帝集一卷
王粲集八卷
陳琳集十卷
嵇康集十卷
阮林集十卷
張華集二卷
又詩一卷
江統集一卷
傅玄集一卷
束皙集一卷
張敏集二卷
潘岳集七卷
劉琨集十卷
索靖集一卷
陸機集十卷
陸雲集十卷
郭璞集六卷
蘭亭詩一卷

陶淵明集十卷
謝莊集一卷
顏延之集五卷
謝靈運集九卷
謝惠連集五卷
王僧達集十卷
鮑照集十卷
江淹集十卷
王融集七卷
孔稚圭集十卷
謝朓集十卷
又詩一卷
顏之推稽聖賦一卷
梁簡文帝集一卷
昭明太子集五卷
沈約集九卷
又詩一卷
劉孝綽集〔二〕一卷
劉孝威集一卷
吳均詩集三卷
何遜詩集五卷
庾肩吾集二卷
任昉集六卷
庾信集二十卷
又哀江南賦一卷
陳后主集一卷
江總集七卷
沈炯集七卷
徐陵詩一卷
張正見集一卷

唐太宗詩一卷
玄宗詩一卷
王績集五卷
許敬宗集十卷
任敬臣集十卷
宋之問集十卷
沈佺期集十卷
崔融集十卷
李嶠詩十卷
蘇味道詩一卷
杜審言詩一卷
徐鴻詩一卷
王勃詩八卷
又文集三十卷
雜序一卷
楊炯集二十卷
又拾遺四卷
盧照鄰集十卷
駱賓王集十卷
陳子昂集十卷
劉希夷詩四卷
趙彥昭詩一卷
崔湜詩一卷
武平一詩一卷
李乂詩一卷
孫逖集二十卷
張說集三十卷
又外集二卷
蘇頲集三十卷
張九齡集二十卷

李白集三十卷
嚴從中黃子三卷
毛欽一集三十卷〔二〕
梁肅集二十卷
李翰集一卷
孟浩然詩三卷
王昌齡集十卷
崔顥詩一卷
盧象詩一卷
李適詩一卷
陶翰詩一卷
皇甫曾詩一卷
皇甫冉集二卷
嚴維詩一卷
祖詠詩一卷

丘爲詩一卷
常建詩一卷
岑參集十卷
崔國輔詩一卷
則天中興集十卷
　又別集一卷
太宗御集一百二十卷
眞宗御集三百卷　目十卷
　又御集一百五十卷
仁宗御集一百卷　目錄三卷
英宗御製一卷
神宗御筆手詔二十一卷
　又御集一百六十卷
哲宗御製前後集共二十七卷
徽宗御製崇觀宸奎集一卷

　又宮詞一卷
阮籍集十卷
阮咸集一卷
王道珪注哀江南賦一卷
張庭芳注哀江南賦一卷
陸淳東皋子集略二卷
魏文正公時務策五卷〔三〕
郭元振九諫書一卷
　又安邦策三卷
李靖霸國箴一卷
王起注崔融寶圖贊〔四〕一卷
許恭集十卷
任希古集十卷
王勃舟中纂序五卷
盧照鄰幽憂子三卷

駱賓王百道判二卷
李嶠新詠一卷
吳筠一作「均」集十一卷
杜甫小集六卷
薛蒼舒杜詩刊誤一卷
元結元子十卷
　又琦玕子一卷
常袞詔集二十卷
賀知章入道表一卷
鮑防集五卷
　又雜感詩一卷
令狐楚梁苑文類三卷
李司空論事十七卷
馮宿集十卷
邵說集十卷

杜元穎五題一卷
李紳批答一卷
劉軻翼孟三卷
李德裕窮愁志三卷
　又雜賦二卷
　平泉草木記一卷
段全緯集五卷
薛逢別集九卷
李虞仲制集四卷
柳晁集四卷
李程表狀一卷
李羣玉後集五卷
　又詩集二卷
令狐綯表疏一卷
夏侯韞與涼州書一卷

商璠丹陽集〔五〕一卷
舒元輿文一卷
譚正夫文一卷
張琛一作「琛」文一卷
來擇秣陵子集一卷
　又集三卷
齊夔文一卷
暢當詩一卷
皇甫松大隱賦一卷
于武陵詩一卷
陸希聲頤山錄詩一卷
陸鸞集一卷
沈棲遠景臺編十卷
袁皓集一卷
黃滔編略十卷

賈島小集八卷
費冠卿詩一卷
孟遲詩一卷
王德輿詩一卷
鄭谷宜陽集一卷
郁渾百篇一卷
周濆詩一卷
薛瑩洞庭詩一卷
李洞詩集三卷
丁稜詩一卷
朱鄴賦三卷
　又詩三卷
盧延讓詩集一卷
楊弁詩一卷
賀蘭明吉集一卷

徐融集一卷
韋說詩一卷
劉綺莊集十卷
張琳集十卷
徐杲集八卷
宗嚴集一卷
薛逢賦四卷
　又別紙十三卷
宋言賦一卷
郭賁體物集一卷
楊復恭行朝詩一卷
韓偓詩一卷
　又入翰林後詩一卷
馮涓懷秦賦一卷
　又集十三卷

龍吟集三卷
長樂集一卷
朱朴荆山子詩集四卷
又雜表一卷
孫郃〔六〕小集三卷
楊士達擬諷諫集五卷
陳光詩一卷
吳仁璧詩一卷
戚同文孟諸集二十卷
王振詩一卷
嚴虔棇寶囊五卷
又表狀五卷
倪明基詩一卷
李洪皐集二卷
又表狀一卷

韋文靖牋表一卷
崔昇魯史分門屬類賦一卷
韋鼎詩一卷
孫諒詩一卷
衛單詩一卷
蔡融詩一卷
來鵬詩一卷
謝璧賦一卷
又詩集四卷
策林十卷
詠高士詩一卷
沃山焦山賦一卷
扈蒙鼇山集二十卷
毛欽一文二卷
張友正文一卷

南卓集一卷
陳陶文錄十卷
封鼇〔七〕翰藻八卷
胡會集十卷
李商隱賦一卷
又雜文一卷
劉鄴集四卷
又從事三卷
陳（一作「劉」）黯集一卷
陳汀五源文集三卷
又賦一卷
張次宗集六卷
劉三復景臺雜編十卷
又問遺集三卷
別集一卷

王暇集十卷
倪曙獲藁集三卷
又賦一卷
皮日休別集七卷
又賦六卷
陸龜蒙詩編十卷
錢珝制集十卷
又舟中錄二十卷
楊夔集五卷
又賦一卷
冗書十卷
冗餘集十卷
鄭昌士白巖集五卷
又詩集十卷
程遜集十卷

溫庭筠漢南眞藁十卷
又集十四卷
握蘭（一作「簡」）集三卷
記室備要三卷
詩集五卷
崔嘏管記集十卷
蔣文彧記室定名集三卷
盧肇愈風集十卷
又大統賦注六卷
海潮賦一卷
通屈賦一卷
鄭賓（一作「寶」）行宮集十卷
張澤歙河集十五卷
劉宗（一作「棨」）望制集八卷
陸扆禁林集七卷

張玄晏集二卷
高駢集三卷
李磎鼎國集三卷
顧雲集遺十卷
又賦二卷
啓事一卷
若（一作「昭」）亭雜筆五卷
纂新文苑〔八〕十卷
若（一作「昭」）川總載十卷
康軿九筆雜編十五卷
樂朋龜集七卷
又綸閣集十卷
徐寅別集五卷
吳融賦集五卷
崔致遠筆耕集二十卷

又別集一卷
崔譡集二卷
羅袞集二卷
李山甫雜賦二卷
李磎集四卷
羊昭業集十五卷
章震肥川集十卷
又磨盾集十卷
李景略南燕染翰二十卷
孫郃孫子文纂〔九〕四十卷
汪文蔚集三卷
劉韜美從軍集四十卷
郭子儀表奏五卷
顏眞卿集十五卷
元結集十卷

李峴詩一卷
常袞集三十三卷
又集十卷
韋應物集十卷
高適詩集十二卷
李嘉祐詩一卷
張謂詩一卷
盧綸詩一卷
李端詩三卷
耿緯〔一〇〕詩三卷
司空文明集一卷
韓翃〔一一〕詩五卷
錢起詩十二卷
郎士元詩二卷
張繼詩一卷

陸贄集二十卷
王仲舒制集二卷
羊士諤詩一卷
雍裕之詩一卷
裴度集二卷
武元衡詩三卷
權德輿集五十卷
韓愈集五十卷
又遺文一卷
昌黎文集序傳碑記一卷
西掖雅言五卷
祝充〔三〕韓文音義五十卷
朱熹韓文考異十卷
樊汝霖譜注韓文四十卷
洪興祖韓文年譜一卷

韓文辨證一卷
方崧卿韓集舉正一卷
柳宗元集三十卷
張敦頤柳文音辨一卷
劉禹錫集三十卷
又外集十卷
呂溫集十卷
李觀集五卷
李賀集一卷
又外集一卷
歐陽詹集一卷
歐陽袞集一卷
張籍集十二卷
孟東野詩集十卷
李翺集十二卷

皇甫湜集八卷
賈島詩一卷
盧仝詩一卷
劉叉詩一卷
沈亞之詩十二卷
樊宗師集一卷
吳武陵詩一卷
張碧詩一卷
又歌行一卷
包幼正詩一卷
朱放詩二卷
符載集二卷
鮑溶歌詩五卷
李益詩一卷
李約詩一卷

熊孺登詩一卷
蔣防集一卷
崔元翰集十卷
張登集六卷
竇叔向詩一卷
竇鞏詩一卷
穆員集九卷
殷堯藩詩一卷
獨孤及集二十卷
張仲素詩一卷
劉言史詩十卷
章孝標集七卷
莊南傑雜歌行一卷
朱灣詩一卷
張祜詩十卷

李絳文集六卷
元稹集四十八卷
又元相逸詩二卷
趙暘詩一卷
白居易長慶集七十一卷
袁不約詩一卷
施肩吾集十卷
李甘集一卷
朱慶餘詩一卷
李程集一卷
王涯翰林歌詞一卷
令狐楚表奏十卷
又歌詩一卷
李涉詩一卷
楊巨源詩一卷

喩鳧詩一卷
薛瑩詩一卷
牛僧孺集五卷
李紳詩三卷
李德裕集二十卷
又別集十卷
記集二卷
姑臧集五卷德裕翰苑所作。
杜牧集二十卷
溫庭筠集七卷
段成式集七卷
薛能詩集十卷
崔嘏制誥十卷
薛逢詩一卷
馬戴詩一卷

姚鵠詩一卷
顧況集十五卷
顧非熊詩一卷
裴夷直詩二卷
項斯詩一卷
劉駕古風詩一卷
李廓詩一卷
韓宗詩一卷
李遠詩一卷
曹鄴古風詩二卷
許渾詩集十二卷
姚合詩集十卷
李頻詩一卷
李郢詩一卷
雍陶詩集三卷

于鄴詩十卷
陸暢集一卷
劉得仁詩集一卷
趙嘏編年詩二卷
孫樵集三卷
儲嗣宗詩一卷
李鍇詩一卷
鄭巢詩一卷
鄭嵎津陽門詩一卷
李殷古風詩一卷
盧肇文標集三卷
李商隱文集八卷
又四六甲乙集四十卷
別集二十卷
詩集三卷

劉滄詩一卷
于鵠詩一卷
鄭畋集五卷
又詩集一卷
論事五卷
皮日休文藪十卷
胥臺集〔三〕一卷
弔江都賦一卷
劉蛻集十卷
李昌符詩一卷
侯圭江都賦一卷
沈光詩集一卷
陸龜蒙集四卷
喻坦之集一卷
周賀詩一卷

曹唐詩三卷
許棠詩集一卷
獨孤霖玉堂集二十卷
李山甫詩一卷
胡曾詠史詩三卷
又詩一卷
張喬詩一卷
王棨詩一卷
于濆古風詩一卷
聶夷中詩一卷
林寬詩一卷
薛廷珪鳳閣書詞十卷
羅虬比紅兒詩十卷
羅鄴詩一卷
羅隱湘南應用集三卷

又淮海寓言七卷
甲乙集三卷
外集詩一卷
啓事一卷
讒本三卷
讒書五卷
崔道融集九卷
高駢詩一卷
顧雲編藁十卷
又鳳策聯華三卷
司空圖一鳴集三十卷
崔塗詩一卷
崔魯詩一卷
林嵩詩一卷
王駕詩六卷

唐彥謙詩集二卷
方干詩二卷
徐凝詩一卷
周朴詩一卷
陳陶詩十卷
王貞白集七卷
陸希聲君陽遁叟山集記一卷
鄭渥詩一卷
鄭雲叟擬峯集二卷
杜甫詩二十卷
又外集一卷
杜詩標題三卷題鮑氏，不知名。
王維集十卷
賈至集十卷
又詩一卷

儲光羲集二卷
綦毋潛詩一卷
劉長卿集二十卷
蕭穎士集十卷
李華集二十卷
秦系秦隱君詩一卷
張鼎詩一卷
程晏集十卷
李華集二十卷〔四〕
張南史詩一卷
陳黯集一卷
杜荀鶴唐風集二卷
嚴郾詩一卷
李溪奏議一卷
吳融集五卷

褚載詩〔五〕一卷
曹松詩一卷
翁承贊詩一卷
張蠙詩一卷
孫郃集二卷
秦韜玉集三卷
鄭谷詩三卷
又詩一卷
外集一卷
韓偓香奩小集一卷
又別集三卷
王轂詩三卷
裴說詩一卷
李雄詩三卷
說李中集三卷

李善夷集六卷
黃璞集五卷
孫元晏六朝詠史詩一卷
竇永賦一卷
閻防詩一卷
王季友詩一卷
林藻集一卷
劉憲詩一卷
朱景玄詩一卷
蘇拯詩一卷
王建集十卷
楊炎集十卷
唐于公異奏記一卷
麴信陵詩一卷
劉商集十卷

戎昱集五卷
戴叔倫述藁十卷
張韋詩一卷
陳羽詩一卷
李愼詩一卷
劉威詩一卷
邵謁詩一卷
鄭昌士四六集一卷
柳倓詩一卷
任翻詩〔六〕一卷
楊衡詩一卷
文丙詩一卷
皮氏玉筍集一卷不知作者。
黃滔莆陽黃御史集二卷
黃寺丞詩一卷不著名，題唐人。

蘆中詩二卷不知作者。
李琪金門集十卷
韋莊浣花集十卷
諫草一卷
殷文圭冥搜集二十卷
又登龍集十五卷
孫晟集五卷
李崧眞珠集一卷
高輦崑玉集一卷
馬幼昌集四卷
林鼎吳江應用二十卷
王叡炙轂子三卷
又聯珠集五卷
周延禧百一集二十卷
沈文昌集二十卷
張沇一飛集三卷
呂述東平小集三卷
馮道集六卷
又河間集五卷
詩集十卷
李松錦囊集三卷
又別集一卷
王仁裕乘輅集五卷
又紫閣集五卷
紫泥集十二卷
紫泥後集四十卷
詩集十卷
公乘億珠林集四卷
又華林集三卷
集七卷

賦十二卷
王超洋源集十卷
又鳳鳴集三卷
孫開物集十六卷
李琪應用集三卷
崔拙集二卷
李愚白沙集十卷
又五書一卷
丘光業詩一卷
錢鏐吳越石壁記一卷
孫光憲荆臺集四十卷
又筆傭集十卷
紀遇詩十卷
鞏湖編翫三卷
橘齋集二卷
和凝演論集三十卷
又游藝集五十卷
紅藥編五卷
賈緯草堂集二十卷
又續草堂集十五卷
張正西掖集三十卷
陳九疇集五卷
韋莊諫疏牋表四卷
楊懷玉忘筌集三卷
王倓後集十卷
喬諷集十卷
李洪茂集十卷
毛文晏昌城後寓集十五卷
又西閣集十卷
東壘出言三卷

杜光庭廣成集一百卷
又壺中集三卷
庾傳昌金行啓運集二十卷
李堯夫梓潼集二十卷
勾令言玄舟集十二卷
童九齡潼江集二十卷
王朴翰苑集十卷
李瀚丁年集十卷
塗昭良集八卷
李昊蜀祖經緯略一百卷
又樞機集二十卷
商文圭〔一七〕從軍藁二十卷
又鏤冰錄二十卷
筆耕詞二十卷
游恭東里集三卷
又廣東里集二十卷
短兵集三卷
朱潯昌吳啓霸集三十卷
沈松錢金集八卷
郭昭度芸閣集十卷
李氏金臺鳳藻集五十卷
李爲光斐然集五卷
程簡之金鏤集十二卷
沈顏陵陽集五卷
又聱書〔一八〕十卷
解聱十五卷
程柔安居雜著十卷
陳濬攝讓錄七卷
李煜集十卷
又集略十卷

詩一卷
宋齊丘祀玄集三卷
孫晟續古闕文一卷
陳致雍曲臺奏議集二十卷
孟拱辰鳳苑集三卷
湯筠戎機集五卷
喬舜擬謠十卷
張安石詩一卷
趙摶歌詩二卷
方納遠華集一卷
韋藹詩一卷
張傑詩一卷
謝皤隱雜感詩二卷
戴文一作「乂」迴文詩一卷
守素先生遺榮詩集三卷
譚藏用詩〔一九〕一卷
羅紹威政餘詩集一卷
章碣詩一卷
商緒灊陽詩集三卷
熊惟簡湘西詩集三卷
李明詩集五卷
郭鵬詩一卷
孟賓子金鼇詩集二卷
李叔文一作「乂」詩一卷
王希羽詩一卷
廖光圖詩集二卷
廖凝詩集七卷
廖邈詩集二卷
廖融詩集四卷
王梵志詩集一卷

左紹沖集三卷
熊皦屠龍集五卷
章一作「辛」郿詩一卷
朱存金陵覽古詩二卷
韓溉詩一卷
高蟾詩二卷
孫魴詩集三卷
成文幹詩集五卷
吳蛻一字至七字詩二卷
羅浩源廬山雜詠詩一卷
王遹一作「邈」詠史一卷
冀訪詠史十卷
孫玄晏覽北史三卷
崔道融申唐詩三卷
杜輦詠唐史十卷
趙容一作「谷」刺賢詩一卷
閻承琬詠史三卷
六朝詠史六卷
童汝爲詠史一卷
陸元皓詠劉子詩三卷
高邁賦一卷
謝觀賦集八卷
蔣防賦集一卷
俞巖賦集一卷
侯圭賦集五卷
鄭瀆賦二卷
王翃〔一〇〕賦集二卷
賈嵩賦集三卷
蔣凝賦集三卷
桑維翰賦二卷

林絢大統賦二卷
大紀賦三卷
李希運兩京賦一卷
崔葆數賦十卷
毛濤一作「鑄」渾天賦一卷
劉輝悲甘陵賦一卷張龍泉、章孝標注。
盧獻卿愍征賦一卷
張瑩一作「策」弔梁「梁」下或有「郊」字賦一卷
王朴樂賦一卷
趙鄰幾禹別九州賦三卷
魯褒錢神論一卷
潘詢注才命論一卷
錢棲業太虛潮論一卷
杜光庭三教論一卷
大寶論一卷
丁友亮唐興替論〔一一〕一卷
丘光庭海潮論一卷
趙昌嗣海潮論一卷
九證心戒一卷
杜嗣先兔園策十卷
鄭寬百道判一卷
吳康仁判一卷
崔銳判一卷
趙璘表狀一卷
李善夷表集一卷
鄭嵎表狀略三卷
彭霽啓狀一卷
鄭氏貽孫集四卷
張濬表狀一卷
李巨川啓狀二卷

鄭準渚宮集四卷
李蠹魚化集一卷
樊景表狀集五卷
羅貫啓狀二卷
梁震表狀一卷
趙仁拱潛龍筆職三卷
黃台江西表狀二卷
周愼辭表狀五卷
郭洪記室袖中備要三卷
金臺倚馬集九卷
擬狀制集三卷
章表分門一卷
兩制珠璣集二卷
搢紳集三卷
蓬壺集一卷
忘機子五卷
並不知作者。
張昭嘉善集五十卷
高錫簪履編七卷
王祜集二十卷
羅處約東觀集十卷
郭贄文懿集三十卷
陳摶釣潭集〔一二〕二卷
王溥集二十卷
趙上交集〔一三〕二十卷
薛居正集三十卷
竇儀端揆集四十五卷
白稹集十卷
徐鉉質論一卷
蘇易簡章表十卷

李昉集五十卷
朱昂集三十卷
王旦集二十卷
鞠常集二十卷
李瑩集十卷
梁周翰翰苑制草集二十卷〔一四〕
王禹偁制誥集十二卷
韓乂奏議三卷
楊億號略集〔一五〕七卷
劉宣集一卷
楊徽之集五卷
趙師民儒林舊德集三十卷
丘旭詩一卷
又賦一卷
曾致堯直言集一卷
張翼詩一卷
韋文化韶程詩一卷
趙晟金山詩一卷
李度策名詩一卷
楊日嚴集十卷
趙抃成都古今集三十卷
宋敏求書闈前後集西垣制詞文集四十八卷
呂惠卿文集一百卷
又奏議一百七十卷
龔鼎臣諫草三卷
程師孟文集二十卷
又奏議十五卷
楊繪文集八十卷
張方平玉堂集二十卷
王洙昌元集十卷

承幹文集十卷
田況文集三十卷
劉綰治平文集三十卷
又翰林制集十卷
西垣制集三卷
奏議二十卷
雜文詩賦五十卷
劉彝明善集三十卷
又居易集二十卷
趙世繁歌詩十卷
張詵文集十卷
又奏議三十卷
韓絳文集五十卷
又內外制集十三卷
奏議三十卷

龐元英文集三十卷
李常文集六十卷
又奏議二十卷
孫覺文集四十卷
又奏議十二卷
外集十卷
呂公孺詩集奏議二十卷
熊本文集三十卷
又奏議二十卷
傅堯俞奏議十卷
葉康直文集十卷
李承之文集三十卷
又奏議二十卷
盧秉文集十卷
又奏議三十卷

晁補之雞肋集一百卷
王庠文集五十卷
劉紋集六十卷
孔文仲文集五十卷
孔武仲奏議二卷
蒲宗孟文集奏議七十卷
張利一奏議三卷
喬執中古律詩賦十五卷
又雜文碑誌十卷
趙仲庠內外制十卷
又雜文五十卷
制誥表章十卷
趙仲銳文集十卷
李之純文集二十卷
又奏議五卷

趙世逢英華集十卷
李清臣文集一百卷
又奏議三十卷
李新集四十卷
沈洙文集十卷
杜紘文集二十卷
又奏議十卷
後山集三十卷
曾肇元祐制集十二卷
又曲阜外集三十卷
張舜民畫墁集一百卷
王存文集五十卷
李昭集三十卷
蔣之奇荆溪前後集八十九卷
又別集九卷

北扉集九卷
西樞集四卷
戹言集五卷
芻言五十篇
舒亶文集一百卷
龔原文集七十卷
又潁川唱和詩三卷
安燾文集四十卷
又奏議十卷
張商英文集一百卷
蔡肇文集三十卷
劉跂集二十卷
秦敏學集二卷
曾孝廣文集二十卷
張閣文集二十卷

吳居厚文集一百卷
又奏議一百二十卷
呂益柔文集五十卷
又奏議一卷
姚祐文集六十卷
又奏議二十卷
上官均文集五十卷
又奏議十卷
葉煥繼明集一卷
李長民汴都賦一卷
趙仲御東堂集一卷
鮑慎由文集五十卷
游酢文集十卷
劉安世文集二十卷
許安國詩三卷

唐恪文集八十卷
譚世勣文集三十卷
又奏議二十一卷
外制五卷
師陶集二卷
孫希廣樵漁論三卷
竇夢證東堂集三卷
恭翔〔三六〕集十卷
又表奏集十卷
盧文度集二卷
崔氏干旄錄六卷
李愼儀集十二卷
唐鴻集五卷
青箱編集一卷
陳光圖集七卷

李洪源集二卷
鄺炎文四篇
沈彬閑居集十卷
羅隱後集二十卷
又汝江集三卷
歌詩十四卷
吳越掌書記集三卷
熊皎南金集二卷
龔霖詩一卷
倪曉賦一卷〔三七〕
譚用之詩一卷
扈載集五卷
南唐李後主集十卷
宋齊丘文傳十三卷
徐鍇集十五卷

馮延巳陽春錄一卷
田霖四六一卷
潘佑榮陽集二十卷
左偃鍾山集一卷
張爲詩一卷
徐寅〔二八〕探龍集五卷
張麟答興論三卷
楊九齡桂堂編事二十卷
蔡㫒詩一卷
廖正圖詩一卷
劉昭禹詩一卷
孫魴詩五卷
李建勳集二十卷
杜田注杜詩補遺正繆十二卷
薛倉舒杜詩補遺五卷

續注杜詩補遺八卷
洪興祖杜詩辨證二卷
范質集三十卷
趙普奏議一卷
李瑩集一卷
陶穀集十卷
王佑襄陽風景古跡詩一卷
柳開集十五卷
徐鉉集三十二卷
湯悅集三卷
宋白集一百卷
又柳枝詞一卷
賈黃中集三十卷
李至集三十卷
張洎集五十卷

李諸集二十卷
楊朴詩一卷
潘閬詩一卷
羅處約詩一卷
李光輔集一卷
王操詩一卷
盧稹曲肱編六卷
趙湘集十二卷
古成之集三卷
章士廉集二卷
張君房野語三卷
李九齡詩集一卷
廖氏家集一卷
王禹偁小畜集三卷〔二九〕
又外集二十卷

承明集十卷
別集十六卷
田錫集五十卷
又別集三卷
奏議二卷
魏野草堂集二卷
又鉅鹿東觀集十卷
張詠集十卷
寇準詩三卷
又巴東集一卷
丁謂集八卷
又虎丘錄五十卷
刀筆集二卷
青衿集三卷
知命集一卷

胡旦集十六卷
陳靖集十卷
晁迥昭德新編三卷
穆修集三卷
熊知至集一卷
劉隨諫草二十卷
林逋詩七卷
又詩二卷
柴慶集十卷
劉瓌應制一卷
謝伯初詩一卷
呂祐之集二十卷
錢惟演擁旄集五卷
陳堯佐愚丘集二卷
又潮陽新編一卷

石介集二十卷
夏竦集一百卷
又策論十三卷
宋庠緹巾集十二卷
又操縵集六卷
連珠一卷
王隨集二十卷
石延年詩二卷
宋郊文集四十四卷
宋祁集一百五十卷
又濡削一卷
刀筆集二十卷
西川猥藁三卷
鄭文寶集三十卷
楊億蓬山集五十四卷

又武夷新編集二十卷
頴陰集二十卷
刀筆集二十卷
別集十二卷
汝陽雜編二十卷
鑾坡遺札十二卷
劉筠冊府應言集十卷
又榮遇集二十卷
中山刀筆集〔三〇〕三卷
表奏六卷
肥川集四卷
韓丕詩三卷
种放集十卷
李介种放江南小集二卷
柴成務集二十卷

孫何集四十卷
孫僅詩一卷
許申集一卷
錢易集六十卷
高弁集三卷
錢昭度詩一卷
唐異詩集一卷
江爲詩一卷
李畋集十卷
張兪集三卷
張景集二十卷
郭震集四卷
鄭僑集一卷
許允豹詩一卷
劉若沖永昌應制集三卷

陳漸集十五卷
陳充民士編二十卷
錢彥遠諫垣集三十卷
又諫垣遺藁五卷
齊唐集三十卷
又策論十卷
鮑當集一卷
又後集一卷
何涉治道中術六卷
仲訥集十二卷
梅堯臣集六十卷
又後集二卷
畢田詩一卷
楊備姑蘇百題詩三卷
宋綬常山祕殿集三卷
又託居集〔三一〕五卷
常山遺札三卷
許推官吟一卷
袁陟廬山四游詩一卷
又金陵訪古詩一卷
魯交集三卷
鄭伯玉詩一卷
顏太初集十卷
范仲淹集二十卷
又別集四卷
尺牘二卷
奏議十五卷
丹陽編八卷
呂申公試卷一卷
杜衍詩一卷

丘濬觀時感事詩一卷
困編一卷
晏殊集二十八卷
又臨川集三十卷
詩二卷
二府集〔三二〕十五卷
二府別集十二卷
北海新編六卷
平臺集一卷
胡宿集七十卷
又制詞四卷
包拯奏議十卷
廖偁朱陵編一卷
戴亘詩二卷
錢藻賢良策五卷
蘇舜欽集十六卷
張伯玉蓬萊詩二卷
孫復集十卷
周曇詠史詩八卷
尹洙集二十八卷
崔公度感山賦一卷
燕肅詩二卷
尹源集六卷
又幕中集十六卷
葉清臣集十六卷
李淑書殿集二十卷
又筆語十五卷
龍昌期集八卷
田況策論十卷
蔣康叔小集一卷

張俞集二十六卷
寇隨詩一卷
王琪詩二十卷
狄遵度集十卷
黃亢集十二卷
李問詩一卷
李祺刀筆集十五卷
又象臺四六集七卷
陳亞藥名詩一卷
黃通集三卷
湛俞詩一卷
江休復集四十卷
王回集十卷
蘇洵集十五卷
又別集五卷
李泰伯直講集三十三卷
又後集六卷
黃庶集六卷
劉輝集八卷
王同集十卷
王令集二十卷
又廣陵文集六卷
余靖集二十卷
又諫草三卷
孫沔集十卷
劉敞集七十五卷
蔡襄集六十卷
又奏議十卷
歐陽脩集五十卷
又別集二十卷

六一集七卷
奏議十八卷
內外制集十一卷
從諫集八卷
韓琦集五十卷
又諫垣存藁三卷
富弼奏議十二卷
又箚子十六卷
呂誨集十五卷
又章奏二十卷
趙抃南臺諫垣集二卷
又清獻盡言集二卷
元絳玉堂集二十卷
又玉堂詩十卷
鄭獬集五十卷
王陶詩三十卷
又集五卷
宋敏求東觀絕筆二十卷
晁端友詩十卷
程師孟長樂集一卷
陶弼集十五卷
強至集四十卷
邵雍集二十卷
張載集十卷
張先詩二十卷
陳襄集二十五卷
又奏議一卷
曾鞏元豐類藁五十卷
又別集六卷
續藁四十卷

揚蟠詩二十卷
袁思正集六卷
晁端忠詩一卷
章望之集四十卷
又集十一卷
吳頎詩一卷
劉渙詩十二卷
吳孝宗集二十卷
呂南公灌園集三十卷
王詔奏議六卷
李師中詩三卷
楊繪諫疏七卷
傅翼之集一卷
任大中集三卷
方子通詩一卷
王震元豐懷遇集七卷
張徽集三卷
又北闕詩一卷
王無咎集十五卷
司馬光集八十卷
又全集一百十六卷
龔鼎臣集五十卷
文彥博集三十卷
又顯忠集二卷
王安石集一百卷
張方平集四十卷
又進策九卷
王珪集一百卷
范鎮諫垣集十卷
又奏議二卷

程顥集四卷
朱光庭奏議三卷
范祖禹集五十五卷
王巖叟集四十卷
趙瞻集二十卷
又奏議十卷
楊傑集十五卷
又別集十卷
鮮于侁集二卷
蘇頌集七十二卷
又略集一卷
劉攽集六十卷
王剛中文集六卷
顏復集十三卷
孔平仲詩戲一卷
劉摯集四十卷
邢居實呻吟集一卷
陳軒綸閣編六卷
又榮名集二卷
臨汀集六卷
陳敦詩六卷
陳先生揭陽集十卷不知名。
劉定詩一卷
許彥國詩三卷
張重集八卷
王定民雙誨編二十四卷
何宗元十議三卷
張公庠詩一卷
韋驤集十八卷
又賦二十卷

李清臣集八十卷
又進策五卷
程頤集二十卷
蘇軾前後集七十卷
奏議十五卷
補遺三卷
南征集一卷
詞一卷
南省說書一卷
應詔集十卷
內外制十三卷
別集四十六卷
黃州集二卷
續集二卷
和陶詩四卷
北歸集六卷
備耳手澤一卷〔三〕
年譜一卷王宗稷編。
蘇轍欒城集八十四卷
應詔集十卷
策論十卷
均陽雜著一卷
黃庭堅集三十卷
樂府二卷
外集十四卷
書尺十五卷
陳師道集十四卷
又語業一卷
秦觀集四十卷
蔣之奇集一卷

曾布集三十卷
呂惠卿集五十卷
曾肇集四十卷
又奏議十二卷
西垣集十二卷
庚辰外制集三卷
內制集五卷
張來集七十卷
又進卷十二卷
李昭玘集三十卷
晁補之集七十卷
李廌集三十卷
蔡肇集六卷
又詩三卷
呂陶集六十卷
張舜民集一百卷
張商英集十三卷
鄭俠集二十卷
錢惟演伊川集五卷
陳簡能集一卷
馮京灊山文集一卷
陳舜俞集三十卷
又治說十卷
應制策論一卷
王安國集六十卷
劉煇東歸集十卷
金君卿集十卷
又序言八卷
王安禮集二十卷
范純仁忠宣集二十卷

又彈事五卷
國論五卷
韓維南陽集三十卷
又潁邸記室集一卷
奏議一卷
李復潏水集四十卷
傅堯俞集十卷
丁隲奏議二十卷
又奏議一卷
陳師錫奏議一卷
彭汝礪鄱陽集四十卷
龔夬奏議一卷
范百祿榮國集五十卷
又奏議六卷
內制五卷

外制五卷
鄒浩文卿集四十卷
郭祥正集三十卷
陳瓘集四十卷
又責沈一卷
諫垣集三卷
四明尊堯集五卷
了齋親筆一卷
尊堯餘言一卷
李新集四十卷
吳栻蜀道紀行詩三卷
又菴峯集一卷
徐積集三十卷
任伯雨戇草二卷
又乘桴集三卷

葛次仲集句詩三卷
鄭少微策六卷
石柔橘林集十六卷
謝逸集二十卷
又溪堂詩五卷
謝薖集十卷
陸純集一卷
張勵詩二十卷
廖正一集八卷
韓筠集一卷
張勸詩二卷
王寀南陔集一卷
楊天惠集六十卷
劉跂集二十卷王家撰。
唐庚集二十二卷

馬存集十卷
又經濟集十二卷
朱服集十三卷
毛滂集十五卷
李樵詩二卷
朱減集十二卷
劉珏奏議一卷
崔鶠集三十卷
李若水集十卷
梅執禮集十五卷
晁說之集二十卷（闕）
楊時集二十卷
又龜山集三十五卷
李朴集二十卷
王安中集二十卷

徐俯集三卷
呂本中詩二十卷
翟汝文集三十卷
汪藻集六十卷
程俱集三十四卷
李綱文集十八卷
趙鼎得全居士集二卷
又忠正德文集十卷
朱勝非奏議十五卷
綦崈禮北海集六十卷
葉夢得石林集一百卷
又奏議十五卷
建康集八卷
孫覿鴻慶集四十二卷
汪伯彥後集二十五卷

又續編一卷
胡銓澹菴集七十卷
李光前後集三十卷
張激澹巖集四十卷
李邴草堂後集二十六卷
饒節倚松集十四卷
吳則禮集十卷
韓駒陵陽集十五卷
又別集三卷
傅察集三卷
趙鼎臣竹隱畸士集四十卷
趙育酒隱集三卷
曾匪集十六卷
陳東奏議一卷
章誼奏議二卷

又文集二十卷
劉安世元城盡言集十三卷
許景衡橫塘集三十卷
田晝集二卷
劉弇龍雲集三十二卷
慕容彥逢集三十卷
李端叔姑溪集五十卷
又後集二十卷
米芾山林集拾遺八卷
倪濤玉溪集二十二卷
張彥實東牕集四十卷
又詩十卷
劉一止苕溪集五十五卷
王賞玉臺集四十卷
馮時行縉雲集四十三卷

高登東溪集十二卷
仲并浮山集十六卷
王洋東牟集二十九卷
關注集二十卷
葛立方歸愚集二十卷
曹勛松隱集四十卷
辛次膺奏議二十卷
又牋表十卷
周麟之海陵集二十三卷
王銍集二十三卷
任古拙齋遺藁三卷
任正言小醜集十二卷
又續集五卷
張積鶴鳴先生集四十一卷
呂大臨玉溪先生集二十八卷

胡恭政議進藁一卷
葉訪所業二卷
勾滋達齋文集七卷
吳正肅制科文集十卷
王發元祐進本制舉策論十卷
呂頤浩忠穆文集十五卷
張元幹蘆川詞二卷
三顧隱客文集十一卷
文選精理二十卷
岳陽黃氏靈仙集十五卷
以上不知名〔三五〕。
宋初梅花千詠二卷
易安居士文集七卷宋李格非女撰。
又易安詞六卷
辛棄疾長短句十二卷
又稼軒奏議一卷
吳楚紀行一卷宋峽州守吳氏撰，不知名。
劉子翬屏山集二十卷
劉珙集九十卷
又附錄四卷
鄧良能書潛集三十卷
游桂畏齋集二十二卷
王十朋南游集二卷
又後集一卷
史浩眞隱漫錄五十卷
洪适盤洲集八十卷
洪遵小隱集七十卷
洪邁野處猥藁一百四卷
又瓊野錄三卷
劉儀鳳奇堂集三十卷

又樂府一卷
羅願小集五卷
張嵲紫微集三十卷
周紫芝太倉稊米集七十卷
毛幵樵隱集十五卷
張行成觀物集三十卷
倪文舉綺川集十五卷
張嗣良敝帚集十四卷
韓元吉愚戇錄十卷
又南澗甲乙藁七十卷〔三六〕
宋汝爲忠嘉集一卷
又後集一卷
陳熙甫奏箚一卷
陳康伯葛谿集三十卷
陳恬澗上卷三十卷
汪中立符桂錄三卷
王萊龜湖集十卷
何邁蒙野集四十九卷
曹彥章箕潁集一十卷
孫應時燭湖集十卷
沈與求龜溪集十二卷
呂祖儉大愚集十一卷
顏師魯文集四十四卷
陳峴東齋表奏二卷
聶冠卿蘄春集十卷
沈夏文集二十卷
陳正伯〔三七〕書舟雅詞十一卷
劉給事文集一卷
鄧忠臣文集十二卷
賀鑄慶湖遺老集二十九卷

林栗集三十卷
又奏議五卷
龔茂良靜泰堂集三十九卷
周必大詞科舊藁三卷
又掖垣類藁七卷
玉堂類藁二十卷
政府應制藁一卷
歷官表奏十二卷
省齋文藁四十卷
別藁十卷
平園續藁四十卷
承明集十卷
奏議十二卷
雜著述二十三卷
書藁十五卷
附錄五卷
朱松韋齋集十二卷
又小集一卷
朱熹前集四十卷
後集九十一卷
續集十卷
別集二十四卷
張栻南軒文集四十八卷
呂祖謙集十五卷
又別集十六卷
外集五卷
附錄三卷
汪應辰翰林詞章五卷
鄭伯熊集三十卷
鄭伯英集二十六卷

陸九淵象山集二十八卷
又外集四卷
潘良貴集十五卷
林待聘內外制十五卷
吳鎰敬齋集三十二卷
沈樞宜林集三十卷
吳芾湖山集四十三卷
又別集一卷
和陶詩三卷
附錄三卷
當塗小集八卷
吳天驥鳳山集十二卷
雍焯過溪前集二十卷
又後集三卷
趙彥端介菴集十卷
又外集三卷
介菴詞四卷
龐謙孺白蘋集藁四卷
李迎遺藁一卷
謝諤江行雜著三卷
曾丰撙齋緣督集十四卷
陳傅良止齋集五十二卷
陳亮集四十卷
又外集詞四卷
蔡幼學育德堂集五十卷
曾煥毅齋集十八卷
又臺城丙藁四卷
南城集十八卷
曾習之詩文二卷
蘇元老文集三十二卷

彭克玉壺梅花三百詠一卷
王景文集四十卷
劉安上文集四卷
劉安節文集五卷
周博士文集十卷不知名。
黃季岑三餘集〔三七〕十卷
吳億溪園自怡集十卷
周邦彥清眞居士集十一卷
程大昌文集二十卷
蘇籀雙溪集十一卷
楊椿芸室文集七十五卷
蔣邁桂齋拙藁二卷
又施正憲遺藁二卷
丘崇文集十卷
羅適赤城先生文集十卷
王灼頤室文集五十七卷
余安行石月老人文集三十五卷
陸游劍南續藁二十一卷
又渭南集五十卷
費氏芸山居士文集二十一卷不知名。
李正民大隱文集三十卷
杜受言碱砆集十三卷
鄧肅栟櫚集二十六卷
胡安國武夷集二十二卷
胡寅斐然集二十卷
程敦儒寵堂集六十八卷
又後集二十卷
朱翌集四十五卷
又詩三卷
廖剛高峯集十七卷

趙令時安樂集三十卷
陸九齡文集六卷
周孚鉛刀編三十二卷
玉堂梅林文集二十卷
又雲溪類集三十卷
李壙蘗菴文集十二卷
江公望釣臺棄藁十四卷
吳沈環溪集八卷
月湖信筆三卷不知作者。
趙雄奏議二十卷
許開志隱類藁二十卷
項安世丙辰悔藁四十七卷
趙逵棲雲集二十五卷
黃策集四十卷
連寶學奏議二卷不知名。
衞膚敏諫議遺藁二卷
姜夔白石叢藁十卷
陳伯魚澹齋草紙目錄四十二卷
彭龜年止堂集四十七卷
彭鳳梅坡集五卷
李彌遜筠溪集〔三九〕二十四卷
龔日華北征讜議十一卷
蕭之敏直諒集三卷
李士美北門集四卷
劉清之文集二十三卷
葉適文集二十八卷
周南山房集五卷
王柜復齋制表一卷
倪思奏議二十六卷
又歷官表奏十卷

翰林奏草一卷
翰林前藁二十卷
翰林後藁二卷
畢仲游文集五十卷
王之道相山居士文集二十五卷
又相山長短句二卷
王從三近齋餘錄五卷
謝伋藥寮叢藁二十卷
羅點奏議二十三卷
李蘩奏議二卷
詹儀之奏議二卷
胡執萬石書一卷
周行己集十九卷
鮑欽止集二十卷
黃裳集六十卷
林敏功集十卷
方孝能文集一卷
王庠集五十卷
秦敏學集二卷
姚述堯簫臺公餘一卷
蒙泉居士韓文英華二卷
蘇過斜川集十卷
王彥輔鳳臺子和杜詩三卷
杜甫詩詳說二十八卷不知作者。
郭徹南湖詩八卷
陸長翁文集四十卷
詹叔義狂夫論十二卷
朱敦儒陳淵集二十六卷
又詞三卷
王寔集三十卷

蘇庠集三十卷
李師稷皇華編一卷
劉一止集五十卷苕溪集多五卷。張攀書目以此本爲非有齋類藁〔四〇〕。
葛勝仲集八十卷
傅崧卿集六十卷
又奏議二卷
制誥三卷
勾龍如淵雜著一卷
洪皓集十卷
胡宏集一卷
曾惇詩一卷
黃邦俊集三卷
又強記集八卷
江袞集二十卷
盛澈策論一卷
潘闢集杜詩句一卷
林震集句二卷
溢江集六卷不知作者。
周總集一卷
張守集五十卷
又奏議二十五卷
又十八卷
范成大石湖居士文集卷亡。
又石湖別集二十九卷
石湖大全集一百三十六卷
許翰襄陵文集二十二卷
樓鑰文集一百二十卷
張宰蓮社文集五卷
胡世將集十五卷

又忠獻胡公集六十卷
洪龜父詩一卷
柯夢得抱甕集十五卷
姜如晦月溪集三十二卷
錢聞詩文集二十八卷
又廬山雜著三卷
芮暉家藏集七卷
王浴雪齋文集四十卷
李燾文集一百二十卷
薛齊誼六一先生事證一卷告詞附。
王大昌六一先生在滁詩一卷
王居正〔四二〕竹西文集十卷
李觀顯親集六卷
陳汝錫鶴溪集十二卷
陳逢寅山谷詩注二十卷

朱熹校昌黎集五十卷
王洙注杜詩三十六卷
方醇道類集杜甫詩史三十卷
僧道翹寒山拾得詩一卷
傅自得至樂齋集四十卷
俞汝尚溪堂集四卷
劉燾詩集二十卷
方惟深集十卷
又錄一卷
王庭雲壑集三卷
蔡柟浩歌集一卷
王庭珪盧溪集十卷
邵緝荆溪集八卷
吳氏符川集一卷不知名。
陳克天台詩十卷

又外集四卷
劉綺清溪詩集三卷
王質雪山集三卷
蕭德藻千巖擇藁七卷
又外編三卷
楊萬里江湖集十四卷
又荆溪集十卷
西歸集八卷
南海集八卷
朝天集十一卷
江西道院集三卷
朝天續集八卷
江東集十卷
退休集十四卷
危稹文集二十卷

林憲雪巢小集二卷
葉鎮會稽覽古詩一卷
邵博文集五十七卷
鄭剛中文集八卷
李浩文集二卷
許及之文集三十卷
又涉齋課藁九卷
黃榦文集十卷
錦屏先生文集十一卷不知名。
祝充韓文音義五十卷
宋德之青城遺藁二卷
沈渙文集五卷
王逨文集二十卷
毛友文集四十卷
王性之〔四三〕雪溪集八卷

范浚香溪文集二十二卷
胡嶧如村冗藁二十卷
唐文若遯菴文集三十卷
黃公度莆陽知稼翁集十二卷
方有聞文集一卷
陳枬文集十六卷
陳興義詩十卷
又岳陽紀詠一卷
張文伯江南凱歌二十卷
曾幾集十五卷
張孝祥文集四十卷
又詞一卷
古風律詩絕句三卷
石行正玉壘題詠九卷
何耕勸戒詩一卷

孫稽仲谷橋愚藁十卷
臨卭計用章集十二卷
李縝梅百詠詩一卷
倪正甫兼山小集三十卷
黃瑎復齋漫藁二卷
丁逢南征詩一卷
京鏜詩七卷
又詞二卷
趙時逢山牕斐藁一卷
王稱詩四卷
徐璣泉山詩藁一卷
黃彪詩藁一卷
黃景說白石丁藁一卷
吳賦之文集一卷
曾布之丹丘使君詩詞一卷

朱存金陵詩一卷
石召集一卷
潘咸詩一卷
文史聯珠十三卷不知作者。
得全居士詞一卷不知名。
汪遵詠史詩一卷
韓遂詩一卷
張安石集一卷
盧士衡詩一卷
葉楚詩一卷
陳三思詩一卷
丁稜詩一卷
江漢編七卷不知作者。
晉惠遠廬山集十卷
僧棲白詩一卷

僧子蘭詩一卷
僧懷浦詩集一卷
僧安綏鴈蕩山集一卷
僧虛中詩一卷
僧貫休集三十卷
僧清塞集一卷
僧齊已集十卷
又白蓮華或無「華」字編外集十卷
僧義現集三卷
僧應之集一卷
僧承訥集一卷
僧無願集一卷
僧靈穆集一卷
僧靈護鈞源集十卷
僧可朋玉壘集十卷

僧自牧括囊集十卷
僧賓付集一卷
僧尙顏荆門集五卷
僧曇域龍華集十卷
僧文雅集一卷
僧光白蓮社集二十卷
　又虎溪集十卷
僧處默詩一卷
僧希覺擬江東集五卷
僧鴻漸詩一卷
僧智遇詩一卷
僧康白詩十卷
僧惠崇詩三卷
僧文暢碧雲集一卷
僧楚巒詩一卷

僧皎然詩十卷
僧無可詩一卷
僧靈澈詩一卷
僧脩睦詩一卷
僧彙征集三卷
僧本先集一卷
僧文彧詩一卷
僧祕演集二卷
僧保暹集二卷
僧智圓閒居編五十一卷
僧大容集一卷
僧來鵬詩一卷
僧可尙揀金集九卷
僧惠澄詩一卷
僧有鵬詩一卷

僧警淳詩一卷
僧靈一詩一卷
止禪師青谷集二卷
僧惠洪物外集二卷
　又石門文字禪三十卷
僧祖可詩十三卷
道士主父果詩一卷
魚玄機〔四三〕詩集一卷
李季蘭詩集一卷唐女道士李裕撰。
勾台符臥雲編三卷
石仲元詩二卷
謝希孟詩二卷

又采蘋詩一卷
曹希蘊歌詩後集二卷
蒲氏玉清編一卷
吳氏南宮詩二卷
王尙恭詩一卷王亢女。
徐氏閨秀集一卷
王氏詩一卷
王綸瑤臺集二卷
許氏詩一卷許彥國母。
楊吉登瀛集五卷
劉京集四十卷

　右別集類一千八百二十四部，二萬三千六百四卷。

校勘記

〔一〕劉孝綽集　原作「劉子綽集」，據隋書卷三五經籍志、書錄解題卷一九改。

〔二〕毛欽一集三十卷　此下原注「李白撰」。按此書與李白無涉，原注當是衍文，今刪。

〔三〕魏文正公時務策　按本書卷二〇五藝文志雜家類有「魏徵時務策」。魏徵諡文貞，見舊唐書卷七一及新唐書卷九七本傳。「正」字蓋宋人諱改。

〔四〕寶圖贊　原作「寶國贊」，據新唐書卷六〇藝文志、崇文總目卷五改。

〔五〕商璠丹陽集　書錄解題卷一五說：殷璠，唐進士，所著有丹陽集及河嶽英靈集。本書卷二〇九藝文志總集類重出「殷璠丹陽集」。「商」字蓋宋人諱改。

〔六〕孫郃　原作「孫部」，據新唐書卷六〇藝文志、崇文總目卷五改。下文同改。

〔七〕封鼇　新唐書卷六〇藝文志、通志卷七〇藝文略都作「封敖」。

〔八〕纂新文苑　「文苑」二字原脫，據新唐書卷六〇藝文志、崇文總目卷五補。

〔九〕孫郃孫子文纂　「孫郃」原作「孫邵」，「子文」二字原倒。據新唐書卷六〇藝文志、通志卷七〇藝文略改。

〔一〇〕耿緯　新唐書卷六〇藝文志、卷二〇三盧綸傳及崇文總目卷五都作「耿湋」。

〔一一〕韓翃　原作「韓翊」，據新唐書卷六〇藝文志、卷二〇三盧綸傳及崇文總目卷五改。

〔一二〕祝充　原作「祝光」，據下文「祝充韓文音義」條及郡齋志附志卷五下改。

〔一三〕胥臺集　原作「滑臺集」，據新唐書卷六〇藝文志、崇文總目卷五改。

〔一四〕李華集二十卷　按此書已見前，新唐書卷六〇藝文志、通志卷七〇藝文略都著錄李華前集十卷、李華中集二十卷，疑前書與此書都有脫誤。

〔一五〕褚載　原作「楮載」，據新唐書卷六〇藝文志、通志卷七〇藝文略改。

〔一六〕任翻詩　原作「任藩詩」，據新唐書卷六〇藝文志、崇文總目卷五改。

〔一七〕商文圭　按上文已錄有「殷文圭冥搜集」，「殷」作「商」，係宋人諱改。書錄解題卷一九，謂殷文圭之子崇義歸宋，更姓名爲「湯悅」。故宋人書目，或題湯文圭、商文圭、殷文圭，實爲一人。

〔一八〕聱書　原作「聲書」，據新唐書卷六〇藝文志、崇文總目卷五改。

〔一九〕譚藏用詩　「藏用」二字原倒，據新唐書卷六〇藝文志、崇文總目卷五改。

〔二〇〕王翃　原作「王雄」，據新唐書卷六〇藝文志、崇文總目卷五改。

〔二一〕唐輿替論　「替」原作「贊」，據祕書省續四庫書目、通志卷七〇藝文略改。

〔二二〕釣潭集　原作「鈞潭集」，據本書卷四五七本傳改。

〔二三〕趙上交集　原作「趙上文集」，據崇文總目卷五、本書卷二六二本傳改。

〔二四〕梁周翰翰苑制草集　原脫一「翰」字，據本書卷四三九本傳、崇文總目卷五、通志卷七〇藝文略補。

〔二五〕䶵略集　「䶵」原作「號」，據崇文總目卷五、通志卷七〇藝文略改。

〔二六〕恭翔　按舊五代史卷一八、新五代史卷二一都有敬翔傳。「恭」字蓋避宋諱改。

〔二七〕倪曉賦一卷　按倪曉，本名倪曙。上文已著錄「倪曙賦一卷」。據崇文總目卷五稱，「曉」字爲宋人諱改。

〔二八〕徐寅　原作「徐演」，據崇文總目卷五、通志卷七〇藝文略改。

〔二九〕王禹偁小畜集三卷　按書錄解題卷一七、郡齋志卷一九並作「三十卷」，今存本同。「三」下疑脫「十」字。

〔三〇〕中山刀筆集　「中山」二字原倒，據書錄解題卷一七、郡齋志卷一九乙正。

〔三一〕託居集　原作「託車集」，據祕書省續四庫書目、通志卷七〇藝文略改。

〔三二〕二府集　原作「二州集」，據書錄解題卷一七、遂初堂書目改。

〔三三〕儋耳手澤一卷　按本書卷二〇三藝文志已有「蘇轍儋耳手澤」，此處重出，當注明蘇轍編錄。

〔三四〕晁說之集二十卷　「之」下原脫「集」字，按：書錄解題卷一八有景迂集二十卷，晁說之以道撰。遂初堂書目作「晁說之集」。據補。

〔三五〕以上不知名　「以上」原作「以下」，誤，今改。

〔三六〕又南澗甲乙藁七十卷　原置張嗣良畝帚集十四卷後。按：「南澗甲乙藁」今存，宋韓元吉撰。書

錄解題卷一八也作韓元吉撰。原刊誤置，今改置「韓元吉愚戇錄十卷」後。

〔三七〕陳正伯　按書錄解題卷二一、四庫提要卷一九八，「陳」作「程」。

〔三八〕三餘集　原作「玉餘集」，據四庫提要卷一五六、四庫提要補證卷四七、國史經籍志改。

〔三九〕李彌遜筠溪集　「彌遜」原作「彌遠」。據原書附錄李彌遜家傳、書錄解題卷一八改。

〔四〇〕非有齋類藁　「非」下原脫「有」字，據書錄解題卷一八、通考卷二三九經籍考補。

〔四一〕王居正　原作「汪居正」，據書錄解題卷一八、遂初堂書目改。

〔四二〕王性之　「王性之」原作「王惟之」，據書錄解題卷一八、四庫提要卷一五八改。

〔四三〕魚玄機　原作「魯玄機」，據書錄解題卷一九、通考卷二四三經籍考改。

宋史卷二百九

志第一百六十二

藝文八

孔逭文苑十九卷

蕭統文選六十卷李善注。

庾自直類文三百六十二卷

竇嚴〔一〕東漢文類三十卷

五臣注文選三十卷

周明辨文選彙聚十卷

文選類聚十卷

常寶鼎文選名氏類目十卷

卜鄰續文選二十三卷

樂史唐登科文選五十卷

宋白文苑英華一千卷　目五十卷

朱遵度〔二〕羣書麗藻一千卷　目五十卷

王逸〔三〕楚辭章句二卷

楚辭釋文一卷

離騷約二卷

徐鍇賦苑二百卷　目一卷

廣類賦二十五卷

靈仙賦集二卷

甲賦五卷

賦選五卷

江文蔚唐吳英秀賦七十二卷

桂香賦集三十卷

楊翺典麗賦六十四卷

類文賦集一卷

謝壁七賦一卷

杜鎬君臣賡載集三十卷

李虛己明良集五百卷

劉元濟正聲集五卷

王正範〔四〕續正聲集五卷

又洞天集五卷

韋莊採玄集一卷

陳正圖備遺綴英集二十卷

劉明素麗文集五卷

劉松宜陽集十卷

叢玉集七十卷

李商隱桂管集二十卷

樂曕文囿集十卷

雜文集二十卷

劉贊蜀國文英八卷

分門文集十卷

劉從義遺風集二十一卷

游恭短兵集三卷

鮑溶集六卷

皮日休文藪一卷

徐陵玉臺新詠十卷

廣玉臺集三十卷

中華書局

文選後名人詩九卷
高仲武詩甲集五卷
　詩乙集五卷
唐省試詩集三卷
顧陶〔五〕唐詩類選二十卷
鍾安禮資吟五卷
張爲前賢詠題詩三卷
僧玄鑒續古今詩集三卷
詩纘集三卷
元稹、白居易、李諒杭越寄和詩集一卷
唐集賢院詩集二卷
蘇州名賢雜詠一卷
新安名士詩三卷
應制賞花詩十卷
許恭宗〔六〕文館詞林詩一卷

喬舜桂香詩一卷
雍子方、沈括編集賢院詩二卷
趙仲庠詩十卷
朱壽昌樂府集十卷
蔣文彧廣樂府集三卷
許南容五子策林十卷
周仁贍古今類聚策苑十四卷
禮部策十卷
楊協論苑十卷
唐淩煙閣功臣贊一卷
國子監武成王廟贊二卷
大中祥符封禪祥瑞贊五卷
丁謂大中祥符祀汾陰祥瑞贊五卷
馬文敏王言會最抄五卷
唐制誥集十卷

元和制誥集十卷
元和制策三卷
滕宗諒大唐統制三十卷
擬狀注制集十卷
費乙舊制編錄六卷
貞元制敕書奏一卷
毛文晏咸通諷制一卷
雜制詔集二十一卷
朱梁宣底八卷
制誥一作「詔」二卷
後唐麻囊集三卷
長興制集四卷
江南制集七卷
吳越石壓集二卷
李愼儀集制二十卷

五代國初內制雜編十卷
建隆景德雜麻制十五卷
神哲徽三朝制誥三卷
李琪玉堂遺範三十卷
蔡省風瑤池集二卷
唐哀册文四卷
孫洙褒恤雜錄三卷
晉宋齊梁彈文四卷
馬總奏議集二十卷
張元璥歷代忠諫事對十卷
歷代名臣文疏三十卷
唐名臣奏七卷
張易唐直臣諫奏七卷
御集諫書八十卷
唐奏議駁論一卷

趙元拱諫爭集十卷
唐初表章一卷
毛漸表奏十卷
任諒建中治本書一卷
沈常總戎集十卷
顧臨、梁燾總戎集十卷
續羽書六卷
王紹顏軍書十卷
李緯縱橫集二十卷
趙化基止戈書五十卷
張鍘管記苑十卷
李大華掌記略十五卷
　新掌記略九卷
林逢續掌記略十五卷
唐格輦經雜記十卷

周明辨五經手判六卷
徐德言分史衡鑑十卷
劉攽經史新義一部卷亡。
南康龔代耕心鑑十卷
干祿寶典二十七卷
薛廷珪克家志九卷
趙世繁忠孝錄五卷
趙世逢幽居錄五卷
臧嘉猷羽書集三卷
呂延祚注文選〔七〕三十卷
劉允濟金門待詔集五卷
僧惠淨續古今詩苑英華十卷
孫翌正聲集三卷
崔融珠英學士集五卷
竇常南薰集三卷

搜玉集一卷唐崔湜至融，凡三十七人，集者不知名。
太平內制三卷睿宗、玄宗時制詔。
賀鑑歸鄉集一卷
奇章集四卷李林甫至崔湜百餘家詩〔八〕。
唐德音三十卷起武德元年五月，迄天寶十三年正月。
張曲江雜編一卷
　集者並不知名。
李康玉臺後集十卷〔九〕
殷璠河嶽英靈集二卷
　又丹陽集一卷
蕭昕送邢桂州詩一卷
曾恩起予集五卷
李吉甫麗則集五卷
　又類表五十卷
許孟容謝亭詩集一卷

竇氏聯珠集〔一〇〕一卷
馬總唐名臣奏議集二十卷〔一一〕
送毛仙翁詩集一卷牛僧孺、韓愈等贈。
高仲武中興間氣集二卷錢起、張衆甫等詩。
集賢院諸廳壁記二卷李吉甫、武元衡、常袞題詠集。
大曆浙東酬唱集一卷
臨淮尺題集二卷
臨平詩集一卷
送白監歸東都詩一卷
洛中集一卷
名公唱和集四卷
垂風集一卷
咸通初表奏集一卷
唐十九家詩十卷

雲門寺詩一卷
章奏集類二十卷
唐百家詩選二十卷
陸海六卷
集者並不知名。
令狐楚斷金集一卷
又纂雜詩一卷
劉禹錫彭陽唱和集二卷
又彭陽唱和後集一卷
汝洛唱和集三卷
吳蜀集一卷
劉白唱和集三卷
段成式漢上題襟十卷
檀溪子道民連璧詩集三十二卷
孟啓本事詩(三)一卷

盧瓌(四)抒情集二卷
僧賁光上人詩一卷
姚合極玄集一卷
韋莊又玄集三卷
皮日休松陵集十卷
柳宗直西漢文類四十卷
芮挺章國秀集三卷
宋太祖、眞宗御製國子監兩廟贊二卷
賜陳摶詩八卷
送張無夢歸山詩一卷
賜王留手詔一卷
漢魏文章二卷
漢名臣奏二卷
漢賢遺集一卷
三國志文類六十卷

晉代名臣集十五卷
謝氏蘭玉集十卷
古詩選集十卷
宋二百家詩二十三卷
長樂三王雜事十四卷
集者並不知名。
陳彭年宸章集二十五卷
宋綬本朝大詔令二百四十卷
又唐大詔令一百三十卷目錄三卷
洪邁中興以來玉堂制草三十四卷
周必大續中興玉堂制草三十卷
韓忠彥追榮集一卷
朱翌五制集一卷
熊克京口詩集十卷
李仁甫浯溪古今石刻集錄一卷

侍其光祖浯溪石刻後集再集一卷
李燾謝家詩集一卷
曾慥宋百家詩選五十卷
又續選二十卷
吳說編古今絕句三卷
廖敏得浯溪石刻續集一卷
呂祖謙東萊集詩二卷
孔文仲三孔清江集四十卷
壯觀類編一卷劉燾、楊萬里、米芾等作。
邵浩坡門酬唱二十三卷
倪恕安陸酬唱集六卷
管銳橫浦集二卷
方松卿續橫浦集十二卷
趙不敵清漳集三十卷
廖遲樵川集十卷

洪适荆門惠泉詩集二卷
詹淵括蒼集三卷
陳百朋續括蒼集五卷
柳大雅括蒼別集四卷
胡舜舉劍津集十卷
許份漢南酬唱集一卷
楊恕臨江集三十四卷
汪泱元祐榮觀集五卷
衞博定菴類藁十二卷
于霆南紀集五卷
湯邦傑南紀別集一卷
家求仁名賢雜詠五十卷
又草木蟲魚詩六十八卷
程九萬三老奏議七卷
畢仲游元祐館職詔策詞記一卷

謝逸溪堂師友尺牘六卷
羅唐二茂才重校唐宋類詩二十卷
三洪制藁六十二卷洪适、遵、邁撰。
李壁中興諸臣奏議四百五十卷
洪邁唐一千家詩一百卷
三蘇文集一百卷鄭暐進。
臨賀郡志二卷
相江集十卷
豫章類集十卷
千家名賢翰墨大全五百一十八卷
三蘇文類六十八卷
續本事詩二卷
集選一百卷
唐賢長書一卷
唐三十二僧詩一卷

四僧詩八卷
唐雜詩一卷
五代制詞一卷
重編類啓十卷
潤州金山寺詩一卷
集者並不知名。
蔡省風瑤池集一卷
陳匡圖擬玄類集十卷
韋轂(五)唐名賢才調詩集十卷
李昉、扈蒙文苑英華一千卷
劉吉江南續又玄集二卷
田錫唐明皇制誥後集一百卷
蘇易簡禁林宴會集一卷
子起家宴集五卷不知姓。
楊徵論苑十卷

馮翊嚴滁州琅琊山古今名賢文章一卷
朱博叢玄集二十卷
二李唱和詩一卷李昉、李至作。
楊億西崑酬唱集二卷
陳充九僧詩集一卷
四釋聯唱詩集一卷丁謂序。
楊偉虢郡文齋集五卷
姚鉉唐文粹一百卷
謫仙集十卷勾龍震集古今人詞，以李白爲首。
僧仁贊唐宋類詩二十卷
許洞徐鉉雜古文賦一卷
郭希朴養閑亭詩一卷
幼暐金華瀛洲集三十卷
王咸典麗賦九十三卷(六)
華林義門書堂詩集一卷王欽若、錢惟演等作。

張逸、楊諤潼川唱和集一卷
李祺天聖賦苑一十八卷
又珍題集三十卷
滕宗諒岳陽樓詩二卷
陶叔獻西漢文類四十卷
徐徽滁陽慶曆集十卷
韓琦閱古堂詩一卷
送僧符遊南昌集一卷范鎮序。
石聲編一卷趙師旦家編集。
南犍唱和詩集一卷吳中復、吳秘、張谷等作。
鄭雍古今名賢詩二卷
歐陽脩禮部唱和詩集三卷
送元絳詩集一卷
送文同詩一卷鮮于侁序。
晏殊、張士遜笑臺詩一卷

慧明大師靈應天竺集一卷
宋璋錦里玉堂編五卷
孫洙褒題集三十卷
又張氏詩傳一卷
宋敏求寶刻叢章三十卷
寶刻叢章拾遺三十卷
孫氏吳興詩三卷不知名。
姚闢荊溪唱和一卷
林少穎觀瀾文集六十三卷
呂祖謙皇朝文鑑一百五十卷
又國朝名臣奏議十卷
呂本中江西宗派詩集一百十五卷
曾紘江西續宗派詩集二卷
石處道松江集一卷
江文叔桂林文集二十卷

劉褒續集十二卷
黃岦續乙集八卷
張脩桂林集十二卷
徐大觀又續集四卷
丁逢郴江前集十卷
又後集五卷
郴江續集九卷
楊傒南州集十卷
王仁濃陽集四卷
道士田居實司空山集二卷
姜之茂臨川三隱詩集三卷
熊克館學喜雪唱和詩二卷
陳天麟遊山唱和一卷
史正心清暉閣詩〔六〕一卷
葛郛載德集四卷

王十朋楚東唱酬集一卷
莫琮椿桂堂詩一卷
何紘籍桂堂唱和集一卷
莫若沖清湘泮水酬和一卷
陳讜西江酬唱一卷
廖伯憲岳陽唱和三卷
黃學行又乙集一卷
劉璿政和縣齋酬唱一卷
林安宅南海集三十卷
曾肇滁陽慶曆前集〔七〕十卷
吳珏滁陽慶曆後集十卷
干越題詠三卷李并序。
郝箎都梁集十卷
西湖寓隱回文類聚一卷
郢州白雪樓詩一卷蕭德藻序。

三蘇翰墨一卷蘇軾等書。
桂香集六卷
留題落星寺詩一卷
翰苑名賢集一卷
宋賢文集三卷
宋賢文藪四十卷
先容集一卷
制誥章表二卷
又制誥章表十五卷
儒林精選時文十六卷
玉堂詩三十六卷
辭林類藁三卷
海南集十八卷
鄞江集九卷
嘉禾詩文一卷

潯陽琵琶亭紀詠三卷
潯陽庾樓題詠一卷
滕王閣詩一卷
膾炙集一卷
玉枝集三十二卷
永康題紀詩詠十三卷
聖宋文粹三十卷
布袋集一卷
元祐密疏一卷
唐宋文章二卷
聖宋文選十六卷
唐宋詩後集十四卷
君山寺留題詩集一卷
制誥三卷
春貼子詞一卷

高麗表章一卷
登瀛集五十二卷
羅浮寓公集三卷
羅浮一卷集者不知名。
陳材夫仕途必用集十卷
翁忱岳陽別集二卷
鍾興郴歸集八卷
卜無咎廬山記拾遺一卷
商侑盛山集一卷
劉充唐詩續選十卷
王安石建康酬唱詩一卷
又唐百家詩選二十卷
四家詩選十卷
送朱壽昌詩三卷
韓忠彥考德集三卷

元積中江湖堂詩集一卷
孔延之會稽掇英集二十卷
程師孟續會稽掇英集二十卷
曾公亮元日唱和詩一卷
孫覺荔枝唱和詩一卷
蒲宗孟曾公亮勳德集三卷
馬希孟揚州集三卷
曾旼潤州類集十卷
魏泰襄陽題詠二卷
蘇夢齡摛華集三卷
王得臣江夏古今紀詠集五卷
楊傑高僧詩一卷
孫頎抄齋唱和集一卷
薛傳正錢塘詩前後集三十卷
唐愈江陵集古題詠十卷

章粢成都古今詩集六卷
孫永康簡公崇終集一卷
道士龔元正桃花源集二卷
紹聖三公詩三卷司馬光、歐陽脩、馮京所著。
陸經靜照堂詩一卷
劉珵宣城集三卷
唐庚三謝集一卷
上官彝麻姑山集三卷
翁公輔下邳小集九卷
彈粹鵝城豐湖亭詩一卷
蔡驛惠泉詩一卷
林虙西漢詔令十二卷
俞向長樂集十四卷
四學士文集五卷黃庭堅、晁補之、張耒、秦觀所著。
內制六卷晏殊以下所撰。

沈晦三沈集六十一卷
輶軒唱和集三卷洪皓、張邵、朱弁所集。
程邁止戈堂詩一卷
樊汝霖唐書文藝補六十三卷
何琥蘇黃遺編一卷
楊上行宋賢良分門論六十二卷
戴覺、李丁單題詩十二卷
廖剛世綵集三卷
送王周歸江陵詩二卷杜衍等所撰。
許端夫齋安集十二卷
黃仁榮永嘉集三卷
李知己永嘉集三卷
晁新詞一卷晁端禮、晁冲之所撰。
陸時雍宏詞總類前後集七十六卷
梅江三孫集三十一卷孫立節及子勴、孫何所著。

鮑喬豫章類集十卷
鄧植小有天後集一卷
蕭一致濂溪大成集七卷

右總集類四百三十五部，一萬六百五十七卷。

館閣詞章一卷
館閣詩八卷
並中興館閣諸臣所撰。
白居易白氏金針詩格三卷
又白氏制朴一卷
僧皎然詩式五卷
又詩評一卷
辛處信注文心雕龍十卷
王瑜卿文旨一卷
王正範文章龜鑑五卷
范攄詞林一卷
孫郃[一九]文格二卷
倪宥文章龜鑑一卷

劉勰文心雕龍十卷
鍾嶸詩評一卷
任昉文章緣起一卷
李允[一八]一作「元」或作「克」翰林論三卷
王昌齡詩格一卷
又詩中密旨一卷
杜嗣先兔園策府三十卷
柳璨史通析微十卷
劉餗史例三卷
劉知幾史通二十卷

劉蘧應求類二卷
竇苹載籍討源一卷
舉要二卷
吳武陵十三代史駁議十二卷
林槩史論二十卷
王諫唐史名賢論斷二十卷
程鵬唐史屬辭四卷
王損之絲綸點化二卷
方仲舒究判玄微一卷
樂史登科記解題二十卷
蔣之奇廣州十賢贊一卷
白行簡賦要一卷
范傳正賦訣一卷
浩虛舟賦門一卷
紇干俞賦格一卷

和凝賦格一卷
毛友左傳類對賦六卷
王維詩格一卷
王杞一作「起」詩格一卷
賈島詩格密旨一卷
元兢詩格一卷
又古今詩人秀句二卷
僧辭遠詩式十卷
許文貴一作「貫」詩鑑一卷
僧元鑒續古今詩人秀句二卷
司馬光續詩話一卷
姚合詩例一卷
鄭谷國風正訣一卷
王叡炙轂子詩格一卷
張仲素賦樞一卷

倪宥詩體一卷
張爲唐詩主客圖二卷
僧齊己玄機分明要覽一卷
又詩格一卷
李洞賈島詩句圖一卷
僧神彧詩格一卷
徐銳詩格一卷
馮鑑修文要訣二卷
林逋句圖三卷[二〇]
李淑詩苑類格三卷
僧定雅寡和圖三卷
劉攽詩話一卷
邵必史例總論十卷
司馬光詩話一卷
馬偁賦門魚鑰十五卷

蔡寬夫詩史二卷
吳處厚賦評一卷
蔡希蘧古今名賢警句圖一卷
魏泰隱居詩話[二一]一卷
楊九齡正史雜編十卷
郭思瑤谿集十卷
蔡絛西清詩話三卷
李頎古今詩話錄七十卷
李錞詩話一卷
僧惠洪天廚禁臠三卷
周紫芝竹坡詩話一卷
強行父唐杜荀鶴警句圖一卷
黃徹䂬溪詩話十卷
鄭樵通志敍論二卷
會發選注摘遺三卷

胡源聲律發微一卷
費袞文章正派十卷
李善五臣同異一卷
嚴有翼藝苑雌黃二十卷
方深道集諸家老杜詩評五卷[二二]
方絟續老杜詩評五卷
彭郁韓文外抄八卷
趙師懿柳文筆記一卷
葛立方韻語陽秋二十卷

呂祖謙古文關鍵二十卷
新集詩話十五卷集者不知名。
元祐詩話一卷
歷代吟譜二十卷
唐宋名賢詩話二十卷
金馬統例三卷
詩談十五卷
韓文會覽四十卷
並不知作者。

右文史類九十八部，六百卷。

凡集類二千三百六十九部，三萬四千九百六十五卷。

校勘記

[一]寶嚴 原作「寶儼」，據新唐書卷六〇藝文志、崇文書目卷五、通志卷七〇藝文略改。

[二]朱遵度 原作「宋遵度」，據書目、通志卷六六藝文略，幷參考本書卷二〇四藝文志目錄類改。

[三]王逸 原作「王勉」，據隋書卷三五、郡齋志卷一七、玉海卷五四改。

[四]王正範 按書錄解題卷一五、通考卷二四八經籍考有洞天集五卷，漢王貞範撰；十國春秋卷一〇三有王貞範傳。此處「正」字蓋宋人諱改。

[五]顧陶 原作「顔陶」，據新唐書卷六〇藝文志、崇文書目卷五、書錄解題卷一五改。

[六]許恭宗 按新唐書卷六〇藝文志、通志卷七〇藝文略有許敬宗等撰文館詞林一千卷；新唐書卷八二有許敬宗傳。此處「恭」字蓋宋人諱改。

[七]呂延祚注文選 「呂延祚」原作「呂廷祚」。按此書即五臣注文選，郡齋志卷二五、玉海卷五四都說是唐呂延祚集五人的注而成，據改。

[八]李林甫至崔湜百餘家詩 「湜」字原脫，據通考卷二四八經籍考「奇章集」條補。

[九]李康玉臺後集十卷 「李康」，崇文總目卷五、書錄解題卷一五都作「李康成」，通考卷二四八經籍考幷謂是書乃天寶間李康成所選，疑此處誤。

[一〇]寶氏聯珠集 「聯」原作「連」，據新唐書卷六〇藝文志、書目改。

[一一]馬總唐名臣奏議二十卷 「馬總」原作「孟總」。按上文已錄馬總奏議集二十卷，玉海卷六一也說馬總集武德至貞元奏議。據改。

[一二]孟啓本事詩 按是書今存，題「唐孟棨撰」，但新唐書卷六〇藝文志、書錄解題卷一五則作「孟啓」，與此同。

[一三]盧瓌 「瓌」原作「環」，據新唐書卷六〇藝文志、崇文總目卷五、通志卷七〇藝文略改。

[一四]聋瞉 按崇文總目卷五、書錄解題卷一五都作「聋縠」。

[一五]王咸典麗賦九十三卷 按書錄解題卷一五「唐仲友編後典麗賦」條說：「先有王戊集典麗賦九十三卷」；通考卷二四九經籍考亦作「王戊」。

[一六]史正心清暉閣詩 按書錄解題卷一五作「史正志」，通考卷二四九經籍考同。

[一七]曾肇滁陽慶曆前集 按書錄解題卷一五說：「滁陽慶曆前集，徐徽仲元所集，曾肇子開爲之序。」上文已錄徐徽滁陽慶曆集十卷，此處題作曾肇，誤。

[一八]李允 按隋書卷三五經籍志、新唐書卷六〇藝文志都作「李充」。

[一九]孫郃 原作「孫郤」，據新唐書卷六〇藝文志、通志卷七〇藝文略、崇文總目卷五改。

[二〇]林逋句圖三卷 按通考卷二四九經籍考有林和靖摘句圖一卷；四庫提要卷一九別集類「林逋詩集」條，說林逋有摘句圖，今不傳。疑此處脫「摘」字。

[二一]魏泰隱居詩話 「詩話」二字原倒。按是書今存，題「臨漢隱居詩話」；宋詩紀事卷二八亦載魏泰有隱居詩話。據乙正。

[二二]方深道集諸家老杜詩評五卷 「方深道」原作「方道醇」。按是書今存，題「方深道撰」；書錄解題卷二二、四庫提要卷一九七、同治重修興化府志卷四一同。據改。

宋史卷二百一十

表第一

宰輔一

宋宰輔年表，前九朝始建隆庚申，終靖康丙午，凡一百六十七年，居相位者七十二人，位執政者二百三十八人。後七朝始建炎丁未，終德祐丙子，凡一百四十九年，居相位者六十一人，位執政者二百四十四人。

敍古曰[一]：古之史法主於編年，至司馬遷作史記始易以新意。然國家世祚，人事歲月，散於紀、傳、世家，先後始終，遽難考見，此表之不可無，而編年不容於盡變也。厥後班固漢史乃曰百官公卿表，先敍官名、職秩、印綬等，然後書年以表其姓名。歐陽脩唐史又專以宰相名篇，意必有所在矣。

宋自太祖至欽宗，舊史雖以三朝、兩朝、四朝各自爲編，而年表未有成書。神宗時常

命陳繹檢閱二府除罷官職事，因爲拜罷錄。元豐間，司馬光嘗敍宋興以來百官公卿沿革除拜[二]，作年表上之史館。自時而後，曾鞏、譚世勣、蔡幼學、李燾諸人皆嘗續爲之。然表文簡嚴，世罕知好，故多淪落無傳。

今纂脩宋史，故□□□□□□□□□□采紀、傳以爲是表[三]。其間所書宰輔官、職、勳□□□間有不同者[四]，官制沿革有時而異也。然中書位次既止於參知政事，而樞府職序自同知、副使而下雖簽書、同簽書亦與焉者，皆執政也，故不得而略焉。

夫大臣之用舍，關於世道之隆汚，千載而下，將使覽者即表之年觀紀及傳之事，此登載之不容於不謹也。表之所書，雖無褒貶是非於其間，然歲月昭於上，姓名著於下，則不惟其人之賢佞邪正可指而議，而當時任用之專否，政治之得失，皆可得而見矣。後之覽者，其必有所勸也夫，其亦有所戒也夫！

紀年	宰相進拜加官	罷免	執政進拜加官	罷免
公元960 建隆元年 庚申 太祖 正月甲辰即位	二月乙亥，周宰相范質自守司徒兼門下侍郎、同中書門下平章事、昭文館大學士、參知樞密院事依前守司徒，加兼侍中。王溥自尚書右僕射兼門下侍郎、同中書門下平章事、監修國史參知樞密院事加守司空兼門下侍郎、同平章事。魏仁浦自樞密使、行中書侍郎、同中書門下平章事、集賢殿大學士加尚書右僕射兼中書侍郎、同平章事。 范質 王溥 魏仁浦	二月乙亥，范質、王溥並罷參知樞密院事。	二月己亥，吳廷祚自樞密使加同中書門下平章事[五]。五月己未，親征李筠，吳廷祚東京留守。八月戊子，趙普自右諫議大夫、樞密直學士、兵部侍郎加樞密副使。十一月丁亥，親征李重進，吳廷祚東京留守。	
961 二年辛酉	范質 王溥 魏仁浦			
962 三年壬戌	范質 王溥 魏仁浦		十月辛丑，趙普自樞密副使加檢校太保兼御史大夫、樞密使。李處耘自宣徽北院使加宣徽南院使、檢校少保、樞密副使。	六月癸巳，吳廷祚自樞密使出爲雄武軍節度使，依前同中書門下平章事。
963 乾德元年 癸亥	范質 王溥 魏仁浦			九月丁卯，李處耘自樞密副使責授淄州刺史。

964 二年甲子	正月庚寅，趙普自樞密使加門下侍郎、同平章事、集賢殿大學士。壬寅，加監修國史。 范質 王溥 魏仁浦 趙普	正月戊子，司徒范質以太子太傅，司空王溥以太子太保，尚書右僕射魏仁浦依前守本官，並免。	正月庚寅，李崇矩自宣徽北院使判三司，加檢校太保、樞密使。己亥，王仁贍自內客省使、樞密承旨加樞密副使。四月乙丑，薛居正、呂餘慶自樞密直學士、兵部侍郎並參知政事。	
965 三年乙丑	趙普			二月乙卯，呂餘慶自參知政事權知成都府。
966 四年丙寅	趙普			
967 五年丁卯	二月丙午，趙普自門下侍郎加尚書右僕射兼門下		二月乙丑，沈義倫自西川轉運使加戶部侍郎，遷樞	正月甲寅，王仁贍自樞密副使責授右衞

	侍郎昭文館大學士。十二月，趙普丁母憂，丙子起復。 趙普		密副使。	大將軍，罷歸本班。
968 開寶元年戊辰	趙普		正月庚寅，呂餘慶召還。	
969 二年己巳	趙普		六月癸巳，樞密副使沈義倫丁憂起復。	
970 三年庚午	三月戊辰，右僕射趙普落起復，加特進。 趙普			
971 四年辛未	趙普			
972 五年壬申	趙普		二月庚寅，劉熙古自端明	九月癸酉，李崇矩以

			殿學士、兵部侍郎除參知政事。十一月庚辰，薛居正以參知政事兼提點三司淮南、荊湖〔六〕、嶺南諸州水陸轉運使事。呂餘慶兼提點三司荊南、劍南諸州水陸轉運使事。	樞密使出爲鎮國軍節度使。
973 六年癸酉	九月己巳，薛居正自吏部侍郎、參知政事加門下侍郎、同平章事，仍兼都提點湖南等路轉運事、監修國史。沈義倫自戶部侍郎、樞密副使加中書侍郎、同平章	八月甲辰，趙普自右僕射以檢校太尉、河陽三城節度使同中書門下平章事。	四月戊申，薛居正自參知政事加監修五代史。九月己巳，盧多遜自翰林學士、兵部員外郎遷中書舍人、參知政事。楚昭輔自左驍衞大將軍判三司遷樞密副使。	五月庚申，參知政事劉熙古足疾，以戶部尚書致仕。九月丁卯，參知政事呂餘慶以疾遷尚書左丞，免。

	事、集賢殿大學士，仍兼提點劍南等路轉運事。 趙普 薛居正 沈義倫		十一月丙午，參知政事盧多遜丁父憂起復。	
974 七年甲戌	薛居正 沈義倫			
975 八年乙亥	薛居正 沈義倫			
976 九年丙子 太宗十月癸丑卽位。十二月，改太平興國	十月庚申，薛居正自門下侍郎、同平章事加尚書左僕射兼門下侍郎、昭文館大學士。 沈義倫自中書侍郎、同平		二月庚戌，曹彬自宣徽南院使〔七〕、義成軍節度使遷樞密使，加檢校太尉，領忠武軍節度使。戊午，參知政事盧多遜遷	

976 元年。	章事加尚書右僕射兼門下侍郎、監修國史。盧多遜自吏部侍郎、參知政事遷中書侍郎、同中書門下平章事、集賢殿大學士。 薛居正 沈義倫 盧多遜		秋，落起復。八月壬子，楚昭輔以樞密副使領宣徽院事。十月庚申，由樞密副使進樞密使。	
977 二年丁丑	薛居正 沈義倫 盧多遜			
978 三年戊寅	薛居正 沈義倫 盧多遜			

979 四年己卯	十月乙亥，薛居正自尚書左僕射加司空。 薛居正 沈義倫 盧多遜		正月癸巳，石熙載自樞密直學士遷簽署樞密院事。四月庚申，進樞密副使。十月乙亥，曹彬自樞密使加侍中。	
980 五年庚辰	薛居正 沈義倫 盧多遜			
981 六年辛巳	九月辛亥，趙普自太子太保加守司徒兼侍中、昭文館大學士。 薛居正 沈義倫 盧多遜 趙普	六月甲戌，尚書左僕射薛居正薨。	九月辛亥，石熙載自刑部侍郎、樞密副使還戶部尚書、樞密使。	十一月己未，樞密使楚昭輔以左驍衞上將軍免。

982 七年壬午	沈義倫 盧多遜 趙普	四月戊辰，盧多遜自中書侍郎、同中書門下平章事責授兵部尚書免。 庚辰，沈義倫自尚書右僕射責授工部尚書免〔八〕。	四月甲子，竇偁自右正諫大夫、樞密直學士，郭贄自中書舍人，並守本官，參知政事。 柴禹錫自如京使還宣徽北院使兼樞密副使。	十月己卯，參知政事竇偁卒。
983 八年癸未	十一月壬子，宋琪自刑部尚書、參知政事，李昉自工部尚書、參知政事，並守本官加同中書門下平章事。 趙普 宋琪 李昉	十月己酉，趙普自司徒兼侍中以檢校太尉兼侍中、武勝軍節度使出鎮鄧州。	正月己卯，王顯自東上閤門使遷宣徽南院使，彌德超自酒坊使遷宣徽北院使，並兼樞密副使。 三月癸亥，宋琪自右諫議大夫、同判三司遷左諫議大夫、參知政事。	正月戊寅，樞密使曹彬以天平軍節度使免。 四月壬子，樞密副使彌德超坐訴同列，語涉怨望，削官并親屬配瓊州。

			六月己亥，王顯自樞密副使加檢校太保，進樞密使。 七月庚辰，李昉自文明殿學士、工部尚書守本官，參知政事。 十一月壬申，李穆自翰林學士、知開封府，呂蒙正自翰林學士、都官員外郎，李至自翰林學士、都官郎中、知制誥，並參知政事。 張齊賢、王沔自樞密直學士並遷右諫議大夫、同簽書樞密院事。 十二月，李穆丁母憂起復。	七月辛未，參知政事郭贄坐被酒奏事，責授秘書少監。 八月庚戌，樞密使石熙載有疾，以尚書右僕射免。 十一月壬申，李穆自翰林學士、知開封府，呂蒙正自翰林學士、都官員外郎，李至自翰林學士、都官郎中、知制誥，並參知政事。 張齊賢、王沔自樞密直學士並遷右諫議大夫、同簽書樞密院事。 十二月，李穆丁母憂起復。

984 雍熙元年甲申	十二月庚辰，宋琪自同中書門下平章事加昭文館大學士。李昉加監修國史。宋琪 李昉			正月癸酉，參知政事李穆卒。
985 二年乙酉	宋琪 李昉	十二月丙辰，宋琪自同中書門下平章事以本官免。		十二月丙辰，柴禹錫自樞密副使以左驍衛大將軍免。
986 三年丙戌	李昉		六月甲辰，辛仲甫自御史中丞遷給事中、參知政事。八月丁酉朔，王沔自左諫議大夫、簽書樞密院事，張宏自樞密直學士遷右諫	正月戊戌，李至自參知政事以禮部侍郎免。七月戊子，張齊賢自簽書樞密院事遷秩

			議大夫，並樞密副使。	知代州。
987 四年丁亥	李昉		四月己亥，趙昌言自御史中丞遷樞密副使。	四月己亥，張宏自樞密副使以御史中丞免。
988 端拱元年戊子	二月庚子，趙普自檢校太師兼侍中、山南東道節度使加太保兼侍中、昭文館大學士，呂蒙正自給事中、參知政事加中書侍郎兼戶部尚書、監修國史，並同中書門下平章事。趙普	二月庚子，李昉自同中書門下平章事以尚書右僕射免。	二月庚子，王沔自樞密副使加戶部侍郎、參知政事。張宏自御史中丞加工部侍郎、樞密副使。乙巳，楊守一自內客省使遷宣徽北院使、簽書樞密院事。	三月甲戌，趙昌言自工部侍郎、樞密副使責授崇信軍節度使行軍司馬。九月乙酉朔，楊守一卒。
989 二年己丑	趙普 呂蒙正		七月甲申，張齊賢自左諫議大夫、簽書樞密院事遷	

			刑部侍郎、樞密副使〔九〕。張遜自鹽鐵使遷宣徽北院使、簽書樞密院事。	
990 淳化元年庚寅	趙普 呂蒙正	正月戊子，趙普自太保、同中書門下平章事守太保兼中書令、西京留守、河南尹。		
991 二年辛卯	九月己亥，李昉自守尚書右僕射兼中書侍郎、同平章事、監修國史。張齊賢自刑部侍郎、參知政事加吏部侍郎、同平章事。呂蒙正	九月己亥，呂蒙正自同中書門下平章事以吏部尚書免。	四月辛巳，張齊賢自刑部侍郎、樞密副使，陳恕自鹽鐵使、給事中，並參知政事。張遜自宣徽北院使、簽書樞密院事遷樞密副使。溫仲舒、寇準自樞密直學士並左諫議大夫，遷樞密	三月乙丑，辛仲甫自給事中、參知政事以工部尚書知陳州。四月辛巳，張宏自樞密副使以吏部侍郎免。九月丁酉，王沔自參

	李昉 張齊賢		副使。九月己亥，賈黃中、李沆自翰林學士並給事中、參知政事。甲辰，張遜自樞密副使遷知樞密院事。溫仲舒、寇準進同知樞密院事，仍並兼副使。	知政事、守戶部侍郎，陳恕守給事中，並免。癸卯，王顯自檢校太傅、樞密使責授隨州刺史、崇信軍節度觀察處置等使。
992 三年壬辰	李昉 張齊賢	三月乙未，趙普守太師，給宰相俸，西京養疾。		
993 四年癸巳	十月辛未，呂蒙正自守吏部尚書加同中書門下平章事。	六月丙寅，張齊賢自吏部侍郎、同平章事以尚書左丞免。	六月壬申，柴禹錫自涪州觀察使遷宣徽北院使、知樞密院事。	六月壬申，張遜自樞密副使、同知院事〔一〇〕責授右領軍

	李昉 張齊賢 呂蒙正	十月辛未,李昉自中書侍郎、同平章事以本官免。	劉昌言自樞密直學士加右諫議大夫遷同知樞密院事。呂端自右諫議大夫、樞密直學士守本官,參知政事。十月辛未,趙鎔自樞密都承旨遷宣徽北院使,向敏中自樞密直學士遷右諫議大夫,並同知樞密院事。蘇易簡自翰林學士遷給事中、參知政事。丁丑,趙昌言自知大名府加給事中、參知政事。	衞將軍。寇準自右諫議大夫、樞密副使、同知院事罷守本官。十月辛未,賈黃中、李沆自給事中、參知政事,溫仲舒自右諫議大夫、同知樞密院事,並罷守本官。
994 五年甲午	呂蒙正		八月癸卯,趙昌言自參知政事出爲川峽都部署。九月乙亥,寇準自守同知樞密院事除參知政事。	

995 至道元年乙未	四月癸未,呂端自左諫議大夫、參知政事加戶部侍郎、同平章事。呂蒙正 呂端	四月癸未,呂蒙正自同中書門下平章事以尚書右僕射〔二〕出判河南府。	正月戊辰,錢若水自翰林學士遷同知樞密院事。四月癸未,張洎自翰林學士除參知政事。甲申,趙鎔自同知樞密院事進知樞密院事。	正月癸亥,趙昌言自參知政事以戶部侍郎知鳳翔府。戊辰,劉昌言自同知樞密院事以給事中免。四月癸未,柴禹錫自知樞密院事以鎭寧軍節度使知涇州。蘇易簡自給事中、參知政事以禮部侍郎出知鄧州。

996 二年丙申	呂端		二月庚辰,李昌齡自御史中丞除參知政事。	七月丙寅,寇準自參知政事以給事中守本官免。
997 三年丁酉 眞宗三月癸巳即位	四月癸卯,呂端自戶部侍郎、同平章事加監修國史。呂端		正月丙子,溫仲舒自戶部侍郎,王化基自禮部侍郎,並參知政事。李惟淸自給事中遷同知樞密院事。四月甲辰,李至自尚書左丞兼太子賓客,李沆自禮部侍郎兼太子賓客,並參知政事。八月己亥,曹彬自鎭海軍節度使加檢校太師、兼侍中、樞密使。	正月丙子,張洎自參知政事以刑部侍郎免。五月甲戌,李昌齡自參知政事責授忠武軍節度行軍司馬。六月乙巳,錢若水自同知樞密院事以集賢院學士免。八月己亥,趙鎔自知樞密院事以壽州觀察使免。

			向敏中自同知樞密院事遷樞密副使。夏侯嶠自給事中遷樞密副使。	李惟淸自同知樞密院事以御史中丞免、
998 咸平元年戊戌	十月戊子,張齊賢自守戶部尙書、知安州加兵部尙書、同中書門下平章事。李沆自戶部尙書〔三〕、參知政事仍本官加同中書門下平章事、監修國史。呂端 張齊賢 李沆	十月戊子,同中書門下平章事呂端有疾,以太子太保免。	十月己丑,向敏中自樞密副使加兵部侍郎,除參知政事。楊礪自翰林學士、給事中、知制誥加工部侍郎,宋湜自翰林學士、中書舍人加給事中,並遷樞密副使。	十月戊子,李至自工部尙書、參知政事以檢校太傅、武勝軍節度使免。己丑,溫仲舒自吏部侍郎、參知政事以禮部尙書免。夏侯嶠自樞密副使以戶部侍郎、翰林侍讀學士兼秘書監、翰林學士免〔四〕。

999 二年己亥	十一月，南郊禮成，張齊賢加門下侍郎兼兵部尚書，李沆加中書侍郎。 張齊賢 李沆		七月己丑，王顯自橫海軍節度使兼御史大夫依前檢校太傅，除樞密使。	六月戊午，樞密使曹彬卒。 八月癸酉，樞密副使楊礪卒。
1000 三年庚子	張齊賢 李沆	十一月丙申，門下侍郎張齊賢以朝會失儀，守本官免。	二月癸亥，周瑩自宣徽北院使遷宣徽南院使，王繼英自樞密都承旨、客省使遷宣徽北院使，並知樞密院事。 王旦自中書舍人、翰林學士遷同知樞密院事。	正月壬辰，樞密副使宋湜卒于澶州。 二月癸亥，王顯自樞密使以山南東道節度使、同中書門下平章事免。
1001 四年辛丑	三月庚寅，呂蒙正自行尚書左僕射加同中書門下平章事、昭文館大學士。向敏中自行兵部侍郎、參知政事加同中書門下平章事、集賢殿大學士。 李沆 呂蒙正 向敏中		三月辛卯，王旦自給事中、同知樞密院事除參知政事。 馮拯自樞密直學士、祠部員外郎加右諫議大夫，陳堯叟自主客郎中加右諫議大夫，並同知樞密院事。 四月乙未，王欽若自知制誥、翰林學士、左諫議大夫除參知政事。	三月辛卯，王化基自參知政事以工部尚書知揚州。

1002 五年壬寅	十月庚申，呂蒙正自行尚書左僕射加守司空兼門下侍郎。 李沆 呂蒙正 向敏中	十月丁亥，同中書門下平章事向敏中坐違詔貿薛安上第，奏對不實，以戶部侍郎免。		六月己卯，周瑩自知樞密院事以永清軍節度使免。

1003 六年癸卯	李沆 呂蒙正	九月甲申，守司空兼門下侍郎呂蒙正有疾，以太子太師、萊國公免。		
1004 景德元年甲辰	八月己未，畢士安自行尚書吏部侍郎、參知政事加同中書門下平章事、監修國史。 寇準自三司使、行尚書兵部侍郎加同中書門下平章事、集賢殿大學士。 李沆 畢士安 寇準	七月丙戌，右僕射、平章事李沆薨。	七月庚寅，畢士安自翰林侍讀學士、兵部侍郎遷吏部侍郎，除參知政事。 八月己未，王繼英自宣徽南院使、檢校太保、知樞密院事進樞密使。 馮拯、陳堯叟自同知樞密院事並遷工部侍郎、簽書樞密院事。 閏九月乙亥王欽若自參知政事守本官出判天雄軍兼都部署。	

1005 二年乙巳	畢士安 寇準	十月乙酉，吏部侍郎、平章事畢士安薨。	四月癸卯，馮拯自工部侍郎、簽書樞密院事除參知政事。	正月甲寅，王欽若自判天雄軍兼都部署還朝，四月癸卯，欽若還秩，以資政殿學士免。
1006 三年丙午	二月戊戌，王旦自尚書左丞、參知政事加工部尚書、同中書門下平章事。 寇準 王旦	二月戊戌，寇準自兵部侍郎、同平章事以刑部尚書免。	二月己亥，王欽若自資政殿大學士、兵部侍郎遷尚書左丞，陳堯叟自刑部侍郎、簽書樞密院事遷兵部侍郎，並知樞密院事，仍兼羣牧制置使。 趙安仁自知制誥、翰林學	二月丁亥，樞密使王繼英卒。

			士遷右諫議大夫、參知政事。韓崇訓自樞密都承旨、四方館使加檢校太傅，馬知節自樞密都承旨、東上閤門使加檢校太保，並簽書樞密院事。	
1007 四年丁未	八月丁巳，王旦自工部尚書、平章事加監修國史。 王旦		五月丁未，知樞密院事陳堯叟丁父憂，戊午起復。	八月庚子，簽書樞密院事韓崇訓有疾，以齊州防禦使免。
1008 大中祥符元年戊申	王旦		八月甲午，知樞密院事陳堯叟落起復。	

1009 二年己酉	王旦			
1010 三年庚戌	王旦			
1011 四年辛亥	王旦		七月甲午，馮拯自參知政事以刑部尚書知河南府兼西京留守。	
1012 五年壬子	二月庚戌，王旦自工部尚書、平章事加昭文館大學士。 四月戊申，向敏中自資政殿大學士、行刑部尚書兼秘書監加同平章事、集賢殿大學士。 王旦 向敏中		九月戊子，王欽若自行吏部尚書、知樞密院事、監修國史，陳堯叟自行戶部尚書、知樞密院事、監修國史，並加檢校太傅、同平章事、樞密使。 馬知節自檢校太傅、宣徽北院使、簽書樞密院事進樞密副使。	九月戊子，刑部侍郎、參知政事趙安仁以兵部侍郎仍領玉清昭應宮使免，依前監修國史。

			丁謂自鹽鐵使、右諫議大夫、權三司使加戶部侍郎，除參知政事。	
1013 六年癸丑	王旦 向敏中			
1014 七年甲寅	十一月己丑，王旦自工部尚書、平章事加司空。 王旦 向敏中		六月乙亥，寇準自行兵部尚書加檢校太尉兼同平章事、樞密使。 七月甲辰，王嗣宗自同州觀察使，曹利用自嘉州防禦使，並加檢校太保、樞密副使。	六月乙亥，王欽若自行吏部尚書、檢校太尉、同平章事、樞密使以吏部尚書免。陳堯叟自行戶部尚書、檢校太尉、同平章事、樞密使以戶部尚書免。馬知節自檢校太傅、

				宣徽北院使、樞密副使以潁州防禦使免。
1015 八年乙卯	王旦 向敏中		四月壬戌，王欽若自判尚書都省、知通進、銀臺司兼門下封駮事，依前吏部尚書、同平章事，陳堯叟自依前戶部尚書、檢校太尉、同平章事，並遷樞密使。堯叟兼群牧制置使。	四月壬戌，行兵部尚書、檢校太尉、同平章事、樞密使寇準數與林特忿爭〔四〕，以武勝軍節度等使免。 七月戊午，王嗣宗自樞密副使以天平軍節度使、檢校太保免
1016 九年丙辰	二月戊子，工部侍郎、平章事王旦以兩朝國史成，加司徒。 王旦		正月丙辰，張旻自侍衞馬軍副都指揮使、威塞軍節度使、檢校太保加宣徽南院使兼樞密副使。	八月丙戌，樞密使陳堯叟辭疾，以尚書右僕射免。 九月甲辰，丁謂自參

	向敏中		王曾自翰林學士、兵部侍郎、知制誥加左諫議大夫，張知白自諫議大夫、權御史中丞加給事中，並除參知政事[三五]。任中正自樞密直學士、給事中、權知開封府加工部侍郎，遷樞密副使。	知政事以平江軍節度使免。
天禧元年丁巳	二月戊寅，王旦自工部侍郎、平章事加太保。五月戊申，加太尉、兼侍中。八月庚午，王欽若自樞密使、同平章事加尚書左僕射兼中書侍郎、同平章事，依前會靈觀使[三六]。	七月丁巳，王旦自太尉兼侍中、同中書門下平章事以玉清昭應宮使免。九月癸卯薨。	九月癸卯，李迪自翰林學士、右諫議大夫、知制誥加給事中，除參知政事，依前會靈觀使。馬知節自潁州防禦使、知天雄軍加檢校太尉、宣徽南院使、知樞密院事。	二月己亥，參知政事陳彭年卒。八月庚午，張旻自樞密副使以河陽三城節度使免。九月癸卯，王曾自參知政事以禮部侍郎

	壬申，向敏中自刑部尚書、同平章事加監修國史。 王旦 向敏中 王欽若		曹利用自檢校太傅、樞密副使加檢校太尉、宣徽北院使兼羣牧制置使，任中正自樞密副使兼刑部侍郎，周起自樞密直學士、右諫議大夫加給事中，並遷同知樞密院事。	免。
二年戊午	向敏中 王欽若		六月乙未，曹利用自檢校太尉、宣徽北院使、同知樞密院事進知樞密院事，仍兼羣牧制置使。	閏四月癸卯，馬知節自檢校太尉、宣徽南院使、知樞密院事以彰德軍節度觀察留後免。十二月丙午，張知白自參知政事以刑部

				侍郎、翰林侍讀學士、知天雄軍。
三年己未	六月戊戌，寇準自山南東道節度使、檢校太尉、同平章事加中書侍郎兼吏部尚書、同平章事，仍充景靈宮使。十二月辛丑，向敏中加昭文館大學士，寇準加集賢殿大學士。 向敏中 王欽若 寇準	六月甲午，王欽若自中書侍郎、同平章事以太子太保免。	六月戊戌，丁謂自保信軍節度使、檢校太尉還吏部尚書、參知政事。十二月辛卯，曹利用自檢校太尉、宣徽北院使、知樞密院事兼羣牧制置使，丁謂自吏部尚書、參知政事加檢校太尉，並遷樞密使。任中正自刑部侍郎、同知樞密院事，周起自兵部侍郎、給事中、同知樞密院事加禮部侍郎，並遷樞密副使。	

四年庚申	七月丙寅，李迪自參知政事兼太子賓客加吏部侍郎兼太子少傅、同平章事、景靈宮使、集賢殿大學士。七月庚午，丁謂自樞密使、吏部尚書、檢校太尉加同平章事，充玉清昭應宮使、昭文館大學士、監修國史。十一月丙寅，加門下侍郎兼太子太傅。庚午，馮拯自行吏部尚書、檢校太傅、同平章事、樞密使加右僕射兼中書侍郎、太子少傅、同平章事、景靈宮使、集賢殿大學士。	三月己卯，左僕射兼中書侍郎、同平章事向敏中薨。六月丙申，寇準自中書侍郎兼吏部尚書、同平章事以太子太傅封萊國公免。十一月戊辰，檢校太尉、同平章事丁謂，太子少傅、同平章事李迪，忿爭於上前，謂以戶部尚書知河南府，迪以戶部侍郎知鄆州。	正月乙丑，曹瑋自華州觀察使、鄜延路副都總管、環慶秦鳳等州沿邊巡檢安撫使、宣徽北院使、鎮國節度觀察留後除簽書樞密院事。七月丙寅，馮拯自判尚書都省加吏部尚書、檢校太傅、同平章事兼樞密使。七月庚午，曹利用自樞密使依前檢校太尉加同平章事。八月乙酉，任中正自兵部侍郎、樞密副使，王曾自吏部侍郎，並除參知政事。	九月乙未，周起自禮部侍郎、樞密副使以戶部侍郎知青州。曹瑋自簽書樞密院事以宣徽南院使出為環慶路馬步軍都部署。

	寇準 丁謂 李迪 馮拯		錢惟演自翰林學士、刑部侍郎、知制誥遷樞密副使。	
1021 五年辛酉	三月壬寅，丁謂自左僕射、太子少師、同平章事加司空。 丁謂 馮拯		正月丁酉，張士遜自樞密直學士遷樞密副使。	
1022 乾興元年壬戌仁宗二月戊午卽位	二月丙寅，丁謂自左僕射、太子少師、同平章事加司徒，馮拯自右僕射兼中書侍郎、太子少傅、同平章事加司空，並兼侍中。七月辛未，拯加司徒、昭文館大學士〔一七〕。王曾自參知政事加中書侍郎兼禮部尚書、同中書門下平章事、集賢殿大學士。 丁謂 馮拯 王曾	六月癸亥，丁謂自左僕射、太子少師、同平章事以太子少保分司西京。七月辛卯，貶崖州司戶。	二月丙寅，曹利用自樞密使加兼侍中，七月辛未，加節度使。呂夷簡自龍圖閣直學士、知開封府，魯宗道自龍圖閣直學士兼侍講，並除參知政事。錢惟演自樞密副使進樞密使。十一月壬午，張知白自參知政事遷樞密副使〔一八〕。	六月丙寅，參知政事任中正坐救丁謂，以太子賓客知鄆州。十一月丁卯朔，錢惟演自樞密使以保大軍節度使知河陽。

1023 天聖元年癸亥	九月丙寅，王欽若自太子太保加司空、同中書門下平章事〔一九〕、昭文館大學士、監修國史。 馮拯 王曾	九月丙寅，右僕射馮拯有疾，以武勝軍節度兼侍中判河南府。		

	王欽若			
1024 二年甲子	三月甲辰，司空、同中書門下平章事王欽若以實錄成，加司徒。 王曾 王欽若			
1025 三年乙丑	十二月癸丑，王曾自中書侍郎兼禮部尚書、同中書門下平章事加昭文館大學士、監修國史。張知白自樞密副使加同中書門下平章事、集賢殿大學士。 王曾 張知白	十一月戊申，司空、同中書門下平章事王欽若薨。	十月辛酉，晏殊自翰林學士、禮部侍郎遷樞密副使。十二月癸丑，曹利用自樞密使加司空。乙丑，張旻自淮南節度使、檢校太師、同平章事、依前官遷樞密使。旻改名耆。	

1026 四年丙寅	王曾 張知白			
1027 五年丁卯	王曾 張知白		正月戊辰，夏竦自翰林學士、龍圖閣直學士除右諫議大夫、樞密副使。	正月庚申，樞密副使晏殊以刑部侍郎免。
1028 六年戊辰	三月辛亥，王曾自中書門下平章事加兼吏部尚書。壬子，張士遜自樞密副使、尚書左丞、祥源觀使加禮部尚書、同平章事、集賢殿大學士。 王曾 張知白 張士遜	二月壬子，同中書門下平章事張知白薨。	三月癸丑，姜遵自右諫議大夫知永興軍，遷樞密副使。己未，范雍自龍圖閣直學士、右諫議大夫、權三司使公事遷樞密副使。	

1029 七年己巳	二月丙寅，呂夷簡自龍圖閣直學士兼侍讀、知開封府〔三〕守本官加同平章事、集賢殿大學士。八月己丑，加昭文館大學士、監修國史。 王曾 張士遜 呂夷簡	二月丙寅，禮部尙書、同平章事張士遜坐救曹利用，出知江寧府。 六月甲寅，王曾自中書門下平章事以吏部尙書出知兗州，以昭應宮災故。	二月丁卯，夏竦自右諫議大夫、樞密副使，薛奎自右諫議大夫、權三司使事，並除參知政事。 陳堯佐自翰林學士兼龍圖閣直學士、右諫議大夫、權知開封府遷樞密副使。 八月庚寅，夏竦自參知政事加刑部侍郎、樞密副使〔三〕。 陳堯佐自樞密副使加給事中，王曙自御史中丞加工部侍郎，並除參知政事。	正月癸卯，樞密使曹利用罷。 二月庚申朔，參知政事魯宗道卒。 癸酉，曹利用以崇信軍節度副使安置房州。
1030 八年庚午	呂夷簡		九月己巳，趙稹自樞密直學士、刑部侍郎遷樞密副使。	九月乙丑，樞密副使姜遵卒。
1031 九年辛未	呂夷簡			
1032 明道元年壬申	二月庚戌，張士遜自知許州、定國軍節度使加刑部尙書、平章事、集賢殿大學士。 呂夷簡加右僕射、中書侍郎。 十一月癸未，夷簡加門下侍郎兼吏部尙書，士遜加中書侍郎、兵部尙書。 呂夷簡 張士遜		八月辛丑，晏殊自守刑部侍郎遷樞密副使，丙午，除參知政事。 甲寅，楊崇勳自殿前副都指揮使、鎭南節度使遷樞密副使。 十一月癸未，張耆自樞密使加兼侍中。 十二月壬寅，楊崇勳自樞密副使進樞密使。	七月乙酉，參知政事王曙辭疾，以資政殿學士出知陝州。

校勘記

〔一〕敍古曰　「古」字疑衍。

〔二〕司馬光嘗敍宋興以來百官公卿沿革除拜　「宋」字原脫。按司馬光溫國文正司馬公集卷五一乞令校定資治通鑑所寫稽古錄箚子說：他在神宗時受詔修國朝百官公卿表，因依司馬遷法撰述，自建隆元年起，至治平四年止。建隆是宋代第一個年號，所以通考卷二〇二經籍考說該表的內容是「敍宋興以來百官除拜」，本表「興」上當脫「宋」字。據補。

〔三〕故□□□□□□□□□□□采紀傳以爲是表　按「故」字以下、「采」字以上原爲墨丁，殿、局本補「一以實錄爲據旁搜博」九字。

〔四〕其間所書宰輔官職勳□□□□間有不同者　按「勳」字以下、「間」字以上原爲墨丁，殿、局本補「爵館殿職名」五字。

〔五〕同中書門下平章事　按本書卷一太祖紀、長編卷一都作「同中書門下二品」。宋敏求春明退朝錄卷上：「晉天福五年，升中書門下平章事爲正二品。國初，吳延〔廷〕祚以父諱『璋』，加同中書門下二品，用升品也。」此處誤。

〔六〕荆湖　按本書卷二六四本傳、長編卷一三都作「湖南」，此處誤。

〔七〕宣徽南院使　「使」原作「事」，據長編卷一七、徐自明宋宰輔編年錄卷一改。

〔八〕沈義倫自尙書右僕射責授工部尙書免　按本書卷二六四本傳、長編卷二〇，沈義倫於太平興國四年已遷左僕射；又本書卷四太宗紀、宋大詔令集卷六五沈倫罷相責授工部尙書制，都說太平興國七年四月庚辰，左僕射沈倫（卽沈義倫）罷爲工部尙書，此處「右」字乃「左」字之誤。

〔九〕張齊賢自左諫議大夫簽書樞密院事遷刑部侍郎樞密副使　據本書卷二六五本傳，張在雍熙三年自簽書樞密院事授給事中知代州，端拱元年爲工部侍郎；二年，入爲刑部侍郎、樞密副使，和長編卷二七、卷三〇所載吻合。當以本書卷五太宗紀端拱二年所載「以知代州張齊賢爲刑部侍郎、樞密副使」爲是。

〔一〇〕同知院事　按上文淳化二年九月甲辰條，張遜已還知樞密院事；本書卷五太宗紀、長編卷三四都說知樞密院事張遜責授右領軍衞將軍，此處「同」字當是衍文。

〔一一〕尙書右僕射　「尙」原作「同」，據宋大詔令集卷六五呂蒙正罷相制、宋宰輔編年錄卷二改。

〔一二〕戶部尙書　按本書卷二八二本傳、宋宰輔編年錄卷三都作「戶部侍郎」，「尙書」當是「侍郎」之誤。

〔一三〕夏侯嶠自樞密副使以戶部侍郎翰林侍讀學士兼祕書監翰林學士免　按此事，本書卷六眞宗紀未載兼祕書監以下各職；長編卷四三未載翰林侍讀以下各職。而翰林侍讀學士一官，則在咸平

二年始置，並以楊徽之、夏侯嶠充任；至於嶠兼祕書監，更在咸平三年楊徽之死後，見本書卷二九二本傳；又按本書及東都事略卷三七本傳，未載嶠做過翰林學士，「翰林侍讀」至「翰林學士」十四字當係衍文。參考本書卷六校勘記〔一〕。

〔一四〕數與林特忿爭　「數」原作「殿」，據本書卷二八三林特傳、長編卷八四改。

〔一五〕王曾自翰林學士兵部侍郎知制誥加左諫議大夫張知白自諫議大夫權御史中丞加給事中並除參知政事　據本書卷八眞宗紀、長編卷八八說，王曾、張知白並參知政事是在九月丙午，此處「王曾」上脫「九月丙午」四字。

〔一六〕會靈觀使　「觀」原作「宮」，據本書卷二八三本傳、宋大詔令集卷五二王欽若拜相制改。第三欄同年九月癸卯條，「觀」也誤作「宮」，據宋大詔令集卷五二李迪拜集賢相制改。

〔一七〕昭文館大學士　「館」原作「殿」，據本書卷二八五本傳、宋大詔令集卷五二馮拯守司徒拜相制改。

〔一八〕張知白自參知政事遷樞密副使　按長編卷九九，張的樞密副使是從翰林侍讀學士、尚書右丞召除，宋宰輔編年錄卷四同，此處誤。

〔一九〕王欽若自太子太保加司空同中書門下平章事　按宋大詔令集卷五二王欽若拜相制、宋宰輔編年錄卷四，王係自刑部尚書入相，此處誤。

〔二〇〕司空　按上文天聖二年三月甲辰條，王欽若已「加司徒」，本書卷二八三本傳、長編卷一〇三、宋宰輔編年錄卷四都作「司徒」，此處誤。

〔二一〕龍圖閣直學士兼侍讀知開封府　按上文，呂夷簡已於乾興元年由知開封府除參知政事，此處不應又以知開封府入相。據宋大詔令集卷五二呂夷簡拜集賢相制、長編卷一〇七，此處應作「戶部侍郎參知政事」。

〔二二〕樞密副使　「副」原作「院」，據長編卷一〇八、宋宰輔編年錄卷四改。

宋史卷二百一十一

表第二

宰輔二

公元1033

紀年	宰相進拜加官	罷免	執政進拜加官	罷免
二年癸酉	四月己未，張士遜自刑部尚書〔一〕、平章事加門下侍郎、昭文館大學士、監修國史。 李迪自資政殿大學士、工部尚書、判都省以本官平章事加集賢殿大學士。 十月戊午，呂夷簡自武勝軍節度使、同平章事、判陳州〔四〕加兼吏部尚書、同平章事、昭文館大學士、監修國史。 張士遜 呂夷簡 李迪	四月己未，呂夷簡自門下侍郎、同平章事以使相判澶州〔二〕。 十月戊午，中書侍郎〔三〕、平章事張士遜以過暘崇勳飲，稽留慰班，爲中丞范諷所劾，以左僕射判河南府；己未，改授使相。	四月己未，王隨自翰林侍讀學士、戶部侍郎除參知政事。 李諮自樞密直學士、禮部侍郎、權三司使遷樞密副使。 王德用自步軍副都指揮使、福州觀察使加檢校太保、簽書樞密院事。 五月乙亥，李諮丁父憂起復。 十月戊午，王曙自資政殿學士、吏部侍郎、知河南府加檢校太傅，遷樞密使。 宋綬自端明殿學士兼翰林侍讀學士、刑部侍郎除參知政事。 王德用自檢校太保、簽書樞密院事，蔡齊自龍圖閣學士、權三司使事，並遷樞密副使。	四月己未，張耆自樞密使以左僕射、檢校太師兼侍中、護國軍節度使判許州。 夏竦自樞密副使以禮部尚書知襄州。 陳堯佐自參知政事以戶部尚書〔五〕知永興軍。 范雍自樞密副使以戶部侍郎知荊南府。 趙稹自樞密副使以尚書左丞知河中府。 晏殊自參知政事以禮部尚書知江寧府。 十月戊午，楊崇勳自樞密使以河陽三城節度使〔六〕、同平章事判許州。 十一月癸亥朔，參知政事薛奎辭疾，以資

				政殿學士判都省免。
1034 景祐元年甲戌	李迪 呂夷簡		七月庚子，王曙自樞密使加平章事。 八月庚午，王曾自天平軍節度使、檢校太師、同平章事除樞密使。	八月癸亥，樞密使王曙卒。
1035 二年乙亥	二月戊辰，王曾自樞密使加右僕射兼門下侍郎、同平章事、集賢殿大學士。 呂夷簡自門下侍郎兼吏部尚書、平章事加右僕射。 十一月乙巳，夷簡加申國公，曾加沂國公。 李迪	二月戊辰，李迪自集賢殿大學士、工部尚書、平章事以刑部尚書知亳州。	二月戊辰，王隨自參知政事加吏部侍郎，李諮自樞密副使加戶部侍郎，並知樞密院事。 王德用自簽書樞密事加奉國軍節度使留後〔七〕，韓億自御史中丞加工部侍郎，並同知樞密院事。	

	呂夷簡 王曾		蔡齊自樞密副使加禮部侍郎，盛度自端明殿學士兼翰林侍讀學士加禮部侍郎，並除參知政事。	
1036 三年丙子	呂夷簡 王曾		十二月丁卯，王德用自同知樞密院事進知樞密院事。 章得象自翰林學士承旨兼侍讀學士、龍圖閣直學士、禮部侍郎遷同知樞密院事。	十二月丙寅，樞密副使李諮卒。
1037 四年丁丑	四月甲子，王隨自知樞密院事加門下侍郎、同中書門下平章事、昭文館大學	四月甲子，呂夷簡自右僕射、申國公以鎮安軍節度使、同平章	四月甲子，盛度自禮部侍郎、參知政事除知樞密院事。	初，呂夷簡、王曾不協，曾言夷簡招權，交論於上前，參知政事宋

	士、監修國史。 陳堯佐自戶部侍郎、知鄭州加同中書門下平章事、集賢殿大學士。 呂夷簡 王曾 王隨 陳堯佐	事判許州。 王曾自右僕射、沂國公以左僕射、資政殿大學士判鄆州。	王鬷自樞密直學士、左司郎中、右諫議大夫除同知樞密院事。 韓億自工部侍郎、同知樞密院事，遷三司使，程琳自吏部侍郎，石中立自翰林學士承旨兼龍圖閣學士，並除參知政事。 庚午，王德用自樞密副使加定武軍節度使〔八〕。	綬善夷簡，樞密副使蔡齊頗附曾。四月甲子，綬以尚書左丞，齊以吏部侍郎並免。
1038 寶元元年戊寅	三月戊戌，張士遜自山南東道節度使、同平章事、判河南府加門下侍郎兼兵部尚書、平章事、昭文館大學士、監修國史。	先是，右司諫韓琦屢言宰執非才，三月戊戌，王隨自門下侍郎、同中書門下平章事，以彰信軍節度使守	三月戊戌，盛度自知樞密院事加武寧軍節度使、檢校太傅，王鬷自知樞密院事，加龍圖閣學士李若谷自工部侍郎權知開封府，	三月戊戌，韓億自參知政事罷守本官歸班，尋知應天府。 石中立自參知政事以戶部侍郎、資政殿

	章得象自同知樞密院事守本官加平章事、集賢殿大學士。 王隨 陳堯佐 張士遜 章得象	本官判河陽。 陳堯佐自同中書門下平章事，以淮康軍節度使守本官判鄭州。 十一月乙卯，王曾薨。	並除參知政事。 王博文自龍圖閣直學士、給事中、權三司使，加龍圖閣直學士陳執中自工部郎中、知永興軍加右諫議大夫，並除同知樞密院事。 四月乙亥，張觀自給事中、權御史中丞除同知樞密院事。	學士免。 四月癸酉，同知樞密院事王博文卒。
1039 二年己卯	張士遜 章得象		五月壬子，夏守贇自鎮海軍節度使、眞定都部署除知樞密院事。 十月壬寅，王鬷自參知政事加工部侍郎，除知樞密院事。	五月壬子，王德用自宣徽南院使、定國軍節度使、樞密副使以武寧軍節度使免〔九〕。 十月丁酉，盛度自武

宋庠自翰林學士、知制誥加諫議大夫，除參知政事。

寧軍節度使、知樞密院事坐馮士元事，奪節貶秩，以尚書右丞知揚州。程琳自參知政事以光祿卿知潁州。

1040

康定元年　庚辰

五月壬戌，呂夷簡自鎮安軍節度使、判許州〔10〕，加右僕射、門下侍郎、同平章事、昭文館大學士、監修國史。

張士遜　章得象　呂夷簡

五月壬戌，張士遜自門下侍郎兼兵部尚書、平章事罷守太傅，進封鄧國公。

三月戊寅，晏殊自三司使、刑部尚書，宋綬自禮部尚書、知河南府，並除知樞密院事。王貽永自保安軍節度使、檢校太傅、駙馬都尉除同知樞密院事。七月丁亥，夏守贇自宣徽南院使、陝西都部署復除同知樞密院事。八月戊申，杜衍自龍圖閣學士、刑部侍郎、權知開封府除同知樞密院事。九月戊午，宋綬自守尚書左丞，起復加翰林學士兼龍圖閣學士，晁宗愨自左司郎中、知制誥加右諫議大夫，並除參知政事。鄭戩自龍圖閣直學士、起居舍人、權三司使加右諫議大夫除同知樞密院事。戊辰，晏殊自知樞密院事加檢校太傅、樞密使。王貽永、杜衍、鄭戩並自同知樞密院事進樞密副使。

二月丁亥，夏守贇自知樞密院事除宣徽南院使、陝西都部署兼經略安撫等使。三月戊寅，知樞密院事王鬷、同知樞密院事陳執中、張觀，並以西兵不利，又議鄉兵不決，鬷知河南府，執中知青州，觀知相州。九月戊午，李若谷自參知政事以疾授資政殿大學士、吏部侍郎、提舉會靈觀。十二月癸卯，參知政事宋綬卒。

1041

慶曆元年　辛巳

十月壬午，呂夷簡自右僕射加司空，固辭。

章得象　呂夷簡

五月辛未，王舉正自翰林學士、兵部侍郎〔11〕、知制誥加右諫議大夫除參知政事。任中師自樞密直學士、右諫議大夫、知益州，任布自給事中、知河南府，並除樞密副使。

五月辛未，宋庠自參知政事守本官知揚州。鄭戩自樞密副使以資政殿學士知杭州。

1042

二年壬午

七月壬午，呂夷簡自右僕射、門下侍郎、同平章事判樞密院事。章得象自守同知樞密院事、平章事兼樞密使。晏殊自樞密使加同平章事。九月丙午，呂夷簡改兼樞密使。是年冬，夷簡以疾授司空、平章軍國重事，固辭。

章得象　呂夷簡　晏殊

三月辛酉，晁宗愨自參知政事以疾遷資政殿學士、給事中免。七月丙午，任布自樞密副使遷秩知河陽府。

1043

三年癸未

三月戊子，呂夷簡自司空、平章軍國重事以疾授司徒、監修國史，與議軍國大事。章得象自平章事加工部尚書、昭文館大學士，晏殊自檢校太尉、刑部尚書、同

四月甲子，司徒呂夷簡罷與議軍國大事，九月戊辰，以太尉致仕。

三月戊子，夏竦自宣徽南院使判蔡州遷戶部尚書，除樞密使。賈昌朝自右諫議大夫、權御史中丞除參知政事。富弼自右正言、知制誥、史館修撰除右諫議大夫、樞

四月乙巳，樞密使夏竦既至，為臺諫所論免。七月丙子，王舉正自參知政事以資政殿學士知許州。九月乙亥，任中師自

1044

	平章事加同中書門下平章事、集賢殿大學士，並兼樞密使。九月戊辰，章得象加監修國史。 章得象 呂夷簡 晏殊		密副使，固辭。四月甲辰，韓琦自陝西四路馬步軍都部署、兼經略安撫招討等使、樞密直學士、右諫議大夫，范仲淹自安撫經略招討使，並樞密副使。乙巳，杜衍自吏部侍郎、樞密副使除樞密使。七月丁丑，范仲淹自樞密副使除參知政事，富弼自史館修撰除樞密副使，皆固辭，八月丁未，復命之。	樞密副使以禮部侍郎、資政殿學士知永興軍。
四年甲申	九月甲申，杜衍自檢校太傅依前行吏部侍郎加同	九月庚午，同中書門下平章事晏殊爲孫	六月壬子，范仲淹自參知政事出爲陝西、河東宣撫	

1045

	平章事兼樞密使、集賢殿大學士。 晏殊 章得象 杜衍	甫、蔡襄所論，以工部尚書知潁州。	使。八月甲午，富弼自樞密副使出爲河北宣撫使。九月甲寅，賈昌朝自右諫議大夫、參知政事加檢校太傅、行工部侍郎、樞密使。陳執中自資政殿學士、工部侍郎、知青州除參知政事，蔡襄、孫甫等言其剛愎不可任，上不聽。	
五年乙酉	正月丙戌，賈昌朝自樞密使、檢校太傅依前工部侍郎加同平章事兼樞密使、集賢殿大學士。四月戊申，陳執中自參知	正月丙戌，杜衍自行吏部侍郎、同平章事以行尚書左丞知兗州。四月戊申，章得象自	正月丙戌，王貽永自宣徽南院使、保寧軍節度使依前檢校太傅除樞密使。宋庠自資政殿學士、給事中、知鄆州除參知政事。	正月乙酉，范仲淹自右諫議大夫以資政殿學士出知邠州兼陝西四路沿邊安撫使。

1046

	政事依前行工部侍郎加同平章事、集賢殿大學士。昌朝尋加昭文館大學士、監修國史兼譯經潤文使。 杜衍 章得象 賈昌朝 陳執中	檢校太尉、工部尚書、同平章事以檢校太傅、同平章事、鎮安軍節度使知陳州。十月庚辰，詔宰臣罷兼樞密使。	吳育自翰林學士、禮部郎中、知制誥、權知開封府加右諫議大夫、龍圖閣學士，龐籍自右諫議大夫〔二〕、知延州，並除樞密副使。四月庚戌，吳育自諫議大夫、樞密副使除參知政事。丁度自翰林學士承旨、端明殿學士除工部尚書〔三〕、樞密副使。	富弼自右諫議大夫以資政殿學士、京東西路安撫使兼知鄆州，用錢明逸疏也。先是，樞密副使韓琦上疏，論富弼不當輕罷，不報。董士廉又訟水洛城事，三月辛酉，琦以資政殿學士出知揚州。
六年丙戌	賈昌朝 陳執中		二月癸丑，王貽永自檢校太傅、樞密使加同平章事。八月癸酉，參知政事吳育以與賈昌朝論事不合，改樞密副使。	

1047

			丁度自工部侍郎、樞密副使除參知政事。	
七年丁亥	三月乙未，陳執中自工部侍郎、平章事加昭文館大學士、監修國史兼譯經潤文使。 賈昌朝 陳執中	先是，賈昌朝與吳育爭論上前，三月乙未，昌朝以武勝軍節度使判大名府兼北京留守。	初，上欲以河陽三城節度使、檢校太尉、同平章事、知大名府夏竦爲相，臺諫言其與陳執中素不合，三月乙未，乃命竦爲樞密使。文彥博自樞密直學士、戶部郎中、知益州加右諫議大夫，除樞密副使。丁酉，除參知政事。高若訥自右諫議大夫、御史中丞除樞密副使。	三月乙未，吳育自右諫議大夫、樞密副使以給事中歸班。

1048 八年戊子	閏正月戊申，文彥博自諫議大夫、參知政事加行禮部侍郎、同平章事、集賢殿大學士。 陳執中 文彥博		四月辛未，明鎬自端明殿學士、給事中、權三司使〔四〕除參知政事。 五月辛酉，宋庠自給事中、參知政事除樞密使。 龐籍自樞密副使、左諫議大夫除參知政事。	四月辛未，丁度自參知政事遷紫宸殿學士兼侍讀學士。 五月辛酉，夏竦自樞密使以檢校太師依前同平章事、河陽三城節度使判河南府兼西京留守司，以何郯論其姦邪故也。 六月甲午，參知政事明鎬卒。
1049 皇祐元年己丑	八月壬戌，文彥博自行禮部侍郎、同平章事加吏部侍郎、昭文館大學士、監修國史。 宋庠自樞密使、檢校太傅、行工部侍郎加兵部侍郎、同平章事、集賢殿大學士。 陳執中 文彥博	八月壬戌，陳執中自工部侍郎、平章事以兵部尚書出知陳州。	是歲，賈昌朝自山南東道節度使、同平章事、安國公、判鄭州依前尚書右僕射、觀文殿大學士判尚書都省。 八月壬戌，王貽永自樞密使、檢校太傅、同平章事加兼侍中。 龐籍自左諫議大夫、參知政事加檢校太傅、行工部侍郎、樞密使。 高若訥自樞密副使、右諫議大夫加工部侍郎，除參知政事。 梁適自翰林學士、吏部郎中加右諫議大夫，除樞密副使。	
1050 二年庚寅	文彥博 宋庠			
1051 三年辛卯	十月庚子，龐籍自樞密使、檢校太傅依前戶部侍郎加同平章事、昭文館大學士、監修國史兼譯經使。 文彥博 宋庠 龐籍	先是，包拯、吳奎等言宋庠無所建明，三月庚申，庠以行刑部尚書、觀文殿大學士出知河南府。 十一月庚子，文彥博自吏部侍郎、同平章事以行吏部尚書、觀文殿學士出知許州。	三月庚申，劉沆自龍圖閣學士、工部侍郎、權知開封府除參知政事。 十月庚子，高若訥自戶部侍郎、參知政事除檢校太傅、樞密使。 辛丑，梁適自樞密副使、給事中除參知政事。 王堯臣自給事中、翰林學士承旨除樞密副使。	
1052 四年壬辰	龐籍		先是，樞密使王貽永以疾求罷，五月丁未，聽解侍中，爲同平章事，依前樞密使。 六月丁亥，狄青自彰化軍節度使、知延州除檢校司空、樞密副使，王舉正、賈黯皆論其不可，不聽。九月庚午，青宣徽南院使、荊湖北路宣撫使、都大提舉廣南東西路經制盜賊事。辛未，詔宣撫回日，依前樞密副使。	
1053 五年癸巳	七月壬申，陳執中自集慶軍節度使、判大名府加行吏部尚書、同平章事、昭文館大學士、監修國史兼譯經潤文使。 梁適自參知政事加禮部侍郎、同平章事、集賢殿大學士。	龐籍甥與堂吏受賕，諫官韓絳論之，七月壬申，籍依前戶部侍郎、同平章事以京東西路安撫使出知鄆州。	二月癸未，狄青以宣徽南院使復爲樞密副使。 五月乙巳，狄青自樞密副使、護國軍節度使、檢校太尉、河中尹兼御史大夫仍守前官除樞密使。 丁未，孫沔自樞密直學士、給事中、知杭州除樞密副	五月乙巳，高若訥自戶部侍郎、樞密使以尚書左丞、觀文殿學士兼羣牧制置使免。

	龐籍 陳執中 梁適		使。	
1054 至和元年 甲午	八月丙午，劉沆自參知政事依前工部侍郎加同平章事、集賢殿大學士。 陳執中 梁適 劉沆	七月丁卯，中丞孫抃等劾梁適，戊辰，適罷，守本官出知鄭州，尋加觀文殿大學士、知秦州。	二月壬戌，田況自三司使、禮部侍郎除樞密副使。 三月己巳，王德用自檢校太師、同平章事兼羣牧制置使、判鄭州、冀國公，仍守前官除樞密使兼河陽三城節度使。 七月丁卯，程戡自端明殿學士、給事中、知益州除參知政事。	二月壬戌，孫沔自樞密副使以資政殿學士出知杭州。 三月己巳，王貽永自樞密使依前檢校太師，以行尚書右僕射兼侍中、鄧國公、景靈宮使領彰德軍節度使。

1055 二年乙未	六月戊戌，文彥博自忠武軍節度使、檢校太尉兼知永興軍加禮部尚書、同平章事、昭文館大學士兼譯經潤文使。 富弼自宣徽南院使、檢校太保、判并州加戶部侍郎、同平章事、集賢殿大學士。 劉沆自工部侍郎、同平章事加兵部侍郎、監修國史。 陳執中 劉沆 文彥博 富弼	六月戊戌，行吏部尚書、同平章事陳執中以檢校太尉、同平章事、鎮海軍節度判亳州。		
1056 嘉祐元年	十二月壬戌，文彥博自禮	中丞張昇等論劉沆	閏三月癸未，王堯臣自樞	八月癸亥，狄青自樞

丙申	部尚書、同平章事加監修國史。 劉沆 文彥博 富弼	疏十七上，十二月壬子，沆以行工部尚書、觀文殿大學士出知應天府。	密副使、給事中除戶部侍郎、參知政事。 程戡自給事中、參知政事除戶部侍郎、樞密副使。 八月癸亥，韓琦自三司使加檢校少傅，依前行工部尚書、樞密使。 十一月辛巳，賈昌朝自山南東道節度使〔三〕、檢校太師兼侍中、判大名府兼北京留守、許國公，仍守前官除樞密使、襄州觀察使。 十二月壬子，曾公亮自翰林學士、權知開封府除給事中、參知政事。	密使依前檢校太尉，以同平章事、護國軍節度使判陳州。 十一月辛巳，王德用自樞密使依前檢校太師，以同平章事、景靈宮使領忠武軍節度使。 十二月壬戌，樞密使賈昌朝辭兼侍中。

1057 二年丁酉	文彥博 富弼			
1058 三年戊戌	六月丙午，富弼自戶部侍郎、同平章事加禮部侍郎、昭文館大學士、監修國史兼譯經潤文使。 韓琦自樞密使、工部尚書依前官加同平章事、集賢殿大學士。 文彥博 富弼 韓琦	六月丙午，文彥博自檢校太師、同平章事以河陽三城節度使判河南府兼西京留守。	六月丙午，宋庠自觀文殿大學士依前行兵部尚書、同平章事兼羣牧制置使、樞密使。 田況自樞密副使、禮部侍郎、檢校太傅除樞密使。 張昇自右諫議大夫、權御史中丞除樞密副使。	六月丙午，賈昌朝自樞密使以行尚書左僕射、檢校太師兼侍中、景靈宮使領鎮安軍節度使。 八月己未，參知政事王堯臣卒。
1059 四年己亥	富弼 韓琦			五月丙辰，田況自樞密使以尚書右丞、觀

年	宰相進拜加官	宰相罷免	執政進拜加官	執政罷免
				文殿學士兼翰林侍讀學士提舉景靈宮事。
1060 五年庚子	富弼 韓琦		四月癸未，孫抃自翰林學士承旨兼侍讀學士、禮部侍郎除樞密副使。 十一月辛丑，曾公亮自參知政事、檢校太傅依前禮部侍郎除樞密副使〔二六〕。張昪自樞密副使、右諫議大夫，孫抃自禮部侍郎、樞密副使，並除參知政事。歐陽修自翰林學士兼侍讀學士、禮部侍郎、知制誥、史館修撰，陳旭自樞密直	四月癸未，程戡自樞密副使以禮部侍郎〔二七〕、觀文殿學士兼翰林侍讀學士、同羣牧制置使免。 十一月辛丑，宋庠自檢校太尉、行兵部尚書、同平章事兼羣牧制置使、莒國公、樞密使以河陽三城節度使、同平章事判鄭州。

年	宰相進拜加官	宰相罷免	執政進拜加官	執政罷免
			學士、右諫議大夫，趙槩自御史中丞、加禮部侍郎，並除樞密副使。旭後改名升之。	
1061 六年辛丑	六月甲戌，富弼起復以前官同平章事，固辭。 閏八月庚子，韓琦自工部尚書、同平章事加昭文館大學士、監修國史。 曾公亮自樞密副使、檢校太傅兼羣牧制置使、行吏部侍郎加同平章事、集賢殿大學士。 韓琦 曾公亮	三月己亥，禮部侍郎、同平章事富弼丁母憂。	四月庚辰，包拯自三司使、給事中除樞密副使。 閏八月庚子，張昪自右諫議大夫、參知政事加檢校太傅、行工部侍郎，除樞密使。 歐陽修自禮部侍郎、樞密副使除參知政事。 胡宿自翰林學士兼端明殿學士、翰林學士、左司郎中、知制誥、史館修撰除左	四月庚辰，樞密副使陳旭以資政殿學士知定州。

年	宰相進拜加官	宰相罷免	執政進拜加官	執政罷免
			諫議大夫、樞密副使。	
1062 七年壬寅	韓琦 曾公亮		三月乙卯，趙槩自樞密副使、禮部侍郎除參知政事。吳奎自翰林學士、權知開封府除樞密副使。	三月乙卯，孫抃自參知政事以觀文殿學士兼翰林侍讀學士〔二八〕、同羣牧制置使免。 五月庚午，樞密副使包拯卒。
1063 八年癸卯 英宗四月壬申朔即位	韓琦 曾公亮		五月戊午，富弼既除喪，授樞密使、檢校太師、行禮部尚書、同平章事。	
1064 治平元年甲辰	閏五月戊辰，韓琦自門下侍郎兼兵部尚書、同平章		十二月丙午，王疇自翰林學士、禮部侍郎除樞密副	十二月戊子，樞密副使吳奎丁父憂。

年	宰相進拜加官	宰相罷免	執政進拜加官	執政罷免
	事、昭文館大學士、監修國史、魏國公加尚書右僕射。 韓琦 曾公亮		使。	
1065 二年乙巳	韓琦 曾公亮		三月己未，起復吳奎，奎固辭。 五月癸亥，陳旭自資政殿學士、禮部侍郎除樞密副使。 七月庚辰，文彥博自淮南節度使、檢校太師兼侍中、行揚州大都督長史、潞國公除樞密使。 辛巳，呂公弼自工部侍郎、權三司使、樞密直學士除	二月癸卯，樞密副使王疇卒。 七月癸亥，富弼自行戶部尚書以檢校太師、同平章事、鎮海軍節度使判河陽。 庚辰，張昪自樞密使辭疾，以檢校太尉、同平章事、彰信軍節度使判許州。

			守本官、樞密副使。	
1066 三年丙午	韓琦 曾公亮		四月庚戌，郭逵自殿前都虞候、容州觀察使加檢校太保，除同簽書樞密院事。	四月庚戌，胡宿自樞密副使以觀文殿學士、吏部侍郎知杭州。 十月丁亥，郭逵自同簽書樞密院事除陝西四路沿邊宣撫使兼判渭州。
1067 四年丁未 神宗正月丁巳卽位	正月戊辰，韓琦自尚書右僕射、同平章事、魏國公加守司空兼侍中。 九月壬寅，曾公亮自集賢殿大學士、同中書門下平章事加尚書左僕射。	九月辛丑，韓琦自守司空兼侍中、同平章事、魏國公以守司徒兼侍中、檢校太師、鎮安武勝軍節度使判相州。	正月丙寅，吳奎除喪，復樞密副使。三月癸酉，以禮部侍郎參知政事。 九月辛丑，呂公弼自樞密副使、刑部侍郎除檢校太傅、樞密使。	三月壬申，歐陽修自尚書右丞〔二九〕、參知政事以觀文殿學士、刑部尚書知亳州。 九月辛丑，吳奎自參知政事以資政殿學

	韓琦 曾公亮		張方平自翰林學士承旨兼龍圖閣學士、端明殿學士、戶部尚書，趙抃自龍圖閣學士、右司郎中、知諫院，並除參知政事。抃遷右諫議大夫。 韓絳自三司使、吏部侍郎，邵亢自樞密直學士、兵部員外郎、知開封府，並除樞密副使。亢遷右諫議大夫。	士、戶部侍郎知青州。 陳旭自樞密副使、戶部侍郎以觀文殿學士、尚書右丞〔三〇〕知越州。癸卯，郭逵自同簽書樞密院事以宣徽南院使判鄆州。 十月己酉，參知政事張方平丁父憂。
1068 熙寧元年戊申	曾公亮		正月丙申，唐介自龍圖閣學士、給事中、權三司使除參知政事。 七月己卯，陳旭自觀文殿學士、尚書左丞、知越州除	正月丙申，趙槩自參知政事以吏部尚書、觀文殿學士知徐州。 十二月辛酉，邵亢自樞密副使以資政殿

			知樞密院事。	學士、給事中知越州。
1069 二年己酉	二月己亥，富弼自觀文殿大學士、行尚書左僕射、鄭國公依前左僕射加兼門下侍郎、同平章事、昭文館大學士、監修國史。 十月丙申，曾公亮自行吏部侍郎、同平章事、集賢殿大學士加昭文館大學士、監修國史兼譯經潤文使、魯國公。 陳旭自尚書右丞、知樞密院事加行禮部尚書、同平章事、集賢殿大學士。 富弼	十月丙申，富弼自左僕射兼門下侍郎、同平章事加檢校太師，依前行左僕射、同平章事以武寧軍節度使判亳州。	二月庚子，王安石自翰林學士、工部侍郎兼侍講除右諫議大夫、參知政事。	四月丁未，參知政事唐介卒。

	曾公亮 陳旭			
1070 三年庚戌	十二月丁卯，韓絳自吏部尚書〔三一〕、參知政事加同平章事、昭文館大學士。 王安石自右諫議大夫、參知政事加禮部侍郎、同平章事、監修國史。 曾公亮 陳旭 韓絳 王安石	九月庚子，曾公亮自行吏部侍郎、同平章事、昭文館大學士以守司空、檢校太師兼侍中領河陽三城節度使、集禧觀使，五日一奉朝請。 十月戊寅，陳旭自行禮部尚書、同平章事丁母憂。	二月壬申，司馬光自翰林學士、兼侍讀學士、右諫議大夫、史館修撰除樞密副使，辭不拜。 四月己卯，韓絳自樞密副使除兼參知政事。 七月壬辰，馮京自□部侍郎〔三二〕、權御史中丞除右諫議大夫、樞密副使。 九月辛丑，馮京自樞密副使除參知政事。 吳充自翰林學士、右司郎中、權三司使除右諫議大	四月己卯，趙抃自參知政事、右諫議大夫以資政殿學士知杭州。 七月壬辰，呂公弼自樞密副使以吏部侍郎、觀文殿大學士知太原府〔三三〕。 九月乙未，韓絳自樞密副使除陝西路宣撫使。

			夫、樞密副使。 十二月丁卯，王珪自翰林學士承旨、端明殿學士、翰林侍讀學士、禮部侍郎仍守本官，除參知政事。	
1071 四年辛亥	正月壬子，陳旭起復，仍禮部尚書加同平章事，辭不拜。 韓絳 王安石	三月丁未，韓絳自同平章事守吏部侍郎、知鄧州。		
1072 五年壬子	王安石		二月丙寅，蔡挺自龍圖閣直學士、右諫議大夫、知渭州除樞密副使。 十二月壬午，陳旭以檢校太傅、行禮部尚書、同平章 事除樞密使。	

1073 六年癸丑	王安石		四月己亥，文彥博自劍南西川節度使、守司空兼侍中、樞密使以守司徒兼侍中、河東節度使判河陽。	
1074 七年甲寅	四月丙戌，韓絳自觀文殿大學士、行吏部侍郎、知大名府守本官加同中書門下平章事、監修國史。 王安石 韓絳	四月丙戌，王安石自禮部侍郎、同平章事以吏部尚書、觀文殿大學士知江寧府。	四月丙戌，呂惠卿自翰林學士、右正言兼侍讀除右諫議大夫、參知政事。 十二月丁卯，王韶自觀文殿學士兼端明殿學士、龍圖閣學士、禮部侍郎、知熙州除樞密副使。	
1075 八年乙卯	二月癸酉，王安石自觀文殿大學士、吏部尚書、知江	八月庚戌，韓絳自觀文殿大學士、行吏部	四月戊寅，吳充自樞密副使、右諫議大夫除檢校太	正月庚子，蔡挺自右諫議大夫、樞密副使

	寧府依前官加同平章事、昭文館大學士。 韓絳 王安石	侍郎、同中書門下平章事以禮部尚書、觀文殿大學士知許州。	傅、行工部尚書〔三四〕、樞密使。 十二月壬寅，元絳自翰林學士兼侍讀學士、判太常寺兼羣牧使、工部侍郎除參知政事。 曾孝寬自龍圖閣直學士、起居舍人兼樞密都承旨、同羣牧使除樞密直學士、簽書樞密院事。	以資政殿學士判南京留司御史臺。 馮京自右諫議大夫、參知政事以守本官知亳州。 閏四月乙未，陳旭自禮部尚書、同平章事、樞密使以檢校太尉、鎮江軍節度使、同平章事判揚州。 十月庚寅，呂惠卿以參知政事守本官知陳州。
1076 九年丙辰	十月丙午，吳充自樞密使、檢校太傅、行工部侍郎守	十月丙午，王安石自檢校太傅依前尚書	十月丙午，馮京自資政殿學士、右諫議大夫、知成都	

	前官加同平章事、監修國史。 王珪自禮部侍郎、參知政事守前官加同平章事、集賢殿大學士。 王安石 吳充 王珪	左僕射，領鎮南軍節度使判江寧府。	府除知樞密院事。	
1077 十年丁巳	吳充 王珪			二月己亥，王韶自樞密副使以戶部侍郎、觀文殿大學士〔三五〕知洪州。
1078 元豐元年 戊午	吳充 王珪		閏正月壬辰，孫固自權知開封府、樞密直學士、右諫	閏正月己亥，簽書樞密院事曾孝寬丁父

			議大夫除同知樞密院事。九月乙酉，呂公著自端明殿學士兼翰林侍讀學士、寶文閣學士、戶部侍郎，薛向自樞密直學士、工部侍郎，並除同知樞密院事。	憂，五月庚辰，起復，固辭。
1079 二年己未	吳充 王珪		五月戊子，蔡確自右諫議大夫、權御史中丞、直學士院、判司農寺除參知政事。	五月甲申，元絳自參知政事以工部侍郎知亳州。
1080 三年庚申	九月丙戌，王珪自同中書門下平章事加監修國史。吳充 王珪	三月己丑，吳充辭疾，以吏部尚書、觀文殿大學士、西太一宮使免。	二月丙午，章惇自翰林學士、右正言、知審官東院除右諫議大夫、參知政事。九月癸未，薛向自工部侍郎、同知樞密院事、加正議	

			大夫，孫固自右諫議大夫、同知樞密院事、加太中大夫，並除樞密副使。丙戌，馮京自通議大夫、知樞密院事除正議大夫、樞密使。丁亥，呂公著自戶部侍郎、同知樞密院除正議大夫、樞密副使。	
1081 四年辛酉	王珪		正月辛亥，孫固自樞密副使、太中大夫除兼羣牧制置使、知樞密院事。呂公著自樞密副使、正議大夫，加龍圖閣直學士韓縝自太中大夫、樞密都承	正月辛亥，馮京自正議大夫兼羣牧制置使、樞密使以光祿大夫、觀文殿學士知河陽府〔二〇〕。三月癸卯，章惇自參

			旨兼羣牧使，並除同知樞密院事。三月甲辰，張璪自翰林學士除太中大夫、參知政事。	知政事坐父俞強占民田及爲朱服所奏，而報上不實，以太中大夫知蔡州。
1082 五年壬戌	是年，改官制，以左、右僕射爲宰相。四月癸酉，王珪自銀青光祿大夫兼門下侍郎、同中書門下平章事依前官加尚書左僕射兼門下侍郎。蔡確自太中大夫、參知政事依前官加右僕射兼中書侍郎。王珪 蔡確		四月甲戌，章惇自太中大夫、知定州加守門下侍郎。張璪自太中大夫、參知政事加守中書侍郎。蒲宗孟自翰林學士加中大夫、守尚書左丞。王安禮自翰林學士加中大夫、守尚書右丞。	四月丁丑，呂公著自正議大夫、同知樞密院事以光祿大夫、資政殿大學士〔二一〕知定州。

1083 六年癸亥	王珪 蔡確		七月丙辰，韓縝自太中大夫、同知樞密院進知樞密院事。安燾自太中大夫、試戶部尚書除同知樞密院事。八月辛卯，王安禮自守尚書右丞除尚書左丞。李清臣自吏部尚書除中大夫、尚書右丞。	七月丙辰，孫固自知樞密院事以通議大夫、觀文殿學士知河陽。八月辛卯，蒲宗孟自中大夫以守尚書左丞知汝州。
1084 七年甲子	王珪 蔡確			七月甲寅，王安禮自尚書左丞以端明殿學士知江寧府。
1085 八年乙丑 哲宗三月戊戌即位	五月戊午，蔡確自通議大夫、右僕射兼中書侍郎加兼門下侍郎、左僕射。	五月庚戌，左僕射兼門下侍郎王珪薨。	五月戊午，章惇自通議大夫、門下侍郎除知樞密院事。	

韓縝自通議大夫、知樞密院事加兼中書侍郎、右僕射。 王珪 蔡確 韓縝
司馬光自資政殿學士、通議大夫、知陳州加守門下侍郎。 七月戊戌，呂公著自資政殿大學士、銀青光祿大夫兼侍讀加尚書左丞。

校勘記

〔一〕刑部尚書　按長編卷一一一明道元年二月，張士遜除刑部尚書、平章事，十一月，遷中書侍郎兼兵部尚書；同書卷一一二明道二年四月，加門下侍郎、昭文館大學士、監修國史，則張爲門下侍郎時已是兵部尚書。宋大詔令集卷五三張士遜拜昭文相制正作「兵部尚書」，此處「刑部」當爲「兵部」之誤。

〔二〕判澶州　按本書卷三一一本傳、長編卷一一二、張方平樂全集卷三六呂夷簡神道碑都說夷簡於是年罷相，判陳州；宋大詔令集卷五三明道二年十月呂夷簡拜昭文制載：呂夷簡以判陳州軍州事復相，則夷簡所判當是陳州。但宋大詔令集卷六六呂夷簡罷相授使相判澶州制，又載夷簡所授是澶州。疑澶州係屬初授，未上任即改陳州，故本傳、長編、神道碑都不載。

〔三〕中書侍郎　按本表宰相進拜加官欄四月己未條，張士遜已遷門下侍郎，此處不得再稱中書侍郎；長編卷一一三、宋大詔令集卷六六張士遜罷相判河南府制都說門下侍郎、平章事張士遜以左僕射判河南府，此處「中書」當爲「門下」之誤。

〔四〕判陳州　「陳州」原作「陝州」，據本書卷三一一本傳、宋大詔令集卷五三呂夷簡拜昭文制改。

〔五〕戶部尚書　按本書卷二八四本傳、長編卷一一二都作「戶部侍郎」，此處「尚書」當爲「侍郎」之誤。

〔六〕河陽三城節度使　「河陽」、「三城」原倒，據本書卷二九〇本傳、長編卷一一三乙正。

〔七〕王德用自簽書樞密事加奉國軍節度使留後　按上文明道二年十月戊午條，王德用已遷樞密副使，此處不應仍書舊銜，本書卷二七八本傳、長編卷一一六都作「樞密副使」，此處誤。又「奉國軍」原作「奉德軍」，據同書同卷改。

〔八〕王德用自樞密副使加定武軍節度使　按上文景祐三年十二月丁卯條，王德用已進知樞密院事，此處不應仍書舊銜，本書卷二七八本傳、長編卷一二〇都作「知樞密院事」，此處誤。又「定武軍」，長編作「武定軍」。

〔九〕王德用自宣徽南院使定國軍節度使樞密副使以武寧軍節度使免　「樞密副使」，應作「知樞密院事」，見校勘記〔八〕。「武寧」原作「武密」，據本書卷二七八本傳、長編卷一二三改。

〔一〇〕判許州　按本書卷三一一本傳，呂「以鎭安軍節度使、同平章事判許州，徙天雄軍，未幾，以右僕射入相。」則「許州」應作「天雄軍」方合。長編卷一二七、宋大詔令集卷五三呂夷簡再相制都作「天雄軍」，是。

〔一一〕兵部侍郎　按本書卷二六六本傳、長編卷一三二都作「兵部郎中」，此處「侍郎」當爲「郎中」之誤。

〔一二〕龍圖閣學士龐籍自右諫議大夫　「龍圖閣學士」、「右諫議大夫」，本書卷三一一本傳、長編卷一五四都分別作「龍圖閣直學士」、「左諫議大夫」，此處「閣」下當有「直」字，「右」當作「左」。

〔一三〕工部尚書　按下文慶曆六年八月癸酉條，丁度爲工部侍郎，本書卷二九二本傳、長編卷一五五同，此處「尚書」當爲「侍郎」之誤。

〔一四〕三司使　原作「三省使」，按宋無「三省使」職官，據本書卷二九二本傳、長編卷一六四改。

〔一五〕山南東道節度使　「山」原作「京」，按宋無「京南東道節度使」，本書卷二八五本傳、長編卷一八四都作「山南東道節度使」，據改。又本條下文「仍守前官除樞密使襄州觀察使」，按本書本傳、王安石臨川先生文集卷八七賈昌朝神道碑都不載賈除襄州觀察使，疑此處有誤。

〔一六〕樞密副使　按本書卷一二仁宗紀、卷三一二本傳、長編卷一九二都作「樞密使」，此處「副」字當是衍文。又下文嘉祐六年閏八月庚子條「曾公亮自樞密副使」句的「副」字，也是衍文。

〔一七〕禮部侍郎　按本書卷二九二本傳、長編卷一九一、宋宰輔編年錄卷五都作「戶部侍郎」，此處「禮部」當爲「戶部」之誤。

〔一八〕觀文殿學士兼翰林侍讀學士　「殿」字下原脫「學士兼翰林」五字。按本書卷一六二職官志，觀文殿無侍讀學士，長編卷一九六載：「參知政事孫抃爲觀文殿學士兼翰林侍讀學士、同羣牧制置使」，本書卷二九二本傳同，據補。

〔一九〕尚書右丞　按本書卷一四神宗紀、歐陽修歐陽文忠公集附錄卷一歐陽修行狀，「右丞」都作「左丞」，此處「右」字當爲「左」字之誤。

〔二〇〕尚書右丞　按下文熙寧元年七月己卯條作「左丞」，琬琰集下編卷一五本傳也作「左丞」，此處「右」字當是「左」字之誤。又據宋大詔令集卷五六陳升之拜集賢相制、宋宰輔編年錄卷五，下文熙寧二年十月丙申條「陳旭自尚書右丞」句的「右」字，也是「左」字之誤。

〔二一〕吏部尚書　按上文治平四年九月辛丑條，韓絳自吏部侍郎除樞密副使；本表下文熙寧四年三月丁未條，韓絳自守吏部侍郎知鄧州；長編卷二一〇、宋大詔令集卷五六韓絳昭文相制也都作吏部侍郎，此處「尚書」當是「侍郎」之誤。

〔二二〕□部侍郎　「部」上原缺一字，按琬琰集下編卷一六本傳、長編卷二一三都作「禮」，宋宰輔編年錄卷七作「戶」；「侍郎」，三書都作「郎中」。

〔二三〕呂公弼自樞密副使以吏部侍郎觀文殿大學士知太原府　按上文治平四年九月辛丑條，呂公弼已除樞密使；本書卷三一一本傳、長編卷二一三都說呂自樞密使罷爲觀文殿學士、知太原府，此處「副」、「大」二字當是衍文。

〔二四〕工部尚書　按長編卷二六二、宋宰輔編年錄卷八都作「工部侍郎」，此處「尚書」當爲「侍郎」之誤。

〔二五〕觀文殿大學士　按本書卷三二八本傳、長編卷二八〇都作「觀文殿學士」，此處「大」字當是衍文。

〔二六〕兼羣牧制置使樞密使以光祿大夫觀文殿學士知河陽府　「制置」下原脫「使」字，「知」原作「判」。按宋制，使相、左右僕射及宣徽使出守者稱「判」，馮京不屬此例，據本書卷三一七本傳、長編卷三一一改補。

〔二七〕資政殿大學士　按本書卷三三六本傳、長編卷三二五都說呂是「資政殿學士」，此處「大」字當係衍文。

宋史卷二百一十二

表第三

宰輔三

紀年	宰相進拜加官	罷免	執政進拜加官	罷免
公元1086 元祐元年丙寅	閏二月庚寅，司馬光自正議大夫、守門下侍郎依前官加左僕射兼門下侍郎。壬辰，呂公著自金紫光祿大夫、尚書左丞加門下侍郎。四月壬寅，呂公著自金紫光祿大夫、門下侍郎依前官加右僕射兼中書侍郎。文彥博自河東節度使、守太師、開府儀同三司、潞國公落致仕加太師、平章軍國重事。 韓縝 蔡確 司馬光 呂公著 文彥博	閏二月庚寅，左僕射蔡確累爲劉摯、孫覺、蘇轍、朱光庭、王巖叟所論，守前官以觀文殿大學士知陳州。四月己丑，韓縝自右僕射以光祿大夫、觀文殿大學士知潁昌府、京西北路安撫使。九月丙辰朔，左僕射兼門下侍郎司馬光薨。	閏二月丙午，李清臣自通議大夫、守尚書右丞除尚書左丞。呂大防自試吏部尚書除中大夫、尚書右丞。乙卯，安燾自同知樞密院事進知樞密院事。范純仁自試吏部尚書兼侍讀除中大夫、同知樞密院事。五月丁巳朔，韓維自資政殿大學士、正議大夫兼侍讀除守門下侍郎。十一月戊午，劉摯自試御史中丞除中大夫、尚書右丞〔二〕。呂大防自中大夫、尚書左丞〔三〕除中書侍郎。	閏二月辛亥，正議大夫、知樞密院事章惇爲劉摯、王巖叟、朱光庭等所論，又於簾前爭論誼悖，罷，守本官知汝州。九月己卯，張璪自中書侍郎以資政殿學士、光祿大夫知鄭州。
1087 二年丁卯	文彥博 呂公著		五月丁卯，劉摯自中大夫、守尚書右丞除尚書左丞。王存自守兵部尚書除中	四月戊申，李清臣自尚書左丞以資政殿學士知河陽。

			大夫、尚書右丞。 六月辛丑，安燾自正議大夫、同知樞密院事進知樞密院事。	七月辛未，韓維自正議大夫、門下侍郎以資政殿大學士知鄧州。
1088 三年戊辰	四月辛巳，呂公著自金紫光祿大夫、尚書右僕射兼中書侍郎加司空、平章軍國重事。 呂大防自中書侍郎加太中大夫、左僕射兼門下侍郎。 范純仁自同知樞密院加太中大夫、右僕射兼門下侍郎〔三〕。 文彥博 呂公著 呂大防 范純仁		四月壬午，孫固自觀文殿學士、正議大夫兼侍讀除門下侍郎。 王存自中大夫、尚書右丞除尚書左丞。 胡宗愈自試御史中丞除中大夫、尚書右丞。 趙瞻自中散大夫、試戶部侍郎除簽書樞密院事。	
1089 四年己巳	文彥博 呂公著 呂大防 范純仁	二月甲辰，司空、同平章軍國事呂公著薨。 六月甲辰，范純仁自太中大夫、右僕射守前官以觀文殿學士知潁昌府。	六月丙午，韓忠彥自樞密直學士、戶部尚書除中大夫、尚書左丞。 趙瞻自簽書樞密院事進同知樞密院事。 十一月癸未，孫固自門下侍郎除光祿大夫、知樞密院事。 劉摯自中大夫、守中書侍郎除門下侍郎。 傅堯俞自試吏部尚書除中大夫、守中書侍郎。	三月己卯，胡宗愈自尚書右丞以資政殿學士知陳州。 六月甲辰，王存自中大夫、尚書左丞以端明殿學士知蔡州。 七月乙亥，安燾自知樞密院事丁母憂。十月乙卯，詔起復，燾辭。
1090 五年庚午	文彥博 呂大防	二月庚戌，文彥博自太師、平章軍國重事以守太師、儀同三司、河中興元尹、護國軍山南西道節度使致仕。	三月壬申，韓忠彥自中大夫、尚書左丞遷同知樞密院事。 蘇頌自翰林學士承旨、知制誥兼侍讀除右光祿大夫、尚書左丞。	三月丙寅朔，中大夫、同知樞密院事趙瞻卒。 四月甲辰，右光祿大夫、知樞密院事孫固卒。 十二月辛卯朔，許將自尚書右丞以太中大夫、資政殿學士知定州。
1091 六年辛未	二月辛卯，劉摯自守門下侍郎、太中大夫加右僕射兼中書侍郎。 呂大防 劉摯	十一月乙酉朔，劉摯自右僕射以觀文殿學士知鄆州。	二月辛卯，王巖叟自龍圖閣待制、知開封府〔四〕除簽書樞密院事。 癸巳，蘇轍自龍圖閣學士、御史中丞除中大夫、尚書右丞。	十一月辛丑，中大夫、守中書侍郎傅堯俞卒。
1092 七年壬申	六月辛酉，蘇頌自守尚書左僕射加左光祿大夫、守尚書左僕射〔五〕兼中書侍郎。 呂大防 蘇頌		六月辛酉，蘇轍自守尚書右丞除中大夫〔六〕、門下侍郎。 韓忠彥自同知樞密院事除中大夫〔七〕、知樞密院事。 范百祿自翰林學士、太中大夫除中書侍郎。 梁燾自翰林學士除中大夫、尚書左丞。 鄭雍自太中大夫、御史中丞除尚書右丞。 劉奉世自左朝請大夫、寶文閣待制、權戶部尚書除	五月丙午，王巖叟自簽書樞密院事以端明殿學士知鄭州。

年	宰相	宰相進拜加官	宰相罷免	執政進拜加官	執政罷免
				簽書樞密院事。	
1093 八年癸酉	呂大防　蘇頌　范純仁	七月丙子朔，范純仁自觀文殿大學士知潁昌府加通議大夫、尚書右僕射兼中書侍郎。	三月癸未，蘇頌自右僕射依前左光祿大夫、觀文殿大學士、集禧觀使。		三月辛卯，范百祿自中書侍郎以太中大夫、資政殿學士知河中府。 六月戊午，梁燾自尚書左丞以資政殿學士領醴泉觀使〔八〕。
1094 紹聖元年甲戌	呂大防　范純仁　章惇	四月壬戌，章惇自通議大夫、提舉洞霄宮加左正議大夫、守尚書左僕射兼門下侍郎。	三月乙亥，呂大防自左僕射、中書侍郎〔九〕以觀文殿大學士、右光祿大夫知潁昌府，改知永興軍。 四月壬戌，范純仁自尚書右僕射兼中書侍郎以右正議大夫、觀文殿大學士知潁昌府、京西北路安撫使。	二月丁未，李清臣自資政殿學士、守戶部尚書除正議大夫、中書侍郎。 鄧溫伯自端明殿學士、守兵部尚書除右光祿大夫、尚書左丞。 閏四月甲申，安燾自觀文殿學士、右正議大夫除門下侍郎。 六月癸未，曾布自翰林學士承旨、知制誥兼侍讀，除中大夫、同知樞密院事。	三月丁酉，蘇轍自太中大夫、門下侍郎以守本官知汝州。 五月辛亥，劉奉世自簽書樞密院事以端明殿學士、眞定府路安撫使兼知成德軍。 乙丑，尚書左丞鄧潤甫卒。潤甫舊名溫伯，復今名。
1095 二年乙亥	章惇			十月甲戌，許將自守吏部尚書兼侍讀除守尚書左丞。 蔡卞自翰林學士兼侍讀、修國史除守尚書右丞。	十月甲子，鄭雍自太中大夫、尚書右丞〔一〇〕以資政殿學士知陳州。 十一月乙未，安燾自右正議大夫、門下侍郎以觀文殿學士知河南府。
1096 三年丙子	章惇				正月庚子，韓忠彥自太中大夫、知樞密院事以觀文殿學士知眞定府。
1097 四年丁丑	章惇		二月己未，故司馬光自左僕射追貶清海軍節度副使。 故呂公著自司空、平章軍國事追貶建武軍節度副使。 癸未，前宰相呂大防責授舒州團練副使，循州安置。 前宰相劉摯責授鼎州團練副使，新州安置。 前宰相范純仁責授武安軍節度副使，永州安置。 甲申，前太師致仕文彥博降授太子少保致仕。 故左僕射王珪追貶萬安軍司戶。	閏二月壬寅，曾布自同知樞密院事除太中大夫、知樞密院事。 林希自翰林學士、知制誥除太中大夫、同知樞密院事。 許將自守尚書左丞除正議大夫、中書侍郎。 蔡卞自太中大夫、守尚書右丞除尚書左丞。 黃履自試吏部尚書除中大夫、尚書右丞。	正月庚戌，李清臣自正議大夫、中書侍郎以資政殿大學士知河南府。 二月己未，故王巖叟自端明殿學士追貶雷州別駕。 癸未，蘇轍自前門下侍郎責授化州別駕，雷州安置。 梁燾自前資政殿學士責授雷州別駕，化州安置。 劉奉世自前端明殿學士落職，分司南京，郴州居住。 韓維自前資政殿大學士致仕落職，特授左朝議大夫致仕。
1098 元符元年戊寅	章惇				四月壬辰，林希自同知樞密院事出知亳州。
1099 二年己卯	章惇				閏九月辛巳，黃履自通議大夫、尚書右丞以守本官知亳州。

1100	三年庚辰 徽宗正月己卯卽位	四月甲辰，韓忠彥自門下侍郎加正議大夫、右僕射兼中書侍郎。十月丁酉，遷左僕射兼門下侍郎，進封儀國公。壬寅，曾布自知樞密院事加右銀青光祿大夫、守尚書右僕射兼中書侍郎。 章惇 韓忠彥 曾布	先是，豐稷、陳次升、龔夬、陳瓘劾章惇爲山陵使而轝陷澤暴露，九月辛未，以守本官知越州。	二月戊午，韓忠彥自通議大夫、守吏部尚書仍前官加門下侍郎。黃履自資政殿學士、提舉中太乙宮兼侍讀仍前官加尚書右丞。四月甲辰，李清臣自左正議大夫、禮部尚書加門下侍郎。蔣之奇自翰林學士、通議大夫、知制誥除同知樞密院事。十一月戊寅，安燾自觀文殿學士、提舉太乙宮兼集禧觀公事兼侍讀除知樞密院事。辛卯，范純禮自禮部尚書除中大夫、守尚書右丞。	先是，龔夬、陳瓘累疏劾蔡卞，五月乙酉，卞以資政殿學士知江寧府。十一月庚辰，尚書右丞黃履以資政殿大學士仍前正議大夫、提舉中太乙宮兼集禧觀公事。
1101	建中靖國元年辛巳	韓忠彥 曾布	正月癸亥，前宰相觀文殿學士〔一〕、中太乙宮使范純仁薨。	七月丁亥，蔣之奇自正議大夫、同知樞密院事進知樞密院事。陸佃自試吏部尚書除中大夫、尚書右丞。章楶自端明殿學士、通議大夫、提舉中太乙宮兼集禧觀事除同知樞密院事。十一月庚申，陸佃自守尚書右丞除尚書左丞。溫益自試吏部尚書兼侍讀除中大夫、尚書右丞。	六月戊午，范純禮自中大夫、尚書右丞以仍前官出知潁昌府。七月丙戌，安燾自左正議大夫、知樞密院事以觀文殿學士出知河南府兼西京留守。十月乙未，李清臣自右光祿大夫、門下侍郎以資政殿學士〔二〕出知大名府兼北京留守。
1102	崇寧元年壬午	七月戊子，蔡京自守尚書左丞加通議大夫、守尚書右僕射兼中書侍郎。 韓忠彥 曾布 蔡京	五月庚申，韓忠彥自左僕射兼門下侍郎以觀文殿大學士出知大名府兼北京留守。甲子落職。閏六月壬戌，曾布自右僕射以觀文殿大學士、右銀青光祿大夫出知潤州。	六月丙申，許將自右銀青光祿大夫、守中書侍郎加門下侍郎。溫益自中大夫、守尚書右丞加中書侍郎。蔡京自翰林學士承旨、中大夫、知制誥兼侍讀、修國史、實錄修撰除尚書左丞。趙挺之自試吏部尚書兼侍讀、修國史、編修國朝會要除中大夫、尚書右丞。八月己卯，遷尚書左丞。張商英自翰林學士、知制誥兼侍讀、修國史、實錄修撰除中大夫、尚書右丞。十月戊寅，蔡卞自資政殿學士、左正議大夫、中太乙宮使兼侍讀除知樞密院事。	六月丙申，陸佃自尚書左丞依前太中大夫出知亳州。七月庚午，章楶自同知樞密院事以資政殿學士領中太乙宮使。十月癸亥，蔣之奇自知樞密院事依前右正議大夫，以觀文殿學士出知杭州〔三〕。
1103	二年癸未	正月丁未，蔡京自右僕射加右光祿大夫、尚書左僕射兼門下侍郎。 蔡京		四月戊寅，趙挺之自中大夫、尚書左丞除中書侍郎。張商英自中大夫、尚書右丞除尚書左丞。吳居厚自戶部尚書除中大夫、尚書右丞。安惇自兵部尚書兼侍讀除中大夫、同知樞密院事。	正月壬辰，中書侍郎溫益卒。八月戊申，張商英自尚書左丞以通議大夫出知亳州，尋改蘄州。
1104	三年甲申	五月己卯，蔡京自尚書左僕射加司空。		九月乙亥，趙挺之自右光祿大夫、中書侍郎加門下	八月乙巳，許將自門下侍郎仍前官以資

1105

	蔡京		侍郎。吳居厚自右光祿大夫、尚書右丞加中書侍郎。張康國自翰林學士承旨、知制誥除尚書左丞。鄧洵武自刑部尚書除尚書右丞。	政殿學士出知河南府。十二月戊午，同知樞密院事安惇卒。
四年乙酉	三月甲辰，趙挺之自門下侍郎加右銀青光祿大夫、尚書右僕射兼中書侍郎。蔡京　趙挺之	六月戊子，趙挺之自右僕射授金紫光祿大夫、觀文殿大學士，領中太乙宮使。	二月甲寅，張康國自中大夫、守尚書右丞〔二四〕仍前官知樞密院事。劉逵自兵部尚書兼侍讀、修國史兼實錄修撰除中大夫、同知樞密院事。何執中自太中大夫、試吏部尚書兼侍讀除尚書左丞。	正月丙申，蔡卞自金紫光祿大夫、知樞密院事仍前官以資政殿大學士出知河南府。

1106

五年丙戌	二月丙寅，趙挺之自尚書右僕射兼中書侍郎〔二五〕加特進、光祿大夫、尚書右僕射兼中書侍郎。蔡京　趙挺之	二月丙寅，蔡京自左僕射以守司空、安遠軍節度使、開府儀同三司領中太乙宮使。	正月甲辰，吳居厚自右光祿大夫、中書侍郎加門下侍郎。劉逵自中大夫、同知樞密院事加中書侍郎。	十二月戊午，劉逵自中大夫、中書侍郎守本官出知亳州。

1107

大觀元年丁亥	正月甲午，蔡京自安遠軍節度使依前司空、左僕射兼門下侍郎、魏國公。十二月庚寅，蔡京自司空、左僕射兼門下侍郎、魏國公加太尉。趙挺之	三月丁酉，趙挺之自尚書右僕射兼中書侍郎以特進、觀文殿大學士領佑神觀致仕。	正月壬子，何執中自太中大夫、尚書左丞加中書侍郎。鄧洵武自中大夫、守尚書右丞除尚書左丞。梁子美自中大夫、試戶部尚書除尚書右丞。	正月壬寅，吳居厚自右光祿大夫、門下侍郎以資政殿學士仍前官領太一宮使。五月庚寅，鄧洵武自中書侍郎以守本官知隨州。

	蔡京		三月丁酉，何執中自中書侍郎加門下侍郎。鄧洵武自尚書左丞加中書侍郎。梁子美自尚書右丞遷尚書左丞。朱諤自吏部尚書除中大夫、尚書右丞。六月乙未，梁子美加中書侍郎。八月庚申，徐處仁自試戶部尚書除中大夫、尚書右丞。林攄自太中大夫、試吏部尚書兼侍讀、實錄修撰仍	六月己亥，尚書右丞朱諤卒。十月癸酉，尚書右丞徐處仁丁母憂。

1108

			前官同知樞密院事。閏十月丙戌，林攄自中大夫〔二六〕、同知樞密院事除尚書左丞。鄭居中自資政殿學士、太中大夫、中太乙宮使兼侍讀、實錄修撰仍前官同知樞密院事。十二月壬寅，起復徐處仁，辭。	
二年戊子	正月己未，蔡京自太尉、左僕射兼門下侍郎、魏國公加太師。蔡京		九月辛亥，林攄自右光祿大夫、尚書左丞加中書侍郎。余深自試吏部尚書除尚書左丞。	八月丙申，梁子美自中書侍郎以資政殿學士、正奉大夫出知鄆州。

公元	年	宰相進拜加官	罷免	執政進拜加官	罷免
1109	三年己丑	六月辛巳，何執中自行中書門下侍郎加特進、尚書左僕射兼門下侍郎。 蔡京 何執中	六月辛巳，蔡京自左僕射以依前太師領中太乙宮使。	四月癸巳，鄭居中自右光祿大夫、同知樞密院事進知樞密院事。 管師仁自中大夫、試吏部尚書除同知樞密院事。 癸卯，余深自中大夫、尚書左丞加中書侍郎。 薛昂自試兵部尚書兼侍讀除中大夫、尚書左丞。 劉正夫自試工部尚書兼侍讀、實錄院修撰除尚書右丞。	三月戊申，知樞密院事張康國暴卒。 四月戊寅，林攄自中書侍郎依前正奉大夫〔七〕出知滁州。 六月甲戌，管師仁自同知樞密院事以資政殿學士依前中大夫領佑神觀使，尋卒。
1110	四年庚寅	六月乙亥，張商英自守中書侍郎加通議大夫〔八〕、守尚書右僕射兼中書侍郎。 何執中 張商英		二月己丑，余深自中大夫、中書侍郎加門下侍郎。 張商英自資政殿學士、通議大夫、中太乙宮使加中書侍郎。 侯蒙自朝奉大夫、試戶部尚書除中大夫、同知樞密院事。 八月乙亥，劉正夫自中大夫、尚書右丞加中書侍郎。 侯蒙自中大夫、同知樞密院事除尚書左丞。 鄧洵仁自翰林學士承旨、太中大夫、知制誥兼侍讀除尚書右丞。 庚辰，吳居厚自資政殿學士、宣奉大夫、佑神觀使加	五月丙寅，余深自門下侍郎以資政殿學士仍中大夫出知青州。 六月丙申，薛昂自尚書左丞以資政殿學士仍中大夫出知江寧府。 十月丁酉，鄭居中自正奉大夫、知樞密院事仍前官以觀文殿學士領中太乙宮使。

公元	年	宰相進拜加官	罷免	執政進拜加官	罷免
1111	政和元年辛卯	何執中 張商英	八月丁巳，張商英自右僕射以觀文殿大學士出知河南府兼西京留守。	門下侍郎。十月庚申，除知樞密院事。 三月癸酉，王襄自試吏部尚書除中大夫、同知樞密院事。	九月戊寅，王襄自同知樞密院事以中大夫出知亳州。
1112	二年壬辰	四月庚戌，何執中以哲宗帝紀成加司空。 五月己巳，蔡京落致仕，依前太師，三日一至都堂治事。十一月辛巳，進封魯國公。 何執中自尚書左僕射加少傅，爲太宰，仍兼門下侍郎。 蔡京 何執中		六月己丑，知青州余深復門下侍郎。	
1113	三年癸巳	八月丙子，何執中自尚書左僕射加少師〔九〕。 蔡京 何執中		正月乙亥，鄭居中自特進、觀文殿學士、中太乙宮使兼侍讀復除知樞密院事。 四月己酉，薛昂自資政殿學士、通議大夫除尚書右丞。	正月乙亥，吳居厚自知樞密院事、宣奉大夫以武康軍節度使知洪州。 四月癸巳，鄧洵仁自尚書右丞以通議大夫、資政殿學士出知亳州，尋落職。
1114	四年甲午	蔡京 何執中			
1115	五年乙未	蔡京			

	何執中			
1116 六年丙申	五月庚子，鄭居中自特進、知樞密院事加少保、太宰兼門下侍郎。 劉正夫自銀青光祿大夫、中書侍郎加特進、少宰兼中書侍郎。 蔡京 何執中 鄭居中 劉正夫	四月辛未，何執中自尚書左僕射以太傅致仕。 十二月乙酉，劉正夫自少宰以安化軍節度使、開府儀同三司致仕。	五月壬寅，鄧洵武自保大軍節度使、佑神觀使兼侍讀除正奉大夫、知樞密院事。 八月乙巳，薛昂自銀青光祿大夫、尚書右丞除尚書左丞。 侯蒙自中大夫、尚書左丞除中書侍郎。 十一月辛卯，童貫自節度使、開府儀同三司、陝西河東河北宣撫使除簽書樞密院事。 庚子，白時中自禮部尚書	

			兼侍讀除中大夫、尚書右丞。	
1117 七年丁酉	十一月辛卯，鄭居中自太宰丁母憂起復門下侍郎、 余深特進、少宰兼中書侍郎。 蔡京 鄭居中 余深	八月庚午，鄭居中自太宰丁母憂。	二月，以童貫爲陝西、河東、河北宣撫使，仍帶同簽書樞密院事。三月乙未，改權領樞密院事。 十一月辛卯，白時中自中大夫、尚書右丞加中書侍郎。 十二月丁巳，薛昂自銀青光祿大夫、尚書左丞加特進、門下侍郎。 庚午，童貫領樞密院事。	十月戊寅，侯蒙自中書侍郎以資政殿學士出知亳州。
1118 重和元年	七月壬午，鄭居中自太宰		正月庚戌，王黼自翰林學	九月庚寅，薛昂自門

戊戌	加少傅。 余深自少宰加少保。 九月辛丑，鄭居中罷起復。 蔡京 鄭居中 余深		士承旨以尚書左丞起復。 七月壬午，領樞密院事童貫加檢校太保。八月甲寅，加太保。 九月庚寅，白時中自中書侍郎遷門下侍郎。 王黼自尚書左丞加中書侍郎。 馮熙載自翰林學士承旨、知制誥兼侍講除中大夫、尚書左丞。 范致虛自刑部尚書除中大夫、尚書右丞。	下侍郎除彰化軍節度使、佑神觀使兼侍讀。
1119 宣和元年 己亥	正月戊午，余深自特進、少宰兼中書侍郎加太宰兼		二月戊戌，鄧洵武自守中書侍郎知隨州〔三〇〕加少	八月丁酉，尚書左丞范致虛丁母憂。

	門下侍郎。 王黼自通議大夫、中書侍郎加特進、少宰兼中書侍郎、神霄玉清萬壽宮使。 蔡京 余深 王黼		保。 三月己未，馮熙載自尚書左丞遷中書侍郎。 范致虛自尚書右丞遷尚書左丞。 張邦昌自翰林學士除尚書右丞。 七月甲寅，童貫自知樞密院事加太傅。 十一月戊辰，張邦昌自通議大夫、尚書右丞遷尚書左丞。 王安中自翰林學士承旨、知制誥除中大夫、尚書右丞。	

1120 二年庚子	九月癸亥，太宰兼門下侍郎余深以哲宗寶訓成進少傅。十一月庚戌，王黼自特進、少宰兼中書侍郎加少保、太宰兼門下侍郎。蔡京 余深 王黼	六月戊寅，蔡京自太尉、左僕射兼門下侍郎、魏國公、太師以太師、魯國公致仕。十一月己亥，余深自太宰以少傅、鎮江軍〔二〕節度使出知福州。	十二月己丑，少傅、威武軍節度使鄭居中權領樞密院事。	
1121 三年辛丑	九月丙寅，王黼自少保、太宰兼門下侍郎加少傅。王黼		正月癸卯，童貫自太保、領樞密院事除江、浙、淮〔三〕等路宣撫使。五月戊戌，鄭居中落「權」字，依童貫例領樞密院事。八月乙巳，童貫加太師。鄭居中加少師〔三〕。十月庚申，童貫仍舊領陝西、河東、河北宣撫使。十一月丁丑，張邦昌自尚書左丞加中書侍郎。王安中自中大夫、尚書右丞遷尚書左丞。李邦彥自翰林學士承旨、太中大夫、知制誥兼侍讀、修國史除尚書右丞。	正月壬寅，少保、知隨州鄧洵武卒。十一月丁丑，馮熙載自中書侍郎以資政殿學士出知亳州。
1122 四年壬寅	六月丙午，王黼加少師。王黼			
1123 五年癸卯	五月庚申，王黼自太宰兼門下侍郎加太傅，依蔡京昨任太師例。王黼		二月乙酉朔，李邦彥自太中大夫、尚書右丞遷尚書左丞。趙野自翰林學士、知制誥除中大夫、尚書右丞。五月庚申，鄭居中自少師、領樞密院事加太保。癸亥，童貫落節鉞，依前太師。六月乙巳，蔡攸以少師、安遠軍節度使領樞密院事。	正月辛酉，王安中自中大夫、尚書左丞以慶遠軍節度使、河北河東燕山府路宣撫使知燕山府。六月丁未，鄭居中自領樞密院事、太保致仕，明日卒。七月己未，童貫自領陝西河東河北宣撫使致仕。
1124 六年甲辰	九月乙亥，李邦彥自通奉大夫、守尚書左丞加銀青光祿大夫、少宰兼中書侍郎、神霄玉清萬壽宮使。白時中自金紫光祿大夫、門下侍郎加特進、太宰兼門下侍郎、神霄玉清萬壽宮使。十二月癸亥，蔡京自太師、魯國公落致仕，依前太師、領三省事、神霄玉清萬壽宮使。王黼 蔡京 白時中 李邦彥	十一月丙子，太宰兼門下侍郎、楚國公王黼以太傅致仕。	四月丁巳，李邦彥丁憂起復。八月乙卯，童貫自劍南東川節度使落致仕〔四〕，依前太師、領樞密院事、陝西河北河東燕山府路宣撫使，進封徐、豫國公。九月乙亥，趙野自中大夫、尚書右丞遷尚書左丞。宇文粹中自翰林學士承旨、宣奉大夫除尚書右丞。蔡懋自朝議大夫、試開封府尹除中大夫、同知樞密院事。蔡攸自少師、安遠軍節度使領樞密院事落節鉞，依前少師。	
1125 七年乙巳 欽宗十二月庚申即	蔡京 白時中 李邦彥	四月庚申，蔡京罷領三省事，復以太師、魯國公致仕。	六月己未，蔡攸自少師、領樞密院事加太保。十二月庚申，吳敏自試給	

位			事中〔三五〕、直學士院加中大夫、門下侍郎。壬戌，耿南仲自徽猷閣學士、朝散大夫、太子詹事除資政殿學士、簽書樞密院事。	
靖康元年丙午	正月辛未，李邦彥自銀青光祿大夫、少宰兼中書侍郎起復，加特進〔三六〕、太宰兼門下侍郎。張邦昌自正奉大夫加特授依前官少宰兼中書侍郎、神霄玉清萬壽宮使。二月庚戌，加光祿大夫，太宰兼門下侍郎。	正月辛未，白時中自太宰以觀文殿大學士領中太乙宮使依前特進、慶國公。二月庚戌，李邦彥自太宰兼門下侍郎以觀文殿學士〔三七〕領中太乙宮使。甲寅，蔡京自太師、魯	正月己巳，吳敏自中大夫、守門下侍郎除知樞密院事、親征行營副使。李棁自正奉大夫、守吏部尚書除同知樞密院事。庚午，李綱自試兵部侍郎、中大夫除尚書右丞。辛未，趙野自通議大夫、尚書左丞除門下侍郎。	二月癸卯，蔡懋自尚書左丞以資政殿學士、依前中大夫知大名府兼北京留守。王孝迪自中書侍郎以資政殿學士提舉醴泉觀。癸丑，种師道自同知樞密院事以檢校少

吳敏自知樞密院事遷太中大夫、少宰兼中書侍郎。三月己巳，徐處仁自守中書侍郎加通奉大夫、太宰兼門下侍郎。八月己未，唐恪自正奉大夫加少宰兼中書侍郎。閏十一月壬辰，何㮚自守門下侍郎加通奉大夫、右僕射、中書侍郎。 蔡京〔三八〕 白時中 李邦彥 張邦昌 吳敏	國公致仕責授中奉大夫、祕書監、分司南京，河南居住。三月己巳，張邦昌自太宰、兼門下侍郎以觀文殿大學士領中太乙宮使。八月己未，徐處仁自太宰以觀文殿大學士領中太乙宮使。吳敏自少宰以觀文殿大學士領醴泉觀使。閏十一月壬辰朔，唐恪自少宰以觀文殿	王孝迪自通議大夫、翰林學士承旨除中書侍郎。蔡懋自中大夫、同知樞密院事除尚書左丞。甲戌，唐恪自正議大夫、守吏部尚書除同知樞密院事。耿南仲自簽書樞密院事進同知樞密院事。辛巳，路允迪自試兵部尚書除資政殿學士、簽書樞密院事。丁亥，种師道自檢校少保、靜難軍節度使、河北河東制置使除同知樞密院事。	傅領中太乙宮使。甲寅，童貫自太師、廣陽郡王、徐豫國公責授左衞上將軍致仕，池州居住。蔡攸自太保、領樞密院事、燕國公責授太中大夫、提舉亳州明道宮，任便居住。三月戊辰，李棁自尚書左丞〔三九〕以正奉大夫、資政殿學士提舉南京鴻慶宮。庚午，宇文虛中自簽書樞密院事以資政

徐處仁 唐恪 何㮚	大學士領中太乙宮使兼侍讀依前光祿大夫。	二月〔四〇〕戊戌，尚書右丞李綱罷，辛丑復職。癸卯，徐處仁自觀文殿大學士、大名尹除中書侍郎。宇文虛中自保和殿大學士除資政殿大學士、簽書樞密院事。庚戌，李綱自中大夫、尚書右丞除知樞密院事。耿南仲自同知樞密院事除尚書左丞。李棁自正奉大夫、同知樞密院事除尚書右丞。三月己巳，唐恪自正議大夫、同知樞密院事依前官	殿學士、仍中大夫出知青州。四月庚戌，趙野自門下侍郎以資政殿學士出知襄陽府。六月癸卯，路允迪自簽書樞密院事以資政殿學士提舉醴泉觀。八月戊午，許翰自同知樞密院事以延康殿學士出知亳州。九月丁丑，李綱自知樞密院事以觀文殿學士出知揚州。

		加中書侍郎。何㮚自翰林學士、知制誥除中大夫、尚書右丞。許翰自御史中丞除中大夫、同知樞密院事。四月癸卯，耿南仲自太中大夫、尚書左丞依前官加門下侍郎。是月，种師道自檢校少傅、中太乙宮使復除同知樞密院事。六月戊戌，李綱宣撫河北、河東。八月丙申，种師道代李綱爲宣撫。	十月戊午，王寓自尚書左丞坐辭使軍前責授單州團練副使，新州安置。辛酉，种師道卒。十一月戊辰，馮澥自知樞密院除資政殿學士、太子賓客。丁丑，何㮚自中書侍郎依前官提舉醴泉觀〔四一〕兼侍讀。丁亥，李回自簽書樞密院事除提舉萬壽觀。

己未，何㮚自太中大夫、尚書右丞除中書侍郎。
陳過庭自太中大夫、試禮部尚書兼侍讀除尚書右丞。
聶昌自開封府尹除中大夫、同知樞密院事。
李回自朝請大夫、御史中丞兼侍讀除延康殿學士、簽書樞密院事。
九月丁丑，王㝢自禮部尚書除尚書左丞。
十月丁未，馮澥自禮部尚書、太子詹事兼侍讀除中大夫、知樞密院事。

十一月丁丑，陳過庭自太中大夫、尚書右丞除中書侍郎。
孫傅自試兵部尚書除中大夫、尚書右丞。甲申，除同知樞密院事。
曹輔自御史中丞除延康殿學士、簽書樞密院事。
庚寅，何㮚自資政殿學士、中大夫、提舉萬壽觀兼侍讀、領開封府事除門下侍郎。
閏十一月丁酉，馮澥自資政殿學士、中大夫、太子賓客除尚書左丞。

庚子，張叔夜自延康殿學士、南道都總管除簽書樞密院事。

校勘記

﹝一﹞尚書右丞　「右」原作「左」，據本書卷一七哲宗紀、本表下文元祐二年五月丁卯條和長編卷三九一改。

﹝二﹞尚書左丞　本書卷一七哲宗紀、長編卷三九一同，但本書卷三四〇、東都事略卷八九本傳都作「右丞」，上文閏二月丙午條也說除尚書右丞，似以「右丞」爲是。

﹝三﹞門下侍郎　按本書卷一七哲宗紀、卷三一四本傳和長編卷四〇九都作「中書侍郎」，此處誤。

﹝四﹞知開封府　按本書卷三四二本傳、長編卷四五五都作「權知開封府」，此處脫一「權」字。

﹝五﹞蘇頌自守尚書左僕射加左光祿大夫守尚書左僕射　按本條所記兩個「左僕射」都有誤：前者，上文元祐五年三月壬申條及本書卷一七哲宗紀、卷三四〇本傳都說，蘇頌在元祐五年除尚書左丞，此處不應作「左僕射」，長編卷四七四、宋宰輔編年錄卷一〇也都作「左丞」，表誤。後者，

本書卷一七哲宗紀、本傳和長編卷四七四都作「右僕射」，表也誤。

﹝六﹞、﹝七﹞中大夫　按上文元祐五年三月壬申、六年二月癸巳條，蘇轍、韓忠彥已除中大夫；下文紹聖元年三月丁酉、三年正月庚子條又說，兩人都自太中大夫罷執政；長編卷四七四也作「太中大夫」，此處「中」上脫「太」字。

﹝八﹞領醴泉觀使　按本書卷三四二本傳、長編卷四八四都作「同醴泉觀使」，並說「故事，非宰相不除使，遂置『同使』之名以寵之。」據此，「領」當作「同」。

﹝九﹞中書侍郎　按本書卷一六一職官志載，元豐改制後，中書侍郎由右僕射兼，門下侍郎由左僕射兼，此處「中書」當爲「門下」之誤。上文元祐三年四月辛巳呂大防除左僕射兼官條、宋大詔令集卷六九呂大防罷相制都作「門下侍郎」，是。

﹝一〇﹞尚書右丞　按本書卷三四二本傳，鄭雍在紹聖初以前已自尚書右丞遷左丞，此處不應再作「右丞」，宋會要職官七八之二八正作「左丞」，此處「右」字當是「左」字之誤。

﹝一一﹞觀文殿學士　按本書卷三一四、東都事略卷五九下本傳都作「觀文殿大學士」，此處「殿」下脫「大」字。

﹝一二﹞資政殿學士　按晁補之濟北晁先生雞肋集卷六二李清臣行狀、東都事略卷九六本傳都作「資政殿大學士」，此處「殿」下脫「大」字。

〔一三〕杭州　原作「揚州」，據本書卷三四三和東都事略卷九七本傳、宋宰輔編年錄卷一一改。

〔一四〕尚書右丞　按上文，本書卷三五一本傳、卷一九徽宗紀、東都事略卷一〇三本傳，張康國前已除尚書左丞，此處「右」字疑應作「左」。

〔一五〕尚書右僕射兼中書侍郎　按考異卷七四：「挺之于去年六月罷相，爲觀文殿大學士、中太乙宮使，此當云自觀文殿大學士、中太乙宮使，不當仍舉前官也。」是。趙龍相事見上文崇寧四年六月戊子條。

〔一六〕中大夫　按上文，林攄在大觀元年八月已爲太中大夫，此處不應又爲「中大夫」，宋宰輔編年錄卷一二正作「太中大夫」，此處「中」上脫「太」字。

〔一七〕依前正奉大夫　按上文大觀二年九月辛亥條，林攄自右光祿大夫、尚書左丞加中書侍郎，此處既說「依前」，則官名仍應爲「右光祿大夫」，宋會要職官七八之三一正作「右光祿大夫」。「正奉」，當作「右光祿」。

〔一八〕通議大夫　按本表同年二月條，張商英自通議大夫、中太乙宮使加中書侍郎，此處擢爲尚書右僕射兼中書侍郎，不當又說加通議大夫，宋宰輔編年錄卷一二作「通奉大夫」，此處當誤。

〔一九〕尚書左僕射加少師　按本書卷二一徽宗紀，政和二年九月，改左、右僕射爲太宰、少宰；上文政和二年十一月也載何執中爲太宰，此處不應仍稱「尚書左僕射」，當誤。下文政和六年四月

辛未條記何執中以太傅致仕，所稱「尚書左僕射」，也誤。

〔二〇〕鄧洵武自守中書侍郎知隨州　按上文，大觀元年五月，鄧洵武自中書侍郎知隨州，政和六年五月，自保大軍節度使知樞密院事。本書卷三二九、東都事略卷九八本傳，鄧自知隨州至知樞密院事，其間已幾次遷除，此處不應再以舊銜加少保，疑有誤。下文宣和三年正月壬寅條「少保、知隨州鄧洵武卒。」疑亦有誤。

〔二一〕鎮江軍　按本書卷三五二本傳、宋宰輔編年錄卷一二同，但本書卷二二徽宗紀、宋會要職官一之三、十朝綱要卷一八都作「鎮西軍」。

〔二二〕江浙江淮　本書卷二二徽宗紀作「江淮荆浙」，卷四六八本傳、宋會要職官一之三、編年綱目卷二九等書都作「江浙淮南」。此處「江」字復出，當有訛誤。

〔二三〕鄭居中加少師　按本書卷二二徽宗紀、宋會要職官一之三繫此事於「九月丙寅」，此處當有脫漏。

〔二四〕劍南東川　「川」原作「州」，據本書卷四六八本傳、宋宰輔編年錄卷一二改。

〔二五〕吳敏自試給事中　「敏」下原衍「中」字，據本書卷三五二本傳、靖康要錄卷一刪。

〔二六〕加特進　「特進」原作「特授」，據北盟會編卷二八、靖康要錄卷二改。

〔二七〕觀文殿學士　本書卷三五二本傳同。按北盟會編卷三五、靖康要錄卷二、宋宰輔編年錄卷一三都作「觀文殿大學士」。疑此處及本傳都脫「大」字。

〔二八〕蔡京　按上文，宣和七年四月，蔡京罷相致仕，靖康元年二月，責授中奉大夫、祕書監，分司南京，河南居住。長編紀事本末卷一三一所記同。其後蔡京連貶，此處當係誤列。

〔二九〕尚書左丞　按上文，靖康元年二月，李梲除尚書右丞，至三月並未遷轉，似以作「右丞」爲是。宋會要職官七八之三三、靖康要錄卷三正作「右丞」。

〔三〇〕二月　原作「三月」，據本書卷二三欽宗紀、靖康要錄卷二改。

〔三一〕提舉醴泉觀　「醴泉觀」下原衍「使」字，據靖康要錄卷一二、宋宰輔編年錄卷一三刪。

宋史卷二百一十三

表第四

宰輔四

紀年	宰相進拜加官	罷免	執政進拜加官	罷免
公元1127 建炎元年丁未高宗五月庚寅即位	五月甲午，李綱自資政殿大學士〔一〕、領開封府職事除正議大夫、守尚書右僕射兼中書侍郎。七月壬寅，自右僕射除銀青光祿大夫、尚書左僕射、同平章事〔二〕、御營使兼門下侍郎。同日，黃潛善自守門下侍郎除正議大夫、尚書右僕射、同平章事兼中書侍郎、御營使。 張邦昌 李綱 黃潛善	五月壬辰，張邦昌罷為太保、奉國軍節度使、同安郡王。八月丁丑，李綱罷左相，以觀文殿大學士提舉杭州洞霄宮。	五月庚寅，黃潛善自徽猷閣直學士、大元帥府兵馬副元帥遷中大夫、中書侍郎。汪伯彥自顯謨閣直學士、中大夫、大元帥府兵馬副元帥除同知樞密院事。己未，呂好問自試兵部尚書遷中大夫、尚書右丞。六月癸亥，黃潛善自中大夫、中書侍郎除門下侍郎。未幾，兼權中書侍郎。戊寅，汪伯彥自中大夫、同知樞密院事除知樞密院事。壬午，張慤同知樞密院事。七月癸卯，許翰自太中大夫、提舉鴻慶宮召為尚書右丞。十一月乙未，張慤自通議大夫、同知樞密院事除尚書左丞〔三〕，仍兼御營副使。顏岐自工部尚書遷中大夫，除同知樞密院事。丙午，再遷尚書左丞、同知樞密院事。同日，郭三益自試刑部尚書遷中大夫，除同知樞密院事。十二月丙子，許景衡自試御史中丞遷中大夫，除尚書右丞。	五月癸巳，耿南仲自門下侍郎以觀文殿學士提舉杭州洞霄宮。己未，馮澥自尚書左丞以資政殿學士知潼川府。七月癸卯，呂好問罷尚書右丞，授資政殿學士、知宣州。八月丙戌，許翰罷尚書右丞，以資政殿學士提舉洞霄宮。
1128 二年戊申	十二月己巳，黃潛善自右僕射兼中書侍郎除光祿大夫、守左僕射兼門下侍郎。汪伯彥自知樞密院事除正議大夫、守右僕射兼中書侍郎。 黃潛善 汪伯彥		五月戊子，朱勝非自翰林學士、知制誥兼侍讀遷中大夫，除尚書右丞。十二月己巳，盧益自試兵部尚書遷太中大夫，除簽書樞密院事〔四〕。顏岐自中大夫、尚書左丞除門下侍郎。朱勝非自太中大夫、尚書右丞除中書侍郎。	五月乙酉，許景衡罷尚書右丞，以資政殿學士提舉洞霄宮。
1129 三年己酉	三月庚辰，朱勝非自守中書侍郎除通奉大夫〔五〕、守右僕射兼中書侍郎兼御營使。故事，命相進官三等。勝非特進五官。四月癸丑，呂頤浩自資政殿學士、同簽書樞密院事授宣奉大夫、守右僕射兼中書侍郎。	二月己巳，黃潛善罷左相，以觀文殿大學士知江寧府。汪伯彥罷右相，以觀文殿大學士知洪州。四月癸丑，朱勝非罷右相，以觀文殿大學士知洪州。	正月甲申，路允迪自資政殿學士、提舉洞霄宮除簽書樞密院事。二月丁巳，呂頤浩自資政殿學士、江浙制置使除簽書樞密院事〔六〕。三月，除知樞密院事。己巳，葉夢得自試戶部尚書遷中大夫，除尚書左丞。	四月癸丑，路允迪罷簽書，以資政殿學士提舉醴泉觀兼侍讀。顏岐罷門下侍郎，以資政殿大學士提舉南京鴻慶宮。王孝迪罷中書侍郎，以端明殿學士提舉西京嵩山崇福宮。

閏八月丁亥，杜充自同知樞密院事授太中大夫、守右僕射、同平章事兼御營使。

朱勝非

呂頤浩

杜充

張澂自試御史中丞遷中大夫，除尚書右丞。

三月辛巳，盧益自中大夫、同知樞密院事除尚書左丞。

王淵自嚮德軍節度、御營使司都統制除兼都統制、簽書樞密院事。

戊子，王孝迪除中書侍郎。

丙午，李邴自翰林學士、知制誥遷端明殿學士，除同簽書樞密院事。

鄭瑴自試御史中丞遷端明殿學士，除同簽書樞密院事。

張澂罷尚書右丞〔七〕，以資政殿學士知江州。

四月壬子，張浚自尚書禮部侍郎遷通奉大夫，除知樞密院事。

癸丑，李邴自同簽書樞密院事遷中大夫，除尚書左丞〔八〕。

鄭瑴自同簽書樞密院事除簽書樞密院事。

庚申，李邴改除參知政事。

是日，罷左右丞、門下中書侍郎復爲參知政事。

五月癸未，滕康自翰林學士、知制誥遷端明殿學士，除簽書樞密院事。

七月壬寅，李邴自參知政事除權知三省樞密院事。

杜充自端明殿學士、中大夫、東京留守召除同知樞密院事。

滕康自簽書樞密院事除權同知三省樞密院事。

周望自朝奉大夫、試兵部尚書遷端明殿學士，除同簽書樞密院事。

王綯自資政殿學士兼權太子太傅遷中大夫，除參知政事。

九月，張守自翰林學士、知制誥遷端明殿學士，除同簽書樞密院事。

十一月，范宗尹自試御史中丞遷中大夫，除參知政事。

四年庚戌

五月甲辰，范宗尹自中大夫、參知政事授通奉大夫、守右僕射、同平章事兼知樞密院事。

十一月癸卯，詔追封贈元祐故宰相呂大防、呂公著、范純仁。

呂頤浩

杜充

范宗尹

二月乙未，杜充罷右相，以觀文殿大學士提舉江州太平觀。

四月乙未，呂頤浩罷右相，以鎮南軍節度使、開府儀同三司充醴泉觀使。

六月丙戌，前宰相呂頤浩、朱勝非罷爲江東西、兩浙安撫大使。

五月壬子，張守自端明殿學士、同簽書樞密院事遷中大夫，除參知政事。

趙鼎自朝奉大夫、御史中丞遷端明殿學士，除簽書樞密院事。

八月辛未朔，謝克家自禮部尚書遷中大夫，除參知政事。

十月己丑，李回自端明殿學士、權同知三省樞密院事遷中大夫，除同知樞密

五月乙卯，王綯罷參知政事。

甲子，周望罷同知樞密院事及兩浙宣撫使，授提舉江州太平觀。

十一月甲辰，趙鼎罷簽書樞密院事。

年	宰相進拜加官	宰相罷免	執政進拜加官	執政罷免
			院事。十一月戊申，富直柔自御史中丞除簽書樞密院事。	
1131 紹興元年辛亥	八月丁亥，秦檜自參知政事授通奉大夫、守右僕射、同平章事兼知樞密院事。九月癸丑，呂頤浩自鎮南軍節度使、開府儀同三司、江東路安撫大使授少保、左僕射、同平章事兼知樞密院事。 范宗尹 呂頤浩 秦檜	七月癸亥，范宗尹罷右相，授觀文殿學士〔九〕、提舉洞霄宮。九月，汪伯彥復正議大夫、觀文殿學士、江東安撫大使、知池州。	二月辛巳，秦檜自試禮部尚書兼侍讀遷中大夫，除參知政事。八月己卯，富直柔自端明殿學士、簽書樞密院事除同知樞密院事。李回自中大夫、同知樞密院事除參知政事。十月庚午，孟庾自試戶部尚書、中大夫除參知政事。	正月辛亥，謝克家罷參知政事，以資政殿學士提舉洞霄宮。八月己卯，張守罷參知政事，以資政殿學士〔一〇〕提舉洞霄宮。九月癸丑，李回罷，以資政殿學士、江南西路安撫大使兼知洪州。十一月戊戌，富直柔罷同知樞密院事，以

年	宰相進拜加官	宰相罷免	執政進拜加官	執政罷免
				中大夫提舉臨安府洞霄宮。
1132 二年壬子	九月己丑，朱勝非自觀文殿大學士、提舉萬壽觀〔一一〕兼侍讀除左宣奉大夫、右僕射、同平章事兼知樞密院事。 呂頤浩 秦檜 朱勝非	二月庚午，詔李綱爲湖廣宣撫使兼知潭州。八月甲寅，秦檜罷右相，以觀文殿學士提舉江州太平觀。	四月庚午，翟汝文自翰林學士承旨、左中大夫、知制誥除參知政事。元年十二月，詔文階繫銜復分左右。五月辛酉，權邦彥自左朝議大夫、試兵部尚書遷端明殿學士，除簽書樞密院事。	六月，翟汝文由參知政事致仕。
1133 三年癸丑	七月癸酉，朱勝非以右僕射起復，仍知樞密院事。 呂頤浩 朱勝非	四月庚寅，朱勝非以母憂去位。九月戊午，呂頤浩罷左相，以鎮南軍節度	二月辛亥，席益自工部尚書遷中大夫，除參知政事。徐俯自翰林學士、左中大夫、知制誥遷端明殿學士，	

年	宰相進拜加官	宰相罷免	執政進拜加官	執政罷免
		使、開府儀同三司提舉臨安府洞霄宮。	除簽書樞密院事。五月丁卯，韓肖胄自太中大夫、吏部侍郎遷端明殿學士，除同簽書樞密院事。	
1134 四年甲寅	九月癸酉，趙鼎自知樞密院事除左通奉大夫、右僕射、同平章事兼知樞密院事。 朱勝非 趙鼎	九月庚午，朱勝非罷右相，聽持餘服，候服闋，除觀文殿大學士、提舉洞霄宮。	三月戊午，趙鼎自江南西路安撫大使遷中大夫，除參知政事。七月戊申朔，胡松年自左朝奉大夫、試吏部尚書遷端明殿學士，除簽書樞密院事。九月甲戌，沈與求自試吏部尚書兼權翰林學士遷中大夫，除參知政事。十一月乙未，張浚自資政	正月癸酉，韓肖胄罷同簽書樞密院事。二月癸未，席益罷參知政事，以資政殿學士提舉江州太平觀。三月乙丑，張浚罷知樞密院事，以資政殿大學士提舉洞霄宮。四月丙午，徐俯罷簽書樞密院事，提舉臨安府洞霄宮。

年	宰相進拜加官	宰相罷免	執政進拜加官	執政罷免
			殿學士、左通奉大夫、提舉萬壽觀兼侍讀除知樞密院事。	
1135 五年乙卯	二月丙戌，趙鼎自右僕射授左宣奉大夫、守左僕射、同平章事兼知樞密院、都督諸路軍馬。張浚自知樞密院事授左宣奉大夫、守右僕射、同平章事兼知樞密院事、都督諸路軍馬。 趙鼎 張浚		四月己丑，孟庾自左通奉大夫、參知政事除知樞密院事，依舊兼總制司。	閏二月，胡松年罷簽書樞密院事。七月己卯，孟庾罷知樞密院事，以觀文殿學士知紹興府。
1136 六年丙辰	張浚	十二月乙巳，趙鼎罷	三月，折彥質自左朝議大	二月癸亥，沈與求罷

	趙鼎	左相，以觀文殿大學士知紹興府。	夫、試兵部尚書、諸路軍馬事都督府參謀還端明殿學士，除簽書樞密院事。十二月辛亥，張守自資政殿學士、提舉洞霄宮，除參知政事。	參知政事，以資政殿學士知明州。十二月丙午，折彥質罷簽書樞密院事。
1137 七年丁巳	九月丙子，趙鼎自觀文殿大學士充萬壽觀使，授左金紫光祿大夫、守尚書左僕射兼樞密使。 張浚 趙鼎	九月壬申，張浚罷右相，以觀文殿大學士提舉江州太平觀。	正月癸未，陳與義自翰林學士除參知政事。沈與求自資政殿學士、提舉洞霄宮召爲提舉萬壽觀兼侍讀。既至，以爲同知樞密院事。乙酉，秦檜自觀文殿學士、醴泉觀使兼侍讀除樞密使。	

			三月戊寅，沈與求除知樞密院事。	
1138 八年戊午	三月壬辰，秦檜自樞密使、左宣奉大夫守右僕射、同平章事兼樞密使。 秦檜 趙鼎	十月甲戌，趙鼎罷左相，授奉國軍節度使、知紹興府。	三月庚寅，王庶自兵部尚書除樞密副使。劉大中自禮部尚書除參知政事。十一月甲申，孫近自翰林學士承旨除參知政事。十二月甲戌，韓肖胄自端明殿學士除簽書樞密院事。十二月己未，李光自吏部尚書除參知政事。	正月戊戌，張守罷參知政事，以資政殿大學士〔二二〕知婺州。三月甲午，陳與義罷參知政事，以資政殿學士知湖州。十月丁巳，劉大中罷參知政事，以資政殿學士知處州。十一月甲辰，王庶罷樞密副使，以資政殿學士知潭州。

1139 九年己未	秦檜	二月，張浚自提舉洞霄宮詔復資政殿大學士〔二三〕知福州。	正月丙戌，王倫除同簽書樞密院事。三月辛丑，樓炤自翰林學士承旨、知制誥除簽書樞密院事。	十二月辛酉，李光罷參知政事。
1140 十年庚申	秦檜		七月丙午，王次翁自御史中丞除參知政事。	二月，韓肖胄罷簽書樞密院事，以資政殿學士知紹興府。六月甲子，樓炤以丁父憂去。
1141 十一年辛酉	六月己亥，秦檜自右僕射加特進、左僕射，仍兼樞密使，封慶國公〔二四〕。 秦檜		四月壬辰，韓世忠自揚武翊運功臣、太保、橫海武寧安化軍節度使、淮東路宣撫使除樞密使。	四月己卯，孫近罷參知政事，以資政殿學士提舉洞霄宮。八月甲戌，岳飛罷樞密

			張俊自安民靖難功臣、少保、鎮洮崇信奉寧軍節度、淮西路宣撫使除樞密使。岳飛自少保、武勝定國軍節度使、湖北京西路宣撫使除樞密副使。七月庚子，范同自翰林學士除參知政事。十月癸巳，韓世忠罷樞密使，授太傅、橫海武寧安化軍節度使，充醴泉觀使〔二六〕。十一月乙卯，何鑄自御史中丞遷端明殿學士，除簽書樞密院事。	副使，依前少保、武勝定國軍節度使〔二五〕，充萬壽觀使。十一月己亥，范同罷參知政事。

1142 十二年壬戌	九月己巳，秦檜自少保、左僕射加太師，以徽宗梓宮及太后還，故有是命。 秦檜		七月，何鑄兼權參知政事。 八月甲戌，万俟卨自御史中丞除參知政事。 九月乙未，孟忠厚自少保、護國軍節度使、判紹興府、信安郡王除樞密使。 十月乙亥，程克俊自翰林學士遷端明殿學士，除簽書樞密院事，尋兼權參知政事。	八月，何鑄罷簽書樞密院事，以本職提舉太平觀。 十一月癸巳，張俊罷樞密使，自太傅、益國公授鎮洮崇信等節度〔七〕、醴泉觀使、清河郡王。 是月，孟忠厚罷樞密使，以少傅知建康府。
1143 十三年癸亥	秦檜			閏四月乙卯，王次翁罷參知政事，以資政殿學士提舉洞霄宮。 六月，程克俊罷簽書，依前職提舉洞霄宮。

1144 十四年甲子	秦檜		二月，樓炤自資政殿學士、知建康府除簽書樞密院事，尋兼權參知政事。 五月乙丑，李文會自御史中丞遷端明殿學士，除簽書樞密院事兼權參知政事。 十二月辛丑，楊愿自御史中丞遷端明殿學士，除簽書樞密院事。	二月丙午，万俟卨罷參知政事。 五月甲子，樓炤罷簽書。 十二月，李文會罷簽書樞密院事。
1145 十五年乙丑	秦檜		十月，秦熺自翰林學士承旨除知樞密院事。 癸未，李若谷自敷文閣直學士、樞密都承旨兼侍讀遷端明殿學士，除簽書樞密院事，尋兼權參知政事。	十月丙子，楊愿罷簽書樞密院事。

1146 十六年丙寅	秦檜			
1147 十七年丁卯	秦檜		正月壬辰，李若谷自端明殿學士、簽書樞密院事除參知政事。 何若自御史中丞除簽書樞密院事。 三月己卯，段拂自翰林學士除參知政事。 四月己亥，汪勃自御史中丞遷端明殿學士，除簽書樞密院事。	二月辛酉，李若谷罷參知政事。 三月乙亥，何若罷簽書。

1148 十八年戊辰	秦檜		二月，汪勃兼權參知政事。 七月丁酉，詹大方簽書樞密院事兼權參知政事。 十月丙辰，余堯弼簽書樞密院事兼權參知政事。	正月乙未，段拂罷參知政事。 七月丙申，汪勃罷簽書。 九月，詹大方卒。
1149 十九年己巳	秦檜			
1150 二十年庚午	秦檜		二月癸未，余堯弼自簽書樞密院事除參知政事。 巫伋自給事中遷端明殿學士，除簽書樞密院事。	
1151 二十一年辛未	秦檜		十一月，巫伋自簽書樞密院事兼權參知政事。	十一月庚戌，余堯弼罷參政，以資政殿學士提舉洞霄宮。

1152 二十二年 壬申	秦檜		四月辛巳，章复自御史中丞遷端明殿學士，除簽書樞密院事兼權參知政事。十月甲戌，宋樸自御史中丞遷端明殿學士，除簽書樞密院事兼參知政事。	四月丙子，巫伋罷簽書。九月癸丑，章复罷簽書。
1153 二十三年 癸酉	秦檜		十月壬申，史才自諫議大夫遷端明殿學士，除簽書樞密院事兼權參知政事。	十月戊辰，宋樸罷簽書，以端明殿學士提舉洞霄宮。
1154 二十四年 甲戌	秦檜		六月甲午，魏師遜自御史中丞遷端明殿學士〔二八〕，除簽書樞密院事兼權參知政事。十一月丁卯，施鉅自吏部侍郎除參知政事。鄭仲熊自吏部侍郎遷端明殿學士，除簽書樞密院事，尋兼權參知政事。	六月癸巳，史才罷簽書，以端明殿學士提舉洞霄宮。十一月乙丑，魏師遜罷簽書。

二十五年 乙亥	秦檜	十月丙申，秦檜自太師、左僕射進封建康郡王致仕。子熺亦加少師致仕。	六月辛巳，湯思退自禮部侍郎遷端明殿學士，除簽書樞密院事。八月丙戌，董德元自吏部尚書〔二九〕除參知政事。十月，湯思退自簽書樞密院事兼參知政事。十一月癸丑，魏良臣自敷文閣直學士召除參知政事。十二月甲午，沈該自敷文閣待制、前知夔州召除參知政事。	四月乙酉，施鉅罷參政，以資政殿學士提舉太平興國宮。六月己卯，鄭仲熊罷簽書。十二月乙酉，董德元罷參政，以資政殿學士提舉太平興國宮。

1156 二十六年 丙子	五月壬寅，沈該自參知政事授左朝議大夫、守左僕射、同平章事。万俟卨自參知政事授左宣奉大夫、守右僕射、同平章事。 沈該 万俟卨	正月甲子，趙鼎追復觀文殿大學士。是年冬，万俟卨進授金紫光祿大夫致仕。	三月己未，万俟卨自資政殿學士、提舉萬壽觀除參知政事。五月甲辰，湯思退自端明殿學士、簽書樞密院事進知樞密院事。六月丁丑，程克俊自端明殿學士、知明州除參知政事。八月甲午，張綱自吏部侍郎除參知政事。九月乙巳，陳誠之自敷文閣學士除同知樞密院事。	正月甲子，孫近復資政殿學士。二月辛卯，魏良臣罷參政，以資政殿學士知紹興府。

1157 二十七年 丁丑	六月戊申，湯思退自知樞密院事授右通奉大夫、守右僕射、同平章事。 沈該 湯思退		二月戊午，湯鵬舉自御史中丞除參知政事。八月乙未，湯鵬舉自參知政事除知樞密院事。九月戊寅，陳康伯自吏部尚書除參知政事。	九月癸酉，張綱罷參政，以資政殿學士知婺州。十一月癸未，湯鵬舉以資政殿學士提舉洞霄宮。
1158 二十八年 戊寅	沈該 湯思退		二月丙申，陳誠之自同知樞密院事除知樞密院事。乙巳，王綸自工部侍郎兼直學士院〔三〇〕除同知樞密院事。	
1159 二十九年 己卯	九月甲午，陳康伯右僕射。 湯思退左僕射。	六月乙酉，沈該罷左相，以觀文殿大學士	七月丁亥，賀允中自吏部侍郎〔三一〕除參知政事。	六月丁酉，陳誠之罷知樞密院事。

	沈該 陳康伯 湯思退	提舉洞霄宮。	十二月辛未，王綸自同知樞密院事除知樞密院事。	
1160 三十年庚辰	湯思退 陳康伯	十二月乙巳朔，湯思退罷左相，以觀文殿大學士提舉太平興國宮。	正月，葉義問自殿中侍御史除同知樞密院事〔二〕。七月戊戌，朱倬自御史中丞除參知政事。葉義問自同知樞密院事除知樞密院事。周麟之自翰林學士兼侍讀除同知樞密院事。	六月庚午，王綸罷知院，以資政殿大學士知福州。八月癸丑，賀允中罷參政，以資政殿學士致仕。
1161 三十一年辛巳	三月庚寅，陳康伯自右僕射授左光祿大夫，遷左僕射、同平章事。	十月，張浚復觀文殿大學士，判建康府。	三月壬午，楊椿自兵部尚書、兼權翰林學士除參知政事。	六月庚申，周麟之罷同知樞密院事。

	朱倬自參知政事授左通奉大夫，遷右僕射、同平章事。 湯思退〔三〕 陳康伯 朱倬		九月庚辰，黃祖舜自給事中除同知樞密院事。	
1162 三十二年壬午孝宗六月丙子即位	十二月丁卯，宰相陳康伯仍兼樞密使。 陳康伯 朱倬	六月，朱倬罷右僕射，以觀文殿學士提舉太平興國宮。	四月戊寅，汪澈自御史中丞除參知政事。七月己巳，史浩自翰林學士、知制誥遷左中大夫，除參知政事。十月戊子，張燾自左太中大夫、提舉太平興國宮除同知樞密院事。	十月乙巳，葉義問罷樞密院事，以資政殿學士提舉太平興國宮。

1163 隆興元年癸未	正月庚午，史浩自參知政事除左通奉大夫、守右僕射、同中書門下平章事兼樞密使。七月庚寅，湯思退自觀文殿大學士、左金紫光祿大夫充醴泉觀使兼侍讀除特進、右僕射、同平章事兼樞密使，進封榮國公。十二月丁丑，湯思退自特進、右僕射、榮國公授左僕射兼樞密使，進封慶國公。張浚自降授特進、樞密使、魏國公授右僕射、同平章事兼樞密使，依前都督江	五月，史浩罷右僕射，以觀文殿大學士知紹興府。十二月丁巳朔，陳康伯罷相，除少保、觀文殿大學士判信州，進封福國公。	正月庚午，張浚自少傅、觀文殿大學士充江淮東西路宣撫使，節制沿江軍馬、魏國公除樞密使。三月癸巳，張燾自同知樞密院事遷太中大夫，除參知政事。辛次膺自御史中丞遷左中大夫，除同知樞密院事。五月丁未，辛次膺自同知樞密院事除參知政事。洪遵自翰林學士承旨、知制誥兼侍讀遷左中大夫，除同知樞密院事。六月戊辰，周葵自兵部侍	二月癸未，黃祖舜罷同知，以資政殿學士知潭州。五月癸亥，汪澈罷參政，以資政殿大學士提舉洞霄宮。六月戊寅，辛次膺罷參政，以資政殿學士提舉臨安府洞霄宮。

	淮東西路、建康鎮江府、江陰軍、江池州屯駐軍馬。 張浚 湯思退 陳康伯 史浩		郎兼侍講遷左太中大夫，除參知政事。	
1164 二年甲申	十一月戊戌，陳康伯自少保、觀文殿大學士、醴泉觀使、福國公拜左僕射、同平章事兼樞密使，依前少保，進封魯國公。 張浚 陳康伯 湯思退	四月丁丑，張浚罷右僕射，授少師、保信軍節度使、判福州，依前魏國公。十一月辛卯，湯思退罷左僕射，授觀文殿大學士，提舉太平興國宮，依前特進、岐國公。	七月己巳，周葵兼權知樞密院事。八月己酉，賀允中自資政殿大學士、左通議大夫、提舉萬壽觀除知樞密院事兼參知政事。九月辛丑，王之望自左諫議大夫、淮西宣諭使遷左中大夫，除參知政事。	七月丁亥，洪遵罷同知，以端明殿學士〔四〕提舉太平興國宮。閏十一月丙辰，周葵罷參政，以資政殿學士提舉臨安府洞霄宮。乙亥，王之望罷參政，

			十一月辛丑，錢端禮自兵部尚書、賜同進士出身除端明殿學士、簽書樞密院事，尋兼權參知政事。十一月壬寅，虞允文自顯謨閣學士、知平江府召除端明殿學士、同簽書樞密院事，尋兼權參知政事。十二月辛卯，錢端禮自簽書樞密院事除參知政事兼權知樞密院事。虞允文自朝請大夫、簽書樞密院事除同知樞密院事兼權參知政事。王剛中自禮部尚書除端	以端明殿學士提舉太平興國宮。

乾道元年乙酉	十二月戊寅，洪适自參知政事除左通奉大夫、守右僕射兼權樞密使。 陳康伯 洪适	二月戊申，陳康伯罷左僕射，授少師、觀文殿大學士、魯國公致仕。	明殿學士簽書樞密院事。 三月庚申，虞允文自同知樞密院事除參知政事兼同知樞密院事。王剛中自簽書樞密院事遷左中奉大夫，除同知樞密院事。四月丙戌，洪适自翰林學士、左中奉大夫、知制誥除端明殿學士、簽書樞密院事。八月己丑，洪适自簽書樞密院事除參知政事。葉顒自吏部侍郎、權尚書除端明殿學士、簽書樞密	八月己丑，虞允文罷參政，以端明殿學士提舉江州太平興國宮。丙申，錢端禮罷參政，以資政殿大學士提舉萬壽觀。

			院事。癸巳，兼權參知政事。九月甲戌，汪澈自端明殿學士除知樞密院事。十二月戊寅，汪澈自左通議大夫、知樞密院事除樞密使。庚寅，葉顒自簽書樞密院事除參知政事兼同知樞密院事。	
二年丙戌	十二月甲申，葉顒自參知政事除左通奉大夫、左僕射、同平章事兼樞密使。魏杞自參知政事除左正議大夫、右僕射、同平章事兼樞密使。	三月辛未，洪适罷右僕射，授觀文殿學士、提舉江州太平興國宮。	三月癸酉，魏杞自給事中、權吏部尚書除同知樞密院事兼權參知政事。五月庚戌，魏杞自同知樞密院事〔三五〕除參知政事。八月戊子，兼同知樞密院	四月乙未，汪澈罷樞密使，以觀文殿學士提舉臨安府洞霄宮。五月庚戌，葉顒罷參政，以資政殿學士提舉洞霄宮。

	洪适 葉顒 魏杞		事。林安宅自右諫議大夫除同知樞密院事兼權參知政事。辛亥，蔣芾自中書舍人除端明殿學士、簽書樞密院事。八月戊子，兼權參知政事。十二月戊寅，葉顒自資政殿學士、左中大夫提舉洞霄宮除知樞密院事。甲申，蔣芾自端明殿學士、簽書樞密院事兼權參知政事〔三六〕遷左中大夫，除參知政事。	八月丙戌，林安宅罷同知樞密院事。

			陳俊卿自左朝議大夫、試吏部尚書除同知樞密院事兼權參知政事。	
1167 三年丁亥	葉顒　魏杞	十一月癸酉，葉顒罷左僕射，提舉太平興國宮。魏杞罷右僕射，提舉太平興國宮。	二月辛巳，虞允文自端明殿學士、提舉太平興國宮還左太中大夫除知樞密院事。十一月癸酉，陳俊卿自同知樞密院事兼權參知政事除參知政事。劉珙自翰林學士、知制誥除同知樞密院事。	
1168 四年戊子	二月，蔣芾自參知政事除左正議大夫，守右僕射兼	七月，蔣芾以母喪去位。	二月己巳，王炎自右朝奉大夫、試兵部侍郎、賜同進	八月辛亥，劉珙以知隆興府〔二七〕罷。

	樞密使。十月庚子，陳俊卿自參知政事除左正議大夫、右僕射、同平章事兼樞密使。蔣芾　陳俊卿		士出身除端明殿學士、簽書樞密院事。七月壬戌，劉珙自同知樞密院事兼參知政事。	
1169 五年己丑	八月己丑，陳俊卿自右僕射、同平章事兼樞密使〔二八〕。虞允文自樞密使除右僕射、同平章事兼樞密使。陳俊卿　虞允文		二月甲寅，王炎自端明殿學士、簽書樞密院事兼權參知政事兼同知國用事、知樞密院事〔二九〕。梁克家自給事中除端明殿學士、簽書樞密院事。四月壬辰，兼參知政事。六月己酉，虞允文自資政殿大學士、知樞密院事、四	

			川宣撫使召除樞密使。	
1170 六年庚寅	陳俊卿　虞允文	五月，陳俊卿罷左僕射，除觀文殿大學士、知福州。	閏五月癸巳，梁克家自端明殿學士、簽書樞密院事除參知政事兼同知樞密院事、兼同知國用事。明年三月癸未，兼權知樞密院事。	
1171 七年辛卯	虞允文　明年二月，改僕射官名爲左右丞相。		三月己丑，張說自明州觀察使、知閤門事兼樞密副都承旨除簽書樞密院事。	
1172 八年壬辰	二月辛亥，虞允文自右僕射除左丞相、特進兼樞密使，封華國公。梁克家自參知政事除右	九月戊寅，虞允文罷左丞相，授少師〔三〇〕、武安軍節度使，充四川宣撫使，封雍國公。	二月癸酉，王之奇自吏部侍郎、權尚書、賜同進士出身除端明殿學士、簽書樞密院事。	

	丞相兼樞密使。梁克家　虞允文		丙寅，曾懷自戶部尚書、賜同進士出身除參知政事。	
1173 九年癸巳	十月甲戌，曾懷自參知政事遷左宣奉大夫，除右丞相。梁克家　曾懷	十月辛未，梁克家罷右丞相，以觀文殿大學士知建寧府。	正月乙亥，張說自安慶軍節度使、簽書樞密院事除同知樞密院事。沈复自戶部侍郎兼侍講除端明殿學士、簽書樞密院事。辛巳，鄭聞自權刑部尚書、兼侍讀除端明殿學士、簽書樞密院事。十月甲戌，還左中大夫除參知政事。十月甲戌，張說自同知樞密院事除知樞密院事。	正月辛未，王之奇罷簽書，以資政殿學士知揚州、淮南安撫使。己丑，王炎罷樞密使，以觀文殿學士提舉臨安府洞霄宮。十二月甲子，沈复罷同知，以資政殿學士知荆南府。

			沈复自端明殿學士、簽書樞密院事遷左中大夫、同知樞密院事。十二月己丑，姚憲自御史中丞、兼侍讀除端明殿學士、簽書樞密院事。	
1174 淳熙元年甲午	七月壬辰，曾懷自觀文殿大學士、提舉太平興國宮遷光祿大夫，除右丞相。十一月丙午，葉衡自兼樞密使、參知政事遷通奉大夫，除右丞相。曾懷 葉衡	六月戊寅，曾懷罷右丞相，除觀文殿大學士、提舉太平興國宮。十一月丙午，曾懷罷右丞相，以觀文殿大學士提舉洞霄宮。	四月己卯，姚憲自端明殿學士、簽書樞密院事遷中大夫，除參知政事。葉衡自朝散大夫、戶部尚書除端明殿學士、簽書樞密院事。六月癸未，遷中大夫，除參知政事。十月，詔兼權知樞密院事。七月丁亥，鄭聞自資政殿學士〔三二〕、太中大夫、四川宣撫使除參知政事。乙未，楊倓自昭慶軍節度使、提舉佑神觀除簽書樞密院事。十一月戊戌，龔茂良自禮部侍郎兼權吏部尚書除參知政事。十二月丁巳，李彥穎自吏部尚書除端明殿學士簽書樞密院事。	三月丙申，鄭聞以資政殿大學士、四川宣撫使罷。六月癸未，姚憲罷參政，以端明殿學士領宮觀。七月乙未，張說罷知樞密院事，以太尉提舉隆興府玉隆觀，依前安慶軍節度使。十一月，楊倓罷簽書，以昭慶軍節度使知荊南府。
1175 二年乙未	葉衡	九月乙未，葉衡罷右相，依前中奉大夫〔三三〕、知建寧府。	五月，沈复自資政殿大學士、中大夫、四川宣撫使除同知樞密院事。閏九月丁巳，李彥穎自端明殿學士、簽書樞密院事除參知政事。王淮自翰林學士、知制誥除端明殿學士、簽書樞密院事。	閏九月丁未，沈复以知鎮江府罷。
1176 三年丙申			七月，王淮自端明殿學士、簽書樞密院事遷中大夫，除同知樞密院事。趙雄自朝散郎、試禮部尚書、兼侍讀、兼給事中除端明殿學士、簽書樞密院事。	
1177 四年丁酉			五月，王淮自中大夫、同知樞密院事除參知政事。十一月庚子，趙雄自簽書樞密院事除同知樞密院事。	六月丁丑，龔茂良罷參政，以資政殿學士知鎮江府。
1178 五年戊戌	三月壬子，史浩自觀文殿大學士、充醴泉觀使、兼侍讀、永國公依前少保，授右丞相，封衞國公。十一月丁丑，趙雄自參知政事遷正議大夫，除右丞相。史浩 趙雄	十一月甲戌，史浩罷右相，授少傅、保寧軍節度使、充醴泉觀使、兼侍讀，依前衞國公。	四月丙寅，范成大自禮部尚書、兼直學士院遷中大夫除參知政事。六月乙酉，錢良臣自給事中除端明殿學士、簽書樞密院事。己未，王淮自參知政事除知樞密院事。趙雄自同知樞密院事除參知政事。十一月丁丑，王淮自知樞密院事遷太中大夫，除樞密使。	三月，李彥穎罷參政，以資政殿學士知紹興府。六月甲戌，范成大罷參政，以資政殿學士知婺州。

表第四　宰輔四

宋史卷二百一十三

			乙亥，錢良臣自簽書除參知政事。	
1179 六年己亥	趙雄			
1180 七年庚子	趙雄		五月戊辰，周必大自吏部尚書除參知政事。 謝廓然自刑部尚書除端明殿學士、簽書樞密院事。	
1181 八年辛丑	八月，王淮自樞密使、信國公除光祿大夫、右丞相兼樞密使，封福國公。 趙雄 王淮	八月，趙雄罷右丞相，除觀文殿大學士、四川安撫制置使兼知成都府。	八月甲寅，謝廓然自權參知政事除同知樞密院事。 九月，兼權參知政事。	九月庚寅，錢良臣以資政殿學士與在外宮觀罷。
1182 九年壬寅	王淮		六月丁巳，周必大自參知政事除知樞密院事。	六月丁巳，謝廓然自同知樞密院致仕。

			十二月丁丑，施師點自朝請大夫、給事中除端明殿學士、簽書樞密院事。明年正月丙戌，兼權參知政事。	
1183 十年癸卯	王淮		八月戊申，施師點自端明殿學士、簽書樞密院事兼權參知政事遷中大夫，除參知政事兼同知樞密院事。 黃洽自御史中丞、兼侍講遷中大夫，除參知政事。	
1184 十一年甲辰	王淮		六月庚申，周必大自知樞密院事進樞密使。	

1185 十二年乙巳	王淮			
1186 十三年丙午	王淮	十一月丙寅，梁克家罷右丞相，授觀文殿大學士、充醴泉觀使、兼侍讀，依前特進、鄭國公。	閏七月戊申，留正自敷文閣學士除端明殿學士、簽書樞密院事。	
1187 十四年丁未	二月丁亥，周必大自樞密使遷光祿大夫，除右丞相。 王淮 周必大		二月戊子，施師點自參知政事除知樞密院事。 八月癸未，留正自簽書樞密院事除參知政事兼同知樞密院事。	
1188 十五年戊申	王淮 周必大	五月己亥，王淮罷左丞相，除觀文殿大學		

		士、判衢州，依前特進、魯國公。		
1189 十六年己酉二月壬戌光宗卽位	正月己亥，周必大自右丞相、濟國公除特進、左丞相，封許國公。 留正自參知政事兼同知樞密院事遷通奉大夫，除右丞相。 留正 周必大	三月甲寅，前宰相史浩自太傅、保寧軍節度使致仕、魏國公授太師，依前官致仕。 五月丙申，周必大罷左丞相，以觀文殿大學士判潭州。	正月己亥，王藺自禮部尚書除參知政事。 葛邲自刑部尚書除同知樞密院事。 五月甲午，王藺自參知政事除知樞密院事兼參知政事。	正月丙申，黃洽罷知樞密院事，以資政殿大學士知隆興府。 乙巳，蕭燧罷參知政事，除資政殿學士、提舉臨安府洞霄宮。
1190 紹熙元年庚戌	七月乙卯，留正自宣奉大夫、右丞相遷金紫光祿大夫，除左丞相。 留正		七月甲寅，葛邲自宣奉大夫、同知樞密院事除參知政事。 王藺自知樞密院事除樞	

			密使。 胡晉臣自太中大夫、給事中、兼侍講除端明殿學士、簽書樞密院事。 十二月丁亥，胡晉臣自端明殿學士、簽書樞密院事除參知政事兼同知樞密院事。 葛邲自參知政事除知樞密院事。	
1191 二年辛亥	留正			
1192 三年壬子	留正		六月辛丑，陳騤自禮部尚書除同知樞密院事。	

1193 四年癸丑	三月辛巳，葛邲自光祿大夫、知樞密院事遷特進，除右丞相。 留正 葛邲		三月辛巳，陳騤自同知樞密院事除參知政事。 胡晉臣自參知政事除知樞密院事。 趙汝愚自吏部尚書除同知樞密院事。 十月壬午，趙汝愚自中大夫、同知樞密院事除知樞密院事，仍進封開國公。五年七月己巳，兼參知政事。 余端禮自通議大夫、吏部尚書除同知樞密院事。	
1194 五年甲寅 寧宗七月甲子即位	八月丙辰，趙汝愚自樞密使除右丞相。 留正	正月，葛邲罷右相，授觀文殿大學士，依前特進、判建康府。	七月丙午，余端禮自同知樞密院事除參知政事兼同知樞密院事。癸未，免兼。	十二月己巳，陳騤罷知樞密院事。

	葛邲 趙汝愚	八月丙辰，留正罷左相。	陳騤自參知政事除知樞密院事。八月丙申，兼參知政事。 七月癸未，趙汝愚自知樞密院事除樞密使。 甲申，羅點自兵部尚書除端明殿學士、簽書樞密院事。 九月壬申，京鏜自刑部尚書除端明殿學士、簽書樞密院事。 十二月庚午，京鏜自簽書樞密院事除參知政事。 鄭僑自吏部尚書除同知樞密院事。	

1195 慶元元年乙卯	四月己未，余端禮自知樞密院事兼參知政事遷銀青光祿大夫，除右丞相。 趙汝愚 余端禮	二月戊寅，趙汝愚罷右丞相，除觀文殿大學士，依前銀青光祿大夫、知福州。	余端禮自參知政事除知樞密院事。明年二月戊寅，兼參知政事。 四月己未，鄭僑自宣奉大夫、同知樞密院事除參知政事。 京鏜自太中大夫、參知政事除知樞密院事。 謝深甫自中奉大夫、試御史中丞、兼侍讀除端明殿學士、簽書樞密院事。	
1196 二年丙辰	正月庚寅，余端禮自右丞相遷特進，除左丞相。 京鏜自知樞密院事遷正議大夫，除右丞相。	四月甲子，余端禮罷左丞相，以觀文殿大學士判隆興府。	正月庚寅，鄭僑自參知政事除知樞密院事。 謝深甫自簽書樞密院事除參知政事。三年正月癸	

	余端禮 京鏜		卯,兼知樞密院事。何澹自御史中丞除同知樞密院事。四月壬申,除參知政事。同日,葉翥自吏部尚書除端明殿學士、簽書樞密院事。	
1197 三年丁巳	京鏜			正月壬寅,鄭僑罷知樞密院事,以資政殿大學士知福州。
1198 四年戊午	京鏜		正月丙寅,葉翥同知樞密院事。八月丙子,謝深甫自參知政事除知樞密院事兼參	

			知政事。許及之自吏部尚書除同知樞密院事。	
1199 五年己未	京鏜			
1200 六年庚申	閏二月庚寅,京鏜自右丞相拜少傅、左丞相,封冀國公。謝深甫自知樞密院事遷金紫光祿大夫,除右丞相。 謝深甫 京鏜	八月丁酉,少傅、左丞相京鏜薨。	閏二月庚寅,何澹自參知政事除知樞密院事兼參知政事。七月丁卯,陳自強自御史中丞除端明殿學士、簽書樞密院事。	
1201 嘉泰元年辛酉	謝深甫		七月甲子,陳自強自簽書樞密院事除參知政事兼同知樞密院事。	七月乙卯,何澹罷知樞密院事。八月甲申,張釜罷簽

			張釜自禮部尚書除端明殿學士、簽書樞密院事。八月甲申,程松自諫議大夫除同知樞密院事。張巖自給事中除參知政事。	書樞密院事。
1202 二年壬戌	謝深甫		八月丙子,袁說友自吏部尚書除同知樞密院事。十一月庚戌,許及之參知政事。陳自強自參知政事除知樞密院事。明年正月丙申,兼參知政事。	七月己巳,同知樞密院事程松以父喪去官。
1203 三年癸亥	五月戊寅,陳自強自知樞密院事除右丞相。	正月己卯,謝深甫罷右丞相,授觀文殿學	正月戊戌,袁說友自同知樞密院事除參知政事。	正月甲午,張巖罷參知政事,以資政殿學

	謝深甫 陳自強	士判建康府。	傅伯壽自翰林學士除端明殿學士、簽書樞密院事。二月乙巳,費士寅除端明殿學士、簽書樞密院事。五月戊寅,許及之自參知政事除樞密院兼參知政事〔三〕。十月癸卯,費士寅自簽書樞密院事除參知政事。四年四月丙午,兼知樞密院事。張孝伯自華文閣學士、知鎮江府召除同知樞密院事。	士知平江府。九月庚午,袁說友罷參知政事。

1204	四年甲子	陳自強		四月丙午，張孝伯自同知樞密院事兼參知政事。八月罷。 錢象祖自吏部尚書除同知樞密院事。 十月庚子，張巖自資政殿學士、知揚州詔除參知政事。開禧二年三月乙巳，兼知樞密院事。	四月甲辰，許及之罷知樞密院事。
1205	開禧元年乙丑	七月辛酉，韓侂冑自太師、永興軍節度使、充萬壽觀使、平原郡王拜平章軍國事。 陳自強 韓侂冑		四月戊子，劉德秀自吏部尚書除端明殿學士、簽書樞密院事。 戊戌，錢象祖自同知樞密院事除參知政事兼知樞密院事〔三〕。明年三月乙巳，罷。	三月癸未，費士寅罷參政，以資政殿學士知興元府。 九月丁亥，劉德秀罷簽書。

1206	二年丙寅	陳自強 韓侂冑	四月，故太師秦檜特追王爵，降充銀青光祿大夫、衞國公。	七月癸卯，李壁自禮部尚書除參知政事。 張巖自光祿大夫、參知政事除知樞密院事。明年九月丙申，罷。 十一月甲申，丘崈自端明殿學士兼江、淮宣撫使除簽書樞密院事，仍督江、淮軍馬。明年正月辛卯，罷。	
1207	三年丁卯	十二月辛酉，錢象祖自參知政事授正奉大夫、兼國用使除右丞相兼樞密使。 陳自強 韓侂冑 錢象祖	十一月甲戌，韓侂冑罷平章軍國事。 陳自強罷右丞相。	四月戊辰，錢象祖自資政殿學士、提舉萬壽觀、兼侍讀除參知政事。十一月甲戌，兼知樞密院事。 十一月丙戌，衞涇自中奉大夫、試御史中丞除端明殿學士、簽書樞密院事。丁亥，兼權參知政事。 十二月壬戌，衞涇自簽書樞密院事，雷孝友自御史中丞，並除參知政事。 史彌遠自禮部尚書除同知樞密院事。 林大中自吏部尚書除端明殿學士、簽書樞密院事。	十一月甲戌，李壁罷參知政事。

1208	嘉定元年戊辰	十月丙子，錢象祖自右丞相除特進、左丞相兼樞密使、兼太子賓客。 史彌遠自知樞密院事除通奉大夫、右丞相兼樞密使、兼太子少傅。 錢象祖 史彌遠	十一月戊子，右丞相史彌遠丁母憂。 十二月丙寅，錢象祖罷相，以觀文殿大學士判福州。	正月壬辰，史彌遠自同知樞密院事除知樞密院事。 六月辛卯，兼參知政事。 七月癸丑，丘崈同知樞密院事。 八月辛巳，婁機自禮部尚書除同知樞密院事、兼太子賓客。十月丙子，參知政事。 樓鑰自吏部尚書除端明殿學士、簽書樞密院事、兼太子賓客。十月丙子，進同知樞密院事。 十月丙子，雷孝友自參知政事除知樞密院事兼參知政事。	六月乙亥，衞涇罷參政，以資政殿學士知潭州。

1209	二年己巳	五月丙申，史彌遠起復，拜右丞相兼樞密使、兼太子少師。 史彌遠		正月丁巳，樓鑰自同知樞密院事除參知政事。 章良能自御史中丞遷中大夫，除同知樞密院事。	

1210	三年庚午	史彌遠		宇文紹節自通議大夫、試吏部尚書除端明殿學士、簽書樞密院事，仍兼太子賓客。	十二月戊午，婁機罷參政，以資政殿學士知福州。
1211	四年辛未	史彌遠			
1212	五年壬申	史彌遠			
1213	六年癸酉	史彌遠		四月丙子，章良能自同知樞密院事除參知政事。	
1214	七年甲戌	史彌遠		七月甲子，鄭昭先自朝奉大夫、試左諫議大夫遷端明殿學士，除簽書樞密院	

				事兼權參知政事、兼太子賓客。	
1215	八年乙亥	史彌遠		七月辛酉，鄭昭先自簽書樞密院事除參知政事。曾從龍自正議大夫守禮部尚書除端明殿學士、簽書樞密院事、兼太子賓客。	
1216	九年丙子	史彌遠			
1217	十年丁丑	史彌遠			
1218	十一年戊寅	史彌遠			
1219	十二年己卯	史彌遠		二月庚戌，曾從龍自簽書樞密院事進同知樞密院事兼江、淮宣撫使。	

				任希夷自權吏部尚書除簽書樞密院事。三月己巳，鄭昭先自參知政事除知樞密院事。曾從龍自同知樞密院事除參知政事。四月癸巳，鄭昭先兼參知政事。	
1220	十三年庚辰			七月丙午，任希夷自知樞密院事兼參知政事。	
1221	十四年辛巳	史彌遠	八月乙丑，追封史浩爲越王。	八月壬戌，宣繒自兵部尚書除同知樞密院事。俞應符自給事中除簽書樞密院事。	八月乙卯，任希夷罷知樞密院事及兼參知政事。

				閏十二月辛巳朔，宣繒兼參知政事。俞應符兼權參知政事。	
1222	十五年壬午	史彌遠		九月辛亥，宣繒自同知樞密院事除參知政事。程卓自給事中除同知樞密院事。薛極自吏部尚書、賜出身除簽書樞密院事。	六月辛卯，簽書樞密院事俞應符卒。
1223	十六年癸未	史彌遠			六月丁酉，同知樞密院事程卓卒。
1224	十七年甲申閏八月丁酉理宗即位	史彌遠		十二月戊子，葛洪除端明殿學士、同簽書樞密院事。	

校勘記

〔一〕資政殿大學士　「大」字原脫，據本書卷三五八本傳、李綱建炎時政記卷上補。

〔二〕同平章事　據本書卷一六一職官志，左右僕射加同平章事始於建炎三年，是時未有此制。本書卷二四高宗紀、中興聖政卷二都不載，四字當是衍文。下文黃潛善除「尚書右僕射、同平章事」句同。

〔三〕尚書左丞　「左」原作「右」，據本書卷三六三本傳、繫年要錄卷一〇改。

〔四〕簽書樞密院事　按本書卷二五高宗紀、繫年要錄卷一八都作「同知樞密院事」，「簽書」當是「同知」之誤。

〔五〕通奉大夫　按本書卷三六二本傳、繫年要錄卷二一都作「宣奉大夫」。考異卷七四：「勝非任中書侍郎日，官已至太中大夫矣。由太中而上，則有通議、通奉、正議、正奉、宣奉五等，此云進五官，當是宣奉大夫，非通奉也。」

〔六〕簽書樞密院事　按本書卷二五高宗紀、繫年要錄卷二一都作「同簽書樞密院事」，此處「簽」上蓋脫「同」字。

〔七〕尚書右丞　「右」原作「左」，據上文同年「二月」條、繫年要錄卷二二改。

〔八〕尚書左丞　周必大周益國文忠公集卷七〇李邴神道碑、宋宰輔編年錄卷一四同，但本書卷三七五本傳、繫年要錄卷二一都作「尚書右丞」。

〔九〕觀文殿學士　「殿」下原衍「大」字。按本書卷二六高宗紀、繫年要錄卷四六都無「大」字，本書卷一六二職官志「觀文殿大學士」條說：「曾爲宰相而不爲大學士者，自紹興元年范宗尹始。」則范爲相時實只充學士，此處不應有「大」字，據刪。

〔一〇〕資政殿學士　「殿」下原衍「大」字。據本書卷三七五本傳、繫年要錄卷四六刪。

〔一一〕觀文殿大學士提舉萬壽觀　按繫年要錄卷五八、宋宰輔編年錄卷一五都作「觀文殿學士」，此處「大」字當係衍文。又「萬壽觀」，繫年要錄卷五八、中興聖政卷一二都作「醴泉觀」。

〔一二〕資政殿大學士　「殿」下原脫「大」字，據本書卷三七五本傳、繫年要錄卷一一八補。參考張守毘陵集卷四辭免除資政殿大學士轉兩官加食邑知婺州箚子。

〔一三〕資政殿大學士　「殿」下原脫「大」字，據本書卷三六一本傳、繫年要錄卷一二六、楊萬里誠齋集卷一一五張魏公傳補。

〔一四〕加特進左僕射仍兼樞密使封慶國公　「左僕射」原置「慶國公」下，據本書卷二九高宗紀、繫年要錄卷一四〇乙正。

〔一五〕武勝定國軍節度使　「武勝」原作「武安」，據上文同年「四月壬辰」條、繫年要錄卷一四一改。

〔一六〕十月癸巳韓世忠罷樞密使授太傅橫海武寧安化軍節度使充醴泉觀使　本條記韓世忠罷使事，應移至罷免欄「十一月己亥」條前方合。

〔一七〕自太傅益國公授鎮洮崇信等節度　「益國」原作「慶國」，據繫年要錄卷一四七、中興聖政卷二八改。按兩書和本書卷三六九本傳，所授節度使都作「鎮洮、寧武、奉寧」，沒有「崇信」。

〔一八〕端明殿學士　「殿」下原衍「大」字，據繫年要錄卷一六六、宋宰輔編年錄卷一六刪。下文「史才罷簽書」條同。

〔一九〕吏部尚書　按本書卷三一高宗紀、繫年要錄卷一六九作「吏部侍郎」；宋宰輔編年錄卷一六作「禮部尚書」。疑作「吏部侍郎」是。

〔二〇〕兼直學士院　「直」字原脫，據本書卷三七二本傳、繫年要錄卷一七九補。

〔二一〕吏部侍郎　按中興小紀卷三八、韓元吉南澗甲乙稿卷二〇賀允中墓誌銘都作「吏部尚書」，本書卷三一高宗紀、繫年要錄卷一八三作「權吏部尚書」。疑當以後者爲是。

〔二二〕葉義問自殿中侍御史除同知樞密院事　按本書卷三八四本傳，葉除同知樞密院事時，已自殿中侍御史遷吏部侍郎，此處不應仍書舊銜。本書卷三一高宗紀、繫年要錄卷一八四都作「以吏部侍郎除同知樞密院事」，是。此誤。

〔二三〕湯思退　按上文，湯思退已於紹興三十年十二月罷相，此處不應複出，當誤。

〔二四〕端明殿學士　「殿」下原衍「大」字，據本書卷三七三本傳、宋宰輔編年錄卷一七刪。

〔二五〕同知樞密院事　「同知」二字原脫，據本書卷三三孝宗紀、卷三八五本傳補。

〔二六〕兼權參知政事　「權」字原脫，據上文同年「五月辛亥」條、本書卷三三孝宗紀補。

〔二七〕隆興府　「隆興」二字原倒，據本書卷三八六本傳、宋會要職官七八之五一乙正。

〔二八〕自右僕射同平章事兼樞密使　按上文陳俊卿已於乾道四年除右僕射、同平章事兼樞密使，此處不應複出。本書卷三四孝宗紀說陳於此時爲左僕射、同中書門下平章事兼樞密使，中興聖政卷四七以陳俊卿爲左僕射，年月同。此處「右僕射」下當脫「除左僕射」四字。

〔二九〕兼同知國用事知樞密院事　按本書卷三四孝宗紀、宋宰輔編年錄卷一七，本句「兼」上當有「除參知政事」五字，「知樞密院」上當有一「同」字。

〔三〇〕少師　據本書卷三八三本傳、宋會要職官一之六，「師」字當爲「保」字之誤。

〔三一〕資政殿學士　宋宰輔編年錄卷一八同。按鄭聞於淳熙元年三月爲資政殿大學士，見本表和本書卷三四孝宗紀，至七月除參知政事，中間未見遷除，似以作「大學士」爲是。

〔三二〕中奉大夫　按本書卷一六九職官志，紹興以後中奉大夫係卿監階官，非宰執所當遷轉；上文淳熙元年「十一月丙午」條作「通奉大夫」，是，此處「中奉」乃「通奉」之誤。

〔三三〕許及之自參知政事除樞密院兼參知政事　按本書卷三八寧宗紀：嘉泰三年五月戊寅，「許及之

知樞密院事，仍兼參知政事。」宋宰輔編年錄卷二〇同，此處「除」下脫一「知」字。

〔三四〕錢象祖自同知樞密院事除參知政事兼知樞密院事　按本書卷三八寧宗紀，開禧元年四月，「以錢象祖參知政事兼同知樞密院事」。兩朝綱目卷八同，此處「兼」下脫一「同」字。

宋史卷二百一十四

表第五

宰輔五

紀年	宰相進拜加官	罷免	執政進拜加官	罷免
公元1225 寶慶元年乙酉	史彌遠		四月己未，薛極端明殿學士、正議大夫、簽書樞密院事。十一月癸亥，宣繒自參知政事除同知樞密院事。薛極自簽書樞密院事除參知政事。葛洪自同簽書樞密院事進簽書樞密院事。	
1226 二年丙戌	史彌遠			
1227 三年丁亥	三月丙寅，史彌遠少師、右丞相兼樞密使，提舉編修玉牒、提舉編修國朝會要、提舉國史實錄院、提舉編修敕令，封魯國公。史彌遠	九月癸未，故少保、觀文殿大學士、魏國公致仕、贈太師留正定謚忠宣。	正月乙亥，宣繒特轉正奉大夫、參知政事兼同知樞密院事，權監修國史日曆、同提舉編修敕令。薛極特轉宣奉大夫、參知政事、同提舉編修敕令。葛洪端明殿學士，特轉中奉大夫、簽書樞密院事。	
1228 紹定元年戊子	史彌遠		六月戊申，薛極自參知政事兼同知樞密院事〔一〕。	

			十二月辛亥，薛極進知樞密院事兼參知政事。葛洪自簽書樞密院事除參知政事。袁韶除同知樞密院事。鄭清之端明殿學士、除簽書樞密院事〔二〕。	
1229 二年己丑	史彌遠			
1230 三年庚寅	九月己酉，史彌遠少師、右丞相兼樞密使、魯國公，加食邑實封。 史彌遠		十二月甲子，袁韶自同知樞密院事除兩浙西路安撫制置使兼知臨安府。庚辰，免制置使，依舊同知樞密院事。乙丑，鄭清之除參知政事兼簽書樞密院事。	

			喬行簡除端明殿學士、同簽書樞密院事。	
1231 四年辛卯	史彌遠	十月丙辰，宰執以火延太廟，五奏乞鐫黜。詔史彌遠特降奉化郡公〔三〕。	四月丁丑，鄭清之除兼同知樞密院事。喬行簡依舊端明殿學士，除簽書樞密院事。	十月丙辰，以火延太廟故，薛極、鄭清之、喬行簡詔各降一官。
1232 五年壬辰	史彌遠		五月己丑，薛極、鄭清之、喬行簡並復元官。七月丁酉，陳貴誼自禮部尚書除端明殿學士、同簽書樞密院事。	
1233 六年癸巳	十月丙戌，史彌遠特授太師、左丞相，仍兼樞密使、魯國公，加封邑。	十月丁亥，史彌遠自太師、左丞相兼樞密使、魯國公除保寧昭	十月丁亥，薛極自金紫光祿大夫、知樞密院事進樞密使。	十二月庚辰，薛極以觀文殿大學士知紹興府。

	鄭清之特授光祿大夫、右丞相兼樞密使，加封邑。 史彌遠 鄭清之	信軍節度使，充醴泉觀使，進封會稽郡王。壬辰，致仕。乙未，薨。	喬行簡自簽書樞密院事除參知政事兼同知樞密院事。陳貴誼自同簽書樞密院事除參知政事兼簽書樞密院事。	
1234 端平元年甲午	鄭清之		六月戊寅，喬行簡自參知政事兼同知樞密院事除知樞密院事。曾從龍自資政殿大學士除參知政事。鄭性之自太中大夫兼侍讀除端明殿學士、簽書樞密院事。陳貴誼自兼簽書樞密院	四月辛卯，薛極少保、依舊觀文殿大學士、和國公致仕。五月庚子，贈少師，乙巳，卒。十月丙戌，陳貴誼自參知政事兼同知樞密院事，乞守本官致仕。庚寅，特贈少保、資政殿大學士。癸巳，卒。

			事進同知樞密院事。	
1235 二年乙未	六月戊寅，鄭清之自光祿大夫、右丞相兼樞密使除左丞相。喬行簡自宣奉大夫、知樞密院事兼參知政事除右丞相。 鄭清之 喬行簡		三月乙巳，曾從龍自參知政事兼同知樞密院事。真德秀自翰林學士除參知政事。陳卓自正議大夫、守吏部尚書除端明殿學士、同簽書樞密院事。六月壬午，曾從龍除知樞密院事兼參知政事。崔與之自端明殿學士、太中大夫、廣南東路經略安撫使馬步軍都總管兼知廣州召除參知政事。鄭性之除同知樞密院事。	四月辛卯，真德秀除資政殿學士、在京宮觀、兼侍讀。五月己亥，特轉一官，守資政殿學士、提舉佑神觀、兼侍讀致仕。甲辰，卒，特贈銀青光祿大夫。六月己卯，葛洪除資政殿大學士、通議大夫、提舉臨安府洞霄宮。十二月，魏了翁自同簽書樞密院事、督視京湖軍馬除簽書樞

			陳卓依舊端明殿學士，除簽書樞密院事。十一月乙丑，曾從龍除樞密使，督視江、淮軍馬。魏了翁除端明殿學士、同簽書樞密院事，督視京、湖軍馬。	密院事，力辭，改資政殿學士、湖南安撫使。
1236 三年丙申	九月乙亥，崔與之自參知政事特轉正議大夫，除右丞相、兼樞密使。十一月，喬行簡自觀文殿大學士、醴泉觀使兼侍讀授特進、左丞相兼樞密使，進封肅國公，加封邑。鄭清之	九月乙亥，鄭清之罷左丞相兼樞密使，除觀文殿大學士、醴泉觀使兼侍讀。喬行簡罷右丞相兼樞密使，除觀文殿大學士、醴泉觀使兼侍讀。	七月丁卯，鄭性之自太中大夫、同知樞密院事兼權參知政事除參知政事。李鳴復自權刑部尚書除端明殿學士、簽書樞密院事。九月乙亥，鄭性之兼同知樞密院事。	九月癸亥，宣繒自資政殿大學士、光祿大夫、提舉臨安府洞霄宮除觀文殿大學士，致仕。

	喬行簡 崔與之	十二月癸卯，特進鄭清之仍舊觀文殿大學士、提舉臨安府洞霄宮。	李鳴復兼參知政事。	
1237 嘉熙元年丁酉	喬行簡 崔與之		二月癸未，鄭性之自參知政事兼同知樞密院事除知樞密院事兼參知政事。鄭應龍除端明殿學士、簽書樞密院事兼參知政事。李宗勉除端明殿學士、同簽書樞密院事。八月癸巳，李鳴復自兼參知政事除參知政事。李宗勉自同簽書樞密院事除簽書樞密院事。	

1238 二年戊戌	喬行簡 崔與之		正月戊申，余天錫自少中大夫〔四〕、試吏部尚書除端明殿學士、同簽書樞密院事。辛酉，史嵩之自通奉大夫、京西荊湖南北路安撫制置使除端明殿學士，依舊京湖安撫制置使兼沿江制置副使兼知鄂州，恩例並同執政。五月癸未，李鳴復自參知政事除知樞密院事。李宗勉自簽書樞密院事除參知政事。余天錫自同簽書樞密院	

			事依舊端明殿學士除簽書樞密院事。七月庚辰，趙以夫自朝奉大夫、右文殿修撰、樞密都承旨除沿海制置副使兼知慶元府、宣奉大夫、同知樞密院事。	
1239 三年己亥	正月，喬行簡自特進、左丞相、兼樞密使加少傅、平章軍國重事。李宗勉自參知政事除左丞相。史嵩之自京、湖安撫制置使除右丞相。喬行簡	六月庚子，崔與之力辭相位，詔依前官，特授觀文殿大學士，致仕。	正月，余天錫自簽書樞密院事除參知政事。游佀除端明殿學士、同簽書樞密院事〔五〕。二月壬寅，余天錫兼同知樞密院事。八月戊戌，游佀自同簽書樞密院事除參知政事。	十月庚申，許應龍罷簽書樞密院事。林略罷同簽書樞密院事。

	崔與之 李宗勉 史嵩之		許應龍自中大夫、試禮部尚書除端明殿學士、簽書樞密院事。 林略自試右諫議大夫除端明殿學士、同簽書樞密院事。 十一月丙子，范鍾除端明殿學士、簽書樞密院事。	
1240 四年庚子	喬行簡 李宗勉 史嵩之	九月癸亥，喬行簡自少傅、平章軍國重事特授少師、保寧軍節度使、醴泉觀使，進封魯國公，加封邑，奉祠。 閏十二月丙寅，左丞相李宗勉薨。	閏十二月丙寅，游佀自中大夫、參知政事除知樞密院事、兼參知政事。 范鍾自中大夫、簽書樞密院事除參知政事。 徐榮叟自朝奉大夫、權禮部尚書除端明殿學士、簽書樞密院事。	
1241 淳祐元年辛丑	史嵩之	二月壬午，少師、魯國公喬行簡薨。		三月己酉，趙以夫自宣奉大夫、同知樞密院事乞祠不允，依舊集英殿修撰，差知建寧府。 十二月庚申，資政殿大學士、通議大夫、知慶元府余天錫乞守本官致仕，除觀文殿學士，特轉兩官致仕，丁卯卒。
1242 二年壬寅	史嵩之		二月甲戌，范鍾自參知政事除知樞密院事兼參知政事。 徐榮叟自簽書樞密院事除參知政事。 趙葵賜出身、同知樞密院事。 別之傑除簽書樞密院事。 五月己酉，趙葵自同知樞密院事除資政殿大學士、使兼知潭州。 知潭州、湖南安撫使。 六月丙寅，別之傑自簽書樞密院事除同知樞密院事兼權參知政事。 高定子除端明殿學士、簽書樞密院事。 杜範除端明殿學士、同簽書樞密院事。	二月，游佀出帥浙東，尋奉祠。 六月癸亥，徐榮叟除資政殿大學士、提舉臨安府洞霄宮。 十二月丙寅，別之傑自同知樞密院事兼權參知政事除資政殿學士、湖南安撫大使兼知潭州。 趙葵自同知樞密院事依舊資政殿大學士，除福建安撫使、知福州。
1243 三年癸卯	史嵩之		正月戊寅，高定子自簽書樞密院事除兼參知政事。	八月庚午，林略自端明殿學士、提舉臨安府洞霄宮除資政殿學士致仕。
1244 四年甲辰	九月癸卯，以右丞相史嵩之在告，詔知樞密院事范鍾、簽書樞密院事劉伯正輪日當筆。 丙午，史嵩之依前官起復，加永國公。 十二月庚午，范鍾自通議大夫、知樞密院事、兼參知政事授正奉大夫，除左丞相兼樞密使。 杜範自資政殿學士、中大	九月癸卯，右丞相史嵩之以父彌忠病給告歸慶元府，未幾，彌忠卒，去位。	正月壬寅，李鳴復自知樞密院事除參知政事。 杜範自同簽書樞密院事進同知樞密院事。 劉伯正自中大夫、刑部尚書除端明殿學士、簽書樞密院事，己未，兼權參知政事。 三月己未，金淵除端明殿學士、簽書樞密院事。 十二月庚午，游佀自資政	正月丁巳，參知政事李鳴復依舊資政殿大學士、知福州、福建路安撫使。 杜範自同知樞密院事除資政殿學士、知婺州。

	夫、提舉萬壽觀兼侍讀授通奉大夫、右丞相兼樞密使。史嵩之 范鍾 杜範		殿大學士、通議大夫、提舉萬壽觀除知樞密院事兼參知政事。劉伯正自知樞密院事兼參知政事〔六〕除參知政事兼簽書樞密院事。甲戌，趙葵自資政殿大學士、通奉大夫除同知樞密院事。	
1245 五年乙巳	三月己卯，范鍾左丞相兼樞密使，加封邑。杜範右丞相兼樞密使，加封邑。十二月己卯，游佀自知樞密院事兼參知政事授宣奉大夫，除右丞相兼樞密使，加封邑。史嵩之 范鍾 游佀	四月丙戌，右丞相杜範薨。十二月己卯，鄭清之自少傅、觀文殿大學士充醴泉觀使兼侍讀、越國公特授少師、奉國軍節度使，依前醴泉觀使兼侍讀、越國公，仍加封邑。	正月乙卯，李性傳自太中大夫、權禮部尚書除端明殿學士、簽書樞密院事兼權參知政事。十一月乙卯，陳韡除端明殿學士、同簽書樞密院事。十二月己卯，趙葵自通奉大夫、同知樞密院事除知樞密院事兼參知政事。李性傳自端明殿學士、簽書樞密院事除同知樞密院。陳韡自端明殿學士、同簽書樞密院事除兼參知政事。	正月乙卯，劉伯正罷參知政事。十二月癸未，李性傳除職予郡。
1246 六年丙午	史嵩之 范鍾 游佀	二月戊辰，左丞相范鍾再乞歸田里，詔除觀文殿大學士、醴泉觀使兼侍讀。十二月乙未，右丞相史嵩之守本官致仕。	六月壬子，陳韡自同知樞密院事除參知政事兼同知樞密院事。	閏四月乙未，徐榮叟卒。

1247 七年丁未	四月辛丑，鄭清之自少師、奉國軍節度使充醴泉觀使、兼侍讀、越國公特授太傅、右丞相兼樞密使，依前越國公，加封邑。鄭清之 游佀	四月辛丑，游佀罷右相，除觀文殿大學士、醴泉觀使兼侍讀，封邑如故，五月戊寅，再辭，免官，特許歸田。	四月辛丑，王伯大自通奉大夫、守刑部尚書除端明殿學士、簽書樞密院事。吳潛自翰林學士除端明殿學士、同簽書樞密院事。辛丑，趙葵自知樞密院事兼參知政事特授樞密使兼參知政事，督視江淮京西湖北軍馬。陳韡自兼同知樞密院事除知樞密院事、湖南安撫大使〔七〕兼知潭州。五月丁巳，王伯大自簽書樞密院事除兼參知政事。壬申，吳潛自同簽書樞密院事除兼權參知政事。七月丁卯，別之傑除參知政事。鄭寀除端明殿學士、同簽書樞密院事。	三月戊辰，李韶依舊端明殿學士、提舉萬壽宮、兼侍讀。七月乙丑，吳潛罷同簽書樞密院事，丁丑，依舊端明殿學士、知福州、福建安撫使。八月甲申，鄭寀罷同簽書樞密院事，守舊職奉祠。甲辰，參知政事高定子卒。
1248 八年戊申	九月庚午，太傅、右丞相、兼樞密使、越國公鄭清之以明堂禮成，加食邑一千戶，食實封四百戶。鄭清之		五月己巳，趙葵自樞密使、兼參知政事、督視江淮京西湖北軍馬兼知建康軍府事特授宣奉大夫，依前樞密使、兼參知政事、督視江淮京西湖北軍馬兼知建康府事，兼管內勸農使、兼行宮留守、江南東路安撫使馬步軍都總管、長沙郡開國公，加封邑。七月辛亥，王伯大自簽書	七月癸酉，王伯大以資政殿學士知建寧府。十月甲戌，參知政事別之傑乞歸田里，乙亥，除資政殿大學士、知紹興府。

			樞密院事除參知政事。應䌖自翰林學士、中奉大夫除同知樞密院事。謝方叔自朝散大夫、試給事中除端明殿學士、簽書樞密院事。史宅之自正奉大夫、守吏部尚書除端明殿學士、同簽書樞密院事。九月庚午，樞密使、兼參知政事、督視江淮京西湖北軍馬趙葵以明堂禮成，加食邑一千戶，食實邑四百戶。十月乙亥，應䌖、謝方叔並	

1249

			兼參知政事。	
九年己酉	閏二月甲辰，鄭清之自太傅、右丞相兼樞密使、越國公特授太師〔八〕、左丞相兼樞密使，進封魏國公，加封邑。趙葵自樞密使、兼參知政事特授金紫光祿大夫、右丞相兼樞密使，加封邑。鄭清之 趙葵	正月己巳，前左丞相范鍾薨。	閏二月甲辰，應䌖、謝方叔並參知政事。史宅之自同簽書樞密院事除同知樞密院事。十二月乙巳，吳潛自同簽書樞密院事除同知樞密院事兼參知政事〔九〕。徐清叟自朝請大夫、試禮部尚書除同知樞密院事兼參知政事〔10〕。	正月丁卯，前簽書樞密院事許應龍卒。閏二月甲辰，陳韡以觀文殿學士、福建安撫大使知福州。吳淵以端明殿學士、沿江制置使、江東安撫使兼知建康府兼行宮留守。五月甲午，前同簽書樞密院事鄭寀卒。十一月庚辰，參知政事應䌖乞歸田里，除資政殿學士、知平江

1250

				府。十二月壬子，同知樞密院事史宅之卒。
十年庚戌	鄭清之 趙葵	三月戊子，右丞相兼樞密使趙葵辭相位，特授觀文殿大學士、充醴泉觀使、兼侍讀，仍奉朝請，依前金紫光祿大夫，封邑如故，十一月壬申，加特進，依舊觀文殿大學士，判潭州、湖南安撫大使，戊寅，進封信國公，加封邑，	三月庚寅，賈似道除端明殿學士、兩淮制置大使、淮東安撫使、知揚州。五月丙寅，吳淵除資政殿學士，依舊職任，與執政恩數〔11〕。五月，吳潛自同知樞密院事除資政殿學士，帥沿江。	

1251

十一年辛亥	四月己酉，鄭清之依前太傅、左丞相兼樞密使兼修國史日曆、魏國公，加封邑。十月戊戌，再加封邑，十一月甲辰，進封齊國公。十一月甲寅，謝方叔自知樞密院事授正奉大夫，除左丞相兼樞密使，依前永康郡開國公，加封邑。吳潛自參知政事授宣奉大夫、右丞相兼樞密使，依前金陵郡開國公，加封邑。鄭清之 謝方叔 吳潛	十一月庚戌，太傅、左丞相、齊國公鄭清之薨。	三月戊寅，謝方叔自中大夫、參知政事除知樞密院事兼參知政事。吳潛自太中大夫、同知樞密院事除參知政事。徐清叟自朝請大夫、簽書樞密院事除中大夫、同知樞密院事。四月己酉，謝方叔特授通議大夫，依前知樞密院事兼參知政事、永康郡開國公。十月丁酉，謝方叔除通議大夫、知樞密院事兼參知政事、永康郡開國公。	

			十二月丙辰，董槐召除簽書樞密院事。	
1252 十二年壬子	謝方叔 吳潛	十一月庚寅，右丞相吳潛罷，十二月乙卯，除觀文殿大學士、提舉江州太平興國宮。	十月癸丑，徐清叟自同知樞密院事除參知政事。 董槐自簽書樞密院事除同知樞密院事。	
1253 寶祐元年癸丑	謝方叔		七月庚子，董槐自同知樞密院事除兼權參知政事。	三月丙申，前參知政事別之傑卒，四月戊申，贈少師。 七月壬午，前參知政事王伯大卒。 十二月，前參知政事劉伯正卒。
1254 二年甲寅	九月戊辰，左丞相謝方叔以明堂禮成加封邑，十月丙戌，特授銀青光祿大夫，加封邑，尋授金紫光祿大夫，進封惠國公，再加封邑。 謝方叔	十一月甲寅，趙葵依前特進、觀文殿大學士、充醴泉觀使，免奉朝請，信國公、加封邑。 吳潛依前觀文殿大學士、宣奉大夫、提舉臨安府洞霄宮、金陵郡開國公，加封邑。	五月乙丑，徐清叟自參知政事除知樞密院事兼參知政事。 董槐自同知樞密院事除參知政事。 李曾伯除參知政事，帥蜀郡。 賈似道除銀青光祿大夫、同知樞密院事、兩淮制置大使兼淮南東西路安撫使、知揚州軍州事兼管內勸農營田屯田等使、臨海郡開國公，加封邑。 十月丙戌，徐清叟特授正議大夫，依前知樞密院事兼參知政事、普寧郡開國公，加封邑。 董槐特授通奉大夫，依前參知政事、定遠郡開國公，加封邑。 癸巳，賈似道詔依前官職任，再加封邑。	
1255 三年乙卯	八月乙丑，董槐自通奉大夫、參知政事特授宣奉大夫、右丞相兼樞密使，依前濠梁郡開國公，加封邑。 謝方叔 董槐	四月甲戌，趙葵依前特進、觀文殿大學士、信國公特授荊湖南路〔二〕安撫大使、判潭州事。 七月丙辰，左丞相謝方叔爲朱應元所劾，八月乙丑罷，特授觀文殿大學士、提舉臨安府洞霄宮，依前金紫光祿大夫、惠國公，封邑如故。景定二年七月戊寅，以常挺言追奪合得恩數。 八月辛未，趙葵依舊官除沿江制置使，八月戊子，依前特進、觀文殿大學士、醴泉觀使、信國公，免奉朝請。	三月辛巳，吳淵兼夔路策應大使。 六月丙子，王埜自通奉大夫、守禮部尚書除端明殿學士、簽書樞密院事。 程元鳳自中大夫、權工部尚書除端明殿學士、同簽書樞密院事。 賈似道自銀青光祿大夫、同知樞密院事特授金紫光祿大夫，加封邑。 八月乙丑，程元鳳依舊端明殿學士，除簽書樞密院事〔三〕。 蔡抗自太中大夫、守尚書工部侍郎除端明殿學士、同簽書樞密院事。 吳淵依舊官兼京湖屯田大使。	七月丙辰，知樞密院事徐清叟爲朱應元所劾，八月乙丑，除資政殿大學士、提舉隆興府玉隆萬壽宮，九月丙午，依舊官提舉臨安府洞霄宮。 六月辛卯，王埜罷簽書樞密院事。 八月丙子，前知樞密院事鄭性之兼參知政事卒〔四〕。 庚寅，應繇爲丁大全所劾，落職罷祠，勒令致仕，辛卯卒。
1256 四年丙辰	七月乙卯，程元鳳自參知政事特授通奉大夫、右丞相兼樞密使，進封新安郡開國公，加封邑。	六月癸未，右丞相董槐爲丁大全所劾，詔程元鳳、蔡抗時暫輪日當筆。	四月癸未，賈似道自同知樞密院事除參知政事，依舊兩淮制置大使兼淮東西安撫使兼知揚州。	四月己丑，徐清叟、王埜並褫職罷祠。 十二月庚申，參知政事蔡抗擅自去國，爲

	董槐 程元鳳	七月癸巳，董槐特授觀文殿大學士、提舉臨安府洞霄宮，景定二年正月己卯，依前觀文殿大學士、宣奉大夫、福建路安撫大使、濠梁郡開國公致仕。	程元鳳自簽書樞密院事除參知政事。 蔡抗自同簽書樞密院事除同知樞密院事，七月乙卯，除參知政事。 張磻自權刑部尚書除端明殿學士、簽書樞密院事，十一月癸丑，除同知樞密院事。 丁大全自侍御史兼侍讀除端明殿學士、簽書樞密院事。 馬天驥自中奉大夫、試尚書禮部侍郎除同簽書樞密院事。	林存所劾，罷職予祠。

1257 五年丁巳	程元鳳	正月丁亥，趙葵除少保、寧遠軍節度使、京湖宣撫大使、判江陵府兼夔路策應大使，丁酉，進封衞國公，加封邑，二月辛酉，兼湖廣總領。	正月丁亥，賈似道自金紫光祿大夫、參知政事除知樞密院事，依舊兩淮制置大使、兼兩淮宣撫使兼知揚州。 吳淵自觀文殿學士、正奉大夫除參知政事。 二月戊午，賈似道除兼兩淮安撫制置大使。 八月庚子，張磻自同知樞密院事除參知政事。 丁大全自簽書樞密院事進同知樞密院事兼權參知政事〔一五〕。 十月丁酉，林存自試尚書吏部侍郎除端明殿學士、簽書樞密院事。	正月甲辰，吳淵特授光祿大夫、守參知政事致仕，辛亥卒。 十月己丑，張磻特轉三官，守參知政事致仕，明日卒。

1258 六年戊午	四月丁未，丁大全自參知政事特授正奉大夫、右丞相兼樞密使，依舊丹陽郡開國公，加封邑。 程元鳳 丁大全	二月辛巳，趙葵依舊少保、寧遠軍節度使、判福州、兼福建路安撫大使、馬步軍都總管，四月甲辰，依舊少保、寧遠軍節度使、衞國公除醴泉觀使兼侍讀。 四月甲辰，右丞相程元鳳辭職，詔丁大全、林存時暫輪日當筆。 丁未，元鳳特授觀文殿大學士、判福州、福建安撫大使，依前金紫光祿大夫、新安郡開國公，封邑如故。 六月乙未，程元鳳辭免觀文殿大學士、判福州，詔仍前觀文殿大學士、提舉臨安府洞霄宮。	正月辛亥，丁大全自同知樞密院事除參知政事兼同知樞密院事。 林存自簽書樞密院事除兼權參知政事。 四月丁未，林存除同知樞密院事兼權參知政事。 朱熠端明殿學士、簽書樞密院事，十一月壬戌，進同知樞密院事兼權參知政事。 饒虎臣自尚書禮部侍郎除端明殿學士、簽書樞密院事。 賈似道自知樞密院事進樞密使、兩淮宣撫大使。 辛未，朱熠仍舊職，特授中大夫。	十一月丁巳，林存以資政殿學士知建寧府。

1259 開慶元年己未	十月壬申，吳潛自銀青光祿大夫、醴泉觀使、兼侍讀、崇國公，特進、左丞相兼樞密使〔一六〕，進封相國公，加封邑，丙子，改封慶國公。 賈似道自金紫光祿大夫、樞密使授特進、右丞相兼	九月辛酉，趙葵依舊特進、觀文殿大學士、衞國公，判慶元府、沿海制置大使。 十月壬申，丁大全罷右丞相，授觀文殿大學士、光祿大夫、判鎮	正月丁卯，賈似道依前金紫光祿大夫、樞密使改除京西湖南北四川宣撫大使、都大提舉兩淮兵甲、總領湖廣京西財賦湖北京西軍馬錢糧事一報發御前軍馬文字、兼提領措置	正月乙丑，林存以資政殿學士知建寧府，二月丁亥，依舊資政殿學士、提舉臨安府洞霄宮。 七月庚戌，蔡抗自參知政事致仕，癸亥卒。

	樞密使，依前京西湖南北四川宣撫大使、都大提舉兩淮兵甲、總領湖廣江西京西財賦、湖北京西軍馬錢糧、專一報發御前軍馬文字、兼提領措置屯田、判江陵軍府事兼管內勸農營田使，進封茂國公，加封邑。 十二月壬子，吳潛改封許國公，賈似道改封肅國公。 丁大全 吳潛 賈似道	江府，依前丹陽郡開國公，加封邑。景定三年七月戊寅，以常挺言，責授彰州團練副使，貴州安置〔一七〕。 癸酉，趙葵依前特進、觀文殿大學士特授沿江江東宣撫大使，留司建康府，任責隆興府饒州江州徽州兩界防拓調遣〔一八〕，時暫〔一九〕兼判建康府、行宮留守、衞國公。 八月戊子，吳潛依舊觀文殿大學士、判寧	屯田兼知江陵軍府事兼管內勸農營田使、臨海郡開國公，封邑如故。 六月辛巳，朱熠自同知樞密院事除參知政事。饒虎臣自簽書樞密院事除同知樞密院事。 九月庚申，戴慶炣除端明殿學士、簽書樞密院事。 十一月壬寅，朱熠自參知政事除兼權知樞密院事。饒虎臣、戴慶炣並兼權參知政事。	

		國府、特進、崇國公，九月丙寅，依前觀文殿大學士、銀青光祿大夫，特授醴泉觀使、兼侍讀、崇國公。		
1260 景定元年 庚申	四月癸丑，賈似道特授少師，依前右丞相兼樞密使，進封衞國公，加封邑，七月庚寅，兼太子少師。 吳潛 賈似道	四月己酉，吳潛罷右相，除觀文殿大學士、提舉臨安府洞霄宮。 五月戊辰，趙葵依舊少保，除兩淮宣撫大使、判揚州，進封魯國公。 八月壬寅，程元鳳依舊觀文殿大學士，除淮浙發運使、判平江	四月癸丑，朱熠自兼權知樞密院事除知樞密院事兼參知政事。饒虎臣自兼權參知政事除參知政事。戴慶炣自兼權參知政事除同知樞密院事兼參知政事。 皮龍榮除端明殿學士、簽書樞密院事。	五月戊辰，饒虎臣罷參知政事，戊子，以資政殿學士提舉臨安府洞霄宮。 八月庚辰，前參知政事戴慶炣卒。 六月戊申，前簽書王埜卒。 九月甲午，厲文翁依舊端明殿學士、提舉

		府〔二一〕，明年十一月己未，授特進、醴泉觀使兼侍讀，依前觀文殿大學士、新安郡開國公，封邑如故。	五月癸未〔二〇〕，皮龍榮自簽書樞密院事除兼權參知政事。 沈炎除端明殿學士、同簽書樞密院事。	臨安府洞霄宮。
1261 二年辛酉	正月己卯，賈似道自太保、右丞相以進書加太傅。 賈似道		三月癸未，知樞密院事朱熠、簽書樞密院事皮龍榮、同簽書樞密院事沈炎以進書各轉兩官。 四月乙未，皮龍榮自簽書樞密院事除參知政事。 沈炎自同簽書樞密院事除同知樞密院事兼權參知政事。 何夢然自試右諫議大夫	三月戊子，朱熠罷知樞密院事，以觀文殿學士知建寧府。 七月壬申，福建安撫大使陳韡卒。 十月丙辰，沈炎除資政殿學士、提舉臨安府洞霄宮。 十二月壬辰，江萬里爲光純父所劾，壬寅，

			除簽書樞密院事。 八月乙巳，江萬里自通奉大夫、守吏部尚書除端明殿學士、同簽書樞密院事。 十月丙午，何夢然自簽書樞密院事授中大夫，除同知樞密院事兼參知政事。 十二月甲午，皮龍榮自參知政事除兼權知樞密院事。 何夢然自同簽書樞密院事除參知政事。 馬光祖自觀文殿學士除同知樞密院事，依舊兼提領戶部財用兼知臨安府、	依舊端明殿學士、提舉臨安府洞霄宮。

			浙西安撫使兼太子賓客。	
1262 三年壬戌	賈似道	六月己亥，董槐依舊觀文殿大學士除特進致仕。	三月乙丑，孫附鳳自右諫議大夫兼侍講除簽書樞密院事兼太子賓客，六月庚寅，除兼權參知政事。楊棟自通奉大夫、試禮部尚書除端明殿學士、同簽書樞密院事兼太子賓客。十月甲子，楊棟依舊端明殿學士除簽書樞密院事兼權參知政事、兼太子賓客。葉夢鼎自試吏部尚書除端明殿學士、同簽書樞密院事兼太子賓客。	二月，皮龍榮自知樞密院事以資政殿學士爲湖南安撫使。九月戊辰，資政殿學士沈炎薨。十月辛未，徐清叟授宣奉大夫、守觀文殿學士致仕，十一月丙申，卒。

1263 四年癸亥	賈似道		三月庚子，何夢然自參知政事除兼權知樞密院事，九月甲午，除知樞密院事兼參知政事。楊棟自簽書樞密院事除同知樞密院事兼權參知政事〔二〕。葉夢鼎自同簽書樞密院事除簽書樞密院事。	六月丁巳，馬光祖依舊觀文殿學士、提舉臨安府洞霄宮。
1264 五年甲子 度宗十月丁卯即位	賈似道		五月辛卯，楊棟自同知樞密院事除參知政事。葉夢鼎自簽書樞密院事除同知樞密院事兼權參知政事。姚希得除簽書樞密院事	

			並兼太子賓客，八月乙丑，除權參知政事〔三〕。十一月乙未，葉夢鼎自同知樞密院事除參知政事。姚希得自簽書進同知樞密院事兼參知政事。	
1265 咸淳元年乙丑	四月甲寅，賈似道除太師，依舊右丞相兼樞密使、魏國公。賈似道	三月壬午，太傅、右丞相兼樞密使、魏國公賈似道爲理宗欑宮總護使，五月丙戌，依前太師除鎮東軍節度使充侍讀、魏國公〔四〕，仍奉朝請。	正月癸巳，姚希得自正議大夫特授光祿大夫，依前同知樞密院事兼權參知政事。葉夢鼎自宣奉大夫特授銀青光祿大夫，依前參知政事。二月丁未，姚希得自同知樞密院事除參知政事。	正月丁丑，皮龍榮、楊棟並依舊職提舉臨安府洞霄宮。

			江萬里自簽書樞密院事進同知樞密院事。戊申，楊棟依舊職知慶元府兼沿海制置使。壬戌，王爚依舊端明殿學士除簽書樞密院事。閏五月癸丑，江萬里自同知樞密院事除參知政事。王爚自簽書樞密院事進同知樞密院事兼權參知政事。馬廷鸞自權禮部尚書除端明殿學士、簽書樞密院事。十月壬午，楊棟詔復元官。	

			十一月辛丑，留夢炎自權禮部尚書除端明殿學士、簽書樞密院事。	
1266 二年丙寅	賈似道	十一月己亥，趙葵自觀文殿大學士除少師、武安軍節度使致仕。	五月甲寅，王爚自同知樞密院事除參知政事。 留夢炎自簽書樞密院事進同知樞密院事。 包恢自守刑部尚書除端明殿學士、簽書樞密院事。	正月癸丑，江萬里乞祠，除湖南安撫使兼知潭州。 四月壬午，姚希得以資政殿學士提舉臨安府洞霄宮。 丁亥，王爚以病免同知樞密院事〔三四〕。
1267 三年丁卯	正月戊戌，太師〔三五〕、右丞相賈似道特轉兩官。二月乙丑，除太師，特授平章軍國重事，一月三赴經筵，三日一朝，就赴都堂治事。 三月壬辰，程元鳳自少保、觀文殿大學士除少傅、右丞相兼樞密使，進封吉國公，加封邑。 八月辛未，葉夢鼎自金紫光祿大夫、參知政事除特進、右丞相兼樞密使。 賈似道 程元鳳 葉夢鼎	三月丁未，程元鳳爲監察御史陳宜中所劾，罷右丞相，依舊少保、觀文殿大學士、醴泉觀使。	正月壬辰，王爚自同知樞密院事進知樞密院事兼參知政事。 留夢炎自同知樞密院事兼參知政事。 葉夢鼎自知慶元軍府事除參知政事。 常挺自吏部尚書除端明殿學士、簽書樞密院事。 戊戌，王爚自知樞密院事特授光祿大夫，職任依前，仍加封邑。 留夢炎自參知政事特授通議大夫，職任依前，進封信安郡開國公。 常挺自簽書樞密院事特授通奉大夫，職任依前，仍加封邑。 六月壬戌，馬光祖自沿江制置大使除參知政事。 八月辛未，留夢炎自參知政事除樞密使。 壬申，常挺自簽書樞密院事進同知樞密院事兼權參知政事，十一月庚戌，除參知政事。 馬廷鸞自簽書樞密院事進同知樞密院事。	六月己巳，姚希得依舊職資政殿學士，特與宮觀致仕。 辛未，楊棟仍舊資政殿學士特與宮觀致仕。 己卯，王爚除資政殿學士、知慶元府兼沿海制置使。 厲文翁以資政殿大學士、朝請大夫贈七官致仕。
1268 四年戊辰	八月壬寅，太師平章軍國重事賈似道、右丞相兼樞密使葉夢鼎各進二秩。 賈似道 葉夢鼎		四月庚寅，馬廷鸞除兼權參知政事。	正月乙巳，留夢炎除觀文殿學士、知潭州、湖南安撫使、起居郎兼侍講。 十一月壬戌，常挺以資政殿學士致仕，丁未，贈少保〔三六〕。 十二月丙戌，包恢以資政殿學士致仕。
1269 五年己巳	三月戊辰，江萬里自參知政事進一秩，除左丞相兼樞密使。 馬廷鸞自參知政事進一秩，除右丞相兼樞密使。 賈似道 葉夢鼎 江萬里 馬廷鸞	正月癸亥，葉夢鼎罷右相，依前少保特授觀文殿大學士、判福州軍州事兼管內勸農使、福建路安撫大使、馬步軍都總管，進封信國公。 三月庚戌，程元鳳守少保、觀文殿大學士致仕。	正月甲子，馬廷鸞自同知樞密院事除參知政事兼同知樞密院事。 甲戌，江萬里自湖南安撫使除參知政事。 三月己巳，馬光祖自參知政事除知樞密院事兼參知政事。	五月己酉，馬光祖依舊觀文殿學士、提舉臨安府洞霄宮。
1270 六年庚午	賈似道	正月丙寅，江萬里爲	正月丙寅，陳宗禮除端明	十一月乙未，陳宗禮

	江萬里 馬廷鸞	鮑度所劾，罷左相，戊辰，以觀文殿學士知福州、福建安撫使。	殿學士、簽書樞密院事。 趙順孫自吏部侍郎除端明殿學士、同簽書樞密院事。 十月甲申，陳宗禮、趙順孫並兼權參知政事。	進資政殿學士、守兼參知政事致仕。
1271 七年辛未	賈似道 馬廷鸞	十二月己亥，謝方叔特敍復元官，以惠國公致仕。		正月壬申，楊棟升觀文殿學士致仕。
1272 八年壬申	十二月甲寅，葉夢鼎自少保、觀文殿學士除少傅、右丞相、兼樞密使，屢辭不拜。 賈似道 馬廷鸞	十一月乙卯，馬廷鸞罷右相，除觀文殿學士、知饒州，己未，免知饒州，以觀文殿學士、鄱陽郡公提舉洞霄宮，九年十二月甲子，除浙東安撫使、知紹興府。	三月丙子，趙順孫自同知樞密院事兼參知政事授中大夫。 六月丁酉，章鑑自權吏部尚書除端明殿學士、同簽書樞密院事，十月丁未，兼權參知政事。	五月己巳，王爚除觀文殿學士、提舉萬壽觀、兼侍讀。 十二月丁未，留夢炎以臺臣言奪職罷祠。
1273 九年癸酉	賈似道		九月辛巳，章鑑自同簽書除簽書樞密院事。 陳宜中自兼權吏部尚書除端明殿學士、同簽書樞密院事。	
1274 十年甲戌 七月癸未瀛國公即位	十一月丙戌，王爚自知樞密院事〔二八〕進兩秩，除左丞相兼樞密使。 章鑑自同知樞密院事進兩秩，除右丞相兼樞密使。 十二月癸亥，賈似道依舊起復太師、平章軍國重事、魏國公、都督諸路軍馬。 賈似道 王爚 章鑑	正月戊子，江萬里乞輿疾去任，詔依舊觀文殿大學士、提舉洞霄宮。	十月乙丑，章鑑自簽書進同知樞密院事兼權參知政事。 陳宜中自同簽書除簽書樞密院事、兼權參知政事。	二月己酉，趙順孫自同簽書除福建安撫使。 正月己丑，留夢炎除知潭州兼湖南安撫使，四月辛亥，依舊觀文殿學士、知潭州兼湖南安撫使。
1275 德祐元年乙亥	三月乙亥，王爚自觀文殿學士除左丞相兼樞密使；丙子，陳宜中自知樞密院事除特進、右丞相兼樞密使；己卯，並都督諸路軍馬。 四月丙辰，王爚詔如文彥博故事，朝參起居外並免拜，六月甲寅，除平章軍國重事，一月兩赴經筵，五日一朝。 陳宜中左丞相兼樞密使、都督諸路兵馬。 留夢炎除右丞相兼樞密使、都督諸路兵馬，十月丁未，除左丞相。 陳宜中自觀文殿大學士除右丞相兼樞密使。 賈似道 王爚 陳宜中 留夢炎	二月庚午，陳宜中乞誅似道，詔罷平章、都督，予祠。 三月丙子，章鑑罷右相，予祠，戊戌，罷祠，六月庚戌，放歸田里。 七月壬辰，罷王爚爲醴泉觀使。 九月己巳，陳宜中授觀文殿大學士、醴泉觀使、兼侍讀。 十一月乙未，左丞相留夢炎遁，丙午，遣使召還。 十二月戊申，王爚薨。	正月乙酉，陳宜中自簽書樞密院事進同知樞密院事兼參知政事，二月己巳，除知樞密院事兼參知政事。 曾淵子除同知樞密院事、兩浙安撫制置大使〔二九〕兼知臨安府。 文及翁自試尚書禮部侍郎除簽書樞密院事。 倪普除同簽書樞密院事。 二月丁未，姚希得除參知政事〔三〇〕。 三月丙申，陳合除同簽書樞密院事。 四月壬子，高斯得除簽書樞密院事兼權參知政事。 四月丁卯，李庭芝除參知政事。 七月乙未，陳文龍除簽書樞密院事兼權參知政事。 十一月庚午，除同知樞密院事兼權參知政事。 黃鏞除同簽書樞密院事。 十二月庚子，吳堅除簽書	三月庚寅，曾淵子自同知樞密院事除兩浙轉運副使〔三一〕。 四月己未，文及翁、倪普削一官，奪執政恩數。

			樞密院事。黃鏞除兼權參知政事。癸卯，陳文龍除參知政事兼權知樞密院事。謝堂賜同進士出身，除同知樞密院事。	
二年丙子	正月辛未，吳堅自簽書除左丞相兼樞密使。乙酉，文天祥自知臨安府除右丞相兼樞密使。 陳宜中 吳堅 文天祥	正月甲申，右丞相陳宜中遁。	正月庚午，黃鏞自同簽書除參知政事〔三二〕。辛未，常楙除參知政事。丁丑，夏士林除簽書樞密院事。己卯，全允堅加太尉，除參知政事〔三三〕。乙酉，家鉉翁賜進士出身，除簽書樞密院事。賈餘慶除簽書樞密院事、知臨安府。	正月庚午，參知政事陳文龍遁。謝堂除兩浙鎮撫大使。己卯，參知政事常楙遁。庚申，簽書夏士林遁。

校勘記

〔一〕兼同知樞密院事 「兼」原作「除」，據本書卷四一九本傳、宋史全文卷三一改。

〔二〕鄭清之端明殿學士除簽書樞密院事 按本書卷四一理宗紀、宋史全文卷三一都作「鄭清之端明殿學士、簽書樞密院事」，本書卷四一四本傳：「升兼修國史、實錄院修撰、端明殿學士、簽書樞密院事。」此處「除」字當移置「鄭清之」下。

〔三〕十月丙辰宰執以火延太廟五奏乞鐫罷詔史彌遠特降奉化郡公 原繫在紹定五年。按本書卷四一理宗紀，臨安火延及太廟事在紹定四年九月，宋史全文卷三一載史彌遠、薛極等降官都在四年十月丙辰，今據改正。下文同日「薛極等降官」條同。

〔四〕少中大夫 本書卷四二理宗紀、卷四一九本傳不載此事，宋史全文卷三三也未書余本官；按宋代典籍職官中無此一階，疑誤。

〔五〕同簽書樞密院事 「同」字原脫，據本書卷四一七本傳、宋史全文卷三三補。下文「八月戊戌」條同。

〔六〕知樞密院事兼參知政事 按劉伯正本年正月除簽書，至十二月未見有「知樞密院事」的記載，疑「知」爲「簽書」之誤。又本書卷四一九本傳，謂劉自兼權參知政事眞拜參知政事，此處「參」上應有一「權」字。

〔七〕湖南安撫大使 「大」字原脫，據本書卷四一九本傳、劉克莊後村先生大全集卷一四六陳韡神道碑補。

〔八〕特授太師 按鄭清之於本月甲辰詔授太師，乙卯即辭免太師，奏凡五上，見本書卷四三理宗紀、宋史全文卷三四。本條下應有辭免太師之文方合。

〔九〕吳潛自同簽書樞密院事除同知樞密院事兼參知政事 按本書卷四一八本傳，吳潛自龍知福州後徙知紹興府，這次再入密院兼參政是由浙東內召，非自同簽書樞密院事遷除，此處誤。

〔一〇〕除同知樞密院事兼參知政事 按本書卷四三理宗紀及卷四二〇本傳、宋史全文卷三四都作除簽書樞密院事，而不及兼參知政事。此處「同知」爲「簽書」之誤；「兼參知政事」五字疑衍。

〔一一〕與執政恩數 「恩數」二字原脫，據本書卷四三理宗紀、宋史全文卷三四補。

〔一二〕荊湖南路 原作「京湖南路」。按宋無「京湖南路」，本書卷四一七趙葵傳作「湖南」，即本書卷八八地理志的荊湖南路，今改。

〔一三〕除簽書樞密院事 按本書卷四四理宗紀、宋史全文卷三五都作以程元鳳爲「簽書樞密院事兼權參知政事」，疑此處脫「兼權參知政事」六字。

〔一四〕前知樞密院事鄭性之兼參知政事卒 按上文及後村先生大全集卷一四七鄭性之神道碑都說鄭除知樞密院事兼參知政事在嘉熙元年二月，本條旨在記鄭性之之卒，兼參知政事乃追述其舊銜，並非本年又有除授，故列入罷免欄。「兼參知政事」應移置「鄭性之」三字前。

〔一五〕兼權參知政事 「權」字原脫，據本書卷四四理宗紀、卷四七四本傳補。

〔一六〕特進左丞相兼樞密使 按本書卷四一八本傳說是「拜特進、左丞相」，宋史全文卷三六作「以吳潛爲左丞相兼樞密使」。依本表例，此處「特進」上應有「授」字。

〔一七〕彰州團練副使貴州安置 按宋無「彰州」，本書卷四五理宗紀作「責授新州團練使」。但據同書卷四一四本傳、宋史全文卷三六及宋季三朝政要卷三都說丁實先責授貴州團練副使，後徙新州，紀、表都誤。參看理宗紀校勘記。

〔一八〕防拓調遣 「拓」原作「招」。按宋代典籍中「防拓」一詞屢見，又作「防托」或「防託」，「招」爲「拓」之訛，據本書卷四一七本傳改。

〔一九〕時暫 原作「時督」，據上文寶祐四年「六月癸未」條語例和本書卷四一七本傳改。

〔二〇〕五月癸未 「五月」二字原脫，據本書卷四五理宗紀、宋史全文卷三六補。

〔二一〕觀文殿大學士除淮浙發運使判平江府　「大」字原置在「發運」下，「判」下原衍「知」字，據下文及本書卷四五理宗紀、卷四一八本傳改正。

〔二二〕楊棟自簽書樞密院事除同知樞密院事兼權參知政事　「楊棟」上原衍「三月庚子」四字。按本書卷四五理宗紀、宋史全文卷三六都說楊棟除知樞密院事在九月甲午而非三月庚子，本條即在上文「九月甲午」之下，「三月庚子」不應複出，今刪。

〔二三〕除權參知政事　「權」字原脫，據本書卷四二一本傳、宋史全文卷三六補。

〔二四〕魏國公　原作「衞國公」。按上文四月甲寅賈似道已封魏國公，下文咸淳十年十二月癸亥賈起復依舊爲魏國公，未曾改封衞國公；宋史全文卷三六咸淳三年正月也作「魏國公」，據改。

〔二五〕王爚以病免同知樞密院事　按下文咸淳三年「正月壬辰」條，王爚自同知樞密院事進知樞密院事兼參知政事；本書卷四一八本傳，又說咸淳二年王幾次以病乞免，都不許。可見王本年並未免官，此處誤。

〔二六〕太師　原作「太傅」。按賈似道已於咸淳元年除太師，見上文和本書卷四六度宗紀；宋史全文卷三六咸淳三年仍作「太師」。此處和下文十年十二月「賈似道起復」條的「太傅」，都應是「太師」之誤，今改。

〔二七〕常挺以資政殿學士致仕丁未贈少保　按本書卷四六度宗紀、卷四二一本傳都說：常挺「卒，贈少保」。此處「贈少保」前當脫「卒」字。

〔二八〕王爚自知樞密院事　按王已於三年六月除資政殿學士、知慶元府，八年入爲宮觀官，見本表上文和本書卷四一八本傳。此處拜相不應仍書舊銜。

〔二九〕兩浙安撫制置大使　「浙」原作「淮」。按曾淵子是以同知樞密院事知臨安府，見上文和宋季三朝政要卷五。臨安屬兩浙，不應帶兩淮安撫制置；本書卷四七瀛國公紀作「兩浙安撫制置大使」，據改。

〔三〇〕二月丁未姚希得除參知政事　據本書卷四二一本傳，姚死於咸淳二年，此時不應再有除授。本條當是咸淳元年「二月丁未」條的重文。

〔三一〕曾淵子自同知樞密院事除兩浙轉運副使　按曾已任至安撫制置大使，不應又除轉運副使。本書卷四七瀛國公紀同日條說：同知樞密院事曾淵子、兩浙轉運副使許自等相繼皆遁。此處誤。

〔三二〕黃鏞自同簽書除參知政事　本書卷四七瀛國公紀同日條說：同簽書樞密院事黃鏞、參知政事陳文龍遁。此處誤。

〔三三〕全允堅加太尉除參知政事　考異卷七四說：「按瀛國公紀是日加全永堅（即允堅也，允、永聲相近）太尉，參知政事常楙遁，本各是一事。『參知政事』屬下句，永堅以后族加太尉，不爲參政也。表又誤。」

元　脫脫　等撰

宋史

第一七冊

卷二一五至卷二一七（表）

中華書局

二十四史

中華書局

宋史卷二百一十五

表第六

宗室世系一

昔者，帝王之有天下，莫不衆建同姓，以樹蕃屏，其不得以有國者，則亦授之土田，使帥其宗氏，輯其分族。故繼別之宗百世不遷，豈惟賴其崇奬維持以成不拔之基哉。蓋親親之仁，爲國大經，理固然也。周官宗伯掌三族之別以辨親疏，於是敍昭穆而禮法之隆殺行焉。此世系之所以不可不謹也。後世封建廢而宗法壞，帝王之裔，至或雜於民伍，淪爲皁隸，甚可歎也。宋太祖、太宗、魏王之子孫可謂蕃衍盛大矣，支子而下，各以一字別其昭穆，而宗正所掌，有牒、有籍、有錄、有圖、有譜，以敍其系，而第其服屬之遠近，列其男女昏因及官爵敍遷，而著其功罪生死歲月，雖封國之制不可以復古，而宗法之嚴，恩禮之厚，亦可概見。然靖康之變，往往淪徙死亡於兵難，南渡所存十無二三，而國之枝葉日以悴矣。

今因載籍之舊，考其源委，作宗室世系表。

太祖四子：長滕王德秀，次燕王德昭，次舒王德林，次秦王德芳。德秀、德林無後。

燕王房

永興軍節度使、贈太師中書令兼尚書令燕王德昭		
建寧軍節度使魏王惟正		
馮翊侯從讜		
榮國公世程		
太子右內率府副率令芟	太子右內率府副率令窔	太子右內率府副率令

輓	太子右內率府副率令丑	贈感德軍節度使、華原郡公令瑨
三班奉職子淘	贈修武郎子源	
伯詵	伯誘	
師復		
希鄘	希垂	希曹
與鑑	與義	與賢	與隆

師循	師徽										
希回	希啓	希侚	希格	希畾	希喬	希石	希佑				
與適	與達	與通	與運	與還	與落	與潤	與淵	與适	與遜	與濛	與迪

令	子	伯	師	希	與
			師彷	希嘉	
				希皓	
				希仢	
				希告	
				希品	
			師衞	希嗑	
				希味	
				希聲	
			師復		
		伯諴			
		伯詔	師昺		
			師果		
			師晷		
			師晁		
		伯詡	師价		

令	子	伯	師	希	與
			師信		
		伯訥			
	從義郎子淑	伯誥	師徹	希說	
				希謨	
		伯詠			
		伯謨	師待	希增	與霖
				希錄	
				希坤	
				希道	
			師傳		
			師价	希炤	與英
				希驌	
				希文	
				希鑒	

令	子	伯	師	希
				希禹
			師仁	
			師仍	
	忠訓郎子潾			
	忠翊郎子瀛			
	忠訓郎子果			
	忠訓郎子淵			
	保義郎子潛			
	從義郎子昴			

令	子	伯	師	希
	成忠郎子泏	伯譓	師賓	希雄
				希愈
	子石			
	子榮			
	子昂			
	子弼			
太子右內率府副率令璟				
東陽郡王令瑜	三班奉職子澥			
	右班殿直子雯			

武翊大夫令愿　左侍禁

承節郎子立　承節郎子澥　成忠郎子澤

伯通　伯達　伯遠　伯适　伯俊

師定　師孟　師諒　師杜　師復　師膴

希虔　希聯　希敭

與德

申國公世智

令瑝　秉義郎令庨　敦武郎令頔　太子右內率府副率令唐　房陵郡公令沂

成忠郎子榮　成信郎子營　贈武功大夫子堅　成忠郎

右屯衞大將軍

子惠　三班奉職子薦　武翊郎子舉　左奉議郎子轀　承節郎子傅　成忠郎子昌　承節郎子榮　東頭供奉官子

馮翊侯世覃

令儲　右監門率府副率令璃　太子右率府率副率〔一〕令躂　贈少師、建國公令辟

厚　三班奉職子元　贈武義郎子瓔

伯壽

師旦

希綸　希偃　希作

與晟

西京左藏庫副使子理 武翼大夫子琳 從義郎子昕 修武郎子暘

伯通 伯惠 伯純

師古 師心 師顏

希伋

武德軍節度使、奉化郡公令緝

從義郎子皡 武經郎子晞 從義郎子玉 武翼郎子珊

伯顒 伯祿

師警 師訥 師循 師諗 師總

希侶 希佼 希俆 希僝 希佰 希倆

三班奉職子懿 武節郎子佩 訓武郎子玘

伯祜 伯禮 伯祉 伯襗

師約 師噭 師春 師鄭 師參 師伊 師何

希文 希儒 希僊 希道 希晏 希向 希補 希逋 希遲

武康軍

伯禔 伯裕

師傭 師份 師佚 師伸 師侑 師儉 師僊

希源 希玣 希玷 希瑠 希瓘 希玫 希玶 希琪 希助 希瓌 希鋠 希勱

二十四史

中華書局

節度使、	洋國公	令璩												
	三班奉	職子球	贈武翼	郎子弻										
				伯鎮	伯鉞	伯鎰		伯銑	伯鉉			伯鏽	伯鐸	伯鉉
				師換		師一			師僚					師晉
						希困	希冉		希運	希逕	希邁			
											與昌			

	修武郎	子景	右侍禁	子強	修武郎	子杲	訓武郎	子薦	從義郎	子鷩	武德郎	子髙		
												伯鑑		
師賽												師鄉		
希浚												希鶱	希賜	希冉

				忠翊郎	子褫					修武郎	子石		忠翊郎	子維
		伯有			伯鑌			伯鑄	伯銖		伯鏻	伯銓		
	師凱	師吶	師嘈		師瑛	師琥	師玵							
希商	希慕	希彭												
	與進													

遂康侯	令剸													
右朝請	大夫子	琥									朝奉大	夫子璪	秉義郎	子玖
		伯鎮	伯覲	伯顒	伯昌									伯龢
					師仁		師欒	師姬	師臧					
					希譓	希扎			希路	希軻				
					與權									

東牟侯令賽

武翊大夫子涼　子惇

伯榮　伯殳　伯琭

師逨　師𨑨　師贊　師周　師舜

希昉　希鎮　希頤　希遷　希淏　希濾　希駒

與韵　與讙　與溙　與澤

孟熷　孟燎　孟抃　孟摫

太子右監門率府率令借　贈正議大夫令誠

右奉議郎子孟

伯用　伯嵩　伯崇

師禹　師撫　師椱　師棆　師意

希炥　希炔　希煁　希曣　希梃

與塊　與㯿　與岍　與嵮　與仜

孟鍑　孟藻

師利　師緜

希檀　希析　希鋒　希鐙　希鈉　希鏌　希矗　希焱

與伈　與詪　與譏　與熜　與浮　與洴　與濬　與淳　與泭　與潛　與澧　與柅

孟睞　孟睄　孟暳

承事郎子耆

伯芀　伯崟　伯山

師从　師向　師同　師解

希邈　希遭　希弁　希彝　希弊　希畀　希瑁　希珞　希碧　希璦

與獅　與罙　與栖　與根　與檣　與櫑　與桹　與栫

開國伯	令琬			左藏庫	使令洄							贈太保	令玒	
迪功郎	子漸	子澤	子和	成忠郎	子廩	三班奉	職子曆	保義郎	子邁	保義郎	子默	從義郎	子文	
		伯邵											伯康	伯府
													師雷	師拲
													希敬	

													左班殿	直令惲
武翼大	夫子亮													
	伯藻									伯穹				
	師保	師昍						師俱	師帷	師萬	師辨	師裵		
		希杭			希擠		希摶	希潚			希譁	希炅		
		與䛩	與話	與瀰	與藹	與祇								
					孟仳									

贈朝散	郎令傘													
承信郎	子顏	左朝奉	大夫子	頤					承奉郎	子灝				
				伯瑨	伯朋	伯功	伯兹	伯秫		伯巖				
				師仙						師傷			師僖	師伊
										希肱	希臚			
											與藻	與檗		

			武翊郎	令彬									左班殿	直令覬
忠翊郎	子頤		忠翊郎	子昌	訓武郎	子晙			武經郎	子昂	承節郎	子景		
	伯簡	伯从		伯譽		伯傘	伯演	伯璋		伯珂				
				師闢		師鄒	師桁							
						希鐊								

信都郡公世繁

東平侯令閑　太子右監門率府率令畎　敦武郎令玧

中大夫子昇　右班殿直子溫　宣教郎子求

伯壽　伯淵　伯源　伯瀛

師叀　師眈　師應　師褒

希鏊　希戈　希衝

榮國公世卓

敦武郎令鑪　右班殿直令城　修武郎令凱　右朝散

右迪功郎子褒　承節郎子振　成忠郎子才

師袞

希嶔　希物　希歸　希槐

大夫令耗　武節郎令糜　右班殿直令潺　右班殿直令趌　右班殿直令鋏　從義郎令峻

子珣　成忠郎子瑋　子瓖　子琚

伯頮

師莘

子衢　子瑚

伯龍　伯蕃　伯鈺　伯錂　伯銳

師稷　師粲　師鐔　師湘　師拊　師撿　師椽　師推　師榛

希漼　希惆　希溢　希灘　希溺　希瀅　希送　希遨　希傃　希衍　希仩

			咸德軍節	度使、冀王	惟吉								
			丹陽郡	王從節									
			南康郡	王世永									
			崇國公、	謚溫獻	令圖								
			太子右	內率府	副率子	上	子張						
伯代							伯咨	伯參					
師業		師掌						師山			師說	師瑗	
希所	希油							希齡				希辯	
								與輝		與遠		與年	
								孟溫				孟忠	孟愿
								由璐	由珌				

											集慶軍	承宣使	子野	
							伯慥	伯夔					伯莊	
							師言	師充	師眞	師心			師召	師孟
								希虤	希魯	希顏			希鐸	
				與昌				與宏					與流	
孟恕	孟遜	孟懋	孟志	孟鍼	孟㦤			孟洋					孟椲	
			由關		由閱									

													伯能	
師惠						師文					師尹	師向	師文	師哲
希現						希煥			希賜					
與思			與懋	與楫	與倜	與烝			與炎	與規				
孟涫	孟湄	孟淞				孟琰	孟淪	孟潚						

													太子右	內率府
伯源			伯脩		伯适									
師德	師□	師魯	師歐		師古	師横						師顥		
			希悉	希鬲		希瀾	希洽	希鴻		希歆				
				與穌		與勉	與召	與虡		與韶	與誨			
						孟謨	孟儒	孟慶	孟滕					

榮國公、諡良懿令瑤

副率子　濋　太子右內率府副率子印　封馮翊侯子賡　三班奉職子庠　內殿崇班子彥　武經郎子廱

伯炭　伯倚　伯崇

師律　師潘

希倡

與孚

伯華

師沔　師景

希薈　希爽　希亭　希旨

與梓　與佖　與逭　與迓　與博　與隱　與轂　與陵　與存　與恕　與時　與偀　與恍

孟錯

師餘　師昇

希賓　希居　希詁　希詷　希謙　希褒　希冒

與儍　與愃　與趣　與沚　與伐　與邏　與遂　與遽　與遞　與的　與晤　與德

孟顒

東陽郡公令樞

華州觀察使子赤

伯光

師杲　師佀

希繪　希弅　希訡　希彼　希功　希稷　希善

與澍　與暘　與昉　與躧　與昕　與學　與基　與合

孟醇　孟通　孟傳　孟喻

由塤

宜高

內殿崇班子益

伯禒　伯仁　伯祜　伯誠

師元

希瓊　希珈　希璪　希瑚

與老　與沂　與問　與暐

孟嗶　孟味　孟儷

由檻

房國公令滓　建國公令朔

修武郎子爽　太子右率府副率子柳　封饒國使〔三〕子照　右班殿直子燕　右班殿直子韶　東頭供奉官子

伯端　伯翃

建　修武郎子健　修武郎

伯堅　伯誠　伯達

師道　師翾　師晌　師冢　師勝

希侑　希逸　希璁　希瑊　希璪

與憖　與籧　與忞　與泮　與高　與楣　與協

子廷　秉義郎子挺　忠翊郎子巡　子廷　保義郎子適　承節郎子迴

伯禧　伯浙　伯祀

師儞

希懋　希忘

與俊

孟寶　孟定　孟峸

彭城郡公世延

單州防禦使令羽　華原郡公令纘

承信郎子選　秉義郎子瞰　忠翊郎子腦　太子右內率府副率子遽　武經大夫子經

伯況

師宬

希憲

與詯

孟連　孟遮

由倫

字晉　安晉

希瓌

與詩　與春　與諤　與諮　與訃　與詸　與讋　與沓　與詥　與勢

孟蓮　孟遷　孟邇　孟藻　孟溥　孟瀾　孟泌　孟瀞　孟著　孟若　孟芳

由桂　由寃

師恩

希明　希章

與誼　與諫　與準　與謶　與訦

孟津　孟瀛　孟湟　孟泂　孟瀚　孟滈　孟淬　孟漉　孟遵　孟週　孟邁

伯蒲

師宣

希懿　希惠　希宥　希覈

與翾　與證　與醰　與諳　與諗

孟運　孟逕　孟鍾　孟銑　孟鑠　孟鋼　孟錤　孟鍔

由洙　由泗

常山侯令擸
左領軍衛將軍子紳　三班奉職子紳　武經大夫子綱
伯汶　伯浩　伯洙　伯滋　伯洵　伯嘉　伯順　伯和　伯順
師蔡　師倖　師右

修武節郎子綸〔三〕
伯添
師古
希倪
與法　與湏　與減　與滸　與澮　與浪
孟扑　孟杞　孟楝　孟權　孟檜　孟模　孟枘　孟樇　孟橀　孟楷　孟椿　孟樸
由翃　由瓌　由瑶　由珺　由熠　由燦　由珮

伯嘗　伯臧
師蠹　師直　師志　師普　師周　師堯
希顓　希琪　希璙
與澄　與滆　與點　與梲　與桶　與栝　與稃　與慶
孟櫹　孟株　孟槫　孟逢　孟鏦　孟鍭　孟湑

伯訢　伯譁　伯訟
師秀　師毫
希璧　希巨　希受　希瓛　希醴　希妙　希莅　希珀
與淖　與棧　與檽　與儆　與憁
孟謀　孟義　孟嵓　孟徑　孟祴

左侍禁子緄	右班殿直子綬											
	伯和											
	師閎					師顔						
	希左					希潫						
	與璐			與琦	與瓘	與旃					與休	與陵
	孟榀	孟鐔	孟鍒	孟鐵		孟坦			孟淳	孟成		孟軾
		由瀉	由渚			由璹	由達	由道	由玿	由瑭		

						師粗								
			希侁		希雋	希喻	希榮		希陘	希陖	希諸		希措	
與容			與岌	與寔	與霽		與琇				與官	與璪	與琰	與璁
孟輗	孟軓	孟輪					孟轉	孟軨			孟侄			孟瀴
							由迡							

		師李												
		希聿	希琢					希瑔						希玐
與壅	與瑁		與轅		與轍		與軺	與軿			與輶		與軾	與轆
	孟阮		孟鋅	孟鍊	孟蘽	孟芫		孟琡	孟瑒	孟珃	孟瓖	孟瓔		

														子純
														伯通
		師曉					師軾							師文
	希迹	希鍾	希銘	希錢		希錦	希鉨					希勛		希奭
與輞		與杉		與鍺	與袱		與暸	與暃	與旴	與晄	與暱	與吧		
												孟鏻	孟鉉	

														伯道
		師豪				師襄		師亶	師儀				師亦	師尹
希夔	希光	希僚				希陶			希贇			希盛		希召
	與埩	與澶	與潞	與泊	與潘	與慷	與惔		與然	與樵	與熏			與安
		孟瑋	孟櫟			孟珝	孟慨							孟海

														師臣
										希稷	希麟			
											與坤	與瑀		
孟潤		孟渙	孟漶	孟滋		孟澄		孟泳				孟僔	孟俱	
由侄	由侁	由伏		由鴻	由修	由儒	由佳	由倸	由保					

													太子右	內率府
								保義郎	子鐸					
		伯進	伯連						伯源	伯滌	伯洪	伯江		
師靖	師勣		師望		師典						師棟			
希葵			希渠	希蓂	希榕	希禮	希檣				希翔			
與璐														

		北海郡	公世符											
副率令	季	彭城侯	令闓											
		太子右	內率府	副率子	歕		供備庫	副使子	歕				內殿崇	班子歕
					伯夷	伯通			伯烑		伯茲	伯澤		
									師澤	師湛				
									希聽					

右衛大將軍令邦〔四〕　贈南陽侯令想

忠訓郎子禀　左班殿直子文　子襄　修武郎子扆　訓武郎子襲

伯儀　伯道　伯逵　伯強　伯伸

師繪

修武郎子禀

伯儼　伯伸　伯儀

師導　師召　師燻　師㬎　師顒

希鵬　希諵　希謍　希讞　希讘　希歆　希堉　希譱　希獻

與揢　與鼎　與漼　與侑　與撫　與瑎　與埘

淮陽侯守約

右監門率府率世寵　北海郡公世靜

左班殿直令瞂　太子右內率府副率令伯　昌國公、謚孝良

子錫　子祜　右班殿直子哀　貴州團練使子

伯瑛　伯酌

師貫　師譁

希庀

令遷

沆　武節郎子元　左領軍衛大將軍子仲　贈武節大夫子朔

伯惑　伯侮　伯嘉　伯逸　伯運

師孟　師回　師錫　師銳

希冉　希洄

與玨　與櫝　與軿

孟樯　孟檗　孟佃

					伯逑									
					師龍	師勔	師雄							
	希宿				希醇			希聿	希奇					
	與瓔	與瑍	與璨		與珎					與輻	與輊	與軾	與輍	與輯
孟祻	孟文	孟秶	孟禾	孟杓	孟朶									
					由泆									

大夫子	贈武翊													
				師武		師𢖍								
		希棪		希□		希穟				希忲		希蓁		
		與沿	與濼	與漎	與珽	與珅	與玭	與北	與𤩓	與琭	與寯	與家	與埪	
					孟楞	孟偽		孟伶			孟俐	孟佀		孟彰

														棟
			伯咨	伯迪	伯客	伯黨								伯擇
			師商		師恭								師酉	師文
			希澄				希漯			希濂			希禾	
與櫆			與柜							與烗			與衞	
孟婉	孟晙	孟媛	孟焌					孟侗	孟輅	孟鏃			孟連	
											由林	由檜	由栩	

					師許									
希□		希錭	希鍚	希鉉	希鐙					希澄	希瀨			
	與殷	與獻				與槁	與榴	與樴	與枱	與櫟	與秩			
		孟粲									孟昊	孟烗	孟爙	孟煻

								伯泠						
		師試					師讀	師胥		師珏				師璋
希□	希瑞	希□						希藻	希隨	希倖	希假	希膺		
	與杭	與溢	與洼	與澱	與淘	與汥						與地		
		孟檥										孟㙦	孟欄	

														廣平侯
修武郎	子暵	武經郎	子昪	從義郎	子瞳	武節郎	子□			從義郎	子暐	子璋		
							伯椿	伯鎮	伯筠			伯惑	伯侮	

		贈洋國公世綿						
令器	太子右內率府副率令珧	太子右內率府副率令□						
		子瑑						文林郎
		伯誂						
		師壽						
		希勉						
		與杓	與朴					
		孟璪	孟弼		孟高		孟倫	
		由作	由頤	由興	由俊	由傳		
					館遠			

	博平侯	令虛												
子瓌	武節郎	子雋												
		伯玉												
		師正							師必					
		希辟		希驂	希騏			希驛	希知		希昔			
		與忠	與亲	與佴	與材	與宜	與鉊		與退		與交			與序
		孟煇	孟浮	孟琍					孟友	孟皞	孟煥	孟爗	孟鏞	
												由誨	由禮	

										伯才				
										師元	師鍠			
希源	希得										希歷		希思	
	與俅			與俁		與倣		與佩			與攽	與遹	與迢	
	孟賔		孟賫	孟潩	孟埛	孟圳	孟墖	孟洲	孟鐊	孟渾				
	由伸	由侶												

												伯琜		
	師庾	師武		師度							師慶	師烋		
	希敎	希唻		希漢	希瀡	希熙		希犖	希黇	希黔	希枋	希腙		
與遡		與璵	與□	與榴	與攝	與墀	與櫝				與擻	與遊		
												孟鈁	孟鏘	孟鐫

							師炫		師煜				師煉	師熂
							希堂	希時	希歎	希訟	希至	希綰		希褒
	與迁	與邈		與遐										
孟鐔			孟鍵	孟垠	孟埭	孟垤								

													德國公、	謚良僖
														左中奉
		伯珪	伯岡											
			師笑					師昊	師尉			師夋		
希兖	希邁		希殖	希液	希埠		希饌		希墑	希條	希傾	希玨		
與彩					與偟	與傑						與灊		

令熅														
大夫子	鈞										子鐏	子權	子濬	
	伯言	伯誠	伯詠							伯誢			伯說	伯訢
			師藝		師呂	師參	師疊	師吾					師愭	
			希霖	希邢			希鴻	希營	希謄				希宿	
								與埱					與栵	

										贈高密	侯令□			
	承議郎	子燀	從義郎	子坦	成忠郎	子壘	忠義郎	子檕	子桀	三班奉	職子濟	修武郎	子雍	
伯讜													伯成	
													師仁	師義

												伯勔	伯勤	
師禮	師憲							師賓					師造	
	希閈							希弜					希槼	
	與楝	與檀	與樒	與橾	與梁	與橓	與榔	與芬	與薰	與萇	與蒨		與薄	與瀼
		孟燡	孟爟	孟椁	孟椅									
		由墉												

														伯勷
									師礪					師文
		希和	希琁				希郖		希瑊					
與瀏			與滐		與灌	與逢	與衙	與律	與濨			與淋	與藩	
孟徽	孟仜		孟伺	孟倸					孟璒	孟珀	孟柠	孟桁	孟焵	

右班殿直子京	右班殿直子堅	秉義郎子觀								贈朝請大夫子
		伯助	伯瓛	伯瓚						
			師沇	師洵	師汴	師滯				
						希時	希昭	希咀	希睞	

亮	秉義郎子充	子彝	贈訓武郎子皐	保義郎、坐事勒停〔三〕子撚					
				伯憯				伯忱	
				師傚		師侃	師穮	師顒	
				希滬	希濮		希潽	希初	
							與溎	與招	與榜
								孟栗	

											伯恪			
		師顧					師頡			師頒	師辛			
希建	希禆	希烝			希各	希涵	希潛	希汭	希滉	希角	希阮	希階	希隋	希陔
與俅		與伻	與澥	與傑		與讚	與杯			與鍠	與發			與輾
孟鋒														

										贈右衛大將軍令辟		
										成忠郎子堅		
		伯懵								伯浚		
		師佑			師倭			師遄	師劉	師旦	師望	師躬
	希陪	希府	希糍	希綸	希璟	希琳	希玅		希珖			希絇
與翛				與樞	與佟		與熺					與儞
												孟鑷

武翊郎子堂

伯紹　伯滌

師譁

希旻　希顯　希願　希鐕　希鋮　希鋇　希顮

與璽　與悎　與慕　與廡　與瀰　與沰　與瘄　與壨

孟鍩　孟琥　孟相　孟棣　孟灃

伯溫　伯淵　伯澄　伯浵　伯洋

師愍　師恚

希亢　希顧　希菘　希蒡　希崢　希枅　希嶇

與淼　與洚　與湧　與渚　與遡

孟楲　孟棡　孟橧　孟浠

右千牛衞將軍令密　贈榮國公令蟾

忠訓郎子甑　太子右內率府副率子遴　右班殿直子璿

伯蒡　伯褒　伯覽　伯戩　伯來

訓武郎子珣

伯順　伯騏　伯頌

師萍

希穎　希源　希準　希溫　希泗　希瀟

與臣　與槔　與栻　與橦　與岱　與楠　與榻　與榿　與樿　與漑

	師蘇								師董					
希浦	希澣	希漣							希灝					
與禰		與栰	與楝	與楅	與桁	與樽	與⿰木劉	與樸	與枅	與槿				
				孟燋	孟熠	孟熉				孟⿺走火	孟湑	孟烳	孟義	孟炤

												忠訓郎	子暐	
				伯頓	伯頭					伯穎	伯顒		伯類	伯顥
					師嚭				師譪					
希溶	希江	希潮	希漢		希瀆			希淦	希垹					
與傺			與晞		與滲	與棱	與檍		與極					
孟享														

													修武郎	子栱
伯顩														
師蓍										師恭				
希太										希熊		希祥		
與進				與逵						與逅	與照	與運		
孟謹		孟諒	孟諴	孟獻	孟晈				孟曄					
由璲	由鏁				由⿰火侖	由玌	由璋	由濱						

						贈東平	侯令鑑							
右班殿	直子眞	忠翊郎	子瑋	秉義郎	子琰	訓武郎	子櫟	訓武郎	子瑑	右班殿	直子琇	子玽		
							伯驎					伯适		
												師磊	師覞	
													希珹	希璽

贈昌國公令柯
武節郎子晉
伯釆　伯通　伯孝
師缸　師授　師坐　師悠　師皺　師範　師模
希璆　希瓛　希瓖　希栟　希隆　希鑪　希釪　希鈍　希錚　希鏗
與運

濟陰郡公世長　昌國公世滋
贈汝南侯令赫　太子右內率府副率令輯
武經郎子彰　左班殿直子周　右侍禁子瑜　子綸
伯盎
師槼
希祗
與宕　與浮
孟頫

太子右內率府副率令鐖　太子右內率府副率令昆　贈河內侯令埤
贈武節郎子佑
伯齊　伯德
師鑫　師彰　師彭　師彤
希賁　希諸　希峻　希佾
與諄　與寬　與環　與逖
孟訴　孟許

師勿
希郊　希清　希祺　希摯　希擇　希括
與彭　與杓　與效　與敺　與敳　與敆　與鄰　與拳　與蓁
孟浸　孟洑　孟暐　孟昨　孟曨　孟璕　孟噢

成忠郎子伋　秉義郎子偘

伯青　伯象　伯誺

師彤　師紀　師流　師寘

希檗　希諠　希淀　希洌　希僻　希楗　希諹

與遒　與逵　與煤　與蜂　與燗　與溏　與縱　與襄　與稟

孟琤

贈東萊

忠訓郎

師旻

希幹　希轄　希□

與書　與棨　與棻　與柎　與櫞　與橙

孟瑫　孟澮　孟璩　孟耀　孟樂　孟熠　孟煠　孟燏　孟檔　孟輝

侯令棁

子繼　右侍禁子亮

伯仝　伯全

師鉉　師焯

希璵　希玉　希棠　希瑑　希鏘

與寓　與齊　與籛　與檷

孟巽　孟簡　孟瀅　孟淤　孟傎　孟伏　孟僧　孟傳

右侍禁子純　秉義郎子維

伯玘

師霔　師鷹

希陽　希夷　希陳　希際　希對　希則

與祿　與選　與潰　與淒

孟拱　孟推　孟採　孟拴　孟佀　孟□　孟壐　孟泉

由材

師霔　師霮

希庸　希業　希綜　希玖

與洄　與遂　與得　與進　與察　與隶　與宥　與宇　與宰　與□

孟珣　孟璩　孟璘　孟璞　孟切　孟瀠　孟瀧　孟瀟

師霑　師霾

希玲　希岦　希另　希嶺　希鰍　希敷　希敵

與寀　與宔　與櫞　與棨　與樺　與榷　與槮　與榼　與橈　與堅　與巠　與型　與垒

孟宴　孟晛

右班殿直子繹

伯超

師琬　師瓗

希致　希散　希敦　希滸　希洵　希濟

與熊　與忻　與怚　與堡　與瑊　與珹

孟晲　孟鎮　孟鐳　孟鍁　孟鏑　孟鍍　孟銑

由楹

富水侯

東頭供奉官令播　太子右

伯越

師玭　師璟

希襄　希潦　希沚　希洸

與珗　與培　與墀　與埭　與渶

孟偘　孟僬　孟銷　孟鐶

世祚				
內率府副率令坤				

校勘記

〔一〕太子右率府率副率　按本書卷一六二職官志無此官名，據上下文，疑是「太子右內率府副率」之訛。

〔二〕饒國使　按宋制無此封爵。「使」，殿、局本作「侯」，恐也誤，疑應作「公」。

〔三〕修武節郎子綸　按本書卷一六九職官志有修武郎、武節郎，而無修武節郎，此處當有衍誤。

〔四〕右衞大將軍令邦　「右」、「衞」間原有墨丁。按本書卷一六六職官志有右衞大將軍、右武衞大將軍、右驍衞大將軍、右屯衞大將軍，未知孰是。

〔五〕坐事勒停　「勒停」原作「停勒」。按宋會要帝系四之九皇祐五年九月七日詔：「應宗室犯姦私不孝贓罪，若法至除名勒停者，并不得敍用。」又本書「勒停」字屢見，而無「停勒」。今改。

宋史卷二百一十六

表第七

宗室世系二

楚國公守巽					
太師、虢王世清					
太子內率府副率令璿	贈少師令廓				
贈清遠軍節度使子鷟					
伯應	伯膺				
師理	師璭				

伯廣	伯慶	伯䚕	伯珏	伯林			
師珹	師玠	師瑜	師堅	師球	師權		
希楮	希稹	希秝	希䅵				
與夔	與器	與密	與齡	與渙	與扃	與及	與宬
孟玠	孟昳	孟潚	孟瀟	孟寓			
由佋							

再贈武經大夫子閔

伯庶

師濤

希昪　希溢　希充

與舂　與計　與澤　與常　與燀　與龍　與焰　與朕　與姝　與緰　與桹

孟鐊　孟錧　孟銂　孟鋑　孟檏　孟潪

伯庠　伯廙

師秦　師嘉　師祿　師秦　師仰

希良　希祜

與制　與欅　與楹

孟持　孟楫　孟滌　孟渭　孟潾　孟湋　孟憓　孟慈　孟態

由明　由晨　由懽

希彥　希迴　希拱

與鏵　與鑣　與釦　與鈊　與鏭　與鐖　與鈽　與鈔

孟淒　孟坒　孟噕　孟曉　孟量　孟蹕　孟皋　孟言

由悰　由佺

伯庚

師仔

希踽　希民

與鋈　與湰　與埊　與墼　與熣　與爟　與爌　與爀　與沂

孟睬　孟擘　孟意　孟懃　孟慮　孟恩　孟韶　孟䜌

														忠訓郎子損
伯康	伯唐	伯度		伯靡										伯康
		師信	師盾	師頔		師垍	師綬	師巡		師宿	師兢			師闓
		希湛	希樺	希議	希詠		希鋌	希綯	希緝	希柲	希綜	希繝		希止
														與梜
														孟仩
														由玫

									伯應					
								師琨	師駟				師左	
					希植	希貫	希稠		希鑛			希鏦	希鉅	
									與漕	與湑	與泒		與煃	
孟位	孟儔		孟僮	孟倈									孟珋	孟珮
	由瓌	由瑢												

表第七　宗室世系二

												贈榮國公令軌		
							武翊大夫子極					封始安侯子扎		
							伯麌			伯龐		伯通		
					師圜		師琠		師璆			師顏		師閔
							希德	希衍				希杏		希可
		與熵		與燋			與琡	與詒				與達	與遇	
孟瑗	孟玳	孟璁	孟瓚	孟瑛			孟傒							

宋史卷二百一十六

														贈成州觀察使
伯迎	伯迪	伯逢												
	師唐	師賢	師咸	師道		師遴						師陸		
	希淙		希山	希霸		希俱			希倪	希健	希偶	希建		
			與約	與伊	與侒	與鑑								
					孟瓗	孟瑀	孟瑃	孟瑞						

子揄
伯遙　伯遼
師劭　師原　師處
希藺　希頎　希野　希閱　希閩　希閱　希圈　希闔　希眴
與紹　與啓　與珌　與石　與白
孟明　孟偶　孟璪　孟瑫　孟濤　孟汴　孟泠
由淳　由潤　由玻

希參
與嘉　與寀　與objc物　與蘧
孟潩　孟漄　孟潭　孟沂　孟瀧　孟泗　孟浀　孟潛　孟沃　孟儁　孟旣
由恩　由忌　由娟　由忠　由樿　由相　由樑　由杋　由櫋

希守　希絳
與囦　與復　與節　與剛　與宣
孟嶺　孟崗　孟岦　孟瑾　孟琨　孟璓　孟功　孟析　孟堿　孟垓　孟塾　孟鋞　孟鍇
由譢　由爙　由烷　由瀗

希行　希字　希望
與閞　與倪　與獻　與顲　與皋　與皓　與皞
孟瓏　孟玭　孟瓅　孟極　孟楧　孟棵　孟芭　孟填　孟堈
由浮　由溆　由纖　由溥　由還　由鍽　由鐗

表第七　宗室世系二

贈東陽侯令揭

武經郎子暘　左侍禁子華　三班奉職子壤　武經郎子璘

伯邇　伯適　伯輿　伯與

師侖　師孟　師福

希峴　希汕

與介　與埫

孟滋　孟湅

由熹　由絜　由漾　由瀸

宋史卷二百一十六

承節郎子瑾　承節郎子瓛　再贈從義郎子珏

伯璹

師望

希舒　希里　希木

與堁　與格　與抑　與羔　與傭　與侁　與傩

孟仙　孟侑　孟𤄃　孟滌

表第七　宗室世系二

師琴

希樗　希偰　希侊　希侗　希付　希偉　希俶

與讚　與邐　與燕　與澳　與誑　與隸　與謢　與誌　與韞　與謝　與論

孟棟　孟賨　孟寅　孟鉷　孟鏌

宋史卷二百一十六

伯東

師碧　師玩　師筌　師璗　師琤　師岐

希休　希綬　希維　希綺　希僥　希佰　希僊　希懸

與諴　與譪　與進　與遷　與棪　與格　與橆　與櫞　與淰

孟憓　孟龐

伯大													
師巘	師嵫	師甸	師嶙	師岷	師巁	師峻	師峙						
希諉	希謙	希箱	希淘	希諓	希讕	希櫺	希狆	希慈	希忢				
與呼	與唆	與烟	與烓	與浯									

朝請大夫令韜	加贈右奉議郎子勉					
伯達						
師瓅	師顔	師孟				
希急	希慂	希忎	希愬	希憃	希懕	希哲
與溋	與濬	與咨	與性			
孟瑍	孟璣	孟璹				
由庚						

東陽郡公世茂						
太子右內率府副率令	贈奉化郡公令潛	令譖				
子勛	子勍	將仕郎子防	贈左領軍衛將軍子飌			
伯起						
師韓	師莊	師古				
希敵	希讌					
與傳	與佾					
孟瑥						

子飌	贈左領軍衛將軍				
師言	師善	師回	師尙		
希呂	希从				
與謀	與調	與顥			
孟僼	孟儫	孟儼	孟儇	孟僚	
由洪	由泓	由灦	由淽	由泳	由溶

軍子璐						西頭供奉官子驊						
伯熹	伯鯤	伯鵬	伯輎			伯壽	伯熹	伯禮				
			師愈	師仁	師傑			師瘉	師鎣			
									希暭	希曈		希燦
									與晟	與秀	與稔	

				師愿					師懲					
希暎	希昕	希昞	希[illegible]	希[illegible]		希黯			希儦		希侄		希保	希俊
				與詠	與賓	與憲	與紳	與鍘	與瑛	與潙	與鐮	與激		
											孟富			

					贈開國侯令昔					
		右侍禁子明			忠翊郎子昪	左朝請大夫子昇				
		伯惇		伯恪		伯達	伯适	伯遜	伯迪	
師惠	師恩	師正	師祿						師沚	師潩
希棣										

				贈武經郎子昰									忠訓郎
伯邁				伯奇	伯遐	伯邀						伯迅	
師詷		師覬	師[illegible]			師語	師議	師誕	師計		師諝	師諭	
希鰔	希[illegible]					希俵	希儆	希梴	希儇	希僩		希玞	
與椷	與迢					與驛			與徽				

武當侯世續

太子右內率府副率令槩　贈南康侯令賞

子杲　太子右內率府副率子晪　再贈武略郎子浩

伯泳　伯浩　伯洵　伯林

師達　師适

伯權　伯掄

師遂　師遠　師迪　師選　師奎　師壹

希丙　希若　希古　希碔　希俔　希鄐　希惻　希价　希像　希傲　希雛

與守　與昕　與躍　與暕　與湛

孟宣　孟宇　孟容

由櫟

秉義郎子瓊　保義郎

伯桴　伯桂

師鏨　師甯　師韡

希昪　希佔　希什　希僮　希俄　希鯈　希僖　希征　希鏁　希鑒

與忞　與宿　與糠

太子右內率府副率令珝　贈安康郡公令委

子璞　子璩　右侍禁子洵　武節郎子淵

伯庠　伯暕　伯昞

師述　師遭　師邏　師遷　師逖

司空、遂國公世該

贈開國公令琮

忠翊郎子瑷　成忠郎子璨　子琢　太子右監門率府率子賁　內殿崇班子球

伯暶　伯昉　伯旼　伯昕　伯晣　伯曦　伯祜

師逕　師邇　師遴　師途　師迮　師逵　師偁　師侄　師鈺　師昺　師昇

希俱　希頡　希蠡　希奉　希美　希文　希盛

與劭　與瀜　與洨　與唐　與膺　與鐃

孟伽　孟傚　孟价　孟樛　孟枰　孟榆　孟樅　孟榤

由鎮

修武郎子瑛　子晚　贈武經郎子道

伯禔　伯福　伯槐

師咨　師仲　師傅　師信　師澄

希暴　希晄　希厚　希琜　希豫　希囦

與褸　與裖　與代　與倘　與儴　與偁　與涉　與條　與禮　與褣　與谿　與晦　與塏　與傕　與庸　與梃

孟端　孟檟　孟榚　孟侔　孟媄　孟概　孟椽　孟塿　孟碆　孟崽　孟巋　孟嵩　孟玢

由璸

師佳

希采　希憓　希僵　希琊　希巒　希世

與縻　與煒　與証　與皋　與峻　與嶼　與崞　與杞　與僩　與倖　與窼

孟瓈　孟鐘　孟漶　孟懸　孟温

由灖

希寋　希袁　希晃　希尼　希且　希潟

與渠　與桀　與棖　與檣　與恢　與懎　與悃　與珇　與泧　與迦　與櫓　與鏴

孟玒　孟槩　孟畔　孟悕　孟瑤　孟蘩

師倪　師穂　師伇　師覝　師彴

希餙　希演　希息　希藹　希悛　希昌　希悚　希侳

與鋉　與鏟　與僐　與濮　與抖　與玥　與階　與鍽　與焯

孟玩　孟曠　孟矘

沂州防禦使令欵

子通　封洏陽侯子熖

伯恳　伯志　伯賢　伯顯

師譓　師古　師垚

希鍘　希宜　希仁

與時　與信　與譱　與穆　與點

孟瑞　孟琡　孟璔　孟瑀　孟璁

由鍊

五八〇五

				希俊	希僎	希倧								
與正	與光	與溫	與蘭		與祥	與同	與曾			與陞		與貌	與翃	
					孟偂	孟鈘	孟文	孟詵	孟琱	孟握	孟撖	孟恤	孟葆	孟華
								由淎		由中	由是			

五八〇六

	希仰		希傳	希侹		希僅	希倬	希僭	希仯					
與語	與采			與璿				與淀	與理	與助	與建		與生	與積
孟逮	孟堅	孟介		孟顯	孟溁				孟議		孟譢	孟訪		
由墭									由廻					

五八〇七

師勇														
希聰		希及								希佃				
與兀		與亮				與祫		與紹	與壽	與橙	與璪			與彪
孟潘		孟欒		孟榮	孟騣	孟琦	孟琰	孟璨	孟瓛		孟家	孟宦	孟寧	孟瑨
由全	由侖	由欈	由楢											由仁

五八〇八

								師璫						
			希僡	希伏	希俘		希佸	希家	希佺					
		與玞			與瓖	與班	與熊		與瑾				與琤	
孟珽		孟禑			孟溧		孟瑙		孟佐	孟佑	孟備	孟儆	孟儍	孟优
由傯	由儋								由懥	由恢				

師文

希房　希僊　希覿　希瑷　希俟

與瑫　與埵　與壃　與滋　與灝　與諶　與橡　與榞　與楨　與櫸　與槤

孟例　孟儆　孟瑚　孟瑎　孟楢　孟欈　孟櫸　孟安　孟鼉

由漳

左侍禁子灼

伯碩　伯顧

師一　師範

希价　希倻　希璁

與巍　與俛　與徹　與衡

孟瑵　孟琚　孟珖　孟誎　孟祐　孟禧

由鍑　由鑟　由鉻　由錟　由璹　由僅　由儦　由儉

右侍禁子耆　左侍禁子壽

伯頤

師尹　師姚

希諸　希瓛　希萬　希栱　希玓

與儇　與俆　與本　與梓　與樇

孟初　孟給　孟沂　孟睎　孟祢　孟祋

太子右監門率府率令最　贈朝請

從事郎子鍇　從義郎子通

伯顥　伯預

師明　師旦　師仲

希顯　希宋

與棖　與僴　與鈹　與鏟　與鎬

大夫令	懋	宣德郎	令䤵											
秉義郎	子椿		子衡	從政郎	子衍									
	伯山				伯僊									
					師焦									
					希荀								希周	
					與傑	與玖			與琳	與璣	與珷		與慈	與環
						孟梓	孟栴	孟欙	孟橓		孟櫰	孟拱		孟棣
								由鍱	由鉺					

						伯信								
						師溱	師先	師生	師隨	師閱				
	希誼					希孔		希汖	希郜	希嘰		希沂		
與琨	與瓊	與瓖	與璔	與瑠	與瑮	與嵦				與璸		與磻	與磅	與璀
	孟棪	孟澑	孟瀙	孟灝	孟滑					孟鑋	孟睛			孟循
										由寧				

				伯仁										
		師閔		師鑾	師龍									
	希澾	希瑮	希問		希鎬									
與玗					與瑠			與瑑	與璒	與瑦	與瓚	與琊	與墾	
					孟坣	孟墐	孟坙	孟墟	孟型				孟臺	孟壞
					由棋									

														從政郎
	師相	師專												
		希言					希淳		希逢			希球		
與磅		與璧				與禮	與靚		與欖		與檻	與葉	與棐	
		孟鋼	孟鍩	孟鏂	孟鏦	孟瀆	孟恭	孟懋	孟浒	孟濾	孟熛			

子衞	從義郎子術												
	伯靖					伯尋					伯錯		伯嶙
	師文			師齊		師審			師害		師寀		
	希補	希穚	希秸	希穛	希崇	希瓚	希鏁	希銘	希鏞	希鈔	希瑒	希琰	
					與謚							與廬	
					孟昷								

											北海侯
				右班殿直令□			武經郎令甃				朝請大
		秉義郎子衎	子行				忠翊郎子津				從事郎
伯翊		伯瑀	伯茉		伯棗	伯棨	伯伸		伯修	伯祥	
師璉	師璘										
希倩	希儆	希錫									

												廬江侯守度
世歷												蘄春侯世宏
夫令術												太子右內率府
子綬												
伯愈	伯達	伯泰										
		師續	師維		師綺	師誕					師皓	師檄
		希榫	希棫	希橡		希發	希璨	希瑛	希玬	希瀰		希偈
		與恦				與涓						

						太子右司禦率
副率令門	太子右內率府副率□	□	贈奉化侯令夫			
			三班奉職子直	三班奉職子愿	秉義郎子顏	子煩

府率世	暹	高密郡	公世珍											
		太子右	內率府	副率令	孫	太子右	內率府	副率令	詗	贈河內	侯令讂			
										成州團	練使子	機		
												伯存	伯隨	
													師直	師奭
														希潛
														與瑧

									忠州團	練使令	誶			
										忠訓郎	子暐	忠訓郎	子儀	武經郎
				伯履			伯愿	伯彥						
		師是	師尹	師文	師旹		師傅							
					希通	希迵	希㝟							
與琈	與璡				與䫿									

											華陽侯	世嵩		
											贈馮翊	侯〔一〕	令娖	
子鐩									忠訓郎	子暉	□□禁	□□		
伯裕					伯衮			伯初				伯瑛		伯琰
師憶	師懋			師懌	師禹	師文	師昝	師革				師顏	師聖	
希堈	希鉾						希咏	希沇						
	與溉	與汲	與濬											

								武翊大	夫子震					
伯瑞									伯瑜					
師閎	師炎								師淵		師煥			
	希介	希俞		希企		希畲	希仚		希旦		希遨			
		與近	與遺	與過	與遲		與灉		與立	與中	與是			與邇
				孟僎					孟瑽	孟彪	孟俅			孟瞌
									由聰	由衕	由椅	由橅	由櫨	

伯瑋

師廖　師厚

希仲　希謐　希亨　希澄　希勇　希沂　希渾　希滌

與彝　與伶　與璩　與儆

孟道　孟遜　孟逾　孟逢　孟迪　孟舒

由鋪　由鐕　由渙　由偃　由倇

宜發

希沭　希泌　希潢　希潤　希沔

與儇　與伋　與俶　與緇　與祚　與敏　與佮　與碩　與臨　與逾　與迅　與迨　與侹

孟功　孟才　孟譓　孟塱　孟治

忠訓郎子霂

伯城　伯鐸

師匡　師純　師紘　師綖　師原

希濬　希漢　希渥　希諶　希淨　希制　希股　希語　希激

與儆　與高　與適　與由　與粹　與息

孟清　孟滔　孟潔　孟思

□□□　□□

伯鎬　伯聰

師閎　師高　師淵　師玉

希學　希倧　希俱　希傕　希備　希柔

與楧　與脩　與椐　與梧　與桌　與採　與煓　與爈　與燸　與燽

孟坐　孟墂　孟壂

										承節郎	子翼	右班殿	直子霽	保義郎
									伯暄					
							師京	師汝						
		希架		希槩	希渠		希質	希沖						
		與熼			與熹	與爇								
孟壞	孟壥	孟垟	孟墟											

子霦	保義郎	子□											保義郎	子霶
伯堅		伯格	伯議									伯裔		伯料
		師濟	師富						師浚	師綸	師澗			
			希態			[illegible]	希憙	希怭						
			與揮	與拙	與摛		與□							

		贈高密	侯令勃										
	忠訓郎	子霖	修武郎	子琦	武翊郎	子璉				贈太中	大夫子	瑄	
伯紹				伯爽		伯琿		伯與	伯興			伯楙	
				師政		師回	師閱					師傑	
												希甚	[illegible]
												與馳	與眼 / 與淙
												孟璖	孟鎬

													贈中大	夫子璓
		伯弼									伯班			伯□
	師伏	師俁	師偲	師僅					師偆	師儳	師倬			師淵
希恣				希誡	希誼	希譯	希誐	[illegible]	希穗		希操			希誌
				與鈠	與芇		與潘				與峴	與壓		與枅

世	令	子	伯	師	希	與	孟	由
						與扛	孟祠	
							孟綸	
							孟襘	
						與撙		
					希云	與覘		
嘉國公	房國公、							
世括	諡孝恪	□□□						
	令稼	□□	伯旼					
			伯曙					
			伯曬					
			伯嘣	師僉				
			伯噉					
			伯暉	師㭊	希寰			
					希釋			
					希紘			

世	令	子	伯	師	希	與	孟	由
					希芬			
					希荃	與垕		
					希芸			
				師戩	希孝	與冠	孟沚	由儻
						與褒	孟澌	
						與璐		
					希騁	與嚴	孟邃	
					希誠	與嶸	孟濱	
				師繽	希凝	與富	孟潤	
			伯晤					
			伯睽					
			伯晛					
			伯晅	師更				
				師羔	希蘊	與璨		
						與[illegible]		

世	令	子	伯	師	希	與	孟	由
					希鄰			
					希法	與樠		
					希駮			
				師龍	希國			
					希謻			
					希譄			
					希□			
		訓武郎子育	伯□					
		修武郎子元						
		成忠郎子嫛						
		修武郎子奭	伯昨	師裴	希遵	與溢	孟瓘	

世	令	子	伯	師	希	與	孟	由
						與廣	孟瓌	
						與康	孟璄	
					希遏	與琀	孟濦	
							孟瀸	
					希迎			
					希逈	與澾	孟珆	
						與漨	孟瑠	
						與泩	孟璥	
						與滏		
				師意	希丞	與華	孟檕	
							孟窠	由烈
						與蓀	孟端	由燾
						與薇	孟檠	
							孟橺	
							孟穎	

						師雅								
			希瓐	希邏		希逑								希遒
			與芮	與茉	與蓫	與竇		與京			與袠	與奕	與朿	與瓚
孟梗	孟楙	孟梲				孟澧	孟渶	孟均	孟潽	孟嬬		孟淽	孟鐠	孟泰
												由杞		由楝
														宜爥

						與瑄					與瑜			與璂
孟澤					孟湝	孟濭	孟浹	孟渚		孟瀌	孟溶		孟溡	孟溱
由栢					由權	由棣		由檀	由枘		由樵	由植		由橦
宜燀	宜爈	宜燁	宜熺	宜煥										

															師偶
		希□		希籧				希遹							希蓮
		與球	與琮	與璲	與琤	與瑩	與瑷	與瑰	與珸			與玢			與徵
	孟洧		孟鐀	孟渢	孟洽	孟瀰	孟淇		孟滏	孟灑	孟瀍	孟淘	孟汥		孟曠
由樞			由機		由梓					由杭					

					忠訓郎	子亶	忠訓郎	子齊	修武郎	子亦	成忠郎	子辛	子奭	子元
		伯晙												
		師侚												
		希暄												
		與珽	與絢	與綿										
孟嘻	孟曜		孟琮											

贈博平 侯令叟 贈博平 侯令門 贈博平 侯令夬 贈華陰 侯令蛻 贈右金

子褒 右□□ 子□ 三班□ 職子□ 右班殿 直子欽 保義郎 子導 秉義郎 子國

伯晦

師月 師與

希証 希傜 希紀

紫光祿 大夫令 陞

贈朝議 大夫子 卓 贈金紫 光祿大

伯觀 伯謙 伯鼎 伯晉

師誼 師砌 師北 師熺 師鯵

希嵎 希洙 希敓 希狴 希譔 希郵

與夒 與澫 與注 與淠 與璬 與瓃 與堅 與澥

夫子英

伯□

師淵 師簺 師斿 師夏

希忬 希恔 希愜 希慔 希怈 希懦 希憍 希忒 希懭 希侘

與初 與祜 與𥛚 與秘 與岀 與旹 與䄧 與科 與穗 與稷

孟落

伯浣

師與 師端 師癸

希倖 希夏 希兗 希昝 希亮 希龍 希嵉 希崟 希扃

與玧 與謺 與誓 與醫 與謇 與譶 與謦 與譖 與論 與暢 與椁 與楓 與札

孟亞

			伯洙											伯潅
			師雍			師原	師頵							師閘
希庚	希庈	希廥	希瓊	希冲		希憓	希晟	希饜	希滙	希忩			希慇	希儉
			與焄	與絲	與羆	與圃					與炗	與甌	與慧	
			孟養											

											伯沂	伯澴		
	師羽					師愳			師都	師棐		師折	師暃	
希僂	希偦	希僠	希侊	希個	希傌	希徽		希僊		希秃			希遴	
	與評			與謎		與譏	與譕	與諭		與隼			與派	與涵

							子蒙							
					伯滸		伯巽						伯趾	伯泰
師宮			師乘	師鄖	師抗	師僜	師鈔	師鑰						師欄
希迴	希渣	希遺		希邃	希炤	希焜	希璃	希濤	希澮	希洊	希溦	希溙		希靣
						與墼								

武顯郎贈武義	令汲												
	大夫子	正											
		伯禹					伯憝		伯惠	伯慇			
		師涉		師喻	師震		師瑚	師斑	師錫	師珠			師珚
希奕		希玥			希萬	希嶼		希悆		希詡		希珥	希詥
		與棈	與杜							與禌	與稍		
										孟酒			

修武郎子韶	
伯颸	伯驚　伯遷
師璥　師理　師珫	師琥　師瓏　師璮　師瑓
希謝　希邀　希遴	希渃　希透　希遫　希迣　希㧡　希梧
與鏅　與儷　與俶	與僝　與傍　與瀲　與琫

師珇　師瑾　師玭	師琁　師現
希樽　希椽　希月　希桃	希槁　希榴　希欒　希棅　希桻　希枹　希墂　希堰
與沅　與浝	與烰　與㷔　與鐏
孟寔　孟急　孟愬	

贈訓武郎子師	
伯悆　伯忞	
師瑀　師靈　師渾	師遷　師翰　師劼
希消　希湨　希懷	希訡　希鑽　希靡　希席　希櫶　希樾
與促	與瀕　與熠　與璃　與蘆　與琁

□國公世著	
武翊郎令汼	嘉國公令出
朝散郎子□	子琳
伯祥	
師勱　師飭　師劭	師劬　師勦
希樺　希橡　希檵	希軾　希楕　希椃　希檜　希腆
與玩	與焮

										贈左衛	大將軍	令忱		
					左侍禁	子修					右班殿	直子檍		
伯和	伯壎	伯韶		伯敔		伯鑿		伯濯	伯璧			伯愿		
		師古	師老	師文		師旦	師杰		師熅			師章		
												希轍		
												與曮	與顯	與習
													孟源	
													由祢	

								師向	師峴					
			希軾						希杰					希潤
與諿	與澤	與騤	與杞	與檜		與櫞			與說	與明		與漉	與桸	
			孟御	孟烀	孟燔	孟優	孟仏			孟壁	孟覼	孟桻	孟垓	

					榮州防	禦使令	戳					成節郎	令慥	
			文林郎	子楞		成忠郎	子昂	保義郎	子聰	保義郎	子發	忠訓郎	子迪	
伯憲		伯忞											伯晢	
師勉	師護												師倩	師強
希懇														
與玢														

						忠訓郎	子適	忠訓郎	子遹	子淮	成忠郎	子達		
伯宣	伯宜								伯夔			伯且	伯新	
	師寶												師畢	
	希𦋺	希儵											希儆	希僕
	與儀	與雱	與浓	與淤	與漠								與灝	
			孟璔											

滏陽侯　守廉

華原郡公世奉

修武郎令櫵　贈建安侯令賫

右班殿直子鋭　再贈武經郎子銧

伯達

師長　師韓　師菘

希穆　希稄　希悅　希惜　希憐　希拼

與洓　與淡　與瓌　與汔　與迣　與湆

孟潩　孟潕　孟珚

伯适　伯逵

師富　師鄜　師瀞　師伾　師訙

希殳　希體　希剃　希淡　希剡　希霍

與孖　與久　與乘　與瑒　與班　與瑀　與僴　與俔　與仏　與倠

孟謙　孟棫　孟沌　孟瀵　孟瀠　孟珷

武經郎令磅

保義郎子鐙　子銓　子鐐　子鎹　忠翊郎子鉞　子錡　成忠郎子銑

伯暹　伯遂　伯逑　伯造

師奭　師簬　師壢

希令　希熄　希宮

與捡　與持

子錞　從義郎子鑑

伯過

師元　師膺　師杞

希苹　希鎔　希篳　希材　希楑

與梅　與俐　與璃　與鏁　與偘

孟侹　孟瑞　孟璛　孟瑒　孟璮　孟滑　孟湊

			師樊				師□							
		希會	希愬				希瑁	希聽			希劉	希頔		希確
	與潑	與嶧	與溥	與滿				與方	與密	與斤	與烽	與澳	與瀷	
孟添			孟珴	孟鑿	孟瓌	孟瑁								

							伯逖							
			師漓				師鑄		師僭	師訪	師誅			師岱
希硄		希礪	希顯		希璉		希海	希淄			希貽			希洲
與熫	與禱		與潤	與瀧	與泟	與泿	與桐	與初			與僾	與宁		與征
孟銓				孟塔				孟坼				孟琢	孟璩	

表第七　宗室世系二
宋史卷二百一十六

														忠翊郎
			伯遴											
			師仿		師主		師倍	師戩					師亢	
		希涼	希璒	希栗	希门	希禾		希爛	希燋				希璿	
與徖	與湕		與爗		與摹				與寧	與審	與寏	與柰	與甯	
					孟濡									

子鏞														
伯遏			伯□											
師瓚			師璝											師珍
希津			希濟				希洄	希汗				希淶	希纊	希廟
與橙	與樅	與倥	與構	與榓				與梜		與杚	與朾			
				孟詗	孟諭	孟譸		孟鏶	孟沂					

伯逾

師玨　師琿

希漠　希滏　希溎　希淪　希湘　希湑　希湊　希泛　希滭

與杕　與櫶　與欄　與櫺　與柎　與褸　與虆　與膴　與遡

孟謰

贈中奉大夫子鏐

伯迭

師光　師分　師杳　師叟

希晙　希稷　希麃　希溱　希澮　希紩　希僩　希遡　希鯤　希東

與㓦　與㧑　與佲　與渺　與雒　與桭　與孱

子顧　子顒

伯適　伯湯

師邕　師琦　師準　師竦　師沆　師放

希堤　希埒　希銘　希櫟　希絷　希絜　希嬰　希系　希敘

與壘　與茇　與苝　與菒　與荼　與蘭　與莅　與蕃　與師

孟傆　孟傑

右千牛衞將軍惟固

西頭供奉官守康

左班殿直令蘬　西頭供奉官令羿　右班殿直令趑　右班殿直令岦

子顯

校勘記

〔一〕馮翊侯　「馮翊」，原作「馮翼」。按本書卷八七地理志，馮翊是同州的郡號；宋會要帝系三之三四載令媞封號正作「馮翊侯」，據改。

宋史卷二百一十七

表第八

宗室世系三

舒國公惟忠									
東萊侯從恪									
安陸侯世安									
太子右監門率府率令展	景城郡公令超								
	再贈奉國軍節度使子翩								
	伯演								

							訓武郎子宴		
伯愿	伯雍	伯溫	伯良	伯恭	伯欽	伯惠	伯義	伯魚	伯山
				師尹	師錫	師道	師古	師仁	師智
									師雲

														左侍禁
													伯饒	
師立														
希曙									希聤		希晴	希聘		
與功						與珪			與閭	與明				
孟逌		孟[illegible]		孟遷		孟[illegible]								
由祜	由付	由僖	由信	由渚	由澤	由櫓	由蹤	由果						

子詡								右班殿直子翻	武義郎子翛					
伯潛									伯丕	伯偕				
師親										師摯	師蒙			
希宺		希崖	希崗	希審							希深	希縞		
與謨	與錫			與籌	與璞							與諍	與謠	與詖
孟淏	孟櫝											孟滌	孟賢	

									博平侯世融					
									贈華原郡公令晏					
				承節郎子詡			承節郎子翮		再贈朝請大夫子激					
					伯端	伯璆					伯光			
師白		師懽	師悅								師望			
希緑	希班	希祿	希鑼								希顔			
											與堅			
											孟寬	孟惠		
												由槻	由櫶	由楠

											伯常	伯充	伯亢	
	師一												師心	師稷
	希圃	希華		希外				希勳						
	與佐	與備	與僖	與偕			與僎	與僚						
				孟湜			孟漪	孟滈	孟汝	孟演				
由櫰				由倛	由進	由德								

				伯元								伯先	伯蘷	
師契	師夔			師孟	師老	師嗌					師直		師久	師常
	希琇		希瑠			希久							希祉	希傑
	與迵	與逮				與隨	與灐	與迎	與迈				與璜	與機
	孟壎					孟珥			孟玞	孟珀			孟檎	孟濤
						由瑽								

							朝請大夫子滌	武節郎子溥				
						伯允		伯覬		伯觀		
			師韞					師邈		師欒		師成
	希英	希莊	希寶		希寘			希說	希詵	希瓚		希瓊
			與琠	與璥				與戇	與橯	與棚	與柃	
孟溹			孟鑷									

					贈華陰侯令葳							
					封汝陰侯子春			封嘉國公子劇				
	伯親			伯靚	伯強	伯儁	伯穎	伯昂				
師古	師迅	師逍						師道	師延	師通	師遇	師宣
	希熏	希塀	希埣									
	與邇											

伯昺	伯旻													
	師厚					師援							師接	
	希鯉					希聒			希寄			希渼	希位	希慮
	與實	與賜				與倌		與僼	與銳	與潟	與滄	與激	與舜	
	孟鑄	孟銘			孟鍴	孟倧				孟鋸	孟鐏			
		由堉	由墻	由墿	由坾	由濡	由泐							

伯暈

師桯　師傅

希彤　希智　希崇　希固

與民　與偳　與儨　與僧　與憲

孟桸　孟杕　孟樵　孟㯿　孟㩳　孟檮　孟襦　孟徫　孟偊　孟佾　孟傔

洋川侯世昌

太子右內率府副率令班　贈濟陰郡公令襄

太子右內率府副率子房　子佾　太子右內率府副率子陽

伯悬　伯㬎

太師魯國公世

太子右內率府副率令婕　贈漢東郡公令

從義郎子陵　子淳　賀州防禦使子

伯震　伯友　伯通　伯達　伯允　伯虎　伯元

師鉞　師辥　師損

希珢　希滿

規

瓊　贈洋國公令蒧

綸　右班殿直子絢　三班奉職子紡　子濬　子睿　忠訓郎，坐事免。　子虔

伯卨　伯臻　伯迪　伯遷　伯抗

師紋

希瀌　希鏓

贈襄陽侯令龜

太子右內率府副率子褭　封蘄春侯子買　子貢　武節郎子贇

伯璵　伯瑋　伯璣　伯益

師瑰　師瑠

希瓔　希熷

右班殿直子賀　承議郎子賢　左朝請郎子賁

伯琪　伯琛　伯壽　伯威　伯遷

師禛　師祓　師儁

希鉄　希鑣　希鍑　希鎣

與遬　與逋　與淲　與枹

贈廣陵侯令巍

子贇　子質　從義郎子綏　武翊郎子絳　子維　朝奉郎子縝

伯倫

師濟　師沔　師源　師潼　師滋

希鑄　希銃　希珌

伯仙

師沂　師澄　師湜　師渥

希瑜　希璞　希琇　希瑀　希瓘　希珙　希玠　希璨

與翼　與銓　與鍔　與鋁　與謙　與善　與諒　與督　與藻　與箕　與鏕

孟灕　孟伹　孟伃

由壼

伯偁

師瀚　師淘　師洸　師淵　師沃

希瑾　希璘　希瑒　希珣　希琦　希琰　希珽　希瑞　希璲　希琉　希集

與良　與逃　與共　與夏　與嫺　與儕　與僚　與志

孟瑤　孟樊　孟堪

贈洋川郡公令白

保義郎子綽　太子右內率府副率子灝　武翊郎子僅　左侍禁子儀　忠訓郎子健　武德郎子儃

伯虎　伯篪

左班殿直子構　右朝請大夫子亮

伯榮　伯适

師蟲　師卦

希閗　希闐　希炬　希燎　希關　希閭

與溱　與尧　與煜　與珖　與巘　與崗　與綢　與緬　與絟

孟櫄　孟祁　孟琭　孟標

伯瀟

師昇　師華　師憫

希闞　希閫　希闥　希家　希杜

與鑰　與護　與优　與僮　與偈　與仰　與仟

孟誼　孟鏅　孟鏸　孟鐊　孟鑽　孟鎮　孟鉞　孟鉑　孟荇

由瓊　由瑨

右屯衛大將軍令講　贈宣城侯令亻
訓武郎子侃　忠翊郎子佾　三班奉職子皓
伯仝　伯余
師遙　師遒　師延
希但　希纘　希緎　希禐　希祒
與檄
孟鏥

三班奉職子暉　左侍禁子暄
伯棐　伯褒
師騤　師騒　師馴　師駹
希向　希嵩　希谷　希奇　希言　希珂　希敞　希叶　希墦
與玑　與璕　與昭　與旻　與曨　與昳
孟鍋　孟本
右監門

韓國公從譪
率府率世猷　右武衛大將軍世衡　右驍衛大將軍世豐　武當侯、和國公、贈青州觀察使、諡孝榮世宣
太子右率府副率令若　太子右監門率府率令特　令鐸
子賤
伯詵

伯說　伯諷
師古　師莊
希卨　希游　希繩
與義　與盈　與莊　與凱
孟仕　孟僖　孟儉　孟修　孟儲
由邁　由選　由邆　由通　由逵　由遡　由迪　由遛　由遫　由遵　由遲

							贈右屯衛大將軍令進	贈廣平侯令禱	
							修武郎子丕	三班借職子有	左班殿
		伯毛	伯逵	伯誠	伯奭	伯虎	伯立		
						師直			
希溝	希浹								

		贈東平侯令懈													
直子琉	右班殿直子充	訓武郎子平													
		伯逵													
		師旦			師劦										
		希伯	希合	希成	希田										希亮
		與枚	與溆		與瑭			與珮				與璆			與雍
		孟酌	孟檀		孟堵	孟塽	孟堪	孟壇	孟埤	孟椒					

			伯恭											
			師璽											
希袞	希摠		希昌									希允		
	與琿		與潔	與璠		與玗	與琛	與玲				與璋	與璉	
	孟鏐	孟鏻		孟鈞	孟鐩		孟依	孟錡	孟霆	孟霧	孟垩	孟僩	孟僅	孟佳
					由得		由洤						由蘊	由灌

					希迹									
	與瑤				與珍				與珠	與琪			與環	
	孟僊		孟侊	孟俾	孟侁	孟侃	孟俯	孟倲		孟俶	孟倕	孟塙	孟錆	孟鎮
由遠	由淵	由近				由謝					由渠		由洊	

		希儼					希同			希肆				
	與玫	與瑞			與琥		與瑕	與璠	與瑥	與珥	與瓌	與琿		
孟鑣	孟証	孟偉	孟仉	孟佪	孟僝	孟伍				孟昷		孟岳	孟佺	孟欑

												師信		
希載				希霽	希嶠		希倩				希附	希富		希瀶
與瑂					與琡	與玶	與瓆	與瑛	與現	與瑬		與宥		與賓
孟澱	孟浮	孟潡	孟浥							孟致		孟瑆	孟璾	孟琊

						師德	師仍							
					希佪		希厥						希栢	
與宅				與寘			與造	與逖			與逡	與蘧	與僭	與譞
孟璘	孟璆	孟珽	孟瑑					孟儐	孟併	孟僀			孟垍	
由禧									由害					

													秉義郎子常
													伯恕
			希秉								希謚		
與詔	與諷	與譁	與玲	與玞			與珷	與琬	與珈	與玅	與瑄	與璬	
孟特			孟僞	孟復	孟僮	孟傑	孟溱		孟溉				
				由浧									

伯盧	伯庾													
	師謐							師公						
	希球	希琡	希瑰				希瑄	希綱						
		與徽	與循			與徑		與烝						
			孟迸	孟迢	孟逢	孟還		孟愈		孟慹				孟憲
			由瀼					由坤	由坡	由垾	由埈	由埝	由埼	

			希紳	希綂	希瑨						希絢			希絨
與恁	與僬	與黨			與從					與傜	與祋	與禲	與祖	與禯
孟湩		孟愖			孟恩	孟萱	孟荐	孟莩	孟莘			孟慜		

			伯森											
			師汪											
			希林							希茹			希櫟	希枋
與祉	與禮	與祆	與佀	與仍	與保	與俑			與儒	與烈	與儀	與俊	與侍	與俾
						孟鈹	孟鏵	孟鍺	孟鏷				孟柎	孟鋈

							伯康							
							師誨							
							希埴	希墠						希增
		與佩				與佫	與源	與迹					與速	與邁
孟鉙	孟鐎	孟鏴	孟釪	孟錾	孟麃	孟鍪		孟游			孟港	孟[illegible]	孟汴	孟涓
								由槐	由栱	由[illegible]				

														伯賡
						師謂								
			希墿			希堨	希墺	希均	希壂					
			與遵	與邁					與賫	與賦	與睬	與晛	與賚	
孟洵		孟湑		孟淸					孟珪		孟珉			
由欒	由棌			由鐵	由福									

		贈奉化侯令憯										
子嶭	忠訓郎子摯	訓武郎子勵										
		伯謙	伯訓	伯讜								
		師孟		師桑					師窾			
				希元	希宏	希寔	希宴		希斌			希琑
							與堯	與墰	與績	與侃	與偲	
								孟鐐				

				子戩	武德郎子威								
					伯戩					伯恭			
	師杲				師剡					師統			
希栢	希潛	希洌	希蟳		希積	希豌	希升		希庭	希淑			
					與唫		與玗			與焉			與賓
							孟墒	孟圩		孟倌	孟楜	孟楈	

			右侍禁子隱	武翊郎子奎								
				伯迪	伯逑							
師坤					師章							師勛
希烽		希燻			希節	希錫	希炳					希有
與玦	與瑚						與儀	與昴	與楷		與麋	
孟禧									孟璲	孟珣	孟墭	

希進					希卓		希續	希曄	希起			希遭		
與傅		與侍		與倅	與璫	與璩			與槃	與崟	與炏			
孟輔	孟輅	孟軾	孟軿	孟輻	孟轅	孟撕	孟激				孟鑽			
	由璟	由玥	由珪	由理										

師釗														
希銳					希裕									
與賚		與賟		與譚	與官		與審	與寄		與寶		與害	與夼	
孟補	孟稆	孟稦	孟瀌		孟憺		孟悁	孟性	孟慅	孟懍	孟憕	孟忖	孟慆	孟怍
					由爁	由烟								

								保義郎子敦						
							伯适		伯俊	伯仁				
							師撫			師鉅				
	希藎				希繼					希式	希渡	希活		希汜
	與觀	與覲	與覞	與靚	與珖	與瑜					與扟	與埣	與垟	
孟恤	孟琜		孟瓊								孟穙			

								師特						
希涀	希瀆		希淌			希洇	希漩	希瀕	希嚋	希洙	希瀉			
與泉	與霝	與霞	與邊	與邇	與迖						與企		與仂	與傓
											孟塈	孟璊		

			希汙	與僟		
				與垤		
			希渼	與撖		
				與拭		
				與拯		
		師操	希浐	與棠	孟覃	
				與粟	孟烗	
			希浣	與東		
				與梗		
			希忦	與櫑		
				與樋		
		師鐇	希洴	與橌		
				與橎		
			希瀷	與檽		
			希汃			

			希瀟			
贈訓武郎子皐	伯暐	師寧	希昜	與洛		
				與淮	孟俠	
					孟傺	
				與瀞	孟梘	
					孟栲	
				與淶		
			希眞	與浩	孟橅	
					孟榜	
				與湜	孟櫰	
				與潭	孟机	由煌
					孟檥	
					孟檔	
				與潤	孟挄	

表第八　宗室世系三

				與楾	孟柯	
				與汴	孟柛	
					孟廩	
					孟柎	
				與瀿	孟櫟	
					孟椽	
		師宇	希种	與泮	孟梩	
			希稹	與漾	孟格	
				與涪		
		師親	希焄	與淉	孟樝	
			希廉	與濂	孟梌	
				與湑	孟橪	
					孟桵	
				與滙	孟楎	
			希㬎	與洁	孟梧	

宋史卷二百一十七

				與溥	孟枱	
					孟栻	
		師容	希錧	與潚		
				與汶	孟植	由璧
					孟柏	
				與潞	孟杲	
				與洸	孟槼	
					孟梁	
					孟棨	
					孟臬	
					孟果	
					孟樵	
				與潾	孟楑	
				與灃	孟椹	
					孟櫸	

希鐇														
與灈	與激		與洔								與洷			
孟榅	孟錸	孟鏶	孟鐮	孟枋	孟杭	孟棆	孟槺	孟棱	孟橵	孟櫟	孟檀	孟梪	孟相	孟柘
	由燁													

													伯昊	伯泰
			師寵	師窵									師道	
			希杰	希壘		希㳩			希坌					
			與海	與淦	與泞	與沆	與汎	與濬	與溪	與沼	與溰	與溱		
孟枝	孟榴	孟榕	孟鋌		孟校	孟欄								

伯常													伯安	
師榮	師進	師邃	師寘										師岳	師廣
		希暑	希冠		希上			希翬	希聳	希馨	希僊		希浙	希疊
		與巘	與伉		與鐥	與鑽	與鈉	與樽			與儸			與沅
			孟澈	孟澡				孟蘘						孟蝺	孟炷

											贈永寧郡公令夔
										子暈	東頭供奉官子戭
		師繹									
	希銓	希爊	希燿				希煋	希燠	希貟		
與諎	與詗	與詩	與沖		與濤	與涉					
			孟鏠	孟錄							

成王世準

太子右內率府副率令擢　太子右內率府副率令坦　贈右屯衞大將軍令晉

保義郎子憂　從義郎子漸

伯長

師正

希仲　希沅

與移

孟爓　孟嫗

由燚

右班殿直子涓

伯成　伯強

師閔

與樟　與梈

孟煟　孟爗　孟燵　孟炔　孟煒　孟烽　孟遡　孟爤　孟焱

由坦　由塌

贈太師、淄王世雄

贈太傅、諡恭憲令鑠

再贈少師子漪

伯撫　伯柄　伯璆

師諄

希賁　希宏　希寘

與言　與回　與龤　與商　與行　與求　與溢　與拓　與談

孟愉　孟鈀　孟麟

由浚　由湯　由逑　由遺

師嚴　師淹　師直

希縩　希易　希經　希綸　希範　希模

與諆　與瓳　與忝　與儁　與應　與詳　與廩　與庠　與庚　與度

孟鉡　孟鏗　孟鉤　孟鍒　孟璕　孟焄　孟杰　孟櫳　孟檯　孟杠

由坊

伯牛
師望　師旦　師悳
希傳　希偭　希義
與庾　與亶　與厭　與疥　與畬　與進　與湘　與程　與儉
孟樗　孟榎　孟櫝　孟熯　孟烗　孟[illegible]　孟春
由陛　由陫　由復

太廟齋郎子漸　承務郎子湨　儒林郎子深　累贈太
伯材　伯玗　伯珞　伯瓘
師古
希蛊　希韓
與炬　與瓓　與瑊　與炑　與衛
孟涓　孟潒　孟愧

師子禃
伯訔
師德　師愈
希叔　希虎　希価　希憲
與忐　與醽　與峉　與㒜　與義　與烔　與炵　與燔　與熇　與煒
孟瑜　孟晁　孟琦　孟愼　孟漯　孟億　孟儁　孟健　孟僎　孟仲
由瑀　由璆　由琭　由珕

伯魚
師碩　師睍　師道　師白
希臣　希滄　希粱　希雱　希夔　希遽　希懸
與爐　與鼈　與湎　與晏　與豎　與燸　與佈　與衞　與得
孟佚　孟仴　孟榴　孟熷　孟澥　孟涀　孟濟　孟濂　孟徯

									伯倫	伯益		伯建		
師回	師瑑	師潫							師明	師閱		師樹		師範
希峪		希慘	希恂							希標	希丙	希遇		希遙
		與鋺	與采			與臬	與壅				與珣	與漢	與浚	與蔓
			孟潔	孟濱	孟澄	孟巑	孟疊	孟璧						

贈少師、	房陵郡	公令甄												
再贈太	中大夫	子洙										中奉大	夫子沂	
		伯杰	伯榸										伯爃	
			師煒	師點	師黯	師默					師勷		師炳	
						希禮	希基	希埧	希垠	希垎			希垚	
													與仁	
													孟修	孟[王斥]

					伯椿									
			師灼		師炤									
			希壎		希墀			希城						
與文	與旹	與翙	與軾	與轔	與鍾	與鎔		與佚		與譯	與誦		與諳	與盌
孟仟	孟藹					孟玶	孟玖	孟瓚	孟瓏	孟銖	孟鎔	孟璪		孟墩
由閌											由登			

		贈武當	侯令恂											
三班奉	職子淳		子評	訓武郎	子矝									
					伯純									
					師學					師供				
					希愚		希柳	希覺		希篪		希挺		希罅
					與親	與沾		與偎	與侑	與鎕	與鏘	與鑷	與錠	與燁

											伯縝			
			師鄭								師周			
			希巍		希摹	希浡			希茇		希舉			希杉
			與慧		與玳			與坡	與堦	與能	與柔	與輪	與炓	與頔
孟葑	孟苜	孟陳	孟莊	孟璵	孟似		孟玗	孟璡	孟珙	孟津	孟穎			孟欐
											由壎			

		武經大夫子枌												
		伯平												
		師秉			師垓				師朝					
希理		希懵		希櫃	希滋	希餉			希鎬					
與漉	與滁	與潡					與許	與其	與芝		與屄		與謹	與英
										孟絪	孟縑	孟需	孟施	

											承信郎子裕		秉義郎子祿	
			伯綸								伯紀			
師銓			師瀆								師鎔			
希譆	希諏	希誟	希諗	希千				希鉥			希午			
與嚧					與億	與修	與粲	與諄	與沍	與仢	與貿			
											孟坤			

						贈正奉大夫令郯								
		朝散郎子岷				修職郎子嶢			子杜					
		伯林				伯栝						伯紳	伯經	
師直	師德	師善		師柞	師俞	師侊						師効		師汾
										希揭	希溢	希讜		

贈左朝請大夫子嶙												
伯履												
師愚							師爽				師憕	
希碩						希謙	希皓	希樂			希瓈	
與鐳	與鐺	與登					與葳	與璹	與琲		與聲	
孟韡		孟倚	孟佖	孟傍	孟假				孟畬	孟尭	孟禛	孟倈

	師寬	師翊					師賚						
		希翾	希仿		希史	希傾	希崐					希崗	
			與誅	與謦			與侅				與傶	與伺	與偹
孟徽							孟瀸	孟溩	孟瀒	孟瀓	孟瀾	孟洁	

			伯忌											
			師赤											
	希崍		希奭	希賢					希虡			希樅		
與戾	與渫	與儷	與鎮	與烗	與熻	與熲	與燸	與熢	與漯	與滾	與溢	與靈	與莆	與茌
			孟潩											

	師偃							師伊	師仲	師傳				
	希鶮			希象	希鴻	希鈸	希渺			希簫				希慮
與蒨	與部	與檍	與栅		與翻	與琳	與桀			與琕	與琔	與鍚	與銻	與鈑

贈朝請大夫子壢

伯從

師邕　師皐　師鄧　師密　師宅

希珛　希侮　希鑌　希㮙　希覶

與濮　與汝　與憒　與任　與栖　與槹　與忻　與櫟

伯行　伯衛　伯衞　伯衎

師庶　師祐　師愸　師暢　師扂

希鉠　希田　希翼　希回　希俥　希辰　希圜　希自

與木　與潛　與蘄　與陔　與榁　與槐　與栬　與侊　與蕫　與南

孟垠　孟珠　孟侘

贈開府儀同三司令珦　贈金紫光祿大

子仍　再贈光祿大夫子砥　贈銀青光祿大

伯悌　伯聃　伯范　伯皐

師賢　師學　師豚　師冉

希顯　希鎷　希吉　希暘　希鄄

與齡　與覤

孟璒　孟瑄

夫令毳

夫子崧

伯慈　伯武　伯起

師憲　師悆　師戫　師愳　師慗

希豪　希亹　希棫　希強　希逘　希璄　希瑳　希瑺　希權　希毅

與忱　與闇　與硂　與忭　與沼　與瀛　與溼

孟漫　孟濡

子巋 贈通議大夫　子巖

伯陽　伯師　伯麃　伯厚

師懋　師伋　師傞　師佸　師儥　師俑

希珹　希琨　希瑜　希榷　希送　希逗

與鐔　與鐇　與響

孟惜

彭城郡公世本

左班殿直令煓　左侍禁令絪　武節郎令鐮　贈江夏郡公令沓

三班奉職子篗　子範　子鑑　子策　子磷　太子右內率府副率子銓　三班奉

與訔

職子隆　武經郎子通

伯傑

師懠　師嘻

希慜　希俁　希質　希機

與晥　與時　與晊　與呪　與倓

孟稷　孟鉧　孟鐕　孟鉾　孟炤　孟爚　孟爣　孟翻　孟翔

由侍　由仉　由璉　由琦　由珍　由珙　由洁　由濩

師般

希柯　希桌　希杷　希松　希楫　希槐　希楹　希爽　希效

與瀗　與葳　與祁　與璣　與回　與鍼　與涘　與澧　與琳

孟璌　孟遇　孟邈　孟選　孟珊　孟塈　孟逵　孟迴　孟澮　孟遣

由昪　由徧

						伯俊								
					師悉	師減								
			希斆	希效	希珊	希元			希汛					
				與玲		與鎖	與鏦	與立	與銿				與鉥	
		孟逞						孟淳	孟逸	孟蓬	孟蘧	孟遝	孟鐻	孟迪
由佺	由徠							由渙						

										修武郎子遵			
					伯仲					伯祥			
					師古					師免			
希允		希悅		希檳	希慶		希膺		希膾	希琛			
與齊	與鉚	與鐶	與鑽	與鎗	與盲	與家	與宙		與宓	與成	與賫		
孟進	孟逃						孟适	孟邐		孟塇	孟謙	孟詠	孟訕
	由煻										由瑛		

														伯祿
									師石					
		希珧	希玶	希璽		希黴			希乙		希白			
與棒	與慨	與檀	與煣	與熾	與燭	與楷		與櫪	與蘅		與芅			
孟誨	孟扶			孟鍍		孟諍	孟諜	孟熺	孟遙		孟遒	孟遞	孟道	
						由鋮			由瑑	由璦				

			左太中大夫令高							
成忠郎子遡	子適	忠訓郎子珠	訓武郎子遹							
伯謙			伯褒							伯雍
師湧			師愬							
			希奕			希獻	希奮		希列	
			與瓏	與珊	與瑁		與瑮	與攄		
			孟瀤		孟塹		孟衢			

	子選 從政郎		子遴 從政郎									
伯顥	伯寧	伯賡	伯康								伯勳	
			師瑛	師旴	師哨	師管	師祖				師謚	師器
			希筭		希琁		希僮					希歆
					與涵		與泐		與滓			與啓
							孟鐩	孟鑣	孟鏶	孟鉏		孟僾

			伯庠											
			師俅					師倂			師倚			
		希郘	希說	希郯	希圜		希拳	希靜	希橡	希醞	希曆	希淡		
				與璡	與忖	與惆			與忕			與抖	與墇	與埬
孟儴	孟俳													

											伯宗	伯斛	伯襄	伯顏
						師僼						師偉	師瑂	師珖
	希雝		希總	希組	希紓	希鑽	希檖	希鍍	希聳	希鋁		希量		希蘊
與塼	與集	與欒			與栫	與圳		與越				與适		

					令顥 武經郎								
					子迪 忠訓郎						子逌		子逵 承節郎
			伯慶		伯言	伯誠							伯譚
	師躬	師璪	師珌			師德	師行	師術	師往	師衡			
希攎	希蔞	希徹	希渢	希滋									

忠翊郎子遂												承信郎子慥
伯譴												
師僳			師稪								師逵	
希涎	希泳	希杠	希鋞				希据		希櫸			
			與壤		與埁	與燧	與俍	與俩	與潬	與咨		
			孟樇	孟梧								

	武德郎令俰										
承信郎子邇	子潡					武忠郎子濬					
	伯達					伯亨					
	師瑽	師玲		師瑠		師裕	師補				
	希孟	希儁		希侊	希儡		希岷				
	與祏	與祇	與祢				與銅	與鍭	與斵	與鐐	與鐻
	孟偟	孟瓆									

												西頭供奉官令鑋
											子選	子澴
												伯回
								師禋				師虎
希嵲			希嵢				希崵	希崥		希嵋		希僝
與鑅	與鐃	與鈒	與瘵	與玹	與晌	與韞	與畦	與鏦	與獤			與軻

		師識												師滿
		希立				希示		希紊	希竞	希交	希庾			希退
與範	與樆	與楰	與瑅			與害	與鑭				與珽	與琅	與鋌	與佀
	孟鋇		孟偲	孟偭	孟倡									

								師業						師箴
			希逑		希遺	希藹	希違	希尌			希庬			希倿
與鑰			與戚	與諴	與代			與櫅	與栭	與梓	與桔	與槼	與輅	與併
孟洍	孟滓	孟涏	孟鏵						孟鑠					孟唑

												定國公	世綱
												贈嘉州	防禦使秉義郎
			師邵										
	希佚		希伾				希儆						
與奕	與羣	與樵	與貢	與貫	與瑺		與樞			與楯		與欖	
	孟玲	孟玻			孟鍽	孟贇	孟溥	孟潩	孟漳	孟洑	孟瀐		

令耦														
子伸														
伯參														
師克		師樂	師談											
希苦			希暉							希曈	希暘			
與瀅	與俯		與瓔	與玿	與瑎		與璩	與湉	與璙	與昤	與玻	與珆		
孟璛	孟璪		孟榴		孟潨	孟洄		孟濾				孟楏	孟櫄	孟棬

							忠翊郎	子侁					
					伯迴	伯思		伯譓	伯詳				
									師珙				
				希腆					希陝				
		與璃	與玤	與瑢					與晉		與儒		與育
孟櫨	孟禁	孟樽	孟桄	孟槵					孟隶	孟昊	孟活	孟襄	孟環
											由鑄		

								伯諴	伯評		伯詢	伯訓		
				師璳					師瑅			師㙗		
希陞		希阡			希汾		希灉			希驎	希駷		希夔	
與銖	與錸	與檏	與棱	與柫	與烝		與亢	與辛					與但	與仉
	孟淶	孟廉			孟檁	孟櫪	孟炳							孟蓮

											伯調			
					師珏	師璨	師珪				師玖	師瓔	師珩	
希鶱			希官	希宿			希容	希甯		希郭			希陏	
與貽	與賅	與貯		與卟			與僬	與俘	與儻	與價			與鐧	與鋻

						伯諭								
						師瑤								
希防	希隮	希郛				希隧	希隲	希陘	希陼					
	與鏴	與褳	與襐	與褔	與祼	與檏	與錕	與橾	與橐	與槧	與鎛	與鏍	與鏸	與鋒
						孟溫								

											贈房陵郡公令
							子伉	忠訓郎子脩		承節郎子脩〔二〕	
								伯鍾	伯鉞		
	師璲										
希阯	希隱										
	與鐳			與鉉	與鏘	與鋼					
	孟枘	孟減	孟時			孟渚					

蕃														
子訦	修武郎	子誘									武經郎	子訢		
		伯傑	伯佾							伯侃		伯迁	伯屴	
		師沵	師潽										師繩	
		希榹	希熜		希复			希悳	希亶				希粗	希秬
		與[illegible]	與勣		與姮	與[illegible]	與竦	與代					與鐼	與[illegible]
			孟椽	孟鑄										
			由坃											

	成忠郎	子訓	承節郎	子警			承節郎	子調	贈秉義	郎子警				
				伯洽	伯邃	伯違				伯壽	伯長	伯莊	伯崧	
						師斗							師牧	
						希儞							希欐	希[illegible]
與鈅						與璟							與洴	與遒
													孟逃	

								伯櫓			伯里			
	師共	師塡			師異	師惪		師盇			師惎			
希棡	希鈀	希鐠	希鍊	希鏻	希坼	希樸	希錄	希緜	希鏞	希鏕	希隍	希輿		希豐
					與奠			與遷		與逸	與潚	與祲	與禚	與逵

									伯棈					
	師讀				師雖	師車	師澳	師峯	師緮					
希緼	希惲	希複	希扮	希槙	希締		希緂	希[illegible]	希鎛		希鉊	希釤	希鐯	希錮
與祾	與㤞	與懲						與楪	與洴	與激	與汜	與淲	與壉	與垄
									孟祕					

							保義郎子諠						
		伯伉					伯迵						
		師丹		師灑		師訟	師珪		師域				
希銅	希鍰	希柗	希椹	希朽	希揭	希鍮	希槅	希恂	希揀	希濫		希梲	希棿
與淼		與慆		與瑋		與璩			與炷	與淞	與洪	與輹	與鏓

											伯逕			
		師珍								師玬	師衢			
希杋	希怬	希暎				希哈			希曨	希舟	希澹		希柩	希櫨
與輕	與圾	與嘗	與雩	與較	與䡖	與倅	與濡	與御			與潛	與漉		與瀛

		師戩				師遇			師侖		師轡	師櫻
希柄	希枋	希輿	希嘏	希柏	希釦	希鑷	希烘	希鎗		希栓	希焫	希橌
	與攄	與祕	與豔	與淀				與澈	與洩		與濼	與滋

					彭城侯世岳					
贈襄陽侯令鶩					武翊郎令祕					
三班奉職子長	忠翊郎子鎔	承節郎子樵		子蕘	承節郎子翼					
		伯浚	伯泳		伯昌	伯峻				
						師鄙				
						希顥		希班		
						與倩	與侳	與侐		
						孟爗		孟燧	孟焆	孟燏

									伯福					
					師皃	師絪	師興	師萱	師古					
						希梓	希榛	希棉	希燏	希炵				希燁
與值	與僰					與璠	與[illegible]	與瑱		與均	與墉	與珏	與鄉	與鯆
孟炪	孟姌	孟煣	孟涉	孟[illegible]				孟衢		孟侗	孟儆			

				師張										師弸
		希焆		希熰	希煒	希炟	希熽	希爌	希灴	希燧	希煜	希焯		希璆
與增	與詼	與墍	與壂	與璩								與杼	與栭	
			孟仍											

									伯頎					伯和
					師[illegible]			師彈	師洺	師霖			師太	師珪
希玸	希瓔		希珄		希悟	希懽	希愫			希命	希諍	希計	希訢	
	與屋	與垠	與壘	與埜	與域									

			武翊郎令傾								
			子濟	承信郎子濬							
		伯榮		伯義	伯成	伯本					
師珷	師璛					師惓					
	希瑞					希輅					希陘
						與[illegible]	與鳳	與挺	與掄	與擢	與拱	與擇

師制 師盤

希觀 希賜 希長 希菱 希擅 希拔 希蓮 希撫 希芜 希捷 希曉 希摹 希竉

與掖 與損 與埇 與垚

師賓 師憝 師赴

希攻 希嫛 希鐏 希慝 希夫 希澥 希粹 希篪 希據 希掎 希旣 希捍 希㘔

與噭 與曋 與焫

伯齡 伯鴻

師耑 師壽 師祿 師訶 師郛 師芳

希邕 希慨 希壇 希墡 希輴 希愔 希樛 希薛

與鉉 與鈉 與鍉 與謚 與諟 與墠 與鋸 與壇 與埠

師郜 師璪

希紹 希鄴 希纂

與錦

校勘記

〔一〕承節郎子脩　殿、局本作「子條」。按其兄爲忠訓郎子脩，兄弟不應同名，但改作「子條」也無實據。

宋史

元 脱脱 等撰

第一八册

卷二一八至卷二二一（表）

中華書局

宋史卷二百一十八

表第九

宗室世系四

嘉國公世昳		
右班殿直令裔	朝請郎令鑑	朝散大夫令儦
右宣教郎子巖		
伯璇		
師棿		
希燹		
與綈	與紋	與綵

伯瑊										
師架	師檠	師桐	師柄							
希熇	希需	希遷	希露	希霈	希砏	希碟	希灉	希确	希姱	希瀾
與堵	與境	與㙐	與㩦	與嵮	與衢	與僇	與徹			
孟徹										

							通直郎	子芳			修武郎	子從		
								伯珊	伯瓏	伯珖		伯琢		
			師櫓			師樠						師榛	師棬	師杓
	希減		希焟		希煖							希渚		希烪
與僁	與條	與僵	與圢	與壈										與浂

												諡忠愍	令晟	
												武節郎	子嵁	
		伯珽											伯璉	伯瑂
	師欆	師榴	師櫥		師槛	師櫔	師椦	師榉	師梣		師慢			師賽
希塱		希湑	希漇			希澺			希瀼	希滏				
			與栫	與楡										

		伯珌									伯瑯			
師翢		師滭					師渚		師沼		師璣	師押		
希暞	希睢	希皖		希崘	希崌	希峙	希璩	希臺	希梱	希樸		希湃	希瀹	希湕
與壓		與坰	與坦											

	承事郎	令赦	贈少師	令矜										
			贈通議	大夫子	覺									
					伯禽									
					師瀌	師滓			師涷		師溪			師浹
希濦					希瑁	希璥			希瓔		希朾	希橡	希梅	希鑒
						與楝	與椮	與梀	與檥	與芹				

		伯鷩			伯嶙				伯颩			伯熊	伯鯉	
		師雋	師湁	師涇	師君	師嵓		師㬱	師禮	師瀶	師福	師鍹	師曄	師暐
希塱			希瞜	希䅪		希伡	希僟		希堞	希瑚	希蟾	希淞	希梟	
與嵩	與崋									與滏	與誠		與㯭	

伯竣			伯虬				伯犀							伯馭
師曬		師喚	師芬	師蓁		師芷	師枏	師縱	師樫		師櫂	師㮒	師㭬	師譯
希餇	希僪		希瀨	希溯	希瀅		希熼	希熩	希鍱	希鎵				

							右侍禁令碁	左承議郎令結			
								從義郎子俩			
		伯鹿				伯騁		伯彷			
師訋	師謝	師畬	師嚮	師晢	師醰	師訟		師漝	師簉		師籛	師篆
		希眮			希晡				希䀎	希瞵		

									彭城侯世枚				
									贈奉直大夫令訾				
									子點				
伯蕤						伯衢	伯術		伯授				
師漪					師溥	師淳	師迴		師瓌	師璞			
希璽	希羆		希醫	希霧	希霰	希瞯	希麓			希佩	希傯	希依	
	與炟	與烶	與烧	與烕			與燐					與逾	

伯棏　伯擬

師琱　師璀　師珍　師珞　師玲

希序　希還　希玦　希儐　希假　希儐　希俯　希偟　希儈　希傭　希假　希侁

與右　與籛　與遼　與澮　與嘻　與吉

師瑮　師玻　師珊　師佩

希俚　希偰　希倅　希化　希儋　希儋　希僇　希俩　希容　希僬

與吟　與稽　與嚙　與詥　與諮　與謎　與訴　與埻

孟漁

再贈朝議大夫子罃

伯總

師琋　師蒯

希愁　希倡　希儴　希俒　希混

與賑　與晾　與胼　與賙　與晬　與樾　與杭　與栱　與橦

孟熄　孟焯　孟煯　孟煝

師蔡

希濬　希河　希泯

與柯　與楸　與棫　與榛　與檷　與礿　與櫌　與楩　與栩

孟焯　孟烓　孟爔　孟煓　孟燼　孟炘　孟烌　孟燭　孟爝

								伯攄						
師黃				師若				師珈						
希汲			希漣	希磷			希攢	希蕩			希沱		希湄	希浥
與棔	與柲	與檻	與櫝	與柮	與樝	與欅	與集	與福	與楸	與樸	與祿	與樓		與櫞
		孟烯	孟焠											

														贈通議大夫子勷
		伯檼						伯棣	伯紀					伯振
		師莢		師琇		師球	師琡		師芊		師芭			師皋
希溟		希浣		希灘	希涂	希澄			希霄		希漯			希骸
與樗	與栯	與渠	與槽		與槮				與橡	與櫂				與櫰
孟炷										孟驥				孟郱

							伯挺					伯掄		
				師宓			師井					師檍	師棅	師辰
				希洼	希浙		希諠		希譁		希設	希汯	希洍	希洗
	與禾	與穰	與杙	與槎	與稛	與穋	與秷	與秋	與埜	與垔			與壠	
孟邽														

		贈通直郎子勷											
		伯搢							伯掎	伯抬			
		師犨				師釿	師迸		師瑜	師柯	師校	師椅	師淞
希御	希代	希鄐			希枝		希阼	希鄭					希曠
		與櫻	與機	與樛									

齊陽侯從穎

右驍衞大將軍世譿　少師昌國公世膺

右班殿直令㶿　太子右監門率府率令業　東頭供奉官令確　贈武經郎令討

子默　成忠郎子瀷

師橧　師鐵

希涫　希湳　希漕

贈正奉大夫子淳

伯炎

師悉　師忩　師戇

希吉　希音　希枘

與偉　與俙　與僴　與偵　與儱　與倨　與迴　與懟　與墪　與坙　與峑

孟瞰　孟瞵　孟鐮　孟鏊　孟鍪

伯戔

師懵

希攎　希塏　希墦　希坑　希墳　希𡎺　希圪　希壕　希堟

與涅　與塗　與罍　與緮　與絺　與綎　與綝　與鈹　與鑣

伯昌　伯谻　伯喆

師恭　師愻　師悳　師志　師悉　師慜　師愈

希坏　希咈　希唊　希唐　希詻　希諗　希誧

與僮　與徐　與腥　與係　與堊　與埗　與縛

左侍禁令鄰　贈奉直大夫令玲

子澤　贈修武郎子源　成忠郎子洪　保義郎子冲　加贈少師子濤

伯呂　伯所　伯儔　伯拜　伯正　伯禰

師忕　師態　師恣　師意　師憲　師懋　師御　師微　師誺　師爓

希听　希啉　希喔　希軹　希珀　希答　希傎　希枳　希杶　希巹　希璧

與壍　與堤　與廾　與瀉　與禘　與葯　與茁　與棃　與筌　與鋻　與鎣

表第九 宗室世系四

承節郎

伯圭　伯搏

師烝　師烋　師臾　師熏　師光　師羙　師樵　師燚　師煒　師燆　師慝

希呈　希垩　希坐　希龤　希醒　希垤　希墚　希堞　希垺　希壊　希塗　希坴　希坎

與鑾　與釗　與鎣　與鋸　與鉩　與鏈　與銑　與鋝　與鍪　與鑐　與鐵　與礦　與鑰　與鑄

孟汲　孟準

宋史卷二百一十八

						朝請郎令峇					左朝奉大夫令湿
子湙					子津	忠翊郎子澄			子濹		右迪功郎子洱
伯棣				伯祖		伯澗		伯衢	伯林	伯珝	伯瀹
師燂	師熖		師烱	師□		師寨					師鍴
希壇	希堦	希壜				希鎮	希銜				
與鏢		與鑘									

						贈朝奉大夫令錡						
					子滌	修武郎子灝						
			伯楷			伯洪						
師鏞		師鏃	師熛	師迦		師鑢						
希瑢	希瑛					希儒					希礜	希瑩
						與鐏	與鈈	與鑣	與鐯	與鈌	與錀	與鍨
						孟渥	孟澗		孟洴			孟潔

	師羲	師庸							師佾					
		希㞷				希賚			希學					
與鑣		與鐓	與鍵	與鏞	與釵	與鐘	與逹	與蓮	與瑯	與琜	與現	與琙	與瑀	與瑛

							文林郎子淪						
	伯玕	伯榦				伯楡	伯櫰				伯楀	伯朴	伯柄
師奭	師熙	師湟	師淙		師滔	師贛	師僖	師戒	師尤	師錦		師肅	師燏
希訋			希瀆	希浚					希濘				

文林郎子洞
伯機　伯柯　伯榛
師懞　師璇　師璪　師銖
希璪　希巳　希神　希遶　希迤　希逮　希迨
與烰　與爜　與琜　與弛　與鐪　與鍫　與釪　與鉺　與釙　與鍌　與鑾

贈奉直大夫令瀾　朝請郎令軸
從事郎子淙　修職郎子溥　從義郎子瀰
伯从　伯朴　伯榆　伯癸　伯權　伯桐
師坑　師曠　師珽
希逯　希垷　希卿　希森
與鈔　與淪　與漣　與霙

朝奉郎令嘩　贈宣奉大夫令詪
成忠郎子逵　承信郎子慥　承信郎子邈　左朝請郎子洴
伯彬
師猷　師廉
希逕　希迺　希座　希堅
與伀　與僻　與□

朝奉大夫子淮
伯綝　伯臨　伯壞
師涪　師黨　師魚　師熊　師烈　師奭
希塈　希墅　希軽　希潔　希抖　希垩　希澰
與紞　與縞　與瑫　與璩　與珕　與瑊

宣城侯從讜

廣平侯世崇

贈東平侯令蠙

奉議郎子瀛　贈奉議郎子沆

伯遶　伯适　伯揆

師道　師逸　師遠　師邁　師效

希坔　希淯　希援　希閔　希璔　希圩

與晉　與謬　與諝　與幾　與鑄　與墳　與鉌　與錄

孟紋

西頭供奉官子沆　右班殿直子浣　子淵

伯振　伯揔　伯攄　伯擴

師初　師祖　師提　師古　師哲　師譽

希環　希昶

與鉅　與攄　與撚

武當侯世祥

太子右內率府率令熾　贈高密郡公令鼎〔一〕

三班借職子橫　從義郎子持　子才　武經郎子椒

伯澄　伯滑　伯厚

師鉉　師茹

希鄉　希昴

與垒　與㬎

孟蘄　孟奚

太子右監門率

左朝奉郎子良　忠訓郎子莀　子由

伯惜　伯溫　伯演　伯煇　伯棣　伯櫄　伯濱　伯津　伯鈞　伯銓

師泰　師恭　師亶

希義　希參　希裙

與教

			少師昌國公世亨						
府率令搖			贈襄國公令祧						
子敏		子林	三班借職子瑨	三班借職子琳	子玩	武顯郎子玓			
伯琝	伯琮					伯臻	伯致	伯康	
								師鑑	
								希道	希瀫
									與儔
									孟隟

			師鎰											
			希域						希坵		希埏			
與佺		與侄	與弁	與乘				與綱	與順	與準	與遷	與礪		
孟寔	孟宔			孟詳	孟諲	孟誌	孟諆	孟讌		孟逢		孟洸	孟澔	孟灌

								承義郎子玗		左朝奉郎子琛			
								伯通	伯達	伯煥	伯炳		
									師慶		師殖		
				希堣	希地	希圻	希堭		希且		希盎		
			與佺			與惟			與聚		與壽	與議	
孟洶	孟源	孟漻										孟武	

								希艾						希蕃
						與新		與綺				與處	與漣	與譽
孟破				孟璶	孟瑢	孟櫸	孟檑	孟礽		孟榭	孟遂		孟欐	孟迅
由鉌	由錫	由鈾	由鑄		由鑒			由藺	由涌	由深	由澎			由琟

文林郎子璵　累贈訓武郎子琮

伯顒　伯暭

師慭　師志　師勲　師憖　師詎

希昆　希牂　希𢡟　希悌　希慄

與深　與繹　與洋　與藻　與濆

希戃　希怡　希惕　希性

與漢　與傳　與倚　與侯　與僢　與儛　與俔　與相　與儳　與仳　與儀　與壖　與塚　與墻

孟端　孟壏　孟琩

師諶　師譠　師諴

希愊　希慊　希憓　希恩　希恮　希懼　希慶　希愖　希睍　希略

與墶　與埼　與僅　與選　與佰　與洲　與濡　與逯　與涂　與鐊　與邇　與蓮　與近

孟滐　孟鑑　孟野

贈右奉

伯果

師善

希晰　希暒　希慨　希惟　希楡　希樺　希枱　希梘　希檑

與遡　與玦　與璐　與環　與璣　與焥　與僡　與倲

直大夫令詵											
左朝奉郎子玿										贈太中大夫子瑗	
伯街								伯衙		伯衡	
師寮	師冠							師宷		師武	師言
希深	希晙	希塈	希垾		希梲		希昕	希豐	希荚		
			與榣	與詥	與壂	與畄					

								伯衢	伯衛			伯衜		
師正	師暉							師泉	師洪	師撤	師澕	師寄	師檮	師垗
	希復		希佃	希傄	希佟			希杆	希倈	希琗			希歡	希涇
	與銘	與釚		與鍼	與鏽	與鉭	與鏁	與僕	與橤					
	孟玣													

										內殿承制令埴		
						子璩				忠翊郎子照	承節郎子昺	子常
						伯衙	伯衎	伯衏				
				師雷	師朧			師瀌				
希潒	希濆		希清	希霅	希沰			希禮	希樸			
	與蕁	與葤						與楷				

	右班殿直令譁	贈右朝散郎令讜									
子宰		左朝奉大夫子瑋									
		伯禔						伯福			
		師範	師篪					師蛙			師規
			希洸				希淜	希儱	希佇	希似	
			與嫜	與嶬	與娦	與磴	與娃				
			孟御								

					武經大夫令稽							
					子卻	成忠郎子紳			子絹			
	伯祚	伯禕				伯估	伯俊	伯儉	伯仁			
師籥	師符	師筠	師篳	師鏟		師超			師瑨			
希墉				希劉					希遏			
									與繪		與鏌	與錝
									孟濾	孟漉	孟滾	孟櫻

						武經大夫令巖					
				子紀	子經	子悛		子馳		累贈武義大夫子駿	
		伯傑	伯儐		伯貢	伯敭	伯斁	伯攸	伯政	伯敞	
	師琰				師秦	師高				師璲	
						希玲				希潼	
						與禎				與佋	與梯
孟榱										孟樟	

希潡					希淮		希淇	希澧						希湅
與伾	與佇	與偭	與儇	與櫑	與榆	與框		與鏗				與緣	與鏞	
			孟暄					孟顥	孟顧	孟顯	孟頣			

					師班							師封		
希浤	希澀	希渫	希悆	希滌	希濴	希滈	希涓	希湜	希瀅	希汝		希濛		
		與詥								與謵	與亩	與延		
												孟錟	孟鋺	孟釭

		孟金
		孟礷
	與巡	孟榉
		孟檇
		孟橼
		孟栳
	與邉	
	與迎	孟槺
希沆	與誂	
	與講	
	與訪	孟鎰
		孟鏠
		孟鐏
		孟鏥
	與謜	孟鏽

		孟鏞
		孟鏌
	與誅	
	與誇	
	與諞	
希汝	與翩	孟俛
		孟儋
	與踾	孟仔
	與蹕	
希泮	與鐍	
希溥	與偡	孟璺
		孟莨
		孟菀
	與璩	
希涘	與叜	

			與琉	
		希濮		
		希泒	與補	
			與裥	
	師璠	希沐		
	師璫	希湍	與裕	孟邏
				孟逡
			與鏐	孟忬
			與祝	孟迹
			與濊	
			與淦	
		希溦	與賨	
			與窳	
		希汰	與窺	
伯徽	師璿	希豊	與儀	

		與傢	
		與僯	
		與儆	
		與仩	
師瑊	希琓	與迬	
		與儲	
		與謀	
	希卜		
	希寀		
師玕	希恤	與僾	
		與侈	
		與侚	
	希憷	與備	
	希憴	與体	
師確	希艇	與檳	孟傻

子騄														
				伯韺	伯倎			伯珍		伯璡				
	師誇	師設		師譯		師諧		師讚		師鋒				
			希讌	希庌			希隃	希預	希滔	希涇	希砭			希禕
										與錆	與櫄	與寀	與梡	與櫛

										子駉	子騰	承信郎	子驊	子騋
			伯敉							伯敾				
			師銅				師暄			師敡				
	希壕	希堣	希輕	希濇	希液	希溜	希滙			希遘				
與楑	與欄							與邊	與逵	與逯				

					夫令觧	武翊大	令湝	修武郎						
				子維	請大夫	再贈朝								
				伯栩										
師森		師林		師渭					師銄			師錝		
希遺	希鑽	希鐔	希遽	希邈					希櫬	希杯	希梅	希檖	希圳	希塰
與史			與爻						與壇					
孟澎														

		伯檜	伯櫟	伯檮		伯桂								
師潤	師瀷	師澡			師鐏	師鍨						師減		
	希鑾						希遂	希莛	希遷	希迭	希边	希迄	希送	
											與⿰王動			與叟

				承信郎	子繹	子約	忠翊郎	子綱						
	伯桱							伯夔	伯銅					
師溁	師瀾	師澫	師澿						師拭	師提	師掄	師搄		
			希烒						希柷			希樋	希搯	希樺

				修武郎	令櫞			贈直龍	圖閣令	佳				
			子紀	承節郎	子普	承信郎	子樊		迪功郎	子彝	文林郎	子昇		
												伯煇	伯焯	伯梓
師操	師瑨											師瑗		師衙
	希櫪	希榴												

		馮翼侯	世陟											
		贈房陵	郡公令	疎										
			忠訓郎	子瑳	訓武郎	子璛								
伯熏	伯爌					伯昪	伯昇							伯晟
	師肆						師璭							
							希儁	希傍				希嶠	希壘	
								與顧	與頌	與顗	與穎			
								孟賽						

	成忠郎	子璀					子瑎	子瑱	子璉	贈武翊	大夫子	瑋		
伯昇		伯充										伯蔿		
		師鍊				師諗						師蒼		
		希珪			希琳							希慱		
		與岳	與澤	與瀍								與璪	與旣	與塘
		孟儼										孟熤	孟□	

伯咸　伯悠

師石　師蘒　師東　師護　師選

希激　希沶　希汜　希嵒　希嶅　希慉　希衞　希葯　希嶬　希㟜

與垷　與樟　與櫸　與□　與櫰　與槺　與櫶　與杆　與樓　與詁

成忠郎子璡　承節郎

伯髓　伯忞　伯恴

師漸　師賓　師亮

希朝　希洛　希悊　希慧　希㤅　希賫　希隶　希檄　希亹

與溱　與湊　與淡　與錯　與璣　與溶

孟㮚

從義郎令□　左侍禁令舟　武翊郎令熯　武經郎令抪　武翊郎令儷

子瑛　成忠郎子耳　子游　承節郎子志　承直郎子立　子建

伯仁

師賁　師艮

華原郡公世㝱

東陽侯令率

右班殿直子琇　右班殿直子珙　武德郎子琩

伯彬

師篇　師敫　師詵

希譫　希訣　希㝑　希懇　希悏

與垍　與埈　與謳　與誕　與稌　與岑　與付

孟倖　孟佩

		伯材												
師還	師瘝	師微								師袷				
	希歷	希畢	希復	希趾	希尤			希竦	希諏		希玔			希瓘
	與絿				與皓	與暇	與瞎		與矙	與皤	與璹	與鏷	與諠	
							孟霔				孟櫝	孟徫		

伯松									伯樵					
師檜	師式	師閈	師幹	師聰		師友		師覿	師漣	師溶				
		希覘		希軼	希軝	希諿	希譪	希諫		希恍	希儲			
								與璩			與瞯	與鏑	與錍	與舒

				師準										
希飲	希憓	希鋝	希佾	希矜				希荆	希悔			希涫	希泿	希傳
		與濬		與銀	與錬	與鑲	與鍥		與珢	與汋	與玏	與鈆	與栒	與樜
					孟涼									

		師灆	師洁										師朔	
			希澗	希椌	希枎	希优	希俊				希跂	希儚	希僯	希晦
與桎	與椳		與汱				與櫨	與檻	與櫟	與椏				與球
														孟賦

贈右屯衞大將軍令瑀　安定郡王、贈太師令時

承節郎子瑞　子瑤　宣教郎子宮　右朝奉大夫子

伯樺　伯機　伯梃　伯標　伯枅

師安

希鄙

少師、榮國公世

太子右內率府

鏟　贈開府儀同三司子筠　迪功郎子籌　子榮

伯權　伯柷　伯撫　伯槭

師曾　師周　師伊　師鼎　師豫　師遁　師粹

希綿　希樅　希費　希鄰　希藩　希蘖　希瀆

與濱

恬

副率令　幼　贈博陵侯令萃

再贈少保子鉉

伯璠　伯琥　伯瑨

師協　師龍　師德　師忕

希沂　希洨　希週

與稷　與份　與儼　與攸　與侑　與俊　與仔

孟續　孟琇　孟瑘　孟繹　孟絟　孟約

師皋　師卨　師禹　師益　師萊

希邃　希迓　希逢　希邇　希遴

與佑　與任　與作　與伸　與倬　與僑　與仕

孟純　孟綱　孟縯　孟綰　孟紀　孟緒　孟紳　孟縉

由寔

伯珹　伯瑺

師馨　師喆　師合　師礐　師豐

希邃　希逅　希適　希漣　希杓　希潩　希灼　希澗　希淋　希楯

與偍　與偒　與訹　與譜

孟境　孟煻　孟焷　孟炵　孟涞　孟潭

希溢　希汭

與諴　與諟　與諗　與諫　與讀　與詥　與招　與搉　與扞

孟湘　孟激　孟俱　孟傒　孟條　孟僾　孟偰　孟桂　孟楊

由鑟

伯璮　伯琉　伯珪　伯琳　伯璔

師弅　師璊　師紋

希櫓　希巽　希溥　希謠　希悳

與賁　與瞭　與佛　與倩　與徑　與蕢　與矇　與矓

孟伶　孟儷　孟侊　孟儆

贈右屯衛大將軍令經　太子右內率府

右班殿直子鑑　武節郎子鈁　宣教郎子鎬

伯佑　伯憩

師愿　師徽　師鐵

希緦　希壔

與賈

副率令爍　贈嘉國公令晙

左班殿直子殳　再贈太中大夫子笈

伯驥　伯駒　伯驎　伯騏　伯驌

師舒　師羃

希烝　希蒼　希虞　希祜

與道　與纛　與愍

孟峻　孟嶒　孟竦　孟燈

贈和州觀察使令寱

成忠郎子友　左朝請郎子泰

伯驊　伯驄　伯蘧　伯葵　伯葦

師弇　師琣　師玥　師賢

希唫　希樂　希鉌　希鏞　希錄　希璟

與謐　與僮　與鉤

孟壞　孟緯　孟綸　孟紹

訓武郎子春

伯強　伯頳　伯達

希珩

與鑼　與璐　與栻　與樟　與枱

孟紵　孟澡　孟澼　孟泎　孟淳　孟滂　孟淏　孟灊　孟濩

贈吉州刺史子青

伯梁　伯建　伯縉　伯驛　伯寓

師畁　師异　師琗　師栟　師异　師祓　師卿　師銓

希機　希檥　希檀　希炫　希焇　希烶　希熠　希燃

與莚　與庲

孟垔

贈英州防禦使令俌
承信郎子憝　朝請郎子巽　從義郎子戴
伯墉　伯仁　伯義
師鏻　師仁　師用　師嬶
希燻　希珵　希畤　希諶　希訛　希誙
與僙　與佇　與伶

贈武翊大夫子巽
伯濟
師伋　師約
希琙　希璜　希邊　希李　希炘　希熠　希烓
與槊　與燦　與術　與枌　與枋　與檮　與橅　與栫
孟爗　孟卑　孟鑒　孟鐵　孟熇

伯涇　伯滋
師况　師倞　師訴　師皐　師湊　師姺　師罍
希燭　希璊　希燿　希熾　希撤　希掬　希拓
與朵　與樺　與桾　與採　與迥　與迦　與遷
孟壕　孟埃
由鏦

左班殿直令緄　右侍禁令注
成忠郎子灡　忠訓郎子轂　子邑
伯溱　伯滄　伯莘
師翻　師能　師德
希燔　希炔　希爖　希執　希辟　希尅　希原
與邐　與遲　與璧　與躊　與壚　與坎　與峙
孟鍄

贈吉州團練使令𢿱　宣德郎令湑　贈武義郎令儲

成忠郎子鋁　保義郎子德　子輿　忠訓郎子燾　武德郎子玦

伯覺

師宋

希順

與優　與儐　與倲　與倈

孟盎　孟汎

朝議大夫令蕙　從義郎

伯學

希宣　希侔　希虎

與倴　與儲　與儆　與偓　與悟　與忻　與悌　與悅　與彷

孟汧　孟濆　孟漯

令各　從義郎令勮

子程

伯黼　伯涞　伯滓

師嶽　師峽　師岫　師嶧　師嶒

希琜　希琩　希棶　希榲　希棕　希栧　希榦

與賦　與暉　與脉

濟陰侯世統

贈吳興郡公令□

修武郎子鳴　通直郎子啍

伯檢　伯霆　伯露　伯雷

師弁　師爽　師俄　師鏑　師傜　師佩

希檏　希樍　希溱　希櫟　希棨　希峇　希睿

與洳　與湕

														從義郎
師任	師伕									師倌				
希琍	希玎	希鎬	希鉀		希錄	希谿			希鍥	希鋋			希鍄	
			與池	與涯		與汗	與潁	與顧		與溹	與瀼	與湳		

子昞														
伯霖											伯霽			
師仁						師侍					師依			
希籛				希籥	希管	希迾	希逭			希週	希琅	希璀	希衎	希悱
與逸	與逮				與蘬	與璜	與瑭	與璪	與玕					
孟浄	孟瀿						孟櫞	孟椝	孟橅					
由擴	由熅	由炃	由烇											

			武經郎子暉										
			伯攄										
			師侗			師俠			師攸			師輪	
希怈	希悁		希諫	希謨		希訦		希訥	希律	希諰	希許	希瑧	
	與負	與癸		與沔		與滈	與濂		與冲	與漆		與濆	與沇
				孟珊	孟鈊							孟淅	孟檥

										贈昭化軍節度使令修	
									成忠郎子曤	從義郎子溫	
	伯擴				伯揆					伯濡	
	師仲	師仰			師健					師優	
	希安				希從	希循	希遂	希運		希憲	
與流		與洙	與泗	與沚		與沸	與浣	與涀		與述	與遽
		孟睞	孟琮	孟琦		孟柔	孟櫛	孟柳		孟烈	孟芒

伯漨

師僑　師璜　師瑞

希𥳑　希宲　希寓　希□　希𥲅　希蕭　希萊　希淞　希潛　希沄　希㮚　希懷　希潘

與鏖　與俒　與鑒　與楞　與燃　與秘

孟芊　孟沐

武翼郎子淵

伯璘　伯瓌

師璁　師珣　師速　師進　師南　師蕭

希漇　希瀧　希廳　希憖　希樾　希楚　希珅　希環　希彪　希先　希韶　希圓　希陟

與叶

孟邇

伯璁

師荀　師雄　師瑀　師柖　師水　師守

希楊　希張　希錫　希鈜　希鍉　希熚　希錠　希嚏　希波

與烯　與彬　與原　與鐃　與澄

贈武翊大夫子漸

伯廉　伯序　伯曦　伯祿　伯祉　伯禧　伯從

師繼　師巖

希璟　希徯　希德　希倫　希鸖　希袷

與宼　與膂　與寠　與盂　與机　與圭

武翊郎子澎

伯鈞　伯鐸　伯鉅

師邁　師逌　師迴　師迁　師逡　師舜

希砮　希磬　希磐　希謡　希邦　希瑬　希盧　希涉

與杼　與梌　與樵　與權　與檜　與梭　與稌　與稔

孟纂　孟熙

加贈武經郎子湘

伯鑄　伯鉻　伯瀏

師琳　師奧　師奕

希駒　希漁　希備　希倌　希侶　希仴

與溹　與澤　與僑　與熮　與爀　與炑

孟熷　孟熇　孟炆

武翊郎子澤

伯然

師奘　師且　師上　師里

希荚　希耆　希蔡　希今　希蕃　希川　希筴

與棴　與戩　與慭　與祓　與棡

孟麐　孟塗　孟鍒　孟爽　孟熛　孟煡

令僎

校勘記

〔一〕贈高寧郡公令鼐　按本書地理志無「高寧」郡名；本表及宋會要帝系宗室封贈高密郡公者屢見，而無「高寧」。此處「寧」字疑爲「密」字之訛。

宋史卷二百一十九

表第十

宗室世系五

博陵侯	從賓						
南康侯	世哲						
贈高密	郡公令	儇					
贈咸德	軍節度	使子莒					
		伯通					
		師洙	師潛			師涀	
		希會	希果			希儴	
		與晙	與名	與誥	與噂	與治	與泭
		孟傑		孟錠			
		由豔					

				伯逵									
				師泗	師淵	師鑣							
	希任		希備	希倖		希喻							
與潼	與敃	與濩	與滐			與懇							與愍
						孟漩			孟佟	孟佸	孟偪	孟倈	孟瑨
						由檡	由梓	由機	由偕		由柄	由櫪	由炤
							宜燧						

														伯逸
								師稷	師禼	師鑠				師津
					希台		希僾		希如	希嘐	希昭			希璟
			與憝		與慹	與懿	與愿	與佯			與涌	與玭		與道
孟璉	孟璫	孟璿	孟瑛	孟珏	孟琡	孟珩								孟俊
由煇	由熛		由樟		由榛									由綺
	宜福													

				師洞									師漢
		希琮		希璵						希琊		希瑤	
與周	與栝	與蕳	與楡	與琦	與楝		與棣	與柄	與柱	與標	與梅	與桄	
					孟坏	孟僾							
					由慧								

												伯适	伯適	伯辿
師且	師訥				師聽									師滃
	希璠		希璉		希璵		希琯				希瑡			希琭
	與堂		與塾	與墭	與友	與傪	與賡							
	孟鈺	孟錦					孟淵	孟熙	孟烝	孟熏				
	由灑								由迵					

						贈通直郎子華								
	伯逑					伯邏								
	師定			師申		師文				師交				
希琿	希騏					希亶	希竫			希顒	希邵	希堤		
	與玴		與晃	與昊		與璘	與滕	與遜	與貴		與閱	與倍	與儂	
	孟濩	孟溢												

				右班殿直子荀		左班殿直子芊		累贈武義大夫子蓋					
								伯退					
								師津		師飭	師渟		
	希肅	希康	希定					希佖	希僧		希偘	希偃	
與倕	與山	與珣									與懃		

								高密郡公世京						
								高密郡公令敎						
					子伸	子茂	子蔚	封華陰侯子雲						
				伯造					伯維	伯漢				
師得	師淇		師泗							師緒				
	希偡	希倘	希宮	希宔						希迪				
										與清				
										孟松				孟挺
										由燧	由煥	由熺		

												伯理		
	師仆											師尹		
	希侈							希侂				希伋		
	與憒	與邊				與遷	與藹	與逢	與膺	與廩	與章	與廉	與寧	與浚
孟樠	孟槐	孟潮	孟泞	孟溪	孟瀸	孟汝						孟傢		孟洋

											伯寧	伯積		
											師粃			
		希藻									希評			
		與式	與得	與喆	與禧			與蓁		與譚	與政		與斌	與訒
孟邋	孟逞	孟達	孟健	孟偡	孟僟	孟儲		孟傎	孟傔	孟佽			孟椽	孟橎
							由鋏	由鉉						

								師賦						
								希本				希夋		
與欽	與斆	與游	與季			與淳		與孚	與僨	與賛	與贊	與質	與僑	與工
孟讞			孟詒	孟棣	孟橥	孟粟	孟荓	孟漂	孟涇			孟傑		孟遡

伯端														
師綽														
希鳳	希幸			希辛	希早								希莘	
	與詡	與杒	與栅	與榦	與雅						與衛	與彣	與經	與銜
				孟瑭		孟儡	孟僩	孟傯	孟代	孟傑	孟僦		孟直	孟詝

師壽	師魏													
	希政								希覽					
	與猷	與陽					與椿	與頤	與事					與滭
	孟適	孟珌	孟琬	孟璉	孟琣	孟璷	孟瑤		孟邁		孟遵		孟□	孟逌
			由顒			由淀			由蹤	由璣	由泌	由漯		由仞

			伯椎	伯盆	伯敏									
			師聖		師弼						師列			
					希怨						希皐	希瑱		
	與絜	與洌			與柚			與榑		與檄		與彿	與烴	
孟遴	孟遡				孟潒	孟澈	孟淋	孟灑	孟凝			孟堈	孟略	孟睞

			武翊郎	子思										修武郎
	伯鎭	伯震		伯誠									伯敏	
師倫				師仁										
希沼				希洽	希淐									
與槁					與鉛		與鎦	與鐉	與鑌	與鎗	與錤	與錄		
					孟瑯	孟瑳								

子泰				忠訓郎	子才	秉義郎	子言	子信	訓武郎	子元				
伯幵	伯玆		伯羽							伯嚞	伯嘉	伯曨		伯映
	師尃		師翼									師埈	師墫	師坏
	希恬		希謵										希溢	希欽
	與靚	與輇												與璐
	孟璠													

													秉義郎子山
								伯志					伯俊
	師塏		師墇		師堧		師坡	師圻	師鳳		師韶	師嶼	師道
希迴	希鐕		希謰	希謙	希滓				希轓	希輕	希儲		希鐪
	與砮	與哲			與高	與晳			與譶				與墶

					伯偃									伯傅
					師文			師周				師謨		師貴
		希冬		希鋑	希淵		希潘	希稾	希麟	希濟		希檡		希機
與堰	與墚	與盛	與豆		與慎	與憪	與櫑		與留	與驌	與禳	與鈔	與猴	
孟晍		孟淀												

				忠訓郎子啓	從義郎子紳							
				伯仁	伯偏							
師日		師革		師威	師撝							
希穆		希稷			希子		希況		希漆		希瀰	希潘
與慺	與衎	與愐	與慓		與康	與寰	與寧	與寵	與寓	與寀		與[illegible]
	孟錘	孟橘			孟懷			孟悟				

							訓武郎子由						
							伯倚						
		師檸					師瑠				師壅		
		希濯	希澣	希濼	希瀟	希湶	希鉘	希鍇	希鑢	希鈿	希鉦		
與宦	與館								與咏		與澆	與灝	與汰

											太子右內率府副率令楮
										伯付	
						師[王矣]			師嶒		
		希鍠	希釭		希鐮	希鉞		希鏈			
與泝	與洅		與瀧	與洱		與泙					
						孟稔	孟稽				

贈南陽侯令湑											
武經郎子罕	右侍禁子仁										秉義郎子常
	伯普	伯壽					伯求	伯慶	伯通		
		師華	師遭						師是		
			希直	希斌	希劅	希玢			希掖		
									與䜹		
									孟衎	孟衛	

贈武經郎子通	訓武郎子撒	左班殿直子興	承節郎子亮							承節郎
			伯盎	伯越						
				師恕				師謇		
				希璵	希騵			希[亻與]	希敍	
				與祴	與禩	與祊	與祋		與棆	
					孟琦					

	贈華陰侯令坎											
子哲	奉議郎子佑	忠翊郎子伋										
		伯玉	伯洪	伯淨		伯勇					伯求	伯溶
			師禠	師玓	師玶	師玫	師頤		師珣	師瑲		師璪
						希論	希訪	希詃	希諱			
								與鑿				
								孟熅				

從義郎子偉	承節郎子仲											贈秉義
	伯揆	伯捄	伯撮	伯拱							伯老	
				師滂		師城				師潤		
				希論		希檮	希傈					
				與敦			與鋌	與銆	與鑠			
				孟珩	孟瑕		孟滌	孟灕				

郎子僚														
伯益														
師袠													師煥	師煇
希薰	希萺	希蘭	希袞			希芷				希垌		希垒	希增	
與鈺			與鉞			與鏠	與金	與鍌	與鏖	與鎖	與鉍	與欿	與錆	
孟灖			孟栫	孟櫻	孟梯	孟橦		孟秈						

									伯建					
師烜			師煌	師熔	師熉				師光	師省	師固		師熯	師燁
希坡					希塾	希垍		希培			希樒			希憓
與鑪		與錫				與鑲	與鏕				與堝	與垌		與遍
孟瀌	孟沘					孟漕								孟永

						師焌	師燐							
				希坦	希傑	希烋	希迩						希享	希奘
與迁				與逭		與澂	與輻		與輓		與輕		與隋	
孟杙	孟樸	孟楪	孟槄				孟濨	孟潳	孟滐	孟澇	孟谿	孟訢		

伯損
師格 師采 師懽 師燭
希奎 希亜 希鑑 希銮 希璜 希璐 希巇 希嵘 希岊 希麓 希彖
與儁 與企 與偃 與伯 與偶

太子右內率府副率令 畟 贈武功郎令琦
忠訓郎子膺
伯晉
師燧 師粹 師滕
希輡 希耕 希贍 希永 希庚
與椰 與蘧 與倍 與佔 與鐸
孟涀 孟湡 孟涺

表第十　宗室世系五
宋史卷二百一十九

加贈太中大夫
師晄
希廙 希庇 希丘 希徐 希炎
與璪 與窴 與儥 與揵 與擻 與拚 與擠 與扶 與控
孟爽 孟講 孟玗 孟翊 孟琖 孟瓚
由澳

子慶
伯鉞 伯鈽 伯銖
師洄 師滌 師涜 師淨 師沂 師涂
希柖 希栖 希欗 希欐 希機 希杍 希桭 希林 希楳 希棈
與燸 與熜 與熽 與炤 與熠 與炵
孟坙

			承信郎子庠	武翊郎子序							秉義郎子廣
伯鍇	伯銓			伯昔					伯習	伯替	伯凱
	師汝	師灙		師瀟				師諾			師弋
	希檔	希榛		希睬	希棫	希楄	希槑				希伴
	與僔	與睃									

										敦武郎令鉅		
						從義郎子度			承節郎子庚	保義郎子章		
		伯登					伯鈞	伯昌		伯棟		
		師昕	師淪		師騫		師瀾			師志	師愬	
希伴	希衢		希鑑	希佞			希適			希猛	希璠	希琄
			與町	與煩						與璋	與驅	
										孟鑮		

									右屯衛大將軍世侹
								左班殿直令偕	贈房陵郡公令休
					子莘	子皋	子阜		太子右內率府副率子演 贈金紫
							伯材		
希琟	希琭	希玞		希璹					
與眗		與員	與賨						

光祿大夫子益													
伯瑜				伯琮			伯璋						
師仁			師份	師晉			師耳						
希坦		希衍		希照			希聲			希是			
與郝	與厚	與平		與逑	與瑀	與銲	與方	與彭		與恩		與豐	
	孟徽							孟鎦	孟鏮	孟鐵	孟鉦	孟鑌	
								由滐		由治		由溫	由浛

中華書局

左班殿直子霈　贈朝奉郎子隨

伯琥　伯瓛　伯才

師序　師仟　師保

希賫　希近　希达

與闓　與澪　與漪　與淨　與浙　與煨　與灴

孟桷　孟樫　孟梾

伯璲

師信

希遯　希遊　希公　希捽　希祓

與烇　與熠　與晙　與曨　與晼　與昭　與嵗　與峙　與岠

孟樛　孟杬　孟杲　孟菁　孟炊　孟賫　孟棨

忠訓郎子梂

伯球　伯琳　伯瑛　伯瓘

師鄆　師化　師記

希祕　希遶　希孳　希銓

與崐　與岎　與仝　與鄰　與臥　與戚　與辯　與厷　與志

孟寕　孟甯　孟宔　孟賓

贈富國公令揆

子履　子常　子右　子侁　贈武路郎子文

伯璪　伯望　伯隱　伯迪

師佖

希聲　希候

與繼　與恩　與盛　與泳　與組　與緝

孟淪　孟銘　孟輖　孟軹

由璲

師潩

希賞 希戢 希敉 希詻 希記

與緹 與纏 與紱 與蕭 與坐 與宜 與聖 與麃 與輪 與櫓

孟樺 孟楰 孟璪 孟瑲 孟瀏 孟瀆 孟潈 孟盦 孟壢

由賨

伯近

師份 師渙 師澄

希談 希貢 希晁 希尹 希㼐 希榛

與煐 與熑 與燁 與燧 與煌 與紛 與炘 與爕 與灼 與必

孟珣 孟球 孟增 孟埭 孟墚 孟墳 孟圭

師瀆 師淵 師汲 師泳 師洌

希杼 希枘 希桯 希栝 希榑 希梓 希棃 希欐 希橥 希栻 希栴

孟垚 孟堅 孟墮

武經郎子撤

伯還

師澐 師淑 師湯 師源 師㶣 師僑 師昱

希楷 希檠 希榴 希倫 希廣 希政

與潔 與孚 與杯 與林 與櫄 與榭

孟最 孟濼 孟灕 孟澡

伯選　伯邁

師杓　師鵬　師容　師景　師晏

希宜　希信　希夔　希躬　希諭　希淮

與桑　與粲　與櫹　與庬　與絲　與澢　與濼　與勝　與遷

孟僥　孟落　孟儇　孟棠　孟倜　孟瑟

由禮　由麒

少師、昌國公世表

太子右內率府副率令攄　贈右領軍衛將軍令巾　太子右內率府副率令佗　太子右內率府

子遜　子詢　子平

伯⿺辶且

副率令畾　贈漢東郡公令甘

子受　左侍禁子兆

伯近　伯俊　伯達

師渙　師且　師道　師忠

希鐃　希塋　希⿰亻甸　希伸　希淡　希灊　希傑

與琛　與檵　與欄　與枂　與欐

孟焞　孟⿰火家　孟爍　孟⿰火疑

贈左屯衛大將軍令春　贈華陰侯令航

子先　秉義郎子立　子永　三班奉職子平　成忠郎子受　子力　子伏　忠訓郎

伯暘

師愿

希伐

與棱

孟烌

子伯		再贈右朝請大夫子淡										
伯興	伯康	伯倓	伯侃									
			師道						師德	師揆		
			希爲			希佳				希瞖	希槤	
			與鏞			與槅	與櫝	與橨			與鉼	與銘
			孟玞	孟[illegible]	孟珊		孟洤					孟璨

									伯儋			伯供	
							師義	師湊	師章	師育	師音	師備	
	希柱	希枅	希榼	希櫙	希櫶	希栘	希桁	希禨			希鐥	希牧	
與鋒					與塤		與浼					與璇	
												孟保	
												由澤	由禴

										伯儛			
					師端	師求	師予	師謀	師閔	師路	師荀		
			希比			希昌				希瑕			希珍
	與瑎	與璟	與鄃	與璩						與浹			與瀸
孟侯										孟逨	孟逷	孟迨	孟邁

												右武衛
									贈北海侯令泮			
									忠訓郎子勻	子仲	子顧	
伯侔								伯伊	伯維			
師瑛		師倪			師蔿	師頊		師倲				
希曼	希駪	希崠		希巘	希崢	希盉	希澍	希洅	希岠			
		與沼	與瀠									

													世鎮	大將軍
													侯令鰫	贈北海
									子蠡	武翊郎	子顏		子卿	
									伯鞏			伯榮	伯嶠	
	師遂							師逵	師孟					
希葴	希莇					希敃	希矩	希方						
		與鈴	與鏶	與鐮		與欽	與邀							
					孟揬	孟修								

		侯令矍	贈東平											
子余	忠翊郎	子迵	忠訓郎	子李	子觥	從義郎	子彪	右侍禁						
		伯順												
											師遡			
									希譁	希訌	希託			希採
												與燁	與焛	與燗

房國公														
太子右										軍令茂	衞大將	贈右屯	侯令壼	贈奉化
							子應	訓武郎		子賡	修武郎		職子伯	三班奉
						伯椿	伯躋		伯元	伯修				
			師白			師向								
	希溏		希濆		希坊	希稟								
	與桶	與迺	與遷	與遼	與溢									

		世疆	房國公											世家
	磾	郡公令	贈安康							侯令劭	贈景城	鋪	副率令	內率府
	子禮	秉義郎		子爻				子說	成忠郎	子暕	左侍禁			
伯旦	伯至			伯麟				伯禔						
								師确						
					希瀨	希忞	希濟	希年						

								武德郎子祜					
伯固								伯直					
師敃							師鍚	師鉉				師臮	
希衕			希衢			希衛		希嶒	希涎			希魚	希珉
與懲	與悠	與忝	與急		與悳	與意		與竣	與僠	與偪	與倚		與憲
孟垷		孟塛	孟括	孟檦	孟桄	孟沓		孟俄					孟辰

										師絳			師邦	
							希寧	希鑒		希謏	希繹	希綪	希謨	
				與愻		與讌		與瀸	與汻		與淩		與懕	與愸
孟厲	孟曆	孟灑	孟冥	孟禨	孟祺			孟禠	孟穰				孟昪	

									伯亶					
									師祉					
				希護					希偐					
與懯	與愳		與慾	與愬	與忐	與愿	與憲	與怱	與逃		與遙			
	孟景	孟早							孟橇	孟格	孟極	孟楪	孟榭	孟樸

				希偒		希保								希値
	與遷	與迎	與遂	與玧		與瑍	與璪	與琲	與瑽	與琭		與瓚	與璭	與汃
孟棡		孟樿		孟濱	孟湅		孟譚	孟讀		孟詢	孟誠			孟暐

三班奉職子祚

伯豐　伯亘

師鄮

希健　希俟　希瓔

與潓　與瀸　與遡　與球　與詷　與減　與湅　與湄

孟暠　孟曈　孟晗　孟暌　孟眺　孟諗

朝請郎令珪　贈武節大夫令淘

子祉　保義郎子祝　從事郎子覼　承信郎子靚　武節郎子川

伯初

師篯

希治

與洽　與遷　與迦　與迟　與迌　與遭

孟室　孟賓

東陽侯世敵

贈洋國公、謚孝靖令奥〔一〕

子言　從義郎子昌　修武郎子賦　從義郎子瞻

伯衣　伯洧　伯溱　伯濤

師儔　師劉　師簀　師茱　師宮　師鶱

希覼　希汶　希椿　希相

希儼　希傲　希伉　希修

與贊　與許　與綬　與縉　與綽　與弼　與疆　與彌

孟邏　孟蓮　孟禮　孟槩　孟禩　孟禳　孟栩　孟瑰　孟玉　孟璧　孟瑽　孟琊

師駒

希仕　希偶　希僸　希佈　希炳

與弨　與淵　與繪　與緤　與縯　與珉　與玫　與鑿　與琗　與悰　與恪　與塭　與卬　與坫

孟軆　孟瓂　孟瓑

武翊郎子賜

伯潒　伯漕

師鑣　師澠　師𣿬　師澎

希棼　希煤　希農　希禛　希楷　希棣　希仔　希傂　希儴

與陘　與逑　與造　與遛　與迲　與遲　與澥　與隍　與堅

保義郎子蹀　加贈武功大夫子𧴲

伯洔

師澎　師淲　師綀　師模　師榕　師櫟　師枚

希傑　希優　希涅　希烔　希□　希焌　希炷　希熛　希熮　希焴

再贈少師子瀟

伯淮　伯汮　伯淵　伯溥

師杠　師槐　師栩　師楷　師棒　師固

希烊　希爕　希烟　希烒　希燀　希炑　希烰　希炂　希燥　希烳　希虒

與坏　與埩　與犇　與墠　與奎

													伯洇	
		師回		師呂		師周						師心	師聖	
	希處	希兢		希僊		希元			希凭		希鼈		希克	
與熹		與褒	與袞	與申	與害	與櫝	與杵	與栜	與楗	與桄			與彛	與畲
													孟遡	

		伯沔										伯渙		
	師徽	師譽	師睿						師肯			師櫐	師稾	師橐
		希薇	希蕀				希芆	希萓	希菁	希莛			希蕤	希點
與覬		與褻	與仗	與傍	與何	與僥			與樅	與樇	與枷		與墳	與遾
孟槪														孟杆

伯津					伯淳									
師竺			師鑠	師鑋	師仇		師儁			師賑		師柄		
希任	希臺			希裔	希敷	希敀	希祕	希藴	希科	希紃	希組	希熯		
	與鍑	與鏻		與邵			與遺		與瀟		與瞷	與愈	與憊	與慭

								承節郎子貤		忠翊郎子涸			
伯洪	伯湜							伯潤		伯泌			
	師譫				師炭	師嶜				師禮	師柳	師鄭	
	希徒	希徠	希穚			希季	希稘			希岍	希栾	希彭	希彰
	與橇	與杞				與駰	與駝				與鋑		
											孟囮		

西染院使〔二〕令修
忠翊郎子賓　保義郎子績　成忠郎子贊
伯沆　伯墊　伯窒
師殊　師念　師点
希彩　希榦　希輅　希轔　希輖　希硯
與藹　與蕁　與碟

子蟥
伯全
師讜　師覵　師丞
希礦　希造　希筴　希逵　希迒　希邇　希迋
與蔞　與蘩　與偓　與訏　與諏　與訊　與謚　與譿　與謏
孟伯　孟仞　孟御　孟備　孟佫
由璉　由琜

師諍　師止　師登　師壯　師淀
希剛　希規　希□　希適　希蓬　希遛　希達　希迦　希邊　希迋　希導
與譆　與誶　與鐠　與㝊　與寘　與覗　與□　與□　與註　與誀　與岃
孟珢

右班殿直令璪　內殿承制令侻
從義郎子寶　秉義郎子財
伯灝　伯昌
師數　師桑
希灝　希逢　希繽　希卯
與岩　與豐　與崙　與庸　與睿　與艮　與蘦　與禑
孟傒

西頭供奉官令敷　從義郎令僑
保義郎子□
伯□　伯晃
師尹　師謝　師僾　師捴
希陵　希酉　希勔　希効　希諔　希廣　希秦
與魯　與昔　與祜　與神　與罃　與桲　與櫺　與湲　與坵
孟誠　孟瑊　孟隸　孟瓔

希咸　希玄
與晁　與睯　與昃　與曇　與咎　與逘　與迦　與逕　與逾　與□
孟諫　孟諄　孟評　孟詔　孟沃　孟汼　孟澳

子賙
師諧　師旼
希灑　希扔　希掊　希搩　希耆　希茀　希力　希穮　希惍
與遙　與邃　與闔　與閣　與閔　與闐　與閱　與垍　與迁

華陰侯世灼
左班殿直令鏰　武翊郎令洄　贈左領軍衛將軍令粲
子貽　奉議郎子通
伯覵
師蕘
希佩　希作
與默　與識　與諾　與亨　與諄
孟璨　孟琚　孟珪　孟琥　孟玩　孟渢

中華書局

伯升　伯復

師轀　師棣　師沛　師湯　師壕

希澇　希乙　希甲　希誨　希識　希壆　希愎

與訓　與訥　與緝　與濟　與鑒　與覺　與路　與淩

孟璩　孟復　孟佺　孟鉍　孟鉄　孟餙　孟欽　孟□　孟□

師方　師似

希倨　希倍　希伶　希㑭　希儻　希瑲　希搏

與熠　與烊　與熄　與燎　與佰　與僔　與儒　與僂　與嶧　與儋　與爹

孟衡　孟瀅

承直郎子迪　忠翊郎子進

伯履　伯現　伯湰　伯靚

師安　師敎　師敢　師敵　師激　師敉

希招　希驅　希卞　希瑲　希鈜　希持　希棖

與瓛　與供　與釜　與瓛　與檍　與埧

孟倂　孟諮　孟溧　孟灝

河內侯世系

西頭供奉官令父　西頭供奉官令璙　太子右內率府副率令惇　右班殿直令□

保義郎子□

伯積

希槮

校勘記

〔一〕令奧　「奧」字原刊漫漶不可辨，據本書卷二四七趙子潚傳、胡銓胡澹庵先生文集卷二四趙子潚墓誌銘，都載其父名令奧，今補。

〔二〕西染院使　「染」原作「梁」。按本書職官志有西染院使而無西梁院使，據改。

宋史卷二百二十

表第十一

宗室世系六

楚國公	從信																					
康國公	世顯																					
贈東平	侯令典	贈建國	公令貫																			
		左侍禁	子明		贈中大	夫子昉	武節郎	子曉			忠訓郎	子昕										
			伯綬	伯純				伯儔	伯山	伯川		伯達	伯适	伯遇								
														師古	師性				師弓			師彤
															希略		希适	希繼	希渝	希鑭	希得	希逅
															與槄	與枝		與榴				

忠訓郎子時	從義郎子照											
	伯衡										伯衛	
	師且					師回	師宊				師嵩	師講
	希誦	希誠	希壕	希銀	希省	希鑄	希蠌	希錄				
						與梨		與偦	與徯	與德		

	朝散郎令璹											
子睽	再贈武翊郎子晴											
	伯澗							伯閭				
	師田				師哲			師賢				
	希闓	希畸			希逌		希迺	希折		希誓		
		與鑢	與鑹	與錄	與樫	與構		與愚		與憲	與態	與悉
								孟僼	孟從	孟伲		孟歸

		加贈特進子旼										
	伯瀾	伯源										
師惪		師純	師侊		師沄	師矩			師卓	師晦		
			希仟	希修		希仵	希供	希倈		希洋	希密	希仢
與忞			與鈇	與鋂		與鈋					與鑲	與鍋
			孟琉									

						內殿崇班令員				
			保義郎子晫	成忠郎子暐	子暲	武節郎子昕	成忠郎子皞			
		伯濠					伯順	伯頔		
		師鱸						師注		
	希灵	希藝						希𣅊	希昕	希[illegible]
與鑅	與鋑	與佯						與碏		

河內侯世淵

右侍禁令評　武經郎令森　太子右內率府副率令首　贈洋川郡公令扁

成忠郎子晦　右侍禁子珍

伯諏　伯達

師沾　師漝　師淋　師孟

希畇　希澐

與聰

孟鉅　孟銓

師顏　師閎

希居　希廈　希渙　希常　希漫

與裎　與功　與居　與輔　與改　與模　與純　與化

孟鑨　孟瑀　孟熜　孟炳　孟勳　孟熇　孟孜　孟熘

由棣　由塡　由埱　由墇

從義郎子玨　右侍禁子琁　成忠郎

伯遊

師言　師守　師單　師猛

希朋　希仔　希森　希異　希㣿

與柘　與巽　與致　與松　與壓　與亦

孟姊　孟墢　孟浩　孟佇　孟壞

子瑾

伯遘

師孚

希拯　希掄　希攄　希抑

與俱　與爲　與眞　與畿　與顏

孟仁　孟儒　孟儀　孟僊　孟伸　孟義　孟能　孟存　孟正　孟揚　孟信　孟潊

由初　由祥　由醴　由崗

師向　師芝　師重
希騰　希符　希考　希暮　希驟　希倦　希儲　希僞　希俟
與契　與巍　與崧　與僘　與嘸　與曉
孟鉍　孟鈔　孟錁　孟銻

伯逸
師穌　師乂　師息
希俑　希損　希倉　希扛　希信　希志　希念　希艮
與傒　與邊　與試　與顛　與邋　與俟　與体　與健　與倡　與俄　與端
孟埏　孟墿　孟拊　孟穗　孟垍

希坤
與倘　與黼　與靜　與迪　與光　與爾
孟埣　孟垎　孟墀　孟壇　孟墠　孟昭　孟作　孟遠　孟恭　孟謙　孟訢　孟禮　孟塽　孟滋　孟倘
由椽　由錝

師貍
希奐　希從　希敔　希訪
與福　與用　與稪　與謁　與詣　與濱　與駙
孟倩　孟雅　孟酉　孟俁　孟倓　孟僑　孟佋　孟仵　孟滉　孟玨

修武郎子瓚
伯通　伯适
師恬　師緒　師消
希章　希諷　希訏　希詣　希譜　希談
與驥　與棶　與瑃　與檖　與箋　與崟　與錝　與鑯　與櫕　與秱
孟孝　孟峻　孟崙　孟濩　孟潼　孟備

成忠郎子璔
伯逵
師招　師遐　師悌　師偟　師囂
希庶　希鼉　希革　希窵　希壼　希敔　希誌
與楙　與桼　與鍼　與鎧　與鑢
孟堃　孟楙　孟屋

贈河內侯令曾
子瑤　子璋　從政郎子理　子璪　再贈武略大夫子玘
伯遵　伯遇　伯衎　伯宣　伯民　伯徽　伯瓊　伯章
師義　師仁　師禮　師積
希塡
與革　與履
孟櫄　孟林

伯宜
師得　師美　師治　師孳
希屋　希約　希圭　希右　希燾　希然
與曉　與銜　與耐　與童　與典
孟榞　孟桐　孟榶　孟材　孟俶　孟儁　孟伋

北海侯世爽

贈右屯衞大將軍令儕　贈洋國公令洋

奉議郎子發　忠翊郎子琦　子琰　三班奉職子振　朝議大夫子俶

伯交　伯立　伯戩　伯磐　伯惠　伯達　伯祐　伯祿

師玆　師毅　師滿　師兗　師聃　師乙　師戈

希虔　希鐵　希壽　希籌　希鑠　希領　希頤　希預　希魏　希粱　希程　希甫

與駉　與坐　與在　與畹　與嘐　與組　與立　與森

孟携　孟僧　孟僃　孟仂　孟韞

伯祈　伯禔

師呂　師奭

希裴　希忠　希愈　希平　希倫　希堯　希勉　希讓

與樺　與椁　與榕　與欄　與枳　與槢　與灝　與湨　與湧　與淐　與知　與王　與喻　與極　與比　與瀟　與唯　與噲

孟偄　孟諾　孟諴　孟任　孟傈　孟憶　孟倘　孟傻　孟侍　孟儋　孟祿　孟鐵　孟鎧　孟祥　孟䛐　孟祉　孟禮　孟俓

由璞

					伯祐									
師契					師清									
希靜	希忠		希唐	希錡	希祅	希榔	希根						希楝	希檀
	與佃	與贊				與儍	與焜	與焯	與姚			與暘		
									孟崢	孟翊	孟滮			

	師鴻													
希寀	希夔													
	與倫				與琓			與瑆			與璉			與璮
	孟鏊	孟鍪	孟鑋	孟鍓	孟錯	孟錢	孟鐶	孟鐃	孟鑣	孟鐺	孟錄	孟鑕	孟鐍	
											由暉			

											朝請大夫子仁		
											伯顒		伯灝
										師溉	師表	師袞	
		希巖	希岌	希宴				希賁	希槩				
與璀	與珍		與亨	與章			與榮	與蕢					
				孟資	孟脈	孟賀		孟賫					

			子儢	武德郎子㑥			子伾	修武郎子傑				
伯頎	伯碩	伯順		伯瑀		伯祥		伯禮	伯問			
	師珉			師進	師顏			師謹	師稟		師渡	師文
									希寅	希密	希輜	希迨
									與嶠			

				武翊郎子攸	子仰			武經郎子伋	右班殿直子健		
				伯熹		伯裀	伯碩	伯泰			
				師昫		師植	師珉				
	希湉			希泞		希昇	希薹				希運
與鉚	與鏓	與鑭	與鋃	與鏃		與坙	與爵				與治
			孟襄								孟御
										由煒	由燁

贈感德	贈河內侯令耽	贈右屯衛大將軍令攄									
	三班奉職子紳										
									師愿	師墉	師樲
			希煜	希昛	希暵	希晦	希啉	希晼	希畋		
									與逡		

											軍承宣使令感
									修武郎子漣	保義郎子澤	三班奉職子宣
				伯愿	伯慮			伯恕	伯憲		
				師定				師存			
			希急	希佽				希彬			
與惺		與旴	與肖	與瓊				與琚			
		孟浚	孟槃				孟[illegible]	孟宏			
	由佰	由仕				由仏	由佇				

										贈太保令志			
										太中大夫子湜			
							伯鰫			伯橆			
					師秩	師賜	師皋	師易		師扆			
	希驫	希侃		希濤	希僎	希道				希韓	希優		
與映	與漈	與揚	與玗	與垌	與櫌					與振		與耆	與昺
		孟鉌							孟壁	孟鑒		孟槉	

中華書局

									伯魯					
師燚								師極	師元				師恬	
希價	希巛	希祚	希仞				希倈	希偲	希心		希浼		希俟	希遡
與讙			與焟	與庭	與爞	與握	與會	與奭	與棨	與諶	與易	與嶝	與嶺	與津
						孟環		孟隆						孟妗

									左朝請大夫子汲					
								伯橁	伯鯉					
	師佮	師俶					師倧	師佀	師俗					
希揮	希拭		希丕	希聖			希工	希璺				希伻		
	與淳			與鑒			與瑛	與瑂					與誧	與諑
	孟鏦				孟楷	孟櫝	孟杅						孟惻	

									伯杤				伯杞	
師焌		師炘				師[火其]			師熾				師俱	
	希珖	希墠	希壃	希堢	希塏	希坫	希圠	希址	希埈	希垳	希垓		希塒	希措
				與錍							與鐈	與鍴	與鉐	與贛
													孟操	

										左承議郎子沃		直秘閣子浹		
							伯拘			伯材		伯通		伯樞
	師伶	師儗	師儃			師僝	師堞	師休	師儋	師偘				
希遷	希邁					希遾		希追	希邀					
				與琛	與璘	與璊								

												贈高密	郡公令	櫶
										朝散郎	子浚	贈右承	事郎子	浩
					伯栜									伯祿
					師沘	師陲	師胼	師泙	師侁					師克
希遾		希洪	希逌	希逃			希逮							希逾
與瓛	與珦	與現					與珴							與諸

														朝散郎
													伯祺	
									師虔	師田			師季	
希迪			希遜	希邁	希遭	希逴	希迺	希速	希邇	希逖		希遐		
與珂	與和	與客								與該	與謁			

子渤		秉義郎	子汝	通直郎	子湯		左從事	郎子濮	朝奉郎	子滮	承議郎	子洌		
伯彰	伯彩		伯禧		伯慤	伯轂		伯祥		伯漢		伯傑	伯塤	
													師暈	師隗

	贈太師、	惠王令	廧											
	再贈正	奉大夫	子游											
伯儼			伯禾				伯朵							
師贇			師勳	師烈	師焯		師點							
					希璊	希琮	希珧							
					與賨	與宿	與檁		與撝				與授	與揆
							孟玠	孟㻩	孟瑠	孟瑙	孟珹	孟珆	孟治	

						師蹯	師匯							
					希閔		希彝					希饒	希迸	
與提	與拔	與捸	與扔	與播			與遈	與薖			與蓫		與詹	與奮
		孟暕		孟盼			孟沅	孟瀌	孟奮	孟沓				

	伯棐						伯棠			伯杲				
	師熏	師尹		師顏	師瑜		師建	師巵		師石				
		希紋			希揀			希孟	希文	希核			希柠	
與棼		與瀴	與瀼		與候	與莅		與柯	與椗	與邇	與迬	與遺	與毅	
													孟與	孟佡

												伯果		
			師勉								師峴	師宜		
	希栘	希槵	希煩		希燧			希烇	希炤			希賓		希杏
與融	與貞	與沭	與熇	與歷	與垺	與墚	與坲		與熲	與坤		與恂	與慄	與懭
					孟鏈									

			伯茉											
	師珇		師肆								師至			
	希郲		希遲	希客	希簸			希督		希睍	希昚			
與惔	與忕	與懁	與悁	與邃	與激	與任	與徠	與懌	與惀	與悚		與懦		
												孟傳	孟保	孟仔

中華書局

							師璹				師瑑	師瘁	師璬	
						希宕	希諗			希訒	希窖		希荅	
						與懺	與萃				與忺		與懵	與倲
孟何	孟休	孟符	孟宿	孟仍	孟僷	孟倞	孟倜	孟什	孟值					

				伯棄										
	師璐	師珂	師珥	師瑞										
希郤	希篙	希訜	希謂	希譖		希器	希杒						希靄	
		與儢		與潒	與灈		與壁			與鋞	與炵	與金	與滑	
				孟檝	孟椋		孟寤	孟佡	孟峀				孟榛	孟椅
					由錦		由沓	由樸						

									伯乘					
					師同				師雲					
				希讙	希銀				希澳	希淬	希滂	希瀕		
	與潡	與涼	與瀌	與僎	與俟				與桓	與槷	與藹	與棋	與柳	與杜
孟栫					孟班		孟睪	孟璾	孟儷					
					由潽	由潔	由溲	由沱						

									伯欒					
師周	師召							師秀	師柛	師樞				
希龍	希欞	希愚						希宅		希臺	希鉉	希鋼	希鍔	希鍵
與達	與澴	與逌	與迺	與逮	與邀	與遡	與遏			與瀸			與壋	
		孟盬												

						三班奉	職子濤	修職郎	子淙	宣教郎	子潽			子淳
				伯采					伯果		伯渠			
				師吉							師材			
希䌹	希鈁	希鋅	希鉡	希蕡	希蓴						希曤		希晞	
	與㙹	與灊									與濾	與逴	與瀷	

祥符縣	開國男	子濛											
		伯檠											
		師縮				師縉						師綸	
		希過		希悕	希惱	希迒					希邁	希央	
		與葵	與蓎	與范		與怱		與急	與悠	與烝	與應	與爔	與炭
						孟垂	孟堂						孟嶙	孟嚋

					武翼郎	令伽							
					承信郎	子溱					宣教郎	子淙	
				伯稟		伯橆			伯椿	伯莊		伯蓁	伯桑
			師紹			師膾	師聯	師杆				師煥	
		希崟	希逃			希東	希顗	希帋					
與燧	與煤		與侏				與壚						
孟登	孟發	孟凱											

		太子右	監門率	府率世	護	安康郡	公世燮					
	武翊郎	令畬				太子右	內率府	副率令	傅	太子右	內率府	副率令	緯
子灝												

贈宣教郎令洤												
子琪	從事郎子執	子璪	子擇	訓武郎子揆								
伯佺				伯璞								伯璫
				師玉		師㿻						師繕
				希逥	希逌	希迮						
						與曄	與踝	與曦	與眆	與昳		

			少師、華國公世鴻								
			贈建安侯令揣								
			忠訓郎子琦	武經郎子祇							
		伯瑤		伯演							伯渙
師纁	師緻	師岩		師僭	師併	師俯			師仵		師莒
希燮					希潞	希械	希洮	希礮	希玣		希湆
						與意	與戇	與珧	與礁	與磚	

									武經郎子祿				
		伯活							伯詵	伯崇			伯輔
師蒀		師銓		師惈			師棆		師壽	師祝	師祚	師裾	師廉
希洞		希巽		希沾	希激	希灑	希夸	希賫		希珥			希澎
與崧	與紬	與鐳	與鏞				與楧	與瓌					與桃
		孟陘											孟燾

					伯崧	伯瑞	伯勝						伯喜	伯嵷
	師柔	師浥	師翮	師決			師陶				師證	師濛	師僮	師倢
希狨	希電			希秈			希謔			希訹	希晈	希琁		
							與黛	與烝	與灑	與諿	與漫			

從事郎子祝　子祖　子覩　忠翊郎子祜
伯沂　伯縉
師書　師熠　師慬　師瑩　師壅　師璘　師勤
希衎　希僔　希熜
與漨　與洸　與滂　與淩　與冰

西頭供奉官令漖　武德郎令悉
子祚　子禮　子禛　宣教郎子初
伯純　伯綸　伯文
師灤　師濡　師擇
希鐩　希鑪　希賈
與瀆　與涅　與洽　與浙　與莘　與蓮　與瑀

師持
希湯　希規　希輯　希稷　希譽
與玠　與嶂　與嶝　與昂　與蕙　與葛　與萊　與澇　與滋　與涫　與溎　與淑
孟透　孟遺　孟桃　孟樗

伯歌
師拂　師攊　師振
希穠　希謅　希甡　希瀛　希启　希緒　希姬　希芊　希閑　希桴　希竑
與傈　與俠　與慦　與萱　與逌　與瑊　與熩　與茂
孟盧　孟壼　孟瞰　孟蘇

子祈　保義郎子禕
伯合　伯守
師棣　師賡　師命　師耆
希樑　希璷　希杆　希播　希㶏　希樞
與讀　與爈　與淡　與諡　與譎　與薺
孟玟　孟宋　孟韡　孟宓　孟仍　孟優

師鏞
希默　希宗　希桂　希桄　希槿　希庁　希樅
與鼐　與瀧　與江　與槻　與途　與逌　與畛　與珞　與功　與畊
孟備　孟佺　孟俵　孟佃　孟轣

成忠郎子橃　子粉
伯璡　伯玖　伯瑚　伯璨　伯珣　伯琇　伯玗
師鷹　師鍾　師鈌　師聰　師鏘
希伏　希岳　希姚　希楓
與斻　與信　與俛　與潩　與傈　與偫

贈通議大夫令睹
再贈左朝散郎子祠
伯淵　伯淸
師志
希澠　希浩　希浚
與稀　與穗　與種　與峇　與普　與曆
孟琯　孟瓆　孟鋭　孟鑶　孟鏽　孟鐳　孟璸　孟璭　孟璲　孟珽　孟璙　孟裥

師郲

希湔　希顛　希顂　希顒

與昐　與淇　與涸　與洊　與舉　與沐　與奇　與侁　與況　與樱

孟衸　孟沂　孟浧　孟估　孟忏　孟慄　孟洎　孟鴻　孟澶　孟洇

由瑺

伯倣　伯淙

師漣　師弨　師滈　師愿　師坦　師盈

希洤　希闓　希闟　希岐　希愈　希聰　希從　希玲

與涇　與湑　與澑　與牧　與敷　與懔　與琭　與壂　與塊　與瑲

孟鉦　孟錫　孟璪　孟蘄　孟敷

由暐

再贈通奉大夫　子綸

伯璐　伯汶　伯洋　伯溉　伯源　伯沖　伯晟　伯昺

師恳　師辱　師雩　師香　師寬

希銳　希皐　希蒠　希湲　希煋　希熅

與往　與偏　與愔　與樜

馮翊侯

武翊郎　令洼　贈洋川

子裕　子禧　子湮　子元

伯昂　伯浩　伯汶　伯澤　伯浚

師雩　師遷　師邊　師然　師膳

希瀞　希勵　希扐

與繼　與槻　與梫

孟□

世登							
郡公令覃							
三班借職子立	三班借職子建	三班借職子延	從義郎子佐				
			伯瑜				
			師慈	師後			
			希詩	希諲	希栗	希意	
			與悉	與衞	與滋	與湉	與潮	與焆	與莒
			孟軝	孟埴	孟僘		
			由鐙				

師下	師和	師闢	師盈						
希㑽	希闐	希羔	希䕭	希典					
與蓁	與翕	與咸	與皦	與復	與玖	與琛	與蓉		
孟璁	孟琣	孟斑	孟琄	孟瑔	孟琇	孟玥	孟玟	孟瓔	孟櫞

武翊郎子傳					
伯琬	伯瑀	伯珍	伯玠		
師新	師功	師孝	師籍	師孟	師酉
希詳	希蔚	希求	希慠	希謗	希㜸
與傻	與俵	與栟	與楦	與琾	
孟快					

惠國公世耀					
贈東萊侯令夔	贈華原郡公令優				
子構	子潛	子珍	子瑞	修武郎子驥	武節郎子驌
伯震					
師謇	師詠	師享			
希岦	希岩	希亘			
與濱	與傳				

左班殿直令尤	右班殿直令現	贈武義郎令琤								
右班殿直子駜	子驤	再贈武義大夫子駉								
伯烜										
師褒	師享	師憧	師恢	師悟						
希磊	希蘇	希荐								

伯雯										
師慨	師惜	師浦	師游	師瀼	師潭	師渶	師潾			
希芢	希撫	希璁	希黝	希鯨	希橅	希球	希玆	希祾	希櫻	希濼
與湁	與陸	與屋	與獨	與例	與術	與衙	與瓔			

表第十一　宗室世系六
宋史卷二百二十

右侍禁令璓	右侍禁令怡				
子肥	忠訓郎子驌				
伯霆	伯珉	伯彰	伯奎		
師滁	師泮	師𡃤	師憖		
希柎	希鉺	希圤	希看	希炰	
與椋	與櫁	與梆			

伯騰	伯翺	伯翔	伯暹	伯參	伯向
師崑	師逑				
希僬	希黨	希圝	希困	希圚	希熉
與櫳	與橐	與襛	與渾	與郵	與郚

太子右內率府副率世賴	南康侯世掌					
左班殿直令什	右班殿直令諒	右班殿直令梗	忠訓郎令冊	左班殿直令番		
子寅	子宥					

少師、儀王世福						
贈洛交郡公令嵒						
右班殿直子隆	成忠郎子正	武經郎子直				
伯珪	伯瑾					
師浤	師則					
希騆	希助	希代				
與焴	與增	與延	與歡	與傛	與鍈	與相
孟倢	孟俔					

希禔	希習	希睦	希辨						
與禘	與禬	與禊	與禖	與顧	與祾	與邊	與祈		
孟琭	孟琿	孟璼	孟玾	孟球	孟玶	孟鐻	孟鑠	孟鐺	

伯瑜	伯珧							
師沐	師博	師欽						
希駟	希晊	希赤	希弓	希證	希瀼			
與僬	與穟	與譁	與玼	與珫	與訂			
孟蓍	孟蘒	孟蔦	孟鑄	孟鍉	孟鏡	孟鈴	孟佯	孟佰
由鑼								

二十四史

中華書局

師恂
希澳　希瀌　希治　希濡　希羹　希偕　希延　希孜
與謽　與訞　與誠　與懈　與樑　與渚　與溓　與鋼　與銃　與浸　與涑　與沶
孟柝

修武郎子富
伯強　伯承
師忽　師仞　師汲　師作
希旺　希任　希渚　希沂　希彰　希用
與澋　與閶　與閎　與橅　與榶　與襤　與亮　與竱　與靖　與竢　與嫈
孟栖

子陟　成忠郎子頤　保義郎子常
伯熊　伯烈　伯畢　伯亨
師英　師涓　師渝
希登　希祁　希郇　希鏐　希㝝　希綏
與埤　與墚

權安定郡王令林
修武郎子麟
伯周　伯璩
師象　師悅　師僕　師傪　師忻
希麗　希塊　希埩　希珇　希瑀　希槥　希栓　希橄　希榨　希溪
與涌　與沛　與瀘　與潾　與滷　與侏
孟琱

伯環				伯琇	伯琮				伯邊			
師懷	師忭	師滄	師溢		師快	師濤	師汶	師泌	師灃			
希霖	希呂	希霑	希栒	希淂	希蠹	希鎗	希眞					
與橝	與榰	與梘	與栝									

忠翊郎子說	修武郎子震	子需	子晉	成忠郎子節	子賁	從義郎子兌	秉義郎
伯琣				伯瑝	伯玲	伯瓚	伯昺
師僙				師憐			
希槀				希濆			

武翊郎令牲								
子萃	承節郎子巽	子逵	子遇	子俊	秉義郎子赫	子亮	子善	
伯璽	伯璧	伯壽	伯益					
師燧	師怋							
希橈	希樹	希鉻						
與侖	與廬	與瀌	與淹					

右侍禁贈武經郎令郛	右侍禁贈忠訓郎令碧								
子道	子逵								
伯奮	伯高								
師鐵	師鑛	師錄							
希瓏	希瑎	希潚	希灃	希謅	希玧	希琫			
與謳	與谿	與譪	與稆	與譑	與嵌	與密	與岩	與鑾	
孟熹									

師鈁　希玠　與迻
希瑴
希湞
希滮
師鈉
師鏐　希溥
希漻
師鑣　希灂
希滋
伯暘　師隆　希玗　與泗
師鑾
成忠郎子遇　伯儔
伯儦
伯催

伯僎
伯豪　師盎
師戽　希漝
希渻
師瓜
師洲　希煓　與銘
希期
武翊大夫令䚊　秉義郎子適　伯山
伯爽
伯嵤　師漳
師活
師澮
師濼
師滌

師滈　希鈓　與榷
希鋻
師備　希鏞
希鉑
伯礐　師淶　希鐗　與𡌊
與攊
與埳
師湸　希銹
伯寮　希鑣
希鏭
希鏙
希鑔
師湶　希鍄
希鑲
希釙

師湉
伯嵱　師漵
師湲
師渼
師瀟
師瀧
伯楝　師涘　希鐇　與詔
希鍴
希鍦
希鈌
師涔　希鏑
師瀾
忠訓郎子遖　伯瑛　師樕
伯棃

子遯　子逢　子迅

伯碆　伯位　伯企　伯泮　伯諒　伯櫝　伯𪗋　伯椅　伯偲

師㦝　師頫　師巋　師㜸　師嵿　師枰　師搗　師掭　師擓　師鏁

希諄　希玥　希鐵　希鐠　希鉅　希湖　希㯮　希瑹

東陽侯　世穹　高密侯

修武郎　令惟　忠翊郎　令謙　右班殿　直令俄　西頭供　奉官令　芑　右班殿

師瓘　師琦

希琋　希瓀　希璠　希瑺

世榮

直令墉　右班殿　直令灦　右班殿　直令濼　右班殿　直令矗　右侍禁　令廡　右侍禁　令迟　左班殿　直令帆　左班殿　直令崠

保義郎　子駿　子暐

伯潛

伯達

宋史卷二百二十一

表第十二

宗室世系七

少師、榮國公世闐							
贈開府儀同三司令話							
忠訓郎子璋							
	伯通	伯達					
	師農	師岍	師銖				
			希遙				希澂
			與隨	與淞	與陶	與立	與耿
			孟伊	孟濆	孟福	孟憓	

		師武										師斌		
	希浸	希麒							希鸘			希譚	希詔	
與樓		與櫝	與大	與炳	與雄	與強	與昇		與緯	與統	與紘	與渙	與健	與億
		孟輝				孟傜	孟綜	孟鈐	孟汨	孟法	孟滌	孟賢		孟鐵
														由淩

		師璨											
		希嶤									希岭		
與修	與阮	與勳					與勔				與励		與勅
	孟霻	孟忱	孟怡	孟恢	孟憓	孟恮	孟愉	孟悚	孟懽	孟愢	孟漣	孟愷	孟憒	孟恫
				由楗										

								左班殿直子偃					
									伯逵	伯琼			
							師會		師祈	師琮	師定		
		希岑				希嶒	希嵒	希崟			希錮		
	與勞	與勁			與魵		與劭				與淲		與洪
孟愕	孟悠	孟愚	孟愍	孟恝							孟錤	孟棭	

保義郎子禮　保義郎子傳　承節郎子仔　秉義郎子儼

伯汶　伯順

師安　師有

希銖　希鈐　希汪

與浙　與壢　與賢　與瑚　與瑋

孟枇　孟檽　孟槙　孟撲　孟鐇

伯川　伯釧

師毅　師邴　師右

希泓　希璭　希諄　希譩　希枸　希梗

與宕　與崑　與錡　與錧　與鎮　與鐱　與鎊　與鏻　與瓔　與玪　與玶　與壇

孟集　孟集　孟垟　孟瓛　孟琥

東頭供

忠訓郎子儒　承信郎子儈

伯顯　伯顧　伯叶　伯迻

師琅　師勵　師㑆

希椅　希滙　希溜　希暭　希晈　希劭　希灉

與貇　與料　與栢

奉官令琉　右班殿直令滐　贈武翊大夫令譄

子備　子傑　子佩　子儀　秉義郎子僼　秉義郎子佐　武翊郎子儉

伯濮　伯淸　伯湍

師璠　師瑄

希礽

													左侍禁	令隅
			秉義郎	子佾	忠訓郎	子僖	承節郎	子傅	承信郎	子倚	子伸	子仁	保義郎	子佑
				伯澄										伯言
師璼														
希扶	希拂	希摭												

						修武郎	令璽							右侍禁
				保義郎	子偶	承信郎	子保	修武郎	子作				子倪	
伯珈									伯遂	伯邁	伯遜			
師炥	師暔	師偦	師儇								師可			
希鏃											希晉	希暄		

令垂	左班殿直	令覼	從義郎	令漕	忠翊郎	令由							從義郎	令請	
						子條	子佑	子伽		子仁	子倜			子倪	
							伯遜	伯迪	伯逮					伯璐	
														師謏	
														希樽	希柎
															與柢

											敦武郎	令邶		
										子伻		子傑	子偓	子革
					伯璛					伯玩			伯瑒	
					師譜	師誧	師詒	師誀	師讜					
希撰	希捦	希扳	希揩	希扣					希診					
				與偞										

							房陵郡公世重	
秉義郎令㦗			忠訓郎令嵨	贈永國公令檀			康州團練使令瓛	
子偲				子彬	子春	忠訓郎子濘	贈修武郎子彪	
伯程							伯粹	
師鏃	師壕	師增					師礬	
							希橅	希遺

師岃						師澶					師文			
希逷	希迷	希逮				希遁	希遢	希遡		希達	希霸			希霆
	與瞕	與俳	與敳	與敺	與敷			與蘧	與襄		與鑣		與鈄	與新
	孟瓏										孟巇	孟嵘		孟栗
	由潛													

					贈武翊大夫令臣			左侍禁令戩			
					贈太傅子肜			成忠郎子鐸			
					伯諗	伯論		伯顯			
				師古	師潔	師淯		師昇	師碏		
			希霝	希灝	希扆	希楅	希檣	希儉	希堡	希綮	希壐
	與鈺	與鎜		與曠	與鐫						與沓
孟稟											

											子濘	子機	左修職郎子瀾
									伯顯	伯頡			伯頼
師徇						師慍		師幌	師習				
希保						希伀		希係					
與晐	與昇	與桅				與各	與晢						
孟逆	孟孫	孟濱	孟泓	孟逵	孟根								

				贈武翼大夫令悅						
	承信郎子煜	忠訓郎子均		秉義郎子参						
伯顒	伯頎	伯穎	伯顲	伯謍		伯贊				
		師膺		師笵		師璧	師閎			
		希官		希煠	希熒	希瑅	希圖			希圀
							與惺	與惿	與愜	

											從義郎令碕	修武郎
	修武郎子彰											
	伯省					伯璐	伯璹					
	師挺	師彝		師阜	師詝		師籩	師箏	師濟			
希闓		希澤		希桃			希嶙		希耕	希耘		
		與熇	與烙	與壗			與萬			與聳		

	東陽侯世職										
令婑	右班殿直令濃	右班殿直令丙	敦武郎令玕								
				贈朝議大夫子詵							
				伯達	伯逵	伯還					
						師銛	師鑣	師奇			
						希洋		希津	希浯	希澇	希涌
						與椽					

							贈從義郎子說						
			伯運	伯遄			伯邈					伯退	
師銀	師鉉	師鍔		師劉		師禪	師曹				師厲	師謷	師悰
				希惆	希憻		希阜	希甸	希千		希絜	希樌	希佮
							與淦		與灦	與湍		與[illegible]	與祇

右金吾衛大將軍世根
太子右內率府副率令琡　右班殿直令倧　敦武郎
承信郎子諸
伯遏
師詧　師礫　師楙
希僭　希傆　希擽　希巉
與潚　與課　與舲

房陵郡公世引
令瓛　武德郎令辭　武翼郎令潏
修武郎子祜　子裕　承節郎子璟　子舉　忠訓郎子昉
伯迪　伯樅　伯松
師鍈　師璐
希磁　希轆　希鏶　希鋾
與注　與潏　與渤　與垄　與臺　與埥

修武郎令蓁
承信郎子修　子先　子俊　子眞　子思
伯琛　伯集　伯樅　伯賀　伯瑒
師顏　師古　師嬰　師璐〔二〕　師願　師頌　師鱗
希應　希瑛　希璝　希桓　希鑌
與復　與贇　與菘　與珏

建國公世胐
武節郎令焯
子康　武經郎子佃
伯琰　伯瑧　伯焞
師㻄　師羲　師晰　師皥　師暲　師矓
希邦　希境　希塽　希㙱　希墣　希墠
與逕　與生　與逑　與甚

							武翼郎令律						
	子佺						承節郎子悰						
伯華	伯懿						伯瑍						
師夬	師康				師觀	師廓	師揖			師韋	師擅		
希聲	希渼		希熵	希燧			希鏵	希舟	希豹		希息		
與珞	與暉	與矚							與莊		與璧	與鎏	與堅

													成忠郎子侑
									伯琴				伯傒
			師拱				師拭		師拯	師挏	師括	師抦	師賫
希懸	希蹇	希崽	希悠	希愸			希恖						希逭
			與薈	與薰	與葦	與芆	與蘸	與槼					

									伯持				
				師賫	師玜			師璒	師琟	師衞			
希泹	希遷		希迎	希祋	希襛	希襇	希裿	希襟		希祇	希禊		
	與班	與玜	與硒								與碖	與礮	與硝	與磚

			伯拙		伯揚		伯揮			伯招					
	師迢		師覆	師璧	師伹	師僨	師征	師出	師儲	師瑃	師璩	師璟	師琜	師玞
希祓		希祲					希裉						希褱	

廣平侯世親

左侍禁令柷　秉義郎令坯　右班殿直令瓚　右班殿直令桓

襲封安定郡王子倚

伯湑　伯沃　伯澗

師鐗　師念　師忍　師憼

希乾　希猷　希穰

武功大夫令晙

保義郎子式

伯幵　伯兢

師職　師括　師晗　師聘　師虞　師前

希鋏　希鑛　希鏵　希鈊　希鐙　希鎊　希馭　希騮　希詵　希瓕　希琛

與坍

師贊　師巳

希璥　希勷　希珠　希瑨　希愃　希珇　希瓃

與蓁　與淵　與灦　與灦　與塈　與坣　與坴　與塱　與里　與㽛　與埠

房國公世丸

右班殿直令鎣

伯甡

師鑕　師鉛　師鉍　師卜　師玥

希琢　希瓃　希瓌　希磬　希磨　希璥　希偳　希儴　希儇　希侗　希埀　希墫

與鑭　與鏷　與銉

修武郎令控	左侍禁令磐	敦武郎令隄	右侍禁令庡	秉義郎令翊					
				從義郎子聯					
				伯璏			伯璵	伯琅	
				師鐸	師鏗	師鏞		師簪	師占
						希潔			

				武經郎令勱							
承節郎子原	忠訓郎子厚			武經郎子替							
	伯綽			伯娉	伯俶			伯準		伯侶	
	師郯				師遠	師逾		師滐		師侑	師瀧
	希暎	希暖	希暟			希睐	希曋	希穡		希檍	
								與紬	與縺		

		子慈	贈開府儀同三司子恭									
			伯達	伯迵							伯逵	伯逋
師潗	師溋			師註				師緝	師逕	師諷		師譡
	希遽			希櫶				希檣				希橧
				與烋	與瀷	與麃	與燕					

										左侍禁令扐	忠訓郎令倏
		成忠郎子寬					子敦	子善	子厚		
		伯曉			伯羌	伯免					
	師孚	師閭	師如	師蓋							
希橫	希杵			希軺							

從義郎令騂
修武郎令崟
武翼郎令澤

承節郎子鈞　承節郎子欽

伯倈　伯讚　伯犀　伯秋　伯稛

師鋻　師墊　師堪　師逕

希彶　希御　希繪　希鹽

與璬　與敵　與敀

贈朝散大夫令剖

保義郎子鐸　封安定郡王贈開府儀同三司子覿

伯穗　伯袷　伯意　伯産　伯旨

師壂　師墨　師基　師遼　師載　師灣　師儗

希徉　希瀊　希徥　希涪　希鹿　希麙　希釧　希塔

與眡

從義郎子靚　承節郎子晛　朝奉郎

伯覯　伯复　伯壅　伯亭　伯亦　伯燓　伯庇

師保　師伍　師範　師錀　師鍵　師釿　師珢　師堅

希塤　希壔　希鏉

子覞　子覬

伯辛　伯永　伯率　伯槀　伯稾　伯膏　伯杓

師琈　師梅　師櫓　師瑕　師樘　師玿　師璬

希鑭　希鈠　希鐁　希鑩　希壏　希墳　希覂　希癸　希臭

	忠訓郎	令拓	贈開府	儀同三	司令德									
			再贈修	武郎子	馥	訓武郎	子緯					子純	秉義郎	子曄
伯玡					伯蕙		伯慧							
							師淳				師灃			
							希傈	希復	希徭	希徛	希徝			

武翊郎	令齊		成忠郎	令行			武節郎	令況						
	子瓏	子球		子安	保義郎	子宿		子琥	從義郎	子瑥	子鄏			
						伯摑					伯晞		伯旺	
											師扎	師極	師扔	師溥
														希覂

												武翼大	夫令崘	
子瑋	子璡	保義郎	子瓊					子玘	子珌	子珀	子珹		子俊	左奉議
	伯昭		伯邑	伯禶										
	師潛			師械		師燃	師梃							
				希織	希縉	希潢								
				與沂										

郎子倬				秉義郎	子仍			修武郎	子休					
伯淇	伯洼	伯汲			伯池		伯沼		伯泗	伯湞	伯湘			
師鑽		師釭	師鏄		師鑼	師銕	師鐲				師橞	師櫨	師榞	師標
			希栳				希禃				希燐			希燸

		平陽侯世資							
	成忠郎令靠	右班殿直令錯	右班殿直令豐	武經郎令弮	從義郎令紓				
					子侁				
伯鐠					伯壽				
師梅					師棋	師極	師楷		
							希瓊	希瓚	
							與暎	與惎	與㥯
							孟訨		

													武翊郎令[illegible]
											伯錠		
				師恪	師樟						師偶		
希珁	希珊	希琿	希玵	希瑠	希璿	希玼		希瓔	希瑁	希鉍	希淘		
		與哺	與[illegible]		與[illegible]	與腴	與朦		與臚				

		馮翊侯世劬							
秉義郎令霈	右班殿直令攄	右班殿直令樛	左侍禁令賁	敦武郎令澶		武翊郎令慎		右侍禁
			子後	從義郎子选	子儀	子聰	子俊	
			伯文	伯柔				

	濟陰侯世造										
令竿	右班殿直令欒	武翊郎令瑞		武節郎令頫							武翊郎令狓
		子蒙	子莊	承節郎子哲							子垚
				伯炎	伯可	伯履	伯濮				
							師鏵				
							希瞌	希昭	希昨		

			高密郡	公世濬										
	右班殿	直令涓	武翼大	夫令珧										
子磊			再贈武	顯大夫	子奕									
伯靄					伯升								伯晉	
師臻					師適		師俑					師侊	師晨	
					希滌	希戩	希舍	希金	希倉	希龠	希禽	希訡	希鐩	希鑑
							與鉾	與鵬	與玅	與錄	與璢		與璮	與瑧
											孟溈			孟徛

									伯寅					
	師晃				師旻		師邑		師早	師埼			師姜	
希釜	希燁			希燴	希彥	希顏	希棨	希吾		希宸	希閨	希暶	希洛	希淖
	與芾	與旨	與璽			與濤				與邐				

						從義郎	子奭							
		伯忍					伯仁	伯傑						
	師美	師僎	師迫	師鐲	師增			師泓						
希洪		希邂						希芑	希苑					
								與霆	與邀			與邈	與蓬	與逢
								孟供	孟容	孟窒	孟窺	孟儻		

伯俊														
師宗					師允					師禦	師丙	師喬		師負
希蕙	希芸	希叔			希鯩		希衡				希疊	希搡	希茵	
與玩		與瓏	與蓁	與堋	與涌	與灘	與瀐	與湢	與望				與鍝	
孟讚		孟請												

修武郎

承節郎子爽　子變　秉義郎子秦

伯洽　伯倫　伯洽

師夷　師鎗　師鐮

希芳　希湉　希蘶　希孳　希藻　希蕈　希芁

與遞　與迭　與沈　與畯

令坙

子方　忠訓郎子言　從義郎子立

伯源　伯潣

師侹　師倘　師儀

希吳　希瑠　希婧　希勢　希軸　希暐　希憲　希曛　希瞻

與現　與惻　與懍　與倅

武翊郎令齐

承信郎子京　忠訓郎子琪

伯瀟　伯漣　伯友

師侈　師佪　師綜　師紟　師緯

希穄　希鏝　希鉆　希鉿　希鈄　希傭　希蕑

與瑽　與瑤　與榁

永清軍節度觀察留後、清源郡公惟和

襄陽侯從誨

汧陽侯世遠

保義郎令滅　保義郎令兊　太子右監門率府率令璪

保義郎子乂　子齊　子卞

伯𢧐　伯達

師緘　師縡　師緝

希鑋　希潡　希傷

與樀

贈馮翊	侯令甲													
贈左宣	奉大夫	子櫪												
		伯鼎												
		師繐	師爻											
		希昇	希宋									希勵	希振	
			與瀎				與忠			與勵	與操		與烆	
			孟辯				孟懿	孟裕	孟閎				孟墱	孟堈
			由鑣	由銓	由鎔	由錄		由玥					由鋭	

													富水侯	世儀
													太子右	內率府
											武經大	夫子樸		
									伯蒙	伯謙				
與玐	與珩				與惪		與蠡	與芃						
孟址	孟權	孟垩	孟坶	孟堝	孟陻	孟塱	孟墝	孟塑						

副率令	閥	贈右屯	衛大將	軍令晃	贈右屯	衛大將	軍令收	贈右太	中大夫	令組				
								從事郎	子權		封天水	縣開國	男子厚	
													伯申	伯召
														師瀛
														希札
														與詔

								朝奉郎	子木		贈朝散	郎子惠		
					伯方		伯倘		伯野			伯山	伯崧	伯嶽
			師阮		師瀘				師張			師荅		師服
			希槵	希概	希湀	希埻			希雄	希遒				希岯
與記	與詸	與劭		與爐					與綸					與沶
									孟玶					

伯孚

師張[二]　師敎　師穎

希岩　希遷　希逵　希釆　希鍈　希瞰　希錸

與涔　與淪　與繽　與練　與緒　與絧　與巃　與泓

孟蕭　孟蔓

信王世　開　太子右

贈少卿、　簡國公　令戈　嘉州防禦使令　瓢　宣義郎　令僙

子柄　朝議大　夫子樗　朝散大　夫子棫　子櫪　左班殿　直子樟　左班殿　直子稷

伯盄　伯夔

師煥

希增　希墿

與邁　與蘧

孟淸

由福

宣城郡　公從審

內率府　副率世　統　金州觀　察使世　英

太子右　內率府　副率令　銓　太子右　內率府　副率令　冒　贈安康　侯令韞

三班奉　直子約　忠訓郎　子純

伯祿

武節郎　子綱　秉義郎　子經

伯祾　伯禧　伯禔　伯褚

師帥　師曇　師綦　師璹

希德　希伷　希倕　希僙　希澶

與週　與參　與迉　與逘　與迿　與遽

孟豫　孟缶　孟析

				贈高密侯令纘				
宣教郎子紘			左朝奉郎子繩	三班奉職子修	左侍禁子玉	左侍禁子語	右侍禁子殿	左班殿
伯祥			伯祜					
師論	師訡							
希嶜	希寓	希滌						

								左武衛大將軍世堅
直子瞻	武翼郎子善	成忠郎子諸	承節郎子正			承節郎子文	子珪	
			伯福	伯壽	伯禱			

右武衛大將軍世及		右領軍衛大將軍世卿	安陸侯世肱				
贈南康侯令在			贈河內侯令課				
左班殿直子高	忠翊郎子珍		三班奉職子琦	子沅	左侍禁子仁		
					伯豐	伯晉	伯賓

伯普	伯毅					伯穀						
	師昇	師鯉	師奇	師侯	師參	師馮						
					希疆	希霖				希曜		
					與鏞	與玐	與犇		與摹	與椱	與建	與廻	與遉
					孟諧		孟灩	孟灘	孟冲	孟瞛	孟栻		

師騋　師騰

希籛　希出　希賓　希臨　希流　希玒　希玞

與潔　與遷　與鎮　與鉽　與璪　與鉛　與銛　與談　與釬　與鑠　與鏐

孟偏　孟敍

伯穀

師騤　師驩　師華

希琤　希琗　希倰

與鑛　與錄　與庾　與檽　與鈹　與職　與馭

孟倰　孟伳　孟櫪　孟玨　孟墍　孟漣　孟墜

師了

希俶　希佪　希憬　希傁　希恫　希悰　希慽　希愉

與涼　與灘　與埰　與塇　與塎　與遷　與朴　與湟　與漫　與灑　與漙

孟鐳　孟鑄

贈武義大夫子

伯鼓

師孫　師商　師牧　師梓　師機

希憧　希偍　希馳　希佪

與瀆　與挻　與櫨　與櫸　與榛　與檯　與湌　與淙

孟稴　孟忡

孚	再贈中大夫子溫											
	伯耆											伯耇
	師銖		師鎬		師銘							師揚
	希嶽	希崧	希豈	希岭	希嵱			希嵋	希峋	希崝	希岧	希遷
	與鉠	與佃			與轢	與軓	與轃	與轐			與輹	
	孟溓	孟漑										

		伯秀	伯欣										伯叟	
			師爌	師熜		師焞	師炷				師炬		師垷	
希道			希嵰	希峎	希嶢		希峨	希嵮	希嵥	希岫	希屼	希浮	希墌	希攖
與璾	與倸													

							太子右	內率府	副率令	繪	贈高密	侯令彊		
				子澤	子偃	子羕					左班殿	直子植	忠訓郎	子松
		師垃												
希墍		希堲	希圢											
與鑿	與慶													

								贈感德	侯令騠					
忠翊郎	子權							右班殿	直子善	右侍禁	子兼	子華	忠翊郎	子矣
	伯悉	伯愈	伯悆											
		師瑨	師璐			師玑	師璽							
		希滄	希鍑		希鐔									
		與灝		與泚										

北海郡公世褘						
太子右內率府副率令宿	贈少師令僉					
子萃	子宰	修武郎子革		三班奉職子莘	朝散郎	
		伯修	伯丁	伯同	伯安	

子迪					再贈銀青光祿大夫子晝	
伯懷					伯堯	伯暘　伯昂
師寀	師鐙					師韓　師展
希敍	希幵	希芃	希欅	希僐		希瀍
			與滌	與濛　與穟　與荐　與濬　與滋		與稊
						孟奱

					子華　子問　子莊	成忠郎
			伯量			
			師激			
希瀞	希漳	希濮	希洞　希祫　希禘　希禩			
與䄸　與稹	與祺	與禳　與補				
孟夔　孟戩　孟樊						

子簡	保義郎子援	贈武德郎子中			成忠郎
		伯暐	伯石	伯杲　伯璪	
			師柳	師嘉　師蒨　師奐　師裴　師覺	
			希泇	希兟　希余　希佺　希泊　希波　希漻	
			與桀	與膳	
				孟濟	

			贈右屯衛大將軍令每					
子郁	秉義郎子鄰	保義郎子重	西頭供奉官子琥	秉義郎子苑	武經郎子尺			
	伯曖				伯壘	伯顯		
					師項	師鼇	師纓	
							希韜	
							與秕	與稑

														成忠郎
												伯瀕	伯穎	
	師仲	師紳			師藎									
希眞		希儱	希徽		希錝		希鉤		希鐳	希鎦				
與訴		與埼	與礫	與磁	與兗	與沓	與神	與櫺		與粱	與禁			

													內殿承
子俊										保義郎子奉	子劣	子厚	從義郎
伯尃	伯芷												
	師靂		師燮			師詧							
	希柄	希璂	希楠	希棫	希桐	希僾	希濱		希瀁				
					與泒		與玸	與澗					

制令詷								西頭供奉官令曆		左侍禁令滄	
子振		承信郎子持				子璋	子瑛			承信郎子樞	
伯俊	伯脩	伯榮	伯明							伯徽	
			師邁	師迎	師迹					師遜	
										希祾	
										與譓	與諦
											孟瑀

中華書局

承信郎子樅　秉義郎子柄

伯侁　伯充　伯元　伯坦

師逑　師迻　師迴　師遵　師遲　師但　師边　師遹　師潃

希穗　希祓　希沛　希潛　希詗　希祺　希講

與誘　與譜　與誼　與謎　與絢　與娖

孟輊　孟璞

贈開府儀同三司子楝

伯瑭　伯奇　伯樸　伯哥　伯公

師星　師俘　師佟　師瀍　師漼

希苯　希重　希姝　希妎　希珄　希瑠　希璛　希錩　希璐

與塩　與楠　與惧

馮翊侯世揔

武德郎令嵂　令懹　馮翊侯令譭

子靚　子覲　忠訓郎子悆

伯達　伯迋

師沸　師漄　師莅

希瑀　希璥　希璨　希邪　希爗　希逌　希熺

與堲　與墧

孟鎮　孟貂　孟鑼

右屯衛大將軍世仍

太子右內率府副率令梍　贈博平侯令謅　東頭供奉官令懺

左班殿直子侃

師藻　師整

希熣　希爍

與㴭　與湨

校勘記

〔一〕伯樅　師璐　按本表上文「子昉」房已有伯樅子師璐，疑當有重複。

〔二〕師張　按上文「子木」房有一師張，有一子名希遒；此處又有師張，一子希遒，疑當有重複。

元　脱脱等撰

宋史

第一九册

卷二二二至卷二二五（表）

中華書局

宋史卷二百二十二

表第十三

宗室世系八

秦王房

贈太師、中	書令兼尙	書令、秦王	德芳		
保靜軍觀	察使留後、	高平郡王	惟敍		
建州觀	察使從	濬			
潤國公	世堯				
太子右	內率府	副率令	湊	太子右	監門率

府率令	瞻	贈高密	侯令畋											
		忠訓郎	子昌											
			伯犲											
			師眹											
			希俌	希倜	希伀	希倢		希倈				希友	希伯	
						與穎	與富	與賫	與樗				與塑	與墅
							孟芳		孟㮚	孟嶢	孟暘			

師揆	師巽													
希峻	希檜					希栩			希瓚		希季	希檜	希植	希椐
	與保	與偭	與似	與偘	與侂	與什	與伉	與倧	與傚	與傯				與伴
		孟茉						孟玿						

					再贈通	議大夫	子乙							
	伯爻	伯乂		伯文			伯存							
		師瑱	師憙				師丑							
							希閈				希亢	希瞿		
與側							與堪	與墿	與垠	與墹		與壎		
												孟鈹	孟鑽	孟鐰

伯	伯璽　伯愚　伯笙
師	師慮　師居　師由　師芸　師甫　師程
希	希臚　希磯　希濬　希淑　希慷
與	與珶　與玜　與琎　與瞻　與扶　與欒　與坊　與橘　與樌　與椶　與衕
孟	孟璪　孟燐　孟憲

令	修武郎
子	子景　子旦　保義郎
伯	伯逵
師	師扎
希	希趧　希岱　希蕭　希輔　希顗　希漨　希瀠
與	與垓　與埴　與垸　與埈　與摘　與坟　與槊　與垎
孟	孟橨　孟塈　孟㠝　孟儒　孟儷

令	令崘　敦武郎令璁　武功大夫令雯
子	子忠　承信郎子褎　從義郎子亨
伯	伯絳　伯維　伯茀
師	師佗　師仟　師什　師儴
希	希玭　希璞　希璹　希瑤　希琍　希璣　希瑦

世	齊國公從晛
令	惠國公世逸
子	左班殿直令幹　右班殿直令緒　太子右內率府副率令
伯	承信郎子奕
師	伯薇　伯苹
希	師儺　師例　師仿　師僑
與	希鈆　希逸　希蘧　希鏢　希鎢

祉	太子右	內率府	副率令	檻	贈廣平	侯令攀								
					修武郎	子蕎								左侍禁
						伯陞								
						師曦					師噲		師疆	
						希價	希宵		希侏		希琲	希畛		
						與佷	與伎	與偏	與澳	與汭	與碏			

	贈高密	侯令息												
子宏	修武郎	子宥			再贈武	經大夫	子定							
伯亮		伯綬		伯齊			伯珪							伯璋
師輞		師琢		師支			師蒧						師藏	師溫
希邴		希仍	希儷	希待			希爈							
				與傈			與訐			與訢	與誼	與詮		
							孟達	孟邌	孟岃	孟迌				
									由曛					

伯琦					伯琳									
師率					師柄									
希亦	希衣	希京		希市	希佇									
		與充	與云		與惎	與霽					與儁	與發		與贇
			孟章			孟迎	孟邀					孟椐	孟櫬	孟複
						由訢	由讙	由訬	由翮	由詻				

希仟				希奇										希傚
與峇			與洽	與畱				與仲	與卓		與龖			
孟鄫	孟祁	孟鄰		孟迡		孟造	孟邃	孟浙	孟還	孟遷	孟迆	孟迲	孟逷	
				由慨	由仲	由詮	由溗		由壽					

	伯珹													
	師及					師捷								師朋
希侅	希迅	希沃			希僑	希粲			希秋					希瓔
		與撣		與撥		與終	與起	與協	與騰	與腆			與臚	
		孟[illegible]	孟鑒	孟鍪						孟舒	孟鋨	孟淌		

				伯琥											
師燕				師邁						師務					師賚
希槩				希褒				希衷	希豫	希綜					希複
與熛	與烳	與烒	與煊	與辰	與訙	與𧦧	與譌	與澗		與善	與倭	與佛	與傛		
					孟機			孟錊		孟時	孟忲				

									師薿	師蘊					
希譯										希採				希櫟	
與墅			與撕				與棏			與遷	與連			與凝	
孟淉	孟汊	孟準	孟激	孟涇	孟淑	孟澗	孟寰	孟蘷				孟構	孟棚	孟瑗	孟璪

			師沅											
			希驊											希駰
與洐		與清	與浤		與潛	與泠	與滌	與汾	與淪	與濯	與澶	與洮	與澍	與璹
孟瑛	孟瓏		孟柏	孟耕	孟偃									

伯璉													伯玒	
師艾												師客	師蹇	師盧
希晉						希昱	希皆						希晟	希曼
與藝	與弈		與巇	與兢	與弁		與辡				與診			
	孟悅	孟協	孟熑				孟昞	孟墡	孟坰	孟睞				

		太子右內率府副率令伾							
	從義郎子宜	秉義郎子宇	忠訓郎子宗					子宜	
伯瑀		伯逢	伯崧	伯巖	伯崇	伯顒	伯嵩	伯彥	
師优								師仲	師冉

	贈博平侯令珂											贈左領軍衞將
	從義郎子无			承節郎子寬	子寔		子寶	子養				忠翊郎
	伯濤	伯仍			伯伋	伯仁		伯禧	伯祺	伯袖		
師舜	師眞	師矼										
		希璩	希玕									

軍令蕞													
子宰							子家						
伯仁	伯儀	伯暉	伯領			伯且	伯智						
	師琇		師鼐		師養	師逸	師譚						
	希鋸		希鋝	希通			希禹						
			與琉	與珅	與玎		與才		與祉		與禔	與祓	與禴
							孟侁	孟徎	孟塘	孟得		孟行	

武節郎令𢊲

秉義郎子正　承信郎子玥　保義郎子珂　子宜　子膺

伯會　伯禮　伯圭　伯祺　伯瑑　伯球　伯𤁣

師孔　師喆

希繕　希彭

與𦣞　與祠

師訥

希良　希雍　希庠　希商　希璘

與治　與豪　與佳　與侗　與儻　與傚　與俁　與倜　與樞

孟濟　孟洙　孟淯　孟滹　孟澿　孟瀟　孟湛　孟瀸　孟沫　孟淮

由㮰　由鎜

贈武節大夫令玥

子崇　忠翊郎子璨　子瓅　子琮　武節郎子瑀　子璟

伯淵　伯浩　伯彥　伯濬　伯仝

師詫　師獲

希琕

與㘉　與客

昭信軍節度使兼侍中、英國公惟憲

金州觀察使從

都

南康侯世奕

左班殿直令煥　右班殿直令辛　太子右內率府副率令恢　太子右內率府副率令譖　贈黔中郡公令

贈慶遠軍節度

檜
使子西
伯立　伯才　伯正　伯直
師孟　師楊　師荀　師莊　師顏　師蠡　師戉
希浗　希儀　希准
與瑨　與圻　與珍　與璁
孟鏞　孟鋌　孟棡　孟抖　孟鏓　孟鈂　孟鐶
由价

西頭供奉官子晉　武經郎子壘
伯國　伯興　伯通　伯達　伯逵
師孝　師嶸　師栗　師翻
希澈　希驥　希聖　希需　希瀼
與讖　與誶
孟培
由銑　由鐵

師葷　師范　師藺　師融
希柬　希衡　希轅　希晨
與諵　與誂　與訠　與諆　與詎　與讕　與譀　與諰　與譂　與諆　與滮　與譒　與諉　與話　與誧
孟塹　孟壙

從義郎子亞　瞻承事郎子霖
伯适　伯蘊　伯華　伯慶　伯莊
師櫶　師褚　師孟
希瞻　希歐　希憑
與卲　與誦　與訨　與俌　與倘　與丞　與至
孟瑨　孟涵　孟流　孟澎

希惡

與圭　與壹　與全　與丙　與勤　與助

孟泃　孟漣　孟洸　孟激　孟沖　孟浦　孟珠　孟琋　孟玟　孟瓏　孟璩

由鑰　由鏓　由鈀

伯茂　伯英

師斆　師荀

希澤　希淵　希申　希宰　希牟　希丰　希鑾

與飭　與位　與儵　與僪　與泰　與瀠　與溥　與瀚　與依

孟玕　孟玔　孟適　孟輇　孟轣　孟還　孟雝

太子右

贈右領軍衛將軍令闓

師檜　師曈

希向　希駒

與份　與俐　與偉　與傃　與砎　與允

孟逌　孟達　孟遷　孟逖　孟玘　孟佻　孟弼

由沭　由澆　由渝　由瀏

司禦率府率世褒　華陰侯世將

贈順國公諡良恪令瓘

秉節郎子涌　承議郎子渲　累贈正奉大夫子淦

伯仔　伯伸　伯仁　伯伏

師良　師翟　師楓

希訂　希訔　希春

與逄　與逌　與選

孟鏖　孟鋌

								伯儒						
	師旺	師房						師祺						
希箸		希宓	希超	希晉	希瑊			希舜	希趙	希足			希越	希楚
		與訩		與驛	與矓	與誘	與胙	與辭	與則	與賞	與賀	與賓		
					孟鑊				孟濼	孟蕘				

伯伊														
師邦										師要				
希博	希茂		希鏦	希晥		希鏵	希鐳	希洼		希夰	希寮	希寧	希窸	希瑊
	與滋	與鼜		與杼	與椿			與樆	與畯				與昭	與睫

		伯備											伯俟	伯游
		師陽				師翊								師稹
希悊	希彝	希龍	希鼎	希昂	希導	希擔				希瀹	希忕	希倮		希軾
				與盤		與杰	與槩		與榱			與樹		與迸
						孟垺	孟桶	孟垿				孟煊		
												由儃		

													武翊郎		
														子浩	
			伯保				伯僼							伯佐	伯偶
		師科	師楡	師棟		師帆	師裴	師誼		師量				師且	師古
	希蹬			希蛀	希蜈			希悏		希惺	希怲				
與檁					與庙			與沸	與漆						

改贈奉直大夫子榮

伯信　伯伋　伯儀

師曬　師訓　師瓛

希垟　希壇　希槉　希觀

與鑫　與伹　與爽　與夰　與祓　與祺　與禛　與嵫

孟得　孟漼　孟滐　孟祫　孟楒　孟榦　孟樋　孟梓

伯傃　伯俯

師訨　師諨　師詮　師詳　師諜

希杭　希棋　希谿　希珞　希靚　希炏　希鈞　希銘　希鑰　希瑾

與禑　與祴　與潹　與湉　與渥　與機　與特　與裔　與祰　與礿

孟櫂　孟櫃　孟璐　孟漱

贈馮翊侯令聲　贈開府

三班借職子昌　子瑩　忠翊郎子繅　從義郎子槃　秉義郎子桑

伯阡

師諒

希玏　希瑂　希塘　希老　希麗　希玩

與䄄　與禘　與古　與衕

孟嶒　孟橞

儀同三司令庛

武經郎子辨　左班殿直子衍

伯成　伯稹　伯份　伯璆　伯昌　伯展　伯備

師鈞　師鍇　師鉟　師顏　師孟　師文　師雄

希讚　希羽　希廷　希徑

右侍禁子衡　武節郎子衎　武翊郎子術

伯仁　伯盆　伯悬　伯藥

師竑　師琱　師經

希鉞　希龍　希全　希疊　希翰　希斗

與昌　與惐　與嶧　與沖

孟顒　孟頡　孟順　孟顏

伯昱

師皓　師澤　師曠

希櫨　希范　希芮　希融　希纍　希穌　希濨

與竦　與鏌　與金　與鏓　與鍊　與釭　與鑣　與璽　與孜　與敞　與彖

孟濮

贈清源侯令格

武翊郎子瀟

伯修　伯价

師旦　師誦　師請　師評

希隸　希綽　希名　希巡　希愛　希簡　希雅　希廉

與儻　與略　與哨　與睢　與栢　與袞　與鏶　與托

孟洪　孟江　孟福

從義郎子熽

伯倫　伯寶　伯營

師磻　師覃　師稷　師陳　師昉　師秘　師霓

希德　希縉　希愕　希纓　希注　希懞　希郝

與愉　與竞　與誼　與櫟　與甃

			伯賢	伯稷										
師罷		師錟		師千								師鋼		
希奚	希饢	希鉥		希來	希莆					希琨		希珼	希璢	希瑠
	與衢			與超	與柞	與杶	與杅	與棉	與枰	與璑	與璁	與法		與榙

					贈太師、	成國公	令譮						
		三班借	職子礦	子繡	追封秀	王、謚安	僖子偁						
	伯賢	伯牙					伯圭						
師崧		師玔					師夔				師揆		師垂
							希栥	希卬	希翃				希戭
									與憖	與恝	與点		與峇
													孟峬

									師禹					
								希古	希閔	希訬	希諟	希諗	希諫	
								與文	與鱗	與弫			與弻	
孟頒	孟碩	孟頌	孟頻	孟顗	孟頫	孟灝	孟穎	孟願	孟俺	孟璞				

												太子右	內率府	副率世
	師皁		師嵒				師彌		師買					
	希憕	希忯	希特		希德	希惪	希徽	希徹	希贊					
與發		與裝	與柟	與鷗					與賀	與貫	與資			

馮翊侯世覲　秩
贈博平侯令珊　右班殿直令淮
廣平侯世芬
開國公令稷
成忠郎子粢　訓武郎子渾
伯倪　伯傑
師邈　師諮　師道　師遷　師近
希芮　希容　希客　希蹇
與譁　與通　與巖　與諭　與堈　與詠

伯僟　伯儀　伯像
師灘　師濊　師澄　師洤　師滇　師冑　師蓍　師填　師通
希謂　希諆　希譾　希晏　希纛　希峅　希感　希屋　希曼　希鄜
與櫨　與嵏　與溜　與瑠
孟懸　孟泄

榮王從式
漢東侯世譔　譙國公世采
贈馮翊侯令磽　贈屯衞大將軍令駒　太子右內率府副率令
子確　訓武郎子渾　三班奉職子傑　三班奉職子遊　左班殿直子祥　武翊郎子恂

柷
贈襄陽侯令祁
三班借職子禮　左侍禁子珪　修武郎子聯　武德郎子琥
伯榮　伯定　伯寧　伯祿
師讜　師椿　師潮　師涓
希惠　希雲　希選　希蘖　希榈
與師　與嬌　與贊　與爔　與梅

			太子右內率府副率令璠贈少卿、行都郡公令祛〔一〕					
			從義郎子先					
	伯䜆		伯伸					
	師儤	師佐	師閭					
希㥚			希廣	希㑳				
				與璥			與琄	與瓆
				孟遴	孟篪	孟邇		

							左侍禁子思	從義郎子禾				
伯俊	伯俅					伯佺		伯傑				
	師訔		師璟					師謨		師輝		
	希頂	希頔	希櫝	希柢	希桔			希逵	希通	希達		希譓
								與洵	與固	與汝	與瀾	與悏
									孟瑰	孟陖	孟熾	

					忠訓郎子生								
					伯伋								
					師哲								
希諍	希罿	希詠			希錤		希純	希綽			希績		
	與鎰	與鎬			與遳	與迈	與遞	與籧			與蓬		與逌
		孟榴	孟佺	孟袱	孟侟		孟潾	孟寀		孟宋	孟銀		孟鎘
					由浩			由家	由斌		由康	由珹	由瑑

				伯儔	伯佾								伯侑
	師窶				師韓	師石	師召	師啓		師唯	師嗎		
	希闒	希嚴	希郁					希揄	希揀		希撫	希提	希摓
									與涫				與墶
孟鐩													

從義郎子告
伯倫　伯倫
師灝
希琛　希玻　希瑱　希銅
與恁　與廬　與暄　與熅　與烿　與維　與纓　與紀　與綜
孟藹　孟逮　孟渣　孟儕　孟備　孟儦　孟璕
由磁　由祿

從義郎
希逄
與恖　與憲　與忘　與意
孟瑀　孟蘧　孟迅　孟迥　孟逾　孟迂　孟迒　孟遒　孟澮　孟遯　孟蓮
由琏　由珏　由玠

子彬　子傳
伯祉　伯僅　伯僩
師賜　師烯
希鄧　希鄭　希陞　希德　希鐺
與陳　與鍐　與適　與鍏　與鍺　與鋌　與鑞　與鋅　與河　與淌　與沈
孟緆　孟垐　孟瓆　孟瑅　孟瑕　孟琳　孟銘　孟鏅　孟鑕

贈東平侯令盡
修武郎子璩　子行
伯桀
師均　師睦
希淵　希有　希諒　希璹　希琥　希琬　希琚
與鈗　與道　與鍑　與鑷　與鈁　與鉤　與豊　與諯　與詰　與謂
孟穛　孟傚　孟侏　孟傳　孟鐙

伯槩

師僴

希琅 希瑚 希玗 希璃 希戚 希度 希逌

與謅 與訦 與諗 與請 與藠 與棫 與栶 與杋 與栟 與櫟 與櫨

孟潰 孟溢

伯棨

師孟 師盛 師侔

希戒 希珝 希熠 希礫 希緝 希繅 希縓 希暴 希畀 希鄦

與蕊 與瓛 與玒 與珇 與珋 與瑛 與玷 與鉑 與鐵 與鑴 與鏰

孟瓹

贈武顯郎子徊

伯無

師覺 師古

希洧 希甘 希恭

與鏥 與彥 與從 與哲 與禮 與韶 與增 與琡 與璪

孟滸 孟潑 孟淲 孟代 孟徠 孟後 孟復 孟徽 孟玥

由衡 由似

師郁 師邳

希浚 希邊 希逦 希遒

與堞 與埮 與瑻 與縲 與繕 與緻 與液 與總 與邋

孟鏾 孟鑪 孟穮 孟穗 孟秏 孟稷 孟柖 孟檣 孟鋭

1	2	3	4	5	6	7	8	9	10	11	12	13	14	15
												贈馮翊	侯令荏	
			秉義郎	子黴			修武郎	子修				右班殿	直子愿	從義郎
				伯澡	伯桌	伯棠		伯渠						
								師敏	師澈	師致	師思			
	希免	希誧						希稼						
與璉														

1	2	3	4	5	6	7	8	9	10	11	12	13	14	15
													贈東萊	侯令璋
子愁									保義郎	子憙	從義郎	子懃	三班奉	職子元
伯珍			伯珝				伯瓊	伯珎						
師滌			師道	師嚋										
希連	希逨			希能	希饌									
	與塤	與儷			與澡	與激								
	孟肆	孟傀												

表第十三　宗室世系八

1	2	3	4	5	6	7	8	9	10	11	12	13	14	15	16
忠訓郎	子京														
	伯犴	伯游													
		師郟	師訦							師讈	師詁				
		希掀	希洎				希滂	希勃	希漸		希況	希宬		希宙	
			與棡	與呲	與晙	與敁			與耕			與椯		與紀	與錊
				孟珵	孟晥				孟野			孟濉	孟過		

宋史卷二百二十二

1	2	3	4	5	6	7	8	9	10	11	12	13	14	15
	師崿				師詡	師託		師籍						
	希晤	希駿	希惔	希巘		希鑪	希鍺	希璿			希旍			
與鐼	與柠	與勝	與瀨				與徯	與一	與杲	與果	與棨	與棗	與檞	與枇

								忠翊郎	子卞			子鏊	保義郎	子襄
							伯朋		伯明	伯覗	伯睍			
					師嶢				師信					
希玘	希璽		希玜		希銛	希鍾								
	與校	與棩	與欒	與臬	與浦									

右侍禁	令瑹			內殿承	制令憓									
左侍禁	子衎	保義郎	子正	從義郎	子庚						忠翊郎	子辛		
					伯熙							伯仙	伯僅	伯儀
					師仝			師咊	師松	師貫				
					希泰				希泳					
					與椉	與桑	與柴							

子挺					子應									
伯諸		伯謀			伯舜									
師侶	師寓	師宥			師儁					師顗				
		希活	希滋	希灤	希鄧			希鄘	希邸	希鉓			希録	
					與宿	與寗	與宿	與宴		與瓊	與瑕	與玔	與珜	與琣
						孟鑛	孟繩							

													伯先	伯律
														師室
希釪			希鐮			希鋼	希鍊	希鋌			希鏵	希鈑		希錕
與珊	與琈	與勒	與弦	與宴	與寗			與晦	與睞	與昇				

二十四史

中華書局

				伯穆										
	師隶	師實	師宬	師俐		師僓				師儷				
希鏈		希鑰		希綍		希篔		希籈	希筦	希珎	希祥	希泖		
				與鐳	與鏴	與苯	與蒜					與菾	與禡	與藯

														左班殿
				伯南										
師俸		師偬	師儲	師俛										
希誕				希逢	希會				希篴	希邅	希邋			
與官	與害			與添	與汴	與籛	與漉	與徵			與演	與溏	與湔	

直 令駛	左班殿	直 令騰	武翊郎	令緜										
			承信郎	子游										
				伯安	伯迢									
					師度	師萃								師升
						希瓏				希瑼				希琨
						與詶	與諒		與詥	與諳	與誧	與諄	與謗	與譯
						孟寶	孟賓	孟寯	孟實					

				伯逈										
師炟	師攄	師愷		師慇	師忎	師懸					師蕙		師掾	師氣
希瑆						希儢	希伀		希腴		希但			希膴
						與珽	與波	與潔	與橙	與想	與敕	與軔		

楚國公世恩

武翊郎令瑀　敦武郎令劉　武翊郎令稻　贈惠國公令勳

子渙　從義郎子烟　追封秦國公子

伯瓌　伯琳

師建

希泟　希榁　希濬

樞　右侍禁子機　子祥　贈博州防禦使子祇　子祜　修武郎

伯琬　伯源　伯澄

師諟　師勝　師忩　師該

希駉　希駘　希銆

與誅　與讀　與鈁　與倚

孟福　孟櫝　孟僖

子禬　秉節郎子禧

伯牧　伯瑞

師怡　師悾　師韶　師嵓

希璉　希攸　希輢

與財　與時　與眭　與睆　與櫨　與植　與桐　與邁　與遒　與迋　與巡　與諾

孟㳚　孟誁　孟昝

從義郎子祺

伯琛

師謚　師便　師甄

希輻　希瑫　希玳　希琤　希軌　希鞏　希喜　希視　希倚　希繹　希履

與透　與邅　與傪　與壐　與洤　與琩　與儆　與伏

孟僧　孟急

伯英

師遨　師旋　師役　師衎

希譬　希矗　希瞽　希瑆　希鉦　希賫　希顯　希貸　希[illegible]　希貯

與僋　與遯　與見　與址　與泅　與鏋　與漉　與灑

孟錫

東頭供奉官令璪　武經郎令勸

子振　保義郎子禴　贈武翊郎子奎　從義郎子圭　從事郎子桂　承節郎子琰

伯裳　伯棶

師徐　師盡　師衡　師民

武翊郎令覿

秉節郎子臻

伯一

師榮　師諧　師詩　師謜

希媚　希妍　希嫣　希嫤　希婠　希護　希漌　希洔　希濼

與鍱　與鐮　與鈐　與鍚　與鋪　與訜　與譸　與鐎　與鏷

右班殿直令庮　武翊郎令瑨　右侍禁

成忠郎子珏　忠翊郎子琬　子祿　子禨

伯諄　伯埏　伯盛　伯方

師檟　師庚

希溥　希洁　希瀸

與僚

遂寧侯從湜

太子右內率府副率世文　太子右內率府副率世覺　崇國公世瓌

令剔　右侍禁令梁　右侍禁令杓

秉義郎子擂

伯仲

師長

希點　希見

與佪　與像　與傈

孟至

秉義郎子瓅

伯強　伯俊

師永

希詮　希晉　希鏗　希幾

與偵　與侶　與伍　與歆　與築　與挂　與恰　與輅

孟整　孟坐　孟壘　孟戩　孟孌　孟有　孟在　孟博

右屯衛大將軍世契

忠翊郎令諭　右監門衛大將軍令振

成忠郎子霫　保義郎子寓　忠翊郎子蓍　三班借職子旻　成忠郎子縠　保義郎

伯埨　伯侀

師岕

與義

孟悌　孟恬　孟惰

燕國公從賁

太子右內率府副率世求　太子右內率府副率世潛　漢東侯世諛

武節郎令逸

子眞　忠翊郎子壽　成忠郎子鑄

伯祐

師和

希懍　希愧　希撇

與僊　與採

						子石					子蒸	修武郎	子璹	
			伯禮			伯璋	伯瓊	伯居		伯琦			伯珪	伯㻋
	師穆		師顏					師剛	師大					
希忆	希僭	希憸	希旌	希旗	希伉									
與滕		與掾												

				從義郎	令漳								
			子禱		子俊								
伯琎	伯瓃	伯珦			伯祿								
					師圭								
					希極		希榎	希榯	希椆	希櫅	希校	希根	希棉	希檜
					與玓	與瓖								

	伯福	伯初		伯禝	伯禖									
		師琢	師琪		師璵						師玘	師瑽	師瑁	
希榴			希棏		希棆						希樟		希柜	
與琥			與灤		與淯	與汧	與瀉	與潛	與瀧	與漻	與汧		與麗	與遴
					孟曙		孟鍏							

						師玨				師玢					師琙
希橙		希櫃	希杙		希欄	希欀	希桓	希椈	希橘	希錆				希鉽	希科
與炅	與爨		與烣	與炷		與爁				與潺	與逵	與濱			與迦

				右朝請大夫令葳累贈通議大夫							
			忠翊郎子傑	子鼎							
			伯禰	伯崇							
	師璃	師瓚	師篱	師忠		師嶠					
希樵				希唯	希噬	希弇	希彝			希臬	希庳
與蒾							與咊	與植			
								孟樑	孟檹		

師嶅				師嵒	師峪					師崋				師岩
希頷	希喆		希昌	希彧	希嘌			希吶	希呻	希噂	希淝	希汻	希漊	
與銻	與銂				與瓐	與瑲	與珣						與偏	
	孟溢	孟澌												

										贈武略大夫令藪		
										秉節郎子元		
	伯抃			伯橾						伯蔕	伯艾	伯芊
師岕	師稭	師畕	師岑	師崟	師嵤	師嵛						師壤
		希收	希机		希柴	希檃	希櫟	希棨	希檬			
						與圩						

子文	贈武功郎子立										子充
	伯茪				伯蔚			伯荀	伯惠		
	師需	師佰			師退	師馨	師才		師勉	師勑	
	希璣	希瓏	希㻐	希瓘		希鑲			希琕	希憝	希峻	希峼
	與漁					與祠					

忠翊郎子彥			
伯萁	伯華		
師玐	師氏	師堰	
希鉅	希鑌	希錏	

校勘記

〔一〕贈少卿行都郡公令祛　查本書地理志無「行都」郡名。本表所列宗室封爲信都郡公者屢見不一，此處「行都」疑爲「信都」之訛。

宋史卷二百二十三

表第十四

宗室世系九

集慶軍節度觀察留後、南康郡公惟能					
保靜軍節度使、同中書門下平章事、遂寧郡王從古					
右領軍衞將軍世邁					
太子右監門率府率令昶	贈信都郡公令譈				
訓武郎子儀		右侍禁子僎	子修	修武郎子倈	
伯卿	伯彥	伯和	伯祥	伯郁	
師仲	師冉	師舜	師儼	師雄	
	希朴			希沮	
				與鑽	

華陰侯世瑞	奉化侯		
贈右武衞大將軍令聯	武經郎令鄖	贈武功	
修武郎子惇	保義郎子攸		

世儔							
大夫令檜							
成忠郎子忠	修武郎子褰	加贈昌州防禦					
伯度	伯雕						
師文	師愉	師猷	師衆				
希槐	希籤	希鈔					
與葚	與稑	與稠	與佽	與鄧	與郤		
孟濤	孟悬	孟懸	孟熹				

使子舒	忠訓郎									
伯廣	伯廊	伯腑								
師鑱	師再	師宰	師冏	師瀣						
希棻	希旦	希栵	希棓	希邂	希熌	希籀	希積	希梀	希楣	希杅
與浰	與墫	與徯	與岷	與潔						
孟森										

子寘	武經郎子瘵								
伯康	伯庸	伯庚							
師闓	師寬	師正	師全	師進					
希輪	希輻	希轢	希輇	希得					
與仢	與儆	與侻	與傿	與佬	與住	與倘	與憮	與意	
孟□									

秉義郎子宏									
伯汪	伯廉	伯庥							
師桀	師榠	師禮	師好	師憖	師璋	師琥			
希淳	希衎	希標	希作	希淵	希宧	希滐	希溥	希汗	
與陛	與陆	與阡	與墜	與沬	與种	與壖	與衎	與祥	與儆
孟延	孟爊								

武翊郎令庶				敦武郎令遁					
承信郎子愈	武翊郎子舒	承節郎子蔡		子惠	子俊	從義郎子修		承信郎
伯庲						伯嶧	伯袞	
						師瑮	師僔	
							希錟	
							與洑	與灖

						平陽侯世法			
	武節大夫令輇					右班殿直令熏	中大夫令昷		
子倈	從義郎子宜	成忠郎子密	訓武郎子晏				迪功郎子繪	承信郎子綸	忠信郎
	伯燉		伯涔						
			師淤						

		武功大夫令遷								
子黻	秉義郎子綱	贈奉直大夫子忱								
	伯容	伯瑄						伯琮	伯瓚	
		師辯		師實		師顯		師昂	師銑	
		希雷	希鑑	希煇	希塗	希相	希楫	希棋	希膺	希玫	
								與潾	與嘉	與蕭

	贈武義郎子恢								秉義郎子愉
	伯輝			伯戣	伯翊			伯璲		伯璉
	師倓	師鏦	師埏		師䄠	師墉	師臻	師圜	師圍	
希沓	希芝	希昡	希諜	希樓						
與稿	與稹			與潮						

令							贈右朝散大夫令刑				
子							左朝奉子紡			武節郎子繹	
伯	伯庢	伯瑕					伯虒	伯彪	伯琥	伯虢	伯□
伯（續）	伯惠	伯慮									
師	師敉	師忩	師弁	師恝	師恚						師直
希			希鑌								

伯	伯虗				伯虛					伯訶		
師	師中	師觀	師罕	師鄰	師豐					師琽	師憨	
希				希燕	希認	希譠	希諦	希詠	希試	希溱	希榔	希棒	希橺
與							與僩		與僖	與垺	與漿	與槐	與畬	與畓

子								武經郎子綜						
伯			伯歔			伯歔	伯膚	伯虛			伯膚	伯彪		伯處
師	師髣		師烝					師鏐	師譬		師陵	師㷍		師褒
希	希瀾	希禧	希棡	希滏	希濼				希龕	希繇	希備	希琗	希扗	希伉
與		與倛							與排					與侮

世										右領軍衛將軍世潤
令								右班殿直令玎		西頭供奉官令倮
子	子純	子績	訓武郎子紼			子溫	子孚			承節郎子闓
伯			伯虢	伯夔	伯鬱					
師			師炳		師焆					
希			希潕		希橡					
與	與鑄	與燾								

中華書局

崇國公世設						
左班殿直令泌	右侍禁令譏	西頭供奉官令熔	贈武翊大夫令銳			
成忠郎子保	子其	保義郎子奇	修武郎子靜	贈武經		
伯慶	伯賢	伯隆	伯滐	伯通		
			師涴	師亦		

			武翊大夫令玓			
大夫子禮	保義郎子靖	秉義郎子僤				
伯陳	伯防	伯阡	伯陵	伯陪	伯洙	
師銘	師坐	師濬	師廉	師邽	師諆	師諫
希葆	希翻	希樗	希璩			
孟柜						

忠訓郎子愷	子懷	子鼎			
伯沂	伯書				
師闇	師諄	師桷	師楠	師楊	
希瑢	希璹				
與俱	與儁	與岱	與傗	與澗	
孟枌	孟櫰	孟棱	孟橺		

瀛州防禦使、河閒侯從□				
太子左清道率府率世期				
忠翊郎令衮	修武郎令姴	贈馮翊侯令譔		
子高	子仁	子崇	追封房陵郡公子崇	
伯璜	伯琪	伯達	伯遜	
師佋	師倓	師溫	師彧	
希瑷	希景	希勳		
與德				
孟醴	孟醁			
由傛				

二十四史

中華書局

									伯燮	伯逖	伯□	伯彥		
								師暉			師高	師顏	師閱	
希勳													希珏	
與賢			與直		與智		與淪						與恭	
孟深			孟垍	孟琪	孟璿	孟璘							孟永	孟德
由欽	由鑑	由鍾												

											子駰			
										伯遼	伯迥			
											師俊	師原		
		希珮			希瑛							希閤	希頎	
	與惠	與命			與奐		與珙		與樂				與珌	與琢
孟貴	孟汾	孟淑			孟爲	孟珍	孟鏞	孟鍾						
		由詩	由誼	由言										

												追封建安侯子瑱
												伯遷
		師遺		師履								
	希鬪	希傳		希僤			希徠	希徇	希俗	希徭	希傲	
與瑝	與鐮	與疄	與睞	與晈	與暎	與瞻	與曖					

伯述														
師文	師欣		師禊				師繭							
	希秤		希硂				希璣							
	與採	與折	與軫			與軌	與徽		與[illegible]			與待		
	孟磨		孟迕	孟澮	孟灦	孟灠	孟廥	孟陋	孟償	孟侒	孟倯	孟傺	孟伔	孟倖
	由仕													

武節大夫子莊

伯通　伯輝　伯修　伯仁

師斆

希脂　希悚　希裕

與喻　與儇　與僾　與徽　與徥　與型　與龍

孟僭　孟暘　孟偕　孟俩　孟儋　孟億

子禮

伯倫　伯賢

師闐　師釤　師道　師鹹　師舉

希祖　希琫　希閔　希灑

與嵩　與鏈　與麟　與甄　與壕　與滂　與祻　與曦　與曬

孟逸　孟琸　孟璔　孟瑒　孟玐　孟燁　孟燧　孟燼

吳興侯世經

贈榮國公、諡恭敏令穰

三班奉職子養　子裳　太子右監門率府率子並　三班奉職子奇　三班奉職子章　右監門衛大將

伯堅　伯權　伯貫

贈彭城侯令松

軍、領貴州防禦使子崛　秉義郎子涘　再贈朝奉郎子靖　訓武郎子端　三班奉

伯釪　伯瓘　伯沈　伯瑊　伯琇　伯玉

師助　師勔

職子溤	修武郎子博	從義郎子娖	成忠郎子逮	武德郎子竦	武經郎子倲				
					伯志	伯懇			
						師孟	師印	師武	
							希崈	希瑧	
								與萂	與蕙

	伯思													
	師雄		師盲											
	希罕		希育				希壹				希懋			
與夔	與傎		與鏃			與絾	與迠	與逡	與蓮	與進	與津	與濼	與鷸	與浥
	孟釗	孟鄉	孟璭	孟篔	孟壂									

表第十四　宗室世系九

訓武郎子宏													
			伯忞	伯思	伯惠								
					師蔑	師譏			師儒				
						希杲		希端	希味	希概	希穆	希稔	希稈
與賨	與箄	與籐				與瀆	與薈					與煇	

宋史卷二百二十三

					贈清源侯令籥						贈和州防禦使
					承義郎子昀	武節郎子巘					修武郎
		伯愿	伯愈	伯忠		伯易				伯暢	
	師麐					師孚	師獻			師仍	
希祐							希鐵	希塚	希焰		
							與柚				

令勷													
子卓													從義郎子意
伯璔	伯璣	伯瓈										伯玠	伯瑰
		師圖					師白						師軏
		希湊	希祚	希濡			希鐺	希鎗	希釧		希鈉		希武
		與遡		與稜	與楮	與欞	與悅	與燰	與照	與爍			
							孟漥						

			贈果州團練使子彥									
		伯琮	伯玫	伯璑				伯璩				
				師轃				師淳			師灝	師滄
希威	希戩			希棨				希楙	希梆			
				與迤	與逕	與迹	與還		與烋			
									孟鑑	孟鋞		

	伯璉													
師潞	師軻	師輅	師轄			師軏			師轓					
	希迣	希辻	希迨	希遷	希逭	希迋	希迿	希迢	希遼	希邐	希逸	希迪	希邁	希延
							與霣				與雯			

							右班殿直令楑	贈武德郎令語				
								武德郎子竫			子嫈	忠翊郎
			伯琦					伯璘		伯琳		
師軾	師軼	師輕	師訪		師訜	師詅		師譴	師庬			
	希遴		希兵	希僉					希贇			
									與佟			

	太子右內率府副率世略	東陽郡公世復			
		太子右內率府副率令四	贈彭城侯令逭		
子翊	秉義郎子新		子幸	子彥	從義郎
	伯瑂				
	師稱				
	希儹				
	與社				

			太子右內率府副率令珠	右侍禁令浒			
子密	承信郎子安	子俱		朝散郎子紳	秉義郎子純	秉義郎子紀	
		伯和	伯扣			伯楫	
						師運	
						希堋	
						與謻	
						孟曈	

											武經郎令宁
											朝散郎子紳
							伯相				
			師洽	師逑	師逢	師遼	師遂	師邉			
	希種	希武		希稔	希仏		希伸	希穡			
	與莪	與謁	與詻					與罍	與翏	與畬	
孟曠	孟暘										

修武郎子俅				承信郎子倚							
伯邉		伯迪	伯逌	伯戢							
師川				師溥							
希磬				希璩		希晦					希玲
與栟				與曄	與曦	與瞌	與暎	與曝	與曒	與[illegible]	與曛
孟珂	孟珍	孟瑄				孟騰	孟臚				

秉義郎子純　成忠郎子仁
伯源　伯淸　伯潤
師洽
希珂　希琖　希玿　希珕　希虢　希歷
與暉　與晫　與曀　與遼　與遡　與澮　與遽　與邇
孟鐺　孟鑣

贈武略郎子傳　子晉　子倜　子攸　承信郎子傑
伯山　伯岫　伯崧　伯巖　伯崑　伯嵲　伯岌　伯嶤　伯嵩　伯先　伯琳
師进　師永　師焇　師澧
希蒲　希熮
與磬
孟龢

伯堤　伯任
師濼　師洛　師淮　師蕙　師肅　師歆　師行
希炮　希料　希爊　希櫃　希傜　希僴　希儕
與釬　與僾　與闓　與筋　與餤　與浮　與有　與濬　與滈　與澯　與玣
孟壓　孟詰

子顯
師詰　師勃　師久　師炵　師警　師計
希伉　希佋　希伍　希儁　希儀　希傲　希仡　希倞　希仕　希偎
與瀊　與琨　與漳　與圻　與熒　與[illegible]

			太子右內率府副率令相		贈汝南侯令瑨									
					子康				成忠郎子庠			累贈中奉大夫子廛		
					伯悰				伯頫			伯虎		
					師昶	師錄	師鎜					師席		
												希齋	希槽	希播
													與湋	

	伯養													
	師戚			師憂					師夔					
希槤	希蓬	希還		希祜			希禨	希襦	希衿			希衽	希禡	
		與諓	與諰	與佸	與倏	與彿			與意	與悊	與戀		與怗	與憖
										孟華	孟襟			

							昌國公世豪							
								贈右屯衛將軍令焞		右班殿直令洚		武德郎令蹈		敦武郎令踴
														子綱
				師夔	師賁									
希裓	希禑	希褾	希襌	希昆										
	與熑		與埨	與傍										

							洋國公世奬							
	從義郎令跋						贈武略郎令薇							
	子繪						忠翊郎子栱	子朴			加贈中大夫子校			
					伯端						伯璪			
	師中	師本									師傔			
		希鄐	希卯	希煇							希甕	希遞	希逐	
												與擂	與懍	與悝

師位	師僣	師俟				師傳								
	希漨	希鏞	希鑪		希録	希鄂					希迨			
		與槷	與衛	與斗		與洎	與遒		與逞	與廻	與禍	與禱	與禊	與衿
							孟欒	孟檝	孟穡			孟靚		

	伯瑷												伯琪	
	師慄									師熑		師惟	師寀	
	希誴					希謀	希謅			希諤	希誘		希訪	希誧
與禛	與棠	與桴	與檬		與柘		與演	與渶	與濬				與僐	
孟譚			孟鉤	孟鐻					孟墒					

										師懿				
希訏			希謳				希說			希厽				希繇
與遹	與邅	與逾	與懈	與惮	與忱	與愭	與曦	與暖	與晣	與僊	與倯	與俾	與偪	
孟錭														

								伯价						
師叡					師恕			師明						
希該		希調	希譙		希譁		希譫	希乂	希過					希前
與蓬	與侊		與榅	與穋	與稤	與騏	與傂	與足	與櫛			與檜	與櫟	與欄
									孟溱	孟泓	孟淮		孟浤	孟渏

伯璘　伯珩　伯璠

師壂　師禬　師禂　師祊

希加　希鏞　希側　希遷

與櫟　與抈　與擨　與扛　與咳　與濮　與汀

孟傻　孟烊　孟爗

再贈奉直大夫子檻

伯蹭　伯瑋　伯璵

師巖　師備　師啾　師碁

希□　希巘　希詒　希詡　希郯　希鄯　希郘　希鄘　希鄗

與儨　與僕　與俚

右朝請郎令芹

子桶　子梅　右迪功郎子鏄　保義郎子垠　從義郎子艮　成忠郎

伯共　伯豫　伯玵　伯璫

師汜　師鑕　師鎦　師侳　師鋇

希鄹　希瀎　希淧

太子右內率府副率世名

子止

宋史卷二百二十四

表第十五

宗室世系十

太宗九子：長漢王元佐，次昭成太子元僖，次眞宗，次商王元份，次越王元傑，次鎭王元偓，次楚王元偁，次周王元儼，次崇王元億世絕。

漢王房

漢王、謚恭憲元佐										
漢王、謚懿恭允升										
韓國公、謚恭簡宗禮										
贈眉州防禦使、通義侯仲翹	贈右屯衞大將軍仲髦									
惠國公士翦	崇國公、謚義□士競									
三班奉職不傾	三班奉職不惼	三班奉職不廛	右班殿直不間	右侍禁不匱	三班奉職不逑	保義郎不黨	保義郎不晤			
					善嘉					
					汝翗					

惠國公仲軏									高密郡公仲蒼					
太子右內率府副率士綺	東平侯士穮						武德郎士邑	右侍禁士曮	右班殿直士勸	右班殿直士猉	武功郎士庭	修武郎士亞		
	右朝議大夫不猛	訓武郎不狷	不毒	不啜			不惑	不忒			不勇	不杰	不汲	
	善琚	善瑛	善邏	善遮		善迷					善利		善懲	
	汝檣	汝杆	汝霖								汝傈		汝壐	
	崇[illegible]	崇襟	崇視										崇德	
		必僖	必攸											

				善許	汝鈴	崇構	
		成忠郎士如					
		成忠郎士噟					
高密侯宗道	欽國公仲晉	華陰侯士貳	從義郎不昧	善信	汝均	崇翿	必僩
						崇沐	
						崇狆	
						崇猚	
					汝𣸣	崇禮	必寫
							必宷
							必憲
							必奈
							必賓

							必宏
						崇栯	必寘
					汝嘐	崇扃	必鉀
							必錆
						崇町	必漉
							必纏
							必湲
							必潟
						崇畕	必纖
							必緬
							必經
						崇留	
					汝仲	崇灑	
				善機	汝褭		
					汝褻	崇潒	

						崇訝	
					汝裝	崇湞	
					汝裴	崇渼	
			忠翊郎不失				
		榮州防禦使士詰	三班奉職不竭				
			不□				
			不竦				
		從義郎士啓					
	右監門率府率						

	仲蘇							
滕王、諡恭孝〔二〕宗旦	榮國公、諡安恪仲玘	贈左屯衞大將軍士仡	贈左屯衞大將軍不疑	善貸				
				善一	汝賢			
				善及	汝方			
					汝作	崇傅	必蓬	良諮
							必迎	良諴
						崇名		
					汝爲	崇聖	必丞	
							必望	
						崇愉	必譜	
			武經郎不湎	善持	汝翼			
				善良				

襄陽侯士歸
右班殿直不悔　忠訓郎不懔
善振　善珍　善耐　善斷
汝卣　汝磋　汝磐　汝勛
崇昪　崇途　崇逡　崇彬
必暍　必諯　必訝　必謜　必諴　必謙　必譸　必琥　必竢
良份　良僚

汝章　汝選　汝熙
崇篤　崇福　崇榮　崇祇　崇禮　崇藏
必琁　必銘　必誼　必纘　必䕸　必有　必伍
良伷　良値　良倅　良滌　良倈　良滲　良沂　良溫

邢州觀察使士簪
承節郎不懌　武翼郎不驕
善積　善建　善衛
汝佫　汝興　汝譖　汝昷
崇倛　崇僇　崇邦　崇偲　崇嵓　崇穗　崇栻
必泜　必澳
良漨　良柞

不厭　從義郎不僭
善建
汝盅　汝寵　汝退　汝簡
崇朸　崇栢　崇稟　崇派　崇杆　崇迨　崇榑　崇楈　崇椸
必夾　必瑚　必璀　必煣　必爽　必援　必琗
良軻

成忠郎不競

善明

汝汲　汝愿　汝衡

崇鐐　崇𨑨　崇析　崇迹　崇宕　崇瀛　崇璘

必瓏　必璍　必濆　必泳　必珒　必鍑　必錐　必琤　必鑄　必牖　必堃

右屯衞大將軍仲寅

太子右監門率府率士琱　武德郎士泞　右屯衞大將軍士傴

不武　不虛　武節郎不傪　成忠郎不危

善硧　善犨　善鼉

汝泐　汝徧

崇蕆　崇龐　崇傳　崇侍

必溧　必沿

良安　良定　良賽　良械

沂國公、謚敏□仲淹

內殿崇班士彭

承節郎不溢　保義郎不悍　宣教郎不憤　承信郎不悱

善仕　善儀　善熇

汝爲　汝夐

崇晳　崇襃

必㬎　必昜

良楔

善偘　善僤　善侹

汝枳　汝蘭　汝蔡　汝舜　汝禹

崇璧　崇栒　崇霸　崇褫　崇定　崇復　崇佇　崇畯　崇陵　崇悊

必晷　必晨　必仝　必薰　必□　必璐　必珏

									汝有			汝萬	汝賚	
	崇悆	崇奇	崇憲	崇忠	崇龢			崇栥	崇厚	崇愁				崇遯
必玻	必琥	必璉	必璔		必瓆	必琀	必璇		必琽	必逭	必珖	必瀠		

											善侍			
						汝达				汝彝	汝丞		汝遐	
崇滌		崇坑	崇鄒	崇日	崇由	崇晵		崇哺	崇噉		崇僼		崇熠	崇覷
必㻔	必玩		必醃			必樇	必枳				必質	必瀠	必萩	

								太子右	監門率	府率士	放	東頭供	奉官士
							不怯						
						善信							
		汝逕				汝辨							
崇丞	崇楙	崇屏	崇切		崇奎								
			必栻	必榛									

						建國公、	諡榮安	仲浹					
灃		武經郎	士粵			太子右	內率府	副率士	略	西頭供	奉官士	瑞	右班殿
不夸	不倚		不盆	不肆	不耀	不怠							

直士銂	左班殿直士凛	右班殿直士庫	從義郎士靓						武翼郎夫〔三〕士廖	
			不伙					不食	不臧	不湝
			善頎	善嶺	善顧					善晲
			汝禮		汝嶬	汝岻	汝嶝			
			崇淑			崇桃				

					不濁									
善曨					善明								善輝	善昐
汝鑿			汝蓋		汝砡			汝榜	汝榎	汝蹄			汝槤	汝溫
崇磁	崇硍	崇礦	崇碖	崇磶	崇櫰			崇⿸厂每		崇蹟				崇睹
					必玫	必玶	必琲	必徙		必誧	必諫	必潩		必檠
						良儋								

													忠訓郎士絖
		汝鍪		汝鍳					汝鎜	汝婺			
	崇惎	崇愳	崇怱	崇惡	崇楒	崇楷	崇棆	崇恷		崇據	崇憑	崇筴	
必菝	必蔄												

右監門率府率仲適	房國公、謚良□仲戠								
	右班殿直士湉	武翼郎士僅							
		從義郎不訥							
		善舉	善獲						
			汝庚	汝壆					汝雍
				崇宥		崇蔡	崇康		崇寗
				必選	必賛	必逍	必眛	必晥	
				良壕					

善孳

汝亶　汝膺　汝享　汝變　汝旖　汝旋　汝忘

崇瓩　崇審　崇宮　崇攀　崇賓　崇豦　崇衡　崇往　崇偍　崇旟　崇瓆

必藹　必倰　必倛　必僂

良傑

忠訓郎不訴

善淵

汝於　汝故　汝漼　汝桎　汝浙　汝征　汝杖　汝枅

崇頊　崇犇　崇錙　崇鉾　崇鑰　崇磅　崇蹤　崇譢　崇畹　崇華　崇彷

必衢　必宓

不詘　不許

善仲

汝櫓　汝穮　汝檑

崇諳　崇慈　崇信　崇詮　崇孝

必齐　必誼　必潓　必窨　必謇　必寓　必百

良瑶　良碚　良畯　良瓊　良琊　良傚

東頭供奉官士澥　中大夫士瞰

不适　右通義郎不莠

善蒼　善回

汝齊　汝積　汝序

崇峴　崇輔　崇敾　崇駿　崇驥　崇驎　崇巘

必篱　必宅　必粲　必鈽　必鑣

良標　良檥　良槁

	從義郎不蕪	右通直郎不慕										
	善象	善密								善壞		
汝宮		汝修	汝濃	汝覊						汝弁		
崇燕			崇諱	崇祠	崇齐				崇弃	崇迦	崇逌	
必揄					必訑	必韶	必辭	必齡	必識		必俟	必俙

							忠訓郎士歆	武德郎士睠				成忠郎
					不茹	不苛	不逸	不怍		不惋		
			善濤	善滂				善份		善掌		
		汝鄘						汝瀌		汝猗	汝徙	
		崇樵						崇涉	崇庯	崇權	崇爔	
必僬	必𠑊	必宴						必楀				

	東陽郡公仲瑗										
士衎	奉議郎士繆					武經郎士絢					
	不綷	不華	不忮	不恃	將仕郎不求	忠訓郎不越					
						善對	善革				
							汝居	汝知	汝湜	汝沆	汝浹
								崇槳	崇亲		
									必垀		

						武經大夫士綸	秉義郎士細	武翼郎士約			
								秉義郎不嵎			
			善訒	善諍	善警			善漏	善茾	善峕	善楔
汝漕					汝焱			汝槻	汝椳		
崇枈	崇槼	崇杲						崇騆			

													贈少師、	太原郡
														奉議郎
														成忠郎
善萓	善畣		善璥						善啓	善渝				
	汝僾	汝僑	汝擬	汝探	汝榣	汝檻	汝樵	汝栒	汝棓	汝僎	汝沚			
			崇淘						崇歷		崇采	崇粟		
			必欟											

王仲琮														
士斗			武略郎	士申										
不吝	保義郎	不讋	武翼大	夫不敭										
				善崟			善訬		善諺		善庠			
				汝贊	汝藻	汝複	汝鐩	汝鈑	汝峃	汝嵍	汝路			汝詎
				崇伆			崇穹				崇轤	崇軨	崇輹	崇柞
				必鍱										必埻

				武翼郎	不譬									
					善飭								善檠	
	汝譜				汝壆	汝劑				汝罙		汝猵	汝倲	汝綊
崇檵	崇櫟		崇軟			崇坫	崇珢	崇墐	崇堲	崇蘧	崇遨		崇御	崇裳
	必纓	必綖	必傚							必鄉	必玜			

													安康郡	公仲侖
							忠翊郎	士甫	左班殿	直士串	右奉議	郎士禡	右班殿	直士嵋
							保義郎	不競						
	善彝	善淵				善洄								
汝澇	汝憸	汝紃		汝縪	汝總									
		崇埊	崇濮	崇浇	崇羿									

						漢東侯	宗楷							
						贈少師、	榮國公、	諡孝良	仲皐					
右班殿	直士鑑	右班殿	直士熾	秉義郎	士謀			房陵郡	公士富					
					不動			三班奉	職不晞	宣德郎	不惩	承議郎	不恣	武翼郎

不懟	成忠郎	不懋	保義郎	不惑										
				善濬						善悌	善憐	善損		
				汝墰				汝塖				汝鐥		汝飾
				崇鉠		崇銶	崇鉊	崇籃	崇彎			崇襲	崇旌	崇潄
				必愕	必數	必棨								

										贈左領	軍衛將	軍士品	武節大	夫士闓
								忠訓郎	不愍		右班殿	直不慽		
			善憐						善什					
			汝昨	汝暄		汝矚	汝曜		汝堅					
崇汀	崇瀾	崇泄	崇瓆	崇湍					崇戒					
				必傣										
				良儀	良偵									

							高密侯	仲侔						
武翼郎	士葆	武翼郎	士莅	東頭供	奉官士	晊	建國公	士極						
	不棄		不厭		承節郎	不漾	武義郎	不剛						
								善脩	善遷					
									汝霖	汝楫				
										崇賢		崇武		
										必灌		必浰		
										良謚	良浸	良泫	良鐵	良錢

武翼郎不食	修武郎不琦	訓武郎不求	從義郎不貳	右班殿					
善建	善治	善存							
汝礪									
必渲	必汶								
良琛	良璪	良琖							

北海侯士鐿									
直不擇	三班奉	職不同	武訓郎	不覿					
善積	善從								
汝惠	汝廣	汝規							
崇囦	崇㦧	崇脉	崇昭	崇蕃					
必騰	必方	必贇	必俯	必洪	必灋	必全			
良倧	良佤	良俌	良仕	良倲	良泗				
友愿	友慈	友悌	友憼	友愿					

善與												
汝肖	汝奇											
崇恭	崇麗	崇洛	崇礎									
必建	必湌	必鉉	必棫	必法	必豪	必亮	必勵					
良梓	良㯿	良槀	良珊	良榜	良欏	良瓖	良璫	良珇	良瑞	良瀿	良週	

秉義郎不奪	不遷	修武郎不懼	保義郎不儛				
善綧							
崇磧							
必祥	必侃	必僣	必栽				
良适	良珽	良潼	良濮	良汛	良淵	良琬	
友偕	友暧						

				武經大	夫士晉	西頭供	奉官士	閈						
保義郎	不瞮	不忮	不勵	保義郎	不怠		保義郎	不皦	不回	不溢	不侮			
											善遂			
											汝蕢			
											崇焄	崇憙	崇悊	
													必歷	必壆

		善迪	善逑											
			汝賓											
			崇羔	崇儂			崇征		崇佝	崇偶	崇儀	崇仍		崇儈
必□	必壆			必闌	必闇	必閣	必閶	必閲	必闌	必闒		必[illegible]		
良璣	良茌											良鐨	良鉡	

											贈左屯	衛大將	軍仲參	
				右班殿	直士渤	從義郎	士朋					洋川郡	公士僮	
							不沫	承節郎	不危			武節郎	不器	
								善閫	善闓				善祥	
汝䁧									汝墮				汝璀	
崇滂		崇俔	崇併						崇僾	崇僃			崇皐	
必闓	必闢												必得	
													良簡	
													友偓	友僙

					崇節		崇愿		崇逖					
			必慶	必豫	必茂	必奮	必行	必衛	必親	必伸				
		良甗							良壐	良滭	良渟	良池	良雒	良灄
友保	友芆	友萱									友讀			

崇悊　崇□

必濬　必召　必張　必恪　必灝　必共　必貫　必□　必□

良煊　良熔　良焚　良寰　良潿　良潸　良伺　良復　良倖

友□　友□　友□

善元

汝一

崇邁

必悅　必瞷　必賑　必瞟　必晲　必賦　必賜

良伻　良保　良僅　良儼　良儀　良傊　良侊　良佺　良偕　良任　良僐　良儲

友讖　友諷

崇彰　崇信　崇秀

必和　必嘻　必治　必忠　必知　必賢

良佋　良玠　良現　良琰　良瓚　良福　良鑄　良潒　良墦　良埭　良檣　良環　良儦　良偘

武顯大夫不習

善轂　善嘉　善時　善世　善謙　善頤　善順　善履　善益　善良　善俯

汝綽　汝動

崇伒　崇仕

必琦　必璲

良伉

								汝達					汝鷴	
崇任							崇善	崇璣	崇璋	崇玹	崇琳	崇鉦	崇運	崇造
必濡	必涓			必洽	必漉	必漩	必烊							
	良珩	良璕	良瑀											

							右監門率府率仲晊		
					士理		贈中奉大夫士許		
贈朝請大夫不憂			不慮	儒林郎不戀	不器	不嚚	朝議大夫不韋		
善淵							善應	善廣	
汝悰		汝弼						汝孳	
崇讜	崇顒							崇表	崇裓
									必鐳

					贈少師、景國公、諡孝恭仲廖				
			右班殿直士暇	右侍禁士趲	華陰侯士穨				
					右班殿直不愸				
	善傯				善武		善懋	善淵	
	汝萌	汝暐			汝淋	汝爲		汝瀅	
崇堦					崇勑	崇德		崇像	崇祚
必鍒									必仞

												三班奉職不愚	三班奉職不懇
			善愷						善約				
汝湄			汝忖	汝栻	汝璐			汝忞	汝瀟	汝渥			
崇珂	崇寧	崇道			崇灊	崇齡	崇爟						
必鐸		必徑			必堔								
良壥													

武經郎不愁　從義郎不誓　贈武德郎不慾　武翼郎不息

善結　善蜎　善皓

汝皐　汝亮　汝瓔　汝戳　汝戟　汝表　汝谷

崇曒　崇盅　崇徨　崇玶

必棭　必鏦

善赴

汝禮　汝韓　汝參　汝宜　汝僭　汝頤　汝睦　汝愷

崇玐　崇瘠　崇琜　崇扚　崇揲　崇搖　崇珶　崇騆　崇驩　崇埻

必党　必掌　必湇　必汍　必竜　必灩　必河

右班殿直士中　修武郎士僊

保義郎不偕

善暮　善濃

汝蕖　汝㜴　汝誧　汝告

崇瓔　崇珦　崇熛　崇鉞　崇澧　崇游　崇澳　崇季　崇鐁　崇跕　崇發

必僁　必便

良錡

贈朝散郎不武

善卞　善瀎

汝叓　汝的　汝顒　汝燓　汝勉　汝婓　汝敎　汝敔

崇貿　崇摒　崇墻　崇遾　崇逬　崇坐　崇垓

必釭　必鏌　必鋅　必銹

良霧　良雩　良霖

														左班殿
									不償	不佞	秉義郎	不撫		
		善源				善澈	善澮	善沐				善岧	善退	
		汝志	汝□				汝勸					汝弃		
			崇增											
必鉻	必鋈		必鉊											
			良震	良霝	良雩									

直士侍	右侍禁	士儆	從義郎	士僚	敦武郎	士倗	從義郎	士僎	武節郎	士儀	右班殿	直士僐	修武郎	士偓
不兢														

										遂國公、	謚□密	宗盤		
金城侯	仲冉									榮國公、	謚良靖	仲處		
右班殿	直士瑎	東頭供	奉官士	悅	東頭供	奉官士	樾	承義郎	士臒		右班殿	直士玐	朝請郎	士忖

															漢東郡
					仲涵	高密郡	公仲爲								婺國公、
武翼郎	士惇					右侍禁	士譒	敦武郎	士詢						太子右
承信郎	不傑			不傯					不率	保義郎	不俳				
	善鍊										善逷	善禪	善訃		
	汝能		汝研												
	崇龔	崇菖	崇褒												

公宗回

諡孝修　仲革

監門率府率士對　洋川郡公士縱

不求　保義郎不潰　武經郎不漪

善特

汝勝　汝勔　汝烜　汝倮　汝倦

崇託　崇誦　崇揗　崇鐯　崇鐇

武節郎不愚

善璧

汝僼　汝儋　汝鑒　汝澡　汝稠　汝秀

崇□　崇靖　崇壙　崇鍠　崇坏　崇墒　崇壚　崇墣

必恭　必新　必𤏡　必爐

良訥　良諻　良讙

友楷

濟陽侯士憑

三班奉職不矜　武翼郎不息

善淵

汝歆　汝□　汝季

崇經　崇橙　崇亥　崇珷　崇溫

必溥　必禮　必紘　必紳　必綱　必紱　必鉼　必鍴　必鋋

良炤　良愉　良昊　良性　良憾　良檢　良標　良鏵　良枬　良櫰

博平侯士證

成忠郎不倨　忠訓郎不掩

善咸　善長

汝弦　汝嵒

崇瀷　崇楪　崇樅　崇儆　崇侑　崇仔

必琇　必飈　必璒　必珈　必裕　必澡　必瑯

良樤　良曜　良楹　良墂　良堝

														善嘉
	汝講		汝墀											汝殉
	崇佀	崇伾	崇坑				崇墲			崇孟				
必□			必□	必熁		必徽	必俉	必倨	必偩	必漪	必邏	必邁		
			良濼	良傎	良付	良溆						良禖	良磻	

善藏	善滕													
	汝鳴					汝功	汝言							
	崇郁	崇竦					崇櫸			崇綵	崇寘	崇壹	崇蓋	
		必曜			必睃		必浗			必鐠			必泫	必灘
		良蝗		良鏵			良舒	良鈱	良鎏					
		友鋋	友鏃											

													善從	善陳
								汝嚋				汝尤		
崇洤	崇霂							崇堅			崇新			
必珹	必瀏		必爕	必榮	必澴	必泉	必隳	必鍇	必鑒					
良德	良倈	良偎				良桀			良徽	良傜				

				內殿崇	班士僊									
	忠翊郎	不貪		承務郎	不約	修武郎	不紊							
善穀		善長	善達				善陣				善艾			
汝明			汝溢				汝濼	汝泳		汝□	汝藏	汝光	汝浒	汝賢
			崇伊				崇飭	崇濼	崇□					

贈武經大夫士栟

贈從義郎不吝　贈通義郎不言

善𢍰　善鉍　善賫

汝瑛　汝專　汝櫟　汝桎　汝榭　汝扐　汝勉

崇瓛　崇靂　崇琿　崇茇　崇儹　崇倈　崇僕　崇供　崇催

必鋋

忠翊郎不亦

善倄　善眷

汝愒　汝篷　汝延　汝籧　汝遭　汝薳　汝亯

崇惔　崇憻　崇惿　崇佟　崇慓　崇懌　崇憧　崇慖　崇怦　崇怙　崇儺　崇瑒

必騤

成忠郎不齊　贈朝散大夫不愭

善恭

汝惟　汝玜

崇量　崇鏐　崇釭　崇鎜

必瀧　必潔　必湝　必泟　必濤　必沼　必漨　必瀝　必漕

良□　良礫

汝瑰　汝琜　汝琫　汝琯　汝瑴

崇鐭　崇鏙　崇鉍　崇鏄　崇檵　崇淼　崇[illegible]　崇蕙

必樴　必鎔　必浪　必汛　必桸　必楒　必杅　必棉　必臨　必涏

良圻

世次											
善	善諰		善譯					善訡	善諳		善讓
汝	汝坶	汝聿	汝珄			汝瓆		汝瑬	汝琕	汝瓓	汝玦　汝瑓　汝玫
崇	崇愍	崇硨	崇礐	崇鐯	崇壐	崇懟	崇悳	崇悡	崇鏇	崇僁	

世次											
士								右侍禁士豨			
不								修職郎不忒	不矜		
善	善譬								善速		
汝	汝瑋	汝楧		汝榕			汝稽		汝佀		
崇	崇旂	崇劃	崇淵	崇旃	崇旖	崇旝	崇斿		崇楠	崇栱	崇桂　崇榛
必										必釪	必鋼

世次											
仲									房國公、諡僖孝仲洽		
士									太子右內率府副率士		
善	善道		善述				善遉				
汝	汝儼	汝行	汝倖				汝佮	汝倨		汝侏	
崇	崇栩	崇集	崇礽	崇貌	崇謚	崇譊	崇禝	崇邽	崇鄭	崇邸	
必			必棁			必櫄			必槿		

世次									
士	綜	太子右內率府副率士鼂	建陽侯士瞻						
不			武翼郎不褩						
善			善鄰						
汝			汝英	汝邁				汝滌	
崇				崇弁	崇湯			崇凱　崇僉	崇燋
必				必珝	必現	必瑊	必玗　必璐		必輳
良				良柠	良棣				

贈武德大夫士㦂								
成忠郎不欺	保義郎不伏	不狨	不慮	贈正議大夫不壁				
善招	善問	善信	善行	善仁				
汝愕	汝复	汝蔭	汝桶					
崇球	崇瑰							
必遏	必遊							

善義	善嫇								
汝承	汝及	汝闐	汝澋	汝肅					
崇琰	崇墪	崇登	崇傔	崇迴	崇鉞	崇槱			
必邀	必忿	必蓀	必謳	必讙	必週	必遷	必柎	必愬	必懲
良傣	良傪	良□							

左朝請郎不易									
善示	善美	善冰							
汝啓	汝敷	汝莊	汝葆	汝瞻					
崇爗	崇珌	崇楙	崇鐏	崇江	崇湁	崇璽	崇堅	崇鍪	崇彝
必寷	必桼	必珊	必珞	必瑀	必縩				
良蕊	良棍								

武翼大夫士韃	左班殿							
汝靜	汝是							
崇樺	崇扶	崇樟	崇掄	崇杼	崇楕	崇渠	崇鏧	
必梁	必潲	必渤	必氾	必滓	必滏	必墅		

東陽郡王、謚孝憲宗悌
榮國公、謚修惠仲顗
直士蓁　左班殿直士遍　武經郎士諸　右班殿直士什　成忠郎士瑆　右班殿直士綿
承節郎不豫　不玷　不器　不爵
善繼　善諴

潤國公、謚恭惠仲微
秉義郎士仰　博平侯士執
武翼郎不危　武節郎不謐
善亨　善襄　善褒　善亮
汝憲　汝菓　汝絅
崇鹿　崇眹　崇慰　崇庭　崇意　崇扆　崇國
必靁　必曬　必浚

榮國公、謚良士雷
三班奉職不懾　武德郎不懼
善曷　善廣
汝綼　汝誨
崇回　崇圃　崇圍　崇棐
必澂　必初　必炤　必㷍　必杰　必炬
良埣　良埥　良增　良埴

汝詑
崇槮　崇棬　崇梏　崇榼　崇檣
必灼　必燻　必燫　必煖　必熉　必熛　必遹　必燭　必熣　必燹　必晛
良漳　良演　良垓　良澔　良壎　良塱　良埜

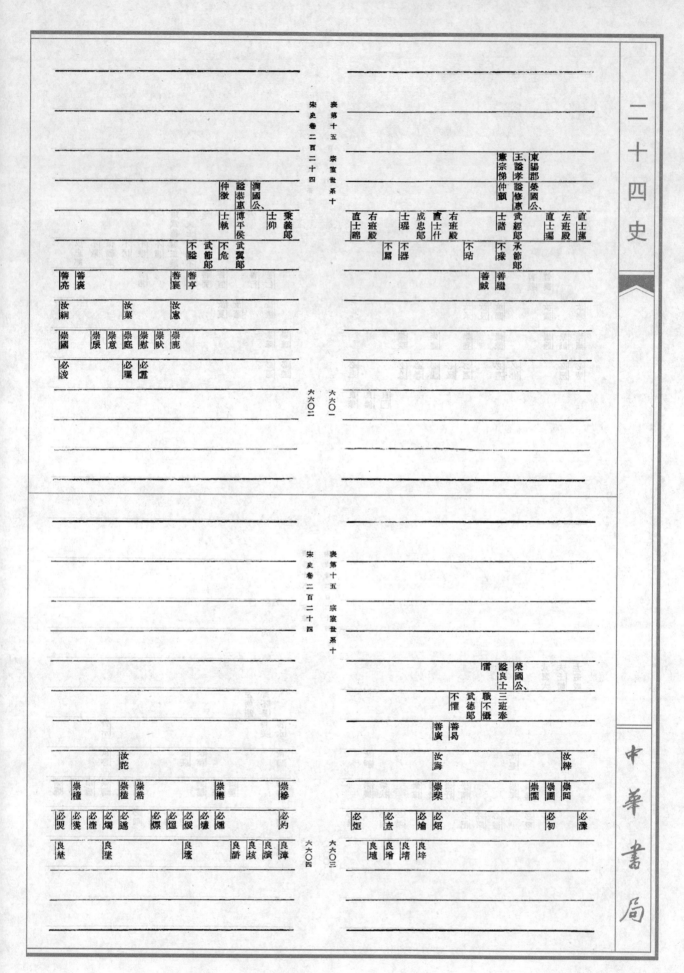

修武郎不慊

善渭　善同

汝恭　汝恭　汝稟　汝桼　汝渠　汝纍　汝璞

崇枹　崇樌　崇爔　崇熿　崇燧　崇煒　崇焯　崇焟　崇倎　崇儕

必熇　必璊　必纍　必緬　必衢　必杝

武經郎不怍

善章　善舉　善千

汝蠡　汝傪　汝仗　汝保

崇仁　崇俾　崇傑　崇佾　崇傍　崇衰　崇棄　崇褭　崇琉

必暎　必咀　必暰　必增　必墀　必勵

良浤　良滓　良淦

通義郎士耳

忠訓郎不比

善十　善犖　善修

汝侳　汝拳

崇旗　崇旟　崇爵　崇鐏　崇儔

必振　必迵　必遹　必遈　必邋　必遂　必遂

良情　良撙　良偭　良僩　良備　良佑

友容　友定

善皋　善輔

汝能　汝邵　汝傑

崇溥　崇璿　崇峙　崇時

必計　必詠　必諭　必講　必誘

良駒　良驅　良駿　良鋌　良鋁　良鐠　良樟　良楄　良檀　良朷　良窠

友瓊　友琺

高密郡公士謁	太中大夫不憍	善汝	汝弼	崇秩		
				崇鼎	必呂	
				崇圾		
				崇如	必堣	良知
					必壇	
					必坰	
					必璲	
				崇綬	必璿	
					必傍	
					必玎	良輚
				崇彝	必施	良弇
				崇上	必諍	
			汝忠	崇公	必玗	
					必拆	良柜

					良機
					良樅
					良樸
	善洵				
武翼郎不惴	善鐵	汝溱	崇仁	必樓	
				必柵	
				必櫚	良鄰
					良鏃
		汝寬	崇賢	必何	
				必補	
				必祏	
				必穮	
		汝敏			
	善佾	汝霖	崇振		

			崇揮	必學	
				必鍽	
				必鏶	
				必栖	
	善伯	汝昈	崇阮	必欄	
				必闥	
				必授	
		汝睆	崇阼	必伺	
			崇隄	必偶	
	善修				
忠翊郎不懈					
忠訓郎不愠	善寓	汝賢			
		汝弼			

		汝澂	崇儒		
			崇俊		
不傔					
保義郎不恪					
承直郎不欺	善最	汝慶	崇諫	必瑞	
				必維	良徽
					良復
				必綸	
				必約	
				必溶	
			崇瀐	必邇	
			崇咨	必造	

崇諡　崇記　崇講　崇訔　崇請　崇譬

必遂　必淇　必淪　必墫　必儆　必憼　必慝　必惣　必急　必逑　必倓　必遡

良鑒　良榮

左侍禁士暟　武經郎士卬

不愚　秉義郎不儗　不憎　修武郎不慳

善才　善淵　善遵

汝廈

崇誼　崇詳　崇謣　崇澹

必慥　必愉　必忱　必忻

良徐　良待

士蘖

承信郎不慚　不惴　不懈　不慍

善遷　善滿　善濾　善滶　善湧　善洐　善瀉　善滔　善淡

汝霞　汝遷　汝馨　汝鼇

普寧郡王、謚欽修仲碩

太子右內率府副率士匄　左班殿直士蘢　宣義郎士仳

不怜　不棋　秉義郎不斷　修武郎不棁　忠訓郎不間　不渝

善珍　善儻

汝勦　汝後　汝汨

		朝散大夫士蟓										
		武翼郎不必			不汚	贈朝散郎不淪						
		善硂				善昕					善明	善曍
汝彝		汝箚		汝昀		汝賡	汝舉	汝罙	汝廓	汝嶧		汝廡
崇憻		崇括	崇逭				崇佾					崇祏
必赫	必暇						必硴					

													善晤	
			汝庾				汝龐	汝席	汝麻	汝廱	汝膺		汝垂	汝撙
崇禮	崇譆	崇禘	崇傀	崇偏	崇傭	崇儷	崇鏘		崇陝		崇檖		崇璼	
	必琄				必淪						必惎	必点		

		善暶												
汝摹	汝淶	汝霓								汝曠	汝霈	汝雲		
		崇遷	崇遄		崇璘				崇橢		崇玶	崇鐸	崇鋞	崇鎰
		必衢	必壞	必壃	必鎜	必銳	必鏷	必鐶			必僵			必姟

												善晐		
	汝雱			汝賓			汝響				汝漯	汝庇		
崇鐊	崇緯	崇絳	崇紬	崇擸	崇裝		崇慰	崇禯	崇傀	崇僐		崇詞	崇譫	崇謐
	必徥	必濘			必顥	必額		必灤		必懷				必鑒

			承信郎不遷	不汨	不溺								
			善嗜										
			汝芳					汝庚	汝膽		汝度		
		崇顫	崇顯				崇播	崇讌		崇泝	崇瑞	崇訣	
		必瑽	必璨			必釙	必鈕	必鏞					必慶
良邀	良邐	良簉											

			善乙								善皞		
	汝蓁		汝蕆			汝薦		汝茳			汝苾	汝苜	汝藪
崇顥	崇預		崇顧	崇頻	崇頎	崇顓		崇頊	崇頍		崇頹		
		必璽	必瓌		必軨		必墍	必聖		必轍	必軾		

							不遒					不逸
			善郿				善耶					善郭
	汝淪	汝激	汝濱				汝殿		汝汲	汝瑱	汝琰	汝鏗
崇杯	崇椒			崇栵	崇柖	崇概	崇柱	崇棧	崇檠			
				必爈				必爆	必默			

						朝請大夫、直華文閣不遏					
善鄯						善鄐		善□			
汝沆	汝渠	汝滾			汝況	汝沅		汝瀘	汝濃		汝浦
			崇棣	崇榶	崇榷		崇枹	崇杼	崇稽	崇樑	崇櫨
					必奕						

													中奉大夫、直敷
				善鄖				善鄜			善鄧	善鄍	
汝洗	汝涚		汝能	汝滝	汝淄	汝瀓		汝洇	汝沱	汝滮			
崇杺	崇核	崇穛				崇秏	崇穅						

文閣不迂													
善鄗										善都	善郕	善邢	善鄰
汝濤		汝灝				汝潓	汝淶	汝通	汝聯	汝潓			
崇棣	崇巢	崇檍	崇櫅	崇柛	崇櫞					崇梛			
必硃		必爋											

朝請郎不遂													贈通奉大夫不
善郯		善鄱					善鄹	善鄢	善郅	善廓			
汝濠	汝湍	汝潼	汝汯	汝沛	汝鎣	汝瀟	汝櫺	汝漨		汝瀯	汝灑		

迹												朝請大夫不追	
善鄧		善部							善鄉	善郳	善鄘	善鄱	善郢
汝玭	汝漣	汝浪	汝汎	汝潢	汝濮		汝灠	汝橙	汝熏	汝徽		汝灊	汝潑
	崇稌				崇萸	崇栢							崇鼓

嘉國公

從義郎

三班奉　儒林郎不遯

善鄗　善郰　善鄰　善郯　善鄣　善郞

汝濆　汝濼　汝潞　汝泯　汝浡　汝洞　汝洼　汝注　汝凍　汝決

崇樓　崇柟　崇楠　崇茉　崇枚

仲玉　濟陰郡公、諡安憲仲滂

士歒　太子右內率府副率士憕　太子右監門率府率士几　右班殿

職不怳　修武郎不使　不悚　不惚

善琅　善贇

汝琁

直士賑　朝散大夫士國

不淶　從政郎不厭　迪功郎不徽

善修　善儫　善作　善坊

汝黿　汝兢　汝回　汝侖　汝繡　汝櫧

崇遂　崇遼　崇澥　崇熷

必壆　必釋

西頭供奉官士穮

不蔽　忠訓郎不竭

善昌　善修　善瑛

汝烙　汝緯　汝鄞

崇勇　崇暌　崇渭　崇樞　崇邋

必咏　必贇　必貢　必賁　必憝　必愁

良鎏　良鑾　良瑩

							汝鄯				汝椅		汝超	汝尊
崇鐄	崇鈅	崇鉔			崇鐁		崇鋋	崇儆	崇傈	崇潤	崇漉	崇潘	崇潾	
	必湗		必淀	必澥	必灞	必瀆	必滂	必晡						

											善蘊			
			汝䄙								汝彤			
崇邵			崇碩	崇測	崇浯			崇漶			崇演	崇鑣	崇鉗	崇鉹
必坐		必贊	必賢			必槊	必蘖	必渠	必枘	必朾	必梋			必渙
	良㦭	良倰	良泞											

	訒	奉官士	東頭供											
贈宣教	不械													
						善能								
						汝鉉								
				崇渢	崇瀟	崇激	崇砎			崇硂	崇恕	崇郕	崇哲	
							必鐳	必頔	必壐	必胼		必譬	必賓	必保

安康侯	觀察使、	贈金州												
仲倕	馮翊侯		仲圭	率府率	左監門					仲點	馮翊侯			
府率士	監門率	太子右				班士繇	內殿崇	肯	副率士	內率府	太子右			
						不容	秉義郎					不柔	修武郎	郎不校
												善秩		
												汝鏦		

宗默										
阮	清遠節度使士暕									
	奉議郎不傾	贈武翼大夫不韜								
	善長	善裔	善補	善問		善交				
		汝漢	汝霖	汝臺	汝錫	汝堤			汝剔	
					崇賓	崇攸		崇備	崇宙	崇寬
						必灃	必澡	必僮		必璪

				善安										
汝砎				汝袁						汝狩				
崇賨				崇客	崇籌	崇被			崇俱	崇遐	崇袢	崇玖	崇怖	崇坩
必澮	必稷	必倭	必祜			必蕙	必徼				必得		必憶	
		良瑽				良琢	良玩	良瑀						

									武經郎士誦		
			武翼郎不假						從事郎不謁	修職郎不怪	不回
		善澥	善冷	善沂		善玶	善威				
汝劾		汝晷	汝覇	汝僔	汝漙	汝瑑	汝琚	汝國			
崇擇			崇可								
必滋	必瀰		必恮								

	敦武郎士諶										
不晦	忠翊郎不盈	左奉議郎不匱									
	善益	善澤									
		汝庚				汝剛					
		崇稑	崇穗	崇簡		崇一	崇成			崇岠	崇平	崇鏊
			必聽	必慊	必採	必諒	必态	必甜	必惎			
				良蟾								

善溉								善淯
汝詮		汝俞		汝程				
崇依		崇祖			崇紃	崇紐	崇綺	崇綝 崇繑
必震	必熙	必阜	必諧	必鑰	必義	必尌	必岦	必芷
良□								

			贈崇儀副使宗直
保義郎不朋	忠訓郎不羣		
		善岊	
		汝顏	

校勘記

〔一〕恭孝 原作「孝恭」，據本書卷二四五漢王元佐傳、宋會要禮五八之八三改。

〔二〕武翼郎夫 疑有誤。似當作「武翼郎」或「武翼大夫」。

宋史卷二百二十五

表第十六

宗室世系十一

平陽郡王宗彥			
華陰侯仲寂			
贈右領軍衛將軍士衆	洋國公、謚修榮	士編	
	贈朝請大夫不	匿	
		善文	
		汝鄉	
		崇謙	崇訥
		必元	
		良阮	良曉
			友意

							汝倅				
崇計			崇訪	崇諄	崇語	崇譁	崇謠 崇訶		崇謂		崇譜
必櫨	必棏	必桯			必椿		必俅 必憓	必夐	必寶		必宬
					良賦		良壞	良壎	良貞	良瀁	

				贈修武郎士華					
奉議郎不慮		秉義郎不愚		奉議郎不器		修職郎不疑			
善積								善願	
汝紹								汝畬	
崇譜			崇調	崇詠	崇諾	崇諍		崇株	
必謇	必悠	必懋				必隩		必爔	

											承奉郎不唱	
									善頤	善顓		
									汝寶			
		汝龕										
崇梱	崇朸	崇秩		崇樠		崇枰	崇柠	崇櫃				
必爽	必炷	必緝	必繼	必濿	必衆			必綝	必績	必繽		

	河內侯仲向		惠國公、謚恭安仲集			
東頭供奉官士俛	西京左藏庫副使士畬		太子右內率府副率士龍		太子右內率府副率士榮	
修職郎不窒	不愚					

				榮國公仲號		
贈忠州刺史士讚	武義大夫士軷	秉義郎士船	修武郎士鍢	武義郎士璣	贈武翼郎士場	
		承節郎不俞		保義郎不儷	忠訓郎不巷	
		善隱			善昭	善懿
						汝賙
						汝怦
						崇樸
						必恢

汝能　汝添

崇欄　崇槐　崇秬　崇秖　崇梲　崇桔

必煁　必徽　必徉　必祫　必爛　必炔　必絲　必烔　必燐　必炓　必灯　必熯　必烕　必熅

良坴　良軹

敦武郎

改贈奉直大夫不啕

善洙　善淋　善洸　善溱　善注　善汧

汝謕　汝謬　汝善　汝誇　汝譫　汝詒　汝訜

崇戩　崇琭　崇晛　崇暇　崇忬　崇皋

必焆　必舉　必鐕　必瑦　必熤

良原　良懺

贈右屯衞大將軍仲考　安康郡公仲延　建國侯仲旌

士琫　敦武郎士璪　右班殿直士惟　修武郎士卽　武經郎士邦　西頭供奉官士旋

保義郎不移　不壇　承節郎不作

善詎

汝灩

崇峀

必炤

善繼　善印

汝凉　汝擿　汝調　汝譝

崇畄　崇岧　崇錄　崇瑲　崇褥　崇播　崇搕　崇揭　崇擕

必烻　必熘　必焬　必煤　必朔　必憲

保義郎
善僎　善鋒
汝諠　汝訦　汝循　汝神　汝詵　汝弗　汝曬　汝梶　汝斷　汝鄜
崇攄　崇撰　崇楅　崇櫅　崇椎　崇穃　崇穜　崇磁　崇達　崇抪
必㙂　必昇

河內侯仲适
宣德郎士蘗　敦武郎士槩　秉義郎士秺　武功郎士簵　武翼郎士勬
不窒　承節郎不稱　保義郎不竦　贈奉議郎不裓
善倅　善迹
汝□
崇嗞
必爈

左侍禁士酢　忠訓郎士顎　武德郎士顯
忠訓郎不痗　左奉議郎不病
善逾　善鄰　善郴
汝□　汝□　汝堵　汝屏　汝樸　汝□
崇馳　崇馭　崇塿　崇壞　崇衿
必伶　必諗

宣教郎不疚　武德郎不疵
善御　善卽　善鍋　善醴
汝璮　汝曬　汝畸　汝時　汝榹　汝桱　汝樒　汝柠　汝樅
崇禠　崇袗　崇桷　崇宴　崇埼　崇偫

彭城侯	仲青													華陰侯
修武郎	士爼	修武郎	士厷			忠翊郎	士蕃	從義郎	士杉			忠訓郎	士慶	修武郎
承節郎	不醻		不倚				不徛		不志	不愳				
			善偓	善忻						善揖	善愓			
				汝繼										
				崇鈐	崇銈									

仲搏													華原郡	公仲被
士楷	修武郎	士榕	左侍禁	士菥	忠訓郎	士範	右班殿	直士徽	忠翊郎	士縵	成忠郎	士鏞	乘義郎	士禍
不怒		不欺		不啓		不爭							忠訓郎	不憒
														善慮
														汝諡
														崇瓘

善慝										善懇		善窰		
汝搏	汝湟				汝鴻		汝滔			汝撤	汝滌	汝鑠		
崇鶡	崇碤	崇砑	崇渠	崇确	崇堛	崇埩	崇橙	崇銅	崇鍮	崇璨		崇櫳	崇禒	崇禣
必崧	必昷		必瓙	必璮	必體				必苹	必讜			必漻	必㥮
良軨														

											景城侯	仲曈		
							從義郎	士懎	敦武郎	士恪	左侍禁	士頎	忠訓郎	士俔
						不惑	忠翊郎	不愧						
								善門						
汝鈆			汝鏕	汝鈔										
崇祒				崇攘	崇枇									
必茇	必鄉	必藹		必罹										

	饒陽侯仲均					
		秉義郎士曉				
		忠翊郎士權				
		敦武郎士忱				
		右班殿直士𨟵				
		贈朝奉郎士禴	秉義郎不怮	善珦		
				善𤩽	汝檐	崇透
						崇邏
						崇遖
			朝散郎不佊	善璙	汝檟	崇懕

鄭王、諡勤孝宗惠	北海侯仲䎬	忠翊郎士禮	正議大夫不俄		汝械	崇㥁
				善瑁	汝桄	
					汝榴	
		太子右內率府副率士繁				
		太子右內率府副率士圜				

	榮國公仲眞	太子右內率府副率士勤				
		左藏庫使士珵	不獘			
		左侍禁士仙	不璲			
		太子右監門率府率士翽				
		廣平侯士詿	秉義郎不浼			
		贈武翼				

大夫士瀰	承信郎不器				
	贈武功郎不倚	善諴			
		善調			
		善計	汝愊	崇祿	
				崇禔	
				崇襗	
				崇弟	必睽
			汝惲	崇悆	
				崇慮	必浣
					必洄
				崇徽	必淩
				崇嵩	必焴
					必焱

														東頭供
								善討		善詩				
	汝慊						汝愉	汝尹		汝愧	汝惜	汝慓	汝快	
	崇禱	崇禌	崇禓		崇禍	崇祫	崇禊	崇禣					崇澎	
必烇	必迢	必迪	必逢	必墉				必洩	必淼				必㷆	
良呈	良琨			良壐				良健						

奉官士	韡			奉議郎	士普	朝議大	夫、直祕	閣士綅						
成忠郎	不驕	成忠郎	不帚		不僞		秉義郎	不耻		保義郎	不危	迪功郎	不溢	承節郎
	善倘							善道	善壽					

											東頭供	奉官士	湷	左侍禁
不懼				不略	承節郎	不慖							不盈	
善扑						善師				善憮				
汝葵	汝芹	汝蒓	汝菘			汝柃	汝賜	汝塿	汝繩					
							崇鍋							

士潄	敦武郎	士溓	武翼郎	士涽										
		不求	保義郎	不訥	訓武郎	不灞				承節郎	不誘			
						善鄰	善哨	善儋	善鄉		善閎			善閘
							汝傁	汝侁			汝黃	汝莆	汝蕘	汝芮

								建國公仲奚	
						右班殿直士路	保義郎士南	北海侯士綴	
				承節郎不訨				忠翊郎不慍	成忠郎不惰
善閼			善門	善闔	善闤				善學
汝淡	汝鉆	汝鼉	汝玅	汝茉					汝翼
				崇瓏					崇呂
									必曨
									良玶

					汝爲									
				崇冉	崇契				崇大					
		必暕	必昭		必寬	必順		必舉	必躬			必舅	必寗	必昪
良[illegible]	良[illegible]					良[illegible]	良[illegible]		良環	良琳	良琡		良珽	良瑚

		汝徽			汝讎				汝勸					
		崇畋		崇棐	崇方				崇岱	崇穠				
		必詮	必諟		必儇	必僾	必伽	必侘		必大	必爌	必焯	必焞	必燀
良玫	良谿				良瑮					良昭				
										友瑢				

											汝奭		汝安	汝牧
		崇論		崇照	崇晧					崇俛	崇贇	崇授		崇閑
必炌	必爀	必煓			必邃	必悆	必恩	必讃	必纂	必[illegible]	必蕊	必瀘		
		良燂	良琦		良府									

汝驥　汝常

崇齟　崇賨　崇知

必侔　必僊　必侊　必翰　必㦽　必僖　必瑀　必褺

良玢　良璣　良琛　良傱　良俸　良昕　良矓　良璉　良玒　良仫　良徽　良伀　良邃

不瓘　忠訓郎不悚

善政　善仁

汝叒　汝在

崇晦　崇年　崇尚　崇長　崇岡　崇維　崇銳　崇輅

必荷　必辯　必滉　必淵　必滄　必滺　必偕　必潛　必模

良侼　良俠

儒林郎

善信

汝博　汝興　汝山

崇輝　崇欽　崇逸　崇圭　崇戈　崇詩　崇雲　崇螭　崇圩　崇峕

必橡　必囦　必蔓　必溜　必注　必境　必鉩

不作　不儩　內殿承制士缸　贈宣義郎不憚

善能

汝璇　汝璐　汝琛　汝琇

崇倫　崇傈　崇倈　崇儦　崇例

必權　必灤　必樌　必植　必櫄　必松　必槙

良逮　良瀘　良頹　良滗

	善問								善指					
	汝珍	汝璣							汝玠		汝璬			
崇[illegible]		崇僓						崇祴	崇譱	崇侅	崇濂		崇湊	
		必邋							必恂	必瀴	必速		必惔	必懙
		良騰	良腴	良腆	良期	良脤	良膝				良錟	良鐏		
		友許			友願									

					汝塘				汝珇					
	崇灑	崇瀌	崇浣	崇椅	崇梧				崇麟	崇祖	崇忼	崇恂		
必忖					必涚	必涼	必澈	必羕	必濊			必浝	必瀌	必熙

		汝璺				汝浪				汝瓐				
崇傜		崇楮		崇楈	崇棫	崇価	崇佶		崇傪	崇嶙		崇嘌		
必釤	必鉼	必爍	必熄	必瀰		必詢	必訪	必謟	必勳	必濾	必沬	必雒	必澋	必灑
							良揔				良鎬			

					汝[illegible]				汝珊			汝珷	汝珒	
	崇瑠		崇崢	崇崳	崇鏌	崇鏻		崇鏂	崇倲				崇㑘	
必涀	必湝	必濘	必洵	必淘	必櫨	必濄	必渃		必沁	必盅	必痦		必藏	必䘳

善修

汝璪　汝珩　汝瑕　汝璦

崇祕　崇盟　崇枅　崇杓

必褕　必謣　必証　必講　必譚　必謃　必詡　必節　必巽　必譜　必謫

良僊　良僖　良傪　良偺　良僃　良倫　良實　良耆　良侍

友淸

不惓　秉義郎不愧　不慽　承信郎不□

善說　善應　善嘉　善詵　善時　善佼

汝珥　汝輣　汝輯　汝洪

崇校　崇旱　崇斆　崇修　崇術

必謨　必謭　必詠

修武郎士燭

不悆　不怖　成功郎不那　成忠郎不釗

善眞　善綍　善禩

汝艦　汝艤　汝琲　汝瓓　汝瑺　汝皵　汝蓬

崇輪　崇達　崇法　崇紹　崇摰　崇術　崇御　崇鋼

成忠郎士操　成忠郎士溭

不迷

善裪　善裾　善複

汝鑒　汝瑪　汝玕　汝晰　汝謀　汝瀿　汝瑮　汝璙

崇鐵　崇鏟　崇瀌　崇鑷　崇鏷　崇鏫

太子右內率府副率仲嫁　贈右屯衞大將軍仲徐　建國公、諡懿恭仲企

內殿承制士鐍　西頭供奉官士慮

宣教郎不矜　從事郎不伐　三班奉職不比

善殉

汝巽

崇數

不剛　贈武節郎不器

善謀　善勝　善悠

汝譔

崇熹

必文　必周　必勤　必謙

良昕　良瓚　良玗　良瓐　良諸　良玕　良玿　良玫　良玵　良珮

友實　友鏆

善序　善慶

汝趡　汝窯　汝豆　汝吶　汝縈　汝司

崇與　崇㼈　崇垠　崇勵　崇壁　崇僞

必達　必淀　必鎌　必僎　必淑　必忕　必津

良琜　良珧　良墉　良儳　良像

善廣

汝塡　汝懕　汝伉

崇憼　崇汖　崇嶧　崇倯　崇申　崇涺　崇灞　崇灝　崇晃　崇曈　崇體　崇賁

必堁　必鍄　必鏈　必錕　必瀖　必妃　必玞　必畋

良瑄　良璨

		贈太師、追封申國公不求												
	善應						善冕							
	汝愚						汝篤	汝歷						
	崇憲				崇賚	崇貝	崇貫		崇駟				崇驪	
必屋	必愿						必漱			必鎚	必鐶	必鐀	必琳	必琚
良瞀	良慈													
友泉	友忠													

				崇樸			崇楷		崇範					
必珂			必譬	必佑	必同	必𢈔	必峻		必銳	必鎰	必剛			
良傒	良愷	良意	良幅	良彊	良俄		良源	良渶	良淑	良撿			良昌	良賓
			友徝				友樞					友銳	友悊	友謹

							崇要							崇度
			必撫				必揆	必悰	必怡	必恬				必悌
良傚	良備	良忝	良心	良懃	良□	良思	良慹			良悉				良淳
											友儀	友健	友仰	友傳

	汝拙													
	崇尹	崇潔							崇寔					
	必惪		必逄	必透	必邃	必正	必輯		必棠	必桷		必撰	必抃	
良埜	良瑋					良琍		良憓	良□		良憲	良懋		良愍

												崇懋		
必溥		必愈				必璿				必志	必懃	必實		
良箕	良澄	良滑	良璘	良璥	良涓	良潤	良滂	良涫	良瀚			良慧	良恕	良忧

			崇夏								崇煥			
必宜			必涸	必癮		必竑	必柄	必爽	必猷	必紹	必詔	必琪	必砤	必墰
良忽				良伸	良俟		良伊					良詼	良辻	
友璋	友瑞	友瑆												

			汝魯											
崇畏			崇朴		崇蝗		崇穌							
必淲	必濨	必洧	必琅		必迨	必逕	必孚						必雅	
			良侁	良嵩	良楹		良衎			良修	良穆	良衍	良衛	良衡
							友嶺	友亮	友閈				友璋	友璪

										善思	善恩	善淵		
									汝納			汝靚		
	崇徽								崇嵸			崇鏨	崇縯	
	必璡			必玘	必珮		必琠	必瑄	必仔				必禩	必倨
良衢	良栩	良栻	良栫	良鏳	良樨	良桂	良椿							

										善信	
										善沐	
汝衕		汝恭		汝愻		汝岃					
崇縚	崇紡	崇秉		崇閲	崇暭	崇暢			崇施		崇矗
	必淩				必玞	必珎	必琬	必瓊	必亚	必洪	必珷
										必瑭	必珗	必玻

武翼郎

					汝鷟	汝璽			汝轒	
崇耩		崇覽		崇愖		崇爨	崇柢	崇檜	崇鉼	崇堵
必琍	必琇	必瓛	必珢	必泒						
									崇墉	崇坜

士娟										
不擾									贈武翼大夫不欺	
善寄										善寬
汝俅	汝仙				汝侯				汝巘	
	崇葸		崇玲	崇徠	崇荆	崇茹	崇藻	崇莞	崇萱	
必衙		必衞		必遍	必詠	必根	必柯			

善嵩											
汝倫						汝侗					
崇瑨		崇璠	崇瓚	崇珠	崇琈	崇琎	崇琇	崇祺	崇祇		
必訥	必揄							必沂	必潤	必濟	必瑛	必沍
良淈									良址	良瓈	良璩	良玸

善宇														
汝僴			汝健								汝儒	汝佑		
崇柯			崇現		崇璔			崇玗		崇珩	崇琭	崇玳	崇祊	崇補
必試	必洑	必能	必遨	必坎	必琱	必礎	必洅	必淎	必瀨	必瀯				
										良璪				

									善宏					
汝俘							汝保		汝佺	汝儦				
崇採			崇檄	崇杼			崇□	崇禴	崇杜					
必澍	必漆	必澱	必泝	必澴	必淘	必漄	必瀝		必晬		必訥	必譢	必詣	必誠

						善宕								
	汝玏					汝再	汝儳	汝價	汝莅			汝積		
崇樵	崇栘	崇檮	崇梓		崇相	崇林	崇崀		崇垒		崇樽	崇樘	崇檖	崇柷
				必慧	必獒	必烑				必瀝	必鋸	必遂	必澠	必渒

	贈承議郎不溢													
	善僧		善宴											
汝懋	汝愿			汝催									汝位	
崇衎					崇榽	崇架	崇柜	崇柚	崇檻				崇槃	崇檬
必逭								必臌		必肵	必臕	必服	必膰	

汝懋　汝懃　汝愬

崇毅　崇得　崇鍛　崇漢　崇枌　崇俞　崇滌　崇木　崇後　崇湘

必恬　必倡　必俓　必儱　必煌　必熥　必綺

善仁　善能　善時

汝慝　汝整　汝俩　汝頴　汝肆　汝郊　汝息　汝隱　汝懿

崇琚　崇滈　崇昌　崇傳　崇潪　崇灈　崇墀

必鏘　必俱　必焆　必璞　必鉅　必論

善俙　善剻　善瓔

汝悠　汝綺　汝搣　汝蹬　汝秅　汝泙　汝旟　汝贏　汝待

崇坊　崇决　崇戩　崇輅　崇鑾　崇謌　崇塾　崇務　崇澧

必穡　必瑀　必潍

不昊　不悚

善傀　善偉　善儵

汝懥　汝璩　汝繽　汝醻　汝遺　汝遈　汝逡　汝譚　汝郢　汝馥　汝謗　汝謭　汝壍

崇褫　崇諾　崇諍　崇濰　崇薹

								彭城侯	仲琗					
		修武郎	士誃	修武郎	士瀸	修武郎	士譡	右班殿	直士丱	右班殿	直士隴	右班殿	直士鈖	左班殿
不違	不佞		不固		不懸		不殆							
			善彬											

直士鏥	贈右朝	請大夫從義郎	士垚											
			不擇											
			善詛										善諺	
			汝讙	汝修			汝侊						汝緋	
				崇育		崇卞	崇玲			崇瑀	崇衢	崇軿	崇燸	崇煥
				必交	必面		必璠	必僊	必往					

	左承議	郎、直祕	閤不拙											
			善發			善畀								
			汝鐶		汝鑒	汝陽	汝葱	汝藏				汝芥		汝芙
崇熲			崇斗	崇孌	崇總			崇坰	崇蕖	崇纕	崇繽	崇綪	崇綨	崇朋

			修武郎	不埮										修武郎
善釃	善謇			善国		善囿						善芾	善鬱	
	汝惷	汝僖		汝跮	汝玫	汝颩	汝𨠃	汝丱	汝臼	汝竝	汝讞	汝衙	汝瑀	
	崇意													

		士寬	承信郎	士近	保義郎					士㮓	忠訓郎			
	不忞	不訥							憖	大夫不	贈中奉	不拒		不攙
	善遷					善京			善彥					善滸
汝濮	汝付							汝杼	汝孛				汝潽	汝浦
崇秞							崇昵	崇晛	崇曦					

						不惡	不忒							
善遒	善道					善迒		善遲	善遴			善泡		
				汝活	汝淆	汝傲			汝櫆	汝滌		汝滄		
		崇峌	崇峐	崇岭	崇復						崇綱	崇繡	崇䄲	崇楒
					必橙									

				軍仲鷊	衛大將	贈右屯	轍	副率仲	內率府	太子右				
		士齋	右侍禁	直士秬	右班殿									
不誠	不慮	不謀												
													善迬	善沍
											汝岭	汝燁	汝㠓	汝蝟

秉義郎	士錤	朝奉郎									士琁	右侍禁	直士菲	右班殿
	不耕	保義郎						不燿	不褻	不居	不華			
						善孜	善敏	善政			善時			

士磾	忠訓郎	士懩	秉義郎	士建	武經郎	士康								成忠郎
不秐			承節郎	不俍		不燭	忠訓郎	不懅		不恅	保義郎	不憿		
								善昪	善彧			善洚		
												汝栭	汝椽	

		贈左領	軍〔一〕	仲霈										
士誄	士畯		左班殿	直士奉	朝請郎	士拎	朝請郎	士碣						
							右從政	郎不隕			不瑕			
								善訊			善諃			
								汝羿			汝玨			
								崇芳	崇菲	崇戔	崇墌	崇桂	崇悺	崇慺
									必檍					

			贈左屯	衛將軍	仲琰									
				修武郎	士置									
					不犯									
					善惿									
汝惻	汝賓	汝建			汝慈				汝中					
崇磷		崇碩			崇柏			崇棶	崇倓	崇儻	崇倞	崇屺	崇蹬	
					必漣	必濃	必活	必溜			必鑛	必璣	必激	必油
											良淮			

													華陰侯	仲廱
											左班殿	直士泗	從義郎	士堤
									善懌					
		汝慝	汝恁	汝瀏				汝恣	汝戀	汝交				
崇蜓			崇曬	崇檡	崇桲	崇栲	崇檣			崇楧				
必泝	必灝		必涪											

成忠郎士輯　武節郎士瀕
保義郎不諱　成忠郎不辱
善顒　善驍　善顒
汝琦　汝鈔　汝忯　汝瀾　汝樓　汝槁
崇燒　崇樵　崇樓　崇瀟　崇沃　崇極　崇棣
必金

南陽侯仲丞
右侍禁士漳　右班殿直士傒
不試　不諍　不誙　從事郎不忼　成忠郎不諛　忠翊郎不解
善忻
汝鋋　汝轤　汝軨

忠翊郎士鄰　保義郎士肦　武翼郎士閫
不恠　不恂　不扇
善萼　善晥　善晊
汝祘　汝硍　汝潘　汝鏄
崇劃　崇塵　崇伸　崇陂　崇陽　崇陏　崇阧
必襭　必褯　必𥛚　必䙳

善䀯
汝鎡　汝鍫　汝鏻　汝鐳　汝鑌　汝鎘　汝錄　汝洎　汝漠
崇隍　崇隊　崇隩　崇鄰　崇阤　崇燁　崇婉　崇鈕　崇彔　崇誰
必烟　必圳　必㙚　必岳

		善昇				善瞪						善晈		
汝鏒	汝璩	汝鑌		汝銚	汝鏐	汝鏈		汝鑰		汝鉊	汝錋	汝銘		汝鑊
		崇樵	崇櫄		崇棖	崇浹	崇堳	崇磏	崇迫	崇盎		崇簞	崇籀	

			博□侯仲央							
	成忠郎士䵖	成忠郎士杲	贈武經大夫士沮							
		從義郎不迆	訓武郎不愱							
			善棠							
汝鍏			汝逸						汝迡	汝迣
			崇開	崇闓				崇閭		崇鱠
				必梃	必採		必欅	必槿		
				良潔	良墭	良墐				

							善秝					善悊		
		汝遢				汝透	汝逖	汝迋	汝邋	汝邇		汝裔	汝肱	
崇□	崇禨	崇禆	崇褍	崇裣		崇禯				崇檜	崇棧	崇璪	崇浩	
				必靖	必确									

						左朝奉郎不㥁					武節郎不忼	忠翊郎
善悳						善審	善寠			善教		
汝向	汝數		汝僃				汝俸	汝俛	汝倲			
崇墩	崇鏄		崇迼	崇堰	崇壙							
必奮	必桑	必穮										
良授												

								右班殿直士欽	武翼大夫士澎		
不懵			忠翊郎不怋				承節郎不㦤		乘義郎不懦		
善案	善冢	善儆				善雋			善慶	善偲	善得
		汝懇	汝恩			汝畀			汝迯	汝祺	汝證
		崇擬	崇礒	崇砅	崇硊	崇禠			崇循		崇欽

								榮州防禦使仲節		
								右班殿直士縱	右班殿直士豪	修武郎
				承信郎不懝			不慠			
				善詔		善詒				
汝諍		汝訓		汝祆	汝瓓	汝殉				
崇菖	崇蕖	崇璲				崇淮				
		必簦	必第							

										華陰侯宗本	
										馮翊侯仲勸	
士喈					武翼郎士徽				成忠郎士纘	房陵郡公士極	武經郎
不詖	不譎				不全					訓武郎不已	
善㦤	善焴			善燁	善魁						
汝錄	汝鎊	汝餌	汝鑌	汝艸	汝場	汝捌	汝偮	汝僯			
		崇裙		崇儦							

士玵			左班殿直士悃	贈武顯大夫士慬						
不危	忠訓郎不尤	不比		贈朝議大夫不克						
	善龐			善侃	善倫	善興	善迵			
	汝矜					汝顥	汝裕	汝適	汝旄	
						崇凱	崇偶	崇誅	崇优	
						必垠		必縭	必豐	必芰

									太子右內率府副率仲舉	房國公、
						迪功郎不先				
				善僖	善譢	善保				
	汝緝		汝戩			汝才		汝敎		
崇伭	崇訜	崇詔	崇誼			崇效	崇致	崇松		

諡孝修	仲方										贈左領軍衛將軍仲翙	贈左領
	武經郎士秦											
	成忠郎不息											
	善撫											
	汝聽			汝恷	汝然							
	崇鍰	崇鏶	崇錩	崇𡋯	崇堡		崇塈	崇堝	崇埨	崇堊		
	必汻	必回		必鐗	必衞	必衎						

		東陽郡公宗辯		
軍衛將軍仲歙	贈左屯衞大將軍仲隼	太子右內率府副率仲傅	東平侯仲尋	
左班殿直士荸			太子右內率府副率士索	漢東郡公士獲
				三班借職不瀆

不累	修武郎不黨		從義郎不溢	忠訓郎不伐	成忠郎不朋					
	善長	善師			善信					
					汝彀				汝貫	
					崇蒿	崇晏		崇冕	崇庶	崇康
					必迡	必倶		必邋		必遇
						良適	良邁			良俾

汝椿

崇膺　崇蔭　崇庠　崇庢　崇祀　崇祥　崇祽

必邃　必逮　必顗　必顓　必憚　必攄　必鍀　必滅　必弨

良俉　良瑭　良璾　良瑅　良玽　良璉　良盛

贈中奉大夫不敏

善時

汝高　汝亢　汝云　汝鎔

崇潤　崇濤　崇滙　崇準　崇滂

必隆　必棵　必權　必扶　必楙　必材

良鎏　良鑄　良炳　良焯　良炬

友型　友逮　友墑

汝鍾　汝錄　汝鉥

崇漻　崇沚　崇滌　崇滋　崇洇　崇泌　崇浹

必桂　必梜　必樟　必棟　必橞　必枘　必柝　必橕　必樕　必橞　必橅

良烇　良爟　良煠　良熻　良爍

善晦

汝鑒　汝鏈

崇洸　崇沇　崇漑　崇澩

必槢　必璹　必棆　必樽　必枹　必檀　必杲　必渠　必森　必欒

良煇　良煒　良焠　良烷　良勳　良熵　良燁　良熺　良烳

友埈

汝銓　汝鍠

崇瀚　崇淨　崇浩　崇浦　崇潪　崇注

必棄　必樞　必相　必杞　必檷　必槐　必楸　必□　必檠　必櫺

良炷　良煠　良煥　良灼　良灡　良濛　良僉　良煓

友壕　友奎

贈朝議

善曠

汝鎧　汝鋭　汝鉄　汝銘

崇波　崇湧　崇瀲　崇轆　崇槼　崇浄　崇泑　崇淇　崇洽　崇潞

必桓　必檟　必楊　必樬　必櫚　必櫳　必根

良悚　良熠　良焥　良覂

華原郡公士陸

大夫不忮　不欺　三班奉職不愧　忠訓郎不惑

善寧　善履

汝城　汝點

崇唯　崇的　崇窊　崇滑　崇眞　崇秦　崇采

必琰　必遨　必澮　必迦　必遴　必逘

右班殿直不華　武翼郎不私

善實

汝嘉　汝昺　汝盈

崇銅　崇順　崇良　崇說　崇董　崇裒

必曬　必儀　必佻　必著　必詳　必瀚　必忍

良悕　良墱　良椴　良櫍　良楳　良榛

善機　善智　善籲

汝駄　汝基　汝美　汝穹　汝譔

崇熙　崇恩　崇彩　崇曨　崇濆　崇洊　崇穮　崇巧　崇倜　崇灝

必求　必珽　必瑷　必橡　必檮　必棪　必槻　必槵

良栢

友覞

忠訓郎不儀　不酒　不戚　忠訓郎不脲

善信　善實　善貸　善□　善文　善琊

汝橏　汝汴　汝潘

崇洧　崇瀘　崇伆　崇僤

必杭　必檣　必礦　必念

內殿崇班士純

秉義郎不諍

善敎　善文　善旻

汝淩　汝漣　汝溥　汝濘　汝淙　汝積　汝稿　汝稤

崇偈　崇侻　崇俘　崇催　崇彷　崇儀　崇俯　崇俌　崇僅　崇惦

必略

榮國公、謚敏僖　仲縮

內殿承制士忿　右班殿直士鑰　洋國公士託

成忠郎不先　不訏　修武郎不滔　不鱗　三班奉

善逃　善道　善達　善遷　善隆　善慶　善利

汝敪

職不踰	贈武德	郎不朋												
		善斌												
		汝坦	汝諧											
		崇左	崇興	崇進	崇慶			崇湜			崇建			
		必乃		必捷	必擇		必擢	必淳	必源	必溉	必該			必訥
					良環	良珀		良瑄	良假	良隱	良譜	良胏	良膠	良化

												信國公	仲璗	
						宣德郎	士伴	左班殿	直士併	右侍禁	士春	右班殿	直士陘	右班殿
		汝平												
		崇顯			崇倚									
		必价		必奢										
良傓	良僎	良傅	良仁											
			友佋											

			榮國公、	謚恭孝	仲緎									
直士冠	右侍禁	士浛		左侍禁	士轆	右班殿	直士軿	從義郎	士輶		忠翊郎	士強	贈朝請	大夫士
					不長				不□	不減				朝請大

昌														
夫不忤														
善禔		善往												
汝僾	汝僞	汝遣			汝邐		汝迩	汝迎			汝边		汝遺	汝遷
崇綳		崇蕣	崇荑	崇薩	崇訵	崇語	崇鑐	崇輅	崇輨	崇輣	崇提	崇掴	崇輵	崇輷

		保義郎	不愕			從事郎	不悚	文林郎	不惕					
善徧	善徹		善得						善復		善徬			
汝琴	汝鍧		汝湝	汝瀋	汝灝				汝絿		汝綿		汝線	汝絙
崇輞	崇椁								崇宧	崇宴	崇樂	崇冉	崇膝	崇縝

						秉義郎	士斷	武翼郎	士僳					
				保義郎	不懼				不嵑	不悸				
											善徠			善俺
	汝練	汝綶	汝繅											
崇膠		崇臆	崇膘											

	襄陽侯	仲汧												
	武經郎	士楹												
			不違	不說	不退			不收	不括	不絕				
善徖						善慶	善修				善峴	善峙		
													汝洪	
													崇澆	
													必銚	必枆

				汝涚	汝萸	汝檠				汝橐			汝曾	汝虒
崇衮	崇褰	崇襹	崇襄	崇紺		崇擦	崇墻	崇堉	崇壙	崇撩	崇推			崇樀
	必稒	必稤	必穓											

右侍禁士今	修武郎士穟	秉義郎士穧	左班殿直士樺	
汝郲				
崇和	崇湅	崇洳		

校勘記

〔一〕左領軍　按李攸宋朝事實卷八宗室轉官資級圖有左右領軍衞將軍、左右領軍衞大將軍，宋會要帝系三之三八宗室追贈門贈將軍條贈左領軍衞之例屢見，此處「軍」下疑有脫文。

宋史

元　脫脫等撰

第二〇册

卷二二六至卷二二八（表）

中華書局

宋史卷二百二十六

表第十七

宗室世系十二

雲安侯仲琨					
右班殿直士瑜	從義郎士犨				
	不滋	不屈	不憒	不擇	
				善長	
				汝鏕	汝鉿
					崇珥

											武翼郎士旃		
											保義郎不求		
					善信						善潾	善化	
	汝鎬		汝鋮	汝退	汝鑄		汝銑					汝垙	
崇瀡	崇櫍	崇聱		崇潽	崇湙		崇璨			崇毦		崇俅	崇倒
必瑀					必玻	必璨	必沶	必瀰	必滻	必潩			

成忠郎不俊									左朝議郎不器		保義郎不佗		
善澧				善沆	善淬		善瀨		善添		善涇		善潤
汝黼			汝料	汝烔	汝鑪	汝宝					汝儆	汝倏	
崇埴	崇塽	崇鋗											
必延													

											秉義郎士旎	
不裴	忠訓郎不顯				保義郎不詢		保義郎不避					
	善溢		善汪		善湍		善滐	善浥				
	汝墐	汝坑	汝賨	汝晢	汝謙	汝論	汝銷	汝涂	汝鏓			

中華書局

從義郎	士智		武翼郎	士亢	秉義郎	士贌								從義郎
	不通	不竦	忠訓郎	不蹭		不薄							不濁	
				善祾		善寧								
				汝暱		汝服	汝膴							
							崇畸			崇暕	崇晌	崇睽		
							必璣	必浙	必湛					

				高密郡	公仲閭									
士帶				左朝請	大夫、直	祕閣士	珍							
不犯	不玘	不紀	不記			保義郎	不益	保義郎	不殞	不謏	贈通直	郎不倦		
												善採		善提
												汝訢	汝訌	汝譖

										武節郎	士璪			
	文林郎	不倅	從政郎	不倚						訓武郎	不儆			
				善稌	善企	善伐	善崿				善儆	善犨		
汝訦				汝鑾			汝詋	汝諗	汝論		汝詷	汝墶	汝墉	汝玶
													崇溍	

												士仡	武經郎	士蘇
訓武郎	不僖						不偽		承節郎	不蕭		不湎	承節郎	不止
	善瀫		善齺	善忞	善戰	善事	善巻	善紊		善禱	善程			
	汝稀	汝魏		汝廮				汝鐩						
	崇睆	崇鍱		崇僄										

武經郎士積　秉義郎士幡

從義郎不虛　武翼郎不他

善磬　善洤　善瀚　善淂

汝爨　汝礜　汝鬻　汝煌　汝燊　汝槀　汝槊

崇效　崇敵　崇奕　崇暌　崇賈

必憋　必曜　必臆　必臃

武經郎士獻

武節郎不念

善濟　善澮　善津　善迨　善逵　善遂

汝桼　汝棨　汝築　汝柴　汝架　汝栗　汝峕　汝怂　汝忍

崇覺　崇撲　崇奐　崇倖　崇導　崇葭　崇萇

朝奉郎不低　承奉郎不隘

善遜　善边　善成　善寰　善宸

汝惣　汝愚　汝精　汝秱　汝湯　汝涪　汝渤　汝汱　汝沱　汝沐　汝浓

崇璡　崇瑯

從義郎不雲　忠翊郎不髟　朝請郎

善害　善憲　善窉　善穹　善康　善寂　善窺

汝溱　汝諱　汝詅　汝謳　汝謙　汝譴

崇玭　崇環　崇楷

敦武郎士紕　敦武郎士琛

不困　不疑　修武郎不傲　忠訓郎不侮　成忠郎不鶩

善宜　善鏴　善邰　善埂　善鏍　善沵　善浘　善謜

汝圤　汝璗　汝熑　汝滐　汝景　汝玞　汝錟

崇鋒

贈華州觀察使仲穀

左班殿直士嵩　秉義郎士蔞

忠翊郎不負

善从　善丛

汝澤　汝沛　汝瑞　汝灡　汝益

崇礦　崇雯　崇曦　崇櫟　崇咍　崇籍　崇簃　崇栫

彭城郡公宗厚

右監門率府率仲敞　開國公仲溘

清源侯士宇

朝請大夫不同

善烇　善煇　善炎　善光

汝鄭　汝鞅　汝蘭

崇坏　崇愈　崇曜　崇瑢　崇嫺

必熣　必爋　必遶　必迒　必闔

良璞

儒林郎不害　左朝請大夫不

善炳　善煥

汝聽

崇恤　崇圪　崇禃　崇宷　崇壜

必顏　必增　必戒　必份　必俗　必匩　必亶

							贈朝奉大夫士泥			
已	忠翊郎不識						朝奉郎不訣	不荒	左承議郎不譁	
善僨	善揭		善晳						善覼	
汝鉅	汝貴	汝璁	汝暄	汝飃					汝估	
崇誃	崇亘		崇涷	崇鐠					崇起	崇臣
				必沓	必夻	必兖				

								贈中奉大夫不傒			
			善斿				善質	善禮	善玘		
			汝仰						汝違		
崇嵤		崇欒	崇楝	崇植	崇機				崇鎬	崇錀	
必湴	必湀	必潞	必潕		必鏐	必鑽				必瀍	必焇

												善饠	
	汝遵	汝通	汝遷	汝欣	汝歆		汝歎		汝歡		汝邪	汝逢	汝遡
崇鑢			崇鏸	崇金	崇鈴	崇鉛	崇鏍	崇鎧	崇鋼	崇鍊	崇錠	崇鏅	崇鋈
			必淳	必杠			必瀟	必湒			必滿	必瀨	必點

										武翼郎士洋		
									不礙	修武郎不諍		
										善遷	善僮	
		汝遯				汝悕			汝逅		汝偶	
崇鎏	崇鍫	崇鈁	崇鈀	崇錯		崇鐺	崇鍸	崇鈲			崇忞	崇懷
				必氻	必洸							

													武節郎士嶠	
										不干	不呆		從義郎不疑	
善追		善遴					善達	善迠	善通				善章	
汝瓔	汝彤	汝確	汝礤										汝細	汝邕
		崇慨	崇敞	崇膴	崇俵									崇讜
		必墈	必欄		必逾	必遭								
		良伙												

											忠訓郎不瑕			承節郎不比
				善登					善體		善驛			善櫶
汝繄		汝棉	汝釋	汝嬰		汝讓	汝濃	汝湧			汝肇	汝筆		汝泌
崇訦	崇誅			崇埏	崇體	崇璣	崇徑							崇評
						必瀷								

													贈右朝議大夫士嶐	
					不轒				不憲				贈左承議郎不遮	
				善淵	善譽			善胥	善逕	善儷			善仁	
	汝涀	汝滴			汝闐	汝坣	汝謙						汝謕	
崇讙	崇診				崇暑		崇現						崇規	
													必复	必晰
														良潚

														善衍
								汝謨	汝警					汝許
	崇晊								崇賓			崇贇		崇禰
	必孜				必宥	必雋	必灑		必旼	必巘	必昕	必普	必皆	必昱
良波	良驥	良驄	良騏	良駰			良緒					良紳	良紋	良慈

				崇瑛				崇僊	崇愊	崇禪				崇嵩
必昉	必昞	必晼		必晧	必晟					必溱	必灑	必漳	必沉	
		良戀	良愁		良惠	良秈	良憓							

						承節郎	不忩							
善循					善從		善嵂							
汝証							汝誥							
崇曄	崇韓			崇萃			崇顏			崇閟			崇況	
必琭	必璞	必瓌	必琜				必眦			必當	必堂	必筳	必侄	必儈
		良鏶					良餝	良餘	良餗		良陣			良註

												左朝奉	不愆	
													善衡	
	汝謂						汝託				汝訖		汝試	
	崇武			崇愈			崇赴	崇共		崇彌			崇歡	
	必富	必鄰	必陳	必鄜	必偰		必遂	必惀	必恫	必迣			必標	
良証			良琭		良偊	良畱							良志	良凝

			汝諷										汝詐	
			崇泗	崇泳	崇沄					崇潑			崇渝	
必駼		必楫	必采		必烒	必穇		必檜	必槼	必格		必樸	必烓	
良烯	良熇		良熾		良堨	良炥	良燡			良焥	良焲		良燭	良燊
			友松											

善循														
汝譚				汝誘	汝詘									
崇深	崇滓				崇灑	崇涘		崇涯			崇浣		崇汎	崇濺
	必檳	必欐	必初			必褰	必泉	必栿	必樱	必欓	必櫰	必相		必檯
	良燦	良夔												

			贈忠訓郎不惠											
			善衍							善衛				
汝讖			汝諒						汝繽	汝請	汝誌			
崇減			崇父	崇浥		崇潢	崇濮	崇瀰	崇寬	崇趍	崇俘	崇沰	崇洩	
必櫟		必珄		必根	必欒			必楮		必瀦		必覓		
良煥	良巘			良燒										

												武翼郎	士厄	
							承節郎	不懲	承節郎	不隱		忠翊郎	不譏	
善衢		善衎											善濠	善顯
汝嚴	汝省	汝奉					汝罕						汝潤	汝傍
崇邁	崇燮	崇煥	崇垄			崇近							崇淶	
必垩			必櫄	必褐	必秘									

											康國公、	諡敦恪	仲慘	
												從義郎	士楙	
			善茗				善浩	善溫		善演				
汝俸	汝佖	汝佃	汝侲	汝佸		汝份	汝偘		汝伉	汝儇				
崇律		崇徥	崇儴	崇薇	崇徛									

									士穎	承義郎	士梃	朝請郎	士帖	秉義郎
					不薇	承信郎		不竭	秉義郎	不若				
				善慧	善忠			善畏						
			汝慨	汝福			汝衍	汝衡						
	崇臣			崇躅				崇澍						
必爍	必芑	必稭	必穛	必穗				必鑰						

							不才	承信郎	不辱					
善樛			善逢		善也		善人							
汝鐇	汝炑	汝煥			汝燎		汝爟							
崇皋			崇逢	崇辿	崇邐	崇柀	崇樜					崇琟		
				必鈁	必玭					必墪	必墊	必垔	必爆	必爋

	不琤	承節郎	不益	承信郎								不嫭	修武郎	
	善禮				善來						善豐	善慣		
汝禡	汝祗				汝渤			汝緆	汝墍		汝曩	汝迨		汝鐈
崇禍	崇滏				崇讀	崇譖	崇讕	崇戠	崇詄	崇諄	崇訦	崇櫟		
											必鳳			

				不闇	奉信郎			不玶	承節郎	不妬	秉義郎			
		善其	善柎	善而		善鍩		善錫		善逕			善玎	
汝鋅	汝鋡	汝鈰				汝琟		汝瑱		汝僠		汝襛	汝袷	
		崇瀯					崇畐	崇夏		崇朶				崇裸

敦武郎	士祆					武翼大	夫士禧							
	不堉	不近		不虧	不謟	武經郎	不遴							不遁
		善啟	善敔				善膏	善稾					善烹	善麻
			汝冉					汝壕				汝坏	汝鼜	汝庎
								崇暵	崇畷	崇睥	崇瞟	崇璁		崇昤

														嘉國公、
							秉義郎	士稅	忠翊郎	士雁	成忠郎	士祺		贈左通
						不迻					保義郎	不遒	不退	
			善廥		善嶸							善委		
	汝庲		汝康											
崇吡	崇睰	崇瞵	崇膗	崇膢										
必彌														

謚修簡	仲葩													
議大夫	士玦													
保義郎	不羣	訓武郎	不𢡟									忠訓郎	不佞	
	善浚		善紀	善繼	善繹						善紵		善盉	善爰
					汝宬	汝施			汝倰	汝俌			汝瑢	汝現
						崇驤	崇驌	崇騏	崇淘					崇原
									必傑					必徽

													朝散郎	士珧
	朝奉大	夫不征							右文林	郎不僝		不欺	迪功郎	不悄
		善聚								善請	善歆			善戒
		汝順	汝但	汝佐		汝顧	汝昉	汝現		汝頊				
		崇勳		崇輯	崇勸									
必徽		必茵												

仲	崇德軍節度使仲渙
士	右班殿直士敳　從義郎士窸　左朝請大夫士項
不	從義郎不鉹
善	善糾　善選　善周　善每
汝	汝荷　汝荐　汝豀　汝譞
崇	崇蘩　崇燧　崇爁　崇邀
必	必淴　必漁

不	贈中大夫不銚
善	善䕫　善用　善寶
汝	汝念　汝憕　汝慾　汝愊　汝愢　汝意
崇	崇桶　崇樵　崇櫻　崇洎　崇樟　崇濟　崇栞　崇枘　崇采　崇檵　崇芝
必	必璩　必徫　必渥　必瀙

不	贈光祿保義郎不鎧
善	善著　善忩
汝	汝悊　汝慁　汝悝　汝慺　汝憗　汝葸
崇	崇蘭　崇秩　崇梲　崇柄　崇衞　崇桄　崇橫
必	必絯　必絨　必璥　必據　必旌　必墼

士	大夫士顒
不	武節郎不鈍　不鎧
善	善邊　善迓　善延
汝	汝侊　汝詡　汝艣　汝儲　汝傲
崇	崇坡　崇垍　崇堈　崇墟　崇櫟　崇協　崇橫　崇棱　崇樠　崇檻
必	必崟　必崟　必鑫　必錞

						不鑱	不鉥			夫不鏝	武義大			
			善迡	善選	善遯	善達				善逕			善暈	
汝僂	汝偭	汝償	汝鱕					汝憓	汝憠	汝愸			汝欞	汝㑫
崇柏	崇虒	崇僩	崇渢									崇粲	崇梁	
			必瑫											

士諱	忠翊郎	士頔	武經郎	顧	大夫士	贈光祿								
									郎不鉞	右從事				
								善濺	善遹		善逌	善邀		
								汝盼	汝佃					
							崇䢜	崇䢋	崇煤				崇椹	崇椽

													仲璣	華陰侯
秉義郎											士合	忠翊郎	直士侖	右班殿
											不侮	秉義郎		
		善徽	善傲					善旨			善闓			
	汝惟	汝遺						汝吕			汝甌			
	崇杭	崇崎		崇嶡				崇岑	崇崍		崇峼			
				必瓛	必琯	必珋	必琫	必環		必蔺	必偃			

										士僉	武翼郎	士長	秉義郎	士舍
	不憁									不復				
	善倌				善謁				善誄	善譬				
	汝鑣	汝檀	汝椨		汝槮	汝眮	汝瞸	汝嘈	汝暎					
崇泉	崇粢		崇疅	崇昞	崇昕									

												密國公允言		
												祁國公宗說		
												太子右監門率府副率		
														安陸侯
												太子右內率府副率不		
			善偓	善倭	善儕				善伨	善佋	善僨			
	汝鋌	汝鍝		汝閫	汝珦	汝珽	汝琨	汝瓚		汝崠				
崇來														

仲豈	贈左領軍衛將軍仲郢													
士律	太子右監門率府副率士㚣				華陰郡公士馮									
濆					保武郎不黨		武翼郎不威							
								善琁				善淸		
								汝賢			汝節	汝翼		
								崇嶷				崇矩		
								必俊	必倖	必僩		必先	必達	
												良瑢	良佐	
												友晤	友瀅	友瀸

		崇寅		崇孝										
	必世	必昌	必進	必簡				必勝					必端	必賁
	良鏗			良瑞	良琦	良玨		良道	良輸	良進	良通	良遶	良權	良稷
友汀						友鏶	友鍈						友許	

						汝弼	汝郛							
崇鑑						崇志	崇德	崇光					崇美	
必用							必尊	必從	必利		必柚		必固	
良顯		良得	良遂	良遡	良遇				良璒	良琇	良琜	良琣	良瑑	
友徽	友儼		友偉										友濕	友泌

													崇壽	
			必隆	必純			必咏			必叶	必喻	必唯	必聰	必恕
	良玶	良瑈		良砎	良磁	良磯	良讚	良談	良詩					
友泝														

					右班殿直不罰				右班殿直不危	右班殿直不惑	不抑
	善珍				善國	善尙	善通				
	汝霖	汝果			汝喜		汝革				
		崇干					崇亨				
必憲		必巇		必峙			必申				
良沚		良鋇	良鋒				良礩	良硂			

		汝南侯仲軻							
		安陸侯士僕		房陵侯士會					
不忒	不愚	忠翊郎不敗	不倦	贈右屯衞大將軍不欺	三班奉職不逸	成忠郎不率			
						善愬			
						汝瑕			
						崇杓	崇橓		崇鍉
						必悚	必潠	必滅	

贈右屯衞大將軍士詩			高密郡公士奇						
三班奉職不傾	不僞	不佞	武翼大夫不倚	武翼郎不佟					
				善椅					
				汝張	汝邽				汝弜
					崇禩	崇懿		崇禴	崇禘
					必大	必鉤		必渢	必漩	必洇
					良昭	良浩	良滌	良倡	良鑗	良鐸

						丹陽侯士賛				
忠訓郎不倦	忠訓郎不僭	承節郎不仔	不伎	不儉	不侮	贈朝請郎不傲				
	善刷	善積				善翔				
	汝獬					汝櫟				
	崇榁					崇璉			崇瑹	崇琯
						必潤	必深	必湘		必瀛

汝禬														
崇瑒								崇瑚					崇理	
必逯	必遷		必逾		必逅		必洽	必逮				必還	必澻	必[illegible]
良宷	良鉦	良欽	良鑾	良鑒	良鏸	良鏻		良沶	良潏	良漉	良漊			

			崇珪							崇瑄	崇璞			崇璣
必邇	必止	必逃	必邃						必遷	必延	必迋	必櫺	必迸	必伉
			良鏵	良順	良膝	良睨	良賀	良賚	良贄					

	汝休													
	崇璞										崇瑜	崇瑯		崇瓔
必儷	必㤋	必洙				必湑	必洸		必湧	必汶		必滌	必湋	
	良俟	良儺		良僕	良儷		良倉	良畣						
		友嘻	友畤											

善弢

汝恕　汝愍　汝启

崇珙　崇瑀　崇玒　崇玠

必廣　必厚　必庇　必廉　必度　必膺　必庠　必庸　必廙　必䕭　必魔　必英

良達　良遜　良官　良伯　良迪　良佮　良賓　良容

友僖　友傑

善聿　善珏

汝懇　汝應

崇瑇　崇琬　崇璧

必蓉　必莘　必蘅　必迸　必蕒　必浩　必泑　必渙

良遷　良亶　良富　良宛　良宁　良定　良湧　良滁　良潽　良窦

承節郎不僞　承節郎不倫　西頭供奉官不億　右班殿

汝盤　汝忩　汝崽

崇蒼　崇沆　崇封

必遵　必遻

良百　良宥　良旁　良宇　良寶

直不愚　不佸　三班奉職不侵　不伐　儒林郎不佞

善庠

汝翮

崇讚　崇証

必循　必徹　必徽　必揖　必徯　必傎　必彶

良珧　良檠　良鍛　良鈇　良橌

訓武郎

善序　善庇

汝誼

崇課　崇護

必征　必衡　必術　必徠　必僊

良注　良通　良潔　良璪　良璦　良瑫　良珉　良瑀　良珈　良涓

太子右監門率府率士領　右班殿直士匱　右班殿直士扶

不憧　不悚　不儒　不憍　不遐

善昌　善利　善密　善適　善詢　善削

汝賢

崇談　崇讚

內殿崇班士鍰

不倨　秉義郎不俗

善治　善浩

汝譜　汝稌　汝穗　汝穩

崇紳　崇綸　崇級　崇絟　崇緩　崇繪　崇言　崇璨　崇榔

必暘　必僑　必倜　必僐　必供　必倩

贈右屯衛大將軍仲謩

右班殿直士藹　太子右監門率府率士潔　左領軍衛將軍士䕫

秉義郎不儻　不快

善能　善處　善靑

汝鐩　汝霶　汝筠

崇渚　崇璪　崇璲　崇載

馮翊侯仲許
馮翊侯士年
右監門衛大將軍、領貴州防禦使不矜
右侍衛
善閔
汝明　汝忍　汝冲
崇洐　崇瀰　崇注　崇澨
必榯　必儛　必樠　必柣　必榕　必椶
良炷

不惑
東平侯士躬
修武郎不忒
三班奉職不驕
三班奉
善問　善仁　善修
汝鋼　汝儶　汝感　汝灉　汝𧫷
崇㥯　崇裕　崇哲　崇藝　崇業
必儷　必淬　必譈　必湯
良治　良溪

太子右內率府副率士可
東平侯士𣗥
職不愁
不移
成忠郎不倦
忠訓郎不僞
三班奉職不儉
善品　善僮　善俊　善攸
汝羽　汝𡍼　汝爽　汝翼
崇欽　崇信
必滬　必游

修職郎不伐
善敬
汝鏞　汝蕭　汝灊　汝灑　汝欄　汝檢
崇周　崇璪　崇璐　崇儇　崇僖　崇佺　崇郯　崇郛
必嘉　必激　必榦　必滂　必栴　必汀
良睽　良顓　良坲　良淑　良塾　良檏　良棧
友鏻

贈武翼郎不傲	忠訓郎不佞								
善俊	善係								
汝模	汝因	汝穌	汝稔						
崇鄧	崇鄯	崇藴	崇湲	崇洪					
必溘	必湃	必抖	必湮	必澗	必濛	必洼	必潽	必宋	必琿

東陽侯士穳						
武經大夫不一						
善僼	善黱	善煶	善焯			
汝穓	汝秬	汝秠	汝稼	汝涓	汝弻	
崇御	崇后					
必估	必遥	必迪	必紀	必欣		
良慊	良炤	良熖	良爐	良識	良燧	良爌
友垔						

善烜	善熤	善炳								
汝璍	汝琅	汝儁	汝現							
崇価	崇徑	崇徲	崇得	崇通	崇坰	崇憯	崇愃			
必詩	必詁	必俠	必岳	必皓	必俌	必僅	必仟	必儵	必鐏	必循
必棊										
良陣	良曄	良椽	良佟	良燈						

開國公仲仝					
奉化侯士雋					
康州團練使不溢					
善成	善輔	善述	善端	善淵	善國
汝玵	汝璃	汝騂			
崇㴖	崇溯	崇沖	崇滓	崇栒	崇璈
必忼					

			東陽侯士庳								
	從義郎不惑	右班殿直不愚	左侍禁不磷								
善弼			善仁								
			汝正								
			崇德	崇功	崇訒						崇誼
					必歡			必歆			必埈
					良誨	良詒	良訪	良錝	良鈔	良鐏	良樞
					友浤						

								汝直						
								崇京				崇毫		
			必峴	必墿			必墉	必壕		必塘	必墦	必域	必塚	必坿
良櫏	良槪	良梭		良榆	良杫	良欅		良茂	良茵				良沅	良蕙

						承節郎不懼					不黨	左文林郎不疑
			善修	善休	善仔	善臧	善河			善嘉		善轂
		汝忠					汝霨	汝梀	汝靂			汝加
	崇奇						崇道					崇玩
必埰							必壇					必偶

													不悋	不悱
		善從									善擇		善仔	
	汝長	汝彥									汝蓬	汝迫		
崇賦		崇謀		崇諶	崇誙	崇譸				崇誢	崇洣	崇洵		
		必湜	必澈		必大	必覲	必邏	必逕	必邁	必淔				
			良探		良儻					良棗				

中華書局

贈右屯衛大將軍士貝		祁州團練使士勬		西頭供奉官士儻		
不愿	右班殿直不謟	右班殿直不瀆	保義郎不爲	不慊		
				善莊		
				汝嘉		
				崇貴	崇老	
					必樸	
					良鋑	良鏥

									贈武德大夫士遒			
								保義郎不吝		贈武翼郎不蘊		
										善儀	善明	善修
						汝能	汝翼					
	必栱	必栝			必澒							
良鈚		良鐨	良鏑	良鉺								

善仁	善週			善遼	善遒									
	汝岑	汝樅	汝薛	汝弓	汝薵								汝蒵	
					崇櫶				崇栟	崇栔			崇漬	崇逕
					必堈	必埭		必秷	必禴	必貫	必炅	必樸		必壂
					良淤	良澤	良徽							

							成忠郎不隱						
							善信	善一			善鉡		
	汝芝	汝芸	汝荀	汝菲	汝葯	汝蔤		汝璆			汝鐙	汝鐵	汝鈱
		崇悚	崇槽			崇徒		崇健					
必極		必騵						必勱		必勛			
								良造	良逮				

中華書局

				右千牛衞將軍仲䕫		
		承務郎士鋭		太子右監門率府率士鷹	太子右監門率府率士玫	華陰侯士瓏
	不求	不惓	不惰			三班奉職不㨂
汝鉞						
崇瓅						
必鐵						

修武郎不儒															
	善勝	善應	善益												
			汝範								汝榛				
			崇譔	崇訢			崇許	崇訂	崇訴		崇讓			崇譆	
			必注	必迺				必伏	必憲	必家	必釗	必鍊	必釬	必鏷	
			良熾	良莆	良蕁	良蔓									

				武節郎不譟											
				善長	善淵										
					汝膀	汝勇									
崇診	崇讖	崇誒	崇誧		崇懸	崇怂			崇忝				崇憓		
必鈰	必鍪	必諾			必遭	必遞			必迹	必逢	必迋		必旃		必構
					良璜	良鈷	良鋼			良錫			良灯	良燅	
						友傲									

	汝券					汝勢									
	崇愨			崇劉		崇忕					崇悛				崇懽
必橎	必綡	必趕	必趯	必越	必偶	必偦					必鎮	必鈦	必鋏	必錄	
			良應				良霙	良雯	良霄	良霧					

馮翊侯仲旻
太子右監門率府率士知
成忠郎不慴　成忠郎不悚　保義郎不怡　不慚
善浣　善津
汝勸　汝勤　汝明
崇繐　崇惎　崇婁
必仰　必遴

太子右內率府副率士比　通議大夫士香
贈中大夫不挾
善詩　善建　善珒　善詳
汝楫　汝憓　汝婧　汝祁　汝閎
崇心　崇鈉　崇鋑　崇鍏　崇棗　崇璽
必道　必積　必培　必湊　必潾
良棩　良梓　良楠

馮翊侯仲璀
奉化侯士岑　左班殿直士縫
儒林郎不器　不驕　秉義郎不僭　不愚　不弃
善強
汝亮　汝埴　汝斌
崇意　崇志　崇廣　崇耑　崇鉤　崇坒　崇壂　崇壄
必遷　必齊　必冰

右班殿
三班奉職不啓　不剛
善思
汝玫　汝瑒
崇瑳　崇琄　崇懋　崇誌　崇嶠　崇鑪　崇鑠
必櫨　必梘　必槢　必椽　必迦　必涓
良鼻　良鈂　良鋊　良銉　良鍠　良鋼　良玻

			高密侯	仲鞸										
直士鯨	右班殿	直士鑾	清源侯	士冰										
			西頭供	奉官不	輒							不折	武翼郎	不輕
					善敏									善敺
					汝詔					汝楫				汝泩
					崇古					崇裔	崇縉			崇淵
					必盛	必詵								
						良槐	良櫝	良榫	良樒					

崇汯		崇汴												
必瓌		必古					必熾				必熺	必炘	必炳	
良楀	良柞	良璁	良琈	良珷	良琫	良瑽	良珠	良璣	良玔	良琦			良現	良理

													從義郎	不輟
						善致	善時			善政	善敎	善改		
							汝畢	汝芾						
	崇沂		崇汶	崇洤	崇洙			崇慶	崇榮					
必爔	必禧	必禰	必儀	必祒				必徹	必禩					
			良櫏											

河內侯	士兢			左武衛	大夫士	愻								
朝散郎	不疑	忠訓郎	不惑		武經郎	不倦								
						善長	善安					善實	善諝	
							汝雷		汝比				汝應	汝愈
							崇遵		崇濟	崇構			崇灩	崇淖
							必觶	必研	必瀧	必涉	必瀟			

汝忩													汝態
崇⿰氵息	崇涂	崇瀸	崇穉	崇秨	崇泄	崇泓	崇滵	崇滬	崇濤	崇溢	崇淒	崇淳	崇汻
	必洚												必鑵
													良礦 良禜

					保義郎不侮			秉義郎不茹
					善淵	善謹	善文	
			汝志	汝蕙	汝憲			
崇昭		崇旻		崇持	崇壼			
必鎛	必鎰	必鏑	必鏉	必鑯				
良聖								

		贈武翼大夫士許				
成忠郎不慍		文林郎不僭	訓武郎不佴		不偉	贈武翼大夫不攸
善同	善均	善靈	善汗			善泹
			汝顓			汝濟
			崇洸			崇辭 崇尉
			必堅	必埊	必型	必璿 必璥
			良鏆			

												不佾	贈通直郎不傳
								善屯					善屾
				汝㬎				汝嗛	汝效	汝霖			汝忭
崇戚	崇推			崇昍	崇俫	崇僎		崇仙	崇個		崇譔		崇撲
	必球	必璹	必堊			必鎰	必怨	必悉	必杶		必舜		必瑣
									良僕				

河內侯仲謙
承議郎士籽　太子右監門率府率士見　信都侯士奄
武翼郎不瑕　從義郎不玷　不玩　不詔　忠翊郎不傲　武翼郎不忮
善姓　善林　善沖　善先
汝奮　汝忠　汝懋

善奭　善邇
汝定　汝官　汝寅　汝平
崇迓　崇廸　崇連　崇邁　崇達　崇俊　崇續
必陞　必襗　必襚　必祫　必掎
良琨　良琰　良珢　良儛　良溪　良玞　良𤨟　良瑯　良滲
友檍　友杞

右監門率府率仲詞　右監門率府率仲祿　右監門
保義郎不撓　不屈　不鮮　保義郎不弃
汝忦
崇澤
必鈊

率府率仲湍　太子右內率府副率仲乙　太子右內率府副率仲巖　太子右內率府副率仲嚭　博平侯
西頭供

														仲璘
								士瀕	武德郎				礴	奉官士
								不擇		不惑	不占	承信郎	不宰	
							善得	善逐						
							汝採							
崇唐	崇廉		崇序		崇鷹		崇廬							
必鉱		必鑐	必鏃	必鎘	必釟	必鐇	必鎔							
良瓃							良濃							

					汝楺			汝搗	汝拊	汝搏	汝撫			
		崇庙	崇庽		崇庲		崇㢊	崇庀		崇廱				
必泄	必瀋	必濟	必汶	必溙	必澓	必佪	必侸							
												良珴	良璷	良珥

	汝推				汝梃		汝抃							汝據
	崇庎	崇庡	崇靡		崇廩	崇龐	崇府	崇廞					崇庾	崇賡
必燽	必祢			必鉡	必鐵				必淞	必傪	必僾	必僔	必儇	
													良巇	

										善邁				
汝据		汝攖								汝掄		汝措		
崇抪	崇讞	崇訒	崇諔	崇認			崇謚			崇譯		崇席	崇尾	崇麿
必巇		必漊			必盪	必膴	必腆	必伻	必僤	必鋼	必紃	必禑		

									善迹					
						汝提	汝挟		汝仲			汝傻		
崇詯	崇諨				崇謁		崇譚	崇謳	崇夔	崇籛	崇籔	崇岩	崇晢	崇習
	必婷	必蹊	必頊	必蒃			必縮	必緆			必瀰			

				秉義郎	不僨								不掠	贈奉直
			善俟		善維				善源			善結		
汝倀	汝优	汝御			汝標			汝梸	汝栲	汝橘	汝栻			
崇旋		崇䆳			崇訛	崇銑	崇玵				崇閭			
						必柳	必復				必鏦			

大夫不	憍													
	善永						善秉							
	汝倬	汝條		汝備	汝馬	汝儋	汝仕			汝倍				
		崇瞻		崇筌	崇灕		崇櫝		崇揣	崇枳		崇權		
		必綏	必緒				必科	必炷		必哆	必焜	必煁	必烟	必煬
										良壇				

					善福									
		汝仞		汝僔	汝佚				汝㑗					
	崇樓	崇樕	崇楓		崇崗			崇岐	崇岉			崇崑	崇岦	
必烶		必关			必慧	必惄	必意	必啓	必泼	必澌	必泌		必臭	必火
							良附							

								太子右	內率府	副率仲	磆	贈右屯	衞大將	軍仲玕
				善生										
	汝便			汝倡	汝偪		汝仇							
崇岳	崇屺	崇[illegible]	崇[illegible]	崇欄	崇檷	崇檽								
必賫														

										贈右領	軍衞將	軍仲軫	贈右千	牛衞大
太子右	內率府	副率士	竦	右班殿	直士狃	右班殿	直士勢	保義郎	士佩					
									不換					

將軍仲	球													
武經郎	士兗													
贈武略	大夫不	溢												
		善儆					善時				善畋		善臬	善澄
		汝桴				汝修	汝灌				汝栩	汝柄		
		崇暉			崇瞳	崇[illegible]	崇渥	崇嘫			崇睬			
		必忘	必[illegible]	必慈				必戀	必[illegible]	必[illegible]				
		良珇	良玢											

益川侯	仲堤							贈右屯	衞大將	軍仲肩				
武經郎	士渶	忠訓郎	士錟	秉義郎	士紉	忠訓郎	士縓		右班殿	直士翮	從義郎	士懥	從義郎	士祲
	不駞													

華原侯仲俞

從義郎士桼　右班殿直士旟　秉義郎士禐　內殿崇班士穿　武翼郎士氣　贈武德郎士氛

不惑　不慍　承節郎不違　修武郎不愐

善傻

汝煬

崇皈

必珧　必環

忠翊郎士蒙

善淵

汝能　汝路　汝譾　汝畝

崇㬬　崇盱　崇棱　崇膸　崇晥　崇晞　崇遭　崇蓬　崇榭

必璲　必璘　必拼　必梠

贈武衛大將軍仲敉

修武郎士柄

贈奉議郎不侮

善達　善遹　善鐩

汝豫　汝萃　汝速　汝稽　汝游　汝瀟

崇瓚　崇球　崇琕　崇琨　崇瑲　崇璺　崇璆　崇瓛　崇瑋

必誇　必讀　必誌　必媗　必跂　必椙　必櫬　必督

良遖　良塬　良聳

善澂

汝光　汝垠　汝俙　汝岳　汝力

崇嫨　崇埰　崇罯　崇齝　崇崌　崇惟　崇錞　崇詠　崇峿　崇璺　崇鍵　崇瑫

必松　必梭　必汗　必僬　必漎

不伐　信義郎

善蓬　善彬

汝坡　汝登　汝鉞　汝麗　汝皺

崇曨　崇鉒　崇將　崇隭　崇瑠　崇釣　崇珧　崇珮　崇珹　崇宔　崇沓

必侅　必傓　必減　必熛

善孝

汝性　汝擇　汝濳　汝招　汝握

崇瑛　崇璂　崇瑩　崇澡　崇漼　崇涵　崇漒　崇壚　崇珜　崇瞰

必汴　必錦　必宙　必密　必寀　必灆　必潺　必泆　必伎

良盎

不欺

汝攄

崇墍

必沼　必桂　必枚　必柟

宋史卷二百二十七

表第十八

宗室世系十三

南康郡王諡純僖宗立

太子右內率府副率仲舒　安陸侯仲琳

武當侯士顒

武翼大夫不佞　贈太中大夫不

悔

善結　善繼

汝劼　汝飭　汝助　汝勵　汝勃　汝勛　汝勳

崇詥　崇訦　崇迺　崇暭　崇謏　崇督　崇及

必宏　必坴　必超　必名　必嚶　必嘕　必清　必漉　必沐　必復

良慺　良傺　良傪　良他　良蓁

贈右奉直大夫不迷

善良

汝諸　汝說　汝謙　汝誼　汝言

崇似　崇僎　崇儀　崇儼　崇修　崇价　崇俁　崇遊

必漢　必暹　必過　必洵　必蓮　必湯　必遵　必逵

良璣　良琬　良璁　良玘　良莖

太子右內率府副率仲皖　福國公仲纂

崇國公士昪

武節郎不佾　忠訓郎不綠　左班殿直不鋭　三班殿直不危　保義郎

善行　善衎　善衛　善祚　善犖

汝思　汝璦

					普寧郡公士稔							
不偶					右班殿直不鶱	不儇	修武郎不他					
善澤							善緘		善紀			
汝畯	汝暘						汝璘		汝椨		汝爵	
崇正	崇僴			崇佀			崇禖	崇禫	崇基	崇景	崇溫	崇礜
	必邈	必迴	必遡								必倓	必誣

			左侍禁士除									
			三班奉職不愚	贈武顯郎不抑								
				善修	善僅			善博				
		汝翼			汝貫	汝弼		汝晰				
崇賚	崇旹	崇辯			崇孩	崇昞		崇渫	崇淐			
		必樿				必櫝	必楠		必熙		必欐	
									良佀	良偰	良儒	良傒

								汝畋				汝普		
	崇濱		崇洄			崇□		崇珣		崇杰	崇琢	崇潔		
必栰	必优	必倚	必栲	必楝	必梃	必淙	必浦	必遈		必隆		必丞		
				良璛	良瑂			良全	良佖	良似		良坡	良坦	良浚
												友直		

								汝鐫			汝曇		汝晛	
	崇源			崇渶	崇浤			崇琦	崇璣	崇瑅	崇珍	崇瓌	崇灝	
必熊	必芝	必藏			必椇	必檟	必機		必柍				必栱	
良深		良琲	良珠		良璡								良璵	良作

善時　善仁　善信

汝鉦　汝曦　汝鐩

崇潩　崇滮　崇迥　崇迷　崇逹　崇袓　崇裿

必淏　必授　必拂　必魚　必澄　必涇　必授　必龐

良僎　良倅　良儆　良僻　良僤

汝晉　汝洙

崇禕　崇週　崇翮　崇禶　崇埰　崇壕　崇墦　崇墥　崇祴

必誧　必詄　必評　必鈹　必鉠　必旨　必洚　必淍　必澴　必梓

良徊　良徯　良彷　良瑁

漢國公仲來

彭城侯士俔　右班殿直士書

贈右千牛衛大將軍、追封魏國公不儻　贈武翼

汝遬　汝怱

崇澄

必烽　必燸　必燓　必倓

良轃　良榕

郎不爭

善策　善魯　善聞　善泗

汝久　汝亦

崇态　崇点　崇吞　崇忠

必瀍　必浪　必渙　必熵　必焆　必澕　必熠　必鍈

良鏸　良鍺　良璁　良玜　良澴

友璇　友墐

											武翼郎不懷	承節郎不柔
			善信	善道	善琊							善富
					汝俶	汝儆	汝僅	汝倜	汝佳			
					崇湜		崇旺		崇榴	崇檵		
必錡	必杋	必栦			必檜		必譚		必俫			
							良泓					

			贈金紫光祿大夫士抃								
承節郎不吝	不悔	不倲	訓武郎不矜								
			善輔						善軫		
			汝直					汝強	汝南	汝圭	
			崇訓							崇祁	
			必康			必犖	必泰			必安	必豐
			良湄	良璩	良玭						良彤
					友滐						

												汝寘	汝纛	
				崇文	崇岳		崇杓						崇瓁	崇璪
			必豈		必通	必涽	必住	必佮	必侶	必御	必愘			
良膴	良勝	良潬	良惠							良浴	良溄			

左朝散大夫不倚													
	善譽					善舉			善及				
	汝嶽	汝義			汝業	汝炭	汝茀		汝耑				
	崇檥	崇檬	崇振	崇栴	崇槄		崇磤		崇禎	崇絪			
	必衕	必傚	必擻				必咸	必戩	必塏	必增	必基	必爆	必炌
									良鑛				

							郎不伐	贈武略	不吝	朝奉郎				
				善樸			善薾							
			汝僔	汝乇	汝嚚	汝品	汝渭							汝岠
崇苾	崇苁	崇豐	崇湰			崇逶	崇邁					崇祠	崇禮	崇神
											必坏	必壄		

太子右														
	不恙	不息									夫不愚	光祿大	贈銀青	
			善慶		善揆						善蔛			
				汝曮	汝原	汝俱		汝傀			汝乘			汝傍
					崇莊	崇複	崇吾	崇孟	崇祴	崇禠	崇祁			
							必珣			必灑				

									浚	大夫士	贈武略	鏐	副率士	內率府
									不競	武翼郎				
	善廉							善廣	善交					
	汝翰	汝厷				汝柔		汝傾						
崇滄	崇珒		崇稪	崇妙	崇穟	崇喆		崇諳						
必棖							必欀	必栝						

				善璪	善淸								善膺	
		汝梁		汝果				汝必					汝彰	汝庸
崇稼	崇淡	崇符	崇雎	崇汙		崇琫		崇玎	崇瑠	崇璇	崇玞	崇璪	崇琡	
						必瀾	必況	必潛	必滴	必崿			必潘	

						承節郎	不求		從義郎	不憂				
善擢					善能		善壽	善和		善壽	善嘉	善矜	善淵	善聰
汝激	汝玢									汝寶	汝漩			
崇鑑	崇錯		崇銓	崇鐩										
	必洎	必濾												
		良劇												

							武德郎	士調						
			秉義郎	不器			承節郎	不窺	不忽	不暉				
善仁	善問			善溜		善靡				善迮	善闢			
	汝旺	汝昕		汝琄							汝龔	汝迹		
				崇燔	崇莢							崇宭		崇㝍
					必塎							必澭	必漈	必澮

		善閬												
		汝覼					汝履							
		崇信	崇誠			崇詑	崇詷	崇諰	崇鄧	崇鄘	崇郢	崇鄐	崇郯	崇詢
必沈	必汄		必噒	必晦	必晙									

	不佞													
	善惟													
汝鄘	汝壯				汝石									
	崇間				崇遷				崇萸					
	必逌			必僮	必仿	必僔		必儌	必讚	必過	必逑	必[illegible]	必詥	必誥
	良瀴	良畬	良沓			良望	良壂							

							善服							
							汝倅					汝蓰		
			崇蕒				崇璌		崇讃			崇譞		崇娄
必櫙	必杺	必樸	必柖	必彷	必徛	必後	必徭	必倈	必瞰	必悁	必恎	必灡	必諆	必琎

													善篤	
汝傢		汝傳									汝价		汝侃	
崇宅	崇鶱	崇襯		崇柁							崇楑	崇諄	崇詒	崇玏
必膾			必保	必滌	必適	必澑	必濫	必瀼	必渶		必沚		必嘻	必律
								良鐄	良鎏	良絜	良鑫			

			善向	善參										
	汝蘊		汝致			汝佗					汝伏			
崇金	崇鋆	崇濦	崇爾		崇栜	崇櫑	崇縺	崇緝	崇綵	崇逵	崇邊			
			必檀				必倅	必圭				必庭	必廞	必肩

				士輥	武德郎									
不忽	不忒	不恙	承信郎	不息	武節郎	不欺								
善拂														
							汝霁	汝凱				汝穩		
							崇鉥			崇璒	崇璚	崇瑇	崇鐖	崇鈇
									必磻	必確		必淳		

		武德郎士跌											
		贈朝議大夫不吝											
善捧			善積						善穆	善碁	善璠		
汝茲	汝藹		汝雨			汝鄪					汝碩		
			崇叡	崇梗	崇灦	崇瑰	崇淑	崇睦			崇奭		
				必莊	必橀						必俓		必御
											良球	良玶	

善猷			善蕙											
汝牲		汝佇	汝璒		汝瑮			汝璼						
崇揖	崇櫕		崇佑	崇佇	崇昂			崇芮					崇旨	
	必焰		必建	必廻	必遶	必連	必燮	必遯	必遞	必蘧	必迫	必遛	必鴻	必溧
	良蕫													良槊

											從義郎士邸	
											忠訓郎不其	秉義郎
									善衡		善仁	
	汝琕								汝淏	汝瀾		
	崇羲			崇狂	崇狨			崇猴				
必潚	必鍉	必鈔	必鈹	必鍃	必鍭	必鉾	必鈌	必鐮	必錧			

不亦				秉義郎不愚									
善仉			善操	善仁	善傳								善保
汝激			汝嗲	汝番	汝岱								
崇嘐					崇有	崇胥	崇胄				崇脊		
必治	必凝	必凉			必澥	必毦	必稹	必蘇	必蕃	必藩	必臃	必蘂	

太子右內率府副率仲鉏	濟陽侯仲養
太子右內率府副率士隲	供備庫副使士伀
成忠郎不惑	忠翊郎不已
善俘　善倞	善奭
汝啓	汝德
	崇寵
	必迺　必适

保義郎不雖　不茹
善鍗
汝衍　汝違　汝靏
崇寧　崇卯　崇憙　崇恕　崇窬　崇振　崇神
必述　必爊　必炬　必頙　必貯　必華　必萵　必宣
良銜　良詮　良傻　良佀

贈武翼郎士騤
不愚　承信郎不欺
善鉦　善鎬　善絳
汝霽　汝靈　汝霔　汝雺　汝雰　汝璿　汝玶
崇芥　崇茵　崇蘇　崇䄧　崇棨　崇漆　崇汜　崇激
必筌　必篙　必錤　必鍔　必鏮
良玬

秉義郎士⿰言奏　忠翊郎
不岡　武經郎不杌
善惁　善忑
汝迪　汝遻　汝遆　汝逽　汝璠
崇杚　崇栓　崇柩　崇枓　崇璠
必鑰　必流
良儷

														士掀
														不貳
							善材							善斌
							汝俯	汝得					汝汕	汝塈
崇宦	崇叶	崇□	崇利		崇犨		崇釗	崇越	崇赳				崇超	
				必磲	必磁	必綵	必繙		必鐙	必鐠	必鍼	必銛	必鈞	
									良普					

			善頎							善儐				善塤
			汝僕	汝僀				汝傍	汝楊	汝偃	汝琙			汝供
	崇鄆		崇郊		崇楙		崇櫪	崇杶				崇櫋	崇梲	崇禚
必磁	必穹	必遷	必滷			必煐	必焆						必畹	

													仲鏁	廣平侯
											士種	忠成郎	士⿰亻步	武經郎
										⿰忄賓	大夫不	贈奉直	不慍	
								善佳		善傑				
								汝諴	汝觩	汝謣				
				崇遮				崇連		崇遴				
必曄	必暒	必曮	必⿰日闌	必昳				必晤		必顯				
					良朦	良臞	良滕	良⿰月坴						

汝遴			汝謍	汝詄			汝設	汝謓	汝讕	汝譢	汝諸			
崇鏞	崇邇	崇遷	崇逭		崇適	崇遺	崇邈		崇霓				崇遯	
												必替	必根	必晞

				汝造					汝遠	汝邈				汝浩
崇鎊	崇錀	崇鑁	崇鍒	崇罄	崇鐗				崇琨	崇寨	崇璽	崇賽	崇柰	崇瑱
				必瑛	必琉	必璭	必玳	必瑁						

														東陽侯
					眉州防	禦使仲	頤					北海侯	仲爍	太子右
						右班殿	直士瀌	右班殿	直士逕	成忠郎	士寄	秉義郎	士柴	
												成忠郎	不憮	
													善竝	
		汝潽	汝纘	汝譢									汝謠	
崇珈			崇鐳	崇傑										
必任	必佫		必璹											

宗迴														
內率府	副率仲	亨	太子右	內率府	副率仲	彤	太子右	內率府	副率仲	蓬	太子右	內率府	副率仲	□

南康侯	仲行													
建安侯	士臬													
贈朝散	大夫不	迆												
		善言												
		汝蹤												
		崇望				崇懿								
		必倍	必倫		必儁	必代	必傳	必侶	必儈	必倪	必坡	必壘	必仢	必佝
			良議	良勱		良諴								

二十四史

中華書局

														善行
			汝瑜					汝璑			汝瑨	汝玿	汝璅	汝廷
崇懬	崇恝	崇意	崇滋			崇萊		崇邢	崇郢	崇部			崇蓁	崇域
必倿	必昒	必禔	必份	必佟	必仵	必德	必代							必豐

														武經郎
									右班殿	直不曲	不逾	不迎	不擬	保義郎
善積														
汝制				汝玥			汝洤	汝堝						
崇宋	崇孔	崇冀		崇淄		崇柜	崇堦	崇麟						
	必儐	必燃	必鉞	必滳	必徐	必仛								
				良玴										

	開國伯	仲瞞												
士跳	右侍禁	士宰	武節郎	士遂										
不憲	不武	不惑		不侫	不怒									
					善銛									
					汝澮									
					崇附				崇阡					
					必逡			必遮	必鋼	必鋘	必憲	必窒	必鄹	
					良坎	良垙	良壥							

											善鎰			
汝渡							汝灃	汝漪	汝鋈		汝涘			
崇䁘			崇宴	崇宝				崇錧	崇僔	崇僕	崇柎	崇桂	崇杭	崇陔
必俩	必僭	必俜		必珅	必玉	必鏧				必稪	必燹			必璀

汝陰侯

武翼大夫士疇

不恕　不俗　從義郎不矜　不愚　保義郎不器　不黨

善寔　善察　善宏　善買　善璉　善相

汝沾

崇椅　崇僑

必琢

郇國公允成

宗育　遂國公、諡昭裕宗顏

華陰侯仲連　太子右內率府副率仲鎬　太子右

太子右內率府副率士轡　巴州刺史士預

三班奉職不拔　保義郎不乖

安陸侯宗訥

內率府副率仲丹　贈右屯衞大將軍仲緘

太子右內率府副率士謦　盐川侯士舜

西頭供奉官不伐

善淵

汝蕆

崇義　崇焞

必大　必擤　必瑊　必砎

良弼　良能　良翼

訓武郎不璘　武翼郎不憂　不已　忠翊郎不危　從義郎不懼　訓武郎不惑

善明　善權　善樺

汝鵬

崇先　崇丙　崇降

汝醴　汝穎　汝栗

崇鉌　崇實　崇旰　崇宇　崇拱　崇箪　崇慾

必至　必城　必章　必爲　必颺　必㑹　必緯　必握　必揀　必掄　必据　必棭

良柊

善述

汝霑　汝詩　汝埏

崇嚳　崇发　崇徧　崇徇　崇洞　崇象　崇斐　崇褰

必圻　必徙　必壞　必坊　必畤　必坑　必鐵　必鈁　必鐙　必檄　必漊

贈太子右衛率府率宗顥　華陰侯宗鼎

申國公謚良僖仲嬰

太子右內率府副率士䶊　太子右內率府率士弇　榮州刺史士褎

修武郎不惪　承直郎不謀　武經郎不苛　不虧　訓忠郎　不墮

崇雄　崇溥

必孌　必暐

良唄

善涇　善時

汝桑　汝梓　汝義

崇楚　崇肅　崇升　崇掀　崇涚　崇洇

必瓃　必砦　必惼　必愷

	文林郎	不識												
善能		善潛										善珣		
		汝惟									汝惕	汝球	汝琢	
		崇訂			崇謏	崇諭							崇憲	
		必邀	必迓	必邉	必邅	必篴	必逕	必逗	必機	必趙			必芾	必恚
				良濱									良椮	

								華陰侯	士伻					
			不忍	保義郎	不殊	不悚	不愚	修武郎	不懈					武翼大
		善津							善彰	善友	善信	善時	善誘	
	汝舒								汝顲					
崇寓	崇備													

夫 不瑕		武節郎	不愚											
善繼	善囂		善守											
	汝畊		汝聽					汝作					汝迨	
	崇慷		崇約		崇繹	崇繼	崇純	崇悳	崇慈	崇耻	崇忍		崇涇	崇清
			必儉	必誠					必迾		必悅	必憴	必櫞	必榆
													良鐳	良璠

						善暕								
			汝耄	汝偉		汝爲							汝猷	汝柟
			崇剡	崇紘	崇謳	崇禮					崇仁		崇儉	崇本
	必檖	必劚				必壽	必澥				必佃	必諰	必玨	必錫
良碞							良瑺	良琭		良璮		良鑛		
								友鏑	友鏝					

二十四史

中華書局

朝散郎不疑 承事郎不非
善嘉 善淑 善勔 善焄
汝儞 汝暵 汝且 汝圖
崇憑 崇悊 崇憓 崇代 崇秀 崇屋 崇楊
必扔 必棡 必壓 必坔 必鞈 必涂 必畬
良瀸

承直郎不矜 贈朝散大夫不皭
善達 善伋
汝同 汝劉 汝扁 汝巳 汝淑 汝成 汝堅 汝恩
崇幹 崇臯 崇仵 崇竢 崇瑤
必寧 必痖 必暐 必乂 必充
良滌 良儴 良仕

左侍禁士岐
忠翊郎不踈 秉義郎不滿
善仍 善僎 善佑 善敎
汝曒 汝翃 汝賨 汝鎔 汝立 汝許 汝系
崇昞 崇曉 崇鉉 崇鍥 崇侳 崇循 崇徑 崇待
必浙 必漻 必迅 必郘 必郕

東平侯仲噲
內殿崇班士溦 秉義郎士薺 武翼郎士宛 武翼郎士莖 太子右監門率府率士歆 博平侯
不已 不器 左班殿
汝緇
崇鑑

士諍　贈右中大夫士瑃
直不膠　左班殿直不撓　不害　秉義郎不違　忠訓郎不朋　左朝請大夫不茹
善逸　善遠　善迆
汝勃　汝勒
崇膏　崇囂

右侍禁士剛
不遲　不速　不荒　不迎　承信郎不諒
善籥
汝濱　汝亶
崇懋　崇根　崇比　崇嚧　崇呦　崇蓋　崇嘉
必檔　必棣　必梯　必揩　必爛　必檮
良熷　良鍑　良陘　良至

成忠郎不硜　不器
汝溶　汝洋　汝浸
崇棻　崇櫟　崇喜　崇及　崇昍
必鞴　必複　必榑　必橦　必檄　必鎌　必鋆　必偩　必衕
良術　良溙　良傕　良倈

彭城郡公宗嚴
同州觀察使仲廣　太子右內率府副率仲新　洋國公仲防
太子右內率府副率士琅　贈左領軍衛將軍士觀
忠翊郎不隋　忠訓郎

		不珪				
	左侍禁	保義郎				
	士尃	不剛	善頔	汝澄	崇邁	
					崇迗	
				汝沂	崇遷	
					崇遠	
					崇逑	必估
					崇逭	
					崇琠	
				汝汥		
				汝清	崇浧	必軫
					崇邇	
					崇汏	
					崇遴	必輪
		成忠郎				

		不弦	善道			
		不珪				
		不噪				
	武經郎	從事郎				
	士嵒	不憒				
		朝散郎				
		不潑	善楗			
		承信郎				
		不汨	善化			
		成忠郎				
		不沮				
		不老				
		不濫				
		不徂	善詔			
			善調			

		忠翊郎				
		不桱	善嘉			
		不物				
		不致				
	右班殿					
	直士旁					
	武翼大					
	夫士蘊	不悒				
		不桂				
	供備庫					
	副使士	忠翊郎				
	僄	不求	善謐			
			善訓			
			善評			
			善謣			

			善弼	汝瑚	崇湄	
				汝琀	崇宁	
					崇鉚	
					崇堁	
					崇墢	
				汝瑋	崇鐮	
					崇鑠	
				汝珥		
	武翼郎					
	士倭					
	右班殿					
	直士工					
	武翼郎					
	士椌	不澱				
		不澎	善大	汝熄		

中華書局

贈右衛大將軍仲商
太子右內率府副率士洽　右侍禁士嚁
不同　不囂
善嗣　善誼　善仁　善抱
汝浩　汝垄　汝匡
崇壓　崇滌　崇澈　崇浙　崇縵　崇錄

左屯衛大將軍士綏　武顯郎士稽
不毀　不息　不暉　贈訓武郎不凝　左承議郎不悱
善長　善亨　善循　善修
汝畫　汝琕　汝懷　汝懌
崇桔　崇佳　崇梯　崇隧　崇湴
必堣　必瑁　必檯　必諒　必悰
良熠

左文林郎不怍　左從事郎不恍　不懵
善縱　善最　善堅　善珹
汝慥　汝慓　汝惴　汝叹　汝爨
崇僳　崇俩　崇仢
必趯　必适
良璽　良堅　良瑩　良廛

南陽侯仲檐
左班殿直士薦　武節郎士釭
忠訓郎不惑　忠訓郎不過　不速　保義郎不迃
善瑜　善璨　善璿　善進　善任　善倓　善倖
汝輅　汝堤
崇陛　崇松　崇慰
必鈽

				武節郎士至							
不遷		不逷	不攺	保義郎不壹	贈修武郎不競						贈忠翊郎不同
善侁	善佚	善道	善進		善銘						善俊
					汝瑺	汝頳	汝湡	汝揆	汝止	汝楧	
						崇樂	崇齒				
							必鑛				
							良壞				

忠訓郎士階												
承信郎不歎											不愠	成忠郎不回
善民	善晉					善普				善正		善政
汝弼	汝壁				汝壦	汝齡	汝鍉	汝烬	汝唔	汝神		汝杆
崇撤	崇陞	崇減		崇攡						崇琥		
必頵	必纅	必細	必蘊									

												右班殿
										承節郎不悱	保義郎不懰	
			善致	善敎						善學	善衮	
汝儀	汝持	汝廉		汝霖		汝睭		汝圜	汝閔		汝悁	
崇烯	崇傪	崇店		崇鍉	崇器	崇官		崇藹				
					必惪	必熑	必爍					
					良轢							

直士兼	右班殿直士眛	士邈										
		不戀	忠翊郎不悚					不克	不隱			不殖
			善賓				善濼		善紀		善晣	
			汝柔			汝學	汝濡		汝肯	汝琮	汝薪	
			崇審	崇膾	崇堊	崇鑿			崇廳			

安陸侯宗魯
濟陰侯仲隨
贈右屯衞大將軍士茂　河內侯士耕　贈朝散大夫士誂
左侍禁不盈　不怨　贈通議大夫不猷
善養
汝彧　汝竑
崇勛　崇勸　崇勤　崇勷　崇助
必鼎　必巽　必覿
良璪　良滋

善義　善蔚
汝忱　汝煒　汝激　汝潹　汝沭
崇勵　崇昜　崇劼　崇瑾　崇鐻　崇榼　崇梴　崇棔　崇梢　崇榕　崇[illegible]　崇樓
必峴　必焞　必焟　必琅　必玥

普寧侯宗儒
洋國公仲銑　贈右屯衞大將軍仲喜　馮翊侯仲盤
右監門衞大將軍士際　東陽侯士鯁
訓武郎不忮　朝請大夫不求
善觶　善虡　善嶧　善玤
汝虎　汝滂　汝瀀　汝沿　汝賀
崇嵎　崇簇　崇鏊　崇鋈
必玜　必轓

右班殿直士奧　贈右朝散大夫士𧨾
忠訓郎不違　不恌　從事郎不遯　不慓　左朝散郎不化　左朝請
善歸　善拯　善揆　善撿
汝忽　汝習
崇鋙
必釈　必遈

	士褰											
郎不助	武節郎贈從義郎不將				左朝請郎不迎							
	善久				善信	善端	善愭	善邁	善過	善遇		
	汝益	汝復								汝酢		
	崇冡	崇坤	崇奭							崇鐫	崇撫	崇擂
		必盌	必鑽	必鑿								必泮

			武經大夫士永	武經郎士覸						
成忠郎不殉	不兢	不武		保義郎不憚	承信郎不揚					
善賢					善顒	善穎	善額			
							汝欽			
							崇璞		崇琑	
							必邈	必語	必遂	
									良楷	良格

											善顏			
					汝鎮						汝侍	汝堄	汝圤	
			崇坡	崇葢	崇薾	崇菁			崇蕎	崇藥			崇傔	
		必溶	必漉	必溫	必宲	必家	必稟	必宁					必青	必宋
良椽	良樺	良弦						良滏						

					保義郎不愀								
				善獺	善琈								
		汝曨		汝棧	汝巇	汝孀					汝燮	汝焯	汝贊
崇傳	崇咦	崇侏				崇肯	崇脊	崇春	崇育	崇臂			
		必宏	必究							必游			

左班殿直士蘊	武翼郎士檠									
	修職郎不佚	忠翊郎不遽							承信郎不迬	
		善招				善榆			善言	善詣
		汝溫				汝漾	汝涯	汝㶉	汝斆	汝慢
		崇似		崇峻	崇灃					崇熺
		必珪	必瑑	必璜						

									汝陽侯仲午		
					武經郎士篳	朝奉大夫士井			左班殿直士愠		
						從政郎不嫢	不迃	不迷	不矜		
		善謠				善同			善言		善亶
	汝埊	汝囷	汝琁	汝㼖					汝□	汝樂	汝平
崇潪		崇浧								崇□	

									右侍禁士僂		左班殿直士萬
								不代	不屈	從政郎不倚	
										善壽	
汝克	汝宏		汝𢡺			汝恢	汝趲				
	崇憲		崇卑	崇𨏈	崇秫		崇悰				
	必霌	必偃									

				南康侯宗仁	
				太子右內率府副率仲勵	太子右內率府副率仲
右班殿直士輶	忠訓郎士輸	從義郎士賸	乘義郎士彪		
			不邇		

果　景國公仲篪
太子右內率府副率士模　東頭供奉官士富
贈武功大夫不榴　忠翊郎不滯
善彤　善壘　善艮
汝棐　汝恭　汝敉
崇型　崇奩　崇儵　崇傍　崇佗
必汊　必敎　必敫

左侍禁士顒　武德郎士芊
秉義郎不奢　修武郎不惰　武節郎不恬　承節郎不違　成忠郎不乘
善臣　善叶　善譚　善誠
汝辟　汝誠　汝謦　汝爵　汝巽
崇逜　崇譽　崇昔　崇替　崇曆　崇晉
必昨　必遠　必茲　必蒿

贈武功大夫士夔
贈武略大夫不愿
善誘　善湅
汝昂
崇忻　崇惝　崇悅　崇愉　崇怡　崇悓　崇懔　崇憓　崇㤨
必茌　必奉　必迢　必遙　必迂　必邃

成忠郎
善源
汝昇　汝昱　汝哲　汝昇　汝暈　汝昺
崇懊　崇恮　崇慨　崇恍　崇悏　崇怈　崇恫　崇憿
必僎　必念　必作　必遷　必邆　必邏　必遞　必蘊　必趣　必玓　必瑠

不暌

贈武義郎不躐　善濿　汝藥　崇鑒　必璆

善泌

善浧　汝里　崇貫　必瑪

汝蕿　必璣

崇費

崇最

崇賈

崇賛

崇賀

善瀍　汝斂　崇嶠

汝樕

善淙　汝儀

汝优

汝佫

武翼郎不飾　善汲　汝效　崇綉

汝敞

汝軟　崇統

善灈　汝燁

左班殿直士逮

中奉大夫士搴　保義郎不攟

訓武郎不處　善遂　汝寀　崇浸

崇澶

汝髤

汝彙

汝桀　崇棆

崇橡

汝集

成忠郎不讖　善述　汝求

承節郎不尤

不忽

朝請大夫不比　善遽　汝籛

善遠

善途

善還　汝科

汝穮　崇崙

崇峇

忠翊郎士禹

忠訓郎士来　不繆　善錞

善邑　汝顓

善跳　汝買　崇料

崇纖　必紋

必綜

必綨

善從　汝瑜

汝踩　崇詅

崇謬　必俄

秉義郎

士謍
贈修武郎士莊

贈武節大夫不割　不忽　從義郎不薄

善稷　善椆　善斌

汝麒　汝聘　汝彪　汝浡　汝沲　汝逢　汝儉

崇璉　崇膺　崇灶　崇邊　崇遛

必恤　必据　必樿　必猗

良壂　良焄

高密郡東陽侯公仲弓

士韜

不儒

善捷

汝縛　汝僵　汝僂　汝傔　汝傆　汝仉　汝儃　汝琜　必班

崇迗　崇遯　崇遅　崇膜　崇養　崇瀁　崇洏　崇潋　崇濩　崇鄘　崇瀫

必懋　必乘

忠翊郎不茹　成忠郎不投　不蓬　修武郎不蔑

善學　善舉　善贇　善茂　善彬

汝翩　汝翻

崇燥　崇熖　崇燭　崇焆

必鋃　必鉹　必鉚　必鐵

武功大夫士區

不萠　承信郎不荒　不華　修武郎不譖

善柔　善璐

汝翮　汝威

崇焜　崇烊　崇爐　崇爏　崇熸　崇熲　崇烴　崇醮

必鐕　必伏　必儆

			善僪				
			善式	汝仝	崇笶		
					崇軫	必浯	
						必歞	
					崇近		
					崇晳	必乾	
						必勑	良鐈
				汝侌			
			善样				
			善直				
		訓武郎					
		不脛	善剛	汝亨	崇翼		
					崇劭		
					崇企		
				汝卓	崇矗		

					崇籥	
					崇車	
					崇甡	
					崇瑠	必濊
				汝右	崇鍼	必溲
				汝儉	崇羿	
					崇葆	
		不訛				
	左侍禁	保義郎				
	士瑊	不擇				
	忠訓郎					
	士薾					
漢東郡	敦武郎	從義郎				
公仲弗	士馴	不抗	善胃	汝章	崇僻	
					崇俔	

			崇僾	
		汝琤	崇健	必鈿
				必鏁
			崇侊	
			崇僑	
				必銅
			崇浵	
			崇溥	必楙
			崇澌	
			崇灟	必鉛
				必鏶
		汝璔	崇僊	
			崇佛	必濡
			崇俟	
		汝璹	崇從	必鑭

	善甲	汝堅	
		汝道	
		汝煥	崇洴
			崇瀌
			崇滴
	善由		
	善軸		
修職郎			
不佞			
成忠郎			
不侮	善揖		
	善材		
	善楷	汝珣	崇佃
			崇僛
			崇塄

					宣義郎士困				宣教郎士㯮
			承節郎不儛	不倚	不閡	保義郎不闕	左從政郎不戚		
							善奇		
汝緝	汝繗	汝結					汝滯		
							崇櫝	崇櫟	

	簡國公、諡良顯仲談						
右班殿直士誠	贈通議大夫士鷩					左班殿直士守	贈通奉大夫士賛
	成忠郎不腮		朝請大夫不愁		不懕	不辱	右從事郎不𡨴
	善達	善從	善稱	善孯			
	汝瓘	汝囦		汝渡			

		中大夫士鵬								
從政郎不念	通直郎不忿	贈朝散大夫不志								
	善困	善讜							善畬	
		汝究	汝宿			汝宙		汝奭	汝宜	
		崇佩	崇偏	崇倨	崇偖	崇增	崇徼		崇儌	
		必嘔							必沅	必灘

							贈朝議大夫不愚					通直郎
							善訓					
	汝寀		汝竄	汝宮			汝俌					
	崇催	崇偬	崇傺	崇城	崇嵫	崇墾	崇衎					
必汯			必潩	必澫			必焄	必熈	必熏	必焦	必煞	

							高密郡公仲稜		
			秉義郎士錚				贈武翼大夫士堅	敦武郎士忭	
不憓			不愿	承議郎不恐				忠翊郎不侈	承節郎
善謙				善誥		善認			
汝損	汝鈹	汝錤		汝瘖	汝蘋	汝僻			
	崇煁				崇汕				

不侗									修武郎不測				
善紘									善紹	善續			
汝綢				汝詥			汝㥥	汝壎		汝梴	汝杜		
崇汼	崇劉			崇灌	崇瀼	崇逮	崇漨				崇巡	崇遲	崇運
	必鄲	必眮	必晐									必效	

忠翊郎不傍				從義郎不傲							不倨	
善絉	善緯	善續	善繼	善懦							善綵	
汝㑫	汝欑	汝欂	汝桐	汝篪						汝棣	汝徽	汝烝
		崇燎	崇炵	崇焠	崇烽	崇焌	崇烻	崇炯	崇熛			崇勳
		必墷	必垍									必渻

														不倥
										汝羔				
崇禱	崇禳	崇袸	崇衸	崇行	崇瑜			崇澱	崇渾	崇鑿			崇鄉	
		必襲	必槳		必梴		必櫼			必隆	必霽	必霖		
					良賜	良眭								

從義郎士儐
不琪
善庛　善家　善醇　善宛　善亳
汝搴　汝莡　汝莞　汝蓮　汝稽　汝蘻　汝榮　汝橺　汝檦　汝槄
崇稂　崇沁　崇栖　崇稙　崇極

善幸
善枕
武經郎士琨
成忠郎不讜
善縉
汝栢　汝檻　汝柣　汝楬　汝根　汝橅　汝棈　汝樅
崇炦　崇煓　崇熑　崇燻　崇炘　崇煄　崇爈　崇烽
必檏　必聚　必臬

許王房

許王、贈皇太子、謚昭成元僖
二子不及名，以允成子繼其孫。
新平郡王、謚恭靖宗保〔一〕
贈安德軍節度使、謚純僖仲恕
燕國公士盉
忠訓郎不愆
善元

右侍禁宗奭
從義郎士助
不勔
汝梃　汝樸　汝檖

從義郎不偺
善述　善士　善品　善容　善千　善厚　善後
汝得　汝陳　汝見　汝益　汝惠
崇甚　崇瀾　崇注　崇洑　崇濬　崇綡　崇臺　崇襄　崇面
必恂　必昊　必玫　必樋　必橥
良鐗

不傷

善泰　善敘

汝進　汝玖　汝徽

崇春　崇監　崇是　崇慄　崇邑　崇冪　崇芬　崇接　崇抖

必瀾　必湃　必慈　必瀐　必汧　必鈐　必銘　必美　必懥　必忔　必悟　必佯　必懫　必忲

良塈

右侍禁士皁　贈銀青光祿大夫士泊

贈通議大夫不棻

善麟　善瓘　善璿　善瓛　善瑨

汝侔　汝負　汝伸　汝侁

崇拯　崇霸　崇萬　崇湛　崇崴　崇仟　崇潑

必濼　必杯　必杬　必欒　必檗　必犵　必椂

良淌　良塈

朝請大夫不各

善擴　善瓌

汝倭　汝願　汝洟　汝俿　汝袞

崇流　崇汧　崇淲　崇瀘　崇涫　崇溢　崇漩　崇紬　崇繼　崇綖　崇綷　崇惲

必可

彭城侯仲鞠

右侍禁士請　成忠郎士乂　成忠郎士廓　武翼郎士諰

不緻　承節郎不滿　成忠郎不降　武翼郎不革　不數

善浦　善勒

汝矜　汝傞　汝伻

崇湟　崇澗　崇潷

		東頭供	奉官士	熠										
	不抑		贈從義	郎不溢										
善劬				善齊	善掄	善侊			善忱			善愉		
					汝倰	汝顯	汝俰	汝仜	汝俟			汝倦	汝偲	
									崇歋	崇驌	崇庬		崇隴	崇郝
											必賁			

		武經郎	士詮											
	不濡	忠訓郎	不磷				忠翊郎	不備						
善替	善嗣		善吟	善唐	善逥	善同		善遙	善遯	善蘧			善運	
			汝頑	汝鏻					汝萃	汝芟	汝苯	汝蒖	汝塼	
			崇住						崇衡	崇淩	崇俙	崇倅	崇傆	崇僎

						漢東郡	公仲杵							榮州防
						右班殿	直士曖	右班殿	直士鶮	右侍禁	士劉	右班殿	直士嗶	
		訓武郎	不砆		不懦									
			善奕	善享										
	汝嫂													
崇憮														

禦使仲	諗
右班殿	直士禒

校勘記

〔一〕恭靖　原作「泰靖」，據宋會要禮五八之八四、東都事略卷一五昭成太子元僖傳改。

宋史卷二百二十八

表第十九

宗室世系十四

商王房

商王、諡恭靖元份		
信安郡王、諡僖簡允寧		
韓王、〔一〕諡榮恩宗諤		
贈左領軍衞將軍仲伉	惠國公仲迁	
太子右內率府副率士		

丘	太子右內率府副率士藪							
不揆	修武郎不違							
善廉								
汝泗	汝潤							
崇埊	崇尌	崇嵎	崇峽	崇戜	崇烋	崇廣	崇燀	崇焫

贈右朝奉大夫士寔	秉義郎						
贈右朝請大夫不華	宣教郎不諌						
善政	善敎	善辨	善戎	善弌			
汝灝	汝川	汝騁	汝解	汝經	汝績	汝方	汝文
崇德							
必鐇	必聽						

惠國公、諡敦孝仲越				
士奧	贈保廒軍郎公衞〔二〕房國公、諡良僖士甯			
三班奉職不擇	從義郎不陂			
善涖				
汝能	汝堅			
崇獻	崇太	崇乂		
必遂	必還	必迹	必達	必違
良和	良宏			

崇奐 崇夷 崇史 崇奕 崇突 崇交 崇筴 崇奮

必迹 必逌 必運 必蕙 必蓬 必玶 必玑 必璿 必珇

良衛 良璡

汝諸 汝申

崇臾 崇猷 崇賜 崇夙 崇久

必淑 必浥 必鏌 必鏵

良傑 良徹 良侑 良信 良仲 良价 良侑 良偖 良侮 良瀹

友杯 友集 友渝 友坦

忠訓郎不倨 保義郎不柔 忠訓郎不忐 成忠郎不惐

善孝 善長 善學

崇蓁 崇官

必鋂 必鋙

良璲 良璓 良橺 良橑

左藏庫副使士塚 內殿承制士垺 武翼郎士僊

忠翊郎不溢 保義郎不煬 不耀 忠訓郎不器 承節郎不古 不比

善珪 善理

贈通議大夫士霎
不朋　承節郎不回　左中奉大夫不溢
善膺　善卞　善康　善庥　善瑄
汝咨　汝鸞　汝評　汝甯　汝莘　汝榴
崇鐔　崇蓉　崇僠　崇偘
必循　必泰　必亨　必奕　必遷
良緝　良維　良繹

善琦
汝楡　汝傑
崇啟　崇寀　崇喦　崇嵆　崇豆　崇衢　崇惪
必昌　必庢　必庲　必裂　必瑢　必懹　必悤　必烝　必愿　必□　必賓　必宮　必懃
良縉　良綬　良綵　良纚

太子右內率府副率仲鸞　成王、謚孝良
贈眉州防禦使
武德郎
汝楗
崇則　崇訃　崇芈　崇中
必邁　必造　必遷　必遵　必遹　必依　必致
良坪　良統

譬
士詸
不同
善諫　善謀
汝可　汝諏
崇極　崇積　崇松　崇檕　崇枝　崇念　崇怹
必乘　必楷　必榗　必椨　必倪　必候　必充　必沸　必浧　必漸
良杆　良極　良檯

														成忠郎不凡
										善言	善詥			善詢
汝賫				汝篔							汝燓	汝奚		
崇僤	崇儥		崇鏵	崇逌	崇憁	崇悉	崇懸		崇態					
	必曁	必垹	必朶				必微	必彿	必衢					

不俗		保義郎不武											右迪功郎不役	
		善議	善恩										善覞	善拜
			汝琡					汝瑔		汝玐			汝龐	汝關
			崇丕	崇鑄			崇鏞	崇鉻	崇銕	崇鐫			崇顯	崇錞
				必濂	必泗	必泓				必淳	必淞			必樓

表第十九　宗室世系十四

												成忠郎不廢		忠訓郎不由
														善經
			汝粟	汝替				汝咆		汝蒻				汝端
		崇義		崇善	崇銂	崇鐃	崇銀	崇鑾	崇鑿					崇謜
必恂	必榴													必儲

宋史卷二百二十八

														保義郎不婓
										汝綜	汝綰			
	崇諰				崇諆			崇譜		崇謰	崇諸	崇謉		
必弇	必備	必健	必倶	必侊	必儻	必併	必儅	必偤	必佯	必僝				

不朋　武翼郎不廑　武經郎不勢
善戈　善瀷　善評　善噺　善紘　善譸　善廩　善鍧
汝方　汝文　汝陸　汝偶　汝作　汝儆　汝佗　汝昌　汝珉　汝瑹
崇德　崇烰　崇爛　崇崧
必燸
良珣

左班殿直士譒　左中大夫士穟
不迷　不言　武德郎不邪　右儒林郎不頤
善迂
汝稑　汝孺　汝謍　汝辯
崇慕　崇淩　崇沛
必瓘　必琁　必現

贈武翼大夫士竘
右從事郎不降　武經郎不徽　修武郎不頏
善時　善式　善逑　善遒　善這
汝訣　汝譻　汝訏　汝芳　汝諴　汝諫
崇筐　崇篆　崇褓　崇撫

贈左中奉大夫忠翊郎
不凋
善遴　善德　善侹　善迪
汝諜　汝昝　汝儹　汝灝　汝壍
崇槤　崇拚　崇擽　崇鋅　崇鍋　崇銻　崇鋇　崇鏶　崇太　崇夯
必嚋　必時　必噪　必埏　必德

贈正奉												士嵦
											贈正義大夫不衰	不彈
											善俊	
	汝聿						汝濟	汝就		汝將	汝正	
		崇苕	崇萱	崇禛		崇滂	崇信			崇涌	崇遮	
					必焠	必塘			必相	必樲	必鎵	
										良熠		

													大夫士靖
													左朝請郎不退
													善宿
	汝倘					汝像		汝俟					汝伯
	崇擢	崇扶	崇撫	崇掄	崇摠	崇楷	崇撙	崇握		崇楷	崇柄	崇格	崇操
必珁	必瑚		必濛						必歐	必磷			
	良鑯		良璪										

				贈蘄州防禦使不迮								
				善宓								
汝僛	汝復	汝侅	汝儻	汝佚								
				崇璿	崇採	崇挺				崇捷	崇時	
							必炷	必熷	必燔	必炂	必烟	必玢
									良璵			

						善官			善僚					
汝琳		汝瓔				汝璲	汝垶	汝僡	汝例	汝侐	汝淞	汝偫	汝儴	汝偣
	崇莡	崇逃	崇適	崇遶	崇迁	崇遳	崇瓈							
							必傑							

西頭供奉官士

不昬　不逆　從義郎不逾

善介　善宁　善宋　善託

汝璿　汝芜　汝瑫　汝玗　汝硑　汝碻　汝泉　汝褩

崇陝　崇穃　崇遷

必瀧　必澶

悰　左朝請大夫、直秘閣士源　修武郎士端

左迪功郎不瘯〔三〕　將仕郎不邅　不嚚　贈奉直大夫不琢

善監　善鑢

汝度　汝易　汝导

崇止　崇惜　崇炯　崇烶

善鉞

汝耆　汝嚥　汝暎　汝昛　汝倈　汝弇　汝徔

崇煠　崇榦　崇橉　崇檡　崇滕　崇臛　崇肵　崇盬　崇朏　崇儷　崇樜　崇訋

必垸　必賨

善鍠　善鐩　善鈵　善銳

汝儵　汝罨　汝磻　汝淶　汝砉　汝彤　汝誄　汝逃　汝濵

崇旌　崇汴　崇流　崇膳　崇篚　崇骼　崇傻　崇徽　崇磐

少師、通義侯仲料
左班殿直士洮　贈左通議大夫士陴
訓武郎不漏　贈太中大夫不舟
善鉊　善鉞　善鐩　善鉤　善簡　善時　善敏
汝濰　汝蚑　汝率　汝詨　汝謪　汝膾　汝瞢　汝宜　汝良　汝玉　汝暫
崇瓇　崇騂　崇昐　崇臙　崇膽　崇令　崇巳　崇報　崇昌
必言　必克　必埽　必仁　必照　必沖　必梓　必濼　必滢
良珅　良琎　良瓊

善淵　善應　善養
汝俔　汝侙
崇素　崇冠　崇綰　崇蘊　崇掮　崇誧　崇楧　崇樺　崇檜　崇槣　崇杠　崇櫚
必槿　必洗　必儔　必綽　必讜　必址　必甃　必許　必儆　必儋　必僐　必价　必傈　必仉　必僐　必佞　必佚　必津　必機　必極　必汯　必敵
良鏞　良玞

					善殊			善貸	善從					
汝僱			汝伊	汝値	汝祈				汝灼					
崇齊	崇率	崇腕		崇滓	崇憖	崇東			崇書		崇抍		崇翾	
必習					必謐	必訒	必迖		必訢	必諶	必倘	必儴	必欘	必杜

			贈朝議大夫不傲											
			善期								善鉉			
			汝乙								汝鏞		汝重	
崇徥			崇範					崇簠			崇作		崇偞	崇雍
			必輝	必聽	必待	必適	必揚	必遷	必邅	必逃	必曄	必煠		
					良瑅	良瘠								

											右從事郎不俚			
								善嵤	善炤		善曒			
		汝杓	汝圻	汝燉			汝澣				汝万			
崇舒	崇彰			崇坌	崇偶	崇課					崇晙	崇禩	崇宜	
				必遅								必像	必什	必俟

					贈朝奉郎不倚									
					善修									
汝租	汝衢				汝燧				汝犟			汝張		汝傂
崇祫	崇坻	崇垎	崇圩		崇禥				崇適			崇焿	崇藴	
					必受			必㻩	必廖	必膺	必庾		必矓	
					良胥	良淞	良潍							

善郢
汝辛　汝俉　汝筐　汝棨
崇浌　崇邃　崇遃　崇遲　崇遼　崇𨑨　崇途　崇逡　崇邏
必玗　必珩　必瑲　必玖　必瑒

贈朝奉郎不伐　右修武郎不爲
善利　善齡　善䄙
汝潤　汝湆　汝沚　汝溪
崇粹　崇椿　崇煇　崇訓　崇堅
必嶧　必燦　必鉦　必鐮　必錄　必梓　必侅　必榛　必傆
良福　良祿　良坤　良天　良汜　良衢

徐州觀察使仲仰
敦武郎士觧　左班殿直士招　武翼郎士謙
保義郎不夸　不求　保義郎不吝　成忠郎不衮
善繼　善思　善譢
汝伴　汝傭
崇埜　崇芾　崇寵　崇舜
必愿　必憲　必遷　必莚　必恬　必迎　必瑑

北海侯仲維
忠訓郎士擬　忠翊郎士依　成忠郎士脩　成忠郎士學　贈正議大夫士彭
贈中散大夫不漸
善瑽　善石
汝東　汝冡　汝宥　汝詫　汝禹
崇涼

善夙		善務			善悟			善視						
		汝嗎	汝恍	汝悃	汝儋	汝翃	汝禊	汝唯	汝軒	汝咏				汝嘻
	崇稊	崇秸		崇襂				崇福			崇祠	崇禱	崇衔	崇價
													必瑋	

				右奉議郎不同										
				善訦		善廙	善閶	善浇	善撰		善燧	善準	善徙	善逌
	汝栗			汝揆		汝虒		汝恬		汝琉	汝塝	汝治	汝律	汝圜
崇鶱	崇瞰	崇昝	崇當	崇最										
		必韡												

													武翼大夫士和	
						右文林郎不瀾							右從政郎不泛	
善谷						善介							善森	
汝最		汝禴	汝蘓		汝禮	汝檄		汝遈	汝惿	汝矍		汝參	汝晁	
崇玅	崇櫟	崇譁		崇䶵	崇詆			崇邊			崇伸	崇僔		

武經大														
	不湮					武翼郎不漂								
			善懢		善僉	善采		善侖	善公				善只	善必
			汝坳	汝清	汝晟			汝晅		汝莕	汝昇	汝鄁	汝星	
		崇鑠	崇鐳	崇蒸	崇鄉									

夫士穀											武經大儒林郎	夫士津		
不危	不迯	修武郎	不訒		武翼郎	不詵						不湢		
			善嵤			善忈	善懃		善想	善悠		善牅	善榼	善㮒
			汝蘦				汝芨	汝蘘				汝俙		
			崇榀	崇楪										

				從義郎	不淄									忠訓郎
善榕		善瓛	善瑠		善櫛	善槦	善楠		善梓			善摞	善拱	
汝偟	汝偺		汝徲			汝瑭	汝樽	汝烇	汝柰	汝磔	汝厲			
											崇紐			

						武節郎	士陽							
不淒				忠翊郎	不淪	右迪功郎	不諟		保義郎	不謗	承信郎	不詘		
善瑰	善弌						善綿					善枋	善枌	善懷
	汝方	汝杲	汝諒				汝岭	汝稑						
								崇隨						

			會稽侯	宗敏										
			呂國公	諡思仲	騑									
	武經郎	士揣	贈保安	軍節度	使高密	郡公士	慼							
	承節郎	不隊				三班奉	職不求	武翼大	夫不愚					
善枱		善傃							善祥					
		汝壁							汝舟					
									崇固					
									必篴					
									良呂					良賢
									友棟	友柯	友桂	友槐	友檜	

贈武德郎不惑

善畜

汝忪　汝雷

崇烈　崇熹　崇廌　崇熏

必遳　必明　必彣　必珍　必儁　必俛　必垎　必僦　必倏

良緗　良臣　良淏

友賀

太子右內率府副率士齒　右班殿直士頒　贈武翼

三班奉職不踰　不渝　不盈　贈金紫

善太　善異

汝玘　汝琪

崇湡　崇洍

大夫士趨

光祿大夫不尤

善悉　善洩　善点

汝鐸　汝巖　汝郯　汝鑽　汝駉　汝鈜　汝鋋　汝鑭　汝舒　汝釬

崇晤　崇汚　崇泗　崇挻　崇援　崇謄　崇幵　崇遷　崇璃　崇靚　崇藂

必垚　必邃　必遨　必儺

武翼大夫士勿

不冗　承節郎不溢

善昊　善義　善長

汝鐫　汝鏄　汝鑷　汝鉘　汝銈　汝瞷　汝錫　汝丹

崇滕　崇膝　崇溫　崇濟　崇瀍　崇濟　崇通　崇激　崇涇　崇罄　崇漯　崇廍

必捷　必棹　必瑜

1	2	3	4	5	6	7	8	9	10	11	12	13	14	15
											善興	善堃		
												汝正		汝醷
						崇明						崇橡	崇㬎	
必瓛	必瑶				必堤	必琚		必曨						
良樋	良楫	良持	良槔	良樬		良杷	良榫	良橡	良櫰	良榛				
						友烇				友燻				

1	2	3	4	5	6	7	8	9	10	11	12	13	14	15	16
								太子右	內率府	副率仲	通	博陵郡	公仲伋		
													馮翊侯	士蓊	北海侯
		秉義郎	不危	忠翊郎	不類								右班殿	直不侮	修武郎
					善碩										
汝亭					汝琻	汝烈	汝憓								
崇棨	崇驥				崇棚										

1	2	3	4	5	6	7	8	9	10	11	12	13	14	15
士倞														
不惕														
善德										善嘉				
汝霖				汝彩				汝霔	汝霌	汝南	汝倘			
崇流		崇佐		崇樊							崇微	崇信		
必滌	必啓	必銲	必能	必玠	必瓚	必瓖	必璪					必桒		
				良杼		良櫨						良明	良茝	良蕾

1	2	3	4	5	6	7	8	9	10	11	12	13	14	15
		善轂												
		汝明	汝樒											
			崇脩	崇重			崇忠			崇亢	崇珣			
			必琳	必昂	必潭	必灊	必□			必琛	必瑙	必琢		
良英	良方		良鎰	良軜	良俙		良鍵	良鏉	良金		良鈞	良錦	良鏁	良錠

	清源侯	士郢				武節郎	士婁							
	忠翊郎	不思	忠翊郎	不麟	不習	朝散郎	不約							
				善旍			善述			善適	善逵			
汝錢							汝閭				汝陟			
							崇皓	崇曤	崇皚		崇戊	崇儽		
								必瑾	必瑫			必闢		必闓
												良洭	良涓	

									博陵郡	公仲濬				
				東頭供	奉官士	彤	左班殿	直士苞	南陽侯	士屒				
		承節郎	不移						武節大	夫不器				
善達	善遵									善能				
										汝弼				
										崇遠				
										必備				必佐
										良瑾			良燋	良鑠
										友昭	友曈	友畋		

												善言		
												汝運		
												崇敵		
	必倞	必健							必保			必諮	必證	必才
良錞		良鉼			良鉎		良鐔	良鋪	良鎈	良翃	良鍊	良環	良琟	
		友渶	友淳	友澆	友潙	友佪					友淀	友畣		

										西頭供	奉官士	遈	敦武郎	士僞
	右侍禁	不黨	從義郎	不越	保義郎	不愊							承節郎	不愿
						善進	善淵	善婉	善學					
崇晏														

				仲突	謚榮良	榮國公、								
				士歡	越國公							士鋌	修武郎	
			不諒	開國男	天水郡		不倦		不閱	承信郎		不茹	保義郎	不篆
		善問	善建						善禮		善迷	善扣		善珪
		汝翼							汝甸					
		崇徹						崇眒	崇聘					
必瑑		必塋												
	良瑧	良恢												
		友儒												

									不妄	武翼郎	不羣	修武郎	夫不儘	朝請大
善淵			善能						善應					
汝丙			汝襄					汝嬰	汝暹					
崇懸	崇犀	崇遶	崇昆			崇澧	崇霖	崇兗						
必鍪	必瑠	必晞	必闢	必琡	必焆	必芹								
良鍨		良珪	良鑑											

表第十九　宗室世系十四

						忌	大夫不	贈朝散						
					善建	善瑞			善信		善治			
					汝瑄						汝熔			
崇介		崇章			崇璟					崇簡	崇執	崇息	崇意	
	必涑	必因	必秀	必傑	必遷								必裯	必朴
		良俛	良佃											

宋史卷二百二十八

	汝簾	汝絣				汝雄								汝弌
	崇畢				崇瑭	崇瓘								崇汰
必鎰	必極		必催		必佰						必澤	必遜		必淳
				良櫧	良楠		良幹	良梂		良杰	良弼		良琮	良瑤
									友瀾	友諒				

						善繼						善緡		
				汝賢		汝讜						汝璉		汝琛
		崇芮	崇鑄	崇容	崇諒	崇註				崇唱	崇料	崇賚	崇何	崇位
必揔	必擌				必樫	必諾	必面		必醇	必□	必扯			必果
							良璜	良珥		良珂				

						左朝請大夫不搖						
						善濟						
汝薖		汝理				汝怟				汝暕		
崇僙	崇潑	崇傈		崇泆	崇涒	崇浵	崇廈	崇淙	崇滋	崇諗		
		必擢	必括	必莒		必璹				必榫	必柠	必儲
						良柄						

											贈承議郎士諓	
											不渝	秉義郎不黨
	善淳											善端
汝譏	汝穀	汝旃							汝柜	汝松		
崇棟		崇瑖	崇潔		崇敷	崇啡	崇賏	崇鳴	崇佪	崇炌		
		必瑎	必復	必珂								

	朝奉郎不將												
善掘	善假	善儒											
		汝款	汝晫										
			崇澺							崇溱			
			必穗	必積	必穆	必穎	必稠	必穜	必稔	必禎		必祝	必禱
			良智	良棺						良琳	良珊		

善僣
汝皓
崇漸　崇詵　崇諒
必閎　必闓　必靖　必鈫　必湒　必江　必速
良倈　良纁　良瑋　良瑠　良琥　良玗　良璉　良珥　良珆　良棐

崇證　崇讙　崇誘
必迓　必遉　必遂　必寵　必遄　必遴　必遒
良瑰　良瑷　良琊　良琀　良琪　良珍　良璥　良珌　良瑕　良玏　良璗　良瑀
友鑣　友鐠

不迎
善仕　善喻
汝曠　汝峻　汝岗
崇宣　崇鐂　崇鏥　崇鑣　崇鎊　崇鏻　崇鑛　崇錢
必遲　必逌　必遬　必迮　必瑾　必瓖　必瑡
良瑜

左侍禁忠翊郎士鞬
不固　不愧
善柔　善褫
汝雀　汝鼎　汝頎　汝隆　汝修
崇鐳　崇鍔　崇營　崇豊　崇迨　崇逾
必滌　必灃　必湑　必浒　必宦
良松　良檜　良樧　良棵　良基　良壓

善允

汝名　汝玭　汝翊　汝璵　汝城　汝珽

崇勉　崇導　崇墮　崇繻　崇綠　崇緻　崇縓　崇纓　崇晞　崇砥

必宛　必宿　必伀　必灑　必瀅　必鑪　必橾　必墠　必境　必墫

良梈　良槪

修武郎士喈

不倚　忠翊郎不俁　武翼郎不俍

善時　善昉　善曬　善昭　善暒　善晫　善宙　善論　善穟

汝釪　汝岩　汝儀　汝狄　汝摧　汝掌

崇境　崇侈

秉義郎士嗑　贈朝請郎士畀

承節郎不瞰　武翼郎不忽　從事郎不隱

善縉　善潼　善灌　善沫　善瓏

汝鏸　汝墐　汝環　汝汎　汝玩　汝珆　汝鏳　汝藝

崇漊　崇激　崇榆

必稷

從義郎不陰

善殼　善輕　善軋

汝溢　汝枌　汝怨　汝讟　汝鮕　汝悆　汝思　汝鬖

崇調　崇誦　崇誀　崇諓　崇鎌

必瑠　必棎　必鏦　必鍭　必舒　必玏

						從義郎不費						不櫰	不邅
						善焚							
	汝甗					汝鎊			汝溥	汝稪			
	崇鋞	崇鍜	崇鑬	崇鐎	崇鏌	崇德	崇徽		崇榘	崇鈹	崇鍪		
必琗						必湖	必遂	必遣	必柊				

朝議大夫不橋											訓武郎不鹹	
善沛							善潢				善灝	
汝郜	汝鄘						汝灺	汝煠			汝榎	
崇衢	崇逾	崇徊	崇袖	崇徝	崇得	崇偎	崇彿				崇賁	崇晨
		必健										必壐

			武德郎士諷									
		不窮	從義郎不執									
			善壽	善誘		善舉	善野				善悛	善揚
				汝翽		汝湯	汝億			汝術		
	崇暈	崇坐		崇袷		崇穠	崇權		崇樵			
必憲				必渝	必溽		必堪	必消	必鍛			
					良嚛		良榴					

							武節郎士稭						
							秉義郎不佁						
善勝							善㢋			善庚			善府
汝迵		汝遞					汝晨	汝昆	汝昊	汝熊			
崇曠		崇曚	崇晗	崇曦	崇暸	崇曈		崇垣		崇榔	崇橙	崇科	
必崎	必畤			必沌						必謰	必介		

						武節郎士歏					
				從義郎不竭	成忠郎不讀	忠訓郎不危					
善庡						善淵	善適	善昌			善智
汝鉾		汝濂	汝壇					汝蒼	汝旹		
崇脉	崇叶							崇賫	崇顏		
								必曨	必橙	必梆	

善呐										善厇				
汝若			汝亶				汝滌			汝北				
崇悳		崇德	崇愁		崇勢		崇恩	崇忩	崇悠	崇鑽			崇銆	崇昳
必諄	必詶	必靚	必焌	必熲	必通	必鐺	必惚		必誐	必熊	必惟	必忡		
良佰														

									左文林郎不斂			
	善琯			善卦					善鄰		善祁	善郁
	汝葢	汝珉	汝濯	汝蹬	汝跋	汝玘			汝擽			
崇賊	崇坐		崇遑		崇欒	崇濡	崇惹	崇愬	崇沛			
			必佛						必播	必操	必擠	

			武經郎士潔										
			成忠郎不芥										
善鄂	善都	善邘	善榮										
			汝豪			汝宴				汝庽			汝衫
			崇琣	崇設	崇診	崇鐠	崇錟	崇鏠	崇鉚	崇纚	崇絉	崇練	崇緣
								必疆					

順國公、諡惠穆仲當			
從義郎士鈺	修武郎士權	從義郎士宓	太子右內率府副率士
不耀			
汝裒	汝衿	汝褒	汝袷
崇縫	崇託		

轢	華英侯士蒲	朝請大夫士橆				
朝請郎不遲	儒林郎不處	迪功郎不逆	右從政郎不騫			
善仁	善義	善禮	善時	善明	善昭	善襲
汝洵	汝渼					
崇种						
必琛	必玔					

善菸	善襄							
汝膰	汝奇	汝戩	汝望					
崇祉	崇來	崇恂	崇禪	崇味	崇嚛	崇舟	崇嶤	
必栓	必橙	必枝	必枰	必柘	必許	必淮	必濠	必憀

朝奉郎士數									
不淪	訓武郎不動								
善袞	善□	善元	善良						
汝河	汝□	汝問	汝鏃						
崇悁	崇部	崇侮	崇伏	崇俙	崇遙	崇僥	崇侏	崇儗	
必復	必瑨	必瑯	必壣	必璘	必坪	必珥	必璯	必璃	必琥
良鎘									

忠訓郎					不燿	保義郎	不鑠	承信郎						
				善瑭	善墍									
			汝嚴	汝磺										
	崇邋	崇溥	崇弅	崇庠										崇俑
									必晙	必昭	必哄	必噪	必咮	必噒

士磨	武翼郎	士澤	武翼郎											
不疑	承節郎													不械
善嘉				善忨			善逭					善降	善言	善勒
汝謀				汝愛			汝杋	汝辱				汝悰		
				崇恲			崇鄧	崇曾	崇瓀		崇求	崇蹇		
					必湳	必激	必彪		必潒	必滜	必洶			

不礙	承節郎	不挫	不擬	不凝										
善學														
汝隍					汝誥								汝誕	汝諫
崇遮					崇侔	崇𠏉		崇儕	崇偓	崇偶	崇偕	崇杞	崇檜	崇初
必阶							必栘	必榕		必滌	必橡		必棣	
良熹														

							士玖	從義郎		士侗	從義郎			
	不縱	忠翊郎	不紆	承節郎			不綠	成忠郎	不貳	不玷	承信郎	不苟	不技	
	善衆				善舉	善式	善遷							
	汝還				汝侈	汝枋								
崇穮	崇琥				崇鍄									
必坐														必竣

嘉國公仲暹

右班殿直士檣　忠訓郎士枋　右班殿直士鍪　承義郎士蹇　太子右監門率府副率

不綺　不謁　不邪　不迴

必垄

良艘

士緱　保義郎士頎

訓武郎不他

善信　善遲　善揚　善舉　善彙

汝幾　汝麗　汝襄　汝窺　汝楫　汝騤

崇禘　崇福　崇珞　崇璩　崇浩　崇禮

必坡　必偟　必備　必侍　必儇

良腆

奉議郎不爲　保義郎不怍　修武郎不懋

善隆　善戎　善彰　善璐

汝杰　汝俁　汝涂　汝方　汝怡

崇籛　崇倅　崇伐　崇枳　崇簣

必鑑　必鈵　必淦　必濮　必涉　必汰

良機

成忠郎不易

善純　善南　善楟

汝迁　汝冷　汝徽　汝玧

崇端　崇篁　崇箐　崇恂　崇恬　崇江　崇湔　崇泙　崇滑

必瀷　必溏　必瀲　必師　必檠　必鈏　必鑲　必鐳　必鈴　必鋝　必錘　必鋼

											奉議郎士晞	
			承節郎不矜								秉義郎不忮	
			善政			善嚴					善裕	
		汝瑢	汝宴			汝苯			汝蘧	汝藾	汝訓	汝說
崇漉	崇洋	崇浒	崇鉹		崇駓	崇虆	崇薇	崇蓴			崇偶	
	必濘		必璟	必壚								

					承信郎不惕	不怯	忠翊郎不憚			不悚	承信郎不慴
	善祜	善祐					善堂				
汝敬		汝噭					汝嵩				
		崇謳		崇譁			崇㬎		崇絲		
		必球	必端				必富	必畐			

			贈武郎士猗							
不懷	不愠	不懼	左朝奉大夫不已			不貳	保義郎不回	修武郎不肆		
			善信	善修	善言			善珈	善瓊	善璩
										汝金

				武翼郎士旽			從義郎士苯					
				不斁			成忠郎不庛					
				善逃	善道	善進	善後	善循	善窾		善扈	
汝錆	汝錕			汝聞					汝越	汝使	汝鉌	汝道
	崇汧	崇瀠	崇漵	崇嵚					崇著			崇鋼

忠翊郎不滯　承節郎不優　承節郎不屈

善執　善鷹　善槊　善智

汝冠　汝佪　汝廥　汝汋　汝其　汝雅

崇祾　崇豰　崇捍　崇拓

修武郎士儉

修武郎不諫　不瑑

善從　善笪　善炳　善誠

汝棨　汝夔　汝嘌　汝濱　汝徑　汝花　汝偈

崇遡　崇菆　崇縉　崇迅　崇邃　崇廻

必鏞　必銑　必鑛

汝代　汝便

崇遏　崇逢　崇迡　崇遼　崇遢　崇週　崇渣

必鏵　必鐦　必錸　必釗　必伶　必倸　必銳　必瞇　必暎　必睞　必睃　必堅　必宮　必賽

承信郎不珣　承節郎不玷

善學

汝懟　汝慰

崇誕　崇宭　崇訊　崇詔　崇優　崇僮

必宧　必恭　必祈　必祉　必浒　必映　必瀆　必瀘

良野　良塑

善	善達　善積
汝	汝慕　汝惑　汝懦　汝上　汝僾　汝尋
崇	崇鑣　崇殊　崇鏽　崇槤　崇就　崇愳　崇珝　崇釗　崇鋒　崇銀
必	必皞　必僾　必拾　必涓　必鑽　必沂　必銅　必洤　必潑　必江　必洟　必激

士	武翼郎士稭
不	不缺　承節郎不詖　不讖
善	善旺
汝	汝洵　汝照　汝昀
崇	崇鈇　崇挾　崇樓　崇楪　崇楤　崇攜　崇孺　崇琮　崇硢
必	必浚　必鄉　必票　必沐　必烷　必庚　必庾　必鑠　必棋
良	良塞

不	不譫　不謠　贈通直郎不晦
善	善費　善舉　善譽
汝	汝焌　汝博　汝儲　汝備
崇	崇硝　崇礒　崇揆　崇据　崇鞏　崇揄　崇摠
必	必梓　必淹　必埉　必堛　必圭　必塡　必洌　必塼
良	良懋　良櫟

善	善懋
汝	汝僐　汝儌　汝喬　汝忝
崇	崇攎　崇掾　崇攄　崇抑　崇拭　崇撢　崇栬　崇筠　崇算　崇箕　崇贊　崇籈　崇築
必	必埨　必壙

從事郎士遝	成忠郎士纍	右班殿直士清	武翼大夫士武			
不慦	不忒					
善巹						
汝偃	汝籦	汝佯	汝假			
崇畋	崇覞	崇曈	崇垡			
必瀐						

不曾	不惑	不息	從義郎不憖	成忠郎		
善擇	善撥	善攥				
汝宅	汝僖	汝憮	汝懼	汝僕	汝衙	汝僻
崇繪	崇紞	崇絺	崇鍫			
必烈	必念	必惪	必慈	必薏		

不懸	從義郎不惄	承信郎不愸			
善扔	善揔	善折	善格	善析	善樾
汝皦	汝僂	汝佪	汝遒	汝邅	汝迮
崇鍫	崇鈋	崇鉒	崇鈔	崇紋	
必礒	必硫				

成忠郎士引					
承信郎不葸	不億				
善撓	善拐	善襟	善揀	善撫	善擞
汝鍊	汝䌷	汝稞	汝循	汝樛	汝綡
崇紵	崇縱	崇緆	崇纏	崇縛	

校勘記

〔一〕韓王　「韓」原作「朝」，據本書卷二四五商王元份傳、宋大詔令集卷五〇皇伯宗諤贈太尉韓王制改。

〔二〕保厰軍郎公衞　查宋代文獻中未見有此官，而宋會要帝系三之二二載，宗室追封房國公、贈保康軍節度使的例子屢見。本條下文封號正是房國公，「厰」和「康」、「郎」和「節」的字形也相似，此處疑是「保康軍節度使」之訛。

〔三〕左迪功郎不癒　「郎」字原脫，據本書卷一六九職官志補。

元　脱脱　等撰

宋史

第二一册

卷二二九至卷二三一（表）

中華書局

宋史卷二百二十九

表第二十

宗室世系十五〔一〕

	欽國公、諡密靖仲胡				
武經郎士挹		修武郎士瀸			
		成忠郎不學	訓武郎不居		
		善元	善勈		
			汝必	汝璐	汝琦
			崇僊		

														不遲
		善助	善勛							善勵		善劼	善勬	善勔
汝璘	汝琲		汝璪							汝瑒	汝玷	汝瓚		汝晃
	崇茇		崇準				崇繩	崇丕	崇宰	崇汰	崇侄	崇衛	崇衡	崇迢
			必爟	必爆	必烰	必煊	必藘	必垟				必肓		必玫

								武翼郎士㙽						
						不佞		修武郎不朋						不疑
								善志					善沸	善迣
								汝遷	汝爕			汝桼	汝旌	
			崇懞	崇懕	崇憓	崇愿			崇潬	崇瀎	崇浓	崇栒		
必地	必坤	必壥		必墾										

														贈武經郎士㥶
								不虛		忠翊郎不誣		不傾		修武郎不佛
善鍔			善矼		善良	善榔				善江	善潞	善頫		善淵
汝命	汝置	汝孠	汝廮	汝峼		汝績	汝緗							汝嚞
崇瓓														崇果
														必僬

						秉義郎	士曄					左侍禁	士値	修武郎
	保義郎	不恍		不懆	不慴		不博		不倦		不非			
		善修					善縱		善治					
		汝劃	汝紡				汝爛		汝千	汝諸				
崇析			崇煇				崇滉	崇橡	崇適					
								必鑄						

士跡	武翼郎	士栩												
不吝	贈宣義	郎不崖												
善積		善溥											善仲	
汝雨		汝儁						汝惧					汝論	汝設
		崇禪	崇梶	崇椇		崇櫛	崇櫃	崇桯				崇榴	崇堭	
				必瑛	必珽		必墈	必玉	必璽	必堅	必堭			
					良翁									

					忠訓郎	士逍	修武郎	士還						
			不躬	不譏			承信郎	不必				不思		
								善錯	善溢	善膠		善年		
汝語	汝詞	汝記								汝褕	汝服	汝絺	汝殖	汝璲
崇垚	崇璪	崇塘										崇曨	崇灑	
	必涅													

		武節大	夫士過										武經大	夫士隆
			不粗	贈宣教	郎不撥					不柔	忠訓郎	不晝	秉義郎	不汳
	善悉				善適					善道				
汝愸	汝徇				汝沃	汝瀵	汝湉	汝沲	汝淤	汝盪				
崇企	崇嚳				崇勱	崇枘		崇峍						
					必晀									

忠翊郎	不殄							不殞				武翼大	夫不忘	
	善倜	善倚					善莅	善譃					善奭	善羿
		汝銖	汝鏑	汝鋌	汝鐵		汝鏵	汝蓍	汝盟		汝溢			
		崇澪			崇澳	崇儆			崇佫	崇埗	崇壂			

						迪功郎	不沵			不俖				
善徯				善蓺	善祇		善岦	善窜	善賽	善賨	善戒	善遨		善奇
汝柢	汝橓	汝棡	汝榴	汝核								汝畬	汝慶	

			臨汝侯	宗孟	舒王、謚	安孝宗	廱							
					華原郡	公、謚僖	節仲先							
						華陰侯	士稷							
	不倭					商國公	不屈				訓武郎	不濁	宣教郎	不辱
善佼							善通	善膺	善巘					
									汝詷	汝躬				
										崇轗	崇樸			

							武功郎	士膌						
贈武經	大夫不	泯						不滄	秉義郎	不瀆	成忠郎	不汨		
		善虎		善豹								善梜	善山	
		汝樘		汝誅		汝說							汝眠	
		崇檷	崇此	崇現	崇斯	崇琬							崇逮	崇遨

							東頭供奉官士然							
						不涸		忠訓郎不溢		武翼郎不愭				
		善峻									善孚			
	汝逸	汝恤	汝懷	汝惔	汝愼						汝奮			
崇造											崇諫	崇晤		崇暌
											必淫	必憙	必憲	必董
											良鍪			

	汝闓	汝翌		汝憕			汝白	汝悳				汝遽	汝嶠	
崇昕	崇嚼	崇昇	崇璗	崇暄	崇暐	崇旼		崇暘	崇昆		崇晞	崇昕	崇晄	崇腆
必蓄	必鄭	必燿							必謹	必詡	必訶		必滮	必襆
													良穮	

									修武郎不鎦					
		善祐						善覺		善燾			善深	善遠
		汝諳			汝盟					汝沂	汝隊	汝漨		
	崇僾	崇窸	崇賫	崇櫰	崇檜		崇檣			崇訒	崇稹			
必衡	必瀕		必陵		必焟	必烯	必烷							

									博平侯仲丁		房國公仲曉			
											忠順郎士汪			
											贈朝散郎不愆			
善格								善淞				善濱	善弼	
汝墍				汝栻	汝滅	汝減	汝懋	汝澳					汝琢	
崇畚			崇譬		崇廉		崇咸	崇眒					崇讓	崇櫟
必臻	必瑰	必琕			必棍		必諱						必杵	必瀟

		善沇			善朴				善蘗				善漣	
	汝瓈	汝球		汝韡	汝璧	汝璿	汝癧		汝減	汝珠		汝杜	汝鋯	
		崇垙	崇絜			崇朋	崇雋	崇堉	崇鐃	崇漫	崇鋺		崇岳	
必滋						必莅							必鋻	必疊

					武翼郎士那								
					不作	不慊	不懈	不慍	不愧	不惡			
										善仔			善鋻
			汝蕁	汝督						汝嶴	汝嶁	汝芃	汝岷
			崇皇										崇彼
必崘	必嵯	必嵱											必櫨

							不傲	不悚	從常郎〔三〕不忓				
						善藎			善糜	善肩		善膺	
汝客	汝峎	汝峒	汝嶒	汝峙	汝嵷	汝崢			汝櫂	汝棱	汝穰	汝接	汝機
									崇穆			崇芃	崇薹

			武翼郎士瞳									
			不恫							不懾	不怖	不懼
善廙			善輪						善輯			
汝櫚	汝橡	汝當	汝彝		汝揹			汝鍼	汝覺			
	崇壽		崇瓔	崇琿	崇蓼			崇鍓	崇繮			
					必挓			必錀		必堵		
					良壚	良圳	良埰					
					友誼							

忠翊郎士衛　忠訓郎士諒

不悚　承節郎不忩

善誘　善詩

汝倧　汝仟　汝武　汝嶜　汝叵

崇滓　崇洊　崇堜　崇圵　崇塌　崇晅　崇鑱　崇堞　崇儀　崇璲　崇攮

必鋆

建安侯仲洸

保義郎士改　武德郎士悳

承信郎不懋　不怠　不慾　修武郎不苟

善雩　善剢　善銓

汝玪　汝鍼　汝闢　汝戚　汝嵒　汝翽　汝鷹

崇鍼　崇鏞　崇濼　崇吟　崇椰

秉義郎士應　忠訓郎士忠　武翼郎士寄

承信郎不貪　忠訓郎不湮

善隸　善璥　善證

汝彷　汝台　汝鐌　汝銃　汝彭　汝鉤　汝鐮

崇灁

左武衛大將軍仲肭

成忠郎士倫　左班殿直士訢　右班殿直士僖　敦武郎

修武郎不汪　保義郎不溭　不淺　不惪　不惹　承信郎

善顥　善納　善謀

汝墧　汝墚　汝佋　汝寧

士軹														
不愚	忠翊郎	不愓												
		善檵												
		汝玒								汝璠			汝坐	
		崇遹	崇邈	崇遡				崇逖	崇邋	崇貫		崇遯	崇迥	
			必溢	必濼	必濯		必漕	必稽		必弜	必鋒		必柚	
					良璥	良璿							良濆	良洊

											東陽侯	仲塾		
											武經大	夫士販		
										不危	承節郎	不悱		
								善綬				善長	善才	
								汝傳	汝璵				汝燔	
崇遁	崇逵	崇遨	崇泄		崇遷				崇義				崇墁	
	必盱		必璑	必稞	必璬	必環	必瑽		必瓌				必槃	必潁

善數												善孜		
汝誦	汝濯				汝譁					汝翟	汝羿	汝讄	汝雯	汝堂
	崇琇	崇璣		崇琛	崇涇	崇琡			崇球			崇祇	崇珋	崇押
	必榕	必枋	必橡	必樚		必轔	必輮	必[illegible]				必彙	必錊	

		善演												
	汝洊	汝曦							汝鑠			汝堣		
崇戡		崇悆			崇忑	崇恰		崇慪	崇堅	崇秧		崇愿		
必栞		必沆	必沾	必滑	必架	必湛	必灑		必堊	必汪	必潮	必股	必肱	必鐙
		良栓	良樛											

														不華
								善傚						
						汝琠	汝桊	汝亙						
崇悬	崇忞	崇鑑	崇惣	崇懋	崇㦗			崇鑾	崇熯	崇爐	崇倉	崇僉	崇侖	
	必膝							必效		必粟	必櫅			

		右班殿	直士晰	武翼郎	士瞭	秉義郎	士饌							成忠郎
不蔽	不苟						不羣					不迷	不移	
							善何	善惇	善憏	善仰	善億			
							汝環			汝逑				

													平陽郡	王、謚僖
	河內侯	仲秉								康州防	禦使仲	藉		彭城侯
士顏	贈中大	夫士皤						右班殿	直士來		從義郎	士韶		武經大
		不欺				不曠	不斯				保義郎	不憫		承節郎
		善辛		善亢										
		汝儔	汝唻	汝需	汝昊									
		崇棣												

裕宗翰														
仲轔														
夫士璪														
不緬														
善旗											善旅			善敷
汝奎										汝譓	汝夸	汝稠	汝栵	汝譪
崇濮			崇鉽	崇鋑			崇鈱		崇鐫	崇圢				
必醒	必鍩	必珽		必墜	必琦		必葵	必萱	必鋌					
				良歷	良泳	良涗								

武翼大夫士賓　武節大夫士崇

不瑕　忠訓郎不紑　不猛　不欺　贈訓武郎不爭

善叓　善報　善貢　善棠

汝考　汝藩　汝罝　汝瓏　汝瑺　汝碻　汝栶　汝禣

崇儴　崇瘴　崇荷　崇序　崇廠　崇廧

安康郡公仲鬖

武德郎士隞　贈朝議大夫士珇

不悔　訓武郎不去

善造　善果　善言　善訶　善沅

汝驎　汝繡　汝葑　汝茇　汝濞　汝溉

崇庯　崇麗　崇鍾　崇錙　崇緝　崇綸　崇宸

不危　不邪　不弱

善說　善世　善搴

汝崍　汝岡　汝崁　汝龍　汝仿　汝蘩　汝艽　汝晛

崇崴　崇拊　崇僟　崇祴　崇絧　崇紆　崇綜

必顒　必頎

善滲

汝憘　汝玣　汝檻　汝福　汝譚　汝諻

崇絬　崇餙　崇搡　崇消　崇倀　崇心　崇璁　崇壎　崇饌　崇酉　崇鄭

必傪　必倜　必複　必袂

中華書局

			不泰				不亂		保義郎不掎					
			善僻			善纀			善芭			善棨		
汝炘		汝鐈	汝伾	汝縠	汝筴	汝晁			汝誀		汝秩	汝勛		汝傍
崇倩	崇絢								崇秾	崇務		崇蕰		
												必逕	必鏸	

												保義郎不括		
善渠	善遡	善棨					善楾			善葦		善櫓		
	汝謝	汝廩				汝虛	汝揵	汝拚	汝撝			汝適		汝溢
		崇禚										崇禰		崇稰
		必墉	必垪	必庳	必光							必爆	必燸	

							保義郎不及				宣教郎不憒			不息
善莆			善藝				善暇	善神	善熺		善詥		善諫	
汝衡		汝藹	汝滑		汝暢		汝愉				汝壇			
崇傜	崇夔		崇潪	崇廛							崇在	崇垔		

		左朝散大夫士繽												秉義郎
		左奉議郎不尤							從義郎不曲					
		善芬	善呼						善至					
			汝譪	汝袞	汝床	汝亢			汝敺	汝晦		汝彊		
			崇杏	崇俌		崇繊	崇穖		崇淞	崇莊	崇蓓	崇譞	崇萬	
				必琿							必遨			

士槃					
左朝散大夫士殼	成忠郎不惑				
	忠翊郎不忒				
	不晦				
	朝奉郎不汚	善穀	汝俳	崇烈	必蕙
				崇寔	
		善靜	汝衒		
			汝休		
		善經			
	將仕郎不簡				

	不競	善瀾	汝燭		
			汝璲		
武翼郎士多	不護	善祕			
		善夔	汝迮	崇相	
				崇栖	
				崇桯	
				崇箱	
				崇欟	
			汝遶	崇棊	
				崇薇	
				崇簪	
		善塈			
	承信郎不誹	善邐	汝遨		

			汝邂	崇偋	
				崇偭	
			汝逆	崇伅	
			汝遛	崇儢	
				崇僜	
		善迢	汝憲		
			汝悠		
			汝薏	崇摻	
				崇櫰	
				崇杯	
			汝慮		
			汝点		
			汝愈		
			汝窓	崇珞	
				崇珴	

				崇璩	
	訓武郎不詘	善閫	汝鑑	崇点	必濬
			汝馳		
		善遷	汝剡	崇秠	
				崇稧	
				崇稭	
		善炊	汝焴		
		善蒖	汝琔	崇湖	
				崇灑	
			汝珊		
			汝瑞		
			汝埈		
忠翊郎士圉	不屈	善智			

	贈武功郎仲詢									
	忠翊郎士蓋		忠翊郎士機							修武郎士弤
	不伐		秉義郎不矜	保義郎不侮			不礙			不倨
善從	善論	善試		善諟			善制	善礐		善譚
		汝瀷		汝儈	汝怡	汝得		汝稐	汝穗	
					崇碧	崇幘				

							武功大夫、復州防禦使仲檝	
武翼大夫士矗							左朝散大夫士[illegible]	
秉義郎不勞	保義郎不假		保義郎不佪			不修	承直郎不伐	
善迫	善晄	善胖	善禮				善玑	善[illegible]
汝鏵	汝衎	汝槩	汝瀳	汝沸	汝洑		汝洽	
		崇徜					崇誶	

								敦武郎士晝	修武郎士物		
		不諛				左文林郎不謏			忠訓郎不敏		
善玢	善醻	善彥				善化	善仁		善琁		
		汝褎			汝瀼	汝悏	汝榓		汝俵		汝傳
		崇澳	崇[illegible]	崇渡		崇複	崇培		崇檖	崇旎	崇紘
						必勱	必浂				

							忠訓郎不苟						
					善達		善邁			善則			
汝傕	汝佇	汝儢		汝僡	汝徚	汝[illegible]	汝儴			汝旴			
		崇總	崇紼			崇滾	崇潮			崇添	崇秧	崇穫	崇稌
							必枱	必枇	必橡		必雩		必椋

不求

善軗　善斢

汝瞰　汝腕　汝鍑　汝椽　汝栓　汝皐　汝垎

崇碧　崇硫　崇撫　崇窵　崇寂　崇懈　崇炲　崇儦　崇儵　崇佴　崇勑　崇衚

必燋　必圯　必瀍　必溉　必濱

善悳　善曬　善閈

汝墠　汝埱　汝潏　汝洊　汝泜　汝暄　汝禑

崇嬙　崇韻　崇昫　崇靖　崇蹤　崇倌　崇竝　崇跤　崇鐼　崇邊　崇逡

必膝

保義郎士墦

不隱　不僾　不愚　不惐

善是　善畢　善瑫　善逃　善遠

汝彶　汝佴　汝話　汝偏　汝代　汝鐺

崇檀　崇椽　崇椒　崇棃　崇郴

濮王、謚安懿允讓

舒王、謚良靖宗

太子右內率府

武翼大夫士璪

承節郎不孤　承節郎不嶇　修武郎不慥　成忠郎不愲

善道　善昪　善珖　善瑭　善儀　善側　善僤

汝復　汝疑　汝清　汝潭

懿

副率仲　鼎　太子右內率府副率仲　嬌　贈右屯衞大將軍仲辰

洋國公士健　建國公、謚愿恪士宥

右班殿直不辱　忠翊郎不危　保義郎不誕　贈慶遠

善洪

承宣使不詠

善聲　善拱　善綺

汝棨　汝桁　汝櫄　汝甲

崇瓌　崇瑑　崇琨　崇歆　崇瑚　崇戢　崇昉

必僑　必俶　必伾　必侶　必仍　必托　必璮　必珧

良財　良時

善楑

汝坤　汝壬　汝徑　汝機　汝醇

崇鼐　崇敺　崇鑌　崇錝　崇銄　崇釺　崇錦　崇相　崇蓮　崇迺　崇遇　崇佩　崇倌

必圭　必伷　必佃

善劭　善鎔　善瑜　善毗

汝炤　汝渾　汝暑　汝載　汝紳　汝琊　汝鷚

崇儁　崇佾　崇侵　崇㚕　崇犳　崇郯　崇堞　崇圯　崇蕆　崇銛　崇僝

必銈　必償　必寅

洋國公、諡良仲鷙

南陽侯士懷　右班殿直士膴　右班殿直士胥　東頭供奉官士更　左屯衛大將軍士雕

崇繙

必寮

榮國公、諡僖惠仲隗

贈左屯衛大將軍士瑛　右監門衛大將軍士岸　惠國公士洄

贈武翼郎不憤　贈武節大夫不窒

善湇　善聽

汝允　汝虞　汝遊　汝作

崇誃　崇謗　崇譓　崇昇　崇晟

必壽

汝佫　汝僚

崇昦　崇畿　崇畛　崇賈　崇贇　崇賁　崇賀

必診　必悚　必遒　必來　必雷　必麗　必諗　必彊　必雄

良榮　良瓀　良琓　良瓊　良瑛　良瑰　良球　良琰

善球　善嫺　善承

汝瞷　汝宣

崇貫　崇俓　崇儁　崇儀　崇端　崇夔　崇奎

必達　必墳　必在　必埜　必堅　必墉　必抑　必新　必肯　必膜

良久　良金

				善夫										
汝寘	汝室			汝彝	汝訓			汝丕	汝琮					
	崇浙	崇佻	崇儛		崇應	崇悠	崇慥		崇傑					
						必揆	必鋐		必久					必修
									良繡	良[illegible]	良蹕	良駒	良尌	

						汝坦	汝敏						汝瑄	汝珪
							崇懃					崇悬		
必直	必淶		必杍	必櫸	必杅		必驪	必檇	必栒		必櫶			
	良瀆	良瀍			良烇			良恂	良鋺	良鏷				

汝璋	汝瑮		汝潛									汝縱		
	崇邇	崇偃	崇略	崇稷						崇嚋	崇里	崇圍		
			必識	必均		必坻	必墉	必培	必壇			必勉		
				良䕝	良坮							良椽	良潟	良楷
												友湸		

												修武郎	不玷	
													善冲	
													汝植	
				崇虎									崇汭	崇瀣
		必楫		必錧	必錀	必銓		必鏐	必鑭	必鑎	必鉤		必託	必鈍
良枌	良樘	良楮	良樽		良瓖	良桸	良梜						良錙	

						善緻								
		汝棖				汝秩				汝樟	汝祚			
		崇泮			崇濛	崇丞					崇魚			崇炥
必鐇	必鐏	必鏵	必監	必錝		必育	必鍸	必錁	必鋺		必鏞	必墅	必棡	必坦
		良璿					良溱						良厥	

								贈武顯大夫不鼓						
善隅									善藩	善惇	善忭	善恬		
汝柯		汝樫	汝椐	汝梋		汝澐						汝禛	汝傁	
崇[illegible]	崇熅			崇煊	崇炆	崇鑌							崇譪	崇[illegible]
													必[illegible]	

								贈武顯郎不[illegible]						
								善協				善悛	善怡	善匯
汝揀					汝杓	汝攽		汝悌	汝佐			汝臘	汝裨	汝憓
崇譚		崇謝	崇橋	崇櫸					崇澶	崇鄭	崇杍	崇戩	崇諫	崇甯
必[illegible]	必泯													

					唐州刺史士浘			
		忠翊郎不爹	忠翊郎不譎	保義郎不騶	忠翊郎不訏	忠翊郎不縱	忠翊郎不佩	忠翊郎
汝悍	汝愐							

榮國公、謚信安仲汾

榮州防禦使士瀾　嘉州刺史士灝　右千牛衞大將軍士漨　右班殿直士茁　贈武略大夫士愚

不野　忠翊郎不協　右班殿直不偬

贈左衞大將軍士翢

修武郎不濁　忠翊郎不毀　贈武功郎不犯

善敃　善綱　善績　善砥　善愭

汝祿　汝發　汝褭　汝崧　汝峙

崇珄　崇琍　崇檀　崇桯

必儼　必沖

武節郎不舛

善傶　善樂　善禮

汝岐　汝研　汝宸　汝灤　汝爊

崇瑛　崇灊　崇甸　崇璥　崇珻

必淤　必澌　必彤　必鈐　必錆　必涑　必濿

右班殿直士僆　贈昭義軍節度使、和義郡公士

保義郎

善竑　善椅　善紬

汝琫　汝瑞　汝璃　汝瓆

崇鉫　崇鈁　崇勵　崇劭　崇勳　崇鄗

贍				贈左領軍衛大將軍士恕					
不彼	秉義郎不惔	訓武郎不斥		武翼大夫不夸					
	善贊	善包		善靜	善愀				善覿
	汝工	汝鉖	汝鑪		汝橙		汝栘		汝杵
	崇諏				崇薫	崇默	崇焓	崇爒	崇鬫
	必漘				必樅	必塒			

	惠國公士傒									
	贈武德郎不凋							贈武顯大夫不逵		武德郎不憐
	善秦	善莪		善侗				善奐	善夷	善纂
汝樧		汝來		汝槪	汝檀	汝棋	汝拾	汝迸		
		崇堆	崇鈂			崇睞	崇試	崇壽		

				吳興侯士崶		右監門衛大將軍、泰州
秉義郎不頔	贈武翼郎不杭		襲贈嗣濮王不淩	保義郎不惆	保義郎不屑	
	善棋	善鏵				
	汝炡					

防禦使士懮	舒國公士阫								
	成忠郎不愬	成忠郎不咢	贈武翼大夫不廦						
			善收						
			汝穫	汝譒	汝殊				汝滋
			崇禳	崇祲	崇鍪	崇祛	崇褸	崇襭	
			必梱	必椯	必穗				

追封益王不廷	修武郎不恪								
善綜	善編	善睬	善睃	善盼	善琡	善眭	善㞐		
汝珦	汝劃	汝夲	汝穮	汝秔	汝標	汝授			
崇賑	崇暉	崇種							

定王〔三〕、諡僖穆宗樸									
太子右內率府副率仲蔚	華原郡王、諡惠孝仲佺								
馮翊侯士根									
右班殿直不罍	不洞	贈武德大夫不							
善彌	善靄								
汝堵	汝璽	汝圯	汝啓	汝澌					
崇圓									

誙									
善爽									
汝海	汝周	汝森	汝禧						
崇蘧	崇著	崇蒿	崇蕅	崇莽	崇蓬	崇蓫	崇葑	崇快	崇攙	崇僨
必囇	必梧	必梓	必櫰	必梗	必侗	必噉	必琭	必璉	必囂
良悀									

善身									
汝浩	汝寧	汝守							
崇佟	崇倇	崇僀	崇冲	崇賞	崇能	崇厲	崇聲	崇儲	
必害	必檳	必偷	必典	必洌	必灝				
良壎	良垌	良境	良堪	良協					

善賢　善談

汝審　汝宰　汝容　汝藹　汝宅　汝桼　汝孝　汝悉

崇崋　崇戊　崇衎　崇愷　崇魁　崇鯉　崇磻

必濘　必演　必曷　必最　必泆

良味　良講　良託

不下　贈武顯大夫不艾

善蘊

汝謏　汝榷

崇礦　崇懋　崇思

必錄　必鋈　必存　必沶　必融　必俵　必俯　必佩　必傶

良珅　良渫　良卬　良瑲　良瑄

崇愚　崇聰　崇隱　崇咸　崇城　崇懕　崇俟

必傃　必侯　必侈　必傷　必值　必儼　必佺　必惚　必俸　必偒　必僭　必僥　必埒

良璠

不疾

善鄰

汝槙　汝凝　汝勢　汝瀆

崇側　崇施　崇操　崇恢　崇悌　崇櫝

必塤　必封　必埴　必墂　必祚　必祇　必墒

良瑁　良璉　良瑱　良琁

中華書局

贈武功大夫不惰														
		善譈	善登											
			汝明											汝綱
			崇孚				崇臨							崇山
			必作		必閱	必繩	必誼	必誨					必謹	必式
			良儐	良倧		良僕		良琭	良玕	良璹	良璐	良玅		良釗
														友溥

														善嵒
												汝祜		汝堪
				崇革			崇渙		崇違		崇蓬	崇快		崇訓
		必垟		必迎		必鐿	必鏗	必鍵	必鉉	必淦		必儗	必調	
良鉤	良鐗	良鑠	良鏷	良琳	良環	良瑨								

					汝康									
崇議				崇謨	崇詁		崇諟				崇闓			
必位		必傳	必僎		必蘇	必芡	必薦	必蘭	必蓁	必蕺	必蔭	必芳		
良璋	良瑮						良琄				良璃	良璩	良琤	良玨

							善與					善充		善序
							汝錡	汝瑜	汝帖	汝燁		汝寶	汝武	汝埯
		崇諹		崇詖				崇廣		崇杭				崇鑽
	必慈	必琨	必璿	必優	必韝	必僧		必鑑		必諺	必諆			必澎
良珽	良琰			良瑩										

								贈武略大夫不過				
								善鐲				
			汝昌	汝賫			汝奭	汝瑛				
崇澌				崇英				崇環				
必寄	必窋	必室		必演				必連				必選
良鋌				良扰	良枋	良佪		良植	良檀	良橾	良什	

									武德郎不偷				
									善庥	善植	善默		
	汝珍			汝珙	汝琪						汝政		
	崇鏞	崇鉉	崇鐵	崇鉷	崇銘	崇鉞		崇鉅			崇汎		崇泥
必迴	必遣	必添			必洭	必庑	必存	必泞			必祗	必僊	
		良棪			良暮		良壅					良璹	

										善輮				
		汝渠			汝宿			汝宇	汝浒	汝嗣			汝增	
崇泠	崇焕	崇乍	崇幸	崇隼	崇廾	崇塚	崇塗	崇鈔		崇釐			崇佬	
必祚	必壙									必瓘	必垶	必壔	必絺	必繼

華原侯士型													
武經郎不昧													
善室						善壽	善地	善琙			善寧		
汝隨								汝諸			汝詩		
崇稽	崇服			崇腐	崇緘			崇琤	崇珉	崇聃	崇徯	崇嵂	
	必修	必仞	必仂						必沃			必淶	必濆
	良騋												

														右千牛
		忠訓郎	不弛	從義郎	不諤									
					善拭					善旃				
					汝續				汝給	汝景	汝培	汝溉	汝溥	
崇勁	崇蕖				崇机	崇桴	崇櫓	崇杜	崇洞				崇榛	
必讜					必僾									

衛將軍	士愭					武經郎	士䜌							
	不諼	不埀	從義郎	不湮		修武郎	不遽							
				善璠			善棽							
				汝稠	汝雩		汝藹							汝瀏
							崇泰	崇益	崇粥	崇直	崇輪			崇鼎
									必迁		必佾	必倧	必佃	必來

											太子右	監門率	府副率	士覩
			成忠郎	不忞	成忠郎	不徐	成忠郎	不昏	成忠郎	不涸				
	汝湛													
	崇省													
必儭	必萊	必藺												

右班殿	直 士騆	贈金吾	衛上將	軍 士覘										
			武節郎	不庶										
				善權						善模	善射		善開	
				汝棄	汝琭	汝仰					汝汪		汝奥	汝宛
				崇褚		崇傍		崇袂			崇沔	崇滿		
						必玩	必璣	必瑜	必鏞			必淳		

						不慽	不慄	成忠郎	不幽	保義郎	不柢	保義郎	不㐱	贈朝請
汝富	汝寄			汝寓	汝[illegible]									
	崇梘	崇葢	崇蘆											

大夫不	化													
	善求	善躬						善偰						
		汝伾					汝僖	汝裖	汝禔	汝祲	汝祖	汝禘	汝襫	汝祠
		崇光	崇侁	崇親		崇榹		崇逾	崇迒					
				必膳	必腒	必檦								

												右千牛	衛將軍	士靚
					贈武功	大夫、吉	州刺史	不譾						不惛
善蓬								善技			善掖			
汝禣	汝被		汝椆	汝袍				汝闓			汝閱			
	崇遰	崇遂	崇灑	崇藹				崇迵	崇[illegible]					
									必儋	必佼				

華陰侯	仲龐			榮國公、	諡和思	仲侗								
太子右	內率府	副率士	瓊		右侍禁	士愃	太子右	內率府	副率士	涌	右班殿	直士荐	贈少師、	恩王邑、
			不愌						秉義郎	不泯				

諡溫靖	修武郎				
士倰	不閎				
	贈武略大夫不閡	善積	汝謀	崇峃	必揬
					必檀
				崇孶	
				崇學	必仛
		善稱	汝讚		
			汝諡		
			汝憲	崇綱	必譃
				崇桌	
				崇湲	
				崇徽	
				崇鐳	

		汝諭	崇朴	必複
			崇剢	
	善掄	汝崿	崇塔	
			崇增	
			崇圾	
			崇壕	
	善植	汝利	崇圚	
贈宣奉大夫不閔	善宅	汝與		
		汝處		
	善鏌	汝奭	崇桀	
			崇瀧	
		汝浯		
		汝汭	崇稀	

			崇羑	必櫻
			崇季	
			崇秙	
		汝玘		
	善崇	汝瑾		
		汝璘		
	善率	汝監		
	善恢			
贈集慶軍節度使不踧	善改			
	善全	汝昭	崇常	
			崇食	
		汝玲	崇忱	
			崇軸	

	汝式		
	汝蠢	崇鏶	
		崇低	
		崇胥	
		崇底	
	汝澇		
	汝激	崇昳	必穄
			必苯
	汝儀	崇僮	
	汝礩		
善扶	汝瑧		
	汝叶	崇譙	
		崇警	
	汝右	崇鉐	
		崇鐮	

贈武功

善瀹 善韶

汝吾 汝戢 汝訢 汝諰 汝稉 汝壯 汝彝

崇釞 崇葦 崇旒 崇磽 崇嶒 崇嶸 崇虞 崇鈇 崇詠 崇峪 崇琿

必彩 必謗

郎不鉆 贈武德郎不戾

善訏 善圖

汝璲 汝璩 汝琟 汝玻 汝珀 汝留

崇以 崇櫻 崇檇 崇村 崇恊 崇秝 崇驄 崇軾 崇轅 崇職 崇醇 崇寯

必僭 必逋 必遭 必塍

贈武顯大夫不耶

善珂 善鏞 善庬 善翔 善謨

汝扛 汝尨 汝楠 汝㤕 汝巧 汝班 汝騏

崇譏 崇諭 崇遵 崇抗 崇楪 崇郝 崇邦 崇睿

必瘞 必堅 必灊 必鈖

贈太傅、安王士

忠訓郎不拂 保義郎

善倪 善攀

汝總 汝豪 汝扔 汝僉 汝甚 汝揍 汝寧 汝豐 汝霆

崇督 崇遯 崇岑 崇舍 崇令

輻							
不慍	忠翊郎不伾	保義郎不屈	朝奉大夫不熄				
善騰	善腆	善肱					
汝璨	汝淖	汝澰	汝頻	汝澧	汝瑜	汝玴	汝瑑
崇諭	崇譙	崇鏄					

太子右內率府副率士租	贈左屯衛大將軍士隇	贈開府儀同三司、永國公士芭		
		天水縣開國侯不舍		
善肵	善璪	善曈	善旰	
汝琢	汝瀕			

太子右監門率府副率士經	太子右監門率					
善昕	善映	善曇	善昔	善皆	善晏	善量
汝埭	汝眿	汝欏	汝楯			

右監門率府率仲數	博平侯仲壬			
府率士妙	太子右內率府副率士舲	右班殿直士瀼	右千牛衛將軍士雱	右監門
				崇徠

衛大將軍士霙　太子右監門率府副率士遏　右千牛衛將軍士蹣　右千牛衛將軍士焯　右千牛

贈訓武郎不遢　保義郎不彼

善圭

汝琚　汝疆

崇徆　崇潳

必礩

衛將軍士齊　右千牛衛將軍士敍　武略大夫士犢

修武郎不訟　贈朝散大夫不訴

善豐　善新

汝傚

崇讜　崇謐　崇譖　崇訷　崇覸

必炳　必燽

汝僎　汝俓　汝偓　汝侈

崇譮　崇鷹　崇龗　崇鮑　崇鼪　崇黽　崇駒　崇驄　崇睞　崇漠

必熠　必炵　必爞　必崗　必寵　必洴　必汝

良輢　良軽　良輹

廣陵郡王、謚莊孝宗誼

英國公、謚孝僖仲論

太子右內率府副率士悟　太子右監門率府率士□　右侍禁

秉義郎不𧧂

善我

汝僫　汝倖　汝傑　汝僾

果州防禦使仲證
士輪
右班殿直士倏
右監門衛大將軍士錞
右班殿直士鉤
左班殿直士鈞
右千牛衛將軍士鎰
階州防禦使仲誕
右班殿直士料
右監門衛大將軍士禪
太子右內率府副率士振
太子右內率府副率士祺
太子右內率府副率士禍
成忠郎不情
太子右內率府副率士禟
太子右內監門率府率士禳
太子右監門率府率士禧

校勘記

〔一〕宗室世系十五　本卷在影印永樂大典抄本（以下簡稱大典本）册一三二卷一三〇一七中，標題作「宗室十八」。與本卷校對，差異頗多。現除文字顯有訛誤及少數殘缺處據大典本逕行補正外，均不更動，亦不據以出校。以下第一六、一七、一八等三卷同。

〔二〕從常郎　查本書職官志階官中，文官有從事郎、從政郎，武官有從義郎，而無「從常郎」，表誤。

〔三〕定王　原作「和王」，據本書卷二四五濮王允讓傳、東都事略卷一六濮安懿王傳改。

〔四〕少師恩王　原作「太師恩王」，據本書卷二四五濮王允讓傳、宋會要帝系三之一四改。

宋史卷二百三十

表第二十一

宗室世系十六〔一〕

餘杭郡王宗詠				
東陽郡公、謚榮順仲曄	富水侯仲山			
	富水侯士揆			
	右班殿直不丕	右班殿直不亶	訓武郎	

		溫王宗師				
		太子右內率府副率仲坦	安定侯仲𢈔			
廣平侯士穎		贈左衛大將軍士瑮			贈左屯衛大將	
不遲	右班殿直不丞	左朝請大夫直徽猷閣不試	成忠郎不玩		從義郎	
善蘷						

軍士怢				贈左領軍衛將軍士磬		贈千牛衛上將軍士惓
不拚				忠訓郎不憯		贈太中大夫不積
善交	善止					善言
汝霖	汝瑱			汝璨		汝幵
崇智	崇濟	崇頤	崇需	崇兌		崇宗
必年	必愷			必烈	必潧	必聖
				良璋		

				汝夷				汝巘	汝羿		
崇允		崇禮〔三〕	崇璒	崇愛	崇駒		崇驊		崇彪		
必延			必瑈	必洞	必澡	必儆	必灤	必湅	必起	必越	必赴
良宥	良壵			良濟					良琚	良櫄	良栿
友昡											

										善溶				
									汝齧	汝翻				汝翊
					崇地	崇瀠			崇崽	崇芸	崇窠	崇諓	崇榪	崇路
必趮		必趣	必趨	必赳	必僊	必倣	必濱	必淨				必珆	必珬	必珗
良橼	良梘		良櫰											

					贈武節郎不既									
					善質	善擇								
		汝翽	汝翔			汝譆		汝从	汝棘	汝虪	汝絲			
			崇迎			崇佖	崇侹		崇敭		崇鉦	崇璬	崇瓙	崇璸
必璆														
良樋	良柱													

											訓武郎不濫			
善幾			善壽	善定							善寘			
汝讙	汝遷	汝脘		汝生		汝達			汝道		汝爵			
				崇倰	崇伉	崇備		崇伳			崇受	崇暨		崇推
				必珵	必珅	必嵩	必嶢	必企			必鐎	必鞸	必縠	必誠
					良綺			良稷						

							右千牛衛將軍士壹							右班殿直士敆
		武翼郎不刻				不移			不失	不壞		成忠郎不復		
	善巽		善嵩											
			汝企	汝潭	汝滈									
必註														

贈昭慶軍節度使、會稽郡公士告	成忠郎不卷			
	武德郎不憖	善傳	汝訮	
			汝畸	崇珍
		善修	汝塈	
		善管	汝杬	
			汝棱	
		善畬	汝澳	
		善桄	汝賽	崇珌
				崇璲
				崇瑕

贈武翼郎不疚	善挻	汝亭		
		汝診		
		汝僤		
		汝綖		
保義郎不惂	善[扌希]	汝亳	崇璙	必湍
			崇鐗	
		汝機		
		汝鋙		
		汝鏞		
		汝鋹		
贈武略郎不默	善甄	汝紆	崇侂	必鐈
		汝郴		

	善錫	汝援	崇藩	
		汝池		
		汝裁	崇峪	
			崇曬	必哈
				必曈
			崇泝	必偈
		汝搏	崇蟠	
			崇蟾	
			崇蜿	
			崇虹	
		汝拾		
		汝指	崇噔	
	善欽	汝澨		
右千牛衛將軍	成忠郎			

懷王、謚榮穆宗暉						
沂王、謚恭憲仲損						
	士彀	不辭				
	士津	不倚				
	右班殿直士瓏					
	太子右內率府副率士湪	從義郎不隋	善序	汝賛	崇紀	
					崇英	必潢
					崇誠	
	右監門衛將軍士沖	成忠郎不愿				

右千牛衛將軍士澤	集慶軍節度使、開國子士圃							
成忠郎不鑄	追封崇國公、謚宣簡不息							
善臨								
汝淡	汝鐺	汝訆	汝諿					
崇豫	崇陶	崇龔	崇系	崇咸	崇纘			
必海	必瀠	必渾	必淲	必倈	必儕			

善防	善下	善詠							
汝詁	汝檜	汝旒	汝旗	汝坙	汝至	汝酉	汝臣	汝訹	
崇曜	崇旼	崇哇	崇映	崇褐	崇穰	崇槁	崇秔	崇秲	
必佋	必傚	必溱	必張						

恭王仲爰						
右班殿直士潡	內殿承制士勿	贈太保、				
修武郎不啬	從義郎不闓					
善勝						
汝註	汝誖	汝䛒	汝詁			
崇績	崇紱	崇繚	崇線	崇綪	崇纅	崇總
必傁	必倌	必疥				

慶遠軍節度使士檻				
忠翊郎不蔽	成忠郎不頻	成忠郎不恚	贈武節郎不震	
善分	善首			
汝蘧				
崇燦	崇烑	崇熠	崇烇	
必謠	必訨	必湆	必靈	必岳

											均州觀察使士珉
					從義郎不拘						秉義郎不緑
			善豫	善澎	善騏	善驥				善驢	
					汝㦬	汝灑	汝迷	汝迫	汝遺		
崇灴		崇熮			崇焴	崇玲	崇瑀	崇瑊			
必稓	必稞					必淣		必洮			

武節郎不紛				承信郎不絪							
善皻				善容					善平		
汝忝				汝兼		汝敵			汝鑒		
崇璺	崇堅	崇儷	崇儸	崇炯		崇潦	崇浣	崇積	崇滋		
				必湶	必浙				必樓	必槐	必杉	必橋
				良桼						良僊	

											善璣		
	汝鏃		汝鉐				汝鏌				汝盥	汝瀅	
	崇灌		崇潘		崇灑	崇涀	崇淲	崇謙			崇梩	崇楣	崇樢
必榴	必櫧	必櫚	必樋	必柳	必桀			必台	必右	必吉	必合		
	良僳												

									右監門衛大將軍士琛	右監門
						贈左衛大將軍不灣				
				善瑤		善運				
	汝賢				汝霖	汝玽	汝鐳			
崇櫓	崇瀊		崇衿	崇福			崇泭	崇瀞		
	必採		必樸							
	良炂	良焠	良煜							

濟國公、	謚良仲	沈						
衛大將軍士開	贈左屯衛大將軍士圓	贈昭慶軍節度使、清源公士园						
武經郎不隔								
善譔	善宥							
汝對								
崇襱	崇緎	崇活	崇禊	崇祼	崇樻			
必戚	必奇							

贈福州觀察使、濟陽侯	士峥							
贈武顯郎不儷								
善鄜	善芁	善荃						
汝誼	汝諕	汝諤	汝譖					
崇檟	崇棖	崇栳	崇瞚	崇貯	崇漣	崇澪	崇憪	
必茉	必諙	必棨	必栒	必拼				

廣陵侯	士⿰石需							
忠訓郎不廢	忠訓郎不航	贈朝議大夫不昗						
善讓	善⿰王夾							
汝計	汝詠	汝諺	汝譌	汝畚	汝詣			
崇品	崇唫							
必攡	必滀							

會稽郡公士宧								
忠翊郎不暴	贈左屯衛大將軍不瘦	武節郎不忼						
善穎	善龔	善輖	善勳	善歅				
汝据	汝誼	汝猷	汝潰	汝溓	汝爀	汝混	汝庤	汝洞
崇敷								

太子右　監門率　府率士　文　太子右
贈秉義　郎不沾
善週　善翹
汝廖　汝詣　汝俺　汝詠　汝鯨　汝繇　汝淑
崇玹　崇逡　崇蘙　崇荐　崇構

景城侯　仲璲
監門率　府副率　士率　太子右　監門率　府率士　倓　右班殿　直士粲　贈右領　軍衛將　軍士佳
贈武略　大夫不　祜　成忠郎
善睢
汝隋　汝薛
崇寘　崇宥

太師、樊　王、諡榮　〔三〕宗輔
贈左屯　衛將軍　仲念　太子右　內率府　副率仲　諫
濶國公　士筏　太子右　內率府　副率士　才　右監門　衛大將　軍、榮州　刺史士　訣
不沈　成忠郎　不畏

華國公、　諡孝仲　歐
太子右　監門率　府副率　士璣　右班殿　直士濡　右侍禁　士魁　右班殿　直士俱　敦武郎　士閎
不愚　忠翊郎　不怯　不愚

		武經郎	士軀											
成忠郎	不燥	保義郎	不窺	從義郎	不求							成忠郎	不忘	成忠郎
					善颺									
					汝公	汝略	汝紘							
							崇壬	崇霸			崇曇			
								必輔	必容	必縉				

	從義郎	士乘	右千牛	衛將軍	士愒	太子右	監門率	府率士	驎		贈利州	觀察使	士瑤	
不齋								忠翊郎	不鑾	不比	贈武經	大夫不	藏	
													善腁	
													汝覞	
													崇懸	崇壂
														必伊
														良滬

													善若	
	汝䁵									汝膯		汝敀	汝晴	
	崇鑒	崇璽				崇培				崇均	崇址		崇謚	
必俐	必傚	必伃	必俫	必傒	必傫	必偓	必儻	必侍	必儦		必御		必彩	必儁

												贈武經	大夫不	偏
														善彝
										汝曮	汝暇			汝繽
				崇訒	崇琳					崇坦				崇灡
必僚	必傱	必儅	必潛		必濫	必濱	必液	必洌	必德					必璝
														良淘

右千牛衛將軍士松
忠訓郎不圖　不蹂　保義郎不竊　成忠郎

汝緌
崇潪　崇澇　崇錮　崇鏍　崇鈂
必璪　必瑝　必玞　必鏻

不任　修武郎不瓛
左班殿直士侏　太子右內率府副率士楷　保義郎不圩　成忠郎不愧　成忠郎
右千牛衛將軍士性　成忠郎不嗽　成忠郎

不狠
光山軍承宣使仲瑑
右監門衛大將軍、貴州團練使士恥
贈保寧軍節度使、諡忠果士跂　不悖　從義郎不瞷　善尨
太子右內率府副率士

結
右監門衛大將軍士得
贈開府儀同三司、永國公士諷　保義郎不礦　善俟　汝璣　汝狆
贈眉州防禦使、通義侯士褐　武節郎不瘾　善沱　汝瓈　崇枘　汝鈉　汝鐩

太子右監門率府率士謳　太子右監門率府率士慶　太子右監門率府率士融

善汾　善洴　善洗

汝鑹　汝晗　汝鏓　汝鋴

崇歛　崇磦　崇𥖤

太子右內率府副率仲琈　贈左領軍衛將軍仲靡　儀王、謚恭孝仲湜

贈太傅、吉國公士從

武功郎不逷　成忠郎不遮　贈朝散郎不遮

善名　善蒙

汝倭

崇袿　崇禑

必助　必騷

贈光祿大夫不邀

善倩　善約　善宜　善寯

汝倌　汝倫　汝餘　汝脊　汝錤　汝鉎　汝員　汝賀

崇祴　崇麻　崇鉚　崇嚶　崇紱　崇收　崇瀸　崇[illegible]

必燀　必樀　必璽　必奎

良汴

善兢　善晛　善訂　善荀　善譽

汝廉　汝賢　汝綖　汝蕢　汝緝　汝墺　汝賁

崇盟　崇羨　崇酈　崇傈　崇遷　崇逵　崇斐　崇墀　崇圤　崇役　崇匡

必堃　必莝

良錤

					保義郎不逶	贈正奉大夫不遪					
						善俱					善玭
汝鬢	汝瞳	汝頌	汝榜	汝欘		汝濂			汝湔	汝湄	汝驊
				崇蕭		崇欄	崇機	崇榅			

						右班殿直士衡	贈太傅、威義郡王士街			
							右宣教郎不逗		不速	從義郎不迂
		善彤	善譒				善度	善琢		
汝鴝	汝聘		汝澻	汝溧	汝洞		汝兌	汝爲		
崇檻			崇豈	崇崼	崇懈			崇淵		

朝議大夫不迥								申國公	不邀			
善珉					善玖		善瑱	善琨		善玲		善謹	善嵓
汝璉	汝檮				汝櫻	汝瀆		汝欄		汝璹		汝抗	汝浥
崇焴	崇爦	崇葵								崇櫺	崇梜	崇鋌	崇愛
		必鑣	必鏄	必鐐									

			福州觀察使、兼濮王檢察尊長	不迻						秉義郎不遻	
				善璵					善玕		善璉
汝涵		汝溥		汝蓮			汝葳	汝萊	汝曖		
崇桑	崇筏			崇綽	崇俏	崇健					

贈左領軍衞將軍不淹		忠翊郎不濯	武翼郎不陋				
善珇			善湘				
汝机	汝毣		汝穜	汝梓			
			崇熒	崇熨	崇僕	崇燢	崇燚 崇焱 崇熨
			必舉	必垒			

贈少師、										
善潼								善泊		
汝楷	汝相	汝□								
崇燾	崇然	崇羨	崇炗	崇炅	崇炔	崇焃	崇熿	崇爨	崇煛	崇熭

永國公	士衜					
成忠郎不訥	贈武翼大夫不迫		忠訓郎不迆		武節郎	
	善敉		善略	善琭		
	汝䛊			汝憒	汝价	汝襖 汝恰
				崇埻	崇坎	崇壚 崇堤 崇埒 崇塼

					贈太師、新定郡王〔四〕	士籛	
不埏				武德郎不酷		贈朝議大夫不	
善顧		善羲		善瑄			
汝峪	汝岫	汝峸	汝嶝				
崇岨	崇昳	崇睃		崇椽	崇櫟	崇檑	崇橿

士	不	善	汝	崇	必
	偈	善親			
		善璆			
		善溥	汝讀	崇徽	
		善珌	汝階		
			汝錦		
		善閎	汝詸	崇傛	
				崇迁	
				崇衙	
		善侖	汝譢	崇蕍	必栝
				崇端	
			汝讞		
	右承事				
	郎不佚	善渥			
		善顏	汝間		
	贈奉直				

士	不	善	汝	崇	必
	大夫不				
	俗	善純			
		善粲			
		善琛	汝躬	崇傻	必衮
					必襄
					必衷
			汝遺		
		善杏	汝篆		
		善潯	汝槐	崇叓	
			汝梓		
	贈太中				
	大夫不				
	捐	善泚	汝濮	崇棫	
				崇棺	
				崇桂	

士	不	善	汝	崇	必
				崇枝	
		善琳	汝瓌	崇瀧	
			汝琅		
		善流	汝搜	崇佌	
			汝瑃		
		善瞻	汝瞬	崇穹	
			汝澄	崇熠	
		善禆			
	武翼郎				
	不倔	善璩			
		善廈	汝腆		
			汝盼		
			汝晸		
			汝腰		
贈太師、					

士	不	善	汝	崇	必
新安郡	右承奉				
王士衎	郎不圯				
	保義郎				
	不促				
	文林郎				
	不勉	善騤	汝萬		
		善騆	汝要		
			汝紘		
			汝嘉		
		善毗	汝緍	崇漉	
				崇潾	
	從事郎				
	不梧	善琤	汝鉊		
		善鼂	汝鍵	崇徽	
			汝緕		

士	贈少師、永嘉郡王士程
不	贈武節郎不泯　朝請大
善	善璿　善讖　善畚
汝	汝釦　汝鏝　汝鉞　汝鎬　汝晉　汝修　汝使　汝儻　汝伒　汝曚　汝箕　汝筒
崇	崇苹
必	必濤

不	夫、直寶謨閣不惓　承議郎不貲
善	善騄　善埴　善論　善縱　善紡
汝	汝樺　汝糅　汝晙　汝昣　汝惪　汝脥　汝契　汝耤
崇	崇穴　崇齵　崇壇　崇菅　崇筡　崇笵　崇贅　崇晾

不	右文殿修撰不覿　承議郎不熄
善	善渡　善春　善曾　善莒　善啓
汝	汝遒　汝遛　汝臏　汝殿　汝陪　汝陔　汝鷩　汝陲　汝傎

士	右千牛衞將軍士攀　武安軍承宣使、開國伯、權知濮安懿王[illegible]園令士石
不	贈秉義郎不如　襲封嗣濮王不嫖
善	善瑛　善鷸　善轙
汝	汝鉍　汝曨
崇	崇忙　崇假　崇儆

			贈通直郎不驚					武德郎不驚				朝奉郎
	善埜		善話		善拚			善虎		善龍	善麒	
	汝穆	汝瑗	汝忩	汝意	汝汧	汝淬	汝湒	汝鹿			汝宁	
崇伽				崇莢	崇禋		崇栟	崇嶸	崇嵋			

不䛓				忠訓郎不殺	武經郎不悟		從義郎不朽				
善謨		善瓀		善趯	善沔	善湮	善侶	善沚	善鷩		
汝洴		汝齊	汝庄	汝鄙	汝旴		汝穜		汝穇		汝秩
崇旨	崇曹						崇衡		崇樛	崇椆	崇檥

					嗣濮王	士歆					
		從義郎不縻				不讕	贈保信郎、承宣使不閡				
		善墀					善芝	善董	善蕃	善葍	
汝穖		汝枝	汝柣	汝橊						汝俱	汝垕
崇橝	崇稻										崇怵

					開國公士峴		
		朝散大夫不慊	領貴州刺史、進封開國子不捷		保義郎不劉	武翼郎不穢	通直郎不贊
	善桂		善薰	善靚		善珢	善烏
汝蘡			汝賢				

		進封開國子不嗜				進封開國伯不恀			
善塈	善璥	善鄰	善鍬			善紫	善季	善潞	善孛
		汝忠	汝鎮	汝鑄	汝鑕	汝銉	汝檄		

咸寧郡王仲羽					
右千牛衞將軍士鼂	右監門衞大將軍、文州刺史士緫	太子右內率府副率士懍	右監門衞大將軍、果州		
成忠郎不勱					

刺史士摽	太子右監門率府率士柳	太子右監門率府率士鏑	太子右
成忠郎不黷	成忠郎不貸	成忠郎不甥	

監門率府率士諫	太子右監門率府率士載	太子右監門率府率士閎	贈開府儀同三司、永國公士矩
			迪功郎不異
			善穜

金州觀察使仲強
右班殿直士閎　右千牛衞將軍士慳　右千牛衞將軍士鄯　太子右內率府副率士
不他
善峒　善岷

貴州團練使仲郰　莫州觀察使仲畚
根　右千牛衞將軍士峴　太子右內率府副率士昆　太子右內率府副率士飭　右千牛衞大將軍士騵

贈左領軍衞將軍仲璒〔六〕
太子右監門率府率士勤
武翼大夫不壅
善岑　善峴
汝嘻　汝睄　汝嚪　汝峪　汝琭　汝噉
崇栅
必坸

簡王、謚
太子右內率府副率士峪　太子右內率府副率士瀾　太子右內率府副率士淋　贈右屯
善巘
汝噭

穆孝仲	增												永寧郡	王、謚敦
衞大將	軍士郊	太子右	監門率	府率士	珖	太子右	監門率	府副率	士耿				供備庫	副使士
								朝奉郎	不倈	忠訓郎	不佐	不侊		

惠仲譙														
勛	左侍禁	士粘				右監門	衞將軍	士愯						
	從義郎	不借	贈武節	郎不浮	不譈			不蔽	成忠郎	不惧	贈少保、	追封蔣	國公不	秠
				善韙										善範
				汝壚										

						太子右	監門率	府率士	慎					
								成忠郎	不㚇	成忠郎	不遒	贈奉議	郎不塞	
善鉻	善輻	善軨	善輧		善轔								善琇	善希
	汝曰		汝焌	汝拯	汝控									汝羽
	崇稵				崇畢									崇瑚

					太子右	內率府	副率士	忺	太子右	監門率	府率士	類	太子左	監門率
							忠訓郎	不讖						
		善讙	善階											
	汝儵	汝翹	汝犾	汝詡										
崇鍁	崇理	崇鋌	崇時											
	必洶													

			嗣濮王	仲理										
府率士	審	贈武略	大夫士	翕										
			武節郎	不遛					贈武翼	大夫不	虧			
				善施	善心		善專	善牖			善久			
					汝韜		汝平				汝譽	汝立		
					崇玥						崇燡	崇禞		
					必鍠	必畡					必塑	必洛	必淑	
					良儃								良瓌	良玹

												從義郎	不泥	贈武功
					善本									
				汝覺	汝覞	汝訑	汝訡	汝諄	汝源					
	崇質			崇凱	崇纈	崇翔			崇過		崇迹			
必助	必溧	必洞	必溥	必軨		必墻			必峒	必崼	必塭			
		良桀	良栝											

大夫、果	州團練	使不悑												
		善規	善綸							善邦		善馳		
			汝昆	汝晟	汝鏻		汝鏞	汝錠		汝新	汝敝	汝存	汝法	
			崇敞	崇沾	崇淖			崇遷	崇檝			崇仂	崇棹	崇栝
				必珣	必𤥻	必璮								

善駉													善類	善晊
汝賞	汝弥	汝謙			汝誴	汝畬	汝秀			汝劄	汝驪	汝詖		汝壽
	崇檑	崇龔		崇疊	崇菴		崇朴	崇榕	崇樵		崇簣	崇箏		崇什
		必坔	必壖		必宏									必瑑

不倨	不吝	秉義郎												
						善至								
			汝岏	汝嵜	汝巍	汝峴	汝滮				汝論	汝訊		
					崇倣		崇郯	崇環	崇璨	崇玞	崇斑	崇耕		
													必璶	必玲

													不倦	贈少師
										善堅	善訸		善救	
	汝鑰					汝鐩			汝銛	汝鍔			汝輝	
	崇濬	崇泞	崇灊		崇倏	崇灘	崇濡		崇濤	崇邊		崇岷	崇岕	
必林	必樫			必構	必機			必恍	必楠				必榶	
	良焯												良爝	

	善掀					善丕								
	汝燊	汝升	汝陟			汝豐						汝鎡		
崇徽	崇敦		崇陟		崇吳	崇岌	崇泟	崇湳			崇河	崇瀟	崇溪	崇洋
必召				必浼	必澍	必激			必桑	必柔	必集			
						良佪								

					不訌	從義郎								
					善韶		善盤							
		汝郰		汝璩	汝璯					汝梁				
崇須	崇駰	崇犖	崇雑	崇澮	崇檔			崇鉋	崇鎌	崇鎮	崇敞	崇孜		
				必僎									必凱	必膺
				良禍										

										善辰				
汝洤			汝侯			汝訏		汝簬		汝柔		汝鋈		汝瑀
崇推	崇埭	崇埤	崇杆	崇祰	崇臍	崇欗	崇檺	崇伍	崇葵	崇暭	崇梠	崇灦	崇蘓	崇柅
必佈	必修	必儀												
	良超													

		善恪					善楳	善恮					
汝玳	汝耒	汝瓛	汝英	汝珏		汝珂		汝奄	汝盦		汝裔		
	崇陪		崇琨	崇佮	崇備	崇恭		崇穜	崇椷	崇禛	崇娕	崇搨	崇坛
									必徃	必衡			

											太子右
		善傈	善憚								
汝伳	汝奄	汝枝	汝璲				汝珈		汝路		
崇壠			崇灼	崇拂	崇代	崇彶		崇祕	崇搠	崇撰	
			必涫	必瀆							

內率府	副率士	檥			右班殿	直士忳	右班殿	直士敂	太子右	內率府	副率士	頎	右千牛	衛將軍
		不蠱	成忠郎	不消										贈武顯
		善傚												

二十四史

中華書局

士溢	郎不殆	善慮	汝轍	崇遒	必瞥	
			汝軸	崇滌		
			汝軼			
			汝鍾			
		善懷	汝輢	崇璇	必餘	
				崇瑗		
			汝減	崇璃		
		善漪	汝輤			
			汝輶			
			汝軻			
			汝轔			
	秉義郎不憾					
太子右監門率						

府率士勤	成忠郎不剸					
	忠訓郎不剗	善慖	汝謹	崇鄰	必企	良瑭
			汝禔			
			汝議			
		善睦	汝譪	崇梓	必灘	
				崇穡	必涯	
	贈武顯大夫不貳	善東	汝姝	崇涓		
				崇家		
				崇鈗		
			汝燿	崇驚	必池	
		善洞	汝墦			

			汝崙		
		善常	汝埴	崇淳	
				崇杉	
			汝垓	崇鍾	必榛
				崇鈜	
				崇鋭	
				崇鐵	
				崇際	
				崇防	
		善鳴	汝玶	崇壘	
				崇墒	必淜
				崇迆	必滑
					必潔
				崇邁	
				崇迺	

				崇運	
				崇送	
				崇逍	
			汝瑙		
		善越			
右千牛衛將軍士浣	武翼大夫不汏	善辨			
		善櫸	汝蹤	崇闔	
				崇闐	
		善偲	汝璹	崇儵	必巍
					必頂
				崇憖	
				崇惑	
			汝薔		

右班殿直士濮　贈少師、永國公士鯗
贈朝請郎不斳
善夷　善借　善鏐
汝錧　汝醬　汝灟　汝烕　汝軏　汝鄬　汝纚　汝盥　汝㯳
崇急　崇忞　崇蹇

太子右監門率府率士
不徇　武經大夫不征　武翼大夫不蟜　武翼郎不齟　訓武郎不觚　成忠郎
善賁　善悜　善濛　善崧　善樊
汝扶　汝泈　汝憓　汝汀
崇寧　崇櫄　崇主

嘉國公、謚孝恭仲篤
書　太子右監門率府率士侃　贈金吾衛將軍士羿
不談　訓武郎不顯　秉義郎不睽　贈武功大夫、蘄州防禦使不陋
善洗　善喆　善依
汝振

右千牛衛將軍士勢
贈武經大夫不孤　不顯
善比　善攻　善鮮
汝脊　汝揚　汝揮　汝拼　汝摸　汝抖　汝錬　汝屆　汝鏨
崇粱　崇幹　崇馘　崇座　崇廖　崇墉　崇衕
必徯

贈威德軍節度使、建安侯士珊								
武翼大夫不戕	保義郎不愊	贈武經大夫不謏						
善暉		善穖						
汝愿		汝汚		汝涇	汝漳		汝灑	汝潰
		崇瑥	崇理		崇墰	崇墟		

	贈建州觀察使、建安侯士匽								
	忠訓郎不賈	贈武經大夫不囂							
		善銓					善瑅		
汝櫟		汝嶙		汝嶓	汝嵾	汝岵	汝[山皆]	汝嶒	汝嶢
		崇[竹旋]	崇湄						

								太子右內率府副率士謝	
								忠訓郎不妣	
善齗	善裁			善決	善護				善以
汝[山栗]	汝屹	汝[山阜]	汝[山票]	汝[山稽]	汝嵎	汝峮	汝屺		汝[山肅]
		崇巽					崇禮	崇繇	

贈少師、集慶軍節度使、東陽侯士譣									
贈武翼大夫不寬									
善洪							善課		
汝鍄	汝鉉			汝鏷	汝鏈	汝鑒	汝鈉		
	崇莒		崇蓮		崇咏	崇蕊	崇諭	崇薔	崇芊
	必琦	必璵	必濙	必琉	必原		必僭	必㑘	必傑

				善誦										
汝鍇	汝鎜		汝鎮	汝錝	汝鈁	汝鏞				汝鍪	汝鈚			
崇苞	崇蕢	崇薦	崇薗		崇芟	崇蘄	崇茁	崇虁	崇菁		崇董	崇蕍	崇泆	崇蔡
必琉	必慝										必璘			

					右千牛	衞將軍	士亳	右千牛	衞將軍	士扁	太子右	內率府	副率士	化
									保義郎	不呰				
善諾			善暹											
汝鈅			汝釜											
崇蒲	崇墠	崇埣	崇護	崇諸										

太子右	內率府	副率士	廓	贈昭信	軍節度	使、安康	郡公士	穴						
							武節郎	不拔			武翼大	夫不乃		
								善系	善點	善澡		善應		
								汝轐		汝洗		汝東	汝澍	汝瀸
								崇竦		崇釭				

武翼大	夫不軼							武經郎	不隋					
	善搽				善蕙	善茹	善芊		善鍼	善饞			善箄	
	汝輻	汝轙	汝輚	汝輇						汝俳	汝彼	汝作	汝俴	汝衎
		崇峇								崇瓔				

贈昭慶軍節度使、建安侯士彙					
不拒	不愊	修武郎不護	朝奉大夫不戒	修武郎不諛	
善圄	善莘	善日			
汝徫	汝僖	汝澗	汝世		
崇樛	崇鏼	崇謗	崇桃	崇務	崇衢
必唑					

太子右監門率府率士慄	太子右監門率				
贈武翼大夫不愬	不訥	不克			
善霈	善保	善淵			
汝富	汝皋	汝奎	汝邑	汝亩	
崇棪	崇耕	崇耜	崇耒	崇耔	崇鋤
必鑾					

安康郡公仲戭	康平侯仲瀛			
府率士位	右千牛衛將軍士崳	太子右內率府副率士問	右千牛衛將軍士聞	右千牛衛將軍士藏

淄王宗逸						
沂國公、	謚良信	仲寬				
贈咸德軍節度使、開府儀同三司、安康郡公士緺						
朝散大夫不佾						
善酏						
汝明	汝能	汝蕃				
崇堯	崇宋	崇舜				
必登	必立	必表	必忠			
良瓊	良瓘	良珂	良珙	良璹	良璞	良瑭

中華書局

														武經郎
						善酕	善戲							
				汝奭	汝悅		汝耔					汝卿		
		崇第					崇柔					崇盌	崇盛	
必趍	必美	必博	必馨				必及	必晉	必蕃	必靜	必戒			
			良僠				良樸	良瑀			良濩			
							友澇							

										贈觀察	使、益川	侯士戴		
不儉											三班奉	職不倦	不迪	右班殿
善資	善施							善圖	善棨					
	汝興				汝顯									
	崇佋			崇復	崇至	崇亶								
	必儒	必浹	必激	必汎		必涑	必洋							

													贈武經	大夫士
直不億	保義郎	不俅	不由	成忠郎	不要	保義郎	不厭	秉義郎	不濩					右班殿
		善諷							善棨					
									汝極					
									崇偁					
									必但			必僊		
									良巍	良嵩	良崗			

映														
直不話	贈武經	大夫不	詘											
			善學											
			汝士											
			崇德	崇劾				崇辦						
				必鏃				必攻			必鮫	必敞		必毅
				良檢	良机	良檜	良俔	良鉌	良鈊	良鑑	良環	良瑛	良璥	
				友謔				友烷			友瑠			

													善令	
							汝弼					汝賢	汝商	
	崇政						崇攉	崇釗	崇庸	崇安			崇彰	崇行
必政	必成		必權		必憲	必懃			必滂	必本			必逕	
良漢	良服		良機	良檵	良膽					良璵	良玥			
	友倫	友偕												

						善彰								
						汝味								
崇韞				崇散	崇鞠	崇立	崇教		崇至				崇用	
必晛	必睞	必噠	必棣	必瑇			必侀	必侑	必綢			必纁	必姝	必爆
良彌	良恝						良模		良際	良膅	良珙			

										武經郎	不諎			
											善陟			
		汝艮							汝像		汝峯		汝魚	
崇式	崇忿	崇北	崇粢		崇夛	崇潚			崇復		崇遡	崇融	崇甄	
			必鑒			必鉌		必纂	必鶱		必瓔	必班	必瀏	
			良倫	良儲		良穎	良頭	良瀕	良述					

													不誕	不蹇
									善院					
				汝聲	汝谿	汝唐	汝璵	汝湖	汝檡		汝柚	汝楣		
崇嶬			崇婡	崇餿		崇登			崇肌			崇翼		
必偈	必徎	必洒							必淑	必珃				

滕國公、諡溫仲	翩						
太子右內率府副率士泉	贈青州觀察使、北海侯士僎						
不願	從義郎不敏	登仕郎不悔	三班奉職不作	忠翊郎不藏			

成忠郎不却	成忠郎不怖	贈武節郎不淤					
善矩	善僣						
汝厥	汝璪	汝灘	汝祺	汝椅			
崇潘	崇濯	崇濊	崇嶼	崇崘	崇[illegible]		
必簫	必逡	必綵	必善				

贈武節武翼郎不儋	成忠郎不凝							
善緘								
汝糕	汝杓	汝俌						
崇崝	崇岷	崇湘	崇漈	崇過	崇徙	崇偃	崇柄	
必細	必綠	必鐐	必塞	必灵	必縫	必沓		

郎士侗	右監門衞大將軍士偰	太子右				
不瑑						
善始	善傻	善稷	善椶			
汝杆	汝茉	汝梠				
崇皴	崇嶀	崇翊	崇竚			
必鐳	必緹	必紡	必縱	必繹	必綬	必縮

內率府副率士侏

校勘記

〔一〕宗室世系十六　大典本（影印永樂大典冊一三三卷一三〇一八）作「宗室十九」。

〔二〕崇禮　本行以後缺大典第三葉一葉，不補。

〔三〕謚榮　按宋會要禮五八之八三作謚榮孝，疑表脫「孝」字。

〔四〕新定郡王　當作「新安郡王」。按宋會要帝系三之一七記士籛追封事：「皇叔祖檢校少保安慶軍節度使同知大宗正事士錢，乾道五年二月，贈少師，追封新安郡王。」「士錢」乃「士籛」之誤，同書帝系七之一隆興元年，任安慶軍節度使同知大宗正事的正是「士籛」。

〔五〕濮安懿王　「安」原作「王」，按濮安懿王是英宗父允讓的封、謚號，見本書卷二四五本傳。宋會要禮四〇之一一有士石權知園令的記載，又載全銜作「知濮安懿王園令」，據改。

〔六〕仲璒　此名原在下欄「士勤」之上，下二欄「不璡」及以下各名原依次在「士勤」之下，都據大典本移後。「仲璒」以後並缺大典本第二十三、第二十四葉，不補。

宋史卷二百三十一

表第二十二

宗室世系十七

贈太師、昌王、謚端孝宗晟	郇王、謚康孝仲御	太子右內率府副率士祺					
		右班殿直士駓					
		右班殿直士棨					
		奉議郎士轂	修武郎不測				
		贈中奉大夫士讙	秉義郎不泒				
			贈中散大夫不阿	善侶	汝樵	崇闡	
						崇袤	必搭
					汝岦	崇肇	必梅
							必棣
							必杋
					汝耕	崇奮	
						崇爽	
						崇淹	
						崇奚	

中華書局

									左班殿	直士婭	權主奉	濮安懿	王祠事、	贈太師、
									忠訓郎	不抈				贈光祿
	善唯							善占						
汝欐	汝霹	汝匰	汝鄹	汝豹										
崇腆				崇瀕	崇溜	崇邦	崇鄘							

循王士	儀													
大夫不	凡	右朝請	郎不議											
			善寬	善斫				善筠	善穠					善綝
				汝籌	汝執		汝崇		汝僮	汝術		汝髦		汝禹
				崇朝	崇鋮	崇懊	崇憒			崇扔	崇搢	崇桐	崇穋	崇懷
							必瑒			必攉				必岃

	善攉	善頤							善問					
		汝礪							汝懵			汝織		
		崇詎					崇譓		崇徐		崇際	崇硞		
必巖		必明	必升				必揚	必稱	必遆	必訏		必誅	必謳	必諗
		良樴	良瑍	良琿	良璐	良璇								

							汝挴	汝艘	汝磬					汝俞
	崇砡		崇礐			崇凝			崇礜	崇野	崇滃	崇頎	崇頔	崇備
必謰	必櫾	必桲	必珉	必瑒	必璊								必頣	必凸

					善涓									
汝殺					汝起		汝娭		汝曈		汝鄀	汝竚		汝螽
崇禹		崇仇		崇侔	崇鳳	崇迺	崇臬	崇檻	崇異	崇嫛	崇洓	崇掀	崇鑿	崇晃
必翊	必竫	必塼	必竣			必讖				必忑				必諄

			不捌	萊國公	不怞									
	善愢				善諝								善証	善諄
	汝咸				汝瀾	汝溯			汝洧		汝澥	汝淽		汝假
	崇敏	崇信			崇纚	崇谿		崇欄	崇搏	崇稀				崇沐
必譖						必玲	必珊							

			武經大夫不嬰								贈武經郎不鄙	
		善璲	善朋				善懋		善娭	善嶙	善峯	
	汝倪		汝侄			汝展	汝靦	汝軾	汝蕭		汝堦	汝垤
崇榅			崇祓	崇䄂	崇祋			崇寶				崇納
			必嬛									必棖

									贈武翼郎不替				
					善筆	善穮	善抆		善堤		善堅		
			汝監		汝庙		汝滋	汝瀝	汝錚		汝杖	汝壃	汝墿
崇縪	崇經	崇□	崇巇	崇嵲				崇稼	崇潟	崇濼			
								必攸					

								左班殿直士結	左班殿直士徹
	武節大夫不譓				武經大夫不惷		武節郎不洪		
善淞	善馡			善馥	善繪		善塍		
汝擻	汝悬	汝懲	汝憖	汝悉	汝讟	汝邇	汝折		
	崇伽	崇倚		崇倀					

右領軍衛將軍士槐	贈右屯衛上將軍士況								
	贈銀青光祿大夫不羣								贈中散大夫不
	善興	善愖					善忖		
	汝淇	汝涓		汝液	汝源	汝漂	汝洌	汝溥	
		崇邃	崇籧				崇邏	崇暹	
		必環							

廥														
善稧	善譓	善秀	善訢					善謣						
汝濬		汝潛	汝湘	汝洄	汝澡		汝浹	汝澹				汝淑		
				崇槤	崇樕			崇榕	崇柔	崇櫨	崇柄	崇根	崇樛	崇檐
				必愈	必譙	必烋								

											右監門衛大將軍、榮州
								武節郎不損			
善稼						善曦		善倬	善禔	善陶	
汝池	汝潮					汝澥	汝洭				
	崇櫞	崇榼	崇槺	崇棆	崇樅						

防禦使	士㬇	權主奉	濮安懿	王祠事、	贈太師、	韶王、謚	恭靖士	檐						
成忠郎	不競						保義郎	不乏	贈中大	夫不悅				
										善周	善璝			
											汝窔			
											崇禱	崇束	崇儋	崇傆
													必訫	

						朝奉大	夫不刊					贈光祿	大夫不	寤
善坫	善餱		善恕	善夔			善詷	善表	善詹	善奮	善沄			善賁
汝期	汝异	汝獘	汝昞	汝䀹					汝耘	汝毗				汝標
崇渟	崇豐	崇聰	崇傔	崇儀	崇瑛					崇瀘				崇俾
		必塡			必橅									

善憖		善攄					善許	善蔭						善悚
汝墼		汝眭	汝堅	汝焄	汝范	汝憮	汝通	汝繩	汝訶		汝滿			汝褫
崇鑾					崇竺	崇珅			崇燱	崇炤	崇霍	崇電	崇饗	
必浤	必流													

										贈武節	大夫不	野	
							善終	善耔	善弇	善璁		善柎	善楺
汝訕	汝焴				汝燡	汝傑	汝鎦					汝瀚	汝渺
	崇璺	崇囿	崇因	崇圖		崇霞							

							秉義郎不陞		贈武顯大夫不臞		
	善備	善抑	善邁			善熹	善琮		善濬		
汝浬		汝桃	汝濟	汝淲	汝鎮	汝琿	汝融		汝墉	汝壞	汝堭
崇檍				崇騫			崇拌	崇筍	崇鏳		

	善湛				善沃					善潤				善湜
汝址	汝鑠	汝炌	汝謔	汝譄	汝憚					汝鏃	汝鑿	汝鑄	汝玎	汝鑨
					崇巖	崇嵊		崇岍	崇峨					崇垧
						必椋	必樅							

									保義郎不櫱	保義郎不卽	訓武郎不柚
善湝				善瀏							善淶
汝櫝	汝檀	汝槺	汝柜	汝批	汝朽		汝攄	汝挹			
		崇燫			崇蒴	崇兹					

					從義郎不覯		從義郎不羨			忠翊郎不轉
善淇		善澣			善膍	善腴	善皺		善耦	善塵
汝宮	汝巉	汝嵱	汝巋	汝崱	汝事		汝熇	汝薇	汝槊	汝櫨
			崇瑛		崇彭			崇櫯		
			必楙							

右監門衛大將軍、吉州刺史士棡　保義郎不𡨋
　保義郎不腆
右監門衛大將軍、貴州防禦使士棨　贈武翼大夫不嫚　善展　汝磁　崇俵
　崇偒
　善杲　汝礩　崇霍
右監門

衛大將軍、吉州刺史士諒
右監門衛大將軍、吉州刺史士郙　不誑
右監門衛大將軍、吉州刺史士陟
贈少傅

和國公士嵰　保義郎不昗
　贈武翼大夫不逜　善藏　汝滙
　汝泮　崇郤
　崇黨
　善晬　汝瀕
　汝槩
　汝棉
　汝璩
　保義郎不夔
　保義郎不怛

訓武郎不牽　善蕖
　善暢　汝仳
成忠郎不忱
武節郎不磨　善邊　汝築　崇璃
　善琮
武經郎不肅　善彪
太子右監門率府率士纖
太子右

監門率府率士軀　太子右監門率府率士棫　太子右監門率府率士選　贈明州觀察使奉化侯士遯

不彼

北海郡王仲聘

太子右監門率府率士瓢　右班殿直士彙　武德郎右班殿

贈宣教郎不僥

善紳　善培　善綸　善細　善址

汝奐　汝燮　汝樊　汝臭　汝鏵　汝袷

士穌　左領軍衛將軍士趚

直不器　右侍禁不代　從義郎不游　保義郎不鐸　忠訓郎不潛　贈朝議

善及　善古

汝嚚　汝親　汝礪　汝實

崇選　崇吶　崇淘　崇櫎　崇汯

必鑈

太子右監門率府率士嶸　太子右監門率府率士韠　太子右監門率府率士

大夫不座　不潤　不儔

善括

汝礜　汝蕃

崇穗

必莊

觀	太子右監門率府率士鑒	右班殿直士僜	贈建寧軍承宣使、建安郡公士嶹					
			成忠郎不痡					
			善耘		善機	善緗		
			汝⿰禾力	汝宿	汝徯	汝⿰彳⿱覀巳		
			崇⿰氵⿱罒易		崇⿰王叟	崇琭		

					贈鄧州觀察使、南陽侯士驄			
			忠訓郎不熉		秉義郎不慼			
					善優			
	汝侚		汝徥	汝⿰彳⿱覀巳	汝怗	汝⿰忄匱		
崇珛	崇⿰王專	崇⿰王睪	崇羿			崇渤		
						必埨	必坲	必堛

		太子右內率府副率士鄢	太子右內率府副率士楩	左班殿直士悅	左班殿直士嶫	
善俞						
	崇渘	崇⿰氵頊				
	必壖	必椽				

左班殿直士亘	太子右內率府副率士塼								右監門
忠訓郎不懦									
善辭			善營	善陞	善闐	善臍			
汝賁	汝貫	汝質				汝民			
		崇述				崇嶒	崇謝	崇噲	
							必御		

衛大將軍、貴州團練使士暠	右千牛衛大將軍士菸	右千牛衛大將軍士崘	太子右監門率府率士森	太子右

監門率府率士鋪	太子右內率府副率士巾	太子右監門率府率士閶	太子右監門率府率士闠

保康軍節度使、開府儀同三司仲蟣						
右監門衛大將軍士攦	右監門衛大將軍、吉州刺史士擬					
	修武郎不混					
	善術	善可	善專	善慶		善椿	善瓘
				汝仟	汝械		
					崇檝		

蕭王、謚恭僖宗博					
東平郡王仲檜					
右監門衛大將軍、榮州防禦使士授	右監門衛大將軍士持	贈通奉大夫士瓓			
		贈光祿大夫不弃			
善岡		善惃			
汝諦	汝諉	汝譊	汝誇	汝秩	
	崇潺	崇濼		崇勳	

								善究						
			汝彥			汝意		汝奇						
崇守	崇正	崇反	崇原		崇密	崇莠	崇藺	崇裕			崇禮			
			必拆					必鉄	必鎦	必沾	必迭		必遼	必邇
			良朋	良服				良瑯	良瀁	良湅	良玑	良琈		

		忠訓郎不礦	從義郎不苟								
			善詮								
			汝砥					汝楫			
			崇傳	崇俄	崇償			崇明	崇靜	崇樗	崇黽
必遭	必遛		必穖	必歜	必穗	必懸	必俸	必懽	必儴		
									良鋾		

朝奉郎士歸	榮州刺史士冶	右千牛衞大將軍士庫	合州刺史士玻	右監門衞大將軍士倌	太子右內率府副率士

						東牟侯仲歇	
肆	右監門衞大將軍士澁				右監門衞大將軍士志	贈左領軍衞大將軍士慔	
	忠翊郎不諳					秉義郎不恃	修武郎
	善豪						
	汝譡						
	崇鈿	崇楛	崇舒	崇熇			
	必墐						

不老				修武郎不吟									
善絹	善緝			善韓				善貫			善譴	善扆	
	汝楫			汝營		汝猳		汝郙	汝佋			汝嵩	汝潔
	崇礫			崇格		崇錫	崇球	崇址	崇埁	崇垺		崇廣	崇嶧
	必邁		必聘	必懌	必慨		必憒	必鐸		必絟			
	良顥	良闔	良閔										

														忠翊郎
						善惟					善需		善軌	
			汝頵	汝甄	汝瓖	汝隆					汝瓚	汝儋	汝埤	
崇鏈		崇峻	崇墒			崇闞		崇乙	崇㷍	崇鉿				
必瑛	必瑙					必冷			必瑮	必瀶				
	良洴					良撛	良瑖							

不悒	保義郎不弱	成忠郎不恨	贈武德郎不偏							
			善昦							
			汝宷	汝楹						
			崇鈊	崇鈑						
			必旟	必稻	必桁	必竿	必篝	必箱	必薇	必曬
										必咏

善栥						善賞		善汙	善禼	善鼎				善俞
汝櫳					汝椅	汝鍪		汝輸		汝驪	汝驎		汝暘	汝詷
崇絜	崇鈺					崇緝	崇緮	崇爊			崇䀭	崇時		
必珋	必遈													
	良鑄	良符	良簾	良簽										

											崇國公	仲睿		
			右監門	衞大將	軍士憬	右監門	衞大將	軍士睬			左班殿	直士徂	右監門	衞大將
							成忠郎	不汨	忠翊郎	不讋				成忠郎
										善顒				
汝瓠	汝鑽													
崇清	崇陵	崇弧												

軍士平	吳興郡	公士俠												
不僻	贈武翼	大夫不	撓											
			善宜											
			汝祺					汝纁			汝纓	汝紵		
			崇泜		崇潤	崇沐	崇潙	崇簡			崇築	崇欒		
			必衕	必徠				必桄		必榎		必潛	必琦	必條
								良涇	良淂	良讟				

			贈武節	郎不忱							武節郎	不悗		
	善熊			善昶								善稽	善工	
	汝緒	汝紝		汝濛		汝寔				汝瀸			汝海	汝淳
崇艇	崇悀	崇鈹		崇損		崇壜	崇塡	崇堊	崇壍	崇坡				崇樾
		必軻		必鐵	必銖					必鑒				

	武德郎	不陵												
		善杠		善維					善臻				善昱	善蘄
		汝繹	汝綬	汝絇		汝料	汝緒	汝絨	汝紋		汝紼	汝縚		汝緘
崇鋒		崇汾	崇漩	崇漪	崇澪				崇落	崇漣				
		必鏞								必鎮				

二十四史

中華書局

			汝紡	崇沅	
			汝纘		
			汝緹		
			汝繰		
			汝緬		
	贈武德郎不間	善力			
		善莪	汝棄	崇鑣	
				崇鑽	
			汝澴		
			汝沝		
			汝森		
			汝淋		
		善蕢	汝鉀	崇櫬	
		善蒔	汝濱		

			汝湑		
右監門衛大將軍士錫	成忠郎不咎				
	贈武義大夫不怡	善儲	汝縱		
			汝絳	崇壘	
				崇壁	
				崇鋆	
			汝核		
		善勤	汝縮	崇秩	
			汝縕		
			汝繁		
			汝棗	崇禧	

				崇潢	
			汝紺		
			汝綠		
		善加	汝綴	崇穲	
		善鑄	汝級	崇烶	
				崇緩	必墭
					必壐
			汝紓	崇敎	
				崇挺	必蝶
				崇敷	
				崇浰	
		善聘	汝綫		
			汝綯	崇櫝	必偞
			汝繮	崇澠	
			汝緑	崇係	

				崇技	
				崇根	
				崇榴	
				崇榭	
			汝綵		
			汝繼	崇稛	
				崇稅	
				崇稻	
			汝絧	崇秆	
				崇穖	
		善嚋			
		善魄	汝紾	崇籥	
			汝縉		
			汝綼	崇攸	
		善覬	汝蜛		

贈太師、崇王、諡孝溫宗

右監門率府率

右監門衞大將軍士英　太子右監門率府率士光

不㵟　不渺　成忠郎不悅

善誼

汝⿰山比

崇⿰言幸

瑗

仲洢　建安郡公仲詰

左班殿直士崙　右千牛衞將軍士鉁　贈右千牛衞將軍士鉞　太子右內率府副率士鏵　右千牛衞將軍

信都侯仲譔

士鎦　贈左領軍衞將軍士鈉　贈右監門衞將軍士鋿　太子右監門率府率士羕　右班殿直士遭　右班殿

贈武翼大夫不闕

善潭　善諟

汝睿

直士符　右班殿直士跦　贈右監門衞將軍士仉　贈右監門衞大將軍士顯

贈朝議大夫不辭

善纁

汝擢　汝拭

崇淦　崇烓　崇滁　崇柑

必賁　必峇

太子右內率府副率士岪

善肯　善將　善讚　善凝

汝接　汝擴　汝拂　汝擧　汝撰　汝授　汝搡　汝揔　汝操

崇爐　崇闔　崇閭　崇焱　崇熯　崇芒　崇蕭　崇烘　崇熄

太子右內率府

善蹈　善璘　善搽　善器

汝搢　汝柄　汝挂　汝捍　汝撣　汝捧　汝掞

崇曖　崇煌　崇昭　崇噲　崇燋　崇晴　崇鐐　崇鋅　崇箴　崇闔　崇閱

必從

副率士岪

太子右內率府副率士瞍

秀州刺史士盱

武經郎不跿

善翊　善箴

汝杞　汝棟　汝樞　汝櫄　汝槃

崇炑　崇煠　崇爆　崇燆　崇壜　崇賢

必鍥　必瑱

贈右領

忠訓郎不踦

善靖

汝渠　汝沐　汝采　汝讀　汝薰

崇圻　崇櫜　崇忝　崇爍　崇熰　崇渟

必鐀　必鏑　必鉦　必鐠　必鉢　必鋑　必鉤　必鐲

軍衛將	軍士佃				太子右	內率府	副率士	碬	武翼大	夫士斜				
贈武略	郎不憸		保義郎	不粗						不硊	保義郎	不詼	贈訓武	郎不誚
	善瞀	善布												善璠
	汝訥	汝錮												汝吟
	崇嵂													崇示

								善紐	善實					
					汝驤			汝稟	汝璥	汝鳴	汝听	汝歙		
崇諷	崇杏	崇妹			崇熚	崇燃	崇炑	崇鐵		崇霆		崇苡	崇蒔	崇兹
		必坦	必坐	必塀						必塙		必貜		

												善昈		
	汝礒			汝滮			汝溏				汝浹	汝敀		汝歔
崇藶	崇峯	崇岎	崇夔	崇檏	崇林	崇秺	崇衎	崇稗	崇穮	崇稭		崇冶	崇瀲	崇澄
														必穆

											贈修武	郎不泛		
		善封					善鈗				善講	善讀		
汝敖	汝徹	汝附				汝防	汝剖		汝韶	汝謦	汝派	汝熇		
崇涑		崇溟			崇漊		崇炬	崇熮				崇衕	崇衛	崇衙
		必倰	必鎕	必楱										

武德郎不𠱥 保義郎不讟 成忠郎不壬

善鏨 善昂 善楙 善組

汝蹇 汝寓 汝蒡 汝昤 汝轒 汝輜 汝軺 汝輅

崇衡 崇淳 崇瀸 崇樓

華陰侯仲詔

承議郎士濰 贈少傅、永國公士洪

贈武德郎不恚 武德郎不譓

善嶢 善誨 善纓

汝輿 汝春 汝焴 汝熠 汝波 汝洛 汝澪 汝灊 汝頵 汝秈

崇伴 崇桄 崇鏎 崇鉽

安康郡公仲譁

右千牛衛將軍士鉞 太子右內率府副率士鉽 右監門衛大將軍士鐙

保義郎不獧 保義郎不好 武經大夫不洿

善飾 善域 善膂 善茵

保大軍承宣使仲諄

右千牛衛將軍士練 太子右監門率府率士妃 右千牛衛將軍士穌 太子右內率府副率士鐀

善睿

右監門衞大將軍士劾

贈武經大夫不慮　贈武經大夫不害

善盅　善盟　善璐　善詀　善悃　善宗

汝僎　汝晶　汝閎　汝棨　汝圪　汝墇　汝過　汝泝　汝諍

崇迿　崇捆　崇宿　崇㝝　崇淪　崇譁

必詁

善絧　善績　善尹　善纘

汝詾　汝譆　汝諰　汝詽　汝墣　汝濈　汝熅　汝鐃　汝灉　汝夔

崇瀆　崇鋸　崇棒　崇僻　崇候　崇瑁　崇硝

必槮　必嘇　必櫰

贈太師、襄王、諡恭憲宗愈

祁王、諡敦孝仲僕

右千牛衞將軍士功　贈左武衞將軍士爛

贈和州防禦使不跲

善超

汝岺　汝澤　汝華

崇硫　崇迎　崇迸　崇逌　崇齡　崇蔚　崇徽

必鵬　必濁　必港

秉義郎不潰

善養　善省　善卷　善爲　善則

汝雖　汝幾　汝釗　汝匯　汝摮　汝建　汝沄

崇据　崇材　崇楹　崇潞　崇渚　崇巍

必璁　必汲　必漈

良惪　良悰　良崇　良懇

		忠州團練使士纉							
成忠郎不儦	不譢	訓武郎不奪					忠翊郎不紊	成忠郎不貧	成忠郎
		善廙	善祗	善該					
				汝傳		汝鐔			
				崇軾					
				必瘠	必淶				

	右班殿直士畿		貴州團練使士叕			榮州防禦使士嚚
不反	忠翊郎不訾	成忠郎不弄	保義郎不曠	成忠郎不醶	成忠郎不孤	成忠郎不卑

	房陵郡公仲璮						
	贈右金吾衛將軍士絅					太子右監門率府率士紃	贈寧國軍節度
成忠郎不㥽	武翼郎不汰					成忠郎不爢	
	善徐	善如	善繩	善瑩			
		汝㝖		汝諭	汝謂		
		崇積			崇稾		
		必溎					

使、奉化侯士蕁											
武德大夫不憎				贈光祿大夫不懢							
善徯	善曉			善衎	善闓				善閱		
汝遽	汝迥	汝濟	汝途	汝瑁	汝瑊		汝琰	汝璷	汝珦		
崇禴	崇釋	崇秠			崇逸	崇鉷			崇鉷		崇鐖
						必漣			必湉		必壚
									良樆	良樓	

太子右監門率府率士溫　太子右

善閱

汝璾　汝瑨

崇錍　崇釪　崇鉺　崇逵　崇冲　崇丘　崇師

必淼　必發　必臻　必任　必伉

良誄　良讀

監門率府率士最　太子右監門率府率士琈

感德軍節度使仲總

右班殿直士卯　右千牛衞將軍士嶒

保義郎不屈

保慶軍節度使

右班殿

仲瑞

直士盬　太子右內率府副率士堅　右千牛衞將軍士聖

贈朝議大夫不憚

善宰

汝昌

崇庚　崇穆　崇協　崇制　崇克

必澮　必濋　必漻　必鐇

良楗　良詔

平江軍節度使仲皎

太子右內率府副率士琣　右班殿直士爙　太子右

保義郎不懕

汝大　汝共

崇假　崇石　崇合　崇儆

必鈂　必敷

內率府	副率士	迪	楚州防	禦使士	堪							
		不淺	贈武翼	大夫不	愖							
				善抗	善博	善攜						
				汝謜		汝淟	汝濡	汝涸	汝潛	汝洔	汝淌	汝洐
				崇扒						崇掠		崇鑄
												必璩

	太子右	監門率	府率士	讓	太子右	內率府	副率士	海	太子右	內率府	副率士	減	右監門	衛大將
							保義郎	不緬					
汝潸													

					建寧軍	節度使	仲習						
軍士霙	太子右	內率府	副率士	須	右監門	衞大將	軍士崔	榮州防	禦使士	琬	吉州刺	史士酌	贈太師、	咸安郡
						忠翊郎	不繞							朝散郎

王士劉														
不尨				朝請郎	不病									
善儒	善朴	善僚			善偉					善侁	善付			
汝比		汝伃	汝僮		汝統			汝緘	汝莒		汝琈	汝鐏	汝濩	汝諯
					崇珥	崇玦	崇琡	崇瓊	崇琭					崇玫
														必潟

太子右內率府副率仲章					
太子右監門率府率士遵					
善滄	善淶				
汝秘	汝秭	汝穑	汝稑	汝穚	汝瑊
崇墉					

華原郡公仲嬓					
太子右監門率府率士恆	太子右監門率府率士嶔	太子右監門率府率士摽	東陽郡公士階		
	忠翊郎不悅	脩武郎不狷	贈武節郎不匱		
			善輯	善昇	
			汝碻	汝坣	
				崇瓔	

贈利州觀察使不讁								
善籑	善懃	善玠	善蹸					
汝湖	汝祀	汝羣	汝琑	汝現	汝珹	汝價	汝譁	汝儁
崇琢	崇瑫	崇謞	崇讙					

脩武郎不顯	忠翊郎						
善鍵	善霧	善杓	善輅				
汝慕	汝伶	汝傺	汝町	汝晥	汝嘐	汝暍	汝昄
崇縛	崇臺	崇堃	崇瀷	崇台	崇瀅	崇嘿	

	安康侯士晴
	不隨　保義郎不取　秉義郎不駁　左領軍衞將軍、開國男不慧
	善洑　善瀞　善赿　善趺　善淮
	汝滕　汝熜　汝鐵　汝鑼　汝爍　汝樽
	崇佩　崇徂　崇焴　崇浣　崇瀿　崇城　崇叩

	右千牛衞將軍士薡　太子右監門率府率士前　太子右監門率府率士瑀
	忠訓郎不趣　忠翊郎不繙
	善屆
	汝豈
	崇壖　崇堬

	贈太師、濮王、謚僖惠宗
	莘王、謚孝僖仲　贈華州觀察使仲嵷
	贈武勝軍節度　太子右監門率府率士棬　太子右內率府副率士座　太子右監門率府率士垺
	武節郎

	隱
	癸
	使士譚　右班殿直士延　贈右領軍大將軍士硝
	不獨　不吝　保義郎不雜　贈武翼大夫不
	善樽　善愛
	汝愳　汝琥　汝鑑　汝識
	崇玉　崇儁　崇俠　崇潑
	必櫟　必楅
	良儉　良僭

諓														
善知									善訊					
汝遂									汝義				汝藹	
崇威	崇祜	崇啓	崇忭	崇祏	崇昱		崇晷	崇劻	崇諭				崇翜	
	必漨			必溔	必沆	必涘			必瑢	必瑨			必玵	必鈅
										良絟	良緣	良絪		

							善憓							
							汝瑞		汝馨					
	崇需	崇蓁					崇堯	崇力	崇柄	崇寀	崇手			
必玠		必礥	必硄	必礦	必磏	必礁					必讚	必譸	必譁	必諳

										太子右	內率府	副率士	磌	
						忠訓郎	不辰	忠訓郎	不俙			成忠郎	不恍	成忠郎
					善融									
汝鋪														
崇駕	崇隆	崇勳	崇劢											
			必稷	必櫏										

												河東郡	王謚孝	良仲霜
					太子右	內率府	率士鄱	太子右	監門率	府率士	伎		內殿崇	班士枝
不校	成忠郎	不惑	保義郎	不吁						成忠郎	不恖		訓武郎	不朋
														善松

贈左千牛衛將軍□□
右班殿直不識　贈寧武軍節度使不冒

善䜣　善貽　善節　善綜　善膺

汝徠　汝𧇊　汝彌　汝漣　汝𦎪　汝契　汝介

崇仟　崇𢏺

必庞　必㯃

善頌　善成

汝𣟯　汝檶　汝郁　汝鄰　汝𨞫　汝鄱　汝邦　汝鄗

崇㡭　崇張　崇篪　崇䜉　崇嚴　崇勃　崇鏊　崇鉑　崇袗

必㤅　必捍　必拓　必昴　必昭

秉義郎不輟　贈朝散大夫不僎

善礪　善訽　善應　善哲

汝鄘　汝邸　汝瀜　汝秀　汝䨣　汝㶄　汝勷

崇㵾　崇瀟　崇漏　崇勸　崇悆　崇諠　崇旨　崇總　崇𪆧

必瞮

善慈

汝鄬　汝楠　汝孖　汝屾　汝朋　汝赫

崇㽅　崇岃　崇城　崇𡾊　崇瑢　崇球　崇瑮　崇越

必惠　必㤁　必湼　必悚　必慘　必愮　必櫰　必濆

良㛹　良靖　良𡏖

西頭供奉官士燿			贈左領軍衛將軍士儱	右班殿直士艤	修武郎士賁			
成忠郎不退	成忠郎不遺		忠翊郎不隘					
善渠								
汝炊								
崇逾	崇珎	崇璿						

福國公、謚純僖仲麗					
右班殿直士俸	贈太師、賀王、謚孝敏士奃				
保義郎不僡	追封滕國公、謚恭靖不徽		朝議大夫、直祕閣不羈		
善確	善磻	善嶶			
汝祉	汝玵				
崇激	崇垒				

贈太師、安化郡王士太									
朝議大夫不謭			贈朝議大夫不讄						
善鉅	善硯	善碤	善居	善礜					
汝濡	汝宦	汝雜	汝多	汝庬	汝湎	汝惌	汝蒠	汝氐	
崇腆	崇腥	崇瑨	崇玔	崇槩					

右奉議郎不眛										
善迎	善芬	善曼	善篪	善悰						
汝慮	汝悳	汝想	汝思	汝歷	汝窮	汝琗	汝瓃	汝琁	汝琫	汝璩
崇謨	崇鋏	崇繁	崇鐩							
必壼										

										贈朝散大夫不澂		
善濡							善職		善棹	善億		
汝禱							汝源		汝撤	汝禨	汝僆	汝儓
崇儴	崇傜	崇僥				崇僟	崇勢	崇勫				
必棉	必榜	必櫸	必樸	必樾	必榅	必橉		必畔				

			贈武功郎不棨										贈朝奉
善旌	善愰		善克					善有					
汝隧	汝頎	汝顯	汝邃		汝濡	汝綝		汝諶	汝讖	汝訨			
			崇祴	崇果		崇搸	崇捨		崇晉	崇弦	崇寂	崇官	

大夫不騁				贈承議郎不呰								
善堪	善垓			善嚮								善琉
汝庡	汝脊	汝儞	汝極	汝愜			汝惆	汝悅			汝愔	汝換
崇㤞				崇恦	崇㤞	崇惁		崇畔	崇嘇	崇嗪	崇鴻	崇霈

											文林郎不刓		
					善起					善東	善多	善彪	
				汝橙	汝潞	汝埈			汝浣	汝侏		汝奜	
崇鄴	崇霽	崇露	崇霧		崇瑲	崇碧	崇崖	崇瑀	崇遏			崇鏴	
						必邁						必瀗	必漻

贈武德郎不躍　訓武郎不孱

善烈　善鏞　善鐙　善鶱　善蕬

汝獎　汝賸　汝榕　汝棡　汝瘳　汝茙　汝遝

崇瓅　崇瓛　崇憲　崇磐

必濰

吉州刺史士奔　贈建寧軍節度使、建國公士奇

武翼大夫不騙　成忠郎不郕　保義郎

善芹　善萊　善藎

汝昔　汝各　汝醬　汝華

洋國公、謚孝修仲譚　建州觀察使仲青

右千牛衞將軍士鮮　右千牛衞將軍士揚　右千牛衞將軍士㬋　贈開府儀同三

不齟

贈左屯衞大將軍仲駰

司、永國公士諳　右班殿直士琦

保義郎不蓌　贈左領軍衞將軍不止　右監門衞大將軍、領昌州刺史、開國伯不懱

善瀰　善攡　善鴻

南陽侯仲歐

右班殿直士迎　太子右內率府副率士彭　右班殿直士詵　右班殿直士䃩　太子右內率府副率士用　太子右

內率府副率士嶠　太子右內率府副率士匠　太子右內率府副率士𥶡　贈武略大夫士濮

武節郎不毨

善絉

汝騆　汝鶒

崇軓

右監門衞大將軍仲覗

太子右內率府副率士特　太子右內率府副率士措　太子右內率府副率士匯

不窊　忠訓郎不羲

善耒

漢東郡王宗沔

太子右內率府副率仲足　太子右內率府副率仲

太子右內率府副率士舒　太子右監門率府率士瓚

贈太師、榮王、謚孝靖宗綽

㝱　襄王、謚康孝仲糜

池州防禦使士鍾

成忠郎不同　贈武節郎不醯

善紹

汝愢　汝僉　汝嘉

崇鏁　崇銛　崇檵

必澙　必湄　必濮　必宴　必家　必寘

善逢

汝恩　汝慦　汝似

崇柘　崇櫃　崇譁　崇瑚　崇陔　崇瑠　崇珆　崇璮　崇櫄　崇珖　崇礽

必賁　必窦　必審　必穹　必譖　必讃　必許　必諆

秉義郎不棌　武經郎

善述　善設　善适　善羣　善仟

汝詳　汝蕒　汝𤩽　汝孶　汝懲　汝蘽　汝扑

崇玗　崇星　崇瓛　崇矑　崇𥌋　崇疇　崇暎

贈左監衛大將軍士稟　右千牛衛將軍士奎　太子右監門率府率士昴

不淆　贈訓武郎不玷　武經郎不璉　忠訓郎不憎

善慶

汝嵤

高密郡公仲礜

太子右內率府副率士梆　太子右內率府副率士鷁　太子右內率府副率士齋　右監門衛大將軍士崔

贈朝請郎不否

善訓

汝悉

右武衛大將軍、濮王、防

右班殿直士樞　右千牛衛將軍士䖝　太子右監門率府率士烟　太子右監門率

善暉　善恪

汝暨　汝歷

崇宼　崇岫

必扔

禦使仲淮〔二〕

府率士詔　太子右內率府副率士友　右監門率府率士度　右監門衛大將軍士旆　太子右內率府副率士

太師信

岐王諡　右千牛衛將軍、贈左屯衛大將軍仲燦

鐲　右監門衛大將軍士紀

忠翊郎不羇　武翼大夫不溴

善頤

汝昕　汝晏　汝曎　汝鈇

崇琲　崇玨　崇曖

必誆　必檖

王、諡康	宗治													
簡獻仲	忽													
安康郡	王士說													
贈銀青	光祿大	夫不柔												
		善契					善法			善待				
		汝戳			汝械		汝成	汝勤	汝護	汝述			汝逹	
		崇果	崇員	崇甾					崇諠	崇韃	崇粹		崇変	
				必毅	必懋				必鉑		必雟	必瓓	必常	
				良玣									良璧	良忻

					武翼郎	不捨								
						善厪							善廉	善禮
汝遇		汝适				汝櫶								
崇繇	崇纁	崇纈	崇絢			崇彝				崇悬				
	必翼	必翾	必協	必劭		必洋		必淡	必溧	必淄	必涘	必浸		
	良璞					良仰	良儦			良鳳	良鎧	良僼		

					成忠郎	不稼	訓武郎	不忭	從義郎	不愜				
善雍	善庲	善原						善從		善諿	善褎			
	汝專	汝募									汝廮	汝庶	汝庇	
	崇澈	崇棏										崇亭	崇賓	
		必烗	必燫	必烻								必翏	必渡	必滋

			保義郎	不鑠	忠訓郎	不驩								
						善柟								善鑑
						汝迥	汝燁	汝燦					汝熺	
	崇悉	崇宛						崇顧	崇頵			崇領		
必湕								必唐	必涌	必硧	必漥	必銚		

左班殿直士琖	左班殿直士檀	眉州防禦使士蹟	贈保寧軍節度使士紓		
成忠郎不慝				贈武經大夫不據	
善韜				善纓	善姿
					汝迺　汝豙

			太子右監門率府率士潔		明州觀察使、開國伯士
		保義郎不佇			贈宣敎
善盈	善駒				
汝規	汝鳳	汝夙			
	崇濤	崇漎　崇浙			

籲				
郎不塾				
善楪		善穡		善柸
汝激　汝蘧　汝運　汝蓮	汝蓬	汝還		汝巡　汝篴
崇櫝　崇鑑　崇鏸　崇針　崇鉻	崇鏠　崇俗	崇付　崇倈　崇鵫		崇棟　崇稠
		必譬		

		保義郎不墜	不尤	追封永國公、諡恭靖不翻
善燁	善莅		善淵	善頎
汝膂　汝菀	汝邁　汝迸　汝遒　汝蓮			汝顥
	崇熘　崇夬			崇逕
				必傴　必仔　必住

						右千牛衞將軍士軨	贈鄧州觀察使士播	成州團練使士能
				善韞				
				汝量				
崇邐	崇逞	崇迮	崇遻	崇邅	崇遽			
必倢								

榮州防禦使士觀	開州防禦使士廉	贈太師、和義郡王士瑀						
		朝請郎不執						
		善載						
		汝譡						
		崇鑄		崇鍨	崇鑠	崇鋇		
		必邁	必蓮			必注	必瀆	必澱

							追封申國公不流					
		善幾				善卑	善芳					
汝護		汝樴	汝欓	汝桍	汝楗	汝諹	汝籆				汝箱	
崇鐶	崇釧					崇熑	崇逍	崇[辶取]	崇迪	崇[辶且]	崇遵	崇汝
必滈	必濔					必淣						

			秉義郎不謳				成節郎不嗷				
善芾		善芷	善書				善瓚				善摛
汝籥	汝籭	汝簣	汝篠	汝沈	汝驩	汝檽	汝梋	汝霽		汝鐃	汝金
								崇倏	崇儆		

		天水縣開國子不慝			武節郎不劬						
善掎			善芸	善蓍		善嵩					
汝遼	汝𨑨	汝運	汝迣	汝皆	汝締	汝瑥	汝[illegible]	汝莒	汝畬		
						崇䎚	崇櫟	崇拔			

					秉義郎不猜			成忠郎不疷	
	善夔			善茀	善蘭		善薇		
汝藥	汝葦		汝蕢	汝緉	汝蘧	汝俐			
崇礁	崇頫	崇檮	崇櫻	崇楙	崇憲	崇愁			

		廣平侯仲庠						
		贈建州觀察使、廣平侯士穮			右監門衛大將軍士槳			
天水郡開國伯不慢			從義郎不假	修武郎不炳	成忠郎不諱	武經郎		
善崩			善証					
汝珶	汝琣	汝璻						

		贈安武軍承宣使仲湊			
		贈建寧軍節度使、清源侯士僦			
不敖			忠訓郎不羆	贈太中大夫不縉	
善訥	善語			善從	
汝謁	汝蓁	汝芙	汝僤	汝瑀	
崇理	崇闓	崇昇	崇羲	崇阜	
必里				必寀	必審 必守

善竦

汝珖　汝瑜　汝珇

崇覃　崇淏　崇灑　崇湝　崇淂　崇溍　崇澥

必宇　必冢　必稼　必稠　必佇　必俊　必儀　必穖　必稼　必梜　必櫄

良倇　良□　良俵　良御

善賓

汝固

崇濎　崇濮　崇澓　崇漆　崇漸　崇櫱　崇栗　崇蘽

必櫏　必棟　必榿　必杖　必耝　必構　必樸　必迎　必邈　必逌　必灌　必嶢　必遣

良復　良得

汝胄　汝臣

崇棸　崇棨　崇櫱　崇桸　崇築　崇槧　崇檿　崇梭　崇枂　崇栿　崇檁　崇禾　崇櫟

必远　必遵

贈中散大夫不抑

善潔

汝聊

崇巢　崇蘖　崇槳　崇梟　崇朵　崇臬　崇伺　崇儆

必宰　必眩　必寘

良賷　良賽　良賨　良贇

	善諆		善饒	善集			善拳						
	汝瑀			汝箚	汝策		汝鑽		汝鋒				汝錄
崇倣	崇倂	崇緝	崇縕	崇搴	崇賨	崇榷	崇液	崇湞	崇沼	崇紓	崇紱	崇緵	
必寵			必賽				必傑						

							右千牛衛將軍士暨		太子右監門率
						成忠郎不耍			
	善然								
汝鄉	汝堡			汝瑱	汝畦	汝豎			
	崇繕	崇綮	崇緬	崇綬					
	必寢								

府率士㬎	右千牛衛將軍士芝	太子右監門率	府率士亨	右千牛衛將軍士緼

校勘記

〔一〕右武衛大將軍濮王防禦使仲灌　按本書卷二四五濮王允讓傳，「元豐七年，封王子宗暉爲嗣濮王，世世不絕」，並詳載嗣濮王世次，但無仲灌名字；宋會要帝系二之三九，紹聖三年七月十九日詔，仲灌以父宗綽遺表恩澤，得轉一官。嗣濮王宗綽死後，仲灌並未襲封；繼封的濮王都冠「嗣」字，此處「濮王」上無「嗣」字；又本表體例，官防禦使者都有州名，而此處獨無，疑「濮王」爲「濮州」之誤。

二十四史

宋史

元　脱脱等撰

第二二册

卷二三二至卷二三四（表）

中華書局

中華書局

宋史卷二百三十二

表第二十三

宗室世系十八

太師、建王、謚孝良宗藎	昌國公仲江	武功郎士謂	秉義郎不替	善性	汝磊	崇敏	必審
						崇贇	必寶
						崇偉	
						崇份	必讙
						崇伏	必労
						崇佀	
						崇倈	
					汝雩		
					汝晶		
				善足	汝卉	崇傈	
				善畫	汝濼		
					汝淮		
			成忠郎不僥	善遷			
			贈武翼大夫不怨	善符	汝恩	崇瀸	
					汝眷	崇鉌	必潤
					汝太		
				善愚			

		善告	汝㝢	崇全		
				崇忎	必㔟	
					必詋	
				崇震	必萬	
					必慪	良噲
				崇覺		
				崇龜	必忭	
					必憶	
				崇目		
	秉義郎					
	不惛	善中				
		善勇	汝臨	崇聿		
左侍禁						
士觲						
太子右						

	內率府	
	副率士	
	斤	
	太子右	
	內率府	
	副率士	保義郎
	㒑	不瑀
廣平侯	左班殿	
仲俻	直士諭	
	右班殿	
	直士渭	
安康郡	贈昭慶	
公仲鄄	軍節度	
	使、豫章	
	侯士濊	保義郎

不均				
左朝散				
大夫、直				
秘閣不				
敵	善肆			
	善綽	汝胖	崇烟	必疊
				必晏
			崇煉	必時
				必昔
		汝膺		
		汝滕	崇堂	必皋
		汝樅	崇坋	必最
		汝腴	崇鎦	必晳
		汝朧		
贈武功				

大夫、蘄				
州防禦				
使不鬲	善緝	汝合	崇班	
			崇玭	必倆
				必墐
				必[illegible]
				必墺
		汝思	崇濼	必堤
	善舀	汝淸	崇棠	必燠
				必蕭
				必耎
			崇禾	
			崇森	必炵
				必[illegible]
			崇健	

						保義郎不騫	右承奉郎不泯					
	善乘						善覽			善鑾		
汝淨	汝仌	汝慈	汝悬	汝灣	汝倬		汝家	汝芳	汝輹	汝預	汝竣	汝蝺
											崇暾	崇鄬
											必碩	

	武翼郎不嗄											
	善勷							善埏	善鉌			善穮
	汝頣	汝賜	汝譱						汝涌	汝淞		
崇敉			崇錸	崇鑛	崇銃					崇臺	崇稟	崇享
			必藻		必峕	必淩	必虓				必圤	

				榮國公、謚孝節仲的						
				右千牛衞將軍士倫					右班殿直士帶	
				秉義郎不謏				修武郎不燆	不犯	不紀
善礲	善暘			善利						
汝僚	汝芺	汝茹	汝寵	汝常						
崇灑			崇灝	崇和		崇相	崇稔			
				必梱	必中					

	贈少師、和國公士慷										
不圯	修武郎不皦							訓武郎不廛			
	善時	善渫						善忎			善照
		汝朴						汝楊	汝晞		汝棬
		崇逮	崇迋	崇逸			崇燆		崇修		崇御
				必璂	必[illegible]	必聖			必玒	必[illegible]	必鑞

									不求	武翼大夫不羈			
	善組									善踐			
	汝早	汝暉	汝昜	汝曼	汝暈	汝杲	汝纅	汝昴		汝校	汝桴	汝榆	
								崇紓			崇涔	崇熾	崇燐
必鎬												必鏊	

			善統											
汝棣	汝檠	汝櫟	汝鏘			汝鉦	汝槃	汝嶸	汝柴	汝槭	汝桭	汝柲		汝榞
崇論			崇烝		崇僬		崇焦				崇爍	崇黨	崇點	
必瑋			必璪	必礦										

													太子右內率府
善晌					善仚								
汝札	汝珮	汝溜	汝櫸	汝濼	汝木		汝枱					汝櫓	
					崇僡		崇幽			崇諤	崇讌		
					必效	必敉	必璩	必璽	必瑁				

副率士作	右班殿直士僊										
	贈武顯大夫不單										
	善翰										
	汝志	汝悳					汝忝	汝遷			
		崇熊	崇翮	崇蝶	崇岍	崇昀		崇倍		崇濛	崇徽
				必鏷				必楒	必鐖		

右朝請 大夫士 敔 贈金吾

忠訓郎 不尤 不違

善寵 善珙

汝澧 汝憼 汝憝 汝憖 汝繼 汝憁

崇盈 崇畦 崇晅 崇浮 崇瀟 崇札

必鉦

衞將軍 士于

忠翊郎 不駭 贈武翼 大夫不 斂

善璪 善憲

汝偕 汝任 汝傒 汝偶 汝僾

崇瑷 崇瓈 崇瓚 崇瑀 崇瑚 崇鐙 崇瑕 崇騎

必談 必註 必論

朝散郎 不紿

善諲 善神 善覃 善琥 善戩

汝仂 汝佩 汝儕 汝璡 汝柳 汝歐 汝側 汝僁 汝俾

崇昐 崇鍍 崇虞 崇僮 崇晛 崇瞷 崇睬

必研 必枌

太子右 內率府 副率士 悅 右千牛 衞將軍 士休 右千牛 衞將軍 士順 太子右 內率府

不彼

汝僕 汝佩 汝傖

崇晬 崇卧

二十四史

中華書局

副率士	深	太子右	監門率	府率士	愔	贈寧遠	軍節度	使、永國	公士穆					
								贈武翼	郎不歔					
									善宧					
									汝鍾		汝綎	汝鍸	汝鎗	汝鐮
									崇畬			崇秖	崇婷	崇衖
									必逯	必渺				

											保義郎	不謂	贈武翼	郎不譞
		善鑿	善覩											善慼
	汝銀		汝僨	汝恬	汝惓			汝佟						
崇衕				崇勑	崇伹	崇僊	崇愡	崇儞	崇畬	崇絛				

善洽											善僩			
汝輳	汝擎	汝孿			汝欒	汝琪				汝踴	汝權	汝櫝	汝槹	汝櫓
		崇潼	崇寮	崇蕢		崇逾	崇茌	崇遂	崇崗				崇鶺	
													良惴	

						武翼郎	不讓							進封開
		善郲					善企							
汝枚		汝櫘					汝沐		汝淡	汝泭	汝濂	汝忯	汝偶	
崇鑾	崇砌	崇參	崇穖	崇碻	崇秞		崇碧	崇礬						

國侯不	嚴		武翼郎	不伓							
	善榦	善栩		善基							
		汝瑨		汝謙	汝譪	汝詾		汝㴔	汝諓	汝謌	汝謄
				崇班	崇玩	崇珖	崇華	崇璷	崇琉	崇琥	崇瓌

					贈開府儀同三司、永國公士秀					
					忠訓郎不澆		武節郎不跂			進封開
善棨	善㑞	善奐		善棐	善凱		善音	善韶	善翽	
汝訫	汝誼	汝訂	汝諼							

								太子右內率府副率仲	[illegible]	
國伯不	捨	訓武郎	不樸		修武郎	不柴	修武郎	不侖		
	善惎		善澽	善洌		善探		善晨	善晃	善早
								汝楄	汝墱	

華陰侯仲葳												
贈武翼郎士訓												
贈武節郎不緊												
善要				善據				善旦				
汝轄	汝榛		汝轂	汝轢	汝輪			汝軏				
	崇枋	崇抙	崇堬		崇㯉	崇栴	崇檏	崇桱	崇稃	崇櫄	崇杜	崇楙	崇相

右千牛							
武翼郎不儕							
善乂	善陜	善侅	善泮	善廡	善鏷		
汝轓	汝邷	汝儂	汝伺	汝銻	汝硝	汝礹	汝礫
崇玫	崇類	崇鏌	崇鈺				

贈太師、袁王、謚信孝宗勝						
右監門率府率仲呂	昌國公、謚良孝仲幷					
衛將軍士鄭	右監門衛大將軍士侑					
忠翊郎不畸	贈武翼郎不蠱					
善裕	善儼					
汝澓	汝流	汝琩	汝迒	汝蘡	汝珅	
崇浪	崇潅					

贈婺州觀察使、東陽侯士隅							
贈武翼郎不俗	秉義郎不儦						
善瀦	善喇	善班	善巖	善鞏			
汝儐	汝鍊	汝仢	汝櫪	汝榕	汝櫝	汝櫰	汝玢
崇駿	崇璁	崇玘					
必僕	必相	必械					

善紋									
汝瑝	汝勳	汝鐮	汝仍	汝榶	汝窓				
崇渝	崇楬	崇淖	崇溧	崇墠	崇圳	崇灉			
必愿	必息	必愁	必㯃	必楷	必杵	必浮	必淦	必濘	必銻
必鐺									
良擠									

士	太子右內率府副率士輪　右監門衞大將軍士儀
不	成忠郎不相　贈武功大夫不諱
善	善璨　善祉
汝	汝逃
崇	崇粹　崇渚
必	必脊　必寗　必勔　必劤　必勤

仲	北海侯仲塡
士	士譽　太子右內率府副率士
不	不嫉　保義郎
善	善慤　善聯　善祺　善綷
汝	汝邈　汝迎　汝遺　汝璘　汝稗　汝逾　汝僭
崇	崇欣　崇殼　崇議　崇譙
必	必意　必懃　必壇　必董

士	鐔　右班殿直士鏞　榮州團練使、開國侯士胗　右監門衞大將軍士敦
不	不鄙　保義郎不鄰　不備　秉義郎不悖　贈明州觀察使不讀
善	善裒

仲	嘉國公仲佽
士	太子右內率府副率士誨　太子右內率府副率士劾　贈恭州團練使士等
不	成忠郎不懲　忠翊郎不慮　成忠郎不挫　成忠郎

四	太子右內率府副率、入道改翠微郎士符　太子右內率府副率士策
五	不蹇　成忠郎不御　成忠郎不彫
六	善誠

三	贈太師、惠王、謚僖節宗
四	濟陽侯仲奕　平陽郡
五	右監門衛大將軍士蕁　太子右監率府率士笮　太子右監門率府率士豁　朝議大
六	成忠郎不閑　成忠郎不惛　修武郎

二	楚
三	王仲賜
四	夫士悒
五	不欺　秉義郎不同　忠翊郎不詆
六	善式
七	汝鄙　汝溥　汝頑　汝愞　汝抑　汝鈍
八	崇槻　崇棪　崇榞　崇栯　崇械　崇極　崇梭　崇槷
九	必襲　必爽　必婔　必喜　必樕

四	昌國公仲嚋　惠國公仲璩
五	太子右內率府副率士看　右千牛衛將軍士記　朝散大夫士虒　高州團練使士晳
六	贈承議郎不物
七	善勣　善愿
八	汝暮　汝悆　汝昌

贈太師、欽王、謚穆恪宗祜
右監門率府率仲獮　清源侯仲厥
右班殿直士跬　右班殿直士滏　太子右內率府
善芑　善礽
汝堇　汝徜　汝溉　汝浕　汝蘭
崇檀　崇棨　崇欀

簡國公、謚榮孝仲璲
副率士踽　右監門衛大將軍士招　右監門衛大將軍士輸　康州刺史士涂　右班殿直士濞　贈太中大夫士
成忠郎不惓

俩
不話　不慳　不詔　成忠郎不隉　贈武經郎不憯
善暮
汝蕃　汝鈞　汝勁
崇紬　崇縹　崇暕　崇錦　崇幡
必嶔　必崋　必成　必巙　必邊　必岱　必屈　必嶜
良驂

成忠郎不遨　成忠郎
善諸　善釭　善澧
汝玗　汝鋈　汝鋌　汝硂　汝樠
崇巉　崇仍　崇仟　崇值　崇錄　崇汲　崇嶟　崇岾
必傑　必僬　必佋　必嘳　必昕　必岑

贈越州觀察使　士甿

不敏　贈中奉大夫不懊　不慽〔二〕　忠翊郎

善救　善詒　善邧　善彙

汝劻　汝勞　汝勛　汝勆　汝錊

崇涗　崇淶　崇堪　崇墿

必祝

康州刺史士碰　贈保信軍節度使、東陽侯士覞

不慄　秉義郎　不跍　成忠郎　不慽　成忠郎　不恪　不慨　武經郎　不悁

善嚨　善覺

汝滄　汝浮　汝爗

崇憯　崇苗　崇范

贈奉直大夫士負

不劀　訓武郎

善界　善霽　善諫

汝熄　汝熹　汝儁　汝伍　汝劢　汝謰　汝延　汝筌

崇焆　崇鏑　崇烱　崇楮　崇濬　崇醫　崇譮　崇蓋

必埌

贈婺州　觀察使、　東陽侯　士赫　太子右

成忠郎　不訏　追封安　化郡公　不外　不諛

善萃　善鄭　善祲　善禕

汝玗　汝璔　汝球

崇鉀　崇鐠

必葆　必湑　必漉

沂國公仲玲

監門率府率士講 太子右監門率府率士卞 太子右監門率府率士科 贈保寧軍節度使、新安郡公士

保義郎

忠州團

恭 士沖 右監門衛大將軍士蘋 吉州刺史士忠 太子右

不亢 太子右監門率府率不楛 保義郎不杜 不侮 成忠郎不珛

善琬 善珖

練使仲儆 太子右內率府副率仲曖

監門率府率士鞏 太子右監門率府率士禰 太子右監門率府率士眷

博平侯仲覸

右朝奉大夫士闢 右千牛衛將軍士闒 右千牛衛將軍士開 贈明州觀察使、奉化侯士闌

武翼郎不疎 從義郎不沴

善似 善値 善儉

汝甯 汝㵝

從義郎	不媮		訓武郎	不僄		武德郎	不陁							忠翊郎
	善穌	善鐠		善須	善裦		善塵					善庭	善廠	
		汝稀					汝浧		汝逍		汝遰			
							崇瀌	崇滗	崇泛	崇泒	崇洌			

						贈太師、	景王、謚	孝簡宗	漢					
			左屯衛	將軍仲	琂	武康軍	節度使	仲珙						
	忠翊郎	士衎					贈保信	軍節度	使、東陽	郡公士	弍			
不秕										贈從義	郎不鋏			
善銖											善執			
											汝建		汝湆	汝迄
											崇稷	崇白	崇玿	
												必瑒		

	武德大	夫不僓									贈訓武	郎不瓖		
		善恭										善攣	善壐	
汝遜		汝祥			汝礽	汝醾		汝測	汝灑	汝佰		汝諮	汝焯	
		崇穗	崇原	崇穖		崇僬			崇賆				崇緒	崇譸
		必槼		必槧		必晊	必旰							

									右監門	衛大將	軍士鑄	太子右	監門率
	忠訓郎	不窦	武德郎	不設						成忠郎	不調		
善緣				善綱	善舒					善標			
汝熝				汝透	汝滲	汝塈	汝瑚	汝玓					
崇消													

		安遠軍承宣使仲彩	
府率士錫	太子右監門率府率士錄	太子右監門率府率士涎	太子右監門率府率士鐸
			贈武顯大夫不酖
			善揮
			汝棣
			崇仢
			必徑

				汝寨	汝樵				汝櫨		汝檜			汝樛
	崇傪		崇埔		崇倘	崇佫	崇伷	崇俠	崇澍	崇玙	崇偫	崇伭		崇儷
必御	必佲	必梢										必奩	必奝	

												訓武郎不劌	
					善攝						善壞	善揣	善融
		汝欐			汝迅	汝概		汝樾	汝柱	汝枹			
崇滓		崇玭	崇堰	崇蔌		崇盱	崇睞	崇盥					
必太	必畣												

贈太師、咸安郡王、謚敏士銖									
贈武經郎不緗					贈武翼大夫不淦				成州團
善玒		善泳	善奎	善奮	善璨	善琰			
汝瀟	汝涸				汝汻	汝泚			
崇瞫						崇桄	崇劉	崇櫝	

練使不	僊						不執	朝散大	夫不䫫			追封安	化郡公	不謏
	善遇	善興					善畿		善憇	善貂				善畬
	汝晳	汝洩				汝濠				汝御	汝漊			汝鴻
		崇㮚			崇礈	崇棹								
		必懷	必潤	必愉										

						太子右	監門率	府率士	鑪				
贈朝散	郎不縮						贈武翼	大夫不	咈				
	善卿	善寘							善慥				
		汝滐			汝澴				汝屋				汝𪊍
		崇洲	崇拾	崇揺					崇鈉		崇錫	崇鈔	崇琮
									必瀅	必潤			必沄

											汝垄	汝塾		
				崇璧		崇玭		崇珽	崇璸	崇璥		崇珍		
必泓	必洐	必沽	必訴	必漩	必潍	必瑛	必洳	必汚	必漸			必潰	必濛	必學

善銁														
汝淑						汝泓	汝津	汝溶		汝潾		汝淳	汝渶	
崇樫				崇槿	崇槽	崇儃	崇稽	崇憺	崇悁	崇梅	崇椅		崇乘	崇東
必㶿	必煛			必熜	必詅					必燸	必烽			
	良垓	良堉	良墀											

善藹　善訪　善灼

汝漋　汝琬　汝珪　汝濭　汝桰　汝樌　汝椽

崇橦　崇轄　崇櫃　崇煬　崇爛　崇遾　崇遡　崇隧　崇適

必鋠　必鑵　必鏞　必椹

良迮

武德郎不繙

善冠　善楯　善瀛

汝櫌　汝檳　汝臬　汝廉　汝淅　汝漼　汝洴　汝汊　汝迈　汝過

崇迟　崇仝　崇余　崇恕　崇澥　崇汸

必睽

善瀁　善轍

汝賁　汝迂　汝送　汝灑　汝敢　汝驄　汝瀟　汝熄

崇淤　崇霽　崇湥　崇溆　崇原　崇稙　崇柘　崇櫓

必顯　必顥　必顒　必憖

昭信軍承宣使

太子右監門率府率士大　太子右內率府副率士最　太子右監門率府率士達　吉州刺

成忠郎

汝濾

仲晷														
史士稹			榮州刺	史士睦	太子右	內率府	副率士	祈	右千牛	衛將軍	士浩	太子右	監門率	府率士
不膜	成忠郎	不竭												

	右監門	率府率	仲賢	感德軍	承宣使	仲係								
滈				太子右	監門率	府率士	禔	太子右	內率府	副率士	湛	太子右	監門率	府率士

美	從義郎	士雄												
		不幾	訓武郎	不舒										
				善鑰					善鏗		善銑	善鐶		
				汝悚	汝憐			汝懞	汝鐮	汝錫		汝瀶		汝玎
					崇隱	崇障	崇愷		崇蕙			崇焜	崇爣	

					右千牛	衛將軍	不戾		保義郎	不盅	訓武郎	不玭		
	善銀			善鐵〔三〕			善燦					善鐵	善鏘	
汝灊	汝矸		汝璃	汝璸			汝烨	汝圩					汝戆	
	崇鐱	崇惠											崇愁	崇鋪

昭慶軍承宣使贈右衛

保義郎不狎　忠翊郎不踽

善鈁　善鉛

汝鑌　汝慗　汝愿　汝慧　汝憙　汝意　汝愬

崇憕

仲分

將軍士琬　贈金州觀察使、

成忠郎不遺　不棨　武節郎不糾　武翼郎不辱

善邃　善迮

汝惀　汝憪　汝懍　汝愃　汝隵

崇瀿　崇罭　崇燚

安康侯從義郎

士琯　太子右內率府副率士報　右千牛衛將軍士與　太子右內率府副率士憂　右千牛衛將軍

不裿　不怙

善機

太子右內率府副率仲侒　榮國公仲璸　瓌王、諡恭憲仲

士檱　太子右內率府副率士授　太子右監門率府率士拾　贈開府儀同三司

偪
司、和國公士周
贈武顯郎不羣　武德郎不黜
善禋　善瑍　善瑎　善錯　善鉞　善賚
汝逮　汝迺　汝逢　汝譯　汝諛　汝坿　汝沼　汝港　汝灉
崇珠　崇烗　崇熅

康州防
太子右監門率府率士表　太子右監門率府率士濤　太子右
忠訓郎不吪
善軻　善軹　善庬　善張　善柯
汝昭

禦使仲玠
監門率府率士舂　太子右監門率府率士賢　太子右監門率府率士瀾　太子右監門率府率士殼
不危

忠州團練使仲玶
太子右監門率府率士偶　贈開府儀同三司士悉
從義郎不施
善琬　善應　善霑
汝杉　汝柘　汝稟　汝碤　汝楑
崇岈　崇埔　崇掬　崇逵　崇濩

二十四史

中華書局

武節郎不摧

善祿　善象　善稟　善辞　善枅　善錄　善楩

汝檷　汝榛　汝鋇　汝㮇〔三〕　汝栋　汝潭　汝漾　汝滓　汝熣　汝烶　汝煊

崇謦　崇詸

右監門率府率　仲枸　右監門率府率　仲藹　右監門率府率

武節郎不躓

善槐　善揆　善罕　善汞　善諮　善歷

汝熥　汝堅

仲霤　右監門率府率仲炤

越王房

越王、謚文惠元傑

子幼亡不及名，詔以允言子宗望繼其孫。

高密郡公宗望

贈保靜軍節度使、開府儀同三司、謚良僖仲郃

贈陳州觀察使、陳國公士關　贈越州

襲封越國公不器

觀察使、會稽侯士稜

左侍禁不伐　右班殿直不栗　從義郎

善賀

汝貸　汝贇

崇道　崇信　崇德　崇榮　崇倡　崇大　崇賛　崇亮　崇至

必和　必規　必開

贈安化軍節度使、觀察留後、高密郡公士耕　贈右屯衞大將

秉義郎不黨　成忠郎不訾　承信郎不敏　不忮　三班奉職不違

東平侯仲嘉

軍士蚪　左侍禁士覘　秉義郎士偏　左侍禁士榛　朝散大夫士暾　贈開府儀同三司士附

承信郎不欺　三班奉職不矜　右侍禁不復　右班殿

贈忠州觀察使、高密郡公士絙

直不仲　三班奉職不愆　三班奉職不攝　忠訓郎不怡　宣義郎不綠　三班奉職不仲　左班殿直不臨

武功郎士錠

不鼓　不偈　不疎　訓武郎不華　承節郎不抗　武翼郎不褱　成忠郎不耀　保義郎

善時　善璇　善效

汝羲　汝俊　汝弓　汝最　汝崚

崇允

							忠訓郎	士哲						
不違	忠翊郎	不同		成信郎	不慼	不雄	承節郎	不奢	承信郎	不侈				
		善建								善鋌		善欽	善錡	善鏄
		汝鷴	汝疆							汝枌	汝棣	汝納		汝極

					河內侯	仲炎						
					太子右	內率府	副率士	艮	太子右	內率府	副率士	屛	太子右
			成忠郎	不染								
善釗												
汝芬	汝巇	汝符	汝祝									

內率府	副率士	蹠	贈右屯	衞大將	軍士暐	贈武功	大夫士	迒					
							贈武節	郎不倚					
								善詑					
								汝弈	汝充	汝童	汝音		汝雷	汝育
											崇瓘	崇璝		

											華原郡	公仲峭	
											贈保大	軍承宣	使、高密
		承直郎	不慽	武翼郎	不息					不必			秉義郎
善淵	善謀	善譞			善詩	善調	善謙	善誘	善鄆				
	汝褒	汝卞			汝忻								
	崇澂												

侯士堯	不愈				
	三班奉職不回				
	武翼郎不溢	善建	汝弨		
			汝蒙	崇樸	必達
					必信
				崇恪	
				崇愷	
			汝楮	崇宇	
				崇萃	
				崇保	
				崇儋	
			汝儷	崇隨	
				崇慨	

	不盛				
右班殿直士珝					
贈敦武郎士㒖	修武郎不求	善仁	汝能	崇珪	
				崇瑔	
				崇瓖	
				崇璡	
	不已				
	不僭				
	承節郎不羣	善亶	汝愨	崇佚	必戩
			汝皡	崇詢	
				崇漪	必茂
			汝晄	崇倬	

				崇憪	
		善俊			
		善貸			
	不佞				
右侍禁士宕	保義郎不通				
右班殿直士衮	修武郎不溢				
	秉義郎不回				
	承信郎不盈				
武經郎士訢	左承直郎不乙	善遠	汝典		
			汝巽	崇儒	

		忠翊郎不丙			
		承信郎不丁	善罾		
			善峃	汝勵	
		不未			
		不戊			
	右班殿直士冀				
	右班殿直士鑒				
	敦武郎士涇	不倚			
右監門率府率	右班殿				

仲蕝						
直士洨	右班殿直士沆	武經郎士孝	從義郎士棣			

校勘記

〔一〕不惐　本欄同一仲璲房下前後有兩「不惐」，疑有重複。

〔二〕善鐖　本欄同一士雄房下前後有兩「善鐖」，疑有重複。

〔三〕汝楀　本欄同一不施房下前後有兩「汝楀」，疑有重複。

宋史卷二百三十三

表第二十四

宗室世系十九

鎮王房

鎮王、謚恭懿元偓																	
相王、謚孝定允弼																	
祁國公、謚良宗述																	
右監門率府率仲璆	潤國公仲俶																
	內班殿直士掄																內殿崇班士□
	贈太中大夫不懼								不愚					不溢	不柔		
	善况		善雄	善回	善愈				善仁	善智	善信						
	汝訒				汝駿	汝覲		汝諫	汝檣								
	崇策	崇見				崇駜	崇盤	崇檜	崇駰								
						必瑛	必瓌		必璡								
							良塞										

贈武翼大夫士輗

武經郎不屯

善計　善診　善註　善諺　善諗　善詞　善誕

汝辜　汝侊　汝鐲　汝訓　汝檻　汝根　汝槔　汝榨

崇袂　崇蘖　崇撿　崇搋　崇媞

武節郎不弌　從義郎不僂　不慊　不裒　承信郎不卞

善諴　善訥　善譪　善絳　善瑀　善玦　善郢　善識　善栻

汝德　汝閎　汝樞　汝檁　汝勍　汝櫛　汝協

高密郡公仲誘

太子右監門率府率士嗃　贈滄州觀察使、景城侯士禑　武經大夫士蛇

承信郎不庸　忠翊郎不危　三班奉職不懦

汝炷

左班殿直士瞯　武翼大夫士緺

成忠郎不譖　成忠郎不選

善延

汝弆　汝孱

崇櫝　崇橾　崇碏　崇乩　崇璲

必蓑　必戔　必蕫　必蔿　必葦　必荚　必葯　必潣　必榮

右班殿

武翼郎　不懺　不逕

善鳳　善抱　善彬　善揚

汝壄　汝隟　汝睹　汝遏

崇垠　崇韶　崇轞　崇浪　崇輕　崇韜　崇軝　崇贊

必緝　必鉺　必裂

奉化郡　公仲廼

直士肆　右班殿　直士鏞　右侍禁　士懋　從義郎　士燕　贈感德　軍承宣　使、清源　侯士瑄

不湣　修武郎　不倚

善濟　善淵

汝賢

崇祐　崇續

必高　必旺　必穟　必稑

良檍

汝霖　汝稘　汝錫　汝彬　汝梅　汝悅

崇嗣　崇璘　崇高　崇柟　崇玢

必議　必諽　必譽　必彰　必魁　必慨　必僘　必佇

良梓　良櫟　良墑　良塊　良濵　良蓬　良遷

成忠郎　不懃　武經郎　不覬　承信郎　不越

善信

汝哲

崇玶　崇琪　崇琮　崇瑁

必僑　必佩　必僎　必㬎　必暲　必礁　必鐼

武經郎士仔									
承節郎不藏	承節郎不倦	秉義郎不辱				武經郎不譁		承節郎不讖	從義郎
		善愊	善忔	善沾	善恂	善長	善言		
			汝須						
			崇增						
			必硂						

不諄							不讌						
善恪	善恢	善惇	善懌			善愷	善澴	善釋			善彝		
	汝熞		汝譜	汝試	汝明		汝窣	汝魁	汝隔	汝彗	汝祜	汝葳	汝樫
			崇憎	崇爌			崇纅						崇垷

											忠訓郎士俾	
		秉義郎不訐									從義郎不他	
		善顲									善祖	
		汝愻	汝封		汝懸			汝懽	汝僤	汝傑	汝樗	汝楠
崇壘	崇汭		崇城	崇瀆	崇瑽	崇淑	崇濠					

					武翼郎士琰					
不蔽	不驕	秉義郎不黨	忠訓郎不倚		不比	不器	忠訓郎不猛			
			善淵	善信			善邴	善懸		
								汝彫		
								崇纁		
								必舒	必鑪	必鐁

善味　善目

汝示　汝旂　汝害　汝龐　汝攻　汝瀞　汝伉

崇潙　崇鏌　崇衕　崇鐵　崇鑼　崇招　崇諛　崇誏　崇譯　崇諝　崇鑅

必沲　必滓　必洚　必淑

嘉國公仲驕

武翼郎士意　秉義郎士駋　右侍禁士燕　武經郎士矚

不驕　從義郎不迷　保義郎不荒

善絽　善辫　善佯

汝陶　汝諶　汝純　汝陞

崇闓　崇闌　崇閎

必曦　必琰

武經郎士槡　左班殿直士代　修武郎士虒

承信郎不過　不退　不遷　修武郎不邇

善鏞　善鈺

汝學　汝曇　汝謟　汝訪　汝訓　汝壽

崇徘　崇傑　崇濟　崇濮

武翼郎士𥘫　秉義郎士竨　右班殿直士腈　敦武郎士碎　從義郎士覿

不逸　不逼

善鐙

汝峻　汝祓　汝瀋

崇瑎　崇淰　崇瑑

彭城郡公宗藝
河內侯仲瑩
保義郎士榮
贈左領軍衛將軍仲頎
成忠郎士怖
敦武郎士隋
南陽郡王、謚良孝宗績
鎮國公仲廖
武翼郎士誌
從義郎不溢
保義郎不瀆
秉義郎

不忕
秉義郎不湍
善惠
善恩
汝壙
汝淵
崇慵
必玹
良賺
良時
良葳
必銷
汝全
汝異
崇朕
必鏈
崇股
必涷
崇膧
必壼
必臺
必堲
崇肱

崇賸
崇脯
必哰
汝盈
崇悰
崇惕
必笸
必莪
必蕉
崇惆
訓武郎不汚
善昌
善爽
善彪
修武郎士脩
武經郎不泯
善頔
善涸
汝凿
崇礰
崇禨
必微

崇祛
崇祧
崇䫀
崇爵
汝鄗
汝淪
崇脩
崇魚
崇儆
汝漷
汝紋
善稽
汝畭
崇睿
必涠
崇瑁
保義郎不惑
右班殿

宣教郎士綵

直不亶　修武郎不貪　不病　不貳　保義郎不滲　忠翊郎不珂

善元　善職　善傷　善聆　善晙　善傭　善鐸

汝翮　汝壽　汝覸　汝逮　汝所

崇霿　崇僯　崇阷

贈右領軍衞將

從義郎士瑨　贈武功郎士充

不悙　不沉　不違　不逭　不適　武翼大夫不弊　承節郎不徠　不妨

善玨　善禊　善栓　善昳

汝淞

軍仲逢　濟陽侯仲慥

贈武功大夫士婠　武經郎士祛

不華　贈武經郎不懒　不湮

善濟　善璃　善秲　善碂

汝賫　汝鈔　汝倉　汝儔

崇墾　崇梁　崇陞　崇壘　崇墍　崇墅　崇緹

必帆　必□　必逯

承節郎不欖　修武郎

善移　善樞　善杞　善極　善楮

汝偷　汝係　汝□　汝解　汝喚

崇總　崇紋　崇繼　崇佈　崇稟　崇琉　崇忬

必愷　必恮

宗	仲	士	不	善	汝	崇	必
			不慬	善璘	汝繖	崇伏	
					汝緝	崇圜	
					汝約		
		武翼郎士鏧					
		武節大夫士邑	修武郎不巳	善琛			
				善瑲			
				善瑭			
				善瑄			
		贈正奉大夫士薈	贈朝議大夫不愧	善瓕	汝蓬	崇爵	
				善璔	汝宅		

宗	仲	士	不	善	汝	崇	必
					汝浧	崇堅	
					汝錟		
				善瑀	汝鏊	崇菂	必厲
							必歷
			贈宣奉大夫不悔	善瓖	汝考	崇檮	必然
				善玩			
			朝散大夫不愘				
			承議郎不熆				
			武德郎不悱	善環	汝卯		
贈太師、太子右							

宗	仲	士	不	善	汝	崇	必
循王、諡思宗景	率府副率仲蕘						
	嘉國公仲獬	修武郎士鐙					
		從義郎士㤟					
		左班殿直士雅					
		右班殿直士任					
		忠翊郎士夙	不蹻	善昌			
				善兆	汝腆		
		忠翊郎士賈					

宗	仲	士	不	善	汝	崇	必
		武節郎士陘	修武郎不岔	善鋻			
				善渼	汝鐇	崇督	
						崇誠	
						崇警	
						崇謀	
				善宣	汝譯		
					汝諂	崇嶒	
						崇崵	必澄
						崇峒	
						崇嵯	
						崇峭	
			修武郎不瘠	善痗			
				善槃	汝貯		

										忠翊郎士勔	贈乾州團練使士濫
不距			不躋	不躪			不躁	不踦			不貪
	善窒	善臯		善豎	善漈			善鏕			善超
					汝誶	汝讘		汝垩	汝桾		
					崇椋						

		贈司空、南陽郡王、謚恭康宗喬							
	鎮東軍承宣使仲溫	華陰侯仲沃							
	成忠郎士祖	左藏庫使士据							
不費		保義郎不韶							
		善俊							
		汝臬							
		崇德		崇獎					
		必正		必勇	必榮				
		良誠	良忠	良才	良正	良慶	良詵	良論	良誼

								汝烈					
崇姚			崇嶽			崇衞		崇永	崇逃	崇鎮	崇誚	崇灁	崇讟
必邁	必祿		必恢		必謀	必熤			必鉐		必璸	必瑁	
	良澤	良洪	良瑱	良瑺		良㷍	良詠						

	保義郎不詖		成忠郎不詛	不詐	武節郎不誹				不誕			
善能	善箕	善政			善潛				善祕	善袷		善爾
汝窑	汝遂				汝濺	汝鐸	汝倕	汝聰				汝聆
崇儔												
必鎬												

二十四史

中華書局

右千牛

武功大夫、榮州團練使士珆

不訥　不詭　修武郎不譎　保義郎不訏　秉義郎不跪

善同　善從　善竣　善廼

汝匯　汝鐐　汝鐺　汝鍍

陳國公、謚孝修宗孺

衞將軍仲洸　右千牛衞將軍仲班　溫國公、謚孝恪仲芮

忠翊郎士進　成忠郎士釗　右班殿直士諆　武翼郎士鐃

忠翊郎不踰　秉義郎不皷　不逸

善勵

汝燕

崇臻

右侍禁士鉉　贈武節郎士珽　從義郎士鉌　從義郎士銓

忠訓郎不倞　贈承議郎不僬　武翼郎不憚

善長　善埴　善堂　善鄙

汝銃　汝鏐　汝鎰　汝銅

崇國公仲譔　高密侯仲皖

從義郎士愍　忠翊郎士侅　左班殿直士召　武翼郎士靚

不儒　不亶　忠訓郎不煒　忠訓郎不忮　承節郎不器

善藹　善稹

汝羔　汝羨

崇慜　崇德　崇拔

贈右朝散郎士遹　左班殿直士簦　右班殿直士異　成忠郎士滐

保義郎不座

善柘　善橘　善棫　善光

汝賫　汝贇　汝賨　汝貴　汝羲

文安侯仲衲

成忠郎士甗　贈武略郎士棧　武德郎士脩　修武郎士驫　敦武郎士仳

成忠郎不感　成忠郎不諂　不冰　忠翊郎不東

善靦　善璦　善瓆　善珽

汝慶　汝度　汝從

北海郡公宗制

彭城侯仲雪

左班殿直士機　右班殿直士坤　武經郎士璧　贈武節郎士漾

承信郎不各　不憉　不耀　成忠郎不濁　武翼郎不塤

善澈　善皐　善屋　善鼎

汝翼　汝穆　汝遨　汝遡

左班殿直士懋　武節郎士愍

進武校尉不言　承節郎不亮　從義郎不衮

善淇　善璆　善璒　善璝　善斅

汝祚　汝裯　汝裀　汝禟　汝禴　汝汨

崇仚

		閬中郡公仲敔					濟州防禦使仲吟		
武經大夫士僨		右侍禁士緷	右侍禁士竱	右班殿直士慘			修武郎士河		
不裒	不遯	不速		承節郎不慷			忠翊郎不簒		
							善亭		
汝祜	汝禊								

訓武郎不砢										
善譽	善言	善慶	善晣		善戩	善殁		善迨		善嫩
			汝宷	汝薪	汝熊	汝芹	汝宥	汝睽	汝寵	汝憓
										汝寨
										汝穡
										崇伋

							太子右內率府副率仲譆	華原侯
武經郎士磚				從義郎士辟	士亨			成忠郎
不越	不謬	承信郎不虐		不廢	不誂			
		善玉	善桐	善棣	善逃			
		汝內						

仲遐	饒陽侯仲沄								
士義	修武郎士詍	贈武義郎士僂							
		成忠郎不瑕				不玷			
		善氤		善俠	善氛	善氳	善佺	善俅	善昶
		汝楷	汝機	汝旃	汝槐	汝鐸	汝鑑	汝燮	

				武翼郎士倎		武經郎士鐃			
贈武經郎不撓				保義郎不剢	不隱	保義郎不窪	成忠郎不窨		武翼郎不窌
善脩	善健	善抒			善切		善珮	善峴	善羿
		汝倓	汝拓						

					武節郎贈通奉大夫士崒								
						不擇							
善慎	善藟	善瑚	善珊	善瑀		善軆				善偘	善忞		
	汝正	汝鈿				汝昌	汝顒	汝芊	汝汨	汝谽	汝冽	汝瀧	汝淏

				忠訓郎不搕	不扜								從事郎
善寧	善粤	善爚	善搊		善俁	善伋	善琭					善圍	
	汝卂						汝渼	汝稷	汝虘	汝潓	汝潤		

楚王房

			敍承信郎士儉						
不揉			保義郎不俒	不蓋	不武	不慷	不合	不熠	不性
善泙	善浯	善俯				善仲		善敞	
						汝瑧		汝證	

楚王、諡恭　贈左屯衛

憲元偁							
大將軍允莊	贈汝州防禦使允則						
	詔以允升子繼爲嫓王孫，高密郡王、謚孝惠宗達						
	東陽郡公仲烈						
	惠國公士岌						
	三班奉職不倦	贈武翼郎不謟					
		善燊					
		汝順				汝舟	
		崇履	崇士	崇向	崇戩	崇譽	崇祉
			必堅				必強
							良肱

善義										善戩			
汝瀫									汝嘉	汝孚			
崇舉	崇簡						崇冑	崇珏		崇晉	崇夆	崇覼	
必興	必濟	必滋	必悊	必升	必謙	必信						必劾	必欽
良輔													

汝漸					汝茂		汝續			汝先				
崇速	崇逮	崇玷	崇迄	崇遯	崇揩	崇竑	崇梗	崇椅	崇棫	崇海	崇潤	崇瀾	崇溢	崇濯

										修武郎不訥				
				善慶	善言					善治				善輔
汝渙					汝文					汝明		汝霏		
崇傷	崇儆	崇仰	崇儷		崇洽	崇博	崇發	崇覿		崇志	崇信	崇該	崇琠	
												必大		

武經大夫不誼													
善能				善長						善政			善候
汝恭			汝和	汝會			汝綸	汝受	汝幹	汝漇	汝聒	汝企	汝翼
崇轄	崇欞	崇諭		崇悰	崇俔	崇便							

		建國公士紘						修武郎士循
	成忠郎不謀	忠翊郎不遠	忠訓郎不違	秉義郎不逆	成忠郎不速			
		善賚			善胥			
汝适					汝由	汝更	汝脛	

						贈左領軍衛將軍仲幾	贈保寧軍節度使觀察留後仲湯	
從義郎士號							楚國公士擐	
不止	不匪							不逸
	善丞		善敏	善巧	善彬			
	汝侵	汝懸			汝孚			
	崇閜							

訓武郎不忸											
善膺											
汝晦	汝時	汝映					汝昉				
		崇伋	崇剛	崇點	崇絪	崇軒	崇逹	崇聞	崇諴	崇硃	崇醋	崇宿	崇郙

						承節郎	不諱	承節郎	不惰					
									善韶					善鞁
	汝曄								汝曉	汝祥	汝桂	汝隆	汝喚	汝俊
崇思	崇興	崇彧	崇抃	崇憓	崇定									

			修武郎	士桂										
				不義	保義郎	不吝	忠翊郎	不愚						
		善通				善和		善用					善同	善固
汝暉	汝諧							汝爲	汝功	汝安	汝寧	汝賢		
												崇珍		

														右監門
										左侍禁	士撰	右班殿	直士曨	
								承節郎	不憂					
善圓		善因	善回	善周										
汝德	汝壽			汝桀	汝夠	汝能	汝明							

率府率	仲鍚	贈左領	軍衞將	軍仲洙										
			右班殿	直士虢	右班殿	直士慨	武翼郎	士□	修武郎	士躋				
									承節郎	不趡	不竦	不翊	不靖	
													善聞	善發
													汝仁	汝明

1	
2	
3	
4	右監門率府率仲璸
5	武翼郎士氐　忠訓郎士□
6	修武郎不觭
7	善澂　善陝　善淨
8	汝改

周王房

1	周王、謚恭肅元儼
2	博平侯允熙　定王允良
3	贈太師、安康郡王、謚孝
4	右監門率府率

1	
2	
3	榮宗絳
4	仲螋　贈右領軍衞將軍仲蕃　贈寧遠軍節度使仲綏
5	東頭供奉官士譜　右侍禁士謬　成忠郎士莪　成忠郎
6	承節郎不昕　承節郎不快

1	
2	
3	
4	蘄州防禦使仲收
5	士躡　成忠郎士蘊　成忠郎士蕙　左班殿直士琦　右侍禁士鑯　右侍禁士搴　右班殿直士買　右班殿

1	
2	
3	
4	漢東侯仲撫
5	直士相　忠訓郎士滫　左班殿直士沭　敦武郎士瀸　武德郎士琕
6	從義郎不伸　不僭　忠訓郎不傷
7	善敢　善阜　善收　善敿
8	汝韙　汝辰　汝遞　汝逃　汝逾

贈左領軍衛大將軍仲訪
右班殿直士遣
象州刺史仲適
右侍禁士懲
忠翊郎士谷
成忠郎

善檄
善斂

汝遂
汝遲
汝追
汝途
汝遄
汝逡

士懦
東陽侯仲兕
右侍禁士腐
承信郎士輾
不謏
贈左領軍衛將軍仲粲
贈武功大夫、成州團練使仲丞
武翼郎士拕
武經大夫士遂
秉義郎不蕆
從義郎
善遷

不憃
承節郎不懇
不愢
忠訓郎不恩
保義郎不惑
不忒
忠翊郎士鄰
成忠郎士胖
成忠郎士馹

敦武郎士元
不怘
南陽侯仲鑛
贈武節大夫士翩
訓武郎不瑨
善逮
善建
善遺
保義郎不玷
善連
汝昌
善近
汝昇
善迻
從義郎不瑜
善逢
成忠郎士楷

右監門衞大將軍仲培

武義大夫士準　右侍禁士椿　成忠郎士鬆　保義郎士宿　成忠郎

承節郎不佔　秉義郎不仲　不仵　成忠郎不愡

善誘

和州防禦使仲墉　貴州刺史仲珛　太子右內率府

士髳　武經郎士鬗　成忠郎士倬　武經郎士岍　成忠郎士虆

訓武郎不復　不悆　不詒　不梅

善周　善旋

副率仲堅　奉化侯仲垩

贈明州觀察使、奉化侯士褏　從義郎士寅

太子右監門率府率不還　不遄　保義郎不迓　不退　不返　承信郎不攘　不迏

贈司空、普安郡王宗藺

高密郡公仲銛

武經郎士軏

不迭　保義郎不伐　成忠郎不獵　不驕　不爭　不危　不忒

善學　善慈　善璹　善謀　善從　善言

汝能　汝夔　汝煓

右班殿直士貸　秉義郎士畛
承信郎不隱　不回　不作　承信郎不憻
善誘　善翽　善抱　善遼
汝孜　汝漆　汝惵　汝能　汝壽　汝玶
崇典　崇良　崇賢　崇賢　崇禧

秉義郎士囗　保義郎士邁　成忠郎士螯　成忠郎士珈
善琚　善珊
汝埤　汝琖　汝璩　汝祿　汝霖　汝賢
崇譽　崇謨

太子右內率府副率仲彖　中州〔一〕團練使仲湄
成忠郎士璊　成忠郎士滑　成忠郎士玥　成忠郎士誠　成忠郎士齡　成忠郎
朝請郎不將

馮翊侯宗史　信都郡公宗劼
贈左武衛大將軍仲孜　贈左屯衛大將軍仲跂　太子右內率府副率仲鸍　成州刺史仲廱
士林　忠翊郎士造　修武郎士頼　武節郎士藤
承節郎不忡
善邀
汝立

士誠	修武郎													
不慭					不傚		不慎		不悰	不怍	不偖	宣教郎		
善綢		善逸	善選		善邁		善遐	善遂	善汸		善溢			
汝侻		汝椿		汝林	汝桂	汝嘉	汝能		汝爲		汝楫		汝枝	汝覃

不瓔				不愬	忠訓郎	不忞	承信郎							
善瓛	善從	善鼺	善佸	善佪		善櫶							善絢	善經
								汝僕	汝能	汝攸	汝偳	汝什	汝倆	

右千牛			仲衢	博平侯										
	士蹉	忠翊郎	士讘	從義郎								士卿	成忠郎	
							不慊	不憫				不悱		不悠
							善給	善詩	善續			善緒		
					汝作	汝儀	汝俊	汝霖		汝說	汝詳	汝諸		

							迪	諡思恪允	永嘉郡王、					
		粹	康惠宗	簡王、諡	贈太保、	象	府率宗	監門率	太子左	宗易	團練使	贈舒州		
衞大將	贈左屯	翼	副率仲	內率府	太子右								仲賦	衞將軍
忠訓郎													士雎	成忠郎
成忠郎														

軍仲軾										
士鈑	敎武郎士鎮								忠訓郎士鑄	秉義郎士錄
不競	贈訓武郎不昧						不欺	忠翊郎不閡		
善積	善者	善俘		善玲	善忠	善孚		善灌		
	汝贊	汝蕃	汝僥	汝燧						

榮國公仲覦								
朝奉郎士鈂	忠訓郎士韠				右朝請大夫士悏		秉義郎士忻	
不且	不苛		右迪功郎不藹	不薄	忠訓郎不太	不非	不礙	保義郎
	善贑	善琯						
		汝珕						

										建寧軍
			貴州團練使士僅						文州團練使士偁	
不均	不羣	不窋	承信郎不矜	承節郎不懶	不愜	不羣	不空		不且	
									善散	
									汝昇	

承宣使仲軒												
右朝請郎士騶						武德郎士駿						秉義郎
不佞						忠翊郎不逸					不違	
善遴	善慶	善問	善良	善遜	善昡	善殿		善禩		善偲		
						汝墳	汝難	汝良	汝增			
						崇虎						

士儔　右班殿直士佮　武經大夫士侁　忠翊郎士瑄　成忠郎士尙

修武郎不檃　忠訓郎不裕　不臬　不柔　不悔

善峕　善固　善懽　善儋

汝諙　汝誐　汝柎

永國公仲彌

忠翊郎士卽　成忠郎士冒　右班殿直士贇　贈右朝散大夫士叟

贈朝奉不佞　朝散大夫不遽

善慺　善憧　善謚　善[illegible]　善譪

汝析　汝梯　汝榑　汝梧　汝減

保義郎不速　武節郎不泊　訓武郎不違　保義郎不運　不[illegible]　不[illegible]

善文　善庫　善謚　善諒　善謂　善佰

汝鏞　汝鍤　汝鍈

武經郎士謁

不逭　不還　不適　不詑　不迋　不邊　不遒　不退　承節郎不訥　武經郎不謲　不讚

善仝　善亦　善庶　善乘

武翼郎士以						武翼郎士珵					
不詄	不訶	不督	不乏	不忝	不仇	不欻	不仄	承信郎	不逭	承信郎	不遒	承信郎
善言	善章						善謁		善景		
									汝傐		

德慶軍節度使仲溫										
忠訓郎士耘		武翼郎士糈		從義郎士宿						
不退	不逮	不迂	保義郎不亂	左修職郎不敗						
		善孚	善俸	善淳	善潙					善爽
			汝大		汝諤	汝謙	汝諒	汝詮	汝說	

右監門衛大將軍仲鍠	忠州防禦使仲釭		和州防禦使仲幘				
忠翊郎士雙	忠翊郎□□	忠翊郎士彥	修武郎士嫜				
			不矜	不懶			
善智	善信	善儋		善儒			
	汝謀						

博平郡王、諡安恭允初								
詔以宗魯子繼允初爲孫，東陽侯仲速								
士旖								
不便	贈左朝請大夫，改贈朝散郎不頎							承信郎
	善積	善學	善長		善僧	善言	善能	善杰
			汝儀	汝艾				

不忒　忠訓郎不設　承信郎不括　贈中大夫不柔

善結　善伶　善志　善綱　善肅　善籛

汝括　汝顏　汝塇　汝珙　汝瓊　汝臧　汝自　汝旿

崇雯

右迪功

善謀　善憲　善紀　善韋

汝晏　汝曨　汝咄　汝吾　汝封　汝䟺　汝齊　汝曨　汝方　汝晏

從義郎士規　成忠郎士旗　秉義郎

郎不器　承信郎不踰　不惑　承信郎不貪　不謬　不居

善杰　善泰　善昌　善闌

汝稍　汝誶　汝㕣　汝絅　汝龔

士廉

英宗四子：長神宗；次吳榮王顥；次潤王顏，早亡；次益端獻王頵。

吳榮王顥

馮翊侯孝純　晉康郡王孝騫

追封□原郡公安統　右千牛衞將軍安邵

居欽　居毅　居端

多福

自牧　自康

深甫

居靖

多齋　多譽　多謨　多才　多藝

自師　自誠　自重　自明　自公　自逵　自適　自祜　自正　自安　自顯　自謙

亥甫　和甫　山甫　介甫　及甫　清甫　仲甫　生甫　華甫　茂甫　尹甫　吉甫

益端獻王顥

永國公孝錫　博平侯孝哲　檢校少保、淮康軍節度使孝詒

安炳　安盛　汀州防禦使安祚贈太師、追封文

居易

多見

自勉

沓甫　章甫

安郡王安時　太子右

居廣　居仁　居申　居修　居禮

多德　多義　多逑　多識　多智　多功　多學　多益

自柬　自欽　自恭　自純　自勤

亨甫

豫章郡王孝參

監門率府率安憲　太子右監門率府率安棗　貴州刺史安正　右監門衛大將軍安民　右監門衛大將

居民　居久

中華書局

軍安上　右監門衛大將軍安靜　太子右監門率府率安寵　太子右監門率府率安雅　太子右監門率府率安

贈司空、平原郡王孝

叔　太子右監門率府率安紀　太子右監門率府率安譓　太子右監門率府率安晛

奭　檢校少保、寧武軍節度使孝鷟

追封惠國公安信　康州刺史安中　右監門衛大將軍安世　太子右監門率

居中　居簡　居雋

多能　多助

自存　自任　自儉　自得　自廉

遵甫

府率安譓　太子右監門率府率安嗣　太子右監門率府率安寶　太子右監門率府率安

居閣

多慶　多賢

自約　自柔

檢校少保、奉寧軍節度使、開府儀同三司孝忱

式

太子右監門率府率安郙

太子右監門率府率安戩

太子右監門率府率安祓

順昌軍節度使孝頴

太子右監門率府率安明

太子右監門率府率安敍

太子右監門率府率安遜

太子右監門率府率安

逸

太子右監門率府率安期

太子右監門率府率安節

檢校少保、靜江軍節度使孝愿

安基

太子右監門率府率安

宅

太子右監門率府率安寔

贈司空、廣陵郡王孝永

忠州防禦使安止

居厚

多慧

多聞

自治

神宗十四子：長成王佾，次惠王僅，次唐哀獻王俊，次褒王伸，次冀王僩，次哲宗，次豫悼惠王价，次徐冲惠王倜，次吳榮穆王佖，次儀王偉，次徽宗，次燕王俁，次楚榮憲王似，次越王偲。惟佖、似、偲、俁四王有子，餘八王皆早亡。

贈侍中、尚書令兼中書令、徐州牧、吳王、諡榮穆偲	太原成都牧、燕王俁				
追封華原郡公有恪	和義郡王有奕	安遠軍節度使有常	興寧軍節度使有章	追封博平侯有隣	追封文安侯有成

贈太師、尚書令兼中書令、冀州牧、楚王、諡榮憲似	眞定牧越王偲		
永寧郡王有恭	追封河內侯有儀	遂安軍節度使有忠	右驍騎衛將軍有德

徽宗三十一子，欽宗爲長子，高宗爲第九子，棫之弟、材之兄也。檉、楫、材、棋、椿、機早亡。

贈太師、尚書令、兗王、諡沖禧檉	太原牧兼杭州牧、鄆王楷	贈太師、尚書令兼中書令、追封荊王、諡悼楫	太保、保平

武寧軍節度使、肅王樞	太傅、荊南鎭東軍節度使、景王杞	太傅、護國寧海軍節度使、濟王栩	檢校太尉、開府儀同三司、淮海節度、揚州

管內觀察處置等使、益王棫贈太師乘右弼、追封邠王、謚沖穆材開府儀同三司、武勝興寧軍節度使、祁王模開府儀同三司、寧江軍節度使、

莘王植〔三〕開府儀同三司、靜難軍節度使、儀王朴山南東道河陽三城節度使、徐王棣劍南東川威武軍節度使、太保、沂王櫸贈太師尚書令、追封

鄆王、謚沖懿棋瀛海安化軍節度使、檢校太傅、和王栻慶陽昭化軍節度使、檢校太傅、信王榛慶源軍節度使、檢校太保、贈太師乘右弼、追封漢王、

謚沖昭椿〔三〕開府儀同三司、鎮安軍節度使、安康郡王[illegible]開府儀同三司、保靜軍節度使、廣平郡王楗贈太師乘右弼、陳王、謚悼惠機

武康軍節度使、檢校少保、相國公梃

平海軍節度使、檢校少保、瀛國公楲

開府儀同三司、武安軍節度使、建安郡王楧

定國軍節度使、檢校

少保、嘉國公椅

雄武軍節度使、檢校少保、溫國公楝

集慶軍節度使、檢校少保、英國公橞

保慶軍節度使、檢校少保、儀國公桐

淮康軍節

度使、檢校少保、昌國公柄

橫海軍節度使、檢校少保、潤國公、追封原王樅〔四〕

朴、榛、橞不知所終。楧從徽宗出，薨於青城。餘皆北遷。

欽宗二子：長皇太子諶，北遷；次訓，生于五國城。

高宗一子：元懿太子旉，三歲亡。

孝宗四子：長莊文太子愭，次魏惠憲王愷，次光宗，次開府儀同三司、淮康軍節度使〔五〕、邵悼肅王恪，早亡。

光宗二子：長保寧軍節度使挺，早亡，次寧宗。

寧宗九子：長不及名，次兗沖惠王埈，次邠沖溫王坦，次郢沖英王增〔六〕，次華沖穆王坰，次順沖懷王圻，次申沖懿王墌，次肅沖靖王垍，次邳沖美王坻，皆早亡。

校勘記

〔一〕中州　按宋代只有忠州，沒有「中州」，疑誤。

〔二〕莘王植　「莘」原作「莘」，據本書卷二二徽宗紀、宋會要帝系一之四二改。

〔三〕諡沖昭椿　「沖」原作「中」，據宋會要帝系一之四九、十朝綱要卷一五改。

〔四〕追封原王樅　「樅」字原脫，據本書卷二二徽宗紀、十朝綱要卷一五補。

〔五〕淮康軍節度使　「康」原作「原」。按本書地理志無「淮原」軍額，據宋會要帝系三之一五改。

〔六〕次鄆沖英王增　「增」原爲壘丁，據本書卷三七寧宗紀補。

宋史卷二百三十四

表第二十五

宗室世系二十

魏王廷美十子：長高密郡王德恭，次廣平郡王德隆，次潁川郡王德彝，次廣陵郡王德雍，次鄖國公德鈞，次江國公德欽，次原國公德潤，無子，次申王德文，次姑臧侯德愿，無子，次紀國公德存。分爲八房。

高密郡王房

高密郡王諡慈惠德恭			
循國公承慶			
右班殿直克晤	建國公克繼		
馮翊侯叔藻			
太子右內率府副率勳之	太子右內率府副率葵之	利州觀察使釋之	
三班借職公益	左班殿直公溥		

										贈右奉議郎祿之	
										贈中大夫公回	右班殿直公潤
彥璆				彥禮						彥球	
		睦夫		及夫	丹夫	雍夫			衢夫	藻夫	
	時括	時拭	時櫄	時息			時慥	時性	時齡		

								榮國公叔敖			
							眞州防禦使聚之				
訓武郎	右侍禁公度						武翼郎公秩		保義郎公淵		
		彥信	彥仁			彥通	彥元			彥瓌	彥琳
						直夫				文夫	
						時倈					
				若涓	若澁	若蕿					

									河內侯徽之			
									武翼郎公賁	公南	武翼郎公宰	公素
								彥武	彥文		彥章	
綬夫	縉夫			經夫	紹夫	勝夫		渙夫				
	時柔	時埍		時幾			時龐	時僀				
			若鑋	若鈞								

		武經郎善之	三班奉職長之								
		從義郎公旦		公忱	右班殿直公明						
彥質		彥輶									彥率
	輿夫	觀夫				維夫	絢夫	緝夫	纘夫		緗夫
		時戩								時熊	時杰
		若硛								若元	
										嗣傑	

從義郎公杲　公昪
彥尹　彥文
懿夫　杰夫　夾夫
時昷　時休　時迦　時佮　時佫　時莊
若昭　若弧　若彊　若柯　若倶　若侁　若俶
嗣淦　嗣濻　嗣淪　嗣汭　嗣灘

武功大夫貴之
公景　公昱　公俊　公義　公智　秉義郎公訓　武義大夫公諶
彥弢　彥璵　彥嫋　彥筌
瑾夫　理夫　洸夫　仔夫
時爛　時熷　時操
若瑩　若㿫　若熹　若杰

從義郎
彥籍　彥篨
惠夫　遷夫　思夫　心夫　愬夫　憐夫　儓夫　倜夫　僾夫　俫夫　傑夫　佲夫　輒夫
時儓　時滄　時漏　時輇
若偣

右班殿直正之　承議郎葆之
公譖　忠翊郎公義　保義郎公倚　保義郎公傅
彥篪　彥鎰　彥遄　彥遷
意夫　南夫　譴夫　掄夫
時樸　時僾　時旰　時曬　時崗
若玭　若惹　若慈　若鏐

								秉義郎	寧之					
									公暐					
	彥蘧								彥逾	彥連				
	臻夫			珴夫	瓓夫					倏夫			價夫	俺夫
時巖	時銳	時應	時鑢		時釿	時鋼	時櫰			時璣	時班	時璐		
	若憲													

東平侯	叔夜	靜江軍	承信侯	叔劉									
			保義郎	元之									
			三班奉	職公願	贈武略	大夫公	慧						
							彥油	彥漾	彥溥				
侯夫									倜夫	使夫	偃夫	倍夫	偟夫
													時曛

			彥治	彥瀆		彥滋	彥淄	彥泮		彥淪		
倂夫	傎夫	璃夫	長男幼亡	居夫	珆夫	依夫	瑑夫	璌夫	玏夫		
時睽	時櫪				時柠				時檯	時楸	
										若通	若逡

彥潤

											北海侯	克絢		
											華陰侯	叔蕃		
				敏之	秉義郎	寶之	武翼郎	卬之	忠翊郎	禾之	右監門	衛大將	軍、忠州	刺史挻
秉義郎	公皓	忠翊郎	公俊			公壽	訓武郎	公悰						
						彥璉		彥杭						

之
右侍禁 坦之
成忠郎 公彥
彥悉　彥京
長二男幼亡　讜夫　諄夫　倫夫
時勝　時騰　時顧　時碩　時頌　時灝　時籧　時栗
若賓　若鑌　若蓮　若鏈　若臨　若桲

歷陽侯 叔魚[二]
右千牛衛將軍 叔詭
秉義郎 道之
承事郎 公立　秉義郎 公誼
彥翔　彥純
佑夫　倨夫　憤夫　琳夫
時澮　時要　時賁　時庸　時濟
若瀼　若家　若槮

彥仁
琛夫　瑕夫　瑱夫
時貴　時藻　時需　時興　時革　時値　時孚
若楹　若楀　若檜　若棟　若澳　若瀟　若澿
嗣昭　嗣暧　嗣守　嗣宥

中散大
璉夫　琄夫　璔夫　瑺夫　琁夫
時翚　時嚳　時衎　時犟　時鞏　時阜　時蕃　時逷　時萊　時耕　時耙　時英　時棪
若泌　若滙
嗣鐔

										贈右朝	請大夫	逵之		
夫公禔											左朝請	大夫公	讜	
彥倚	彥悈												彥偰	
	牲夫	[illegible]夫		弁夫	[illegible]夫	倮夫	習夫	龔夫					商夫	
		時雋	時昱					時常	時潮				時和	
		若瑙	若玩										若蘭	若瓊
													嗣通	嗣寬

		彥伊						彥傅						
蟻夫		端夫	瑀夫	[illegible]夫	娭夫			翃夫		棨夫	激夫	燁夫		豉夫
時省	時衷				時曄		時傑	時芮	時雷	時充		時廣	時序	時譪
					若譜	若蕭	若怡							
							嗣濘							

太子右	內率府	副率叔	彌〔二〕	太子右	內率府	副率叔	[illegible]	廣平侯	叔[illegible]					
								贈武經	郎榮之					
									公濟	修武郎	公澤			
											彥峴			彥畾
											玘夫		珦夫	玗夫
											時淲	時瀌	時園	時邅
											若枝	若訓		若櫰
														嗣儁

							惠國公	克孝						
							高密郡	公叔老						
				興之	榮之	瑩之	南陽侯	誠之						
		公淳	公湜				保義郎	公信	修武郎	公輔				
	彥岜									彥正	彥仍			彥仁
											嶽夫		其夫	
時[illegible]											時璪	時瓛	時申	

右班殿直公與	承節郎公豿	修武郎公明	承節郎公綽	贈正奉大夫公穉				
	彥仙			彥憘	彥向			
					允夫			
					時得	時侐		
					若琿	若瓑	若珇	若珋
					嗣靖	嗣宴		

亮夫														
時侃						時傳					時備			
若璀					若瑤	若琭	若璊			若混	若蘷	若壍	若璒	若灃
嗣永	嗣方			嗣亢	嗣立	嗣庚	嗣鏞	嗣鐩	嗣鐐					
	汝曾	汝昂	汝昇	汝旦										

												晃夫	
時偶		時俊										時伉	
若璪	若璬	若珮		若珵					若璐	若珫		若瑝	若瑊
		嗣昌	嗣畢	嗣高	嗣亨	嗣充	嗣官	嗣交	嗣卞	嗣昱	嗣京	嗣亦	

											訓武郎公朋
					彥愭	彥倫				彥倫	彥惇
	光夫					兟夫			芹夫		瞫夫
	時儆	時倢		時□		時儔			時僁		時徯
若璨	若珇	若鍈	若鑨	若□		若珥	若珄出繼	若瑛	若琢		
						嗣奇					

							秉義郎公純					武經郎公選
					彥稰		彥僤	彥惻		彥忻		彥忭
晛夫	晒夫	照夫	曉夫		暐夫			千夫		洮夫		妑夫
時份			時倪	時得	時詎	時譕		時穛	時檖	時悚		時璪
若御										若濼	若漻	若熺

						成忠郎公器						
	彥惰	彥恮	彥懭	彥恪	彥頤	彥愷						
嶝夫						用夫						
時櫟						時儦				時儴		時伊
						若理	若瑅	若玲	若瑑	若玶	若瓓	若珅

					儔夫					休夫				
時湜	時洛	時讋		時謨	時歆	時頵	時謳	時護	時韶	時鈁	時溪			時壏
		若璬	若瓔			若玤	若鍪				若瓏	若珽	若鉘	若鋼

											彥悌	彥恢		
													達夫	通夫
	時洽		時鐀			時錝	時錪	時鏠	時鏎	時鉁				時物
若鍍	若僔	若事	若泒	若滄	若漷									

				東頭供奉官通之						
				公權	左宣義郎公孫			成忠郎公綽		
彥憓			彥悅		彥翼	彥文	彥袞	彥翼		
涵夫		元夫					僠夫	麐夫		
時爓	時熻	時飾					時珹	時珖		
		若涯					若洴	若浩	若汾	若瀗
									嗣儒	

					公欲	贈銀青光祿大夫公雲						
						彥操						
						南夫	獻夫	賨夫			賡夫	
								時迪	時⿺辶匈	時迲	時迺	時迣
若灃		若沔	若淤	若瀐						若釪		
嗣淇	嗣渙											

													忠訓郎心之
													保義郎公高
							彥揀					彥揆	彥強
					賀夫	贊夫	廉夫				鬱夫		曡夫
時⿺辶豈	時逋			時遑		時衜	時⿰扌粲	時瑑		時玸	時理		時漾
	若鍽	若錤	若鑛					若媥	若竦				若漄

				贈承議郎存之				秉義郎望之				
				奉議郎公渙			公浚	從義郎公談				公訓
		彥端	彥久	彥搆	彥駒	彥驤		彥伋	彥愐	彥墹		
	泣夫									覞夫	柰夫	
時膠	時炘											
若⿰氵邦												

					保義郎	統之								
公諸	公詔	公諒	公讜	公議	從義郎	公韡								
						彥衡	彥璺					彥賓		彥壅
							強夫	勣夫		彝夫	耘夫	賒夫	勁夫	吟夫
							時琗	時玟	時瓌			時衛	時㴁	
												若稒		

					建安侯	叔滕								
	三班奉	職補之	左侍禁	護之	左屯衛	大將軍	卑之							
						保義郎	公定	秉義郎	公管	承節郎	公琬		承節郎	公璱
彥緻											彥術			
											道夫			
											時潛	時洋		
												若瀫		
												嗣濱	嗣潤	

武經郎	和之					三班奉	職信之	秉義郎	居之					
承信郎	公番	公撼			公璉			修武郎	公端					
	彥惠	彥悠	彥忐						彥昌	彥晷				
			嵒夫	晳夫						閭夫				
			時琉							時紆	次男亡	時紼	時結	時綜

						修武郎	赫之							
				承信郎	公正		公逸							
彥璀							彥儆		彥僊					
闔夫		闞夫	閬夫				悛夫	憒夫	憶夫	穆夫	怡夫			
時徠	時徏	時㐻									時迂	時沶	時沃	時瀡
若桎														

			惔夫								懆夫		
時倣	時洌	時逌			時灆	時洞	時沅	時漳	時溥	時滐	時浡	時利	時濊	時漎
	若櫝	若栩	若枅	若楄		若敾								若檕

		愷夫		忖夫	愖夫				憯夫	惰夫	悃夫			
	時凉	時鉦	時鍥		時淙	時淪		時枉	時溱	時漸	時渼			時洧
若枇						若槵	若概		若杯		若樸	若樋	若櫥	若枋

							馮翊郎右侍禁從事郎	叔主	
						寶之		愛之	三班奉
			公逞	公逵				公說	
		彥頎	彥仁					彥輝	彥曨
慬夫	憚夫	憒夫	悟夫						
時滐	時洋	時淀							
若櫶	若榒								

								開國公	叔紡			
職養之	忠翊郎從政郎	讓之			成忠郎	普之	從義郎	仰之	益之	忠翊郎	健之		
		公覿									公鼎	秉義郎	公蘸
		彥博	彥憪										彥諗
			撙夫	椮夫									懲夫
				時爛	時灴								時潤
													若琛

保義郎盈之

公庠　保義郎公軫

彥評　彥英　彥道　彥通　彥選　彥昭　彥輔

莄夫　芇夫　僔夫　佩夫　保夫

時球　時鏷　時釤

若柟　若橓

彥誠

習夫　燦夫　乂夫　澤夫

時剛　時玠　時瑀　時珹　時宴　時遏　時側　時鉄　時鑌　時逢　時巩

若溫　若璃　若瀉　若淳　若漨　若洳　若溝　若澳

彥迆　彥時　彥煩　彥達　彥博　彥漢　彥橫

傛夫　僧夫　隱夫　棟夫　傆夫

時湜　時譜　時鎮　時鍾　時鈶　時鈅　時錐

若塏　若玗　若憲　若淋

贈秉義郎公亶

彥易　彥突　彥峉　彥密

奢夫　祇夫　䆀夫　僾夫　偬夫　仫夫　併夫　俱夫

時樻　時選　時還　時遽

若穜

	彥威												彥寔	彥室
傪夫	仔夫					侻夫	艣夫		傴夫		伉夫	俸夫	優夫	備夫
	時延	時遣	時途	時遊	時遭		時達	時邈	時瞻	時暖	時顥	時透	時建	
	若詩	若遷												

						忠翊郎公寧								
				彥察			彥客						彥突	
謍夫			緣夫	仇夫			煌夫	還夫		迢夫	徊夫		導夫	企夫
時邊	時進	時達	時遝	時逕	時邃			時迻	時昵		時眈	時腓		

						建安郡公叔拖				
					保義郎焞之	三班奉職任之		三班奉職喜之	武翼郎寧之	
									公宏	
		彥翔							彥寵	
伺夫		榮夫	鄙夫						謅夫	
時越	時軺	時寧		時穹	時竇	時空				

				大安侯叔靖						
			秉義郎定之	武功大夫、果州團練使康之						
	公富	公安			承信郎公溫	承信郎公濩	公演	公灝	贈武節	
彥宮	彥空	彥宕								
	激夫									

贈左屯衞大將軍叔昇　敦武郎叔晸　右侍禁叔侊　修武郎

三班奉職將之　延之

郎公潭　公浚

彥彬　彥鬱　彥楙　彥婁

錯夫　箾夫　溪夫　澠夫

贈右屯衞大將軍克肎　祁國公克頠〔三〕

叔旂　武翼郎叔掄　河內侯叔慈　太子右內率府副率叔巘　右監門率府率叔僧

左班殿直得之　左班殿直待之

和國公叔象

贈武功大夫且之

訓武郎公檟

彥騋

龍夫　寧夫

時楚　時棣　時朴　時柲　時楓　時概

若琰　若瑽　若璞　若璁　若玶　若瑥　若瑠　若琤　若玤　若琲　若璦

嗣潚　嗣漫

訓武郎公澰

彥駰　彥傻　彥倧　彥聰

詁夫　湊夫　宸夫　讜夫　諷夫　顥夫　預夫　濻夫　橋夫　洴夫　寰夫

時枅　時株　時淅　時椽　時韡　時櫑　時櫺　時料　時柗　時鶡

若瑔

公亜　武德郎公瑒

彥育　彥荀

郡夫　銘夫　轇夫　嵓夫　斅夫

時蘇　時湟　時樞　時習　時傑　時英

若琛　若遷　若瀧　若海　若韓　若夔

嗣申　嗣宗　嗣宲　嗣貴　嗣俊　嗣芳

益州侯叔鮑　西頭供奉官叔勵

武忠郎昇之　贈從義郎廣之　左承直郎崇之　明之　謙之　修武郎崈之

武經郎公寔　公賦　公汎

彥辨　彥俄　彥侮　彥文

戒夫　成夫　戩夫

若奭

嗣甲

武當侯承壽

饒陽侯克巳

會稽郡公叔韶

房國公儉之　秉義郎覍之

右千牛衞將軍公路　公珣

彥根　彥採　彥褚

倲夫　德夫　醇夫

時沾　時修　時佐　時偁

若洪　若梅　若傳　若稷　若淯　若漏　若潰

嗣悊

清源侯公邵　右監門衞大將軍、領榮州刺史公錬　華陰侯公緬

彥魯　彥仍　彥辨　彥玉　彥傅　彥向　彥尹　彥聖　彥荀

堯夫

時誠

彥才　彥汲

會夫　端夫

時富　時密　時宋　時迭　時臻

若謙　若謀　若謨　若憑　若忞　若忠　若僉　若節　若賢　若壎　若儀　若潛

嗣荃　嗣英　嗣龐　嗣茂　嗣滜　嗣淦

時育　時豐　時輔　時安　時鼎

若渙　若漾　若濛　若楫　若冲　若顏　若剛　若松　若筠　若淵　若伊　若礪

嗣昌　嗣厚　嗣嘉　嗣廉　嗣扃　嗣磻

太子右內率府副率公謀　武經大夫公彥

彥櫧　彥採　彥概　彥況　彥愈　彥莊　彥烈

巖夫　瀕夫　薇夫

時豪

若僖

嗣吉

南陽侯　深之

右班殿直公佑　訓武郎公明　忠訓郎公鑑　修武郎公徹　右監門率府率公离　西頭供奉官

彥博　彥蘭　彥雲　彥揚　彥一

秀夫

公著
彥孟
正夫　恍夫
時順　時明　時寵
若古　若回　若璉　若錞　若欽　若鎭　若憲　若鉷
嗣賢　嗣佺　嗣伸　嗣櫞　嗣源　嗣榛　嗣揆　嗣楡　嗣儀　嗣俘　嗣棲　嗣梋
次定　次山　次向

右監門衞大將軍叔曠
太子右內率府副率化之　平陽侯臏之
訓武郎公誨
彥世　彥磬　彥古
祁夫　許夫　誠夫　諴夫
時璉　時勤　時言　時相　時備
嗣其　嗣侁

右侍禁公弼　右班殿直公塈
彥言　彥莊　彥祿
訙夫　誌夫　揄夫
時夷　時儲　時鍵　時惇　時恬　時嘉
若津　若珇　若鄆　若崧　若彬
嗣巖　嗣崟　嗣堪　嗣玥

東平郡公叔裒
贈右屯衞大將軍命之　淮陽侯致之
內殿崇班公元　公冕　訓武郎公兗　從事郎公覺
彥持　彥絪　彥玘　彥維　彥經
時憲
若崟

秉義郎公兌　贈通直郎公覽

彥咸　彥成

逈夫　邁夫

時懋　時沛　時應　時悊　時忞

若懦　若懷　若周　若用　若閔　若宣

嗣崧　嗣璸　嗣瑃　嗣璐　嗣□　嗣□　嗣錸

洨夫　邌夫

時慶　時意　時慤　時佳

若寧　若朴　若栱　若棉　若權　若機　若漢　若壚　若錡　若鐸　若鈴　若璪　若釿　若鋌

嗣晲　嗣珙　嗣瀆　嗣鍛

贈左中大夫肅之

從事郎公寬　贈金紫光祿大夫公峴

彥威　彥畯　彥勛　彥勯　彥勤

禨夫　敔夫　廉夫　逌夫　翩夫　戒夫　蒧夫　戩夫

時囦　時純　時保　時侈　時滌　時尹　時瓊　時循　時征　時僭

若山　若漨

公靚　忠訓郎公規

彥勵　彥勵

鱥夫　岐夫　峨夫　瀧夫　泙夫

時徽　時梀　時琲　時棨　時楕

若䐥　若僚　若沵　若澺　若晪　若溿　若㴹　若珂　若瓏

嗣璣

中華書局

			景陵侯	克基				
			華陰侯	叔材				
			武衛大將軍、橫州刺史	共之				
			修武郎	公奭				
			彥遙	彥還	彥道	彥遠		
汧夫				端夫	竭夫	倚夫	奇夫	莮夫
時皆	時諧	時謎	時譏					
若錕								

		景城侯	燭之					漢東郡
秉義郎	公□	修武郎	公奕	承信郎	公宰	朝奉大夫公宏		贈宣奉
彥達	彥進		彥升	彥道	彥顏	彥韓		
平夫	能夫							

公兩之									
大夫公	爽								
彥千									彥博
諟夫					謏夫		蒙夫		實夫
時邃					時達	時迹	時逸	時迴	時逢
若春	若智		若晳	若容	若著	若昺	若曨	若冑	若喚	若栻
嗣裕	嗣綸	嗣鈔	嗣鏗						

			贇夫				贊夫					賁夫	賓夫
時逃			時适	時遹	時緜	時繇	時迥	時邈		時遙		時亢	時萬	時蓮
若瑜	若璞	若琥	若瑲			若粲	若曳	若玔	若瑞	若璾	若璪		
嗣鍇	嗣鐠	嗣鋏					嗣鐵						

彥鑑　彥車

賈夫　溪夫　橫夫　燧夫　域夫　沔夫

時萱　時薦　時茁　時遨　時瑚　時儥　時僮　時儴　時傕　時速

若概　若禾　若穆　若稠　若宗　若沁　若漩

彥里

瀕夫　震夫　賓夫　朋夫　邦夫　炎夫　盥夫

時守　時迎　時遣　時邃　時運　時櫸

若相　若榭　若班　若娣　若慈　若志　若薰　若坙　若堝　若壇

嗣儻　嗣涼　嗣涵

太子右內率府

三班奉職公咨　贈武義大夫公燮

彥塼　彥本　彥協　彥庸

固夫　博夫　賁夫　榮夫　柯夫　枘夫

時協　時柳　時御

太子右

副率盡之　武顯大夫宜之

成忠郎公立　保義郎公袞

彥孟　彥近　彥迪　彥遜

尹夫

時健　時倰　時榰

若珩　若珚　若璗　若玗　若鐨　若暕

嗣逸　嗣遇

內率府副率叔華 太子右內率府副率叔璧 右監門率府率叔塈 高密郡公叔朗〔四〕

太子右內率府副率或之 贈武翼大夫存之

贈訓武郎公儀

彥明 彥晃 彥暉 彥曦

櫛夫 桐夫 栫夫 桂夫

時玗 時珊 時瑲 時瑜 時玡 時玻 時琿 時瓔

若栗 若滌 若嵱 若輇 若軻 若輔 若輣 若輳

嗣章

楹夫 樾夫

時璆 時琱 時球 時珗 時珛 時璄 時珇 時珚 時璮 時瑅 時[王朋] 時玵

若𨏥 若轍 若軫 若𨎮 若軺 若軿 若轘 若輻

贈奉直大夫公傑

彥早

梃夫 杓夫 槢夫 棣夫

時琭 時瑓 時珫 時琈 時瑠 時玲 時珀 時嘻 時現

若鏳 若鋙 若鍦

武翼郎

彥星

椿夫　林夫　楫夫　標夫　櫓夫

時乃　時[illegible]　時盈　時瑮　時兢　時諧

若鍒　若緝　若綸　若鋆　若鋸　若珖　若鼉　若摶

贈懷州防禦使叔侯

文安侯議之

公傳　承信郎公倚　三班奉職公辨　成忠郎公諤

彥銳　彥達　彥逵　彥訌　彥規

憤夫　萱夫　蕓夫　宓夫　簾夫　丙夫

時忲　時悳　時忠　時德　時濟

若倧

三班奉職詠之　左侍禁翊之　武節大夫覺之

承信郎公彥　從事郎公譽　承節郎公庶　承節郎公度　承節郎公僅

彥深　彥涓

其夫

時俸　時倢　時彬

若瑕　若鉅　若耿

嗣[illegible]　嗣浛

贈武翼郎公諒

彥睦　彥轍　彥鴻

褒夫　厚夫　庌夫　度夫　麈夫　靡夫　測夫　接夫　湢夫

時佯　時偅　時綺　時繪　時繡　時煎　時洔　時壁　時栱

若燮

c1	c2	c3	c4	c5	c6	c7	c8	c9	c10	c11	c12	c13	c14
						朝請郎誘之							
				公愿	公明	公俊	公偖						
	彥覠	彥輞				彥迈	彥翾	彥翮				彥翔	彥翻
		逢夫	潛夫			珫夫		熚夫		烇夫			賁夫
時林						時壏		時堊	時垐	時壖	時墖		

c1	c2	c3	c4	c5	c6	c7	c8	c9	c10	c11	c12	c13	c14
											成忠郎保之	演之	贈左朝
	公僴	公儻	公价										
彥犿			彥繹			彥縝			彥緎				
			瓌夫	瑟夫	翔夫	狓夫		犟夫	睨夫	瀛夫			
			時㢊			時銖	時鐭	時涵		時鍸			

c1	c2	c3	c4	c5	c6	c7	c8	c9	c10	c11	c12	c13
議大夫、直秘閣訓之												
右文林郎公淪		公渙										
彥賁	彥勺	彥槦			彥桐	彥檻					彥楠	
熑夫	爖夫	炬夫	焯夫		爐夫	烶夫					炖夫	烒夫
時垬	時墜	時墊	時堭	時埜		時壂	時埤	時堛	時塡	時臺		時蚩

					保義郎洪之	保義郎立之					
公濟				從義郎公海		成忠郎公愈					
彥櫼						彥暘					
燗夫	煉夫	炥夫	熣夫			遇夫			暇夫		讀夫
		時塤				時錦	時鈀	時錩	時鈇	時釷	時鏳
									若媚		

									保義郎	舜之				
								公國		公征	承信郎	公討		
												彥汝		
		斫夫	崟夫	視夫	簣夫							速夫	爹夫	
時晳	時鏋			時欽	時攈	時鏦	時鐫						時瀏	時蓮
				若灑										

												馮翊侯	克修	
												尹國公	叔充	
												彭城侯	撫之	洋國公
														武翼郎
	彥彼										彥諆			
	沔夫	淐夫				斗夫			槩夫	琩夫	沼夫			
時暹		時鍊	時鑭	時鍑	時銅	時鑢	時鏍	時鏑						

百之														安康侯
公戩								節武侯	公戠					贈武德
彥琮	彥湜	彥尃							彥澤			彥穌		
		鳫夫		曆夫					延夫	悳夫	滋夫	灼夫		
		時鐳	時棫	時潛		時潺	時濇		時楮			時珥		
			若坰	若壗	若墱				若雷			若原	若愿	

臨之														
公傑〔三〕														
彥猷										彥哲				
淪夫	織夫		紺夫		紝夫					剡夫				
	時躋	時容	時偘	時偶	時俟	時忻	時佑	時湜	時湛	時穆	時煜	時範		
			若椽				若檪				若榗	若琩	若碖	若磏
											嗣燫			

		贈武顯郎公濟									
	彥顏	彥實	彥武	彥成							
	洄夫		達夫								燓夫
時植	時灑		時賓	時振	時欒	時棨	時恭	時橐	時粲	時棻	時臬	時壄
若珀				若瑓				若潢				

彥穎												
高夫							鵬夫					冀夫
時圭	時學	時亨	時聰		時榑	時榆	時樺	時杓	時秉	時翌	時機	時審
		若玶	若瑲					若庸	若徽		若湄	若淪
		嗣惠										

			太子右內率府副率旬之	三班奉職延之	右侍禁祐之		右侍禁
					公舉		右班殿
彥爲	彥洛	彥沼					
瑊夫		志夫	忭夫	憓夫	栵夫		
時澥	時潟	時鉉	時壆				
若檠	若桁						

闢之	贈中散大夫持之								
直公輔	公殉	公适	保義郎公建	朝請大夫公邁					
			彥通	彥達	彥汲	彥淵	彥渙		
							文夫		
							時德	時懇	時愨
							若減	若滌	

														彥宓
	意夫				愍夫				忍夫					恭夫
時滬	時況	時鋏	時鋹	時鐳	時俢	時榴			時櫑	時釙		時琡	時蹤	時瓔
若租		若濸	若叜	若沇	若[illegible]		若曤	若晧	若晍		若衷	若奩		

		彥寓									彥向			
		廬夫							埜夫	塹夫	墊夫			
時勛	時勵	時飭	時晪	時嗞	時呼		時[illegible]		時[illegible]	時樺		時渙	時沝	時淘
						若涸	若溲	若涓	若涼					

									公遠	秉義郎		公迪	忠翊郎	
	彥湘			彥屋	彥灝				彥慮		彥堅	彥苜		
錫夫	坑夫			苯夫			言夫		永夫			鄘夫		
時虎		時霣	時雲	時[illegible]		時[illegible]	時熛		時灼			時灶		時笏
若[illegible]		若稱		若栯				若斷	若槮					

			載之	武節郎										
			公份	忠訓郎								公遜		
			彥昭		彥津							彥慫	彥溥	
		驊夫	眞夫								璉夫	瑮夫		
時渙	時泳	時澄					時[illegible]		時礥		時礪	時[illegible]		時彪
	若靄					若培	若垍	若块	若埰	若坊	若礫			

								秉義郎公傅					
				彥畋	彥皎	彥疃		彥國	彥頤		彥固	彥揚	
				濯夫		通夫	邂夫		慵夫			順夫	
時澈	時澧	時涓	時湰				時窼		時玶	時潰		時翊	時巇
若露		若龍											

							贈宣義郎公倫						
彥章	彥爽				彥亨	彥褒	彥齊				彥交		
	滋夫	漼夫	逌夫	受夫		軾夫	拜夫		狃夫	孖夫	鯉夫		
	時珌		時珅			時瓌	時勃	時勣			時鑾	時鑒	時鑿

秉義郎颺之										贈朝請郎靡之		
右承事郎公悅										訓武郎公懃		
彥範							彥篠			彥仜		
逢夫	佚夫						序夫	庀夫		斑夫	玩夫	鈊夫
	時譿	時謞			時詸		時悉	時憲	時憖		時嚨	
		若澌	若洔	若汎	若汻	若汝						

														贈朝請
					彥傷									
鈀夫					璇夫								鋂夫	
時灜	時洸	時滑	時洮	時渝	時洁		時涂					時冷		
					若鶚	若鵲	若麒	若鱴	若鹿	若麗	若鑾			

大夫公	愈													
	彥侃													
	容夫					英夫					耆夫			執夫
	時衡					時㚌					時紱	時組	時緒	
	若淑		若瀰			若潫	若濯	若汰	若潩	若灑	若湍		若竣	
	嗣穄	嗣複	嗣禮	嗣褍	嗣禣									

秦夫			諗夫	重夫										珷夫
時瑁	時瑒	時琿		時琁		時珵	時堅		時墬			時璽	時遜	時遽
				若浣	若邊	若淜	若榪	若檖	若棋	若栘	若樠	若滏		

彥偁			彥倕										彥偃	
診夫			蛻夫	倈夫	侒夫		僤夫	倰夫	傈夫	俉夫	儦夫	儀夫	輧夫	轓夫
時芇		時蓮			時墅	時墪								時珮
若液	若積													
嗣賫	嗣鞸													

									彥倪					彥倍
			轅夫	輪夫	軺夫	軫夫	輇夫	軟夫	瓐夫	珅夫	玐夫	玻夫	瑠夫	
時璽	時琲	時治											時紞	

彥倬　彥僎　成忠郎公蚚
彥醇　彥儈
惕夫　愐夫　惻夫　憕夫　益夫
時簥　時寋　時遯　時涑　時浪　時湍　時浩　時斌
若樌　若樛　若臻　若櫞　若阜　若凱

三班借職穆之　公暐　公顯
忠翊郎顯之
嘉國公景城侯勱之　左班殿直公侃
叔于　公偉　公佐　公僅
直之　贈修武郎劼之　武翼郎公順　彥陝　鄙夫　受夫
公秉

忠訓郎公義　彥輔　信夫　時京　若源　嗣橚
嗣㰚　嗣柠
侁夫　時卞　若浚　嗣㵇
時褎　若湘
若瀾
彥軾　傅夫　時亦　若霽
時衮　若溱
傑夫　价夫　偉夫　伸夫　時襃
時壼　若湒　嗣槃
伉夫　時裔　若灊

時燮　若漧　若瀿　若得
時僰　若圅　若涺
時正　時棄
億夫　彥轔　份夫　時姦
時畐　若鏉
時棨
右班殿直勸之　修武郎助之　公讌

三班奉職勤之　秉義郎励之　左朝請大夫勣之
公鷹　公序　迪功郎公鼐
彥褭　彥昀
爔夫　畱夫　縈夫　㮚夫
時鋪　時釩
若極　若璽　若櫟

榮國公叔急
太子右內率府副率泳之　從義郎進之
公飪　將仕郎公鶩　公恭
棨夫　棻夫　榭夫　桸夫
時烽　時烌　時烟

右侍禁益之　修武郎湘之　左班殿直說之　修武郎
從義郎公選　承節郎公鑿　從義郎公玘　承信郎公瓌
彥諮　彥晉　彥試

悉之　武翼郎譓之
公著　公雅　成忠郎公莘
彥廻　彥迅　彥遂
恢夫　悌夫
時坿　時坊　時堵　時塖　時培
若鍭　若琣　若埰　若境　若璷　若璳
嗣潽

											容州觀察使叔瑁		
												贈朝議大夫獻之	
													武經郎公晉
			彥逵	彥逷									
慨夫				烈夫					[illegible]夫	偓夫			
時壕	時壇			時埱	時坺	時埜	時垤	時竚	時塽	時圳			
若鎰	若錫	若縉		若崇									

		敦武郎逃之										
承信郎公嚴		忠訓郎公健										
彥脩		彥漪					彥湮					彥安
繩夫	絿夫	衢夫					芳夫					
		時慄					時豹	時撫		時懞	時恮	
		若諮	若誠	若謙	若讜	若詥		若諫	若誥			
		嗣鎮	嗣鎗					嗣鋏				

													公玠	公信
彥宥	彥宗	彥戕				彥鉒				彥容	彥綺			
		皎夫	皓夫			儐夫	噡夫	璠夫	瑎夫	顗夫	熊夫	候夫		
			時惜	時恰	時忭	時憎	時憒			時悟	時悚			

	右承議郎頔之												
公份	武翼郎公櫌												
	彥堦		彥墌										
	烝夫	譙夫	庭夫	磨夫	廩夫					庥夫	歷夫		
	時灑				時淘		時汭	時洣	時濡		時溋	時鋮	時滓
	若滹				若輷	若輍					若瑋		

彥壕　籛夫　時瀃
橓夫　時瀅
荳夫
葢夫
彥坤　鐌夫　時涖
時渢
錧夫　時灩
鉾夫　時沐
時泐
時瀲
鎦夫
砡夫　時訣
時詾
礦夫　時諱
磷夫　時許

時讜
公椿　彥彷
彥璞　輅夫
彥圤　鎹夫
鑁夫
鋃夫
濟陰郡景國公克淑　叔夏　右驍衛大將軍、忠州團練使好之
三班借職公㝥
忠訓郎公燮　彥讞
承議郎　彥讓

公高　彥琳
彥琛
彥理
保義郎公邈
三班奉職公溉
三班奉職公奭
成忠郎公逵
成忠郎公邁　彥回　剛夫　時冑　若僦
若倅
若伴

若備
亞夫
彥倫
彥㴋
彥韋
彥依
彥賫
忠訓郎公數　彥廣
承信郎公繆
武經郎公章　彥牖　忠夫　時眞
彥聿
彥賫　慧夫　時璁

													安樂郡	公叔蠆
													太子右	內率府
承信郎	公逃						忠翊郎	公裔	成忠郎	公才	公說			
	彥臢	彥賑	彥服	彥肵	彥膳	彥腆					彥倫	彥依		
			逸夫											

副率補	之	奉議郎	敎之			武德郎	育之							
			公浩	公槐	公渙	三班借	職公僾	承事郎	公珣	訓武郎	公瑞			秉義郎
											彥芾	彥俊	彥鏽	
													睪夫	
													時慭	

									廣平侯	叔墀	東陽侯	叔嫣	高密郡	公叔據
													武經郎	應之
公珝	承節郎	公環											承節郎	公恕
		彥侊												彥諷
		棄夫												吉夫
		時人	時濩	時瀤			時瀙	時汰						時悌
			若渝	若澆	若浥	若灑								若浼

	介夫	遼夫							備夫					
		時儻			時悔	時逕		時邇	時巡	時逢		時迋		
若洌		若軥	若輶	若軟		若珊	若璼	若瑚	若㺯	若瓄	若玜	若珠	若瑍	若玸

										三班奉職睿之	敦武郎
	忠翊郎公憲						右迪功郎公祐				忠翊郎
	彥雩						彥倫	彥端	彥靈		
	適夫		近夫	韶夫	遽夫	逅夫					
	時徽	時救		時敢		時獻					
若珂											

念之			右朝議大夫志之								
公哲	公彥	公旦	將仕郎公价	保義郎公璠							將仕郎公昶
彥磬				彥振		彥佐	彥偉	彥儹	彥仔		彥翊
				耦夫							
				時絢	時繪						

														左班殿
			忠訓郎愿之										厚之	
		公永	公璘								公璪			
彥償			彥密				彥定		彥安	彥寧	彥寔			
邇夫	迒夫		遼夫	逕夫	迪夫	辺夫		迮夫			遠夫			
											時薪	時蕙		

直叔熹	內殿承制叔枏		右班殿直叔祿
	修職郎迪之		

校勘記

〔一〕歷陽侯叔魚　「歷」原作「壓」，據宋會要帝系三之三六改。

〔二〕太子右內率府副率叔鼐　「副率」二字原脫，據劉敞公是集卷五四皇侄孫故太子右內率府副率叔鼐石記補。

〔三〕祁國公克頎　「祁」原作「祈」，據宋會要帝系三之二二改。

〔四〕高密郡公叔明　「叔」下一字似有缺筆，按宋會要帝系三之二四有「贈安化軍高密郡公叔朝」，不知是否此人。

〔五〕贈武德公傑　按「武德」下當有脫文。

二十四史

宋史

元 脱脱 等撰

第二三册

卷二三五至卷二三七（表）

中華書局

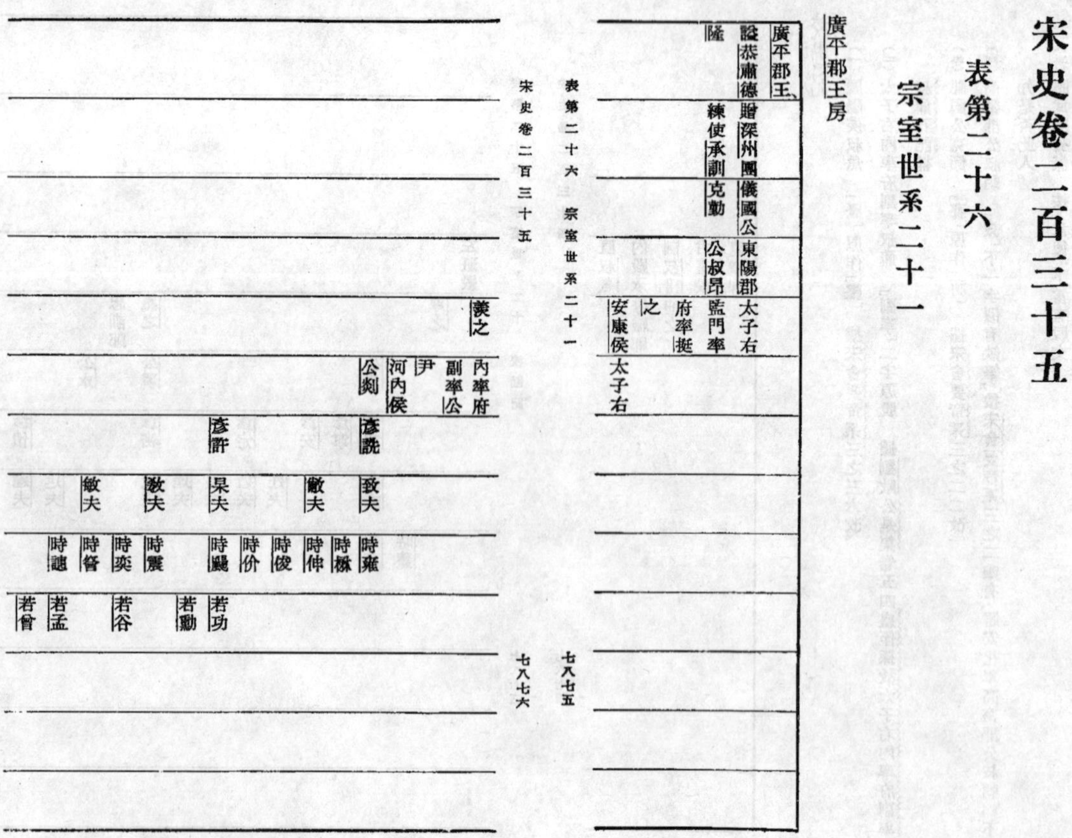
宋史卷二百三十五

表第二十六

宗室世系二十一

廣平郡王房

表第二十六 宗室世系二十一 七八七五

宋史卷二百三十五 七八七六

中華書局

2018

三班奉職公綽 右侍禁公炤 三班奉職公繹 秉義郎公煥
彥淵
歐夫 攸夫 牧夫 玉夫
時藴 時飛 時猷 時睦 時麟 時鳳

馮翊侯藏之 贈忻州
公煒 承信郎公炳 清源侯公鉉 太子右內率府副率公綸 三班奉職公適 承節郎公泰 太子右
時選

團練使勞之 文安侯千之
內率府副率公槐 太子右內率府副率公琇 左侍禁公燮 修武郎公望 武翼郎公純
彥誠 彥孟
挺夫
時譽 時繹
若珏

贈萊州團練使聽之
承節郎公紹 秉義郎公圭
彥堪 彥增 彥文
立夫 訓夫 潁夫 志夫 綽夫 總夫 綱夫
時諤 時謅 時訦 時諮 時受 時舍 時得 時萬 時僊
若璟 若瑑 若璵 若充 若允

保義郎公驎	承節郎公焯				
彥行	彥忠	彥裔			
悖夫	凱夫				
時秭	時珽	時成	時陋	時懌	時扇
時登	時惠	時指	時怙		

贈湖州觀察使抗之	監門衛大將軍政之	贈武節郎用之		
公弈	右班殿直公素	右班殿直公直	公彥	修武郎公永
彥泰	彥愻	彥晟		
鍔夫	鏻夫	鎰夫	銚夫	
時演				

贈右金紫光祿大夫順之					
左朝議大夫公權	左朝請郎公爐				
彥衡	彥衢	彥衙	彥何		
鐩夫	規夫	現夫	渙夫	亞夫	相夫
時餉	時鋼	時懲	時德	時定	

右承議郎公驩	武翼郎公懽								
彥參	彥垍	彥端							
政夫	智夫	弼夫	光夫	鑒夫	銓夫	鉦夫	川夫	倞夫	俓夫
時亨									

	贈從義郎貫之
承信郎公翼	忠訓郎公恪
彥靖 彥竦	彥𠌴 彥器
信夫	掖夫 掀夫 杋夫 安夫 寬夫 宏夫 寅夫
	時諫 時諭 時雍 時昌 時英 時亨 時亮

	昇之	成忠郎珣之
承節郎公悌 贈朝散大夫公恬		承信郎公辛 承信郎公意
彥敏 彥政		
敞夫 弢夫 斆夫 敲夫 敉夫 敨夫		

右班殿直叔㦽	太子右內率府副率叔幸 太子右內率府副率叔齋 太子右內率府副率叔
承信郎公奇	

璲 彭城郡公叔愷	
太子右內率府副率倚之 建安侯澄之	三班奉職元之 右班殿直潤之 左侍禁道之 三班借
成忠郎公謹	
彥俊 彥強	
潤夫	

濟南侯　克儉

太子右內率府副率叔　旃　贈右監門衛大將軍叔　璉

職湛之　修武郎　誠之　武經郎　辯之

保義郎　公晦　贈奉直大夫公　彥

彥芾

似夫　任夫

承信郎　公誠　修武郎　公績　贈武翼

彥槿　彥禔　彥由　彥桊　彥斌

佳夫　僩夫　僖夫　値夫　岳夫　化夫　和夫　賨夫

郎公質　成忠郎　公驥　忠翊郎

彥端　彥蒻　彥睞　彥竦　彥澄

忻夫　卿夫　易夫　顥夫　禱夫　祜夫　綸夫　沖夫　瀅夫

時瑋　時錫

彭城侯　叔辭

秉義郎　渙之　東平侯　仰之　贈右屯衛大將軍應之

公弼　從義郎　公顯　保義郎　公璽　承信郎　公訓　公詵　公讕　公佐

彥侁

文安侯旬之
左班殿直公著
彥顏
傃夫　俁夫　明夫
時遷　時通　時夏　時丕　時貫　時逑　時遴　時遵　時邁　時萬　時二　時平　時巨　時霈
若訓　若禔

贈武節郎公岳
彥愈
敏夫　質夫　睬夫　賁夫
時舉　時許　時誨　時說　時寧　時隆　時政　時臣　時恭　時鈞　時階
若冊　若安　若慶　若定　若先

右千牛衛將軍叔啓
武翼郎成之
公譽　公耻　承信郎公定　承信郎公寧
彥賢　彥忠
資夫　膺夫　瓚夫　貢夫
時苻　時鼐　時用
若磐

左侍禁克酈　彭城侯克孚
右領軍衛將軍、賜進士及第叔歆　右衛率府率叔猗　高密郡公叔建
武衛大將軍、榮州防禦使捐之
左班殿直公允　右班殿

千牛衛將軍田之	武德郎履之											
直公闢	公闔	三班借職公式	承信郎公綷	忠翊郎公綷	秉義郎公綷							
彥麒	彥驪											
仁夫	仍夫	信夫	伋夫	琄夫								
時仔												

武德郎祐之						
承信郎公纘	三班借職公代	承信郎公綽				
彥麗	彥塵	彥昭				
璐夫	瑜夫	璉夫	珹夫	儼夫	富夫	審夫
時份	時佺	時讜	時識			

秉義郎贈武經郎閈之												
公遴												
彥嵩	彥磊	彥垚										
客夫	宮夫	寔夫	偶夫	仕夫	儒夫	倘夫	偎夫	慠夫	倬夫	伾夫	仇夫	禼夫
時琮	時抑	時揩										

臨安侯叔聆	博平侯叔樂					
秉義郎輔之	贈武節郎翼之					
承節郎公升	承節郎公晏	公鼂				
彥給	彥僚					
晰夫	憲夫	軌夫	軺夫	軓夫	僉夫	意夫
時施	時辯					
若祉						
嗣譎						

						廣平侯	叔曹							
		右班殿	直直之	右班殿	直得之	東頭供	奉官器	之	修武郎	濤之				
公晨	公昂								承信郎	公壽	忠翊郎	公慶		
												彥玩	彥粡	彥珽

													河內侯	叔遂
			保義郎	盈之	永之	成忠郎	從之	從義郎	道之	忠翊郎	和之		左侍禁	明之
		公訴				承信郎	公沂		公雋		公沂			
彥化	彥東										彥儒	彥斌		
	瓊夫													
	時輅													

經武郎	齊之													
	公設						公譓							
	彥遒						彥貫							
	潛夫	濬夫	浹夫				芑夫							
	時楝		時潤				時霖		時響			時鷁	時囊	
	若淏		若岱	若嵤	若嘌	若嵒	若昆	若鈁	若鎌	若珌	若秩	若瑧	若枇	若柞
								嗣賓	嗣旁		嗣仟			

	公謣													
彥贇	彥泰													
	庇夫													
	時傪			時維										
	若櫓	若柝		若榕				若梅	若璉	若櫛	若櫞	若寬		
		嗣鏈	嗣祉	嗣僙	嗣侃	嗣侑	嗣僎	嗣仿	嗣倥		嗣鐲	嗣寧	嗣寶	嗣安
														次宏

											公許	公譖		公詻
										彥春		彥昭		
												逖夫	竑夫	
							時愿	時致				時翛	時賜	
	若雄				若遂		若浙	若瀛	若沛			若潅		
嗣定	嗣佳	嗣賫	嗣信	嗣倀	嗣達	嗣遵		嗣萁						
次寔	次㦬													

			奉化侯秉義郎保義郎	叔偈										
				說之										
公訢				公坐										
彥博	彥浮			彥濼		彥湜			彥濟					
珍夫	臺夫	霖夫		顏夫	顒夫	顗夫			頒夫	顯夫		頡夫		
						時數		時攸		時鐶		時憲	時懸	時態
						若嵲	若嶓			若嵫	若伃		若根	

	承節郎	公祐	承節郎	公侑										
		彥沂		彥洄					彥淵	彥葆				
				墩夫			巷夫	介夫		碩夫	芮夫		鄘夫	
時愬				時昇		時昜				時暲	時噉	時暇	時昳	
				若枴	若楅							若樺	若胏	若祠

											武經郎	盆之		修武郎
												公源	公澤	承節郎
					彥扆					彥懿				
					越夫		盅夫	快夫						
		時曦		時曖	時晐	時暕		時景	時晛					
若䘵	若禮	若𥚆	若祫	若禔	若剝									

諤之							諫之					
公侃							公俊	忠翊郎公燧	武翼郎公退			
彥定	彥寧							彥止	彥汭			
轍夫	雅夫	楚夫	瑤夫					柄夫	鋼夫	釗夫	鑠夫	鋏夫
			時逭		時遡			時□	時晊			時桄
			若佋	若儕	若傑	若仞						

													成忠郎公淇
彥溥	彥淑	彥泌	彥淳	彥落						彥濤	彥楨	彥榦	彥澧
				淟夫				煊夫	熰夫				壇夫
				時賓	時贊	時員	時賀						

			右監門衛大將軍叔過									
			武翼郎申之									
		公勝	公義									
	彥濟	彥臣	彥竑									
塡夫			夰夫									
			時闐	時訢							時上	
			若漢	若瀏		若汃	若浡	若潳	若瀸	若泥	若灉	若瀞
			嗣絅	嗣楨	嗣松	嗣橓	嗣神		嗣檜			

														彥嵉
宦夫				宥夫										
時僉			時宗	時賓	時濛		時渲	時涝		時湑		時杠		
若晦					若佐			若柏	若榙	若燦	若梅	若付	若僙	
嗣抦	嗣擇	嗣搖			嗣琛	嗣珸								

中華書局

右侍禁□之　忠翊郎修之　承節郎行之　成忠郎

公善　公羲

彥証　彥謐

鄮夫　嫫夫　懞夫

時泗　時漥　時玗　時昆　時愕　時移

若栝　若換　若曡　若輢

南陽郡公克懋

太子右內率府副率叔齋　安康郡公叔頖

循之　承節郎衍之　馮翊侯浼之　清源侯耦之

三班奉職公連　左班殿直公元　修武郎公衮　修武郎公立

彥文

贈承義郎公舒　贈朝議大夫公　彥

彥衮　彥和　彥禮

鑣夫　普夫　惪夫　翼夫

時渼　時濂　時芉

若棱　若棬　若棨　若楣　若梱　若栫　若櫸　若珧　若玹

訒夫　誗夫

時孶　時倈　時庠　時痌　時力　時勸　時勸　時劾　時扐　時勢

若玢　若玥　若仩　若璽　若儲　若俠　若俙　若偭　若俁　若璩

			武節大夫宥之							
			朝散郎公惠	成忠郎公愿	公思	成忠郎公懋	忠翊郎公意			
		彥祁					彥椿	彥檟		
詯夫								涌夫		
時遽	時遫							時瑶	時瓔	時環

												惠國公	叔紇	
												北海侯	揖之	
												三班奉	職公安	秉義郎
		敢夫		涘夫	準夫			澳夫	濂夫					
時琮	時璠	時廼	時邏	時适	時僟	時仞	時侑		時谿	時釺	時鋻			
			若游											

公桀	忠翊郎公福	修武郎公富		秉義郎公儀	秉義郎公喜	保義郎公宏	承節郎公博	
		彥益	彥石				彥德	彥端
		傾夫						

												保節郎	公寶
彥幸													
嘉夫					昌夫		麟夫						
時硂			時鐵	時鏶	時琪	時瓏	時鐙			時鍊	時愛		
若宮	若㞷	若嵐	若崑	若懌	若悅		若浮	若灖	若潞				

淮陽侯
叔郋

西頭供
奉官喜
之
忠訓郎
寧之
左班殿
直勝之
贈右朝
奉郎澤
之

保義郎
公祐
公壽
贈中大
夫公旦

彥弼
彥名
彥端

威夫

時倄

若榹

嗣礽
嗣禋
嗣禨

承節郎
公奭
承務郎

彥超
彥靖
彥竢
彥竦
彥魚
彥思

立夫
傃夫

時珅
時瑨
時瓛

若嵩
若巘
若巖
若巙

嗣迪
嗣遂
嗣滑
嗣濯
嗣泒

忠翊郎
左之
忠翊郎
約之
成忠郎
禖之
承信郎
稽之
成忠郎
貫之

公高
公原
公晶
公榖
秉義郎
公隱

彥叟
彥韶
彥斐
彥端
彥柔

暅夫

時儀

若烱

贈朝議
大夫禮
之

承義郎
公逮
朝散大
夫、直祕
閣公迥

彥璭
彥憼
彥橐
彥璒

麗夫
厲夫
鄒夫
郇夫
僧夫
傔夫
恁夫
燊夫

時墇
時墰
時垕
時程
時泊
時塼

若鐵
若鋐

公迆
彥珂　彥慧　彥順　彥宗
傃夫　素夫　頤夫　屋夫　堅夫　洴夫　預夫　玒夫　瑒夫
時竴　時孀　時娀　時勵　時勁　時鏞　時湦　時俾
若鑒　若瀶　若像　若儷　若住　若湊

左班殿直叔負　左班殿直叔敖
從政郎節之
彥敏　彥孜　彥玲
瑑夫　斂夫
時鶩　時原　時廌　時廲　時逐　時迴
若□　若滙　若濮　若汎

潁川郡王房

潁川郡王、諡安簡德彝
廣平侯承炬
光國公克廣
建國公叔亞
安康侯報之
右班殿直公恕　贈中奉大夫公柔
彥孟
充夫
時綬　時磬
若暐　若琮　若璣　若琦　若璝
嗣顥　嗣顒　嗣順　嗣顯

華陽郡
公惠　從義郎公憲　右侍禁
彥韓　彥荀　彥莊
仁夫
時收　時稷　時斆
若琅　若琡　若瑞　若璪　若瑄　若鉏
嗣約　嗣紹　嗣纓　嗣綸　嗣綉

公學之
公瑾　右侍禁公瓖　贈武德郎公璞
彥古　彥國
訬夫
時及　時適　時蓬
若沄　若沂　若洤　若涂　若洽　若汴
嗣琨　嗣瑛　嗣瑾　嗣琪　嗣珬

清源侯導之
承議郎公揆
彥侑
倕夫　侔夫　墝夫　瑭夫
時燊　時豫　時倚　時忲　時棟　時儗　時价
若靂　若鐩　若珷　若璲　若珽　若璛　若醴　若金　若蒼　若石
嗣清　嗣溥　嗣洽

瑜夫　斑夫
時修　時傅　時邁　時遇
若塾　若鳳　若虎　若麟　若哲　若彪　若倫　若辯　若嶧　若譯
嗣復　嗣澈　嗣淯　嗣滑　嗣錦　嗣夔　嗣誼　嗣祺

彥游
瓚夫　珣夫
時速　時遡　時迄　時父　時友　時儀
若硜　若讕　若譸　若誇　若詗　若謡　若註　若機　若猛　若德
嗣普　嗣祥　嗣齋　嗣業　嗣淵　嗣謙

	理夫			韞夫										
	時俶			時權		時濟								時欽
	若介			若鑒	若嚋	若和		若埊				若仁	若見	若虞
嗣詠	嗣紳	嗣纘	嗣縉	嗣陞		嗣炳	嗣炤	嗣鈞	嗣鍾	嗣釭	嗣鈬	嗣琰		嗣賓

								武德郎	公擬					
									彥臯	彥回				
		玕夫					玖夫			嚴夫				森夫
		時証			時證	時訪	時炳			時藝		時翻		時芳
		若林	若舟	若登			若火			若楠	若柱	若壞	若瓉	若諄
嗣賓	嗣貫													

										渾夫				
			時著					時蘄	時蓁	時㤎	時偃			
若薀	若記	若證	若該			若訸	若諧				若讚	若調	若譯	若諒
嗣珂			嗣璋	嗣璜	嗣瑋	嗣琉								

														忠訓郎
		彥齡										彥稷	彥契	彥說
		鎣夫												
	時佚	時儃		時仳					時偉					
若譺		若浤	若灝	若濬	若滑	若瀷	若瀧	若泜	若瀕	若弸				
				嗣逾										

公振　彥純　巽夫
□夫

忠訓郎公揆　彥紹　璡夫　時倣　若泳
若涇
時僕　若泓
時龕
時企　若潕
琦夫　時偶　若溥
若灘
時僼
時佾

武功郎公拯　彥革
彥芹　枘夫

彥芾
彥茀　枸夫　時瀓　若琳
楬夫　時淕
時蘊
祝夫
彥芝
彥萃
彥芥　栘夫

武翼大夫約之　修武郎公迪　彥仇　顒夫
頊夫
彥儒
彥伸

奉議郎公邁　彥傑

從事郎公遹　彥俊

從事郎公适

忠訓郎公迅　彥偲
彥侔
彥還
彥侃
彥儋
彥儀
彥儁
彥僨　慭夫
歷夫
彥僑　頎夫

碩夫　時寗
時賨
彥倭

公遠　彥僩

承節郎公邋　彥倜　詠夫
誘夫　時玢
俟夫
俯夫　時璪
傔夫
偂夫
傯夫
儂夫　時璥
時璁

忠訓郎經之
公適　公遂　左儒林郎公玥
彥僕　彥做　彥弤　彥軾　彥斌
頔夫　介夫
時瓌　時秀　時煥
若文　若澂　若澗　若鑒　若格
嗣濱　嗣潤

成忠郎公弁　公喆　公僥　公朋
彥俻
履夫　泰夫　蹇夫
時紳　時紀　時紹　時萃　時旁　時□　時珌
若圵　若爟　若塘　若埈　若增　若□　若埭　若墁　若漊　若稽
嗣鄉　嗣鍼

昌國公叔萌
太子右監門副率畏之　太子右監門副率亭之　左班殿直繹之　承議郎綷之
公从　公玨　二班奉直〔一〕公術　秉義郎公衡
彥仁　彥回　彥齡　彥文
訓夫
時瑽
若時
嗣漊

濟陽侯
左班殿直繹之　武經郎繂之
成忠郎公默　修武郎公術　左班殿直公術
彥俊　彥修　彥傅　彥遒
召夫
時偵
若吶　若鏴　若鑢　若鐭
嗣淮　嗣涶　嗣浰

叔定	崇國公	叔蘭											
	贈左領	軍衛將	軍衷之	贈武節	郎袞之								
				武翼郎	公元								
					彥良								
					非夫			覿夫	章夫				
					時博		時懷		時悰	時愐		時憬	時懽
					若猷	若康			若實	若賓	若寀	若宧	

			公卞	秉義郎	公度	秉義郎	公麗							
彥仲	彥价						彥适	彥遠	彥惻					
曾夫	繼夫	嶤夫							俅夫				僑夫	
	時冕	時穮							時蕈		時葆		時瑱	時僊
	若僯								若現	若琿	若璩	若瓚		若悏

				左侍禁	袞之	秉義郎	褒之							
	公慶	公爽	公稟			秉義郎	公彥	承信郎	公庠	武翼郎	公寄			
彥涉							彥兟				彥贇		彥髦	彥犖
論夫											許夫		灆夫	慜夫
											時使	時仳	時溯	時洛
											若櫌		若柳	若杼

											敦武郎	褒之		
											贈武義	郎公廉		
		彥鬚	彥棨							彥鬆		彥樓		
			保夫	悆夫			鑾夫	趯夫		遐夫		許夫		
時浒	時淲			時沭		時汃		時澥		時橺		時禾		時焌
				若樿	若棣	若樫		若榮	若粱			若玒	若鑛	若漥
												嗣活		嗣鋅

時爚　時煒　時炤

若深　若沃　若灊　若溱　若礬　若汥　若泝　若涷　若漨

嗣銆　嗣琜　嗣鏠　嗣鐍　嗣鍔　嗣鍱　嗣質　嗣班　嗣瑯　嗣珍

從義郎褭之　贈正奉大夫褎

承信郎公康　公廙　公沂　公濟　公沛　右修職

許夫　諏夫　諦夫

時邀　時遞　時璈　時㙯　時寭

若硂　若礶

之

郎公鷹　修武郎公厲

彥莘　彥阜　彥孔　彥牛　彥斗

牛夫　羔夫　鸞夫　虎夫　龍夫　駭夫　駿夫　鎔夫

時申　時侔　時脩　時僊　時驤　時壎　時躍　時趾　時踐　時滌

若徃　若鏞　若侯

公廓　公慶　朝議大夫公廙

彥覃　彥革　彥阜　彥翟　彥中

鍧夫　鐩夫　釦夫　補夫

時瀏　時淴　時湉　時漼　時淇　時瀧　時灩　時游

若悳　若栅

濟國公 克彰

河內侯 叔禽

太子右內率府副率 叔疾

太子右內率府副率 叔紹

太子右監門率府率 措之

左侍禁 孝之

武節郎 靖之

公勉

若梲

高密郡公 叔標

太子右內率府副率 邇之

右監門衛大將軍、忠州團練使 崧之

修武郎 公誌

秉義郎 公韶

武翼郎 公諫

彥璣

彥忠

岩夫

席夫

時俊

時眈

若泩

嗣[illegible]

嗣拂

彥輔

庫夫

康夫

時驗

時砎

時寬

時瑾

時彌

時壓

若漾

若淶

若璝

若璣

若鑄

若錠

若鈂

若鍋

若鋁

若鋒

若鍉

若鈴

若鍄

若錍

嗣楫

嗣滲

嗣濱

嗣渉

忠翊郎 公詳

武經郎 公邑

彥弼

彥葵

畬夫

環夫

瑄夫

時萬

時全

時佗

時儋

時俠

時荐

時芠

時醲

若掄

若黴

若雩

若露

若霅

若霈

若霧

嗣課

嗣讙

嗣詡

右侍禁謇之　修武郎溫之　忠翊郎闇之　秉義郎棄之

公說　公諫　公誦

時茇　時蒨

若霄

欽國公叔完

太子右內率府副率惎之　太子右內率府副率推之　博平侯

公逢　公宜　公載　公蠡　公仝　武節郎

彥環　彥俱

傳之

公淵　成忠郎公澤　公琮　公珪　公琥　公琪

彥椿　彥松　彥惀　彥櫄　彥枝　彥周　彥呂

且夫　撝夫　鄰夫　湻夫

時宜　時燧　時凝

若城　若射

宣城侯叔鄶

西頭供奉官僊之　西頭供奉官僅之　從義郎伯之　右侍禁作之　左班殿直倈之　忠訓郎

公蓮　公璨　公律　公榮　秉義郎

偰之	敦武郎	傢之	宣教郎	隆之		敦武郎	保之	信之	
公政		公璇		公軾		成忠郎	公鍠	承信郎	公敏
		彥賢		彥璁	彥璪		彥滈		彥沖
							傳夫	琨夫	歙夫　圜夫
									時彌　時漣　時滋　時汊
									若㦤

						公敫					
				彥渏		彥冉					
	韡夫			輯夫		讀夫				勁夫	確夫　鍘夫
時碟	時洲	時磻		時瀷		時瀠	時滎	時藟	時□	時賓	時櫬　時櫳
		若㙦	若香	若瞽	若稽	若梁				若偓	

贈武翼郎似之										
承信郎　公質	武翼郎	公訑						武經郎	公庚	
		彥列				彥瀟	彥湅	彥潛	彥濛	
		末夫	桀夫		槼夫			槶夫	弇夫	嚋夫
			時默	時熹	時燾	時濙			時渟	時沂　時愿

										武翼郎	公纍		
		彥淹		彥湛					彥緝	彥海		彥液	彥河
岳夫		猊夫	鍈夫	爽夫				篤夫	柞夫				導夫
時鄗	時鄉			時譁	時璀	時琤	時瑛		時瑯				時琳
若洙													

彥淇

頵夫　櫂夫　柎夫　檝夫　穉夫　參夫　虒夫　亭夫

時斯　時黻　時審　時爵　時睹　時鍰　時槩　時蕙　時柴　時錠　時釭　時鑰　時瑋

若偕

信都郡公叔麐

忠翊郎仕之　忠訓郎清之

公達　公份　保義郎公彥

彥澈　彥悅　彥兢　彥誚　彥語

衎夫　盤夫　禹夫　樺夫　榕夫　衍夫　遺夫　迓夫

時玅　時悚　時瑥　時宙

若沅　若澻

忠訓郎淨之

秉義郎公謙

彥廉　彥毫　彥𢈔　彥庾

迭夫　頤夫　濡夫　深夫　輝夫　暢夫　輻夫　載夫

時鍫　時燋　時駟　時濬　時灤

若洩　若皓　若顒　若檁

訓武郎公謐

彥庚　彥秘　彥禕　彥枝　彥禰　彥械

輕夫　勵夫　輅夫　崑夫　緂夫　稔夫　稠夫　緯夫　逞夫　泄夫　效夫　徹夫

時玠　時鈄

冰之	忠翼郎	泳之	承節郎	濬之			武翼郎	滌之						
				公醇	承信郎	公醴	忠訓郎	公酢				武經郎	公綸	
								彥江			彥春		彥新	彥寧
								惿夫	瞛夫					
								時漑	時服	時梆				

										公盱				
彥廬	彥篱	彥褎	彥衡	彥調		彥該	彥褒		彥文	彥佼	彥慼	彥潽		
		乘夫		穖夫			壼夫	扆夫			琥夫	祿夫	禰夫	襺夫
		時鏞		時姝	時熛						時莢	時衎	時徹	

成忠郎	公猛													公廣
	彥坦	彥縱	彥譖	彥征	彥鄄	彥郃	彥鄖				彥鄂	彥郎		
					鈷夫		鋇夫	鋸夫	鈿夫	鈒夫	鍋夫	鏍夫	鑢夫	

承節郎	公璜													承信郎
	彥渙		彥劉		彥洞				彥溴			彥湝	彥澯	
	璙夫	釿夫	僑夫	彿夫	櫨夫	欄夫	稔夫	𣛭夫		玲夫	球夫	柅夫	瑓夫	

濟國公叔尊

左班殿直祚之　立之

公春　公才　公夠　武德郎贈宣教郎公亮

彥鏘

慄夫　恬夫

時淌　時俙　時倧

若鑑　若鐵　若錦　若偲　若倕　若伸　若儷　若佴　若徯　若德

彥瑜　彥球

侚夫　健夫　辯夫

時侅　時儴　時僨　時信　時忠

若徽　若現　若墻　若垎　若鼎　若頤　若泰　若盇　若震

嗣光　嗣先　嗣愈　嗣全　嗣企

彥瑀

造夫

時制　時仔　時樂　時祜　時依

若觀　若孚　若蒙　若臨　若壯　若巽　若誂　若訦　若誠　若謐　若設　若詸　若釗

嗣佑　嗣佟

左班殿直褸之　秉義郎褰之

保義郎公覺　公誼　公詢　公謹　公諭

彥瑋　彥玘　彥旺　彥旹

蘩夫　逵夫　伃夫

時開　時瑞　時垚　時謠　時璐

若格　若僕

太子右內率府副率叔漸　濟國公叔峙

三班奉職補之　朝請郎進之

公望

彥燁　彥子　彥孝

熙夫

時洳　時僉　時悳　時恐　時憲

若驌　若駰　若驎　若騂

嗣俾

右從政郎公純

彥弼　彥輔

庚夫　燾夫　貫夫　秀夫

時願　時頒　時顧　時頡　時昇　時鎔　時起　時銓

若瞻　若澧　若涘　若灝　若温　若潘　若澡

嗣租　嗣賓　嗣筵

保義郎公悅

彥佐　彥潔　彥潛

磬夫　攣夫　惆夫　隕夫　歆夫　謍夫

時鉅　時瑍　時瓏　時恕　時憫

若漎　若濃　若纂　若鈌　若鑒　若蹇

左中大夫縱之

宣義郎公衎　儒林郎公衍　從事郎公衡

彥淞　彥潼　彥頤　彥點　彥直

鏞夫　莊夫　褒夫　裕夫　雄夫　醅夫　正夫

時瓗　時鋂　時榮

若稽　若擽

								修武郎廷之		通直郎在之		
								保義郎公琭	公璋	公賢		
彥倅	彥弼	彥仁		彥勳	彥熙	彥默	彥黝			彥祾		
		通夫								澍夫	儆夫	
		時珴	時現								時衢	時伽
												若爙

			宣教郎緝之	武翼郎秦之				修武郎竦之	右從事郎彭之
		公衡	公贊	公岫	秉義郎公孚				保義郎公頒
		彥俊	彥廊		彥奩				
		達夫			鑾夫	□夫	鐵夫		
	時僕	時瓅			時鄰				
若票									

			紘之	翊之	牧之									
公顏		公熲			公術	公璿								
彥祝						彥蠡		彥旌				彥鐸	彥鼹	
保夫						寶夫	凝夫	逯夫	的夫		民夫	彪夫	盼夫	
時侉							時垄	時淤	時瓖	時廥			時衛	時循
若懋	若䁙							若罙	若禮					

	濟陽侯叔裯										
	翼之	承節郎佐之	武經郎佑之								
			忠訓郎公洋								
			彥側	彥珖			彥琨			彥璨	
鈗夫					霽夫	霆夫	逮夫	邊夫	邍夫	鍋夫	鈺夫

										仙之				
				公洙	承節郎	公洄	公浩	公淳	公源	公濤				
彥瓓	彥傍									彥英	彥濠	彥傑	彥雋	彥琜
鑿夫	鋊夫	鈖夫	鍌夫											鐱夫
	時橶													

										吉國公	克紹			
						左班殿	直叔倓	東頭供	奉官叔	虹	太子右	內率府	副率叔	纈
			公汭	公瀆	公濛									
					彥璪									
銻夫	鏇夫	鐲夫			贛夫									

贈保信	軍節度	觀察留	後叔泊				崇國公	叔寓						
		敦武郎	戴之	承忠郎	畬之		北海侯	必之						
					公輔	公弼	贈中大	夫公晛						
								彥邃						
								養夫				弦夫		皦夫
								時久	時夂			時俯	時遂	
								若谷	若樸	若楝	若栐			

彥遠	彥述								彥逸					
	默夫			郟夫					共夫					
	時謙	時績	時倈	時學				時儼	時價					
			若玑	若超	若瑠	若璘	若玅		若一					若池
									嗣震	嗣垚	嗣垓	嗣墇	嗣墹	

			從義郎	公暕										三班奉
	彥選	彥遜		彥逢	彥逢									
訦夫					惠夫	憖夫				懃夫			廣夫	
時僔					時預	時利		時滋	時集	時侚	時予	時向	時衍	
					若寓	若瑀	若珉	若熣			若諵			

	贈武德	大夫識	之											
職公暐		贈太師	公照											
			彥迓											
			俔夫	僐夫		儆夫				傴夫	僝夫	僎夫		
				時柄	時杖	時談	時謐	時譁	時畣		時鍶	時鋧	時鉦	時鎮
						若壆	若璙							

	彥逾													
	筊夫										鋑夫			
時錄	時侑					時份	時僑	時倓	時佺	時悈	時儒		時倛	時俓
	若坡			若堉	若埏		若垂			若墉	若譚	若譖		若詎
	嗣訢	嗣樅	嗣樋				嗣楙							

						彥逕								彥送
			簗夫		筬夫	斆夫	徹夫	敫夫			教夫			儭夫
時伎	時傐	時傢	時份			時翊		時珪	時珏	時琖	時璘	時琦	時琡	時琫
			若瓘	若琰					若鍵	若鈔		若鏑		
			嗣練											

									彥□	彥迂	彥逘			
		俄夫		僢夫	倅夫				侵夫			篪夫		
時璐		時穌	時宜	時潭	時讙		時諫	時詳				時璹	時瑫	時亜
若壚	若垤				若球	若瑯						若諿		

										武德郎諲之		
			武節郎公時						公昉	贈承議郎公昕		
		彥遠	彥逮				彥導			彥通		
筌夫	筒夫	倰夫	儌夫	傚夫	樺夫		垒夫	厔夫		滂夫		
時琁	時堅	時滌			時僎	時仿				時穮	時秩	
	若畹	若墂			若玫	若珇					若墺	若坐

	彥迎							彥迴					彥逾	
	渭夫				涀夫	滐夫	灊夫	汎夫		淇夫	湋夫	減夫	滅夫	
	時擇			時机	時楗	時樾	時握	時撊	時掄	時捡		時拯	時儆	時僳
若埻	若愿	若懇	若惠			若悉								

		三班殿職諷之	右侍禁講之	宣教郎誌之	修武郎訊之	敦武郎譁之		
				忠翊郎公昱		公曦	公景	修武郎公美
	渾夫							
時倖								

博平侯叔頵		贈右屯衛大將軍叔槼					襄陽侯叔籍
秉義郎玫之	清源侯耨之	忠訓郎現之				明之	右班殿直說之
公桀	公輔	秉節郎公炳	修武郎公煥	從義郎公燁			
			彥璑	彥焎	彥念		
			傓夫	賁夫			

秉義郎講之				承議郎詛之								
公曜				公景								
彥瀼				彥燭							彥漆	
茁夫	烍夫	堞夫	鏄夫	夷夫	坤夫	井夫					竺夫	
時壦				時涘	時埣	時堪		時址	時堞	時垌	時攡	時拭
					若玞	若瓌	若瑎					

												公鞸		
		彥潤										彥蒳	彥漸	
	箴夫	垌夫			畬夫					穩夫			垠夫	坎夫
時摙	時屺	時晩			時霄		時輪	時軺	時鐖	時埒	時竢		時怟	
		若瀘	若淌	若滇	若圢	若坤	若垟							

		高陽侯克循						
		惠國公叔參						
			太子右監門率府率湓之	博陵侯盎之				
				秉義郎公康	修武郎公廉	秉義郎公庠	秉義郎公序	
彥灘	彥沈						彥進	彥遙
	坏夫							皇夫

右侍禁潤之　武經郎演之

保義郎公度　公悅　公愼　成忠郎公綬　承信郎公純　忠翊郎公紘

彥諸　彥逢　彥遐

謀夫　紳夫

時敵　時賢

若杜　若楠　若鐗　若鏌

太子右內率府副率叔罕　榮國公叔悝

左侍禁沂之　右班殿直祐之　三班奉職禔之　右班殿直斦之　修武郎瀛之

公成

標夫

秉義郎公禮

彥惟　彥求

謂夫　启夫　昌夫　誼夫　右夫　召夫

時賓　時賣　時琨　時能　時峕　時玨　時璐　時珆　時亮　時襄

若瑁　若泞　若農　若瀾

嗣檜　嗣鐠　嗣僳

修武郎禴之

公賁

谷夫　名夫　晉夫　曅夫

時衕　時暘　時企　時湑　時高　時彥　時裒　時熙　時庶　時捷　時暄

若浙　若沂　若汴　若洸　若璠　若璊　若瑠

景城侯叔庳

右侍禁璉之　右班殿直球之　左班殿直琳之　右侍禁侃之　武翼郎琯之

公寶　承信郎公櫓　公鐊　奉議郎公鐸

彥高　彥文　彥昇　彥滄

堲夫

修武郎琢之

公鋭　忠訓郎公鎦

彥洤　彥昌　彥昇　彥陟　彥邵　彥鄰

緵夫　緟夫　鑿夫　鏊夫　直夫　端夫　蒨夫　葵夫　傴夫

時祐　時榜　時埊　時壍　時埏　時型　時坐　時溶

承信郎公錠

彥旃　彥廞　彥厅　彥序

倦夫　啣夫　鉍夫　址夫　增夫　塤夫　堪夫　璐夫　瓆夫　玽夫　終夫

時唫　時鋑　時鑪　時鈐　時倡　時齷　時彵

若泱

贈武議郎瑄之

贈朝奉郎公鐙　承節郎公綱　公銓　承節郎公鑊

彥棪　彥檀　彥恬　彥泗　彥淶　彥濡　彥瀗

本夫　荃夫　籥夫　珎夫　玶夫　諞夫　譸夫　橞夫　槤夫　櫪夫

時倂　時醽

右監門衛大將軍叔須

東頭供奉官僊之〔三〕　忠訓郎侃之

承節郎公鉞　忠訓郎公詠　右通直郎公譓　修武郎公言

彥澥　彥賓　彥浣　彥漉　彥甫　彥贇

柚夫　秝夫　驥夫　遂夫

時收　時敷　時效

若珂　若璐　若玳

嗣份

贈武翼郎价之

從義郎公謹　修武郎公讜

彥仁　彥同　彥雄　彥贇

華夫　奐夫　莘夫　珮夫　璪夫

時覲　時覿　時覞　時覬　時遜　時寤　時濘

若鏞　若嵫　若潛　若通　若溊　若瀧

嗣埻　嗣翁　嗣椿

彥摹

珖夫　璽夫　瑊夫　玓夫　璙夫　瑛夫　瓌夫　機夫　甲夫　斷夫　叄夫

時滃　時浒　時泌　時就　時洍　時沷

若棊　若櫫　若檗　若櫑　若檀

嗣嫌

武翼郎公訓　忠訓郎公誠

彥巽　彥番　彥茂　彥蔚　彥黃　彥奇

璭夫　液夫　策夫　樀夫　掏夫　及夫

時烋　時椿　時櫃　時楠

若琖　若烯　若燡　若炎　若炤

	彥暮							彥卿						
	滸夫	溙夫	澈夫					叶夫	僾夫	佫夫	懸夫		佾夫	徛夫
	時栱		時槤		時桴	時櫟	時倨		時逮	時潼	時瀴	時楯	時汰	
若㬎			若熘	若怫					若靈					

贈左屯衛大將軍叔趾
保義郎保之

校勘記

〔一〕二班奉直　「二」，殿、局本作「三」。按：宋代官制未見「二班奉直」或「三班奉直」，疑當作「三班奉職」。

〔二〕右監門衞大將軍叔須　「監」原作「班」，按本書卷一六六、一六九職官志只有左右監門衞大將軍，而無「班門衞」的職官，據改。

宋史卷二百三十六

表第二十七

宗室世系二十二

贈宮苑使、宜州刺史承漢〔一〕	
新平侯克構	
馮翊侯叔璨	
太子右內率府副率持之	魏國公退之諡平恪
	秉義郎公政
	彥孟
	烈夫
	時成
	若公
	嗣智
	次鐩

														時強
	若訥		若水	若堅	若虛		若思	若愚						若昇
	嗣瞀	嗣傑	嗣棒		嗣鑒		嗣忠	嗣鑄	嗣鈉	嗣鉦	嗣鏑	嗣鑽		嗣鏥
次鎮					次通	次達	次珍	次溱				次琛	次鐔	

								時叙出繼	時會			時戚	時直
若盛		若冰	若升	若祺		若先			若雲	若寶	若川	若尹	若椿
嗣瑫	嗣璿	嗣康		嗣傯	嗣僊	嗣珽	嗣隆		嗣藹	嗣鉟			嗣鑌
													次烁

											掞夫			
				時道							時叙			
若橑		若欄		若瀟	若溲	若波	若濚	若泙		若潾	若霖			若宗
嗣琜	嗣塼	嗣瑀	嗣璹	嗣鉗		嗣鐫		嗣鍾	嗣銕	嗣鉊	嗣鋒		嗣鑪	嗣鍵
											次瑢	次璣	次沂	次瑱

									彥和					
								揚夫	厽夫					憼夫
								時興	時功				時協	時靖
			若鵬		若瑭				若神			若裕		若瓔
	嗣鍄		嗣嚞		嗣錬	嗣鏐	嗣鈽		嗣燧	嗣煇	嗣燁			嗣興
次琪	次津	次渙	次軾	次轍										

										彥寗				
								華夫	長夫	卬夫	岳夫			
						時烱				時壘	時行	時式	時髦	時閒
若琈	若瑁	若琁	若瑚	若鏴	若鋺	若徠	若代				若梴		若瀍	
嗣邐			嗣溶		嗣濟	嗣涫								

						贈武功大夫公諠	右班殿直公寄					
					彥才			彥守				
	鎮夫			籛夫	堯夫				懋夫		暘夫	愬夫
時方	時義		時劁	時朋						時滏	時昱	
		若鎧	若鏃								若涇	

彥隨		彥慨		彥忠	彥拂	彥惠								
庸夫	涸夫	濾夫	純夫	緯夫	欽夫		舜夫							
	時琎								時宛	時略	時志	時亨		時惕
	若潚							若璖	若璠	若滭			若鉦	若鐐
									嗣沅					

		武翼郎公誠		保義郎公訓										
彥華	彥能	彥聰							彥懋		彥思		彥熹	彥泰
邵夫						與夫	壽夫	端夫	丙夫	溥夫	瀼夫	衎夫	懼夫	
												時軫		

							忠翊郎公詵		忠訓郎公詳					
					彥玖	彥璠	彥瑛				彥聘	彥聒		
驥夫	司夫	比夫			幾夫	交夫					端夫			雯夫
		時瓏	時屐		時旅	時沼					時涫		時彧	時辱
		若㯃		若証	若詥	若棣								

彥玓 彥付 彥珙 彥民

眘夫 對夫 如夫 積夫 肩夫

時愿 時錚 時鐊 時釴 時鈔 時辨 時昧 時榞 時滑

若滮 若擭 若模 若橰 若愣 若恢 若櫟

承節郎公譸

寘夫 辰夫 親夫 列夫

時潄 時湘 時澾 時轀 時伶 時檲 時鍇

若侮 若儺 若仞 若沐 若映 若坦 若椰 若墀 若珖 若圩

嗣瑎

博平侯叔況

右侍禁合之 太子右內率府副率詔之 博陵侯敉之

公亮 訓武郎公嵩

彥鑾 彥理 彥球 彥珣

濤夫 錬夫 退夫

時濤 時灋

成忠郎公彥 修武郎公輔 忠訓郎公著

彥輿

璡夫 謙夫 琗夫

時縈 時亭 時芾 時近 時邋 時迷

若鈊 若鍾 若鐠 若鐃 若銍 若訥 若䜣 若訪

嗣潞

							彥舉	彥韜			彥輪			
	墍夫					琫夫		珥夫			淵夫			申夫
	時濊	時瀀		時洸	時洄			時逞	時柕	時遫	時鐏	時鈕		時璪
若詛	若鏻	若讓	若鏃									若儆	若僚	若佑

				瑨夫	瓘夫	謙夫	讚夫	南夫	慶夫	吉夫	顯夫	濟夫	清夫	洸夫
		時瑀	時瑃	時遾										
若[illegible]	若僊													

			右屯衛大將軍叔泒				
		監門衛大將軍、代州防禦使茹之	從義郎賞之				
	迪公郎公佐		承信郎公僅				
			彥廻	彥迥		彥遂	
泯夫				忞夫		瑞夫	申夫
				時淲	時滮		時弨
							若鑿

						公佐								
						彥琬	彥璪							
							存夫							盈夫
			時槮	時梃	時橑		時惪			時橪	時翼	時瀹	時雅	時仍
若壢	若鎗	若鈲	若瀧				若礫	若碻	若硫					
									嗣鏊					

中華書局

					承節郎	公伸	公有							修武郎
	彥玗						彥機						彥沚	
	亶夫	野夫	圤夫	介夫			議夫		侃夫			訥夫	謔夫	
時醇							時棌	時訒	時磬	時皪	時倠	時幅	時至	
									若泐	若漂			若瑀	

		襄陽侯	叔寧									
		三班借	職禧之	修武郎	訥之							
公信				忠翊郎	公璉							
彥深	彥琛				彥洽						彥汾	彥渡
藎夫					詎夫			誦夫	講夫	計夫	詣夫	譏夫
					時璆				時珕	時琅		
					若漯	若灒	若疆					

	成忠郎	公瑞			從義郎	公璹								
		彥酉				彥庚						彥佽		
鮮夫		周夫		禳夫		否夫	壯夫	革夫			試夫	攝夫	揉夫	揆夫
		時璨	時璲	時瑚				時琿	時槼		時珇		時璘	
		若釵		若檖				若需	若窦	若簪	若銀			

	彥心							彥畢						
提夫	夬夫	熑夫				俊夫	德夫	信夫	膺夫		廊夫	廐夫		
		時懲		時愁	時憩	時安			時效	時數	時斂	時斆	時斁	時斅
		若栓	若梗								若稷			

右侍禁 訴之 從義郎 辯之 右班殿
承節郎 公琨 保義郎 公璩 公瓊 公琪 公玠 公琰 公琬
彥興 彥洲 彥興 彥榮
釙夫

直譬之 諝之 從義郎 藹之 秉義郎
公昭 公晦 公曄 公睢
彥文 彥旨
寬夫 征夫 訓夫 紱夫 增夫
時元 時復 時黴 時徬
若鍏 若鏷
嗣黴 嗣儃 嗣倞

遂寧郡王 承範謚僖 溫
昌國公 克思謚 孝裕
太子右內率府副率叔 彪 太子右內率府副率叔
諒之 文林郎 詠之
忠訓郎 公彬
彥政 彥熿 彥熇
壇夫 埏夫 封夫 瓓夫
時鈉 時鏷 時璀 時琬

叡 太子右內率府副率叔 盌 太子右內率府副率叔 齡 東平侯 叔鮀
敦武郎 誘之 左侍禁 誠之
公楽 公敘 公覿 公靚

		丹陽侯叔聃								
敦武郎譆之	三班借職說之	三班借職瓘之	贈武節郎連之							
公其			武節郎公謙							
			彥祉	彥祰	彥裣	彥謙	彥禂			彥礿
				鏗夫	潠夫		溤夫	潰夫		
				時慶	時鍓			時鍠	時鄉	
				若儒						

		武翼郎公諄										忠訓郎公議
彥禘	彥瑨	彥鋞						彥璣	彥璡	彥琮		彥卣
		倇夫			詅夫	琱夫	璓夫			臣夫	羿夫	應夫
		時迯	時彰	時彭	時曥	時囊					時禬	時輻
		若瀧			若淳							

				公誼	承信郎公詩								
彥高	彥讞				彥瑜					彥玖	彥璬		
	儵夫	儛夫	璣夫		滯夫	渼夫			洛夫		泓夫		
		時粲	時霰			時儠					時梜		時栝
						若杅	若楧	若栦			若逸	若遷	若逮

						秉義郎公註				保義郎公譓		
				彥杢	彥琄	彥璹	彥琍		彥玐	彥笱		
			沈夫			侼夫	僇夫			涎夫	緒夫	
		時穗				時曚	時稑	時梌			時樓	時杭
若迮	若退											

忠翊郎進之　公謚　公詻　彥璥　彥杓
忠翊郎爟之
武德郎迪之　贈從義郎公愿　彥倈

謙夫　謔夫　訪夫　諺夫　話夫

時淞　時津　時講　時誼

彥惲

記夫　識夫　諹夫　謟夫　讙夫　諷夫　鋈夫　諍夫

時瀛　時潘　時滑　時濆　時洘　時鈿　時鐔　時旺

若材　若磬　若柚　若格　若徽　若偋　若滌

彥莅

讀夫　認夫　談夫　諫夫

時堅　時炯　時爟　時炷　時燑　時鉒　時鋅　時鉞　時錧　時鍴

若磝　若砫　若碟　若濆　若濛　若澇　若潑　若潳　若淦　若澶　若浮

贈承節郎公應　公意　公忞

彥禑　彥傑　彥俯　彥倌　彥健　彥供　彥傲　彥俾　彥凝　彥制

諫夫　諸夫　鞞夫　諠夫　設夫　語夫　時夫　僾夫　峻夫　邠夫

時澤　時瘦　時鎔　時鍈　時蔓　時葍　時徽　時菽

	武經郎遜之											
	公彰	訓武郎公愭										
彥接		彥楶										
		仁夫	修夫		伋夫	俊夫	仡夫			仟夫	儹夫	侅夫
			時瑛	時壅		時珷	時球	時璩	時瓀	時瑊		時衙
			若淦			若鉦						
			嗣榕									

				彥樂									彥瓅	
			徏夫	璲夫			瑰夫	佚夫					佰夫	
時莢	時薗	時薌	時鏴	時焯			時倞	時魁					時議	時諍
				若演	若燥	若璠		若玠	若珆	若瑒				
										嗣餤	嗣鏷	嗣鋭		

				公林	公廣									
		彥綱	彥㮚		彥藩				彥湝		彥涅			彥澣
					珕夫			鏄夫	瑑夫	瓄夫	鎌夫	鐐夫		
時諿					時櫰	時梅	時槐	時峙	時壓		時䁈	時晗	時岀	
若㬎	若愳													

		達之		敦武郎遷之										保義郎通之
				公淡				忠翊郎公湑						
彥滉				彥觀		彥覒		彥相	彥覽	彥覲				
鑐夫	鍒夫			楊夫	扣夫	婓夫		烱夫		庾夫	序夫	廖夫		
時㒓				時益	時璐	時諴		時垩						
				若籥										

太子右內率府副率叔禔	康國公叔嶠					
武翊郎訢之						
忠翊郎公雅	贈忠翊郎公孺					
彥昇	彥䕭					
陟夫	芮夫	扐夫				
時敃	時喆	時舜	時耦	時稼		
若褒	若瀧	若瀚	若滎	若瀹	若履	若豫

敦武郎訙之	敦武郎讛之					
公禧	忠翊郎公僖	公叟	公耆			
彥暕	彥瑁	彥潡	彥最	彥昆	彥昭	
圻夫	垓夫	焄夫	晞夫			
時騆	時瑑	時駁	時騏	時桱	時椎	時畬
若豌	若焆	若熑				

彥盈	彥如												
膳夫	利夫	异夫	蘳夫	典夫	鶗夫	弸夫	戞夫	纚夫	粲夫	馴夫	漻夫	驤夫	廷夫
時昪	時穮	時苗	時並	時易	時初	時敷	時瀤						
若僊													

贈武略大夫諤之										
公旺	贈武經									
彥盟	彥炎	彥好	彥毅							
寄夫	咨夫	穰夫	稵夫	縑夫	蘮夫	蕃夫	攏夫	暄夫	懔夫	懷夫
時訮										

大夫公褒													
彥瑀								彥璟					
霙夫					霑夫			逑夫			還夫		
時汶		時浚		時溫	時錍		時鏈	時詔	時諷	時訜	時灉		
若豐	若宥	若宔	若宙		若埭	若圳					若轑	若韃	若轗

			彥瑹	彥玒			彥璿		彥玲					
逾夫		遀夫		松夫	榬夫	槊夫	諴夫	誐夫	鈽夫	鋁夫		鍉夫		鎜夫
時誧	時詡				時檬		時橑	時懋	時侈	時俊	時偨	時䌖	時徐	時滴
							若強						若墇	

			贈朝奉大夫公亮									
			彥裕	彥顯	彥宴	彥墟						
						瀏夫				涝夫		滑夫
時湊	時洩	時漳				時詎		時認	時譽	時德	時悆	時僾
						若儤	若衢					

		武翼郎公喬												
		彥瑜	彥璙					彥琢						
潘夫	蒲夫		淑夫	滁夫	遷夫	遹夫	逈夫	僼夫		儥夫			篩夫	禱夫
					時偑	時僃		時時	時睞	時晐	時增		時稟	時檽
													若晱	

								贈朝請大夫公亢				
							彥功	彥璓				
		左夫		傚夫	侁夫			淸夫	樗夫	瀾夫		漨夫
時柶	時杍	時奞	時籧	時藩	時堝	時壏		時緝	時湧	時雝	時譢	時欅
									若煒			

												彥珖		
淪夫	溆夫		沆夫			沛夫			瀆夫			氾夫		
時桂	時檜	時樑	時柷	時榕	時枰	時迡	時遞	時邇	時櫃	時杵	時楷	時椅		
若焫	若煟			若熄		若璩			若爍			若炳	若煇	若熅

								濆夫		澧夫				汗夫
時榆				時楹			時柖	時柜	時楩	時檈	時柲		時杭	時梓
若焯	若炤	若燧	若爀	若炘		若燁	若灼		若熧	若烰	若燧	若燈		若燔
				嗣垣	嗣塏									

										彥璑				
濛夫	浮夫	泮夫			澶夫				洲夫	淨夫			瀀夫	
		時橞	時柳	時榫	時樅	時檥	時欄	時橝		時榎	時櫧	時蔙	時珧	
										若煤		若熒	若煲	若煥

彥璝	彥璲					彥班					彥珻			彥瑺
	洴夫	渫夫	浙夫	流夫		瀜夫	漪夫	澴夫	淈夫	瀼夫	涑夫	湝夫	瀅夫	漣夫
	時代			時鑴										
				若璝	若璙									

												修武郎	詁之	
													公祁	忠翊郎
	彥瑋			彥瓏					彥球	彥峒	彥岩			
沂夫	鐪夫		錝夫	鏒夫	鉥夫		鐰夫							
時榺	時樾	時槙		時樣	時栘	時梏	時梮	時梣						

										贈武翼	郎諫之			
公裕										從義郎	公達	承信郎	公進	承信郎
彥穗						彥楹	彥梴				彥瓔			
瀹夫				泩夫		沭夫	滔夫	洵夫	滃夫		焆夫			
時唐		時寊	時寯	時虒	時麃									
若琮	若珍													

					秉義郎	詧之					武翼大	夫誠之		武節郎
公遷	承忠郎	公邀		公遏		公材	公林	公植	承信郎	公遇	保義郎	公選		忠訓郎
		彥溶	彥槖	彥漕								彥牛	彥騏	

二十四史

中華書局

瓘之														
公安														
彥壽	彥良	彥俛							彥倅			彥儌	彥仰	
		浤夫		瀊夫		海夫	涑夫		燕夫	熙夫	薰夫		衢夫	御夫
		時櫑		時楳	時梃	時檣	時樹	時檇	時舄	時頑	時煁			時瑕
		若卿	若燭								若琢			

			彥伶	彥倜	彥倘				彥佋		彥倰	彥倇		彥佫
衕夫	徯夫		榆夫		適夫	憝夫			墀夫		种夫	孳夫	宇夫	揮夫
時臺	時評	時覡				時鐙	時鍔	時鍾	時畕	時峭		時鉞	時鐺	

										秉義郎誴之	忠翊郎
	武翼郎公寫		公定	公宥	保義郎公穹				公歲		
彥俊	彥偓	彥價			彥儴		彥僟				
藏夫		鋺夫			嵱夫		劣夫	崺夫			
					時鉽	時鑣	時壘	時鑿			

						榮國公叔混謚孝僖		
詻之		保義郎瓌之	保義郎瑋之	武德郎訥之		右侍禁欽之	右侍禁鎮之	敦武郎
公逵	公邁			迪功郎公稤	公元		公壽	承節郎
				彥布				
				簾夫				

銲之　武翼郎鈞之　武功大夫、榮州刺史鎬之

公丕　承節郎公翼　修武郎公勤

彥珉　彥珷　彥琉　彥現　彥徯

鍾夫　鏕夫　鏃夫　澌夫　澤夫

時燦　時焠

若晐

武節郎銘之

公彌

彥瑩　彥珈　彥曨　彥倩　彥傍　彥僮

雒夫　雝夫　雔夫　色夫　隼夫

時蓮　時穅　時遴　時轔　時濩　時防　時陶　時賭　時吸

若許　若訶

敦武郎銳之　忠訓郎鎔之　武翼郎錄之

成忠郎公光　公憲　公沂　保義郎公禨

彥俊　彥璽　彥瓚　彥珌　彥玞　彥璲　彥瑺　彥瑕

浡夫　速夫

若証

公瑨　公宏　公宓

彥渚　彥庥　彥庶　彥庇　彥龐

鏈夫　熹夫　崘夫　熏夫　熙夫　仳夫　珞夫　垂夫　旣夫　蟇夫　潺夫

時磐　時袿　時禴　時珦　時玟　時琢　時鑰　時鈗　時錢

				忠翊郎鑄之	從義郎鐸之						
	承節郎公宥				公祐						公祥
	彥廱	彥鈐			彥代		彥懺	彥清			彥燁
信夫		塎夫	埔夫		瓖夫	珧夫	詎夫	醬夫	鏸夫	詔夫	价夫
時錂					時傳			時壙			時賢

								公祈						
							彥遵	彥宜			彥埈			彥燡
		祉夫		墫夫		壃夫	埄夫	閶夫	闞夫	閱夫	栭夫	槅夫	檄夫	
時締		時鋮	時錁	時繼	時絟		時瑨							
若枕	若杓													

													武忠郎錠之
							公祺				公祚		
彥炚	彥燦			彥滋		彥政	彥瑮	彥瓖			彥壃	彥實	
栳夫	埵夫	垟夫	壠夫	闐夫	闔夫	硫夫		佯夫	侚夫	儆夫			
						時瓛		時棄					

內殿承班叔鋧									
保義郎僩之	忠訓郎約之	鎰之	忠翊郎用之	保義郎勉之					
		公度	公興	保義郎公僎	公監	公昂	公帠	承節郎公罕	
				彥袗				彥彙	彥鄉
				瑢夫					

東陽郡公克聰

西頭供奉官叔玢　東頭供奉官叔潛　右侍禁叔放　房國公叔紞謚

左文林郎穎之　修武郎頍之　歷陽侯

公授　公援　公墿　公樞　左班殿

彥恢　彥憧

樺夫　椐夫

恭

詢之

直公太　訓武郎公儔　贈武經大夫公儐

彥佺　彥堧　彥珍

頔夫　顗夫　預夫　頤夫　頎夫　合夫　品夫

時湝　時陞　時樢　時寧　時顎　時頋　時棉

若澤　若治

從義郎公价

彥瑞　彥瑜　彥珍　彥琰　彥琡

倦夫　慶夫　超夫

時森　時楢　時浙　時泮

若焠　若櫨　若覞　若烟　若[illegible]　若進　若荏　若摹　若顥

供備庫副使諭之　西京左藏庫副使植之

成忠郎公信　修武郎公撍　忠訓郎

彥珪　彥琥　彥文　彥武

端夫　潔夫　元夫　像夫

時清　時泰　時寔

若冲　若鐺

嗣琳

公授
彥喆
坦夫
時顒　時允　時良　時昭　時膺
若淳　若澄　若滐　若滌　若瀫　若滄　若渼　若肆　若瑍　若濮
嗣俶　嗣俁　嗣僤　嗣偣　嗣僎　嗣傳　嗣傭　嗣儔　嗣倫　嗣侗

貫之　贈武翼郎詮之
忠翊郎公抃　訓武郎公昪　公旦　承信郎公景
彥恕　彥瑜　彥德　彥龍
弼夫　孨夫
時旦　時遷　時崴　時岭
若洅

南康侯克備
贈右屯衞大將軍叔布　濟陽侯叔奢　遂國公叔封諡恭僖
保義郎威之　左侍禁證之　武經大夫東之　贈武略大夫仰之
公弼　公強　保義郎公渥　從義郎公澄
彥賡　彥亨　彥遠　彥逌

忠翊郎公濬　贈訓武郎公湜
彥初
來夫　行夫　全夫　懿夫
時瓚　時蕣　時琚　時瑜　時千　時琇
若諜　若沈　若軾　若优　若鑑　若鎖　若鏦　若讔　若詞　若誨
嗣陟

修武郎	中之	西頭供奉官蒙							
公蟠	成忠郎	公浩							
彥熙	彥章	彥奕	彥奇	彥熅					
賁夫	鏞夫	鑕夫							
時㬎	時昌	時嚞							
若沖	若瀣	若洊	若湡	若淘					
嗣琎									

贈左領軍衞將軍叔倪	東平侯叔訛								
之	武翊大夫肅之	贈左領軍衞將軍擒之	武功郎博之	左侍禁珏之					
公雅	公權	成忠郎公遠	從義郎						

公懋	保義郎								
彥亢	彥巇	彥翃	彥嫥						
憲夫	裔夫	漸夫	歷夫						
時則	時賦	時賓	時贊	時蕭	時珍	時逕	時迒		
若悠	若劉	若洮	若盼	若槺	若楳	若槽			

敦武郎									
公壽									
彥端	彥墫	彥工	彥俊	彥增					
翰夫	萃夫	學夫	講夫						
時措	時靚	時菀	時侊	時鏌	時昌	時洚			
若檠	若杲	若傳	若伉	若櫺	若藹	若涤	若郴	若鄄	
嗣瑩	嗣濱								

悟之	忠翊郎靖之					修武郎孝之
公儀	公佾	承信郎公還	承信郎公遂	承信郎公遙	公近	贈武義郎公福
		彥弼				彥譿　彥薈　彥峕
						達夫　遵夫　積夫
						時似

					廣平侯叔峴
		忠翊郎茂之			奉議郎進之
	公祥	保義郎公璜		公且	承節郎公藹　忠諫郎
彥謍	彥訥　彥諫	彥許	彥這		彥和
稷夫　价夫　岑夫　労夫　峀夫	儼夫				忞夫

	承義郎劃之	中大夫、直秘閣將之					
公蒲			將仕郎公位	將仕郎公倚	將仕郎公儃	公僤	公僮　公佐
彥檝	彥秬						
	淌夫　中夫						
	時槃						

					左侍禁叔嶢
左朝散大夫成之				修職郎覬之	秉義郎杲之
公仁　公伉	公驥	朝奉大夫公紹	迪功郎公緒		承節郎公亘
		彥璺　彥坐　彥甀			彥矔
					澤夫

						敦武郎挺之							
						乘義郎公黼	公矩						忠翊郎公顯
彥畋						彥俊	彥曄		彥偵	彥儆	彥倍		
源夫	沂夫	渙夫	清夫	潤夫	漢夫	定夫				安夫	壼夫		
											時簡	時雄	

		武功大夫叔崧								
		成忠郎徽之		武經郎律之						
公碩	公瀕	訓武郎公鏶		公琰	武翼郎公珢					
彥儁	彥倞	彥侈	彥祜	彥祜		彥榑	彥禓	彥穜	彥檜	彥楊
						檝夫				楝夫

忠翊郎御之	乘義郎衛之						
保義郎公瑰	從政郎公玩		成忠郎公瑤		承乘郎公珥	承信郎公玦	承信郎
	彥瀟	彥溥	彥泓	彥洴			

右侍禁叔賚	武翼郎叔敀	敦武郎叔峞			武翼郎叔峻	武翼郎叔力	修武郎叔崦
		倈之	伸之	保之			武翼郎似之
公玢							公璋

二十四史

中華書局

從義郎倈之　承節郎保之

修武郎公佩　公珂　公珪　公琬

彥祥　彥禮　彥祴　彥禑　彥祲

潤夫　源夫　淖夫　氾夫　灨夫　道夫　達夫

公琳　秉義郎公珽

彥訡　彥該　彥講　彥誴　彥諿　彥證　彥診　彥譚　彥訏

柄夫　拭夫　操夫　摠夫　措夫　振夫

信之　修之　承信郎侑之

公珏　承節郎公璙　公璟　成忠郎

彥誥　彥諹　彥譏　彥議　彥訓　彥詔　彥謚

拯夫　授夫

俟之

公璂　保義郎公璑　保義郎公環

彥視　彥補　彥衱　彥禯　彥袥　彥褠　彥襦　彥袢　彥裨　彥祉

汰夫　泒夫　洭夫　淵夫　彤夫

敦武郎叔嶓 武經郎叔顒
僑之 敦武郎倢之 從義郎辛之
公俾 公邁 公逑 從義郎公迅 公逾
彥洓 彥䆁 彥寏 彥寴 彥宿 彥寧 彥妙
欒夫 璋夫 瑱夫 森夫

介之 忠訓郎
公迢 成忠郎公遴 從事郎公運 公遜 公遊 公逡 公邉 承信郎
彥甡 彥弱 彥𥟃 彥孖 彥沂 彥傴 彥儋
品夫 嚞夫

秉義郎叔巘 右侍禁叔嶰 武翼郎叔嶸
聿之 恬之 將之 泰之 修武郎球之 恭之
公稑 公穡 承信郎公軿 公轍 公輣 公軻
彥晨 彥薜

祁國公克楊 太子左內率府
右監門率府率叔闐 武節大夫叔圖
忠翊郎善之 唐之 變之 居之 哲之 吉之
公俊 公垚 公圭 公橐
彥澴 彥瀟

南陽郡公承拱	遂寧郡公
副率克遼	常山侯克愛
太子左內率府副率克就	舒州防
太子右內率府副率叔譿	左班殿直叔珠
左侍禁叔磷	

承衎			
禦使克勷	左武衛大將軍克諧		
太子右內率府副率叔閬	華原郡公叔汝〔二〕		
左侍禁聽之			
忠訓郎公悬	公愿	承信郎公惠	承信郎
彥章	彥辛	彥學	
瓊夫	閎夫		
時立			

東頭供奉官順之						
公憩	武翼郎公懋					
彥修	彥偕	彥像				
瑢夫	琥夫	正夫	邃夫	巘夫	琿夫	玢夫
時麟	時宜	時益	時融	時新	時智	時春

秉義郎遊之				
成忠郎公愈	成忠郎公恕	忠翊郎公慤	公意	
彥仍	彥申	彥峻	彥靖	
建夫	珩夫	臨夫	宰夫	卓夫
時諄				

廣平侯 叔鳳 河內侯
承事郎 仟之 承節郎 備之 從義郎 明之 修武郎 用之 忠訓郎 輔之 三班奉
公恕 訓武郎 公衮 忠翊郎 公褒
彥奎 彥奔 彥宏
藹夫 力夫

叔邢
職和之 三班奉 職信之 贈朝散 郎欽之 忠訓郎 適之 成忠郎
承信郎 公靚 承節郎 公友 武翼郎 公太 承節郎 公本 從義郎 公覷 承信郎
彥速 彥揚 彥從 彥鄣 彥邴
啓夫 豈夫 嘗夫 訴夫

陳國公承
贈左領 軍衞將 軍克省 叔鄉
拱之
公櫬 公常
彥儕 彥儲 彥俑 彥伉 彥俘
敍夫 效夫 敵夫 畋夫 枚夫 收夫 敘夫 敷夫 獻夫
時蓋 時需 時离

錫謚榮僖
華陰侯 克告
建安侯 叔陶 太子右 內率府 副率叔 瑚 武經大
武翼郎 保之 武翼郎 伋之 三班奉 職傳之 忠訓郎 修之 保義郎
公犨 公翼 公習

夫叔蕭			右侍禁	叔鞶	西頭供	奉官叔	瓘						右朝議	大夫叔
端之	成忠郎	竘之				承節郎	相之	敦武郎	樞之					承節郎
									公亮	公耑	忠訓郎	公弁		秉義郎
												彥彊		

靄														
誼之												訓之		
公涓							承節郎	公淵·			修武郎	公渭	公濡	贈從義
彥宇						彥安		彥羔						
楷夫		槐夫		棠夫	拱夫			裕夫	恭夫	憲夫				
時熾	時熅	時貫	時賚											

郎公侈														
彥蕃			彥曇			彥瑝		彥旻	彥昺					彥熺
壤夫	珈夫	璥夫	榛夫	樺夫	櫟夫	寀夫	穹夫		瀓夫	溶夫	洽夫	洵夫	潛夫	囷夫

	贈中奉	大夫詵	之											
		朝請大	夫公頤								通議大	夫、寶謨	閣待制	公豫
			彥俟				彥偺	彥俗	彥遂	彥儋				彥适
圜夫			洐夫	澮夫	淳夫	灢夫								佐夫

				忠訓郎詠之						秉義郎譃之	
	朝散大夫公升			承節郎公紀						保義郎公俛	承信郎
	彥許	彥潤	彥泺	彥退						彥旦	
佑夫	悉夫	忠夫		懷夫	憚夫	異夫	男夫	仰夫	侳夫		

				武經郎叔鍵					武翼大夫叔船
			誘之	秉義郎傑之	价之	僼之	承節郎俊之	承信郎侃之	忠訓郎持之
公侄	公仕				保義郎公度				
	彥瑱	彥珍							

保義郎擇之												
武翼郎公柄							修職郎公柳					
彥儕	彥他	彥佸	彥仟	彥俱	彥倰	彥儛	彥佪	彥健		彥伸	彥得	彥儼
								奎夫	井夫			

		秉義郎僞之								承信郎擬之	
承信郎公桐		公柯	公榜		公柷					公棣	
彥偕	彥仁		彥禪	彥柯	彥祊			彥祺	彥袿	彥沿	彥瀛
			葱夫		邴夫	祁夫	卿夫				

								淮陽侯	克鬬			昌國公	克彊	襄陽侯
				左班殿	直叔廡			太子右	內率府	副率叔	舍	武經郎	叔鍜	贈左太
		振之			恂之	忠翊郎	東之					從義郎	厚之	
公松	公桶	公極			公守	保義郎	公杰						公誼	
		彥烋	彥勳											

克稟														
中大夫	叔擊													
	輔之	朝議大	夫充之											忠訓郎
		右從政	郎公泌	公問	右文林	郎公翻	右修職	郎公鑒	朝請郎	公植		承信郎	公稷	忠訓郎
						彥熹		彥鈞		彥樞	彥相		彥稈	
								銓夫						

修之														
公琢						訓武郎	公增	從義郎	公玕				公璉	秉義郎
彥梅	彥櫟		彥樛		彥梗		彥楯		彥枌	彥桎		彥枘		
巙夫	崠夫	巋夫	巘夫	峴夫	崌夫		謙夫			欒夫	汃夫			

		朝奉郎	叔瓟	右朝請	大夫叔	迢				朝議大	夫叔仔	左班殿	直叔篆	武翼大
	敎之				成忠郎	憖之			立之		澤之			修武郎
公璄					忠翊郎	公禩	承信郎	公瓻						武翼郎
彥校						彥韡								

世代	人名（自右至左）
一	
二	左領軍衛將軍克懍　贈左衛大將軍克佑
三	夫叔儀　秉義郎叔峻　武翼大夫叔散
四	輝之　從義郎浛之
五	公孝　武信郎公覼　公正　成忠郎公岫
六	彥鴻　彥浤　彥瀾　彥川　彥豫　彥害
七	鈐夫

世代	人名（自右至左）
一	
二	
三	忠訓郎叔播　右班殿直叔珍
四	從義郎仔之　秉義郎借之　秉義郎仟之
五	承信郎公璵　公珠　公森　公蟠　公壽　公澮　公奇
六	
七	鉀夫

世代	人名（自右至左）
一	
二	婺州觀察使克齒
三	忠訓郎叔瑄　左禁衛叔忍
四	忠翊郎禱之
五	承節郎公緝　公綰　公綺
六	彥紘　彥嵲　彥岠　彥屹　彥岳　彥巘　彥璵　彥淮
七	琖夫　汀夫　禖夫　祴夫

世代	人名（自右至左）
一	
二	
三	左班殿直叔悊　武經大夫叔懇　修武郎叔愻　忠訓郎叔磬　宣教郎
四	祺之　祉之　袖之
五	公緯
六	彥泳　彥涺　彥滸
七	樺夫

								安康郡
叔憲	左班殿直叔志	忠訓郎叔愈		成忠郎叔黼	成忠郎叔淵	成忠郎叔舉	成忠郎叔佀	右班殿
		續之						
		公箎	公適					

公克家											
直叔琯	朝請大夫叔璹			朝請大夫叔玠							
	僎之	份之	倫之	恍之		從政郎佚之					
				公恢	公抃	公輔	公佐	公蒟			公明
				彥質				彥迁	彥邁	彥遠	

左班殿直叔珪	右班殿直叔瑞	忠訓郎叔琮	武翼郎叔玗				
			右迪功郎億之	文林郎偉之		承議郎侃之	
				公勱	公勤	公能	公榯	公鎬
							彥殊

左文林郎俌之	從政郎伸之	朝奉郎俅之			從事郎信之					俈之
承信郎公美	公正	迪功郎公高	公亮	公亨	公璟			公篆	公瑀	公策
彥英					彥濟	彥渙	彥昊			

		忠訓郎叔劃	武德郎叔贇						
忠翊郎俊之			朝散郎像之				朝散大夫儀之		
保義郎公鏃	公範		迪功郎公掄		迪功郎公括	公折	修職郎公採		
			彥云	彥徽	彥減		彥涵	彥淒	彥蘭

			奉議郎介之	忠訓郎俶之		傑之	忠翊郎儉之		保義郎偃之	任之
		公握	公掖	公扶	公抑		公擢	公握	公揄	
彥澡	彥洙							彥濬		

										成忠郎叔裴
修之	依之			偲之			倣之	傔之	仍之	
	公擇	公揀	公拊	公拱	公撫	公搖				

校勘記

〔一〕贈宮苑使宜州刺史承漢　按本書卷二四四魏王廷美傳，潁川郡王德彝諸子有承謨而無「承漢」，殿、局本作「承漢」，劉敞公是集卷五二新平侯克構墓誌銘敍其父名，則作「承最」，未知孰是。

〔二〕華原郡公叔汝　「原」原作「源」。按本書地理志，華原爲耀州郡號；別無「華源」郡名。本表中封贈華原郡公之例屢見，「原」當爲「源」之訛，今改。

宋史卷二百三十七

表第二十八

宗室世系二十三

廣陵郡王房

世	人名
一	廣陵郡王德雍謚康簡
二	南康侯承睦
三	河間侯克順；成國公克戒
四	太子右內率府副率叔庚；高密郡公叔拔；溫國公叔杲
五	左侍禁煥之；太子右內率府副率砥之；右監門率府率效之；西頭供奉官謹之；西頭供奉官諷之
六	公換；公謙

世	人名
四	河州防禦使叔穀；建國公叔滿；洋國公叔涉
五	贈顯謨閣待制紀之；右班殿直誨之；承議郎諮之；朝議大夫談之；左侍禁譓之；贈武翼郎詠之；三班奉職諝之；三班奉職齡之
六	公霖；贈中散大夫公震
七	彥翱；彥翔；彥翽
八	眆夫；晙夫；樓夫；陘夫；齊夫；阡夫
九	時从；時韡；時譢；時誦；時夯
十	若祕；若檔；若檯；若栻；若㒚；若𥢆；若□

贈朝議大夫詵之	保義郎公雅				
	公邁				
	贈奉議郎公維	彥懷	虬夫	時豐	
			蝤夫	時對	
			蜿夫	時嘗	
				時謙	
			蚖夫		
		彥髓	棠夫	時廩	若鍵
					若紆
					若鑌
					若錸
				時庚	若瓌

				時瓏	若濱
					若溥
			寶夫	時扛	
			寔夫	時班	
				時齊	
		彥馴	僊夫	時庇	若鎊
			儻夫	時盧	
			伏夫	時庚	
			悋夫	時启	
				時磨	
			倪夫		
			僕夫		
			僊夫	時燦	
	公佳				

朝請郎詳之	贈朝議大夫公適	彥駿	國夫	時恢	若泵
				時均	
		彥驎	樹夫	時懩	
			渠夫		
			朵夫	時戩	
				時爔	
三班奉職諲之					
三班奉職訢之					
武經郎蹈之	公曖	彥敦	矩夫		

		公蘷				
	秉義郎巛之	訓武郎公斐	彥聰	滌夫		
				汋夫	時實	
					時霽	
					時彩	
	忠翊郎彥之					
右侍禁叔慜	奉議郎許之	公悅				
		公憶	彥琮			
			彥璡	摙夫	時窊	若倏
					時容	
				援夫		
			彥瑀			

	武翼郎譯之	公恢	彥鑌	燁夫	時鉌
				爓夫	
		公什			
		公愉			
內殿承制叔竚	忠翊郎誥之	公遠	彥翔	威夫	時咮
				翹夫	時遭
					時憿
				㫤夫	
				獵夫	
				衢夫	
				震夫	
			彥翊	御夫	
				栗夫	

				弇夫		
			彥翻	嶸夫		
			彥翷			
贈敦武郎叔恣	贈武功大夫誨之	贈武節郎公剛	彥徲	洞夫	時莊	
				渫夫		
				涗夫	時揆	若均
					時槿	
				淞夫	時樌	
				瀘夫	時稷	
				浐夫	時瓆	
		公則				
	秉義郎誼之	贈朝議大夫公				

劃	彥佩	懇夫	時勱	若星
				若埜
			時瑄	
			時琯	
		憲夫	時垷	若樺
				若櫸
				若櫟
			時垌	若釪
				若鍑
				若鉛
				若錘
	彥德	悉夫	時晉	
			時塽	若濱
				若撫

					時鎡	若揮	
						若授	
						若掄	
				惰夫	時瓖	若綨	
						若結	嗣凍
					時瑴	若顥	
					時璗		
				憣夫	時瓚	若橎	
					時瑢	若儃	
						若傎	
				恁夫	時玫		
	諝之						
武德郎叔纆	成忠郎詡之	公詡					
	許之						

右清道率府率克協　南康侯克凝
東平侯叔頤　洋州郡公〔一〕叔瀊
承節郎誦之　太子右內率府副率牢之　鎮陽侯擇之　太子右內率府副率被之　文安侯十之
公鎰　保義郎公濂　公滋
彥瑜　彥璥
永夫

贈朝奉大夫明之　左侍禁鯉之
公竦　忠訓郎公端
彥鼎　彥縿
正夫　諄夫
時習　時敏　時舉　時邈
若琹　若珹　若瘠　若瓛
嗣洪　嗣潤　嗣湈　嗣汧　嗣洤　嗣淙

彥繹　彥紀　彥綸　彥經　彥綵
謡夫　寀夫　寪夫　篆夫　訊夫　礂夫
時潾　時迢　時莘　時苾　時礌　時煥　時敞　時歎
若槽　若䄈　若魯　若晉　若普　若旨
嗣璘

成忠郎公崶
彥績
磬夫　碗夫　寬夫　宅夫
時檝　時樋　時嵱　時屽　時倡　時佸　時僚　時栻　時瀀　時倗　時什
若㿽　若雯　若霔　若儴　若榁　若檠

奉化侯叔斵						
右侍禁界之	贈朝請大夫賁之	太子右內率府副率辨之	太子右			
贈太中大夫公懋						
彥範	彥眞					
康夫	寀夫	寯夫				
時佀	時羈	時揞	時環			
若忻	若但					

安陸侯克忡						
右監門率府率叔覇						
內率府副率惜之	三班奉職德之	武翼郎興之	巽之	贈通議郎邲之		
公鼎	武經郎公度					
彥瑛						
儒夫	檀夫	亶夫				
時取	時永	時亨	時安			

彥瓌	彥瑀						
南夫	豈夫	古夫	筍夫				
時元	時禮	時睍	時顏	時廣	時向	時奎	
若潔	若渙	若澑	若漳	若濡	若瀅	若錟	
嗣臬	嗣楧	嗣樵	嗣榛	嗣寔	嗣嬉		
次玿							

訓武郎公權								
彥琦	彥瓘	彥祁						
芸夫	節夫	瑛夫	猷夫	衕夫				
時浦	時浩	時滿	時赫					
若瑤	若璲	若珅	若誼	若諶	若謌	若誠	若楪	若構
嗣慨	嗣槐	嗣維	嗣涽	嗣寧				

贈武節保義郎

彥禧　彥福　彥祚　彥祿　彥祜

昭夫

時閭　時帥　時猛　時賡

若㯹　若涏　若濤

嗣蹇　嗣綬　嗣綖　嗣鈕　嗣陣　嗣睹

郎鷹之　武翼郎譽之　右中奉大夫永之

公紘　贈朝請郎公綬　公達　公遠　公逃　公近　公迪　公鄘　公久

彥珪　彥輔　彥弼　彥約　彥光

朝夫　袞夫

時才　時滂　時涑

若祕

修武郎渙之　忠訓郎戩之

公圭　公常　公麟

彥輝

晦夫　鶱夫　睿夫

時宏　時畯　時良　時皓　時童　時玘

若河　若循　若樅　若杆　若經

昌國公克㒶諡良安

太子右內率府副率叔熉　右監門率府率叔賀　太子右內率府副率叔然　高密郡公叔納

左侍禁堅之　琦之　從善郎承信郎

											原國公承炳
											通義侯克咸
											太子右內率府副率叔都
瑍之											
公澤			公渙	公漸						公賓	
彥奭	彥奕	彥鐥		彥淪			彥奇				
		𣝗夫		釪夫			鉐夫	鐵夫	鐩夫		
		時极		時露	時零	時霏					

建國公叔獳													
贈通義侯援之													
武經郎公正													
彥曹													
傭夫						佖夫				侊夫			
時合					時會	時盛	時譆	時壜	時耕	時菁	時奮		
若圭	若珍	若琉		若城					若陞		若珠	若珈	若瑡
		嗣鑠	嗣嚮										

									武翼郎總之		
									公昌	承信郎公懋	承信郎公匯
										彥臣	彥臾
偰夫	悰夫										鍈夫
時賈	時伾			時佗	時便	時儭	時徑	時[illegible]			
	若鉊	若鑐	若鋋								

	從義郎捀之			保義郎拮之	成忠郎揮之						保義郎
	公英				公輔				公信	公豿	
彥南	彥徽				彥藻			彥深			
	介夫	企夫	全夫		玭夫	碧夫					
						時裪	時槢				

中華書局

撫之　承節郎扮之　敦武郎掄之
成忠郎公塈　修武郎公瓛　公諜　公諶
彥山　彥岁　彥埜　彥愢　彥倓　彥倡　彥佩
琳夫　琙夫　瑘夫　瓏夫　璺夫
時芹　時蓍
若瀆

崇國公克懼
彭城郡公叔琥
贈秀州觀察使寶之　武德郎睽之
公俊
彥懌　彥恰
仁夫　溫夫
時僾　時玲　時摺　時諆　時假　時任
若諗　若諄　若諴　若詘　若佮　若傑

彥賜　彥閔
溥夫　法夫　浧夫　沃夫　烣夫
時垓　時襲　時增　時瓘　時綽　時縉　時纘　時標　時寀　時宅　時御
若珊　若鑼　若鍊　若瓕　若璪　若檏　若鍴　若訢
嗣悉　嗣窸

彥帥
炳夫　耕夫　儉夫
時同　時泉　時彰　時語　時訡　時游　時源　時務　時秝
若暮　若謝　若譁　若埴　若墺　若檰　若綱　若鐵
嗣沐

左班殿直揵之　右班殿直隄之　右班殿直拭之

公平　公訥

彥由　彥扎

惚夫　迁夫

時璲　時莅

若悥　若憖　若愬　若忝　若愿　若鏕

公佐　公傑　東頭供奉官暐之

彥懌　彥忱　公建

彥晦

性夫　愉夫　休夫

時傸　時僠　時傔　時僕　時僬　時儀　時儸

若湀　若浚　若劝　若沆

馮翊侯克晛

右監門率府率叔環　太子右內率府副率叔

武翼郎曦之

彥僎　彥㦤　彥民

低夫　愃夫

時儆　時集　時傑　時俐　時倓

若第

瓚　太子右內率府副率叔祀　太子右內率府副率叔叡　博陵侯叔兊

左班殿直祥之

承節郎公勳

彥以

恂夫　竑夫　端夫

時純　時誨　時邁

福之	武翼郎禧之						承節郎裕之				
	公勱	贈中散大夫公曠					訓武郎公瞻				
			彥深	彥瑍	彥劼		彥藎				
						忻夫	逵夫				
							時畹				時疇
							若汯	若瀶	若涫	若謝	

														承節郎
		彥黨											彥強	
	湉夫	道夫						麒夫						
時畦		時佰	時伶			時浚	時像	時燚		時戡		時戩		
若佌			若鏝	若鉞	若銷			若崒	若壿	若坰	若堺	若坂		

							贈左武衛大將軍、榮州團練使叔遶
祐之	左朝奉大夫禰之						三班借職修之
公悛		右迪功郎公岃			右迪功郎公旹		
彥弸		彥遜		彥選	彥遜		
儁夫		穌夫	佌夫				
時企							
若沱	若濼						

贈武義郎祐之													
訓武郎公立													
彥球									彥瑨				
御夫			俌夫	偈夫				僮夫	倎夫	儌夫	俛夫	伳夫	僆夫
時詄		時謨		時洪	時洢	時流	時滐						
若鍌	若錝												

														左迪功
											公瑾		公誨	
彥玶				彥瑋	彥玠			彥琅			彥立	彥謹		
侹夫				偲夫	仍夫	侶夫		儆夫						
時朴	時棟	時榑	時楡			時沂	時江	時宏	時嵗	時澂				
若淒	若浪								若僭	若檳				

							河內侯	叔佾						
郎仰之							右班殿	直裕之	右班殿	直祿之	三班奉	職祚之	禔之	敦武郎
公求														
彥詥	彥愿		彥忽	彥恩		彥愈								
	慍夫			憒夫										
	時榱	時栒		時楧	時檳	時檥								

								贈武翼	大夫叔	奘				
橫之									武翼郎	通之				
公亨	公高	從義郎	公言			公豪	公卞		宣教郎	公慶				
			彥枅	彥椹	彥球					彥慈				
					鏦夫					綦夫	繩夫			
										時湣	時瀚	時漕		
										若明		若溹	若勷	若瑤

			彥胄						彥皐					
			繇夫						桯夫	綽夫				
時顯		時浤	時倚				時佃	時佼		時遡	時構	時迤	時衛	
若瑳	若璘	若璣	若玏	若悊	若息	若懃	若忠							
嗣諫														

彥夔

紇夫　綱夫　纈夫　綖夫　綑夫　績夫　紃夫

時俄　時借　時儁　時俱　時徠　時代　時傒　時櫂　時伷

若鑄　若鐼　若鐮　若巑　若樬　若柔

永州助教道之　秉義郎遷之

公磨　公縻

彥府　彥庫

纁夫　絢夫　絟夫　紡夫　繻夫　緣夫　綏夫　絇夫

時僁　時倰　時偦　時衕　時作　時佪　時儋

若轔　若攆

馮翊侯克偕

太子右內率府副率叔尼　嚴州觀

公禧

彥竑　彥嚋　彥喩　彥嗹　彥咈　彥咊

絅夫　纘夫　綈夫　緎夫

察使叔塔

武翼大夫宜之

承節郎公明　成忠郎公暐　武翼郎公曠

彥佇　彥儻　彥徠　彥倈　彥衍　彥衞

康夫　犿夫　痌夫　廖夫　麻夫　廉夫　廞夫

時材　時梅　時儦　時侎

贈太中大夫宗之

保義郎公曈　贈太中大夫公頤

彥綝　彥縉　彥絟

僊夫　衡夫　徐夫　循夫　僎夫　侁夫　復夫　徥夫　徑夫　徜夫

秉義郎寧之　武經郎宥之

贈正奉大夫公碩　公祺　公祥　公禮　忠訓郎公倚

彥絅　彥紓　彥紆　彥綖　彥綰　彥組　彥球

傀夫　祉夫　浚夫　瀷夫　瀓夫　渟夫

右武衛大將軍、康州防禦使叔璉

成忠郎寵之　敦武郎先之

公衙　公信　公偉　公誼　公諶　公謨

彥綱　彥紀　彥結　彥簡　彥澗

侍夫　恚夫

忠翊郎光之　承節郎堯之　保義郎見之

公闓　承節郎公石　承節郎公原　公愈　公惠

彥弦　彥昭　彥剛　彥溘　彥典　彥穠

轄夫　斐夫　翃夫　澐夫

南陽侯叔礪
承節郎亢之　武翼大夫通之
公澤　贈武德郎公抃　從義郎公沛
彥秼　彥榑　彥栻　彥攎　彥飭
銳夫　銃夫　扃夫　雄夫　揵夫　慊夫　瑕夫　墱夫

忠翊郎道之　贈武翼大夫遡之
贈中奉大夫公芾
彥極　彥振　彥擂　彥梃
賓夫　宙夫　絳夫　忿夫　袞夫　徽夫　綸夫　是夫　憲夫
時授　時云

敦武郎逞之　保義郎速之　忠翊郎逡之　迒之
公佖　公侃　公旻　公政　公詳　公裳　公壽
彥池　彥波
寓夫　湧夫　灝夫
時修

濟陽侯叔途　贈敦武郎叔賦　武德郎叔綬
右侍禁端之　贈武節郎濬之　忠訓郎誨之　承節郎誠之　修武郎誘之
公棐　贈武經郎公清　公輿　公迺　公達
彥昧　彥奮　彥俞　彥鼎

樂平郡王承亮謚恭靖
太子右內率府副率克權　贈崇信軍節度使克冲
淮陽郡公叔廉
武功大夫昆之　三班奉職曑之　忠訓郎曼之
公進　承節郎公遂　保義郎公鎮
彥照　彥榮　彥深
欽夫　鐸夫　黼夫

承信郎公銖　修武郎公鑑
彥溥　彥浩　彥淑　彥朌　彥騰　彥朋　彥股
莅夫　蓁夫　厲夫　愚夫　紹夫　該夫　約夫　柱夫　洋夫
時儔　時鑄

贈朝議大夫望之
公錡　左朝散郎公白　贈宣奉大夫公泉
彥腴　彥將　彥衢
隆夫　亞夫　良夫　搢夫　搏夫　黔夫　礌夫
時佐　時升　時仰　時傑　時伸

成忠郎冒之　承節郎易之　承節郎
公兒　贈訓武郎公適　承節郎公逌
彥衍　彥衎　彥術　彥震　彥霰　彥霖
洙夫　淙夫　添夫　常夫　鉞夫　䈀夫
時撍　時敫　時珦

信國公叔隴謚榮敏

東之　武功郎明之　敦武郎受之　高密侯矢之

修武郎公澤　武經郎公濟　從義郎公潤

彥俁　彥修　彥因　彥固　彥興

鈞夫　明夫

時立　時亨

安陽侯遜之贈濠州團練使

公泳　忠翊郎公溉　承節郎公淨　保義郎公滿　承信郎公世

彥和　彥適　彥仁　彥任　彥偉

達夫　通夫

時發　時顯

公言　修武郎公袞　秉義郎公亶

彥夔　彥老　彥履　彥信　彥瑞

慥夫　謙夫　圭夫　迹夫　著夫　署夫

時拱　時孜　時敷　時澤　時佾　時俁　時位　時傳

若洙　若拙

贈武經大夫公彥

彥騎　彥常　彥紀

明夫　韇夫　烝夫　恖夫　惎夫　莣夫　懸夫　戇夫

時悅　時淳　時齊　時袞　時毫

												贈武德
		修職郎公變									忠翊郎公元	
彥綱	彥晶	彥英					彥俊		彥豪	彥傑		
	啬夫	烜夫	瓛夫			藹夫	逌夫	宣夫				
		時珍	時儚	時俔	時倬	時克						

大夫仰之								贈武德大夫譽之	
公綬	武經郎公綽						承節郎公卓	武翼郎公憲	
	彥袞	彥東	彥隆	彥芳	彥垌	彥柔		彥詵	
					同夫			倉夫	倧夫
								時髦	時贅

					左侍禁牧之	左侍禁銈之	贈武義郎晉之		
				公紳	公彪		公訓	承信郎公誠	訓武郎公許
									彥遐
享夫	蒍夫	莱夫	喆夫						勰夫

			保義郎東之	敦武郎頤之	約之	左殿直德之	贈承議郎道之			
							贈宣教郎公恪			
	彥迥	彥遏					彥遠	彥邁	彥遊	彥逌
還夫	郯夫	櫶夫								

朝奉郎公儵				訓武郎公伏		承節郎公慥	保義郎公性	秉義郎公愓	訓武郎
彥諒			彥迪	彥遲	彥邃	彥伐	彥遻		
仁夫	傜夫	僊夫							

			三班奉職曠之	三班奉職光之	秉義郎擴之						
公恃		公忬			保義郎公瑾						
彥遞		彥逅			彥遷				彥逡		
仢夫	鑰夫				忠夫	慫夫	忎夫	悆夫	愈夫	恕夫	懯夫

										嘉國公叔皮
										三班奉職昪之
							秉義郎公諫	承信郎公琉	承信郎公玠	訓武郎公悅
		彥迡	彥遨		彥逶	彥邂				彥芮
惠夫	蕙夫		悬夫	憼夫						鼎夫
										時暘

			東頭供奉官昪之				修武郎景之	內殿崇班異之	
武經郎公識			修武郎公輔					保義郎公敞	
彥養	彥英	彥艾	彥琦	彥玭		彥煥		彥縕	
				襂夫	曩夫			侑夫	儉夫
					時暢			時幵	

										晁之	從義郎通之	贈武功
									承信郎公玫			
彥綬						彥絪	彥縯	彥紜				
僎夫		儷夫			份夫		倬夫	傑夫				
時興	時譽	時萬	時億	時兆	時椿							

大夫昇之	從義郎晏之	秉義郎昌之	左班殿直㫰之	曏之	成忠郎晃之	修武郎暹之	贈秉義郎杲之
							公持

					忠訓郎曇之	忠翊郎是之	忠訓郎昴之		
忠訓郎公稱							公懋	訓武郎公膺	
彥稼				彥种				彥潭	彥濂
顏夫	曾夫	遼夫	閔夫	端夫				雄夫	

	忠翊郎昜之	承信郎晟之			敦武郎㬎之	曅之	忠訓郎昷之	
公靡		公廖	公康	公廉	公舉		從義郎公諆	
彥浧		彥禤	彥稵				彥茂	彥菖
								桑夫

			公諫			
			承信郎公訥	彥蕙		
				彥苕		
				彥茵		
				彥蓍		
	安康侯叔昊	求之				
		左侍禁憲之				
		秉義郎舜之	公仔			
		左班殿直徽之	公明			
		綬之				

		修武郎澇之	保義郎公寲	彥昭		
				彥砥		
				彥恩		
			保義郎公傒	彥睢		
				彥盱	堣夫	
				彥睓		
			承節郎公霖	彥壂		
			公佮			
		璘之				
	魏國公叔莪	忠翊郎翊之				
		武翼大	保義郎			

		夫仁之	公憃			
			承信郎公懋			
			朝議大夫公愈	彥潾	詮夫	時譽
					譚夫	
				彥邈	詔夫	
				彥涯		
				彥建		
			公建			
			公逸			
			公邈			
			公遜			
		從義郎儀之				

		成忠郎侑之				
		修之				
		价之				
魏國公克愉諡文思	太子右內率府副率叔發					
	魏國公叔才〔三〕	贈左衛大將軍	成忠郎			
		負之	公綬	彥確		
			修武郎公純	彥傅		
			公和			
			武翼郎			

公紳			武節郎公緒				朝奉郎公綢					
彥侁	彥仍	彥伋	彥修	彥綸	彥佃	彥僖	彥傃	彥俟				彥儼
源夫	淵夫					濬夫	諾夫	灑夫	滮夫	沛夫	淠夫	瀚夫
時邁												

							溫國公叔董	
		雄州防禦使象之				贈右金吾衛大將軍賚之		右監門率府率淪之
		忠翊郎公縉						
彥蒼	彥佛	彥壽	彥棋					
信夫			芳夫	嶔夫	巖夫			
				時舉				

修武郎溫之				右侍禁伉之				從義郎麟之		
公顏	從義郎公岳		公道	保義郎公榮				秉義郎公位		
	彥犨	彥伏		彥珌				彥翰		
		瑠夫		朋夫		澄夫	洪夫	珏夫	瑄夫	璙夫
				時佐	時佑	時偉				

									秉義郎公言				
	彥眣			彥爇		彥禱		彥邁	彥遲	彥迭	彥邇	彥逌	彥迒
壁夫	彰夫	倘夫	彫夫	瓆夫	玿夫	檜夫	堂夫						
		時祀											

左班殿直舉之		敦武郎	崇之					成忠郎	行之	修武郎	用之			武翼郎
			公達	公逵							公進	公遷	公俅	保義郎
			彥儉	彥莘	彥碩	彥題	彥顓							
					璩夫									

佑之												秉義郎	彪之	
公或	左朝請	郎公彬		秉義郎	公彰		從義郎	公彤	保義郎	公釤			公䡣	公禬
		彥勉	彥虎		彥愷	彥恠		彥砌		彥勅	彥㔶		彥晳	
		楠夫				橨夫								

			贈右屯	衛大將	軍叔藩					清源侯	叔紺			
				三班借	職拱之	秉義郎	立之	承信郎	廡之	西頭供	奉官㿻	之	贈敦武	郎和之
公竝	公禪	公祉				忠訓郎	公璸				承節郎	公震	訓武郎	公彥
彥惪							彥澤							彥杆
														侮夫
														時庸

							贈奉國	軍節度	使進之					
					承信郎	公顏		贈武德	大夫公	顯				
彥掞		彥柄	彥棒							彥箎	彥瑎			彥㝩
晐夫	豐夫	倰夫	玐夫	俾夫						烋夫	湞夫	潤夫		諭夫
											時中	時舉	時昇	時英

叔	之	公	彥	夫	時
					時敏
				誥夫	時啓
				謐夫	時和
				譁夫	
				諒夫	時俊
		武翼郎公項	彥瑨	注夫	時貴
				昇夫	
			彥璋		
		修武郎公頎	彥珥	錢夫	時震
			彥閩		
			彥璠	蒙夫	
				安夫	
	忠訓郎				

叔	之	公	彥	夫	時
	信之				
	右侍禁從之				
	承節郎德之	公淡			
	贈朝散大夫岳之	朝請大夫公奩	彥俠		
		公秦			
	敎之	秉義郎公襄	彥興		
			彥共	珉夫	
	承信郎勝之				
	保義郎	承信郎			

叔	之	公	彥	夫	時
	高之	公濤	彥滔	濟夫	
				濱夫	時德
				淸夫	
		承信郎公洽			
		承信郎公浹			
		成忠郎公超	彥左		
			彥右		
	成忠郎咸之				
贈曹州觀察使叔熊	修武郎宜之				

叔	之	公	彥	夫	時
	秉義郎能之	忠訓郎公宜	彥玫	嶒夫	
				崧夫	
		訓武郎公立	彥珏		
			彥璪		
			彥倘	栻夫	
				檉夫	
				柜夫	
				樗夫	
				柛夫	
				棣夫	
			彥洶	杓夫	
				[illegible]夫	
			彥瑲	煓夫	

成忠郎百之	忠翊郎懷之			成忠郎瑞之		承節郎純之	德之	承節郎
公戠	承節郎公鈙	承信郎公鈐	公鑑	公璹	承信郎公英			
彥澤					彥昌			
鎡夫								

倩之	迪功郎持之	保義郎升之			忠訓郎梃之						
	公進	公宗	公嶜	公瘑	公謀	公玉				公全	公至
						彥材	彥梓	彥椿	彥松		彥文
								節夫			

										廣平侯叔源
				修武郎闡之						左班殿直望之
		成忠郎公祗		成信郎公鎮	公鑄	公鉄	公銖	承節郎公銓	公剛	
彥壽	彥祿	彥敵	彥數					彥瀌		

												武經郎
左班殿直鎮之	宣教郎賓之											忠訓郎
	忠翊郎公彧											修武郎
	彥侄		彥保	彥伯				彥僱			彥衏	
	遙夫	雝夫		周夫	召夫	宣夫	慧夫	禹夫	文夫	武夫	顯夫	
		時長										

叔莅									
堅之									
公俊	武翼郎公現	忠訓郎公仔							
彥溥	彥濟	彥澄	彥葑	彥法	彥幡	彥秩	彥宙		
復夫	常夫	飾夫	儀夫	遁夫	證夫	詰夫	鄜夫	邢夫	郢夫

西頭供奉官叔						
承節郎裕之	承節郎					
公修	承事郎公傅	朝請大夫公介	成忠郎公倧			
彥楷	彥鉷	彥皞	彥奮	彥嚱	彥涇	彥濟
		巖夫				

暎	武翼郎叔蓰				
元之	承信郎遠之	能之	保義郎得之	忠翊郎衡之	徦之
公俊	公惠	公砥	承節郎公確		
彥馨	彥嶧	彥崎	彥巘		
琰夫	侅夫				

從之	棕之							
承節郎公磌	承節郎公碭							
彥岐	彥嶓	彥豐	彥嶒	彥崝	彥嵤			
汴夫	湀夫	澄夫	漉夫	洴夫	激夫	顗夫	顯夫	潕夫

		太子右內率府副率克鐲	敦武郎叔皦	徭之				

校勘記

〔一〕洋州郡公　按本書卷八九地理志，洋川是洋州的郡號；宋會要帝系三之二六有贈洋川郡公令䎗，疑此應作「洋川郡公」。

〔二〕魏國公叔才　按本書卷二四四魏王廷美傳：熙寧三年，據太常禮院建議，諸王之後都用本宮最長一人封公繼襲。乃以承亮爲秦國公，奉秦王廷美祀，承亮死，「子克愉嗣，克愉卒，子叔牙嗣，元符三年改今封。」東都事略卷一五魏王廷美世家略同。據本表，克愉諸子最長者爲叔發，未封公，無子，當是早卒；其次是叔才；再次是叔蠆；以下無叔牙之名。疑「叔才」當作「叔牙」。

二十四史

宋史

元　脱脱等撰

第二四册

卷二三八至卷二四一（表）

中華書局

中華書局

宋史卷二百三十八

表第二十九

宗室世系二十四

信國公克顯諡靖惠					
建國公叔儺					
贈左太中大夫爽之					
訓武郎公瑗	修職郎公琦				
彥充	彥允				
堯夫	舜夫				

從政郎公璐							
彥純	彥綸						
時夫	仁夫	信夫	選夫	進夫			
時儇	時僻	時侍	時倍	時儆			
若浹	若渙	若濟	若澎	若汧	若澮		
嗣樟	嗣枋	嗣楝	嗣檏	嗣樿	嗣鍝	嗣鑯	嗣鍱

彥紏	彥紳							
迸夫	迋夫	迺夫	迹夫	逑夫	遁夫	遏夫	遨夫	邅夫
時俆	時榛	時例	時倫	時儲				
若流	若澰	若憐	若堤	若檄				

通仕郎公琬	公琰	公瑧						
彥綜	彥紋	彥章	彥亭	彥永	彥龐			
瞻夫	藝夫	蘭夫	侃夫	濤夫	恭夫	豪夫		
時侏	時僠	時倭	時旒	時繐	時緗	時緝	時紵	時龜
若槐	若橋							

							三班奉職爽之	左班殿直亨之	右班殿直燮之	卞之	忠訓郎承節郎
			彥組	彥綬							
艮夫				禴夫		裎夫					
時回	時琄			時樠	時橌						
	若鏰	若鎵			若瀁						

奕之													
公璁			公瓊								保義郎公珣		
彥像		彥惴	彥倞	彥佀	彥徐			彥俫			彥儗		彥傑
詺夫					晲夫	曅夫	佮夫	醒夫	曥夫	昳夫	旨夫	嘌夫	
時釗	時鏑					時媚		時潔				時睞	

		武經郎立之										
公瑾	公璀	公璸	承節郎公瑄		公瑞	公珍	公璲					
			彥諉	彥膽			彥忠	彥浹				
			橎夫					洒夫				
								時諧			時諮	
								若閎	若闇	若闓	若亘	若奭

				信夫		衡夫				俊夫	修夫		便夫	
時謀				時案	時安	時運	時建	時遴	時邁	時習	時璜	時鐸	時修	時俊
若春	若蒙	若望	若泰	若厲	若懇		若禹							

			房國公	叔勻							安康侯	叔軒		
			朝奉郎	性之	成忠郎	快之	保義郎	快之	保義郎	緺之	左班殿	直釁之	敦武郎	舉之
														公昇
時傑	時僊	時仔												

								從義郎	叔倅	右朝散	大夫叔	僑		
								忠翊郎	綽之		奉議郎	鞏之		
公昇				公旦	公景	公旻	公晏	承信郎	公繹		文林郎	公晲		
彥默	彥熊	彥烈	彥炁									彥敔		
												儁夫	堅夫	昭夫

							訓武郎	公貢					修武郎	公賀
	彥弦	彥敺	彥攸	彥駇	彥斂			彥敀	彥斁	彥敉	彥徽			彥效
琰夫		偶夫		儌夫	枅夫	檝夫					佻夫	瑲夫		
		時棱												

	承節郎	公贄								迪功郎	公賚		公質	公賁
彥敉		彥敞			彥敝	彥效	彥敶	彥改	彥數		彥敷	彥牧	彥敢	
槺夫		穮夫	秞夫	穡夫				穗夫			墅夫	秫夫		
			時檄											

高密侯克夐

右監門率府率叔澥　右監門率府率叔糾　東頭供奉官叔　揉　敦武郎叔綝

忠翊郎聿之　仰之　韋之　成忠郎隶之

敦武郎叔𥯨

成忠郎芾之　承節郎識之

公澤　公渙　公抖

彥禧　彥祜　彥裕　彥䵷　彥博　彥端　彥竑　彥嵰　彥竵　彥埭　彥瑅

墉夫　淬夫　洴夫　選夫

贈朝請郎公珩

彥代　彥儆

咊夫　譜夫

時迫　時潡　時纂　時逾　時瀫　時遆　時遭　時澮　時遻　時泓

若鍜　若鎵　若錄　若璉　若栖　若䐟　若柠　若枹

彥侗　彥侍　彥傳

璀夫　珠夫　瑛夫　璩夫　琥夫　瀿夫　瀰夫　消夫

時迆　時迣　時逹　時迣　時鐪　時遷　時橘　時寯　時㮣　時杼　時檰　時彙

若邉

彥侯　彥備　彥翻

擢夫　鉞夫　鍼夫　纉夫　綜夫　綸夫　沁夫　沂夫　埂夫

時薈　時菀　時遷　時沮　時逃　時薀　時鑽

若茉　若藩

承節郎誨之

公旦　公奭　保義郎

彥譟　彥儐　彥仡　彥偪

沚夫　漩夫　沛夫　澍夫　樌夫　柤夫　梅夫　核夫　柳夫

時遴　時烝　時焦　時緒

公逭　承信郎公述　承信郎公璹　成忠郎公遞

彥伀　彥征　彥横　彥佮　彥峻　彥侲　彥什

浯夫　靈夫　歷夫　瑛夫　灩夫　淄夫　鈍夫

武翼郎叔馳

左儒林郎翼之

公迎　公遛　將仕郎公遠　公逭　公棨　承節郎公譙

彥偶　彥僯　彥俗　彥鉥　彥鈱　彥錯　彥鉾　彥佯　彥泚　彥瀸　彥瑠

揄夫　格夫　汻夫

			沖夫			
			晳夫			
		彥湑	銔夫			
			鋅夫			
秉義郎習之	武德郎公欒	彥丕				
		彥滌	鐔夫			
		彥淳	熽夫			
			爈夫	時袞		
		彥洸				
	從義郎公棄	彥灦	銶夫	時燻	若滸	
				時焴		
			鑽夫	時炯	若湟	嗣遷
					若濠	

					時焟
					時熀
	贈秉義郎翬之	承信郎公栗			
	修武郎羿之	公集	彥鎬		
			彥鑄		
		公渠	彥鐐	瀠夫	
				濵夫	
				溱夫	
			彥鏞		
			彥鏢		
右班殿直叔㦤					
修武郎					

	叔遙	愼之					
		詠之	公全				
			公輔	彥熏	原夫		
					昂夫	時特	若鏞
							若鐸
					孝夫		
					奕夫		
					俶夫	時表	
				彥廡			
				彥烝			
			公惠	彥璹			
高密侯克整	信都侯叔氏	博平侯晦之					
		武功大夫祺之	成忠郎公瑜	彥穪			

	彥楔	歲夫		
		侊夫	時枇	
	彥楧	洛夫		
		昱夫		
	彥恭			
	彥棆	潽夫		
	彥栢	洼夫		
公璉				
公瑋	彥蘁	鋗夫	時璙	若檳
				若櫻
			時玦	若檞
		鉽夫		
	彥榛			
	彥檜			
	彥梗			

從義郎僧之
公照　公宜
彥櫸　彥造　彥遁　彥追　彥溢
金夫　方夫　尼夫　育夫　岌夫　闢夫　黨夫　佃夫
時梜　時櫟　時訓　時鈴　時鑼　時株　時棡
若濆　若潺　若坎

贈正議大夫叔陵
修武郎擷之
公僅　從事郎公儀
彥洋　彥浚　彥國　彥圃　彥仝
瓔夫　但夫　任夫　邅夫　正夫　遊夫　遯夫　迅夫
時洑　時淤　時滓　時泭　時邂
若楙

修武郎
忠翊郎公仲　公任　公仍　成忠郎
彥全　彥企　彥介　彥仚　彥衖　彥復
邈夫　庠夫　瘳夫　鷹夫
時邅　時遳　時逌　時侒

揚之
公佐　承節郎公任　公仔　公休
彥賢　彥緊　彥堅　彥良　彥童
能夫　宜夫
時优
若欒
嗣淳　嗣潭　嗣湜　嗣瀍　嗣潛　嗣濂

						贈右千牛衛大將軍叔諄		
		左朝請郎綽之			奉議郎培之	忠翊郎祈之		
公係	公但	公議	公囦	公論		公全	承節郎公輔	
							彥齋	
							愿夫	昂夫
								時特

									保義郎禋之			
								保義郎公惠	公寅			
							彥廡		彥闞			
孝夫	变夫	俶夫							湯夫			
		時厥	時廱						時現	時瓛		時𤥗
			若儻	若依	若僬	若僾				若濨	若盜	

									公進	承信郎公賢			
彥問										彥覺			
俞夫					搖夫	侖夫		舍夫		起夫			
時瑄				時璃		時㬎	時慇	時艦		時倯		時倍	時偭
若悳	若孌	若慈	若悬							若壏	若瓔	若璀	若瑚

							公旦	公壽	公呈				
						彥需			彥佻				
			硪夫		雩夫	協夫			鍍夫		釪夫	鉤夫	
			時瓣	時璹					時環	時珦		時棨	時瀐
若瑫	若璹	若璧	若輪										

保義郎禔之
秉義郎公明
彥悊　彥邾
鏢夫　訑夫　詘夫　詩夫　芾夫　謨夫　茀夫
時耕　時輊　時⿰金州　時鐥　時鈉　時叙　時溪　時鐇
若泙　若濼　若琈　若壨

東牟侯　叔渾　文安侯
祕之　忠翊郎被之　三班借職禧之　左班殿直⿰礻弗之　保義郎禊之　保義郎
請夫
時舒　時癹
若至　若壘　若嗞　若⿰日朋

叔釗　武節郎叔蕃　贈承議郎叔繩
禮之　承節郎祖之　承節郎祜之　修武郎英之　保義郎璽之　文林郎詠之
公謹　公儦　公溢　公汴　公源　公湛　公實
彥璲　彥珇

奉信郎〔二〕公曠　公暘　公暉　公昭　承節郎
彥縉　彥璐　彥璡　彥經
退夫　鏶夫　銅夫　鐇夫　扔夫　鋅夫　銈夫　鏤夫　烘夫
時禱　時祈　時城　時濱　時崟　時⿰王朋
若堊　若陘

						秉義郎澤之			贈中奉大夫渙之			
公晙							公勉	公扐	朝奉大夫公舊			
彥紃			彥繡	彥縹					彥則	彥困		
熯夫		[illegible]夫		炔夫	焓夫				岡夫	回夫		當夫
時埃	時堛	時邊		時昂						時稘	時稽	時衡

		武翼大夫叔斯	贈金紫光祿大夫叔晅							
			秉義郎紘之							
			公元	承信郎公化						
				彥收	彥頎			彥緷		
	党夫				城夫	燠夫		[illegible]夫	[illegible]夫	涼夫
時果	時[illegible]					時改	時褭		時熆	
						若坙				

								右中奉大夫、開國男紹之		
								從政郎公起	承直郎公賛	
彥翌					彥禖			彥聳	彥鏌	彥訪
楮夫	[illegible]夫	璾夫	琱夫	培夫	皆夫	[illegible]夫	櫵夫			杅夫
										時[illegible]

文林郎公賢		從政郎公琤										
彥堯		彥[illegible]					彥詛	彥計		彥[illegible]	彥諫	彥譟
[illegible]夫	噲夫	檹夫		桍夫	櫲夫	[illegible]夫	梫夫	楟夫	秔夫	橎夫	[illegible]夫	
	時椵	時熉	時礁	時熔	時[illegible]			時負				

左朝請大夫繼之											
秉義郎公鼐								修武郎公盛			
彥愷	彥省						彥緜	彥溥	彥長	彥陵	彥審
	翻夫					榎夫				檜夫	
	時璭	時墀	時瑀	時珼	時璩						
			若昇	若灉							

										修武郎
承議郎公隰	從政郎公鼎				宣教郎公卣				從事郎公最	左從政
彥岡	彥懇	彥愚		彥意	彥寔	彥秦	彥棌	彥橡	彥比	
		渢夫	洇夫						嗇夫	

纘之														
郎公晧			朝請郎公竝									迪功郎公碟		
彥琦			彥商					彥葳		彥邠		彥璹	彥瑚
驟夫	洩夫	瀢夫	粲夫	宕夫			宿夫	淝夫	漒夫				兔夫
	時襆			時廡	時庌	時塵		時神					時桄

								忠訓郎維之					
							成忠郎公硜	公岊	公窖	公稲			
	彥琯						彥詷			彥儒			
侏夫	澌夫	潒夫	汸夫	灑夫						睨夫、	曦夫	昨夫	
	時榴	時積		時偪	時穚	時穖							
				若煥									

	忠翊郎緒之										
承信郎公皛	承信郎公衛	承節郎公衡									
		彥演								彥璮	
		梲夫				粟夫	纍夫	耒夫		栝夫	
		時爈	時烰	時炤	時燓	時焌	時煱	時煤	時熄	時炤	時煇

												承節郎繹之	
												保義郎公澈	
			彥法						彥沃			彥箕	
棈夫	梛夫		櫄夫	楀夫			棉夫		檬夫		梜夫	估夫	壖夫
時焵	時熄	時熑		時⿰火青	時燎	時燐	時熧	時燹	時烌	時爕		時盼	時譜
				若壓									若儒

				武節大夫叔辨							
				忠翊郎璓之			承節郎珣之			承節郎城之	
	成忠郎公泳			公一	公二	公千	公鉴			公儀	
	彥恭	彥璹				彥浩	彥鐓	彥艮	彥起	彥迪	
德夫						註夫		賞夫			
時諰											

瑑之		環之	玠之	珙之	瓊之	成忠郎珏之					琮之		
公壽	公燾	公萬				公語	公處	公熾	公萊	公爲	公復		公闕
		彥倬								彥撿	彥綃	彥繼	

保義郎玖之

公筊　公直　公梓　成忠郎公檜

彥霍　彥續　彥潮　彥洓

謐夫　誼夫　鉤夫　鐙夫　錫夫　鉞夫　鏄夫

時墀　時埸

成經郎〔三〕叔瑰　左班殿直叔渡　敦武郎叔嶒

肅之　厚之　載之　承節郎允之　承信郎儛之

公烏　承信郎公節　承信郎公彥　秉義郎公及

彥邦　彥鐯　彥乂　彥銓　彥鋼　彥僕　彥際

劭夫　昆夫　遷夫　通夫

時英

忠訓郎用之

公琦　公晞　公遷

彥擬　彥談　彥詡　彥讚　彥誕　彥玭　彥譜　彥誘　彥護

進夫　逖夫　道夫　腆夫　茅夫　荇夫　淄夫

左班殿直叔腆　左班殿直叔轅　秉義郎叔嘿

忠訓郎寶之

公昕　公晄　公俊　承節郎公作

彥環　彥玦　彥玎　彥誼　彥諄

仞夫　作夫　篴夫　機夫　珝夫

			玧夫
		彥計	遞夫
			迀夫
	承節郎公僩	彥眈	
		彥訴	
		彥昕	
	公信		
秉義郎宏之	公倚		
	公仁	彥讕	
		彥禱	
秉義郎憲之	保義郎公執	彥厲	械夫
		彥猛	賚夫

				彥韞		
				彥挑		
右監門率府率克播						
樂平郡王克暨	高密郡公叔耘	武功大夫節之	公厚			
			秉義郎公原	彥儔		
				彥燾		
				彥律		
				彥鐩	復夫	時雍
			公譓			
			承節郎公澤			

右侍禁理之	承信郎公巽		
武翼大夫賚之			
敦武郎握之	公敏		
祐之			
忠之			
從義郎翼之	公寧		
	公壽		
	公圭		
	保義郎公煇	彥慮	閩夫
		彥淖	桂夫

		彥湍		
		彥樺	昌夫	
秉義郎和之	忠翊郎公行	彥能	弁夫	時用
		彥顠		
		彥熊	顯夫	
			闐夫	
			才夫	時昕
				時照
				時方
		彥溢	安夫	
			仲夫	
		彥矗	帽夫	
			閣夫	
立之	公明			

									饒陽侯	叔徇				
									敦武郎	先之				修武郎
公夙	忠翊郎	公似	公輿		承信郎	公諧		公微	保義郎	公權	公桂	承信郎	公穪	
彥屺			彥可	彥表		彥僞	彥推							
							杋夫							

道之	承節郎	順之	忠翊郎	碩之										
				公仙						公域	承節郎	公長		
				彥櫟	彥舄	彥嵦	彥昨	彥瓛	彥伎	彥瑃		彥銳	彥瑚	彥珇
													麟夫	

內殿崇	班叔繕	內殿崇	班叔蠡										
			予之	似之	修武郎	補之	忠訓郎	宜之					保之
						公彈		公堅	公壽	公彊	公彍	公彌	
											彥亰	彥琩	
											衙夫		

武安郎	吕叔寔												東頭供	奉官叔
保義郎	令之										從之	球之		從義郎
承信郎	公鑑						承信郎	公燾		公廉				承節郎
	彥宣		彥若		彥靖	彥欽		彥輝	彥竑					
	幼夫	遴夫	遄夫	運夫										

濛	宜之	公珪		
		承節郎公琰		
修武郎叔僤				
左班殿直叔誠				
右班殿直叔鮪				
武經郎叔鑊	譓之	公彥		
	修職郎諿之	公喆	彥頻	
	修武郎讌之	承節郎公易	彥躍	澂夫

從義郎叔旨	從義郎諝之	承信郎公摧	彥讋
			彥隮
			彥踵
武翼郎叔跗			
右侍禁叔瑄			
右班殿直叔詳			
修武郎	成忠郎	承節郎	

	叔蹟	遇之	公明	彥曖	沾夫
				彥穗	
				彥矚	誠夫
				彥淪	讙夫
			承信郎公顥		
		顯之	公曒		
			公時		
		珙之			
贈左領軍衛將軍克壯					
贈右屯衛大將軍克終					

榮國公克類謚良孝	馮翊郎叔㩦	武翼郎全之	承節郎公弜		
			承節郎公昌	彥廣	
				彥廉	
				彥廩	枌夫
					楮夫
			從信郎公從	彥魚	樢夫
					橡夫
					璔夫
			將仕郎公邠		
			公弅		

敦武郎同之

訓武郎公赫　公珏　公靚　公袞　承節郎公酋

彥儻　彥僬　彥儵　彥儶　彥騄　彥璞　彥夔

植夫　檍夫　楰夫　坻夫　榮夫　瑩夫

贈武翼郎叔慈

武翼郎顧之　左班殿直頤之

公廉　秉義郎公慶　承節郎公載

彥瑀　彥約　彥縞　彥紹　彥頊　彥紱　彥維　彥純

棫夫　樟夫　栿夫　靖夫

時俊　時傑

贈中散大夫公驥

彥經　彥繼　彥繪　彥絧

翊夫　材夫　樸夫　招夫　揆夫　庲夫　森夫　恪夫

時密　時顯　時傻　時倩　時儒　時僕　時忝　時晉　時淵　時嘏

武功大夫叔瑣

秉義郎顧之　願之　修武郎穮之　忠訓郎

承節郎公戩　公偃　公伸

彥絡　彥紡　彥孚　彥擇

集夫　甄夫　甗夫　偘夫　櫨夫　初夫　檜夫　樓夫

時鑒　時槩　時楙

穗之	敦武郎	程之												
	承節郎	公俁										朝奉郎	公偰	
		彥秀				彥穫			彥秱		彥枋		彥穜	彥穡
		諝夫	訹夫	諲夫	譀夫	譮夫	譯夫	諶夫	銳夫	銛夫				稷夫

					忠訓郎	稷之						承節郎	稹之	承節郎
			成忠郎	公伋	武經郎	公伢			公儼	公侶	公仰			
彥秢	彥穟	彥稔		彥榑		彥艾	彥薁	彥葳						

稱之	[禾秀]之	忠訓郎	[禾昷]之									秉義郎	稵之	
			公彥	公儻	公份	公倬			公傑	公健	公訪		公側	公信
						彥諒	彥統	彥琠	彥[言麗]					
									融夫					

修武郎	[木奥]之					忠訓郎	稃之					忠翊郎	穖之	承節郎
	公倈	公僭	成忠郎	公儉	公蓁		公敷	公備	公仲		公佾		公侔	
							彥毛	彥崇	彥實					
								秀夫	壽夫	貫夫				

東頭供奉官叔訂	武經郎叔□					
稵之	祿之	忠翊郎一之	立之	保義郎棫之	秉義郎程之	
公佋	公偰	公俁	成忠郎公會	公得	承信郎	
彥杯	彥詠					

左班殿直叔壆	贈右通議大夫、集英殿修撰叔近			
贈朝請大夫交之				
公孜	公孟	公魯	從政郎公喆	右迪功郎公實
彥著	彥壽	彥冰		
琉夫	瑺夫			

朝奉大夫公賓												
彥候	彥儐	彥假	彥倪	彥僾								
琇夫	瓘夫	玘夫	墺夫	璩夫	璝夫	綰夫	紱夫	纘夫	緬夫	旺夫	僔夫	謙夫

卞之	燓之								
公寘	公寶	秉義郎公宋	公宴						
彥仍	彥仟	彥傲	彥恿	彥偶	彥傈	彥偤	彥侶	彥誠	彥[illegible]
譏夫									

右迪功郎偀之

公賨　修職郎公滜　公渚　承節郎公許

彥檏　彥壚　彥域　彥榕

儴夫　俍夫　修夫　傳夫　儅夫　槊夫　境夫　埸夫　甁夫

時欒　時楀　時輹

武經大夫叔玳　內殿崇班叔梁　成忠郎

綸之　修職郎葵之　保義郎楫之　成忠郎

迪功郎公湔　公洪　公言

彥鉄　彥悉　彥潛　彥彝

賙夫　睟夫　栩夫　祝夫　禪夫　袂夫　舫夫　曡夫

時倅

叔顒

顒之　成忠郎頑之

公靚　公頤　公領

彥玨　彥玗　彥珆　彥琿　彥琗　彥現　彥瑚

裉夫　褔夫　被夫　褅夫　裋夫　褑夫　褍夫　衸夫　䘬夫　褖夫

時遳

修職郎頎之

承節郎公珹　公珙　承節郎公珢

彥岍　彥崿　彥嶠　彥嵎　彥駿

褣夫　湑夫　徽夫　徽夫　繪夫　綨夫　紼夫　絺夫　瀷夫　涭夫

時蘷　時鋈　時湔　時濼　時滘

							修武郎叔竝			
							贈朝奉郎籛之			
						承節郎公璘	朝請郎公意		忠訓郎公忠	從義郎公懋
彥鉅						彥釭	彥芸	彥蓫	彥芊	彥芇
寢夫	窒夫	賨夫	守夫	筵夫	寧夫	𨇽夫	桱夫		柾夫	

									秉義郎籥之	
	公悊	訓武郎公嘉	忠訓郎公寋			成忠郎公懃			公悳	公憲
彥茉		彥蒧	彥蓉			彥芑		彥荃	彥棸	彥芷
楠夫			祁夫	杼夫	棬夫	權夫	櫏夫		橙夫	
時梴						時礁	時碱		時遷	
若鏄						若鐈				

							安定侯承	操						
							太子右	內率府	副率克	勉	常山郡	公克助	謚孝良	
											建國公	叔復謚	孝良	
												奉議郎	延之	
			公蒠										公遠	公位
彥蓀	彥玆	彥蓮	彥鶴											
	僾夫		槊夫	樋夫		榫夫								
				時鑄	時鋑									

			朝奉郎建之	修武郎祉之					秉義郎禔之		
公表	公暹	公說		公懋	承信郎公愨				承信郎公戔		
					彥傳	彥僊			彥玆	彥鞩	
						昀夫	褫夫			和夫	
										時俛	
										若褭	若岪

														公䨻
		彥韞												
		源夫	齊夫					珍夫	訶夫	杉夫			彌夫	
時祿	時儆	時枚	時儈		時厲	時庁	時庿	時湌	時瑛	時湅	時浧	時滌	時拂	
			若懋	若顓					若夼		若寶			

		康州防	禦使叔	洞										
			忠訓郎	衡之	左中大	夫衕之								
保義郎	公从				承節郎	公儒	左從政	郎公傑					右從政	郎公健
								彥暐	彥略	彥晧	彥晤	彥昞		彥㬥
								瀙夫		澤夫				泜夫
								時𣫞						時㤞
														若鹽

								宣教郎	公儦	公保	儒林郎	公偰		
				彥昇								彥曉		
				鬑夫			轔夫					軼夫	歷夫	輪夫
	時籛	時惣	時漗	時篋	時惡	時悆						時衡	時億	
若燈		若碥	若碏											

												武德郎	叔昈	
						從義郎	衞之			秉義郎	衙之	忠翊郎	定之	
				承信郎	公佖	成忠郎	公倓	成忠郎	公倬				公倚	
	彥晣												彥聿	
𨎳夫	瀼夫	墍夫	坒夫										宏夫	
													時播	時梗
														若慇

	彥譯
	衞夫　宁夫　寫夫　從夫　宔夫
	時穎　時韡　時瓛　時茵　時芝　時譐　時珽　時鏻　時鉍　時鐂　時錼　時釪　時誌
	若涑　若湔　若瀡

	承節郎　寬之
	公珍　公碧
	彥撎
	立夫　倩夫
	時讄　時詁　時詮　時諦　時詷　時諧　時訂　時灡
	若涇　若忞　若恝　若愿　若奮　若忝　若從　若憖

	宲之
	公琪　公薿　公璘　公璫
	彥搊　彥揑　彥攬　彥撕
	悾夫　愭夫　慽夫　諏夫　諤夫
	時秆　時鈷　時䅟　時橥　時穗　時穰　時琛　時璽　時壘　時墬

	宷之　崈之　容之
	公億　公伉　修職郎　公僎
	彥祫　彥鷸　彥祼　彥逑
	譎夫　詒夫　讌夫　諓夫　拚夫　搥夫　擯夫　抱夫
	時墍　時贾　時昃

內殿承制叔勸

公倚　公滮

彥邈　彥遂　彥遴　彥怡　彥僧

㰏夫　㮙夫　概夫　璢夫　瑰夫　琙夫　璷夫　棖夫

時窦　時䙴　時垏　時垸　時墔

南陽郡公承亶

建國公克劭　濟陰侯克眘

武功大夫叔鮮　供備庫副使叔蓬　武翼郎叔瑭　內殿崇班叔䠥　宣城侯叔潔

承信郎珫之　琦之　珙之　修職郎載之　修武郎壽之

公寶

彥從　彥徽　彥跂

北海侯克迓

內殿崇班叔庚　右班殿直叔晨　武功郎叔曉

保義郎貫之

公寔　公爻　公艾

彥嚴　彥準

坊夫　韡夫　墇夫　傑夫　伉夫　脩夫

時伈　時愜

若㘓　若堻　若嚏

承奉郎習之　保義郎拱之　忠訓郎充之

公文　文林郎公乂　公忎

彥㷌　彥物

堯夫　續夫

時湉　時灄　時浒　時瀫　時傃　時𠈌

若玨　若璁　若墺　若鋗　若鉉　若宦　若軨　若鋭　若鑈

公恖

彥遒

适夫　祁夫　燭夫　鑒夫　岦夫　臬夫　撚夫　禾夫

時偣　時僧　時誼　時烯　時係　時傳　時倊　時傆　時哭　時坐　時傜　時濾

若墇　若鉼　若輾

右奉議郎左之　右之

承信郎公衷　公悳

彥鏗　彥鉞　彥坪　彥埒

浘夫　涫夫　濬夫　鍊夫　籌夫　篆夫　縠夫

時原　時銘　時鍉　時鑭　時茄　時禩　時濼　時擬　時搠　時掴

若瑨

右侍禁叔饒

承信郎譙之　從事郎和之　左文林郎厚之

公寀　保義郎公都　公貴　公心　公旦　公玶

彥錝　彥鑭　彥實

篇夫　瓖夫

時撲　時攄　時掎　時拊　時鐏

武經郎叔漉

修職郎仰之　定之　兆之　右朝奉郎約之

從義郎公甫

彥洸　彥顯　彥信　彥洛　彥惠

勳夫　儕夫　遂夫　愜夫

時鐐　時鈕　時斐　時鏂　時巽

									希之
訓武郎公申						保義郎公均			
彥江	彥先					彥允	彥嶙	彥諏	彥穗 彥善
儀夫	肖夫	裳夫	櫻夫	鞆夫	掌夫	蓄夫	蘇夫	蘆夫	
							時諄		

				東陽侯克慕				
				左侍禁叔琮				
盆之	揖之	恭之	忠訓郎泳之					
			公芹	儒林郎公楷		公文		
				彥昇	彥歸	彥達		
					霍夫	慄夫		
					時櫟 時柜	時諠	時詉 時瑢	時瑯 時瑺
					若遺 若邋		若僉	

竹夫								恉夫	忬夫				㥦夫
時䥯	時瑀	時潡	時浙	時訒	時詒	時諤	時詘	時瓖	時翊	時礓	時瑯	時璷	時瓛
			若念		若應	若愬							

									秉義郎叔劉	左班殿
					秉義郎公武		公政			
彥遠			彥遵	彥适	彥造	彥宣	彥通	彥遐		
杯夫	析夫	櫰夫	潛夫			伈夫				
	時淳 時燀		時祖			時鏊				

昌化侯承嗣		
右監門率府率克念		
直叔衡	右侍禁叔鋼	武經郎叔眘

校勘記

〔一〕奉信郎　按本書卷一六九職官志，文階有奉議郎，武階有承信郎，但無「奉信郎」，疑此有誤。

〔二〕成經郎　按同上書文武官無此階，惟武階中有武經郎，「武」、「成」二字形近，疑「成」字爲「武」字之訛。

〔三〕武安郎　按同上書文武官無此階，疑此有誤。

宋史卷二百三十九

表第三十

宗室世系二十五

鄆國公房

保平軍節度使、鄆國公德鈞					
贈解州防禦使承震					
河內侯克明					
贈右武衛大將軍叔獜					
太子右內率府副率訪之	太子右內率府副率夾之	鄆國公沇之			
		武經郎公冕			
		彥仁	彥弼	彥輔	
		誠夫	訔夫		
		時雨	時弼	時鑑	
		若栢	若瓆	若杞	若樠	若樟	若傢
		嗣權	嗣銜	嗣璐	

右侍禁公臣　修武郎
彥閔　彥璧　彥舜
仝夫　程夫
時約　時威　時恚　時當　時其　時裕　時思
若樽　若楠　若湜　若筍　若乘
嗣文

公允
彥文　彥授
秀夫　顯夫　楳夫
時詵　時廉　時璟　時臻　時法
若鏷　若銓　若鏘　若鐗　若鐘　若鑪　若鍎　若鐊　若鑒　若鍐　若鎔
嗣廡　嗣序　嗣膺　嗣宛　嗣寯　嗣昉　嗣暎　嗣漢

太子右監門率府率擬之　贈右屯衛大將軍積之　新秦郡公與之
三班借職公英　右班殿直公威　三班借職公敏　公疆　公至
彥逸　彥駒　彥駿
瑢夫
時倫
若清
嗣愷

珊夫
時儒　時任　時仲　時侶　時誘
若漣　若滂　若灤　若鉉　若鏕
嗣鎰　嗣稷　嗣岐　嗣曾　嗣顏　嗣荄　嗣且　嗣董　嗣睦　嗣萊

理夫　瑨夫　珪夫

時請　時偰　時俊　時倈　時儴　時俛

若鈴　若鎬　若鑑　若瀲　若蕊　若津　若淨　若潯　若浡　若顲

嗣葸　嗣萃　嗣瓊　嗣蒴　嗣鬱　嗣逑　嗣幪　嗣岯

安定郡王承簡

建安郡公克荷

建安郡公叔驥　右武衛大將軍叔儋

高密侯補之

左侍禁公應　武翼郎

彥騆　彥昉　彥曈　彥時

球夫　巍夫

時鏻　時优

若顫　若顗　若讚　若談　若瀼

嗣崍

右武衛大將軍、康州防禦使寫之

公禮　左班殿直公曦　武翼郎公彥

彥德　彥仁

澡夫　義夫　吉夫　壹夫

時儁　時蒙　時伋　時茂　時儉

若淤　若謰　若路

彥魯　彥說　彥元　彥稷　彥明

雲夫　偉夫　儼夫　仲夫　仰夫

時宜　時宇　時昌　時永　時康　時墉　時賚

若濟　若隆　若堂　若柄　若瀛　若桂　若無　若斷

嗣銓　嗣錠

		彥和				
	贈朝議大夫公隨	彥通				
		彥明	定夫	時鷹	若鏷	
				時席		
		彥道	仁夫	時斻	若瓓	嗣連
						嗣邏
					若瓛	嗣選
						嗣遠
					若璲	嗣[illegible]
					若瑝	
				時廉	若璹	嗣恭
			義夫			
		彥韓				

	忠翊郎					
	公玘	彥迪	俠夫	時儋	若愓	
					若瑛	
					若玗	
			誕夫	時揆		
				時攸		
				時湧	若桐	
					若[illegible]	
				時沓		
	公逵					
太子右監門率府率字之						
武翼大	從義郎					

夫諡之	公悅	彥抃	知夫	時揚		
				時球	若楝	
					若恫	
					若惍	
				時泰		
				時用		
			駿夫	時滌		
				時賢		
			璽夫			
			量夫	時琬	若佟	
			堯夫			
			[illegible]夫	時佩		
				時通		
	從義郎					
	公照	彥爽				

		彥旦				
		彥義				
	公純					
	承信郎					
	公朴	彥惜	鉦夫			
			鋑夫	時塡		
			鑇夫	時湄		
				時澆		
			鏈夫			
			夔夫			
			龍夫			
			鎰夫			
武翼郎定之						
忠訓郎						

南陽侯克輿
右班殿直叔惆　修武郎叔傮
望之　成忠郎庸之　奇之　承節郎庚之　忠訓郎艮之
公允
彥施　彥擁　彥溫　彥浞　彥淳　彥輔
瓛夫

左班殿直叔秩　武經郎叔觥
修武郎啓之　羲之
公堯　公先　保義郎公俟　公依　承信郎公果　公新　承信郎公珋
彥濟　彥植

安定郡王承幹
和國公克敦
高密郡公叔盎
善之　荾之　羡之　右班殿直瓌之　右班殿直琳之　秉義郎珉之
公邁　公逵　公遺　公賫　公宅
彥倇　彥鐊　彥鐮　彥鏥　彥估　彥敘
杈夫　溫夫

忠訓郎
秉義郎公定　公寶　保義郎公實　公安　公察　承節郎公寬
彥達　彥迿　彥逑
熠夫　光夫　焯夫　煇夫　燽夫
時濚　時鞽　時雝　時架

東平侯　克臻

武顯大夫叔鍼　武經郎叔褆　右監門率府率叔愼　崇國公叔炤

瑨之　忠訓郎瑊之　承節郎璟之　太子右監門率府率寘　之

公儀　公義

汝南侯籍之　贈修武郎榮之

成忠郎公緒　訓武郎公遠　公綽　公石　修武郎公抃

彥椿　彥祖　彥傑

單夫　貌夫　處夫　聿夫　溱夫　潛夫　淳夫　津夫

贈朝議大夫承之

公䕭　訓武郎公譓

彥俊　彥掛

潸夫　濛夫　汯夫　激夫　濬夫　澮夫　溉夫　汴夫

時边　時遞　時遷　時涸　時㬈　時䏲

若稛　若穠　若諰　若澧

朝請大夫公説

彥域　彥塏　彥札

鍠夫　錦夫　鈉夫　鈔夫　鐮夫　鎮夫　鍈夫

時濬　時涸　時冲　時醧　時溯　時灤　時漪　時泜　時灡　時㙟

若謝　若詔　若欘　若楙

														通直郎
		彥垓	彥塒						彥垠				彥圻	
鑠夫	錄夫		鑾夫	鏊夫	鑒夫	鍓夫	鑪夫	鐭夫	鋞夫	鏣夫	鏵夫	鋗夫	鉽夫	
	時埩									時蓱				
	若棱													

											武翼郎	翼之	贈右朝請大夫	
公誼													贈特進	公智
彥樗		彥越	彥棋						彥程					彥開
墉夫	塘夫	增夫	璔夫			琚夫	瑓夫	軹夫	烯夫	烑夫				珙夫
			時邐	時适	時邀		時遡	時棁	時崠					時介

□之														
							彥弼		彥丞			彥晐		
		璹夫	瑄夫	琤夫			儀夫	佇夫	浩夫	淳夫	涓夫	肆夫	喚夫	噭夫
時俞				時挻					時亨	時升		時侄		時稯
若鍽	若錫			若鉞	若鏻	若鉐			若檜					若渻

												公育	贈武經郎	公普
		彥壐												彥括
	昕夫	忞夫		翼夫	洄夫	沃夫	滌夫	虑夫		惣夫				玑夫
	時盟	時佋	時傜					時玤	時鏈	時壇	時槩			
若灁	若列	若譓												

						之	大夫穆	贈武經					
			公厚	成忠郎			公鑄	武翼郎					
			彥瑀			彥璙	彥璿		彥欐	彥梁		彥楝	彥柜
	儴夫	誕夫	佇夫		謙夫	槵夫	譑夫		翼夫	德夫	玜夫	玠夫	琑夫
時枋	時櫢	時餳	時格				時璟						
若港			若沘										

					叔戍	建國公								
		郎安之	贈宣教	軍要之	衛大將	右監門	耆之	敦武郎						
公達	通直郎	公堅			公敏	承信郎	公啓		公丘					
彥深		彥搶								彥珁		彥珊		
衆夫		亢夫									佪夫	僢夫		
		時惪									時逍		時楕	時棖
														若汝

			慶之	秉義郎										
	公祿	忠翊郎	公壽	保義郎										
彥顏	彥及		彥聲				彥瀛	彥濟						彥渭
	琚夫				諜夫	諆夫	誧夫		机夫	柲夫				棶夫
										時熠		時壛		時燁
											若坿	若扗	若埱	若坲

									郎雋之	贈武經				
					公謹	秉義郎	公弼	修職郎	公輔	秉義郎	公記	公絢	公應	承信郎
彥逃					彥熺						彥暹			
	賨夫	頨夫	贇夫	顓夫	順夫						儇夫			
	時偫			時先										

贈朝請郎公塡													
彥括													
庬夫						戈夫			詳夫			以夫	回夫
時扈			時璏	時籛	時爇	時潩	時濬	時滜	時琕	時襁	時樅	時珖	時溪
若玐	若琕	若珛	若樒	若稔	若涀							若眉	若渡
嗣俊													

			敦武郎彥之									
			承信郎公寶			公遂	公賁	保義郎公宋				
			彥璧	彥瑾	彥璭			彥溫	彥逼			
鉹夫	鏵夫				因夫				唐夫			
									時侹			
若齹									若鐔		若棆	若梲
									嗣琅	嗣玕		

							忠訓郎應之	忠翊郎堯之			
		公度	公宦					公昣			
								彥璩	彥璇	彥塩	
										涇夫	
時儁	時仟									時旻	
若枚	若鎔	若[illegible]	若銉	若汀	若洞	若漽				若勝	

				時奢	時曾							時晃	時昂
若肱	若臄		若膾		若膝	若朣	若期	若臕	若膰	若臞	若䐈	若胙	若腆	若膴
嗣鏥	嗣鐱	嗣鉉	嗣鐙										

				沂夫									胃夫	淦夫
			時暑	時曆	時魯	時普		時曟		時暉	時噲	時瑎		時啓
若騰	若臂	若膡	若葺			若脥	若朧	若腴	若臙					若腒

				湯夫							渼夫			
	時曈		時曜	時暭	時睍	時暎		時纁	時緻	時總	時昞			
若肵	若膝	若朋				若賢	若僓				若腟	若盬	若臆	若服

									彥玣	彥玵				
		潘夫		澣夫				沱夫		淳夫				
時瞻		時晉	時韞	時曦	時暈	時曬	時最	時甑		時昊	時旼		時曉	
若股	若彤			若肪		若墉	若滕			若佪	若侃	若儸	若璵	若檁

				公略	忠翊郎	公畋								
						彥扆			彥鏑					彥臨
	濾夫					灝夫	瀛夫		澗夫	洛夫	淤夫	漱夫	湨夫	
時昉	時晅	時晈				時晒	時仿	時僵	時儔	時庬	時儃	時僜	時倢	
	若佀	若墨	若堞				若膃				若明			

華原郡王叔需

武德郎通之　成忠郎晉之　左侍禁辨之　武翼郎渙之

公畯　承信郎公賓　公楀　公家　公階　公彥　公敏

彥立　彥直　彥回

祓夫　褑夫　岷夫

時琰　時璬

敦武郎信之

公弻　公奕

彥炤　彥環　彥侁　彥健

彭夫　承夫　曦夫　駟夫　瑃夫　炳夫　津夫　美夫　首夫

時珂　時篿　時驛　時軻　時塙　時闔　時厴

若秆　若墮　若坐　若衙

公燓

彥俘　彥儡　彥從

闇夫　瀨夫　毅夫　端夫　正夫　英夫　晉夫　澮夫　涓夫　淀夫　清夫　汭夫　滙夫

時瑝　時玗　時瑀　時玞

公充　保義郎公黴

彥侙　彥侒　彥偲

渲夫　淄夫　滬夫　涂夫　濠夫　瀫夫　淬夫　英夫　雄夫

時璓　時瓐　時瑱　時璔　時瑎　時玉　時壐　時玩　時珻

若櫄　若梧　若榶　若梅

從義郎正之
贈武經郎用之

公泰
武翼郎公膺
承信郎公府
承信郎公庚

彥儀
彥導
彥宮
彥宅
彥寬
彥宰
彥審
彥韡

浚夫
淸夫
珩夫
珢夫

成忠郎懷之
承信郎成之
承信郎厚之
承信郎佩之
承信郎肅之

公康
公庶
公堯
承信郎公備

彥福
彥鼎

榮國公叔佀

武功郎庸之

公靖
公嬬
保義郎公章

彥暢
彥貸
彥賞
彥貴

旼夫
㬪夫
曄夫
晭夫
暐夫
映夫
曨夫
晤夫

時莠
時滓
時瀩
時祚
時僨

修武郎公護
公辦
忠翊郎公毅
公端
公辛
成忠郎公漪

彥賓
彥琨
彥琛
彥遠
彥瑨
彥珽

宴夫
㚟夫
宏夫
㽊夫
陞夫

時鑌
時睿
時晴

					武經郎賚之								
				公奇	忠翊郎公茂								
					彥玢	彥纂							
㤜夫						棫夫							得夫
時熵	時𢡟	時恩	時念			時傳	時勉		時輝			時勳	時武
							若璞	若垩	若玤	若瓛	若瑹		

														彥珪
橙夫	焞夫	侘夫	苾夫	奭夫								卣夫	瑀夫	
				時潞		時灑				時泊	時淊			
				若鏁	若睥	若琛	若瓔	若瑝	若瑄					

		濟陽侯叔穲									
		秉義郎康之	贈朝請大夫常之								
公衕	公衍		修武郎公迪								公逵
			彥俠	彥佖				彥儼			
				洽夫	漕夫	湜夫	洪夫	渥夫	洧夫	治夫	

					從義郎延之								
公遇				公邁	贈武翼郎公覲								
彥儇		彥儸	彥儢		彥侖				彥傣				
泱夫		瀌夫	湨夫		慨夫		倢夫	价夫	瓔夫				璠夫
時熽	時烊		時琄		時晞	時晥			時扞		時顢	時顥	
									若瞳	若曨		若衢	

									訓武郎公覿	承節郎公覲
					彥沁	彥深	彥潍	彥維	彥淀	彥淝
檠夫		琯夫	玘夫	玳夫				鉚夫	榥夫	樸夫
時湀	時檳									
	若睩	若畸								

			贈濮州團練使承偉							
			廣平侯克溫							
	內殿崇班叔洪		臨汝侯叔徹			河內侯叔民				
	承節郎堅之		太子右監門率府率測之			贈左領軍衞將軍占之		修武郎壽之		
								公才		
		彥潩						彥䎃		
榕夫	欄夫	梬夫						琗夫	泃夫	
	時瑾	時炪						時愖		

			歷陽侯克周						
			華國公叔朏						
		西頭供奉官得之	高密侯迎之	廣平侯體之				馮翊侯	
		公器	公延			公恪	公粹	公迪	忠訓郎
修夫	僯夫	睽夫							
時諿									

夙之										
公亦	贈宣奉大夫公澤									
	彥古		彥孟						彥蓁	
	中夫	㢘夫	讞夫						寅夫	寔夫
	時輔		時發				時進	時弆		時煩
	若虡	若潛	若珪	若鑛	若瑛	若玠	若瑄	若琜		
		嗣墊	嗣商							

武節郎公亢							
彥參	彥禹	彥聲					
碩夫	翼夫	祚夫	晉夫	鄀夫	鉉夫		
時有	時驥	時駿	時驥	時激	時攻		
若梓	若棨	若琄	若璇	若璆	若琚	若琪	
嗣線	嗣嬰	嗣燮	嗣棫	嗣櫪			

安定郡王叔柬							
乘義郎朵之	左班殿直淲之	忠訓郎褫之	太子右內率府				
公寶	公詠	公籌	公笇				
時準	時聳						
若檳							
嗣璩	嗣珪						

副率聿之	武經郎堅之							
乘義郎公煥								
彥質								
絔夫	禰夫							
時獻	時覿	時倆	時傈	時佼				
若珣	若鋅	若鍴	若鉀	若鏇	若瑎			
嗣瀌	嗣濂	嗣邅	嗣遷	嗣運	嗣逮	嗣遜	嗣泓	嗣修

珂夫									
時偕	時僖	時敢							
若玻	若瓈	若榛	若橉	若嶒	若蓁	若藻			
嗣仲	嗣伊	嗣价	嗣伀	嗣僊	嗣佀	嗣仙	嗣仍	嗣僩	嗣橦

	彥賀													
	曈夫						湛夫			汯夫				
	時瑁	時璁		時玫	時瑰	時璾	時琮		時璇	時遐	時溢	時迺	時送	時鍍
若滯		若纂	若悳		若憖	若恫	若鐳	若鋒			若鉁	若釥		

				彥資	彥贊	彥貴								
濼夫			瀟夫			湜夫				滴夫	湔夫			
時槻	時樫	時桎				時還			時遨		時遺	時鑠		時鉛
	若卓					若鐵	若鋑	若鎌	若銖		若鐇	若灘	若瀘	
									嗣機					

					贈右宣教郎堂之				左班殿直塾之	彪之
					左承議郎公綽	保義郎公恪				
彥脊						彥翁	彥翕	彥翔		
滮夫	瀞夫	溟夫		汸夫				慣夫		
時迴	時遾	時邋	時造							
若鉠										

右班殿直璽之	贈左承議郎壘之							
	奉議郎公傅						忠訓郎公億	承節郎公僅
	彥枯			彥霄	彥宛	彥崇	彥寧	
	游夫	瑨夫		𤩽夫				
		時鼻		時晉				
		若竈	若莅					

秉義郎里之	榮國公叔何							
	武德大夫輔之							
公俓	秉義郎公畢	贈武義大夫公亮						忠訓郎公芾
	彥仁	彥防		彥方	彥雯		彥墉	
		庾夫	軫夫		浦夫			
					時又	時咸		

					忠訓郎輯之	贈通議大夫麟之		
承節郎公迢	忠翊郎公莊	忠翊郎公直	公符			武翼郎公時		贈太中大夫公晰
								彥彊
								彭夫
								時鍪
								若堲

								武翼郎公晫		武經郎公昳				
					彥允		彥誠	彥聖	彥瑲		彥塗			
同夫			巖夫	籛夫	蓵夫		眫夫		葱夫		鏞夫			
時墼	時塵	時娍			時璣	時玏			時宵		時埭	時垺	時墠	
					若埩							若藹	若涌	

				彥霧									彥霶	
				琛夫	鎬夫		鉊夫	乘夫	鑈夫		能夫	仁夫	鏘夫	銖夫
		時墿	時壍		時鎦	時汗			時朾	時梋				
若滭	若激	若湖												

中華書局

忠翊郎轅之　武翼大夫軫之

保義郎公穆　保義郎公通　朝散郎公遐

彥延　彥藏　彥錡

鑒夫　于夫　麟夫　僟夫　伍夫　僃夫　儢夫　復夫　韡夫

時海　時滌　時蟟　時蚫　時蝖

訓武郎公闢　公嶲

彥鎔　彥浮　彥泣　彥須　彥湧

璚夫　瑮夫　瞰夫　䀏夫　瞵夫　趯夫　遹夫　譯夫　謰夫

時倂　時僊　時淪　時灑　時宝

宣城侯承雅

永嘉郡王克端

太子右內率府副率叔川　太子右內率府副率叔金　華陰侯叔姞　建國公叔彭

三班奉職祥之　秉義郎靖之　三班借職秀之　敦武郎

文之　秉義郎應之

公悆　公憲　公恕

彥玉　彥鎏　彥璜　彥玥　彥璗　彥珧　彥瓌　彥琢

濮夫　浣夫　昴夫　汭夫　薀夫　楮夫　愕夫

時涉　時壤　時燊　時檠　時泓　時棋　時憓

訓武郎公籌　訓武郎

彥瑤　彥瑁　彥瑠　彥璣　彥琟

揖夫　俔夫　基夫　奇夫　垩夫　栔夫　壔夫　堝夫

時欗　時椶　時稀　時招　時檞

公悠

彥珩　彥琿　彥珸

詷夫　諕夫　詩夫　該夫

時濾　時瀴　時游　時肇　時澄　時潔　時汝　時隨　時陣　時隊　時斗　時隧　時陴

武翼郎公志　成忠郎公愁

彥琚　彥瑽　彥瓛　彥琸　彥瓏　彥璩　彥閔　彥錦

論夫　灤夫　彙夫　檞夫　裔夫　栝夫　時夫　晾夫

時哄　時留　時杳　時旹

榮國公克用

太子右內率府副率叔斟

成忠郎輯之　忠訓郎元之　三班奉職直之

公慈　公根　公榮

彥捽　彥一　彥正　彥協

澄夫

房陵郡公叔濱	武翼郎寶之	公祥	彥通		
		忠翊郎公朋	彥晨	僑夫	時樠
			彥監		
	右班殿直全之	公明	彥昱		
			彥昇		
	保義郎照之				
太子右內率府副率叔輔					
太子右					

	內率府副率叔緒
	太子右內率府副率叔疆
贈左武衞上將軍克鞏	太子右內率府副率叔南
	太子右內率府副率叔飛

雲安侯叔到	敦武郎伸之				
	忠翊郎儀之				
	承節郎傅之				
	保義郎佾之				
通義侯叔繹	敦武郎仁之	公遠	彥清		
		成忠郎公迦	彥軻	諫夫	時晰
					時暚
					時晙
				諑夫	時庸

				証夫	時暒	若汜	
						若欒	
		保義郎公逖					
贈右金吾衞大將軍叔瑛	承務郎佩之	承節郎公問	彥翌	閡夫	時嘉	若恕	
						若恴	
						若恩	
						若峴	
						若意	
					時事	若晤	嗣埒
							嗣墻
							嗣潑
							嗣坙

右監門衛大將軍康州防禦使
從事郎僭之　承信郎代之
承節郎公開
彥聲　彥習
原夫　董夫
時壽　時鉚
若瀏　若滐　若湏

叔僖
三班奉職修之　敦武郎傳之　武德郎做之
成忠郎公塢　秉義郎公璲
彥傭　彥澧　彥柟　彥杞　彥松　彥梓　彥櫨
邊夫　埴夫　坡夫　傓夫
時遘　時邏　時迴　時遼　時迺
若汱

成忠郎公瑍　文林郎公珊　秉義郎公珉
彥欏　彥榲　彥材　彥鏞　彥扐　彥揞　彥鍉　彥鏞
汿夫　澀夫　蓬夫
時壠　時墣　時塲

贈武義大夫叔佻　贈右奉直大夫叔亢
武翼郎閭之　成忠郎閼之　開之　贈太中大夫僙之
武翼郎公証　朝奉郎公崇
彥樸　彥詞　彥來
淲夫　湝夫　淍夫　洨夫
時瑾　時搴　時諸

二十四史　中華書局

贈太中大夫成之								
修職郎公環	朝議大夫公瀚							
彥曾	彥淳	彥元	彥凱	彥坦	彥雝			
涓夫	淶夫	沖夫	瀴夫	彬夫	爍夫	鋙夫	鑶夫	崇夫
時沔	時瀹	時瓌	時鉞					
若湝								

武節郎公禔							
彥廙	彥樞	彥郴					
制夫	晟夫	訬夫	鍏夫	詒夫	爛夫	燎夫	濃夫
時优	時僴	時俙	時僶				
若漻	若漉	若涬					

成忠郎行之							
右迪功郎公澈	通直郎公津	忠翊郎公平					
彥棫	彥獅	彥槼	彥栻	彥穟	彥亘	彥秘	
釤夫	墰夫	鐈夫	潢夫	偵夫	檼夫	檜夫	櫰夫
時洽	時墒						

敦武郎叔紕							
倜之	偁之						
公遠	公逸	公逃	公邁	公送	公適	承節郎公迪	
彥佖	彥厚	彥雲	彥友				
坐夫	永夫	寀夫	韜夫	約夫			
時震	時憓	時林	時顯	時鼎	時瑤		

									右班殿直叔響	武經郎叔尙	武德郎
						似之	保之			儔之	忠訓郎
					公邈		公遜	公逵			
				彥酌							
玒夫		焯夫	櫊夫	玸夫							
時鉉	時鏐		時沮	時駩	時玩						

叔煊							敦武郎叔瑼				武翼郎叔熚	
价之		厖之					望之				傅之	宣義郎
公邁	公顒	公瑧	公瑃	公璍			公良					從政郎
			彥漈	彥溫	彥澴	彥漣	彥儹			彥級		
							塊夫	琦夫	鋿夫			
								時璃				
								若畀				

傑之												僎之
公璡	保義郎公班	公瑪	公瑄	公璹	公琇	公璠	公瑍	公玢	公瑜		公瑾	公珪
		彥檟							彥瓛	彥珽		

					祁國公承裔				
					贈右領軍衞將軍克平				
			忠訓郎叔濯	忠翊郎叔滈	高密郡公叔沂				
僔之					武節大夫行之	武翼郎載之			
公瑴						公繪	保義郎公絢		
彥摶								彥明	彥賢
驪夫	驊夫	騊夫							

右侍禁申之　左班殿直榮之　保義郎欽之　承節郎挺之

公純　公繹　公玘

彥智　彥的

槖夫　褎夫

時旌　時斻　時放　時旗

高密郡公克寬

河間侯叔詣

承信郎換之　右侍禁道之　武經郎將之

公進　公合

彥溱　彥淳　彥溟　彥浚　彥消

信夫　倯夫　儈夫　佟夫　俆夫　佋夫　僤夫　俸夫　偪夫

公企

彥浵　彥漳　彥汶

倭夫　倖夫　侯夫　傁夫　倩夫　倒夫　儺夫　傲夫　仿夫　儲夫

時揔　時捍　時掖　時括　時掀

若霝　若霏　若霦　若爵　若需　若霞

保義郎遂之

承節郎公定　忠翊郎公寅

彥滌　彥湎　彥仁　彥俊　彥間　彥伺　彥傑　彥忤

儆夫　僖夫　仜夫　逑夫　迎夫　甲夫　辰夫

時堈　時增　時懋　時飛　時應

信之　秉義郎烜之　保義郎安之　保義郎煥之

公協　公聰　公成

清夫　淇夫　溫夫　慶夫

時憲　時中

華陰侯克友

太子右內率府副率叔貍　彭城侯叔婺

承節郎挺之　秉義郎崇之　左班殿直祐之　武經郎守之

右通直郎公亶　武經郎公育

彥伾

洌夫　得夫

贈中奉大夫尙之

贈朝奉大夫公廊　贈朝奉大夫公廣

彥偈　彥儆　彥侂　彥攸　彥復　彥伸　彥儒

潯夫　云夫　階夫　湞夫　潍夫

忠訓郎正之　左朝奉郎舉之

公立　公祚　公禧　保義郎公亨

彥倓　彥喩　彥嚋　彥嘈　彥嘇　彥衛　彥衕

宏夫　寬夫　蔚夫　滉夫　省夫　迥夫　遏夫

行之　秉義郎損之　立之　直之

公亮　公卞　保義郎公獻　公粲　忠訓郎公圭

彥錫　彥傑　彥傳　彥赳

闓夫　正夫　侹夫　傑夫

時永　時鑑　時發　時輔　時弼

贈右武衞大將軍克任　榮國公克勇

博平侯叔奎　華原侯叔崱

贈武節郎成之　忠翊郎由之　贈朝議大夫盈

承信郎公佾　訓武郎公傣　承信郎公信　贈朝散大夫公

彥廬　彥應　彥襄　彥放　彥愈　彥忠

登夫　仁夫　哷夫

之

傳　武德郎公伊

彥倂　彥慘　彥憕　彥惔　彥㤦　彥偓　彥㤞　彥柢

銑夫　鐠夫　鎦夫　鑗夫　眞夫　淸夫　震夫　同夫　達夫　銓夫

贈左朝散大夫叔傒

修武郎翊之　武翊郎寶之　宣教郎畢之　從義郎

武經郎公佚　公涪　承信郎公激

彥慷　彥懍　彥烎　彥炳

立夫　驊夫　挙夫　百夫

信都郡公克研						
東頭供奉官叔佮	右侍禁叔琿					
俟之						
公傅						
彥昌	彥發	彥昇	彥暉			
禬夫	祐夫	祥夫	福夫	祺夫	禋夫	禔夫
時泰	時恭					

東陽侯承鑒								
濟南侯克悚								
汝南侯叔蚡	德國公叔盾							
三班借職進之	三班借職通之	三班借職賢之	賓之	贊之	三班借職先之	武翼郎資之	左班殿直貫之	武翼郎

賓之	武經郎貢之	贈武翼大夫貢之	忠翊郎賞之	成忠郎贊之	忠翊郎貸之	
修武郎公任	秉義郎公僐	從義郎公幹				
彥璆	彥封					
恭夫	革夫					

禮賓副使承戩
右班殿直克之

宋史卷二百四十

表第三十一

宗室世系二十六

郇國公房

建安郡王承裕	
莘國公克諶	
富水侯叔傔	益川侯叔耒
太子右內率府副率接之	敦武郎唐之

武翼郎叔詠					修武郎叔旎				
右侍禁協之	成忠郎宥之	秉義郎有之	保義郎坦之	植之	贈朝奉郎鑄之				
					承節郎公遡				
					彥桂			彥樽	
					浩夫	湙夫	泠夫	沆夫	維夫

	承節郎公達		從義郎公進			朝請大夫公遷				承信郎公遠
	彥椿	彥松	彥樞	彥杉	彥機	彥寀	彥栞	彥棠	彥萊	
沂夫						唯夫				

							嚋之	濤之	
武經郎公迡	承節郎公選			公遐		宣教郎公逕	保義郎公遷	公邈	承節郎公迨
彥朱	彥樽		彥宋	彥椅	彥棨	彥橦			彥柷
	熠夫	烱夫							

												疇之		璹之
			成忠郎	公遂	承節郎	公迦			承信郎	公逨		公過	公迢	
彥椐	彥楀	彥楒		彥榮		彥槢	彥樓	彥橒		彥榆	彥祀			

房國公	克敢													
敦武郎	叔驥			武經郎	叔郚		右班殿	直叔懥	左侍禁	叔儆	叔革	右侍禁	叔机	秉節郎
保義郎	暉之	秉節郎	勳之	承節郎	燾之	熙之								忠翊郎
	公望				公輅	公輗								
	彥仁													

叔蓏														左班殿
穟之							朝奉郎	祜之						
公頤	公顯	公錫	公鏘	公鉌	公鉦	公鋮	迪功郎	公劉				公鑾	公鑒	
		彥玿						彥瀍	彥璽	彥寠	彥宓			

			崇國公	克嶷										
直叔祤	秉義郎	叔革〔一〕	武翼郎	叔[illegible]							武翼郎	叔炵	武翼郎	叔慙
			修武郎	釗之			成忠郎	牲之						
			秉節郎	公琡	公容	公[illegible]		公琦	公瓚	公珪				

武翼郎叔服
武經郎叔括　敦武郎穡之　公璩　彥懵
公瑜　彥奐
彥佀　日夫
欲夫
公琳
公珪
公如
右班殿直叔䎘　證之
從義郎叔鈴　武節郎䅵之　秉義郎公夏
公亜

武節郎叔怲　保義郎諿之　修職郎公恍　彥頤
彥頡
彥項
從義郎叔怊
修武郎叔蘉　承信郎侊之　公圭　彥訹
公炎　彥謍
成忠郎邦之　承節郎公楄　彥潉
彥澳
彥湄
公昌
保義郎　文林郎

傑之　公珏　彥重
彥刊
左侍禁叔驗
忠翊郎叔垓　保義郎詷之　公城
公璇
忠訓郎叔良
忠訓郎叔倓
成忠郎叔乿
成忠郎叔岐

成忠郎叔秀
成忠郎叔捷
閬中郡公承翊〔三〕　馮翊侯克淳　馮翊侯叔鉁　保義郎闢之　公明　彥石
河內侯克賁
南康侯克勤〔四〕　右監門衞大將軍、達州團練使叔琪　成忠郎猷之

	武翼郎叔佀	東頭供奉官叔汭							
成忠郎進之	承節郎㯹之	從事郎貫之							從政郎賫之
		承信郎公璐							公鞆
		彥釗	彥錠			彥迁		彥陶	彥政
			澩夫	澥夫	演夫	誄夫	諡夫	憙夫	愿夫

	贈右金紫光祿大夫叔屖							
	朝奉郎進之	左朝請大夫迪之					遜之	贈正議
	公慶	右迪功郎公源				公深		
		彥標		彥梓				
浩夫		徽夫	洽夫	遷夫	嘗夫	憲夫		

大夫達之								
從義郎公侹	太平縣開國男公佪						承直郎公伾	文林郎公偭
彥註	彥誠			彥諳		彥謏	彥竦	彥諭
	潛夫	淮夫	沅夫	溢夫	源夫	浹夫		潓夫

				修武郎逸之						贈奉議郎運之	
				從政郎公貍					公檜	朝請大夫公若	
		彥諟	彥誌	彥球						彥霈	彥儁
潢夫	湄夫			麒夫	鳳夫	安夫	與夫	旺夫		寓夫	寧夫

武翼郎叔仕	武經郎叔韓	武德郎叔蓫					
		承信郎守之					
忠訓郎公簀		武翼郎公莒				公茂	
彥窒	彥渼	彥澧	彥澈	彥欒	彥渠	彥舜	
	和夫			烓夫	焇夫	蔌夫	

							清源侯克猛	
							右班殿直叔玶	武經郎叔藡
承節郎存之	雍之	夾之						從事郎顯之
	公明	公瑭				公壽		
彥鑄	彥聖	彥住	彥偶	彥偏	彥個	彥促	彥偲	

	武翼大夫叔旼					
粹之	成忠郎憲之	忠翊郎懃之	敦武郎惺之		忠翊郎恕之	悆之
			承信郎公玨	公瑎	承信郎公玏	公琭
				彥繪	彥淮	彥濟
				杖夫		

			房陵郡公克勁		
左班殿直叔璯	武經郎叔郴		洋國公叔夷		
綽之	敦武郎繡之	經之	贈朝請大夫漸之		
承議郎公庇	從政郎公築		武翼郎公一		
			彥濤		
			江夫	羽夫	
			時蓊	時鳫	時粲
			若梓	若塗	

二十四史 中華書局

				宣教郎	直之	奉議郎	開之	儒林郎	約之	武翼郎	敎之			詳之
									公永	承節郎	公穎	公準	公[illegible]	
彥霈	彥晉	彥晳	彥仁											
鑾夫		遏夫	鍗夫											
時覺		時濮												

								東頭供奉官	叔僖				
敦武郎	寧之							秉義郎	全之				
武經郎	公暭	公立	公明		公遠	公㮚	公敀		公諒				
			彥中	彥乂					彥昊				
									岑夫	藺夫	梓夫	麗夫	
												時恭	時憲

			奉議郎	公丑						公壽		訓武郎	公祉	保義郎
				彥戚	彥躬					彥鼎	彥昱			
[illegible]夫	詵夫	栻夫			鵬夫	鴻夫	鳴夫	鷩夫	鶉夫	義夫	南夫			

												武翼郎	叔启	
										承節郎	匱之	從事郎	闐之	忠翊郎
公望														
彥成				彥邇	彥宏	彥益	彥躋	彥昺	彥杲					
廣夫	慶夫	庠夫	廉夫	懸夫										

敦武郎叔戾　從義郎叔冒

闞之　乘之　愢之

公播　公琛　公璉　承信郎公玖

彥範　彥籥　彥筠　彥筩　彥笙　彥嶡　彥邀　彥遏

逑夫　㬎夫

贈右朝請大夫叔莨

塾之　承節郎郁之　敏之　朝奉郎邠之　承議郎析之

公壽　公瑀　公彌　公曄　武經郎公昞

彥拜　彥屾　彥虤　彥秝

煊夫　焌夫

忠訓郎叔郹

敦武郎鄰之　修武郎邵之

成忠郎公曉　忠翊郎公綬　承務郎公覞　公喚

彥从　彥昪　彥睸　彥昭

端夫

江國公房

忠正軍節度使、江國公德欽

樂安侯承遵

右金吾衛大將軍、光州團練使克虔

太子右內率府副率叔湛　房國公叔武

嘉州觀察使諷之

修武郎公璪

彥雍

馮翊侯爵之　河內侯和之　右班殿直巽之　贈東頭

三班奉職公謹　三班奉職公佐　公卓　公儀　公奭　公徹　公衎

彥高　彥文

廉夫　衢夫

時舜

若興

供奉官震之　左侍禁永之　武節郎

公伭　忠翊郎公綽　忠翊郎公紘　承信郎公綬　公諫

彥儇　彥仔　彥佃　彥浚　彥鳴　彥輔　彥弼

瑜夫　正夫　穡夫　璣夫

時址

武功郎叔濛

豫之　右班殿直勰之　右班殿直進之　忠訓郎忛之

公保　公儀　忠翊郎公俊

彥漼

堯夫　契夫　顯夫　端夫　系夫　絢夫

南康侯克臧

左班殿直叔遁　高密侯叔泰

成忠郎忯之　成忠郎忻之　建安侯忖之

公達　承信郎公譔　公詠　忠訓郎公理

彥悜

正夫　端夫　靖夫　竑夫

時麟　時昌　時大

若掘　若恩　若納　若采

			成忠郎	公瑋			成忠郎	公玑	忠翊郎	公璉		忠翊郎	公玶	忠翊郎
				彥平		彥芾				彥儀	彥俟			
				宇夫		進夫								
時然	時仰	時訓		時乂	時舉									

				開國公	生之								左班殿	直通之
公琈				秉義郎	公綱				公度					公佐
彥彬	彥松	彥林	彥栩		彥旆	彥鼎			彥文	彥牟	彥丘	彥永		彥顏
福夫					怛夫	道夫	達夫	通夫						
								時可						

東頭供	奉官康	之								右侍禁	度之		
	承節郎	公石	忠訓郎	公悅				保義郎	公進	右文林	郎公輔		
				彥邁	彥蓬		彥過		彥道	彥通	彥權		
				果夫	掬夫	擽夫					茂夫	謙夫	葆夫
					時禹						時偕		時伯

														東平公
														北海侯
				從事郎	公至									訓武郎
	彥袂				彥林								彥材	
	寧夫			珣夫	埴夫	沄夫		壎夫						
時侯	時萊	時萸	時藝	時藩		時瑢	時璋	時儀	時興	時遜	時沂			

叔陳
台之
公綬　忠翊郎公繹　訓武郎公綽
彥昭　彥俊　彥攸　彥仁
端夫　正夫　能夫　謙夫　器夫　舒夫　簡夫　勵夫　直夫　亨夫
時勳　時迁　時亨　時亨　時發
若川

西頭供奉官獻之　武翼郎求之
保義郎公逵　從事郎公逵　從事郎
彥信
濬夫　達夫　通夫　顯夫　壽夫
時諴　時舉　時功

公遠　公道　武翼郎公遜
彥澤　彥滂　彥藻
憲夫　璜夫　倆夫　挹夫　括夫　竦夫
時康　時賡　時庸　時度　時忞　時慈　時剡　時悠　時憲
若珪

贈武略郎維之
承節郎公年　贈太中大夫公壽
彥瀓　彥修　彥脩　彥侁
僐夫　撤夫　撣夫　徯夫　尨夫　堯夫　舜夫　湯夫　文夫　勳夫　朴夫
時顯　時遈

彥僧　彥驌

弻夫　瑍夫　瑅夫　琡夫　琢夫　珌夫　璁夫　珉夫　牧夫　政夫

時樞　時杞　時柟　時檘　時杲　時櫨　時楷　時宗　時槃　時彬　時楙

克觀

馮翊侯叔軮　舒國公叔海

華陰侯捨之　贈左領軍衛將軍稱之　西頭供奉官則之　合州刺史蔽之　西頭供

公燓　公槐　公權　公綽　公直　左侍禁公應

奉官益之　秉義郎從之　贈武德郎寧之

秉義郎公粲　公榮　右從事郎公暉　深義郎　公曄(巴)　承信郎公明

彥邃　彥良

誠夫　訓夫　謙夫

時若

丹陽侯叔前

左侍禁孝之

保義郎公旺　訓義郎公月　公奭　承節郎公愈　承節郎公愿　贈朝奉

彥悰　彥棟　彥景　彥榮　彥烝

渼夫　滈夫　代夫　備夫　倌夫

時賢　時堅

秉節郎成之
郎公磐　忠翊郎公才　成忠郎公顯
彥鼎　彥蕭　彥溫　彥良　彥遜　彥儉　彥恭　彥寬
賢夫　諒夫　允夫　亮夫　亢夫　連夫　侍夫　側夫　述夫
時轟　時萬　時耕

左侍禁僅之　西頭供奉官萬之　忠翊郎禮之
忠翊郎公華　忠訓郎公榮
彥宗　彥強　彥霸　彥康
義夫　遜夫　遠夫　達夫　貴夫　覽夫

敦武郎匱之　忠訓郎佑之　成忠郎尙之　保義郎漢之
公默　承信郎公老
彥侑　彥家　彥宦　彥寷
祕夫　福夫　遺夫　範夫　秉夫

襄陽侯叔鱗
秉義郎銳之　深之　左班殿直褒之　三班奉職昌之　修武郎包之　成忠郎倩之
公立　公彥　忠翊郎公劼　承信郎
彥普　彥昇　彥時
益夫

成忠郎進之

公勱　承信郎公諒　成忠郎公勇　從義郎公勸　公勵　公廱

彥曠　彥昭　彥定　彥安

廉夫　文夫　正夫　俊夫　信夫　侊夫

敦武郎叔㮨

宜之　格之　价之　道之　謂之

公巳　公招　公桑　公量

彥寶　彥寔

僎夫　儐夫　儒夫　倞夫　伸夫

右清道率府率克嵁　右監門率府率克岐　高陽侯克偃

太子右內率府副率叔同　太子右內率府 /

公摯　公明　公暉

副率叔誕　北海郡公叔瓛　雲安侯叔豹

右侍禁靜之　三班奉職琤之　三班奉職德之　內殿承制銳之

從義郎公福

彥仁　彥倆

陽夫　郯夫　隆夫　龔夫　陶夫

博陵侯	叔膂								
三班借職及之	忠訓郎補之								
公修	公他								
彥密									
陳夫	阡夫	隲夫	隨夫	陵夫	陝夫	隩夫	陵夫	阮夫	陻夫

修武郎象之	武節郎辨之	西頭供奉官藹之		
忠翊郎公迪	承節郎公修	公攸	公佃	
彥偕	彥佳	彥佚	彥信	彥純
廉夫	義夫	晦夫	啓夫	方夫
時寶	時琥			

和國公叔玩				
西頭供奉官礚之	忠翊郎謙之	忠翊郎槩之	三班奉職覺之	贈武經大夫藐之
朝請大夫公碩	從義郎公福	武經郎		

武當侯克奐				
廣平侯叔駘	益川侯叔羅			
蘊之	太子右內率府副率翔之	右班殿直愼之	直之	敦武郎輔之
公容	公宕			
彥輔	彥置	彥熊	彥署	彥彝

左侍禁迪功郎鼎之
公琦 公釭
武翼郎彥偵 彥倚 彥修 彥傅 彥俊 彥僢 彥僟 彥侵
鑛夫 鋭夫 鐵夫 鐙夫 □夫 鉉夫
時昌 時保 時爽 時溥 時慎 時博 時倡

秉義郎義之 忠訓郎藢之 成忠郎
公簡
彥條 彥譽 彥甾 彥畚
鉉夫 錟夫 鎬夫 錫夫 鎰夫 滉夫 鑄夫 鑪夫 賢夫

承之
贈武經郎共之
公俊 從義郎公仁
彥達 彥遡 彥迴 彥迸 彥邁 彥逸
環夫 敬夫 收夫 致夫 斂夫 敫夫 徵夫

贈承議郎公儔 承信郎公傑 贈奉議郎公偉
彥進 彥邇 彥迸 彥迅 彥遼 彥越 彥建 彥遲
敢夫 數夫 磬夫 悋夫 汪夫
時逑 時宓

- 秉義郎會之
- 公假
- 彥道　彥邇　彥迹　彥湯　彥迖　彥遂
- 濾夫　泗夫　漳夫　澧夫
- 時宕　時汪

- 贈左領軍衛將軍叔多　信都侯叔昂
- 左班殿直旴之　右侍禁曦之　成忠郎明之　忠訓郎會之
- 成忠郎公堅　保義郎公岐　承信郎公川
- 彥敷　彥崧　彥岷　彥成
- 巖夫　諒夫　譸夫
- 時坦　時肅

- 西染院使叔璩
- 忠翊郎暉之　保義郎晤之　成忠郎贊之
- 保義郎公儀　訓武郎公侁　承信郎公藠　公福
- 彥遒　彥諝　彥寓　彥謀　彥譁　彥禹
- 升夫　覯夫　詛夫

- 修武郎賚之　成忠郎賡之　保義郎貢之　承信郎贊之
- 公壽　公裕　公祥　公祉　公禧　公祐　公祚　贈奉議郎公格
- 彥運　彥遜　彥修
- 頤夫

承信郎公遠	彥備	
保義郎公汜	彥搽	
	彥擡	
	彥撣	
	彥扶	俊夫
	彥抗	
	彥鯨	
保義郎公閲		
公閎	彥柯	元夫

校勘記

〔一〕秉義郎叔革　按此名兩見，兄弟不應同名，疑有一誤。

〔二〕閬中郡公承翊　「翊」原作「詡」。按本書卷二四四魏王廷美傳：鄖國公德鈞諸子有承翊而無「承詡」；宋會要帝系三之二五載承翊嘉祐五年七月贈安德軍閬平（當係「閬中」之訛）郡公。據改。

〔三〕南康侯克勤　按宋會要帝系三之二一載克勤元豐二年九月贈鎮寧軍節度使、儀國公；王安禮王魏公集卷八有克勤墓誌銘，亦稱追封儀國公。

〔四〕深義郎　按本書卷一六九職官志無「深義郎」官階，疑此有誤。

宋史卷二百四十一

表第三十二

宗室世系二十七

申王房

申王、謚恭裕德文	樂平郡王承顯〔一〕	樂平郡王克柔	太子右內率府副率叔時	
			太子右內率府副率叔顒	
			太子右內率府副率叔包	
			贈右屯軍叔椒	
			太子右內率府副率叔頫	
			溫國公叔雉	太子右內率府

副率柬之　右班殿直抃之　敦武郎抑之　忠翊郎櫸之　左班殿直攄之　從義郎受之

武翼郎公瑾　承節郎公瑞

彥晅　彥昭　彥瞯

寬夫

拯之　從義郎揩之　從義郎撣之

保義郎公琬　保義郎公瓚　承信郎公璪　公佾　公璣　忠翊郎公玗　公璞　公珣

彥矓　彥晛　彥洧　彥沚　彥雲

嵲夫　峒夫

奉化郡公叔韋

忠訓郎撫之　忠翊郎揖之　成忠郎抗之　贈忠訓郎操之　成忠郎提之　三班借職瓊之

承節郎公席

彥必　彥汕　彥演

郴夫　勳夫

建安侯叔游

右班殿直元之　武翼郎⿰齒虎之　三班奉職⿰齒彔之　成忠郎鉉之　右班殿直⿰齒留之　武翼大

公薿　忠訓郎公茂　右承務

彥飛　彥敏

義夫　啓夫

清源侯叔棼
夫穌之　忠翊郎忡之　武節郎輈之　武翼郎祕之
郎公塡　武經郎公現　公鐸　公鑑　公震　公茂　承節郎公巽
彥瓚　彥琄　彥郛　彥卉　彥敏　彥魁
蘊夫　莀夫　芥夫　欸夫　縱夫

武德郎叔賁
鞬之　從義郎欽之　從義郎銳之
從義郎公倜　秉義郎公悉　公雲　公援　公振　公抗　公提　從義郎公範
彥旼　彥邴
釭夫　端夫　誼夫
時瀾

承節郎公蕎　贈宣教郎公蒐
彥陽　彥性　彥悏　彥悟　彥悕　彥□　彥㦲　彥怲　彥情　彥慄　彥愖
紉夫　訒夫　諫夫　警夫　惘夫　諜夫

淮南侯克恂
太子右內率府
鎮之　鉞之　從義郎錫之　修武郎鐵之
公琇　通直郎公烜
彥攸　彥迄　彥逷　彥途　彥達　彥迦　彥邋　彥迹　彥适
繽夫　緎夫　絺夫　瀾夫　涸夫

副率叔遇　崇國公叔諒

右侍禁應之　右班殿直康之　右侍禁庭之　武翼郎膺之

成忠郎公俛　成忠郎公謁　公弼　公立　公逵　忠翊郎公种

左侍禁廱之　贈武節大夫庠之

公禮　武節大夫公邁　承信郎公遇　贈武翼大夫公高

彥遜　彥鋱　彥濤

淌夫　佃夫　倲夫　儇夫　佴夫　從夫

敦武郎序之

公佐　保義郎公裕　公望　公儀　公亮　公亦

彥嘉　彥咏　彥材　彥繼　彥附　彥繩

賢夫　莒夫　韓夫　夷夫　軻夫

時復

修武郎廬之　右班殿直廣之　左班殿直立之　修武郎澤之　忠翊郎廙之

公高　公言　公佐　公德　公修　公棐　公益　忠訓郎公衡　公衎

彥戩

盛國公叔黔

修武郎成之　修武郎原之　贈武經大夫麟之

公傑　成忠郎公齊　武翼郎公儒　訓武郎公亮

彥悅　彥瑡　彥枯

夢夫　山夫　樵夫　誠夫　誌夫

時英　時美

贈武德郎晉之

忠訓郎公棄　忠訓郎公亨　武節郎公明

彥稅　彥琦　彥瑨　彥琤

謙夫　譓夫　說夫　訓夫　燁夫　像夫　侄夫　嫥夫

時宥　時宲

漢東郡

朝散大夫本之　右侍禁

成忠郎公柔　忠翊郎公旦　贈朝散大夫公禮　將仕郎公師

彥璪　彥瓔　彥侳　彥佃

姘夫　婷夫　婙夫　頎夫　珵夫

時寅　時寧　時寨

華陰侯

公叔鑄　廣平侯叔滎　右監門

從之　右班殿直誠之　西頭供奉官崇之　右班殿直徵之　左班殿直衞之　衞之

承節郎公說

克倫								
率府率叔棟	右監門率府率叔伽	太子右內率府副率叔鬱	武經郎叔琋					
			獻之	峴之	且之	晉之	通直郎澄之	

				武翼郎叔邠						
澄之				修武郎貴之	承議郎勉之	修武郎直之				
公祈	承節郎公郊	公邳	公鄖			公弼	公醫	修武郎公鄉	承節郎	
	彥擗							彥植		
	淳夫									

						宣教郎獻之	從事郎峴之	且之	
公象		成忠郎公荀							
彥烈	彥瑀	彥球	彥溢	彥瘯	彥忠	彥才	彥修	彥發	

	武節郎叔宓		左侍禁叔盛	內殿承制叔纓				
承節郎晉之〔三〕	右通直郎浚之	成忠郎琰之		秉義郎漢之	承節郎潤之	承信郎叔之		
	公衍	公霞						

舒國公、諡恭僖承蘊〔三〕								
奉化郡公克賢								
太子右內率府副率叔玭	贈開府儀同三司叔輴							
	修武郎鬲之							
	奉直大夫公亮							
	彥粲		彥獻	彥瑒		彥琩		
	烌夫	佟夫	慪夫	鎰夫	錡夫	鋈夫	鉷夫	鐏夫

	崇國公叔巢					
秉義郎昇之	東頭供奉官球之	武德郎琦之		右班殿直璿之	右班殿直域之	忠訓郎琯之
	公持	公遲	忠翊郎公諴	公詵		

							永國公克常
							右監門率府率副叔輿
武德大夫昵之							
忠翊郎公諶	忠翊郎公誠	公讚	公調	訓武郎公峻			
				彥玲	彥珴	彥玜	
				遜夫	沐夫	恤夫	

漢東郡公叔邑						
贈武德大夫述之						贈武德
左朝請大夫公達	公濟	保義郎公邈		從事郎公擇	訓武郎公邁	
彥清		彥清	彥淨		彥路	彥淳
奇夫			特夫			
			時忠	時駒		

大夫遷之	敦武郎遠之	修武郎遜之					
武義郎公遜	公球	公琳					
彥積	彥穆	彥穡	彥秩	彥戈			
咸夫	杏夫	忻夫	嵩夫	哲夫	譽夫	仚夫	係夫
時裳	時邵	時遵	時嘉	時扒			
若顒	若還						

右金吾					
武經大夫迥之					
武翼大夫公瑆					
彥武	彥泌	彥鍔	彥鑣		
佈夫	信夫	倂夫	給夫	繐夫	繗夫
綦夫					
時鑰	時銉	時麟	時鋑	時弼	
若遶	若迪	若塈	若沭	若清	若淩

大將軍、寧州防禦使叔亥	贈保寧軍節度觀察留後叔亘	內殿承制叔璸			
右班殿直旐之	忠翊郎佑之	三班奉職伏之	秉義郎俅之	右班殿直達之	右班殿直儔之

贈武翼郎叔經					
偉之	武節郎伉之	保義郎績之			
公榮	從義郎公珌	武節郎公銅	公复	公達	從義郎公俊
彥徇	彥僮	彥傔	彥震	彥瑭	
態夫	佺夫	佐夫			
時岌	時學				
若煥	若姝	若烓	若櫳		
嗣伕	嗣秄				

彥惠　彥堤

倓夫　倞夫　什夫

時崧　時梂　時榕　時滔　時渥　時沐　時淄

若樾　若椸　若燀　若焥　若浮　若熠　若灑　若鐀　若鐏

武翼郎　繹之

公傑　保義郎　公僅　承信郎　公瑕　承信郎

彥枋　彥䄨　彥祻　彥恭　彥問　彥謹

訢夫　諸夫　謙夫　詅夫　瓌夫　珶夫　津夫　涇夫

時坩　時壞　時埥　時堦　時垤　時杅

若槦

公瑀

彥誶　彥誼　彥譁　彥謀

禮夫　禕夫　福夫　忕夫　慊夫　輔夫

時祿　時楮　時豫　時瀘　時薖　時祥　時璏　時逾　時遷　時蓋　時衡

若櫄　若誤　若謗　若擺　若俀

秉義郎　經之

公珍　承節郎　公璲　公怡　承信郎　公珪　承信郎

彥洲

輖夫　盧夫　薦夫

時萃　時璪　時瑯　時□　時斑　時授　時襩　時詠

若鑢　若洒　若徰　若僟

公璹　忠訓郎公琮

彥謣　彥詒

憒夫　金夫　式夫

時涼　時瀝　時攸　時滭　時滮　時仂　時仟

若禶　若褳　若縢　若焴　若熜　若爆　若煌　若熆　若政　若致　若輦

武夫　虞夫　冑夫　墺夫　季夫　峻夫

時侚　時金　時傎　時節　時瀶　時鄜　時埘　時郲

若檠　若芹　若槖　若槊　若棠　若果　若矰

武翼郎繼之

公璡

彥諶　彥識　彥諍　彥訊

墐夫　塚夫　埰夫　謚夫　茹夫　稷夫　崟夫

時鄒　時鄑　時潛　時儇　時滇　時隱　時陽　時陵

吉國公克務

武翼郎叔態　榮國公叔傳

承節郎紐之　約之　繩之　綬之　敦武郎營之　左班殿直隨之　武節郎艮之

公廖　公持

彥銓　彥深

時陝　時隱　時邱

博陵郡王	承選					
贈右武	衞大將					
太子右	內率府					
修武郎	升之	左班殿	直賁之	敦武郎	悅之	
公揚	公揩					
彥蕆						
一夫	翕夫	晙夫	曦夫			
時燀	時超					
若堵	若墻					

軍克丕	奉化郡	公克艱							
副率叔	霍	朝散郎	叔酬	武經郎	叔倈	左班殿	直叔摯	武翼郎	叔韜
承節郎	授之	武經郎	徽之						
忠訓郎	公運								
彥玔	彥珮								
灈夫	[illegible]夫	涞夫	稟夫						
時[illegible]	時[illegible]	時岔	時[illegible]	時訢					

彥珦	彥璘	彥湟							
蒓夫	寘夫	楗夫	湶夫	淬夫	淀夫	潒夫	灟夫	泑夫	澖夫
時[illegible]	時[illegible]	時涇	時淟	時汜	時漏	時[illegible]	時僕	時郱	
若坐	若鉺	若鑣							

武節郎	叔邇	武顯大	夫叔溤				
修武郎	徹之	承信郎	修之	保義郎	覲之	忠翊郎	勳之
保義郎	公昉	公照	公明	承信郎	公時		
彥琇	彥璹	彥森	彥棣				
淲夫	賽夫	瘖夫	潪夫				
時晉	時晞	時睒	時暌				

武節郎叔抗

保義郎燾之　杰之　忠訓郎熚之

公暄　公喇　公皓　承直郎公杲

彥櫛　彥杖　彥埴　彥焞　彥檜　彥英　彥棆　彥坐

禩夫　醴夫　粲夫　勢夫　湟夫　淧夫　涯夫　瀉夫

時鍉

保義郎

成忠郎公旻

彥塾　彥壄　彥堅

濼夫　涪夫　洑夫　澙夫　溙夫　灦夫　濫夫　瀆夫　漶夫　泟夫　灑夫

時鏊　時鐅

焯之　承信郎烜之

公銑　公鋐　承信郎公瓛

彥華　彥珠　彥瑧　彥壎　彥玅　彥解　彥洎

鏊夫　鋈夫　聚夫　瓔夫　蜚夫　原夫　拮夫　愢夫　桸夫　遹夫　垌夫

炳之　煜之

公積　公屋　公忻　公堪　公圯　公瑀　公皞

彥邈　彥鉊　彥鏷　彥錀　彥鏐　彥鐨　彥鎈

堛夫　壙夫　墶夫　晥夫　曦夫　鐗夫　漊夫

					建國公克當						
					左班殿直叔咨	武翼郎叔趯	右侍禁叔莒				
						穡之	祐之				
公皎	公爍	公皈	公皞				公應				公慶
			彥憓	彥暥			彥綷			彥綿	
							嗇夫	京夫	辛夫		
									時漾		

公麻														承信郎
彥矜										彥緣	彥織			
侖夫	倉夫				畣夫	龠夫	倉夫	効夫	佾夫		相夫	楤夫	橺夫	
	時椲	時槤	時栿	時栝	時鞻	時灟	時祚					時礫	時涀	

	從義郎叔筍											
	成忠郎倫之					忠翊郎祚之			仍之			裿之
公唐	公直	公酉	公嗣			公趣			公正			
彥繽	彥申		彥芊	彥萃	彥禧	彥舉		彥卓	彥羣			
						立夫	衡夫		筥夫	盄夫	盇夫	

	樂平郡公承濮				
	太子右內率府副率克久	贈少傅克功			
忠翊郎叔潛		朝奉郎叔驪	右侍禁叔仿		左中奉大夫、開國男叔涔
		越之	鐸之	鈇之	從義郎鑢之
					迪功郎公繼
					彥篤
					泂夫

從義郎叔戀	右監門率府率叔海					
將仕郎鉉之	錄之	承節郎鏦之	鑑之			
公綎						
彥竺	彥芳	彥賛	彥沔			
旌夫	械夫	熠夫	瑀夫			
時慛	時愔	時㤺	時椽			
若坌						

安陸侯承[illegible]						
宣城侯克運						
右班殿直叔杰	右班殿直叔勸	左侍禁叔顓				
承節郎擬之						
公昭	承節郎公晶					
彥切						
澎夫						
時熺	時焟	時煒	時焱			
若埒	若壏	若壞	若垌	若塡	若埜	

瑳夫	僊夫	栢夫	褭夫	礈夫	罄夫						
時烷	時炟	時烋	時焆	時爈	時燲	時燠	時焱	時烸	時炷	時爥	時翽
若璞	若邑	若坐									

彥叶	彥勔	彥勁											
徠夫	丕夫	重夫	整夫	保夫	墲夫	鏃夫	賁夫						
時乾	時洅	時錞	時鉼	時撜	時睿	時畬	時兗	時鉳	時鐎	時鋑	時鏊	時墟	時墣

彥劾 脊夫
與夫
俑夫 時彔
偭夫
彥勳
承節郎公踝 彥俶
彥愊 焜夫 時堃
時煒
彥僼
承節郎公暱 彥璲 搽夫
偹夫
棡夫
橺夫

彥弁
彥瑛 振夫 時瞭
時矙
公瞪 彥㟪 彣夫
渌夫
燻夫 時珋
時玞
彥嵩
承節郎公旺 彥譪
彥瑊 鉄夫
鉻夫
彥璠 鑢夫
公暚 彥岭 寘夫
眘夫

彥崠 鏕夫
武翼郎叔距 忠訓郎拱之 公玨 彥籓
彥邏
彥迢
公玥 彥遙 湮夫 時鼓
彥遷
彥迮 穀夫
操之 公濟
公躂 彥璵 榕夫
鑹夫
彥瓚
彥瓖 靚夫
鈉夫 時鷹
時橺

錠夫 時埼
承信郎拯之 公山 彥晻 瓚夫 時硫
時磫
時硠
玭夫
瑂夫
彥家
彥龔
彥胥 璁夫 時闓
公眞 彥汪
彥俙
彥俏
彥俫 琮夫
玅夫

援之	採之	承節郎抃之	檄之	捷之					
公弗	公藎	公序	公澄	公匿	公昌	公晰	承信郎公鎬	公諾	公詮
彥玤	彥繕	彥樞	彥生						
瑠夫	倔夫								

右班殿直叔憚			
榛之	□之		
公大	公導	公□	公藎
彥璣			

紀國公房

紀國公德存〔四〕		
河東郡王承衍		
太子右內率府副率克襲	越國公	
太子右		

克暢				
內率府副率叔稽	榮國公叔秦	彭城侯叔繚	武經郎叔睢	武經大
三班奉職丕之	從之	秉義郎潔之	左班殿直衡之	忠翊郎
公明	公正	公謹	公廉	

夫叔僇					
翼之	右侍禁寶之	從事郎裁之	成忠郎慶之	承議郎截之	秉義郎
公昉					
彥詵	彥照	彥獲			
信夫	立夫	柬夫	亨夫	潛夫	浚夫

克	叔	之	公	彥	夫
		睦之	公邉	彥瑞	
			公遏		
			公遼	彥琑	
			公邐	彥瑍	蓬夫
			公迠		
		忠翊郎韡之			
		忠訓郎屒之	成忠郎公顗	彥緒	
			忠訓郎公顧		
		忠翊郎覞之	公秉	彥冲	
	武德郎叔晦	忠翊郎問之			

克	叔	之	公	彥	夫
		右班殿直明之			
		成忠郎□之			
	左班殿直叔俊				
	武翼郎叔僑	承信郎迁之	儒林郎公翊	彥琫	
				彥皷	
				彥璄	
榮國公克奮	右侍禁叔起	左班殿直明之			
	修武郎叔戢				
	右侍禁				

克	叔	之	公	彥	夫
	叔倬				
	右侍禁叔趯				
	敦武郎叔趯	右從政郎革之	忠訓郎公允	彥鍼	
			公亮		
	右班殿直叔超				
右武衛大夫、象州刺史克頌	眉州防禦使叔懎	承事郎慶之			
		三班奉職庠之			
英國公	太子右				

克	叔	之	公	彥	夫
克監	內率府副率叔珏				
	右班殿直叔潭				
	左朝散大夫叔宲				
房陵郡公克赳	饒陽侯叔毅				
	武經大夫叔竑	修武郎忻之			
		惇之			
		贈宣教郎愕之	公濟		

										武經大夫叔鄒
									忖之	修武郎立之
修武郎公激					公淮	訓武郎公涯				承信郎公滌
彥徇	彥唯		彥占	彥谷		彥礪	彥启	彥彧		彥珀
	壄夫	屋夫		潮夫			僔夫			

						洋國公克依			
						右班殿直叔呐			內殿承制叔寄
	秀之	武翼郎昌之				從義郎球之			
		保義郎公譱			修職郎公該	承信郎公信	忠翊郎公謹		
彥琺		彥適	彥滑	彥湝			彥忕	彥愻	

										承節郎
忠翊郎公嘺				成忠郎公訥	秉義郎公攜	公訓	公汶			
彥夷	彥勇	彥粹	彥符	彥晄		彥垂	彥崧	彥恭	彥翼	彥廣

			高密郡公克戒				建國公克一
	左班殿直叔冨	成忠郎叔寬	右監門衛大將軍、惠州刺史叔闋				右班殿直叔島
瑗之			成忠郎新之	右班殿直沂之	成忠郎昕之		

								欽國公克綏
右班殿直叔彫	修武郎叔仕	敦武郎叔梓					右侍禁叔櫻	左班殿直叔倘
		宲之		寬之	宿之	定之		敦武郎羊之
		公湯	公膺					
		彥聯	彥聰					

叔仟	秉義郎叔憧	武功郎叔澄									
節之		武翼郎震之									秉義郎
		公榮	公寧	秉義郎公琥	公玣	公球		公瑊		公璆	
				彥鏻		彥屋	彥㽰	彥明	彥昭		

										武德郎叔性	武節郎
巽之									艮之		
秉義郎公玥	成忠郎公玞		公琬	公理	公琟						
	彥挺	彥隲			彥春	彥慶	彥回	彥喜			

				嘉國公克施					
叔鵬				左班殿直叔琫	左班殿直叔漋	贈右奉直大夫叔灊			
泰之	敦武郎默之					敦武郎獻之			忠訓郎
	保義郎公鑰	公鍾	公錄			右迪功郎公沇			秉義郎
	彥志					彥俊	彥政	彥丙	

彪之　右通直郎翼之　右從政郎熙之　修武郎祥之

公秀　公晉　忠翊郎公貫　公鑄　承節郎公仰　成忠郎公丙　承信郎

彥褒　彥基　彥雲　彥雷　彥霓

泰夫　亨夫　畢夫　滋夫

秉義郎學之　文林郎選之

公長　保義郎公習　公烈　公熹　忠翊郎公杞　公隨

彥卞　彥慺　彥英　彥揘　彥撫　彥襲　彥敏　彥墳　彥槐

深夫　言夫　行夫

修武郎叔巧

中之　右迪功郎遂之　忠翊郎頡之　穎之　保義郎

公芑　公率　宣教郎公適　公偉　公恵　公志　公助　承信郎

彥俞　彥僉　彥后　彥矛

璧夫　壅夫

漢東郡公克□

朝奉郎叔浩　右班殿直叔龍　武經郎　叔秔

頎之　開之　訓之　謙之　追之

公曬　公昔　公煥　從政郎公沔

彥湘　彥淋　彥深　彥寶

檟夫　楨夫　櫝夫

								彭城侯克惴	
					秉義郎叔怡	左班殿直叔春	武節郎叔桂	右班殿直叔領	從義郎叔潼
迨之				遷之	節之				識之
公璿	公琮	公玐	公球						公悳
	彥皷	彥珍							彥琉
	丐夫								密夫

承信郎講之								誠之			
承節郎公迨			保義郎公遏			公逋	修武郎公迄	公寧	公訓		公詵
彥璡	彥翃		彥檠	彥薰	彥蘭				彥孔	彥禹	彥祚
端夫	竱夫	垓夫								崇夫	

			武翼郎叔堣							
			通直郎炎之				保義郎坦之			
			公振	保義郎公搗	承信郎公攬	公樽	從事郎公悅			成忠郎
彥隅	彥接	彥攢					彥珞	彥瓌	彥瀘	
									棟夫	

	武節郎懋之		敦武郎績之					成忠郎表之
公博	賜進士出身公櫢	從事郎公捔	從政郎公鯉	公接	從政郎公揖	公損	公操	保義郎公捷
彥壠								

保義郎 公攄 公拭 公揀 公扎

忠訓郎 叔暘

校勘記

〔一〕樂平郡王承顯 「王」原作「公」。按本書卷二四四魏王廷美傳稱承顯贈樂平郡王；宋會要帝系三之一五載承顯乾道八年六月贈樂平郡王，據改。

〔二〕宣教郎獻之從事郎峴之且之承節郎晉之 按此四人名字已見前頁，排列順序也同，所不同的只是前頁不載官稱，「且之」作「旦之」。疑有誤。

〔三〕舒國公謚恭僖承蘊 「承蘊」二字原脫。按宋會要帝系三之二三有「承蘊，嘉祐八年二月贈昭慶

軍、舒國公」的記載；宋敏求春明退朝錄上卷敍宗室謚號，載舒國公承蘊謚恭僖。此處缺文當是「承蘊」，今補。

〔四〕紀國公德存 此五字原脫。按本表標題「紀國公房」，而此處不寫出紀國公和名字，與體例不符；本書卷二三四宗室世系表，敍魏王廷美諸子，有紀國公德存；本書卷二四四魏王廷美傳載德存子承衍，與此處所列相合，今補。

宋史

元 脱脱等撰

第二五册

卷二四二至卷二五六（傳）

中華書局

中華書局

宋史卷二百四十二

列傳第一

后妃上

太祖母昭憲杜太后　太祖孝惠賀皇后　孝明王皇后
孝章宋皇后　太宗淑德尹皇后　懿德符皇后　明德李皇后
元德李皇后　眞宗章懷潘皇后　章穆郭皇后　章獻明肅劉皇后
李宸妃　楊淑妃　沈貴妃　仁宗郭皇后　慈聖光獻曹皇后
張貴妃　苗貴妃　周貴妃　楊德妃　馮賢妃
英宗宣仁聖烈高皇后

周人尊祖之詩曰：「厥初生民，時維姜嫄。」蓋推本后稷之所自出，以爲王跡之所由基

也。宋之興，雖由先世積累，然至宣祖功業始大。昭憲杜后實生太祖、太宗，內助之賢，母範之正，蓋有以開宋世之基業者焉。觀其訓太祖以無逸治天下，至於豫定太宗神器之傳，爲宗社慮，蓋益遠矣。厥後慈聖光獻曹后擁佑兩朝，宣仁聖烈高后垂簾聽政，而有元祐之治。南渡而后，若高宗之以母道事隆祐，孝宗奉明慈怡愉之樂，皆足以爲百王法程。宋三百餘年，外無漢王氏之患，內無唐武、韋之禍，豈不卓然而可尚哉。昭憲垂裕之功，至是茂矣。舊史稱昭憲性嚴毅，有禮法。易之家人上九曰：「有孚，威如，終吉。」其是之謂歟。作后妃傳。

太祖母昭憲杜太后，定州安喜人也。父爽，贈太師。母范氏，生五子三女，太后居長，既笄，歸于宣祖。治家嚴毅有禮法。生邕王光濟、太祖、太宗、秦王廷美、夔王光贊、燕國陳國二長公主。

周顯德中，太祖爲定國軍節度使，封南陽郡太夫人。及太祖自陳橋還京師，人走報太后曰：「點檢已作天子。」太后曰：「吾兒素有大志，今果然。」太祖卽位，尊爲皇太后。太祖拜太后於堂上，衆皆賀。太后愀然不樂，左右進曰：「臣聞『母以子貴』，今子爲天子，胡爲不樂？」太后曰：「吾聞『爲君難』，天子置身兆庶之上，若治得其道，則此位可尊；苟或失馭，求爲匹夫不可得，是吾所以憂也。」太祖再拜曰：「謹受教。」

建隆二年，太后不豫，太祖侍藥餌不離左右。疾亟，召趙普入受遺命。太后因問太祖曰：「汝知所以得天下乎？」太祖嗚噎不能對。太后固問之，太祖曰：「臣所以得天下者，皆祖考及太后之積慶也。」太后曰：「不然，正由周世宗使幼兒主天下耳。使周氏有長君，天下豈爲汝有乎？汝百歲後當傳位于汝弟。四海至廣，萬幾至衆，能立長君，社稷之福也。」太祖頓首泣曰：「敢不如教。」太后顧謂趙普曰：「爾同記吾言，不可違也。」命普於榻前爲約誓書，普於紙尾書「臣普書」。藏之金匱，命謹密宮人掌之。

太后崩于滋德殿，年六十，謚曰明憲。葬安陵，神主祔享太廟。乾德二年，更謚昭憲，合祔安陵。

太祖孝惠賀皇后，開封人。右千牛衞率府率景思長女也。性溫柔恭順，動以禮法。景思嘗爲軍校，與宣祖同居護聖營。晉開運初，宣祖爲太祖聘焉。周顯德三年，太祖爲定國軍節度使，封會稽郡夫人。生秦國晉國二公主、魏王德昭。五年，寢疾薨，年三十。建隆三年四月，詔追册爲皇后。乾德二年三月，有司上謚曰孝惠。四月，葬安陵西北，神主享于別廟。神宗時，與孝章、淑德、章懷並祔太廟。

孝明王皇后，邠州新平人。彰德軍節度饒第三女。孝惠崩，周顯德五年，太祖爲殿前都點檢，聘后爲繼室。后恭勤不懈，仁慈御下。周世宗賜冠帔，封琅邪郡夫人。

太祖卽位，建隆元年八月，册爲皇后。常服寬衣，佐御膳，善彈箏鼓琴。晨起，誦佛書。事杜太后得驩心。生子女三人，皆夭。乾德元年十二月崩，年二十二。有司上謚，翰林學士竇儀撰哀册文。二年四月，葬安陵之北。神主享于別廟。太平興國二年，祔享太廟。

孝章宋皇后，河南洛陽人，左衞上將軍偓之長女也。母漢永寧公主。后幼時隨母入見，周太祖賜冠帔。乾德五年，太祖召見，復賜冠帔。時偓任華州節度，后隨母歸鎭。孝明后崩，復隨母來賀長春節。開寶元年二月，遂納入宮爲皇后，年十七。性柔順好禮，每帝視朝退，常具冠帔候接，佐御饌。太祖崩，號開寶皇后。

太平興國二年，居西宮。雍熙四年，移居東宮。至道元年四月崩，年四十四。有司上謚，權殯普濟佛舍。三年正月，祔葬永昌陵北。命吏部侍郎李至撰哀册文，神主享于別廟。神宗時，升祔太廟。

太宗淑德尹皇后，相州鄴人。滁州刺史延勛之女。兄崇珂，保信軍節度。太宗在周時娶焉。早薨。及帝卽位，詔追册爲皇后，并謚，葬孝明陵西北。神主享于別廟，後升祔太廟。

懿德符皇后，陳州宛丘人。魏王彥卿第六女也。周顯德中，歸太宗。建隆初，封汝南郡夫人，進封楚國夫人。太宗封晉王，改越國。開寶八年薨，年三十四。葬安陵西北。帝卽位，追册爲皇后，謚懿德，享于別廟。至道三年十一月，詔有司議太宗配，宰相請以后配，詔從之。奉神主升祔太廟。后姊，周世宗后也，淳化四年殂。

明德李皇后，潞州上黨人。淄州刺史處耘第二女。開寶中，太祖爲太宗聘爲妃。既納幣，會太祖崩，至太平興國三年始入宮，年十九。雍熙元年十二月，詔立爲皇后。后性恭謹莊肅，撫育諸子及嬪御甚厚。嘗生皇子，不育。至道二年，封后嫡母吳氏爲衞國太夫人，後改封楚國，及封后母陳氏爲韓國太夫人。

太宗崩，眞宗卽位。至道三年四月，尊后爲皇太后，居西宮嘉慶殿。咸平二年，宰相請別建宮立名，從之。四年宮成，移居之，仍上宮名曰萬安。景德元年崩，年四十五。謚明德。權殯沙臺。三年十月，祔葬永熙陵。禮官請以懿德、明德同祔太宗廟室，以先後爲次，從之。

李賢妃，眞定人，乾州防禦使英之女也。

太祖聞妃有容德，爲太宗聘之。開寶中，封隴西郡君。太宗卽位，進夫人。生皇女二人，皆早亡，次生楚王元佐。妃嘗夢日輪逼己，以裾承之，光耀遍體，驚而悟，遂生眞宗。太平興國二年薨，年三十四。

眞宗卽位，追封賢妃，又進上尊號爲皇太后。有司上謚曰元德。咸平三年，祔葬永熙陵。以中書侍郎、平章事李沆爲園陵使。車駕詣普安院攢宮，素服行禮，拜伏嗚咽。命駕部郎中、知制誥梁周翰撰哀册。神主祔別廟。

大中祥符元年，追贈后父英檢校太尉、安國軍節度、常山郡王，母魏國太夫人。大中祥符三年，禮官趙湘請以后祔太宗廟室。眞宗曰：「此重事也，俟令禮官議之。」六年秋，宰相王旦與羣臣表請后尊號中去「太」字，升祔太廟明德之次，從之。

眞宗章懷潘皇后，大名人，忠武軍節度美第八女。眞宗在韓邸，太宗爲聘之，封莒國夫人。端拱二年五月薨，年二十二。眞宗卽位，追册爲皇后，謚莊懷，葬永昌陵之側，陵名保泰。神主享于別廟。舊制后謚冠以帝謚。慶曆中，禮官言，「孝」字連太祖謚，「德」字連太宗謚。遂改「莊」爲「章」，以連眞宗謚云。

章穆郭皇后，太原人，宣徽南院使守文第二女。淳化四年，眞宗在襄邸，太宗爲聘之。

封魯國夫人，進封秦國。眞宗嗣位，立爲皇后。景德四年，從幸西京還，以疾崩，年三十二。

后謙約惠下，性惡奢靡。族屬入謁禁中，服飾華侈，必加戒勗。有以家事求言於上者，后終不許。兄子出嫁，以貧欲祈恩賚，但出裝具給之。上尤加禮重。

及崩，上深嗟悼。禮官奏皇帝七日釋服，特詔增至十三日。太常上謚曰莊穆。靈駕發引，命翰林學士楊億撰哀册。葬永熙陵之西北，神主享于別廟。以后弟崇儀副使崇仁爲莊宅使、康州刺史，姪承慶、承壽皆遷官。大中祥符中，封后母高唐郡太夫人梁氏萊國太夫人。仁宗卽位，升祔眞宗廟室，改謚章穆。

章獻明肅劉皇后，其先家太原，後徙益州，爲華陽人。祖延慶，在晉、漢間爲右驍衞大將軍；父通，虎捷都指揮使、嘉州刺史，從征太原，道卒。后，通第二女也。

初，母龐夢月入懷，已而有娠，遂生后。后在襁褓而孤，鞠於外氏。善播鼗。蜀人龔美者，以鍛銀爲業，攜之入京師。后年十五入襄邸，王乳母秦國夫人性嚴整，因爲太宗言之，令王斥去。王不得已，置之王宮指使張耆家。太宗崩，眞宗卽位，入爲美人。以其無宗族，乃更以美爲兄弟，改姓劉。大中祥符中，爲修儀，進德妃。

自章穆崩，眞宗欲立爲皇后，大臣多以爲不可，帝卒立之。李宸妃生仁宗，后以爲己子，與楊淑妃撫視甚至。后性警悟，曉書史，聞朝廷事，能記其本末。眞宗退朝，閱天下封奏，多至中夜，后皆預聞。宮闈事有問，輒傳引故實以對。

天禧四年，帝久疾居宮中，事多決於后。宰相寇準密議奏請皇太子監國，以謀泄罷相，用丁謂代之。既而，入內都知周懷政謀廢后殺謂，復用準以輔太子。客省使楊崇勳、內殿承制楊懷吉詣謂告，謂夜乘犢車，挾崇勳、懷吉造樞密使曹利用謀。明日，誅懷政，貶準衡州司馬。於是詔皇太子開資善堂，引大臣決天下事，后裁制於內。

眞宗崩，遺詔尊后爲皇太后，軍國重事，權取處分。謂等請太后御別殿，太后遣張景宗、雷允恭諭曰：「皇帝視事，當朝夕在側，何須別御一殿？」於是請帝與太后五日一御承明殿，帝位左，太后位右，垂簾決事。議已定，太后忽出手書，第欲禁中閱章奏，遇大事卽召對輔臣。其謀出於丁謂，非太后意也。謂既貶，馮拯等三上奏，請如初議。帝亦以爲言，於是始同御承明殿。百官表賀，太后哀慟。有司請制令稱「吾」，以生日爲長寧節，出入御大安輦，鳴鞭侍衞如乘輿。令天下避太后父諱。羣臣上尊號曰應元崇德仁壽慈聖太后，御文德殿受册。

天聖五年正旦，太后御會慶殿，羣臣及契丹使者班廷中，帝再拜跪上壽。是歲郊祀

前，出手書諭百官，毋請加尊號。禮成，帝率百官恭謝如元日。七年冬至，天子又率百官上壽，范仲淹力言其非，不聽。九月，詔長寧節百官賜衣，天下賜宴，皆如乾元節。

明道元年冬至，復御文德殿。有司陳黃麾仗，設宮架、登歌、二舞。明年，帝親耕籍田，太后亦謁太廟，乘玉輅，服褘衣、九龍花釵冠，齋于廟。質明，服袞衣，十章，減宗彝、藻，去劍，冠儀天，前後垂珠翠十旒。薦獻七室，皇太妃亞獻，皇后終獻。加上尊號曰應天齊聖顯功崇德慈仁保壽太后。

是歲崩，年六十五。謚曰章獻明肅，葬于永定陵之西北。舊制皇后皆二謚，稱制，加四謚自后始。追贈三世皆至太師、尙書令、兼中書令，父封魏王。

初，仁宗卽位尙少，太后稱制，雖政出宮闈，而號令嚴明，恩威加天下。左右近習亦少所假借，宮掖間未嘗妄改作。內外賜與有節，柴氏、李氏二公主入見，猶服髲鬆。太后曰：「姑老矣。」命左右賜以珠璣帕首。時潤王元份婦安國夫人李氏老，髮且落，見太后，亦請帕首。太后曰：「大長公主，太宗皇帝女，先帝諸妹也；若趙家老婦，寧可比耶？」舊賜大臣茶，有龍鳳飾，太后曰：「此豈人臣可得？」命有司別製入香京挺以賜之。賜族人御食，必易以釦器，曰：「尙方器勿使入吾家也。」常服絁襦練裙，侍者見仁宗左右簪珥珍麗，欲效之。太后戒曰：「彼皇帝嬪御飾也，汝安得學。」

先是，小臣方仲弓上書，請依武后故事，立劉氏廟，而程琳亦獻武后臨朝圖，后擲其書于地曰：「吾不作此負祖宗事。」有漕臣劉綽者，自京西還，言在庾有出賸糧千餘斛，乞付三司。后問曰：「卿識王曾、張知白、呂夷簡、魯宗道乎？此四人豈因獻羨餘進哉！」

后稱制凡十一年，自仁宗卽位，乃諭輔臣曰：「皇帝聽斷之暇，宜詔名儒講習經史，以輔其德。」於是設幄崇政殿之西廡，而日命近臣侍講讀。

丁謂、曹利用既以侮權貶竄，而天下惕然畏之。晚稍進外家，任內宮羅崇勳、江德明等訪外事，崇勳等以此勢傾中外。兄子從德死，姻戚、門人、廝役拜官者數十人。御史曹脩古、楊偕、郭勸、段少連論奏，太后悉逐之。

太后保護帝既盡力，而仁宗所以奉太后亦甚備。上春秋長，猶不知爲宸妃所出，終太后之世無毫髮間隙焉。及不豫，帝爲大赦，悉召天下醫者馳傳詣京師。諸嘗爲太后謫者皆內徙，死者復其官。其後言者多追詆太后時事，范仲淹以爲言，上曰：「此朕所不忍聞也。」下詔戒中外毋輒言。

於是泰寧軍節度使錢惟演請以章獻、章懿與章穆並祔眞宗室。詔三省與禮院議，皆以謂章穆皇后位崇中壼，已祔眞宗廟室，自協一帝一后之文；章獻明肅處坤元之尊，章懿感日符之貴，功德莫與爲比，謂宜崇建新廟，同殿異室，歲時薦饗，一用太廟之儀，仍別立廟

名，以崇世享。翰林學士馮元等請以奉慈爲名，詔依。慶曆五年，禮院言章獻、章懿二后，請遵國朝懿德、明德、元德三后同祔太宗廟室故事，遷祔眞宗廟。詔兩制議，翰林學士王堯臣等議，請遷二后祔，序於章穆之次，從之。

李宸妃，杭州人也。祖延嗣，仕錢氏，爲金華縣主簿；父仁德，終左班殿直。初入宮，爲章獻太后侍兒，莊重寡言，眞宗以爲司寢。既有娠，從帝臨砌臺，玉釵墜，妃惡之。帝心卜：釵完，當爲男子。左右取以進，釵果不毁，帝甚喜。已而生仁宗，封崇陽縣君；復生一女，不育。進才人，後爲婉儀。仁宗卽位，爲順容，從守永定陵。章獻太后使劉美、張懷德爲訪其親屬，得其弟用和，補三班奉職。

初，仁宗在襁褓，章獻以爲己子，使楊淑妃保視之。仁宗卽位，妃嘿處先朝嬪御中，未嘗自異。人畏太后，亦無敢言者。終太后世，仁宗不自知爲妃所出也。

明道元年，疾革，進位宸妃，薨，年四十六。

初，章獻太后欲以宮人禮治喪於外，丞相呂夷簡奏禮宜從厚。太后遽引帝起，有頃，獨坐簾下，召夷簡問曰：「一宮人死，相公云云，何歟？」夷簡曰：「臣待罪宰相，事無內外，無不

當預。」太后怒曰：「相公欲離間吾母子耶！」夷簡從容對曰：「陛下不以劉氏爲念，臣不敢言；尚念劉氏，則喪禮宜從厚。」太后悟，遽曰：「宮人，李宸妃也，且奈何？」夷簡乃請治喪用一品禮，殯洪福院。夷簡又謂入內都知羅崇勳曰：「宸妃當以后服殮，用水銀實棺，異時勿謂夷簡未嘗道及。」崇勳如其言。

後章獻太后崩，燕王爲仁宗言：「陛下乃李宸妃所生，妃死以非命。」仁宗號慟頓毀，不視朝累日，下哀痛之詔自責。尊宸妃爲皇太后，謚莊懿。幸洪福院祭告[1]，易梓宮，親哭視之，妃玉色如生，冠服如皇太后，以水銀養之，故不壞。仁宗嘆曰：「人言其可信哉！」遇劉氏加厚。陪葬永定陵，廟曰奉慈。又即景靈宮建神御殿，曰廣孝。慶曆中，改謚章懿，升祔太廟。拜用和爲彰信軍節度使、檢校侍中，寵賚甚渥。既而追念不已，顧無以厚其家，乃以福康公主下嫁用和之子瑋。

楊淑妃，益州郫人。祖瑫，父知儼，知儼弟知信，隸禁軍，爲天武副指揮使。妃年十二入皇子宮。眞宗即位，拜才人，又拜婕妤，進婉儀，仍詔婉儀升從一品，位昭儀上。帝東封，西祀，凡巡幸皆從。章獻太后爲修儀，妃與之位幾埒。而妃通敏有智思，奉順

章獻無所忤，章獻親愛之。故妃雖貴幸，終不以爲己間，後加淑妃。眞宗崩，遺制以爲皇太后。

始，仁宗在乳褓，章獻使妃護視，凡起居飲食必與之俱，所以擁佑扶持，恩意勤備。及帝即位，嘗召其姪永德見禁中，欲授以諸司副使。妃辭曰：「小兒豈勝大恩，小官可也。」更命爲右侍禁。

章獻遺誥尊爲皇太后，居宮中，與皇帝同議軍國事。閤門趣百僚賀，御史中丞蔡齊目臺吏毋追班，乃入白執政曰：「上春秋長，習知天下情僞，今始親政事，豈宜使女后相繼稱制乎？」乃詔删去遺誥「同議軍國事」語，第存后號。奉緡錢二萬助湯沐，後名其所居宮曰保慶，稱保慶皇太后。

景祐三年，無疾而薨，年五十三。殯於皇儀殿。帝思其保護之恩，命禮官議加服小功。初，仁宗未有嗣，后每勸帝擇宗子近屬而賢者，養于宮中，其選即英宗也。英宗立，言者謂禮慈母於子祭，於孫止，請廢后廟，瘞其主園陵。英宗弗欲遽也，下有司議，未上，會帝崩，遂罷。后父祖皆累贈至一品，知信贈節度使。知信子景宗，見外戚傳。

沈貴妃，宰相倫之孫，父繼宗，光祿少卿。大中祥符初，以將相家子被選。初爲才人，歷美人、婕妤、充媛，至德妃。爲人淑儉不華，帝亦以妃家世故，待之異衆。長秋虛位，帝欲立之，有從中沮之者，不果。嘉祐末，進貴妃。熙寧九年薨，年八十三。許出殯其家，車駕臨奠，輟視朝三日，謚昭靜。

仁宗郭皇后，其先應州金城人。平盧軍節度使崇之孫也。天聖二年，立爲皇后。

初，帝寵張美人，欲以爲后，章獻太后難之。后既立，而頗見疏。其後尙美人、楊美人俱幸，數與后忿爭。一日，尙氏於上前有侵后語，后不勝忿，批其頰，上自起救之，誤批上頸，上大怒。入內都知閻文應因與上謀廢后，且勸帝以爪痕示執政。上以示呂夷簡，且告之故，夷簡亦以前罷相怨后，乃曰：「古亦有之。」后遂廢。詔封爲淨妃、玉京沖妙仙師，賜名清悟，居長樂宮[2]。

於是中丞孔道輔、諫官御史范仲淹段少連等十人伏閤言：「后無過，不可廢。」道輔等俱被黜責。景祐元年，出居瑤華宮，而尙美人亦廢於洞眞宮入道，楊美人別宅安置。又賜后號金庭教主、沖靜元師。後帝頗念之，遣使存問，賜以樂府，后和答之，辭甚愴惋。帝嘗密

令召入，后曰：「若再見召者，須百官立班受册方可。」屬小疾，遣文應挾醫診視，數日，乃言后暴薨。中外疑閻文應進毒，而不得其實。上深悼之，追復皇后，而停謚册祔廟之禮。

慈聖光獻曹皇后，眞定人，樞密使周武惠王彬之孫也。明道二年，郭后廢，詔聘入宮。景祐元年九月，册爲皇后。性慈儉，重稼穡，常於禁苑種穀、親蠶，善飛帛書。

慶曆八年閏正月，帝將以望夕再張燈，后諫止。後三日，衞卒數人作亂，夜越屋叩寢殿。后方侍帝，聞變遽起。帝欲出，后閉閤擁持，趣呼都知王守忠使引兵入。賊傷宮嬪殿下，聲徹帝所，宦者以乳嫗毆小女子紿奏，后叱之曰：「賊在近殺人，敢妄言耶！」后度賊必縱火，陰遣人挈水踵其後，果舉炬焚簾，水隨滅之。是夕，所遣宦侍，后皆親翦其髮，諭之曰：「明日行賞，用是爲驗。」故爭盡死力，賊即禽滅。閤內妾與卒亂當誅，祈哀幸姬，姬言之帝，貸其死。后具衣冠見，請論如法，曰：「不如是，無以肅淸禁掖。」帝命坐，后不可，立請，移數刻，卒誅之。

張妃怙寵上僭，欲假后蓋出游。帝使自來請，后與之，無靳色。妃喜，還以告，帝曰：「國家文物儀章，上下有秩，汝張之而出，外廷不汝置。」妃不懌而輟。

英宗方四歲，育禁中，后拊鞠周盡；迨入爲嗣子，贊策居多。帝夜暴疾崩，后悉斂諸門鑰置於前，召皇子入。及明，宰臣韓琦等至，奉英宗即位，尊后爲皇太后。

帝感疾，請權同處分軍國事，御內東門小殿聽政。大臣日奏事有疑未決者，則曰「公輩更議之」，未嘗出己意。頗涉經史，多援以決事。中外章奏日數十，一一能紀綱要。檢柅曹氏及左右臣僕，毫分不以假借，宮省肅然。

明年夏，帝疾益愈，即命撤簾還政，帝持書久不下，及秋始行之。敕有司崇峻典禮，以弟佾同中書門下平章事。神宗立，尊爲太皇太后，名宮曰慶壽。帝致極誠孝，所以承迎娛悅，無所不盡，從行登覽，每先後策掖。后亦慈愛天至，或退朝稍晚，必自至屏扆候矚，間親持饍飲以食帝。外家男子，舊毋得入謁。后春秋高，佾亦老，帝數言宜使入見，輒不許。他日，佾侍帝，帝復爲請，乃許之，因偕詣后閤。少焉，帝先起，若令佾得伸親意。后遽曰：「此非汝所當得留。」趣遣出。

晚得水疾，侍醫莫能治。元豐二年冬，疾甚，帝視疾寢門，衣不解帶。旬日崩，年六十四。帝推恩曹氏，拜佾中書令，進官者四十餘人。

初，王安石當國，變亂舊章，后乘間語神宗，謂祖宗法度不宜輕改。熙寧宗祀前數日，帝至后所，后曰：「吾昔聞民間疾苦，必以告仁宗，因赦行之，今亦當爾。」帝曰：「今無他事。」

后曰：「吾聞民間甚苦青苗、助役，宜罷之。安石誠有才學，然怨之者甚衆，帝欲愛惜保全之，不若暫出之於外。」帝悚聽，垂欲止，復爲安石所持，遂不果。

帝嘗有意於燕薊，已與大臣定議，乃詣慶壽宮白其事。后曰：「儲蓄賜予備乎？鎧仗士卒精乎？」帝曰：「固已辦之矣。」后曰：「事體至大，吉凶悔吝生乎動，得之不過南面受賀而已；萬一不諧，則生靈所係，未易以言。苟可取之，太祖、太宗收復久矣，何待今日。」帝曰：「敢不受教。」

蘇軾以詩得罪，下御史獄，人以爲必死。后違豫中聞之，謂帝曰：「嘗憶仁宗以制科得軾兄弟，喜曰：『吾爲子孫得兩宰相。』今聞軾以作詩繫獄，得非仇人中傷之乎？捃至於詩，其過微矣。吾疾勢已篤，不可以冤濫致傷中和，宜熟察之。」帝涕泣，軾由此得免。及崩，帝哀慕毀瘠，殆不勝喪。有司上謚，葬于永昭陵。

張貴妃，河南永安人也。祖穎，進士第，終建平令。父堯封，亦舉進士，爲石州推官卒。時堯封兄堯佐補蜀官，堯封妻錢氏求挈孤幼隨之官，堯佐不收恤，以道遠辭。妃幼無依，錢氏遂納于章惠皇后宮寢。長得幸，有盛寵。妃巧慧多智數，善承迎，勢動中外。慶曆元年，封清河郡君，歲中爲才人，遷修媛。忽被疾，曰：「妾姿薄，不勝寵名，願爲美人。」許之。皇祐初，進貴妃。後五年薨，年三十一。仁宗哀悼之，追册爲皇后，謚溫成。追封堯封清河郡王，謚景思。而堯佐因緣僥倖，致位通顯云。

苗貴妃，開封人。父繼宗。母許，先爲仁宗乳保，出嫁繼宗。帝登位，得復通籍。妃以容德入侍，生唐王昕、福康公主。封仁壽郡君，拜才人、昭容、德妃。英宗育於禁中，妃撫佑頗有恩。既踐阼，嚮其前勞，進貴妃。贈其父至太師、吳國公，母陳、楚國夫人。福康下嫁，當貽恩外家，抑不肯言。元祐六年薨，年六十九。哲宗輟朝，出奠，發哀苑中，謚曰昭節。

周貴妃，開封人。生四歲，從其姑入宮，張貴妃育爲女。稍長，遂得侍仁宗，生兩公主。帝崩，妃日一蔬食，屏處一室，誦佛書，困則假寐，覺則復誦，晝夜不解衣者四十年。公主下嫁錢景臻、郭獻卿。連進至賢妃，徽宗立，加貴妃。歷五朝，勤約一致。啓壽藏於周氏塋南，傍建僧屋，費緡錢六萬，皆貯儲奉賜。郭公主先亡，詔許出外第，與親戚相往來。年九十三薨，謚昭淑。

楊德妃，定陶人。天聖中，以章獻太后姻連，選爲御侍，封原武郡君，進美人。端麗機敏，妙音律，組紃、書藝一過目如素習。父忠爲侍禁，仁宗欲加獎擢，辭曰：「外官當積勞以取貴，今以恩澤徼倖，恐啓左右請謁之端。」帝悅，命徙居肅儀殿。贈其祖貴州刺史，而官其叔弟五人。積與郭后不相能，后既廢，妃亦遣出。後復召爲婕妤，歷修媛、修儀。熙寧五年薨，年五十四。贈德妃。

馮賢妃，東平人。曾祖炳，知雜御史；祖起，兵部侍郎。妃以良家女，九歲入宮。及長，得侍仁宗，生邢、魯國二公主。封始平郡君。帝將登其品秩，力辭不拜。養女林美人得幸神宗，生二王而沒。王尚幼，妃保育如己子。累加才人、婕妤、修容。在禁掖幾六十年，始終五朝，勤循禮度。薨，年七十七，贈賢妃。

英宗宣仁聖烈高皇后，亳州蒙城人。曾祖瓊，祖繼勳，皆有勳王室，至節度使。母曹氏，慈聖光獻后〔三〕姊也，故后少鞠宮中。時英宗亦在帝所，與后年同，仁宗謂慈聖，異日必以爲配。既長，遂成昏濮邸。生神宗皇帝、岐王顥、嘉王頵、壽康公主。治平二年册爲皇后。

后弟內殿崇班〔四〕士林，供奉久，帝欲遷其官，后謝曰：「士林獲升朝籍，分量已過，豈宜援先后家比？」辭之。神宗立，尊爲皇太后，居寶慈宮。帝累欲爲高氏營大第，后不許。久之，但斥望春門外隙地以賜，凡營繕百役費，悉出寶慈，不調大農一錢。

元豐八年，帝不豫，浸劇，宰執王珪等入問疾，乞立延安郡王爲皇太子，太后權同聽政；帝頷之。珪等見太后簾下。后泣，撫王曰：「兒孝順，自官家服藥，未嘗去左右，書佛經以祈福，喜學書，已誦論語七卷，絕不好弄。」乃令王出簾外見珪等，珪等再拜謝且賀。是日降制，立爲皇太子。初，岐、嘉二王日問起居，至是，令毋輒入。又陰敕中人梁惟簡，使其妻製十歲兒一黃袍，懷以來，蓋密爲踐阼倉卒備也。

哲宗嗣位，尊爲太皇太后。驛召司馬光、呂公著，未至，迎問今日設施所宜先。未及條上，已散遣修京城役夫，減皇城覘卒，止禁庭工技，廢導洛司，出近侍尤亡狀者。戒中外毋苛斂，寬民間保戶馬。事由中旨，王珪等弗預知。又起文彥博於既老，遣使勞諸途，諭以復

祖宗法度爲先務，且令亟疏可用者。

從父遵裕坐西征失律抵罪，蔡確欲獻諛以固位，乞復其官。后曰：「遵裕靈武之役，塗炭百萬，先帝中夜得報，起環榻行，徹旦不能寐，聖情自是驚悸，馴致大故，禍由遵裕，得免刑誅，幸矣。先帝肉未冷，吾何敢顧私恩而違天下公議！」確悚慄而止。

光、公著至，並命爲相，使同心輔政，一時知名士彙進於廷。凡熙寧以來政事弗便者，次第罷之。於是以常平舊式改青苗，以嘉祐差役參募役，除市易之法，逭茶鹽之禁，舉邊砦不毛之地以賜西戎，而宇內復安。契丹主戒其臣下，復勿生事於疆埸，曰：「南朝盡行仁宗之政矣。」

蔡確坐車蓋亭詩謫嶺表，后謂大臣曰：「元豐之末，吾以今皇帝所書佛經出示人，是時惟王珪曾奏賀，遂定儲極。且以子繼父，有何間言？而確自謂有定策大功，妄扇事端，規爲異時眩惑地。吾不忍明言，姑託訕上爲名逐之耳。此宗社大計，姦邪怨謗所不暇恤也。」

廷試舉人，有司請循天聖故事，帝后皆御殿，后止之。又請受册寶於文德，后曰：「母后當陽，非國家美事，況天子正衙，豈所當御？就崇政足矣。」上元燈宴，后母當入觀，止之曰：「夫人登樓，上必加禮，是由吾故而越典制，於心殊不安。」但令賜之燈燭，遂歲以爲常。姪公繪、公紀當轉觀察使，力遏之。帝請至再，僅遷一秩，終后之世不敢改。又以官冗當汰，詔損外氏恩四之一，以爲宮掖先。臨政九年，朝廷淸明，華夏綏定。

宋用臣等既被斥，祈神宗乳媼入言之，冀得復用。后見其來，曰：「汝來何爲？得非爲用臣等游說乎？且汝尚欲如曩日，求內降干撓國政耶？若復爾，吾卽斬汝。」媼大懼，不敢出一言。自是內降遂絕，力行故事，抑絕外家私恩。文思院奉上之物，無問巨細，終身不取其一。人以爲女中堯舜。

元祐八年九月，屬疾崩，年六十二。後二年，章惇、蔡卞、邢恕始造爲不根之謗，皇太后、太妃力辨其誣，事乃已。語在恕傳。至高宗時，昭暴惇、卞、恕罪，褒錄后家，贈曹夫人爲魏、魯國夫人，弟士遜、士林及公繪、公紀皆追王，擢從孫世則節度使。他受恩者，又十餘人云。

校勘記

〔一〕幸洪福院祭告　「院」原作「寺」，據上文及宋會要禮三二之一八、長編卷一一三改。

〔二〕長樂宮　宋會要后妃一之三、長編卷一一三都作「長寧宮」。

〔三〕慈聖光獻后　「后」原作「妃」。按「慈聖光獻」是仁宗曹后的謚號，已見本卷慈聖光獻曹皇后傳，據改。

〔四〕內殿崇班　「內殿」二字原倒，據本書卷一六九職官志、長編卷二〇八乙正。

宋史卷二百四十三

列傳第二

后妃下

神宗欽聖憲肅向皇后，河內人，故宰相敏中曾孫也。治平三年，歸于潁邸，封安國夫人。神宗卽位，立爲皇后。

帝不豫，后贊宣仁后定建儲之議。哲宗立，尊爲皇太后。宣仁命葺慶壽故宮以居后，后辭曰：「安有姑居西而婦處東，瀆上下之分。」不敢徙，遂以慶壽後殿爲隆祐宮居之。帝將卜后及諸王納婦，后敕向族勿以女置選中。族黨有欲援例以恩換閤職，及爲選人求京秩者，且言有特旨，后曰：「吾族未省用此例，何庸以私情撓公法。」一不與。帝倉卒晏駕，獨決策迎端王。章惇異議，不能沮。

徽宗立，請權同處分軍國事，后以長君辭。帝泣拜，移時乃聽。凡紹聖、元符以還，惇所斥逐賢大夫士，稍稍收用之。故事有如御正殿、避家諱、立誕節之類，皆不用。至聞賓召故老，寬徭息兵，愛民崇儉之舉，則喜見于色。纔六月，卽還政。

明年正月崩，年五十六。帝追念不已，乃數加恩兩舅，宗良、宗回，皆位開府儀同三司，封郡王。而自敏中以上三世，亦追列王爵，非常典也。

欽成朱皇后，開封人。父崔傑，早世；母李，更嫁朱士安。后鞠於所親任氏。熙寧初，入宮爲御侍，進才人、婕妤，生哲宗及蔡王似〔一〕、徐國公主，累進德妃。

哲宗卽位，尊爲皇太妃。時宣仁、欽聖二太后皆居尊，故稱號未極。元祐三年，宣仁詔：「春秋之義，『母以子貴』，其尋繹故實，務致優隆。」於是輿蓋、仗衞、冠服，悉侔皇后。紹聖中，欽聖復命卽閤建殿，改乘車爲輿，出入由宣德東門，百官上牋稱「殿下」，名所居爲聖瑞宮。贈崔、任、朱三父皆至師、保。徽宗立，奉禮尤謹。

崇寧元年二月薨，年五十一。追册爲皇后，上尊謚，陪葬永裕陵。

欽慈陳皇后，開封人。幼穎悟莊重，選入掖庭，爲御侍。生徽宗，進美人。帝崩，守陵殿，思顧舊恩，毀瘠骨立。左右進粥、藥，揮使去，曰：「得早侍先帝，願足矣！」未幾薨，年三十二。建中靖國元年，追册爲皇太后，上尊謚，陪葬永裕陵。

林賢妃，南劍人，三司使特之孫，司農卿洙之女。幼選入宮，既長，遂得幸，封永嘉郡君，升美人。生燕王俁、越王偲、邢國公主，進婕妤。元祐五年薨。詔用一品禮葬，贈貴儀，又贈賢妃。

武賢妃，始以選入宮。元豐五年，進才人。生吳王佖、賢和公主。歷美人、婕妤。徽宗卽位，進昭儀、賢妃。大觀元年薨，乘輿臨奠，輟朝三日，謚曰惠穆。

哲宗昭慈聖獻孟皇后，洺州人，眉州防禦使、馬軍都虞候、贈太尉元之孫女也。初，哲宗既長，宣仁高太后歷選世家女百餘入宮。后年十六，宣仁及欽聖向太后皆愛之，敎以女儀。元祐七年，諭宰執：「孟氏子能執婦禮，宜正位中宮。」命學士草制。又以近世禮儀簡略，詔翰林、臺諫、給舍與禮官議册后六禮以進。至是，命尚書左僕射呂大防攝太尉，充奉迎使，同知樞密院韓忠彥攝司徒副之；尚書左丞蘇頌攝太尉，充發策使，簽書樞密院事王巖叟攝司徒副之；尚書右丞蘇轍攝太尉，充告期使，皇叔同知大宗正事宗景攝宗正卿副之；皇伯祖判大宗正事高密郡王宗晟攝太尉，充納成使，翰林學士范百祿攝宗正卿副之；吏部尚書王存攝太尉，充納吉使，權戶部尚書劉奉世攝宗正卿副之；翰林學士梁燾

攝太尉，充納采、問名使，御史中丞鄭雍攝宗正卿副之。帝親御文德殿册爲皇后。宣仁太后語帝曰：「得賢內助，非細事也。」進后父閤門祗候在爲崇儀使、榮州刺史，母王氏華原郡君。

久之，劉婕妤有寵。紹聖三年，后朝景靈宮，訖事，就坐，諸嬪御立侍，劉獨背立簾下，后閤中陳迎兒呵之，不顧，閤中皆忿。多至日，會朝欽聖太后於隆祐宮，后御坐朱髹金飾，宮中之制，惟后得之。婕妤在他坐，有愠色，從者爲易坐，製與后等。衆弗能平，因傳唱曰：「皇太后出！」后起立，劉亦起，尋各復其所，或已撤婕妤坐，遂仆于地。懟不復朝，泣訴于帝。內侍郝隨謂婕妤曰：「毋以此戚戚，願爲大家早生子，此坐正當爲婕妤有也。」

會后女福慶公主疾，后有姊頗知醫，嘗已后危疾，以故出入禁掖。公主藥弗效，持道家治病符水入治。后驚曰：「姊寧知宮中禁嚴，與外間異邪？」令左右藏之；俟帝至，具言其故。帝曰：「此人之常情耳。」后卽爇符於帝前。宮禁相傳，厭魅之端作矣。未幾，后養母聽宣夫人燕氏、尼法端與供奉官王堅爲后禱祠。事聞，詔入內押班梁從政、管當御藥院蘇珪，卽皇城司鞫之，捕逮宦者、宮妾幾三十人，搒掠備至，肢體毀折，至有斷舌者。獄成，命侍御史董敦逸覆錄，罪人過庭下，氣息僅屬，無一人能出聲者。敦逸秉筆疑未下，郝隨等以言脅之。敦逸畏禍及己，乃以奏牘上。詔廢后，出居瑤華宮，號華陽敎主、玉淸妙靜仙師，法名

冲眞。

初，章惇誣宣仁后有廢立計，以后逮事宣仁，惇又陰附劉賢妃，欲請建爲后，遂與郝隨構成是獄，天下冤之。敦逸奏言：「中宮之廢，事有所因，情有可察。詔下之日，天爲之陰翳，是天不欲廢后也；人爲之流涕，是人不欲廢后也。」且言：「嘗覆錄獄事，恐得罪天下後世。」帝曰：「敦逸不可更在言路。」曾布曰：「陛下本以皇城獄出於近習推治，故命敦逸錄問，今乃貶錄問官，何以取信中外？」乃止。帝久亦悔之，曰：「章惇誤我。」

元符末，欽聖太后將復后位，適有布衣上書，以后爲言者，卽命以官；於是詔后還內，號元祐皇后，時劉號元符皇后故也。崇寧初，郝隨諷蔡京再廢后，昌州判官馮澥上書言后不得復。臺臣錢遹、石豫、左膚等連章論韓忠彥等信一布衣狂言，復已廢之后，以掠虛美，望斷以大義。蔡京與執政許將、溫益、趙挺之、張商英皆主其說。徽宗從之，詔依紹聖詔旨，復居瑤華宮，加賜希微元通知和妙靜仙師。

靖康初，瑤華宮火，徙居延寧宮；又火，出居相國寺前之私第。金人圍汴，欽宗與近臣議再復后，尊爲元祐太后。詔未下而京城陷。時六宮有位號者皆北遷，后以廢獨存。張邦昌僭位，尊后爲宋太后，迎居延福宮，受百官朝。胡舜陟、馬仲又言，政事當取后旨。邦昌乃復上尊號元祐皇后，迎入禁中，垂簾聽政。

后聞康王在濟，遣尙書左右丞馮澥、李回及兄子忠厚持書奉迎。命副都指揮使郭仲荀將所部扈衞，又命御營前軍統制張俊逆于道。尋降手書，播告天下。王至南京，后遣宗室士㒟及內侍邵成章奉圭寶、乘輿、服御迎，王卽皇帝位，改元，后以是日撤簾，尊后爲元祐太后。尙書省言，「元」字犯后祖名，請易以所居宮名，遂稱隆祐太后。

上將幸揚州，命仲荀衞太后先行，駐揚州州治。會張浚請先定六宮所居地，遂詔忠厚奉太后幸杭州，以苗傅爲扈從統制。踰年，傅與劉正彥作亂，請太后聽政，又請立皇子。太后諭之曰：「自蔡京、王黼更祖宗法，童貫起邊事，致國家禍亂。今皇帝無失德，止爲黃潛善、汪伯彥所誤，皆已逐矣。」傅等言必立皇太子，太后曰：「今强敵在外，我以婦人抱三歲小兒聽政，將何以令天下？」傅等泣請，太后力拒之。帝聞事急，詔禪位元子，太后垂簾聽政。朱勝非請令臣僚得獨對論機事，仍日引傅黨一人上殿，以釋其疑。太后從之，每見傅等，曲加慰撫，傅等皆喜。韓世忠妻梁氏在傅軍中，勝非以計脫之，太后召見，勉令世忠速來，以淸巖陛。梁氏馳入世忠軍，諭太后意。世忠等遂引兵至，逆黨懼。朱勝非等誘以復辟，命王世修草狀進呈。太后喜曰：「吾責塞矣。」再以手札趣帝還宮，卽欲撤簾。帝令勝非請太后一出御殿，乃命撤簾。是日，上皇太后尊號。

太后聞張浚忠義，欲一見之，帝爲召浚至禁中。承議郎馮㯕嘗貽書苗傅勸復辟，上未

之知，太后白其事，㯕得遷秩。

帝幸建康[二]，命簽書樞密院事鄭瑴衞太后繼發，比至，帝率羣臣迎于郊。會防秋迫，命劉寧止制置江、浙，衞太后往洪州，百司非預軍事者悉從。仍命滕康、劉珏權知三省樞密院事從行，凡四方奏讞、吏部差注、舉辟、功賞之類，皆隸焉。復命四廂都指揮使楊惟忠，將兵萬人衞從。帝慮敵人來侵，密諭康、珏緩急取太后旨，便宜以行。過落星寺，舟覆，宮人溺死者十數，惟太后舟無虞。

旣至洪州，議者言：「金人自蘄、黃渡江，陸行二百餘里，卽到洪州。」帝憂之，命劉光世屯江州。光世不爲備，金人遂自大冶縣徑趣洪州。康、珏奉太后行，次吉州。金人追急，太后乘舟夜行。質明，至太和縣，舟人景信反，楊惟忠兵潰，失宮人一百六十，康、珏俱遁，兵衞不滿百，遂往虔州。太后及潘妃以農夫肩輿而行。帝慮太后徑入閩、廣，遣使歷詢后所在，及知在虔州，遂命中書舍人李正民來朝謁。

時虔州府庫皆空，衞軍所給，惟得沙錢，市買不售，與百姓交鬥，縱火肆掠。土豪陳新率衆圍城，康、珏、惟忠弗能禁。惟忠步將胡友自外引兵破新于城下，新乃去。帝聞，罷康、珏，命盧益、李回代之。諭輔臣曰：「朕初不識太后，自迎至南京，愛朕不啻己出。今在數千里外，兵馬驚擾，當亟奉迎，以慨朕朝夕慕念之意。」遂遣御營司都統辛企宗、帶御器械潘永思

迎歸。太后至越，帝親迎于行宮門外，遍問所過守臣治狀。

入宮禁中，嘗微苦風眩。有宮人自言善符呪，疾良已。太后驚曰：「吾豈敢復聞此語耶！」立命出之。太后生辰，置酒宮中，從容謂帝曰：「宣仁太后之賢，古今母后未有其比。昔奸臣肆爲謗誣，雖嘗下詔明辨，而國史尙未删定，豈足傳信？吾意在天之靈，不無望於帝也。」帝聞之悚然。後乃更修神宗、哲宗實錄，始得其正，而奸臣情狀益著。

帝事太后極孝，雖帷帳皆親視；或得時果，必先獻太后，然後敢嘗。宣教郎范燾與忠厚有憾，誣與太后密養欽宗子。帝曰：「朕於太后如母子，安得有此。」即治其罪。紹興五年春[三]，患風疾，帝旦暮不離左右，衣弗解帶者連夕。

四月，崩於行宮之西殿，年五十九。遺命擇地攢殯，俟軍事寧，歸葬園陵。帝詔曰：「朕以繼體之重，當從重服，凡喪祭用母后臨朝禮。」上尊號曰昭慈獻烈皇太后，推恩外家凡五十人。殯于會稽上皇村，附神主于哲宗室，位在昭懷皇后上。三年，改謚昭慈聖獻。

后性節儉謙謹，有司月供千緡而止。幸南昌，斥賣私絹三千匹充費。尋詔文書應奏者避后父名，不許；羣臣請上太皇太后號，亦不許。忠厚直顯謨閣，臺諫、給舍交章論列，后聞，即令易武，命學士院降詔，戒敕忠厚等不得預聞朝政、通貴近、至私第謁見宰執。以恩澤當得官者近八十員，后未嘗陳請。

初，后受册日，宣仁太后歎曰：「斯人賢淑，惜福薄耳！異日國有事變，必此人當之。」後皆如所云。

昭懷劉皇后，初爲御侍，明豔冠後庭，且多才藝。由美人、婕妤進賢妃。生一子二女。有盛寵，能順意奉兩宮。時孟后位中宮，后不循列妾禮，且陰造奇語以售謗；內侍郝隨、劉友端爲之用。孟后既廢，后竟代焉。右正言鄒浩上疏極諫，坐竄。徽宗立，册爲元符皇后。明年，尊爲太后，名宮崇恩。帝緣哲宗故，曲加恩禮，后以是頗干預外事，且以不謹聞。帝與輔臣議，將廢之，而后已爲左右所逼，即簾鉤自縊而崩，年三十五。

徽宗顯恭王皇后，開封人，德州刺史藻之女也。元符二年六月，歸于端邸，封順國夫人。徽宗即位，册爲皇后。生欽宗及崇國公主。后性恭儉，鄭、王二妃方亢寵，后待之均平。巨閹妄意迎合，誣以闇昧。帝命刑部侍郎周鼎即秘獄參驗，略無一跡，獄止。后見帝，未嘗一語輒及，帝幡然憐之。大觀二年崩，年二十五。謚曰靜和，葬裕陵之次。紹興中，始附徽宗廟室，改上今謚云。

鄭皇后，開封人也。父紳，始爲直省官，以后貴，累封太師、樂平郡王。

后本欽聖殿押班，徽宗爲端王，每日朝慈德宮，欽聖命鄭、王二押班供侍。及即位，遂以二人賜之。后自入宮，好觀書，章奏能自製，帝愛其才。崇寧初，封賢妃，遷貴妃，有異寵。徽宗多賚以詞章，天下歌之。

王皇后崩，政和元年，立爲皇后。將受册，有司創製冠服，后言國用未足，冠珠費多，請命工改製妃時舊冠。又乞罷黃麾仗、小駕鹵簿等儀，從之。恩澤皆弗陳請。時族子居中在樞府，后奏：「外戚不當預國政，必欲用之，且令充妃職。」帝爲罷居中。居中復用，后歸寧還言：「居中與父紳相往還，人皆言其招權市賄，乞禁絕，許御史奏劾。」后性端謹，善順承帝意。劉貴妃薨，帝思之不已，將追册爲后。后即奏妃乃其養子，乞別議褒崇之禮，帝大喜。

欽宗受禪，尊爲太上皇后，遷居寧德宮，稱寧德太后。從上皇幸南京，金師退，先歸。時用事者言，上皇將復辟於鎭江，人情危駭。或謂后將由端門直入禁中，內侍輩頗勸欽宗嚴備。帝不從，出郊迎后，於是兩宮歡甚洽。上皇聞之，即罷如洛之議。

汴京破，從上皇幸青城。北遷，留五年，崩于五國城，年五十二。紹興七年，何蘇等使還，始知上皇及后崩，高宗大慟。詔立重成服，謚顯肅。后親族各遷官有差。祔主徽宗室，以聞哀日爲大忌。梓宮歸，入境，承之以槨，納翬衣其中，與徽宗合攢于會稽永佑陵。

先是，后至金營，訴于粘罕曰：「妾得罪當行，但妾家屬不預朝政，乞留不遣。」粘罕許之，故紳得歸。后既行，紳亦以是年薨，謚僖靖。家屬流寓江南，高宗憐之，詔所在尋訪賜官。有鄭藻者，后近屬也。紹興中帶御器械，用后祔廟恩，拜隴州防禦使，凡四使金，歷官至保信軍節度使，加太尉。卒，追封滎國公，謚端靖。

王貴妃，與鄭后俱爲押班。徽宗立，封平昌郡君，進位至貴妃。生鄆王楷、莘王植、陳王機、惠淑康淑順德柔福沖懿帝姬。政和七年九月薨，謚曰懿肅。

韋賢妃，開封人，高宗母也。初入宮，爲侍御。崇寧末，封平昌郡君。大觀初，進婕妤，累遷婉容。高宗在康邸出使，進封龍德宮賢妃。從上皇北遷。建炎改元，遙尊爲宣和皇

中華書局

后。封其父安道爲郡王，官親屬三十人。由是遣使不絕。

紹興七年，徽宗及鄭皇后崩聞至，帝號慟，諭輔臣曰：「宣和皇后春秋高，朕思之不遑寧處，屈己講和，正爲此耳。」翰林學士朱震引唐建中故事，請遙尊爲皇太后，從之。已而太常少卿吳表臣請依嘉祐、治平故事，俟三年喪畢，然後舉行。乃先降御札，播告天下。后三代俱追封王。

帝以后久未歸，每顰蹙曰：「金人若從朕請，餘皆非所問也。」王倫使回，言金人許歸后。未幾，金人遣蕭哲來，亦言后將歸狀。遂豫作慈寧宮〔四〕，命莫將、韓恕爲奉迎使。十年，以金人猶未歸后，乃遙上皇太后册寶於慈寧殿。是後，生辰、至、朔，皆遙行賀禮。

洪皓在燕，求得后書，遣李微持歸。帝大喜曰：「遣使百輩，不如一書。」遂加微官。金人遣蕭毅、邢具瞻來議和，帝曰：「朕有天下，而養不及親。徽宗無及矣！今立誓信，當明言歸我太后，朕不恥和。不然，朕不憚用兵。」毅等還，帝又語之曰：「太后果還，自當謹守誓約；如其未也，雖有誓約，徒爲虛文。」

命何鑄、曹勛報謝，召至內殿，諭之曰：「朕北望庭闈，無淚可揮。卿見金主，當曰：『慈親之在上國，一老人耳；在本國，則所繫甚重。』以至誠說之，庶彼有感動。」鑄等至金國，首以后歸爲請。金主曰：「先朝業已如此，豈可輒改？」勛再三懇請，金主始允。鑄等就館，館

伴耶律紹文來言，金主許從所請。洪皓聞之，先遣人來報。鑄等還，具言其實。遂命參政王次翁爲奉迎使。金人遣其臣高居安、完顏宗賢等扈從以行。

十二年四月，次燕山，自東平舟行，由清河至楚州。既渡淮，命太后弟安樂郡王〔五〕韋淵、秦魯國大長公主、吳國長公主迎于道。帝親至臨平奉迎，普安郡王、宰執、兩省、三衙管軍皆從。帝初見太后，喜極而泣。八月，至臨安，入居慈寧宮。

先是，以梓宮未還，詔中外輟樂。至是，慶太后壽節，始用樂。謁家廟，親屬遷官幾二千人〔六〕。

太后聰明有智慮。初，金人許還三梓宮，太后恐其反覆，呼役者畢集，然後起攢。時方暑，金人憚行，太后慮有他變，乃陽稱疾，須秋涼進發。已而稱貸于金使，得黃金三千兩以犒其衆，由是途中無間言。太后在北方，聞韓世忠名，次臨平，呼世忠至簾前慰勞。還宮，帝侍太后，或至夜分未去，太后曰：「且休矣，聽朝宜早，恐妨萬幾。」又嘗謂：「兩宮給使，宜令通用；不然，則有彼我之分，而佞人間言易以入也。」

時皇后未立，太后屢爲帝言，帝請降手書，太后曰：「我但知家事，外庭非所當預。」將行册命，承平典禮，悉能記之。帝先意承志，惟恐不及，或一食稍減，輒不勝憂懼。常戒宮人曰：「太后年已六十，惟優游無事，起居適意，即壽考康寧；事有所闕，愼毋令太后知，第來

白朕。」

十九年，太后年七十，正月朔，即宮中行慶壽禮，親屬各遷官一等。太后微恙，累月不出殿門，會牡丹盛開，帝入白，太后欣然步至花所，因留宴，竟日盡歡。翌日，以諭宰執。后苦目疾，募得醫皇甫坦，治即愈。

二十九年，太后壽登八十，復行慶禮。親屬進官一等；庶人年九十、宗子女若貢士已上父母年八十者，悉官封之。九月，得疾，上不視朝，敕輔臣祈禱天地、宗廟、社稷，赦天下，減租稅。俄崩于慈寧宮，謚曰顯仁。攢于永佑陵之西，祔神主太廟徽宗室。親屬進秩者十四人，授官者三人。

太后性節儉，有司進金唾壺，太后易，令用塗金。宮中賜予不過三數千，所得供進財帛，多積於庫。至是，喪葬之費，皆仰給焉。然好佛、老。初，高宗出使，有小妾言，見四金甲人執刀劍以衞。太后曰：「我祠四聖謹甚，必其陰助。」既北遷，常設祭；及歸，立祠西湖上。

喬貴妃，初與高宗母韋妃俱侍鄭皇后，結爲姊妹，約先貴者毋相忘。既而貴妃得幸徽宗，遂引韋氏，二人愈相得。二帝北遷，貴妃與韋氏俱。至是，韋妃將還，貴妃以金五十兩

贈高居安，曰：「薄物不足爲禮，願好護送姊還江南。」復舉酒酌韋氏曰：「姊善重保護，歸即爲皇太后；妹無還期，終死於朔漠矣！」遂大慟以別。

劉貴妃，其出單微。入宮，即大幸，由才人七遷至貴妃。生濟陽郡王棫、祁王模、信王榛。政和三年秋，薨。

先是，妃手植芭蕉於庭曰：「是物長，吾不及見矣！」已而果然。左右奔告帝，帝初以其微疾，不經意，趣幸之，已薨矣，始大悲惻。特加四字謚曰明達懿文。敍其平生，紘諸樂府。又欲踵温成故事追崇，使皇后表請，因册贈爲后，而以明達謚焉。

時又有安妃劉氏者，本酒保家女。初事崇恩宮；宮罷，出居宦者何訢家。內侍楊戩譽其美，復召入。妃以同姓養爲女，遂有寵，爲才人，進至淑妃。生建安郡王楧、嘉國公椅、英國公樬、和福帝姬。政和四年，加貴妃。朝夕得侍上，擅愛顓席，嬪御爲之稀進。擢其父劉宗元節度使。

妃天資警悟，解迎意合旨，雅善塗飾，每制一服，外間即傚之。林靈素以技進，目爲九華玉眞安妃，肖其像于神霄帝君之左。宣和三年薨，年三十四。初謚明節和文，旋用明達

近比，加册贈爲皇后，葬其園之西北隅。帝悼之甚，後宮皆往唁，帝相與啜泣。崔妃獨左視無戚容，帝悲怒，疑其爲厭蠱。卜者劉康孫緣妃以進，喜妄談休咎，捕送開封獄。醫曹孝忠侍疾無狀，閤內侍王堯臣坐盜金珠及出金明池游宴事，併鞫治。獄成，同日誅死。遂廢崔妃爲庶人。崔生漢王椿及帝姬五人云。

欽宗朱皇后，開封祥符人。父伯材，武康軍節度使。欽宗在東宮，徽宗臨軒備禮，册爲皇太子妃。欽宗卽位，立爲皇后。追封伯材爲恩平郡王。后既北遷，不知崩聞。慶元三年上尊號，謚仁懷，祔于太廟欽宗室，推恩后家十五人。五年，奉安神御于景靈宮。

兄二人：孝孫，靖康中以節鉞換授右金吾衞上將軍，卒贈開府儀同三司；孝章，一日孝莊，官至永慶軍承宣使，卒贈昭化軍節度使。

高宗憲節邢皇后，開封祥符人。父煥，朝請郎。高宗居康邸，以婦聘之，封嘉國夫人。王出使，夫人留居蕃衍宅。金人犯京師，夫人從三宮北遷。上皇遣曹勛歸，夫人脫所御金

環，使內侍持付勛曰：「幸爲吾白大王，願如此環，得早相見也。」王憐之。及卽位，遙册爲皇后，官后親屬二十五人。

紹興九年，后崩于五國城，年三十四。金人秘之，高宗虛中宮以待者十六年。顯仁太后回鑾，始得崩聞。上爲輟朝，行釋服之祭，謚懿節，祔主于別廟。

紹興十二年八月，后梓宮至，攢于聖獻太后梓宮之西北。帝思后，殊慘不樂，皇后吳氏知帝意，乃請爲其姪珣、琚婚邢氏二女，以慰帝心。淳熙末，改謚憲節，祔高宗廟。

憲聖慈烈吳皇后，開封人。父近，以后貴，累官武翼郎，贈太師，追封吳王，謚宣靖。近嘗夢至一亭，扁曰「侍康」；傍植芍藥，獨放一花，殊妍麗可愛，花下白羊一，近寤而異之。后以乙未歲生，方產時，紅光徹戶外。年十四，高宗爲康王，被選入宮，人謂「侍康」之徵。

王卽帝位，后常以戎服侍左右。后頗知書，從幸四明，衞士謀爲變，入問帝所在，后紿之以免。未幾，帝航海，有魚躍入御舟，后曰：「此周人白魚之祥也。」帝大悅，封和義郡夫人。還越，進封才人。后益博習書史，又善翰墨，由是寵遇日至，與張氏並爲婉儀，尋進貴妃。

顯仁太后回鑾，亦愛后。憲節皇后崩聞至，秦檜等累表請立中宮，太后亦爲言。紹興十三年，詔立貴妃爲皇后。帝御文德殿授册，后卽穆清殿廷受之。追王三代，親屬由后官者三十五人。

顯仁太后性嚴肅，后身承起居，順適其意。嘗繪古列女圖，置坐右爲鑒；又取詩序之義，扁其堂曰「賢志」。

初，伯琮以宗子召入宮，命張氏育之。后時爲才人，亦請得育一子，於是得伯玖，更名璩。中外議頗籍籍。張氏卒，併育于后，后視之無間。伯琮性恭儉，喜讀書，帝與后皆愛之，封普安郡王。后嘗語帝曰：「普安，其天日之表也。」帝意決，立爲皇子，封建王。出璩居紹興。

高宗內禪，手詔后稱太上皇后，遷居德壽宮。孝宗卽位，上尊號曰壽聖太上皇后。月朔，朝上皇畢，入見后如宮中儀。乾道七年，加號壽聖明慈。淳熙二年，以上皇行慶壽禮，復加壽聖齊明廣慈之號。十年，以后年七十，親屬推恩有差。十二年，加尊號曰備德。上皇崩，遺詔改稱皇太后。帝欲迎還大內，太后以上皇几筵在德壽宮，不忍舍去，因名所御殿曰慈福，居焉。光宗卽位，更號壽聖皇太后，以壽皇故，不稱太皇太后也。帝嘗言及用人，

后曰：「宜崇尙舊臣。」紹熙四年，后壽八十，帝乃覲后，奉册禮，加尊號曰隆慈備福。五年正月，帝率羣臣行慶壽禮，嘉王侍側，后勉以讀書辨邪正、立綱常爲先。夏，孝宗崩，始正太皇太后之號。

時光宗疾未平，不能執喪，宰臣請垂簾主喪事，后不可。已而宰執請如唐肅宗故事，羣臣發喪太極殿，成服禁中，許之。后代行祭奠禮。尋用樞密趙汝愚請，於梓宮前垂簾，宣光宗手詔，立皇子嘉王爲皇帝。翌日，册夫人韓氏爲皇后，撤簾。慶元元年，加號光祐，還居重華宮。汝愚後以譴死，中書舍人汪義端目汝愚爲李林甫，欲併逐其黨，太后聞而非之。

三年十月，后寢疾，詔禱天地、宗廟、社稷，大赦天下，踰月而崩，年八十三。遺誥：「太上皇帝疾未痊瘉，宜於宮中承重；皇帝服齊衰五月，以日易月。」詔服朞年喪。謚曰憲聖慈烈，攢祔于永思陵。

潘賢妃，開封人，元懿太子母也。父永壽，直翰林醫局官。高宗居康邸時納之，邢后北遷，妃未有位號，帝卽位，將立爲后，呂好問諫止之，立爲賢妃。太子薨，從隆祐太后于江西，踰年還。紹興十八年薨。永壽，贈太子少師。

張賢妃,開封人。建炎初,爲才人,有寵,進婕妤。帝欲擇宗室子養禁中,輔臣問帝以宮中可付託者誰耶?帝曰:「已得之矣。」意在婕妤。已而伯琮入宮,年尚幼,婕妤與潘賢妃、吳才人方環坐,以觀其所向。時賢妃新失皇子,意忽忽不樂,婕妤手招之,遂向婕妤。帝因命婕妤母之,是爲孝宗。尋遷婉儀。十二年卒[七],上爲輟朝二日,贈賢妃。弟苹,閤門宣贊舍人,妃薨,遷秩二階。

劉貴妃,臨安人。入宮爲紅霞帔,遷才人,累遷婕妤、婉容,紹興二十四年進賢妃。頗恃寵驕侈,嘗因盛夏以水晶飾脚踏,帝見之,命取爲枕,妃懼,撤去之。淳熙十四年薨。父懋,累官昭慶軍節度使。金人南侵,獻錢二萬緡以助軍興費。懋子允升,紹興末爲和州防禦使、知閤門事。奉使還,遷蘄州防禦使[八]、福州觀察使。

劉婉儀,初入宮,封宜春郡夫人。尋進才人,與劉婉容俱被寵,進婉儀。婉儀頗恃恩招權,嘗遣人諷廣州蕃商獻明珠香藥,許以官爵。舶官林孝澤言于朝,詔止其獻。金人將叛盟,劉錡主戰,幸醫王繼先從中沮之,因謀誅錡,帝不懌。一日,在婉儀位,有憂色。婉儀陰訪得其言,以寬譬帝意。帝怪與繼先言合,詰之,婉儀急,具以實對。帝大怒,託以他過廢之。兄侁,累官和州防禦使、知閤門事,婉儀既廢,乃與祠罷歸。

張貴妃,開封祥符人。初入宮,封永嘉郡夫人。乾道六年,進婉容。淳熙七年,封太上皇淑妃。十六年,進貴妃。紹熙元年薨。

美人馮氏,才人韓氏、吳氏、李氏、王氏俱被寵幸,後皆廢。吳氏,中宮近屬也,紹興三十年,復故封。李氏、王氏俱明豔,淳熙末,上皇愛之。及崩,憲聖后見二才人,每感愴,孝宗即追告命,許自便。蓋非常制云。

孝宗成穆郭皇后,開封祥符人。奉直大夫直卿之女孫,其六世祖爲章穆皇后外家。孝宗爲普安郡王時納郭氏,封咸寧郡夫人。生光宗及莊文太子愭、魏惠憲王愷、邵悼肅王恪。紹興二十六年薨,年三十一,追封淑國夫人。三十一年,用明堂恩,贈福國夫人。既建太子,追封皇太子妃。及受禪,追冊爲皇后,謚恭懷,尋改安穆。及營阜陵,又改成穆,祔孝宗廟。后父瑊,累官昭慶軍承宣使,追封榮王。孝宗待郭氏恩禮彌厚,然不假外戚以官爵。后弟師禹、師元,官不過承宣使,師元不及建節而卒。將內禪,師禹始除節度使。光宗朝,官至太保,封永寧郡王。

成恭夏皇后,袁州宜春人。曾祖令吉,爲吉水簿。夏氏初入宮,爲憲聖太后閤中侍御。普安郡王夫人郭氏薨,太后以夏氏賜王,封齊安郡夫人。即位,進賢妃。踰年,奉上皇命,立爲皇后。乾道二年,謁家廟,親屬推恩十一人。三年崩,謚安恭。寧宗時,改謚成恭。

初,后之生也,有異光穿室,父協奇之,及長,以姿納宮中。久之,父居益困,及歸,客袁之僧舍,號夏翁。翁亡,后始貴。訪得其弟執中,補承信郎、閤門祗候。未幾,遷右武郎、閤門宣贊舍人,累遷奉國軍節度使,提舉萬壽觀。寧宗即位,加少保。踰年,卒于家。

初,執中與其微時妻至京,宮人諷使出之,擇配貴族,欲以媚后,執中弗爲動。他日,后

親爲言,執中誦宋弘語以對,后不能奪。既貴,始從師學,作大字頗工,復善騎射。高宗行慶壽禮,近戚爭獻珍環,執中獨大書「一人有慶,萬壽無疆」以獻。高宗喜,錫賚甚渥。嘗爲館伴副使,連射皆命中,金人歎服。孝宗聞其才,將召用之,謝曰:「他日無累陛下,保全足矣。」人以此益賢之。

成肅謝皇后,丹陽人。幼孤,鞠於翟氏,因冒姓焉。及長,被選入宮。憲聖太后以賜普安郡王,封咸安郡夫人。王即位,進婉容。踰年,進貴妃。

成恭皇后崩,中宮虛位。淳熙三年,妃侍帝,過德壽宮,上皇諭以立后意。尋遣張去爲傳旨,立貴妃爲皇后,復姓謝氏。親屬推恩者十人。光宗受禪,上尊號壽成皇后。孝宗崩,尊爲皇太后。慶元初,加號惠慈。嘉泰二年,加慈佑太皇太后。三年崩,謚成肅,攢祔于永阜陵。

后性儉慈,減膳羞,每食必先以進御。服澣濯衣,有數年不易者。弟淵,以后貴,授武翼郎。后嘗戒之曰:「主上化行恭儉,吾亦躬服澣濯,爾宜崇謙抑,遠驕侈。」後歷閤門宣贊舍人、帶御器械。光宗朝,還果州團練使。寧宗立,轉萊州防禦使,擢知閤門事,仍幹辦皇

城司。三遷至保信軍節度使，尋加太尉、開府儀同三司。成肅皇后崩，遺誥賜淵錢十萬緡、金二千兩、田十頃，僦緡日十千。後累陞三少，封和國公。嘉定四年薨，贈太保。

蔡貴妃，初入宮，爲紅霞帔，封和義郡夫人，進婉容。淳熙十年多，拜貴妃。十二年秋薨。父滂，宜春觀察使。

李賢妃，初入宮，爲典字，轉通義郡夫人，進婕妤。淳熙十年卒，贈賢妃。時李燾在經筵，嘗諫省後宮費。帝曰：「朕老矣，安有是？近葬李妃用三萬緡耳。」帝雖在位久，後宮寵幸，無著聞者。

光宗慈懿李皇后，安陽人，慶遠軍節度使、贈太尉道之中女。初，后生，有黑鳳集道營前石上，道心異之，遂字后曰鳳娘。道帥湖北，聞道士皇甫坦善相人，乃出諸女拜坦。坦見

后，驚不敢受拜，曰：「此女當母天下。」坦言於高宗，遂聘爲恭王妃，封榮國夫人，進定國夫人。乾道四年，生嘉王。七年，立爲皇太子妃。

性妒悍，嘗訴太子左右於高、孝二宮，高宗不懌，謂吳后曰：「是婦將種，吾爲皇甫坦所誤。」孝宗亦屢訓后：「宜以皇太后爲法，不然，行當廢汝。」后疑其說出於太后。

及太子卽位，册爲皇后。光宗欲誅宦者，近習皆懼，遂謀離間三宮。會帝得心疾，孝宗購得良藥，欲因帝至宮授之。宦者遂訴於后曰：「太上合藥一大丸，俟宮車過卽授藥。萬一有不虞，其奈宗社何？」后覘藥實有，心銜之。頃之，內宴，后請立嘉王爲太子，孝宗不許。后曰：「妾六禮所聘，嘉王，妾親生也，何爲不可？」孝宗大怒。后退，持嘉王泣訴于帝，謂壽皇有廢立意。帝惑之，遂不朝太上。

帝嘗宮中浣手，睹宮人手白，悅之。他日，后遺人送食合于帝，啓之，則宮人兩手也。又黃貴妃有寵，因帝親郊，宿齋宮，后殺之，以暴卒聞。是夕風雨大作，黃壇燭盡滅，不能成禮。帝疾由是益增劇，不視朝，政事多決於后矣。后益驕奢，封三代爲王，家廟踰制，衞兵多於太廟。后歸謁家廟，推恩親屬二十六人、使臣一百七十二人，下至李氏門客，亦奏補官。中興以來未有也。

是時，帝久不朝太上，中外疑駭。紹熙四年九月重明節，宰執、侍從、臺諫連章請帝過宮。給事中謝深甫言：「父子至親，天理昭然。太上之愛陛下，亦猶陛下之愛嘉王。太上春秋高，千秋萬歲後，陛下何以見天下？」帝感悟，趣命駕朝重華宮。是日，百官班列俟帝出，至御屛，后挽留帝入，曰：「天寒，官家且飲酒。」百僚、侍衞相顧莫敢言。中書舍人陳傅良引帝裾請毋入，因至屛後，后叱曰：「此何地，爾秀才欲斫頭邪？」傅良下殿慟哭，后復使人問曰：「此何理也？」傅良曰：「子諫父不聽，則號泣而隨之。」后益怒，遂傳旨罷還宮。其後孝宗崩，帝不能親執喪。

宰相趙汝愚謀內禪，立寧宗，尊后曰太上皇后，上尊號曰壽仁。慶元六年崩，年五十六，謚慈懿。

黃貴妃，淳熙末在德壽宮，封和義郡夫人。光宗爲皇太子，傍無侍姬，上皇以夫人賜之，遂專寵。卽位，拜貴妃。紹熙二年冬十一月，爲皇后李氏所殺。帝聞而成疾。又有張貴妃，亦舊侍東宮，次婕妤符氏，後出嫁於民間。

寧宗恭淑韓皇后，相州人，其六世祖爲忠獻王琦。初，后與姊俱被選入宮，后能順適兩宮意，遂歸平陽郡邸，封新安郡夫人，進崇國夫人。王受禪，册夫人爲皇后。后父同卿，由知泰州陞揚州觀察使；母莊氏，封安國夫人。

慶元六年崩，謚恭淑。同卿累遷慶遠軍節度使，加太尉。慶元五年卒，贈太師，謚恭靖。同卿季父侂胄，自以有定策功，聲勢熏灼。同卿每懼滿盈，不敢干政。時天下皆知侂胄爲后族，不知同卿乃后父也。同卿沒一年而后崩，侂胄竟敗，人始服其善遠權勢云。同卿子⿰山矣，后兄也，官至承宣使。

恭聖仁烈楊皇后，少以姿容選入宮，忘其姓氏，或云會稽人。慶元元年三月，封平樂郡夫人。三年四月，進封婕妤。有楊次山者，亦會稽人，后自謂其兄也，遂姓楊氏。

五年，進婉儀。六年，進貴妃。恭淑皇后崩，中宮未有所屬，貴妃與曹美人俱有寵。韓侂胄見妃任權術，而曹美人性柔順，勸帝立曹。而貴妃頗涉書史，知古今，性復機警，帝竟立之。

次山客王夢龍知其謀，密以告后，后深銜之，與次山欲因事誅侂胄。會侂胄議用兵中

原，俾皇子曮入奏：「侂胄再啓兵端，將不利於社稷。」帝不答。后從傍贊之甚力，亦不答。恐事泄，俾次山擇廷臣可任者，與共圖之。禮部侍郎史彌遠，素與侂胄有隙，遂欣然奉命。參知政事錢象祖，嘗諫用兵貶信州，彌遠乃先告之。禮部尚書衞涇、著作郎王居安、前右司郎官張鎡皆預其謀。開禧三年十一月三日，侂胄方早朝，彌遠密遣中軍統制夏震伏兵六部橋側，率健卒擁侂胄至玉津園，槌殺之。復命彌遠。象祖等俱赴延和殿，以殛侂胄聞，帝不之信，越三日，帝猶謂其未死。蓋是謀悉出中宮及次山等，帝初不知也。

后既誅侂胄，彌遠日益貴用事。嘉定十四年，帝以國嗣未定，養宗室子貴和，立爲皇子，賜名竑。彌遠爲丞相，既信任於后，遂專國政，竑漸不能平。初，竑好琴，彌遠買美人善琴者納之，而私厚美人家，令伺皇子動靜。竑嬖之，一日，竑指輿地圖示美人曰：「此瓊崖州也，他日必置史彌遠於此地。」美人以告彌遠。竑又書字於几曰：「彌遠當決配八千里。」竑左右皆彌遠腹心，走白彌遠。彌遠大懼，陰蓄異志，欲立他宗室子昀爲皇子，遂陰與昀通。

十七年閏八月丁酉，帝大漸，彌遠夜召昀入宮，后尚未知也。彌遠遣后兄子谷及石以廢立事白后，后不可，曰：「皇子先帝所立，豈敢擅變？」是夜，凡七往反，后終不聽。谷等乃拜泣曰：「內外軍民皆已歸心，苟不立之，禍變必生，則楊氏無噍類矣。」后默然良久，曰：「其人安在？」彌遠等召昀入，后拊其背曰：「汝今爲吾子矣！」遂矯詔廢竑爲濟王，立昀爲皇

子，卽帝位，尊皇后曰皇太后，同聽政。

寶慶二年十一月戊寅，加尊號壽明。紹定元年正月丙子，復加慈睿。四年正月，后壽七十，帝率百官朝慈明殿，加尊號壽明仁福慈睿皇太后。十二月辛巳，后不豫，詔禱祠天地、宗廟、社稷、宮觀，赦天下。五年十二月壬午，崩于慈明殿，壽七十有一，謚恭聖仁烈。

次山官至少保，封永陽郡王。次山二子：谷封新安郡王，石永寧郡王。自有傳。姪孫鎭，尙理宗女周漢公主，官至左領軍衞將軍、駙馬都統。宗族鳳孫等，皆任通顯云。

理宗謝皇后，諱道淸，天台人。父渠伯，祖深甫。后生而黳黑，瞖一目。渠伯早卒，家產益破壞。后嘗躬親汲飪。

初，深甫爲相，有援立楊太后功，太后德之。理宗卽位，議擇中宮，太后命選謝氏諸女。后獨在室，兄弟欲納入宮，諸父擲伯不可，曰：「卽奉詔納女，當厚奉資裝，異時不過一老宮婢，事奚益？」會元夕，縣有鵲來巢燈山，衆以爲后妃之祥。擲伯不能止，乃供送后就道。后旋病疹，良已，膚蛻，瑩白如玉；醫又藥去目瞖。時賈涉女有殊色，同在選中。及入宮，理宗意欲立賈。太后曰：「謝女端重有福，宜正中宮。」左右亦皆竊語曰：「不立眞皇后，乃立

假皇后邪！」帝不能奪，遂定立后。初封通義郡夫人〔九〕，寶慶三年九月，進貴妃，十二月，册爲皇后。

后既立，賈貴妃專寵；貴妃薨，閻貴妃又以色進。后處之裕如，略不介懷。太后深賢之，而帝禮遇益加焉。開慶初，大元兵渡江，理宗議遷都平江、慶元，后諫不可，恐搖動民心，乃止。

理宗崩，度宗立。咸淳三年，尊爲皇太后，號壽和聖福。進封三代：父渠伯，魏王；祖深甫、曾祖景之，皆魯王。宗族男女各進秩賜封賞賚有差。度宗崩，瀛國公卽位，尊爲太皇太后。太后年老且疾，大臣屢請垂簾同聽政，強之乃許。加封五代。

太后以兵興費繁，痛自裁節，汰慈元殿提舉已下官，省汎索錢緡月萬。平章賈似道兵潰，陳宜中上疏請正其罪。太后曰：「似道勤勞三朝，豈宜以一旦罪而失遇大臣禮？」先削其官，後乃置法貶死。

京朝官聞難，往往避匿遁去。太后命揭榜朝堂曰：「我國家三百年，待士大夫不薄。吾與嗣君遭家多難，爾小大臣不能出一策以救時艱，內則畔官離次，外則委印棄城，避難偷生，尙何人爲？亦何以見先帝於地下乎？天命未改，國法尙存。凡在官守者，尙書省卽與轉一資；負國逃者，御史覺察以聞。」

德祐元年六月朔，日食既，太后削「聖福」以應天變。丞相王爚老病，陳宜中、留夢炎庸懦無所長，日坐朝堂相爭戾。而張世傑兵敗於焦山，宜中棄官去。太后累召不至，遺書宜中母，使勉之。十月，始還朝。太后又親爲書召夏貴等兵，曰：「吾母子不足念，獨不報先帝德乎？」貴等亦罕有至者。

是月，大元兵破常州，太后遣陸秀夫等請和，不從。宜中卽率公卿請遷都，太后不許，宜中痛哭固請，不得已從之。明日當啓行，而宜中倉卒失奏，於是宮車已駕，日且暮而宜中不至，太后怒而止。明年正月，更命宜中使軍中，約用臣禮。宜中難之，太后涕泣曰：「苟存社稷，臣，非所較也。」未幾，大元兵薄皋亭山，宜中宵遁，文武百官亦潛相引去。

二月辛丑，大軍駐錢塘，宋亡。瀛國公與全后入朝，太后以疾留杭。是年八月，至京師，降封壽春郡夫人。越七年終，年七十四，無子。

兄奕，宋時封郡王。姪堂，兩浙鎭撫大使，尙榮郡公主；塈、壥並節度使，端平初，頗干國政云。

度宗全皇后，會稽人，理宗母慈憲夫人姪孫女也〔一〇〕。略涉書史，幼從父昭孫知岳州。

中華書局

開慶初，秩滿歸，道潭州。時大元兵自羅鬼入破全、衡、永、桂，圍潭州，人有見神人衞城者，已而潭獨不下。逾年事平，至臨安。

會忠王議納妃。初，丁大全請選知臨安府顧嵓女，已致聘矣；大全敗，嵓亦罷去。臺臣論嵓大全黨，宜別選名族以配太子。臣僚遂言全氏侍其父昭孫，往返江湖，備嘗艱險；其處貴富，必能憙警戒相成之道。理宗以母慈憲故，乃詔后入宮，問曰：「爾父昭孫，昔在寶祐間沒於王事，每念之，令人可哀。」后對曰：「妾父可念，淮、湖之民尤可念也。」帝深異之，語大臣曰：「全氏女言辭甚令，宜配冢嫡，以承祭祀。」景定二年十一月，詔封永嘉郡夫人。十二月，册爲皇太子妃。弟永堅等補承信郎、直秘閣。

度宗立，咸淳三年正月，册爲皇后。追贈三代，賜家廟、第宅。弟清夫、庭輝等一十五人，各轉一官。五年三月，后歸寧，推恩姻族五十六人，進一秩。咸平郡夫人全氏三十二人，各特封有差。

后生子不育，次生瀛國公。十年，度宗崩，瀛國公立，册爲皇太后。宋亡，從瀛國公入朝于燕京。後爲尼正智寺而終。

楊淑妃，初選入宮爲美人。咸淳三年，進封淑妃。推恩親屬幼節等三十四人進秩有差。生建國公昰。宋亡，昰走温州，又走福州。衆推爲主，册妃爲太后；封弟昺衞王。昺，修容俞氏所生也。

至元十四年，大軍圍昰於海上。明年四月，昰卒，昺代立。十六年春二月，昺投海死，妃聞之大慟，曰：「我艱關〔一一〕忍死者，正爲趙氏祭祀尚有可望爾，今天命至此，夫復何言！」遂赴海死。其將張世傑葬之海濱。

校勘記

〔一〕蔡王似　原作「蔡王以」，按宋會要后妃一之四欽成朱皇后條說：「生哲宗皇帝、楚王似。」楚王是蔡王死後的追封，見同書帝系一之四〇、十朝綱要卷八。「以」字是「似」字之訛。據改。

〔二〕建康　原作「建寧」，查苗劉亂後趙構往建康，不是往建寧。參考本書卷二五高宗紀、繫年要錄卷二三改。

〔三〕紹興五年春　按本書卷二三高宗紀、繫年要錄卷四三，孟后實死於紹興元年四月庚辰，此誤。

〔四〕慈寧宮　原作「慈壽宮」，據下文及宋會要后妃二之六、繫年要錄卷一三二改。

〔五〕安樂郡王　本書卷四六五韋淵傳、宋會要后妃二之八、繫年要錄卷一四六都作「平樂郡王」。

〔六〕諸家廟親屬遷官幾二千人　「二千」當爲「二十」之誤。繫年要錄卷一五二載紹興十四年十月辛卯「詔贈皇太后故兄韋宗閔崇慶軍節度使，餘親屬遷官者十有九人，弟之女封夫人者七人，以款謁家廟推恩也。」宋會要后妃二之九載紹興十四年十月八日「皇太后款謁家廟，宗族推恩有差」，并列舉皇太后親屬遷官者的姓名和官職，人數與繫年要錄同。

〔七〕十二年卒　承上文紀元當是建炎，但建炎無十二年；按宋會要后妃三之一七、繫年要錄卷一四四，張實死於紹興十二年，此上應有「紹興」二字。

〔八〕遷蘄州防禦使　「蘄州」原作「荆州」。按荆州宋初爲江陵府，建炎四年置荆南府、歸峽州、荆門公安軍鎮撫使，紹興時爲安撫使、經略安撫使，非防禦州；繫年要錄卷一九九此條作「蘄州」，據改。

〔九〕通義郡夫人　「義」原作「議」，宋無「通議郡」，而有通義郡，卽眉州；本書卷四一理宗紀作「通義郡夫人」，據改。

〔一〇〕理宗母慈憲夫人姪孫女也　考異卷七五說：全后之父全昭孫是全大中的嗣子，大中和理宗母之父全大節是兄弟，按行輩「則后爲慈憲之姪女，非姪孫女也」。

〔一一〕艱關　本書卷四七瀛國公紀作「間關」，當是。

宋史卷二百四十四

列傳第三

宗室一

魏王廷美　燕王德昭　秦王德芳　秀王子偁附

昔周之初興，大封建宗室，及其東遷，晉、鄭有同獎之功。然其衰也，榦弱而枝強。後世於是有矯其失者，而封建不復古矣。宋承唐制，宗王襁褓卽裂土而爵之。然名存實亡，無補於事。降至疏屬，宗正有籍，玉牒有名，宗學有教，郊祀、明堂，遇國慶典，皆有祿秩。所寓州縣，月有廩餼。至於宗女適人，亦有恩數。然國祚旣長，世代寖遠，恆產豐約，去士庶之家無甚相遠者。靖康之亂，諸王駢首以斃於金人之虐，論者咎其無封建之實，故不獲維城之助焉。

雖然，東都之仁宗，南渡之高、寧，元良虛位，立繼小宗，大策一定，卒無動搖，磐石之固，亦可知矣。且宋於宗室，稍有過差，君臣之間，不吝於改，尤不憚於言。涪陵、武功，眞宗卽位，尋議追復改葬，封其子孫。濮邸奪稱，言者惟務格非，不少避忌。宋末濟邸，國事將亡，諫疏不息，必褒卹而後止。是蓋歷代之所難得者歟！表而出之，作宗室傳。

魏悼王廷美字文化，本名光美，太平興國初，改今名。太祖兄弟五人：兄光濟，早亡，宋興，追封邕王，改曹王；弟光義，卽太宗；次廷美；次光贊，幼亡，追封夔王，改岐王。

建隆元年，授廷美嘉州防禦使。二年，遷興元尹、山南西道節度使。乾德二年，加同中書門下平章事。開寶六年，加檢校太保、侍中、京兆尹、永興軍節度使。太宗卽位，加中書令、開封尹，封齊王，又加檢校太師。從征太原，進封秦王。

七年三月，或告秦王廷美驕恣，將有陰謀竊發。上不忍暴其事，遂罷廷美開封尹，授西京留守，賜襲衣、通犀帶，錢千萬緡[一]，絹、綵各萬匹，銀萬兩，西京甲第一區。詔樞密使曹彬餞廷美於瓊林苑。以太常博士王遹判河南府事，開封府判官閻矩判留守事。以如京使柴禹錫爲宣徽北院使兼樞密副使，楊守一爲東上閤門使充樞密都承旨，賞其告廷美陰謀功也。左衞將軍、樞密承旨陳從龍爲左衞將軍，皇城使劉知信爲右衞將軍，弓箭庫使惠延眞爲商州長史，禁軍列校皇甫繼明責爲汝州馬步軍都指揮使，定人王榮爲濮州教練使，皆坐交通廷美及受其燕犒也。榮未行，或又告榮嘗與廷美親吏狂言：「我不久當得節帥。」坐削籍，流海島。

會趙普再相，廉得盧多遜與廷美交通事上聞。上怒，責授多遜兵部尙書，下御史獄。捕繫中書守當官[二]趙白、秦府孔目官閻密、小吏王繼勳、樊德明、趙懷祿、閻懷忠等，命翰林學士承旨李昉、學士扈蒙、衞尉卿崔仁冀、膳部郎中兼御史知雜滕中正雜治之。多遜自言：累遣趙白以中書機事密告廷美。去年九月中，又令趙白言於廷美云：「願宮車晏駕，盡力事大王。」廷美遣樊德明報多遜云：「承旨言正會我意，我亦願宮車早晏駕。」私遺多遜弓箭等，多遜受之。

閻密初給事廷美，上卽位，補殿直，仍隸秦王府，恣橫不法，言多指斥。王繼勳尤爲廷美親信，嘗使求訪聲妓，怙勢取貨，贓汚狼藉。樊德明素與趙白遊處，多遜因之以結廷美。廷美又遣趙懷祿私召同母弟軍器庫副使趙廷俊與語。閻懷忠嘗爲廷美詣淮海王錢俶求犀玉帶、金酒器，懷忠受俶私遺白金百兩、金器、絹扇等。廷美又嘗遣懷忠齎銀盌、錦綵、羊酒，詣其妻父御前忠佐馬軍都軍頭開封潘潾營燕軍校。至是，皆伏罪。

詔文武常參官集議朝堂。太子太師王溥等七十四人奏：「多遜及廷美顧望呪詛，大逆不道，宜行誅滅，以正刑章。趙白等處斬。」詔削奪多遜官爵，幷家屬流崖州；廷美勒歸私第；趙白、閻密、王繼勳、樊德明、趙懷祿、閻懷忠皆斬於都門外，籍其家財。詔：「秦王廷美男女等宜正名稱，貴州防禦使德恭等仍爲皇姪；皇姪女適韓氏去雲陽公主之號；右監門將軍韓崇業降爲右千牛衞率府率，仍去駙馬都尉之號；並發遣西京，就廷美居止。」五月，貶西京留守判官閻矩爲涪州司戶參軍，前開封推官孫嶼爲融州司戶參軍，皆秦王廷美官屬，坐輔導無狀也。

趙普以廷美謫居西洛非便，復教知開封府李符上言：「廷美不悔過，怨望，乞徙遠郡，以防他變。」詔降廷美爲涪陵縣公，房州安置。妻楚國夫人張氏，削國封。命崇儀使閻彥進知房州，監察御史袁廓通判州事，各賜白金三百兩。八年正月，涪陵縣公廷美母陳國夫人耿氏卒。雍熙元年，廷美至房州，因憂悸成疾而卒，年三十八。上聞之，嗚咽流涕，謂宰相曰：「廷美自少剛愎，長益凶惡。朕以同氣至親，不忍置之於法，俾居房陵，冀其思過。方欲推恩復舊，遽茲殞逝，痛傷奈何！」因悲泣，感動左右，遂下詔追封廷美爲涪王，謚曰悼，爲發哀成服。

其後，太宗從容謂宰相曰：「廷美母陳國夫人耿氏，朕乳母也，後出嫁趙氏，生廷俊。朕

以廷美故，令廷俊屬鞬左右，而廷俊泄禁中事於廷美。邇者，鑿西池，水心殿成，橋梁未備，朕將泛舟往焉。廷美與左右謀，欲以此時竊發，不果，即詐稱疾於邸，俟朕臨省，因而爲變。有告其事者，若命有司窮究，則廷美罪不容誅。朕不欲暴揚其醜，及盧多遜交通事發，止令居守西洛。而廷美不悔過，益怨望，出不遜語，始命遷房陵以全宥之。至于廷俊，亦不加深罪，但從貶宥。朕於廷美，蓋無負矣！」言未訖，爲之惻然。李昉對曰：「涪陵悖逆，天下共聞。西池，禁中事，若非陛下委曲宣示，臣等何由知之。」

初，昭憲太后不豫，命太祖傳位太宗，因顧謂趙普曰：「爾同記吾言，不可違也。」命普於榻前爲約誓書，普於紙尾書云「臣普書」，藏之金匱，命謹密宮人掌之。或謂昭憲及太祖本意，蓋欲太宗傳之廷美，而廷美復傳之德昭。故太宗既立，即令廷美尹開封，德昭實稱皇子。德昭不得其死，德芳相繼夭絕，廷美始不自安。已而柴禹錫等告廷美陰謀，上召問普，普對曰：「臣願備樞軸以察姦變。」退復密奏：「臣忝舊臣，爲權倖所沮。」因言昭憲太后顧命及先朝自愬之事。上於宮中訪得普前所上章，并發金匱得誓書，遂大感悟。召普謂曰：「人誰無過，朕不待五十，已盡知四十九年非矣。」辛亥，以普爲司徒兼侍中。他日，太宗嘗以傳國之意訪之趙普，普曰：「太祖已誤，陛下豈容再誤邪？」於是廷美遂得罪。凡廷美所以遂得罪，普之爲也。

至道初，命司門員外郎孫蠙爲皇姪、諸孫教授，廷美諸子之在京者肄業焉。眞宗即位，追復皇叔涪王廷美西京留守、檢校太師兼中書令、河南尹、秦王；張氏，楚國夫人。咸平二年閏三月，詔擇汝、鄧地，改葬汝州梁縣之新豐鄉。仁宗即位，贈太師、尚書令。徽宗即位，改封魏王。

子十人：德恭、德隆、德彝、德雍、德鈞、德欽、德潤、德文、德愿、德存。故事，皇族封王者物故，則本宮之長封國公，其後以次受封。於是，德鈞子承簡屬最長，襲封徐國公，官至保康軍留後；贈彰化軍節度使、安定郡王，謚和懿。承簡既薨，德雍子承亮襲封昌國公；神宗即位，拜感德軍節度使，改封榮。

熙寧二年，詔宣祖、太祖、太宗之子，皆擇其後一人爲宗，世世封公，以奉其祀，不以服屬盡故殺其恩禮。三年，太常禮院言：「本朝近制，諸王之後，皆用本宮最長一人封公繼襲。去年詔祖宗之子皆擇其後一人爲宗，世世封公，即與舊制有異。按禮文，諸王、公、侯、伯、子、男，皆子孫承嫡者傳襲。若無嫡子及有罪疾，立嫡孫；無嫡孫，以次立嫡子同母弟；無母弟，立庶子；無庶子，立嫡孫同母弟；無同母弟，立庶孫。曾孫以下準此。合依禮令，傳嫡承襲。」詔可。乃以承亮爲秦國公，奉秦王廷美祀。明年薨，贈樂平郡王，謚曰恭靜。子克愉嗣。克愉卒，子叔牙嗣。元符三年，改今封。

德恭字復禮，太平興國四年，以皇子出閤，拜貴州防禦使。廷美徙房陵，諸子悉從行，因免官。廷美卒，復以德恭爲峯州刺史，弟德隆爲濮州刺史，韓崇業爲靜難行軍司馬。雍熙元年十二月，詔以德恭爲左武衞大將軍，封安定郡侯，判濟州；德隆爲右武衞大將軍，封長寧郡侯，判沂州。諸弟皆隨赴治所。令高品衞紹欽送至州，常奉外歲給錢三百萬。命起居舍人韓檢、右補闕劉蒙叟分任二州通判。上臨遣之，曰：「德恭等始歷郡，善裨贊之。苟有闕失而不力正，止罪爾等。」

端拱元年，進封德恭安定郡公。淳化四年，改左驍衞大將軍。至道二年，加左神武大將軍。眞宗嗣位，就轉左武衞大將軍。咸平二年召赴闕，改封樂平郡公，判虢州。乞奉朝請，從之。遷勝州團練使。景德初，改衡州防禦使。三年，被疾，子承慶刲股肉食之。五月，卒，年四十五。上臨哭之慟，廢朝三日。贈保信軍節度使，追封申國公。天禧二年，從承慶請，加贈護國軍節度兼侍中。明道二年，追封高密郡王，謚慈惠。子承慶、承壽。

承慶，官至和州團練使，卒贈武信軍節度使、循國公。子六人，克繼，善楷書，尤工篆隸，宗正薦之，仁宗親臨試，及令臨蔡邕古文法寫論語、詩、書；復詔與朝士分隸石經。帝曰：「李陽冰，唐室之秀。今克繼，朕之陽冰也。」訓子弟力學，一門登儒科者十有二人。嘗進所集廣韻字源，帝稱善，藏之秘閣。元祐五年，以定武軍節度觀察留後卒，贈開府儀同三

司、建國公，謚章靖。

承壽，終南作坊使，贈德州刺史、武當侯。子四人，克己，曉音律，嘗作雅樂圖樂曲以獻。侍宴大清樓，進所學虞世南書，賜器加等。終右千牛衞大將軍，贈深州防禦使、饒陽侯。子叔韶字君和，慶曆六年，與諸宗子帝前臨眞宗御書，選第一。皇祐初，進所爲文，召試學士院中等，賜進士及第。自太子右監門率府副率遷右領軍衞將軍，入謝，命坐賜茶。仁宗曰：「宗子好學者頗多，獨爾以文章第進士，前此蓋未有也。朕欲天下知屬籍有賢者，宜勿忘所學。」叔韶頓首謝，既退，又出九經賜之。遷右屯衞大將軍。至和中，上書求試煩劇，加領賀州刺史，終和州防禦使，贈鎭東節度觀察留後、會稽郡公。克脩字子莊，仁宗爲皇子時，得出入禁中侍學，故仁宗待遇殊厚。帝嘗御大清樓召宗室試書，以克脩爲善。終右神武軍大將軍、成州團練使，贈同州觀察使、馮翊侯。子叔充，父早世，異母弟叔瑁甚幼，叔充拊視誨敕成人。先是，繼母無敍封法，叔充請於朝，詔從之，遂爲定制。藏書至萬卷。子九人，登科者三。卒官唐州防禦使，贈崇信軍節度使、尹國公，謚孝齊。遺表祈任子，有司格不下，子撫之抗章自列，乞如外官法。朝廷從其請。宗室正任有遺恩自此始。

德隆字日新。雍熙三年，卒官沂州守，年二十三，贈寧遠軍節度，追封臨沂郡公。天禧二年，從其子承訓之請，加贈崇信軍節度、同平章事。承訓官至順州刺史，卒贈深州團練

使。

德彝字可久，太祖召鞠於宮中。德隆卒，授右千牛衞大將軍，封長寧郡侯，代兄德隆判沂州，時年十九。飛蝗入境，吏民請坎瘞火焚之，德彝曰：「上天降災，守臣之罪也。」乃責躬引咎，齋戒致禱，既而蝗自殪。儒生乙恕者，郊居肄業，一日，有尸横舍下，所司捕恕抵獄，將置於法。德彝疑其冤，命他司按之無異，因令緩刑以俟。未幾，果獲殺人者，恕遂得釋。進封郡公。淳化四年，爲右監門衞大將軍，遷左武衞大將軍，改封廣平。部民詣闕乞留，有詔嘉奬。眞宗初，召還。咸平二年，命判滁州，與德恭並留不遣。三年，授徐州刺史，累遷保信軍節度觀察留後。大中祥符八年卒，年四十九。上臨奠，廢朝三日。贈昭信軍節度使，追封信都郡王，謚安簡。明道二年，改封潁川。

子承謨，前卒；承矩，終莊宅使，贈博州刺史；承勵至供奉官，贈六宅副使；承範、承拱，並西京作坊使；承衎，內殿崇班；承錫，供奉官。

德雍字仲達，淳化初，授右驍衞將軍，歷右羽林、龍武二將軍，累遷蔡州觀察使、咸寧郡公，終天平軍節度觀察留後，贈宣德軍節度、同中書門下平章事，謚康簡。明道中，追封廣陵郡王。

子承睦、承亮。承睦，終左領軍衞大將軍、彭州團練、虔州觀察使、南康侯；承亮，封

秦國公，事見上。

德鈞字子正，性和雅，善書翰，好爲篇什。淳化初，拜右武衞將軍，四遷至右衞將軍。景德二年，加右監門衞大將軍。四年，卒，贈河州觀察使，追封安鄉侯。時妻亦卒，男女十四人皆幼，上甚嗟悼之。

子承震，早卒；承緒，供奉官；承偉、承雅、承裔、承鑑、承則，並西京作坊使；承裕，禮賓副使；承翊，內殿崇班；承簡，襲徐國公；承幹，終懷州防禦使，贈保靜軍節度使、蕭國公，子克敦，嗜經術，以宗正薦，召試中選，賜錢三十萬。元豐間，集父承幹遺文以進，神宗嘉之，詔：「承幹父子以藝文儒學名于宗藩，宜有褒勸。」於是追封承幹爲東平王，而賜克敦敕書奬諭。以宣州觀察使卒，贈開府儀同三司、和國公。

德欽字丕從。淳化元年，授右屯衞將軍，四遷右羽林將軍。景德元年六月卒，年三十一。贈雲州觀察使，追封雲中侯。子承遵，西京作坊使。

德潤字温玉，頗好學，善爲詩。淳化元年，始授右領軍衞將軍，四遷右羽林將軍。咸平六年二月卒，年三十九。贈應州觀察使，追封金城侯。

德文字子 ，淳化初，授右監門衞將軍，累遷滑州觀察使、馮翊郡公。少好學，凡經史百家，手自抄撮，工爲辭章。眞宗以其刻勵如諸生，嘗因進見，戲呼之曰「五秀才」，宮中由是悉稱之。德文本廷美第八子，其兄三人早卒，故德文於次爲第五也。帝封泰山、祀汾陰、幸亳，德文必奏賦頌。帝每賜詩，輒令屬和。數言願得名士爲師友，特命翰林學士楊億與之游。億卒，爲詩十章悼之。天聖中，遷横海軍節度觀察留後，拜昭武軍節度使，易感德、武勝二軍，加同中書門下平章事。仁宗嘗稱爲「五相公」而不名。慶曆四年，宗室王者四人，以德文屬尊且賢〔三〕，方漢東平王蒼，進封東平郡王，加兼侍中。德文雖老，嗜學不倦。晚被足疾，不能朝。六年，薨，年七十二。初得疾，仁宗臨視，親調藥飲之。及訃聞，復臨哭，贈太尉、中書令、申王，謚恭裕。子六人，承顯，以王後襲封康國公，官至昭化軍節度使。薨，年七十四，贈太尉、樂平郡王。

德愿字公謹，淳化元年，授右千牛衞大將軍，三進秩爲左武衞大將軍。咸平二年閏三月卒，年二十四。贈涼州觀察使，追封姑臧侯。

德存字安世，九歲授右千牛衞將軍，歷監門，至驍衞。從祠泰山，領奬州刺史〔四〕。祀汾陰，以恩遷左羽林將軍。大中祥符四年六月卒，年三十。贈洮州觀察使，追封洮陽侯。子承衍，禮賓副使。

太祖四子：長滕王德秀，次燕懿王德昭，次舒王德林，次秦康惠王德芳。德秀、德林皆早亡，徽宗時，追賜名及王封。

燕懿王德昭字日新，母賀皇后。乾德二年出閤。故事，皇子出閤卽封王。太祖以德昭沖年，欲其由漸而進，授貴州防禦使。開寶六年，授興元尹、山南西道節度使、檢校太傅、同中書門下平章事，終太祖之世，竟不封以王爵。太宗太平興國元年，改京兆尹，移鎭永興，兼侍中，始封武功郡王。詔與齊王廷美自今朝會宜班宰相之上。三年二月，娶太子太傅王溥女，封韓國夫人。是冬郊祀，加檢校太尉。

四年，從征幽州。軍中嘗夜驚，不知上所在，有謀立德昭者，上聞不悅。及歸，以北征不利，久不行太原之賞。德昭以爲言，上大怒曰：「待汝自爲之，賞未晚也！」德昭退而自刎。上聞驚悔，往抱其尸，大哭曰：「癡兒何至此邪！」贈中書令，追封魏王，賜謚，後改吳王，又改越王。德昭喜慍不形於色。眞宗卽位，贈太傅。乾興初，加贈太師。子五人：惟正，惟吉，惟固，惟忠，惟和。

慶曆四年，詔封十王之後，以惟忠子從藹襲封潁國公，而惟吉子守巽以冀王後最長，與從藹同封。守巽官至和州防禦使，贈武成軍節度使、楚國公。從藹至齊州防禦使，贈武勝

軍節度觀察留後、韓國公。守巽，從譪卒，以惟忠子從信襲封榮國公，官至雄州防禦使，贈保寧軍節度使、楚國公。從信卒，以惟忠之孫、從恪子世規襲封崇國公，官至右龍武大將軍、沂州防禦使以卒。守巽子世清，累官茂州防禦使。以本宮之長，得封申國公。熙寧中，坐上書請襲曾祖越懿王封不當，奪一官。既而議者是其說，乃遷越州觀察使，襲封越國公，進會稽郡王，至保信軍留後。愛諸弟，作棣蕚會於邸中。會元豐升祔四后，受命告廟，方屬疾，自力就事，未幾薨。贈安化軍節度使、開府儀同三司、虢王，謚恭安。子令廓嗣，元符三年，改今封。

先是，熙寧中，詔封楚康惠王之孫從式爲安定郡王，奉太祖祀。及從式薨，乃以懿王曾孫世準襲封安定郡王。世準，從譪子也。爲人內恕外嚴，無綺羅金玉之好，凡天子郊廟，必從祀。由金州觀察使拜保靜軍節度使。薨年六十八，贈開府儀同三司，追封成王。世開襲封。

世開，從誨子、惟和孫也。七八歲，日誦萬言，既長，學問該洽。事後母孝，撫孤姪如己子。宮官吳申爲御史，薦其學行，命試學士院，累召不赴。神宗褒異之，召對便殿，論事甚衆。時宮僚有缺，不即請，而以他官攝，故私謁公行。宗女當嫁，皆富家大姓以貨取，不復事銓擇。世開悉言之，帝嘉納，欲以爲宗正，固辭，乃進一官。以其所列著爲令。官至奉國

軍留後。薨，贈開府儀同三司，追封信王，謚獻敏。世雄嗣。

世雄亦從譪子，少力學知名。熙寧中，詔宗子以材能自表見者，官長及學官以名上。世雄子令鑠在選中。嘗請營都宅以處疏屬，立三舍以訓學者。詔用其議，置兩京敦宗院，六宮各建學。徽宗卽位，以世雄於太祖之宗最爲行尊，拜崇信軍節度使，襲安定郡王，知大宗正事。崇寧四年薨，年七十五。贈太尉，追封淄王，謚恭憲。世福襲封。

世福，從信子。官至集慶軍節度使。薨，贈儀王。令濨襲爵。令濨，秦康惠王曾孫也。

惟正，天聖七年，以久病，帝欲慰安之，由保信軍節度觀察留後、樂安郡公特拜建寧軍節度使。卒，贈侍中，追封同安郡王，謚僖靖。無子，以弟惟忠子從讜爲嗣，官至左龍武大將軍、溫州團練使。坐射殺親事官削官爵，幽之別宅。從讜少好學，以剛褊廢，遂自到死。帝甚悼之。贈濟州防禦使、濟南侯。

惟吉字國祥，母鄭國夫人陳氏。惟吉生甫彌月，太祖命輦至內廷，擇二女媼養視之，或中夜號啼，必自起撫抱。三歲，作弱弓輕矢，植金錢爲的，俾之戲射，十發八中，帝甚奇之。五歲，日讀書誦詩。帝嘗射飛鳶，一發而中，惟吉從旁雀躍，喜甚，帝亦喜，鑄黃金爲奇獸、瑞禽賜之。常乘小乘輿及小鞍韉馬，命黃門擁抱，出入常從。太祖崩，惟吉裁六歲，晝夜哀號，孝章皇后慰諭再三，始進饘粥。太宗卽位，猶在禁中，日侍中食。太平興國八年，始

出居東宮，授左監門衞將軍，封平陽郡侯，加左驍衞大將軍，進封安定郡公。淳化四年，還左羽林軍大將軍。至道二年，授閬州觀察使。凡邸第供億，車服賜與，皆與諸王埒，自餘王子不得偕也。眞宗卽位，授武信軍節度，加同平章事。時石保吉先爲使相，詔惟吉班其上。大中祥符初，封泰山，以疾不從行，詔許疾愈馳詣行在。還頓鄆州，惟吉迎謁，上勞問再三，改感德軍節度。明年，疾復作，上屢臨省之，親視灼艾，日給御膳，爲營佛事。三年五月薨，時年四十五。廢朝五日，贈中書令，追封南陽郡王〔五〕，謚康孝。

惟吉好學，善屬文，性至孝。孝章皇后撫養備至，親爲櫛沐。咸平初，以太祖孝章畫像、服玩、器用賜惟吉，歲時奠享，哀慕甚至。每誦詩至蓼莪篇，涕泗交下，宗室推其賢孝。雅善草隸飛白，眞宗次爲七卷，御製序，命藏祕閣。其子守節，以父所書眞草千文以獻，詔書褒答，仍付史館。追贈太尉，明道二年封冀王。子守節、守約、守巽、守度、守廉、守康。

守節，累遷彰化軍節度觀察留後、同知大宗正事。卒贈鎭江軍節度使，追封丹陽郡王，謚僖穆。子世永、世延。世永，襲邢國公，官至鎭南軍留後，熙寧元年薨，贈昭信軍節度使、南康郡王，謚修孝。世延，終右武衞大將軍、絳州防禦使，贈武寧軍節度觀察留後、彭城郡公。

守約，終內園使、康州刺史，贈沂州團練使。子世靜、世長。世靜，至左武衞大將軍、均

州防禦使，卒贈鎭海軍節度觀察留後、北海郡公。世長，終左武衞大將軍、解州防禦使，贈張信軍節度觀察留後、濟陽郡公〔六〕。守巽及其子世清，事見上。守度，終左領軍衞大將軍、英州團練使，贈廣州觀察使、廬江侯。守廉，終供備庫副使，贈內藏庫使。守康，至供奉官。

惟固字宗幹，本名元扆，太平興國八年，改賜名，授左千牛衞將軍。是冬卒。

惟忠字令德，初名文起，太平興國八年賜今名。授右千牛衞將軍，四遷右龍武軍。眞宗卽位，改右千牛衞大將軍。大中祥符二年，進左監門衞大將軍、敍州刺史。五年，進昌州團練使。八年卒，贈鄂州觀察使，追封江夏侯。明道二年，加贈彰化軍節度使，追封舒國公。子從恪、從藹、從秉、從顥、從謹、從質、從信、從讜。

從恪，累官西染院使，卒，贈磁州刺史、東萊侯。子世規，襲封崇國公。從藹，終左衞大將軍、齊州防禦使，贈武勝軍節度觀察留後，追封韓國公。子世豐，終太子右衞率，追贈進士及第。世準、世雄，並安定郡王。從信，封榮國公，官至雄州防禦使，贈保寧軍節度使、楚國公，謚安僖。子世福，襲安定郡王。從秉、從顥、從謹，並禮賓使。從質，內殿崇班。從讜，出繼惟正。

惟和字子禮，端拱元年，授右武衞將軍，歷右驍衞、神武龍武軍、右衞將軍。大中祥符

元年，領澄州刺史。四年，遷右千牛衞大將軍。六年，卒，年三十六。贈汝州防禦使、臨汝侯。明道二年，加贈永清軍節度觀察留後，追封清源郡公。

惟和雅好學，爲詩頗清麗，工筆札，優游典籍，以禮法自居，宗室推重。嘗和御製詩，上稱其有理致。及卒，上謂宰相王旦等曰：「惟和好文力學，加之謹愿，皇族之秀也，不幸短命！」嗟悼久之，至於泣下。錄其稿二十二軸，上親製序，藏于祕閣。子從審、從誨。從審，終復州防禦使，贈寧國軍節度觀察留後、宣城郡公。嘗坐與人姦除名，已而復官。從誨，終左金吾衞大將軍、合州團練使，贈襄州觀察使、襄陽侯。子世開，安定郡王，事見上。

紹興元年，詔曰：「太祖皇帝創業垂統，德被萬世。神祖詔封子孫一人爲安定郡王，世世勿絕。今其封不舉，朕甚憫之。有司其上合封人名，遵故事施行。」時燕、秦二王後爭襲封，禮部員外郎王居正上言：「燕王親，太祖長子，其後當襲封。」議遂定。自紹興至嘉定，襲封者十五人，惟令時、令廣、令詪、令衿迹頗著，餘皆繼嗣，娖娖無足稱。

令時字德麟，燕懿王玄孫也，蚤以才敏聞。元祐六年，簽書潁州公事。時蘇軾爲守，愛其才，因薦于朝。宣仁太后曰：「宗室聰明者豈少哉？顧德行何如耳。」竟不許。軾被竄，令時坐交通軾罰金。已而附內侍譚稹以進。紹興初，官至右朝請大夫。呂頤浩請以令時主

行在大宗正司，帝命易環衞官。頤浩言：「令時讀書能文，恐不須易。」帝曰：「令時昔事譚稹，頗違淸議。」改右監門衞大將軍、榮州防禦使，權知行在大宗正事。遷洪州觀察使，襲封安定郡王。尋遷寧遠軍承宣使，同知行在大宗正事。四年薨，貧無以爲殮，帝命戶部賜銀絹，贈開府儀同三司。

令矼，紹興五年，由邵武軍兵馬都監襲封，授華州觀察使，尋除同知大宗正事。踰年薨。

令廣字深之。初，懿王生昌州團練使惟忠〔七〕，惟忠生楚安僖王從信，從信生僉公世逢，世逢生令廣，授右班殿直〔八〕，遷東頭供奉官，累監州縣場庫。監司薛昂薦其才，易資承事郎，調潁州簽判，歷綿州通判，累知蜀州、閬州、慶源府，召除衞尉少卿，擢秘閣修撰，再知慶源府。建炎二年，分西外宗子於泰州，命令廣知西外宗正事，除御營使司參贊軍事，挈宗子避地福州，因置司焉。元懿太子薨，帝命令廣選藝祖後得三四人，尋擢集英殿修撰，知南外宗正。再選宗子，得伯琮、伯浩養宮中，後選得伯玖，性亦聰惠。高宗喜，轉令廣知泉州，尋與祠以歸。令矼薨，令廣改閬州觀察使，襲封，除同知大宗正事。踰年，授鎭東軍承宣使，再遷保平軍節度使。紹興十三年薨，年七十五。贈少師，後追封惠王，謚襄靖。子子游，官至湖北提刑，用戶部侍郎王俁薦，加直秘閣。會建寧節度使士劉知南外宗正司，以事去官，言者請擇宗室文臣之廉正者代之，遂以命子游。西、南外宗官用文臣，自子游始。

令詪，字君序，以父任補右班殿直。政和中，遷成忠郎〔九〕，召試，授從事郎。宣和二年，以貢士試舍選合格，授宣教郎，調信州永豐縣丞。中興初，累遷福州運判，兼提點刑獄公事。秦檜方柄用，安定郡王絕封者十餘年；檜死，次令衿當封，適以事被拘，遂命令詪襲封。已而令詪以爵遜令衿，乃陞令詪秘閣修撰〔一〇〕，知台州，移知紹興府，召權戶部侍郎，領嚴、饒二州鑄錢局。先是，諸州錢監兵匠多缺不補，積其衣粮，號三分缺額錢，令詪請以其錢付諸監，省朝廷降銅本錢。又建議州縣賣官田計所入高下，守令進秩減磨勘有差；州縣義倉多紅腐，請歲出三之一以易新粟；水旱爲災，檢放不及七分處所，即許振恤：皆從之。令衿薨，令詪由崇慶軍承宣使再襲封。隆興初，除同知大宗正事，奏減生日支賜并郊祀賞給，以助軍興。詔褒之。遷敷文閣直學士，特授左中大夫、知紹興府，引疾乞祠以歸，尋薨，年六十八。令詪蒞事明敏有風采，然在廣東日，嘗與副使章茇不協，陰中以法，陷茇於死，世以此少之。

令衿，嘉孝穆公世岐子也。博學有能文聲，中大觀二年舍選。靖康初，爲軍器少監。言事忤旨，奪官。紹興七年，以都官員外郎召。張浚罷，令衿請對留浚，言官石公揆論令衿阿大臣，復罷。久之，以事抵臨安，中丞李文會劾令衿「昔爲大臣緩頰，今復奔走請託。」詔

送吏部。吏部直令衿，奏除德安府通判，遷知泉州。泉屬邑有隱士秦系故廬，唐相姜公輔葬邑旁，令衿建堂合祠之，郡人感其化。歸寓三衢。嘗會賓客觀秦檜家廟記，口誦「君子之澤，五世而斬」之句。通守汪召錫，檜兄壻也，頗疑令衿，諷教官莫汲訴令衿論日月無光，謗訕朝政。侍御史董德元承風旨劾之，誣以贓私。詔下令衿獄，案驗無狀，乃論令衿謗訕不遜，追一官勒停，令南外宗正司拘之。檜除召錫湖南提舉以報之，銜令衿，必欲置死地。初，趙鼎之子汾歸過衢，令衿驢之，侍御史徐嘉希檜旨，誣令衿與汾有密謀，伺朝廷機事。捕汾下大理寺，俾汾自誣與張浚、李光等謀逆，而令衿預焉。獄上，檜病不能省，乃獲免。檜死，復爵。二十六年，授明州觀察使，襲封。引疾乞奉燕王祠，許之。尋加慶遠軍承宣使。二十八年薨，贈開府儀同三司。

令話，建炎末，爲右武衞大將軍、信州防禦使。熙寧初，首封秦王孫從式，已而更封燕王曾孫世清。宣和中，又封秦王元孫令盪。令盪卒，令庇年最長，禮官以爲小宗不當封。紹興元年六月，令話得襲封，授寧州觀察使。二年七月薨，贈開府儀同三司。

令德，乾道元年爲武德郎。時安定郡王令詪換文階，大宗正司奏令德授定武軍承宣使，襲封。令德貧，幾不能出蜀。七年，令德薨，令懩當封，以沈湎聲色，不任襲。詔武德郎令擡襲封，除金州觀察使。令擡薨，時秦王後無當襲者，武翼郎子揀屬燕王後，年又最長，得

襲封。子揀薨，九年九月，忠訓郎子彤襲，授吝州觀察使。紹熙二年薨〔二〕，年八十餘。慶元元年十月，忠翊郎子恭襲，授利州觀察使。子恭薨，嘉定二年七月，子覿襲，授金州觀察使。四年十一月，伯栩襲，授宣州觀察使。嘉定元年十月，伯柷襲，授福州觀察使。八年十一月，伯澤襲，授潭州觀察使。

秦康惠王德芳，開寶九年出閣，授貴州防禦使。太平興國元年，授興元尹、山南西道節度使、同平章事。三年冬，加檢校太尉。六年三月，寢疾薨，年二十三。車駕臨哭，廢朝五日。贈中書令、岐王及謚。後加贈太師，改楚王。子三人：惟叙、惟憲、惟能。

慶曆四年，詔封十王之後，以惟叙子從照封安國公，終左金吾衞大將軍、歸州團練使。贈同州觀察使、齊國公。從照卒，以惟能子從古封安國公，終延州觀察使，贈保靜軍節度使、同中書門下平章事、楚國公，謚惠恪。從古卒，惟憲子從式襲封舒國公。

神宗即位，謂創業垂統，實自太祖，顧無以稱。乃下詔令中書門下考太祖之籍，以屬近而行尊者一人，裂土地而王之。使常從獻于郊廟，世世勿復絕。於是有司推擇，以從式應詔，封安定郡王，終保康軍節度使，贈同中書門下平章事，追封滎王，謚安僖。從式既薨，詔以越王偁孫世準襲封安定郡王，而以從式子世恩襲爵爲楚國公，主楚王德芳之祀。遷楚州

防禦使，卒贈奉國軍節度使，謚良僖。徽宗即位，改封楚王爲秦王。

惟叙字懋功，性純謹，頗好學。端拱初，授左武衞將軍，四遷左衞將軍、領勤州刺史。大中祥符四年，從祀汾陰，拜左千牛衞大將軍。八月，卒，年三十五。贈懷州防禦使，追封河內侯。明道二年，加贈保靜軍節度觀察留後、高平郡公。子從照，封安國公。從溥，至右侍禁內殿崇班。

惟憲字有則，美丰儀，少頗縱肆，長修謹，善射，好吟詠，多讀道書。端拱初，授左屯衞將軍，累遷左羽林將軍、領演州刺史，加左衞大將軍、領賀州團練使，眞拜資州團練使。大中祥符九年五月卒，年三十八。贈安德軍節度使兼侍中、英國公。子從式，始封安定郡王，事見上。從演，禮賓副使。從戎、從戒、從湜，並內殿崇班。從賁，供奉官。

惟能字若拙。端拱初，授右屯衞將軍，累遷右神武軍將軍。大中祥符元年五月卒，年三十。贈蔡州防禦使、張掖侯。明道二年，加贈集慶軍節度觀察留後、南康郡公。子從古，襲安國公。從善，內殿承制。從贊，崇班。

安僖秀王子偁，秦康惠王之後，高宗族兄也。康惠生英國公惟憲，惟憲生新興侯從郁，從郁生華陰侯世將，世將生東頭供奉官令僑，令僑生子偁。宣和元年，舍試合格，調嘉興丞。是年，子伯琮生，後被選入宮，是爲孝宗。

子偁召赴都堂審察，改宣教郎〔三〕，通判湖州，尋除直秘閣，賜五品服。孝宗既封建國公，就傅，子偁召對言：「宗室之寓于外者，當聚居官舍，選尊長鈐束之。年未十五附入州小學，十五入大學，許依進士就舉，未出官者亦許入學聽讀，及一年，聽參選。」高宗納其說。遷朝奉郎、秘閣修撰，知處州。已而乞祠，許之。累官左朝奉大夫。紹興十三年秋致仕，明年春，卒于秀州。時孝宗爲普安郡王，疑所服，詔侍從、臺諫議。秦熺等請解官如南班故事，普安亦自請持服，許之。及普安建節，子偁以恩贈太子少師。既爲太子，加贈太師、中書令，封秀王，謚安僖。配張氏，封王夫人。

孝宗受禪，稱皇伯，園廟之制未備。紹熙元年，始即湖州秀園立廟，奉神主，建祠臨安府，以藏神貌，如濮王故事。仍班諱。

嗣秀王伯圭字禹錫，孝宗同母兄也。初，以恩補將仕郎，調秀州華亭尉，累官至浙西提刑司幹辦公事，除明州添差通判。孝宗受禪，上皇詔除集英殿修撰、知台州。

伯圭在郡，頗著政績，除敷文閣待制，改知明州，充沿海制置使。蕃商死境內，遺貲巨萬，吏請沒入，伯圭不可，戒其徒護喪及貲以歸。陞敷文閣直學士，以憂去，服闋，再知明州。新學宮，命宗子入學，閑以規矩。詔徙戍定海兵於許浦。伯圭奏：「定海當控扼之衝，不

可撤備，請摘制司軍以實其地。」從之。

海寇猖獗，伯圭遣人諭降其豪葛明，又遣明禽其黨倪德。二人素號桀黠，伯圭悉撫而用之，賊黨遂散。以功進一官，累陞顯謨閣、龍圖閣學士。在郡十年，政寬和，浚湖陂，均水利，辨冤獄。嘗獲鑄銅者，不忍置諸法，諭令易業，民由是無再犯。

淳熙三年，授安德軍節度使，尋加開府儀同三司，充萬壽觀使。朝德壽宮，上皇賜玉帶，加少保，封滎陽郡王。高宗崩，入臨，充攢宮總護使，除少傅。光宗即位，陞少師。踰年召見，遷太保，封嗣秀王，賜甲第於安僖祠側。

臣僚上言：「治平中追崇濮邸，王子孫幾二十人，皆自環衞序遷其官。今居南班者止師夔一人，非所以強本支而固磐石也。前未建秀邸時，欲賦以祿，則不免責以吏事；今已建邸，而猶責吏事，他日或不免於議。治則傷恩，不則廢法，曷歸之南班，俾無吏責而享富貴。」遂詔伯圭諸子得換班。

紹熙二年〔四〕，除判大宗正事，建請別立宗學，以教宗子。超拜太師，免奉朝請。尋兼崇信軍節度使，賜第還湖州，尋薨于家。訃聞，帝爲輟朝三日，追封崇王，謚憲靖。

伯圭性謙謹，不以近屬自居。每日見，行家人禮，雖宴私隆洽，執臣節愈恭。一日，孝宗問潛龍時事，伯圭辭曰：「臣老矣，不復能記。」問至再三，終不言。帝笑曰：「何太謹也。」益

愛重之。嘗欲廣其居，並湖爲複閣，有司既度材矣，伯圭固辭而止。阜陵成，遷中書令，凡五讓。寧宗嘉其志，詔別議褒崇之禮，贈贊拜不名，肩輿至殿門。子九人：師夔、師揆、師垂、師禹、師禹、師皐、師岩、師彌、師貢。

師夔字汝一，初以祖恩補官，調太平州蕪湖簿。隆興元年，改右承務郎，歷台州、秀州通判，直秘閣。尋知徽州，新學舍，進直徽猷閣，知湖州。時歸附從軍而廩於湖者衆，不能給，師夔請增廩，仍別給僦屋錢，以安其心。帝稱善，詔諸郡行之。除直龍圖閣，遷浙西提刑，改江東運判。

建康務場往往奪民利，爲害滋甚，師夔首罷之。守臣以郡計所資，諂師夔請復舊，不從。池州軍帥霍政與守臣交上書相攻，詔師夔究曲直。政密遣人求庇，師夔斥之，具言狀，政坐罷去。

改秘閣修撰、知明州兼沿海制置使，加敷文閣待制，轉永慶軍承宣使。紹熙元年，侍父入覲，除興寧軍節度使。寧宗卽位，加檢校少保，充阜陵橋道頓遞使。阜陵成，遷開府儀同三司。侍父歸，父薨未踰月，師夔亦卒，年六十一。贈少師，追封新安郡王。

師揆字元輔，初補右承務郎奉祠。除添差湖州簽判，改婺州通判，加直秘閣。守臣韓元吉薦其材，上以問史浩，浩言其聰爽可任。召對，除江東提舉。奏免失陷常平人毋責償。

改淮南漕，尋遷淮西提刑兼提舉，領屯田事。奏以荒圩給軍士，其屯田爲民世業者勿奪，從之。及代去，吏請獻羨錢二十萬，師揆曰：「後將病民矣。」除直秘閣，改江東轉運副使，加秘閣修撰，知明州。

紹熙元年〔四〕，授觀察使。寧宗卽位，除奉國軍承宣使，尋陞節度使。召見，賜肩輿，超檢校太保、開府儀同三司，充萬壽觀使，襲封。開禧元年奉朝請，嘉定七年薨，贈太傅，追封灃王，謚恭惠。

弟師禹，由保康軍節度使除開府儀同三司，襲封。十六年，薨，贈太傅，追封和王，謚端肅。

校勘記

〔一〕錢千萬緡　「千萬」，本書卷四太宗紀、長編卷二三作「十萬」，疑此誤。

〔二〕中書守當官　原作「中書守堂官」，按本書卷一六一職官志，中書省有「守當官」，無「守堂官」，「堂」當爲「當」之誤。長編卷二三正作「中書守當官」。

〔三〕德文屬尊且賢　「尊」原作「祖」，據長編卷一五一、編年綱目卷一二改。

〔四〕獎州刺史　「獎州」原作「奬州」。宋代無「奬州」，宋會要帝系一之二七、三之二都作「獎州」，據改。

〔五〕追封南陽郡王　「郡王」原作「郡侯」，據長編卷七三、宋會要帝系三之一七、東都事略卷一五吳王德昭世家改。

〔六〕贈張信軍節度觀察留後濟陽郡公　「張信」，宋會要帝系三之二六作「彰寧」；「濟陽」，本書卷二一五宗室世系表作「濟陰」。按本書地理志和卷一六八職官志都無「張信」、「彰寧」軍額，只有「彰信」軍額。又據本書卷八五地理志，「彰信」是京東路曹州的軍額，郡號濟陰；而「濟陽」是濟州的郡號，未升節鎮。世長如贈彰信軍節度觀察留後，例應封濟陰郡公。疑當作「贈彰信軍節度觀察留後、濟陰郡公」。

〔七〕昌州團練使惟忠　「惟忠」原作「惟固」。按上文惟忠於大中祥符五年進昌州團練使，有子從信；惟固未進此職，亦無子。據改。

〔八〕右班殿直　「殿直」原作「禁直」，按本書卷一六九職官志，有「右班殿直」，無「右班禁直」，據改。

〔九〕成忠郎　「成忠」原作「承忠」。按本書卷一六九職官志有「成忠郎」，無「承忠郎」；又「換官」條，由「成忠郎換從事郎」，與下文正合，作「承忠」誤。據改。

〔一〇〕陞令詪秘閣修撰　「令詪」原作「令衿」。繫年要錄卷一七一、一八〇，升秘閣修撰及下文各官職者都是令詪；按文義亦當是。據改。

〔一一〕紹熙二年薨　「紹熙」原作「紹興」。按上文爲乾道紀年，此處不當出「紹興」，本書卷三六光宗紀，紹熙二年十一月戊申，「安定郡王子彤薨」。據改。

〔一二〕宣教郎　原作「宗教郎」，按本書卷一六九職官志無「宗教郎」而有「宣教郎」，繫年要錄卷五四、朝野雜記甲集卷一秀安僖王條作「左宣教郎」，此處省去「左」字；「宗」，應改作「宣」。

〔一三〕紹熙二年　「紹熙」原作「紹興」。上文爲淳熙紀年，此不當出「紹興」。本書卷三六光宗紀，紹熙二年六月丁亥，「以伯圭判大宗正事」。據改。

〔一四〕紹熙元年　「紹熙」原作「紹興」。按師揆爲秀王諸孫，秀王封於紹興三十二年，此處不得有紹興紀年；本書卷三六光宗紀，紹熙元年七月癸丑，「詔秀王諸孫並授南班」。南班是宋宗子所授官，近屬自初除小將軍七遷爲節度使，見沈括夢溪筆談卷一故事二。據本書卷一六九職官志武臣敍遷之制，觀察使當爲南班之五遷官，師揆自屬「並授南班」之列，「紹興」係「紹熙」之誤，據改。

宋史卷二百四十五

列傳第四

宗室二

漢王元佐　昭成太子元僖　商王元份　越王元傑　鎭王元偓

楚王元偁　周王元儼　悼獻太子　濮王允讓

太宗九子：長楚王元佐，次昭成太子元僖，次眞宗，次商恭靖王元份，次越文惠王元傑，次鎭恭懿王元偓，次楚恭惠王元偁，次周恭肅王元儼，次崇王元億。

漢恭憲王元佐字惟吉，初名德崇，母元德皇后。少聰警，貌類太宗，帝鍾愛之。年十三，從獵近郊，兔走乘輿前，太宗使元佐射，一發而中，契丹使在側，驚異之。從征太原、幽

薊。太平興國中，出居內東門別第，拜檢校太傅、同中書門下平章事，封衞王，赴上于中書，後徙居東宮，改賜今名，加檢校太尉，進封楚王。

初，秦王廷美遷涪陵，元佐獨申救之。廷美死，元佐遂發狂，至以小過操挺刃傷侍人。雍熙二年，疾少閒，帝喜，爲赦天下。重陽日內宴，元佐疾新愈不與，諸王宴歸，暮過元佐第。曰〔一〕：「若等侍上宴，我獨不與，是棄我也。」遂發忿，被酒，夜縱火焚宮。詔遣御史捕元佐，詣中書劾問，廢爲庶人，均州安置。宰相宋琪率百官三上表，請留元佐京師。行至黃山，召還，廢居南宮，使者守護。諮議趙齊王遹、翊善戴元頓首請罪，帝赦之曰：「是子朕教之猶不悛，汝等安能輔導耶？」

眞宗卽位，起爲左金吾衞上將軍，復封楚王，聽養疾不朝，再加檢校太師、右衞上將軍。元佐生日，眞宗賜以寶帶。平居不接人事，而事或預知。帝嘗遣術士管歸眞爲醮禳，左右未及白，元佐遽曰：「管歸眞至矣。」帝聞之曰：「豈非爲物所憑乎？」封泰山，眞拜太傅；祀汾陰，遷太尉兼中書令。又加太師、尙書令兼中書令，遂拜天策上將軍、興元牧，賜劍履上殿，詔書不名。時禁中火，元佐表停奉稟助完宮闕，不許。加兼雍州牧。仁宗爲皇太子，兼興元牧。仁宗卽位，兼江陵牧。薨，年六十二，贈河中、鳳翔牧，追封齊王，謚恭憲。宗室子弟特給假七日，以鹵簿鼓吹導至永安，陪葬永熙陵。明道二年，改封潞王，又改魏王。子三人：允升、允言、允成。

仁宗〔二〕封王後，以允言子宗說恭憲王長孫，嗣封祁國公。皇祐中，坐帷薄不修除名，又坐坑殺女僕，鎖閉宮室外宅。其子仲旻，官右武衞大將軍、道州刺史，後因朝，叩頭殿下泣訴云：「父老且病，願納身官以贖。」神宗亦憫之，而未俞其請。出就馬，氣塞不能言，及家而卒。贈同州觀察使、馮翊侯。宗說幽死。

熙寧三年，以允升子宗惠襲封魏國公。中書言宗惠不應封，以恭憲庶長孫允言子宗立嗣。

宗立從張揆學春秋。太清樓侍宴，預坐悉賦禊王詩，宗立詩先成，仁宗稱善。屢賜飛白書，旌其文雅。至是襲封，終武寧軍節度觀察留後，贈昭信軍節度使、同中書門下平章事、南康郡王。子仲來嗣，終金州刺史。子不儻嗣〔三〕。徽宗立，改封魏王爲漢王。不儻卒，子彥淸乞襲父爵，奉漢王祀，詔從之。

允升字吉先，初免乳，養明德太后宮，太后親撫視之。元佐有疾，允升始出第。眞宗賜名元中，授右監門衞將軍，更賜今名。累遷澶州觀察使，封延安郡公，進武寧軍節度觀察留後，歷安德、建雄、安國軍節度使。景祐二年卒，贈太尉、平陽郡王，謚懿恭。子十三人，宗禮、宗旦、宗悌、宗惠知名。

宗禮嘗侍宴太清樓，仁宗賦詩，命屬和，侍射苑中，復獻詩。終虔州觀察使、成國公，贈

安遠軍節度使、同中書門下平章事、韓國公。子仲翹、仲髦。

宗旦字子文，七歲如成人，選爲仁宗伴讀。帝卽位，獲超遷，爲羣從所詆，上書言狀，帝曰：「宗旦陪朕幼學，勤勞居多，此出朕意，豈應訴以常格？」所生母死，請別擇葬域，歲時奠祀，後遂著爲法。治平中，同知大宗正事。神宗卽位，拜崇信軍節度使、同中書門下平章事，爲大宗正，賜方團金帶，非朝會得乘肩輿。元豐三年，封華陰郡王，加開府儀同三司。長屬籍十六年〔四〕，宗子有過，優游誨導，一善必以聞。異時赴朝請者，率以私丁給侍，宗旦建請，始得從官給。薨，贈太尉、滕王，謚恭孝，聽旗節印綬從葬。

宗悌字元發，輕財好施。故相王氏子持父所服帶求貿錢，宗悌惻然曰：「宰相子亦至是乎！」歸帶而與之錢。所親用詐取藏鏹，得其狀，曰：「吾不以小故傷骨肉恩。」竟不問。所生母早世，宗悌不識也，聞父婢語平生，輒掩泣。繼得其肖貌，繪而奉之如生。終明州觀察使，贈保寧軍節度使、同中書門下平章事、東陽郡王，謚曰孝憲。

宗惠，封魏國公，尋以旁支黜。終武昌軍節度觀察留後、江夏郡王，贈鄭王。

允言，累官左屯衞將軍。嘗託疾不朝，降太子左衞率府率，歲中復官。又坐笞侍婢，而兄允升勸止，悖慢無禮，貶副率，絕朝謁，出之別第。以祀汾陰恩，復率府率，還宮。久之，復朝謁，歷左監門衞大將軍、黃州刺史。天聖七年卒，贈明州觀察使、奉化侯。明道二年，

贈安遠軍節度使，追封密國公。子宗說、宗立[五]事並見上。宗育，終右屯衞將軍，贈潁州防禦使、汝陰侯。

允成，終右神武將軍、濮州防禦使，贈安化軍節度使、郇國公。明道二年，加贈鎭江軍節度使兼侍中。子宗顏、宗訥、宗鼎、宗嚴、宗魯、宗儒、宗奭，皆爲環衞、刺史。

昭成太子元僖，初名德明。太平興國七年出閤，授檢校太保、同平章事，封廣平郡王，與兄衞王德崇同日受封。八年，進封陳王，改名元佑。詔自今宰相班宜在親王上，宰相宋琪、李昉請遵舊制，不允。宋琪等懇請久之，上曰：「宰相之任，實總百揆，與羣司禮絕；藩邸之設，止奉朝請而已。元佐等尙幼，欲其知謙損之道，卿等無固讓也。」

雍熙二年，元佐被疾，以元僖爲開封尹兼侍中，改今名，進封許王，加中書令。上爲娶隰州團練使李謙溥女爲夫人，因謂宰相曰：「朕嘗語諸子，今姻偶皆將相大臣之家，六禮具備，得不自重乎？」淳化元年，宰相呂蒙正復上言，乞班諸王下，詔不允。三年十一月己亥，元僖早入朝，方坐殿廬中，覺體中不佳，徑歸府。車駕遽臨視，疾已亟，上呼之猶能應，少頃遂薨。上哭之慟，廢朝五日，贈皇太子，謚恭孝。

元僖姿貌雄毅，沈靜寡言，尹京五年，政事無失。及薨，上追念不已，悲泣達旦不寐，作思亡子詩示近臣。

未幾，人有言元僖爲嬖妾張氏所惑，張頗專恣，捶婢僕有至死者，而元僖不知。張又於都城西佛寺招魂葬其父母，僭差踰制。上怒，遣昭宣使王繼恩驗問，張縊死。左右親吏悉決杖停免，毀張氏父母冢塋，親屬皆配流。開封府判官、右諫議大夫呂端，推官、職方員外郎陳載，並坐裨贊有失，端黜爲衞尉少卿，載爲殿中侍御史。許王府諮議、工部郞中趙令圖，侍講、庫部員外郎閻象，並坐輔道無狀，削兩任免。詔停册禮，以一品鹵簿葬。眞宗卽位，始詔中外稱太子之號焉。乾興初，改謚。無子，仁宗時，詔以允成子宗保出後昭成太子爲孫。

宗保生二歲，母抱以入見章獻后，后留與處。宗保七歲，授左侍禁，帝親爲巾其首。久之，歸本宮，詔朔望出入禁省。累官代州防禦使，襲封燕國公。性仁恕，主藏吏盜米至千斛，貰不問。嘗書「忍」字於座右以爲戒。熙寧七年卒。神宗臨奠，其子仲鞠泣曰：「先臣幼養宮中，終身不自言。」帝感悼，遂優贈靜難軍節度使、新平郡王，謚恭靜。仲鞠亦好學能詩，事親居喪以孝聞。

宗保卒，子仲恕嗣，官至忠州團練使，謚純僖。子士悉嗣。

商恭靖王元份，初名德嚴。太平興國八年出閤，改名元俊，拜同平章事，封冀王。雍熙三年，改今名，加兼侍中、威武軍節度使，進封越王。淳化中，兼領建寧軍，改鎭寧海、鎭東。眞宗卽位，加中書令，徙鎭永興、鳳翔，改王雍。永熙復土，爲山陵使，拜太傅。眞宗北征，爲東京留守。薨年三十七，贈太師、尙書令、鄆王。改陳王，又改潤王。治平中，封魯王。

元份寬厚，言動中禮，標望偉如，娶崇儀使李漢斌之女。李悍妬慘酷，宮中女婢小不如意，必加鞭杖，或致死。上每有恩賜，詔令均給，李盡取之。及元份臥病，上親臨問，見左右無侍者，因輟宮人爲主湯劑。初，太宗崩，戚里皆赴禁中，朝晡臨，李多稱疾不至。元份生日，李以衣服器用爲壽，皆飾以龍鳳。居元份喪，無戚容，而有謗上之語。上盡知其所爲，以元份故優容之。及是，復不欲顯究其罪狀，止削國封，置之別所。元份子三人：長允寧；次允懷，改允中，早卒；次則濮王允讓也。

允讓薨，以允寧子宗諤襲虢國公。至熙寧三年，以宗肅嗣封魯國公。宗肅，亦允寧子也。子仲先嗣。徽宗卽位，改封魯王爲商王，詔曰：「宗室諸王追封大國，其世襲子孫尙仍舊國，甚未稱正名之意。如魯王改封商王，其子尙襲魯國之類。其令大宗正司改正。」制以寧遠軍節度使、魯國公仲先改封商國公。

允寧字德之，性至孝，因父感疾，恍惚失常。既而嗜學，尤喜讀唐史，通知近朝典故，工虞世南楷法，眞宗賜詩激賞之。又善射，嘗侍射後苑，屢破的，賜金帶器幣。初授右千牛衞將軍，四遷右武衞，歷唐州團練、潁州防禦、同州觀察使，進彰信軍節度觀察留後、武定軍節度使。景祐元年卒，贈太尉、信安郡王，謚僖簡。子宗諤、宗敏、宗孟、宗肅。

宗諤封虢國公，官累集慶軍節度使、同中書門下平章事，進封豫章郡王。乞比外使相給奉，仁宗以非兼侍中，令詰主吏，宗諤上章自陳，於是御史張商英劾其招權立威等罪，坐落平章事[六]。英宗卽位，還所奪。元豐五年薨，贈太尉、韓王。太常謚榮孝，上省集議駁之，改榮恭，僕射王珪復駁之，遂謚榮思[七]。

宗肅封魯國公。兄宗諤嘗亡寶器，意宗肅家人子竊之，宗肅曰：「吾廉，不足取信兄弟如此乎？」立償其直。宗諤愧不取，乃施諸僧。久之器得，宗肅不復言。元豐五年，終安化軍留後，以嘗從英宗入慶寧，優贈鎭海軍節度使、開府儀同三司、北海郡王。

宗敏終右千牛衞大將軍、文州刺史，贈越州觀察使、會稽侯。頗涉書傳。緣郊恩建請封所生母范氏，宗室子得封所生母，自宗敏始。

越文惠王元傑字明哲，初名德和。太平興國八年出閤，改名。授檢校太保、同平章事，

封益王。端拱初，加兼侍中、成都尹、劍南東西川節度。淳化中，徙封吳王，領揚潤大都督府長史、淮南鎭江軍節度使。至道二年，改揚州大都督、淮南忠正軍節度。眞宗卽位，授檢校太尉兼中書令、徐州大都督、武寧泰寧等軍節度使，改封兗王。咸平中，再郊祀，皆爲終獻，加守太保。六年七月暴薨，年三十二。

元傑穎悟好學，善屬詞，工草、隸、飛白，建樓貯書二萬卷，及爲亭榭遊息之所。嘗作假山，既成，置酒召僚屬觀之。翊善姚坦獨頫首不視，元傑强之，坦曰：「坦見血山，安得假山。」言州縣鞭撻徵民，以取租稅，假山實租稅所爲耳。語見姚坦傳中。

及薨，眞宗聞之震悼，不俟旦，步及中禁門，乃乘輦臨視，哀慟左右，廢朝五日。贈太尉、尙書令，追封安王，謚文惠，後改邢王，後改陳王。無子。仁宗以恭憲王之孫、允言子宗望爲之後。

宗望字子國，終右武衞大將軍、舒州防禦使，贈安化軍節度使觀察留後、高密郡公。仁宗嘗御延和殿試宗子書，以宗望爲第一；又嘗獻所爲文，賜國子監書，及以塗金紋羅御書「好學樂善」四字賜之。卽所居建御書閣，帝爲題其榜。

子仲郃嗣。熙寧三年，與商恭靖王孫宗肅等同日封陳國公。官至陳州觀察使。卒，謚良僖。

子士關嗣。父卒，徒行護喪數百里，路人嗟惻。卒，贈陳州觀察使。徽宗卽位，改封陳王爲越王。

鎭恭懿王元偓字希道。端拱元年出閤，授檢校太保、左衞上將軍，封徐國公。至道二年，拜洪州都督、鎭南軍節度使。眞宗卽位，加同平章事，封彭城郡王。俄加檢校太傅，改鎭靜難、彰化，進封寧王。郊祀、東封，悉爲亞獻，禮成，授檢校太尉兼侍中、護國鎭國等軍節度。

三年，文武官詣闕請祠后土，元偓以領節帥亦奏章以請，詔許之。將行，命爲河、華管內橋道頓遞使。明年，車駕入境，元偓奏方物、酒餼、金帛、茗藥爲貢，儀物甚盛。至河中，與判府陳堯叟分導乘輿度蒲津橋。上登郊丘亭，目元偓曰：「橋道頓置嚴謹，爾之力也。」元偓頓首謝。及還，加中書令，領成德、安國等軍節度，改封相王。五年，加守太傅。

眞宗自卽位以來，屢以學術勗宗子。元偓首冠藩戚，益自修勵，上每製篇什，必令屬和。一日，謂宰相曰：「朕每戒宗子作詩習射，如聞頗精習，將臨觀焉。」因幸元偓邸第，宴從官，宮僚畢會，賦七言詩。元偓奉觴上壽，賜襲衣、金帶、器幣、緡錢，又與宗室射于西南亭。日晡，從官退，上獨以中官從，幸元偁、元儼宮，復宴元偓宮，如家人禮，夜二鼓而罷。六年，進位太尉。

八年七月，以榮王宮火，徙元偓宮於景龍門外，車駕臨幸。是冬，加兼尙書令。天禧元年二月，換成德、鎭寧二鎭，進封徐王。二年春，宮邸遺燼，燔舍數區，元偓驚悸，暴中風眩薨，年四十二。帝臨哭，廢朝五日，贈太師、尙書令、鄆王，賜謚恭懿。

元偓姿表偉異，厚重寡言，曉音律。後改封密王，又改王蘇。治平中，追封韓王。

子允弼，八歲召入禁中，令皇子致拜，允弼不敢當。御樓觀酺，得與王子並坐〔六〕。皇子卽位，是爲仁宗。允弼累遷武寧軍節度使兼侍中、判大宗正事，封北海郡王。英宗時，拜中書令，徙王東平。神宗卽位，拜太保、鳳翔雄武軍節度使，朝朔望。熙寧二年，丁母憂，悲痛不勝喪，固辭起復。母葬有日而允弼病篤，顧諸子以不得終大事爲恨。薨，帝臨哭之慟，輟朝三日，贈太師、尙書令兼中書令，追封相王，謚孝定。

允弼性端重，時然後言。諸宮增學官員，允弼已貴，猶日至講席，延伴讀官讀孟子一節。領宗正三十年，與濮安懿王共事，相友愛，爲宗屬推敬。

子宗續，襲祖恭懿王封爲韓國公。卒，贈南康郡王，謚良孝。宗續弟宗景，以相州觀察使同知大宗正事。神宗以其父允弼司宗久，故復選用之。宗景事母孝，居喪如不能勝。居第火冒，急赴家廟，不恤其他，火亦不爲害。元祐中，累遷彰德軍節度、開府儀同三司、檢

校司空，封濟陰郡王。宗景喪其夫人，將以妾繼室，先出之於外，而託爲良家女且納焉。坐奪開府，既而還之。紹聖四年薨，年六十六，贈太師、循王，謚曰思。

宗續既卒，子仲鏊嗣，自平川節度使徙劍南西川。徽宗改封韓王爲鎭王。

楚恭惠王元偁字令聞，七歲授檢校太保、右衞上將軍、涇國公。久之，領鄂州都督、武昌軍節度使。眞宗卽位，加同平章事、安定郡王，進檢校太傅。景德二年，郊祀，遷宣德、保寧兩鎭，進封舒王。大中祥符初，封泰山，加檢校太尉兼侍中，移平江、鎭江軍。從祀汾陰，加兼中書令，改鎭南、寧國軍節度使。五年，拜太保。自景德後，每有大事，皆爲終獻。

元偁體素羸多病，上幸眞源，時已被疾，懇求扈從。至鹿邑疾甚，肩輿先歸。車駕還，臨問數四。七年，薨，年三十四。廢朝五日，贈太尉、尙書令，追封曹王，謚恭惠。後改封華王、蔡王。有集三卷、筆札一卷，上爲製序，藏之秘閣。子允則，官至右千牛衞大將軍卒。

先是，諸王子授官，卽爲諸衞將軍，餘以父官及族屬親疏差等。天禧元年，令宗正卿趙安仁議爲定制。安仁請以宣祖、太祖、太宗孫初廕授將軍，曾孫授右侍禁，玄孫授右班殿直，內父爵高者聽從高廕，其事緣特旨者不以爲例。詔中書、門下、樞密院參定行之。

允則無子，以平陽懿恭王之子宗達爲後。熙寧三年，襲封蔡國公。鄰家失火，盜因爲

奸，竊宗達所服帶，既而得之，且知其主名，貸不問。浚井得鐶，復投之。官累武信軍留後。薨，贈安化軍節度使、開府儀同三司、高密郡王。子仲約嗣。徽宗即位，改封蔡王爲楚王。

周恭肅王元儼，少奇穎，太宗特愛之。每朝會宴集，多侍左右。帝不欲元儼早出宮，期以年二十始就封，故宮中稱爲「二十八太保」，蓋元儼於兄弟中行第八也。

眞宗即位，授檢校太保、左衞上將軍，封曹國公。明年，爲平海軍節度使，拜同中書門下平章事，加檢校太傅，封廣陵郡王。封泰山，改昭武、安德軍節度使，進封榮王；祀汾陰，加兼侍中，改鎭安靜、武信，加檢校太尉；祠太淸宮，加兼中書令。坐侍婢縱火，延燔禁中，奪武信節，降封端王，出居故駙馬都尉石保吉第。每見帝，痛自引過，帝憫憐之。尋加鎭海、安化軍節度使，封彭王，進太保。仁宗爲皇子，加太傅。歷橫海永淸保平定國節度、陝州大都督，改通王、涇王。仁宗即位，拜太尉、尙書令兼中書令，徙節鎭安、忠武，封定王，賜贊拜不名，又賜詔書不名。天聖七年，封鎭王，又賜劍履上殿。明道初，拜太師，換河陽三城、武成節度，封孟王，改永興鳳翔、京兆尹，封荊王，遷雍州、鳳翔牧。景祐二年大封拜宗室，授荊南、淮南節度大使〔九〕，行荊州、揚州牧，仍賜入朝不趨。

元儼廣顙豐頤，嚴毅不可犯，天下崇憚之，名聞外夷。事母王德妃孝，妃每有疾，躬侍

藥，晨夕盥潔焚香以禱，至憂念不食。母喪，哀戚過人。平生寡嗜慾，惟喜聚書，好爲文詞，頗善二王書，工飛白。

仁宗冲年即位，章獻皇后臨朝，自以屬尊望重，恐爲太后所忌，深自沉晦。因閤門卻絕人事，故謬語陽狂，不復預朝謁。及太后崩，仁宗親政，益加尊寵，凡有請報可，必手書謝牘。方陝西用兵，上所給公用錢歲五十萬以助邊費，帝不欲拒之，聽入其半。嘗問翊善王渙曰：「元昊平未？」對曰：「未也。」曰：「如此，安用宰相爲。」聞者畏其言。

慶曆三年冬，大雨雪，木冰，陳、楚之地尤甚。占者曰：「憂在大臣。」既而元儼病甚。上憂形于色，親至臥內，手調藥，屏人與語久之，所對多忠言。賜白金五千兩，固辭不受，曰：「臣羸憊且死，將重費家國矣。」帝爲嗟泣。明年正月薨，贈天策上將軍、徐兗二州牧、燕王，謚恭肅。比葬，三臨其喪。詔以元儼墨跡及所爲詩分賜宰臣，餘藏祕閣。

子十三人：允熙、允良、允迪、允初，餘皆早卒。熙寧中，以允良子宗絳嗣封吳國公。徽宗改封吳王爲周王〔一〇〕。

允熙終右監門衞將軍、滁州刺史，贈博州防禦使、博平侯。

允良歷五節度，領寧海、平江兩軍，封華原郡王，改襄陽，由同中書門下平章事、兼侍中，至太保、中書令。好酣寢，以日爲夜，由是一宮之人皆晝睡夕興。薨，贈定王，有司以其反易晦明，謚曰榮易。

允迪累官耀州觀察使。居父喪不哀，又嘗宮中爲優戲，爲妻昭國夫人錢氏所告。制降右監門衞大將軍，絕朝謁，錢氏亦度爲洞眞道士。

允初，初名允宗，勤於朝會，雖風雨不廢。未嘗問財物厚薄，惟誦佛書，人以爲不慧。累遷寧國軍節度使、同中書門下平章事。治平元年卒，贈中書令、博平郡王。無子。英宗臨奠，以允初後事屬其兄允良，乃以允成孫仲連爲之後。

崇王元億，早亡，追賜名，封代國公。治平中，封安定郡王。徽宗即位，加封崇王。

眞宗六子：長溫王禔，次悼獻太子祐，次昌王祇，次信王祉，次欽王祈，次仁宗。禔、祇、祉、祈皆蚤亡，徽宗賜名追封。

悼獻太子祐，母曰章穆皇后。咸平初，封信國公。生九年而薨，追封周王，賜謚悼獻。仁宗即位，贈太尉、中書令。明道二年，追册皇太子。

仁宗三子：長楊王昉，次雍王昕，次荊王曦，皆早亡。徽宗時改封。

濮安懿王允讓字益之，商王元份子也。天資渾厚，外莊內寬，喜愠不見于色。始爲右千牛衞將軍。周王祐薨，眞宗以綠車旄節迎養于禁中。仁宗生，用簫韶部樂送還邸。官衞州刺史。仁宗即位，授汝州防禦使，累拜寧江軍節度使。上建睦親宅，命知大宗正寺。宗子有好學，勉進之以善，若不率教，則勸戒之，至不變，始正其罪，故人莫不畏服焉。慶曆四年，封汝南郡王，拜同平章事，改判大宗正司。嘉祐四年薨，年六十五，贈太尉、中書令，追封濮王，謚安懿。仁宗在位久無子，乃以王第十三子宗實爲皇子。仁宗崩，皇子即位，是爲英宗。

治平元年，宰相韓琦等奏：請下有司議濮安懿王及譙國夫人王氏、襄國夫人韓氏、仙遊縣君任氏合行典禮。詔須大祥後議之。

二年，乃詔禮官與待制以上議。翰林學士王珪等奏曰：

謹按儀禮喪服：「爲人後者」傳曰：「何以三年也？受重者必以尊服服之。」「爲所後者之祖父母妻，妻之父母昆弟，昆弟之子若子。」謂皆如親子也。又「爲人後者爲其父母」傳曰：「何以期？不二斬，持重於大宗，降其小宗也。」「爲人後者爲其昆弟」傳曰：「何以大功？爲人後者降其昆弟也。」

先王制禮，尊無二上，若恭愛之心分於彼，則不得專於此故也。是以秦、漢以來，帝王有自旁支入承大統者，或推尊其父母以爲帝后，皆見非當時，取議後世，臣等不敢引以爲聖朝法。

況前代入繼者，多宮車晏駕之後，援立之策或出臣下，非如仁宗皇帝年齡未衰，深惟宗廟之重，祗承天地之意，於宗室衆多之中，簡推聖明，授以大業。陛下親爲先帝之子，然後繼體承祧，光有天下。

濮安懿王雖於陛下有天性之親，顧復之恩，然陛下所以負扆端冕，富有四海，子子孫孫萬世相承，皆先帝德也。臣等竊以爲濮王宜準先朝封贈期親尊屬故事，尊以高官大國，譙國、襄國、仙遊並封太夫人，攷之古今爲宜稱。

於是中書奏：「王珪等所議，未見詳定濮王當稱何親，名與不名？」珪等議：「濮安於仁宗爲兄，於皇帝宜稱皇伯而不名，如楚王、涇王故事。」

中書又奏：「禮與令及五服年月敕：出繼之子於所繼、所生皆稱父母。又漢宣帝、光武皆稱父爲皇考。今珪等議稱濮王爲皇伯，於典禮未有明據，請下尚書省，集三省、御史臺議奏。」

方議而皇太后手詔詰責執政，於是詔曰：「如聞集議不一，權宜罷議，令有司博求典故以聞。」禮官范鎭等又奏：「漢之稱皇考、稱帝、稱皇，立寢廟，序昭穆，皆非陛下聖明之所法，宜如前議爲便。」自是御史呂誨等彈奏歐陽脩首建邪議，韓琦、曾公亮、趙槩附會不正之罪，固請如王珪等議。

既而內出皇太后手詔曰：「吾聞羣臣議請皇帝封崇濮安懿王，至今未見施行。吾載閱前史，乃知自有故事。濮安懿王、譙國夫人王氏、襄國夫人韓氏、仙遊縣君任氏，可令皇帝稱親，濮安懿王稱皇，王氏、韓氏、任氏並稱后。」

事方施行，而英宗卽日手詔曰：「稱親之禮，謹遵慈訓；追崇之典，豈易克當。且欲以塋爲園，卽園立廟，俾王子孫主奉祠事。」

翌日，誨等以所論列彈奏不見聽用，繳納御史敕告，家居待罪。誨等所列，大抵以爲前詔稱「權罷集議」，後詔又稱「且欲以塋爲園」，卽追崇之意未已。英宗命閤門以告還之。誨等力辭臺職。誨等既出，而濮議亦寢。至神宗元豐二年，詔以濮安懿王三夫人可並稱王夫

人云。

王二十八子。長宗懿，英宗時爲宿州團練使，封和國公。神宗以宗懿濮安懿王元子，追封舒王。子仲鸞，常州防禦使。父薨，諸子皆進官，獨不忍受。喜翰墨，樂施與，九族稱賢。卒，贈武康軍節度使、洋國公，謚曰良。仲鸞弟仲汾，幼喜書史，一讀成誦。居父喪，瘠於毀瘠。卒官萊州防禦使，贈昭化軍節度使、榮國公。

次宗樸，爲隴州防禦使，封岐國公。宗樸與英宗友愛。初，詔英宗入居慶寧宮，固辭，宗樸率近屬敦勸，乃入。治平中，建濮王園廟，宗樸遂拜彰德軍節度使，封濮國公，奉王後。神宗卽位，加同平章事兼侍中，進封濮陽郡王。薨，贈太師、中書令，追封定王，謚僖穆。子仲佺，父歿，不食者數日。母葬時，天大雪，步泥中扶翼，道路歎惻。以潤州觀察使卒，贈開府儀同三司。

宗樸既薨，宗誼襲封。官至昭化軍節度使、同中書門下平章事。薨，贈太師、中書令、廣陵郡王，謚莊孝。

宗暉，元豐中，以淮康軍節度使襲濮國公。安懿王及三夫人改祔，命爲誌并題神主，加同中書門下平章事、開府儀同三司，進嗣濮王。哲宗立，改鎭南節度使、檢校司徒。紹聖元年薨，年六十七，贈太師，追封懷王，謚榮穆。子仲璲。先是，濮國嗣王四孟詣洛享園廟，以

河南府縣官充亞、終獻。宗暉之襲封也，神宗始命以其子爲之，仲璲遂以終獻侍祠，凡十餘年。父喪，哀痛不能勝，纔服除而卒。官右監門衞大將軍、合州刺史。

宗晟，紹聖元年六月，以武安軍節度使判大宗正事，加檢校司徒，嗣濮王。明年三月薨，年六十五，贈太師、昌王，謚端孝。宗晟好古學，藏書數萬卷，仁宗嘉之，命以國子監書。治平將郊而雨，或議改祫享，英宗訪諸宗晟，對曰：「陛下初郊見上帝，盛禮也，豈宜改卜。至誠感神，在陛下精意而已。」帝嘉納。及郊，雨霽。帝數被疾，密請早建儲貳，以係天下之望，世稱其忠。

宗晟薨，哲宗紹聖二年四月，宗愈以鎭安節度使、開府儀同三司、檢校司徒嗣封。故事嗣王以四時詣祠所，宗愈方屬疾，或曰不可以暑行，曰：「吾身主祀而不往，非禮也。」強輿以行，疾遂亟。是年八月薨，年六十五，贈太師，追封襄王，謚恭憲。

宗綽嗣，官至河陽三城節度使、檢校司徒。紹聖三年二月薨，年六十二，贈太師，追封榮王，謚孝靖。

宗楚，累拜武勝軍節度使、開府儀同三司，封南陽郡王。紹聖三年三月，以檢校司徒改武昌節度使，嗣濮王。既嗣爵，當詣園薦獻，會疾，以弟宗漢代行，歎曰：「不能親奉籩豆，饗我先王，而浮食厚祿，安乎！」請以爵授弟，不許。四年六月薨，贈太師、惠王，謚僖節。

宗祐克己自約，蕭然若寒士，好讀書，尤喜學易。嘉祐中，從父允初未立嗣，咸推其賢，詔以宗祐爲後，泣曰：「臣不幸幼失怙恃，將終身悲慕，忍爲人後乎！敢以死請。」仁宗憐而從之。累遷清海軍節度使、開府儀同三司，封乘城郡王。紹聖四年八月，加檢校司徒，嗣濮王。時已病，當祠園廟，不肯移疾，自秋涉冬連往來。元符元年春，又亟往，遂薨于祠下。贈太師，追封欽王，謚穆恪。

宗漢，英宗幼弟也。累拜保寧軍留後、鄆國公、東陽安康郡王。元符初，以彰德軍節度使、開府儀同三司、檢校司空嗣濮王。徽宗即位，徙寧江、保平、泰寧三鎮，判大宗正事，加檢校司徒、太保、太尉。帝幸濮邸，遷其子孫官。時安懿王諸子獨宗漢在，恩禮隆腆。大觀三年八月薨，贈太師，追封景王，謚孝簡。宗漢善畫，嘗作八鴈圖，人稱其工。仲增嗣。

仲增，濮王孫，於屬爲長，故封。官至彰德軍節度使、開府儀同三司。政和五年九月薨，贈少師，追封簡王，謚穆孝。

仲御，自幼不羣，通經史，多識朝廷典故。居父宗晟喪，哲宗起知宗正，力辭，詔虛位以須終制。累遷鎭寧、保寧、昭信、武安節度使，封汝南、華原郡王。政和中，以檢校少傅、泰寧軍節度使、開府儀同三司嗣封。天寧節遼使在廷，宰相適謁告，仲御攝事，率百僚上壽，若素習者。帝每見必加優禮，稱爲嗣王。宣和四年五月薨，年七十一，贈太傅，追封郇王，

謚康孝。

仲爰嗣。徽宗即位，拜建武節度使，爲大宗正，加開府儀同三司，封江夏郡王，徙節泰寧定武，檢校少保、少傅。宣和五年六月薨，年七十，贈太保，追封恭王。

仲理嗣。靖康初，爲安國軍節度使，加檢校少保、開府儀同三司。

嗣濮王者，英宗本生父後也。治平三年，立濮王園廟。元豐七年，封王子宗暉爲嗣濮王，世世不絕封。高宗南遷，奉濮王神主于紹興府光孝寺。

仲湜字巨源，楚榮王宗輔之子，安懿王孫也，初名仲浥。熙寧十年，授右內率府副率。累遷密州觀察使、知西外宗正事、保大軍承宣使。欽宗嗣位，授靖海節度使，更今名。召知大宗正事，未行，汴京失守。康王即帝位于南京，仲湜由漢上率衆徑謁。時嗣濮王仲理北遷，乃詔仲湜襲封，加開府儀同三司，歷檢校少保、少傅。紹興元年，充明堂亞獻。七年，薨，帝爲輟朝，賜其家銀帛，追封儀王，謚恭孝。仲湜事母以孝聞，喜親圖史。性酷嗜珊瑚，每把玩不去手，大者一株至以數百千售之。高宗嘗問墜地則何如，仲湜對曰：「碎矣。」帝曰：「以民膏血易無用之物，朕所不忍。」仲湜慚不能對。

子士從、士街、士籛、士衎、士歆。士從，靖康末，爲洺州防禦使。建炎二年，同知西外宗正事，主管高郵軍宗子。士從招潰卒置屯，奏假江、淮制置使，許之。賊李在犯楚州，士從遣部將乘虛掩襲，狃於小勝，軍無紀律，敗績。士從移司衡、溫二州。臣僚以其弟士籛撓州縣，士從不能制，遂罷。紹興四年，遷涇、洪二州觀察使，權知濮王園令。士從乞擇利便地奉安神位，從之。六年，士街授象州防禦使，遷華州觀察使、同知大宗正事、安慶軍承宣使，主奉濮王祠事。初，以軍興，南班宗子權罷歲賜，至有身歿而不能殮者，士街言于朝，詔復舊制。三十年，拜安德軍節度使。典宗司凡十四年。士籛官至安慶軍節度使、同知大宗正事。隆興元年，上言：「宗司文移視官敘高下，令訦，臣兄也，位反居臣下，失尊卑敍，乞易置之。」詔可其奏。士衎，官至崇慶軍節度使、知西外宗正事。右諫議何溥論士衎強市海舟，罷官。已而詔歸南班，奉朝請。隆興中，以邊事未寧，與士籛奏減奉給恩賞之半以助軍興。詔加獎諭。

仲儡，景王宗漢子也。初授右內率府副率，轉右監門衞大將軍。建炎末，授武功大夫、忠州防禦使。紹興中，遷濟州，知南外宗正事。八年，加檢校少保、向德軍節度使，襲封嗣濮王。仲儡生而不慧，以次得封。入見榻前慟哭，帝驚問故，答語狂謬，帝優容之。九年，薨，上輟朝三日，追封瓊王，謚恭惠。

士俴，安懿王曾孫也。紹興二十五年十一月襲封，除崇慶軍節度使。初，仲儡薨，秦檜專政，罷襲，檜死，始封士俴。踰年薨，贈少師，追封思王，謚溫靖。

士輵，士俴弟也。紹興二十八年，由建州觀察使襲封，授昭化軍節度使。初，懿王神貌奉安報恩寺西挾，屋居隘陋，士輵請別營祠堂，許之。久之，加檢校少保，累加開府儀同三司，賜嗣濮王居爲世業。除知大宗正事，累加三少，充醴泉觀使。淳熙七年薨，贈太傅，追封安王。

士歆，仲湜第十一子也。由保康軍節度使襲封，加開府儀同三司，累陞三少。慶元二年薨，贈太傅，追封韶王。

不秩，安懿王玄孫也。年七十六，累轉武功郎。士歆既薨，不秩年最高，得襲封，除福州觀察使。由庶官襲封自不秩始。慶元五年，轉武安軍承宣使。俄薨，贈開府儀同三司，追封蔣國公。

不璺〔二〕，由武經大夫授利州觀察使，襲封。開禧初，遷寧遠軍承宣使。薨，贈開府儀同三司，追封安國公。

不儔，開禧二年，由安遠軍承宣使襲封，除昭慶軍節度使，遷檢校少保。嘉定十年薨，贈少師，追封高平郡王。

不嫖，由武翼大夫襲封，授福州觀察使，時嘉定十一年也。踰年而薨，贈開府儀同三司，追封惠國公。

臣僚上言：「嗣濮王元降指揮，雖有擇高年行尊之文，然高宗朝儀王仲湜以德望俱隆，越仲琮而選拜；武德郎璲，次當襲封，以官卑，乃命士㒟權奉祠事，越十六年始正士㒟之封，是亦不拘定制也。乞自今應封者，命大宗司銓量，都堂審察，閤門引見，然後奏取進止。」寧宗然之。

不淩，父士𥡴。不嫖既薨，不淩由右千牛衞將軍授福州觀察使，襲封。嘉定十五年，遷奉國軍承宣使。十七年薨，贈開府儀同三司，追封惠國公。

校勘記

〔一〕曰　按宋會要帝系二之二、長編卷二六記本條事都作「元佐謂曰」，疑此上有脫文。

〔二〕仁宗　原作「神宗」，據宋會要帝系四之七、長編卷一五一、通考卷二七七封建考改。

〔三〕子不儻嗣　按本書卷二二七宗室世系表，不儻是仲來之孫，但所記仲來、不儻官爵都與本傳不同，不儻亦無後。

〔四〕長屬籍十六年　按長編卷三二三載神宗詔，謂「宗旦嘗侍仁宗講讀，其後典司宗籍十有六年」，與此處事正合。宋會要職官二〇之五，謂「序同姓之親而第其五屬之戚疏者爲屬籍」。「宗籍」當卽「屬籍」。此處「籍」字原作「疾」，據改。

〔五〕宗立　原作「宗正」，據上文和東都事略卷一五漢王元佐世家改。

〔六〕坐落平章事　按宋會要帝系四之一七，宗諤落平章事在神宗熙寧元年；琬琰集卷一六張少保商英傳張商英於熙寧五年始任監察御史裏行，此處所敍原委疑有誤。

〔七〕謚榮思　「思」原作「恩」，長編卷三二七載定議時博士何洵說：「追悔前過曰思，謚曰榮思。」宋會要禮五八之八三亦作「榮思」，據改。

〔八〕得與王子並坐　按上下文，「王子」當作「皇子」。

〔九〕荆南淮南節度大使　「淮南」原作「淮王」，據宋會要帝系一之三二、長編卷一一七、東都事略卷一五周王元儼世家改。

〔一〇〕徽宗改封吳王爲周王　據宋會要帝系一之三二，英宗追封元儼爲吳王，本傳失書。

〔一一〕不壘　原作「不墨」，據本書卷三七寧宗紀、宋會要帝系二之三五改。

宋史卷二百四十六

列傳第五

宗室三

吳王顥　益王頵　吳王佖　燕王俁　楚王似　獻愍太子茂
鄆王楷　肅王樞　景王杞　濟王栩　徐王棣　沂王樗　和王栻
信王榛　太子諶弟訓　元懿太子旉　信王璩　莊文太子愭
魏王愷　景獻太子詢　鎭王竑

英宗四子：長神宗，次吳榮王顥，次潤王顏，次益端獻王頵，皆宣仁聖烈高皇后出也。顏早亡，徽宗賜名追封。

吳榮王顥字仲明，初名仲糺，自右內率府副率爲和州防禦使，封安樂郡公〔一〕，轉明州觀察使，進祁國公。治平元年，加檢校太傅、保寧軍節度使、同中書門下平章事，封東陽郡王。三年，出閤。神宗立，進封昌王；官制行，册拜司空，徙王雍。哲宗嗣位，加太保，換成德、横海二鎭，徙封揚王，賜贊拜不名，五日一謁禁中。帝致恭如家人禮。神宗祔廟，拜太傅，移鎭京兆、鳳翔。

自熙寧以來，顥屢請居外，章上輒卻。至元祐初，乃賜咸宜坊第一區，榜曰「親賢」，與弟頵對邸。車駕偕三宮臨幸，留宴終日。拜太尉，諸子皆命賜官，制曰：「先皇帝篤兄弟之好，以恩勝義，不許二叔出居于外，蓋武王待周公之意。二聖不同，同歸于道，皆可以爲萬世法。朕承侍兩宮，按行新第，顧瞻懷思，潸然出涕。昔漢明帝問東平王：『在家何以爲樂？』王言：『爲善最樂。』帝大其言，因送列侯印十九枚，諸子五歲以上悉佩之，著之簡策，天下不以爲私。今王諸子性于忠孝，漸于禮義，自勝衣以上，頎然皆有成人之風，朕甚嘉之。其各進一官，以助其爲善之樂，尙勉之哉！毋忝父祖，以爲邦家光。」徙封徐王，詔書不名。

宣仁有疾，顥旦旦入問，因亦被病。宣仁祔廟，拜太師，徙王冀，賜入朝不趨。改淮南、荆南節度使，徙封楚王。病益篤，帝親挾醫視診，令晝夜具起居狀聞，小愈則喜。既而薨，

年四十七。帝卽臨哭，輟朝五日，成服苑中。贈尙書令兼中書令、揚荆冀三州牧、燕王，謚曰榮，陪葬永厚陵。徽宗卽位，改封吳王。

顥天資穎異，尤嗜學，始就外傅，每一經終，卽遣講讀官以器幣服馬。工飛白，善射，好圖書，博求善本。神宗嘉其志尙，每得異書，亟馳使以示。嘗賜方團玉帶，俾服而朝，顥辭，乃爲製玉魚以別之。是後親王遂踵爲故實。初，居英宗喪，丏解官終制，以厭於至尊，不克遂。服慈聖光獻太后之服，易月當除，顥曰：「身爲孫而情文缺然，若是可乎？請如心喪禮，須上禫除，卽吉。」詔可。

子孝騫嗣，終寧國軍節度使、晉康郡王；孝錫終嘉州團練使，贈永國公。

益端獻王頵，初名仲恪[二]，封大寧郡公，進鄂國公、樂安郡王、嘉王。所歷官賜，略與兄顥同。更武勝、山南西、保信、保靜、武昌、武安、武寧、鎭海、成德、荆南十節度，徙王曹、荆，位至太尉。元祐三年七月薨，年三十三，贈太師、尙書令、荆徐二州牧、魏王，謚端獻。徽宗改封益王。

頵端重明粹，少好學，長博通羣書，工飛白、篆籀。賓接宮僚，歲滿當去，輒奏留，久者至十餘年。頗好醫書，手著普惠集効方，且儲藥以救病者。

子九人：孝哲，右驍衞將軍，早亡；孝奕，彰化軍節度觀察留後，贈司空、平原郡王；孝參，奉國軍節度使，改寧武、武勝，封豫章郡王；孝永，邢州觀察使，贈司空、廣陵郡王；孝詒、孝騭、孝悅、孝穎、孝愿，皆至節度使。

神宗十四子：長成王佾，次惠王僅，次唐哀獻王俊，次褒王伸，次冀王僩，次哲宗，次豫悼惠王价，次徐沖惠王倜，次吳榮穆王佖，次儀王偉，次徽宗，次燕王俁，次楚榮憲王似，次越王偲。八王皆早薨：佾、僅、伸、偉，徽宗賜名追封；俊、僩、倜、价，徽宗改封。

吳榮穆王佖，帝第九子。初授山南東道節度使[三]，封儀國公。哲宗立，加開府儀同三司、大寧郡王，進申王，拜司空。帝崩，佖於諸弟爲最長，有目疾不得立。徽宗嗣位，以帝兄拜太傅，加殊禮，旋拜太師，歷京兆、眞定尹，荆、揚、太原、興元牧，徙國陳。崇寧五年薨，輟視朝七日。贈尙書令兼中書令、徐州牧、燕王，謚榮穆。又加贈侍中，改封吳王。子有奕，武信軍節度使、和義郡王。

燕王俁，帝第十子；越王偲，帝第十二子。母曰林婕妤。俁初授定武軍節度使、檢校太尉，封成國公；偲初授武成軍節度使、檢校太尉、祁國公。哲宗朝，俁加開府儀同三司，封咸寧郡王；偲加開府儀同三司，封永寧郡王。是後累換節鉞，歷任尹牧，俁進封莘王[四]，偲封睦王。徽宗朝，俱歷太保、太傅，俁進封衞王、魏王、燕王，偲進封定王、鄧王、越王。靖康元年，同遷太師，俁授河東劍南西川節度使、成都牧[五]，偲授永興成德軍節度使、雍州眞定牧。

二年，上皇幸青城，父老邀之不及，道遇二王，哭曰：「願與王俱死。」徐秉哲捕爲首者戮之，益兵衞送二王于金營，北行至慶源境上，俁乏食薨，偲至韓州而薨。紹興初，有崔紹祖者至壽春府，稱越王次子，受上皇蠟詔爲天下兵馬大元帥，興師恢復。鎭撫使趙霖以聞。召赴行在，事敗，送臺獄伏罪，斬于越州市。

楚榮憲王似，帝第十三子。初爲集慶軍節度使、和國公，進普寧郡王。元符元年出閤，封簡王。似於哲宗爲母弟，哲宗崩，皇太后議所立，宰相章惇以似對。后曰：「均是神宗子，何必然。」乃立端王。徽宗定位，加司徒，改鎭武昌、武成，徙封蔡，拜太保，移鎭保平、鎭安，又改鳳翔、雄武。以王府史語言指斥，送大理寺驗治，似上表待罪。

左司諫江公望上疏，以爲：「親隙不可開，開則言可離貳；疑迹不可顯，顯則事難磨滅。陛下之得天下也，章惇嘗持異議，已有隙迹矣。蔡王出於無心，年尙幼小，未達禍亂之萌，恬不以爲恤。陛下一切包容，已開之隙復塗，已顯之迹復泯矣。恩意渥縟，懽然不失兄弟之情。若以曖昧無根之語，加諸至親骨肉之間，則有魏文『相煎太急』之譏，而忘大舜親愛之道，豈治世之美事邪。臣願陛下密詔有司，凡無根之言勿形案牘，倘有瑕可指，一入胸次，則終身不忘，迹不可泯，隙不可塗，則骨肉離矣。一有浸淫旁及蔡王之語，不識陛下將何以處之，陛下何顏見神考於太廟乎？」疏入，公望罷知淮陽軍。徽宗雖出公望，然頗思其言，止治其左右。

崇寧中，徙鎭荆南、武寧。崇寧五年薨，贈太師、尙書令兼中書令、冀州牧、韓王，改封楚王，謚榮憲。

子有恭，定國軍節度使、永寧郡王。

哲宗一子：獻愍太子茂，昭懷劉皇后爲賢妃時所生。帝未有子，而中宮虛位，后因是得立。然纔三月而夭，追封越王，謚沖獻。崇寧元年，改謚獻愍。后之立也，鄒浩凡三上疏

諫，隨削其稿。至是，或謂浩有「殺卓氏而奪其子，欺人可也，詎可以欺天乎」之語，徽宗昭暴其事，復竄浩昭州，而峻茂典册。后上表謝，然浩蓋無是言也。

徽宗三十一子：長欽宗，次兗王檉，次鄆王楷，次荆王楫，次肅王樞，次景王杞，次濟王栩，次益王棫，次高宗，次祁王模，次莘王植，次儀王朴，次徐王棣，次沂王㰘，次鄆王栱，次和王栻，次信王榛，次漢王椿，次安康郡王楃，次廣平郡王楗，次陳國公機，次相國公梃，次瀛國公樾，次建安郡王楧，次嘉國公椅，次温國公棟，次英國公㮚，次儀國公桐，次昌國公柄，次潤國公樅。檉、楫、材、栱、椿、機六王早薨。

鄆王楷，帝第三子。初名煥。始封魏國公，進高密郡王、嘉王，歷奉寧、鎮安、鎮東、武寧、保平、荆南、寧江、劍南西川、鎮南、河東、寧海十一節度使。政和八年，廷策進士，唱名第一。母王妃方有寵，遂超拜太傅，改王鄆，仍提舉皇城司。出入禁省，不復限朝暮，於外第作飛橋複道以通往來。北伐之役，且將以爲元帥，會白溝失利而止。欽宗立，改鎮鳳翔、彰德軍。靖康初，與諸王皆北遷。

肅王樞，帝第五子。初封吳國公，進建安郡王、肅王，歷節度六鎮。靖康初，金人圍京城，要帝子弟爲質，且求輸兩河。於是遣宰臣張邦昌從樞使斡离不軍，爲金人所留，約俟割地畢遣還，而挾以北去。

景王杞，初授武安軍節度使、檢校太尉，封冀國公。大觀二年，改授山南東道節度使，加開府儀同三司，封文安郡王。政和中，授檢校太保，尋遷太保，改授護國、武昌軍節度使，追封景王。靖康元年，授荆南、鎮東軍節度使，遷太傅。二年，遣詣金營充賀正旦使。既歸，又從上幸青城。及上皇出郊，杞日侍左右，衣不解帶，食不食肉，上皇製發願文，述祈天請命之意，以授杞。杞頓首泣。及北行，鬢髮盡白。

濟王栩，初授鎮洮軍節度使、檢校太尉，封魯國公。大觀二年，改授彰武軍節度使，加開府儀同三司，封安康郡王。政和中，授檢校太保，改荆南、清海軍節度使，進封濟王。靖康元年，授護國、寧海軍節度使，遷太傅。同景王杞爲賀金人正旦使。既還，又與何㮚爲請命使，金帥紿栩曰：「自古有南卽有北，不可相無，今所欲割地而已。」栩回以白上，且言金帥請與上皇相見，上曰：「豈可使上皇蒙塵。」遂自出，以栩從行。及索諸王家屬，栩夫人曹氏避難他出，徐秉哲捕而拘之，遂同北去。

徐王棣，初授鎮江軍節度使、檢校太尉，封徐國公。政和中，授檢校太保。宣和中，改鎮南軍節度使，加開府儀同三司，封高平郡王。尋改山南東道、河陽三城節度使，進封徐王。後從淵聖北去。

紹興二年，有萬州李勃者，僞稱祁王，內侍楊公謹與言徐王起居狀，勃遂改稱徐王。宣撫使張浚遣赴行在，上命王府故吏驗視，言非眞，詔送大理，情得，棄市。

沂王㰘，初授橫海軍節度使、檢校太尉、冀國公。政和中，授檢校太保。宣和中，改劍南西川節度使，加開府儀同三司，封河間郡王。尋改劍南東川、威武軍節度使，遷太保，進封沂王。

後從淵聖出郊，至北方，與駙馬劉彥文告上皇左右謀變，金遣人按問，上皇遣莘王植、駙馬蔡鞗等對辨，凡三日，㰘、彥文氣折，金人誅之。

和王栻，初授靜江軍節度使、檢校太尉、廣國公。三年〔六〕，授檢校太保。尋改定武軍節度使，加開府儀同三司，封南康郡王。靖康元年，授瀛海、安化軍節度使、檢校太傅，追封和王。後從淵聖出郊。

有遺女一人，高宗朝封樂平縣主，出適杜安石，命大宗正司主婚。

信王榛，初授建雄軍節度使、檢校太尉，封福國公。三年，授檢校太保。宣和末，改安遠軍節度使，加開府儀同三司，封平陽郡王。靖康元年，授慶陽、昭化軍節度使，遷檢校太傅，進封信王。

後從淵聖出郊，北行至慶源，亡匿眞定境中。時馬廣〔七〕與趙邦傑聚兵保五馬山砦，陰迎榛歸，奉以爲主，兩河遺民聞風響應。

榛遣廣詣行在奏之，其略曰：「邦傑與廣，忠義之心，堅若金石，臣自陷賊中，頗知其虛實。賊今稍惰，皆懷歸心，且累敗於西夏，而契丹亦出攻之。今山西諸砦鄉兵約十餘萬，力與賊抗，但皆苦窘，兼闕戎器。臣多方存恤，惟望朝廷遣兵來援，不然，久之恐反爲賊用。臣於陛下，以禮言則君臣，以義言則兄弟，其憂國念親之心無異。願委臣總大軍，與諸砦鄉

兵，約日大舉，決見成功。」廣既至，黃潛善、汪伯彥疑其非眞，上識榛手書，遂除河外兵馬都元帥。潛善、伯彥終疑之，廣將行，密授朝旨，使幾察榛，復令廣聽諸路節制。廣知事不成，遂留于大名府不進。會有言榛將渡河入京，朝廷因詔擇日還京，以伐其謀。金人恐廣以援兵至，急發兵攻諸砦，斷其汲道，諸砦遂陷。榛亡，不知所在，或曰後與上皇同居五國城。

紹興元年，鄧州有楊其姓者，聚千餘人，自稱信王。鎭撫使翟興覺詐，遣將斬之以聞。

欽宗皇太子諶，朱皇后子也。政和七年生，爲嫡皇孫，祖宗以來所未有，徽宗喜。蔡京奏除檢校少保、常德軍節度使，封崇國公，從之。會王黼得政，謀傾京，言其以東宮比人主，遂降爲高州防禦使。靖康元年，遷檢校少保、昭慶軍節度使、大寧郡王。尋進檢校少傅、寧國軍節度使。四月，詔立爲皇太子。

二年，上幸青城，命密院同知孫傅兼太子少傅，吏部侍郎謝克家兼太子賓客，輔太子監國，稱制行事。未幾，金人請二帝諭太子出城。統制吳革力請留，欲以所募士微服衞太子潰圍以出。傅不許，乃謀匿民間，別求狀類太子者并宦者二人殺之，送金人，給以宦者竊

太子欲投獻，都人爭之，併傷太子。遲疑不決者五日。吳幵、莫儔督脅甚急，范瓊恐變生，以危言讋衞士，遂擁太子與皇后共車以出。百官軍吏奔隨號哭，太學諸生擁拜車前，太子呼云：「百姓救我！」哭聲震天，已而北去。弟訓。

訓乃北地所生。有碭山人留遇僧者，金人見之曰：「全似趙家少帝。」遇僧竊喜。紹興十年，三京路通，詔求宗室。遇僧自言少帝第二子，守臣遣赴行在，過泗州，州官孫守信疑之，白其守，請于朝。閤門言淵聖無第二子，乃詔守信劾治。遇僧伏罪，黥隸瓊州。後有自北至者，曰：「淵聖小大王訓，見居五國城。」

元懿太子旉，高宗子也，母潘賢妃。建炎元年六月，生于南京。拜檢校少保、集慶軍節度使，封魏國公。金人侵淮南，帝幸臨安，會苗傅、劉正彥作亂，逼帝禪位于旉，改元明受。既而傅等伏誅，帝復位，乃以旉爲皇太子，從幸建康。太子立，屬疾，宮人誤蹴地上金鑪有聲，太子驚悸，疾轉劇，薨，謚元懿。

信王璩字潤夫，初名伯玖，藝祖七世孫，秉義郎子彥之子也。生而聰慧。

初，伯琮以宗子被選入宮，高宗命鞠于婕妤張氏；吳才人亦請于帝，遂以伯玖命才人母之，賜名璩，除和州防禦使，時生七歲矣。伯琮以建國公就傅，璩獨居禁中。俄拜節度使，封吳國公，宰執趙鼎、劉大中、王庶等堅持之，命不果行。會秦檜專政，遂除保大軍節度使，封崇國公。尋詔赴資善堂聽讀。紹興十五年，加檢校少保，進封恩平郡王〔八〕，出就外第。時伯琮已封普安郡王，璩官屬禮制相等夷，號東、西府。踰年，改武昌軍節度使。

二十二年，子彥卒，璩去官持服，終喪，還舊官。顯仁太后崩，普安郡王始立爲皇太子，璩因加恩稱皇姪，名位始定。遷開府儀同三司，判大宗正事，置司紹興府。

孝宗卽位，璩表請入賀，許之，特授少保，改靜江軍節度使。頃之，省紹興府宗正事，改判西外宗正司。璩累章乞閑，改醴泉觀使。淳熙中，除少傅。高宗崩，奔赴得疾，踰年而薨，年五十九，追封信王，累贈太保、太師。

始，璩之入宮也，儲位未定者垂三十年，中外頗以爲疑。孝宗既立，天性友愛，璩入朝，屢召宴內殿，呼以官，不名也，賜予無算。

子四人：師淳歷忠州團練使、永州防禦使，師灝、師瀹、師路並補武翼大夫。孫希𥌓，特補保義郎。

莊文太子諱愭，孝宗嫡長子也，母郭皇后。初名愉，補右內率府副率，尋賜名愭，除右監門衞大將軍、榮州刺史。孝宗爲皇子時，愭拜蘄州防禦使。及受禪，除少保、永興軍節度使，封鄧王。故事皇子出閤，封王，兼兩鎭，然後加司空。愭自防禦使躐拜少保，章異數也。乾道元年，立爲皇太子，册廣國夫人錢氏爲妃。詔增東宮從衞，太子謙讓。及奏捐月給雜物，從之。三年秋，太子病暍，醫誤投藥，病劇。上皇與帝親視疾，爲赦天下。越三日薨，年二十四，謚莊文。

太子賢厚，上皇與帝皆愛之。帝從禮官議服期，以日易月；文武百官服衰，服一日而除；東宮臣僚齊衰三月，臨七日而除。比葬，帝再至東宮，命宰臣奉謚册，大小祥皆以執政官行禮。

子挺〔九〕，錢氏所生也，甫晬，除福州觀察使，封榮國公。乾道九年卒，贈武當軍節度使，追封豫國公。

寧宗時，命宗子希瑊爲太子後。希瑊，藝祖九世孫也，賜名搢，補右千牛衞將軍，置敎

授于府。開禧二年，除忠州防禦使。嘉定八年，更名思正。

魏惠憲王諱愷，莊文同母弟也。初補右內率府副率，轉右監門衞大將軍、貴州團練使。孝宗受禪，拜雄武軍節度使、開府儀同三司，封慶王。

莊文太子薨，愷次當立，帝意未決。既而以恭王英武類己，竟立之。加愷雄武、保寧軍節度使，進封魏王〔一〇〕，判寧國府。妻華國夫人韋氏，特封韓、魏兩國夫人，以示優禮。賜黃金三千兩、白金一萬兩，命宰執設祖于玉津園，王登車，顧謂虞允文曰：「更望相公保全。」比至鎭，奏朝天申節，許之。

府長史上言，欲與司馬分治郡，俾王受成。愷奏曰：「臣被命判府，今專委長史、司馬，是處臣無用之地。況一郡置三判府，臣恐吏民紛競不一，徒見其擾。長史、司馬宜主錢穀、訟牒，俾擬呈臣依而判之，庶上下安，事益易治。」又請增士人貢額。朝廷悉從之。愷究心民事，築圩田之隤圮者，帝手詔嘉勞之。

淳熙元年，徙判明州。輟屬邑田租以贍學。得兩岐麥，圖以獻，帝復賜手詔曰：「汝勸課藝植，農不游惰，宜獲瑞麥之應。」加愷荆南、集慶軍節度使，行江陵尹，尋改永興、成德軍節度使、揚州牧〔一一〕。七年，薨于明州，年三十五。帝素服發哀於別殿，贈淮南武寧軍節度使、

揚州牧兼徐州牧，謚惠寧。

王性寬慈，上皇雅愛之。雖以宗社大計出王於外，然心每念之，賜賚不絕。訃聞，帝泫然曰：「向所以越次建儲者，正爲此子福氣差薄耳！」治二郡有仁聲，薨之日，四明父老乞建祠立碑，以紀遺愛。

子二人。攄早卒。抦生於明州〔一二〕，母卜氏，信安郡夫人，王薨，還居行在。抦性早慧，帝愛之，將內禪，升耀州觀察使，封嘉國公。慶元間，封吳興郡王，領昭慶軍節度使。開禧二年薨〔一三〕，贈太保，封沂王，謚靖惠。

子垓，三歲而夭。詔立宗室希瞿子爲其後，更名均，領右千牛衞將軍，置教授于府。尋加福州觀察使。後更名貴和，卽鎭王竑也。

景獻太子諱詢，燕懿王後，藝祖十一世孫也。初名與愿。寧宗既失兗王，從宰執京鏜等請，取與愿養于宮中，年六歲，賜名曮，除福州觀察使。嘉泰二年，拜威武軍節度使，封衞國公，聽讀資善堂。

開禧元年，時邊事益急，金人請誅首謀用兵者，曮用翊善史彌遠計，奏韓侂胄輕起兵端，上危宗社，宜賜黜罷，以安邊境。從之。

曮立爲皇太子，拜開府儀同三司，封榮王，更名幬。詔御朝太子侍立，宰執日赴資善堂會議。尋用天禧故事，宰輔大臣並兼師傅、賓客，太子出居東宮，更名詢。嘉定十三年薨，年二十九，謚景獻。

鎭王竑，希瞿之子也。初，沂靖惠王薨，無嗣，以竑爲之後，賜名均，尋改賜名貴和。太子詢薨，乃立貴和爲皇子，賜名竑，授寧武軍節度使，封祁國公。嘉定十五年五月，加檢校少保，封濟國公。

十七年六月辛未，竑生子，詔告天地、宗廟、社稷、宮觀。八月癸未，賜竑子名銓，授左千牛衞大將軍。丁亥，銓薨，贈復州防禦使，追封永寧侯。竑上表稱謝。

竑好鼓琴，丞相史彌遠買美人善鼓琴者，納諸御，而厚廩其家，使美人瞯竑，動息必以告。美人知書慧黠，竑嬖之。宮壁有輿地圖，竑指瓊崖曰：「吾他日得志，置史彌遠於此。」又嘗呼彌遠爲「新恩」，以他日非新州則恩州也。彌遠聞之，嘗因七月七日進乞巧奇玩以覘之，竑乘酒碎於地。彌遠大懼，日夕思以處竑，而竑不知也。

時沂王猶未有後，方選宗室希瓐子昀繼之。一日，彌遠爲其父飯僧淨慈寺，獨與國子學錄鄭清之登慧日閣，屛人語曰：「皇子不堪負荷，聞後沂邸者甚賢，今欲擇講官，君其善訓迪之。事成，彌遠之坐卽君坐也。然言出於彌遠之口，入於君之耳，若一語洩者，吾與君皆族矣。」清之拱手曰：「不敢。」乃以清之兼魏忠憲王府教授。清之日教昀爲文，又購高宗書俾習焉。清之上謁彌遠，卽以昀詩文翰墨以示，彌遠譽之不容口。彌遠嘗問清之：「吾聞其賢已熟，大要竟何如？」清之曰：「其人之賢，更僕不能數，然一言以斷之曰：不凡。」彌遠頷之再三，策立之意益堅。清之始以小官兼教授，其後累遷，兼如故。

寧宗崩，彌遠始遣清之往，告昀以將立之之意。再三言之，昀默然不應。最後清之乃言曰：「丞相以清之從遊之久，故使布腹心於足下。今足下不答一語，則清之將何以復命于丞相？」昀始拱手徐答曰：「紹興老母在。」清之以告彌遠，益相與歎其不凡。彌遠在禁中，遣快行宣皇子，令之曰：「今所宣是沂靖惠王府皇子，非萬歲巷皇子，苟誤，則汝曹皆處斬。」竑不能自已，屬目牆壁間，見快行過其府而不入，疑焉。已而擁一人徑過，天已暝，不知其爲誰，甚惑。

昀既至，彌遠引入柩前，舉哀畢，然後召竑。竑聞命亟赴，至則每過宮門，禁衞拒其從者。彌遠亦引入柩前，舉哀畢，引出帷，殿帥夏震守之。既而召百官立班聽遺制，則引竑仍

就舊班，竑愕然曰：「今日之事，我豈當仍在此班？」震紿之曰：「未宣制以前當在此，宣制後乃卽位耳。」竑以爲然。未幾，遙見燭影中一人已在御坐，宣制畢，閤門贊呼，百官拜舞，賀新皇帝卽位。竑不肯拜，震捽其首下拜。皇后矯遺詔：竑開府儀同三司，進封濟陽郡王，判寧國府。帝因加竑少保，進封濟王。九月丁丑，以竑充醴泉觀使，令就賜第。

寶慶元年正月庚午，湖州人潘壬與其弟丙謀立竑，竑聞變匿水竇中，壬等得之，擁至州治，以黃袍加身。竑號泣不從，不獲已，與之約曰：「汝能勿傷太后、官家乎？」衆許諾。遂發軍資庫金帛、會子犒軍，命守臣謝周卿率官屬入賀，僞爲李全榜揭于門，數彌遠廢立罪，云：「今領精兵二十萬，水陸進討。」比明視之，皆太湖漁人及巡尉兵卒，不滿百人耳。竑知其謀不成，率州兵討之。遣王元春告于朝，彌遠命殿司將彭任討之，至則事平。彌遠令客秦天錫託召醫治竑疾，竑本無疾。丙戌，天錫詣竑，諭旨逼竑縊于州治。

帝輟朝，賻銀絹各一千、會子萬貫，贈少師、保靜鎭潼軍節度使。給事中盛章、權直舍人院王塈一再繳奏，詔從之。右正言李知孝累奏，追奪王爵，降封巴陵縣公。於是在廷之臣眞德秀、魏了翁、洪咨夔、胡夢昱等每以竑爲言，彌遠輒惡而斥遠之。

端平元年，詔復官爵。妻吳氏爲比丘尼，賜惠淨法空大師，月給缽錢百貫。景定五年，度宗降詔，追復元贈節度使。德祐元年，提領戶部財用兼修國史常楙請立竑後，試禮部侍

郎兼中書舍人王應麟請更封大國，表墓錫謚，命大宗正司議選擇立後，迎善氣，銷惡運，莫先於此。下禮部議，贈太師、尙書令，依舊節度使，陞封鎭王，謚昭肅。以田萬畝賜其家，遣應麟致祭。

校勘記

〔一〕安樂郡公　宋會要帝系一之三六、長編卷一九八作「樂安郡公」。

〔二〕仲恪　原作「仲格」，據東都事略卷一六益王頵世家、宋會要帝系一之三七改。

〔三〕山南東道節度使　「山南」二字原倒，據宋會要帝系一之三九、長編卷三三六改。

〔四〕莘王　原作「華王」，據本書卷一八哲宗紀、宋會要帝系一之三九改。

〔五〕俁授河東劍南西川節度使成都牧　宋會要帝系一之四〇「成都」上有「太原」二字。

〔六〕三年　據宋會要帝系一之四三、十朝綱要卷一五，趙栻授檢校太保，事在政和三年，此上失書「政和」紀元。

〔七〕馬廣　原名馬擴，見本書卷二五高宗紀、繫年要錄卷一三、北盟會編卷一一五。此因避宋寧宗趙擴諱改。

〔八〕恩平郡王　「恩」原作「思」，據本書卷三〇高宗紀、繫年要錄卷一五三改。

〔九〕子挺　「挺」原作「挺」。參見本書卷三四孝宗紀校勘記〔六〕。

〔一〇〕進封魏王　「進」原作「追」，據本書卷三四孝宗紀、中興聖政卷五〇改。

〔一一〕琫改永興成德軍節度使揚州牧　「揚州牧」，本書卷三五孝宗紀作「雍州牧」，疑是。

〔一二〕抦生於明州　「抦」原作「柄」，據本書卷三七、三八寧宗紀和兩朝綱目卷三、四、九改。下文「抦」字同。

〔一三〕開禧二年薨　「二年」原作「三年」，據本書卷三八寧宗紀、兩朝綱目卷九改。

宋史卷二百四十七

列傳第六

宗室四

子淔　子崧　子櫟　子砥　子晝　子瀟　師羼　希言　希懌
士珸　士㒟　士㟾　士晴　不羣　不棄　不尤　不㥁　善俊
善譽　汝述　叔近　叔向　彥倓　彥橚　彥逾

子淔字正之，燕王五世孫。父令鑠，官至寶文閣待制。子淔以蔭補承務郎，累遷少府監主簿，改河南少尹。

時治西內，子淔有幹才，漕使宋昇器之。或事有未便，子淔輒力爭，昇每改容謝之。除蔡河撥發綱運官。會夏旱，河水涸，轉餉後期，貶秩一級。提舉三門、白波輦運事，除直祕閣。

丁內艱，起復。累進龍圖閣、祕閣修撰，除陝西轉運副使。

初，蔡京鑄夾錫錢，民病壅滯，子淔請鑄小鐵錢以權之，因範格以進。徽宗大說，御書「宣和通寶」四字爲錢文。既成，子淔奏令民以舊銅錢入官，易新鐵錢。旬日，易得百餘萬緡。帝手札以新錢百萬緡付五路，均糴細麥，命子淔領其事。民苦限迫，詣子淔訴者日數百人，子淔奏請寬其期，民便之。會蔡京再相，言者希京意，論子淔亂錢法，落職奉祠。

靖康初，復祕閣修撰。金人侵洛，子淔奔荆南。潰兵祝靖、盛德破荆南城，子淔匿民家，靖等知之，來謁，言京城已破。子淔泣，說之曰：「君輩宜亟還都城，護社稷，取功名，無貪財擾州縣也。」皆應曰：「諾。」子淔因草檄趣之。翌日，靖等遂北行。

紹興元年，召見，復徽猷閣直學士、知西外宗正司，改江西都轉運使。時建督府，軍須浩繁，子淔運餉不絕，以功進寶文閣直學士，再知西外宗正司。三京新復，除京畿都轉運使，以疾辭。卒于家，年六十七。

子淔幼警悟，蘇軾過其家，抱置膝上，謂其父曰：「此公家千里駒也。」及長，善談論，工詩。然崇寧、大觀間土木繁興，子淔每董其役，識者鄙之。

子崧字伯山，燕懿王後五世孫。登崇寧五年進士第。宣和間，官至宗正少卿，除徽猷閣直學士、知淮寧府。

汴京失守，起兵勤王，道阻未得進。聞張邦昌僭位，以書白康王：「宜遣師邀金人河上，迎請兩宮，問罪僭逆，若議渡江，恐誤大計。」遂與知潁昌府何志同等盟，傳檄中外。已而聞金人退，引兵襄邑，遣范塤、徐文中詣濟州〔一〕，請王進兵南京，且言：「國家之制，無親王在外者，主上特付大王以元帥之權，此殆天意。亟宜承制號召四方豪傑，則中原可傳檄而定。」王命子崧充大元帥府參議官、東南道都總管。邦昌家在廬州，子崧檄通守趙令儦幾察之，且請捕誅其母子，以絕姦心。

又言：「自圍城以來，朝命隔絕，乞下諸路，凡有事宜，並取大元帥府裁決，僞檄毋輒行。宣撫使范訥逗撓營私，所宜加罪。宜蠲被兵州縣租，經理淮南、荆、浙形勢之地，毋爲羣盜所據。」

檄止諸路毋受邦昌僞赦，移書責邦昌曰：「人臣當見危致命，今議者籍籍，謂劫請傾危之計實由閤下，不然，金人何堅拒孫傅之請，而卒歸於閤下也。敵既遠去，宜速反正，若少遲疑，則天下共誅逆節，雖悔無及矣。」又遺書王時雍曰：「諸公相與亡人之國，方且以爲佐命功臣，不知平日所學何事。」

會邦昌遣使迎王次第白子崧，子崧即貽王書曰：「似聞謂以京師殘破，不可復入，止欲即位軍中，便圖遷徙，臣竊惑焉。夫欲致中興，當謹舉措，宜先謁宗廟，覲母后，明正誅賞，降霈四方。若京師果不可都，然後徐議所向。」

遂傳檄京師，奏于隆祐太后曰：「諸路先聞二聖北遷，易姓改國，恐間有假討逆之名，以竊據州郡者。乞速下明詔，諭四方以迎立康王之意，庶幾人心慰安，奸宄自消矣。」尋以所部兵會濟州。

康王卽位，子崧請放諸路常平積欠錢，又言：「臺諫爲人主耳目，近年用非其人，率取旨言事。請遵舊制，聽學士、中丞互舉。范祖禹、常安民、上官均先朝言事盡忠，請錄其子。」帝皆可其奏。因建三屯之議：一屯澶淵，一屯河中、陝、華，一屯靑、鄆間，以張聲勢。萬一敵騎南侵，則三道並進，可成大功。

除延康殿學士、知鎭江府、兩浙路兵馬鈐轄。上章論王時雍、徐秉哲、吳幵、莫儔、范瓊、胡思、王紹、王及之、顏博文、余大均等逼遷上皇，取太子，辱六宮，捕宗室，竊禁物，都人指爲國賊。伏望肆諸市朝，以爲臣子之戒。時滑州兩經殘破，子崧薦傅亮可任。除亮滑州通判，黃潛善沮之，命遂寢。

賊趙萬犯鎭江，子崧遣將擊萬於丹徒，調鄉兵乘城爲備。頃之，官軍敗歸，鄉兵驚潰，

子崧率親兵保焦山寺，賊據鎭江。

初，昌陵復土，司天監苗昌裔謂人曰：「太祖後當再有天下。」子崧習聞其說，靖康末起兵，檄文頗涉不遜。子崧與御營統制辛道宗有隙，道宗求得其文，上之。詔御史往案其獄，情得，帝震怒，不欲暴其罪，坐以前擅棄城，降單州團練副使，謫居南雄州。紹興二年赦，復集英殿修撰，而子崧已卒于貶所。

子櫟，燕懿王後五世孫。登元祐六年進士第。靖康中，爲汝州太守。金人再渝盟，破荊湖諸州，獨子櫟能保境土。李綱言于朝，遷寶文閣直學士，尋提舉萬壽觀。紹興七年卒。

子砥，藝祖後令珦之子也。仕至鴻臚丞。北遷至燕山，久之，欲遁歸，乃遣其徒朱國賓、王孝安至中京，求得上皇宸翰，懷之以歸。建炎二年六月，至行在，帝命輔臣召問于都堂。子砥言：「金人講和以用兵，我國斂兵以待和。往者契丹主和議，女眞主用兵，十餘年間竟滅契丹。今復蹈其轍。譬人畏虎，啗虎以肉，食盡終必食人。若設陷穽待之，庶能制

虎。」因復故官。已而賜對稱旨，命知台州，卒。

子晝字叔問，燕王五世孫。少警敏強記，工書翰。累官憲州通判。宣和初，充詳定九域圖志編修官。出知澤州，改密州。詔爲刑部員外郎，以憂去。

建炎四年，遷吏部員外郎。尋用大宗正士㒟薦，遷尙書左司員外郎，兼權貨務，歲收茶、鹽、香錢六百九萬餘緡，以功進秩一階。試太常少卿，集太常因革禮八十篇，爲二十七卷。上言復春分祀高禖禮。除權禮部侍郎，遷徽猷待制、樞密都承旨。以公族爲侍從，及改官制後都承旨用文臣，皆自子晝始。

衢、嚴、信、饒之民，生子多不舉，子晝請禁絕之。累求補外，遷徽猷閣直學士、知秀州。既而奉祠以歸，寓于衢。紹興十二年卒，年五十四。

子濤字清卿，秦康惠王後，孝靖公令奧之子也。七歲而孤，家貧力學。登宣和中進士第。調眞州刑曹掾，與守爭獄事，解官去。改衢州推官。胡唐老奇其才，任之。屬時多故，

子濤佐唐老繕完城具，苗、劉兵至城下，不能攻，以功進一秩。累官吏部郎中，求補外，遷戶部郎中，總領江、淮軍馬錢糧。諸司饋禮，月以千緡，悉歸之公帑。除直秘閣、兩浙轉運副使〔二〕。朝廷遣人檢沙田蘆場，欲概增租額，子濤以承買異冒占，力止之。

時議者言：田之並太湖者被水患，宜分道諸浦注之江。詔子濤往案視。還言：「太湖當數州巨浸，豈松江一川所能獨泄。昔人於常熟北開浦二十四以達大江，又開浦十於崑山東南以入海，今皆湮塞，宜加疏浚。」從之。遂浚常熟東栅至雉浦入于涇谷；又疏鑿福山塘，至尙市橋北注大江，分殺其勢，水患用息。

明州守趙善繼治郡殘酷，子濤率諸監司劾罷之。除直敷文閣、知臨安府，吏不能欺，禁櫃家戲人子女爲僕妾者。詔權戶部侍郎，陞敷文閣待制〔三〕，復知臨安府。調三衙卒修築都城，不擾而辦。金主亮渝盟，子濤獻助軍錢十五萬緡，特遷一秩。帝幸建康，充行宮留守參謀官。扈蹕還，復知臨安府。金人來議和，子濤謂事情叵測，宜以軍禮待之。

孝宗嗣位，志圖恢復，子濤練兵，習爲「鵝鸛魚麗陣」，上觀於便殿，嘉之，賜金帶。擢敷文閣直學士，移知明州、沿海制置使。臺諫王十朋、王大寶抗疏留之，帝曰：「朕委以防海，行召還矣。」初，海寇以賂通郡胥吏，吏反爲之用，匿其蹤迹，賊遂大熾，商舶不通。子濤以禮延士豪，俾率郡胥分道入海，告之曰：「用命者有厚賞，不則殺無貸。」胥衆震恐，爭指蹤

處，悉禽獲。凡豪猾爲賊囊橐者，窮治之，海道遂平。

陞龍圖閣直學士、知福州。歲饑，告糴旁郡，米價頓平，民賴以濟。進龍圖閣學士，移知泉州。吏有掠民女爲妾者，其妻妬悍，殺而瘞之，貯以缶，抵其兄興化掾，安廨中。妾父詣郡訴，吏不決。子濤訪知狀，亟遣人往興化，果得缶以歸，獄遂決。其發擿槪類此。乾道二年卒于官，年六十六。

師羿字從善，系出燕懿王。王生彰化軍節度使惟忠，惟忠生宣城侯從謹，從謹生崇國公世恬，世恬生嘉國公令唆。中興初，韓世清挾令唆爲變，裂黃旗被其身，固拒獲免。令唆生朝奉郎子笈，子笈生和州防禦使伯驌。伯驌少從高宗于康邸，以文藝侍左右。

師羿，伯驌之子也。舉進士第，除司農簿，遷金部郎中。孝宗奇其才，顧遇頗厚。師羿奏：左右曹、度支、倉部宜立總計，司歸併財物之數，以絕吏奸。制可。知吉州，印山鍊銅，足治欠額二十萬。進戶部郎官、淮東總領。

光宗初，擢太府少卿、知秀州，改淮南運判。時郡鐵錢不行，鹽商弗至，師羿請發度牒，出倉粟，以收鐵錢，鹽利遂通。累遷司農卿、知臨安府。有僧號散聖者，以妖術惑衆，師羿

捕治黥之。

韓侂胄用事，師羼附之，遂得尹京。侂胄生日，百官爭貢珍異，師羼最後至，出小合曰：「願獻少果核侑觴。」啓之，乃粟金蒲萄小架，上綴大珠百餘，衆慚沮。侂胄有愛妾十四人，或獻北珠冠四枚於侂胄，侂胄以遺四妾，其十人亦欲之，侂胄未有以應也。師羼聞之，亟出錢十萬緡市北珠，製十冠以獻。妾爲求遷官，得轉工部侍郎。侂胄嘗飲南園，過山莊，顧竹籬茅舍，謂師羼曰：「此眞田舍間氣象，但欠犬吠鷄鳴耳。」俄聞犬嗥叢薄間，視之乃師羼也，侂胄大笑久之。以工部尙書知臨安府。

侂胄將用兵，師羼度侂胄材疏意廣，必召禍，乃持異論，侍御史鄧友龍劾罷之。侂胄死，其黨多坐謫，以師羼嘗與侂胄異，故獲用。除寶謨閣直學士、知鎭江府。

會荆湖始置制閫，以命師羼，給事中蔡幼學繳其命，遂罷歸。未幾，詔爲兵部尙書、知臨安府。幼學時爲學士，亦不草詔，留元剛草之。時楮輕羅貴，師羼尹京未數月，楮價寖昂，羅亦稍平，執政愈益賢之。會武學士柯子沖、盧宣德以事至府，師羼撻遣之，衆蜚譁，文武二學之士交投牒，師羼乃罷免，與祠。卒于家，年七十。

師羼四尹臨安，有能聲。嘗鉤致民罪，沒其家貲，諂事權貴，人以是鄙之。

希言字若訥，惠王令廮元孫也。淳熙十四年登第。調衢州司戶，合郡民以計，表其坊里，標其戶數，爲圖獻于守，守才之。西安令不職，守檄希言攝邑。漕善令，會嚴州請復烏龍嶺稅場，檄希言往訪之，俾令得復職。希言力陳烏龍場不當復，漕怒曰：「衢已復孔步、章戴二場，何爲龍獨不可復？」希言謂二場當併罷去，漕不能奪，二場竟亦廢。改吉州司理，屬邑有誣人以殺人罪者，吏治之急，囚誣服。希言鞫得實，檄縣他捕，乃得眞盜。用楊萬里、周必大薦，授臨安府司法，改淮西總所幹辦。移書約諸郡：綱必時發，至卽受納，無滯留。始至，軍庫見錢不滿千緡，比去，庫錢充溢。

知臨安仁和縣。闢學宮四百餘畝。適大旱，蝗集御前蘆場中，亙數里。希言欲去蘆以除害，中使沮其策，希言驅卒燔之。臨平塘堤決，希言督役，親捧土投石，兵民爭奮，堤成，因築重隄，後不復決。民病和買絹折錢重，希言節公費，代其輸。

除太社令〔四〕，遷樞密院編修官兼右司。上言：「諸將但務城守，敵來不拒，去不復追，異時之憂，殆不止保江而已。宜諭諸將，一軍受圍，諸軍共守，敵不渡淮則均受賞，以戰爲守，毋以守爲守。」遷宗正丞，請南班得與輪對，許之。累遷秘書丞、著作郎、軍器少監，皆兼右司，又充密院檢詳，爲宰屬、樞掾凡六年，奉祠去。嘉定十七年卒，年六十一。贈資政殿大學士，封越國公，謚忠憲。

子與權，登進士第，再中刑法科。官至開府儀同三司。

希懌字伯和，燕王八世孫。登淳熙十四年進士第。趙汝愚帥福建，希懌爲屬吏，嘗言：治人如修身，治政如理家，愛民如處昆弟。取古今官著惠愛者緝爲一編，曰：「是吾師矣。」汝愚嘉之，薦于憲辛棄疾。棄疾尙氣，僚吏不敢與可否，希懌獨盡言無所避。屬邑候官苦稅重，每不登額，希懌稽核公帑羨錢以足之。棄疾亦薦其能。汝愚當國，調江東運司幹辦。

同寅有坐侂胄黨者，諸司莫敢薦，希懌賢其人，請以薦己者薦之。改太平州通判。先是盜黥而逃者，捕得處死。希懌言：「強盜特貸命而輒逃者斬，今黥罪致死，非法之平也。」自是皆減死論。

遷江西茶鹽提舉。歲饑，惡少聚劫，希懌將自臨按，幕屬力止之，不聽，曰：「希懌不出，饑民終不得食，且召亂矣。」遂行。發粟賑給，禽首謀者治之，其黨遂散。陞本路帥兼漕事。黑風峒羅世傳寇郴陽，奸民潛通賊，陰濟以糧。希懌捕治之，賊乏食，乃去。未幾，李元礪寇郴，陳廷佐寇南安，復誘羅世傳與合，劫掠至龍泉。有何光世者，能知賊動息，希懌授光

世計，俾誘世傳誅元礪以自贖。功未竟，移知平江府，其後世傳果縛元礪以獻，廷佐勢孤，亦降。

移知太平州，希懌爲倅日，習知其民利病，遂損折帛價〔五〕，減榷酤額，以蘇民力。已而乞祠，遷端明殿學士，換昭信軍節度使、開府儀同三司，致仕。嘉定五年卒，年五十八，贈少保，封成國公。

士珸〔六〕字公美，濮安懿王曾孫也。天資警敏，兒時儼如成人。比弱冠，爲右監門衞大將軍、貴州團練使。從上皇北遷，次洛州東，與諸宗室議，欲遁還據城。謀未就而金人圍合，皆散走。士珸乘驢西亡，夜半盜奪驢去，徒步疾趨，遲明，抵武安酒家，語人曰：「我皇叔也。」邑官聞之來謁，資以衣冠鞍馬。因募得少壯百餘人，從至磁州，招集義兵以解洛圍。旬日間，得勝兵五千人，歸附者數萬。

時洛州守臣王麟欲叛降敵，軍民怒殺之，推統制韓一爲主。士珸夜半薄城下，力戰破圍。翌日入城，部分守禦。敵治壕塹，樹鹿角，示以持久。士珸礪將士死守，飛火砲碎其攻具，以計生得其首領，敵乃解圍去。以功遷權知洛州，仍兼防禦使。

建炎二年，金人再犯洛，粮盡援絕，衆不能守，乃擁士珸出城，由白家灘抵大名府，詔赴行在。

紹興五年，遷泉州觀察使，再遷平海軍承宣使、知南外宗正事。時泉邸新建，向學者少，士珸奏宗子善軫文藝卓絕，衆所推譽，乞免文解，由是人知激勸。遷節度使，未拜而卒，年四十六。贈少師，追封和義郡王。淳熙中，謚忠靖。子不流，歷臨安、紹興帥，治有聲。

士㒟字立之，郇康孝王仲御第四子。有大志，好學，善屬文。初補右班殿直，累遷忠州防禦使、鄭州觀察使，由寧遠軍承宣使轉權同知大宗正事。時康王建大元帥府，士㒟請於孟太后，乞命帥府得承制便宜行事，又請奉王承大統，太后從之，王遂即位。

除光山軍節度使，扈蹕南幸。黃潛善等用事，士㒟論其誤國，潛善斥之，出知南外宗正事。會苗傅、劉正彥作亂，士㒟易服入杭，以蠟書遺張浚，趣其勤王；復遺呂頤浩書，勉其與浚同濟國難。苗傅等怒浚，浚坐謫。復遺浚書，謂朝廷無他意，俾賊勿疑耳。事平，加檢校少保，除同知大宗正事。

丁母憂，起復，除知大宗正事〔七〕。請序位安定郡王下，從之。累乞祠，不許。以定策功，

詔其子不議改文秩，不恤易環衞官。加士㒟檢校少師。尋加開府儀同三司，判大宗正事。入覲，勸帝留意恤民。

金人既歸河南、陝西地，命士㒟謁陵寢，遂入柏城，披歷榛莽，隨宜葺治，禮畢而還。特封齊安郡王，以旌其勞。

尋權主奉濮安懿王祠事。軍興，罷宗室賜予，至有喪不能斂者，士㒟以聞。詔緦麻、袒免親任環衞官而身亡者，賜錢有差。

士㒟數言事，忤秦檜。及岳飛被誣，士㒟力辨曰：「中原未靖，禍及忠義，是忘二聖不欲復中原也。臣以百口保飛無他。」檜大怒，諷言者論士㒟交通飛，蹤迹詭秘，事切聖躬，遂奪官。中丞万俟卨復希旨連擊之。謫居于建，凡十二年而薨，年七十。帝哀之，贈太傅，追封循王。六子皆進官二階。

長子不凡，方苗傅之亂，封股納蠟書，持告張浚，以功轉兩官，易文資。從趙哲收復建州，殺葉濃，以功賜爵二級。

士嶹字仰夫，太宗五世孫。初以廕補官，累轉太子率府副率。建炎初，隆祐太后幸洪州，敵奄至，百司散走。士嶹至一大船中，見二帝御容，負以走。遇潰兵數百，同行至山中，衆欲聚爲盜，士嶹出御容示之曰：「盜不過求食爲朝夕計耳，孰若仰給州縣。士嶹以近屬諭之，必從。如此，則今日不饑餓，後日不失賞，是一舉而兩得也。」衆聽命。乃走謁太后虔州。

會虔民作亂，鄉兵在外爲應，與官軍相持。士嶹詣執政，謂當請太后急肆赦，人知免死，庶可安集；又宜急諭城中，城中定，則外寇可弭，譬如服藥，心腹已安，外禦風濕，乃餘事耳。赦既下，城中遂定。遷右監門衞大將軍、惠州防禦使。紹興二十一年卒，贈建寧軍承宣使，追封建安郡王。

士晴，太宗之後，商、濮王之裔也。從上皇俱北遷，乘間變姓名入僧寺中，落髮，衣僧衣以行，抵會稽。扈駕循幸，以覃恩轉千牛衞將軍奉朝請而卒。

不羣字介然，太宗六世孫。宣和中，量試授承事郎。靖康初，宰濟南章丘縣。縣當山

東、河北之衝，不羣募效用五千人，增城浚濠，爲戰守備，敵攻圍兩月不能下。

遷維州通判，陞直祕閣，通判鎭江府，辟充兩浙宣撫司主管機宜文字。高宗在越，詔改郴州。時羣盜出沒湖、湘間，不羣嚴備禦，盜不能犯。進直顯謨閣，移知鼎州，充湖北兵馬副鈐轄。既而朝廷慮郴失守，復留不羣于郴。會岳飛破曹成，成遁，因犯郴，不羣乘城固守，拒郤之。

進直寶文閣，移知宣州。軍需以時辦，而民不擾。進秩二階。知廬州。酈瓊叛，擁不羣北去，尋釋之以歸。帝召見，問瓊叛故，不羣曰：「由劉錡除制置，瓊等以爲圖己，兼撫諭後時，故叛。」帝悔之。除知荆南府，累遷兩浙路轉運副使，卒于官。

不棄字德夫，太宗之裔。紹興中，爲江東轉運判官。秦檜忌四川宣撫使鄭剛中，以不棄能制之，除太府少卿、四川宣撫司總領官。初，趙開總蜀賦，宣撫司文移率用申狀，不棄至官，用張憲成故事，以平牒見剛中。剛中愕然，久之始悟其不隸己，遂有隙。不棄欲盡取宣撫司所儲，剛中不與，不棄怒。剛中辟利州轉運使王陟兼本司參議，不棄劾罷之。二人愈不相能，檜併召還。剛中在蜀，服用頗踰制，不棄復文致其事。檜乃罷剛中，陞不棄敷

文閣待制，知臨安府。

踰年改工部侍郎，尋除敷文閣直學士、知紹興府。時浙東旱，饑民多流亡。提舉秦昌時，檜兄子也，不棄言其悉心振恤，全活甚衆，昌時得遷秩。其媚檜如此。未幾卒。

不尤，有武力。靖康之難，與王明募義兵，與金人戰，雄張河南、北。盜皆避其鋒，曰：「此小使軍也。」高宗卽位，引衆歸，補武翼郎。從岳飛平湖寇。飛死，檜奪其兵，遣守橫州而卒。

子善悉，進士登第。累官敷文閣直學士、兩浙轉運副使。

不㥪字仁仲，嗣濮王宗暉曾孫也。父士圃，從上皇北遷，遙拜集慶軍節度使。不㥪初補保義郎，紹興二十七年登第，易左宣義郎，調婺州金華丞。治縣豪何汝翼，械請於郡，編隸他州，邑人慴服。

除永州通判。郡歲輸米，倍收其贏，民病之，不㥪言於守，損其數。帥司檄不㥪錄靖州

獄，辨出冤者數十百人，靖人德之，繪其像以祠。

除知開州。開在巴東，俗鄙陋，不㥪爲興學，俾民知孝義。郡有鹽井，舊長吏必遣所親監之，私其利。不㥪罷遣，鹽利倍入，郡計用饒，以羨餘代民輸夏秋兩稅及天申節銀絹。在開二年，民絕鬬爭，夜戶不閉。諸司交薦，以比古循吏。轉夔州轉運判官，開人數千遮城門，不得行。

至夔，民病上供銀。時部使者以親故攝大寧鹽場，專其利。不㥪斥去，而鹽獲羨餘。乃出錢市羨鹽數十萬斤，易米得三萬餘斛，運抵湖北，市銀以歸，代諸郡納上供銀，省緡錢十五餘萬。

改成都路轉運判官。適歲饑，不㥪行抵瀘南，貸官錢五萬緡，遣吏分糴。比至，下令曰：「米至矣。」富民爭發粟，米價遂平。雙流朱氏獨閉糴，邑民羣聚發其廩。不㥪抵朱氏法，籍其米，黥盜米者，民遂定。

永康軍歲治都江堰，籠石蛇絕江遏水，以灌數郡田。吏盜金，減役夫，堰不固而圮，田失水，故歲屢饑。不㥪躬視，操板築，繩吏以法。乃出令：民業耕者田主貸之，事末作者富民振之，老幼疾患者官爲粥視。全活數百萬。

黎州靑羌奴兒結反〔八〕，制司調兵往戍，屬不㥪給餉。故事，富人出粮，而下戶以力致于邊。不㥪曰：「民饑，不可擾也。」以糴餘米發卒運之。已而朝廷命不㥪攝制司。初，官兵敗，前制使遣人賂奴兒結以和。不㥪曰：「奴兒結，吐蕃小種也，今且和，若大族何？」不聽。

會倚豪夢東畜列率數千人入漢地二百餘里，成都大恐。不㥪靜以鎭之，召僚屬飲。夜遣步將領飛山軍徑赴沉黎，又徙綿州兵戍邛州爲後援，戒之曰：「堅守勿動。」密檄諸蕃部：生獲吐蕃一人賞十縑，殺一人二縑。於是邛部川首領崖襪合諸部落，大破吐蕃於漢源，斬夢東畜列首來獻，凡十有六日而平。嘉州虛恨蠻入寇，不㥪標吐蕃首境上，蠻懼，一夕遁去。不㥪乃令緣邊家出丁夫一人，分戍諸堡，復其家。不㥪罷歸，蜀人送者自成都至雙流，遮道不得行。

未幾，除成都提刑，改江西路轉運判官。廷臣薦其賢，詔授右監門衞大將軍、惠州防禦使、知大宗正事。非常制也。吏白承受奏請須用中貴人，不㥪曰：「有司不存乎？」罷不用。中貴人或請見，輒謝出之。

進明州觀察使，俄陞昭慶軍承宣使〔九〕。金人完顏烈來聘，充館伴副使。金使從者舊見館使，皆對揖，不㥪不爲禮。宴玉津園，不㥪連射皆中，使者驚服。

不㥪以文行訓勉族屬，薦其秀傑者。奏新學宮，增廣弟子員，倣大學校定法。置自訟齋，使有過者讀書其中，人人感勵。淳熙十四年卒，年六十七。贈開府儀同三司，封崇國公。

不㥪性篤孝，生七歲，遭父北遷，每思慕涕泣。長力學，母曹氏止之，答曰：「君父讎未報，非敢志富貴也。」登第時已入仕，法當超兩秩，請回授其母。母封法止令人，高宗嘉其志，特封郡夫人。

居官所至有聲，立朝好言天下事。蜀中武帥操重權，不㥪請復置安撫司，相維而治。其論王抃不宜揀選諸路軍，王友直不可爲副都指揮使，尤人所難言者。遇大旱，一日九疏，勸上求直言，通下情，退而燔其稿。時布衣上書狂悖，多抵罪，不㥪謂太上皇帝不罪言者，此宜書之御座右。帝悚然可之。既嘉其忠諒，每宴禁中，帝飲之酒，顧謂皇太子曰：「此賢宗室也。」一日，坐待漏院，有給事中白英國公借擊毬馬〔一〇〕，不㥪正色曰：「上惟一皇孫，萬一馬驚墮，斬汝輩無益也。」馬竟不可得。所敬者朱熹、張栻，栻死爲請謚，又請用熹。其好尙如此。

善俊字俊臣，太宗七世孫。父不衰，閤路兵馬鈐轄。善俊初補承節郎。紹興二十七年登第。換左承務郎，調南城丞，改昭信軍，簽判奇之。虞允文亦薦其有邊帥才，除幹辦諸司

審計司。知郴州，數奏稱旨，留爲太府寺丞。

尋擢帥、知廬州。會歲旱，江、浙饑，民麇至。善俊括境內官田均給之，貸牛種，僦屋以居，死者爲給槥，人至如歸。州城舊毀于兵，善俊葺完之，因言：「異時恃焦湖以通饋餉，今既堙涸，宜募鄉兵保孤、姥二山，治屋以儲粟。敵或敗盟，則吾城守有餘，餉道無乏矣。」又增築學舍，新包拯祠，春秋祀之，人感其化。

累遷龍圖閣直學士，移知建州。建俗生子往往不舉，善俊痛繩之，給金穀，捐己奉，以助其費。

再知廬州。首言和好不可恃，當高城浚池以爲備。復芍陂、七門堰，農政用修。免責屬邑坊場、河渡羨錢，百姓德之。

以父憂去，服闋，起知鄂州。適南市火，善俊亟往視事，弛竹木稅，發粟振民，開古溝，創火巷，以絕後患。僚屬爭言用度將不足，善俊曰：「吾將瘠己肥人。」乃省燕游車騎鼓吹之費，郡計用饒，代輸民役錢。

再知建州。歲饑，民羣趨富家發其廩，監司議調兵掩捕，善俊曰：「是趣亂也。」諭許自新，平米價，民乃定。邑尉入盜十三人死罪，以希賞，善俊辨其冤。

徙知隆興府，移江西轉運副使。時朝廷議減月樁錢，善俊言：「及州不及縣，則縣仍迫

取於民，猶不減也。宜一路通裁其額，下之漕臣，科郡縣輕重均減之。」又奏：「和買已是白科，從而折變，益加糜費，其數反重於正絹，併乞蠲減。黥卒遇赦還者，刺充鋪兵，可除民害。」所言多見用。

轉湖南帥。郴、桂地絕遠，守多非才，善俊謂宜精其選。代輸潭州經、總制錢，停醴陵淥水渡錢。加秘閣修撰，移知鎮江府。丁母憂，終喪而卒，年六十四。

善俊風儀秀整，喜功名，尤好論事。孝宗時，日中有黑子，地屢震，每以飭邊備爲戒。孝宗英武獨運，缺相者累年，善俊極言相位不可無人，尤人所難言者。

善譽字靜之，父不倚，太宗之後也。善譽幼敏慧，力學。乾道五年，試禮部第一。初調昌國簿，攝邑事。勸編戶哀金買田，以助嫁娶喪葬。捕得海盜全黨，守欲上其功，善譽曰：「奈何以人命希賞。」守益賢之，薦于朝。授兩浙運幹，改知撫州臨川縣。縣嘗預借民賦，善譽閱籍發逋負，按籍征催，卒以時辦集，遂罷預借。

改常州添差通判。史浩言其賢，詔赴部堂審察，累遷大理丞、湖北常平茶鹽提舉。會大旱，善譽通融諸郡常平，計戶振貸，嗣歲麥禾倍收，民爭負以償。奏罷稅場十餘、渡四十

五，民便之。俾諸郡售田，委郡文學董其入，以給計偕者。

移潼川路提刑、轉運判官。遂寧守徐詡之廉聲，部使者以其故御史，寬假之。善譽過遂寧，詡出迎，善譽抑使循廊，詡大沮。郡人聞之，爭訟其過。善譽劾諸朝，宰相王淮善詡，寢其章。善譽徑以聞，罷詡。又以羨貲給諸郡置莊，民生子及娠者俱給米，威惠並孚。宗子寓蜀者，少業儒，善譽卽郡庠立學以教之，人始感勵。引年乞祠，歸處一室，以圖書自娛。無疾而卒，年四十七，時淳熙十六年也。

善譽早失怙恃，撫育諸季備至，居官廉靖自將，多所著述，郭雍、朱熹嘗取其易說云。

汝述字明可，太宗八世孫。曾祖士說，從二帝北遷，臨河罵敵而死。汝述登淳熙十一年進士第。調南劍州順昌尉。嘉定六年，詔主管官告院，自是常兼宰士，累遷將作少監，權侍立修注官。八年，除起居郎兼密院都承旨，俄遷兵部侍郎。以母憂去，服闋，改刑部侍郎，遷尙書，知平江府，卒。

汝述爲尉，應詔上封事，論議懇惻。立朝薦引，多知名之士。然爲時相所親，躐躋通顯，人亦以此少之。

叔近，悼王元孫，榮良公克類之子也。建炎元年，爲秀州守，杭卒陳通反，詔辛道宗將西兵討之。兵潰爲亂，抵秀州城下，叔近乘城諭以禍福，亂兵乃去。未幾，差權兩浙提刑。叔近招通，通聽命。叔近以素隊數十人入賊城，衆猶不解甲。叔近置酒，推誠待之，遂皆感服，城中稍定。叔近奏：通初無叛心，止緣葉夢得賞不時給，遂至紛爭；今已就招，請赦其徒二百餘人。帝許之。臺諫皆言不可，遂寢。

叔近還秀州，已而王淵兵至杭，詐傳呼云：「趙秀州來。」通郊迎，淵遂誅之。初，淵在汴京，狎娼周氏，周氏後歸叔近，淵銜之，乃誣叔近通賊，奪職拘于州，以朱芾代之。芾肆殘虐，軍民怨憤，小卒徐明率衆囚芾，迎叔近領郡事，叔近不得辭，因撫定之，請擇守于朝。

𧾷未達，朝廷命張俊致討。俊，淵部曲也，辭行，淵謂之曰：「叔近在彼。」俊諭意。領兵至郡，叔近出迎，俊叱令置對。方操筆，羣刀遽前，斷其右臂，叔近呼曰：「我宗室也。」俊曰：「汝既從賊，何云宗室！」語未竟，已折首于地。徐明等見叔近死，遂反戈嬰城，縱火驅掠。翌日，俊斬關入，捕明等誅之。取周氏歸于淵。紹興九年，御史言叔近之冤，贈集英殿修撰。

叔向，魏王之系也。方汴京破時，叔向潛出，之京西。金人退，引衆屯青城，入至都堂，叱王時雍等速歸政，置救駕義兵。其後爲部將于渙上變，告叔向謀爲亂，詔劉光世捕誅之。

彥倓字安卿，彭城侯叔娶曾孫也。父公廣，饒州太守。彥倓初調溧陽尉，邑民潘氏兄弟橫邑中，號「三虎」，畜僮僕數百，邑官莫敢誰何。彥倓白其守治之，縛潘氏昆弟，正其罪。

改揚州司戶，攝獄掾。有告主藏吏盜錢餘千萬，治之急，吏泣請死。彥倓察其情，屏人問，則諸吏共貸也，乃許自首免罪，一日而畢。

改平江府推官，攝宜興縣。縣自中興後，預借民明年稅，民挾此得慢其令。彥倓請禁預借，邑遂易治。

知臨安於潛縣。縣胥往往通臺省吏，得肆其奸。彥倓執其黠者，械送府。臺省吏從中救之，彥倓力爭，竟抵胥罪。浮橋屢以水敗，彥倓梁以石，民免溺死。陞臨安府通判。開禧初，知興國軍。歲旱蝗，而軍需益急，屬邑令吳格負上供銀尤多，彥倓坐累貶秩，

格愧謝。彥倓曰：「屬時多艱，宜寬民力以崇根本，何謝爲？」潰卒據外城爲變，彥倓募能斬捕者賞之。既而各斬首以獻，散其餘黨。

累遷湖南運判。傜人羅孟傳反，累歲不能平。彥倓謂帥臣曰：「傜人讎殺，乃其常情，況主斷不平，是激之使叛也。能遣諜者離其黨與，俾還自相讎，破之易矣。」帥從其計，遂降孟傳。

尋知紹興府。格價輕，彥倓權以法，民便之。復鹿鳴禮，置興賢莊以資其費。築捍海石塘，亦置莊以備增築。會旱，饑民聚陂湖中，彥倓取死囚，羃首刖足，徇於衆曰：「此劫蔆藕者也。」遂散其衆。乃第民高下，損其稅有差，免輸湖籍田米，舉緡錢四十萬以助荒政，民賴以濟。詔改太府少卿，遷顯謨閣、知太平州，調江西轉運使。嘉定十一年卒于官，年六十四。

彥橚字文長，悼王七世孫。祖訓之在忠義傳。彥橚登乾道二年進士第。尉樂清，會大旱，令循故事禱雨，而責租益急。彥橚曰：「損斂已責，所以招和氣，何禱爲？」已而果雨。累官福建路運幹，屬邑負振鹽本錢數千萬，累歲不能償，彥橚白其長，蠲之。慶元初，知晉陵縣，歲饑，彥橚振恤有方，所活幾二十萬。又以羨錢爲五等戶代輸。

擢監登聞檢院。時韓侂胄方柄用，朝士悉趨其門，彥橚切歎惋。出知汀州，州民葉姓者，嘯聚汀、贛間，彥橚遣將捕戮之。遷廣西提刑，諸郡鬻官鹽，取息之六以奉漕司，後增至八分。彥橚復其舊，以蘇民力，朝廷從之。

侂胄死，詔戶部侍郎兼樞密院檢詳。士大夫前與兵議者，坐侂胄黨，將併逐之。彥橚歎曰：「士方以僞學廢，今又以兵端斥去，苟欲錮士，何患無名！」每見帝，必言才難。

遷湖廣總領。舊士卒物故，大將不落其籍，而私其月請，彥橚置別籍稽核之。或傳軍中有怨言，彥橚曰：「不樂者主帥耳，何損士卒。」持之三年，掛虛籍者贏三萬，額減錢百萬緡，用度以饒。比去，餘七百萬，而諸路累積逋負猶四百萬，盡蠲之。

知平江府。郡之昆山並大海，盜出沒，莫可蹤迹，彥橚奏分其半置嘉定縣，屯兵以守。轉寶謨閣待制。卒于官，年七十一。

彥逾字德先，魏悼王後，崇簡國公叔寓曾孫也。紹興三十年登第。淳熙五年，知秀州。累遷太府少卿、四川總領。將入境，利西帥吳挺遣屬吏安丙來迓，彥逾見即喜其人，從容問

之曰：「太尉統衆六萬，得無虛籍乎？」丙以情告。彥逾遺挺書，俾損虛籍數千，以寬四川之賦。挺不敢隱。改知鎭江府，郡適旱饑，彥逾節浮費，發粟振糴，民賴以濟。

遷戶部侍郎、工部尚書。孝宗崩，光宗疾，不能持喪。樞密趙汝愚議請立嘉王爲皇帝，欲倚殿帥郭杲爲用，遣中郎將范任告之，杲不應。時中外洶洶，彥逾見汝愚，對泣，汝愚密告以翊戴之議。彥逾大喜，力贊其決。郭杲嘗被誣，彥逾爲白于帝，杲德之，遂馳告杲曰：「彥逾與樞密第能謀之耳，太尉爲國虎臣，當任其責。」杲未及對，彥逾急責之，杲許諾，遂領兵爲衞。寧宗即位，汝愚謂彥逾曰：「我輩宗臣，不當言功。」

會留正免相，汝愚登右揆，彥逾以端明殿學士出知建康，兼江東安撫使。未行，改四川安撫制置使，兼知成都府。彥逾爲政不擾，蜀人便安之。以定策勳，累遷資政殿大學士。嘉泰間，知明州兼沿海制置使。嘉定間，乞祠以歸，尋卒。

彥逾始與汝愚協濟大計，冀汝愚引己共政，及外除，頗觖望，乃疏當時名臣上之，目爲汝愚黨，帝由是疑汝愚。

其兩入蜀皆有聲。然吳氏世守武興，兼利西安撫，操重權。吳挺卒，朝廷用丘崈議，併利西安撫於東路，以革世將之弊。而彥逾奏復利西安撫，乃領以武帥。其後吳曦因之以生變，人以是咎彥逾云。

校勘記

〔一〕遣范塤徐文中詣濟州　「濟州」原作「濟王」。按繫年要錄卷四載此事說：「子崧因遣塤與承事徐文中偕至帥府。」帥府是指康王趙構的兵馬大元帥府，這時駐在濟州；趙構也未曾封濟王，「王」字當是「州」字之訛，據改。

〔二〕兩浙轉運副使　「兩浙」原作「兩淮」，據繫年要錄卷一七八、一七九、一八二改。

〔三〕陸敷文閣待制　「敷文」原作「華文」，按本書卷一六二職官志，敷文閣紹興十年置，華文閣慶元二年置；繫年要錄卷一八八、咸淳臨安志卷四七都作「敷文閣」，據改。

〔四〕除太社令　「太」原作「大」，太社令紹興十五年置，見本書卷一六四職官志，據改。

〔五〕遂損折帛價　「帛」原作「市」。按眞德秀西山先生眞文忠公文集卷四五少保成國趙正惠公墓誌銘云：「其爲太平州，則朘折帛價使輕，蠲榷酤欲使少。」「市」字當爲「帛」字之訛，據改。

〔六〕士瑶　原作「士晤」，據本書卷二四高宗紀、卷二三一宗室世系表和中興聖政卷二、繫年要錄卷一、宋會要帝系六之一七改。下同。

〔七〕除知大宗正事　「知」字原脫，據繫年要錄卷三六補。

〔八〕奴兒結　原作「奴結兒」，據本書卷三五孝宗紀、卷四九六蠻夷傳、朝野雜記乙集卷一九丙申青羌之變條改。

〔九〕昭慶軍承宣使　「昭慶」原作「招慶」。按宋無「招慶軍」而有昭慶軍，據葉適水心先生文集卷二六故昭慶軍承宣使知大宗正事贈開府儀同三司崇國趙公行狀改。

〔一〇〕有給事中白英國公借犛毬馬　同上書同卷同篇此語作「有給使數人白同班曰英國公借犛毬馬」，疑此處「給事中」三字有誤。

宋史卷二百四十八

列傳第七

公主

秦國大長公主　太祖六女　太宗七女　眞宗二女　仁宗十三女
英宗四女　神宗十女　哲宗四女　徽宗三十四女　孝宗二女
光宗三女　魏惠獻王一女　寧宗一女　理宗一女

秦國大長公主，太祖同母妹也。初適米福德，福德卒。太祖卽位，建隆元年，封燕國長公主，再適忠武軍節度使高懷德，賜第興寧坊。開寶六年十月薨，太祖臨哭，廢朝五日，賜謚恭懿。眞宗追封大長公主。元符三年，改秦國。政和四年，改封恭懿大長帝姬。

有姊一人，未笄而夭。建隆三年，追封陳國長公主。元符改封荆國大長公主。政和改

封恭獻大長帝姬。

太祖六女。申國、成國、永國三公主，皆早亡。

魏國大長公主，開寶三年，封昭慶公主，下嫁左衞將軍王承衍，賜第景龍門外。太宗卽位，進封鄭國。淳化元年，改封秦國。眞宗至道三年，進長公主。大中祥符元年薨，賜謚賢肅。元符改封魏國大長公主。政和改賢肅大長帝姬。

魯國大長公主，開寶五年，封延慶公主，下嫁左衞將軍石保吉。太宗卽位，進封許國。淳化元年，改晉國。眞宗初，進長公主。大中祥符二年，進大長公主。薨，賜謚賢靖。元符改封魯國。政和改賢肅大長帝姬。

陳國大長公主，開寶五年，封永慶公主，下嫁右衞將軍魏咸信。太宗卽位，進封虢國。淳化元年，改齊國。眞宗初，進許國長公主。咸平二年薨，謚貞惠，後改恭惠。景祐三年，

追封大長公主。元符改封陳國。政和改賢惠大長帝姬。

太宗七女。長滕國公主，早亡。

徐國大長公主，太平興國九年，封蔡國，下嫁左衞將軍吳元扆。淳化元年，改魏國。薨，謚英惠。至道三年，追封燕國長公主。景祐三年，進大長公主。元符改徐國。政和改英惠大長帝姬。

邠國大長公主，太平興國七年爲尼，號員明大師。八年卒。至道三年，追封曹國長公主。景祐三年，進大長公主。元符改邠國。

揚國大長公主，至道三年，封宣慈長公主。咸平五年，進魯國，下嫁左衞將軍柴宗慶，賜第普寧坊。宗慶，禹錫之孫，帝命主以婦禮謁禹錫第。歷徙韓、魏、徐、福四國。仁宗立，進鄧國大長公主。明道二年薨，追封晉國〔二〕，謚和靖。元符封揚國。政和改和靖大長帝姬。

主性妬，宗慶無子，以兄子爲後。

雍國大長公主，至道三年，封賢懿長公主。咸平六年，下嫁右衞將軍王貽永，進封鄭國，賜第。景德元年薨，謚懿順。景祐三年，追封大長公主。皇祐三年，改韓國。徽宗改封雍國。政和改懿順大長帝姬。

衞國大長公主，至道三年，封壽昌長公主。大中祥符二年，進封陳國，改吳國，號報慈正覺大師。改楚國，又改邠國。天禧二年，改建國。乾興元年，封申國大長公主。天聖二年薨，賜謚慈明。徽宗改衞國。政和改慈明大長帝姬。

荆國大長公主，幼不好弄，未嘗出房闥。太宗嘗發寶藏，令諸女擇取之，欲以觀其志，主獨無所取。眞宗卽位，封萬壽長公主，改隨國，下嫁駙馬都尉李遵勖。舊制選尚者降其父爲兄弟行，時遵勖父繼昌亡恙，主因繼昌生日以舅禮謁之。帝聞，密以兼衣、寶帶、器幣助其爲壽。遵勖賓客皆一時賢士，每燕集，主必親視饗饍。嘗有盜入主第，帝命有司訊捕。主請出所逮繫人，以私錢募告者，果得眞盜，法當死，復請貰之。歷封越、宿、鄂、冀四國。明道元年，進魏國。

初，遵勖出守許州，暴得疾，主亟欲馳視之，左右白：須奏得報乃可行，主不待報而往，從者裁五六人。帝聞，遽命內侍督諸縣邏兵以衞主車。其後居夫喪，衰麻未嘗去身，服除，不復御華麗。嘗燕禁中，帝親爲簪花，辭曰：「自誓不復爲此久矣。」嘗因浴仆地，傷右肱，帝遣內侍責侍者，主曰：「早衰力弱，不任步趨，非左右之過。」由是悉得免。

主善筆札，喜圖史，能爲歌詩，尤善女工之事。嘗誡諸子以「忠義自守，無恃吾以速悔尤」，視他子與己出均。及病目，帝挾醫診視，自后妃以下皆至第候問。帝親舐其目，左右皆感泣，帝亦悲慟曰：「先帝伯仲之籍十有四人，今獨存大主，奈何嬰斯疾！」復顧問子孫所欲，主曰：「豈可以母病邀賞邪？」賚白金三千兩，辭不受。帝因謂從臣曰：「大主之疾，倘可移於朕，亦所不避也。」主雖喪明，平居隱几，冲淡自若。誡諸子曰：「汝父遺令：柩中無藏金玉，時衣數襲而已。吾歿後當亦如是。」

皇祐三年薨，年六十四。帝臨奠，輟視朝五日。追封齊國大長公主，謚獻穆。徽宗改封荆國。政和改獻穆大長帝姬。

眞宗二女。長惠國公主，早亡。

昇國大長公主，初入道。明道二年，封衞國長公主，號淸虛靈照大師。慶曆七年，追封魯國，謚昭懷。徽宗改封昇國大長公主。政和改昭懷大長帝姬。

仁宗十三女。徐國、鄧國、鎭國、楚國、商國、魯國、唐國、陳國、豫國九公主，皆早亡。

周、陳國大長公主，帝長女也。寶元二年，封福康。嘉祐二年，進封兗國。主幼警慧，性純孝。帝嘗不豫，主侍左右，徒跣籲天，乞以身代。帝隆愛之。

帝念章懿太后不及享天下養，故擇其兄子李瑋使尚主。瑋朴陋，與主積不相能。主中夜扣皇城門入訴，瑋皇懼自劾。諫官王陶論宮門夜開，乞繩治護衞，御史又共論主第內臣多不謹，帝爲黜都監梁懷吉輩十餘人。後數年不復協，詔出瑋於外，主降封沂，屛居內廷。久之，復召瑋，使爲駙馬都尉如初。英宗立，進越國長公主。神宗治平四年，進楚國大長公主。

熙寧三年薨，年三十三。以瑋奉主無狀，貶陳州。輔臣議謚，帝以主事仁祖孝，命曰莊孝，追封秦國。徽宗加周、陳國。政和改封莊孝明懿大長帝姬。

秦、魯國賢穆明懿大長公主，仁宗皇帝第十女也。母曰周貴妃。嘉祐五年，封慶壽，進惠國。治平四年，進許國大長公主(二)。下嫁吳越忠懿王之曾孫、右領軍衞大將軍錢景臻。改韓、周、燕國。徽宗朝，進秦、魏兩國。政和三年，更封令德景行大長帝姬。靖康二年，諸帝姬北徙，姬以先朝女，金人不知，留于汴。建炎初，復公主號，改封秦、魯國。避地南渡，賊張遇掠其家，中子愕被害。公主至揚州朝謁，復避地之閩。

紹興三年，自閩至會稽，請入見，因留居焉。後徙台州。上以公主行尊年高，甚敬之，每入內，見必先拜。靖康中，戚里例納節，至是，公主爲其子忱請還舊官，上以忱爲瀘川節度使，仍詔戚里不得援例。久之，又爲忱請優賜推恩，上重違之，加忱開府儀同三司。時主有三子，愐、愷非己所出，故獨厚於忱。上戒之曰：「長主壽考如此，乃仁宗皇帝四十二年深仁厚澤，是以鍾慶於長主。長主待遇諸子，宜法仁宗用心之均一。」主感服。

薨，年八十六。上輟朝五日，幸其第臨奠，詔子孫皆進官一等。謚曰賢穆。二十九年，加謚明懿。

兗國大長公主，帝第十一女也。嘉祐六年，封永壽。進榮國長公主。治平四年，進邠國大長公主(三)。熙寧九年，改魯國。下嫁左領軍衞大將軍曹詩。主性儉節，於池臺苑囿一無所增飾。十年夏，旱，曹族以主生日將盛具爲壽，主曰：「上方損膳徹樂，吾何心能安。」悉屛之。

元豐六年薨，年二十四，追封荊國，謚賢懿。遷其二子曄、旼皆領團練使。徽宗追封兗國，又改賢懿恭穆大長帝姬。

燕、舒國大長公主，帝第十二女也。嘉祐六年，封寶壽。八年，進封順國長公主。治平四年，進冀國大長公主。元豐五年，改魏國，下嫁開州團練使郭獻卿。八年，進楚國。徽宗改吳國，進吳、越國，改秦、兗國。政和二年薨，追封燕、舒國，謚懿穆，復改懿穆大長帝姬。

英宗四女。舒國公主，早亡。

魏、楚國大長公主，帝長女。嘉祐八年，封德寧。治平二年，進封徐國，下嫁左衞將軍王師約。四年，進陳國長公主。元豐八年薨，追封燕國大長公主，謚惠和。元祐四年，追封秦國。徽宗追封魏國，加韓、魏國，改魏、楚國，又改惠和大長帝姬。

魏國大長公主，帝第二女，母曰宣仁聖烈皇后。嘉祐八年，封寶安公主。神宗立，進舒國長公主，改蜀國，下嫁左衞將軍王詵。詵母盧寡居，主處之近舍，日致膳羞。盧病，自和湯劑以進。帝厚於姊妹，故主第池籞服翫極其華縟。主以不得日侍宣仁於寶慈宮，居常悒然。間遇旱暵，帝降損以禱，主亦如之，曰：「我奉賜皆出公上，固應同其休戚。」帝居慈聖光獻皇后喪，毀甚，主曰：「吾與上同體，視此亦復何聊！」立散遣歌舞三十輩。

元豐三年，病篤。主性不妬忌，王詵以是自恣，嘗貶官。至是，帝命還詵官，以慰主意。太后臨問，已不省，后慟哭，久稍能言，自訴必不起，相持而泣。帝繼至，自爲診脈，親持粥食之，主強爲帝盡食。賜金帛六千，且問所須，但謝復詵官而已。明日薨，年三十。帝未上食卽駕往，望第門而哭，輟朝五日。追封越國，謚賢惠。後進封大長公主，累改秦、荊、魏三國。

主好讀古文章，喜筆札，賙恤族黨，中外稱賢。詵不矜細行，至與妾姦主旁，妾數抵戾

主。薨後，乳母訴之，帝命窮治，杖八妾以配兵。既葬，謫詵均州。子彥弼，生三歲卒。

韓、魏國大長公主，帝第三女，與魏國同生。始封壽康公主，改祁國、衞國，下嫁張敦禮。進冀國大長公主，改秦、越、楚國，加今封。政和三年，改賢德懿行大長帝姬(四)。宣和五年薨。

神宗十女。楚國、鄆國、潞國、邢國、邠國、兗國六公主，皆早薨。

周國長公主，帝長女也。母曰欽聖憲肅皇后。封延禧公主。生而警悟，自羈丱習嗜宛如成人。年十二卒，帝后皆變服哀送。追贈燕國。元符末，改封周國。

唐國長公主，帝第三女也。始封淑壽公主。初，帝念韓琦功德，欲與爲婚姻，故哲宗緣先帝意，以主降琦之子嘉彥。歷封溫、曹、冀、雍、越、燕六國。政和元年薨，追封唐國長公主。

潭國賢孝長公主，帝第四女也。母曰宋貴妃。始封康國。紹聖四年，下嫁王遇。歷韓、魯、陳、鄆四國。大觀二年薨，追加封謚。

徐國長公主，帝幼女也。母曰欽成皇后。始封慶國，進益、冀、蜀、徐四國。年及笄，猶處聖瑞宮。侍母疾，晝夜不暫去，藥餌非經手弗以進。迨疾革，號慟屢絕，左右不忍視。崇寧三年，下嫁鄭王潘美之曾孫意。事姑修婦道。潘故大族，夫黨數千百人，賓接皆盡禮，無褻外言。志向沖淡，服玩不爲紛華，歲時簡嬉遊，十年間惟一適西池而已。再生子，不成而死，媵妾得女，拊視如己出。政和三年，改稱柔惠帝姬。五年薨，年三十一，追封賢靜長帝姬。

哲宗四女。鄧國、揚國二公主，早亡。

陳國公主，始封德康公主，進瀛國、榮國。大觀四年，下嫁石端禮，徙陳國。改淑和帝姬。政和七年薨。

列傳第七　公主　八七八一

宋史卷二百四十八　八七八二

秦國康懿長公主，帝第三女也。始封康懿，進嘉國、慶國。政和二年，改韓國公主，出降潘正夫。改淑慎帝姬。靖康末，與賢德懿行大長公主俱以先朝女留于汴。建炎初，復公主號，改封吳國。靚上于越，以玉管筆、小玉山、奇畫爲獻，上溫辭卻之。避地至婺州。紹興四年入見，其子堯卿等五人各進官一等。主奏言：「祖宗以來，駙馬都尉石保吉、魏咸信、柴宗慶皆除使相。今正夫歷事四朝，在汴京曾建議迎陛下，至杭州又言禁衞未集，預宜防變，乞除開府。」上不許。八年再入見，留宮中三日。時極暑，上每正衣冠對之飲食。又爲正夫求恩數，上曰：「官爵豈可私與人，況今日多事，未暇及此。」時趙鼎當國，方論羣臣紹述之奸，頗抑正夫。鼎去位，正夫始得開府之命。給事中劉一正言其非舊制，恐援例者多，乃詔：「哲宗惟正夫爲近親，餘人毋得援例。」顯仁太后歸，主同秦、魯國大長公主迎于道。十九年，又入朝。子長卿、粹卿、端卿皆自團練使陞觀察使，從所請也。孝宗即位，進封秦國大長公主。隆興二年薨，謚康懿。

主在日，正夫官至少傅，封和國公；溫卿寧國軍承宣使，長卿寧江軍承宣使，端卿昭信軍承宣使，清卿容州觀察使，墨卿、才卿並帶團練使，其盛如此。正夫薨於紹興二十二年，贈太傅。

徽宗三十四女。政和三年，改公主號爲帝姬，國號易以美名，二字。

嘉德帝姬，建中靖國元年六月，封德慶公主。改封嘉福，尋改號帝姬，再封嘉德。下嫁左衞將軍曾夤〔五〕。

榮德帝姬，初封永慶公主，改封榮福。尋改號帝姬，再封榮德。下嫁左衞將軍曹晟。

順淑帝姬，初封順慶公主。薨，追封益國〔六〕。及改帝姬號，追封順淑。

安德帝姬，初封淑慶公主，改封安福。尋改號帝姬，再封安德。下嫁左衞將軍宋邦光。

茂德帝姬，初封延慶公主，改封康福。尋改號帝姬，再封茂德。下嫁宣和殿待制蔡鞗。

列傳第七　公主　八七八三

宋史卷二百四十八　八七八四

壽淑帝姬，初封壽慶公主。薨，追封豫國。及改帝姬號，追封壽淑。

惠淑帝姬，初封惠慶公主。薨，追封鄧國。及改帝姬號，追封惠淑。

安淑帝姬，初封安慶公主，改封隆福。薨，追封蜀國。及改帝姬號，追封安淑。

崇德帝姬，初封和慶公主，改封崇福。尋改帝姬號。下嫁左衞將軍曹湜。再封崇德。宣和二年薨。

康淑帝姬，初封康慶公主，改封承福。薨，追封商國。及改帝姬號，追封康淑。

榮淑帝姬，初封崇慶公主〔七〕，改封懿福。薨，追封蔡國。及改帝姬號，追封榮淑。

保淑帝姬，初封保慶公主。薨，追封魯國。及改帝姬號，追封保淑。

成德帝姬，初封昌福公主。改號帝姬，再封成德。下嫁向子房。

洵德帝姬，初封衍福公主〔八〕。改號帝姬，尋改封洵德。下嫁田丕。

悼穆帝姬，初封徽福公主。改號帝姬。薨，追封悼穆。

顯德帝姬，初封顯福公主。改號帝姬，尋改封顯德。下嫁劉文彥。

熙淑帝姬，初封熙福公主。薨，追封華國。及改帝姬，追封熙淑。

敦淑帝姬，初封壽福公主。薨，追封涇國。及改帝姬，追封敦淑。

順德帝姬，初封順福公主〔九〕。改號帝姬，尋改封順德。下嫁向子扆。

柔福帝姬，初封柔福公主。後改帝姬。

申福帝姬，初封。薨，追封沖慧。

寧福帝姬，政和四年封。

保福帝姬，追封莊懿。

賢福帝姬，追封沖懿。

仁福帝姬，追封順穆。

和福帝姬。

永福帝姬。

惠福帝姬。

令福帝姬。

華福帝姬。

慶福帝姬。

儀福帝姬。

純福帝姬。

恭福帝姬。

右三十四帝姬，早亡者十四人，餘皆北遷。獨恭福帝姬生纔周晬，金人不知，故不行。建炎三年薨，封隋國公主。

安德帝姬有遺女一人，後適嗣秀王伯圭，封秦國夫人。

榮德帝姬至燕京，駙馬曹晟卒，改適習古國王。紹興中，有商人妻易氏者，在劉超軍中見內人言宮禁事，遂自稱榮德帝姬。鎮撫使解潛送至行在，遣內夫人驗之，詐。付大理寺，獄成，詔杖死。

又有開封尼李靜善者，內人言其貌似柔福，靜善即自稱柔福。蘄州兵馬鈐轄韓世清送至行在，遣內侍馮益等驗視，遂封福國長公主，適永州防禦使高世榮。其後內人從顯仁太后歸，言其妄，送法寺治之。內侍李揆自北還，又言柔福在五國城，適徐還而薨。靜善遂伏誅。柔福薨在紹興十一年，從梓宮來者以其骨至，葬之，追封和國長公主。

孝宗二女：長嘉國公主，紹興二十四年，封碩人，進永嘉郡主，三十二年卒。詔以醫官李師克等屬吏，孝宗時居東宮，奏：「臣女幼而多疾，不宜罪醫。」遂寢。乾道二年，贈嘉國公主。次女生五月而夭，未及封。

追贈公主。

文安郡主，光宗長女也；次女封和政郡主；季女封齊安郡主。皆早卒。紹熙元年，並

安康郡主，魏惠獻王女也。初封永寧郡主，改封通義。以父遺表，遂升安康。歸殿前司前軍統領羅忠信子良臣。詔王府主管鄧從義諭旨：「皇女孫郡主宜執婦道，務成肅雍之德，毋敢或違。」賜甲第居之。良臣以恩轉秉義郎，除閤門祗候官。開禧元年，郡主薨，年三十九。

祁國公主，寧宗女也。生六月而薨，追封祁國。

周、漢國公主，理宗女也。母賈貴妃，早薨。帝無子，公主生而甚鍾愛。初封瑞國公

主，改昇國。開慶初，公主年及笄，詔議選尙。宰臣請用唐太宗下降士人故事，欲以進士第一人尙主，遂取周震炎。廷謝日，公主適從屛內窺見，意頗不懌，帝微知之。景定二年四月，帝以楊太后擁立功，乃選太后姪孫鎭尙主。擢鎭右領軍衞將軍、駙馬都統，進封公主爲周國公主。帝欲時時見之，乃爲主起第嘉會門，飛樓閣道，密邇宮苑，帝常御小輦從宮人過公主第。特賜董役官減三年磨勘，工匠犒賞有差。明年，進封周、漢國公主，拜鎭慶遠軍承宣使。鎭宗族娣姒皆推官加封，寵異甚渥。

七月，主病。有鳥九首大如箕，集主家擣衣石上，是夕薨，年二十二。無子。帝哭之甚哀，謚端孝。鎭官節度使云。

校勘記

〔一〕追封晉國　「追」原作「進」，據宋會要帝系八之九、長編卷一一二改。

〔二〕進許國大長公主　「許國」原作「魯國」，據宋會要帝系八之一七、十朝綱要卷四、長編卷二七三改。

〔三〕進邠國大長公主　「邠國」原作「祁國」，據宋會要帝系八之二四、十朝綱要卷四和宋大詔令集卷三七邠國大長公主進封魯國大長公主制改。

〔四〕改賢德懿行大長帝姬　「大長」二字原脫，據宋會要帝系八之二九、十朝綱要卷七補。

〔五〕曾夤　原作「曹夤」。按宋會要帝系八之五六，「以故相曾公亮四世孫姪進士夤爲左衞將軍駙馬都尉，選尙嘉德帝姬。」「曹」應作「曾」，據改。十朝綱要卷一五作「曾寅」。

〔六〕追封益國　「封」原作「謚」，據宋會要帝系八之四〇改。

〔七〕崇慶公主　宋會要帝系八之四二、十朝綱要卷一五都作「榮慶公主」。

〔八〕衍福公主　「衍福」原作「衍國」，據宋會要帝系八之四二、十朝綱要卷一五和宋大詔令集卷四〇衍福公主特改封衍福帝姬制改。

〔九〕順福公主　「福」原作「德」，據宋會要帝系八之四二、十朝綱要卷一五改。

宋史卷二百四十九

列傳第八

范質 子旻 兄子杲　王溥 父祚　魏仁浦 子咸信 孫昭亮

范質字文素，大名宗城人。父守遇，鄭州防禦判官。質生之夕，母夢神人授以五色筆。九歲能屬文，十三治尚書，敎授生徒。

後唐長興四年舉進士，爲忠武軍節度推官，遷封丘令。晉天福中，以文章干宰相桑維翰，深器之，卽奏爲監察御史。及維翰出鎭相州，歷泰寧、晉昌二節度，皆請質爲從事。維翰再相，質遷主客員外郎、直史館。歲餘，召入爲翰林學士，加比部郎中、知制誥。契丹侵邊，少帝命漢祖等十五將出征。是夜，質入直，少帝令召諸學士分草制，質曰：「宮城已閉，恐泄機事。」獨具草以進，辭理優贍，當時稱之。漢初，加中書舍人、戶部侍郎。周祖征叛，每朝廷遣使齎詔處分軍事，皆合機宜。周祖問誰爲此辭，使者以質對。歎曰：「宰相器也。」

周祖自鄴起兵向闕，京城擾亂，質匿民間，物色得之，喜甚，時大雪，解袍衣之。且令草太后誥及議迎湘陰公儀注，質蒼黃論撰，稱旨。乃白太后，以質爲兵部侍郎、樞密副使。周廣順初，加拜中書侍郎、平章事、集賢殿大學士。翌日，兼參知樞密院事。郊祀畢，進位左僕射兼門下侍郎、平章事、監修國史。從征高平還，加司徒、弘文館大學士。顯德四年夏，從征壽州還，加爵邑。質建議以律條繁冗，輕重無據，吏得因緣爲奸。世宗特命詳定，是爲刑統。六年夏，世宗北征，質病留京師，賜錢百萬，俾市醫藥。及平關南，至瀛州，質見于路左。師還，以樞密使魏仁浦爲相，命質與王溥並參知樞密院事。世宗不豫，入受顧命。恭帝嗣位，加開府儀同三司，封蕭國公。

及太祖北征，爲六師推戴，自陳橋還府署。時質方就食閣中，太祖入，率王溥、魏仁浦就府謁見。太祖對之嗚咽流涕，具言擁逼之狀。質等未及對，軍校羅彥瓌舉刃擬質曰：「我輩無主，今日須得天子。」太祖叱彥瓌不退，質不知所措，乃與溥等降階受命。

宋初，加兼侍中，罷參知樞密。俄被疾，太祖征澤、潞，幸其第，賜黃金器二百兩、銀器千兩，絹二千匹，錢二百萬。太祖初卽位，庶事謙抑，至於藩戚尙未崇建，幕府賓佐未列于位。質因上奏曰：「自古帝王開基創業，封建子弟，樹立磐維，宗戚旣隆，社稷永固。伏見皇弟泰寧軍節度使光義，自居戎職，特負將材，及領藩維，尤積時望；嘉州防禦使光美，雄俊老成，修身樂善，嘉譽日聞。乞並行封册，申錫命書。皇子皇女雖在襁褓者，亦乞下有司許行恩制，此臣之願也。臣又聞爲宰相者，當舉賢能，以輔佐天子。竊以端明殿學士呂餘慶、樞密副使趙普精通治道，經事霸府，歷歲滋深，覩其公忠，誠堪毗倚。乞授以台司，俾申才用。」帝嘉納之。

先是，宰相見天子議大政事，必命坐面議之，從容賜茶而退，唐及五代猶遵此制。及質等憚帝英睿，每事輒具劄子進呈，具言曰：「如此庶盡稟承之方，免妄庸之失。」帝從之。由是奏御寖多，始廢坐論之禮。

乾德初，帝將有事圜丘，以質爲大禮使。質與鹵簿使張昭、儀仗使劉溫叟討論舊典，定南郊行禮圖上之。帝尤嘉獎。由是禮文始備，質自爲序。禮畢，進封魯國公，質奉表固辭，不允。二年正月，罷爲太子太傅。九月，卒，年五十四。將終，戒其子旻勿請謚，勿刻墓碑。太祖聞之，爲悲惋罷朝。贈中書令，賵絹五百匹、粟麥各百石。

質力學強記，性明悟。舉進士時，和凝以翰林學士典貢部，覽質所試文字，重之，自以登第名在十三，亦以其數處之。貢闈中謂之「傳衣鉢」。其後質登相位，爲太子太傅，封魯國公，皆與凝同云。初，質旣登朝，猶手不釋卷，人或勞之，質曰：「有善相者，謂我異日位宰輔。誠如其言，不學何術以處之。」後從世宗征淮南，詔令多出其手，吳中文士莫不驚伏。

質每下制敕，未嘗破律，命刺史縣令，必以戶口版籍爲急。朝廷遣使視民田，按獄訟，皆延見，爲述天子憂勤之意，然後遣之。

世宗初征淮南，駐壽、濠，銳意攻取，且議行幸揚州。質以師老，與王溥泣諫乃止。及再駕揚州，因事怒竇儀，罪在不測。質入謁請見，世宗意其救儀，起避之。質趨前曰：「儀近臣也，過小不當誅。」因免冠叩頭泣下，曰：「臣備位宰相，豈可使人主暴怒，致近臣於死地耶？願寬儀罪。」世宗意遂解，復坐，卽遣赦儀。

質性卞急，好面折人。以廉介自持，未嘗受四方饋遺，前後所得祿賜多給孤遺。閨門之中，食不異品。身沒，家無餘貲。太祖因論輔相，謂侍臣曰：「朕聞范質止有居第，不事生產，眞宰相也。」太宗亦嘗稱之曰：「宰輔中能循規矩、愼名器、持廉節，無出質右者，但欠世宗一死，爲可惜爾。」從子校書郎杲求奏遷秩，質作詩曉之，時人傳誦以爲勸戒。有集三十卷，又述朱梁至周五代爲通錄六十五卷，行于世。子旻。

旻字貴參，十歲能屬文。以父任右千牛備身、太子司議郎，累遷著作佐郎。宋初，爲度支員外郎、判大理正事，俄知開封縣。太宗時領京尹，數召與語，頗器重之。嶺南平，遷知邕州兼水陸轉運使。俗好淫祀，輕醫藥，重鬼神，旻下令禁之。且割已

奉市藥以給病者，愈者千計，復以方書刻石置廳壁，民感化之。會南漢知廣州官鄧存忠㧞土人二萬衆，攻州城七十餘日。旻屢出親戰，矢集於胸，猶激勵將卒殊死戰，賊遂少却。病創日篤，堅壁固守，遣使十五輩求援。廣州救兵至，圍解，賜璽書獎之。旻病甚，詔令有司以肩輿載歸闕下。疾愈，通判鎭州，有能聲，賜錢二百萬，遷庫部員外郎。

開寶九年，知淮南轉運事。太祖謂旻曰：「朕今委卿以方面之重，凡除民隱、急軍須之務，悉以便宜從事，無庸一一中覆也。」歲運米百餘萬石給京師，當時稱有心計。

太平興國初，召爲水部郎中。錢俶獻地，以旻爲考功郎中，權知兩浙諸州軍事。旻上言：「俶在國日，徭賦繁苛，凡薪粒、蔬菓、箕帚之屬悉收算。欲盡釋不取，以蠲其弊。」從之。車駕征晉陽，上書求從，召爲右諫議大夫、三司副使，判行在三司，又兼吏部選事。師還，加給事中。坐受人請求擅市竹木入官，爲王仁贍所發，貶房州司戶。語在仁贍傳。量移唐州。六年，卒，年四十六。有集二十卷、邕管記三卷。其後子貽孫上言，詔復舊官。貽孫官至主客員外郎。

昺字師回，父正，青州從事。昺少孤，質視如己子。刻志於學，與姑臧李均、汾陽郭昱齊名，爲文深僻難曉，後生多慕效之。以蔭補太廟齋郎，再遷國子四門博士。

嘗攜文謁陶穀、竇儀，咸大稱賞，謂昺曰：「若舉進士，當待汝以甲科。」及秋試，有上書言伐閱之家不當與寒士爭科第，昺遂不應舉。稍遷著作佐郎，出爲許、鄧二州從事，坐事免。太平興國初，遷著作郎、直史館，歷右拾遺、左補闕。雍熙二年，同知貢舉。俄上書自言其才比東方朔，求顯用，以觀其效。太宗壯之，擢知制誥。

昺家貧，貸人錢數百萬。母兄晞性嗇，嘗爲興元少尹，居京兆，殖貨鉅萬。親故有自長安來者，紿昺曰：「少尹不復靳財物，已揮金無算矣。」昺聞之喜，因上言兄老，求典京兆以便養。太宗從其請。改工部郎中，罷知制誥。昺既至，而晞客如故，且常以不法事干公府。昺大悔。昺視事踰年，境內不治。會賊帥劉渥剽掠屬縣，吏卒解散，遂驚悸成疾。

移知壽州，上言：「家世史官，願秉直筆，成國朝大典。」召爲史館修撰，固求掌誥詞，帝從之。時翰林學士宋白左遷鄜州，賈黃中、李沆參知政事，蘇易簡轉承旨，昺連致書相府，求爲學士，且言於宰相李昉曰：「先公嘗授以制誥一編，謂昺才堪此職。」因出示昉，昉屢開解之。未幾，太宗飛白書「玉堂」額以賜翰林，昺又上玉堂記，因請備職。太宗惡其躁競，改右諫議大夫、知濠州，復召爲史館修撰。

初，太宗以太祖朝典策未備，乃議召昺。昺聞命喜甚，以爲將加優擢，晨夜趣進。至宋州，遇朗州通判錢熙，昺問以「朝議將任僕何官」，熙言：「重修太祖實錄爾。」昺默然久之。

感疾，至京師，旬月卒，年五十六。太宗閔之，錄其二子。

昺性虛誕，與人交，好面譽背非，惟與柳開善，更相引重，始終無間。不善治生，家益貧，昺端坐終日，不知計所出，人皆笑之。子坦亦登進士第。

王溥字齊物，幷州祁人。

父祚，爲郡小吏，有心計，從晉祖入洛，掌鹽鐵案，以母老解職歸。漢祖鎭幷門，統營兵拒契丹，委祚經度芻粟；卽位，擢爲三司副使。歷周爲隨州刺史。漢法禁牛革，輦送京師，遇暑雨多腐壞，祚請班鎧甲之式於諸州，令裁之以輸，民甚便之。移刺商州，以奉錢募人開大秦山岩梯路，行旅感其惠。顯德初，置華州節度，以祚爲刺史。未幾，改鎭潁州。均部內租稅，補實流徙，以出舊籍。州境舊有通商渠，距淮三百里，歲久湮塞，祚疏導之，遂通舟楫，郡無水患。歷鄭州團練使。宋初，升宿州爲防禦，以祚爲使。課民鑿井修火備，築城北隄以禦水災。因求致政，至闕下，拜左領軍衞上將軍，致仕。

溥，漢乾祐中舉進士甲科，爲秘書郎。時李守貞據河中，趙思綰反京兆，王景崇反鳳翔，周祖將兵討之，辟溥爲從事。河中平，得賊中文書，多朝貴及藩鎭相交結語。周祖籍其

名，將按之，溥諫曰：「魑魅之形，伺夜而出，日月既照，氛沴自消。願一切焚之，以安反側。」周祖從之。師還，遷太常丞。從周祖鎭鄴。廣順初，授左諫議大夫、樞密直學士。二年，遷中書舍人、翰林學士。三年，加戶部侍郎，改端明殿學士。周祖疾革，召學士草制，以溥爲中書侍郎、平章事。宣制畢，周祖曰：「吾無憂矣。」卽日崩。

世宗將親征澤、潞，馮道力諫止，溥獨贊成之。凱還，加兼禮部尚書，監修國史。世宗嘗從容問溥曰：「漢相李崧以蠟書與契丹，猶有記其詞者，信有之耶？」溥曰：「崧爲大臣，設有此謀，肯輕示外人？蓋蘇逢吉誣之耳。」世宗始悟，詔贈其官。世宗將討秦、鳳，求帥於溥，溥薦向拱。事平，世宗因宴酌酒賜溥曰：「爲吾擇帥成邊功者，卿也。」從平壽春，制加階爵。顯德四年，丁外艱。起復，表四上，乞終喪。世宗大怒，宰相范質奏解之，溥懼入謝。六年夏，命參知樞密院事。

恭帝嗣位，加右僕射。是冬，表請修世宗實錄，遂奏史館修撰、都官郎中、知制誥扈蒙，右司員外郎、知制誥張淡，左拾遺王格，直史館、左拾遺董淳，同加修纂，從之。

宋初，進位司空，罷參知樞密院。乾德二年，罷爲太子太保。舊制，一品班於臺省之後，太祖因見溥，謂左右曰：「溥舊相，當寵異之。」卽令分臺省班於東西，遂爲定制。五年，丁內艱。服闋，加太子太傅。開寶二年，遷太子太師。中謝日，太祖顧左右曰：「溥十年作相，三

二十四史

遷一品，福履之盛，近世未見其比。」太平興國初，封祁國公。七年八月，卒，年六十一。輟朝二日，贈侍中，謚文獻。

溥性寬厚，美風度，好汲引後進，其所薦至顯位者甚衆。頗吝嗇。祚頻領牧守，能殖貨，所至有田宅，家累萬金。

溥在相位，祚以宿州防禦使家居，每公卿至，必首謁。祚置酒上壽，溥朝服趨侍左右，坐客不安席，輒引避。祚曰：「此豚犬爾，勿煩諸君起。」溥諷祚求致政，祚意朝廷未之許也，既得請，祚大罵溥曰：「我筋力未衰，汝欲自固名位，而幽囚我。」舉大梃將擊之，親戚勸諭乃止。

溥好學，手不釋卷，嘗集蘇冕會要及崔鉉續會要，補其闕漏，爲百卷，曰唐會要。又采朱梁至周爲三十卷，曰五代會要。有集二十卷。

子貽孫、貽正、貽慶、貽序。貽正至國子博士。貽慶比部郎中。貽序，景德二年進士，後改名貽矩，至司封員外郎。貽正子克明，尙太宗女鄭國長公主，改名貽永，令與其父同行。見外戚傳。

貽孫字象賢，少隨周祖典商、潁二州，署衙內都指揮使。顯德中，以父在中書，改朝散大夫、著作佐郎。宋初，遷金部員外郎，賜紫，累遷右司郎中。淳化中，卒。太祖平吳、蜀，所獲

文史副本分賜大臣。溥好聚書，至萬餘卷，貽孫遍覽之；又多藏法書名畫。太祖嘗問趙普，拜禮何以男子跪而婦人否，普問禮官，不能對。貽孫曰：「古詩云『長跪問故夫』，是婦人亦跪也。唐太后朝婦人始拜而不跪。」普問所出，對云：「大和中，有幽州從事張建章著渤海國記，備言其事。」普大稱賞之。端拱中，右僕射李昉求郡省百官集議舊儀，貽孫具以對，事見禮志，時論許其諳練云。

魏仁浦字道濟，衞州汲人。幼孤貧，母爲假黃縑製暑服，仁浦年十三，嘆曰：「爲人子不克供養，乃使慈母求貸以衣我，我能安乎！」因慷慨泣下。辭母詣洛陽，濟河沉衣中流，誓曰：「不貴達，不復渡此！」晉末，隸樞密院爲小史，任職端謹，儕輩不能及。契丹入中原，仁浦隨衆北遷。會契丹主殂于眞定，仁浦得脫歸。魏帥杜重威素知仁浦謹厚，善書計，欲留補牙職。仁浦以重威降將，不願事之，遂遁去。重威遣騎追之，不及。漢祖起太原，次鞏縣，仁浦迎謁道左，卽補舊職。

時周祖掌樞密，召仁浦問闕下兵數，仁浦悉能記之，手疏六萬人。周祖喜曰：「天下事不足憂也。」遷兵房主事，從周祖鎭鄴。

乾祐末，隱帝用武德使李鄴等謀，誅大臣楊邠、史弘肇等，密詔澶帥李洪義殺騎將王殷，令郭崇害周祖。洪義知事不濟，與殷謀，遣副使陳光穗齎詔示周祖。周祖懼，召仁浦入計，且示以詔曰：「朝廷將殺我，我死不懼，獨不念麾下將士乎？」仁浦曰：「侍中握強兵臨重鎭，有功朝廷，君上信讒，圖害忠良，雖欲剖心自明，奚可得也，事將奈何。今詔始下，外無知者，莫若易詔以盡誅將士爲名，激其怒心，非徒自免，亦可爲楊、史雪寃。」周祖納其言，倒用留守印，易詔書以示諸將。衆懼且怒，遂長驅渡河。及卽位，以仁浦爲樞密副承旨，俄遷右羽林將軍，充承旨。

周祖嘗問仁浦諸州屯兵之數及將校名氏，令檢簿視之。仁浦曰：「臣能記之。」遂手疏於紙，校簿無差，周祖尤倚重焉。廣順末，太原劉崇寇晉州，仁浦居母喪，而宅邇宮城，周祖步登寬仁門，密遣小黃門召仁浦計事。明日，起復舊職。周祖大漸，謂世宗曰：「李洪義長與節鎭，魏仁浦無遣違禁密。」

世宗卽位，授右監門衞大將軍、樞密副使。從征高平，周師不利，東偏已潰，仁浦勸世宗出陣西殊死戰，遂克之。師還，拜檢校太保、樞密使。故事，惟宰相生辰賜器幣鞍馬，世宗特以賜仁浦。從平壽春，加檢校太傅，進爵邑，遷中書侍郎、平章事、集賢殿大學士兼樞密使。世宗欲命仁浦爲相，議者以其不由科第，世宗曰：「古人爲宰相者，豈盡由科第耶？」

遂決意用之。恭帝嗣位，加刑部尙書。

宋初，進位右僕射，以疾在告。太祖幸其第，賜黃金器二百兩、錢二百萬。再上表乞骸骨，不許。乾德初，罷守本官。開寶二年春宴，太祖笑謂仁浦曰：「何不勸我一杯酒？」仁浦奉觴上壽，帝密謂之曰：「朕欲親征太原，如何？」仁浦曰：「欲速不達，惟陛下愼之。」宴罷，就第，復賜上尊酒十石、御膳羊百口。從征太原，中途遇疾。還，至梁侯驛卒，年五十九，贈侍中。

仁浦性寬厚，接士大夫有禮，務以德報怨。漢乾祐中，有鄭元昭者，開封浚儀人，爲安邑、解縣兩池榷鹽使，遷解州刺史。會詔以仁浦婦翁李温玉爲榷鹽使管兩池，元昭不得專其利。仁浦方爲樞密院主事，元昭意仁浦必庇温玉，會李守貞以河中叛〔一〕，温玉子在城中，元昭卽繫温玉以變聞。時周祖總樞務，知其有間，置而不問。顯德中，仁浦爲樞密使，元昭不自安。及代歸闕，道洛都，以情告仁浦弟仁滌，仁滌曰：「公第去，可無憂。我兄素寬仁有度，雖公事不欲傷於人，豈念私隙乎？」元昭至京師，仁浦果不介意，白周祖授元昭慶州刺史。漢隱帝寵作坊使賈延徽，延徽與仁浦並居，欲併其第，屢譖仁浦，幾至不測。及周祖入汴，有擒延徽授仁浦者，仁浦謝曰：「因兵戈以報怨，不忍爲也。」力保全之。當時稱其長者。世宗朝近侍有忤上至死者，仁浦力救之，全活者衆。淮南之役，獲賊兵數千人，仁浦

中華書局

從容上言，俾隸諸軍，軍中無濫殺者。景德四年，其子咸信請謚曰宣懿。

子咸美、咸熙、咸信。咸美以左司禦率府率致仕。咸熙性仁孝，嘗會賓客，家童數輩覆案碎器，客皆驚愕，咸熙色不變，止令吏設饌具。其寬厚若此。以父任，累遷屯田郎中，後至太僕少卿。卒年四十九。子昭慶駕部員外郎，昭文西染院使，昭素供奉官、閤門祇候。

咸信字國寶，建隆初，授朝散大夫、太子右坊通事舍人，改供奉官。初，太祖在潛邸，昭憲太后嘗至仁浦第，咸信方幼，侍母側，儼如成人。太后奇之，欲結姻好。開寶中，太宗尹京，成昭憲之意，延見咸信於便殿，命與御帶党進等較射，稱善。遂選尚永慶公主，授右衞將軍、駙馬都尉。踰年，出領吉州刺史。太平興國初，眞拜本州防禦使。四年，詔用奉外賜錢十萬。五年，坐遣親吏市木西邊，矯制免所過稅算，罰一季奉。俄遷愼州觀察使。雍熙三年冬，契丹擾邊，王師出討，悉命諸主壻鎭要地，王承衍知大名，石保吉知河陽，咸信知澶州。四年，本郡黃河淸，咸信以聞，詔褒答之。籍田畢，就拜彰德軍節度。八月，遣歸治所。淳化四年，河決澶淵，陷北城，再命知州事。太宗親諭方略，傳置而往。時遣閤承翰修

河橋，咸信請及流水未下造舟爲便，承翰入奏：「方多雖成，請權罷其役。」咸信因其去，乃集工成之。奏至，上大悅。河平，遣還役兵。俄詔留築隄，咸信以爲天寒地涸，無決溢之患，復奏罷之。

眞宗卽位，改定國軍節度。咸平中，大閱東郊，以爲舊城內都巡檢。車駕北征，爲貝冀路行營都統署，詔督師。至貝州，敵人退，召還行在所。景德初，從幸澶州，石保吉與李繼隆爲排陣使。契丹請和，帝置酒行宮，面賞繼隆、保吉，咸信避席，自愧無功，上笑而撫慰之。二年，改武成軍節度，知曹州。秋霖積潦，咸信決廣濟河隄以導之，民田無害。扈駕朝陵還，上言先墳在洛，欲立碑，求泣盟津，以便其事，卽改知河陽。大中祥符初，從東封，加檢校太尉。將祀汾陰，命知澶州，令入內副都知張繼能諭旨。移領忠武軍節度。

未幾召還，年已昏眊，見上，希旨求寵渥。七年，表乞任用，上出示中書向敏中曰：「咸信聯榮戚里，位居節制，復何望耶？」是多，以新建南京，獎太祖舊臣，加同平章事。俄判天雄軍。天禧初，改陝州大都督府長史、保平軍節度。有感風疾苦，歸。眞宗嘗謂宰相曰：「咸信老病，諸子不克承順，身後復能保守其家業耶？」未幾卒，年六十九，贈中書令。錄其諸子孫姪，遷官者七人。

咸信頗知書，善待士，然性吝嗇利，仁浦所營邸舍悉擅有之。既卒，爲諸姪所訟，時人恥之。

子昭易、昭亮、昭侃。昭易西京作坊使，知隰州。昭侃改名昭昞，爲崇儀使。

昭亮字克明，公主所生。幼未名，太宗召入禁中，命賦賞花詩，詩成上之，太宗大悅，酌以上尊酒，命筆題「從訓」、「昭亮」二名，令自擇之。拜如京副使，遷如京、洛苑使，掌翰林司。丁公主憂，起復，授六宅使，領富州刺史，遷內藏庫副使。未幾，拜西上閤門使，進秩東上。上言閤門舊儀制未當，乃詔龍圖閣學士陳彭年、待制張知白、引進使白文肇與昭亮同加詳定，旣成，賜白金千兩。又建議設儀石於內殿，加領恩州團練使。時咸信在大名，屬生日，命昭亮就賜禮物。是日，告命至，軍府榮之。父卒，遷四方館使，仍兼掌客省，多糾羣官之失儀者。昭亮多病在告，詔給其奉。天禧二年，卒。

昭亮未死日，數遣人入謁，求進用，加兼端州防禦使。未及拜命，死，仍以制書賜其家，贈貝州觀察使。以弟昭侃爲供備庫使，子餘慶爲內殿崇班。

昭亮與陳彭年款昵，彭年嘗稱其才。昭亮居官務皦察，多遣人偵伺僚輩，樞密承旨尹德潤嘗少之。會閤門副使焦守節、內殿崇班郭盛以役卒與德潤治第，昭亮廉知發其事，皆坐黜削。李維卽王曾妻之叔父，同在翰林，曾受詔試舉人，以家事屬維。昭亮意曾受祈請，

奏其竊語。遣中使參問無他狀，曾始得釋。昭亮陰險多此類，時人惡之。餘慶改名咸德，爲供備庫副使。

贊曰：五季至周之世宗，天下將定之時也。范質、王溥、魏仁浦，世宗之所拔擢，而皆有宰相之器焉。宋祖受命，遂爲佐命元臣，天之所置，果非人之所能測歟。質以儒者曉暢軍事，及其爲相，廉愼守法。溥刀筆家子，而好學終始不倦。仁浦嘗爲小史，而與溥皆以寬厚長者著稱，豈非絕人之資乎。質臨終，戒其後勿請謚立碑，自悔深矣。太宗評質惜其欠世宗一死。嗚呼，春秋之法責備賢者，質可得免乎！

校勘記

〔一〕會李守貞以河中叛　「李守貞」原作「李守眞」，據本卷王溥傳、東都事略卷一八魏仁浦傳、舊五代史卷一〇九本傳改。

中華書局

宋史卷二百五十

列傳第九

石守信 子保興 保吉 孫元孫　王審琦 子承衍 承衎 孫克臣等
高懷德　韓重贇 子崇訓 崇業　張令鐸　羅彥瓌　王彥昇

石守信，開封浚儀人。事周祖，得隸帳下。廣順初，累遷親衞都虞候。從世宗征晉陽，遇敵高平，力戰，遷親衞左第一軍都校。師還，遷鐵騎左右都校。從征淮南，爲先鋒，下六合，入渦口，克揚州，遂領嘉州防禦使，充鐵騎、控鶴四廂都指揮使。從征關南，爲陸路副都部署，以功遷殿前都虞候，轉都指揮使、領洪州防禦使。恭帝卽位，加領義成軍節度。

太祖卽位，遷侍衞馬步軍副都指揮使，改領歸德軍節度。李筠叛，守信與高懷德率前軍進討，破筠衆于長平，斬首三千級。又敗其衆三萬于澤州，獲僞河陽節度范守圖，降太原援軍數千，皆殺之。澤、潞平，以功加同平章事。李重進反揚州，以守信爲行營都部署兼知

揚州行府事。帝親征至大儀頓，守信馳奏：「城破在朝夕，大駕親臨，一鼓可平。」帝亟赴之，果克其城。建隆二年，移鎭鄆州，兼侍衞親軍馬步軍都指揮使，詔賜本州宅一區。

乾德初，帝因晚朝與守信等飲酒，酒酣，帝曰：「我非爾曹不及此，然吾爲天子，殊不若爲節度使之樂，吾終夕未嘗安枕而臥。」守信等頓首曰：「今天命已定，誰復敢有異心，陛下何爲出此言耶？」帝曰：「人孰不欲富貴，一旦有以黃袍加汝之身，雖欲不爲，其可得乎。」守信等謝曰：「臣愚不及此，惟陛下哀矜之。」帝曰：「人生駒過隙爾，不如多積金、市田宅以遺子孫，歌兒舞女以終天年。君臣之間無所猜嫌，不亦善乎。」守信謝曰：「陛下念及此，所謂生死而肉骨也。」明日，皆稱病，乞解兵權，帝從之，皆以散官就第，賞賚甚厚。

已而，太祖欲使符彥卿管軍，趙普屢諫，以爲彥卿名位已盛，不可復委以兵權，太祖不從。宣已出，普復懷之，太祖迎謂之曰：「豈非符彥卿事耶？」對曰：「非也。」因奏他事。既罷，乃出彥卿宣進之，太祖曰：「果然，宣何以復在卿所？」普曰：「臣託以處分之語有侏儒者，復留之。惟陛下深思利害，勿復悔。」太祖曰：「卿苦疑彥卿，何也？朕待彥卿厚，彥卿豈負朕耶。」普對曰：「陛下何以能負周世宗？」太祖默然，事遂中止。

開寶六年秋，加守信兼侍中。太平興國初，加兼中書令。二年，拜中書令，行河南尹，充西京留守。三年，加檢校太師。四年，從征范陽，督前軍失律，責授崇信軍節度、兼中書令，俄進封衞國公。七年，徙鎭陳州，復守中書令。九年，卒，年五十七，贈尙書令，追封威武郡王，謚武烈。

守信累任節鎭，專務聚斂，積財鉅萬。尤信奉釋氏，在西京建崇德寺，募民輦瓦木，驅迫甚急，而傭直不給，人多苦之。子保興、保吉。

保興字光裔，本名保正，太祖取興宗之義改之。建隆初，年十四，以蔭補供奉官。明年，遷尙食副使。太祖嘗召功臣子弟詢以時事，保興年最少，應對明白，太祖奇之，拜如京使。開寶中，領順州刺史。太宗征河東，爲御砦四面都巡檢。太平興國八年，出爲高陽關監軍。守信卒，起復，領本州團練使。雍熙初，契丹擾邊，與戴興、楊守一並爲澶州前軍駐泊。

李繼遷入鈔，徙銀、夏、綏、府都巡檢使。嘗巡按罨子砦，並黑水河，趣谷中，夏人知之，以數千騎據險，渡河求戰。保興所部不滿二千人，乃分短兵伏於河滸，俟其半渡，急擊之，斬首百餘級，追北數十里。優詔褒美。

端拱中，知平戎軍，徙莫州，俄爲西京都巡檢使。淳化五年，眞拜蘄州團練使，爲永興軍鈐轄，改夏、綏、麟、府州鈐轄。至道二年，徙延州都巡檢使兼署州事，改本路副都部署，

與范重召等五路討賊。有岌伽羅膩數族率衆來拒，保興選敢死士數百人銜枚夜擊，殲之。自是吳移、越移諸族歸降。還，至烏、白池，賊又爲方陣來拒。保興麾衆出入陣中，會乘馬中流矢，挺身持滿，易騎奮呼，且行且鬥，凡三日四十二戰，賊遂引去。

咸平二年，知威虜軍。會夏人入鈔，保興發官帑錢數萬緡分給戰士，主者固執不可。保興曰：「城危如此，安暇中覆，事定，覆而不允，願以家財償之。」夏人退，驛置以聞，眞宗貸而不問。

三年，就拜棣州防禦使。徙知邢州，改澶州。在郡頗峻刑罰，每捶人，令緩施其杖，移晷方畢。五年，以疾求歸京師。未幾卒，年五十八。子元孫。

保興世豪貴，累財鉅萬，悉爲季弟保從之子所廢。

保吉字祐之，初以蔭補天平軍衙內都指揮使。開寶四年，召見，賜襲衣、玉帶、金鞍勒馬。選尙太祖第二女延慶公主，拜左衞將軍、駙馬都尉，俄領愛州刺史。太平興國初，遷本州防禦使。五年，坐遣親吏市竹木秦、隴間，矯制渡關，爲王仁贍所發，罰一季奉。七年，改朔州觀察使。守信卒，起復，爲威塞軍節度。雍熙三年，出知河陽。四年，召入，復命知大名府兼兵馬都部署，連改橫海、安國二鎭節度。

眞宗卽位，加檢校太尉、保平軍節度。車駕北巡，命爲河北諸路行營都部署，屯定州。景德初，改武寧軍節度、同平章事。冬，幸澶淵，命與李繼隆分爲駕前東西面都排陣使，軍于北門外。遼騎數萬躁至城下，保吉不介馬而馳當其鋒，遼人引去。俄而請盟，錫宴射於行宮後苑。帝謂繼隆等曰：「自古北邊爲患，今其畏威服義，息戰安民，卿等力也。」保吉進曰：「臣受命禦患，上稟成算。至於布列行陣，指授方略，皆出於繼隆。」繼隆曰：「宣力用心，躬率將士，臣不及保吉。」帝曰：「卿等協和，共致太平，軍旅之事，朕復何憂。」歡甚，賜以襲衣、金帶、鞍勒馬。

二年，改鎭安軍節度。未幾，自治所來朝，願奉朝請，從之。四年，部民上治狀，乞還鎭所，詔獎諭之，仍從其請。大中祥符初，從東封，攝司徒，封祀壇奉俎，加檢校太師還鎭。多，公主疾，詔歸視，主薨。明年，保吉卒，年五十七，贈中書令，謚莊武。

保吉姿貌瓌碩，頗有武幹。累世將相，家多財，所在有邸舍、別墅，雖饌品亦飾以綵繢。好治生射利，性尤驕倨，所至峻暴好殺，待屬吏不以禮。鎭大名也，葉齊、查道皆知名士，嘗械以運糧。初，程能爲京西轉運，保吉託治其私負，能不從。至是，其子宿爲屬邑吏，將辱之，會有辟召乃止。又染家貸錢，息不盡入，質其女，其父上訴，眞宗亟命遣還。嘗有僕侵盜私積，不時求對，懇請配隸，帝曰：「是有常法，不可。」保吉請不已，帝戒勗之。

善弋獵，畜鷙禽獸數百，令官健羅鳥雀飼之，人有規勸者輒怒之。在陳州，盛飾廨舍以迓貴主。因完葺城壘，疏牖于上，以瞰衢路，如箭窗狀。未嘗上聞，賓佐諫之不聽，頗涉衆議。初，守信鎭陳，五十七年卒，及保吉繼是鎭，壽亦止是，談者異之。保吉子貽孫，任崇儀使、帶御器械，坐事免官。孝孫，西京左藏庫使。

元孫字善良〔一〕，始名慶孫，避章獻太后祖諱易之。以守信蔭爲東頭供奉官、閤門祗候，累遷如京副使。

仁宗卽位，改文思副使、勾當法酒庫。吏盜酒，坐失察，追二官，復如京副使。爲澶州巡檢，徙知莫州，有治迹，以禮賓使再任。又徙保州，領康州刺史，兼廣信、安肅軍緣邊都巡檢。時開屯田，鑿塘水，有訟元孫擅污民田者，遣官按視，訟者以誣服，卽賜白金五百兩，詔褒諭之。再遷西上閤門使、并代州兵馬鈐轄，歷侍衞親軍步軍殿前都虞候、鄜延副都總管、緣邊安撫使，遷邕州觀察使。

康定初，夏人寇延州，元孫與戰于三川口，軍敗見執。傳者以爲已死，贈忠正軍〔二〕節度使兼太傅，錄其子孫七人。及元昊納款，縱元孫歸。諫官御史奏：元孫軍敗不死，辱國，請斬塞下。賈昌朝獨言曰：「在春秋時，晉獲楚將穀臣，楚獲晉將知罃，亦還其國不誅。」因入

對，探袖出魏志于禁傳以奏曰：「前代將臣敗覆而還，多不加罪。」帝乃貸元孫，安置全州。以升祔赦，內徙襄州。侍御史劉湜言：「元孫失軍辱命，朝廷貸而不誅，若例從量移，無以勸用命之士。」元孫遂不徙。後徙許州，還京師卒。

王審琦字仲寶，其先遼西人，後徙家洛陽。漢乾祐初，隸周祖帳下，性純謹，甚親任之。從平李守貞，以功署廳直左番副將。廣順中，歷東西班行首、內殿直都知、鐵騎指揮使，從世宗征劉崇，力戰有功，還東西班都虞候，改鐵騎都虞候，轉本軍右第二軍都校。世宗召禁軍諸校宴射苑中，審琦連中的，世宗嘉之，賞賚有加。俄領勤州刺史。

親征淮南，舒州堅壁未下，詔以郭令圖領刺史，命審琦及司超以精騎攻其城，一夕拔之，擒其刺史，獲鎧仗軍儲數十萬計。令圖既入城，審琦等遂救黃州，數日，令圖爲舒人所逐。審琦選輕騎銜枚夜發，信宿至城下，大敗舒人，令圖得復還治所。世宗嘉之，授散員都指揮使。又破南唐軍于紫金山，先登，中流矢，轉控鶴右廂都校、領虔州團練使。世宗圍濠州，審琦率敢死士數千人拔其水砦，奪月城，濠州遂降。及攻楚州，爲南面巡檢，城將陷，審琦意淮人必遁，設伏待之。少頃，城中兵果鑿南門而潰，伏兵擊之，斬數千級，繫五千餘

人，獻于行在，賜名馬、玉帶、錦綵數百匹。淮南平，改鐵騎右廂都校。又從平瓦橋關。恭帝卽位，遷殿前都虞候、領睦州防禦使。

宋初，擢爲殿前都指揮使、領泰寧軍節度。從征李筠，爲御營前洞屋都部署，爲飛石所傷，車駕臨視。澤、潞平，改領武成軍節度。李重進叛，副石守信爲前軍部署討之。

建隆二年，出爲忠正軍〔三〕節度。在鎭八年，爲政寬簡。所部邑令以罪停其錄事吏，幕僚白令不先咨府，請按之。審琦曰：「五代以來，諸侯強橫，令宰不得專縣事。今天下治平，我忝守藩維，而部內宰能斥去黠吏，誠可嘉爾，何按之有？」聞者歎服。

開寶二年，從征太原，爲御營四面都巡檢。三年，改鎭許州，賜甲第，留京師。太祖嘗召審琦宴射苑中，連中的，賜御馬、黃金鞍勒。六年，與高懷德並加同平章事。七年，卒，年五十。

初，審琦暴疾，不能語，帝親臨視，及卒，又幸其第，哭之慟。賜中書令，追封琅琊郡王，賻贈加等。葬日，又爲廢朝。

審琦重厚有方略，尤善騎射。鎭壽春，歲得租課，量入爲出，未嘗有所誅求。素不能飲，嘗侍宴，太祖酒酣仰祝曰：「酒，天之美祿；審琦，朕布衣交也。方與朕共享富貴，何靳之不令飲邪？」祝畢，顧謂審琦曰：「天必賜卿酒量，試飲之，勿憚也。」審琦受詔，飲十杯無

苦。自此侍宴常引滿，及歸私家即不能飲，或強飲輒病。

子承衍、承衎、承德、承祐、承俊、承偓、承僎、承僅、承休。承德西上閤門使、會州刺史，承祐至如京使，承俊、承僎至內殿崇班，承偓至閤門祗候，承僅至左神武將軍致仕，承休至內殿承制。

承衍字希甫，幼端謹，審琦鎮兗、滑、壽春[四]，皆署以牙職。開寶初，補內殿供奉官都知。三年，尚太祖女昭慶公主，授右衞將軍、駙馬都尉，仍充都知。踰年，領恩州刺史，加本州防禦使。太平興國初，遷應州觀察使。二年春，太宗幸其第，賜宴，承衍以金器、名馬爲壽，詔賜銀萬兩、錦綵五千匹。三年，加檢校太保。坐市竹木秦、隴，矯制免稅算，罰一季奉。七年，授彰國軍節度。

雍熙中，出知天雄軍府兼都部署。時契丹擾鎮陽，候騎至冀州，去魏二百餘里。鄰境戒嚴，城中大恐，屬上元節，承衍下令市中及佛寺然燈設樂，與賓佐宴遊達旦，人賴以安。明年召還，復爲貝冀都部署。端拱初，換永清軍節度，再知天雄軍。吏民千餘詣監軍，請爲本道節帥，詔褒之。

眞宗卽位，改河中尹、護國軍節度，加檢校太尉。咸平六年，以疾求罷節鉞，三抗表不

許。帝自臨問，至臥內慰勉久之，賜予甚厚，擇尚醫數人迭宿其第。卒，年五十二。車駕親臨，贈中書令，給鹵簿葬，謚恭肅。其後公主請置守冢五戶，從之。

承衍善騎射，曉音律，頗涉學藝，好吟詠。以功臣子尚主貴顯，擁富貲，自奉甚厚。

子世安、世隆、世雄、世融。世安至崇儀副使、通事舍人。世隆字本支，以公主子爲如京副使，歷洛苑、六宅二使，領平州刺史。性驕恣，每坐諸叔之上，人皆嗤之。景德初卒，特贈泰州防禦使。召見其三子，賜名克基、克緒、克忠，皆面授供奉官。世雄至內殿崇班。世融爲內殿承制。世安子克正殿中丞。克基、克忠並爲西染院副使兼閤門通事舍人。克緒至內殿承制。世隆幼子克明爲西上閤門副使。

承衎字希悅，開寶中，授閑廐使，面賜紫袍、金帶，纔十二歲。太平興國中，出監徐州軍，又爲西京水南巡檢使，改如京使。表求治郡自效，命知潭州，遷六宅使、領昭州刺史，俄知澶州，加莊宅使。咸平中，兩賜川峽傳詔，慰撫官吏，經略蠻洞。連知延、代、并三州，皆兼兵馬鈐轄，改尚食使。鳳翔張雍病，命承衎代之，徙涇州，授西上閤門使，改領永州刺史。景德中，眞宗以天水近邊，蕃漢雜處，擇守臣撫治，擢承衎知秦州，徙知天雄軍。大中祥符初，進秩東上閤門使。承衎病足，在大名不能騎，政多廢弛，及代，賜告家居，表求解職，不

允。以久不朝請，求近郡，改左武衞大將軍，知壽州。二年，卒，年四十九。詔遣其弟承僎馳往護喪。

承衎頗涉學，喜爲詩，所至爲一集。曉音律，多與士大夫遊，意豁如也。初，審琦鎮壽春，承衎生于郡廨，至卒亦於其地，人咸異之。

子世京爲閤門祗候，世文內殿崇班。

克臣字子難。祖承衍尚秦國賢穆公主。克臣第景祐進士，仁宗閱其文，顧侍臣曰：「賢穆有孫登科，可喜也。」仕累通判壽州。鼓角卒夜入州廨，擊郡將，既就擒，而監兵使所部被甲操刃立庭中，官吏駭觀。克臣徐言曰：「此不過爲盜耳。」立遣甲者去，戒兇卒勿妄引他人，衆讙服。是日天貺節，率掾屬朝謁如常儀，人賴以安，猶坐貶監潭州稅。

熙寧中，爲開封、度支二判官，遷鹽鐵副使。時鄭俠以上書竄嶺表，克臣嘗薦俠，且餽之白金，又坐奪官。復爲戶部副使，以集賢殿修撰知鄆州。京東多盜，克臣請以便宜處決，遂下諸郡使械送尤桀者斬以徇，盜爲少衰。河決曹村，克臣亟築隄城下，或曰：「河決澶淵，去鄆爲遠，且州徙於高，八十年不知有水患，安事此。」克臣不聽，役愈急，隄成，水大至，不沒者才尺餘。復起甬道，屬之東平王陵埽，人得趨以避水。事寧，皆繪像祀之。

進天章閣待制，徙知瀛州。有告外間入境，密旨趣具獄，株連甚衆，克臣陰緩之，已而得爲間者於他道。徙知太原。王中正西討罔功，而誣克臣姑息士卒，使無鬭志，黜爲單州。明年，拜工部侍郎。至是，神宗幸尚書省，至部舍止輦，獎其治力，以爲雖少者不及。顧其子駙馬都尉師約使入覲。元祐四年，以龍圖閣直學士、太中大夫卒，年七十六。

師約字君授，少習進士業。英宗欲求儒生爲主壻，命宰相召克臣諭旨，令師約持所爲文至第。明日，獻賦一編，卽坐中賦大人繼明詩，遂賜對，選爲駙馬都尉，尚徐國公主。授左衞將軍，面賜玉帶。又賜九經、筆硯，勉之進學。

神宗卽位，拜嘉州刺史，遷成州團練使。國朝故事主壻未嘗居職，帝始令師約同管當三班院，試其才。明年，主就館乃罷，遷汝州防禦使。始制駙馬都尉七年考績法。轉晉州觀察使。

哲宗立，遷鎮安軍節度觀察留後。宣仁后臨朝，師約屢上書言事。元符初，議者以爲職不當上言，褫其秩。徽宗卽位，乃復保平軍留後，又爲樞密都承旨，未幾復罷。崇寧元年，卒，年五十九。

師約善射，嘗陪遼使燕射玉津園，一發中鵠，發必破的，屢受金帶及鞍勒馬之賜。

子琭，主所生，至閬州觀察使。

高懷德字藏用，眞定常山人，周天平節度齊王行周之子。懷德忠厚倜儻，有武勇。行周歷延、潞二鎭及留守洛都，節制宋、亳，皆署以牙職。晉開運初，遼人侵邊，以行周爲北面前軍都部署。懷德始冠，白行周願從北征。行周壯之，許其行，至戚城遇遼軍，被圍數重，援兵不至，危甚。懷德左右射，縱橫馳突，衆皆披靡，挾父而出。以功領羅州刺史，賜珍裘、寶帶、名馬以寵異之。及行周移鎭鄆州，改集州刺史，仍領牙校。又遷信州刺史，從行周再鎭宋州。

晉末，契丹南侵，以行周爲邢趙路都部署禦之，留懷德守睢陽。會杜重威降契丹，京東諸州羣盜大起，懷德堅壁清野，敵不能入。行周率兵歸鎭，敵遂解去。漢初，行周移鎭魏博，及再領天平，以懷德爲忠州刺史領職如故。周祖征慕容彥超，還過汶上，寵賜行周甚厚，并賜懷德衣帶、綵繒、鞍勒馬。

行周卒，召懷德爲東西班都指揮使、領吉州刺史，改鐵騎都指揮使。太原劉崇入寇，世宗討之，以懷德爲先鋒都虞候。高平克捷，以功遷鐵騎右廂都指揮使、領果州團練使。

從征淮南，知廬州行府事，充招安使。戰廬州城下，斬首七百餘級。尋遷龍捷左廂都指揮使、領岳州防禦使，賜駿馬七匹。南唐將劉仁贍據壽春，舒元據紫金山，置連珠砦爲援，以抗周師。世宗命懷德率帳下親信數十騎覘其營壘。懷德夜涉淮，遲明，賊始覺來戰，懷德以少擊衆，擒其裨將以還，悉偵知其形勢強弱，以白世宗。世宗大喜，賜襲衣、金帶、器幣、銀鞍勒馬。世宗一日因按轡淮壖以覘賊勢，見一將追擊賊衆，奪槊以還，令左右問之，乃懷德也。召至行在慰勞，許以節鉞。

世宗北征，命與韓通率兵先抵滄州。初得關南，又命副陳思讓爲雄州兵馬都部署，克瓦橋關，降姚內斌以歸。恭帝嗣位，擢爲侍衞馬軍都指揮使、領江寧軍節度〔五〕，又爲北面行營馬軍都指揮使。

太祖卽位，拜殿前副都點檢，移鎭滑州，充關南副都部署，尙宣祖女燕國長公主，加駙馬都尉。李筠叛上黨，帝將親征，先令懷德率所部與石守信進攻，破筠衆於澤州南。事平，以功遷忠武軍節度、檢校太尉。從平揚州。建隆二年，改歸德軍節度。開寶六年秋，加同平章事；冬，長公主薨，去駙馬都尉號。

太宗卽位，加兼侍中，又加檢校太師。太平興國三年春，被病，詔太醫王元佑、道士馬志就第療之。四年，從平太原，改鎭曹州，封冀國公。七年，改武勝軍節度。是年七月，卒，年

五十七，贈中書令，追封渤海郡王，諡武穆。

懷德將家子，練習戎事，不喜讀書，性簡率，不拘小節。善音律，自爲新聲，度曲極精妙。好射獵，嘗三五日露宿野次，獲狐兔累數百，或對客不揖而起，由別門引數十騎從禽於郊。

子處恭，歷莊宅使至右監門衞大將軍致仕。處俊至西京作坊使。

韓重贇，磁州武安人。少以武勇隸周太祖麾下。廣順初，補左班殿直副都知。從世宗戰高平，以功遷鐵騎指揮使。從征淮南，先登中流矢，轉都虞候。俄遷控鶴軍都指揮使、領虔州刺史。

宋初，以翊戴功，擢爲龍捷左廂都校、領永州防禦使。從征澤、潞還，命代張光翰爲侍衞馬步軍都指揮使、領江寧軍節度〔六〕。討李重進，爲行營馬步軍都虞候。建隆二年，改殿前都指揮使、領義成軍節度。三年，發京畿丁壯數千，築皇城東北隅，且令有司繪洛陽宮殿，按圖修之，命重贇董其役。乾德三年秋，河決澶州，命重贇督丁壯數十萬塞之。四年，太祖郊祀，以爲儀仗都部署。時有譖重贇私取親兵爲腹心者，太祖怒，欲誅之。

趙普諫曰：「親兵，陛下必不自將，須擇人付之。若重贇以讒誅，卽人人懼罪，誰復爲陛下將親兵者。」太祖納其言，重贇得不誅。後聞普嘗救己，卽詣普謝，普拒不見。

五年二月，出爲彰德軍節度。開寶二年，太祖征太原，過其郡，重贇迎謁於王橋頓，召赴燕飮。帝曰：「契丹知我是行，必率衆來援，彼意鎭、定無備，必由此路入。卿爲我領兵倍道兼行，出其不意，破之必矣。」乃命爲北面都部署。重贇令軍士銜枚夜發，果遇契丹兵于定州，見重贇旗幟，大駭欲引去，重贇乘之，大破其衆，獲馬數百匹。太祖大喜，優詔褒美。七年，卒，贈侍中。

重贇信奉釋氏，在安陽六七年，課民採木爲寺，郡內苦之。子崇訓、崇業。

重贇與張光翰、趙彥徽分領諸軍節度，嘉其翊戴功也。光翰，後唐山南節度使虔釗兄子，及卒，贈侍中。彥徽，眞定安喜人，與太祖同事世宗，太祖兄事之，及卒，贈侍中。

崇訓字知禮，乾德中，以蔭補供奉官，遷西京作坊副使，出爲澶州河南北都巡檢使。從太宗征河東，還，以貝、冀等州都巡檢使權知麟州。

雍熙中，李繼遷寇夏州，崇訓領兵赴援，大敗之。徙監夏州軍。歷知越、泉、登、莫四州，徙知威虜軍，改如京使。咸平初，出知石州。屬繼遷犯境，崇訓追襲之，至賀蘭山而還。

二年，再知麟州，又敗繼遷於城下。

崇訓由河西徙閩、越，再移北邊，凡二十五年，以勞擢西上閤門使、邠寧環慶清遠軍都巡檢使。徙鎭、定、高陽關行營鈐轄，屯鎭州，兼河北都轉運使事。契丹兵至方順河，將寇威虜軍，崇訓陳兵唐河，折其要路。敵遣別騎寇赤㟝驛，崇訓分兵擒戮之。既而值霖雨，敵兵饑乏不敢進，遂遁去。移并、代鈐轄，權知并州。從部署張進領兵由土門會大將王超，襲破契丹于定州。六年，授四方館使、樞密都承旨。又命爲鎭、定、高陽馬步軍都鈐轄，屯定州。

景德初，契丹入寇至唐河，崇訓陳兵河南。翌日，又與王超追襲至鎭州。既而都部署桑贊逗留不進，崇訓帥兵獨往。時車駕幸澶州，召崇訓，乃還。三年春，拜檢校太傅。大中祥符二年，授右龍武軍大將軍，領韶州防禦使〔七〕，以本官分司西京卒，年五十六。

崇訓爲人長厚謙畏，未嘗忤物。子允恭，禮賓副使，有謀略，好學，人以爲能世其家云。

崇業字繼源，以蔭補供奉官，選尙秦王廷美女雲陽公主，授左監門衞將軍、駙馬都尉。廷美得罪，降爲右千牛衞率府率，分司西京，俄削秩，去駙馬之號，從貶房陵。廷美卒，起爲

靜難軍行軍司馬。雍熙三年，授寧州刺史。公主卒，葬州境。眞宗初，始得入朝。咸平四年，改左屯衞大將軍、領高州團練使，追封公主爲虢國長公主。五年十月，卒，年四十一。

子允升爲內殿承制、閤門祗候。

張令鐸，棣州厭次人。少以勇力隸軍伍。後唐清泰中，補寧衞小校。晉初，改隸奉國軍。漢乾祐中，從周太祖平河中，以功遷奉國軍指揮使。廣順初，遷控鶴指揮使。累遷本軍左廂都指揮使、領虔州團練使。從世宗征淮南，移領虎捷左廂，加常州防禦使。再征壽春，命與龍捷右廂柴貴分爲京城左右廂巡檢。世宗將北征，命與韓通、高懷德領兵先赴滄州，又副韓令坤爲霸州部署，率兵戍守。恭帝卽位，授侍衞親軍步軍都指揮使、領武信軍節度使。令鐸本名鐸，以與河中張鐸同姓名，故賜今名。

宋初，遷馬步軍都虞候、領陳州節制。太祖征李筠，以令鐸爲東京舊城內都巡檢。建隆二年，出爲鎭寧軍節度。帝爲皇弟興元尹光美娶其第三女。開寶二年，來朝被病，車駕臨問，賜帛五千匹、銀五千兩，并賜其家人甚厚。明年春，卒於京師，年六十。帝甚悲悼，贈侍中。

令鐸性仁恕，嘗語人曰：「我從軍三十年，大小四十餘戰，多摧堅陷敵，未嘗妄殺一人。」及卒，人多惜之。

子守正，至內園使。守恩，淳化中，累至崇儀副使，稍遷崇儀使，領綿州刺史。景德初，知原州，就加西上閤門使、知泰州，卒。錄其子奉禮郎永安爲大理評事，後至殿中丞。

羅彥瓌，并州太原人。父全德，晉泌州刺史，彥瓌得補內殿直。少帝在澶州，欲命使宣慰大名府，時河北契丹騎充斥，遂募軍中驍勇士十人從行，彥瓌備選。銜枚夜發，往返如期，由是補興順指揮使。開運末，契丹主至汴，遣彥瓌送廐馬千匹赴幽薊。彥瓌至元氏，聞漢祖建號太原，以馬歸漢，漢祖嘉之。及入汴，擢爲護聖指揮使。周初，遷散員都虞候，坐樞密使王浚黨，出爲鄧州教練使。世宗嗣位，召爲伴飮指揮使，改馬步軍都軍頭。從向訓收秦、鳳有功，遷散指揮都虞候。

顯德末，太祖自陳橋入歸公署，見宰相范質等，未及言，彥瓌挺劍而前曰：「我輩無主，今日須得天子。」質等由是降階聽命。擢爲控鶴左廂都指揮使，改內外馬軍都軍頭、領眉州防禦使。

從平澤、潞還，命代趙彥徽爲侍衞步軍都指揮使、領武信軍節度。建隆二年，出爲彰德軍節度。乾德二年，改安國軍節度，與昭義軍節度李繼勳大破契丹。四年春，又與閤門使田欽祚殺太原軍千餘人于靜陽，禽其將鹿英等，獲馬三百匹。明年，移鎭華州。開寶二年，卒，年四十七。

王彥昇字光烈，性殘忍多力，善擊劍，號「王劍兒」。本蜀人，後唐同光中，蜀平，徙家洛陽。

初事宦官驃騎大將軍孟漢瓊，漢瓊以其趫勇，言於明宗，補東班承旨。晉天福中，轉內殿直。開運初，契丹圍大名，少帝幸澶淵，募勇敢士齎詔納城中，彥昇與羅彥瓌應之。一夕突圍而入，以功遷護聖指揮使。周廣順中，從向拱破太原兵虒亭南，斬敵帥王璋於陣，以功遷龍捷右第九軍都虞候。累轉鐵騎右第二軍都校、領合州刺史。世宗征淮南，從劉崇進、宋偓破金牛水砦，禽僞軍校閻承旺、范橫。又從李重進扞吳兵于盛唐，斬二千餘級。又從張永德攻瀛州，下束城，改散員都指揮使。

太祖北征，至陳橋，爲衆推戴。彥昇以所部先入京，遇韓通於路，逐至第殺之。初，太

祖誓軍入京不得有秋毫犯，及聞通死，意甚不樂。以建國之始，不及罪彥昇，拜恩州團練使、領鐵騎左廂都指揮使。

後爲京城巡檢，中夜詣王溥第，溥驚悸而出，既坐，乃曰：「此夕巡警甚困，聊就公一醉耳。」彥昇意在求賄，溥佯不悟，置酒數行而罷。翌日，溥密奏其事，乃出爲唐州刺史。

乾德初，遷申州團練使。開寶二年，改防州防禦使，是冬，又移原州。西人有犯漢法者，彥昇不加刑，召僚屬飲宴，引所犯以手捽斷其耳，大嚼，巵酒下之。其人流血被體，股慄不敢動。前後啗者數百人。西人畏之，不敢犯塞。七年，以病代還，次乾州卒，年五十八。太祖以其專殺韓通，終身不授節鉞。

論曰：石守信而下，皆顯德舊臣，太祖開懷信任，獲其忠力。一日以黃袍之喻，使自解其兵柄，以保其富貴，以遺其子孫。漢光武之於功臣，豈過是哉。然守信之貨殖鉅萬，懷德之馳逐敗度，豈非亦因以自晦者邪。至於審琦之政成下蔡，重贇之功宣廣陵，卓乎可稱。令鐸身四十餘戰，未嘗妄殺，可謂勇者之仁矣。彥瓌於革命之日，首挺劍以語范質，於宋則未必功在衆先，於周則其過不在人后矣。王彥昇殺韓通，太祖雖不加罪，而終身不授節鉞，是

足垂訓後人矣。保吉、承衍咸以帝壻致位藩鎮，其被驅策、著戎功，則保吉爲優，況推功李繼隆，尤爲不伐而有讓，然械役名士，縱意禽荒，累德多矣。

校勘記

〔一〕元孫字善良　「善良」，隆平集卷一九、東都事略卷一九本傳都作「善長」。

〔二〕忠正軍　原作「中正軍」，據長編卷一二七、東都事略卷一九本傳改。

〔三〕忠正軍　原作「中正軍」，據長編卷二、東都事略卷一九本傳改。

〔四〕兗滑壽春　「滑」原作「海」。按上文王審琦傳，審琦先後領鎮有泰寧、武成和忠正軍，據本書卷八五、卷八八地理志，此三處即兗州、滑州和壽春，「海」爲「滑」之誤，據改。

〔五〕〔六〕領江寧軍節度　「江寧軍」，東都事略卷二一高懷德傳、韓重贇傳都作「寧江軍」。參考本書卷一太祖紀校勘記〔三〕。

〔七〕領韶州防禦使　原作「領詔防禦使」，按長編卷七四、宋會要職官四六之二所載大中祥符三年七月韓崇訓死時的官銜，和東都事略卷二一本傳記載此事，都作「韶州防禦使」，據改補。

宋史卷二百五十一

列傳第十

韓令坤 父倫　慕容延釗 子德豐 從子德琛　符彥卿 子昭愿 昭壽

韓令坤，磁州武安人。

父倫，少以勇敢隸成德軍兵籍，累遷徐州下邳鎮將兼守禦指揮使。世宗以令坤貴，擢陳州行軍司馬，及令坤領陳州，徙倫許州。罷職，復居宛丘，多以不法干郡政，私酤求市利，掊斂民財，公私患之。項城民武都詣闕訴其事，命殿中侍御史率汀按之。倫詐報汀云被詔赴闕，汀奏之。世宗怒，追劾具伏，法當棄市。令坤泣請於世宗，遂免死流海島。顯德六年，爲左驍衞中郎將，遷左監門衞將軍。宋初，拜磁州刺史，轉亳州團練使。乾德四年，改本州防禦使，卒。

令坤少隸周祖帳下，廣順初，歷鐵騎散員都虞候，控鶴右第一軍都校、領和州刺史。世宗即位，授殿前都虞候。從賞高平之功，爲龍捷左廂都虞候、領容州團練使，進本廂都指揮使、領泗州防禦使。征太原，爲行營前軍馬軍都校。未幾，爲侍衞馬軍都指揮使、領定武軍節度。

世宗命宰相李穀將兵征淮南，俾令坤等十二將以從。穀退保正陽，爲吳人所乘。令坤與宣祖、李重進合兵擊之，大敗吳人。世宗親征，聞揚州無備，遣令坤及宣祖、白延遇、趙晁等襲之。令坤先令延遇以精騎數百遲明馳入，城中不之覺。令坤繼至撫之，民皆按堵。南唐東都副留守馮延魯〔一〕爲僧匿寺中，令坤求獲之，送行在，遂以令坤知州事。由是泰州懼，以城降。

時錢俶受詔攻常、潤，圍毗陵，反爲南唐所敗。南唐乘勝遣將陸孟俊逼泰州，周師不能守，孟俊遂進軍蜀岡，逼揚州，令坤棄其城。世宗怒，命太祖與張永德領兵趨六合援之。令坤聞援至，復入城守，與孟俊兵戰，大敗之，擒孟俊，敗其將馬貴〔二〕于楚州灣頭堰，擒漣州刺史秦進崇。俶命向拱爲緣江招討使，以令坤副之，下壽州。歸朝，加檢校太尉、領鎮安軍節度使。世宗乃復幸淮右，次楚州，遣令坤率兵先入揚州，命權知軍府事。揚州城爲吳人所毁，詔發丁壯別築新城，命令坤爲修城都部署。

六年春，命令坤以汴、亳民導汴水入于蔡。三月，世宗將北征，命率龍捷、虎捷、驍武兵先赴大名，又副王晏爲益津關一路都部署，俄爲霸州都部署，率所部兵戍之。恭帝卽位，加檢校太尉，侍衞馬步軍都虞候。冬，詔防北邊。

宋初，移領天平軍，加侍衞馬步軍都指揮使、同平章事。太祖親征李筠，詔令坤率兵屯河陽。及澤、潞平，還京，錫宴令坤等于禮賢講武殿，賜襲衣、器幣、鞍勒馬有差，以功加兼侍中。又從討李重進。建隆二年，改成德軍節度，充北面緣邊兵馬都部署。將赴鎭，上於別殿置酒餞之，因勗其爲治。

乾德六年，疽發背卒，年四十六。太祖素服發哀于講武殿，錄其子慶朝爲閑廐使，慶雄爲閑廐副使。令坤有才略，識治道，與太祖同事周室，情好親密。鎭常山凡七年，北邊以寧。聞其卒，甚悼惜之。

初，南唐遣邊鎬破湖南，以馬希崇分司揚州，及令坤克取之，希崇以妓楊氏獻，令坤甚嬖之。會擒陸孟俊，將械送行在所，楊氏於簾間窺見之，卽拊膺慟哭。令坤怪問之，楊氏曰：「孟俊往年入潭州，殺我家二百口，惟妾爲希崇所匿得免，願甘心焉。」令坤以詰孟俊，孟俊具伏，令坤乃殺之。

慕容延釗，太原人。父章，襄州馬步軍都校、領開州刺史。延釗少以勇幹聞。漢祖之興也，周祖爲其佐命，以延釗隸帳下。周廣順初，補西頭供奉官，歷尙食副使、鐵騎都虞候。

世宗卽位，爲殿前散指揮使都校、領溪州刺史。高平之戰，督左先鋒，以功授虎捷左廂都指揮使、領本州團練使；遷殿前都虞候、領陸州防禦使。從征淮南，改龍捷左廂都校、沿江馬軍都部署。歸朝，復爲殿前都虞候，出爲鎭淮軍都部署。顯德五年，世宗在迎鑾江口，聞吳人舟數百艘泊東洲，卽命延釗與右神武統軍宋延渥〔三〕討之。延釗以驍騎由陸進，延渥督舟師沿江繼進，大破之。淮南平，遷殿前副都指揮使、領淮南節度。恭帝卽位，改鎭寧軍節度，充殿前副都點檢，復爲北面行營馬步軍都虞候。

太祖卽位，延釗方握重兵屯眞定，帝遣使諭旨，許以便宜從事。延釗與韓令坤率所部兵按治邊境，以鎭靜聞。太祖嘉之，加殿前都點檢、同中書門下二品〔四〕，避其父名故也。李筠叛，初命與王全斌由東路會兵進討，俄爲行營都部署、知潞州行府事；及平，加兼侍中，詔還澶州。

建隆二年，長春節來朝，賜宅一區。表解軍職，徙爲山南東道節度、西南面兵馬都部署。是冬大寒，遣中使賜貂裘、百子氈帳。四年春，命師南征，以延釗爲湖南道行營前軍都部署。時延釗被病，詔令肩輿卽戎事。賊將汪端與衆數千擾朗州，延釗擒之，磔于市。荆、湖旣平，加檢校太尉。是冬，卒，年五十一。

初，延釗與太祖友善，顯德末，太祖任殿前都點檢，延釗爲副，常兄事延釗；及卽位，每遣使勞問，猶以兄呼之。洎寢疾，御封藥以賜，聞其卒，慟哭久之。贈中書令，追封河南郡王，錄其子弟授官者四人。

子德業、德豐、德鈞。德業至衞州刺史，德鈞至尙食副使。延釗弟延忠，歷內殿直、供奉西頭官都知，至磁州刺史；延卿至虎捷軍都指揮使。延卿子德琛。

德豐字日新，幼聰悟，延釗愛之，嘗曰：「興吾門者必此子。」八歲，補山南東道衙內指揮使。

延釗卒，授如京使。

開寶中，從征太原，領御砦南面巡檢。又爲揚州都監。征南唐，爲洞子都監。城旣下，命爲昇州都監。市廛安靜，澤國富饒，使者多裒聚金帛，德豐獨以廉潔聞。俄領蔚州刺史。太平興國二年，知慶州兼邠、寧都巡檢。嘗破小遇族，奪名馬數十匹，詔書褒諭。居任九年，以簡靜爲治，邊鎭安之。

雍熙四年，使登、萊閱強壯，及還，拜西上閤門使。是冬，出爲定遠軍鈐轄，命領後陣中

隊，別將萬騎以禦邊寇。

淳化二年，進秩東上，知邢州。三年，改判四方館事，出知延州。時侯延廣知靈武，或言其得西夏情，倔強難制，命德豐代之，就賜白金三千兩。會建使名，改爲四方館使。未幾，以所部不治，徙知慶州，俄又改靈州兼部署。穀價湧貴，德豐出私廩賑饑民，全活者衆。轉引進使。賊入境，德豐率兵擊走，獲羊馬甚衆。

咸平二年，遷客省使，知鎭州，召對便坐，撫慰甚至。是冬，遼人南侵，德豐繕兵固守，餉饋不絕，詔獎之。三年，改滄州。德豐輕財好施，厚享將士。在西邊時，母留京師，妻孥寓長安，貧甚，眞宗憫之，特詔給團練使奉。踰年，進穎州團練使，知貝、瀛二州。五年，卒，年五十五。家無餘財，談者善之。

子惟素，至殿內承制。

德琛以延釗蔭補供奉官，累遷內殿崇班、知夔州。李順之亂，賊酋張餘領衆十萬餘、舟千艘來寇。與順戰龍山，斬首千餘級；又與白繼贇擊賊，斬二萬餘，悉焚其舟。賊剽開州，圍雲安，德琛往援之，又斬百餘級。累詔褒諭。歷西京作坊、左藏二副使。咸平二年，轉崇儀副使、荆湖北路鈐轄。蠻擾澧、鼎境上，德琛戰於北叉，奪耕牛、鎧甲，斬馘以歸。徙陝

二十四史

中華書局

路鈐轄，未至，復知夔州。景德中，領梧州刺史，復任峽路，再遷莊宅使，又爲幷、代鈐轄，知憲州。天禧初，改右監門衞大將軍。

符彥卿字冠侯，陳州宛丘人。父存審，後唐宣武軍節度、蕃漢馬步軍都總管兼中書令。彥卿年十三，能騎射。事莊宗於太原，以謹愿稱，出入臥內，及長，以爲親從指揮使。入汴，遷散員指揮使。郭從謙之亂，莊宗左右皆引去，惟彥卿力戰，射殺十數人，俄矢集乘輿，遂慟哭而去。天成三年，以龍武都虞候、吉州刺史討王都于定州，大破契丹于嘉山。明年克其城，授耀州團練使。改慶州刺史。奉詔築堡方渠北烏崙山口，以招党項。清泰初，改易州，兼領北面騎軍，賜戎服、介冑、戰馬。嘗射獵遂城鹽臺淀，一日射麞、彘、狼、狐、兔四十二，觀者神之。晉天福初，授同州節度。兄彥饒亦鎭滑臺。俄而彥饒叛，彥卿上表待罪，乞歸田里，晉祖釋不問。改左羽林統軍，俄兼領右羽林，改鎭鄜延。

少帝幼與彥卿狎，卽位，召還，出鎭河陽三城。遼人南侵，詔彥卿率所部拒戰澶淵。契丹騎兵數萬圍高行周于鐵丘，諸將莫敢當其鋒，彥卿獨引數百騎擊之，遼人遁去，行周得免。又副李守貞〔五〕討平青州楊光遠，移鎭許州，封祁國公。

開運二年，與杜重威、李守貞經略北鄙。契丹主率衆十餘萬圍晉師于陽城，軍中乏水，鑿井輒壞，爭絞泥吮之，人馬多渴死。時晉師居下風，將戰，弓弩莫施。彥卿謂張彥澤、皇甫遇曰：「與其束手就擒，曷若死戰，然未必死。」彥澤等然之。遂潛兵尾其後，順風擊之，契丹大敗，其主乘橐駝以遁，獲其器甲、旗仗數萬以歸。少帝嘉之，改武寧軍節度、同平章事。

爲左右所間，會再出師河朔，彥卿不預，易其行伍，配以羸師數千，戍荆州口。及杜重威以大軍降於滹水，急詔彥卿與高行周領禁兵屯澶淵。會彥澤引遼兵入汴，彥卿與行周遂歸遼。遼主以陽城之敗詰彥卿，彥卿對曰：「臣事晉王，不敢愛死，今日之事，死生唯命。」遼主笑而釋之。

會徐、宋寇盜蠭起，遼主卽遣彥卿歸鎭。行次甬橋，賊魁李仁恕擁衆數萬攻徐州。彥卿領數十騎遽至城下，仁恕遣其徒執彥卿馬，請隨入城。俄頃，彥卿子昭序自城中遣軍校陳守習縋而出，大呼賊中曰：「相公當爲國討賊，何故自入虎口，乃助賊攻城？我雖父子，今爲仇敵，當死戰，城不可入。」賊惶愧羅拜彥卿前，乞免罪，彥卿爲設誓，乃解去。

漢祖入汴，彥卿自徐州來朝，改鎭兗州，加兼侍中。乾祐中，加兼中書令，封魏國公，拜守太保，移鎭青州。及殺楊邠輩，召促赴闕下。

周祖卽位，封淮陽王。劉銖誅，以其京城第宅賜彥卿。及征兗州，彥卿朝行在，獻馬及錦綵、軍糧萬石，連被賜賚。俄移鎭鄆州。會召魏府王殷，欲以彥卿代鎭。俄遼人起兵，留殷控扼，故彥卿不入朝。殷得罪，卽以彥卿爲大名尹、天雄軍節度，進封衞王。

世宗初，幷人擾潞州，潞兵敗，命彥卿領兵從磁州固鎭路壓其背。及帝親征，命爲行營一行都部署兼知太原行府事，領步騎二萬進討。

初，彥卿之行也，世宗以幷人雖敗，朝廷饋運不繼，未議攻擊，且令觀兵城下，徐圖進取。及周師入境，汾、晉吏民望風款接，皆以久罹虐政，願輸軍須以資兵力，世宗從之。而速下數州，彥卿等皆以芻糧未備，欲旋軍。世宗不之省，乃調山東近郡輓軍食濟之。及世宗至城下，命與郭從義、向訓、白重贊、史彥超率萬騎屯忻口，以拒北援，又下盂縣。

遼人駐忻北，遊騎及近郊，史彥超以二千騎當其鋒，左右馳擊，彥超死之；敗遼衆二千餘，遼騎遁走。先鋒爲遼人所掩，重傷數百人，諸將論議矛盾，師故不振。世宗乃班師，數賜彥卿繒綵、鞍勒馬，遣歸本鎭。還京，拜彥卿太傅，改封魏王。恭帝卽位，加守太尉。

太祖卽位，加守太師。建隆四年春，來朝，賜襲衣、玉帶。宴射于金鳳園，太祖七發皆中的，彥卿貢名馬稱賀。

開寶二年六月，移鳳翔節度，被病肩輿赴鎭。至西京，上言疾亟，請就醫洛陽，從之。

假滿百日，猶請其奉，爲御史所劾，下留司御史臺。太祖以姻舊特免推鞫，止罷其節制。八年六月，卒，年七十八。喪事官給。

彥卿將家子，勇略有謀，善用兵。存審之第四子，軍中謂之「符第四」。前後賞賜鉅萬，悉分給帳下，故士卒樂爲效死。遼人自陽城之敗，尤畏彥卿，或馬病不飲齕，必唾而呪曰：「此中豈有符王邪？」晉少主既陷契丹，德光之母問左右曰：「彥卿安在？」或對曰：「聞其已遣歸徐州矣。」德光母曰：「留此人中原，何失策之甚！」其威名如此。

鎭大名餘十年，政委牙校劉思遇。思遇貪黠，怙勢斂貨財，公府之利多入其家，彥卿不之覺。時藩鎭率遣親吏受民租，概量增溢，公取其餘羨，而魏郡尤甚。太祖聞之，遣常參官主其事，由是斛量始平。詔以羨餘粟賜彥卿，以愧其心。

彥卿酷好鷹犬，吏卒有過，求名鷹犬以獻，雖盛怒必貰之。性不飲酒，頗謙恭下士，對賓客終日談笑，不及世務，不伐戰功。居洛陽七八年，每春月，乘小駟從家僮一二遊僧寺名園，優游自適。

周世宗宣懿皇后、太宗懿德皇后，皆彥卿女也。自恭帝及太祖兩朝，賜詔書不名。子昭信、昭愿、昭壽。昭信，天雄軍衙內都指揮使、領賀州刺史。周顯德初，卒，贈檢校太保、閬州防禦使。

昭愿字致恭，謹厚謙約，頗讀書好事。周廣順中，以蔭補天雄軍牙職，俾領興州刺史。開寶中，改領恩州。彥卿養疾居洛，入補供奉官。四年，改領羅州刺史。七年，遷西京作坊副使。俾授尚食使，出護陳、許、蔡、潁等州巡兵。從征太原，爲御營四面巡檢使。及攻幽州，命與定國軍節度宋偓率兵萬餘，置砦城南。師還，眞拜蔡州刺史，知并、澶二州。不踰月，復移并門兼副部署。丁內艱，起復，爲本州團練使，連知永興軍、梓滑二州。

咸平初，又爲天雄軍、邢州二鈐轄。三年，以疾求歸京師，詔遣中使、尙醫馳傳診視。既還，帝賜以名方御藥，拜本州防禦使。四年，卒，年五十七。車駕臨哭，贈鎭東軍節度。子承煦，爲左千牛衞將軍。

昭壽，初補供奉官。開寶七年，改西京作坊副使。歷遷六宅副使、領蘭州刺史。雍熙二年冬，命與劉知信護鎭州屯兵。會遣將北征，又與知信爲押隊都監，轉尙食使，眞拜光州刺史。端拱二年，知洪州。淳化四年，改定州。咸平初，遷鳳州團練使、益州鈐轄。

昭壽以貴家子日事遊宴，簡倨自恣，常紗帽素氅衣，偃息後圃，不理戎務，有所裁決，卽令家人傳道。多集錦工就廨舍織纖麗綺帛，每有所須，取給於市，餘半歲方給其直，又令部

曲私邀取之。廣糴黍稻，未及成熟者亦取之，悉貯寺觀中，久之損敗，卽勒道釋償之。縱其下凌忽軍校。

劍南自李順平後，人心洶洶，知州牛冕緩弛無政，昭壽又不能御軍，人皆怨憤。神衞卒趙延順等八人謀欲害昭壽，未敢發。三年正旦，中使自峨眉山還京，昭壽戒馭吏具鞍馬將送之，延順等悉解廐中馬韁，奔逸庭下，陽逐讙呼，登廳執昭壽殺之，幷殺二僕，據甲仗庫，取兵器。都監王澤聞之，急召本軍都虞候王均率兵擒捕。延順左執昭壽首，右操劍，彷徨無所適，卒見均至，卽與衆推均爲帥，合驍猛、威武兵爲亂。牛冕洎轉運使張適奔漢州。是秋，官兵討平之。見雷有終傳。

昭壽子承諒，娶齊王女嘉興縣主，至內殿承制。

論曰：五季之亂，內則權臣擅命，外則藩鎭握兵。宋興，內外廓清，若天去其疾，或納節以備宿衞，或請老以奉朝請。雖太祖善御，諸臣知機，要亦否極而泰之象也。彥卿一門二后，累朝襲寵，有謀善戰，聲振殊俗，與時進退，其名將之賢者歟？令坤、延釗素與太祖親善，平荆、湘則南服底定，鎭常山則北邊載寧，未嘗恃舊與功以啓嫌隙。創業君臣有過人者，類如是夫！

校勘記

〔一〕南唐東都副留守馮延魯 「馮延魯」原作「馬延魯」，據舊五代史卷一一六世宗紀、通鑑卷二九二、馬令南唐書卷二一本傳改。

〔二〕敗其將馬貴 「馬貴」，舊五代史卷一一六世宗紀、周世宗實錄（輯本）顯德三年四月己卯條都作「馬在貴」。

〔三〕右神武統軍宋延渥 原作「左神武統軍宋延偓」，據本書卷二五五、東都事略卷二一宋偓傳及通鑑卷二九四改。下文「延渥」原作「延偓」，同改。按：宋偓本名延渥，後改名偓。

〔四〕同中書門下二品 「二品」原作「三品」，據長編卷一、東都事略卷二〇本傳改。唐代宰相有稱爲「同中書門下三品」的，唐代宗以後，中書門下長官升爲二品，因此五代、宋初有稱爲「同中書門下二品」的。

〔五〕李守貞 原作「李守眞」，據舊五代史卷八二少帝紀、卷一〇九本傳改。下同。

宋史卷二百五十二

列傳第十一

王景 子廷義　王晏　郭從義 曾孫承祐　李洪信 弟洪義　武行德
楊承信　侯章

王景，萊州掖人，家世力田。景少倜儻，善騎射，不事生業，結里中惡少爲羣盜。梁大將王檀鎭滑臺，以景隸麾下，與後唐莊宗戰河上，檀有功，景嘗左右之。莊宗入汴，景來降，累遷奉聖都虞候。清泰末，從張敬達圍晉陽，會契丹來援，景以所部歸晉祖。天福初，授相州刺史。范延光據鄴叛，屬郡多爲所脅從，景獨分兵拒守，晉祖嘉之，遷耀州團練使。及代，會晉祖幸鄴，留爲京城巡檢使，改洺州團練使。開運初，授侍衞馬軍左廂都校。二年，契丹南侵，少帝幸澶淵，景與高行周等大破契丹衆于戚城，遷侍衞馬軍都指揮使、領鄭州防禦使，出爲晉州巡檢使、知州事，拜橫海軍節度。契丹至汴，以其黨代景。

景歸次常山，聞契丹主殂欒城，卽間道歸鎭，斬關而入，契丹遁去。

漢乾祐初，加同平章事。會契丹饑，幽州民多度關求食，至滄州境者五千餘人，景善懷撫，詔給田處之。

周祖微時與景善，及卽位，加兼侍中。景起身行伍，素無智略，然臨政不尙刻削，民有訟必面詰之，不至大過卽諭而釋去，不爲胥吏所搖，由是部民便之。廣順初入朝，民周環等數百人遮道留之不獲，有截景馬鐙者。俄以景爲護國軍節度，歲餘，遷鎭鳳翔。顯德初，封褒國公，加開府階。世宗卽位，加兼中書令。先是，秦、鳳陷蜀，州旁蕃漢戶詣闕請收復，世宗命景與向拱率兵出大散關進討，連陷砦柵，遂命景爲西面行營都部署，大破蜀軍于上邽，斬首數萬級。是秋，秦州降。逾年，徙景鎭秦州兼西面緣邊都部署。恭帝卽位，進封涼國公。

宋初，加守太保，封太原郡王。建隆二年春來朝，太祖宴賜加等，復以爲鳳翔節度、西面緣邊都部署。四年，卒，年七十五。贈太傅，追封岐王，諡元靖。

初，景之奔晉也，妻坐戮，二子逃獲免。晉祖待之厚，賞賜萬計，嘗問景所欲，對曰：「臣自歸國，受恩隆厚，誠無所欲。」固問之，景稽顙再拜曰：「臣昔爲卒，嘗負胡牀從隊長出入，屢過官妓侯小師家，意甚慕之。今妻被誅，誠得小師爲妻足矣。」晉祖大笑，卽以小師賜

景。景甚寵嬖之，後累封楚國夫人。侯氏嘗盜景金數百兩，私遺舊人，景知而不責。

性謙退，折節下士，每朝廷使至，雖卑位必降階送迎，周旋盡禮。左右或曰：「王位尊崇，無自謙抑。」景曰：「人臣重君命，固當如是，我惟恐不謹耳。」初封郡王，朝廷以吏部尙書張昭將命，景尤加禮重，以萬餘緡遺昭。左右或言其過厚，景曰：「我在行伍間，卽聞張尙書名，今使於我，是朝廷厚我也，豈可以往例爲限耶？」

景子廷義、廷睿、廷訓。廷訓至驍衞大將軍致仕。

廷義起家供奉官，改如京副使，以善騎射，周世宗擢爲虎捷都虞候，遷龍捷右第二軍都校、領珍州刺史。宋初，改內外馬步軍副都軍頭。乾德四年，與韓重贇率師護治滑州靈河新堤。六年，增治京城，又命廷義董其役。開寶二年，加領橫州團練使，從征太原。廷義性勇敢，親鼓士乘城，獨免胄，矢中其腦而顚，經宿卒，年四十七。太祖甚惜之，優詔贈建雄軍節度。廷義性驕傲，好夸誕，每言：「我當代王景之子。」聞者咸笑之，因目爲「王當代」。

王晏，徐州滕人，家世力田。晏少壯勇無賴，嘗率羣寇行攻劫。梁末，徐方大亂，屬邑皆

爲他盜所剽，惟晏鄉里恃晏獲全。

後唐同光中，應募隸禁軍，累遷奉國小校。

晉開運末，與本軍都校趙暉、忠衞都校侯章等戍陝州。會契丹至汴，遣其將劉愿據陝，恣行暴虐，晏與暉等謀曰：「今契丹南侵，天下洶洶，英雄豪傑固當乘時自奮。且聞太原劉公威德遠被，人心歸服，若殺愿送款河東，爲天下唱首，則取富貴如反掌耳。」暉等然之。晏乃率敢死士數人夜踰城，入府署，劫庫兵給其徒，遲明，斬愿首縣府門外。衆請暉爲帥，章爲本城副指揮使、內外巡檢使兼都虞候；遣其子漢倫奉表晉陽。時漢祖雖建號，威聲未振，得晏等來歸，甚喜，卽日以暉爲保平軍節度，章爲鎭國軍節度，晏爲絳州防禦使，仍領舊職。既而暉等表晏始謀功爲第一，遷建雄軍節度。漢祖入汴，加同平章事。

周祖卽位，加兼侍中。廣順元年，劉崇侵晉州，晏閉關不出，設伏城上。幷人以爲怯，競攀堞而登，晏麾伏兵擊之，顚死者甚衆，遂焚橋遁。遣漢倫追北數十里，斬首百餘級，擢漢倫濱州刺史。八月來朝，周祖以晏家彭城，授武寧軍節度，俾榮其鄉里。三年，周祖征兗州，次張康鎭，晏來朝，獻馬七匹，賜襲衣、金帶。親郊畢，封滕國公，加開府階。世宗卽位，加兼中書令。

初，晏至鎭，悉召故時同爲盜者遺以金帛，從容置酒語之曰：「吾鄉素多盜，我與諸君昔

嘗爲之。後來者固當出諸君之下，爲我告諭，令不復爲，若不能改，吾必盡滅其族。」由是境內安靜，吏民詣闕舉留，請爲晏立衣錦碑。世宗初，復請立德政碑。世宗命比部郎中、知制誥張正撰文賜之，詔改其鄉里爲使相鄉勳德里，私門立戟。未幾，改河南尹、西京留守。顯德三年，移鳳翔節度。六年，從世宗北征，爲益津關一路馬軍都部署，韓令坤副焉，遂平三關。

太祖卽位，進封趙國公。從征李筠，師還，改安遠軍節度。乾德元年，進封韓國公，上章請老，拜太子太師致仕。每朝會，令綴中書門下班。俄歸洛陽別墅。四年冬，卒，年七十七。廢朝三日，贈中書令。

初，晏爲軍校，與平陸人王興善，其妻亦相爲娣姒。晏旣貴，乃薄興，興不能平。晏妻病，興語人曰：「吾能治之。」晏遽訪興，興曰：「我非能醫，但以公在陝時止一妻，今妓妾甚衆，得非待糟糠之薄，致夫人怏怏成疾耶？若能斥去女侍，夫人之疾可立愈。」晏以爲謗己，乃誣以他事，悉案誅其夫妻。

守西洛日，白重贊鎭河陽，時世宗征淮南，重贊慮幷人乘間爲寇，因葺城壘，且約晏爲援。晏意欲兼有三城，卽與漢倫同率兵赴之。重贊聞其來，拒不納，遣人語之曰：「公在陝州已立大功，河陽小城不煩枉駕。」晏慙不能對，遂引兵還。

郭從義，其先沙陀部人。父紹古，事後唐武皇忠謹，特見信任，賜姓李氏。紹古卒，從義纔丱角，莊宗畜於宮中，與諸子齒。明宗與紹古同事武皇，情好款狎，卽位，以從義補內職，累遷內園使。

晉天福初，始復姓郭氏。坐事出爲宿州團練副使。丁內艱北歸，遂家太原。漢祖在鎭，表爲馬步軍都虞候，屢率師破契丹于代北。及建大號，從義首贊其謀，擢鄭州防禦使，充東南道行營都虞候，領首軍自太行路渡河。

漢祖入汴，以爲河北都巡檢使。杜重威據大名叛，以爲行營諸軍都虞候，重威降，爲鎭寧軍節度。趙思綰之叛，爲行營都部署，賜戎裝、器仗、金帶。師至永興，圍其城，卽以從義爲永興軍節度。思綰糧盡，城中人相食，從義繫書矢上射入城中，說思綰令降，仍表於朝廷，許以華州節制。隱帝從其計，卽遣使諭思綰，思綰開門納款。翌日，從義具軍容入城，憩候館中，思綰入謁，卽令武士執之，幷其黨三百餘人悉斬於市，以功加同平章事。

周廣順初，加兼侍中，移鎭許州。顯德初，親郊，加檢校太師。世宗將征劉崇，從義適來朝，因請扈從，世宗甚悅，改天平軍節度，卽令從符彥卿破契丹于忻口。師還，以功加兼中書令。四年，從征淮南，移鎭徐州。及世宗自迎鑾至泗州，見於行在。恭帝卽位，加開府階。

宋初，加守中書令。太祖征揚州，從義迎謁於路，願扈從，不允。乾德二年，又爲河中尹、護國軍節度。六年，以疾歸京師。開寶二年，改左金吾衞上將軍。踰年，上章請老，拜太子太師致仕。四年，卒，年六十三，贈中書令。

從義性重厚，有謀略，多技藝，尤善飛白書。初，思綰之叛也，巡檢使喬守溫遁去，姬妾悉入思綰，思綰敗，從義盡取之。守溫詣從義求其愛妾，雖不敢拒，而心銜焉，遂發守溫逃遁事，坐棄市，人皆寃之。從義善擊毬，嘗侍太祖於便殿，命擊之。從義易衣跨驢，馳驟殿庭，周旋擊拂，曲盡其妙。旣罷，上賜坐，謂之曰：「卿技固精矣，然非將相所爲。」從義大慙。

子守忠、守信。守忠至閑廄副使。守信字寶臣，頗知書，與士大夫游，至東上閤門使、知邢州，卒。子世隆爲比部員外郎。世隆子昭祐、承祐。昭祐爲閤門祗候。

承祐字天錫，娶舒王元偁女，授西頭供奉官。仁宗爲皇太子，承祐補左清道率府率、春坊左謁者，眞宗爲玉石小牌二，勒銘以戒飭之。帝卽位，遷西染院副使兼閤道通事舍人、勾當翰林司，遷西上閤門副使。坐盜御酒及用尙方金器除名，岳州編管，徙許州別駕。起爲率府率，遷西京作坊使、勾當右騏驥院。院之大校試路馬者，前鳴鞭擁御蓋，承祐代試之，其

狂僭如此。進六宅使、象州團練使。

承祐性狡獪，緣東宮恩，又憑藉王邸親，旣廢復用，乃僭言事，或指切人過失，同列謂之「武諫官」。眞授衞州刺史、知相州，入爲羣牧副使，改濰州團練使，歷知曹、鄭、澶、鄆、貝州。徙澶州兵馬總管，役卒有異謀者，廉得不待奏，捕斬之。再知澶州，會中使過，遽延入問管軍闕補何人，使者曰：「聞朝廷方擇才武者。」承祐起挽強自衒，左右皆笑。

入爲龍、神衞四廂都指揮使。以父喪，起復眞定府、定州等路副都總管。諫官歐陽脩、余靖論其非才，改知相州，尋徙大名府副都總管。樞密使杜衍惡承祐驕恣，奏罷軍權，爲相州觀察使、永興軍副都總管，改知邢州，徙河陽兵馬總管。衍去位，復進爲殿前都虞候、幷代州副都總管兼知代州，徙邢州。諫官錢明逸言承祐無廉守，邢民素厭苦之，改相州，徙秦鳳路副總管。累遷建武軍節度使、殿前副都指揮使。

尋以宣徽南院使判應天府，府壓壘不完，盜至卒無以禦，承祐始城南關，浚沙、濉、盟三河。徙亳州。諫官言承祐在應天府給糧不以次，且擅留糧綱，批宣頭，不發戍還兵，越法杖配輕罪，借用翰林器，出入擁旗槍，以禁兵擬周衞，體涉狂僭，無人臣禮。罷宣徽南院使，許州都總管〔一〕，徙節保靜軍、知許州。

轉運使蘇舜元薦承祐有將帥才，政事如龔、黃。帝謂輔臣曰：「彼庸人，監司乃龔、黃比

之，何所取信哉。」改知鄭州，未行，暴疾卒。贈太尉，謚曰密。承祐所至，多興作爲煩擾，百姓苦之。

李洪信，并州晉陽人，漢昭聖太后弟也。后弟六人，洪信居長，少善騎射。後唐明宗在藩時，隸帳下，及即位，愛將朱弘實總領捧聖軍，弘實擢洪信爲爪牙，漸遷小校。應順中，潞王舉兵，少帝殺弘實而東奔，捧聖軍數百騎從行，洪信預焉。及次衞州，少帝與晉高祖遇，因有疑貳，謀害晉祖，其從兵皆亂。時漢祖方護晉祖，洪信以兵應之，獲免。清泰中，又爲雍王重美牙校。

晉初，爲興順左廂都指揮使。漢祖統禁軍，遷鎭太原，奏隸麾下。漢祖領陳州刺史、左護聖左廂都指揮使〔二〕，俄加岳州防禦使。從漢祖降鄴，以響晨之勞，授侍衞馬軍都指揮使、領武信軍節度。

乾祐中，以羣小用事，心懷憂懼，白太后求解軍職，出爲鎭寧軍節度。歲餘，遷保義軍節度。初，楊邠以元從功臣爲方鎭者不諳政務，令三司擇軍將分補諸鎭都押牙、孔目官，或恃以朝選，藩帥難制。洪信聞內難，即召馬步軍都校聶召，奉國軍校楊德、王建、黄全武、楊

進、翟本，右牙都校任温、武德，護聖都校康審澄及判官路濤、掌書記張洞、都押牙楊昭勍、孔目官魏守恭，悉殺之，誣奏謀逆。

周廣順初，加同平章事。洪信常以此妄殺自歉，及革命，內不自安。周祖猶以漢太后之故，移鎭京兆。本城兵不滿千，王峻西征至陝州，以援晉州爲辭，又取去數百人。及劉崇北遁，遣禁兵千餘屯京兆，洪信益懼，即請入朝，懇辭藩鎭，拜左武衞上將軍。世宗即位，遷左驍衞上將軍。顯德五年，改右龍武軍統軍，從世宗北征，爲合流口部署。

乾德五年，改左驍衞上將軍。開寶五年請老，以本官致仕。八年，卒，年七十四。洪信無他才術，徒以外戚致位將相。斂財累鉅萬，而吝嗇尤甚。時節鎭皆廣置帳下親兵，惟洪信最寡少。弟洪義。

洪義本名洪威，避周祖名改焉。漢祖鎭太原，補親校。開國，授護聖左廂都校、領岳州防禦使，遷侍衞馬軍都指揮使、領武信軍節度。

少帝即位，改鎭寧軍節度。會誅楊邠、史弘肇等，時侍衞步軍都指揮使王殷屯澶州，即遣供奉官孟業齎密詔令洪義殺之，又令護聖都指揮使郭崇等害周祖於鄴。洪義素怯懦，慮殷覺，遷延不敢發，遽引業見殷，殷乃錮業，送密詔於周祖。洎周祖起兵，少帝又詔洪義扼河橋，及周祖兵至，洪義就降。漢室之亡，由洪義也。

廣順〔三〕初，權知宋州節度，未幾，眞拜歸德軍節度，加同平章事，權知許州。歲餘，改鎭安州。顯德初，加檢校太師。世宗即位，加兼侍中，未幾，徙青州。六年夏，遷京兆尹、永興軍節度。恭帝嗣位，加開府階。

宋初，加兼中書令，移鄜州。乾德五年，代歸。卒年五十九，贈太師。

武行德，并州榆次人，身長九尺餘，材貌奇偉，家甚貧，常採樵鬻之自給。晉祖鎭并門，暇日，從禽郊外，値行德負薪趨拱於道左，晉祖見其魁岸，又所負薪異常，令力士更舉之，俱不能舉，頗奇之，因留帳下。

晉天福初，授奉國都頭，遷指揮使，改控鶴指揮使、寧國軍都虞候。開運中，契丹至汴，行德被獲，乃僞請於契丹以自效。契丹信之，方具舟數十艘載鎧甲，令行德率將校軍卒送歸其國。泝汴至河陰，行德謂諸將曰：「我輩受國厚恩，而受制於契丹，與其離鄉井、投邊塞，爲異域之鬼，曷若與諸君驅逐兇黨，共守河陽，姑俟契丹兵退，視天命所屬歸之，建功業，定禍亂，以圖富貴可乎？」衆素服行德威名，皆曰：「所向惟命，不敢愛死。」行德即殺契

丹監使，分授器甲，由汜水倍道抵河陽。契丹節度使崔廷勳出兵來拒，行德麾衆逆擊，自旦及午殊死戰，廷勳大敗，棄城走。行德遂據河陽，盡以府庫分給將士，因推行德知州事。時契丹兵尙充斥，行德厲士卒，繕甲兵，據上游，士氣益奮，人望歸之。

聞漢祖起太原，即自稱河陽都部署，遣其弟行友間道奉表勸進，漢祖覽奏喜甚，即授行德河陽三城節度。漢祖由晉、絳至洛，行德迎候境上，以所部兵翼至京師，還河陽。

乾祐中，加同平章事，移眞定尹、成德軍節度。廣順初，加兼侍中，俄改忠武軍節度，還河南尹、西京留守。時禁鹽入城，犯者法至死，告者給厚賞。洛陽民家嫗將入城鬻蔬，俄有僧從嫗買蔬，就筥翻視，密置鹽筥中，少答其直，不買而去。嫗持入城，抱關者搜得鹽，擒以詣府。行德見盛鹽襆非村嫗所有，疑而詰之，嫗言：「適有僧自城外買蔬，取視久之而去。」即捕僧訊治之，具伏與關吏同誣嫗以希賞。行德釋嫗，斬僧及抱關吏數輩。人畏之若神明，部下凜然。三年，丁外艱，起復。

顯德初，加開府階，進封譙國公。世宗即位，兼中書令。初，世宗自河東還，次河陽，以洛陽城頭缺，令葺之。行德率部民萬餘完其城，封邢國公。是秋，代王晏爲武寧軍節度，與晏兩換其任。先是，唐末楊氏據淮甸，自甬橋東南決汴，匯爲汙澤。二年，將議南征，遣行德率所部丁壯於古隄疏導之，東達于泗上。及親征，以行德爲濠州行營都部署，破淮軍二千

餘人於郡境。俄遣率師屯定遠以逼其城，爲吳人所敗，死者數百人，行德以身免，左授右衞上將軍。五年，下淮南，復授行德保大軍節度兼中書令。恭帝嗣位，進封宋國公。

宋初，加中書令，進封韓國公，再授忠武軍節度，改封魏國公。乾德二年冬，移鎭安州，加開府儀同三司。開寶二年，入爲太子太傅。太平興國三年，以本官致仕。四年，卒，年七十二，贈太師。

楊承信，字守眞，其先沙陀部人。父光遠，仕晉至太師、壽王。承信，光遠第二子〔四〕，幼以父任，自義武軍節院使領蘭州刺史，歷宣武、平盧二軍牙校。

開運初，光遠以青州叛，少帝遣李守貞等討之，食盡勢窮，承信兄承勳刦其父以降，青州平，光遠死。承信與弟承祚詣闕請死，詔釋之，以承信爲右羽林將軍，承祚爲右驍衞將軍，放歸，服喪私第，尋安置鄭州。初，光遠送款契丹求援，兵未至而光遠降。及契丹來寇，承勳時爲鄭州防禦使，召數其罪殺之。以承信爲平盧軍節度，繼父職。仕漢歷安、鄜二州節度，累加檢校太師。

周廣順初，加同平章事。諸將西討劉崇，承信表求預行。以郊祀恩加開府階，封杞國

公。世宗卽位，進韓國公。顯德初，征淮南，爲濠州攻城副都部署，改壽州北砦都部署兼知行府事。壽州平，累戰功，擢忠正軍節度、同平章事。時徙州治下蔡，承信旣增廣其城，又遣監軍薛友柔敗淮人六百餘于廬州北。恭帝卽位，進封魯國公。

宋初，加兼侍中，來朝，會征李筠，命爲澤州西面都部署，筠平，移鎭河中。乾德元年，進封趙國公。二年，卒，年四十四，贈中書令。

承信身長八尺，美儀表，善持論，且多藝能，雖叛臣之子，然累歷藩鎭，刻勵爲政而不苛，故能始終富貴。其卒也，蒲民表乞祠之，則其遺愛之在人者可知矣。景德四年，錄其孫松爲奉職。

侯章，幷州楡次人。初在幷門事後唐莊宗爲隊長，明宗朝遷小校。晉開運末，爲忠衞指揮使，屯兵陝州，爲內外馬步軍都指揮使兼三城巡檢使。

會契丹入中原，與趙暉、王晏謀斬契丹將劉愿，送款於漢祖。漢祖入汴，擢爲鎭國軍節度。乾祐初，加同平章事，尋移鎭邠州。章居鎭無善政，傲上剝下，以貪猥聞，用見戶爲逃，擅其租賦，乃矯奏貧民數千戶負稅租，久禁繫不能輸，願以己奉代。時方姑息，詔褒之。副使趙彥鐸有良馬，章欲之不與，誣彥鐸謀逆，殺之，亦置而不問。俄加檢校太師。

周初，加兼侍中。廣順二年入朝，獻銀帛，請開宴，周祖謂左右曰：「諸侯來朝，天子自當錫宴，以申愷樂，豈俟其貢奉爲之耶？」命復賜之。仍令有司自今藩鎭有進奉者勿受。俄賜宴廣政殿，章又獻銀千兩、馬七匹上壽，復不納。三年，授鄧州節度。周祖親郊，加開府階，封申國公。世宗卽位，加兼中書令。世宗親征壽陽，命章爲攻城水砦都部署，右衞大將軍王璨副之。俄徙西北水砦都部署，再爲武勝軍節度。

建隆元年八月，授太子太師，封楚國公。旣罷節鎭，居常怏怏。一日於朝堂與故舊言晉、漢間事，時有輕忽章者，章厲聲曰：「當遼主疾作謀歸，有上書請避暑嵩山者，我粗人，以戰鬥取富貴，若此諛佞，未嘗爲之。」坐中有慚者。乾德五年卒。

論曰：王景輩微時，或至爲盜、負薪，遭五代之亂，奮身戎功，重據邊要。宋興，稽顙北嚮，太祖待以誠信，宜無不自安者。景趣利改圖，乃至滅族。王晏、郭從義遷怒肆忿，誣人以死。侯章在藩邸有剝下之名，李洪義狃於肺腑之戚，而無外禀之志，咎孰甚焉。斯皆亂世之習，有不能盡去之者。武行德守洛邑，辯究欺罔，民用畏服，顧不優於諸人耶？

校勘記

〔一〕許州都總管　按宋會要職官六五之七和長編卷一六八、一六九，郭承祐於皇祐二年六月落宣徽南院使、知亳州，八月再降爲許州兵馬總管。此處「許州」上當有「爲」字。

〔二〕漢祖領陳州刺史左護聖左廂都指揮使　按舊五代史卷八〇、九九、一〇〇，漢祖劉知遠於晉天福六年七月爲太原尹；天福十二年二月卽皇帝位，三月以北京興捷左廂都指揮使李洪信爲陳州刺史、檢校司徒，十一月鄴杜重威降，十二月以護聖左廂都指揮使、岳州防禦使李洪信爲遂州節度使充侍衞步軍都指揮使。遂州，後梁爲武信軍節度。據此，此處「漢祖」下當有脫文，「左護聖」之「左」字疑衍。

〔三〕廣順　原作「廣聖」，後周的年號是「廣順」，不是「廣聖」；舊五代史卷一一〇周太祖紀，此事正繫於廣順元年，據改。

〔四〕承信光遠第二子　「二」原作「三」。按舊五代史卷九七、新五代史卷五一楊光遠傳都說承信是光遠次子；本傳也說承信有兄承勳、弟承祚，和五代史合。據改。

中華書局

宋史卷二百五十三

列傳第十二

折德扆 子御勳 御卿 曾孫克行〔一〕 馮繼業 王承美 李繼周

孫行友 子全照

折德扆，世居雲中，爲大族。父從阮，自晉、漢以來，獨據府州，控扼西北，中國賴之。仕周至靜難軍節度使。其鎮府州時，署德扆爲馬步軍都校。廣順間，周世宗建府州爲永安軍，以德扆爲節度使〔二〕。時從阮鎮邠寧，父子俱領節鎮，時人榮之。

顯德中，德扆率師攻下河市鎮，斬并軍五百餘級。入朝，以其弟德愿權總州事。時世宗南征，還次通許橋，德扆迎謁，且請遷內地。世宗以其素得蕃情，不許，厚加賜賚而遣之。德扆未至，德愿又破并軍五百餘于沙谷砦，斬其將郝章、張釗。

宋初，德扆又破河東沙谷砦，斬首五百級。建隆二年來朝，待遇有加，遣歸鎮。

乾德元年，敗太原軍于城下，擒其將楊璘。二年，卒，年四十八，贈侍中。子御勳、御卿。

御勳字世隆，德扆鎮府州日，表爲右職。德扆卒，以御勳領汾州團練使、權知府州事。開寶二年，太祖征太原，御勳詣行在謁見，以爲永安軍留後。四年，以郊祀來朝，禮畢歸鎮。九年，郊祀西洛，復來朝，道病後期，改泰寧軍節度使，留京師。太平興國二年，卒，年四十，贈侍中。

御卿，幼補節院使，御勳知州事，署爲兵馬都校。御勳徙鎮，召爲閑廄副使、知府州。太宗征河東，命御卿與尹憲領屯兵同攻嵐州，又破岢嵐軍，擒其軍使折令圖以獻，遂下嵐州，又殺其憲州刺史霍翊，又擒其將馬延忠等七人。遷崇儀使。

淳化三年，凡四遷而爲府州觀察使。五年，拜永安軍節度使。既而契丹衆萬餘入寇，御卿大敗之於子河汊，斬首五千級，獲馬千匹，契丹將號突厥太尉、司徒、舍利死者二十餘人，擒其吐渾一人〔三〕，自是契丹知所畏。太宗因遣使問御卿曰：「西北要害皆屯勁兵，戎人何自而至？」御卿對曰：「敵緣山峽小徑入，謀剽略。臣諜知之，遣人邀其歸路，因縱兵大擊，敗走之，人馬墜厓谷死者相枕，其大將韓德威僅以身免。皆聖靈所及，非臣之功也。」上嘉之。

歲餘，御卿被病，德威諜知之，且爲李繼遷所誘，率衆來侵，以報子河汊之役。御卿力疾出戰，德威聞其至，不敢進。會疾甚，其母密遣人召歸，御卿曰：「世受國恩，邊寇未滅，御卿罪也。今臨敵棄士卒自便，不可，死於軍中乃其分也。爲白太夫人，無念我，忠孝豈兩全！」言訖泣下。翌日卒，年三十八。上聞悼惜久之，贈侍中，以其子惟正爲洛苑使、知州事。

惟正歸朝，以其弟惟昌繼之。

咸平二年，河西黃女族長蒙異保及惟昌所部啜訛引趙保吉之衆入寇麟州萬戶谷，進至松花砦，惟昌與從叔同巡檢使海超、弟供奉官惟信率兵赴戰。會保吉兵衆，官軍不敵，惟昌臂中流矢墜馬，攝弓起，得裨將馬突圍出，海超、惟信沒焉。九月，保吉黨萬私保移埋復寇，惟昌與宋思恭、劉文質合戰于埋井峯〔四〕，敗走之。又破言泥族拔黃砦，焚其器甲、車帳，俘斬甚衆。以功領富州刺史，改文思使。景德元年，與王萬海等破賊砦，護芻糧抵麟州。秋，入朔州界，破狼水砦，時契丹方圍岢嵐軍，聞敗遁去。明年，拜興州刺史。大中祥符二年，表求赴闕。眞宗命近臣與射於苑中，宴賜甚厚。上言：「先臣御卿蒙賜旗三十竿以壯軍容，請別給賜。」許之。七年，命河東民運糧赴麟州，當出兵爲援，惟昌力疾

領步騎屯寧遠砦，冒風沙而行。時疾已亟，猶與賓佐宴飲，談笑自若焉。明日卒，年三十七。以其弟惟忠繼之。

惟忠字藎臣，初以兄惟信戰沒，補西頭供奉官，擢閤門祗候。及惟昌卒，以惟忠爲六宅使、知府州兼麟府路都巡檢使，領普州刺史；再遷左藏庫使，眞拜嘉州刺史，改資州，進州團練使。喪母，起復雲麾將軍卒。

惟忠知兵事。天聖中，契丹與夏國會兵境上，聲言嫁娶，惟忠覘得其實，率麾下往備之，戒士卒毋輕動。一夕風霾，有騎走營中，以爲寇至，惟忠堅臥不動，徐命擒之，得數騎，蓋虜所縱也。既卒，錄其弟姪子孫七人，以其子繼宣嗣州事。久之，特贈惟忠耀州觀察使。

寶元中，繼宣坐苛虐掊刻，種落嗟怨，絀爲左監門衛將軍、楚州都監，擢其弟右侍禁繼閔爲西京作坊使，嗣州事。

繼閔字廣孝。慶曆中，元昊兵攻麟州不克，進圍州城。城險且堅，東南有水門，厓壁峭絕，阻河。賊緣厓腹微徑魚貫而前，城中矢石亂下，賊轉攻城北，士卒復力戰，賊死傷甚衆，遂引去，圍豐州，豐州遂陷。繼閔以城守勞，特遷宮苑使、普州刺史。未幾，護送麟州戍卒冬服，賊伏兵邀擊之，盡掠所齎，繼閔脫身繇間道歸。會赦，止奪宮苑使，後復官，領果州團

練使。自元昊反，繼閔招輯歸業者三千餘戶。皇祐二年，卒，以其弟繼祖嗣州事。

繼祖字應之，由右侍禁遷西染院使，累轉皇城使、成州團練使。臨政二十餘年。奏乞書籍，仁宗賜以九經。韓絳發河東兵城囉兀，繼祖爲先鋒，深入敵帳，降部落戶八百。加解州防禦使卒。繼祖有子當襲州事，請以授兄之子克柔，詔從之，而進其三子官，錄二孫爲借職。

弟繼世，少從軍，爲延州東路巡檢。嵬名山之內附，繼世先知之，遣其子克勲報种諤，諤用是取綏州。繼世以騎步萬軍于懷寧砦，入晉祠谷，往銀川，分名山之衆萬五千戶居於大理河。夏人來攻，再戰皆捷。諤抵罪逮繫獄，以兵付之而行，遂同名山守綏州，錄功領忠州刺史。說韓絳城囉兀以撫橫山，因畫取河南之策，絳以爲然。以左騏驥使、果州團練使卒。諸司使無賻禮，詔以繼世蕃官，捍邊有績，特給之。從子克行。

克行字遵道，繼閔子也。初仕軍府，無所知名。夏人寇環慶，种諤拒之，詔河東出師爲援，克行請往。諤使以兵三千護餉道，戰于葭蘆川，先登，斬級四百，降戶千，馬畜萬計。諸老將矍然曰：「眞折太尉子也。」擢知府州。

秦兵討夏國，張世矩將河外軍民，克行與俱。廷議謂守臣難自行，詔克行選兵隸世矩。克行抗章願率部落先驅，未報，卽委管鑰而西。大酋咩保吳良以萬騎來躡，克行爲後拒，度

賊半度隘，縱擊大破之，殺咩保吳良。師還自劾，釋不問。王中正出塞，克行先拔宥州，每出必勝，夏人畏之，益左廂兵，專以當折氏。

太原孫覽議城葭蘆，諸將論多不合，召克行問策，卽頓兵吐渾河，約勒部伍，爲深入窮討之狀，敵疑不敢動。既訖役，又入津慶、龍橫川，斬級三千。

詔河東進築八砦，通道鄜延。延帥遣秦希甫來共議，克行請兩路併力，以遠者爲先。希甫曰：「由近及遠，法也。」克行曰：「不然，事有奇正。今乘士氣之銳，所利在速，故先遠役，以出其不意，若徐圖之，士心且怠矣。」希甫持不可，幷上二議，卒用克行策。城成，諜言寇至，軍中皆戒嚴，克行止之曰：「彼自擾耳。」已而果然。

克行在邊三十年，善拊士卒，戰功最多，羌人呼爲「折家父」。官至秦州觀察使，卒，贈武安軍節度使。子可大爲榮州團練使、知府州。從子可適。

可適未冠有勇，馳射不習而能。鄜延郭逵〔五〕見之，歎曰：「眞將種也。」薦試廷中，補殿侍，隸延州。從种諤出塞，遇敵馬以少年易之，可適索與鬥，斬其首，取馬而還，益知名。米脂之役，與夏人戰三角嶺，得級多，又敗之於蒲桃谷東。兵久不得食，千人成聚，籍籍于軍門，或欲掩殺以爲功，可適曰：「此以饑而逃耳，非叛也。」單馬出詰之曰：「爾輩何至是，不爲

父母妻子念而甘心爲異域鬼耶？」皆回面聲喏，流涕謝再生，各遣歸。

羌、夏人十萬入寇，可適先得其守烽卒姓名，詐爲首領行視，呼出盡斬之，烽不傳，因卷甲疾趨，大破之于尾丁磑。回次欂楊溝，正午駐營，分騎據西山，曰：「彼若躡吾後，腹背受敵，必敗。」果舉軍來，可適所部纔八千，轉戰至高嶺，迺從間道趣洪德，設伏邀其歸路。敵至，伏發衝之，其國母踰山而遁，焚棄輜重，雖帷帳首飾之屬亦不返，衆相蹈藉，赴厓澗死者如積。論前後功，至皇城使、成州團練使、知岷蘭州鎭戎軍。

渭帥章楶合熙、秦、慶三道兵築好水川，命總管王文振統之，而可適將軍爲副。熙州兵千人失道盡死，文振歸罪於可適，楶卽下之吏。宰相章惇欲按軍法，哲宗不許，猶削十三官而罷。楶請留以責效，乃以權第十二將〔六〕。

嵬名阿埋、昧勒都逋，皆夏人桀黠用事者，詔可適密圖之。會二酋以畜牧爲名會境上，可適諜知之，遣兵夜往襲，幷俘其族屬三千人，遂取天都山。帝爲御文德殿受賀，以其地爲西安州，遷可適東上閤門使、洛州防禦使、涇原鈐轄、知州事，眞拜和州防禦使，進明州觀察使，爲副都總管。

帥鍾傳行邊，爲敵所隔，以輕騎拔之，得歸。傳議取靈武，環慶亦請出師，命可適將萬騎往，卽薄靈州川。夏人扶老挾稚，中夜入州城，明日俘獲甚夥，而慶兵不至，乃引還。詔

使入覲，帝以傳策訪焉，對曰：「得之易，守之難，當先侵弱其地，待吾藩籬既固，然後可圖。」帝曰：「卿言是也。」進武安軍節度觀察留後、步軍都虞候。

大城蕭關，與傳議齟齬，會覆帥數百于踏口，傳劾之，貶鄭州觀察使。俄知衞州，拜淮康軍節度使。轉運使請於平夏、通峽、鎭戎、西安四砦分築場圃，置芻粟五百萬，可適以費大難之，又欲借車牛以運，及致十萬斛於熙河，皆戾其意，乃中以疑謗，召爲佑神觀使。明年，復以爲渭州，命其子彥質直祕閣參軍事，數月而卒，年六十一。彥質，紹興中簽書樞密院，別有傳。

馮繼業字嗣宗，大名人。父暉，朔方節度，封衞王。繼業幼敏慧，有度量，以父任補朔方軍節院使，隨父歷邠、孟，及再領朔方，皆補牙職。周廣順初，暉疾，繼業圖殺其兄繼勳，暉卒，遂代其父爲朔方軍留後。以郊祀恩，加靈州大都督府長史，遷朔方節度、靈環觀察、處置、度支、温池榷稅等使。

恭帝時，繼業既殺兄代父領鎭，頗驕恣，時出兵劫略羌夷，羌夷不附，又撫士卒少恩，繼業慮其爲變，以太祖居鎭日嘗得給事，乃豫徙其孥闕下。

建隆初，來朝，連以駝馬、寶器爲獻。開寶二年，賜詔獎諭，拜靜難軍節度使。三年，改鎭定國軍，吏民立碑頌其遺愛。太平興國初來朝，封梁國公，留京師。明年，卒，年五十一，贈侍中。

王承美，豐州人，本河西藏才族都首領。其父事契丹，爲左千牛衞將軍，開寶二年率衆來歸。承美授豐州牙內指揮使，父卒，改天德軍蕃漢都指揮使、知州事，移豐州刺史。遣軍校詣闕言，願誘退渾、突厥內附，上嘉其意。

太平興國七年，與契丹戰，斬獲以萬計，禽其天德軍節度使韋太以獻。明年，契丹來寇，又擊敗其衆萬餘，追北至青冢百餘里，斬獲益衆。以功授本州團練使。以乞黨族次首領弗香克浪買爲歸德郎將〔七〕，沒細大首領越移爲懷化大將軍，瓦窰爲歸德大將軍。淳化二年多來朝，令歸所部，控子河汊。自是諸蕃歲修貢禮，頗效忠順。

景德初來朝，以其守邊歲久，遷本州防禦使以還。自承美內屬，給奉同蕃官例，至是，特詔月增五萬。尋請於州城置孔子廟，詔可之。未幾被疾，遣中使挾醫視之。大中祥符五年，卒，贈恩州觀察使。六年，錄其子文寶、孫懷筠〔八〕以官。

初，承美養其長孫文玉爲子，奏署殿直，及卒，其本族首領上言文玉曉達軍政，請令襲承美任。下蕃漢議，議同，以爲侍禁、知州事。文玉父文恭時爲侍禁，在沂州，表訴其事，詔改文恭爲供奉官。九年，承美葬，詔以繒帛、米麴、羊酒賜其家。

李繼周，延州金明人。祖計都，父孝順，皆爲金明鎭使，繼周嗣掌本族。

太平興國三年，東山蕃落集衆寇清化砦，繼周率衆敗之，殺三千餘人，補殿前承旨。雍熙中，又與侯延廣敗末藏、末腋等族於渾州西山。淳化四年，遷殿直，賜介冑、戎器、茶綵。明年，討李繼遷，命開治塞門、鵶兒兩路，又招降族帳首領二十餘人，率所部入夏州，敗蕃兵數千於石堡砦。以功轉供奉官，復加恩賞，仍賜官第。

繼周以阿都關、塞門、盧關等砦最居邊要，遂規修築砦城。有磨盧家、媚咩、拽藏等族居近盧關，未嘗內順。繼周夜率所部往襲，焚之，斬首俘獲甚衆。至道二年，授西京作坊副使，賜袍帶、銀綵、雕戈以寵之。大軍討西夏，命爲延州路踏白先鋒。會繼遷邀戰於路，繼周戰卻之。咸平初，改西京左藏庫副使。三年，復爲先鋒，入賊境，焚積聚，殺人畜，獲器甲凡六十餘萬。授供備庫使，領金明縣兵馬都監、新砦解家河盧關路都巡檢。五年，授西京

作坊使。蕃騎入鈔，繼周逐之出境。景德元年，夏人圍麟州，繼周受詔率兵會李繼福掩擊之。加領誠州刺史。

大中祥符二年，卒，年六十七。詔邊臣擇其子可襲職者以名聞，邊臣言其子殿直士彬遜愞，從子士用朴忠練邊事，且爲部落所伏。乃詔士彬管勾部族事，士用爲巡檢都監以左右之。

士彬後至供備庫副使、金明縣都監、新砦解家河盧關路巡檢。康定元年，元昊反，攻保安軍，而潛兵襲金明，士彬父子俱被禽。士彬兄士紹至內殿崇班，士用至供奉官、閤門祗候。

李繼福者，亦與繼周同時歸順，授永平砦茭村軍主，以戰功歷歸德將軍，領順州刺史，至內殿崇班、新歸明諸族都巡檢。

孫行友，莫州清苑人，世業農。初，定州西二百里有狼山者，當易州中路，舊有城堡，邊人賴之以避寇。山中蘭若有尼，姓孫氏，名深意，有術惑衆。行友兄方諫〔九〕名之爲姑師，事之甚謹。及尼坐亡，行友益神其事，因以其術然香燈，聚民漸衆。自晉少帝與契丹絕好，

邊州困於轉輸，遣民往往依方諫，推以爲帥。方諫懼主帥捕逐，乃表歸朝，因署爲東北面招收指揮使〔一〇〕，且賜院額曰「勝福」。每契丹軍來，必率其徒襲擊之，鎧仗、畜產所得漸多，人益依以避難焉。易、定帥聞于朝，因以方諫爲邊界遊奕使，行友副之。自是捍禦侵軼，多所殺獲。乘勝入祁溝關、平庸城，破飛狐砦，契丹頗畏之，邊民千餘家賴以無患。然亦陰持兩端，以圖自固。

已而晉師失律，薊人導契丹陷中原，方諫之密搆也。契丹授方諫定州節度，行友易州刺史。尋以蕃將耶律忠代方諫於雲州〔一一〕，方諫不受命，歸保狼山。契丹北歸，焚劫中山，方諫自狼山率衆復保定州，歸命於漢，授行友易州刺史，行義泰州刺史。弟兄掎角以居，寇每入，諸軍鎭閉壘坐視，一無所得。

行友嘗遣都校王友遇巡警於石河，與契丹遇，殺百餘騎，又嘗獲其刺史蔡福順、清苑令王璉。乾祐中，契丹復犯塞，行友禦之，俘殺數百人。周太祖北征，行友道獻俘馘人馬以求見，且請自效，乃厚加賜予，留之軍門。及周祖受命，行友屢上言偵得契丹離合，願得勁兵三千乘間平定幽州，乃移方諫鎭華州，以行友爲定州留後。顯德初，正授節鉞。世宗自河東還，加檢校太傅。六年，世宗北征，行友攻下契丹之易州，擒其刺史李在欽〔一二〕以獻。

宋初，加同平章事。狼山佛舍妖妄愈甚，衆趨之不可禁，行友不自安，累表乞解官歸

山，詔不允。建隆二年，乃徙其帑廩，召集丁壯，繕治兵甲，欲還狠山以自固。兵馬都監藥繼能密表其事，太祖遣閤門副使武懷節馳騎會鎭、趙之兵，稱巡邊直入其城，行友不之覺。既而出詔示之，令舉族赴闕，行友蒼黃聽命。既至，命侍御史李維岳就第鞫之，得實，下詔切責，削奪從前官爵，勒歸私第。仍戮其部下數人，遣使馳詣狠山，輦其尼師之屍焚之。行友弟易州刺史方進、兄子保塞軍使全暉皆詣闕待罪，詔釋之。

四年秋，詔免行友禁錮。未幾，以郊祀恩，起爲右龍武軍將軍。乾德二年，遷右監門衞大將軍，又改左龍武軍大將軍。太平興國六年，卒，年八十，贈左衞上將軍。方進至德州刺史。子全照。

全照字繼明，以蔭補殿直，雍熙中授京南巡檢，俄隸幽州部署曹彬麾下，遷供奉官、閤門祇候，歷靜戎、威虜二軍監軍。從田重進擊賊有功，就加西京作坊使，兼知威虜軍，連爲廣韶、鄜延二路都巡檢使。淳化五年，率兵與李繼隆克綏州，因與張崇貴等同戍守之。俄護屯兵於夏州，兼知州事。召還，爲登萊路都巡檢使，遷左藏庫使、延州監軍兼阿都關盧關路都巡檢事。

咸平初，入掌軍頭引見司。二年，加如京使，爲涇原路鈐轄兼安撫都監，是冬徙并、汾

等州都巡檢使。三年，改知順安軍，代還，復爲環慶路鈐轄，與李繼和規度靈州道路。四年，加西上閤門使，復爲環慶路鈐轄。五年，將城綏州，以慕興爲綏州路部署，全照爲鈐轄。既又慮全照素剛執，與興不協，乃以曹璨代之。既調兵夫二萬餘，全照言其非便，乃罷。又嘗命度地河北，全照言沿河高阜可分置城堡屯戍者，寧邊軍南、武強縣側凡二處，上重於興役，止命營安平南，徙置祁州。俄知天雄軍府。六年夏，上裁定防秋禦戎之要，命爲寧邊軍〔三〕部署，領兵八千扼要害之路。以全照好陵人，取其嘗所保薦者王德鈞、裴自榮共事焉。

景德元年，上幸澶淵，命爲駕前西面邢洺路馬步軍鈐轄兼天雄軍駐泊，兼管勾東南貝、冀等州鈐轄。全照言：「若敵騎南逼魏城，但得騎兵千百，必能設奇取勝。」上賞其忠果，乃傳詔都部署周瑩，若全照欲擊賊，即分兵給之。既而邊騎果逼府城，全照拒退之，眞宗遣使勞慰。時契丹請和，朝廷遣曹利用就其行帳議事，全照疑非誠懇，勸判府王欽若留不遣，故德清軍不能守，吏民多爲賊所害。及契丹出境，北面將帥還師併至府城，全照令以次雙行入門，魏能不從其約，率兵馬坌入，全照坐城樓引弓射之。欽若入朝就命，全照知軍府事，以城守勞，加檢校工部尚書，增食邑三百戶。徙鎭州。召還，進東上閤門使，領英州刺史。

全照形短精悍，知兵，以嚴毅整衆，然性剛使氣，專任刑罰。中書初進擬嚴州刺史，上曰：「全照深刻，常慮人以嚴察議己，今授此州，似涉譏誚。」乃改焉。三年，爲邠寧環慶都部署。趙德明納款，朝議減西鄙戍兵，令屯近地，全照以邊防不可無備，未即奉詔。上曰：「全照是好勇多言者，德明使已至闕，復何慮焉。」因徙全照知永興軍府，仍拜四方館使。西師移屯者至府，命全照兼駐泊鈐轄。全照許州有別墅，求典是州，可之。大中祥符中，遷引進使。踰歲表求歸朝，命掌閤門、客省、四方館事。四年，車駕西幸，留爲新城都巡檢。未幾卒，年六十。

論曰：五代之季，邊圉之不靖也久矣。太祖之興，雖不勤遠略，而向之陸梁跋扈而不可制者，莫不竭忠效節，雖奔走僵仆而不避，豈人心之有異哉？良由威德之並用，控御之有道也。折氏據有府谷〔四〕，與李彝興之居夏州初無以異。太祖嘉其嚮化，許以世襲，雖不無世卿之嫌，自從阮而下，繼生名將，世篤忠貞，足爲西北之捍，可謂無負於宋者矣。承美、繼周，分蒞種落，亦能世其職者也。繼業雖出賊叛之族，而有循良之風。方諫、行友介遼、晉間，持兩端以取將相，終以首鼠獲咎，其諸異端之害歟。全照職親禁衞，素稱嚴果，而昧於弭兵之利，君子所不予也。

校勘記

〔一〕曾孫克行 按本傳所載，克行父繼閔，繼閔父惟忠，惟忠父御卿，御卿父德扆。克行當是折德扆之玄孫。疑「曾孫」爲「玄孫」之譌。

〔二〕廣順間周世宗建府州爲永安軍以德扆爲節度使 按廣順爲後周太祖年號，當時世宗尚未即位。據舊五代史卷一一四周世宗紀、通鑑卷二九二，建府州爲永安軍，以折德扆爲節度使，事在顯德元年周世宗即位之後。

〔三〕擒其吐渾一人 宋會要方域二一之二作「生擒吐渾首領一人」，「吐渾」下疑有脫文。

〔四〕埋井峯 「井」原作「幷」，據長編卷四五改；宋會要方域二一之四作「埋井寨」。

〔五〕郭逵 原作「郭達」，據本書卷二九〇郭逵傳、東都事略卷一〇四折可適傳改。

〔六〕第十二將 長編卷四九九、五〇一同，東都事略卷一〇四本傳、李之儀姑溪居士後集卷二〇折渭州墓誌銘都作「第十三將」。

〔七〕以乞黨族次首領弗香克浪買爲歸德郎將 按：長編卷二四說：「耶保、移邈二族首領弗香克浪買，乞黨族大首領歲移，幷爲歸德郎將。」宋會要方域二一之九同。此句疑有脫誤。

〔八〕懷篤 長編卷七九、宋會要方域二一之一一都作「德篤」。

〔九〕行友兄方諫 「兄」下原衍「子」字，據舊五代史卷一二五、新五代史卷四九本傳和通鑑卷二

八五刪。

〔一〇〕東北面招收指揮使　「面」原作「西」，據舊五代史卷一二五本傳注改，通鑑卷二八五作「東北招收指揮使」。

〔一一〕尋以蕃將耶律忠代方諫於雲州　按舊五代史卷一二五本傳：「契丹之入中原也，以方諫爲定州節度使，尋以其將耶律忠代之，改方諫爲雲州節度使。」新五代史卷四九本傳：「契丹後滅晉，以方諫爲義武軍節度使，已而徙方諫於雲中。」此處「方諫」下當有脫文。

〔一二〕李在欽　原作「任欽」，據舊五代史卷一一九周世宗紀、通鑑卷二九四改。

〔一三〕寧邊軍　原作「平邊軍」，據本書卷八六地理志、長編卷五五改。

〔一四〕府谷　「府谷」二字原倒。折氏世居府州，府州的治縣名府谷，據本書卷八六地理志、九域志卷四乙正。

宋史卷二百五十四

列傳第十三

侯益 子仁矩 仁寶 孫延廣　張從恩　扈彥珂　薛懷讓　趙贊

李繼勳　藥元福　趙晁 子延溥

侯益，汾州平遙人。祖父以農爲業。唐光化中，李克用據太原，益以拳勇隸麾下。從莊宗攻大名，先登，擒軍校，擢爲馬前直副兵馬使。征劉守光，先登，遷軍使。破洺州，爲機石傷足，莊宗親以藥傅其瘡。及愈，改護衞指揮使。梁小將李立、李建以驍勇聞，軍中憚之。會莊宗與梁人戰河上，益挺身出門，擒其二將，遷馬前直指揮使。莊宗入汴，爲本直副都校。從明宗討趙在禮於鄴。會諸軍推戴明宗，益脫身歸洛，莊宗撫其背出涕。明宗立，益面縛請罪，明宗曰：「爾盡忠節，又何罪也。」改本直左廂都校。天成初，朱守殷據夷門叛，益率所部斬關先入，轉左右馬前從馬直都校、領潘州刺史。王都據定州叛，益

從王晏球攻討。會契丹來援，益逆擊之，破其衆唐河北，克其城，授寧州刺史。入爲羽林軍五十指揮都校、領費州刺史。

時夏帥李仁福卒，子彝超擅命自立，以邀節鉞，命益帥師討之。明宗不豫，遽追還。應順初，潞王舉兵鳳翔，以益爲西面行營都虞候。益知軍情必變，稱疾不奉詔，執政怒，出爲商州刺史。蜀軍寇金州，益率鎭兵襲擊，大破之。詔賜襲衣、名馬，加西面行營都巡檢使。

晉初，召爲奉國都校、領光州防禦使。范延光反大名，張從賓據河陽爲聲援。晉祖召益謂曰：「宗社危若綴旒，卿能爲朕死耶？」益曰：「願假銳卒五千人，破賊必矣。」以益爲西面行營副都部署，率禁兵數千人，次虎牢。從賓軍萬餘人，夾汜水而陣。益親鼓，士乘之，大敗其衆，擊殺殆盡，汜水爲之不流，從賓乘馬入水溺死。築京觀，刻石紀功。晉祖大喜，拜河陽三城節度，充鄴都行營都虞候。會延光以城降，移鎭潞州。

天福四年，晉祖追念虎牢之功，遷武寧軍節度、同平章事，遣中使謂益曰：「朕思卿前年七月九日大立戰功，故復以此月此日徙卿鎭彭門，領相印。」仍賜門戟，改鄉里爲將相鄉勳賢里。九月，徐州大火，益出金、粟振之。

明年，徙鎭秦州，充西面都部署。階州義軍校王君懷苦其刺史暴虐，率衆數千投蜀，請爲先鋒下秦、成諸州。益聞之懼，請援於朝；又潛遣書於蜀將，以達誠意。少帝聞之，疑爲

邊患，議徙於內地。會蒲帥安審琦移鎭許下，以益爲河中尹、護國軍節度。

契丹入汴，益率僚屬歸京師，詣契丹主，自陳不預北伐之謀。契丹授以鳳翔節度。

漢祖即位，加兼侍中。益自以嘗受契丹命，聞漢兵入洛，憂之，浚城隍爲備。孟昶遣益所親掌樞密王處回〔二〕齎書招益，復遣綿州刺史吳崇惲厚遺之。崇惲本秦州押衙，益故吏也。及何重建爲帥，遣崇惲奉表以階、秦歸蜀，授刺史，故昶遣之。益遂與其子歸蜀，昶令重建率川兵數萬出大散關以應之。漢祖知其事，遣客省使王景崇率禁軍數千，倍道趣岐下，召益入朝。時漢祖已不豫，召至臥內，謂之曰：「侯益貌順朝廷，心懷攜貳。爾往至彼，如益來，即置勿問；苟遲疑不決，即以便宜從事。」景崇至京兆，合岐、雍、邠、涇之師以破蜀軍。益懼，即謀入朝。

會聞漢祖崩，景崇欲誅益，慮隱帝不知先朝密旨。從事程渥，景崇里人也。益因遣之說景崇曰：「君致位通顯，亦可少知止足，何必懷禍人之心，爲已甚之事乎。況侯君親戚爪牙甚衆，事若妄發，禍亦旋踵至矣。」景崇怒曰：「子去，勿爲游說，吾將族爾。」益知不用渥言，即率數十騎奔入朝。隱帝遣侍臣問益結連蜀軍之由，益對曰：「臣欲誘之出關，掩殺之耳。」隱帝笑之。益厚賂史弘肇輩，言景崇之橫恣〔三〕。諸權貴深庇護之，乃授以開封尹兼中書令。俄封魯國公。景崇聞之，遂據城叛，益親屬在城中餘七十口悉爲景崇所害。

及周祖起兵，隱帝議出師禦之，益獻計曰：「王者無敵於天下，兵不宜輕出，況大名戍卒家屬盡在京城，不如閉關以挫其銳，遣其母妻發降以招之，可不戰而定。」慕容彥超以爲益衰老，作懦夫計，沮之。隱帝遣益與彥超及張彥超、閻晉卿〔四〕、吳虔裕守澶州。至赤岡，周師奄至，戰留子陂，漢軍不利。益臨陣，見士卒無鬥志，又占候不祥，乃與焦繼勳等夜謁周祖，周祖慰勞遣還。

廣順初，封楚國公，改太子太師，俄又改封齊國公。顯德元年冬，告老，以本官致仕歸洛。遣使賜茶藥錢帛，就撫問之。

太祖即位，遣賜器幣，歲一來朝，太祖以耆舊厚待之。乾德初，郊祀，詔綴中書門下班，禮與丞相等。三年，卒，年八十，贈中書令。

五子：仁愿、仁矩、仁寶、仁遇、仁興。仁愿至左金吾衞大將軍、蓬州刺史。仁遇，西京內園使。仁興，右屯衞將軍。仁愿子延濟，西京作坊使、康州刺史。

仁矩從益爲商州牙校。益之討張從賓也，仁矩首犯賊鋒，以功領蓬州刺史，充河南牙職。從益歷潞、徐、秦三鎭。開運初，入爲氈毯使，出爲天平行軍司馬。

漢初，授隰州刺史，至郡決滯訟，一日釋繫囚百餘，獄爲之空，民情悅服。仕周，歷左羽林將軍，出爲泗州刺史，改通州，兼屯田鹽鐵監使。

宋初，歷邠、雄二州刺史。治軍有方略，歷數郡，咸有善政。開寶二年，卒，年五十六。太祖甚惜之，特命中使護喪。子延廣、延之，咸平二年進士及第。

仁寶以蔭遷太子中允，即趙普妹壻。盧多遜與普有隙，普罷相，即以仁寶知邕州。州之右江生毒藥樹，宜化縣人常採貨之。仁寶以聞，詔盡伐去。九年不代。太平興國中，上言陳取交州之策，太宗大喜，令馳驛召歸。多遜遽奏曰：「若召仁寶，其謀必泄，蠻夷增備，未易取也。不如授仁寶飛輓之任，且經度之，別遣偏將發荆湖士卒一二萬人，長驅而往，勢必萬全。」帝以爲然。遂以仁寶爲交州水陸計度轉運使。前軍發，遇賊鋒甚盛，援兵不繼，遇害死江中。太宗聞之，甚悼惜，特贈工部侍郎，錄其子延齡、延世並爲齋郎。延齡至殿中丞。延世至太子中舍。

延廣，初在襁褓中，遭王景崇之難，乳母劉氏以己子代延廣死。劉氏行丐抱持延廣至京師，還益。延廣父歷通、邠、雄三州刺史，悉以補牙職。仁矩在雄州日，方飲宴，虜數十騎白晝入州城，居民驚擾。延廣引親信數騎馳出衙門，射殺其酋長一人，斬首數級，悉禽其餘

黨。延廣持首級以獻，仁矩喜，拊其背曰：「興吾門者必汝也。」監軍李漢超以其事聞，詔書褒美，賜錦袍銀帶。

仁矩卒，補西頭供奉官。從党進討太原。太平興國初，預修永昌陵，出護延州軍兼緣邊巡檢，善撫士卒，下樂爲用，戎人畏服，遷閤門祗候。會西北戎入寇，邊人擾亂，求可使徼巡者。近臣言：「延廣將家子，習邊事無出其右。」延廣時被病，强起之，遷崇儀副使，充同、鄜、坊、延、丹緣邊都巡檢使。延廣力疾入辭，太宗賜以名藥及方，遣太醫隨侍，其疾亦尋愈。戎人聞延廣之至，不敢復爲寇亂。

叛卒劉渥嘯聚亡命數百人，寇耀州富平縣，謀入京兆，其勢甚盛。所過殺居民，奪財物，縱火而去，關右騷然。延廣率兵數百，自間道追之，會渥於富平西十五里，渥衆已千餘人，相持久之。渥素憚延廣，傳言：「我草間求活，覩死如鴻毛耳；侯公家世富貴，奈何不思保守，而與亡卒爭一旦之命於鋒鏑之下。」延廣怒，因擊之，挺身與渥鬥大樹下，斷渥右臂，渥脫走，乘勢大破其衆。渥創甚，止谷中，後數日爲追兵所獲。渥素號驍勇無敵，至是爲延廣所殺，羣盜喪氣，餘黨稍稍自歸，關右以定。上嘉之，擢拜崇儀使。

淳化二年，李繼遷始擾夏臺，即命延廣領獎州刺史、知靈州，賜金帶名馬。會趙保忠陰結繼遷，朝廷命騎將李繼隆率兵問罪，以延廣護其軍。既而夏臺平，保忠就縛。手詔褒美，

錫賚甚厚。師還，留爲延州鈐轄。會節帥田重進老耄，郡中不治，以延廣同知州事兼緣邊都巡檢使。

先是，延廣知靈州，部下嚴整，戎人悅服，李繼遷素避其鋒。監軍康贊元害其功，誣奏延廣得虜情，恐後倔強難制。遽詔還，以慕容德豐代之，部內甚不治。至道間，繼遷寇靈州，朝廷謀帥，同知樞密院事錢若水稱延廣可使，就拜寧州團練使、知靈州兼兵馬都部署。賜白金二千兩，歲增給錢二百萬。戎人塞道，郵傳餽餉皆不通，延廣獨引數十騎之鎮，戎人素服其威名，皆相率引避。

二年春，被病，上遣御醫馳驛視之。醫至，疾已亟，延廣謂中使李知信曰：「延廣自度必不起，家世受國恩，今日得死所矣，但恨未立尺寸功以報上耳。」言訖而卒，年五十。上聞之，爲出涕，賵賻甚厚，以其子爲六品正員官。子紹隆，東染院使、帶御器械。紹隆子宗亮，右侍禁、閤門祗候。

張從恩，并州太原人。父存信，振武軍節度。後唐明宗微時，嘗隸存信麾下。時從恩

尙幼，頗無賴，明宗甚薄之，及卽位，止授散秩。從恩不得志，乃退歸太原。

晉祖鎭河東，爲少帝娶從恩女。晉初，以外戚擢爲右金吾衞將軍，未幾，改刺貝州，遷北京副留守，移授澶州防禦使。歷樞密副使、宣徽南院使、權西京留守，俄判三司。安從進叛于襄陽，以從恩爲行營兵馬都監。

少帝嗣位，襄陽平，遷檢校太尉、開封尹，充東京留守。少帝自鄴歸汴，改鄴都留守。錫賚加等，仍賜銀裝肩輿二，俾迎其家。明年，契丹擾河朔，從恩僅能完守。尋加同中書門下平章事。是歲，契丹將趙延昭據甘陵，命從恩爲貝州行營都部署。從恩至，延昭遁去。詔與杜重威合兵三萬北伐。

開運初，改天平軍節度。契丹復擾邊，命十五將北征，以從恩充北面行營都監。二年，移鎭晉州，又改潞州。及契丹入汴，從恩欲降，從事高防諫曰：「公晉室之親，宜盡臣節。」從恩不聽，乃棄城而去。巡檢使王守恩悉取其家財，以城歸漢祖。漢祖至汴，從恩惶懼不敢出。漢祖召賜襲衣、金帶、鞍勒馬、器幣以安慰之。尋拜右衞上將軍，奉朝請。周初，還左金吾衞上將軍。周祖征兗州，從恩從行。世宗嗣位，加檢校太師，封褒國公。宋初，改封許國公，久之，以病免。乾德四年，卒，年六十九。

扈彥珂，代州鴈門人。幼事王建立，以謹厚稱。晉天福中，建立節制潞州，卒，遺表薦彥珂，得補河東節度左都押衙。會漢祖自太原建號，擢爲宣徽南院使。未幾，授鎭國軍節度，華商等州觀察、處置等使。

乾祐初，河中李守貞、永興趙思綰、鳳翔王景崇並據城叛，周祖爲樞密使，總兵出征，道出華州。時議多以先討景崇、思綰爲便，周祖意未決，彥珂曰：「三叛連衡，推守貞爲主，宜先擊河中；河中平，則永興、鳳翔失勢矣。今捨近圖遠，若景崇、思綰逆戰于前，守貞兵其後，腹背受敵，爲之奈何？」周祖從其言，及平河中，以功遷護國軍節度。時蒲人彫弊，思得良帥鎭撫。彥珂暗弱，朝議少之。

廣順初，就加同平章事，移鎭滑州。歲餘代歸。與鳳翔趙暉俱獻縉帛，請開宴，不納，以滑州李守貞宅賜之。世宗嗣位，授左衞上將軍。顯德三年，以老疾上章求退，授開府儀同三司、太子太師致仕，歸西京。太祖卽位，遣使就賜器幣，數月卒，年七十五。

薛懷讓，其先戎人，徙居太原。少勇敢，喜戰鬭。後唐莊宗在鎭，得隸帳下，累歷軍職。明宗時，改神武右廂都校、領奬州刺史。東川董璋遣懷讓率本軍從晉祖討賊，賊平，遷絳州

刺史。淸泰初，移申州。明年，表乞罷郡赴代北軍，力陳不允。

晉天福中，范延光叛於鄴，以懷讓爲招牧使。及戰，中流矢，詔賜湯藥存問。又歷沂、遼、密、懷四州刺史，所至無善政，頗事誅斂。楊光遠反靑州，召懷讓至闕，賜襲衣、玉帶，爲行營先鋒都指揮使，以功改宿州團練使。

會契丹南侵，少帝幸澶州，遣懷讓與李守貞、皇甫遇、梁漢璋率兵萬人緣河而下，以守汶陽。時契丹歲擾邊陲，朝廷擇驍將守要郡，命懷讓爲洺州團練使。會符彥卿北討契丹，以懷讓爲馬軍左廂排陣使。又從北面都招討杜重威爲先鋒都指揮使。及重威降契丹於中渡橋，懷讓亦在籍中，非其志也。

契丹主北歸，留麻答守鎭州，麻答遣步健督洺州供運。懷讓聞漢祖舉義晉陽，卽殺步健，奉表歸漢。漢祖遣郭從義分兵萬餘，與懷讓取邢州。時僞帥劉鐸守邢臺，堅壁拒之，不克而還。麻答遣副將楊安以八百騎攻懷讓，又命剛鐵將三百騎繼之。懷讓戰不勝，退保本州，契丹大掠其封內。及麻答爲鎭軍所逐，楊安亟遁，鐸又納款漢祖。懷讓乘其不虞，遣人紿鐸云：「我奉詔爲邢州帥，今率衆襲契丹，請置頓于郡。」鐸無拒心，輒開門迎之，懷讓殺鐸，奪其城。

隱帝卽位，移鎭同州。漢祖卽授以安國軍節度。及殺楊邠等，急召懷讓至闕。會北郊兵敗，懷讓降于周祖。

周祖登位，賜襲衣、金帶、鞍勒馬，遣還任，加同平章事。劉崇入寇，懷讓表求西征，詔褒之。夏陽富人張廷徽誣告趙隱等五人爲盜殺人，且厚賂懷讓子有光。懷讓知之，卽諷吏掠治隱等，強伏之，遣掌書記李炳、親校賈進蒙追、判官劉震等鍛成其獄，隱等皆棄市。家人詣闕訴冤，懷讓亦自入朝，遽獻錢百萬，請開宴，不納。俄捕獲本賊，下御史臺鞫問，懷讓懼，獻馬十匹，復不納。有司請逮懷讓繫獄，周祖以宿將，釋不問，杖流震等。俄以懷讓爲左屯衞上將軍。

世宗卽位，加左武衞上將軍。顯德五年，請老，拜太子太師致仕。恭帝卽位，封杞國公。建隆元年，卒，年六十九。贈侍中。

懷讓好畜馬駝，馬有大烏小烏者，尤奇駿。漢隱帝使求之，吝而不獻。及罷節鎭，環衞祿薄，猶有馬百匹、橐駝三十頭，傾資以給芻粟，朝夕閱視爲娛。家人屢勸鬻以供費，懷讓不聽。及死，童僕皆剺面以哭，蓋其俗也。

趙贊字元輔，本名美，後改焉。幽州薊人。祖德鈞，後唐盧龍節度，封北平王。父延壽，尙明宗女興平公主，至樞密使、忠武軍節度。

贊幼聰慧，明宗甚愛之，與諸孫、外孫石氏並育於六宅。暇日，因遍閱諸孫數十人，目贊曰：「是兒令器也。」贊七歲誦書二十七卷，應神童舉。明宗詔曰：「都尉之子，太尉之孫，幼能誦書，弱不好弄，克彰庭訓，宜錫科名，可特賜童子及第。仍附長興三年禮部春榜。」久之，延壽出鎭宣武軍，因奏署牙內都校。

淸泰末，晉祖起幷門，命延壽以樞密使將兵屯上黨，德鈞將本軍自幽州來會。時晉祖以契丹之援，引兵南下，德鈞父子降晉，契丹主盡錮之北去，贊獨與母公主留西洛。天福三年，晉祖命贊奉母歸薊門，契丹署爲金吾將軍。數年，契丹以延壽爲范陽節度，又署贊爲牙內都校。開運末，契丹主將謀南侵，委政延壽。及平原陷，贊復受契丹署爲河中節度。延壽從契丹北歸，贊得留鎭河中。

未幾，漢祖起晉陽，贊奉表勸進，漢祖加檢校太尉，仍鎭河中。改京兆尹、晉昌軍節度。贊懼漢疑己，潛遣親吏趙仙奉表歸蜀。判官李恕者，本延壽賓佐，深所委賴，至家事亦參之。及贊出鎭，從爲上介。至是，恕語贊曰：「燕王入遼，非所願也，漢方建國，必務懷柔，公若泥首歸朝，必保富貴，狼狽入蜀，理難萬全。儻復不容，後悔無及。公能聽納，請先入朝，爲公申理。」贊卽遣恕詣闕。漢祖見恕，問贊何以附蜀，恕曰：「贊家在燕薊，身受契丹之命，自懷憂恐，謂陛下終不能容，招引西軍，蓋圖苟免。臣意國家甫定，務安臣民，所以令臣乞哀求覲。」漢祖曰：「贊之父子亦吾人也，事契丹出於不幸。今聞延壽落於陷穽，吾忍不容贊耶。」恕未還，贊已離鎭入朝，卽命爲左驍衞上將軍，徙恕邢州判官。

贊仕周，歷左右羽林、左龍武三統軍。世宗南征，初遣贊率師巡警壽州城外，俄命爲淮南道行營左廂排陣使。世宗歸京，留贊與諸將分兵圍壽春，贊獨當東面。諸將戰多不利，贊獨持重，自秋涉冬，未嘗挫衂。及受詔移軍，尺椽片瓦，悉輦而行，城中人無敢睥睨者。會吳遣驍將魯公綰帥十餘萬衆泝淮奄至，跨山爲柵，阻肥水，俯瞰城中。時大軍已解圍，贊與大將楊承信將輕騎斷吳人饟路，又獨以所部襲破公綰軍，爲流矢所中。

世宗再征壽春，命造橋渦口，以通濠、泗。令騎帥韓令坤董其役，俾贊副之。屬霖雨，淮水漲溢，濠人謀乘輕舟奄焚其橋，贊覘知之，設伏橋下。濠人果至，贊令強弩亂發，殺獲甚衆。及世宗移兵趣濠，以牛革蒙大盾攻城，贊親督役，矢集于胄，雖被重傷，猶力戰，遂拔其羊馬城，刺史唐景思死焉，團練使郭廷謂〔四〕以城降。世宗詔褒美之。又以所部兵巡撫滁、和之間，破吳人五百于石潭橋。淮南平，以戰功多，授保信軍節度。贊入視事，盡去苛政，務從寬簡，居民便之。恭帝卽位，加開府階。

宋初，加檢校太師，移忠正軍節度，預平維揚。歲餘，改鎭延州，受密旨許以便宜行事。將及州境，乃前後分置步騎，綿綿不絕，林莽之際，遠見旌旗，所部羌、渾來迎，無不慴服。

乾德六年，移建雄軍節度。秋，命將征太原，以贊爲邢州路部署。開寶二年，太祖將討晉陽，又以爲河東道行營前軍馬步軍都虞候。車駕薄城下，分軍四面，贊扼其西偏。幷人乘晦自突門潛犯贊壘，贊率衆擊之，久而方退，弩矢貫足。太祖勞問數四，賜良藥傅之。四年，改鎭鄜州。

太宗卽位，進封衞國公。太平興國二年，來朝，未見而卒，年五十五。贈侍中。贊頗知書，喜爲詩，容止閑雅，接士大夫以禮，馭衆有方略。其爲政雖無異跡，而吏民畏服，亦近代賢帥也。

李繼勳，大名元城人。周祖領鎭，選隸帳下。廣順初，補禁軍列校，累遷至虎捷左廂都指揮使、領永州防禦使。顯德初，遷侍衞步軍都指揮使、領昭武軍節度。歲餘，改領曹州。世宗親征淮上，令繼勳領兵屯壽州城南，進洞屋、雲梯，以攻其城。繼勳怠於守禦，爲其所敗，死者數萬，梯、屋悉皆被焚。召歸闕，出爲河陽三城節度。議者以爲失責帥之義。及再幸壽春回，左授繼勳右武衞大將軍，又以其掌書記陳南金裨贊無狀，幷黜之。

顯德四年冬，復從世宗南征，及次迎鑾，卽命繼勳帥黑龍船三十艘於江口灘，敗吳兵數

百，獲戰船二艘，以功遷左領軍衞上將軍。七月，改右羽林統軍。六年春，世宗幸滄州，以繼勳爲戰櫂左廂都部署，前澤州刺史劉洪副之，俄權知邢州。恭帝卽位，授安國軍節度，加檢校太傅。

宋初，加檢校太尉。太祖平澤、潞，繼勳朝于行在，卽以爲昭義軍節度。是秋，率師入河東，燔平遙縣，俘獲甚衆。建隆二年冬，又敗幷軍千餘人，斬首百餘級，獲其遼州刺史傅延彥及弟延勳來獻〔三〕。

乾德二年，詔與康延沼、尹訓率步騎萬餘攻遼州，太原將郝貴超領兵來援，戰于城下，繼勳大敗之。州將杜延韜危蹙，與拱衞都指揮使冀進、兵馬都監供奉官侯美籍部下兵三千送款於繼勳。卽遣內供奉官都知慕容延忠入奏，詔褒之。未幾，幷人誘契丹步騎六萬人來取遼州，復遣繼勳與羅彥瓌、郭進、曹彬等領六萬衆赴之，大破契丹及太原軍於城下。五年，加同平章事。

開寶初，將征河東，以繼勳爲行營前軍都部署，敗幷人於洞河。二年，太祖親征河東，命繼勳爲行營前軍都部署。駕至城下，分軍四面，繼勳柵其南。三年春，移鎭大名。太平興國初，加兼侍中。俄以疾求歸洛陽，許之，賜錢千萬、白金萬兩。是秋，上表乞骸骨，拜太子太師致仕，朝會許綴中書門下班。尋卒，年六十二，贈中書令。

繼勳累歷藩鎭，所至無善政，然以質直稱。信奉釋氏。與太祖有舊，故特承寵遇。

弟繼偓，亦有武勇，周顯德末，補內殿直。宋初，累歷軍職。開寶中，爲步軍副都軍頭。太平興國三年，遷內外馬步軍副都軍頭。坐事改右衞率府率。六年，加本衞將軍、領獎州刺史。累至龍衞右廂都指揮使、領本州團練使。

繼勳子守恩至如京使，守元至北作坊使，守徽爲崇儀副使。

藥元福，幷州晉陽人。幼有膽氣，善騎射。初事邢帥王檀爲廳頭軍使，以勇敢聞。事後唐，爲拱衞、威和親從馬門軍都校，天平軍內外馬軍都指揮使。晉天福中，爲深州刺史。

開運初，契丹陷甘陵，圍魏郡，師次於河。少帝駐軍澶淵，契丹陣於城北，東西連亘，掩城兩隅，登陴望之，不見其際。元福以左千牛衞將軍領兵居陣東偏。澶民有馬破龍者告契丹曰：「先攻其東，卽浮梁可奪。」契丹信之，盡銳來戰。元福與慕容鄴各領二百騎爲一隊，躍出而鬥，元福奮鐵撾擊契丹，斃者數人，左右馳突，無不披靡，契丹兵潰。少帝登城，見元福力戰，召撫之曰：「汝奮不顧命，雖古之忠烈無以過之。」元福三馬皆中流矢，少帝擇名馬賜之。明日將戰，面授元福鄭州刺史，爲權臣所沮，止刺原州，俄改泰州。

明年，契丹復入。命元福與李守貞、符彥卿、皇甫遇、張彥澤等禦之於陽城，爲右廂副排陣使。晉師列方陣，設拒馬爲行砦。契丹以奇兵出陣後，斷糧道，晉人乏水，士馬飢渴，鑿井未及泉，土輒壞塞。契丹順風揚塵，諸將皆曰：「彼勢甚銳，俟風反與戰，破之必矣。」守貞與元福謀曰：「軍中飢渴已甚，若俟風反出戰，吾屬爲虜矣。彼謂我不能逆風以戰，宜出其不意以擊之，此兵家之奇也。」元福乃率麾下騎，開拒馬出戰，諸將繼至，契丹大敗，追北二十餘里，殺獲甚衆，敵帥與百餘騎遁去。以元福爲威州刺史。

會靈武節度王令温以漢法治蕃部，西人苦之，共謀爲亂，三族酋長拓跋彥超、石存、也廝褒率衆攻靈州。令温遣人間道入奏，乃以河陽節度馮暉鎭朔方，召關右兵進討，以元福將行營騎兵。元福與暉出威州土橋西，遇彥超兵七千餘，邀暉行李。元福轉戰五十里，殺千級，禽三十餘人，又遣部校援出令温，護送洛下。

朔方距威州七百里，無水草，號旱海，師須齎糧以行，至耀德食盡，比明，行四十里。彥超等衆數萬，布爲三陣，扼要路，據水泉，以待暉軍，軍中大懼。暉遣人賂以金帛，求和解，彥超許之。使者往復數四，至日中，列陣如故。元福曰：「彼知我軍飢渴，邀我於險，旣許和解而日中未決，此豈可信哉？欲困我耳。遷延至暮，則吾黨成禽矣。」暉驚曰：「奈何？」元福曰：「彼雖衆而精兵絕少，依西山爲陣者是也，餘不足患。元福請以麾下騎先擊西山兵，

公但嚴陣不動，俟敵少却，當舉黃旗爲號；旗舉則合勢進擊，敗之必矣。」暉然其策，遂率衆進擊，敵衆果潰。元福卽舉黃旗以招暉，暉軍繼進，彥超大敗，橫尸蔽野。是夕，入清邊軍。明日，至靈州。元福還郡，詔賜暉、元福衣帶、繒帛、銀器。

漢乾祐中，從趙暉討王景崇於鳳翔。時兵力寡弱，不滿萬人，蜀兵數萬來援，景崇至寶鷄，依山列柵。都監李彥從以數千人擊蜀軍，衆寡不敵，漢軍少卻。元福領數百騎自後驅之，下令還顧者斬，衆皆殊死戰，大敗蜀兵，追至大散關，殺三千餘人，餘皆棄甲遁去。鳳翔平，以功遷淄州刺史。

周廣順初，王彥超討徐州叛將楊溫，以元福爲行營兵馬都監。數月克之，率師還京，改陳州防禦使。

未幾，劉崇引契丹擾晉州，命樞密使王峻率兵拒之，以元福爲西北面都排陣使。軍過蒙坑，崇夜燒營遁。峻令元福與仇超、陳思讓追至霍邑，旣行，又遣止之。元福謂思讓等曰：「劉崇召契丹擾邊，志在疲弊中國，今兵未交而遁，宜追奔深入，以挫其勢。」諸將畏懦，遂止。周祖知其事，明年，因調兵戍晉州，謂左右曰：「去年劉崇之遁，若從藥元福之言，則無遺患矣。」

俄與曹英、向訓討慕容彥超於兗州，元福爲行營馬步軍都虞候。詔元福自晉州率所部

入朝，即遣東行，賜六銖、袍帶、鞍馬、器仗。周祖謂曰：「比用曹州防禦使鄭璋，我度彥超凶狡，多計謀，恐璋不能集事，選爾代之。」及至軍中，英、訓皆尊禮之，當時有爲宿將。築連城以圍兗，彥超晝夜出兵，元福屢擊敗之，遂閉壁不敢出。十餘日，元福營栅皆就，又穴地及築土山，百道攻其城。會周祖親征，元福以所部先入羊馬城，諸軍鼓譟角進，拔之。以功授建雄軍節度。

世宗高平之戰，劉崇敗走太原，遂縱兵圍其城。以元福爲同州節度，充太原四面壕砦都部署。時攻具悉備，城中危急，以糧運不繼，詔令班師。元福上言曰：「進軍甚易，退軍甚難。」世宗曰：「一以委卿。」遂部分卒伍爲方陣而南，元福以麾下爲後殿，崇果出兵來追，元福擊走之。師還，加檢校太尉，移鎭陝州。又歷定、廬、曹三鎭。

宋初，加檢校太師。九月卒，年七十七，贈侍中。元福雖老，筋骨不衰，人或言其氣貌益壯，當復領兵，必大喜，曲致禮待，或加以贈遺，時稱驍將。

趙晁，眞定人。初事杜重威爲列校。重威誅，屬周祖鎭鄴中，晁因委質麾下。周祖開國，擢爲作坊副使。慕容彥超據兗州叛，以晁爲行營步軍都監。兗州平，轉作坊使。晁自以逮事霸府，復有軍功，而遷拜不滿所望，居常怏怏。時樞密使王峻秉政，晁疑其軋己。一日使酒詣其第，毀峻，峻不之責。世宗嗣位，改控鶴左廂都指揮使、領賀州刺史。

從征劉崇，轉虎捷右廂都指揮使、領本州團練使兼行營步軍都指揮使。軍至河內，世宗意在速戰，令晁倍道兼行。晁私語通事舍人鄭好謙曰：「賊勢方盛，未易敵也，宜持重以挫其鋭。」好謙以所言入白，世宗怒曰：「汝安得此言，必他人所教。言其人，則舍爾；不言，當死！」好謙懼，遂以實對。世宗即命并晁械於州獄，軍迴始赦之。

及征淮南，改虎捷左廂、領閬州防禦使，充前軍行營步軍都指揮使，又爲緣江步軍都指揮使。時李重進敗吳人于正陽，以降卒三千人付晁，晁一夕盡殺之。世宗不之罪。壽春平，拜檢校太保、河陽三城節度、孟懷等州觀察措置等使。恭帝即位，加檢校太傅。

宋初，加檢校太尉。未幾，以疾歸京師，卒，年五十二。太祖甚悼之，贈太子太師，再贈侍中。

晁身長七尺，儀貌雄偉，好聚斂，處方鎭以賄聞。以周初與宣祖分掌禁軍，有宗盟之分，故太祖常優禮之，再加贈典焉。子延溥。

延溥，周顯德中，以父任補左班殿直。宋初，爲鐵騎指揮使。開寶初，太祖親征晉陽，太宗守京邑，延溥以所部爲帳下牙軍，轉殿前散員指揮使。九年，改鐵騎都虞候。

太宗即位，遷散指揮都虞候、領思州刺史。太平興國二年，轉內殿直都虞候。三年，改馬步軍都虞候。從平太原，略地燕薊。六軍扈從有後期至者，帝怒，欲置于法。延溥遂進曰：「陛下巡行邊陲，以防禦外侮，今契丹未殄，而誅譴將士，若舉後圖，誰爲陛下戮力乎？」帝嘉納之。師還，遷內外馬步軍都軍頭、領本州防禦使。

五年，殿前白進超卒，即日以延溥爲日騎、天武左右廂都指揮使，兼權殿前都虞候事。坐遣親吏市竹木所過關渡矯稱制免算，責授登州團練使，令赴任。是冬，帝北巡至大名，復以延溥爲本州防禦使，即命爲幽州東路行營壕砦都監。詔修緣邊城壘。逾年，加涼州觀察使，仍判登州。又爲鎭州兵馬都部署，俄判霸州。

雍熙二年，改蔚州觀察使，判冀州。會命曹彬等北征，又與內衣庫使張紹勍、引進副使董愿爲幽州西北道行營都監。師還，命知貝州，改滑州部署。四年，再知貝州，以疾求代，代未至，卒，年五十。贈天德軍節度。

子承彬，至內殿崇班。承彬子咸一，爲虞部員外郎，知宗正丞事。咸熙，天聖八年進士及第。

論曰：侯益在晉、漢時，數爲反覆，觀其受命契丹，私交僞蜀，赤岡之戰，復夜謁周祖，宗屬長幼，遭景崇鯨鯢，殆無噍類，推其心迹，豈懷貳之罰歟？薛懷讓、趙晁爲將，皆忍於殺降。晁子延溥，能救後至之誅，雖父子之親，仁暴相戾有若是者。餘皆逢時奮武，致身榮顯。扈彥珂請擊河中，卒用其策，愚者之一慮云。

校勘記

〔一〕王處回　「處」字原脫，據通鑑卷二八七及卷二八八、蜀檮杌卷下補。

〔二〕言景崇之横恣　「横恣」原作「横怒」，通鑑卷二八八作「恣横」，舊五代史卷一〇一漢隱帝紀注引宋史作「横恣」，據改。

〔三〕閻晉卿　原作「閻進卿」，據舊五代史卷一〇三漢隱帝紀、卷一〇七本傳及通鑑卷二八九改。

〔四〕郭廷謂　原作「郭廷請」，據舊五代史卷一一七世宗紀、陸游南唐書卷一一本傳改。

〔五〕傅廷彥及弟廷勳　本書卷一太祖紀作「傅廷彥、弟勳」，卷四八二北漢世家和長編卷二所載姓名與太祖紀同，此處疑有誤。

宋史卷二百五十五

列傳第十四

郭崇 楊廷璋 宋偓 向拱 王彥超 張永德 王全斌

曾孫凱 康延澤 王繼濤 高彥暉附

郭崇，應州金城人。重厚寡言，有方略。初名崇威，避周祖名，止稱崇。父祖俱代北酋長。崇弱冠以勇力應募爲卒。後唐清泰中，爲應州騎軍都校。晉祖割雲應地入爲契丹，崇恥事之，奮身南歸，歷鄆、河中、潞三鎭騎軍都校。開運中，戍太原。會漢祖起義，以崇爲前鋒。入汴，改護聖左第六軍都校，領鄆州刺史，改領富州。從周祖平河中，以功遷果州防禦使，領護聖右廂都指揮使。周祖鎭鄴，以崇領行營騎軍兼天雄軍都巡檢使。

乾祐三年冬，崇從周祖平國難，與李筠拒慕容彥超於劉子陂，走之，以崇補侍衞馬軍都

指揮使。遣馮道等迎湘陰公贇於徐州，將立之。會契丹南侵，周祖北征，次于澶州，爲六軍推戴。樞密使王峻在京師聞變，遣崇率七百騎東拒贇，遇於睢陽。崇陣于牙門外，贇懼，登門樓呼崇曰：「汝等何遽至此？」崇曰：「澶州軍變，遣崇等來衞乘輿，非有他也。」贇召崇升樓，崇未敢登，卽遣道下與語，崇乃登，具言軍情有屬，天命已定，贇執崇手泣，俛首久之。俄而贇所領衞兵都校張令超以衆歸崇，贇親將賈、王等數怒目視道，將害之。贇曰：「汝輩勿草草，此非關令公事。」崇卽送贇就館舍。

廣順初，領定武軍節度，又爲京城都巡檢使、修城都部署兼知步軍公事。未幾，復升陳州爲節鎭，以潁州隸焉，命崇爲節度。周祖親郊，加同平章事，出鎭澶州。周祖不豫，促還鎭所。

世宗立，幷人侵潞州，命崇與符彥卿出固鎭以禦之。世宗親征，又副彥卿爲行營都部署。師還，加兼侍中。冬，移眞定尹、成德軍節度。四年，世宗征淮南，契丹出騎萬乘餘掠邊，崇率師攻下束鹿縣，斬數百級，俘獲甚衆。五年，天清節，崇來朝，表求致政，不允，賜襲衣、金帶、器幣、鞍勒馬，遣之。世宗平關南，至靜安軍，崇來朝。恭帝嗣位，加檢校太師。

宋初，加兼中書令。崇追感周室恩遇，時復泣下。監軍陳思誨密奏其狀，因言：「常山近邊，崇有異心，宜謹備之。」太祖曰：「我素知崇篤於恩義，蓋有所激發爾。」遣人覘之，還言崇方對賓屬坐池潭小亭飲博，城中晏然。太祖笑曰：「果如朕言。」未幾來朝。時命李重進爲平盧軍節度，重進叛，改命崇爲節制。乾德三年，卒，年五十八。太祖聞之震悼，贈太師。

子守璘至洛苑副使，妻卽明德皇后之姊也。子允恭，以父任授殿直，至崇儀副使、知常州卒。次女爲仁宗皇后。天聖三年，詔贈崇尚書令兼中書令，守璘太尉、寧國軍節度，允恭太傅、安德軍節度。六年，又詔追封崇英國公，加贈守璘永清軍節度兼中書令，允恭忠武軍節度兼侍中。允恭子中庸，左侍禁、閤門祗候，副使；中和，娶潁川郡王德彝女，爲西染院副使。

楊廷璋字溫玉，眞定人。家世素微賤，有姊寡居京師，周祖微時，欲聘之，姊不從，令媒氏傳言恐逼，姊以告廷璋。廷璋往見周祖，歸謂姊曰：「此人姿貌異常，不可拒。」姊乃從之。周祖從漢祖鎭太原，廷璋屢省其姊，周祖愛其純謹。姊卒，留廷璋給事左右。及出討三叛，入平國難，廷璋數獻奇計。卽位，追册廷璋姊爲淑妃，擢廷璋爲右飛龍使。廷璋固辭不拜，願推恩其父洪裕。卽令召洪裕赴闕，以老病辭，就拜金紫光祿大夫、眞定少尹。廷璋歷皇城使、昭義兵馬都監、澶州巡檢使。

世宗自澶淵還京，言廷璋有幹材，遷客省使。俄爲河陽巡檢、知州事。涇帥史懿稱疾不朝，周祖命廷璋往代之。將行，謂之曰：「懿不就命，卽圖之。」廷璋至，屏左右，以詔書示懿，諭以禍福，懿卽日載路。俄聞周主崩，廷璋嘔血不食者數日。

世宗立，拜左驍衞大將軍，充宣徽北院使。征劉崇，以爲建雄軍節度。在鎭數年，頗有惠愛。前後率兵入太原境，拔仁義、高壁等砦，獲刺史、軍校數十人，俘其民數千戶，獲兵器羊馬數萬計。幷人棄沁州二百里，退保新城，廷璋遂置保安、興同、白壁等十餘砦。

會隰州刺史孫議卒，廷璋遣監軍李謙溥領州事。謙溥至，幷人來攻其城，議者以爲宜速救之。廷璋曰：「隰州城壁堅完，幷人奄至，未能爲攻城具，當出奇以破之。」乃募敢死士百餘人，許以重賞，由間道遣人約謙溥爲內應。既至，卽銜枚夜擊，城中鼓譟以出，幷人大潰，追北數十里，斬首千餘級，獲器甲萬計。奏至，世宗喜曰：「吾舅眞能禦寇。」詔褒之。

世宗自河東還，加檢校太保。顯德六年夏，率所部入河東界，下堡砦十三，降巡檢使靳漢晁等三人。恭帝卽位，加檢校太傅。

宋初，加檢校太尉。吏民詣闕，請立碑頌功德。太祖命盧多遜撰文賜之。李筠叛，潛遣親信使齎蠟書求援鄰境，廷璋獲之，械送京師，因上攻取之策，卽下詔委以經略。及車駕親征，詔廷璋率所部入陰地，分賊勢。賊平，歸鎭。是秋來朝，改鎭邠州。乾德四年，移鄜

州。開寶二年，召爲右千牛衞上將軍。四年，卒，年六十。賻帛二百匹。

廷璋美髯，長上短下，好修容儀，雖見小吏，未嘗懈惰。善待士，幕府多知名人。在晉州日，太祖命荆罕儒爲鈐轄。罕儒以廷璋周朝近親，疑有異志，每入府中，從者皆持刀劍，欲圖廷璋。廷璋推誠待之，殊不設備，罕儒亦不敢發，終亦無患。議者以廷璋在涇州保全史懿，陰德之報也。

洪裕少時，嘗漁於貂裘陂，忽有馳騎至者，以二石鴈授洪裕，一翼掩左，一翼掩右，曰：「吾北嶽使者也。」言訖，忽不見。是年生淑妃，明年生廷璋，家遂昌盛。

廷璋子七人，皆不爲求官，惟表其孤甥安崇勳得西頭供奉官。崇勳，後唐樞密使重誨子也。廷璋子坦、塤皆進士及第。坦至屯田員外郎，鹽鐵副使、判官；塤爲都官郎中。

宋偓，河南洛陽人。謙恭下士。祖瑤，唐天德軍節度兼中書令。父廷浩，尙後唐莊宗女義寧公主，生偓。廷浩歷石、原、房三州刺史；晉初，爲汜水關使，張從賓之叛，力戰死之。偓年十一，以父死事補殿直，遷供奉官。

晉祖嘗事莊宗，每偓母入見，詔令勿拜，因從容謂之曰：「朕於主家誠無所靳，但朝廷多

事，府庫空竭，主所知也。今主居輦下，薪米爲憂，當奉主居西洛以就豐泰。」命偓分司就養，敕有司供給，至於醯醢，率有加等。

漢祖在晉陽，遣其子承訓至洛，奉書偓母，與偓結昏，即永寧公主也。累授北京皇城使。漢乾祐初，拜右金吾衞大將軍、駙馬都尉。隱帝即位，授昭武軍節度，移鎭滑州。

周祖舉兵向闕，時偓在鎭，開門迎謁，周祖深德之。偓率所部兵從周祖，至劉子陂，隱帝衞兵悉走投周祖。周祖謂偓曰：「至尊危矣，公近親，可亟去擁衞，無令驚動。」偓策馬及御營，軍已亂矣。廣順初，丁內艱，服除，授左監門衞上將軍。

世宗征淮南，令偓與左龍武統軍趙贇、右神武統軍張彥超、前景州刺史劉建於壽州四面巡檢。師還，以偓爲右神武統軍，充行營右廂都排陣使，又爲廬州城下副部署。吳人大發舟師，次東沛洲〔二〕，斷蘇、杭之路。世宗遣偓領戰艦數百艘襲之，又遣大將慕容延釗率步騎而進，水陸合勢大破之。

世宗嘗次于野，有虎逼乘輿，偓引弓射之，一發而斃。及江北諸州悉平，畫江爲界。世宗駐迎鑾，命偓率舟師三千泝江而上，巡警諸郡。師還，復授滑州節制，又移鎭鄧州。恭帝即位，加開府儀同三司。

宋初，加檢校太師，遣領舟師巡撫江徼，舒州團練使司超副之。李重進謀以揚州叛，偓

察其狀，飛章以聞。太祖令偓屯海陵，以觀重進去就。遂從征揚州，爲行營排陣使。及平，以功改保信軍節度。來朝，徙鎭華州。會鑿池都城南，命偓率舟師數千以習水戰，車駕數臨觀焉。五年，改忠武軍節度。

開寶初，太祖納偓長女爲后。偓本名延渥，以父名下字從「水」，開寶初，上言改爲偓。三年，徙邠州。太平興國初，加同平章事。二年，移定國軍節度。四年，從平太原，又從征幽州。詔偓與尙食使侯昭愿領兵萬餘，攻城南面。師還歸鎭。

五年冬，車駕幸大名，召偓詣行在，詔知滄州。六年，封邢國公，俄遷同州。九年，又爲右衞上將軍。雍熙中，曹彬等北伐，班師，命偓知霸州，歸闕。端拱二年，卒，年六十四。廢朝，贈侍中，謚莊惠，中使護葬。

偓，莊宗之外孫，漢祖之壻，女即孝章皇后，近代貴盛，鮮有其比。子元靖至供備庫使，元度至供備庫副使，元載、元亨並至左侍禁、閤門祗候。初，孝章寢疾，語晉國長公主曰：「我瞑目無他憂，惟慮族屬不敦睦，貽笑於人。」景德中，偓幼子元翰果詣京府，求析家財。眞宗聞之，詔釋勿問，仍諭其族屬務遵先后遺戒焉。

元度子惟簡，爲殿直，惟易爲奉職。

向拱字星民，懷州河內人。始名訓，避周恭帝諱改焉。少倜儻負氣。弱冠，聞漢祖在晉陽招致天下士，將往依之。中途遇盜，見拱狀貌雄偉，意爲富家子，隨之，將劫其財。拱覺，行至石會關，殺所乘驢市酒會里中豪傑，告其故，咸出丁壯護拱至太原。以策干漢祖，漢祖不納，客於周祖門下。及周祖領節鎭，署拱知客押牙。

周祖即位，授宮苑使。廣順中，遷皇城使，出監昭義屯軍。幷人領馬步十五都來侵，拱與巡檢陳思讓逆戰於虒亭南，殺三百餘人，擒百人，獲其帥王璠、曹海金，又敗其軍於壺關。師還，會征慕容彥超，命爲都監，賜以六銖、袍帶、鞍勒馬、器仗，即日遣行。賊平，命爲陝州巡檢。未幾，改客省使、知陝州。

會延州高允權卒，其子紹基欲求繼襲，即自領使務。朝廷益禁兵戍守，命拱權知州事，俄遷內客省使。嘗請禁州民賣軍裝兵器於西人，從之。所屬部落有侵盜漢戶者，拱招其酋帥犒之，令誓不敢侵犯。召拜左神武大將軍、宣徽南院使。

劉崇入寇，遣馬軍樊愛能、步軍何徽赴澤州，令拱監護之。世宗親征，拱以精騎居陣中。高平之捷，以功兼義成軍節度、河東行營前軍都監。師還，出鎭陳州。

先是，晉末，秦州節度何建以秦、成、階三州入蜀，蜀人又取鳳州。至是，宰相王溥薦拱

討之，乃召拱與鳳翔王景並率兵出大散關，連下城砦。復命拱爲西南面行營都監。蜀人聞鳳州急，發卒五千餘出鳳州北堂倉鎮路，行至黃花谷，將絕周師糧道。拱與王景偵知之，命排陣使張建雄領兵二千直抵黃花谷，又遣別將領勁卒千人出敵後，截其歸路。敵果爲建雄所敗，奔堂倉，又爲勁卒所逼，合勢掩擊，擒其監軍王巒、孫韜等千五百餘。由是劍門之下，州邑營砦，望風宵遁，秦、鳳、階、成平。召歸，宴於金祥殿，賜襲衣、金帶、銀器、繒帛、鞍勒馬。

顯德二年，世宗親征淮南，以拱權東京留守兼判開封府事。時揚州初平，南唐令境上出師，謀收復。韓令坤有棄城之意，即驛召拱赴行在，拜淮南節度，依前宣徽使兼緣江招討使，以令坤爲副。時周師久駐淮陽，都將趙晁、白延遇等驕恣橫暴，不相稟從，惟務貪濫，至有劫人妻女者。及拱至，戮其不奉法者數輩，軍中肅然。六月，追叙秦、鳳功，加檢校太尉。

時周師圍壽春經年未下，江、淮草寇充斥，吳援兵柵於紫金山，與城中烽火相應。而舒、蘄、和、泰復爲吳人所據。拱上言欲且徙揚州之師併力攻壽春，俟其城下，然後改圖進取。世宗從之。拱乃封庫，付揚州主者；復遣本府牙將分部按巡城中，秋毫不犯，軍民感悅。及師行，吳人有負糗糧以送者。至壽春，與李重進合勢以攻其城，改淮南道招討都監，敗淮南軍二千于黃蓍砦。

世宗再幸壽州，召拱宴賜甚厚，以爲武寧軍節度，命領其屬駐鎮淮軍。及克壽州，以功

加同平章事、領武寧軍節度。四年，徙歸德軍節度。淮南平，改山南東道節度，俄充西南面水陸發運招討使。恭帝即位，加檢校太師、河南尹、西京留守。

宋初，加兼侍中。太祖征李筠，拱迎謁至汜水，言於上曰：「筠逆節久著，兵力日盛，陛下宜急濟大河，踰太行，乘其未集而誅之，緩則勢張，難爲力矣。」帝從其言，卷甲倍道趨之。筠果率兵南向，聞車駕至，惶駭走澤州城守，遂見擒。乾德初，從郊祀畢，封譙國公。

拱尹河南十餘年，專治園林第舍，好聲妓，縱酒爲樂，府政廢弛，羣盜晝劫。太祖聞之怒，移鎮安州，命左武衞上將軍焦繼勳代之，謂繼勳曰：「洛久不治，選卿代之，無復效拱爲也。」

太平興國初，進封秦國公，來朝，授左衞上將軍。八年，代王彥超判左金吾街仗事。表獻西京長夏門北園，詔以銀五千兩償之。雍熙三年，卒，年七十五。贈中書令。

咸平初，眞宗聞拱之後有寒餒流離者，錄其孫憚爲國子助教。拱子德明，至洛苑使；昱，大中祥符八年進士出身。德明子悅，爲虞部郎中。

王彥超，大名臨清人。性溫和恭謹，能禮下士。少事後唐魏王繼岌，從繼岌討蜀，還至渭南。會明宗即位，繼岌遇害，左右遁去，彥超乃依鳳翔重雲山僧舍暉道人爲徒。暉善

覯人，謂彥超曰：「子，富貴人也，安能久居此？」給資帛遣之。

時晉祖帥陝，乃召至帳下，委以心腹。及移鎮太原，將引兵南下，遣從事桑維翰求援契丹，以彥超從行。天福初，累遷奉德軍校，再轉殿前散指揮都虞候、領蒙州刺史。漢初，領岳州防禦使兼護聖左廂都校，出爲復州防禦使。

周祖平內難後，北征契丹，以彥超爲行營馬步左廂都排陣使，從周祖入汴。時自彭門迎湘陰公入纘位，會軍變，周祖革命，即命彥超權知徐州節度。未行，湘陰公舊校鞏廷美據州叛，眞拜彥超武寧軍節度，命討之。彥超督戰艦破其水砦，乘勝拔之。

又與樞密使王峻拒劉崇於晉州，彥超以騎兵進，崇遁去，授建雄軍節度。復以所部追賊至霍邑，賊步騎墮崖谷，死者甚衆。

顯德初，加同平章事。劉崇南寇，命彥超領兵取晉州路東向邀擊，從戰高平。彥超自陰地關與符彥卿會兵圍汾州，諸將請急攻，彥超曰：「城已危矣，且暮將降，我士卒精銳，儻驅以先登，必死傷者衆，少待之。」翌日，州將董希顏果降。遂引兵趣石州，彥超親鼓士乘城，躬冒矢石，數日下之，擒其守將安彥進，獻行在。師還，改忠武軍節度，加兼侍中。詔率所部浚胡蘆河，城李晏口。工未畢，遼人萬餘騎來侵，彥超擊敗之，殺傷甚衆。

宰相李穀征淮南，以彥超爲前軍行營副部署，敗淮南軍二千于壽州城下。吳兵水陸來

援，穀退保正陽，吳人躡其後。會李重進兵至，合勢急擊，大敗吳人三萬餘衆，追北二十餘里。還，改京兆尹、永興軍節度。六年夏，移鎮鳳翔。恭帝嗣位，加檢校太師、西面緣邊副都部署。

宋初，加兼中書令，代還。太祖與彥超有舊，因幸作坊，召從臣宴射，酒酣，謂彥超曰：「卿昔在復州，朕往依卿，何不納我？」彥超降階頓首曰：「勺水豈能止神龍耶！當日陛下不留滯於小郡者，蓋天使然爾。」帝大笑。彥超翌日奉表待罪，帝遣中使慰諭，令赴朝謁。未幾，復以爲永興軍節度。又以其父光祿卿致仕重霸爲太子少傅致仕。乾德二年，復鎮鳳翔。三年，丁外艱，起復。開寶二年，爲右金吾衞上將軍判街仗事。

太平興國六年，封邠國公。七年，彥超語人曰：「人臣七十致仕，古之制也。我年六十九，當自知止。」明年，表求致仕，加太子太師，給金吾上將軍祿。彥超既得請，盡斥去僕妾之冗食者，居處服用，咸遵儉約。雍熙三年，卒，年七十三。贈尚書令。

開寶初，彥超自鳳翔來朝，與武行德、郭從義、白重贊、楊廷璋俱侍曲宴。太祖從容謂曰：「卿等皆國家舊臣，久臨劇鎮，王事鞅掌，非朕所以優賢之意。」彥超知旨，即前奏曰：「臣無勳勞，久冒榮寵，今已衰朽，願乞骸骨歸丘園，臣之願也。」行德等竟自陳夙昔戰功及履歷艱苦，帝曰：「此異代事，何足論？」翌日，皆罷行德等節鎮。時議以此許彥超。

初，彥超將致政，每戒諸子曰：「吾累爲統帥，殺人多矣，身死得免爲幸，必無陰德以及後，汝曹勉爲善事以自庇。」及卒，諸子果無達者。宣化門內有大第，園林甚盛，不十餘年，其家已鬻之矣。孫克從，咸平元年進士及第，亦止於州縣。

張永德字抱一，并州陽曲人。家世饒財。曾祖丕，尚氣節。後唐武皇鎮太原，急於用度，多嚴選富家子掌帑庫。或調度不給，卽坐誅，沒入貲產。丕爲之滿歲，府財有餘。宗人政當次補其任，率族屬泣拜，請丕濟其急，丕又爲代掌一年，鄉里服其義。父頴事晉至安州防禦使。

永德生四歲，母馬氏被出，育於祖母，事繼母劉，以孝聞。周祖初爲侍衞吏，與頴善，乃以女妻永德。永德迎其母妻詣宋州。時寇賊充斥，乃易弊衣，毀容儀，居委巷中。有賊過，卽邀乞焉，紿曰：「此悲田院耳。」賊卽舍去，繇是免禍。周祖爲樞密使，表永德授供奉官押班。乾祐中，命賜潞帥常遇生辰禮幣。遇，周祖之外兄弟也。時周祖鎮鄴，被讒，族其家。永德在潞州，聞有密詔授遇，永德探知其意，謂遇曰：「得非涖殺永德耶？永德卽死無怨，恐累君侯家耳。」遇愕然曰：「何謂也？」永德曰：「姦邪蠹政，郭公誓清君側，願且以永德屬吏，

事成足以爲德，不成死未晚。」遇以爲然，止令壯士嚴衞，然所以餽之甚厚。親問之曰：「君視丈人事得成否？」永德曰：「殆必成。」未幾，周祖使至，遇賀且謝曰：「老夫幾誤大事。」

初，魏人柴翁以經義教里中，有女，後唐莊宗時備掖庭，明宗入洛，遣出宮。柴翁夫妻往迎之，至鴻溝，遇雨甚，踰旬不能前。女悉取裝具，計直千萬，分其半以與父母，令歸魏，曰：「兒見溝旁郵舍隊長，項黝黑爲雀形者，極貴人也，願事之。」問之，乃周祖也。父母大愧，然終不能奪。他日，語周祖曰：「君貴不可言，妾有緡錢五百萬資君，時不可失。」周祖因其資，得爲軍司。

柴翁好獨寢，人傳其能司冥間事。一日晨起，大笑不已，妻問之，不對。翁好飲，其妻逼令飲，極醉，因漏言曰：「花項漢作天子矣。」其妻頗露之，遇亦微有聞，未深言。至是，永德故以此諷遇，遇送永德歸周祖。

周祖登位，封永德妻爲晉國公主，授永德左衞將軍、內殿直小底四班都知，加駙馬都尉、領和州刺史。踰年，擢爲殿前都虞候、領恩州團練使，俄遷殿前都指揮使、泗州防禦使，時年二十四。

顯德元年，并州劉崇引契丹來侵。世宗親征，戰于高平，大將樊愛能、何徽方戰退衂。時太祖與永德各領牙兵二千，永德部下善左射，太祖與永德厲兵分進，大捷，降崇軍七千餘

衆。及駐上黨，世宗晝臥帳中，召永德語曰：「前日高平之戰，主將殊不用命，樊愛能而下，吾將案之以法。」永德曰：「陛下欲固守封疆則已，必欲開拓疆宇，威加四海，宜痛懲其失。」世宗擲枕於地，大呼稱善。翌日，誅二將以徇，軍威大振。進攻太原，師薄城下，永德與符彥卿、史彥超北控忻口以斷契丹援路。太原城四十里，周師去城三百步，圍之三匝。自四月至六月，攻之不克。契丹援兵果至，彥超戰沒，繼敗其衆二千，餘衆遁去。以永德領武信軍節度。師還，徙義成軍節度。

時永德父頴爲隸人曹澄等所害，因奔南唐。會議南征，永德請行自効，許之。師至壽春，劉仁贍堅壁不下。永德出疲兵誘之，傍伏精騎，每戰陽不利，北退三十里，伏兵突起夾攻，大敗之，仁贍僅以身免。

三年，世宗親征，至壽州城下，仁贍執澄等三人檻送行在，意求緩師，詔賜永德，俾其甘心。太祖與永德領前軍至紫金山，吳人列十八砦，戰備嚴整。敵壘西偏有高隴，下瞰其營中，永德選勁弓強弩伏隴旁，太祖麾兵直攻第一砦，戰陽不勝，淮人果空砦出門，永德亟登隴，發伏馳入據之，敵衆散走。翌日，又攻第二砦，鼓譟而進，始攻北門，淮人開南門而遁。時韓令坤在揚州，復爲吳人所逼，欲退師。世宗怒，遣永德率師援之，又敗泗州軍千餘于曲溪堰，俄屯下蔡。

時吳人以周師在壽春攻圍日急，又恃水戰，乃大發樓船蔽江而下，泊于濠、泗，周師頗不利。吳將林仁肇帥衆千餘，水陸齊進，又以船數艘載薪，乘風縱火，將焚周浮梁，周人憂之。俄而風反，吳人稍却，永德進兵敗之。又夜使習水者沒其船下，縻以鐵鎖，引輕舠急擊。吳人既不得進，溺者甚衆，奪其巨艦數十艘。永德解金帶，賞習水者。乃距浮梁十餘步，以鐵索千餘尺橫截長淮，又維巨木，自是備禦益堅矣。俄又敗千餘衆於淮北岸，獲戰船數十艘，吳人多溺死。詔褒美之。

冬，擢爲殿前都點檢。四年，從克壽州還，制授檢校太尉、領鎮寧軍節度。五年夏，契丹擾邊，命永德率步騎二萬拒之。從世宗北伐，還駐澶淵，解兵柄，加檢校太尉、同中書門下平章事。恭帝嗣位，移忠武軍節度。

太祖卽位，加兼侍中。永德入朝，授武勝軍節度。入覲，召對後苑，道舊故，飲以巨觥，每呼駙馬不名。時并、汾未下，太祖密訪其策。永德曰：「太原兵少而悍，加以契丹爲援，未易取也。臣以每歲多設游兵，擾其農事，仍發間使以諜契丹，絕其援，然後可下也。」帝然之。俄歸本鎮。

會出師討金陵，永德以己資造戰船數十艘，運糧萬斛，自順陽沿漢水而下。富民高進者，豪橫莫能禁，永德乃發其姦，置于法。進潛詣闕，誣永德緣險固置十餘砦，圖爲不軌。

太祖命樞密都承旨曹翰領騎兵案之，詰其砦所，進曰：「張侍中誅我宗黨殆盡，希中以法，報私憤爾。」翰以進授永德，永德遽解縛就市，笞而釋之。時稱其長者。

太平興國二年來朝，拜左衞上將軍。五年，坐市秦、隴竹木所過矯制免關市算，降爲本衞大將軍。數月，復舊秩。六年，進封鄧國公。雍熙中，連知滄、雄、定三州。端拱元年，拜安化軍節度。召還，爲河北兩路排陣使，屯定州。嘗與契丹戰，斬獲甚衆。二年，丁內艱，起復。淳化初，又代田重進知鎭州。二年，改泰寧軍節度兼侍中，出判并州兼并代都部署。

永德明天文術，嘗與僚佐會食，有報遼兵寇州境者，永德用太白萬勝訣占之，語坐客曰：「彼雖以年月便利，乘金而來，反值歲星對逆，兵家大忌，必敗。」未幾，折御卿捷報至，衆始歎伏。

自五代用兵，多姑息，藩鎭頗恣部下販鬻。宋初，功臣猶習舊事。太宗初卽位，詔羣臣乘傳出入，不得齎貨邀利，及令人諸處圖回，與民爭利。永德在太原，嘗令親吏販茶規利，闌出徼外市羊，爲轉運使王嗣宗所發，罷爲左衞上將軍。

眞宗卽位，進封衞國公。未幾，判左金吾街仗事。咸平初，屢表請老，授太子太師，分司西京，仍以其孫大理寺丞文蔚監務洛下，以便就養。

二年冬，契丹入邊，帝將北巡，以永德宿將，召入對便殿，賜坐，訪以邊要。以老不可從行，留爲東京內外都巡檢使。三年，制授檢校太師、彰德軍節度、知天雄軍。俄以衰耄，命還本鎭。是秋卒，年七十三。遣內園使馮守規護柩還京師，贈中書令。諸孫遷秩者五人。

永德出母，後適安邑劉祚。及永德鎭南陽，祚已卒，迎母歸州廨，起二堂，與繼母劉並居。劉卒，馬預中參，時年八十一，太宗勞之，賜冠帔，封莒國太夫人。同母弟劉再思，署子城使，於市西里起大第，聚劉族。

初，永德寓睢陽，有書生隣居臥疾，永德療之獲愈。生一日就永德求汞五兩，既得，卽置鼎中煑之，成中金。自是日與永德游，一日，告適淮上，語永德曰：「後當相遇于彼。」永德曰：「吳境不通，子何可去？」生曰：「吾自有術。」永德送行數舍，懇求藥法，生曰：「君當大貴，吾不吝此，慮損君福。」言訖而去。及永德屯下蔡，牙帳前後隊部曲八百人，皆金銀刀槊，繡旗幟。永德善騎射，左右分掛十的，握十矢，疾馳互發，發必中。淮民環觀，有一僧睥睨。永德遽召之，乃睢陽書生也。夜宿帳中，復求汞法。僧曰：「始語君貴，今不謬矣。終能謹節，當保五十年富貴，安用此爲？然能降志禮賢，當別有授公藥法者。」永德由此益罄家貲，延致方士，故太祖以方外待之。

初，睢陽書生嘗言太祖受命之兆，以故永德潛意拱嚮。太祖將聘孝明皇后也，永德出

繒錢金帛數千以助之，故盡太祖朝而恩渥不替。

孫文蔚虞部員外郎，文炳殿中丞。

王全斌，并州太原人。其父事莊宗，爲岢嵐軍使，私畜勇士百餘人，莊宗疑其有異志，召之，懼不敢行。全斌時年十二，謂其父曰：「此蓋疑大人有他圖，願以全斌爲質，必得釋。」父從其計，果獲全，因以隸帳下。

及莊宗入洛，累歷內職。同光末，國有內難，兵入宮城，近臣宿將皆棄甲遁去，惟全斌與符彥卿等十數人居中拒戰。莊宗中流矢，扶掖至絳霄殿，全斌慟哭而去。明宗卽位，補禁軍列校。晉初，從侯益破張從賓於汜水，以功遷護聖指揮使。周廣順初，改護聖爲龍捷，以全斌爲右廂都指揮使。及討慕容彥超于兗州，爲行營馬步都校。顯德中，從向訓平秦、鳳，遂領恩州團練使。俄還領泗州防禦使。從世宗平淮南，復瓦橋關，改相州留後。

宋初，李筠以潞州叛，全斌與慕容延釗由東路會大軍進討，以功拜安國軍節度。詔令完葺西山堡砦，不踰時而就。建隆四年，與洛州防禦使郭進等率兵入太原境，俘數千人以歸，進克樂平。

乾德二年冬，又爲忠武軍節度。卽日下詔伐蜀，命全斌爲西川行營前軍都部署，率禁軍步騎二萬、諸州兵萬人由鳳州路進討。召示川峽地圖，授以方略。

十二月，率兵拔乾渠渡、萬仞燕子二砦，遂下興州，蜀刺史藍思綰退保西縣。敗蜀軍七千人，獲軍糧四十餘萬斛。進拔石圖、魚關、白水二十餘砦，先鋒史延德進軍三泉，敗蜀軍數萬，擒招討使韓保正、副使李進，獲糧三十餘萬斛。既而崔彥進、康延澤等逐蜀軍過三泉，遂至嘉陵，殺虜甚衆。蜀人斷閣道，軍不能進。全斌議取羅川路以入，延澤潛謂彥進曰：「羅川路險，軍難並進，不如分兵治閣道，與大軍會於深渡。」彥進以白全斌，全斌然之。命彥進、延澤督治閣道，數日成，遂進擊金山砦，破小漫天砦。全斌由羅川趣深渡，與彥進會。蜀人依江列陣以待，彥進遣張萬友等奪其橋。會暮夜，蜀人退保大漫天砦。詰朝，彥進、延澤、萬友分三道擊之，蜀人悉其精銳來逆戰，又大破之，乘勝拔其砦，蜀將王審超、監軍趙崇渥遁去，復與三泉監軍劉延祚、大將王昭遠、趙崇韜引兵來戰〔三〕，三戰三敗，追至利州北。昭遠遁去，渡桔柏江，焚梁，退守劍門。遂克利州，得軍糧八十萬斛。

自利州趨劍門，次益光。全斌會諸將議曰：「劍門天險，古稱一夫荷戈，萬夫莫前，諸君宜各陳進取之策。」侍衞軍頭向韜曰：「降卒牟進言：『益光江東，越大山數重，有狹徑名來蘇，蜀人於江西置砦，對岸有渡，自此出劍關南二十里，至淸強店，與大路合。可於此進兵，

卽劍門不足恃也。』」全斌等卽欲卷甲赴之，康延澤曰：「來蘇細徑，不須主帥親往。且蜀人屢敗，併兵退守劍門，莫若諸帥協力進攻，命一偏將趨來蘇，若達清強，北擊劍關，與大軍夾攻，破之必矣。」全斌納其策，命史延德分兵趨來蘇，造浮梁於江上，蜀人見梁成，棄砦而遁。昭遠聞延德兵趨來蘇，至淸強，卽引兵退，陣於漢源坡，留其偏將守劍門。全斌等擊破之，昭遠、崇韜皆遁走，遣輕騎進獲，傳送闕下，遂克劍州，殺蜀軍萬餘人。

四年正月十三日，師次魏城，孟昶遣使奉表來降，全斌等入成都。旬餘，劉廷讓〔三〕等始自峽路至。昶饋遺廷讓等及犒師，並同全斌之至。及詔書頒賞，諸軍亦無差降。由是兩路兵相嫉，蜀人亦構，主帥遂不協。全斌等先受詔，每制置必須諸將僉議，至是，雖小事不能卽決。

俄詔發蜀兵赴闕，人給錢十千，未行者，加兩月廩食。全斌等不卽奉命，由是蜀軍憤怨，人人思亂。兩路隨軍使臣常數十百人，全斌、彥進及王仁贍等各保庇之，不令部送蜀兵，但分遣諸州牙校。蜀軍至綿州果叛，劫屬邑，衆至十餘萬，自號「興國軍」。有蜀文州刺史全師雄者〔四〕，嘗爲將，有威惠，士卒畏服。適以其族赴闕下，綿州遇亂，師雄恐爲所脅，乃匿其家於江曲民舍。後數日爲亂兵所獲，推爲主帥。

全斌遣都監米光緖往招撫之，光緖盡滅師雄之族，納其愛女及槖裝。師雄聞之，遂無

歸志，率衆急攻綿州，爲橫海指揮使劉福、龍捷指揮使田紹斌所敗；遂攻彭州，逐刺史王繼濤，殺都監李德榮，據其城。成都十縣皆起兵應師雄，師雄自號「興蜀大王」，開幕府，置僚屬，署節帥二十餘人，令分據灌口、導江、郫、新繁、青城等縣。彥進與張萬友、高彥暉、田欽祚同討之，爲師雄所敗，彥暉戰死，欽祚僅免，賊衆益盛。全斌又遣張廷翰〔五〕、張煦往擊之，不利，退入成都。師雄分兵綿、漢間，斷閣道，緣江置砦，聲言欲攻成都。自是，邛、蜀、眉、雅、東川、果、遂、渝、合、資、簡、昌、普、嘉、戎、榮、陵十七州，並隨師雄爲亂。郵傳不通者月餘，全斌等甚懼。時城中蜀兵尙餘二萬，全斌慮其應賊，與諸將謀，誘致夾城中，盡殺之。

未幾，劉廷讓、曹彬破師雄之衆於新繁，俘萬餘人。師雄退保郫縣，全斌、仁贍又攻破之，師雄走保灌口砦。賊勢旣衄，餘黨散保州縣。有陵州指揮使元裕者，師雄署爲刺史，衆萬餘，仁贍生擒之，磔于成都市。

俄虎捷指揮使呂翰爲主將所不禮，因殺知嘉州客省使武懷節、戰櫂都監劉漢卿，與師雄黨劉澤合，衆至五萬，逐普州刺史劉楚信，殺通判劉沂及虎捷都校馮紹。又果州指揮使宋德威殺知州八作使王永昌及通判劉渙、都監鄭光弼，遂州牙校王可璙〔六〕率州民爲亂。仁贍等討呂翰於嘉州，翰敗走入雅州。師雄病死於金堂，推謝行本爲主，羅七君爲佐國令公，與賊將宋德威、唐陶鼇據銅山，旋爲康延澤所破。仁贍又敗呂翰於雅州，翰走黎州，

爲下所殺，棄屍水中。後丁德裕等分兵招輯，賊衆始息。

全斌之入蜀也，適屬冬暮，京城大雪，太祖設氈帷於講武殿，衣紫貂裘帽以視事，忽謂左右曰：「我被服若此，體尙覺寒，念西征將衝犯霜雪，何以堪處！」卽解裘帽，遣中黃門馳賜全斌，仍諭諸將，以不徧及也。全斌拜賜感泣。

初，成都平，命參知政事呂餘慶知府事，全斌但典軍旅。全斌嘗語所親曰：「我聞古之將帥，多不能保全功名，今西蜀旣平，欲稱疾東歸，庶免悔吝。」或曰：「今寇盜尙多，非有詔旨，不可輕去。」全斌猶豫未決。

會有訴全斌及彥進破蜀日，奪民家子女玉帛不法等事，與諸將同時召還。太祖以全斌等初立功，雖犯法，不欲辱以獄吏，但令中書問狀，全斌等具伏。詔曰：「王全斌、王仁贍、崔彥進等被堅執銳，出征全蜀，彼畏威而納款，尋馳詔以申恩。用示哀矜，務敦綏撫，應孟昶宗族、官吏、將卒、士民悉令安存，無或驚擾；而乃違戾約束，侵侮憲章，專殺降兵，擅開公帑，豪奪婦女，廣納貨財，斂萬民之怨嗟，致羣盜之充斥。以至再勞調發，方獲平寧。洎命旋歸，尙欲含忍，而銜冤之訴，日擁國門，稱其隱沒金銀、犀玉、錢帛十六萬七百餘貫。又擅開豐德庫，致失錢二十八萬一千餘貫。遂令中書門下召與訟者質證其事，而全斌等皆引伏。其令御史臺於朝堂集文武百官議其罪。」

於是百官定議，全斌等罪當大辟，請準律處分。乃下詔曰：「有征無戰，雖舉於王師；禁暴戢兵，當崇於武德。蠢茲庸蜀，自敗姦謀，爰伐罪以宣威，俄望風而歸命。遽令按堵，勿犯秋毫，庶德澤之涵濡，俾生聚之寧息。而忠武軍節度王全斌、武信軍節度崔彥進董茲銳旅，奉我成謀，旣居克定之全功，宜體輯柔之深意。比謂不日淸謐，卽時凱旋，懋賞策勳，抑有彝典。而罔思寅畏，速此悔尤，貪殘無厭，殺戮非罪，稽于偃革，職爾玩兵。尙念前勞，特從寬貸，止停旄鉞，猶委藩宣。我非無恩，爾當自省。全斌可責授崇義軍節度觀察留後，彥進可責授昭化軍節度觀察留後，特建隨州爲崇義軍、金州爲昭化軍以處之。仁贍責授右衞大將軍。」開寶末，車駕幸洛陽郊祀，召全斌侍祠，以爲武寧軍節度。謂之曰：「朕以江左未平，慮征南諸將不遵紀律，故抑卿數年，爲朕立法。今已克金陵，還卿節鉞。」仍以銀器萬兩、帛萬匹、錢千萬賜之。全斌至鎭數月卒，年六十九。贈中書令。天禧二年，錄其孫永昌爲三班奉職。

全斌輕財重士，不求聲譽，寬厚容衆，軍旅樂爲之用。黜居山郡十餘年，怡然自得，識者稱之。

子審鈞，崇儀使、富州刺史、廣州兵馬鈐轄；審銳，供奉官、閤門祗候。曾孫凱。

凱字勝之。祖審鈞，嘗爲永興軍駐泊都監，以擊賊死，遂家京兆。饒於財，凱散施結客，日馳獵南山下，以踐蹂民田，捕至府。時寇準守長安，見其狀貌奇之。爲言：「全斌取蜀有勞，而審鈞以忠義死，當錄其孤。」遂以爲三班奉職、監鳳翔盩厔稅。歷左右班殿直、監益州市買院、慶州合水鎮兵馬監押、監在京草場。

先是，守卒掃遺稈自入，凱禁絕，而衆欲害之。事覺，他監官皆坐故縱，凱獨得免。自右侍禁、雄州兵馬監押，擢閤門祗候、定邢趙都巡檢使。

元昊反，徙麟州都監。嘗出雙烽橋、染枝谷，遇夏人，破之。又破龐青、黃羅部，再戰于伺候烽，前後斬首三百餘級，獲區落馬牛、槖駝、器械以數千計。夏人圍麟州，乘城拒鬥，晝夜三十一日，始解去。特遷西頭供奉官。

代還，邊寇猶鈔掠，以爲內殿崇班、麟州路緣邊都巡檢使，與同巡檢張岊護糧道于青眉浪，寇猝大至，與岊相失。乃分兵出其後夾擊之，復與岊合，斬首百餘級。又入兔毛川，賊衆三萬，凱以兵六千陷圍，流矢中面，鬥不解，又斬首百餘級，賊自蹂踐，死者以千數。遷南作坊副使，後爲幷、代州鈐轄，管勾麟府軍馬事。夏人二萬寇靑塞堡，凱出鞋邪谷，轉戰四十里，至杜胋川，大敗之，復得所掠馬牛以還。

經略使明鎬言凱在河外九年，有功，遂領賫州刺史。久之召還，未及見，會甘陵盜起，

即命領兵赴城下。賊平，拜澤州刺史、知邠州。未幾，爲神龍衞四廂都指揮使、澤州團練使，歷環慶、幷代、定州路副都總管，捧日天武四廂、綿州防禦使，累遷侍衞親軍步軍副都指揮使、涇州觀察使。又徙秦鳳路，辭日，帝諭以唃氏木征，交易阻絕，頗有入寇之萌，宜安靜以處之。凱至，與主帥以恩信撫接，遂復常貢。召拜武勝軍節度觀察留後、侍衞親軍馬軍副都指揮使。卒，年六十六。贈彰武軍節度使，諡莊恪。

凱治軍有紀律，善撫循士卒，平居與均飲食，至臨陣援枹鼓，毅然不少假。故士卒畏信，戰無不力，前後與敵遇，未嘗挫衄。兔毛川之戰，內侍宋永誠哭于軍中，凱劾罷之。尤篤好於故舊。

子緘。緘子詵，字晉卿，能詩善畫，尚蜀國長公主，官至留後。

康延澤，父福，晉護國軍節度兼侍中。延澤，天福中，以蔭補供奉官。周廣順二年，永興李洪信入覲，遣延澤往巡檢，遷內染院副使。

宋初，從慕容延釗、李處耘平湖湘。時荊南高保融卒，其子繼沖嗣領軍事，命延澤齎書幣先往撫之，且察其情僞。及還，盡得其機事，因前導大軍入境，遂下荊峽。以勞授正使。

乾德中，征蜀，爲鳳州路馬軍都監，破白水、閤子二砦，進擊西縣、三泉，獲韓保正。由來蘇路會大軍，克劍門。及孟昶降，延澤以百騎先入成都，安撫軍民，盡封府庫而還。就命爲成都府都監。會全師雄復亂，徙爲普州刺史〔七〕。時有降兵二萬七千，諸將懼爲內應，欲盡殺之。延澤請簡老幼疾病七千人釋之，餘以兵衞還，浮江而下，賊若來劫奪，卽殺之未晚。諸將不能用。俄出兵，敗賊黨劉澤三萬人。復有王可璙率數郡賊兵來戰，延澤擊走之，追北至合州。又破可璙餘黨謝行本等，擒羅七君。事平，優詔嘉奬，就命爲東川七州招安巡檢使。

全斌等得罪，延澤亦坐貶唐州教練使。開寶中，起爲供奉官，遷左藏庫副使。坐與諸姪爭家財失官，居西洛卒。

兄延沼，幼隸後唐明宗帳下。仕晉祖，爲尚食使，改散指揮使都虞候、興聖軍都指揮使，出爲隨、澤二州刺史。

周祖北征，延沼與白文遇、李彥崇、曹奉金幷從。廣順中，爲侍衞馬步軍都軍頭、領信州刺史。從世宗征劉崇，率兵攻遼州，轉龍捷右廂都校、領岳州防禦使，貟拜蔡齊鄭楚四州防禦使、晉潞二州兵馬鈐轄。

宋初，李重進叛，以延沼爲前軍馬軍都指揮使。建隆四年，改懷州防禦使。乾德六年，

命李繼勳等征河東，以延沼爲先鋒都監。太祖親征太原，以延沼宿將，熟練邊事，詔領兵屯潞州，會以疾歸郡。開寶二年，卒，年五十八。

王繼濤，河朔人，少給事漢祖左右。乾祐初，補供奉官，歷諸司副使。仕周，爲右武衞大將軍。淮南平，爲天長軍使。顯德五年，遷和州刺史。

宋初，爲左驍騎大將軍，再遷左神武大將軍。乾德二年，命護徙治安陵隧道。

大軍伐蜀，爲鳳州路壕砦使。興元降，王全斌命繼濤權府事。孟昶降，全斌又遣繼濤與供奉官王守訥部送昶歸闕。守訥白全斌，言繼濤問昶求宮妓、金帛，全斌遂留繼濤，止令守訥送昶。俄詔以繼濤爲彭州刺史。

綿州軍亂，劫全師雄爲帥，率衆攻彭州，繼濤與都監李德榮拒之，德榮戰死，繼濤身被八槍，單騎走至成都。

素與通事舍人田欽祚有隙，會欽祚入朝，乃誣奏繼濤以他事。太祖驛召繼濤，將面質之，道病卒。詔曰：「故彭州刺史王繼濤，先登擊賊，身被重創，優典未加，齎志而歿。故階州刺史高彥暉，帥師討賊，奮不顧命，垂老之年，殞身鋒鏑。永言痛悼，不忘于懷。宜各賜其家粟帛。」

高彥暉，薊州漁陽人。仕契丹爲瀛州守將。世宗北征，以城來降，遷耀、階二州刺史。王師伐蜀，爲歸州路先鋒都指揮使。全師雄之亂，崔彥進遣彥暉與田欽祚共討之。至導江，與賊遇，賊據隘路，設伏竹箐中，官軍至，遇伏發，遂不利。彥暉謂欽祚曰：「賊勢張大，日將暮，請收兵，詰朝與戰。」欽祚欲遁，慮賊曳其後，乃紿之曰：「公食厚祿，遇賊畏縮，何也？」彥暉復麾兵進，欽祚潛遁去。彥暉獨與部下十餘騎力戰，皆死之，時年七十餘。

彥暉老將，練習邊事，上聞其歿，甚痛惜，故並命優恤之。

論曰：郭崇感激昔遇，發於垂涕。太祖察其忠厚，亟焚思誨之奏〔八〕。雖魏文不強於楊彪，宋武無猜於徐廣，何以加之。延璋開懷以待罕儒，宋偓抗章以察重進，向拱獻謀以平上黨，乘時建功，各奮所長，有足尙者。王彥超起自戎昭，歷典藩服，引年高蹈，武夫之貞；至於自悔多殺，垂戒後裔，近乎仁人之用心。張永德前朝勳伐，夙識太祖，潛懷尊奉，雖有橋公祖之知，而非人臣之不二心者矣。乾德伐蜀之師，未七旬而降款至，諸將之功，何可泯也。王全斌黷貨殺降，尋啓禍變，太祖罪之，而從八議之貸，斯得馭功臣之道。延澤能相地險，豫謀屯備。繼濤、彥暉，先登重傷，殞沒無避，咸可稱焉。

校勘記

〔一〕夾東沛洲　「沛」原作「沛」，據舊五代史卷一一八周世宗紀、通鑑卷二九四改。

〔二〕大將王昭遠趙崇韜引兵來戰　「趙崇韜」原作「趙彥韜」，據本書卷四七九西蜀世家、長編卷五及下文改。趙彥韜係另一人，亦見西蜀世家。

〔三〕劉廷讓　原作「劉延讓」，據本書卷二五九本傳改，下文同。長編卷六作「劉光義」，廷讓原名光義。

〔四〕有蜀文州刺史全師雄者　「文州」原作「交州」，交州宋時通稱交趾，不是西蜀州名。長編卷六、琬琰集下編卷一王全斌傳作「文州」，據改。

〔五〕張廷翰　原作「張延翰」，據本書卷二五九本傳、長編卷六改。

〔六〕遂州牙校王可璙　「遂州」原作「逐州」，據長編卷六、琬琰集下編卷一王全斌傳改。

〔七〕徙爲普州刺史　「普州」原作「晉州」，據長編卷六及注文所引實錄改。

〔八〕亟焚思誨之奏　「思誨」原作「思晦」。據本卷郭崇傳，陳思誨密奏「崇有異心」，太祖察「崇篤於恩義」。此處所焚，當卽陳思誨之密奏；本書卷二六六辛仲甫傳、長編卷一記此事都作陳思誨。本書卷二六一陳思讓傳說：「弟思誨，至六宅使」，當卽此人。據改。

宋史卷二百五十六

列傳第十五

趙普 弟安易

趙普字則平，幽州薊人。後唐幽帥趙德鈞連年用兵，民力疲弊。普父迥〔一〕舉族徙常山，又徙河南洛陽。普沈厚寡言，鎭陽豪族魏氏以女妻之。

周顯德初，永興軍節度劉詞辟爲從事，詞卒，遺表薦普於朝。世宗用兵淮上，太祖拔滁州，宰相范質奏普爲軍事判官。宣祖臥疾滁州，普朝夕奉藥餌，宣祖由是待以宗分。太祖嘗與語，奇之。時獲盜百餘，當棄市，普疑有無辜者，啓太祖訊鞫之，獲全活者衆。淮南平，調補渭州軍事判官。太祖領同州節度，辟爲推官；移鎭宋州，表爲掌書記。

太祖北征至陳橋，被酒臥帳中，衆軍推戴，普與太宗排闥入告。太祖欠伸徐起，而衆軍擐甲露刃，諠擁麾下。及受禪，以佐命功，授右諫議大夫，充樞密直學士。

車駕征李筠，命普與呂餘慶留京師，普願扈從，太祖笑曰：「若勝胄介乎？」從平上黨，遷兵部侍郎、樞密副使，賜第一區。建隆三年，拜樞密使、檢校太保。

乾德二年，范質等三相同日罷，以普爲門下侍郎、平章事、集賢殿大學士。中書無宰相署敕，普以爲言，上曰：「卿但進敕，朕爲卿署之可乎？」普曰：「此有司職爾，非帝王事也。」令翰林學士講求故實，竇儀曰：「今皇弟尹開封，同平章事，卽宰相任也。」令署以賜普。既拜相，上視如左右手，事無大小，悉咨決焉。是日，普兼監修國史。命薛居正、呂餘慶參知政事以副之，不宣制，班在宰相後，不知印，不預奏事，不押班，但奉行制書而已。先是，宰相兼敕，皆用內制，普相止用敕，非舊典也。

太祖數微行過功臣家，普每退朝，不敢便衣冠。一日，大雪向夜，普意帝不出。久之，聞叩門聲，普亟出，帝立風雪中，普惶懼迎拜。帝曰：「已約晉王矣。」已而太宗至，設重裀地坐堂中，熾炭燒肉。普妻行酒，帝以嫂呼之。因與普計下太原。普曰：「太原當西北二面，太原既下，則我獨當之，不如姑俟削平諸國，則彈丸黑子之地，將安逃乎？」帝笑曰：「吾意正如此，特試卿爾。」

五年春，加右僕射〔二〕、昭文館大學士。俄丁內艱，詔起復視事。遂勸帝遣使分詣諸道，徵丁壯籍名送京師，以備守衞；諸州置通判，使主錢穀。由是兵甲精銳，府庫充實。

開寶二年冬，普嘗病，車駕幸中書。三年春，又幸其第撫問之，賜賚加等。六年，帝又幸其第。時錢王俶遣使致書於普，及海物十瓶，置於廡下。會車駕至，倉卒不及屏，帝顧問何物，普以實對。上曰：「海物必佳。」即命啓之，皆瓜子金也。普惶恐頓首謝曰：「臣未發書，實不知。」帝嘆曰：「受之無妨，彼謂國家事皆由汝書生耳！」

普爲政頗專，廷臣多忌之。時官禁私販秦、隴大木，普嘗遣親吏詣市屋材，聯巨筏至京師治第，吏因之竊貨大木，冒稱普市貨鬻都下。權三司使趙玭廉得之以聞。太祖大怒，促令追班，將下制逐普，賴王溥奏解之。

故事，宰相、樞密使每候對長春殿，同止廬中；上聞普子承宗娶樞密使李崇矩女，即令分異之。普又以隙地私易尚食蔬圃以廣其居，又營邸店規利。盧多遜爲翰林學士，因召對屢攻其短。會雷有鄰擊登聞鼓，訟堂後官胡贊、李可度受賕骫法及劉偉僞作攝牒得官，王洞嘗納賂可度，趙孚授西川官稱疾不上，皆普庇之。太祖怒，下御史府按問，悉抵罪，以有鄰爲秘書省正字。普恩益替，始詔參知政事與普更知印、押班、奏事，以分其權。未幾，出爲河陽三城節度、檢校太傅、同平章事。

太平興國初入朝，改太子少保，遷太子太保。頗爲盧多遜所毀，奉朝請數年，鬱鬱不得志。會柴禹錫、趙鎔等告秦王廷美驕恣，將有陰謀竊發。帝召問，普言願備樞軸以察姦變，

退又上書，自陳預聞太祖、昭憲皇太后顧託之事，辭甚切至。太宗感悟，召見慰諭。俄拜司徒兼侍中，封梁國公。先是，秦王廷美班在宰相上，至是，以普勳舊，再登元輔，表乞居其下，從之。及涪陵事敗，多遜南遷，皆普之力也。

八年，出爲武勝軍節度、檢校太尉兼侍中。帝作詩以餞之，普奉而泣曰：「陛下賜臣詩，當刻石，與臣朽骨同葬泉下。」帝爲之動容。翌日，謂宰相曰：「普有功國家，朕昔與游，今齒髮衰矣，不容煩以樞務，擇善地處之，因詩什以導意。普感激泣下，朕亦爲之墮淚。」宋琪對曰：「昨日普至中書，執御詩涕泣，謂臣曰：『此生餘年，無階上答，庶希來世得效犬馬力。』臣昨聞普言，今復聞宣諭，君臣始終之分，可謂兩全。」

雍熙三年春，大軍出討幽薊，久未班師，普手疏諫曰：

伏覩今春出師，將以收復關外，屢聞克捷，深快輿情。然晦朔屢更，荐臻炎夏，飛輓日繁，戰鬬未息，老師費財，誠無益也。

伏念陛下自翦平太原，懷徠閩、浙，混一諸夏，大振英聲，十年之間，遂臻廣濟。遠人不服，自古聖王置之度外，何足介意。竊慮邪諂之輩，蒙蔽睿聰，致興無名之師，深蹈不測之地。臣載披典籍，頗識前言，竊見漢武時主父偃、徐樂、嚴安所上書及唐相姚元崇獻明皇十事，忠言至論，可舉而行。伏望萬機之暇，一賜觀覽，其失未遠，雖悔

可追。

臣竊念大發驍雄，動搖百萬之衆，所得者少，所喪者多。又聞戰者危事，難保其必勝；兵者凶器，深戒於不虞。所繫甚大，不可不思。臣又聞上古聖人，心無固必，事不凝滯，理貴變通。前書有「兵久生變」之言，深爲可慮，苟或更圖稽緩，轉失機宜。旬朔之間，時涉秋序，邊庭早涼，弓勁馬肥，我軍久困，切慮此際，或誤指蹤。臣方冒寵以守藩，曷敢興言而沮衆。蓋臣已日薄西山，餘光無幾，酬恩報國，正在斯時。伏望速詔班師，無容玩敵。

臣復有全策，願達聖聰。望陛下精調御膳，保養聖躬，挈彼疲氓，轉之富庶。將見邊烽不警，外戶不扃，率土歸仁，殊方異俗，相率嚮化，契丹獨將焉往？陛下計不出此，乃信邪諂之徒，謂契丹主少事多，所以用武，以中陛下之意。陛下樂禍求功，以爲萬全，臣竊以爲不可。伏願陛下審其虛實，究其妄謬，正姦臣誤國之罪，罷將士伐燕之師。非特多難興王，抑亦從諫則聖也。古之人尚聞尸諫，老臣未死，豈敢面諛爲安身之計而不言哉？

帝賜手詔曰：

朕昨者興師選將，止令曹彬、米信等頓於雄、霸，裹糧坐甲以張軍聲。俟一兩月間

山後平定[三]，潘美、田重進等會兵以進，直抵幽州，然後控扼險固，恢復舊疆，此朕之志也。奈何將帥等不遵成算，各騁所見，領十萬甲士出塞遠鬬，速取其郡縣，更還師以援輜重，往復勞弊，爲遼人所襲，此責在主將也。

況朕踵百王之末，粗致承平，蓋念彼民陷於邊患，將救焚而拯溺，匪黷武以佳兵，卿當悉之也。疆埸之事，已爲之備，卿勿爲憂。卿社稷元臣，忠言苦口，三復來奏，嘉愧實深。

普表謝曰：

昨以天兵久駐塞外，未克恢復，漸及炎蒸，事危勢迫，輒陳狂狷，甘俟憲章。陛下特鑒衷誠，親紆宸翰，密諭聖謀。臣竊審命師討罪，信爲上策，將帥能遵成算，必可平定。惟其不副天心，由茲敗事。今既邊鄙有備，更復何虞。況陛下登極十年，坐隆大業，無一物之失所，見萬國之咸寧。所宜端拱穆清，嗇神和志，自可遠繼九皇，俯觀五帝。豈必窮邊極武，與契丹較勝負哉？臣素虧壯志，殉在衰齡，雖無功伐，願竭忠純。

觀者咸嘉其忠。四年，移山南東道節度，自梁國公改封許國公。會詔下親耕籍田，普表求入覲，辭甚懇切。上惻然謂宰相曰：「普開國元臣，朕所尊禮，宜從其請。」既至，慰撫數四，普

嗚咽流涕。

陳王元偁上言曰：

臣伏見唐太宗有魏玄成、房玄齡、杜如晦，明皇有姚崇、宋璟、魏知古，皆任以輔弼，委之心膂，財成帝道，康濟九區，宗祀延洪，史策昭煥，良由登用得其人也。今陛下君臨萬方，焦勞庶政，宵衣旰食，以民爲心。歷考前王，誠無所讓，而輔相之重，未偕曩賢。況爲邦在於任人，任人在乎公正，公正之道莫先於賞罰，斯爲政之大柄也。苟賞罰匪當，淑慝莫分，朝廷紀綱，漸致隳紊。必須公正之人典掌衡軸，直躬敢言，以辨得失，然後彝倫式序，庶務用康。

伏見山南東道節度使趙普，開國元老，參謀締構，厚重有識，不妄希求恩顧以全祿位，不私徇人情以邀名望，此眞聖朝之良臣也。竊聞憸巧之輩，朋黨比周，衆口嗷嗷，惡直醜正，恨不斥逐遐徼，以快其心。何者？蓋慮陛下之再用普也。然公讜之人，咸願陛下復委以政，啓沃君心，羽翼聖化。國有大事，使之謀之；朝有宏綱，使之擧之；四目未察，使之明之；四聰未至，使之達之。官人以材，則無竊祿；致君以道，則無苟容。賢愚洞分，玉石殊致，當使結朋黨以馳騖聲勢者氣索，縱巧佞以援引儕類者道消。沈冥廢滯得以進，名儒懿行得以顯，大政何患乎不擧，生民何患乎不康，匪踰期月之

間，可臻清靜之治。臣知慮庸淺，發言魯直。伏望陛下旁采羣議，俯察物情，苟用不失人[三]，實邦國大幸。

籍田禮畢，太宗欲相呂蒙正，以其新進，藉普舊德爲之表率，册拜太保兼侍中。帝謂之曰：「卿國之勳舊，朕所毗倚，古人恥其君不及堯、舜，卿其念哉。」普頓首謝。

時樞密副使趙昌言與胡旦、陳象輿、董儼、梁顥厚善。會旦令翟馬周上封事，排毀時政，普深嫉之，奏流馬周，黜昌言等。鄭州團練使侯莫陳利用驕肆僭侈，大爲不法，普廉得之，盡以條奏，利用坐流商州，普固請誅之。其嫉惡強直皆此類。

李繼遷之擾邊，普建議以趙保忠復領夏臺故地，因令圖之。保忠反與繼遷同謀爲邊患，時論歸咎於普，頗爲同列所窺，不得專決。

舊制，宰相以未時歸第，是歲大熱，特許普夏中至午時歸私第。明年，免朝謁，止日赴中書視事，有大政則召對。冬，被疾請告，車駕屢幸其第省之，賜予加等。普遂稱疾篤，三上表求致仕，上勉從之，以普爲西京留守、河南尹，依前守太保兼中書令。普三表懇讓，賜手詔曰：「開國舊勳，惟卿一人，不同他等，無至固讓，俟首塗有日，當就第與卿爲別。」普捧詔涕泣，因力疾請對，賜坐移晷，頗言及國家事，上嘉納之。普將發，車駕幸其第。

淳化三年春，以老衰久病，令留守通判劉昌言奉表求致政，中使馳傳撫問，凡三上表乞骸骨。拜太師，封魏國公，給宰相奉料，令養疾，俟損日赴闕，仍遣其弟宗正少卿安易齎詔書賜之。又特遣使賜普詔曰：「卿頃屬微痾，懇求致政，朕以居守之重，慮煩耆耋，維師之命，用表尊賢。佇聞有瘳，與朕相見。今賜羊酒如別錄，卿宜愛精神，近醫藥，強飲食，以副朕眷遇之意。」七月卒，年七十一。

卒之先一歲，普生日，上遣其子承宗齎器幣、鞍馬就賜之。承宗復命，未幾卒。次歲，普已罷中書令。故事，無生辰之賜，特遣普姪婿左正言、直昭文館張秉賜之禮物。普聞之，因追悼承宗，秉未至而普疾篤。先是，普遣親吏甄潛詣上清太平宮致禱，神爲降語曰：「趙普，宋朝忠臣，久被病，亦有冤累耳。」潛還，普力疾冠帶，出中庭受神言，涕泗感咽，是夕卒。

上聞之震悼，謂近臣曰：「普事先帝，與朕故舊，能斷大事。嚮與朕嘗有不足，衆所知也。朕君臨以來，每優禮之，普亦傾竭自效，盡忠國家，眞社稷臣也，朕甚惜之。」因出涕，左右感動。廢朝五日，爲出次發哀。贈尚書令，追封眞定王，賜諡忠獻。上撰神道碑銘，親八分書以賜之。遣右諫議大夫范杲攝鴻臚卿，護喪事，賻絹布各五百匹，米麪各五百石。葬日，有司設鹵簿鼓吹如式。

二女皆笄，普妻和氏言願爲尼，太宗再三諭之，不能奪。賜長女名志願，號智果大師；

次女名志英，號智圓大師。

初，太祖側微，普從之游，既有天下，普屢以微時所不足者言之。太祖豁達，謂普曰：「若塵埃中可識天子、宰相，則人皆物色之矣。」自是不復言。普少習吏事，寡學術，及爲相，太祖常勸以讀書。晚年手不釋卷，每歸私第，闔戶啓篋取書，讀之竟日。及次日臨政，處決如流。既薨，家人發篋視之，則論語二十篇也。

普性深沈有岸谷，雖多忌克，而能以天下事爲己任。宋初，在相位者多齷齪循默，普剛毅果斷，未有其比。嘗奏薦某人爲某官，太祖不用。普明日復奏其人，亦不用。明日，普又以其人奏，太祖怒，碎裂奏牘擲地，普顏色不變，跪而拾之以歸。他日補綴舊紙，復奏如初。太祖乃悟，卒用其人。又有羣臣當遷官，太祖素惡其人，不與。普堅以爲請，太祖怒曰：「朕固不爲遷官，卿若之何？」普曰：「刑以懲惡，賞以酬功，古今通道也。且刑賞天下之刑賞，非陛下之刑賞，豈得以喜怒專之。」太祖怒甚，起，普亦隨之。太祖入宮，普立於宮門，久之不去，竟得俞允。

太宗入弭德超之譖，疑曹彬不軌，屬普再相，爲彬辨雪保證，事狀明白。太宗嘆曰：「朕聽斷不明，幾誤國事。」即日竄逐德超，遇彬如舊。

祖吉守郡爲姦利，事覺下獄，案劾，爰書未具。郊禮將近，太宗疾其貪墨，遣中使諭旨

執政曰：「郊赦可特勿貸祖吉。」普奏曰：「敗官抵罪，宜正刑辟。然國家卜郊肆類，對越天地，告于神明，奈何以吉而隳陛下赦令哉？」太宗善其言，乃止。

眞宗咸平初，追封韓王。二年，詔曰：「故太師贈尙書令、追封韓王趙普，識冠人彝，才高王佐，翊戴興運，光啓鴻圖，雖呂望肆伐之勳，蕭何指縱之效，殆無以過也。自輔弼兩朝，周旋三紀，茂嵩廊之碩望，分屛翰之劇權，正直不回，始終無玷，謀猷可復，風烈如生。宜預享於大烝，永同休於宗祏。茲爲茂典，以答舊勳，其以普配饗太祖廟庭。」

普子承宗，羽林大將軍，知潭、鄆二州，皆有聲；承煦，成州團練使。弟固、安易。固至都官郎中。

安易字季和。建隆初，攝府州錄事參軍，節度使折德扆言其淸幹，遂命即眞。再遷河南府推官。會普居相位，十年不赴調。太平興國中，歷華、邢二鎭掌書記。部芻糧至太原城下，拜監察御史，知興元府；轉殿中，賜緋魚袋。先是，兩川民輸稅者以鐵錢易銅錢。安易言其非便，請許納鐵錢，詔從之。九年，起拜宗正少卿，知定州。會以曹璨知州，徙安易爲通判，未幾代歸。又表求外任，命知耀州，留不遣，命按視北邊事。

淳化中，嘗建議以蜀地用鐵錢，準銅錢數倍，小民市易頗爲不便，請如劉備時令西川鑄

大錢，以十當百。下都省集議，吏部尙書宋琪等言：「劉備時蓋患錢少，因而改作，今安易之請反患錢多，非經久計也。」而安易論請不已，仍募工鑄大錢百餘進之，極其精好，俄墜殿階皆碎，蓋鎔鑠盡其精液矣。太宗不之詰，猶嘉其用心，賜以金紫，且遣其典鑄。既而大有虧耗，歲中裁得三千餘緡，衆議喧然，遂罷之。事具食貨志。

歷知襄、廬二州，就遷宗正卿，歸朝，復領卿職。時屬籍未備，奏請纂錄，咸平初，乃命梁周翰與安易同修。安易略涉書傳，性強狠，好談世務，而疎闊不可用。初，太宗嘗問農政，安易請復井田之制。又以其家本燕薊，多訪以邊事。

景德初，禮官詳定明德皇太后靈駕發引，於京師壬地權攢，依禮埋懸重，升祔神主。安易上言：

禮云「既虞作主」，虞者，已葬設吉祭也。明未葬則未立虞主及神主。所以周制但鑿木爲懸重，以主神靈。王后七月而葬，則埋懸重，掩玄堂，凶仗、輼輬車、龍輴之屬焚於柏城訖，始可立虞主。吉仗還京，備九祭，復埋虞主，然後立神主，升廟室。自曠古至皇朝，上奉祖宗陵廟行此禮，何以今日乃違典章，苟且升祔，方權攢妄立神主，未大葬輒埋懸重？且棺柩未歸園陵，則神靈豈入太廟？奈柏城未焚凶仗，則凶穢唐突祖宗。望約孝章近例，但於壬地權攢，未立神主升祔，凶儀一切祗奉。俟丙午年靈駕西

去園陵，東回祔廟。如此則免於顚倒，不利國家。

乃詔有司再加詳定。判禮院孫何等上言：

按晉書羊太后崩，廢一時之祀，天地明堂，去樂不作。又按禮，王后崩，五祀之祭不行，既殯而祭。所言五祀不行，則天地之祭不廢，遂議以園陵年月不便，須至變禮從宜。又緣先準禮文，候神主升祔畢，方行享祀。若俟丙午歲，則三年不祭宗廟，禮文有闕。況明德皇太后德配先朝，禮合升祔。遂與史館檢討同共參詳，以爲廟未祔則神靈不至，伏恐祭祀難行。攢既畢則梓宮在郊，可以葬禮比附。遂按禮云「葬者藏也，欲人不得而見也。」既不欲穿壙動土，則龍輴、攢木、題湊，蒙椁上四柱如屋以覆，盡塗之。所合埋重，一依近例，便可升祔神主。安易妄言，以凶仗爲凶穢，目羣官爲顚倒，指梓宮爲棺柩，令百司分析園陵，浼瀆聖聰，誣罔臣下。

安易又云「昔日覩羣官盡公，奉二帝諸后，並先山陵，後祔廟；今日覩羣官顚倒，奉明德皇太后，獨先祔廟，後園陵」者。今詳當時先山陵後祔廟，正爲年月便順，別無陰陽拘忌；今則年月未便，理合從宜。未埋重則禮文不備，未升祔則廟祭猶闕，須從變禮，以合聖情。兼明德皇太后將赴權攢，而安易所稱「柏城未焚凶仗，則凶穢唐突祖宗」。按檀弓云：「喪之朝也，順死者之孝心也。」鄭玄注云，謂遷柩於廟。又云：「其哀離

其室也，故至於祖考之廟而後行，商朝而殯於祖，周朝而遂葬。」今亦迨辭宗廟而後行，豈可以禮經所出目爲顚倒，吉凶具儀謂之唐突哉？

又云：「孝章皇后至道元年崩，亦緣有所嫌避，未赴園陵，出京權攢之時，不立神主入廟。直至至道三年，西去園陵，禮畢，然後奉虞主還京，易神主祔廟，以合典禮。」今詳當時文籍，緣孝章爲太宗嫂氏，上仙之時，止輟五日視朝，百官不曾成服，與今不同。從初亦無詔命令住廟享。今明德皇太后母儀天下，主上孝極曾、顏，況上仙之初，即有遺命權停享祀。今按禮文，固合如此。安易荒唐庸昧，妄有援引，以大功之親，比三年之制，欺罔君上，乃至於斯。

況安易以許直自負，所詆者無非良善；以淸要自高，所尙者無非鄙俗。名宦之志，老而益堅；詩書之文，懵而不習。本院所議，並明稱典故，旁考時宜，雖曰從權，粗亦稽古，請依元議施行。

從之。安易又屢言陵廟事，詞多鄙俚。晚歲進趨不已，時論嗤之。二年卒，年七十六。贈工部尙書。錄其子承慶爲國子博士，孫從政爲太常寺奉禮郎。

論曰：自古創業之君，其居潛舊臣，定策佐命，樹事建功，一代有一代之才，未嘗乏也。求其始終一心，休戚同體，貴爲國卿，親若家相，若宋太祖之於趙普，可謂難矣。陳橋之事，人謂普及太宗先知其謀，理勢或然。事定之後，普以一樞密直學士立於新朝數年，范、王、魏三人罷相，始繼其位，太祖不亟於酬功，普不亟於得政。及其當揆，獻可替否，惟義之從，未嘗以勳舊自伐。偃武而修文，愼罰而薄斂，三百餘年之宏規，若平昔素定，一旦舉而措之。太原、幽州之役，終身以輕動爲戒，後皆如其言。家人見其斷國大議，閉門觀書，取決方册，他日竊視，乃魯論耳。昔傅說告商高宗曰：「學于古訓乃有獲，事不師古，以克永世，匪說攸聞。」普爲謀國元臣，乃能矜式往哲，蓍龜聖模，宋之爲治，氣象醇正，茲豈無助乎。晚年廷美、多遜之獄，大爲太宗盛德之累，而普與有力焉。豈其學力之有限而猶有患失之心歟？君子惜之。

校勘記

〔一〕父迥　「迥」，隆平集卷四、東都事略卷二六本傳都作「逈」。

〔二〕右僕射　本書卷二一〇宰輔表同。卷二太祖紀及長編卷八作「左僕射」。

〔三〕俟一兩月間山後平定　「平定」原作「平安」，據長編卷二七、太平治蹟統類卷三改。

〔四〕苟用不失人　「人」字原脫，據長編卷二八補。

宋史

元　脱脱等撰

第二六册

卷二五七至卷二七〇（傳）

中華書局

中華書局

宋史卷二百五十七

列傳第十六

吳廷祚 子元輔 元載 元扆　李崇矩 子繼昌　王仁贍　楚昭輔　李處耘 子繼隆 繼和

吳廷祚字慶之，并州太原人。少頗讀書，事周祖，爲親校。廣順初，授莊宅副使，遷內軍器庫使、知懷州，入爲皇城使。會天平符彥卿移鎭大名，以廷祚權知鄆州。世宗卽位，遷右羽林將軍，充內客省使。未幾，拜宣徽北院使。世宗征劉崇，爲北面都巡檢使。師還，權判澶州，歸闕，加右監門衞大將軍。俄遷宣徽南院使、判河南府、知西京留守事。汴河決，命廷祚督丁壯數萬塞之。因增築堤防，自京城至臨淮，數旬訖工。世宗北征，權東京留守。是夏，河決鄭州原武縣，命廷祚發近縣丁壯二萬餘塞之。師還，以廷祚爲左驍衞上將軍、檢校太傅，充樞密使。恭帝卽位，加檢校太尉。

宋初，加同中書門下二品，以其父名璋，故避之。會李筠叛，廷祚白太祖曰：「潞城岳險，且阻太行，賊據之，未易破也。筠素勇而輕，若速擊之，必離上黨來邀我戰，猶獸亡其藪，魚脫於淵，因可擒矣。」太祖遂親征，以廷祚留守東京兼判開封府。筠果領兵來，戰澤州南，其衆敗走。及討李重進，又爲東京留守。

建隆三年夏，帝謂之曰：「卿掌樞務，有年于茲，與卿秦州，以均勞逸。明日制出，恐卿以離脫左右爲憂，故先告卿。」卽以爲雄武軍節度。先是，秦州夕陽鎭西北接大藪，多材植，古伏羌縣之地。高防知州日，建議就置采造務，調軍卒分番取其材以給京師。西夏酋長尙波于率衆爭奪，頗傷役卒，防捕繫其黨，以狀聞。上令廷祚代防，齎詔赦尙波于等，夏人感悅。是年秋，以伏羌地來獻。

乾德二年來朝，改鎭京兆。開寶四年長春節來朝。俄遇疾，車駕臨問，命燕艾灸其腹，遣中使王繼恩監視之。未幾卒，年五十四。贈侍中，官給葬事。廷祚謹厚寡言，性至孝，居母喪，絕水漿累日。好學，聚書萬餘卷。治家嚴肅，尤崇奉釋氏。

子元輔、元載、元範、元扆、元吉、元慶。元範、元慶仕皆至禮賓副使。元吉，閤門祗候。元吉子昭允，太子中舍。元慶子守仁，內殿崇班。

元輔字正臣，頗好學，善筆札。周廣順中，以父任補供奉官。世宗嗣位，遷洛苑使。宋初，授左驍衞將軍、澶州巡檢，累官至定州鈐轄。卒，年四十八。子昭德、昭遜、昭普，並閤門祗候。

元載，建隆初，授太子右春坊通事舍人，賜緋魚袋。廷祚出鎭秦、雍，並補衙門都校。廷祚卒，授供奉官。太平興國三年，加閤門祗候，與太祝毋賓古使契丹。九年，擢爲西上閤門副使，出知陝州。

雍熙三年，徙知秦州。州民李益者，爲長道縣酒務官，家饒於財，僮奴數千指，恣橫持郡吏短長，長吏而下皆畏之。民負息錢者數百家，郡爲督理如公家租調，獨推官馮伉不從。益遣奴數輩伺伉按行市中，拽之下馬，因毀辱之。先是，益厚賂朝中權貴爲庇護，故累年不敗。及伉屢表其事，又爲邸吏所匿，不得達，後因市馬譯者附表以聞，譯因入見，上其表。帝大怒，詔元載逮捕之。詔書未至，京師權貴已報益，益懼，亡命。元載以聞，帝愈怒，詔州郡物色急捕之，獲於河中府民郝氏家，鞫于御史府，具得其狀，斬之，盡沒其家。益子仕衡先舉進士，任光祿寺丞，詔除籍，終身不齒。益之伏法，民皆飯僧相慶。

端拱初，遷西上閤門使。淳化二年，加領富州刺史，俄徙知成都府。蜀俗奢侈，好遊蕩，民無贏餘，悉市酒肉爲聲技樂，元載禁止之；吏民細罪又不少貸，人多怨咎。及王小波亂，元載不能捕滅，受代歸闕，而成都不守。

時李仕衡通判華州，常銜元載因事殺其父，伺元載至闕，遣人閱行裝，收其關市之稅。元載拒之，仕衡抗章疏其罪，坐責郢州團練副使。移單州，以疾授左衞將軍致政。卒，年五十三。

子昭明，爲內殿崇班；昭矩，太子中舍。

元扆字君華。太平興國八年，選尚太宗第四女蔡國公主，授左衞將軍、駙馬都尉。明年正月，領愛州刺史。是多，領本州團練使。

雍熙三年，有事北邊，元扆表求試劇郡，命知鄆州。逾年召入，尋知河陽。還朝，改鄜州觀察使。特詔朝會序班次節度使，奉祿賜予悉增之。再知河陽。

淳化元年，以主疾召還。主薨，復遣之任。五年，秋霖河溢，奔注溝洫，城壘將壞，元扆躬涉泥滓，督工補塞。民多構木樹杪以避水，元扆命濟以舟楫，設餅餌以食。時澶、陝罹水災，元扆所部賴以獲安。

眞宗卽位，換安州觀察使，俄知澶州。咸平三年，轉運使劉錫上其治狀，詔書嘉奬，遷寧國軍留後、知定州。時王超、王繼忠領兵踰唐河，與遼人戰，元扆度其必敗，乃急發州兵護河橋。既而超輩果敗，遼人乘之，至橋，見陣兵甚盛，遂引去。考滿，吏民詣闕貢馬，疏其善政十事，願借留樹碑，表其德政。詔褒之。屬歲旱，吏白召巫以土龍請雨。元扆曰：「巫本妖民，龍止獸也，安能格天？惟精誠可以動天。」乃集道人設壇，潔齋三日，百拜祈禱，澍雨沾洽。

景德元年代歸，拜武勝軍節度〔一〕。三年，以陵域積水，議堙掘溝澗，命爲修諸陵都部署，以內侍副都知閻承翰副之。出知潞州。初，幷、代、澤、潞皆分轄戍卒，後幷於太原。至是，以元扆臨鎭，遂分領澤潞晉絳慈隰、威勝七州軍戎事〔二〕，委元扆專總之。東封，表求扈從，命祀青帝，禮畢，加檢校太傅、知徐州。大中祥符四年，以祀汾陰恩，改領山南東道。五月，制書下，元扆被疾卒，年五十，贈中書令，謚忠惠。子弟進秩者五人。五年，葬元扆，時上元欲觀燈，帝爲移次夕。

元扆性謹讓，在藩鎭有憂民心，待賓佐以禮。喜讀春秋左氏，聲色狗馬，一不介意。所得祿賜，卽給親族孤貧者。將赴徐州，請對言：「臣族屬至多，其堪祿仕者皆爲表薦，餘皆均奉贍之。」公主有乳媼，得入參宮禁，元扆慮其去後妄有請託，白上拒之。眞宗深所嘉嘆，於

帝壻中獨稱其賢。及歿，甚悼惜之。且以元扆得疾，本州不以聞，詔劾其官屬。

子守禮，至六宅使、澄州刺史，以帝甥特贈和州防禦使；守嚴，至內殿崇班，天禧中，錄守嚴子承嗣、承緒並爲殿直；守良爲內殿崇班；守讓閤門祗候。

李崇矩字守則，潞州上黨人。幼孤貧，有至行，鄉里推服。漢祖起晉陽，次上黨，史弘肇時爲先鋒都校，聞崇矩名，召署親吏。乾祐初，弘肇總禁兵兼京城巡檢，多殘殺軍民，左右懼，稍稍引去，惟崇矩事之益謹。及弘肇被誅，獨得免。

周祖與弘肇素厚善，卽位，訪求弘肇親舊，得崇矩。謂之曰：「我與史公受漢厚恩，戮力同心，共奬王室，爲姦邪所構，史公卒罹大禍，我亦僅免。汝史氏家故吏也，爲我求其近屬，吾將恤之。」崇矩上其母弟福。崇矩素主其家，盡籍財產以付福，周祖嘉之，以崇矩隸世宗帳下。顯德初，補供奉官。從征高平，以功轉供備庫副使，改作坊使。恭帝嗣位，命崇矩告哀於南唐。還判四方館事。

宋初，李筠叛，命崇矩率龍捷、驍武左右射禁軍數千人屯河陽，以所部攻大會砦，拔之，斬首五百級。改澤、潞南面行營前軍都監，與石守信、高懷德、羅彥瓌同破筠衆於碾子谷。及平澤、潞，遣崇矩先入城，收圖籍，視府庫。因上言曰：「上黨，臣鄉里也。臣父尚稾葬，願護櫬歸京師。」許之，賜予甚厚。師還，會判三司張美出鎭，拜右監門衞大將軍，充三司使。從征李重進，還爲宣徽北院使，仍判三司。

乾德二年，代趙普拜樞密使。五年，加檢校太傅。時劍南初平，禁軍校呂翰聚衆構亂，軍多亡命在其黨中，言者請誅其妻子。太祖疑之，以語崇矩。崇矩曰：「叛亡之徒固當孥戮，然案籍合誅者餘萬人。」太祖曰：「朕恐有被其驅率，非本心者。」乃令盡釋之。翰衆聞之，亦稍稍自歸。未幾，翰敗滅。

開寶初，從征太原。會班師，命崇矩爲後殿。次常山，被病，帝遣太醫診視，命乘涼車還京師。崇矩叩頭言：「涼車乃至尊所御，是速臣死爾。」固辭得免。

時趙普爲相，崇矩以女妻普子承宗，相厚善，帝聞之不悅。有鄭伸者，客崇矩門下僅十年，性險詖無行，崇矩待之漸薄。伸銜之，因上書告崇矩陰事。崇矩不能自明。太祖釋不問，出爲鎭國軍節度，賜伸同進士出身，以爲酸棗主簿；仍賜器幣、襲衣、銀帶。六年，崇矩入爲左衞大將軍。

太平興國二年夏，河防多決，詔崇矩乘傳自陝至滄、棣，按行河堤。是秋，出爲邕、貴、潯、賓、橫、欽六州都巡檢使。未幾，移瓊、崖、儋、萬四州都巡檢使，麾下軍士咸憚於行，崇

矩盡出器皿金帛，凡直數百萬，悉分給之，衆乃感悅。時黎賊擾動，崇矩悉抵其洞穴撫慰，以己財遺其酋長，衆皆懷附。代還，拜右千牛衞上將軍。雍熙三年，命代宋偓，判右金吾街仗兼六軍司事。端拱元年，卒，年六十五。贈太尉，謚元靖。

崇矩性純厚寡言，尤重然諾。嘗事史弘肇，及貴，見其子孫，必厚禮之，振其乏絕。在嶺海四五年，恬不以炎荒嬰慮。舊涉海者多艤舟以俟便風，或旬餘，或彌月，崇矩往來皆一日而渡，未嘗留滯，士卒僮僕隨者皆無恙。信奉釋氏，飯僧至七十萬，造像建寺尤多。又喜黃白術，自遠迎其人，館於家以師之，雖知其詐，猶以爲神仙，試已終無悔恨。子繼昌。

繼昌字世長。初，崇矩與太祖同府厚善，每太祖誕辰，必遣繼昌奉幣爲壽。嘗畀弱弓輕矢，敎以射法。建隆三年，蔭補西頭供奉官。太祖欲選尙公主，崇矩謙讓不敢當，繼昌亦自言不願。崇矩亟爲繼昌聘婦，太祖聞之，頗不悅。

開寶五年，選魏咸信爲駙馬都尉，繼昌同日遷如京副使。崇矩出華州，補鎭國軍牙職。入爲右班殿直、東頭供奉官，監大名府商稅，歲課增羨。會詔擇廷臣有勞者，府以名聞。丁外艱，服闋，授西京作坊副使。淳化中，齊饑多盜，命爲登、萊、沂、密七州都巡檢使。

至道二年，蜀賊平，餘黨頗嘯聚，拜西京作坊使、峽路二十五州軍捉賊招安都巡檢使，

旋改兵馬鈐轄。賊嘗啗雷燒者，久爲民患，以金帶遺繼昌，繼昌僞納之，賊懈不設備，因掩殺之。進西京左藏庫使。

咸平三年，王均亂蜀，與雷有終、上官正、石普同受詔進討，砦于城西門。賊忽開城僞遁，有終等各以所部徑入，繼昌覺，亟止之不聽，因獨還砦。賊果閉關發伏，悉陷之，有終等僅以身免。繼昌按堵如故，所部諸校聞城中戰聲，泣請引去。繼昌曰：「吾位最下，當俟主帥命。」是夕，有終馳報至，徙繼昌屯鴈橋門。三月，破彌牟砦，斬首千級，大獲器仗，進逼魚橋門，均脫走。繼昌入城，嚴戒部下，無擾民者。獲婦女童幼置空寺中，俟事平遣還其家。繼昌急領兵追賊至資州，聞均梟首乃還。以功領獎州刺史。俄知青州，入掌軍頭引見司。

景德二年，將幸澶州，遣先赴河上給諸軍鎧甲。遼人請和，欲近臣充使，乃令繼昌與其使姚東之偕詣遼部，俄與韓杞同至行在；及遼人聘至，又命至境首接伴。尋擢爲西上閤門使。三年，又副任中正使契丹。是冬，將朝陵寢，以汝州近洛，衞兵所駐，命知州事兼兵馬鈐轄。駕還，召歸，出知延州兼鄜延路鈐轄。

大中祥符元年，進秩東上閤門使。俄以目疾求歸京師。入對，勞問再三，遣尙醫診視，假滿仍給以奉。少愈，令樞密院傳旨，將眞拜刺史，復任延安。繼昌以疾表求休致。未幾，改右驍衞大將軍，領郡如故。祀汾陰，留爲京師新城巡檢鈐轄，改左神武軍大將軍、權判右

金吾街仗。其子遵勗，尙萬壽長公主。

天禧初，主誕日，邀繼昌過其家，迎拜爲壽。帝知之，密以襲衣、金帶、器幣、珍果、美饌賜之。翌日，主入對，帝問繼昌強健能飲食，拜連州刺史，出知涇州。表求兩朝御書及謁拜諸陵，皆許之。二年冬，卒，年七十二。遣中使護櫬以歸。錄其子贊善大夫文晟爲殿中丞，殿直文旦爲侍禁。

繼昌性謹厚，士大夫樂與之遊。爲治尙寬，所至民懷之。任峽路時，與上官正聯職。正殘忍好殺，嘗有縣胥護芻糧，地遠後期，正令斬之，繼昌徐爲解貸焉。鄭仲者，早死，其母貧餓，嘗詣繼昌乞丐，家人競前詬逐。繼昌召見，與白金百兩，時人稱之。

遵勗初尙主，詔升爲崇矩子，授昭德軍留後、駙馬都尉。

王仁贍，唐州方城人。少倜儻，不事生產，委質刺史劉詞。詞遷永興節度，署爲牙校。詞將卒，遺表薦仁贍材可用。太祖素知其名，請於世宗，以隸帳下。

宋初，授武德使，出知秦州，改左飛龍使。建隆二年，遷右領軍衞將軍，充樞密承旨。高繼沖請命，以仁贍爲荆南巡檢使。繼沖入朝，命知軍府。乾德初，遷左千牛衞大將軍。

不踰月，加內客省使。

二年春，召赴闕，擢爲樞密副使。七月，加左衞大將軍。興師討蜀，命仁贍爲鳳州路行營前軍都監。蜀平，坐沒入生口財貨、殺降兵致蜀土擾亂，責授右衞大將軍。初，劍南之役，大將王全斌等貪財，軍政廢弛，寇盜充斥。太祖知之，每使蜀來者，令陳全斌等所入賄賂、子女及發官庫分取珠金等事，盡得其狀。及全斌等歸，帝詰仁贍，仁贍歷詆諸將過失，欲自解。帝曰：「納李廷珪妓女，開豐德庫取金寶，豈全斌輩邪？」仁贍不能對。廷珪，故蜀將也。帝怒，令送中書鞫全斌等罪，仁贍以新立功，第行降黜而已。帝幸洛，以仁贍判留守司、三司兼知開封府事。及召沈倫赴行在，以仁贍爲東京留守兼大內都部署。羯還，遂判三司，俄命權宣徽北院事。

太平興國初，拜北院使兼判如故，加檢校太保。四年，親征太原，充大內部署，仍判留守司、三司，總轄裏外巡檢司公事。師還，加檢校太傅。

五年，仁贍廉得近臣戚里遣人市竹木秦、隴間，聯巨筏至京師，所過關渡，矯稱制免算；既至，厚結有司，悉官市之，倍收其直。仁贍密奏之，帝怒，以三司副使范旻、戶部判官杜載、開封府判官呂端屬吏。旻、載具伏罔上爲市竹木入官；端爲秦府親吏喬璉請託執事者。貶旻爲房州司戶，載均州司戶，端商州司戶。判四方館事程德玄，武德使劉知信，翰林

使杜彥圭，日騎、天武四廂都指揮使趙延溥，武德副使竇神興，左衞上將軍張永德，左領軍衞上將軍祁廷訓，駙馬都尉王承衍、石保吉、魏咸信，並坐販竹木入官，責降罰奉。是歲，車駕北巡，命仁贍爲大內部署。

七年春，以政事與僚屬相矛盾，爭辯帝前，仁贍辭屈，責授右衞大將軍。翌日，改唐州防禦使，月給奉錢三十萬。仁贍之獲罪也，兵部郎中、判勾院宋琪及三司判官並降秩。先是，仁贍掌計司殆十年，恣下吏爲奸，怙恩寵無敢發者；前年發范旻等事，中外益畏其口。會屬吏陳恕等數人率以皦察不畏強禦自任，因議本司事有不協者。朝參日，恕獨出班持狀奏其事。帝詰之，仁贍屈伏。帝怒甚，故及於譴，而恕等悉獎擢。琪與恕等聯事，始合謀同奏，至帝前而宋琪猶附會仁贍，故亦左降。仁贍既失權勢，因怏怏成疾，數日卒，年六十六。

後帝因言及三司財賦，謂宰相趙普等曰：「王仁贍領邦計積年，恣吏爲姦，諸場院官皆隱沒官錢以千萬計，朕悉令罷之，命使分掌。仁贍再三言，恐虧舊數，朕拒之。未踰年，舊獲千緡者爲一二萬緡，萬緡者爲六七萬緡，其利數倍。用度既足，儻遇水旱，即可免民租稅。仁贍心知其非，頗亦慙悸，朕優容之。」子昭雍，爲崇儀副使。

楚昭輔字拱辰，宋州宋城人。少事華帥劉詞。詞卒，事太祖，隸麾下，以才幹稱，甚信任之。陳橋師還，昭憲太后在城中，太祖憂之，遣昭輔問起居，昭輔具言士衆推戴之狀，太后乃安。

宋初，爲軍器庫使。太祖親討澤、潞，及征淮揚，並以昭輔爲京城巡檢。建隆四年，權知揚州，使江表。還，命鉤校左藏庫金帛，數日而畢，條對稱旨。開寶四年，帝以其能心計，拜左驍衞大將軍、權判三司。六年，遷樞密副使。九年，命權宣徽南院事。

太平興國初，拜樞密使。三年，加檢校太傅。從征太原，加檢校太尉。俄以足疾請告，帝親臨問。以所居湫隘，命有司廣之，昭輔慮侵民地，固讓不願治。帝嘉其意，賜白金萬兩，令別市第。昭輔被疾，家居近一歲，始以石熙載代之。昭輔不求解職，上亦不忍罷。會郊祀畢，罷爲驍騎衞上將軍。逾年卒，年六十九。廢朝，贈侍中，命中使護其喪歸葬鄉里。無子，錄其兄子吉爲供奉官，敏爲殿直。

昭輔性勤介，人不敢干以私，然頗吝嗇，前後賜予萬計，悉聚而畜之。嘗引賓客故舊至藏中縱觀，且曰：「吾無汗馬勞，徒以際會得此，吾爲國家守爾，後當獻于上。」及罷機務，悉以市善田宅，時論鄙之。

初，詞卒，昭輔來京師，問卜於瞽者劉悟。悟爲筮卦，曰：「汝遇貴人，見奇表輩下者卽汝主也，宜謹事之，汝當貴矣。」及見太祖，狀貌如悟言，遂委質焉。

咸平三年，錄弟之子諒爲借職。大中祥符八年，又錄從孫鼎爲右班殿直。吉至內殿崇班。吉子隨，敏子咸，並進士及第，隨爲太常博士，咸屯田員外郎。

李處耘，潞州上黨人。父肇，仕後唐，歷軍校，至檢校司徒。從討王都定州，契丹來援，唐師不利，肇力戰死之。晉末，處耘尚幼，隨兄處疇至京師，遇張彥澤斬關而入，縱士卒剽略。處耘年猶未冠，獨當里門，射殺十數人，衆無敢當者。會暮夜，遂退。迨曉復鬥，又殺數人，鬥未解。有所親握兵，聞難來赴，遂得釋，里中賴之。

漢初，折從阮帥府州，召置門下，委以軍務。從阮後歷鄧、滑、陝、邠四節度，處耘皆從之。在新平日，折氏甥詣闕誣告處耘之罪，周祖信之，黜爲宜祿鎮將。從阮表雪其冤，詔復隸麾下。

顯德中，從阮遺表稱處耘可用，會李繼勳鎭河陽，詔署以右職。繼勳初不爲禮，因會將吏宴射，處耘連四發中的，繼勳大奇之，令升堂拜母，稍委郡務，俾掌河津。處耘白繼勳曰：「此津往來者懼有姦焉，不可不察也。」居數月，果得契丹諜者，索之，有與西川、江南蠟書，卽遣處耘部送闕下。

太祖時領殿前親軍，繼勳罷鎭，世宗以處耘隸太祖帳下，補都押衙。會太祖出征，駐軍陳橋，處耘見軍中謀欲推戴，遽白太宗，與王彥昇謀，召馬仁瑀、李漢超等定議，始入白太祖，太祖拒之。俄而諸軍大譟，入驛門，太祖不能却。處耘臨機決事，謀無不中，太祖嘉之，授客省使兼樞密承旨、右衞將軍。

從平澤、潞，遷羽林大將軍、宣徽北院使。討李重進，爲行營兵馬都監。賊平，以處耘知揚州。大兵之後，境內凋弊，處耘勤於綏撫，奏減城中居民屋稅，民皆悅服。建隆三年，詔歸京師，老幼遮道涕泣，累日不得去。拜宣徽南院使兼樞密副使，賜甲第一區。

朗州軍亂，詔慕容延釗率師討之，以處耘爲都監。入辭，帝親授方略，令會兵漢上。先是，朝廷遣內酒坊副使盧懷忠使荊南，覘勢強弱。使還，具言可取之狀，遂命處耘圖之。處耘至襄州，先遣閤門使丁德裕假道荊南，請具薪水給軍，荊人辭以民庶恐懼，願供芻餼於百里外。處耘又遣德裕諭之，乃聽命。遂令軍中曰：「入江陵城有不由路及擅入民舍者斬。」

師次荊門，高繼沖遣其叔保寅及軍校梁延嗣奉牛酒犒師，且來覘也。處耘待之有加，諭令翌日先還。延嗣大喜，令報繼沖以無虞。荊門距江陵百餘里，是夕，召保寅等宴飲延釗

之帳。處耘密遣輕騎數千倍道前進。繼沖但俟保寅、延嗣之還，遽聞大軍奄至，卽惶怖出迎，遇處耘於江陵北十五里。處耘揖繼沖，令待延釗，遂率親兵先入登北門。比繼沖還，則兵已分據城中，荊人束手聽命。卽調發江陵卒萬餘人，幷其師，晨夜趣朗州。又先遣別將分麾下及江陵兵趣岳州，大破賊於三江口，獲船七百餘艘，斬首四千級。又遇賊帥張從富於澧江，擊敗之。逐北至敖山砦，賊棄砦走，俘獲甚衆。處耘釋所俘體肥者數十人，令左右分啗之，黥其少健者，令先入朗州。會暮，宿砦中，遲明，延釗大軍繼至。黥者先入城言，被擒者悉爲大軍所啗，朗人大懼，縱火焚城而潰。會朗帥周保權年尚幼，爲大將汪端劫匿於江南砦僧寺中。處耘遣麾下將田守奇帥師渡江獲之。遂入潭州，盡得荊湖之地。

初，師至襄州，衢肆鬻餅者率減少，倍取軍人之直。處耘捕得其尤者二人送延釗，延釗怒不受，往復三四，處耘遂命斬於市以徇。延釗所部小校司義舍於荊州客將王氏家，使酒凶恣，王氏愬於處耘。處耘召義呵責，義又譖處耘於延釗。至白湖，處耘望見軍人入民舍，良久，舍中人大呼求救，遣捕之，卽延釗圉人也，乃鞭其背，延釗怒斬之。由是大不協，更相論奏。朝議以延釗宿將貰其過，謫處耘爲淄州刺史。處耘懼，不敢自明。在州數年，乾德四年卒，年四十七。廢朝，贈宣德軍節度、檢校太傅，賜地葬於洛陽偏橋村。

處耘有度量，善談當世之務，居常以功名爲己任。荊湖之役，處耘以近臣護軍，自以受

太祖之遇，思有以報，故臨事專制，不顧羣議，遂至於貶。後太祖頗追念之。及開寶中，爲太宗納其次女爲妃，即明德皇后也。

子繼隆、繼和，自有傳；繼恂，官至洛苑使、順州刺史，贈左神武大將軍。繼恂子昭遜，爲供備庫使。處疇，官至作坊使，子繼凝。

繼隆字霸圖，幼養於伯父處疇。及長，以父蔭補供奉官。處耘貶淄州，繼隆亦除籍，會長春節，與其母入貢，復舊官。時權臣與處耘有宿憾者，忌繼隆有才，繼隆因落魄不治產，以游獵爲娛。

乾德中平蜀，選爲果、閬監軍，年方弱冠，母憂其未更事，將輔以處耘左右。繼隆曰：「是行兒自有立，豈須此輩，願不以爲慮。」母慰而遣之。代還，夜涉棧道，雨滑，與馬偕墜絕澗，深十餘丈，絓於大樹。騎卒馳數十里外，取火引綆以出之。

會征江南，領雄武卒三百戍邵州，止給刀盾。蠻賊數千陣長沙南，截其道。繼隆率衆力戰，賊遁去，手足俱中毒矢，得良藥而愈，部卒死傷者三之一。太祖聞其勇敢而器重之。又與石曦率兵襲袁州，破桃田砦，追賊二十里，入潭富砦，焚其梯衝芻積。

復從李符督荊湖漕運，給征南諸軍。吳人以王師不便水戰，多出舟師斷餉道，繼隆屢

與鬥，糧悉善達。日馳四五百里，常令往來覘候。一日中途遇虎，射殺之。嘗獲吳將，部送赴闕，至項縣而病，斬其首以獻，太祖益嘉之。與吳人戰，流矢中額，以所冠胄堅厚，得不傷。

太祖察其才，且追念其父，欲拔用之，謂曰：「昇州平，可持捷書來，當厚賞汝。」時內侍使軍中者十數輩，皆伺城陷獻捷，會有機事當入奏，皆不願行，而繼隆獨請赴闕。太祖〔三〕見其來，時城尚未下，甚訝之。繼隆度金陵破在且夕，因言在途遇大風晦暝，城破之兆也。翌日，捷奏至，太祖召謂曰：「如汝所料矣。」吳將盧絳聚衆萬餘，攻掠州縣，命繼隆招來之。江南平，錄功遷莊宅副使。從幸西洛，改御營前後巡檢使。

太平興國二年，改六宅使。嘗詔與王文寶、李神祐、劉承珪同護浚京西河，又與梁迥、竇神寶治決河。迥體肥碩，所乘舟弊不能濟，繼隆易以己舟。已而繼隆舟果覆，棲枯桑杪，賴他舟以度。

從征太原，爲四面提舉都監，與李漢瓊領梯衝地道攻城西面，機石過其旁，從卒仆死，繼隆督戰無怠。討幽州，與郭守文領先鋒，破契丹數千衆。及圍范陽，又與守文爲先鋒，大敗其衆于湖翟河南。

後爲鎭州都監，契丹犯邊，與崔翰諸將禦之。初，太宗授以陣圖，及臨陣有不便，衆以

上命不可違。繼隆曰：「事有應變，安可預定，設獲違詔之罪，請獨當也。」即從宜而行，敗之于徐河。

四年，遷宮苑使、領嬀州刺史，護三交屯兵。與潘美出征北邊，破靈丘縣，盡略其人以歸。改定州駐泊都監。嘗領兵出土鐙砦，與賊戰，獲牛羊、車帳甚衆。詔書褒美。

李繼遷叛，命繼隆與田仁朗、王侁率兵擊之。四月〔四〕，出銀州北，破悉利諸族，追奔數十里，斬三千餘級，俘蕃漢老幼千餘，梟代州刺史折羅遇及其弟埋乞首，牛馬、鎧仗所獲尤多。又出開光谷西杏子坪，破保寺、保香族，斬其副首領埋乜巳五十七人，降銀三族首領折八軍〔五〕等三千餘衆，復破沒邵浪、悉訛諸族，及濁輪川東、兔頭川西，生擒七十八人，斬首五十九級，俘獲數千計。引師至鹽城，吳移、越移四族來降，惟岌伽羅膩十四族怙其衆不下，乃與尹憲襲擊之，夷其帳千餘，俘斬七千餘級。俄改領環州團練使，又護高陽關屯兵。

從曹彬征幽州，率兵助先鋒薛繼昭破其衆數千於固安南，下固安、新城，進克涿州，矢中左股，血流至踵，獲契丹貴臣一人。彬欲上其功，繼隆止之。俄而傅潛、米信軍敗衆潰，獨繼隆所部振旅而還。卽命繼隆知定州，尋詔分屯諸軍，繼隆令書吏盡錄其詔。旬餘，有敗卒集城下，不知所向，繼隆按詔給券，俾各持詣所部。太宗益嘉其有謀。

三年，遷侍衛馬軍都虞候、領武州防禦使〔六〕。契丹大入邊，出爲滄州都部署。劉廷讓與

敵戰君子館，先約繼隆以精卒後殿，緩急爲援。既而敵圍廷讓數重，繼隆引麾下兵退保樂壽，廷讓力不敵，全軍陷沒，裁以單騎遁免。上怒，追繼隆赴闕，令中書問狀，既而得釋。逾年，加領木州觀察使。

端拱初，制授侍衛馬軍都指揮使、領保順節度。九月，出爲定州都部署。初，朝議有寇至，令堅壁清野，勿與戰。一日，契丹驟至，攻滿城〔七〕，至唐河。護軍袁繼忠慷慨請出師，中黃門林延壽等五人以詔書止之。繼隆曰：「閫外之事，將帥得專。」乃與繼忠出兵，戰數合，擊走之。

二年冬，送芻粟入威虜軍，蕃將于越率騎八萬來邀王師，繼隆所領步騎裁一萬，先命千人設伏城北十里，而與尹繼倫列陣以待。敵衆方食，繼倫出其不意，擊走之。繼隆追奔過徐河，俘獲甚衆。嘗有詔廢威虜軍，繼隆言：「梁門爲北面保障，不可廢。」遂城守如故，訖爲要地。

淳化初，上遣使至定州，密諭繼隆：「若契丹復入寇，朕當親討。」繼隆上奏曰：「自北邊肆孽，邊邑多虞，陛下不知臣不材，任以疆事，臣敢不講求軍實，震耀戎容，奉揚天聲，以遏外侮。然臣奉辭之日，曾瀝愚衷，誠以蜂蟻之妖，必就鯨鯢之戮。臣子之分，死生以之，望不議於親巡，庶靡勞於天步。今聆聖誨，將決親征，且一人既行，百司景從，次舍驅馳，郡縣

供饋，勞費滋甚。殄此徵妖，當責將帥，臣雖駑弱，誓死爲期。」是歲，契丹不入邊，議遂止。

四年夏，召還，太宗面奬之，改領靜難軍節度，復遣還屯所。時夏州趙保忠與繼遷連謀，朝廷患之，又綏州牙校高文岯舉城效順，河外蕃漢大擾，以繼隆爲河西行營都部署、尙食使尹繼倫爲都監以討之。既而繼遷遁去，擒保忠以獻。初，裨將侯延廣、監軍秦翰議請誅保忠，及出兵追之，繼隆曰：「保忠机上肉爾，當請於天子。今繼遷遁去，千里窮磧，艱於轉餉，宜養威持重，未易輕舉。」延廣等服其言。

會密詔廢夏州，隳其城。繼隆命秦翰與弟繼和及高繼勳同入奏，以爲朔方古鎭，賊所窺覦之地，存之可依以破賊；并請於銀、夏兩州南界山中增置保戍，以扼其衝，且爲內屬蕃部之障蔽，而斷賊糧運。皆不報。

至道二年，白守宗守榮、馬紹忠等送糧靈州，爲繼遷所邀，敗於浦洛河〔八〕。上聞之怒，亟命繼隆爲靈、環十州都部署。是秋，五路討繼遷，以繼隆出環州，取東關鎭，由赤檉、苦井路赴之。繼隆以所出道回遠乏水，請由橐駝路徑趨賊之巢穴。且遣繼和入奏，太宗召詰之，知其必敗，因遣周瑩齎手詔切責，督其進軍赤檉。瑩至，繼隆以便宜發兵，不俟報，與丁罕行十餘日，果不見賊而還。諸將失期，士卒困乏。繼隆素剛，因懟憤，肆殺戮，乃奏轉運使陳絳、梁鼎軍儲不繼，並坐削秩。

三年春，繼遷以蕃部從順者衆，遣其軍主史乩遇率兵屯橐駝口西北雙堆，以遏絕之。熟倉族蕃官乩遇來告〔九〕，繼隆遣劉承蘊、田敏會乩遇討之，斬首數千級，獲牛馬、橐駝萬計。

先是，受詔送軍糧赴靈州，必由旱海路，自冬至春，而芻粟始集。繼隆請由古原州蔚茹河路便，衆議不一，繼隆固執論其事，太宗許焉。遂率師以進，壁古原州，令如京使胡守澄城之，是爲鎭戎軍。

眞宗卽位，改領鎭安軍節度、檢校太傅。踰月召還，加同中書門下平章事，解兵柄歸本鎭。咸平二年，丁內艱，起復。會秋潦暴集，蔡水壞岸，繼隆乘危督士卒補塞，自辰訖午，衝波稍息。四年，加檢校太師。王師失利於望都，繼隆累表求詣闕面陳邊事，因乞自效。俄召還，延見詢訪，因言：「醜類侵擾，蓋亦常事，願委將帥討伐，不煩親征。」眞宗慰諭之，改山南東道節度，判許州。

景德初，明德皇太后不豫，詔入省疾。九月，復許會葬。是冬，契丹大入，踰魏郡至河上。眞宗幸澶淵，繼隆表求扈從，命爲駕前東西排陣使，先赴澶州，陳師於北城外，毀車爲營。敵數萬騎急攻，繼隆與石保吉率衆禦之，追奔數里。及上至，幸北門觀兵，召問慰勞，見其所部整肅，歎賞久之。翌日，幸營中，召從臣飲宴。二年春，還京，加開府儀同三司、食邑、實封。詔始下，會疾作，上親臨問。繼和時爲幷、代鈐轄，驛召省視。卒，年五十六。車駕臨哭之慟，爲制服發哀。贈中書令，謚忠武。以其子昭慶爲洛苑使，從子昭□、昭遜，並爲內殿崇班。又錄其門下二十餘人。

繼隆出貴胄，善騎射，曉音律，感慨自樹，深沉有城府，嚴於御下。好讀春秋左氏傳，喜名譽，賓禮儒士。在太宗朝，特被親信，每征行，必委以機要。眞宗以元舅之親，不欲煩以軍旅，優游近藩，恩禮甚篤。然多智用，能謙謹保身。明德寢疾，欲面見之，上促其往。繼隆但詣萬安宮門拜牋，終不入。又嘗命諸王詣第候謁，繼隆不設湯茗，第假王府從行茶爐烹飲焉。昭慶改名昭亮，至東上閤門使、高州刺史。

繼和字周叔，少以蔭補供奉官，三遷洛苑使。淳化後，繼隆多在邊任，繼和常從行，友愛尤至，每令入奏機事。繼隆罷兵柄，手錄唐李勣遺戒授繼和，曰：「吾門不墜者在爾矣。」

初，繼隆之請城鎭戎軍也，朝廷不果於行。繼和面奏曰：「平涼舊地，山川險阻，旁扼夷落，爲中華襟帶，城之爲便。」太宗乃許焉。後復不守。咸平中，繼和又以爲言，乃命版築，以繼和知其軍，兼原、渭、儀都巡檢使。城畢，加領平州刺史。建議募貧民及弓箭手，墾田

積粟，又屢請益兵，朝議未許。上曰：「苟緩急，部署不爲濟師，則或至失援矣。」命繼和兼涇、原、儀、渭鈐轄。

時繼遷未弭，命張齊賢、梁顥經略，因訪繼和邊事。繼和上言：

鎭戎軍爲涇、原、儀、渭北面扞蔽，又爲環、慶、原、渭、儀、秦熟戶所依，正當回鶻、西涼、六谷、吐蕃、咩逋、賤遇、馬臧、梁家諸族之路。自置軍已來，克張邊備，方於至道中所葺，今已數倍。誠能常用步騎五千守之，涇、原、渭州苟有緩急，會于此軍，并力戰守，則賊必不敢過此軍；而緣邊民戶不廢耕織，熟戶老幼有所歸宿。

此軍苟廢，則過此新城，止皆廢壘。有數路來寇：若自隴山下南去，則由三百堡入儀州制勝關；自瓦亭路南去，則由彈箏峽入渭州安國鎭；自清石嶺東南去，則由小盧、大盧、潘谷入潘原縣；若至潘原而西則入渭州，東則入涇州；若自東石嶺東公主泉南去，則由東山砦故彭陽城西並入原州；其餘細路不可盡數。如以五千步騎，令四州各爲備禦，不相會合，則兵勢分而力不足禦矣。故置此城以扼要路。

卽令自靈、環、慶、鄜、延、石、隰、麟、府等州以外河曲之地，皆屬於賊，若更攻陷靈州，西取回鶻，則吐蕃震懼，皆爲吞噬，西北邊民，將受驅劫。若以可惜之地，甘受賊攻，便思委棄，以爲良策，是則有盡之地，不能供無已之求也。

臣慮議者以調發芻糧擾民爲言，則此軍所費，止出四州〔一〇〕，地里非遙，輸送甚易。又劉綜方興屯田，屯田若成，積中有備，則四州稅物，亦不須得。

況今繼遷強盛，有踰曩日。從靈州至原、渭、儀州界，次更取鍬子山以西接環州山內及平夏，次幷黃河以東以南、隴山內外接儀州界，及靈州以北河外。蕃部約數十萬帳，賊來足以鬬敵，賊遷未盛，不敢深入。今則靈州北河外、鎮戎軍、環州並北徹靈武、平夏及山外黃河以東族帳，悉爲繼遷所吞，縱有一二十族，殘破奔迸，事力十無二三。

自官軍瀚海失利，賊愈猖狂，羣蕃震懼，絕無鬬志。兼以咸平二年棄鎮戎後，繼遷徑來侵掠軍界蕃族，南至渭州安國鎮北一二十里，西至南市界三百餘里，便於蕭關屯聚萬子、米逋、西鼠等三千，以脅原、渭、靈、環熟戶，常時族帳謀歸賊者甚多。賴聖謨深遠，不惑羣議，復置此軍，一年以來，蕃部咸以安集，邊民無復愁苦。以此較之，則存廢之說，相失萬倍矣。

又靈州遠絕，居常非有尺布斗粟以供王府，今關西老幼，疲苦轉餉，所以不可棄者，誠恐滋大賊勢，使繼遷西取秦、成之羣蕃，北掠回鶻之健馬，長驅南牧，何以枝梧。昨朝廷訪問臣送芻糧道路，臣欲自蕭關至鎮戎城砦，西就胡盧河川運送。但恐靈州食盡，或至不守，清遠固亦難保，青岡、白馬曷足禦扞，則環州便爲極邊。若賊從蕭關、武

延、石門路入鎮戎，縱有五七千兵，亦恐不敵，卽回鶻、西涼路亦斷絕。

伏見咸平三年詔書，緣邊不得出兵生事蕃夷，蓋謂賊如猛獸，不怫其心，必且不動。臣愚慮此賊他日愈熾，不若聽驍將銳旅屢入其境，彼或聚兵自固，則勿與鬬，妖黨纔散，則令掩擊。如此則王師逸而賊兵勞，賊心內離，然後大舉。及靈州孤壘，戍守最苦，望比他州尤加存恤。且守邊之臣，內憂家屬之窮匱，外憂姦邪之憎毀。憂家則思爲不廉，憂身則思爲退迹，思不廉則官局不治，思退迹則庶事無心，欲其奮不顧身，令出惟行，不可得已。良由賞未厚、恩未深也。賞厚則人無顧內之憂，恩深則士有效死之志。古之帝王皆懸爵賞以拔英俊，卒能成大功。

大凡君子求名，小人徇利。臣爲兒童時，嘗聞齊州防禦使李漢超守關南，齊州屬州城錢七八萬貫，悉以給與，非次賞賚，動及千萬。漢超猶私販榷場，規免商算，當時有以此事達于太祖者，卽詔漢超私物所在，悉免關征。故漢超居則營生，戰則誓死，貲產厚則心有所繫，必死戰則動有成績。故畢太祖之世，一方爲之安靜。今如漢超之材固亦不少，苟能用皇祖之遺法，選擇英傑，使守靈武，高官厚賞，不吝先與；往日，留半奉給其家，半奉賫其用，然後可以責潔廉之節，保必勝之功也。

又戎事內制，或失權宜，漢時渤海盜起，龔遂爲太守，尚聽便宜從事。且渤海，漢

之內地，盜賊，國之饑民；況靈武絕塞，西鄙強戎，又非渤海之比。苟許其專制，則無失事機，縱有營私冒利，民政不舉，亦乞不問。用將之術，異於他官，貪勇知愚，無不皆錄，但使法寬而人有所慕，則久居者安心展體，竭材盡慮，何患靈州之不可守哉？

又朝廷比禁青鹽，甚爲允愜。或聞議者欲開其禁。且鹽之不入中土，困賊之良策也。

今若謂糧食自蕃界來，雖鹽禁不能困賊，此鬻鹽行賭者之妄談也。蕃粟不入賊境，而入于邊廩，其利甚明。況漢地不食青鹽，熟戶亦不入蕃界博易，所禁者非徒糧食也，至於兵甲皮榦之物，其名益多。以朝廷雄富，猶言摘山煮海，一年商利不入，則或闕軍須。況蕃戎所賴，止在青鹽，禁之則彼自困矣。望固守前詔爲便。五年，繼和領兵殺衞埋族於天麻川。自是隴山外諸族皆恐懼內附，願於要害處置族帳砦柵，以爲戍守。繼和因請移涇原部署於鎮戎，以壯軍勢，又請開道環、延爲應援。眞宗以其精心戎事，甚嘉之。戎人伺警巡弛備，一夕，塞長壕，越古長城抵城下。繼和與都監史重貴出兵禦之，賊據險再突城隍，列陣接戰，重貴中重創，敗走之，大獲甲騎。有詔嘉獎，別出良藥、縑帛、牢酒以賜。

繼和習武藝，好談方略，頗知書，所至幹治。然性剛忍，御下少恩，部兵終日擐甲，常如寇至；及較閱之際，杖罰過當，人多怨焉。眞宗屢加勗勵，且爲覆護之。嘗上言：「保捷軍

新到屯所，多亡命者，請優賜緡錢；苟有亡逸，卽按軍法。」舊制，凡賜軍中，雖緣奏請者，亦以特旨給之。上以繼和峻酷，欲軍士感其惠，特令以所奏著詔書中而加賜之。且以計情定罪，自有常制，不許其請。終以邊防之地，慮人不爲用，遣張志言代還。旣卽路，軍中皆恐其復來。

六年，又出爲幷、代鈐轄。將行請對，欲領兵去按度邊壘。上曰：「河東巖險，兵甲甚衆，賊若入寇，但邀其歸路，自可致勝，不必率兵而往也。」

景德初，北邊入寇，徙北平砦。車駕駐澶淵，繼和受詔與魏能、張凝領兵赴趙州躡敵後。

契丹請和，邊民猶未寧，又命副將張凝爲緣邊巡檢安撫使。事平，復還幷、代。時朝廷每詔書約束邊事，或有當行極斷之語，官吏不詳深意，卽處大辟。繼和言其事，乃詔：「自今有云重斷、極斷、處斬、決配之類，悉須裁奏。」先是，繼隆卒，繼和恥以遺奏得官。久之，遷西上閤門使。未幾，擢殿前都虞候、領端州防禦使。大中祥符元年卒，年四十六。贈鎮國軍節度，遣諸王率宗室素服赴弔。二子早卒。帝以其族盛大，諸姪皆幼，令三班選使臣爲主家事。

弟繼恂，至洛苑使、順州刺史，贈左神武大將軍。子昭遜爲供備庫使。

論曰：夫乘風雲之會，依日月之光，感慨發憤，效忠駿奔，居備要任，出握重兵，如是而令名克終，斯固可偉也。吳廷祚策李筠之破，如目覩其事，誠有將略。李崇矩秉純厚之德，感史弘肇之恩，保其叛亡之孥，然交鄭仲不知其傾險，坐謫炎海，固無先見之明矣；其子繼昌，忘父仇以恤仲母之貧，雖非中道，亦人所難。王仁贍征蜀，殺降附之卒，肆貪婪之行，鬱鬱而斃，自貽伊戚，尙何尤乎？楚昭輔當陳橋推戴，太祖遣之入安母后，亦必可託以事者；及爲三司，善於心計，人不可干以私，然終以訐直，取寡信之名，何歟？處耘於創業之始，功參締構，克荆山，靖衡、湘，勢如拉枯，而志昧在和，勳業弗究，良可惜也；幸聯戚畹之貴，秉旄繼世，抑造物之報，畜此而豐彼歟？

校勘記

〔一〕景德元年代歸拜武勝軍節度　「元年」原作「三年」。按長編卷五六，景德元年三月，定州民「乞留知州吳元扆」，並稱「元扆在定州凡五年」，即自咸平三年知定州，至景德元年代歸。據改。

〔二〕分領澤潞晉絳慈隰威勝七州軍戎事　「慈」原作「磁」。按磁州屬河北路，和晉、絳、隰州相接的當爲屬河東路的慈州。又長編卷六五，景德四年吳元扆分領的七州軍，乃爲「澤潞晉絳慈隰、威

勝」，據改。

〔三〕太祖　原作「太宗」。按上下文都作「太祖」，東都事略卷二〇本傳也作「太祖」，據改。

〔四〕四月　按上文所載紀年爲太平興國四年，而李繼隆等出銀州北破悉利諸族，事在雍熙二年四月，見本書卷四九一党項傳，此處失書紀年。

〔五〕折八軍　原作「析八軍」，吳廣成西夏書事卷四、戴錫章西夏紀卷一都改「析」爲「折」。折氏爲党項大姓，當以改作「折」爲是。

〔六〕三年遷侍衞馬軍都虞候領武州防禦使　長編卷二七繫此事于雍熙三年七月壬申，「武州」作「雲州」。此處「三年」上失書「雍熙」紀元。

〔七〕契丹驟至攻滿城　「滿城」原作「蒲城」。按唐河附近無蒲城，遼史卷一二聖宗紀載，統和六年十一月辛卯攻滿城，甲午，拔其城。據改。

〔八〕浦洛河　原作「洛浦河」，據本書二八〇田紹斌傳、卷四八五夏國傳改。

〔九〕熟倉族蕃官乢遇來告　「熟」原作「執」，據本書卷四九一党項傳、宋會要兵一四之一五改。

〔一〇〕止出四州　原作「上出四川」，據長編卷五〇、東都事略卷二〇李繼和傳改。下文又有「四州稅物，亦不須得」語亦可證。

宋史卷二百五十八

列傳第十七

曹彬 子璨 瑋 琮　潘美 李超附

曹彬字國華，眞定靈壽人。父芸，成德軍節度都知兵馬使。彬始生周歲，父母以百玩之具羅於席，觀其所取。彬左手持干戈，右手取俎豆，斯須取一印，他無所視，人皆異之。及長，氣質淳厚。漢乾祐中，爲成德軍牙將。節帥武行德見其端慤，指謂左右曰：「此遠大器，非常流也。」周太祖貴妃張氏，彬從母也。周祖受禪，召彬歸京師。隸世宗帳下，從鎭澶淵，補供奉官，擢河中都監。蒲帥王仁鎬以彬帝戚，尤加禮遇。彬執禮益恭，公府讌集，端簡終日，未嘗旁視。仁鎬謂從事曰：「老夫自謂夙夜匪懈，及見監軍矜嚴，始覺己之散率也。」

顯德三年，改潼關監軍，遷西上閤門使。五年，使吳越，致命訖卽還。私覿之禮，一無

所受。吳越人以輕舟追遺之，至於數四，彬猶不受。既而曰：「吾終拒之，是近名也。」遂受而籍之以歸，悉上送官。世宗強還之，彬始拜賜，悉以分遺親舊而不留一錢。出爲晉州兵馬都監。一日，與主帥暨賓從環坐於野，會鄰道守將走价馳書來詣，使者素不識彬，潛問人曰：「孰爲曹監軍？」有指彬以示之，使人以爲紿己，笑曰：「豈有國戚近臣，而衣弋綈袍、坐素胡床者乎？」審視之方信。遷引進使。

初，太祖典禁旅，彬中立不倚，非公事未嘗造門，羣居讌會，亦所罕預，由是器重焉。建隆二年，自平陽召歸，謂曰：「我疇昔常欲親汝，汝何故疎我？」彬頓首謝曰：「臣爲周室近親，復忝內職，靖恭守位，猶恐獲過，安敢妄有交結？」遷客省使，與王全斌、郭進領騎兵攻河東樂平縣〔一〕，降其將王超、侯霸榮等千八百人，俘獲千餘人。既而賊將蔡進〔二〕率兵來援，三戰皆敗之。遂建樂平爲平晉軍。乾德初，改左神武將軍。時初克遼州，河東召契丹兵六萬騎來攻平晉，彬與李繼勳等大敗之於城下。俄兼樞密承旨。

二年冬，伐蜀，詔以劉光毅〔三〕爲歸州行營前軍副部署，彬爲都監。峽中郡縣悉下，諸將咸欲屠城以逞其欲，彬獨申令戢下，所至悅服。上聞，降詔褒之。兩川平，全斌等晝夜宴飲，不恤軍士，部下漁奪無已，蜀人苦之。彬屢請旋師，全斌等不從。俄而全師雄等構亂，擁衆十萬，彬復與光毅破之于新繁，卒平蜀亂。時諸將多取子女玉帛，彬橐中唯圖書、衣衾

而已。及還，上盡得其狀，以全斌等屬吏。謂彬淸介廉謹，授宣徽南院使、義成軍節度使。彬入見，辭曰：「征西將士俱得罪，臣獨受賞，恐無以示勸。」上曰：「卿有茂功，又不矜伐，設有微累，仁贍等豈惜言哉？懲勸國之常典，可無讓。」

六年，遣李繼勳、党進率師征太原，命爲前軍都監，戰洞渦河，斬二千餘級，俘獲甚衆。開寶二年，議親征太原，復命爲前軍都監，率兵先往，次團柏谷，降賊將陳廷山。又戰城南，薄于濠橋，奪馬千餘。及太祖至，則已分砦四面，而自主其北。六年，進檢校太傅。

七年，將伐江南。九月，彬奉詔與李漢瓊、田欽祚先赴荆南發戰艦，潘美帥步兵繼進。十月，詔以彬爲昇州西南路行營馬步軍戰櫂都部署，分兵由荆南順流而東，破峽口砦，進克池州，連克當塗、蕪湖二縣，駐軍采石磯。十一月，作浮梁，跨大江以濟師。十二月，大破其軍於白鷺洲。

八年正月，又破其軍於新林港。二月，師進次秦淮，江南水陸十餘萬陳於城下，大敗之，俘斬數萬計。及浮梁成，吳人出兵來禦，破之於白鷺洲。自三月至八月，連破之，進克潤州。金陵受圍，至是凡三時，居人樵采路絕，頻經敗衄，李煜危甚，遣其臣徐鉉奉表詣闕，乞緩師，上不之省。先是，大軍列三砦，美居守北偏，圖其形勢來上。太祖指北砦謂使者曰：「吳人必夜出兵來寇，爾亟去，令曹彬速成深溝以自固，無墮其計中。」既成，吳兵果夜來

襲，美率所部依新溝拒之，吳人大敗。奏至，上笑曰：「果如此。」

長圍中，彬每緩師，冀煜歸服。十一月，彬又使人諭之曰：「事勢如此，所惜者一城生聚，若能歸命，策之上也。」城垂克，彬忽稱疾不視事，諸將皆來問疾。彬曰：「余之疾非藥石所能愈，惟須諸公誠心自誓，以克城之日，不妄殺一人，則自愈矣。」諸將許諾，共焚香爲誓。明日，稍愈。又明日，城陷。煜與其臣百餘人詣軍門請罪，彬慰安之，待以賓禮，請煜入宮治裝，彬以數騎待宮門外。左右密謂彬曰：「煜入或不測，奈何？」彬笑曰：「煜素愞無斷，既已降，必不能自引決。」煜之君臣，卒賴保全。自出師至凱旋，士衆畏服，無輕肆者。及入見，刺稱「奉敕江南幹事回」，其謙恭不伐如此。

初，彬之總師也，太祖謂曰：「俟克李煜，當以卿爲使相。」副帥潘美預以爲賀。彬曰：「不然，夫是行也，仗天威，遵廟謨，乃能成事，吾何功哉。況使相極品乎？」美曰：「何謂也？」彬曰：「太原未平爾。」及還，獻俘。上謂曰：「本授卿使相，然劉繼元未下，姑少待之。」既聞此語，美竊視彬微笑。上覺，遽詰所以，美不敢隱，遂以實對。上亦大笑，乃賜彬錢二十萬。彬退曰：「人生何必使相，好官亦不過多得錢爾。」未幾，拜樞密使、檢校太尉、忠武軍節度使。

太宗卽位，加同平章事。議征太原，召彬問曰：「周世宗及太祖皆親征，何以不能克？」彬曰：「世宗時，史彥超敗于石嶺關，人情驚擾，故班師；太祖頓兵甘草地，會歲暑雨，軍士多疾，因是中止。」太宗曰：「今吾欲北征，卿以爲何如？」彬曰：「以國家兵甲精銳，翦太原之孤壘，如摧枯拉朽爾，何爲而不可。」太宗意遂決。太平興國三年，進檢校太師，從征太原，加兼侍中。八年，爲弭德超所誣，罷爲天平軍節度使。旬餘，上悟其譖，進封魯國公，待之愈厚。

雍熙三年，詔彬將幽州行營前軍馬步水陸之師，與潘美等北伐，分路進討。三月，敗契丹于固安，破涿州，戎人來援，大破之于城南。四月，又與米信破契丹于新城，斬首二百級。五月，戰于岐溝關，諸軍敗績，退屯易州，臨易水而營。上聞，亟令分屯邊城，追諸將歸闕。

先是，賀令圖等言於上曰：「契丹主少，母后專政，寵倖用事，請乘其釁，以取幽薊。」遂遣彬與崔彥進、米信自雄州，田重進趣飛狐，潘美出鴈門，約期齊舉。將發，上謂之曰：「潘美之師但先趣雲、應，卿等以十萬衆聲言取幽州，且持重緩行，不得貪利。彼聞大兵至，必悉衆救范陽，不暇援山後矣。」既而，美之師先下寰、朔、雲、應等州，重進又取飛狐、靈丘、蔚州，多得山後要害地，彬亦連下州縣，勢大振。每奏至，上已訝彬進軍之速。及彬次涿州，旬日食盡，因退師雄州以援餽餉。上聞之曰：「豈有敵人在前，反退軍以援芻粟，失策之甚也。」亟遣使止彬勿前，急引師緣白溝河與米信軍會，案兵養銳，以張西師之勢；俟美等盡

略山後地，會重進之師而東，合勢以取幽州。時彬部下諸將，聞美及重進累建功，而己握重兵不能有所攻取，謀議蜂起。彬不得已，乃復裹糧再往攻涿州。契丹大衆當前，時方炎暑，軍士乏困，糧且盡，彬退軍，無復行伍，遂爲所躡而敗。

彬等至，詔鞫於尙書省，令翰林學士賈黃中等雜治之，彬等具伏違詔失律之罪。彬責授右驍衞上將軍，彥進右武衞上將軍，信右屯衞上將軍，餘以次黜。四年，起彬爲侍中、武寧軍節度使。淳化五年，徙平盧軍節度。眞宗卽位，復檢校太師、同平章事。數月，召拜樞密使。

咸平二年，被疾。上趣駕臨問，手爲和藥，仍賜白金萬兩。問以後事，對曰：「臣無事可言。臣二子材器可取，臣若內舉，皆堪爲將。」上問其優劣，對曰：「璨不如瑋。」六月薨，年六十九。上臨哭之慟，對輔臣語及彬，必流涕。贈中書令，追封濟陽郡王，謚武惠；且贈其妻高氏韓國夫人；官其親族、門客、親校十餘人。八月，詔彬與趙普配饗太祖廟庭。

彬性仁敬和厚，在朝廷未嘗忤旨，亦未嘗言人過失。伐二國，秋毫無所取。位兼將相，不以等威自異。遇士夫於塗，必引車避之。不名下吏，每白事，必冠而後見。居官，奉入給宗族，無餘積。平蜀回，太祖從容問官吏善否，對曰：「軍政之外，非臣所聞也。」固問之，唯薦隨軍轉運使沈倫廉謹可任。爲帥知徐州日，有吏犯罪，既具案，逾年而後杖之，人莫知其

故。彬曰：「吾聞此人新娶婦，若杖之，其舅姑必以婦爲不利，而朝夕笞詈之，使不能自存，吾故緩其事，然法亦未嘗屈焉。」北征之失律也，趙昌言表請行軍法。及昌言自延安還，被劾，不得入見。彬在宥府，爲請於上，乃許朝謁。

子璨、珝、瑋、玹、玘、珣、琮。珝娶秦王女興平郡主，至昭宣使。玹左藏庫副使，玘尙書虞部員外郎，珣東上閤門使，琮西上閤門副使。玘之女，卽慈聖光獻皇后也。芸，累贈魏王。彬，韓王。玘，吳王，謚曰安僖。玘之子佾、傅。佾見外戚傳。傅，后兄也，榮州刺史，謚恭懷。

璨字韜光，性沉毅，善射，以蔭補供奉官。常從彬征討，得與計議，彬以爲類己，特鍾愛焉。

遷宮苑副使，出爲高陽關及鎭、魏、幷、代、趙五州都監。雍熙中，命知定州，改尙食使。淳化二年，領富州刺史，徙知代州。明年，擢爲鎭州行營鈐轄，徙綏、銀、夏、麟、府等州鈐轄。契丹入寇，屢戰有功。諸將多欲窮追，璨慮有伏，力止之。至道初，遷四方館使、知靈州，徙河西鈐轄，改引進使。范廷召將兵出塞，命璨爲之副。丁外艱，起復，爲鄜延路副都部署，拜趙州刺史，領武州團練使，充麟、府、濁輪副部署。出蕃兵邀繼遷，俘馘甚衆。入爲

樞密都承旨，改領亳州團練使。

契丹入寇，命爲鎭、定、高陽關三路行營都鈐轄，領康州防禦使，再知定州。明年冬，拜侍衞馬軍副都指揮使、天德軍節度。入爲東京舊城都巡檢使，連拜彰國〔四〕、保靜、武寧、忠武等軍節度使。在禁衞十餘年，未嘗忤旨。天禧三年春，以足疾授河陽節度使、同平章事。卒，年七十，贈中書令，謚武懿。

璨起貴胄，以孝謹稱，能自奮厲，以世其家。習知韜略，好讀左氏春秋，善撫士卒，兼著威愛。雖輕財不逮其父，而仁敬和厚，亦有父風。子儀，官至耀州觀察使。

瑋字寶臣。父彬，歷武寧、天平軍節度使，皆以瑋爲牙內都虞候，補西頭供奉官、閤門祗候。沉勇有謀，喜讀書，通春秋三傳，於左氏尤深。李繼遷叛，諸將數出無功，太宗問彬：「誰可將者？」彬曰：「臣少子瑋可任。」卽召見，以本官同知渭州，時年十九。

眞宗卽位，改內殿崇班、知渭州。馭軍嚴明有部分，賞罰立決，犯令者無所貸。善用間，周知虜動靜，擧措如老將。彬卒，請持喪，不聽，改閤門通事舍人。遷西上閤門副使，徙知鎭戎軍。李繼遷虐用其國人，瑋知其下多怨，卽移書諸部，諭以朝廷恩信，撫養無所間，以動諸羌。由是康奴等族請內附。繼遷略西蕃還，瑋邀擊于石門川，俘獲甚衆。以鎭戎軍

據平地，便於騎戰，非中國之利，請自隴山以東，循古長城塹以爲限。又以弓箭手皆土人，習障塞蹊隧，曉羌語，耐寒苦，官未嘗與兵械資糧，而每戰輒使先拒賊，恐無以責死力，遂給以境內閒田。春秋耕斂，州爲出兵護作，而蠲其租。

繼遷死，其子德明請命于朝。瑋言：「繼遷擅河南地二十年，兵不解甲，使中國有西顧之憂。今國危子弱，不卽捕滅，後更強盛，不可制。願假臣精兵，出其不意，禽德明送闕下，復河西爲郡縣，此其時也。」帝方以恩致德明，不報。旣而西延家、妙娥、熟魏數大族請拔帳自歸，諸將猶豫不敢應。瑋曰：「德明野心，不急折其翮，後必颺去。」卽日，將騎士薄天都山，受降者內徙，德明不敢拒。遷西上閤門使，爲環慶路兵馬都鈐轄，兼知邠州。封泰山，進東上閤門使。

帝以瑋習知河北事，迺以爲眞定路都鈐轄，領高州刺史。瑋嘗上涇原、環慶兩道圖。至是，帝以示左右，曰：「華夷山川城郭險固出入戰守之要，擧在是矣。」因敕別繪二圖，以一留樞密院，一付本道，俾諸將得按圖計事。復爲涇原路都鈐轄兼知渭州，與秦翰破章埋族于武延川，分兵滅撥臧于平涼，於是隴山諸族皆來獻地。瑋築堡山外，爲籠竿城，募士兵守之。曰：「異時秦、渭有警，此必爭之地也。」祀汾陰，進四方館使。踰年，上表還州事，願專督軍旅。帝不欲遽更守臣，以密詔敦諭之。改引進使、英州團練使，復知秦州，兼涇、原、

儀、渭、鎭戎緣邊安撫使。

時唃廝囉強盛，立遵佐之。立遵乃上書求號「贊普」。瑋言：「贊普，可汗號也。立遵一言得之，何以處唃廝囉邪？且復有求，漸不可制。」迺以立遵爲保順軍節度使，恩如廝鐸督。西羌將擧事，必先定約束，號爲「立文法」。唃廝囉使其舅賞樣丹與廝敦立文法於離王族，謀內寇。瑋陰結廝敦，解寶帶予之。廝敦感激，求自效，間謂瑋曰：「吾父何所使？欲吾首，猶可斷以獻。」瑋曰：「我知賞樣丹時至汝帳下，汝能爲我取賞樣丹首乎？」廝敦愕然應之。後十餘日，果斷其首來。廝敦因獻南市地。南市者，秦、渭之阨也，瑋城之，表廝敦爲順州刺史。

初，張佶知秦州，置四門砦，侵奪羌地，羌人多叛去，畏得罪不敢出。瑋招出之，令入馬贖罪，還故地，至者數千人，每送馬六十匹，給綵一端。築弓門、冶坊、床穰〔五〕、靜戎、三陽、定西、伏羌、永寧、小洛門、威遠十砦，浚壕三百八十里，皆役屬羌廂兵，工費不出民。伏羌首領廝雞波、李磨論私立文法，瑋潛兵滅其帳。其年，唃廝囉率衆數萬大入寇，瑋迎戰三都谷，追奔三十里，斬首千餘級，獲馬牛、雜畜、器仗三萬餘。遷客省使、康州防禦使。馬波叱臘立柵野吳谷，瑋選募神武軍二百人，斬柵，獲生口、孳畜甚衆。宗哥大首領廿遵治兵于任奴川，瑋遣間殺遵，及破魚角蟬所立文法于吹麻城。旣而河

州、洮蘭、安江、妙敦、邈川、黨逋諸城皆納質爲熟戶。時瑋作塹抵拶囉咙。拶囉咙，西蕃要害地也。先是，瑋遣小吏楊知進護賜物通甘州可汗王，還過宗哥界，立遵邀知進，語曰：「秦州大人直以兵入拶囉咙來，幸爲我言，願罷兵，歲入貢，約蕃漢爲一家。」因使種人黨失卑陵從知進來獻馬。自是唃廝囉勢蹙，退保磧中不出。秦人請刻石紀功，有詔褒之。

天禧三年，德明寇柔遠砦，都巡檢楊承吉與戰不利。以瑋爲華州觀察使、鄜延路副都總管、環慶秦等州緣邊巡檢安撫使。委乞、骨咩、大門等族聞瑋至，歸附者甚衆。拜宣徽北院使、鎭國軍節度觀察留後、簽書樞密院事。

宰相丁謂逐寇準，惡瑋不附己，指爲準黨。除南院使、環慶路都總管安撫使。乾興初，謫左衞大將軍、容州觀察使、知萊州。瑋以宿將爲謂所忌，即日上道，從弱卒十餘人，不以弓韔矢箙自隨。謂敗，復華州觀察使、知青州。徙天雄軍，以彰化軍節度觀察留後知永興軍。拜昭武軍節度使、知天雄軍。以疾守河陽，數月，爲眞定府、定州都總管，改彰武軍節度使。卒，贈侍中，謚武穆。

瑋用士，得其死力。平居甚閑暇，及師出，多奇計，出入神速不可測。一日，張樂飲僚吏，中坐失瑋所在，明日，徐出視事，而賊首已擲庭下矣。嘗稱疾，加砭艾，臥閤內不出。會賊至，瑋奮起裹創，披甲跨馬，賊望見，皆遯去。將兵幾四十年，未嘗少失利。唃廝囉聞瑋

名，即望瑋所在，東嚮合手加額。契丹使過天雄，部勒其下曰：「曹公在此，毋縱騎馳驅也。」眞宗愼兵事，凡邊事，必手詔詰難至十數反，而瑋守初議，卒無以奪。後雖他將論邊事者，往往密付瑋處之。

渭州有告戍卒叛入夏國者，瑋方對客奕棋，遽曰：「吾使之行也。」夏人聞之，即斬叛者，投其首境上。羌殺邊民，入羊馬贖罪。瑋下令曰：「羌自相犯，從其俗；犯邊民者，論如律。」自是無敢犯。

環、慶屬羌田多爲邊人所市，致單弱不能自存，因沒彼中。瑋盡令還其故田，後有犯者，遷其家內地。所募弓箭手，使馳射，較強弱，勝者與田二頃。再更秋獲，課市一馬，馬必勝甲，然後官籍之，則加五十畝。至三百人以上，團爲一指揮。要害處爲築堡，使自塹其地爲方田環之。立馬社，一馬死，衆出錢市馬。降者既多，因制屬羌百帳以上，其首領爲本族軍主，次爲指揮使，又其次爲副指揮使，不及百帳爲本族指揮使。其蕃落將校，止於本軍敍進，以其習知羌情與地利，不可徙他軍也。開邊壕，率令深廣丈五尺；山險不可塹者，因其峭絕治之，使足以限敵，後皆以爲法。天雄卒有犯盜者，衆謂獄具必殺之，瑋乃處以常法。人或以爲疑，瑋笑曰：「臨邊對敵，斬不用命者，所以令吾衆，非好殺也。治內郡，安事此乎？」

初守邊時，山東知名士賈同造瑋，客外舍。瑋欲按邊，即同舍，邀與俱。同問：「從兵安在？」曰：「已具。」既出就騎，見甲士三千環列，初不聞人馬聲。同歸，語人曰：「瑋殆名將也。」瑋爲將不如其父寬，然自爲一家。嘉祐八年，詔配享仁宗廟庭。

琮字寶章。兄玹，娶秦王女興平郡主。琮幼時，從主入禁中，太宗置膝上，拊其背曰：「曹氏有功我家，此亦佳兒也。」

及彬領鎭海軍節度使，補衙內都指揮使。彬卒，特遷西頭供奉官、閤門祗候、勾當騏驥院、羣牧估馬司，市馬課有羨，再遷西上閤門副使。與曹利用連姻，利用貶，出爲河陽兵馬都監，領內軍器庫，遷東上閤門使、榮州刺史。仁宗册琮兄女爲后，禮皆琮主辦，除衞州團練使。琮因奏曰：「陛下方以至公屬天下，臣既備后族，不宜冒恩澤，亂朝廷法。族人敢因緣請託，願致于理。」時論稱之。

出爲環慶路馬步軍總管、知邠州，遷秦州防禦使、秦鳳路副都總管兼知秦州。度羨材爲倉廩，大積穀古渭、冀城。生羌屢入鈔邊，琮懷以恩信，擊牛釃酒犒之，多請內屬。

寶元初南郊，召入侍祠。會元昊反，拜同州觀察使，復知秦州，上攻、守、禦三策。久之，兼同管勾涇原路兵馬、定國軍節度觀察留後。劉平、石元孫敗，關輔震恐。琮請籍民爲

義軍，以張兵勢，於是料簡鄉弓手數萬人。賊寇山外，還天都，劫儀、秦屬戶。琮發騎士，設伏以待之，賊遂引去。琮欲誘吐蕃掎角圖賊，得西川舊賈，使諭意。而沙州鎭王子遣使奉書曰：「我本唐甥，天子實吾舅也。自党項破甘、涼，遂與漢隔。今願率首領爲朝廷擊賊。」帝善琮策，改陝西副都總管、經略安撫招討副使，拜步軍副都指揮使。與夏竦屯鄜州，還爲馬軍副都指揮使，以疾卒。帝臨奠，后幷出臨喪，就第成服。贈安化軍節度使兼侍中，謚忠恪。

琮小心謹畏，善贊謁，御軍整嚴，死時家無餘貲。子佺，皇城使、嘉州防禦使。佺子詩，尙魯國大長公主。

潘美字仲詢，大名人。父璘，以軍校戍常山。美少倜儻，隸府中典謁。嘗語其里人王密曰：「漢代將終，凶臣肆虐，四海有改卜之兆。大丈夫不以此時立功名、取富貴，碌碌與萬物共盡，可羞也。」會周世宗爲開封府尹，美以中涓事世宗。及即位，補供奉官。高平之戰，美以功遷西上閤門副使。出監陝州軍，改引進使。世宗將用師隴、蜀，命護永興屯兵，經度西事。

先是，太祖遇美素厚，及受禪，命美先往見執政，諭旨中外。陝帥袁彥凶悍，信任羣小，嗜殺黷貨，且繕甲兵，太祖慮其爲變，遣美監其軍以圖之。美單騎往諭，以天命既歸，宜修臣職，彥遂入朝。上喜曰：「潘美不殺袁彥，能令來覲，成我志矣。」

李重進叛，太祖親征，命石守信爲招討使，美爲行營都監以副之。揚州平，留爲巡檢，以任鎭撫，以功授泰州團練使。時湖南叛將汪端既平，人心未寧，乃授美潭州防禦使。嶺南劉鋹數寇桂陽、江華，美擊走之。溪峒蠻獠自唐以來，不時侵略，頗爲民患。美窮其巢穴，多所殺獲，餘加慰撫，夷落遂定。乾德二年，又從兵馬都監丁德裕等率兵克郴州。

開寶三年，征嶺南，以美爲行營諸軍都部署、朗州團練使，尹崇珂副之。進克富州〔六〕，鋹遣將率衆萬餘來援，遇戰大破之，遂克賀州。十月，又下昭、桂、連三州，西江諸州以次降。美以功移南面都部署，進次韶州。

韶，廣之北門也，賊衆十餘萬聚焉。美揮兵進乘之，韶州遂拔，斬獲數萬計。鋹窮蹙，四年二月，遣其臣王珪詣軍門求通好，又遣其左僕射蕭漼、中書舍人卓惟休奉表乞降。美因諭以上意，以爲彼能戰則與之戰，不能戰則勸之守，不能守則諭之降，不能降則死，不能死則亡，非此五者他不得受。美卽令殿直冉彥袞部送漼等赴闕。

鋹復遣其弟保興率衆拒戰，美卽率厲士卒倍道趨柵頭，距廣州百二十里。鋹兵十五萬

依山谷堅壁以待，美因築壘休士，與諸將計曰：「彼編竹木爲柵，若攻之以火，彼必潰亂。因以銳師夾擊之，萬全策也。」遂分遣丁夫數千人，人持二炬，間道造其柵。及夜，萬炬俱發，會天大風，火勢甚熾。鋹衆驚擾來犯，美揮兵急擊之，鋹衆大敗，斬數萬計。長驅至廣州，鋹盡焚其府庫，遂克之，擒鋹送京師，露布以聞。卽日，命美與尹崇珂同知廣州兼市舶使。五月，拜山南東道節度。五年，兼嶺南道轉運使。土豪周思瓊聚衆負海爲亂，美討平之，嶺表遂安。

七年，議征江南〔七〕。九月，遣美與劉遇等率兵先赴江陵。十月，命美爲昇州道行營都監，與曹彬偕往，進次秦淮。時舟楫未具，美下令曰：「美受詔，提驍果數萬人，期於必勝，豈限此一衣帶水而不徑度乎？」遂麾以涉，大軍隨之，吳師大敗。及采石磯浮梁成，吳人以戰艦二十餘鳴鼓泝流來趨利。美麾兵奮擊，奪其戰艦，擒其將鄭賓等七人，又破其城南水砦，分舟師守之。奏至，太祖遣使令亟徙置戰櫂，以防他變。美聞詔卽徙軍。是夜，吳人果來攻砦，不能克。進傅金陵，江南水陸十萬陳於城下，美率兵襲擊，大敗之。李煜危甚，遣徐鉉來乞緩師，上不之省，仍詔諸將促令歸附。煜遷延未能決，夜遣兵數千，持炬鼓譟來犯我師。美率精銳以短兵接戰，因與大將曹彬率士晨夜攻城，百道俱進。金陵平，以功拜宣徽北院使。

秋，命副党進攻太原，戰于汾上，破之，且多擒獲。太平興國初，改南院使。三年，加開府儀同三司。四年，命將征太原，美爲北路都招討，判太原行府事。部分諸將進討，并州遂平。繼征范陽，以美知幽州行府事。及班師，命兼三交都部署，留屯以捍北邊。三交西北三百里，地名固軍，其地險阻，爲北邊咽喉。美潛師襲之，遂據有其地。因積粟屯兵以守之，自是北邊以寧。美嘗巡撫至代州，既秣馬蓐食，俄而遼兵萬騎來寇，近塞，美誓衆銜枚奮擊，大破之。封代國公。八年，改忠武軍節度，進封韓國公。

雍熙三年，詔美及曹彬、崔彥進等北伐，美獨拔寰、朔、雲、應等州。詔內徙其民。會遼兵奄至，戰於陳家谷口，不利，驍將楊業死之。美坐削秩三等，責授檢校太保。明年，復檢校太師。知眞定府，未幾，改都部署、判并州。加同平章事，數月卒，年六十七。贈中書令，諡武惠。咸平二年，配饗太宗廟庭。

子惟德至宮苑使，惟固西上閤門使，惟正西京作坊使，惟清崇儀使，惟熙娶秦王女，平州刺史。惟熙女，卽章懷皇后也。美後追封鄭王，以章懷故也。

惟吉，美從子，累資爲天雄軍駐泊都監。雖連戚里，能以禮法自飭，敭歷中外，人咸稱其勤敏云。

李超者，冀州信都人。爲禁卒，常從潘美軍中，主刑刀。美好乘怒殺人，超每潛緩之。美怒解，輒得釋，以是全者甚衆，人謂其有陰德。

子濬字德淵。中進士，累擢秘書、知康州。咸平中，入爲刑部詳覆、御史臺推直官。屢上書言事，遷開封府推官，賜緋魚。景德初，拜虞部員外郎兼侍御史知雜事，賜金紫。從幸澶淵，頗上疏言便宜。師還，命與陳堯咨安撫河北。踰年，判吏部銓。濬居憲府，未再歲，帝寵待之，擢樞密直學士。宰相王旦言：「濬雖有剸劇才，然騣歷清切，時望未允。」眞宗曰：「朕業已許之矣。」尋知開封，能檢察隱微，京師稱之。累遷至右司郎中，出知秦州，暴疾卒。濬與李宗諤同歲同月後一日生，其卒也亦後一日，衆以爲異。

論曰：曹彬以器識受知太祖，遂膺柄用。平居，於百蟲之蟄猶不忍傷，出使吳越，籍上私餽，悉用施予，而不留一錢；則其總戎專征，而秋毫無犯，不妄戮一人者，益可信矣。潘美素厚太祖，信任於得位之初，遂受征討之託。劉鋹遣使乞降，觀美所喩，辭義嚴正，得奉辭伐罪之體；則其威名之重，豈待平嶺表、定江南、征太原、鎭北門而後見哉？二人皆諡武惠，皆與配饗，兩家子孫，皆能樹立，享富貴。而光獻、章懷皆稱賢后，非偶然也。君子謂仁

恕清愼，能保功名，守法度，唯彬爲宋良將第一，豈無意哉。若李濬者，亦以材幹自結主知，遂歷清顯。謂爲陰德所致，理或然也。

校勘記

(一) 樂平縣 原作「平樂縣」，據本書卷四八二北漢世家、長編卷四改。下文「樂平」同。

(二) 攻進 同上二書同卷作「蔚進」。

(三) 劉光毅 原名光義，因與宋太宗同名，改名廷讓，又避諱作「光乂」或「光毅」。見本書卷二五九劉廷讓傳。

(四) 彰國 東都事略卷二七本傳作「彰德」。

(五) 冶坊床穰 原作「治坊床穰」，據本書卷八七地理志及元豐九域志卷三改。

(六) 富州 原作「富川」，據本書卷二太祖紀、長編卷一一、琬琰集下編卷一潘武惠公美傳改。

(七) 七年議征江南 「七年」原作「八年」，據本書卷三太祖紀、本卷曹彬傳改。

宋史卷二百五十九

列傳第十八

張美 郭守文 尹崇珂 劉廷讓 袁繼忠 崔彥進
張廷翰 皇甫繼明 張瓊

張美字玄圭，貝州清河人。少善書計，初爲左藏小吏，以強幹聞。三司薦奏，特補本庫專知，出爲澶州糧料使。周世宗鎭澶淵，每有求取，美必曲爲供給。周祖聞之怒，將譴責之，而恐傷世宗意，徙美爲濮州馬步軍都虞候。

世宗卽位，召爲樞密承旨。時宰相景範判三司，被疾，世宗命美爲右領軍衞大將軍，權判三司。世宗征淮南，留美爲大內部署。一日，方假寐，忽覺心動，遽驚起行視宮城中。少頃，內醞署火起，旣有備，卽撲滅之。俄眞授三司使。

四年，世宗再幸淮上，皆爲大內都點檢。北征，又爲大內都部署。師還，爲左監門衞上

將軍，充宣徽北院使，判三司。美強力有心計，周知其利病，每有所條奏釐革，上多可之，常以幹敏稱。世宗連歲征討，糧餽不乏，深委賴焉。然以澶淵有所求假，頗薄之，美亦自愧。恭帝嗣位，加檢校太傅。

宋初，加檢校太尉。初，李筠鎭上黨，募亡命，多爲不法，漸倔強難制。美度筠必叛，陰積粟於懷、孟間。後筠果叛，太祖親討之，大軍十萬出太行，經費無闕，美有力焉。拜定國軍節度。縣官市木關中，同州歲出緡錢數十萬以假民，長吏十取其一，謂之率分錢，歲至數百萬，美獨不取。未幾，他郡有詣闕訴長吏受率分錢者，皆命償之。

乾德五年，移鎭滄州。太平興國初來朝，改左驍衞上將軍。美獻都城西河曲灣果園二、蔬圃六、亭舍六十餘區。八年，請老，以本官致仕。雍熙二年，卒，年六十八。淳化初，謚恭惠。子守瑛，至供備庫使。孫士宗，至內殿承制。士宗卒，士禹爲崇班，士安至閤門祗候，士宣爲禮賓副使。

郭守文，并州太原人。父暉，仕漢爲護聖軍使，從周祖征河中，戰死。守文年十四，居喪哀毀，周祖憐之，召隸帳下。廣順初，補左班殿直，再遷東第二班副都知。

宋初，遷西頭供奉官。蜀平，選知簡州。時劍外多寇，守文悉招來集附。從潘美征嶺南，會擒劉鋹，遣守文馳傳告捷，遷翰林副使。從曹彬等平金陵，護送李煜歸闕下。時煜以拒命頗自歉，不欲生見太祖。守文察知之，因謂煜曰：「國家止務恢復疆土，以致太平，豈復有後至之責耶？」煜心遂安。改西京作坊使、領翰林司事。俄從党進破幷寇於團柏谷。

太平興國初，秦州內附，蕃部騷動，命守文乘傳撫諭，西夏悅伏。三年，遷西上閤門使。是夏，汴水決于寧陵，發宋、亳丁壯四千五百塞之，命守文董其役。是冬，又與閤門副使王侁、西八作副使石全振護塞靈河縣決河。

及征太原，守文與判四方館事梁迥分護行營馬步軍。會劉繼元降，其弟繼文據代州，依遼人之援以拒命，遣守文討平之。俄受詔護定州屯兵，大破遼人於滿城。以功遷東上閤門使、領澶州刺史。召還，擢拜內客省使。八年，滑州房村河決，發卒塞之，命守文董其役。

雍熙二年，詔守文率兵屯三交，俄加領武州團練使。屬夏人擾攘，命守文帥師討之，破夏州鹽城鎭岌羅膩[一]等十四族，斬首數千級，俘獲生畜萬計。又破咩鬼族，殲焉。諸部畏懼，相率來降，凡銀、麟、夏三州歸附者百二十五族、萬六千餘戶，西鄙遂寧。三年春，大舉北伐，爲幽州道行營前軍步軍水陸都監。卒與遼人遇，爲流矢所中，氣色不撓，督戰益急，軍中服其量。會大軍不利，坐違詔逗遛退軍，左遷右屯衞大將軍。事具曹彬傳。

明年復舊職，裁三月，拜宣徽北院使。又與田欽祚並爲北面排陣使，屯鎭州。端拱初，改南院使、鎭州路都部署。又爲北面行營都部署兼鎭定、高陽關兩路排陣使。是冬，遼騎南侵，大破之唐河。端拱二年[二]十月，卒，年五十五。太宗悼惜之，贈侍中，謚忠武，追封譙王，遣中使護喪，歸葬京師。

守文沈厚有謀略，頗知書，每朝退，習書百行，出言溫雅，未嘗忤人意。先是，將臣戍邊者多致寇以邀戰功，河朔諸州殆無寧歲，既敗歧溝關，乃命守文以內職總兵鎭常山以經略之。

守文既喪月餘，中使自北邊來言：「守文死，軍士皆流涕。」帝問：「何以得此？」對曰：「守文得奉祿賜賚悉犒勞士卒，死之日，家無餘財。」帝嗟歎久之，賜其家錢五百萬，爲眞宗納其女爲夫人，卽章穆皇后也。

子崇德至太子中舍。崇信至西京左藏庫使、同知皇城司，贈福州觀察使。崇儀至崇儀使、全州刺史，贈潤州觀察使。諸司使無廢朝、贈官之例，崇信、崇儀咸以后兄故，特示優禮。崇德子承壽，至虞部員外郎。天禧五年，錄承壽子若水爲太常寺奉禮郎，崇仁爲解州團練使。

尹崇珂，秦州天水人，後徙居大名。父延勛，歷磁、同、滁三州刺史。崇珂初事周世宗於藩邸，以謹厚稱。及卽位，補東西班都知。從戰高平，有勞績，遷本班副點檢。從征淮南，遷都虞候，轉都指揮使，改殿前都指揮使。

宋初，出爲淄州刺史。有善政，民詣闕請刻石頌德，太祖命殿中侍御史李穆撰文賜之。討湖南，爲行營前軍馬軍都指揮使。荆湘平，授朗州團練使。又與潘美、丁德裕克郴州。乾德中，征嶺表，以崇珂爲行營馬步軍副部署。克廣州，擒劉鋹，卽日詔與潘美同知廣州兼市舶轉運等使，錄功遷保信軍節度。未幾，南漢開府樂範、容州都指揮使鄧存忠、韶州賊帥周思瓊、春恩道都指揮使麥漢瓊等據五州之地以叛。崇珂討之，太祖遣中使李神祐督戰，數月，盡平其黨，還治所。

六年，卒[三]，年四十二。贈侍中。遣中使護其喪，歸葬洛陽。以其子昭吉、弟崇珪並爲西京作坊使，昭吉領會州刺史，崇珪領歙州刺史。

初，太宗在周朝娶崇珂妹，追謚淑德皇后。昭吉至洛苑使。次子昭輯，至供奉官、閤門祗候。

劉廷讓字光義，其先涿州范陽人。曾祖仁恭，唐盧龍軍節度。祖守文，襲滄州盧彥威，遂據其城，昭宗授以節鉞。後其弟守光囚父仁恭，守文舉兵討之，軍敗，爲守光所殺。廷讓與其父延進避難南奔。少有膂力，周祖鎭鄴，以隸帳下。廣順初，補內殿直押班，累遷龍捷都校。從世宗征淮南，以功領雷州刺史。再遷涪州團練使、領鐵騎右廂。

宋初，轉江州防禦使、領龍捷右廂。從征李筠，爲行營先鋒使。建隆二年，改侍衞馬軍都指揮使、領寧江軍節度。乾德二年春，詔領兵赴潞州，以備幷寇。冬，興師伐蜀，爲西川行營前軍兵馬副都部署，率禁兵步騎萬人、諸州兵萬人，由歸州進討。入其境，連破松木、三會、巫山等砦，獲蜀將南光海等五千餘人，擒戰櫂都指揮使袁德宏等千二百人，奪戰艦二百餘艘。又獲水軍三千人，因度南岸，斬三千餘級。

初，夔州有鎖江爲浮梁，上設敵棚三重，夾江列礮具。廷讓等將行，太祖以地圖示之，指鎖江曰：「我軍至此，泝流而上，愼勿以舟師爭勝，當先以步騎陸行，出其不意擊之，俟其勢卻，卽以戰櫂夾攻，取之必矣。」及師至，距鎖江三十里，舍舟步進，先奪其橋，復牽舟而上，破州城，守將高彥儔自焚，悉如太祖計。遂進克萬、施、開、忠四州，峽中郡縣悉下。

明年正月，次遂州，州將陳愈率吏民來降。盡出府庫金帛以給將士。初出師也，太祖命之曰：「所得郡縣，當傾帑藏，爲朕賞戰士，國家所取唯土疆爾。」故人皆效命，所至成功。蜀平，王全斌等皆坐縱部下掠奪子女玉帛及納賄賂左降，惟廷讓秋毫無犯。及全師雄等作亂，郡縣相應，寇盜蠭起。廷讓又與曹彬破之，以功改領鎭安軍節度，從征太原。開寶六年，出爲鎭寧軍節度。太平興國二年，入爲右驍衞上將軍。

雍熙三年，曹彬敗於歧溝關，諸將失律，多坐黜免。既而契丹擾邊，時議遣將，無愜上意者。時廷讓與宋偓、張永德並罷節鎭在環列，帝欲令擊契丹自效，乃遣分守邊郡，以廷讓知雄州，又徙瀛州兵馬都部署。是冬，契丹數萬騎來侵，廷讓與戰君子館。時天大寒，兵士弓弩皆不能彀，契丹圍廷讓數重。廷讓先分精兵屬李繼隆爲後殿，緩急爲援。至是，繼隆退保樂壽，廷讓一軍皆沒，死者數萬人，僅以數騎獲免。先鋒將賀令圖、楊重進皆陷於契丹。自是河朔戍兵無鬭志，又科鄕民爲兵以守城，皆未習戰鬭。契丹遂長驅而入，陷深、祁、德數州，殺官吏，俘士民，所在輦金帛而去。博、魏之北，民尤苦焉。太宗聞之，下哀痛之詔。

初，廷讓詣闕待罪，太宗知爲李繼隆所誤，不之責。四年，復命代張永德知雄州兼兵馬部署。是秋以疾聞，帝遣內醫診視，因上言求歸京師，不俟報，迺離屯所。帝怒，下御史按問，獄具。下詔曰：「右驍衞上將軍劉廷讓，朕以其宿舊，荐董軍政，擢自環尹，付之戍師，俾

控邊關，式防寇鈔。而乃以病爲解，不俟報命，委棄戎重，儼裝上道。矧萬旅所集，實制於中權，列燧相望，或虞於外侮。事機一失，咎責安歸。有司議刑，當在不赦。錄其素效，特從寬典，可削奪在身官爵，配隸商州。」又黜其子如京使永德爲濠州團練副使，崇儀副使永和爲唐州刺史。廷讓既黜，怏怏不食，行至華州卒，年五十九。帝錄其舊勳，贈太師。

子永德至內殿崇班，永恭至西京作坊副使，永和爲內殿承制，永錫至崇班，永保、永昌、永規並至閤門祗候，永崇爲崇班，永寧及孫允忠並爲閤門祗候。

袁繼忠，其先振武人，後徙幷州。父進，仕周爲階州防禦使。繼忠以父任補右班殿直。太祖平澤、潞，討幷、汾，悉預攻戰。乾德中征蜀，隸大將劉廷讓麾下。既克蜀，知雲安軍，歷嘉、蜀二州監軍。開寶中伐廣南，爲先鋒壕砦。廣南平，以功遷供奉官，護隰州白壁關屯兵。時河東拒命，繼忠累入其境，破三砦，擒將校二人，得生口、馬牛羊、鎧仗踰萬計。近戍主將懼無功受譴，以誠告繼忠，繼忠以所獲分與之，遂與都巡檢郭進略地忻、代州，改天平軍巡檢。太宗卽位，以爲閤門祗候，令擊梅山洞賊，破之。又巡遏邊部於唐龍鎭。太宗征太原，

繼忠預破鷹揚軍，先登陷陣。契丹入代境，繼忠率兵擊走之。以功遷通事舍人，護高陽關屯兵。與崔彥進破契丹長城口，殺獲數萬衆，璽書褒美。時有勸繼忠自論其功者，繼忠不答。會趙保忠來朝獻其地，綏州刺史李克憲偃蹇不奉詔，遣繼忠諭旨，竟率克憲入朝。還西上閤門副使。詔與田仁朗率兵定河西諸州，大破西人於葭蘆川〔四〕，遷引進副使，護定州屯兵。

雍熙二年，還西上閤門使。三年，大將田重進征契丹，命繼忠爲定州路行營馬步軍都監。領師取飛狐，下靈丘，平蔚州，擒其帥大鵬翼以獻，事見重進傳。師還，繼忠爲後殿，行列甚整。至定州，重進欲斬降卒後期至者，繼忠諭以殺降不祥，皆救免之。遷判四方館事、領播州刺史，護屯兵如故。大將李繼隆以易州靜塞騎兵尤驍果，取隸麾下，留其妻子城中。繼忠言於繼隆曰：「此精卒，止可守城，萬一敵至，城中誰與捍者？」繼隆不從。既而契丹入寇，城陷，卒妻子皆爲所俘。繼隆疑此卒怨己，欲分隸諸軍。繼忠曰：「不可，但奏升其軍額，優以廩給，使之盡節可也。」從之，衆皆感悅。繼忠因自請以隸麾下。

會契丹騎大至，駐唐河北，諸將欲堅壁待之。繼忠曰：「今強敵在近，城中屯重兵不能翦滅，令長驅深入，侵略他郡，雖欲謀自安之計，豈折衝禦侮之用乎？我將身先士卒，死於寇矣！」辭氣慷慨，衆壯之。靜塞軍摧鋒先入，契丹兵大潰。太宗聞之，降璽書獎諭，賜予

甚厚。淳化初，遷引進使，護鎭定、高陽關兩路屯兵。三年，被病，召赴闕，卒，年五十五。繼忠長厚忠謹，士大夫多與遊，前後賜賚鉅萬計，悉以犒賞士卒。身死之日，家無餘財，搢紳稱之。子用成，雍熙初登進士第，至太常博士。

崔彥進，大名人。純質有膽略，善騎射。漢乾祐中，隸周祖帳下。廣順初，補衞士。世宗鎭澶淵，令領禁兵以從。顯德初，爲控鶴指揮使。從征淮南，以功遷散員都虞候。從平瓦橋關，改東西班指揮使、領昭州刺史。

宋初，改控鶴右廂指揮使、領果州團練使。征李筠，爲先鋒部署，以功遷常州防禦使。從平李重進，改虎捷右廂。建隆二年，遷侍衞步軍都指揮使、領武信軍節度。大舉伐蜀，爲鳳州路行營前軍副都部署。蜀平，坐縱部下略玉帛、子女及諸不法事，左遷昭化軍節度觀察留後。太祖郊祀西洛，彥進來朝，授彰信軍節度。

太平興國二年，移鎭河陽。四年正月，遣將征太原，分命攻城，以彥進與鄆州防禦使尹勳攻其東，彰德軍節度李漢瓊、冀州刺史牛思進攻其南，桂州觀察使曹翰、翰林使杜彥圭攻其西，彰信軍節度劉遇、光州刺史史珪攻其北。彥進督戰甚急，太祖嘉之。晉陽平，從征幽

州，又與內供奉官江守鈞率兵攻城之西北。及班師，詔彥進與西上閤門副使薛繼興、閤門祗候李守斌領兵屯關南，以功加檢校太尉。是秋，契丹侵遂城，彥進與劉廷翰、崔翰等擊破之，斬首萬級。五年，車駕北巡，以彥進爲關南都部署，敗契丹於唐興口。

雍熙三年正月，命將北伐，分兵三路，詔彥進爲幽州道行營馬步軍水陸副都部署，與曹彬、米信出雄州。大軍失利，彥進坐違彬節制，別道回軍，爲敵所敗，召還，貶右武衞上將軍，事具彬傳。四年春，授保靜軍節度。端拱元年，被病，召歸闕，卒，年六十七。贈侍中。

彥進頻立戰功，然好聚財貨，所至無善政。沒後，諸子爭家財，有司攝治。太宗召見，爲決之，謂左右曰：「此細務，朕不宜親臨，但以彥進嘗任節制，不欲令其子辱於父耳。」

子懷遵至內殿崇班，懷清至崇儀副使。懷遵子上賢，娶鎭王女崇安縣主。懷清子從湜，娶岐王女永壽縣主，爲西京左藏庫副使，後坐事除名。

張廷翰，澤州陵川人。初爲漢祖親校。漢祖入汴，補內殿直，遷東西班軍使。周初，改護聖指揮使。從世宗平淮甸，以功遷鐵騎右第二軍都虞候。顯德末，改殿前散都頭都虞候。

宋初，權爲鐵騎左第二軍都校、領開州刺史。從平揚州，又以功遷控鶴左廂都指揮使、領果州團練使。未幾，轉龍捷左廂都指揮使、領春州團練使。乾德中，興師伐蜀，以廷翰爲歸州路行營馬軍都指揮使，隨劉廷讓由歸州路進討。師次夔州，廷讓頓兵白帝廟西，俄而夔州監軍武守謙率所部來拒戰，廷翰引兵逆擊，敗之於猪頭鋪，乘勝拔其城。蜀平，授侍衞馬步軍都虞候、領彰國軍節度。開寶二年，寢疾，太祖親臨問，未幾卒，年五十三。贈侍中。

皇甫繼明，冀州蓨人。父濟，汾川令。繼明身長七尺，善騎射，以膂力聞郡中。刺史張廷翰以隸左右，薦於太祖，補殿前指揮使，歷左右番押班都知。

太宗即位，累遷至捧日軍都指揮使、領檀州刺史。太平興國七年，坐秦王廷美事，出爲汝州馬步軍都指揮使。雍熙三年，召入爲馬步軍副都軍頭。四年，復爲捧日右廂第三軍都指揮使、領澶州刺史。田重進北征，繼明爲前鋒，以功加馬步軍都軍頭。端拱二年，轉龍、神衞四廂都指揮使、領羅州防禦使。即日命副高瓊爲并代部署。淳化二年，又副范廷召爲平虜橋砦兵馬都部署，改高陽關部署。至道元年，改領洋州觀察使，充環慶路馬步軍都部署。繼明謹愿，御下嚴肅，士卒頗畏憚之。二年，受詔護送輜重赴靈州，繼明已先約靈州部署田紹斌率軍迎援，適被病，裨將白守榮謂繼明曰：「君疾甚，不可行，恐失期會，守榮當率兵先往。」繼明宿將，慮守榮等輕佻，與戎人接戰，因謂之曰：「我疾少間。」遂擐鑠被甲上馬，強行至清遠軍，卒，年六十三，詔贈彰武軍節度。遷其子懷信爲供奉官。

張瓊，大名館陶人。世爲牙中軍。瓊少有勇力，善射，隸太祖帳下。周顯德中，太祖從世宗南征，擊十八里灘砦，爲戰艦所圍，一人甲盾鼓譟而前，衆莫敢當，太祖命瓊射之，一發而踣，淮人遂卻。

及攻壽春，太祖乘皮船入城濠。城上車弩遽發，矢大如椽，瓊亟以身蔽太祖，矢中瓊股，死而復蘇。鏃著髀骨，堅不可拔。瓊索杯酒滿飲，破骨出之，血流數升，神色自若。太祖壯之。及即位，擢典禁軍，累遷內外馬步軍都軍頭、領愛州刺史。數日，太宗自殿前都虞候尹開封。太祖曰：「殿前衞士如狼虎者不啻萬人，非瓊不能統制。」即命瓊代爲都虞候，遷嘉州防禦使。

瓊性暴無機，多所凌轢。時史珪、石漢卿方用事，瓊輕侮之，目爲巫媼。二人銜之切齒，發瓊擅乘官馬，納李筠隸僕，畜部曲百餘人，恣作威福，禁軍皆懼；又誣毀太宗爲殿前都虞候時事。建隆四年秋，郊禋制下，方欲肅靜京師，乃召訊瓊。瓊不伏，太祖怒，令擊之。漢卿即奮鐵撾亂下，氣垂絕，曳出，遂下御史案鞫之。瓊知不免，行至明德門，解所繫帶以遺母。獄具，賜死於城西井亭。太祖旋聞家無餘財，止有僕三人，甚悔之。因責漢卿曰：「汝言瓊有僕百人，今何在？」漢卿曰：「瓊所養者一敵百耳。」太祖遂優恤其家。以其子尙幼，乃擢其兄進爲龍捷副指揮使。

論曰：崔彥進與王全斌征蜀，黷貨殺降，以致蜀亂，惟劉廷讓一軍秋毫無犯，紀律嚴否於斯別矣。尹崇珂斤斤謹厚，臨淄攻守之績，嶔嶠廓淸之勞，至於瘁事。皇甫繼明力疾以護軍行，純誠勇節，皆足嘉尙。張廷翰西征，未覩奇效。張美雖稱幹敏，而初有自愧之行。郭守文敦詩閱禮，輕財好施，愼保封疆，士卒樂用，終以勳舊蒙眷，聯姻戚里。宋初諸將，要終而論，臧否異趣，何昭昭若是哉。

校勘記

〔一〕岌羅膩 按本書卷二五七李處耘傳、卷四九一党項傳皆作「岌伽羅膩」，此處疑脫「伽」字。

〔二〕端拱二年 「二年」原作「三年」，據長編卷三〇、隆平集卷一一本傳改。

〔三〕六年卒 按長編卷一三、一四，尹詡樂範在開寶五年，死於開寶六年，此處失書「開寶」紀元。

〔四〕葭蘆川 原作「葭蘆州」，據本書卷四八五夏國傳、太平治蹟統類卷二改。

宋史卷二百六十

列傳第十九

曹翰 楊信 弟嗣 贇〔一〕 党進 李漢瓊 劉遇 李懷忠 米信 田重進 劉廷翰 崔翰

曹翰，大名人。少爲郡小吏，好使氣陵人，不爲鄉里所譽。乾祐初，周太祖鎭鄴，與語奇之，以隸世宗帳下。世宗鎭澶淵，署爲牙校，入尹開封，留翰在鎭。會太祖寢疾，翰不俟召，歸見世宗，密謂曰：「主上不豫，王爲冢嗣，不侍醫藥而決事於外廷，失天下望。」世宗悟，卽入侍，以府事屬翰總決。

及世宗卽位，補供奉官，從征高平，參豫謀畫。尋遷樞密承旨，護塞決河。世宗征淮南，留鎧甲千數在正陽，既而得降卒八百，部送歸京師。時翰適從京師來詣，過正陽十數里許遇之，慮劫兵器爲叛，矯殺之。及見世宗，具言其事，世宗不悅。翰曰：「賊以困歸我，非

心服也，所得器甲，盡在正陽，苟爲所劫，是復生一淮南矣。」因不之罪。從征瓦橋關，會班師，留知雄州。世宗大漸，論范質等以王著爲相，翰爲宣徽使。質以著嗜酒，翰飾詐而專，並寢之。改德州刺史。

宋初，從征澤、潞，還改濟州刺史。乾德二年，太祖親征西蜀，移刺均州，澗谷深險，翰令鑿石通道，師旋以濟；詔兼西南諸州轉運使，自石門徑趣歸州，餉運不乏，由夔、萬入會王全斌軍，成都以平。時全師雄擁衆十萬餘據郫縣叛，謀窺成都，翰率兵會劉光毅、曹彬等討平之。未幾，軍校呂翰殺武懷節，據嘉州以叛，翰及諸將奪其城。諜知賊約三鼓復來攻，翰戒知更使緩，向晨猶二鼓，賊衆不集而潰，因而破之，劍南遂平。師還，遷蔡州團練使。

開寶二年，從征太原，復爲行營都壕砦使。既班師，會河決澶州，令翰董其役，翰出銀器助役，沉所乘白馬以祭；復決陽武，再護役，皆有成績。將征江南，命翰率兵先赴荊南，改行營先鋒使，進克池州。金陵平，江州軍校胡德、牙將宋德明據城拒命。翰率兵攻之，凡五月而陷，屠城無噍類，殺兵八百。所略金帛以億萬計，僞言欲致廬山東林寺鐵羅漢像五百頭於京師，因調巨艦百艘，載所得以歸。錄功遷桂州觀察使、判潁州。

太平興國四年，從征太原，爲攻城南面都部署。與崔彥進、李漢瓊、劉遇三節度分部攻城，翰攻東北，而劉遇攻西北，與劉繼元直，城尤險固，遇欲與翰易處，翰言：「觀察使班次

下，當部東北。」遇堅欲易之，數日不決。上慮諸將不協，遣諭翰曰：「卿智勇無雙，西北面非卿不能當也。」翰乃奉詔，築土山瞰城中，數日而就，繼元甚恐。軍中乏水，城西十餘里谷中有娘子廟，翰往禱之，穿渠得水，人馬以給。又從征幽州，率所部攻城東南隅，卒掘土得蟹以獻。翰謂諸將曰：「蟹水物而陸居，失所也。且多足，彼援將至，不可進拔之象。況蟹者解也，其班師乎？」已而果驗。

五年，從幸大名，拜威塞軍節度，仍判潁州，復命爲幽州行營都部署。詔督役開南河，自雄達莫，以通漕運，議築大隄以捍之。翰遣徒數萬，伐巨木於漢境，遣騎五，授五色旗爲斥候，前遇丘陵、水澤、寇賊、煙火，則各舉其旗以爲應，又起烽燧于境上，敵疑不敢近塞，得巨木數萬以濟用，訖事歸鎭。

翰在郡歲久，征斂苛酷，政因以弛。上以其有功，每優容之。會汝陰令孫崇望詣闕，訴翰私市兵器，所爲多不法。詔遣御史滕中正乘傳鞫之，獄具，當棄市，上貸其罪，削官爵，流錮登州。雍熙二年，起爲右千牛衞大將軍、分司西京。四年，召入爲左千牛衞上將軍，賜錢五百萬，白金五千兩。淳化三年，卒，年六十九，贈太尉。上命遷其四子守謙、守能、守節、守貴官，其六子守讓、守贇、守澄、守恩、守英、守吉皆補殿直。

翰陰狡多智數，好夸誕，貪冒貨賂，飲酒至數斗不亂。每奏事上前，雖數十條，皆默識

不少差。嘗作退將詩曰：「曾因國難披金甲，恥爲家貧賣寶刀。」翰直禁日，因語及之。上憫其意，故有銀錢之賜。咸平元年，賜謚武毅。

楊信，瀛州人。初名義。顯德中，隸太祖麾下爲裨校。宋初，權內外馬步軍副都軍頭。建隆二年，領賀州刺史。改鐵騎、控鶴都指揮使，遷殿前都虞候，領漢州防禦使。乾德初，親郊，爲儀仗都部署。四年，信病瘖，上幸其第，賜錢二百萬。五年，改靜江軍節度。開寶二年，散指揮都知杜廷進等將爲不軌，謀泄，夜啓玄武門，召信逮捕，遲明，十九人皆獲，上親訊而誅之。六年，遷殿前都指揮使，改領建武軍節度。

太祖嘗令御龍直習水戰於後池，有鼓譟聲，信居玄武門外，聞之，遽入，服皂絺袍以見。上謂曰：「吾敎水戰爾，非有他也。」出，上目送之，謂左右曰：「眞忠臣也。」九年，授義成軍節度。太平興國二年，改鎭寧軍，並領殿前都指揮使。三年春，以瘍疾在告，俄卒，贈侍中。

信雖瘖疾而質實自將，善部分士卒，指顧申儆，動有紀律，故見信任，而終始無疑焉。有童奴田玉者，能揣度其意，每上前奏事，及與賓客談論，或指揮部下，必迴顧玉，書掌爲字，玉因直達其意無失。信未死前一日，瘖疾忽愈，上聞而駭之，遽幸其第。信自言遭遇兩

朝，恩寵隆厚，敍謝感慨，涕泗橫集。上加慰勉，錫賚有差。信弟嗣、贇。

嗣，建隆初以信薦爲殿直，三遷崇儀副使、火山軍監軍。雍熙四年，就命知軍事。代還，以吏民借留再任，俄遷高陽關戰櫂都監。淳化二年，改知保州，門無私謁。轉運使言其治狀，優遷威虜軍，改崇儀使，與曹思進同爲靜戎軍、保州、長城、滿城緣邊都巡檢使〔二〕。改如京使，再知保州，有戰功。

眞宗卽位，加洛苑使。咸平初，領獎州刺史。三年，與敵人戰於廉良，斬首二千級，獲戰馬輜重甚衆，以功眞拜保州刺史。召還，授本州團練使。時楊延昭方爲刺史，嗣言：「嘗與延昭同官，驟居其上，不可，願守舊官。」上嘉其讓，乃遷延昭官。嗣與延昭久居北邊，俱以善戰聞，時謂之「二楊」。嗣以武人治郡，不屑細務，又兼領巡徼，在郡日少，城堞圮壞，有未葺者，詔供備庫副使趙彬代之，改深州團練都巡檢使兼保州鈐轄。

五年，邊人寇保州，嗣與楊延昭禦之，部伍不整，爲所襲，士馬多亡失，代還，特宥其罪。明年，與防秋之策，條陳北面利害，以其練達邊事，出爲鎭、定、高陽關三路後陣鈐轄，移定州副都部署，留其家京師，假官第以居。

景德初，改鎭州路副都部署。上以嗣耄年總軍政，慮有廢闕，旋命代之。連爲趙、貝、

深三州部署。大中祥符五年，復出爲天雄軍副都部署。六年，以左龍武大將軍致仕。明年卒，年八十一。錄其子承憲爲侍禁。

贇稍知書，無異能，以兄故得掌禁旅，累資朝著至牧守焉。

党進，朔州馬邑人。幼給事魏帥杜重威，重威愛其淳謹，及壯，猶令與姬妾雜侍。重威敗，進以膂力隸軍伍。周廣順初，補散指揮使，累遷鐵騎都虞候。宋初，轉本軍都校、領欽州刺史，遷馬步軍副都軍頭、領虔州團練使，改虎捷右廂都指揮使、領睦州防禦使。建隆二年，改領閬州。乾德初，改龍捷左廂都虞候、領利州觀察使。後四年，權步軍。杜審瓊卒，命進代領其務。五年，領彰信軍節度兼侍衞步軍都指揮使。

開寶元年，將征太原，以進將河東行營前軍。開寶二年，太祖師臨晉陽，置砦四面，命進主其東偏。師未成列，太原驍將楊業領突騎數百來犯，進奮身從數人逐業；業急入隍中，會援兵至，緣絙入城獲免。上激賞之。六年，改侍衞馬軍都指揮使、領鎭安軍節度。九年，又命將河東行營兵征太原，入其境，敗太原軍于城北。太祖崩，召還。太平興國二年，出爲

忠武軍節度。在鎮歲餘，一日自外歸，有大蛇臥榻上寢衣中，進怒，烹食之。遇疾卒，年五十一，贈侍中。

進出戎行，形貌魁岸，居常恂恂，每擐甲冑，毛髮皆竪。進名進，自稱曰暉，人問之，則曰：「吾欲從吾便耳。」先是，禁中軍校，自都虞候已上，悉書所掌兵數於梃上，如笏記焉。太祖一日問進所掌幾何，進不識字，但舉梃以示於上曰：「盡在是矣。」上以其朴直，益厚之。嘗受詔巡京師，閭里間有畜養禽獸者，見必取而縱之，罵曰：「買肉不將供父母，反以飼禽獸乎。」太宗嘗令親吏臂鷹雛于市，進亟欲放之，吏曰：「此晉王鷹也。」進乃戒之曰：「汝謹養視。」小民傳以爲笑，其變詐又如此。杜重威子孫有貧困者，進分月俸給之，士大夫或有愧焉。子崇義閑廐使，崇貴閤門祗候。

李漢瓊，河南洛陽人。曾祖裕，祁州刺史。漢瓊體質魁岸，有膂力。晉末，補西班衛士，遷內殿直。周顯德中，從征淮南，先登，遷龍旗直副都知，改左射指揮使。宋初，再遷鐵騎第二軍都校、領饒州刺史，遷控鶴左廂都校、領瀘州刺史，改澄州團練使，轉虎捷左廂都指揮使、領融州防禦使，遷侍衛馬軍都虞候、領洮州觀察使。

王師征江南，命領行營騎軍兼戰櫂左廂都指揮使，自蘄春攻峽口砦〔三〕，斬首數千級，獲樓船數百艘，沿流拔池州，破銅陵，取當塗，作浮梁於牛渚以濟大軍。分圍金陵，率所部度秦淮，取巨艦實葦其中，縱火攻其水砦，拔之。江南平，以功領振武軍節度。太平興國二年，出爲彰德軍節度。四年，太宗親征太原，改攻城都部署。漢瓊與牛思進主攻城南偏，漢瓊先登，矢集其腦，併中指，傷甚猶力疾戰。上召至幄殿，賜良藥以慰勞之。先是，攻城者以牛革冒木上，士卒蒙之而進，謂之洞子。上欲幸其中，以勞士卒，漢瓊極諫，以爲矢石之下，非萬乘之尊所宜輕往，上乃止。太原平，改鎮州兵馬鈐轄。契丹數萬騎寇中山，漢瓊與戰于滿城〔四〕，大敗之，逐至遂城，俘斬萬計，加檢校太尉。車駕幸大名，漢瓊上謁，陳邊事稱旨，命爲滄州都部署，加賜戰馬、金甲、寶劍、戎具以寵之。六年，以病還京，賜白金萬兩，月餘卒，年五十五，贈中書令。

漢瓊性木強，使酒難近，然善戰有功。無子，弟漢贇、漢彬。太平興國初，漢贇補供奉官，嘗監高陽關、平戎軍，乘傳衢、婺二州，捕劇賊程白眉數十人，悉殲焉。累仕崇儀使、知寧州，大中祥符七年卒。漢彬至禮賓副使。

劉遇，滄州清池人。少魁梧有膂力。周祖鎮大名，隸帳下。廣順初，補控鶴都頭，改副指揮使。宋初，遷御馬直指揮使，俄領漢州刺史，改領眉州。累遷控鶴右廂都指揮使、領瓊州團練使。從征太原，以功遷虎捷右廂，改領蔚州防禦使。開寶六年，轉侍衛步軍都虞候、領洮州觀察使。征江南，領步軍戰櫂都指揮使。時吳兵三萬屯皖口，遇會諸路兵破之，擒其將朱令贇、王暉等，獲戎器數萬，金陵以平，錄功加領大同軍節度。車駕雩祀西洛，命率禁衛以從。

太平興國二年，出爲彰信軍節度。四年，征太原，與史珪攻城北面，平之。進攻范陽，師還，坐所部失律，責授宿州觀察使。五年，從幸大名，復保靜軍節度、幽州行營都部署，護築保州、威虜、靜戎、平塞、長城五城。八年，徙鎮滑州。晨興方對客，足有灸瘡痛，其醫謂火毒未去，故痛不止。遇卽解衣，取刀割瘡至骨，曰：「火毒去矣。」談笑如常時，旬餘乃差。遇性淳謹，待士有禮，尤善射，太宗待之甚厚。雍熙二年，卒，年六十六，贈侍中，歸葬京師。

李懷忠，涿州范陽人。初名懷義。太祖掌禁兵時，隸帳下爲散都頭，累遷殿前都指揮使、都虞候、領開州刺史。乾德中，授東西班都指揮使，改領富州。開寶中，從太祖征晉陽，

累月未下。會盛暑，欲班師以休息士卒，懷忠謂：「賊嬰孤城，內無儲峙，外無援兵，其勢危困，若急攻之，破在旦夕，臣願奮銳爲士卒先。」會大熱，戰不利，懷忠中流矢，力疾戰益奮。遷授散指揮使，遷富州團練使，改日騎左右廂都指揮使。

上幸西京，愛其地形勢得天下中正，有留都之意。懷忠乘間進曰：「東京有汴渠之漕，歲致江、淮米數百萬斛，禁衛數十萬人仰給於此，帑藏重兵皆在焉。根本安固已久，一旦遽欲遷徙，臣實未見其利。」上嘉納之。

太宗卽位，改領本州防禦使，稍遷侍衛步軍都虞候、領大同軍節度。三年，改步軍都指揮使，五月，卒，贈侍中。錄其子紹宗等三人爲供奉官。大中祥符三年，又錄其子德鈞爲借職。

米信舊名海進，本奚族，少勇悍，以善射聞。周祖卽位，隸護聖軍。從世宗征高平，以功遷龍捷散都頭。太祖總禁兵，以信隸麾下，得給使左右，遂委心焉，改名信，署牙校。及卽位，補殿前指揮使，遷直長。平揚州日，信執弓矢侍上側，有游騎將迫乘輿，射之，一發而斃。遷內殿直指揮使。開寶元年，改殿前指揮使、領郴州刺史。

太宗卽位，轉散都頭指揮使，繼領高州團練使。太平興國三年，遷領洮州觀察使。四

年，征太原，命爲行營馬步軍指揮使，與田重進分督行營諸軍。幷人潛師來犯，信擊敗之，殺其將裴正。幷州平，遂移兵攻范陽。師還，以功擢保順軍節度使。時信族屬多在塞外，會其兄子全自朔州奮身來歸，召見，俾乘傳詣代州，伺間迎致其親屬，發勁卒護送之。既而全宿留踰年，邊境斥候嚴，竟不能致。信慷慨嘆曰：「吾聞忠孝不兩立，方思以身徇國，安能復顧親戚哉。」北望號慟，戒子姪勿復言。五年，命與郭守贇等同護定州屯兵。六年秋，遷定州駐泊部署。八年，改領彰化軍節度使。

雍熙三年，征幽薊，命信爲幽州西北道行營馬步軍都部署，敗契丹于新城。契丹率衆復來戰，王師稍却，信獨以麾下龍衞卒三百禦敵，敵圍之數重，矢下如雨，信射中數人，麾下士多死。會暮，信持大刀，率從騎大呼，殺數十人，敵遂小却，信以百餘騎突圍得免。坐失律，議當死，詔特原之，責授右屯衞大將軍。明年，復授彰武軍節度。

端拱初，詔置方田，以信爲邢州兵馬都部署以監之。二年，改鎭横海軍。信不知書，所爲多暴横，上命何承矩爲之副，以決州事。及承矩領護屯田，信遂專恣不法，軍人宴犒甚薄，嘗私市絹附上計吏，稱官物以免關征，上廉知之。四年〔五〕，召爲右武衞上將軍。明年，判左右金吾街仗事。未踰月，吏卒以無罪被捶撻者甚衆。強市人物，妻死買地營葬，妄發居民冢墓。家奴陳贇老病，箠之致死，爲其家人所告。下御史鞫之，信具伏。獄未上而卒，

年六十七。贈横海軍節度。子繼豐，內殿崇班、閤門祗候。

田重進，幽州人。形質奇偉，有武力。周顯德中，應募爲卒，隸太祖麾下。從征契丹，至陳橋還，遷御馬軍使，積功至瀛州刺史。太平興國四年，從征太原還，錄功擢爲天德軍節度使。六年，改侍衞步軍指揮使。八年，改領靜難軍節度使。九年，河決滑州韓、房村，重進總護其役，以劉吉爲之副，河遂塞。

雍熙中，出師北征，重進率兵傅飛狐城下，用袁繼忠計，伏兵飛狐南口，擒契丹驍將大鵬翼及其監軍馬贇、副將何萬通幷渤海軍三千餘人，斬首數千級，俘獲以萬計，逐北四十里，連下飛狐、靈丘〔六〕等城。進攻蔚州，其牙校李存璋等殺酋帥蕭啜理〔七〕、執耿紹忠，率吏民來附。會曹彬之師不利，乃命重進董師駐定州，遷定州駐泊兵馬都部署。三年，率師入遼境，攻下岐溝關，殺守城兵千餘及獲牛馬輜重以還。四年春，改彰信軍節度。

淳化三年，改眞定尹、成德軍節度。未幾，移京兆尹、永興軍節度。五年，改知延州，復還鎭。至道三年，卒，年六十九，贈侍中。

重進不事學，太宗居藩邸時，愛其忠勇，嘗遺以酒炙不受，使者曰：「此晉王賜也，何爲不受？」重進曰：「爲我謝晉王，我知有天子爾。」卒不受。上知其忠朴，故終始委遇焉。子守信六宅使，守吉閤門祗候。

劉廷翰，開封浚儀人。父紹隱，後唐末隸兵籍。晉天福中，以隊長戍魏博。范延光反，紹隱力戰死焉。周世宗鎭澶淵，廷翰以膂力隸帳下；即位，補殿前指揮使，累從征伐，以戰功再遷至散指揮第一直都知。

宋初，預平上黨、維揚，遷鐵騎都指揮使、領廉州刺史。太宗即位，遷右廂都指揮使、領本州團練使，遷雲州觀察使。太平興國四年，從征太原，領鎭州駐泊都鈐轄。

太宗北伐，既班師，上以邊備在於得人，乃命廷翰、李漢瓊率兵屯眞定，崔彥進屯關南，崔翰屯定州。多，契丹果縱兵南侵。廷翰先陣於徐河，彥進率師出黑蘆堤北，銜枚躡契丹後，崔翰、漢瓊兵繼至，合擊之，大敗其衆於滿城。廷翰以功領大同軍節度、殿前都虞候。八年，改領彰信軍節度。雍熙四年春，改鎭滑、邢。端拱中，鎭州駐泊馬步軍都部署郭守文卒，上特命廷翰代之。淳化三年，改大名尹、天雄軍節度。三年，以病求解官，還闕，上親臨問，賜賚有加。未幾卒，年七十，贈侍中。

廷翰自衞士至上將，頗以武勇自任，寬厚容衆，雖不事威嚴，而長於御下。爲殿前都指揮使，入朝，常行衆中，每歷宮殿門，少識之者。嘗與郊祀恩，當追封三世，廷翰少孤，其大父以上皆不逮事，忘其家諱，上爲撰名親書賜之。子贊元，宮苑使、澄州刺史；贊明，皇城使、勤州團練使。

崔翰字仲文，京兆萬年人。少有大志，風姿偉秀，太祖見而奇之，以隸麾下。從周世宗征淮南，平壽春，取關南，以功補軍使。宋初，遷御馬直副指揮使，從征澤、潞。開寶初，遷河東降民以實陝西地，晉人勇悍，多習武藝，命翰差擇之。及閱試河北鎭兵，取其驍果者以分配天武兩軍。九年，領端州刺史。

太宗即位，進本州團練使。太平興國二年秋，講武於西郊，時殿前都指揮使楊信病瘖，命翰代之。翰分布士伍，南北綿亙二十里，建五色旗號令，將卒望其所舉，以爲進退，六師周旋如一。上御臺臨觀，大悅，以藩邸時金帶賜之，謂左右曰：「晉朝之將，必無如崔翰者。」

四年，從征太原，命總侍衞馬步諸軍，率先攻城，流矢中其頰，神色不變，督戰益急，上即軍帳撫問之。太原平，時上將有事幽薊，諸將以爲晉陽之役，師罷餉匱，劉繼元降，賞賚

且未給，遽有平燕之議，不敢言。翰獨奏曰：「所當乘者勢也，不可失者時也，取之易。」上謂然，定議北伐。旣而班師，命諸將整暇以還。至金臺驛，大軍南向而潰，上令翰率衞兵千餘止之。翰請單騎往，至則諭以師律，衆徐以定，不戮一人。旣復命，上喜，因命知定州，得以便宜從事，緣邊諸軍並受節制，軍市租儲，得以專用。

冬，契丹兵數萬寇滿城，翰會李漢瓊兵於徐河，河陽節度崔彥進兵自高陽關繼至，因合擊之。契丹投西山坑谷中死者不可勝計，俘馘數萬，所獲他物又十倍焉。以功擢武泰軍節度使。

初，劉繼元降，上令翰往撫慰，俘略無得出城。時秦王廷美以數十騎將冒禁出，翰呵止之。至是，搆於上。明年夏，出爲感德軍節度使。至鎭時，盜賊充斥，翰誘其渠魁，戒以禍福，羣盜感悟，散歸農畝，境內肅然。

雍熙二年，移知滑州。三年，北伐不利，上追念徐河之功，召翰爲威虜軍行營兵馬都部署。四年春，改鎭定國軍。二年〔八〕，移鎭鎭安軍。淳化三年召還，以疾留京師。稍間，入見上曰：「臣旣以身許國，不願死於家，得以馬革裹尸足矣。」上壯之，復令赴鎭，月餘卒，年六十三，贈侍中。

翰驍勇有謀，所至多立功。輕財好施，死之日家無餘貲。晚年酷信釋氏。子繼顒，虞部員外郎。孫承業，內殿承制、閤門祗候；承祐，內殿崇班。

論曰：自曹翰而下，嘗任將帥居節鎭者凡十人，其初率由拳勇起家戎行，雖不事問學，而皆精白一心，以立事功。始終匹休，而無韓、彭之禍者，由制御保全之有道也。楊信以篤實，亶進以忠朴，劉遇以淳謹，廷翰以武勇稱，故皆終始委遇而不替。漢瓊雖木強使酒，米信所爲雖多暴橫，党進恂恂類懷姦詐，懷忠論遷似昧大體；然以征太原、平江南、戰徐河觀之，皆不害其爲驍果也。至於好謀善戰，輕財好施，所至立功，則未有優於曹翰、崔翰者也。然不可與古之良將同日而語者，崔之論奏平燕，未免出於率爾；而曹之殺降卒，屠江州，則又過於忍者也。君子謂功莫優於二子，而過亦莫先於二子，信矣。

校勘記

〔一〕弟匐贇　三字原脫，據本書目錄中補。

〔二〕靜戎軍保州長城滿城緣邊都巡檢使　「滿城」原作「蒲城」。按蒲城，宋代隸屬陝西之華州，不在緣邊；而本書卷八六地理志「保州」條下註：「太平興國六年，析易州滿城之南境入焉。」可見此處「蒲城」當作「滿城」，據改。

〔三〕峽口砦　原作「岐口砦」，據本書卷二五八曹彬傳、長編卷一五改。

〔四〕滿城　原作「蒲城」，按下文說：「大敗之，逐至遂城。」遂城在河北西路，蒲城在陝西路，此戰不可能自蒲城追至遂城。又此次戰役劉廷翰、崔翰都參加，下文劉廷翰傳說：「廷翰先陣於徐河，（崔）彥進率師出黑盧堤北，銜枚躡契丹後，崔翰、漢瓊兵繼至，合擊之，大敗其衆於蒲城。」崔翰傳說：「契丹兵寇蒲城，翰會李漢瓊於徐河。」長編卷二〇記此次戰役會師情況，與上述二傳基本相同，並說：「大軍次滿城，敵騎坌至。」按地理，徐河附近無蒲城，而有滿城，且滿城與遂城相近，當以長編爲是。此三傳之「蒲城」都應改爲「滿城」，下文不再出校。

〔五〕四年　上文的紀元是「端拱」，但端拱無四年。下文說明年米信死，據宋會要禮四一之五三，米信死於淳化五年。則此處「四年」應是淳化四年，失書「淳化」紀元。

〔六〕靈丘　原作「靈州」，於地理上不合，據本書卷五太宗紀、長編卷二七、東都事略卷二八田重進傳改。

〔七〕蕭啜理　原作「蕭啜埋」，本書卷五太宗紀作「蕭啜理」，長編卷二七譯作「蕭多羅」，「理」、「羅」音近；又遼史卷一一聖宗紀作「蕭啜里」；作「理」是，據改。

〔八〕二年　上文已有雍熙四年，此處不應又出「二年」。按「雍熙」只有四年，其下的紀元是「端拱」，疑此上脫「端拱」二字。

宋史卷二百六十一

列傳第二十

李瓊　郭瓊　陳承昭　李萬超　白重贊　王仁鎬　陳思讓
孫若拙　焦繼勳子守節　劉重進　袁彥　祁廷訓　張鐸
李萬全田景咸　王暉附

李瓊字子玉，幽州人。祖傳正，涿州刺史。父英，涿州從事。瓊幼好學，涉獵史傳。杖策詣太原依唐莊宗，屬募勇士，卽應募，與周祖等十人約爲兄弟。一日會飲，瓊熟視周祖，知非常人。因舉酒祝曰：「凡我十人，龍蛇混合，異日富貴無相忘，苟渝此言，神降之罰。」皆刺臂出血爲誓。周祖與瓊情好尤密，嘗過瓊，見其危坐讀書，因問所讀何書，瓊曰：「此闔外春秋，所謂以正守國，以奇用兵，較存亡治亂，記賢愚成敗，皆在此也。」周祖令讀之，謂瓊曰：「兄當敎我。」自是周祖出入常袖以自隨，遇暇輒讀，每問難瓊，謂瓊爲師。及討河中，乃

解瓊兵籍，令參西征軍事。賊平，表於朝，授朝散大夫、大理司直。歲中，遷太子洗馬。周祖鎭鄴，表爲大名少尹。

廣順初，拜將作監，充內作坊使，賜金紫。連知亳、陝二州，改濟州刺史。世宗初，遷洛州團練使，改安州防禦使，治郡寬簡，民請立碑頌德，詔中書舍人竇儀撰文賜之。

宋初，召爲太子賓客。建隆三年，上章請老，改右驍衞上將軍致仕。瓊信釋氏，明年四月八日，詣佛寺，遇疾歸，至暮卒，年七十三，贈太子少師。

郭瓊，平州盧龍人。祖海，本州兩冶使。父令奇，盧臺軍使。瓊少以勇力聞，事契丹，爲蕃漢都指揮使。後唐天成中，挈其族來歸，明宗以爲亳州團練使，改刺商州，遷原州。淸泰初，移階州，城壘未葺，蜀人屢寇，瓊患之，因徙城保險，民乃無患。受詔攻文州，拔二十餘砦，生擒數百人。

晉天福中，移刺隰州，屬羌、渾騷動，朔方節度張希崇表瓊爲部署，將兵共討平之。連領滑、坊、虢、衞四州。開運初，爲北面騎軍排陣使。陽城之役，戰功居多。改沂州刺史，充荆口砦主兼東面行營都虞候。擒莫州刺史趙思以獻，改刺懷州。俄爲北面先鋒都監。契丹陷中原，盜賊蠭起，山東爲甚，契丹主命瓊復刺沂州以禦盜，瓊卽日單騎赴郡。盜聞瓊威名，相率遁去。

漢乾祐中，淮人攻密州，以爲行營都部署，未至，淮人解去。會平盧節度劉銖恃佐命之舊，稱疾不朝，將相大臣，懼其難制，先遣瓊與衞州刺史郭超以所部兵屯青州。銖不自安，置酒召瓊，伏壯士幕下，欲害瓊。瓊知其謀，屛去從者，從容就席，略無懼色，銖不敢發。瓊因爲陳禍福，銖感其言，遂治裝。俄詔至，卽日上道。瓊改潁州團練使，又加防禦使。時朗州結荆、淮、廣南合兵攻湖南，詔瓊以州兵合王令溫大軍攻光州，尋以內難不果。罷歸朝，遣詣河北計度兵甲芻糧。

周祖祀南郊，召權知宗正卿事。世宗征劉崇，爲北面行營都監，歷絳、蔡、齊三州防禦使。在齊州，民饑，瓊以己俸賑之。人懷其惠，相率詣闕頌其德政，詔許立碑。

宋建隆三年，告老，加右領軍衞上將軍致仕，歸洛陽。乾德二年，卒，年七十二。瓊雖起卒伍，而所至有惠政，尊禮儒士，孜孜樂善，蓋武臣之賢者也。

陳承昭，江表人。始事李景爲保義軍節度，周世宗征淮南，景以承昭爲濠、泗、楚、海水

陸都應援使。世宗旣拔泗州，引兵東下，命太祖領甲士數千爲先鋒，遇承昭於淮上擊敗之，追至山陽北，太祖親禽承昭以獻。世宗釋之，授右監門衞上將軍，賜錦袍、銀帶，改右領軍衞上將軍，分司西京。

宋初入朝，太祖以承昭習知水利，督治惠民、五丈二河以通漕運，都人利之。建隆二年，河成，賜錢三十萬。承昭言其壻王仁表在南唐，帝爲致書於李景，令遣歸闕，歷左右神武統軍。

四年春，大發近甸丁壯數萬，修畿內河堤，命承昭董其役。又令督諸軍子弟數千，鑿池於朱明門外，以習水戰。從征太原，承昭獻計請壅汾水灌城，城危甚，會班師，功不克就。乾德五年，遷右龍武軍統軍。開寶二年，卒，年七十四。贈太子太師，中使護喪。大中祥符元年，錄其孫宗義爲三班借職。

李萬超，幷州太原人。幼孤貧，負販以養母。晉祖起幷門，萬超應募隸軍籍。戰累捷，稍遷軍校。從李守貞討楊光遠於青州，奮勇先登，飛石中其腦，氣不屬者久之。開運中，從杜重威拒契丹於陽城，流矢貫手，萬超拔矢復戰，神色自若。以功遷肅銳指揮使。

契丹入中原，時萬超以本部屯潞州，主帥張從恩將棄城歸契丹，會前驍衛將軍王守恩服喪私第，從恩卽委以後事，遁去。及契丹使至，專領郡務，守恩遂無所預。萬超奮然謂其部下曰：「我輩垂餌虎口，苟延旦夕之命，今欲殺使，保其城。非止逃生，亦足建勳業，汝曹能乎？」衆皆躍然喜曰：「敢不唯命。」遂率所部大譟入府署，殺其使，推守恩爲帥，列狀以聞。漢祖從其請，仍命史弘肇統兵先渡河至潞，見萬超，語之曰：「得復此州，公之力也。吾欲殺守恩，以公爲帥，可乎？」萬超對曰：「殺契丹使以推守恩，蓋爲社稷計爾。今若賊害於人，自取其利，非宿心也。」弘肇大奇之，表爲先鋒馬步軍都指揮使。路經澤州，刺史翟令奇堅壁拒命，萬超馳至城下，諭之曰：「今契丹北遁，天下無主，幷州劉公仗大義，定中土，所向風靡，後服者族，盍早圖之。」令奇乃開門迎納。弘肇卽留萬超權州事，漢祖遂以爲刺史。及征李守貞，以萬超爲行營壕砦使。河中平，拜懷州刺史。

周祖開國，從征慕容彥超，又爲都壕砦使，以功授洺州團練使，預收秦、鳳，改萊州。從平淮南，連移蘄、登二州，所至有善政。屬有詔重均田租，前牟平令馬陶，籍隸文登縣，隱苗不通，命繫之，將斬而後聞。陶懼遁去，由是境內肅然。

宋初，入爲右武衛大將軍，遷左驍衛大將軍。開寶八年，卒，年七十二。

白重贇，憲州樓煩人，其先沙陀部族。重贇少從軍，有武勇。漢初，自散員都虞候三遷護聖都指揮使。乾祐中，李守貞據河中叛，隱帝以重贇爲行營先鋒都指揮使。河中平，以功領端州刺史。周初，轉護聖左廂都指揮使。未幾，出爲鄭州防禦使，改相州留後。廣順中，授義成軍節度。在鎭日，河屢決，重贇親部丁壯，塞大程、六合二堤，詔書褒美。

世宗征劉崇，以重贇爲河東道行營馬軍都指揮使，重贇與李重進居陣西偏，樊愛能、何徽居陣東偏。既合戰，愛能與徽皆遁走，惟重贇與重進率所部力戰，世宗自督親軍合勢薄之，幷人大敗。既誅愛能等，重贇以功授保大軍節度使。及世宗征太原，以河陽劉詞爲隨駕都部署，命重贇副之。其忻州監軍殺刺史趙臯及契丹大將楊袞姑，以城降，而契丹兵猶盛，命重贇及符彥卿擊走之。世宗還京，改河陽三城節度、檢校太尉。及征淮南，命重贇率親兵三千軍于潁上。未幾，改淮南道行營馬步軍都虞候。俄遷彰義軍節度。

宋初，加檢校太師，改鎭涇州。有馬步軍教練使李玉，本燕人，凶狡，與重贇有隙。遂與部下閻承恕謀害重贇，密遣人市馬纓，僞造制書云重贇構逆，令夷其族。乃自持僞制幷馬纓，以告都校陳延正曰：「使者致而去矣。」延正具白重贇，重贇封其書以聞。太祖大駭，令驗視之，率皆誕謬，遂命六宅使陳思誨馳赴涇州，禽玉及承恕鞫問，伏罪棄市。延正擢領刺史以賞之，仍詔諸州，凡被制書有關機密，則詳驗印文筆迹。俄改泰寧軍節度。乾德四年，又爲定國軍節度。開寶二年，改左千牛衛上將軍，奉朝請。三年，卒，年六十二。

王仁鎬，邢州龍岡人。後唐明宗鎭邢臺，署爲牙校，卽位，擢爲作坊副使，累遷西上閤門使。淸泰中，改右領軍衛將軍。晉天福中，青州楊光遠將圖不軌，以仁鎬爲節度副使，伺其動靜。歷二年，或譖仁鎬于朝，改護國軍行軍司馬。仁鎬至河中數月，光遠反書聞。漢乾祐中，歷昭義、天雄二軍節度副使。

周祖鎭鄴，表仁鎬爲副留守。及起兵，仁鎬預其謀。周祖卽位，仁鎬爲王峻所忌，出爲唐州刺史，遷棣州團練使，入爲右衛大將軍，充宣徽北院使兼樞密副使。顯德初，出爲永興軍節度使。世宗嗣位，移河中。會殿中丞上官瓌使河中還，言河中民多匿田租，遂遣瓌按視均定。百姓苦之，多逃亡他郡，仁鎬抗論其事，乃止。丁繼母憂，去官。

五年，拜安國軍節度，制曰：「眷惟襄國，實卿故鄉。分予龍節之權，成爾錦衣之美。」郡民扶老攜幼，迎於境上，有獻錦袍者四，仁鎬皆重衣之，厚酬以金帛。視事翌日，省其父祖之墓，周視松檟，涕泗嗚咽，謂所親曰：「仲由以爲不如負米之樂，信矣。」時人美之。郡有羣盜，仁鎬遣使遺以束帛，諭之，悉遁去，不復爲盜。恭帝嗣位，移山南東道節度。

宋初，加檢校太師。建隆二年，以疾召還，次唐州，卒於傳舍，年六十九。

仁鎬性端謹儉約，崇信釋氏，所得俸祿，多奉佛飯僧，每晨誦佛經五卷，或至日旰方出視事。從事劉謙責仁鎬曰：「公貴爲藩侯，不能勤恤百姓，孜孜事佛，何也？」仁鎬斂容遜謝，無愠色。當時稱其長者。

陳思讓字後己，幽州盧龍人。父審確，仕後唐至晉，歷檀、順、涿、昀、沁、唐、鄜、城八州刺史。預征蜀，權利州節度，終金州防禦使。思讓初隸莊宗帳下，卽位，補右班殿直。晉天福中，改東頭供奉官，再遷作坊使。安從進叛於襄陽，以思讓爲先鋒右廂都監，從武德使焦繼勳領兵進討。遇從進之師於唐州花山下，急擊大破之，從進僅以身免。以功領獎州刺史。從進平，授坊州刺史。

八年冬，契丹謀入寇，以思讓監澶州軍，賜鞍勒馬、器帛。討楊光遠於青州也，又爲行營右廂兵馬都監，兵罷，改磁州刺史。會符彥卿北征契丹，思讓表求預行。未幾，改衞州。

逋丁內外艱。時武臣罕有執喪禮者，思讓不俟詔，去郡奔喪，聞者嘉之。起復隨州刺史。

漢初，移淄州，罷任歸朝。會淮南與朗州馬希蕚合兵淮南〔一〕，攻湖南，馬希廣來乞師，旋屬內難，又周祖北征，乃分兵令思讓往郢州赴援，兵未渡而希廣敗。思讓留於郢。周祖卽位，遣供奉官邢思進召思讓及所部兵還。劉崇僭號太原，周祖思得方略之士以備邊，遣思讓率兵詣磁州，控扼澤、潞。未幾，授磁州刺史，充北面兵馬巡檢。未行，陞磁州爲團練，卽以思讓充使。

廣順元年九月，劉崇遣大將李瓌領馬步軍各五都，鄉兵十都，自團柏軍於鷂子店。思讓與都監向訓、張仁謙等率龍捷、吐渾軍，至虒亭西，與瓌軍遇，殺三百餘人，生禽百人，獲崇偏將王曙、曹海金，馬五十匹。俄遣王峻援晉州，以思讓與康延沼〔二〕分爲左右廂排陣使，令率軍自烏嶺路至絳州與大軍合。崇燒營遁去，思讓又與藥元福躡之。俄命權知絳州。明年春，遷絳州防禦使。

顯德元年九月，改亳州防禦使，充昭義軍兵馬鈐轄，屢敗幷人及契丹援兵，遷安國軍節度觀察留後，充北面行營馬步軍排陣使。五年，敗幷軍千餘於西山下，斬五百級。是秋，邢州官吏、耆艾邢銖等四十人詣闕，求借留思讓，詔褒之。十二月，改義成軍節度觀察留後。六年春，世宗將北征，命先赴冀州以俟命。及得瓦橋關，爲雄州，命思讓爲都部署，率

兵戍守。世宗不豫還京，留思讓爲關南兵馬都部署。恭帝嗣位，授橫海軍〔三〕節度。

宋初，加檢校太傅。乾德二年，又爲保信軍節度。時皇子興元尹德昭納思讓女爲夫人。開寶二年夏，改護國軍節度、河中尹。七年，卒，年七十二。贈侍中。

思讓累歷方鎭，無敗政，然酷信釋氏，所至多禁屠宰，奉祿悉以飯僧，人目爲「陳佛子」。身沒之後，家無餘財。弟思誨，至六宅使。子欽祚，累遷至香藥庫使、長州刺史。欽祚子若拙。

若拙字敏之。幼嗜學，思讓嘗令持書詣晉邸，太宗嘉其應對詳雅，將縻以府職，若拙懇辭。太平興國五年，進士甲科，解褐將作監丞、通判鄂州，改太子右贊善大夫、知單州。以能政，就改太常丞，遷監察御史，充鹽鐵判官。益州繫囚甚衆，太宗覽奏訝之，召若拙面諭委以疏決，遷殿中侍御史、通判益州。淳化三年，就命爲西川轉運副使，未幾，改正使，召歸。會李至守洛都，表若拙佐治，改度支員外郎，通判西京留司。久之，柴禹錫鎭涇州，復奏爲通判，遷司封員外郎，部送芻糧至塞外，優詔獎之。

入爲鹽鐵判官，轉工部郎中。與三司使陳恕不協，求徙他局，改主判開拆司。車駕北巡，命李沆留守東京，以若拙爲判官。河決鄆州，朝議徙城以避水患，命若拙與閻承翰往規度，

尋命權京東轉運使，因發卒塞王陵口，又於齊州浚導水勢，設巨隄於采金山，奏免六州所科梢木五百萬，民甚便之。河平，眞授轉運使。召還，拜刑部郎中、知潭州。時三司使缺，若拙自謂得之。及是大失望，因請對，言父母年老，不願遠適，求納制命。上怒，謂宰相曰：「士子操修，必須名實相副，頗聞若拙有能幹，特遷秩委以藩任，而貪進擇祿如此。往有黃觀者，或稱其能，選爲西川轉運使，輒訴免，當時黜守遠郡。今若拙復爾，亦須譴降。凡用人，豈以親疎爲間，苟能盡瘁奉公，有所樹立，何患名位之不至也。」乃追若拙所授告敕，黜知處州，徙溫州。代還，復授刑部郎中，再爲鹽鐵判官，改兵部郎中、河東轉運使，賜金紫。

會親祀汾陰，若拙以所部緡帛、芻粟十萬，輸河中以助費，經度制置使陳堯叟言其幹職，擢拜右諫議大夫，徙知永興軍府。時鄰郡歲饑，前政拒其市糴，若拙至，則許貿易，民賴以濟。又移知鳳翔府，入拜給事中、知澶州。蝗旱之餘，勤于政治，郡民列狀乞留。天禧二年，卒，年六十四。錄其子映爲奉禮郎。

若拙多誕妄，寡學術，當時以第二人及第者爲牓眼，若拙素無文，故目爲「瞎牓」云。

焦繼勳字成績，許州長社人。少讀書有大志，嘗謂人曰：「大丈夫當立功異域，取萬戶侯。豈能孜孜事筆硯哉？」遂棄其業，游三晉間爲輕俠，以飲博爲務。晉祖鎭太原，繼勳以儒服謁見，晉祖與語，悅之，留帳下。天福初，授皇城兼宮苑使，遷武德使。安重榮反鎭州，安從進自襄陽舉兵爲應。晉祖命繼勳督諸將進討。至唐州南，遇從進軍萬餘，設伏擊敗之，禽其牙將安洪義、鮑洪等五十餘人，得山南東道印，從進單騎奔還。從進弟從貴率兵千餘人，援均州刺史蔡行遇，繼勳殺其衆七百，生禽百，獲從貴，斷腕放入城中，從進自此不能復鎭。繼勳以功就拜齊州防禦使。少帝卽位，從進平，藉繼勳威名鎭之，徙襄陽防禦使。歲餘，入爲右千牛衞大將軍，拜宣徽北院使，遷南院使。

西人寇邊，朝議發師致討，繼勳抗疏請行，拜秦州觀察使兼諸蕃水陸轉運使。既至，推恩信、設方略招誘，諸郡酋長相率奉玉帛、牛酒乞盟，邊境以安。俄徙知陝州，就遷保義軍兵馬留後。

漢初，鳳翔軍校陽彥昭據城叛，命繼勳率師討之，以功授保大軍節度。召入，會漢祖幸大名，留爲京城右廂巡檢使，俄改右羽林統軍。隱帝末，命繼勳領兵北征。及周祖舉兵向闕，繼勳奉隱帝逆戰於留子陂，戰不利，遂歸周祖。

廣順初，改右龍武統軍。世宗征淮南，爲左廂排陣使，又改右羽林統軍、左屯衞上將

軍，以戰功拜彰武軍節度。

宋初，召爲右金吾衞上將軍，改右武衞上將軍。乾德三年，權知延州。四年，判右街仗。杜審瓊卒，命繼勳代之。時向拱爲西京留守，多飲燕，不省府事，羣盜白日入都市劫財，拱被酒不出捕逐。太祖選繼勳代之，月餘，京城肅然。太祖將幸洛，遣莊宅使王仁珪、內供奉官李仁祚部修洛陽宮，命繼勳董其役。車駕還，嘉其幹力，召見褒賞，以爲彰德軍節度，仍知留府事。仁珪領義州刺史，仁祚爲八作副使。繼勳以太平興國三年卒，年七十八，贈太尉。

繼勳獵涉史傳，頗達治道，所至有善政。然性吝嗇，多省公府用度，時論少之。子守節。

守節字秉直，初補左班殿直，選爲江、淮南路採訪。還奏稱旨，擢閤門祗候。李順餘黨擾西川，命與上官正討平之。高、溪州蠻內寇，又命往圖方略，守節言：「山川回險，非我師之利。」詔許招納。

咸平中，置江淮南、荆湖路兵馬都監，首被選擢。又討施、夔州叛蠻，以大義諭其酋長，皆悔過內附，因爲之畫界定約。還遷閤門通事舍人，監香藥榷易院，三司言歲課增八十

餘萬。時守節已爲衣庫副使，當遷閤門副使，眞宗謂輔臣曰：「守節緣財利羨餘而遷橫行，何以勸邊陲効命者？」止以爲宮苑副使。

奉使契丹，館伴丁求說指遠山謂曰：「此黃龍府也。」守節應聲曰：「燕然山距此幾許？」求說慚服。久之，遷皇城副使，管勾軍頭引見司。坐以白直假樞密院副承旨尹德潤治第，免所居官。三遷東上閤門使，加榮州刺史。數請補外，歷知襄、鄧、汝三州，遷四方館使，以右神武大將軍致仕卒。

劉重進，幽州人，本名晏僧。梁末隸軍籍。晉初，以習契丹語，應募使北邊，改右班殿直，因賜是名。遷西頭供奉官，再使契丹。契丹主以其敏慧，留爲帳前通事；俄南侵，署重進忠武軍節度。

漢初，移鎭鄧州。漢法，禁牛革甚嚴，州民崔彥、陳寶選八人自本鎭持革詣漢祖廟鞔鼓，重進杖遺之。判官史在德謂重進不善用法，宜置極典。及大理、刑部詳覆，重進所斷爲是。在德坐故入，杖死之。

乾祐末，罷鎭來朝。周祖起兵至封丘，詔重進與左神武統軍袁義率兵拒之，重進望塵退走。周廣順初，從征兗州。未幾，封薛國公。俄召爲右神武統軍，累加檢校太師。世宗南征，爲右廂排陣使。顯德三年，世宗聞揚州無備，遣宣祖、韓令坤與重進等往襲取之，又爲先鋒都部署，進克泰州。初，楊行密子孫居海陵，號永寧宮，周師渡淮，盡爲李景所殺。重進入其家，得玉硯、玉杯盤、水晶醆、瑪瑙盌、翡翠瓶以獻。俄命判廬州行府事兼行營都部署，敗淮人千餘于州境，又敗五百衆于白城湖。及世宗再巡，吳師潰于紫金山，有至東山口者，重進殺三千餘衆。及下壽州，以功授武勝軍節度。淮南平，改鎭邠州。世宗北征，爲先鋒都指揮使。恭帝卽位，封開府。

宋初，進封燕國公。建隆二年秋，授右羽林統軍。乾德五年，改左領軍衞上將軍。重進徒善譯語，無他才能，値契丹入中原，遂至方鎭。及在環衞，嘗從幸玉津園，太祖召與語。既退，謂左右曰：「觀重進應對不逮常人，前朝以爲將帥，何足重耶？」六年，卒，年七十。

袁彥，河中河東人。少以趫勇應募從事，隸奉國營。漢乾祐中，周祖領軍討李守貞，以彥置麾下，及鎭鄴，以爲部直小將。周廣順中，世宗在澶淵，遷爲親事都校。世宗尹京，改開封府步直指揮使。顯德初，授內外步軍都軍頭，領泉州刺史。未幾，改岳州防禦使。從

征壽州，爲城北造竹龍都部署。竹龍者，以竹數十萬竿，圍而相屬，上設版屋，載甲士數百人，以攻其城。又命於渦口修橋，橋成，世宗幸焉，因立爲鎭淮軍。李繼勳以淮上失律，罷軍職，命彥爲武信軍節度，權侍衞步軍都指揮使。又命爲淮南道行營馬步軍副都指揮使，賜衣服、金帶、鞍勒馬、鎧甲、器仗，遣赴軍前。

太祖下滁陽，禽皇甫暉、姚鳳，彥皆有勞績，詔褒之。又令率師屯下蔡以逼壽春。及劉仁贍降，從世宗攻濠、泗，又禽南唐將許文縝、邊鎬等以獻。師還，眞授步軍都指揮使，領彰信軍節度。六年春，發近畿丁壯浚五丈河，命彥董其役。恭帝嗣位，移保義軍節度。

宋初，加檢校太尉。是秋來朝，改鎭曹州。乾德六年，爲靜難軍節度。開寶二年，移鄜州。五年，罷鎭歸闕，卒，年六十六。景德四年，特詔錄其孫昭慶爲借職。大中祥符八年，昭慶上彥周朝所受告敕有二聖名諱者，特遷殿直。

祁廷訓本名廷義，避太宗舊名改焉。河南洛陽人。父珪，梁左監門衞大將軍。廷訓善書計、騎射，隸周祖帳下。廣順中，歷東西班右番行首〔四〕、鐵騎都虞候。世宗卽位，改東西班都指揮使，遷內殿直都指揮使，繼領蘭、睦二州刺史。從征淮南，賜以明光細甲，令董舟

師巡江界。吳人伏兵三江口葭葦中，掩擊廷訓，廷訓力戰大破之，俘馘千人，餘黨遁去。江北平，以功遷吉州團練使，領鐵騎左廂都指揮使。月餘，遷嵐州防禦使，領龍捷右廂都指揮使。宋初，爲安遠軍節度觀察留後，是秋，改河陽。乾德二年，又改彰德軍節度留後，俄權知鄧州。五年，就拜義武軍節度。

開寶二年，太祖征太原，以廷訓爲北面副都部署。太平興國元年來朝。二年冬，改左領軍衞上將軍。五年，坐私販竹木貴鬻入官，責本衞大將軍。未幾，復舊官。六年，卒，年五十八。

廷訓形質魁岸，無才略，臨事多規避，時人目爲「祁橐駝」，以其龐大而無所取也。

張鐸，河朔人，少以材武應募隸軍籍。漢初，爲奉國右第六軍都指揮使，領澧州刺史。周祖以樞密使鎭鄴，鐸以所部從行，及起兵，鐸預焉。廣順初，鐸爲奉國左廂都指揮使，韓通爲右廂都指揮使；俄並兼防禦使，鐸領永州，通領睦州。會改奉國爲虎捷，鐸仍領其職。是冬，出爲密州防禦使，改亳州。三年，授鎭國節度。郊祀畢，加檢校太傅。世宗初，移彰義軍，未幾，加檢校太尉。顯德三年，又移河中尹、護國軍節度。

宋初，加檢校太師，俄復鎭涇州。州官歲市馬，鐸厚增其直而私取之，累至十六萬貫，及擅借公帑錢萬餘緡，侵用官麴六千四百餅。事發，召歸京師，本州械繫其子保常及親吏宋習。太祖以鐸宿舊，釋不問，罷鎭爲左屯衞上將軍，奉朝請而已。其所盜用，仍蠲除之，保常、習亦得釋。鐸又嘗假晉邸錢百六十萬，太宗卽位，詔貰之。俄命判左金吾街仗。及駕征河東，以鐸爲京城內外都巡檢，鄜州刺史高繼充、閑廏副使張守明分爲裏城左右廂巡檢。雍熙三年，卒，年七十二。贈太傅。

子熙載至左千牛衞大將軍。熙載子禹珪字天錫，粗知書，有方略，幼事太宗藩邸，卽位，補東西班承旨，改殿直，帶御器械。以材勇擢居禁衞，殿前散祗候都虞候。咸平初，授內殿直都虞候，領恩州刺史。三年，出爲滁州刺史，知洺、瀛、霸三州，並兼兵馬鈐轄，徙嵐州。西人勒厥麻誘衆叛，禹珪率衆討之，俘六千餘人，獲名馬孳畜甚衆。

景德初，授高陽關行營副都部署。契丹旣請和，帝思守臣有武幹能鎭靜邊郡者，親錄十餘人名付中書，禹珪預焉。遂知石州，徙代、兗州，又移澶州，頗勤政治，以瑞麥生、獄空，連詔嘉獎。會河堤決溢，禹珪率徒塞之，宰相王旦使兗州還，言其狀，優詔褒之。就拜洺州團練使，尋知廣信軍。天禧初，復爲高陽關副都部署兼知瀛州。明年召還，將授四廂之職，卒，年五十九。錄其二子。

李萬全，吐谷渾部人。善左右射，隸護聖軍爲騎士，累遷至本軍都校，與田景咸、王暉等從周祖入汴，號十軍主。顯德中，爲彰武軍節度。宋初，加檢校太尉、橫海軍節度。乾德中代歸，太祖數召於苑中宴射。萬全無將略，惟挽強弓，老而不衰，帝亦以此賞之。開寶三年卒。

田景咸、王暉，皆太原人。景咸仕漢，爲奉國右廂都校，從周祖入汴，爲龍捷左廂都校，改安國軍留後。俄眞拜，陞本軍節度。世宗時，拜武勝軍節度。宋初，爲左驍衞上將軍。

景咸性鄙吝，務聚斂，每使命至，惟設肉一器，賓主共食。後罷鎭，常忽忽不樂。妻識其意，引景咸徧閱囊儲，景咸方自釋。在邢州日，使者王班至，景咸勸班酒曰：「王班請滿飲。」典客曰：「是使者姓名也。」景咸悟曰：「我意『王班』是官爾，何不早諭我。」聞者笑之。

暉性亦吝嗇，貲甚富，而妻子飯疏糲，縱部曲誅求，民甚苦之。世宗以先朝功臣，知而弗問焉，至右神武統軍。建隆四年，終右領軍衞上將軍。

論曰：太祖事漢、周，同時將校多聯事兵間，及分藩立朝，位或相亞。宋國建，皆折其猛悍不可屈之氣，俛首改事，且爲盡力焉。揚雄有言：「御之得其道，則狙詐咸作使。」此太祖之英武而爲創業之君也歟。

校勘記

〔一〕會淮南與朗州馬希萼合兵淮南　按舊五代史卷一〇三隱帝紀、通鑑卷二八九後漢紀都說是荆南、淮南（通鑑作「江南」）、廣南（通鑑作「嶺南」）合謀，欲分割湖湘（通鑑作「湖南」），乾祐三年十月丙午，馬希廣請漢發兵援助，通鑑並有「乞發兵屯澧州以扼江南、荆南援朗州之路」一語，同此處所說不合，疑「合兵」下之「淮南」二字有誤。

〔二〕康延沼　原作「康延昭」，據本書卷二五五本傳、通鑑卷二九〇改。

〔三〕橫海軍　原作「廣海軍」，按舊五代史卷一二〇周恭帝紀作「陳思讓爲滄州節度使」，滄州自後唐至宋都是橫海軍節度使駐地，見五代會要卷二四、本書卷八六地理志。據改。

〔四〕東西班右蕃行首　「右蕃」，本書卷二七八馬全義傳作「右番」，當是。參考該傳校勘記〔二〕。

宋史卷二百六十二

列傳第二十一

李轂　昝居潤　竇貞固　李濤弟澣　孫仲容　王易簡
趙上交子曮　張錫　張鑄　邊歸讜　劉温叟子燁　孫几
劉濤　邊光範　劉載　程羽

李轂字惟珍，潁州汝陰人。身長八尺，容貌魁偉。少勇力善射，以任俠爲事，頗爲鄉人所困，發憤從學，所覽如宿習。年二十七，舉進士，連辟華、泰二州從事。晉天福中，擢監察御史。少帝領開封尹，以轂爲太常丞，充推官。晉祖幸鄴，少帝居守，加轂虞部員外郎，仍舊職。少帝爲廣晉尹，轂又爲府推官。及卽位，拜職方郞中，俄充度支判官，轉吏部郎中，罷職。天福九年春，少帝親征契丹，詔許扈從，充樞密直學士，加給事中。爲馮玉、李彥韜所排。會帝再幸河北，改三司副使，權判留司三司事。

開運二年秋，出爲磁州刺史、北面水陸轉運使。契丹入汴，少帝蒙塵而北，舊臣無敢候謁者，轂獨拜迎於路，君臣相對泣下。轂曰：「臣無狀，負陛下。」因傾囊以獻。會契丹主發使至州，轂禽斬之，密送款於漢祖，潛遣河朔酋豪梁暉入據安陽，契丹主患之，卽議北旋。

會有告契丹以城中虛弱者，契丹還攻安陽，陷其城，轂自郡候契丹，遂見獲。契丹主先設刑具，謂之曰：「爾何背我歸太原？」轂曰：「無之。」契丹主因引手車中，似取所獲文字，而轂知其詐，因請曰：「如實有此事，乞顯示之。」契丹國制，人未伏者不卽置死。自後凡詰轂者六次，轂詞不屈。契丹主病，且曰：「我南行時，人云爾謂我必不得北還，爾何術知之？今我疾甚，如能救我，則致爾富貴。」轂曰：「實無術，蓋爲人所陷耳。」轂氣色不撓，卒寬之。

俄而德光道殂，永康繼立，署轂給事中。時契丹將麻荅守眞定，而李崧、和凝與家屬皆在城中。會李鈞、何福進率兵逐麻荅，推護聖指揮使白再榮權知留後。再榮利崧等家財，令甲士圍其居以求賂，既得之，復欲殺崧等滅口。轂遽見再榮謂之曰：「今國亡主辱，公輩握勁兵，不能死節，雖逐一契丹將，城中戰死者數千人，非獨公之力也。一朝殺宰相，卽日中原有主，責公以專殺，其將何辭以對？」再榮甚懼，崧等獲免。

漢初，入拜左散騎常侍。舊制，罷外郡歸本官，至是進秩，獎之也。俄權判開封府。時京畿多盜，中牟尤甚，轂誘邑人發其巢穴。有劉德輿者，梁時屢攝畿佐，居中牟，素有幹材，

轂卽署攝本邑主簿。浹旬，轂請侍衞兵數千佐德輿，悉禽賊黨，其魁一卽縣佐史，一御史臺吏。搜其家，得金玉財貨甚衆，自是行者無患。俄遷工部侍郎。

周祖西征，爲西南面行營水陸轉運使。關右平，改陳州刺史。會有內難，急召赴闕。周祖兵入汴，命權判三司。廣順初，加戶部侍郎。未幾，拜中書侍郎、平章事，仍判三司。初，漢乾祐中，周祖討河中，轂掌轉運，時周祖已有人望，屬漢政紊亂，潛貯異志，屢以諷轂，轂但對以人臣當盡節奉上而已。故開國之初，倚以爲相。是歲，淮陽吏民數千詣闕請立生祠，許之，轂懇讓得止。

先是，禁牛革法甚峻，犯者抵死。轂乃校每歲用革之數，凡田十頃歲出一革，餘聽民私用。又奏罷屯田務，以民隸州縣課役，盡除宿弊。轂父祖本居河南洛陽，經巢之亂，園廬蕩盡，轂生於外。既貴，訪得舊地，建蘭若，又立垣屋，凡族人之不可仕者分田居之。詔改清風鄉高陽里爲賢相鄉勳德里。

二年，晨起仆階下，傷右臂，在告，旬中三上表辭相位，周祖不允，免朝參，視事本司，賜白藤肩輿，召至便殿勉諭。轂不得已，起視事。征兗州，爲東京留守、判開封府事。

顯德初，加右僕射、集賢殿大學士。從世宗征太原，遇賊於高平，匿山谷中，信宿而出，追及乘輿，世宗慰撫之。世宗將趨太原，命轂先調兵食，又代符彥卿判太原行府事。師還，

進位司空、門下侍郎，監修國史。轂以史氏所述本於起居注，喪亂以來遂廢其職，上言請令端明、樞密直學士編記言動，爲內廷日曆，以付史官。是歲，河大決齊、鄆，發十數州丁壯塞之，命轂領護，刻期就功。

二年冬，議伐南唐，以轂爲淮南道行營前軍都部署，兼知廬、壽等州行府事，忠武軍節度王彥超副之〔一〕，韓令坤以下十二將率從。轂領兵自正陽渡淮，先鋒都將白延遇敗吳軍數千于來遠，又破千餘人于山口鎭，進攻上窰，又敗千餘衆，獲其小校數十人，長圍壽春。南唐遣大將劉彥貞來援，轂召將佐謀曰：「今援軍已過來遠，距壽陽二百里，舟櫂將及正陽。我師無水戰之備，萬一斷橋梁，隔絕王師，則腹背受敵矣。不如退守浮梁，以待戎輅之至。」初，世宗至圍鎭，已聞此謀，亟走內侍乘馹止之。轂已退保正陽，仍焚芻糧，回軍之際，遞相掠奪，淮北役夫數百悉陷于壽春。世宗聞之怒，亟命李重進率師伐之，以轂判壽州行府。是秋，詔歸闕，得風痺疾，告滿百日，累表請致仕，優詔不允。每軍國大事，令中使就第問之。

四年春，吳人壁紫金山，築甬道以援壽春，不及者數里。師老無功，時請罷兵爲便，世宗令范質、王溥就轂謀之。轂手疏請親征，有必勝之利者三，世宗大悅，用其策。及淮南平，賞賜甚厚。出轂疏，令翰林學士承旨陶穀爲贊以賜之。是夏，世宗還，轂扶疾見便殿，

詔令不拜，命坐御坐側。以抱疾既久，請辭祿位。世宗怡然勉之，謂曰：「譬如家有四子，一人有疾，棄而不養，非父之道也。朕君臨萬方，卿處輔相之位，君臣之間，分義斯在，奈何以祿奉爲言。」穀愧謝而退。俄以平壽州，敍功加爵邑。是秋，穀抗表乞骸骨，罷相，守司空，加邑封，令每月肩輿一詣便殿，訪以政事。

五年夏，世宗平淮南回，賜穀錢百萬、米麥五百斛、芻粟薪炭等。恭帝即位，加開府儀同三司，進封趙國公。求歸洛邑，賜錢三十萬，從其請。太祖即位，遣使就賜器幣。建隆元年，卒，年五十八。太祖聞之震悼，贈侍中。

穀爲人厚重剛毅，深沉有城府，雅善談論，議政事能近取譬，言多詣理，辭氣明暢，人主爲之聳聽。人有難必救，有恩必報。好汲引寒士，多至顯位。與韓熙載善，熙載將南渡，密告穀曰：「若江東相我，我當長驅以定中原。」穀笑曰：「若中原相我，下江南探囊中物耳。」穀後果如其言。李昉嘗爲穀記室，在淮上被病求先歸。穀視之曰：「子他日官祿當如我。」昉後至宰相、司空。

周顯德中，扈載以文章馳名，樞密使王朴薦令知制誥。除書未下，朴詣中書言之。穀曰：「斯人薄命，慮不克享耳。」朴曰：「公在衡石之地，當以材進人，何得言命而遺才。」載遂知制誥，遷翰林學士，未幾卒。世謂朴能薦士，穀能知人。穀歸洛中，昭義李筠以穀周朝名

相，遺錢五十萬，他物稱是，穀受之。既而筠叛，穀憂恚而終。子吉至補闕，拱至太子中允。

昝居潤，博州高唐人。善書計。後唐長興中，隸樞密院爲小吏，以謹愿稱。晉初，出掌滑州廩庾，遂補牙職。會景延廣留守西洛，署爲右職。延廣卒，居潤往依陝帥白文珂，文珂致仕，乃表薦居潤於周祖。

時世宗尹京，詔以補府中要職。即位，擢爲軍器庫使。從征高平，以功遷客省使，知青州。從向拱西征，爲行營都監，秦、鳳平，以居潤爲秦州，歷知鳳翔〔三〕、河中府。顯德三年秋，還內客省使，代王朴知開封府。四年，再幸壽州，命爲副留守。十月，幸淮上，以居潤爲宣徽北院使兼副留守。五年夏，南征還，復判開封府。六年，征關南，爲東京副留守。及吳廷祚出塞河，命居潤權知開封府事。廷祚爲樞密使，眞判開封府，改左領軍衞上將軍。恭帝嗣位，加檢校太傅。

太祖立，加檢校太尉。及征澤、潞，命赴澶州巡警。師還，權知鎭州，加左領軍衞上將軍。建隆二年，又權知澶州。八月，拜義武軍節度，在鎭數年，得風痺，詔還京師。乾德四年，卒，年五十九，贈太師。

居潤性明敏，有節槩，篤於行義。初，晉室將亡，景延廣委其族自洛赴難，至則爲遼人所執。遼人在洛者遽欲恣摽掠，延廣僚吏部曲悉遁，獨居潤力保護，其家以安。居潤與太祖同事世宗，情好款浹，嘗薦沈倫於太祖，以爲純謹可用，後至宰相，世稱其知人。

子惟質至內園使，弟居濟至水部員外郎。大中祥符三年，錄其孫建中爲三班借職。

竇貞固字體仁，同州白水人。父專，後唐左諫議大夫。貞固幼能屬文，同光中舉進士，補萬全主簿。丁內艱去官，服除，授河東節度推官。時晉祖在藩，以貞固廉介，甚重之。及即位，擢爲戶部員外郎、翰林學士，就拜中書舍人。

天福三年，詔百僚各上封事，貞固疏曰：「臣聞舉善爲明，知人則哲。聖君在位，藪澤豈有隱淪；昭代用材，政理固無紊亂。求賢若渴，從諫如流，鄭所以譽子皮；□□□□，□□□□，魯所以譏文仲。爲國之要，進賢是先。陛下方樹丕基，宜求多士。乞降詔百僚，令各司議定一人，有何能識，堪何職官，朝廷依奏用之。若能符薦引，果謂當才，所奏之官，望加獎賞；如乖其舉，或涉狥私，所奏之官，宜加殿罰。自然官由德序，位以才升。三人同行，倘聞擇善；十目所視，必不濫知。臣職在論思，敢陳狂狷。」書奏，帝深嘉之，命所司著爲令

典。明年，改御史中丞，與太常卿崔梲、刑部侍郎呂琦、禮部侍郎張允同詳定正冬朝會禮節、樂章及二舞行列。歷刑部、門下二侍郎。

少帝即位，拜工部尚書。遷禮部尚書，知貢舉。舊制，進士夜試，繼以三燭。長興二年改令晝試，貞固以晝晷短，難盡士材，奏復夜試。擇士平允，時論稱之。改刑部尚書，出爲潁州團練使。歲餘，復拜刑部尚書。

漢祖入汴，貞固與禮部尚書王松率百官見于榮陽西，漢祖駐駕，勞問久之。初營宗廟，帝以姓自漢出，遂襲國號，尊光武爲始祖，幷親廟爲五。詔羣臣議，貞固上言曰：「按王制：『天子七廟，諸侯五，大夫三，士一。』正義曰：『周之制七廟者，太祖及文王、武王之祧與親廟四也。』又曰：『七廟者，據周也。有其人則七，無其人則五。』至光武中興，及魏、晉、宋、齊、隋、唐，或立六廟，或立四廟，蓋建國之始，未盈其數也。禮曰『德厚者流光』，此天子可以祀六世之義也。今陛下大定寰區，重興漢祚，旁求典禮，用正宗祧，伏請立高、曾、祖、禰四親廟。及自古聖王祖有功、宗有德，更立始祖在四廟之外，不拘定數，所以或五廟或七廟。今請尊高皇帝、光武皇帝爲始祖，法文王、武王不遷之制，用歷代六廟之規，庶合典禮。」漢祖從之。論者以天子建國，各從其所起，堯自唐侯，禹生大夏是也。立廟皆祖其有功，商之契，周之后稷，魏之武帝，晉之三廟是也。高祖起於晉陽，而追嗣兩漢，徒以同姓爲遠祖，甚非

其義；貞固又以四親匹庶，上合高、光，失之彌遠矣。但援立親廟可也，餘皆非禮。」俄遷吏部尚書。

初，帝與貞固同事晉祖，甚相得。時蘇逢吉、蘇禹珪自霸府僚佐驟居相位，思得舊臣冠首，以貞固持重寡言，有時望，乃拜司空、門下侍郎、平章事、弘文館大學士。貞固少時中蠱，若贅在喉中，常鯁閡。及爲相日，因大吐，有物狀蜥蜴落銀盤中，毒氣衝盤，焚於中衢，臭聞百步外，人皆異之。隱帝卽位，加司徒，改本貫永安鄉爲賢相鄉，班瑞里爲勳貴里。楊邠、史弘肇、王章樹黨恣橫，專權凌上，貞固但端莊自持，不能規救。

周祖兵起，貞固與蘇逢吉奉隱帝兵次于野，敗。逢吉倉黃自殺，貞固遂詣周祖。周祖稱太后制，委貞固與蘇禹珪、王峻同掌軍國政事。周祖登位，加兼侍中。會以馮道爲首相，改監修國史。俄罷相，守司徒，封沂國公。世宗卽位，以范質爲司徒，貞固遂歸洛陽，輸課役，齒爲編民。貞固不能堪，愬於留守向拱，拱不聽。

宋初，以前三公赴闕陪位，詣范質，求任東宮三少，預朝請，質不爲奏。乃還洛，放曠山水，與布衣輩攜妓載酒以自適。開寶二年病困，自爲墓誌，卒，年七十八。

李濤字信臣，京兆萬年人。唐敬宗子郇王瑋十一世孫。祖鎮，臨濮令。父元，將作監。朱梁革命，元以宗室懼禍，挈濤避地湖南，依馬殷，署濤衡陽令。濤從父兄郁仕梁爲閤門使，上言濤父子旅湖湘，詔殷遣歸京師，補河陽令。

後唐天成初，舉進士甲科，自晉州從事拜監察御史，遷右補闕。宋王從厚鎭鄴，以濤爲魏博觀察判官。歲餘，入爲起居舍人。

晉天福初，改考功員外郞、史館修撰。晉祖幸大梁，張從賓〔三〕以盟津叛，陷洛陽，扼虎牢。故齊王全義子張繼祚者實黨之，晉祖將族其家。濤上疏曰：「全義歷事累朝，頗著功效。當巢、蔡之亂，京師爲墟，全義手披荆棘，再造都邑，垂五十年，洛民賴之。乞以全義之故，止罪繼祚妻子。」從之。嘗奉詔爲宋州括田使，前雄州刺史袁正辭齎束帛遺濤，以田園爲託，濤表其事，晉祖嘉之。正辭坐降一階，濤遷浚儀令。改比部郞中、鹽判官〔四〕，改刑部郞中。

涇帥張彥澤殺記室張式，奪其妻，式家人詣闕上訴。晉祖以彥澤有軍功，釋其罪。濤伏閤抗疏，請置於法。晉祖召見諭之，濤植笏叩階，聲色俱厲，晉祖怒叱之，濤執笏如初。晉祖曰：「吾與彥澤有誓約，恕其死。」濤厲聲曰：「彥澤私誓，陛下不忍食其言；范延光嘗賜鐵券，今復安在？」晉祖不能答，卽拂衣起，濤隨之，諫不已。晉祖不得已，召式父鐸、弟守貞、子希範等皆拜以官，罷彥澤節制。濤歸洛下，賦詩自悼，有「三諫不從歸去來」之句。先是，范延光據鄴叛，晉祖賜鐵券許以不死，終亦不免，故濤引之。晉祖崩，濤坐不赴臨，停。未幾，起爲洛陽令，遷屯田職方郞中、中書舍人。

會契丹入汴，彥澤領突騎入京城，恣行殺害，人皆爲濤危之。濤詣其帳，通刺謁見。彥澤曰：「舍人懼乎？」濤曰：「今日之懼，亦猶足下昔年之懼也。向使先皇聽僕言，寧有今日之事。」彥澤大笑，命酒對酌，濤神氣自若。

漢祖起義至洛，濤自汴奉百官表入對，漢祖問京師財賦，從契丹去後所存幾何，濤具對稱旨，漢祖嘉之。至汴，以爲翰林學士。杜重威據鄴叛，高祖命高行周、慕容彥超討之，二帥不協。濤密疏請親征。高祖覽奏，以濤堪任宰輔，卽拜中書侍郞兼戶部尚書、平章事。隱帝卽位，楊邠、周祖共掌機密，史弘肇握兵柄，與武德使李鄴等中外爭權，互作威福。濤疏請出邠等藩鎭，以清朝政。隱帝不能決，白于太后，太后召邠等諭之。反爲所構，免相歸第。時中書廚釜鳴者數四，濤晝寢閤中，夢嚴飾廳事，羣吏趨走，云迎新宰相帶諸司使，既寤，心異之。數日濤罷，以邠爲相兼樞密使。及周祖舉兵，太后倉皇涕泣曰：「不用李濤之言，宜其亡也。」

周初，起爲太子賓客，歷刑部、戶部二尚書。世宗晏駕，爲山陵副使。恭帝卽位，封莒國公。

宋初，拜兵部尚書。建隆二年，濤被病。有軍校尹勳董浚五丈河，陳留丁壯夜潰，勳擅斬隊長陳琲等十人，丁夫七十人皆杖一百，刵其左耳。濤聞之，力疾草奏，請斬勳以謝百姓。家人謂濤曰：「公久病，宜自愛養，朝廷事且置之。」濤憤言曰：「人孰無死，但我爲兵部尚書，坐視軍校無辜殺人，烏得不奏？」太祖覽奏嘉之，詔削奪勳官爵，配隸許州。濤卒，年六十四，贈右僕射。

濤慷慨有大志，以經綸爲己任。工爲詩，筆札遒媚，性滑稽，善諧謔，亦未嘗忤物，居家以孝友聞。景德三年，其孫惟勤詣闕自陳，詔授許州司士參軍。子承休至尚書水部郞中，承休子仲容。

濤弟澣字日新。幼聰敏，慕王、楊、盧、駱爲文章。後唐長興初，吳越王錢鏐卒，詔兵部侍郞楊凝式撰神道碑，令澣代草，凡萬餘言，文彩遒麗，時輩稱之。秦王從榮召至幕中，從榮敗，勒歸田里。久之，起爲校書郞、集賢校理。晉天福中，拜右拾遺，俄召爲翰林學士。會廢學士院，出爲吏部員外郞，遷禮部郞中、知制誥。復置翰林，遷中書舍人，再爲學士。時濤在西掖，搢紳榮之。

契丹入汴，澣與同職徐台符俱陷塞北。永康王兀欲襲位，置澣宣政殿學士〔五〕。兀欲死，述律立，以其妻族蕭海貞爲幽州節度使。海貞與澣相善，澣乘間諷海貞以南歸之計，海貞納之。

周廣順二年，澣因定州孫方諫密表言契丹衰微之勢，周祖嘉焉，遣諜者田重霸齎詔慰撫，仍命澣通信。澣復表述契丹主幼弱多寵，好擊鞠，大臣離貳，若出師討伐，因與通好，乃其時也，請速行之。屬中原多事，不能用其言。

澣在契丹嘗逃歸，爲其所獲，防禦彌謹。契丹應曆十二年六月卒，時建隆三年也。濤收澣文章編之爲丁年集。澣二子，承確主客郎中，承續職方郎中。

仲容字儀父，舉進士甲科，除大理評事、知三原縣。累擢監察御史，爲殿試進士考官。眞宗問題義，對稱旨，詔試中書，擢左司諫、直史館。天聖中，以起居郎爲知制誥，累遷右諫議大夫。在西掖八年，次當補學士，而不爲宰相張士遜所喜，罷爲給事中、集賢院學士、判史館、司農寺，復知制誥。及石中立、張觀補學士，始以爲翰林侍讀學士。久之，兼龍圖閣學士，至戶部侍郎卒。

仲容性醇易，喜飲酒，不與物忤，與人言，未嘗及勢利。三弟早卒，字其諸孤十餘人如

己子，當世稱其長者。然於吏事非所長。自集制草爲冠鳳集十二卷。

王易簡字國賓，京兆萬年人。性介特寡合。曾祖朏，唐劍州刺史。祖遠，連州刺史。父貫，唐州刺史。易簡少好學，工詩。會僖宗幸蜀，長安兵亂，避地山谷。梁乾化中，邵王友誨鎭陝，易簡舉進士，詣府拔解，友誨贈錢二十萬。明年遂擢第，復隱華山。邠帥韓恭辟觀察支使。府罷，華帥李保衡復辟從事。踰年，尹皓代保衡，易簡仍在幕府。

會朱友謙以河中叛歸莊宗，攻華州甚急，城中危懼，咸請築月城以自固。皓恃勇不聽，下令曰：「有敢復言者斬。」易簡固請，乃許。板築始畢，外城果壞，軍民賴之。會夜不能攻，友謙遂遁去。皓卒，易簡歸田里。久之，召爲著作郎，數月棄去。復召爲右拾遺，上書忤旨，出爲鄧州節度推官。

後唐同光中，遣魏王繼岌伐蜀，以宰相郭崇韜爲招討使，辟易簡爲巡官，改魏王都督府記室參軍。明宗卽位，周帥羅周恭辟爲掌書記。府罷，退居華陰，作小隱詩二十首幷序以見志，好事者多傳誦。秦王從榮聞而重之，謂宰相馮道、李愚曰：「易簡有才，豈宜久居外地。」卽召爲祠部員外郎，改水部郎中、知制誥，拜中書舍人。

晉初，賜金紫，判弘文館、史館事。晉祖爲治務求速效，易簡上漸治論以諫之，詔書褒答，以論付史館。及廢翰林學士，易簡兼知內制，又拜御史中丞，歷右丞、吏部侍郎、左丞、判吏部銓。嘗上言：「選門格敕條件具存，藩府官僚習熟者少，凡給文解，未曉規程，以致選人詣都，親求解樣，往來跋涉，重可傷閔，傳寫少差，旋復駮放。乞自今委南曹詳定解樣，兼錄長定格取解條，下諸州，板置州院門，每取解時，準條式遵行。」從之。晉祖在大梁，臺省湫隘，易簡奏舉故事，一歲得光省錢二百萬，繕治省署及造器物，號爲舉職。

周朝諱「簡」，易止名易。廣順初，遷禮部尚書。是冬，合三銓爲一，令易簡權判，俄改刑部尚書。周祖將親郊，命判兵部，會册四廟，命爲副使。周祖晏駕，爲山陵副使。顯德四年，告老，以太子少保致仕，歸鄉里。

宋初，召加少傅。所居華陰，構一鳴堂、二品樓，優游自適。建隆四年四月，無疾卒，年七十九。子景讓，進士及第，至尚書郎。

趙上交，涿州范陽人。本名遠，字上交，避漢祖諱，遂以字稱。祖光鄴，鄂州錄事參軍。父簡章，涿州司馬。上交身長七尺，黑色，美風儀，善談論，負才任氣，爲鄉里所推。

後唐同光中，嘗詣中山干王都。有和少微者亦在都門下，忌之，頗毀訾上交，都遂不爲禮。上交不得志，因南游洛陽，與中官驃騎大將軍馬紹宏善。紹宏領北面轉運制置大使，表爲判官，遷殿中丞。秦王從榮開府兼判軍衞，以上交爲虞部員外郎，充六軍諸衞推官。從榮性豪邁，不遵禮法，好昵羣小。上交從容言曰：「王位尊崇，當修令德以慰民望，王忍爲此，獨不見恭世子、戾太子之事乎？」從榮怒出之，歷涇、秦二鎭州節度判官。從榮及禍，僚屬皆坐斥，上交由是知名。

晉初，召爲左司郎中、度支判官，歷右諫議大夫。會廢翰林學士，以上交爲中書舍人、知內外制，遷刑部侍郎。嘗上言：「伏覩長興中詔書：『州縣官在任詳讞刑獄、昭雪人命者，不限歲月赴選，許令超資注官，仍賜章服。諸道州府給付公驗，躬赴行部投狀〔六〕，隨給優牒，庶絕欺罔，以存激勸。』載詳元詔，止言州縣，未該內外職司。乞自今但能雪活寃獄，不限中外官，並加旌賞。諸道州縣委長吏抄案以聞。俟本人考滿，卽詣刑部投狀，毋得隔越年歲，庶使內外同律。」詔從之。俄遷戶部侍郎，拜御史中丞，彈舉無所阿避。

契丹入汴，立明宗幼子許王從益爲帝，以禮部尚書王崧爲左丞相，上交爲右丞相。契丹去，上交請去僞號，稱梁王。漢祖將至，從益遣上交馳表獻款，授檢校禮部尚書、太僕卿，

遷秘書監。周祖監國，命太師馮道迎湘陰公于徐州，以上交副之。

廣順初，拜禮部侍郎。會將試貢士，上交申明條制，頗爲精密，始復糊名考校。擢扈載甲科，及取梁周翰、董淳之流，時稱得士。轉戶部侍郎。明年再知舉，謗議紛然。時樞密使王峻用事，常薦童子，上交拒之。峻怒，奏上交選士失實，貶商州司馬，朝議以爲太重，會峻貶乃止，但坐所取士李觀、侯璨賦落韻，改太子詹事。

顯德初，遷賓客。二年，拜吏部侍郎，多請告不朝，時出游別墅。世宗因問陶穀曰：「上交豈衰老乎？」穀對曰：「上交昔掌貢舉，放鬻市家子李觀及第，受所獻名園，多植花卉，優游自適。」世宗怒，免其官。

宋初，起爲尚書右丞。建隆二年正月，卒，年六十七。上交所涖官以幹聞，當時稱有公輔器。尤好吟詠，有集二十卷，張昭爲序。

子曮字可畏。七歲喪母，過哀。十二能屬文，與兄晙同舉進士，未成名而兄夭，遂以蔭補千牛備身，歷秘書郎、殿中丞、著作郎。卒，年二十六。有集十卷，太宗嘗取以入內。

張錫，福州閩縣人。梁末，劉君鐸任棣州刺史，辟爲軍事判官。棣爲鄆之屬郡，郡有麴務，鄆以牙將主之，頗橫恣，民有犯麴三斤，牙將欲置于死，君鐸力不能救。既而牙將盜麥百斛私造麴，事覺，錫判曰：「麴犯三斤，求生不克，麥盜百斛，免死誠難。」時郡吏以使府牙將乞免，錫不允，固置于法。

同光末，趙在禮舉兵於鄴，瀕河諸州多構亂，錫權知州事，即出省錢賞軍，皆大悅，一郡獨全，棣人賴之。後爲淄川令，不畏強禦，專務愛民，刺史有所徵，不答，由是銜之。及代，白其事於宰相馮道。道知錫介直，即奏召爲監察御史，出爲陝、虢觀察判官。晉開運二年，拜右補闕，歷起居郎、刑部員外郎、開封府判官、浚儀令、司門駕部二郎中，並以清節聞。周顯德中，以老疾求解官，授右諫議大夫致政。

宋初，改給事中。錫無子，宰相范質嘗兄事之，館於別墅。錫以執政之門，不欲久處，往依鄉人鄧州觀察判官黃保緒。建隆二年六月，卒于穰下。

張鑄字司化，河南洛陽人。性清介，不事生產。曾祖居卿，祖裼，父文蔚，在唐俱舉進士。裼至翰林學士承旨、天平軍節度、檢校吏部尚書。文蔚，中書侍郎、平章事，五代史有傳。

鑄，梁貞明三年舉進士，補福昌衛〔七〕、集賢校理，拜監察御史，遷殿侍御史。仕後唐，歷起居郎、金部員外郎，賜緋，改右司員外郎。

明宗初，轉金部郎中，賜金紫。嘗上言曰：「國家以務農爲本，守令以勸課爲先，廣闢田疇，用資倉廩。竊見所在鄉村浮戶，方事墾闢，甫成生計，種田未至二頃，植木未及十年，縣司以定色役，民畏責斂，捨之而去，殊乖撫恤之方，徒設招攜之令。望令諸州應有荒田縱民墾蒔，俟及五頃已上，三年外始聽差科。」從之。使兩浙還，遷考功郎中。

晉天福初，福州王延羲奉表稱藩，遣鑄持節册爲閩國王。少帝即位，改河南令。開運二年，召爲太常少卿，避曾祖諱不拜，改秘書少監、判太常寺事。踰年，轉右庶子，分司西京。周廣順初，入爲左諫議大夫、給事中，使朗州。顯德三年，授檢校禮部尚書、光祿卿，又以祖名請避，改秘書監、判光祿寺。宋初，加檢校刑部尚書。建隆四年，卒，年七十三。

鑄美姿儀，善筆札，老能燈下細書如蠅頭。由晉以來，天地、宗廟及上徽號、封拜王公册文，皆詔鑄書之。及卒，身無兼衣，家人鬻其服馬、園圃，得錢十萬以葬。

邊歸讜字安正，幽州薊人，父退思，檀州刺史。歸讜弱冠以儒學名。後唐末，客遊幷、邠。晉祖鎮太原，召置門下，表爲河東節度推官、試秘書省校書郎，改太原府推官、試大理評事。

天福初，拜監察御史。歷殿中侍御史、禮部員外郎，充戶部判官。遷水部郎中，賜金紫，拜比部郎中、知制誥。歷右諫議大夫、給事中。嘗上言：「使臣經過州縣，券料外妄自徵需，以豐傔從，多索人驢，用遞行李。挾命爲勢，淩下作威，供億稍遲，即加鞭箠，吏民受辱，寧免怨嗟。欲望察訪得情，嚴示懲戒。」從之。俄遷右散騎常侍。

漢初，歷禮部、刑部二侍郎。時史弘肇怙權專殺，閭里告訐成風。歸讜言曰：「邇來有匿名書及言風聞事，構害善良，有傷風化，遂使貪吏得以報復私怨，讒夫得以肆其虛誕。請明行條制，禁遏誣罔。凡顯有披論，具陳姓名。其匿名書及風聞事者並望止絕。」論者韙之。

周廣順初，遷兵部、戶部二侍郎。世宗聞其亮直，擢爲尚書右丞、樞密直學士，以備顧問。就轉左丞，世宗以累朝以來憲綱不振，命爲御史中丞。

歸讜雖號廉直，而性剛介，言多忤物。顯德三年冬，大宴廣德殿，歸讜酒酣，揚袂言曰：「至於一杯而已。」世宗命黃門扶出之。歸讜回顧曰：「陛下何不決殺趙守微。」守微者，本村民，因獻策擢拾遺，有妻復娶，又言涉指斥，坐決杖配流，故歸讜語及之。翌日，伏閣請

罪，詔釋之，仍於閤門復飲數爵，以愧其心。五年秋，歸讜與百官班廣德殿門外，忽厲聲聞於帝，詔奪一季奉。

宋初，遷刑部尚書。建隆三年，告老，拜戶部尚書致仕。乾德二年，卒，年五十七。子定，雍熙二年進士及第。

劉温叟字永齡，河南洛陽人。性重厚方正，動遵禮法。唐武德功臣政會之後。叔祖崇望，相昭宗。父岳，後唐太常卿。温叟七歲能屬文，善楷隸。岳時退居洛中，語家人曰：「吾兒風骨秀異，所未知者壽耳。今世難未息，得與老夫皆爲温、洛之叟足矣。」故名之温叟。以蔭補國子四門助教，河南府文學。淸泰中，爲左拾遺、內供奉。以母老乞歸就養，改監察御史，分司。時臺署廢弛，温叟作新之。未幾，召爲右補闕。

晉初，王松權知青州，表爲判官，加朝散階。入爲主客員外郎。少帝領開封尹，奏爲巡官，命典文翰，又改廣晉府巡官。少帝卽位，拜刑部郎中，賜金紫。改都官郎中，充翰林學士。初，岳仕後唐，嘗居內署，至是温叟復居斯任，時人榮之。温叟既受命，歸爲母壽，候立堂下。須臾聞樂聲，兩青衣舉箱出庭，奉紫袍、兼衣，母命捲簾見温叟曰：「此卽爾父在禁中

日內庫所賜者。」温叟拜受泣下，退開影堂列祭，以文告之。母感愴累日，不忍見温叟。歲滿，加知制誥。

契丹入汴，温叟懼，隨契丹北遷，與承旨張允共上表求解職。契丹主怒，欲出允等爲縣令。趙延壽曰：「若學士才不稱職求解者，守本官可也，不可加貶出。」遂得罷職出院。漢祖南下，温叟自洛從至鄭州，稱疾不行。及入汴，温叟久之方至，授駕部郎中。

周初，拜左諫議大夫，逾年，改中書舍人，加史館修撰，判館事。顯德初，遷禮部侍郎、知貢舉，得進士十六人。有譖于帝者，帝怒，黜十二人，左遷太子詹事。温叟實無私，後數年，其被黜者相繼登第。温叟與張昭同修漢隱帝及周祖實錄，恭帝卽位，遷工部侍郎兼判國子祭酒事。

宋初，改刑部。建隆九年〔八〕，拜御史中丞。丁內艱，退居西洛，旋復本官。三年，兼判吏部銓。因上言曰：「伏見兩京百司，漸乏舊人，多隳故事。雖檢閱具存於往册，而舉行須在於攸司。蓋因年限得官，歸司者例與減選；多集赴調，授任者尋又出京。兼有裁滿初官，不還舊局，但稱前資，用圖免役。又有嘗因停任，切欲歸司，而元敕不該，無由復職。遂使在司者失於教習，歷事者難於追還。伏望自今諸司職掌，除官勒留及歸司者，如理減外欠三選以下，仍須在司執行公事，及三十月卽許赴集；如理減外欠三選以上〔九〕，及在官不成

資考者，卽准元敕處分。若在任停官及在司停職者，經恩後於刑部出給雪牒，却勒歸司，如無闕員，卽令守闕，餘依敕格處分。」

一日晚歸由闕前，太祖方與中黃門數人偶登明德門西闕，前騶者潛知之，以白温叟。温叟令傳呼如常過闕。翌日請對，具言：「人主非時登樓，則近制咸望恩宥，輦下諸軍亦希賞給。臣所以呵導而過者，欲示衆以陛下非時不御樓也。」太祖善之。憲府舊例，月賞公用茶，中丞受錢一萬，公用不足則以贓罰物充。温叟惡其名不取。任臺丞十二年，屢求代。太祖難其人，不允。開寶四年被疾，太祖知其貧，就賜器幣，數月卒，年六十三。

温叟事繼母以孝聞，雖盛暑非冠帶不敢見。五代以來，言執禮者惟温叟焉。立朝有德望，精賞鑒，門生中尤器楊徽之、趙鄰幾，後皆爲名士。范杲幼時，嘗以文贄温叟，大加稱獎，以女妻之。

太宗在晉邸，聞其淸介，遣吏遺錢五百千，温叟受之，貯廳西舍中，令府吏封署而去。明年重午，又送角黍、執扇〔一〇〕，所遣吏卽送錢者，視西舍封識宛然，還以白太宗。太宗曰：「我錢尙不用，況他人乎？昔日納之，是不欲拒我也；今周歲不啓封，其苦節愈見。」命吏輦歸邸。是秋，太宗侍宴後苑，因論當世名節士，具道温叟前事，太祖再三賞歎。

雍熙初，子炤罷徐州觀察推官待選，以貧詣登聞求注官。及引對，太宗問誰氏子，炤以温叟對。太宗憮然，召宰相語其事，且言當今大臣罕有其比。因問：「炤當得何官？」宰相言：「免選以爲厚恩。」帝曰：「其父有淸操，錄其子登朝，庶足示勸。」擢炤太子右贊善大夫，歷判三司理欠、憑由司，江南轉運司，入朝爲司封郎中。炳、燁並進士及第。

燁字耀卿，進士及第。積官秘書省著作郎。知龍門縣，羣盜殺人，燁捕得之，將械送府，恐道亡去，皆斬之。衆服其果。通判益州，召還，時王曙治蜀，或言其政苛暴。眞宗問：「曙治狀與淩策孰愈？」燁曰：「策在蜀，歲豐事簡，故得以寬假民。比歲小歉，盜賊竊發，非誅殺不能禁。然曙所行，亦未嘗出陛下法外。」帝善之。

天禧元年，始置諫官〔一一〕。帝謂宰相曰：「諫官御史，當識朝廷大體。」於是以燁爲右正言。會歲荐饑，河決滑州，大興力役，饑殍相望。燁請策免宰相，以應天變。都城東南有泉出，民爭傳可以已疾，詔卽其地建祥源觀。燁言其詭妄不經，且亢旱，不可興土木以營不急；又請罷提點刑獄，禁民棄父母事佛老者。皆不報。

表請補外，帝以燁屢言事，乃以判三司戶部勾院，出安撫京西。還，直集賢院，同修起居注，遷右司諫。以尙書工部員外郎兼侍御史知雜事，權判吏部流內銓。請京朝官遭父母

憂，官司毋得奏留，故事當起復者如舊。因詔益、梓、利、夔路長吏，仍舊奏裁，餘乞免持服者論其罪。改三司戶部副使，擢龍圖閣待制，提舉諸司庫務，權發遣開封府事。累遷刑部郎中、龍圖閣直學士、知河南府，徙河中府，卒。

初，王曙坐寇準貶官，在朝無敢往見者。燁歎曰：「友朋之義，獨不行於今歟？」往餞之，經宿而還。嘗善河中處士李瀆，瀆死，爲陳其高行，詔以著作郎贈之。唐末五代亂，衣冠舊族多離去鄉里，或爵命中絕而世系無所考。惟劉氏自十二代祖北齊中書侍郎環儁以下，仕者相繼，而世牒具存焉。子几。

几字伯壽，以燁任爲將作監主簿。生而豪儁，長折節讀書，第進士。從范仲淹辟，通判邠州。邠地鹵，民病遠汲，几浚渠引水注城中。役興，客曰：「自郭汾陽城此州，苟外水可飄，何待今日？無爲虛費勞人也！」几不答。未幾，水果至，鑿五池于通逵，民大便利。

孫沔薦其才堪將帥，換如京使、知寧州。俗喜巫，軍校仗妖法結其徒，亂有日。几使他兵伏壘門以伺，夜半盡禽之。加本路兵馬鈐轄，知邠州。儂智高犯嶺南，几上書願自效，以爲廣東、西捉殺。道聞蔣偕、張忠戰沒，疾馳至長沙，

見狄青曰：「賊若退守巢穴，瘴毒方興，當班師以俟再舉。若恃勝求戰，此成擒耳。」賊果悉衆來，大戰于歸仁鋪。前鋒孫節死，几以右軍搏鬥，自辰至巳，勝負未決。几言於青，出勁騎五千，張左右翼擣其中堅，賊駭潰。

進皇城使、知涇州。陛見，辭以母老，丐復文階歸養。仁宗諭之曰：「涇，內地也，將母莫便焉。」命特賜冠帔。領循州刺史，遷西上閤門使，再歸郎中班。曾公亮薦之，復以嘉州團練使爲太原、涇原路總管。

夏人寇周家堡，轉運使陳述古攝渭帥，几移文索援兵，不聽，率諸將偕請，又不聽，乃趣以手書。述古怒，移几爲鳳翔，且劾生事。朝廷以總管非轉運使所得徙置，遣御史出按，述古黜，几亦改鄜州。召判三班院。邊吏告夏人趨大順，英宗問几。几曰：「大順天險，非夏人可得近，正恐與趙明爲讎爾。」帝曰：「明之子奔馬入城，幾爲所掩，卿料敵一何神也。」以爲秦鳳總管。

神宗即位，轉四方館使、知保州，治狀爲河北第一。踰六年，即請老，還爲秘書監致仕。元豐三年，祀明堂，大臣言几知音，詔詣太常定雅樂。几曰：「古樂備四清聲，沿五季亂離廢，請增之。」樂成，予一子官。

几得謝二十年，放曠嵩、少間，遇唐末異人靖長官者得養生訣，故益老不衰。間與人語

邊事，謂張耒曰：「比見詔書禁邊吏夜飲。此曹一旦有急，將使輸其肝腦，而平日禁其爲樂，爲今役者不亦難乎？夫椎牛釃酒，豐犒而休養之，非欲以醉飽爲德，所以增士氣也。」耒敬識其語。再加通議大夫，卒，年八十一。

几篤於風義，推父遺恩官從兄，已得任子，必先兄弟子之孤者。其議樂律最善，以爲：「律主於人聲，不以尺度求合。古今異時，聲亦隨變，猶以古冠服加於今人，安得而稱。儒者泥古，致詳於形名度數間，而不知清濁輕重之用，故求於器雖合，而考於聲則不諧。」嘗游佛寺，聞鐘聲，曰：「聲澌而悲，主者且不利。」是夕，主僧死。在保州，聞角聲，曰：「宮微而商離，至秋，守臣憂之。」及期，几遇疾。然所學頗雜鄭、衞云。

劉濤字德潤，徐州彭城人，後唐天成中，舉進士，釋褐爲鳳翔掌書記，拜右拾遺，賜緋。時太常丞史在德上章，詞理鄙俗，仍犯廟諱。濤上言請正其罪，雖不允，時論是之。出爲山南東道節度判官，召爲左補闕，遷起居舍人。

晉天福初，改司勳員外郎、史館修撰，遷工部郎中，賜金紫。歷度支、職方二郎中，掌左藏庫。時少帝奢侈，常以銀易金，廣其器皿。李崧判三司，令上庫金之數。及崧以元簿較

之，少數千鎰。崧責曰：「帑庫通式，一日不受虛數，毫釐則有重典。」濤曰：「帑司常有報不盡數，以備宣索。」崧令有司劾濤，濤事迫，以情告樞密使桑維翰，乃止罰一月奉。漢初，宰相蘇禹珪薦爲中書舍人。

周廣順中，坐令子監察御史頊代草誥命，左遷少府少監，分司西京；頊亦貶復州司戶。顯德初，就改太常少卿，俄拜右諫議大夫。四年，再知貢舉。樞密使王朴嘗薦童子劉譜於濤，濤不納，朴銜之。時世宗南征在迎鑾，濤引新及第人赴行在。朴時留守上都，飛章言濤取士不精。世宗命翰林學士李昉覆試，出者七人。濤坐責授太子右贊善大夫。恭帝即位，遷右詹事。濤性剛毅不撓，素與宰相范質不協，常鬱鬱不得志，遂退居洛陽之清化里，杜門以書史自娛。

太祖素知濤履行，開寶二年召赴闕，以老病求退，授秘書監致仕。年七十二卒。

清泰初，中書舍人盧導受詔主文，將鎖宿，濤力薦薛居正，以爲文章器業必至台輔，導取之，後果爲相。世稱其知人。

頊子晟，晟子訥、譚，並進士及第。晟至屯田員外郎，訥爲殿中侍御史。

祖、太祖並不踐帝位，仍補爲紀年錄二十卷，又撰莊宗實錄三十卷上之。優詔褒美，遷都官員外郎。

時皇子競尚奢侈，昭疏諫曰：

帝王之子，長於深宮，安於逸樂，紛華之玩，絲竹之音，日接於耳目，不與驕期而驕自至。儻非天資英敏，識本清明，以此蕩心，焉能無惑。苟不豫爲教道，何以置之盤牙？臣見先帝時，皇子、皇弟盡喜無稽玩物之言，厭聞致治經邦之論，入則務飾姬姜，出則廣增僕馬，親賓滿坐，食客盈門，箴規者少，諂諛者多。以此而欲託以主鬯，不亦難乎？臣請諸皇子各置師傅，陛下令皇子屈身師事之，講論道德。使一日之中，止記一事，一歲之內，所記漸多，每月終，令師傅具錄聞奏。或皇子上謁之時，陛下更令侍臣面問，十中得五，爲益良多，博識安危之理，深知成敗之由。

臣又聞古之人君，卽位而封太子、拜諸王，究其所由，蓋有深旨。使庶不亂嫡，疏不間親，禮秩有常，邪慝不作。近代人君，失於此道，以至邦家構患，釁隙萌生。昔隋祖聰明，煬帝亦傾楊勇；太宗齊聖，魏王終覆承乾。臣每讀古書，深悲其事。願於聖代，杜此厲階。其於卜貳封宗，在臣未敢輕議。臣請諸皇子於恩澤賜與之間，婚姻省侍之際，依嫡庶而爲禮秩，據親疏而定節文，示以等威，絕其徼幸，保宗之道，莫大於斯。

明宗覽疏而不能用。

四年，上武皇以來功臣列傳三十卷，以本官知制誥。明宗好畋獵，昭疏諫曰：

太祖初鎭太原，每年打鹿於北鄙；先帝在位，暇日射鴈於近郊。此蓋軍務之餘，畋遊自適。洎先帝膺圖啓祚，嚮明御宇，則宜易彼諸侯之事，肅乎萬乘之儀。而猶因習舊風，失其威重，馳逐原獸，殆無虛日。

臣愚以爲事有可畏者四焉。洛都舊制，宮城與禁苑相連，人君宴遊，不離苑囿，御馬來往，輦路坦夷，不涉荒郊，何憂蹶失。今則驅馳騄服，涉歷榛蕪，此後節氣嚴凝，徑塗涷滑，萬一有銜橛之變，陛下縱自輕，柰宗廟社稷何？所可畏者一也。又陛下新有四海，宜以德服萬邦。今則江、嶺未平，淮夷尚梗，彼初聞陛下革先朝之失政，還太古之淳風，御物以慈，節財以儉，有典有則，不矜不驕，彼必有三苗率服之心，七旬來格之意。如聞陛下暫遊近甸，彼卽以爲復好畋遊。所可畏者二也。臣又聞「作法於涼，其弊猶貪，作法於貪，弊將如何？」且打鹿射鴈之事新，敗軌傾輈之轍在，常宜取鑒，不可因循。所可畏者三也。臣又聞「作事可法，貽厥孫謀」。若以陛下齊聖廣淵之機，聰明神武之量，其可以宴遊蒐狩之事，少累聖明，所謂「城中好廣眉，城外加半額」，爲法之弊，靡不由茲。所可畏者四也。

伏望陛下居高慮遠，愼始圖終，思創業之艱難，知守成之不易，念老氏馳騁之戒，樹文王忠厚之基，約三驅之舊章，定四時之遊幸。始出有節，後不敢違。

疏奏，明宗嘉納之。

長興二年，丁內艱，賻絹布五十匹，米麥五十石。昭性至孝，明宗聞其居喪哀毀，復賜以錢幣。服除，改職方員外郎、知制誥，充史館修撰。上言乞復本朝故事，置觀察使察民疾苦，御史彈事，諫官月給諫紙。並從之。又奏請勸農耕及置常平倉等數事。

明宗方務聽納，昭復上疏曰：「臣聞『安不忘危，治不忘亂』者，先儒之丕訓；『靡不有初，鮮克有終』者，前經之至戒。究觀列辟，莫不以驕矜怠惰，有虧盛德。恭惟太宗貞觀之初，玄宗開元之際，焦勞庶政，以致太平。及國富兵消，年高志逸，乃忽守約之道，或貽執簡之譏。陛下以慈儉化天下，以禮法檢臣隣，紬姦邪之黨，延正直之論，務遵純儉，以節浮費，信賞必罰，至公無私。其創業垂統之規，如貞觀、開元之始，然陛下有始有終，無荒無怠。臣又伏念保邦之道，有八審焉，願爲陛下陳之：夫委任審於材器，聽受審於忠邪，出令審於煩苛，興師審於德力，賞罰審於喜怒，毀譽審於愛憎，議論審於賢愚，變亂審於姦佞。推是八審，以決萬機，庶可以臻至治。」明宗覽之稱善。

淸泰初，改駕部郎中、知制誥，撰皇后册文，遷中書舍人，賜金紫。二年，加判史館兼點閱三館書籍，校正添補。預修明宗實錄，成三十卷以獻。三年，遷禮部侍郎，改御史中丞。

晉天福初，從幸汴州。昭請創宮闕名額及振舉朝綱、條疏百司廨舍。二年，改戶部侍郎，宰相桑維翰薦爲翰林學士。內署故事，以先後入爲次，不繫官序。特詔昭立位次承旨崔梲。晉祖嘗幸內署，與昭語及幷、魏舊事，甚重之，錫賚頗厚。直以昭故，授著作佐郎致仕，至是卒。歸西洛，賻賜加等。五年，服闋，召爲戶部侍郎。以唐史未成，詔與呂琦、崔梲等續成之，別置史院，命昭兼判院事。昭又撰唐朝君臣正論二十五卷上之。改兵部侍郎。八年，遷吏部，判東銓，兼史館修撰、判館事。開運二年秋，唐書成二百卷，加金紫階，進爵邑。三年，拜尚書右丞，判流內銓，權知貢舉。

漢初，復爲吏部侍郎。時追尊六廟，定謚號、樂章、舞曲，命昭權判太常卿事，月餘卽眞。乾祐二年，加檢校禮部尚書。少帝年十九，猶有童心，昵比羣小。昭上言請聽政之暇，數召儒臣講論經義。

周廣順初，拜戶部尚書。子秉陽，爲陽翟主簿，抵罪，昭自以失教，奉表引咎，左遷太子賓客。歲餘，復舊官。嘗奏請興制舉，設賢良方正能直言極諫、經學優深可爲師法、詳閑吏治達於敎化三科，職官、士流、黃衣、草澤並許應詔。諸州依貢舉體式，量試策論三道，共以

三千字以上爲準，考其文理俱優，解送尚書吏部，其登朝之官亦聽自舉。從之。

顯德元年，遷兵部尚書。世宗以昭舊德，甚重焉。二年，表求致仕，優詔不允，促其入謁。嘗詔撰制旨兵法十卷，又撰周祖實錄三十卷，及梁郢王均帝、後唐閔帝廢帝、漢隱帝五朝實錄；梁二主年祀寖遠，事皆遺失，遂不克修，餘三帝實錄，皆藏史閣。

世宗好拔奇俊，有自布衣及下位上書言事者，多不次進用。昭疏諫曰：「昔唐初，劉洎、馬周起於徒步，太宗擢用爲相；其後，柳璨、朱朴方居下僚，昭宗亦加大用。此四士者，受知於明主；然太宗用之而國興，昭宗用之而國亡，士之難知如此。臣願陛下存舊法而用人，當以此四士爲鑒戒。」世宗善之。詔令詳定經典釋文、九經文字、制科條式，及問六璽所出，并議三禮圖祭玉及鼎釜等。昭援引經據，時稱其該博。恭帝卽位，封舒國公。

宋初，拜吏部尚書。乾德元年郊祀，昭爲鹵簿使，奏復宮闕、廟門、郊壇夜警晨嚴之制。禮畢，進封鄭國公，與翰林承旨陶穀同掌選。穀嘗誣奏事，引昭爲證，昭免冠抗論。太祖不說，遂三拜章告老，以本官致仕，改封陳國公。開寶五年，卒，年七十九。

昭博通學藝，書無不覽，兼善天文、風角、太一、卜相、兵法、釋老之說，藏書數萬卷。尤好纂述，自唐、晉至宋，專筆削典章之任。嶺南平，擒劉鋹，將獻俘，莫能知其禮。時昭已致政，太祖遣近臣就其家問之，昭方臥病，口占以授使者。著嘉善集五十卷、名臣事迹五卷。

子秉圖進士及第，秉謙至尚書郎。

竇儀字可象。薊州漁陽人。曾祖遜，玉田令。祖思恭，嬀州司馬。父禹鈞，與兄禹錫皆以詞學名。禹鈞，唐天祐末起家幽州掾，歷沂、鄧、安、同、鄭、華、宋、澶州支使判官。周初，爲戶部郎中，賜金紫。顯德中，遷太常少卿、右諫議大夫致仕。

儀十五能屬文，晉天福中舉進士。侍衞軍帥景延廣領夔州節度，表爲記室。延廣後歷滑、陝、孟、鄆四鎭，儀並爲從事。

開運中，楊光遠以青州叛，時契丹南侵，博州刺史周儒以城降，光遠與儒遣人引契丹輕騎於馬家渡渡河。時延廣掌衞兵，顏衎知州事，卽遣儀入奏。儀謂執政曰：「昨與衎論事勢，有所預慮，所以乘驛晝夜不息而來。國家若不以良將重兵控博州渡，必恐儒引契丹踰東岸與光遠兵合，則河南危矣。」俄而儒果導契丹渡河，增置壘柵。少帝軍河上，卽遣李守貞等率兵萬人，水陸並進，守汶陽，據要害。契丹果大至，擊走之。漢初，召爲右補闕、禮部員外郞。

周廣順初，改倉部員外郞、知制誥。未幾，召爲翰林學士。周祖幸南御莊宴射，坐中賜金紫。歷駕部郞中、給事中，並充職。

劉溫叟知貢舉，所取士有覆落者，加儀禮部侍郞，權知貢舉。儀上言：「請依晉天福五年制，廢明經、童子科。進士省卷，令納五軸以上，不得有神道碑誌之類；帖經對義，有三通爲合格；却復畫試〔二〕。其落第者，分爲五等：以詞理紕繆之甚者爲第五等，殿五舉；其次爲第四等，殿三舉；以次稍可者爲第三、第二、第一等，並許次年赴舉。其學究，請併周易、尚書爲一科，各對墨義三十道；毛詩依舊爲一科，亦對墨義六十道。及第後，並減爲七選集。諸科舉人，第一場十否，殿五舉；第二、第三場十否，殿三舉；三場內有九否，殿一舉。解試之官坐其罪。進士請解，加試論一首，以五百言以上爲準。」奏可。

俄以父病，上表解官。世宗親加慰撫，手封金丹，俾賜其父。父卒，歸葬洛陽。詔賜錢三十萬，米麥三百斛。終喪，召拜端明殿學士。從征淮南，判行在三司，世宗以其餉饋不繼，將罪之，宰相范質救解得免。淮南平，判河南府兼知西京留守事。恭帝卽位，遷兵部侍郞，充職。俄使南唐，既至，將宣詔，會雨雪，李景請於廡下拜受，儀曰：「儀獲將國命，不敢失舊禮。儻以霑服失容，請俟他日。」景卽拜命於庭。

建隆元年秋，遷工部尚書，罷學士，兼判大理寺。奉詔重定刑統，爲三十卷。會翰林學士王著以酒失貶官，太祖謂宰相曰：「深嚴之地，當待宿儒處之。」范質等對曰：「竇儀淸介重

厚，然已自翰林遷端明矣。」太祖曰：「非斯人不可處禁中，卿當諭以朕意，勉令就職。」卽日再入翰林爲學士。

乾德二年，范質等三相並罷。越三日，始命趙普平章事。制書既下，太祖問翰林學士曰：「質等已罷，普敕何官當署？」承旨陶穀時任尚書，乃建議相位不可以久虛，今尚書乃南省六官之長，可以署敕。儀曰：「穀所陳非承平之制，皇弟開封尹、同平章事，卽宰相之任。」太祖曰：「儀言是也。」卽命太宗署敕賜之。俄加禮部尚書。

時御史臺議，欲以左右僕射合爲表首，太常禮院以東宮三師爲表首。儀援典故，以僕射合爲表首者六，而謂三師無所據。朝議是之。四年秋，知貢舉。是冬卒，年五十三，贈右僕射。

儀學問優博，風度峻整。弟儼、侃、偁、僖，皆相繼登科。馮道與禹鈞有舊，嘗贈詩，有「靈椿一株老，丹桂五枝芳」之句，縉紳多諷誦之，當時號爲竇氏五龍。

初，周祖平兗州，議將盡誅脅從者。儀白馮道、范質，同請於周祖，皆得全活。顯德中，太祖克滁州，世宗遣儀籍其府庫。太祖復令親吏取藏中絹給麾下，儀曰：「太尉初下城，雖傾藏以給軍士，誰敢言者。今既著籍，乃公帑物也，非詔不可取。」後太祖屢對大臣稱儀有執守，欲相之。趙普忌儀剛直，乃引薛居正參知政事。及儀卒，太祖憫然謂左右曰：「天何奪我竇儀之速耶！」蓋惜其未大用也。

侃，漢乾祐初及第，至起居郎。僖，周廣順初及第，至左補闕。子諴、謁、誥，俱登進士第，諴至都官員外郎，謁至祕書丞。

儼字望之，幼能屬文。既冠，舉晉天福六年進士，辟滑州從事。府罷，授著作佐郎、集賢校理，出爲天平軍掌書記，以母憂去職。服除，拜左拾遺。開運中，諸鎭恣用酷刑，儼上疏曰：「案名例律，死刑二，絞、斬之謂也。絞者筋骨相連，斬者頭頸異處，大辟之目，不出兩端。淫刑之興，近聞數等，蓋緣外地不守通規，或以長釘貫人手足，或以短刀臠人肌膚，遷延信宿，不令就死。寃聲上達，和氣有傷，望加禁止。」從之。

儼仕漢爲史館修撰。周廣順初，遷右補闕，與賈緯、王伸同修晉高祖少帝、漢祖三朝實錄。改主客員外郎、知制誥。時儀自閣下入翰林，兄弟同日拜命，分居兩制，時人榮之。俄加金部郎中，拜中書舍人。

顯德元年，加集賢殿學士，判院事。父憂去職，服闋，復舊官。時世宗方切於治道，儼上疏曰：「歷代致理，六綱爲首：一曰明禮，禮不明則彝倫不敍。二曰崇樂，樂不崇則二儀不和。三曰熙政，政不熙則羣務不整。四曰正刑，刑不正則巨姦不懾。五曰勸農，農不勸則資澤不流。六曰經武，武不經則軍功不盛。故禮有紀，若人之衣冠；樂有章，若人之喉舌；

政有統，若人之情性；刑有制，若人之呼吸；農爲本，若人之飲食；武爲用，若人之手足。斯六者，不可斯須而去身也。陛下思服帝猷，寤寐獻納，亟下方正之詔，廓開藝能之路。士有一技，必得自効。故小臣不揆，輒陳禮、樂、刑、政、勸農、經武之言。」世宗多見聽納。

南征還，詔儼考正雅樂，俄權知貢舉。未幾，拜翰林學士，判太常寺。儼校鍾磬筦籥之數，辨清濁上下之節，復舉律呂旋相爲宮之法，迄今遵用。

會詔中外臣僚，有所聞見，並許上章論議。儼疏曰：「設官分職，授政任功，欲爲政之有倫，在位官之無曠。今朝廷多士，省寺華資，無事有員，十乃六七，止於計月待奉，計年待遷。其中廉幹之人，不無愧恥之意。如非歷試，何展公才。請改兩畿諸縣令及外州府五千戶以上縣令爲縣大夫，升爲從五品下。畿大夫見府尹如赤令之儀，其諸州府縣大夫見本部長如賓從之禮。郎中、員外郎、起居、補闕、拾遺、侍御史、殿中侍御史、監察御史、光祿少卿以下四品，太常丞以下五品等，並得衣朱紫。滿日，準在朝一任，約舊官遷二等。自拾遺、監察除授回日，即爲起居、侍御史、中行員外郎。若前官不是三署，即罷後一年方得求仕。如此，則士大夫足以陳力，賢不肖無以駕肩，各繫否臧，明行黜陟，利民益國，斯實良規。」又以爲：「家國之方，守穀帛而已，二者不出國而出於民。其道在天，其利在地，得其理者蕃阜，失其理者耗嗇。民之顓蒙，宜有勸教。請於齊民要術及四時纂要、韋氏月錄中，采其闕於田蠶園圃之事，集爲一卷，鏤板頒行，使之流布。」疏奏不報。

宋初，就轉禮部侍郎，代儀知貢舉。當是時，祠祀樂章、宗廟謚號多儼撰定，議者服其該博。車駕征澤、潞，以疾不從。卒，年四十二。

儼性夷曠，好賢樂善，優游策府凡十餘年。所撰周正樂成一百二十卷，詔藏於史閣；其通禮未及編纂而卒。有文集七十卷。儼與儀尤爲才俊，對景覽古，皆形諷詠，更迭唱和至二百篇，多以道義相敦勵，並著集。

儼顯德中奉使荆南。荆南自唐季以來，高氏據有其地，雖名藩臣，車服多僭侈踰制，以至司賓賤隸、候館小胥，皆盛服彯纓，與王人亢禮。儼諷以天子在上，諸侯當各守法度，悉令去之，然後宣達君命。

尤善推步星歷，逆知吉凶。盧多遜、楊徽之同任諫官，儼嘗謂之曰：「丁卯歲五星聚奎，自此天下太平，二拾遺見之，儼不與也。」又曰：「儼家昆弟五人，皆登進士第，可謂盛矣，然無及相輔者，唯偁稍近之，亦不久居其位。」卒如其言。儼有子早卒，以姪說爲嗣。

偁字日章，漢乾祐二年舉進士。周廣順初，補單州軍事判官，遷祕書郎，出爲絳州防禦判官。宋初，歷武寧軍掌書記、西京留守判官、天雄歸德軍節度判官。開寶六年，拜右補

闕，知宋州。嘗作遂命賦以自悼。太宗領開封尹，選偁判官。時賈琰爲推官，偁不樂其爲人。太宗嘗宴諸王，偁、琰預會，琰言矯誕，偁叱之曰：「巧言令色，心不獨愧乎。」上愕然，因罷會，出偁爲彰義軍節度判官。

太平興國五年，車駕幸大名府，召至行在所，拜比部郎中。時議北征，偁請休兵牧馬，以徐圖之，上從其言。歸，以偁爲樞密直學士，賜第一區。六年，遷左諫議大夫，充職。七年，參知政事。上謂偁曰：「汝何能臻此？」偁曰：「陛下不忘舊臣。」太宗曰：「非也，卿能以公正責賈琰，朕旌直臣爾。」是秋卒，年五十八。車駕臨哭，贈工部尙書。

初，偁在涇州，與丁顥同官，顥子謂方幼，偁見之曰：「此兒必遠到。」以女妻之。後爲宰相、三公。太祖嘗謂宰相曰：「近朝卿士，竇儀質重嚴整，有家法，閨門敦睦，人無譏語，諸弟不能及。僖亦中人材爾，偁有操尙，可嘉也。」

呂餘慶，幽州安次人，本名胤，犯太祖偏諱，因以字行。祖兗，橫海軍節度判官。父琦，晉兵部侍郞。餘慶以蔭補千牛備身，歷開封府參軍，遷戶曹掾。晉少帝弟重睿領忠武軍節度，以餘慶爲推官。仕漢歷周，遷濮州錄事參軍。太祖領同州節制，聞餘慶有材，奏爲從事。

世宗問曰：「得非嘗爲濮州糾曹者乎？」即以爲定國軍掌書記。世宗嘗鎭澶淵，濮爲屬郡，故知其爲人也。

太祖歷滑、許、宋三鎭，餘慶並爲賓佐。及卽位，自宋、亳觀察判官召拜給事中，充端明殿學士。淸泰中，琦亦居是職，官秩皆同，時人榮之。未幾，知開封府。太祖征潞及揚，並領上都副留守。建隆三年，遷戶部侍郎。丁母憂。荆湖平，出知潭州，改襄州，遷兵部侍郎、知江陵府。召還，以本官參知政事。

蜀平，命知成都府。時盜賊四起，軍士恃功驕恣，大將王全斌等不能戢下。一日，藥市始集，街吏馳報有軍校被酒持刃奪賈人物。餘慶立捕斬之以徇，軍中畏伏，民用按堵。就加吏部侍郎。歸朝，兼劍南、荆南等道都提舉、三司水陸發運等使。開寶六年，與宰相更知政事印，旋以疾上表求解機務，拜尚書左丞。九年，卒，年五十。贈鎭南軍節度。

餘慶重厚簡易，自太祖繼領藩鎭，餘慶爲元僚。及受禪，趙普、李處耘皆先進用，餘慶恬不爲意。未幾，處耘黜守淄州，餘慶自江陵還，太祖委曲問處耘事，餘慶以理辨釋，上以爲實，遂命參知政事。會趙普忤旨，左右爭傾普，餘慶獨辨明之，太祖意稍解，時稱其長者。至道中，以弟端爲宰相，特詔贈侍中。

劉熙古字義淳，宋州寧陵人，唐左僕射仁軌十一世孫。祖實進，嘗爲汝陰令。

熙古年十五，通易、詩、書；十九，通春秋、子、史。避祖諱，不舉進士。後唐長興中，以三傳舉。時翰林學士和凝掌貢舉，熙古獻春秋極論二篇、演例三篇，凝甚加賞，召與進士試，擢第，遂館於門下。

淸泰中，驍將孫鐸以戰功授金州防禦使，表熙古爲從事。晉天福初，鐸移汝州，又辟以隨。熙古善騎射，一日，有鴞集戟門槐樹，高百尺，鐸惡之，挼以瓦石不去，熙古引弓一發，貫鴞于樹。鐸喜，令勿拔矢，以旌其能。後二歲，鐸卒，調補下邑令。俄爲三司戶部出使巡官，領永興、渭橋、華州諸倉制置發運。仕漢，爲盧氏令。周廣順中，改亳州防禦推官，歷澶州支使。秦、鳳平，以爲秦州觀察判官。

太祖領宋州，爲節度判官。卽位，召爲左諫議大夫，知靑州。車駕征惟揚，追赴行在。建隆二年，受詔制置晉州榷礬，增課八十餘萬緡。乾德初，遷刑部侍郎、知鳳翔府。未幾，移秦州。州境所接多寇患，熙古至，諭以朝廷恩信，取蕃部酋豪子弟爲質，邊鄙以寧。轉兵部侍郎，徙知成都府。六年，就拜端明殿學士。丁母憂。開寶五年，詔以本官參知政事，選名馬、銀鞍以賜。歲餘，以足疾求解，拜戶部尙書致仕。九年，卒，年七十四。贈右僕射。

熙古兼通陰陽象緯之術，作續聿斯歌一卷、六壬釋卦序例一卷。性淳謹，雖顯貴不改寒素。歷官十八，登朝三十餘年，未嘗有過。嘗集古今事迹爲歷代紀要五十卷。頗精小學，作切韻拾玉二篇，摹刻以獻，詔付國子監頒行之。子蒙正、蒙叟。

蒙正字頤正，善騎射。乾德中，以蔭補殿直，遷供奉官。王師征江南，命乘傳軍中承奉事。盧絳以舟師來援潤州，蒙正白部署丁德裕，請分精甲百人，出與絳戰，矢中左臂，戰愈力。及下潤州，獲知州劉澄、監軍崔諒，部送闕下。

嶺南陸運香藥入京，詔蒙正往規畫。蒙正請自廣、韶江泝流至南雄，由大庾嶺步運至南安軍，凡三鋪，鋪給卒三十人；復由水路輸送。

又掌朝服法物庫，會重製繡衣、鹵簿，多其規式。太平興國四年，轉內藏庫副使，進崇儀使。自創內藏庫，卽詔蒙正典領，凡二十餘年。

眞宗初，改如京使，出知滄、冀、磁三州。戎人犯境，蒙正調丁男乘城固守，有勞。未幾，以擅乘驛馬，責授亳州團練副使。咸平四年，卒，年七十二。

蒙叟字道民，乾德中，進士甲科。歷岳、宿二州推官，以所知論薦，授太子中允、知乾

興，拜監察御史，徙知濟州。俄以秦王子德恭判州事，就命爲通判，郡事皆決於蒙叟。遷右補闕，轉起居舍人、戶部鹽鐵判官。再遷屯田郎中，歷知廬、濠、滁、汝四州，遷都官。

咸平中，上疏曰：「陛下已周諒闇，方勤萬務，望崇儉德，守前規，無自矜能，無作奢縱，厚三軍之賜，輕萬姓之徭，使化育被於生靈，聲敎加於中外。且萬國已覩其始，惟陛下愼守其終，思鮮克之言，戒性習之漸，則天下幸甚。」上嘉之，以本官直史館。

車駕北巡，令知中宮名。表獻宋都賦，述國家受命建號之地，宜建都，立宗廟。時雖未遑，後卒從之。會詔直館各獻舊文，以蒙叟所著爲嘉，改職方郎中。景德中，以足疾，拜太常少卿致仕。卒，年七十三。

蒙叟好學，善屬辭，著五運甲子編年曆三卷。子宗儒，太子中舍；宗弼、宗誨，並進士及第。

石熙載字凝績，河南洛陽人。周顯德中，進士登第。疎俊有量，居家嚴謹，有禮法。宋初，太宗以殿前都虞候領泰寧軍節制，辟爲掌書記。及尹京邑，表爲開封府推官。授右拾遺，遷左補闕。丁外艱，將起復，以讒出爲忠武、崇義二軍掌書記。太宗卽位，復以左補闕

君，同知貢舉。時梅山洞蠻屢爲寇，以熙載知潭州。召還，擢爲兵部員外郎，領樞密直學士。未幾，簽書樞密院事，詔賜官第一區。

太平興國四年，親征河東，以給事中充樞密副使從行，還，遷刑部侍郎。五年，拜戶部尚書、樞密使，以病足在告，寢疾久之未愈。八年，上表求解職，詔加慰撫，授尚書右僕射。九年，卒，年五十七。贈侍中，謚元懿。上爲悲歎累日，且謂其事君之心，純正無他，適當委用，而奄忽至此，深爲可惜。國朝大臣謝事而卒，車駕臨視者唯熙載焉。

熙載性忠實，遇事盡言，是非好惡，無所顧避。人有善，卽推薦之，時論稱其長者。初，游學時，爲養負米。嘗行嵩陽道中，遇一叟，熟視熙載曰：「眞人將興，子當居輔弼之位。」言訖不見。及居太宗幕下，頗盡誠節。典樞務日，上眷注甚篤，方將倚以爲相，俄遘疾不起。

熙載事繼母牛氏以孝聞。弟熙導，牛氏前夫子，隨母歸石氏。以熙載故，奏補殿直。從弟熙古、幼弟熙政，皆登進士第，熙載撫之如一。熙載卒時，子中孚、中立皆幼，熙政惡熙導以異姓居己上，乃詐傳上旨，令己籍熙導家財，由是交訟。有司歸罪熙導，上召問中孚、中立，令有司再鞫得實。熙導還本姓，中孚亦養子勿問，熙政坐除名。上素知熙載以母故育熙導甚厚，雖令還宗，而不奪其官，復以財產量給之。

咸平二年八月，熙載配饗太宗廟庭。熙政後至供備庫副使。中孚至尚書虞部員外郎，

子行簡，大中祥符進士。

中立字表臣，年十三而孤。性疎曠，好諧謔，人不以爲怒。初補西頭供奉官，後五年，改光祿寺丞。家財悉推與諸父，無所愛。擢直集賢院，與李宗諤、楊億、劉筠、陳越相厚善。校讎祕書，凡更中立者，人爭傳之。判三司理欠、憑由司。

帝幸亳，命修所過圖經。爲鹽鐵判官，累遷尚書禮部侍郎，判吏部南曹。注釋御集，爲檢閱官。改判戶部勾院，遷戶部郎中、史館修撰，糾察在京刑獄。以吏部郎中、知制誥領審官院。又同知禮部貢舉，判集賢院。坐舉官不當，落史館修撰，罷審官院。頃之，復糾察刑獄，領三班院。歷右諫議大夫、給事中，入爲翰林學士，判祕閣。會知制誥並知貢舉，詔中立與張觀兼行外制，遷尚書禮部侍郎，爲學士承旨兼龍圖閣學士。景祐四年，拜參知政事。明年，災異數見，諫官韓琦言：「中立在位，喜詼笑，非大臣體。」與王隨、陳堯佐、韓億皆罷，以戶部侍郎爲資政殿學士，領通進、銀臺司，判尚書都省，進大學士。遷吏部侍郎、提舉祥源觀，以太子少傅致仕，遷少師。卒，贈太子太傅，謚文定。

中立練習臺閣故事，不汲汲近名。喜賓客，客至必與飲酒，醉乃得去。初，家產歲入百萬錢，末年費幾盡。帝聞其病，賜白金三百兩。既死，其家至不能辦喪。子居簡，至太子中允、集賢校理。

李穆字孟雍，開封府陽武人。父咸秩，陝州大都督府司馬。穆幼能屬文，有至行。行路得遺物，必訪主歸之。從酸棗王昭素受易及莊、老書，盡究其義。昭素謂曰：「子所得皆精理，往往出吾意表。」且語人曰：「李生異日必爲廊廟器。」以所著易論三十三篇授之。

周顯德初，以進士爲郢、汝二州從事，遷右拾遺。

宋初，以殿中侍御史選爲洋州通判。既至，剖決滯訟，無留獄焉。移陝州通判，有司調郡租輸河南，穆以本鎭軍食闕，不卽應命，坐免。又坐舉官，削前資。時弟肅爲博州從事，穆將母就肅居，雖貧甚，兄弟相與講學，意泊如也。

開寶五年，以太子中允召。明年，拜左拾遺、知制誥。五代以還，詞令尙華靡，至穆而獨用雅正，悉矯其弊。穆與盧多遜爲同門生，太祖嘗謂多遜：「李穆性仁善，辭學之外無所豫。」對曰：「穆操行端直，臨事不以生死易節，仁而有勇者也。」上曰：「誠如是，吾當用之。」時將有事江南，已部分諸將，而未有發兵之端。乃先召李煜入朝，以穆爲使。穆至諭旨，煜辭以疾，且言「事大朝以望全濟，今若此，有死而已」。穆曰：「朝與否，國主自處之。然朝廷

甲兵精銳，物力雄富，恐不易當其鋒，宜熟思之，無自貽後悔。」使還，具言狀，上以爲所論要切。江南亦謂其言誠實。

太平興國初，轉左補闕。三年冬，加史館修撰、判館事，面賜金紫。四年，從征太原還，拜中書舍人。預修太祖實錄，賜衣帶、銀器、繒綵。七年，以與盧多遜款狎，又爲秦王廷美草朝辭笏記，爲言者所劾，責授司封員外郎。

八年春，與宋白等同知貢舉，及侍上御崇政殿親試進士，上憫其顏貌瘦瘁，卽日復拜中書舍人、史館修撰、判館事。五月，召爲翰林學士。六月，知開封府，剖判精敏，姦猾無所假貸，由是豪右屛迹，權貴無敢干以私，上益知其才。十一月，擢拜左諫議大夫、參知政事。月餘，丁母憂，未幾，起復本官。穆三上表乞終制，詔強起之，穆益哀毀盡禮。九年正月，晨起將朝，風眩暴卒，年五十七。

穆自責授員外郎，復中書舍人，入翰林，參知政事，以至于卒，不及周歲。上聞其死，哭謂近臣曰：「穆國之良臣，朕方倚用，遽茲淪沒，非斯人之不幸，乃朕之不幸也。」贈工部尙書。

穆性至孝，母嘗臥疾，每動止轉側，皆親自扶掖，乃稱母意。初，穆坐秦王事屬吏，其子惟簡給祖母以穆奉詔鞫獄臺中。及責授爲省郎，還家，亦不以白母。每隔日，陽爲入直，卽

訪親友，或游僧寺。免歸，監于牽復，母終弗之知。及居喪，思慕以至滅性。

穆善篆隸，又工畫，常晦其事。質厚忠恪，謹言慎行，所爲純至，無有矯飾。深信釋典，善談名理，好接引後進，多所薦達。尤寬厚，家人未嘗見其喜愠。所著文章，隨即毁之，多不留稿。

子惟簡，以父任將作監丞，多材藝，性沖澹，不樂仕進。去官家居二十餘年，人多稱之。眞宗素聞其有履行，景德三年，詔授惟簡子郯將作監主簿。大中祥符七年冬，召惟簡入對，特拜太子中允致仕，後加太常丞。天禧四年，卒，賜其家錢十萬，仍給郯月奉終制。郯後爲太子中舍。

肅字季雍，七歲誦書知大義，十歲爲詩，往往有警語。舉進士，登甲科。性嗜酒。歷濮、博二州從事，遷保靜軍節度推官。詔方下，一夕與親友會飲，酣寢而卒，年三十三。嘗作大宋樂章九首，取九成、九夏之義，以頌國家盛德，其文甚工。又作代周顚答北山移文、弔幽憂子文、病雞賦，意皆有所規焉。

論曰：張昭居五季之末，專以典章譔述爲事，博洽文史，旁通治亂，君違必諫，時君雖嘉尙之而不能從。宋興，敦奬碩儒，多所詢訪，庶幾獲稽古之效矣。竇氏弟昆以儒學進，並馳時望。儀之剛方清介，有應務之才，將試大用而遽淪亡。儼優游文藝，修起禮樂。太宗尹京，偁實元僚，沖淡回翔，晚著忠讜。若其門族宦業之盛，世或以爲陰德之報，其亦義方之效也。餘慶當太祖居潛，歷任幕府，名亞趙普、李處耘；及二人登用，一不介意，其後相繼爲衆所傾，乃能爲之辯釋。熙古居大任，自處如寒素。熙載立朝，言無顧避，喜薦善人。穆以文學孝行見稱於時。數賢雖當創業之始，而進退之際，藹然承平多士之風焉。宜宋治之日進於盛也。

校勘記

〔一〕畫試　當作「晝試」。本書卷二六二竇貞固傳說：「舊制進士夜試，繼以三燭。長興二年改令晝試，貞固以晝晷短難盡士材，奏復夜試。」「畫試」，殿、局本改作「盡試」，非。

宋史卷二百六十四

列傳第二十三

薛居正 子惟吉　沈倫 子繼宗　盧多遜 父億　宋琪 宋雄

薛居正字子平，開封浚儀人。父仁謙，周太子賓客。居正少好學，有大志。清泰初，舉進士不第，爲遣愁文以自解，寓意倜儻，識者以爲有公輔之量。踰年，登第。

晉天福中，華帥劉遂凝辟爲從事。遂凝兄遂淸領邦計，奏署鹽鐵巡官。開運初，改度支推官。宰相李崧領鹽鐵，又奏署推官，加大理司直，遷右拾遺。桑維翰爲開封尹，奏署判官。

漢乾祐初，史弘肇領侍衞親軍，威權震主，殘忍自恣，無敢忤其意者。其部下吏告民犯鹽禁，法當死。獄將決，居正疑其不實，召詰之，乃吏與民有私憾，因誣之，逮吏鞫之，具伏抵法。弘肇雖怒甚，亦無以屈。周廣順初，遷比部員外郎，領三司推官，旋知制誥。周祖征

兗州，詔居正從行，以勞加都官郎中。顯德三年，遷左諫議大夫，擢弘文館學士，判館事。六年，使滄州定民租。未幾，以材幹聞於朝，擢刑部侍郎，判吏部銓。

宋初，遷戶部侍郎。太祖親征李筠及李重進，並判留司三司，俄出知許州。建隆三年，入爲樞密直學士，權知貢舉。初平湖湘，以居正知朗州。會亡卒數千人聚山澤爲盜，監軍使疑城中僧千餘人皆其黨，議欲盡捕誅之。居正以計緩其事，因率衆翦滅羣寇，擒賊帥汪端，詰之，僧皆不預，賴以全活。

乾德初，加兵部侍郎。車駕將親征太原，大發民餽運。時河南府饑，逃亡者四萬家，上憂之，命居正馳傳招集，浹旬間民盡復業。以本官參知政事。五年，加吏部侍郎。開寶五年，兼淮南、湖南、嶺南等道都提舉三司水陸發運使事，又兼判門下侍郎事，監修國史；又監修五代史，踰年畢，錫以器幣。六年，拜門下侍郎、平章事。八年二月，上謂居正等曰：「年穀方登，庶物豐盛，若非上天垂佑，何以及斯。所宜共思濟物，或有闕政，當與振舉，以成朕志。」居正等益修政事，以副上意焉。

太平興國初，加左僕射、昭文館大學士。從平晉陽還，進位司空。因服丹砂遇毒，方奏事，覺疾作，遽出。至殿門外，飲水升餘，堂吏掖歸中書，已不能言，但指廡間儲水器。左右取水至，不能飲，偃閤中，吐氣如煙燄，輿歸私第卒，六年六月也，年七十。贈太尉、中書令，

中華書局

謚文惠。

居正氣貌瓌偉，飲酒至數斗不亂。性孝行純，居家儉約。爲相任寬簡，不好苛察，士君子以此多之。自參政至爲相，凡十八年，恩遇始終不替。

先是，太祖嘗謂居正曰：「自古爲君者鮮克正己，爲臣者多無遠略，雖居顯位，不能垂名後代，而身陷不義，子孫罹殃，蓋君臣之道有所未盡。吾觀唐太宗受人諫疏，直詆其非而不恥。以朕所見，不若自不爲之，使人無異詞。又觀古之人臣多不終始，能保全而享厚福者，由忠正也。」開寶中，居正與沈倫並爲相，盧多遜參知政事，九年冬，多遜亦爲平章事。及居正卒，而沈倫責授，多遜南流，論者以居正守道蒙福，果符太祖之言。

居正好讀書，爲文落筆不能自休。子惟吉集爲三十卷上之，賜名文惠集。咸平二年，詔以居正配饗太宗廟庭。

惟吉字世康，居正假子也。居正妻妬悍，無子，婢妾皆不得侍側，故養惟吉，愛之甚篤。少有勇力，形質魁岸，與京師少年追逐，角抵蹴踘，縱酒不謹。雅好音樂，嘗與伶人游，居正不能知。蔭補右千牛衞備身，歷太子通事舍人，改西頭供奉官。

太宗卽位，三相子皆越次拔擢，沈倫、盧多遜子並爲尙書郎，惟吉以不習文，故爲右千

牛衞大將軍。及居正卒，太宗親臨，居正妻拜於喪所，上存撫數四，因問：「不肖子安在，頗改行否？恐不能負荷先業，奈何！」惟吉伏喪側，竊聞上語，懼赧不敢起。自是盡革故態，謝絕所與游者，居喪有禮。既而多接賢士大夫，頗涉獵書史，時論翕然稱之。上知其改行，令知澶州，改揚州。上表自陳，還左千牛衞大將軍。丁內艱，卒哭，起復本官，懇求終制，不許。俄詔知河南府，又知鳳翔府。

淳化五年，秦州溫仲舒以伐木爲蕃戶攘奪，驅其部落徙居渭北，頗致騷動。詔擇守臣安撫之，乃命惟吉與仲舒對易其任。未幾，遷左領軍衞大將軍。至道二年，移知延州，未行，卒，年四十二。

惟吉既知非改過，能折節下士，輕財好施，所至有能聲。然御家無法，及其死，家人爭財致訟，妻子辨對於公庭云。

沈倫字順宜，開封太康人。舊名義倫，以與太宗名下字同，止名倫。少習三禮於嵩、洛間，以講學自給。漢乾祐中，白文珂鎭陝，倫往依之。

周顯德初，太祖領同州節度，宣徽使昝居潤與倫厚善，薦於太祖，留幕府。太祖繼領

滑、許、宋三鎭，皆署從事，掌留使財貨，以廉聞。及受周禪，自宋州觀察推官召爲戶部郎中。奉使吳越歸，奏便宜十數事，皆從之。道出揚、泗，屬歲饑，民多死，郡長吏白於倫曰：「郡中軍儲尙百餘萬斛，儻貸於民，至秋復收新粟，如此則公私俱利，非公言不可。」還具以白。朝論沮之曰：「今以軍儲振饑民，若荐饑無徵，孰任其咎？」太祖以問，倫曰：「國家以廩粟濟民，自當召和氣，致豐稔，豈復有水旱耶？此當決於宸衷。」太祖卽命發廩貸民。

建隆三年，遷給事中。明年春，爲陝西轉運使。王師伐蜀，用爲隨軍水陸轉運使。先是，王全斌、崔彥進之入成都也，競取民家玉帛子女，倫獨居佛寺蔬食，有以珍異奇巧物爲獻者，倫皆拒之。東歸，篋中所有，纔圖書數卷而已。太祖知之，遂貶全斌等，以倫爲戶部侍郎、樞密副使。親征太原，領大內都部署、判留司三司事。

先是，倫第庳陋，處之晏如。時權要多冒禁市巨木秦、隴間，以營私宅，及事敗露，皆自啓於上前。倫亦嘗爲母市木營佛舍，因奏其事。太祖笑謂曰：「爾非踰矩者。」知其未葺居第，因遣中使按圖督工爲治之。倫私告使者，願得制度狹小，使者以聞，上亦不違其志。

開寶二年，丁母憂，起復視事。六年，拜中書侍郎、平章事、集賢殿大學士兼提點荆南、劍南水陸發運事。雩祀西洛，以倫留守東京兼大內都部署。俄召赴行在，令預大禮。

太平興國初，加右僕射兼門下侍郎，監修國史。親征太原，復以倫爲留守、判開封府

事。師還，加左僕射。五年，史官李昉、扈蒙撰太祖實錄五十卷，倫爲監修以獻，賜襲衣、金帶。六年，加開府儀同三司。是歲疾作，自是多請告。

盧多遜事將發，倫已上表求致仕。明年多遜敗，以倫與之同列，不能覺察，詔加切責，降授工部尙書。其子都官員外郎繼宗，本由父蔭，不宜更在朝行，可落班簿。時倫病不能興，上表謝。未幾，倫再奉章乞骸骨，復授左僕射致仕。上以倫國初舊臣，遽復繼宗官以慰其心。雍熙四年，卒，年七十九。贈侍中。

倫淸介醇謹，車駕每出，多令居守。好釋氏，信因果。嘗盛夏坐室中，恣蚊蚋嚌其膚，童子秉箑至，輒叱之，冀以徼福。在相位日，值歲饑，鄕人假粟者皆與之，殆至千斛，歲餘盡焚其券。

微時娶閻氏，無子，妾田氏生繼宗。及貴，閻以封邑固讓田，倫乃爲閻治第太康，田遂爲正室，搢紳非之。

初，有司議謚倫曰恭惠，繼宗上言曰：「亡父始從冠歲，卽事儒業，未遑從賦，遽赴賓招，叨遇明時，陟於相位。伏見國朝故相，薛居正謚文惠，王溥謚文獻，此雖近制，實爲典常。若以臣父起家不由文學，卽嘗歷集賢、修史之職，伏請改謚曰文。」

判太常禮儀院趙昂、判考功張洎駁曰：「沈倫逮事兩朝，早升台弼，有祗畏謹守之美，有

矜恤周濟之心。案諡法：不懈于位，與夫謹事奉上、執事堅固、執禮御賓、率事以信、接下不驕、能遠恥辱、賢而不伐、尊賢貴讓、愛民長悌、不懈爲德、既過能改，數者皆謂之『恭』。又云，慈民好與、與夫柔質慈民、愛民好柔、寬裕不苛、和質受諫，數者皆謂之『惠』。由漢以來，皆爲美諡。如唐相溫彥博之出納明允，止諡曰『恭』；竇易直之公舉無避，乃諡曰『恭惠』。而沈倫備位台衡，出於際會，徒能謹飭以自保全，以『恭』配『惠』，厥美居多。又按諡法：道德博聞曰『文』，忠信接禮曰『文』，寬不慢、廉不劌曰『文』，堅強不暴曰『文』，敏而好學、不恥下問曰『文』，德美才秀曰『文』，修治班制曰『文』。昔張說之諡文正，楊綰之諡文簡，人不謂然。蓋行義有所未充，雖蒙特賜，誠非至公。若夫大臣子孫，許其爲父陳請，則曲臺、考功之司爲虛器，而彰善癉惡之義微矣。繼宗以其父曾任集賢殿學士及監修國史之職，輒引薛居正、王溥爲比，則彼皆奮跡辭場，歷典誥命，以『文』爲諡，允合國章。至於集賢、國史，皆宰相兼領之任，非必由文雅而登。其沈倫諡，伏望如故。」從之。

繼宗字世卿，倫爲樞密副使，以蔭補西頭供奉官。倫作相，授水部員外郎，加朝散大夫。遷都官、職方，知浚儀縣，轉屯田郎中，出知單州。代歸，命使京東計度財賦。濮州土貢銀，課民織造，不折省稅；鄆州節度配屬縣納藥物，皆爲民病。繼宗歸，歷言於上以除其

弊。至道末，領淮南轉運使。

繼宗貴家子，倦於從吏，既因疾，以將作少監致仕。東封歲，求扈從，復授職方郎中。禮畢，改太僕少卿、判吏部南曹，遷光祿少卿、判三司三勾院。

繼宗善營產業，厚於養生，不飲酒，不嗜音律，而喜接賓客，終日宴集無倦。大中祥符五年，卒，年五十五。前後錄其子惟溫、惟清、惟恭，並爲將作監主簿。惟溫後至祕書丞；惟清娶密王女宜都縣主，至內殿承制。

盧多遜，懷州河內人。曾祖得一、祖眞啓皆爲邑宰。

父億字子元，少篤學，以孝悌聞。舉明經，調補新鄉主簿。秩滿，復試進士，校書郎、集賢校理。晉天福中，遷著作佐郎，出爲鄆州觀察支使。節帥杜重威驕蹇黷貨，幕府賄賂公行，唯億清介自持。會景延廣鎭天平，表億掌書記；留守西洛，又表爲判官。時國用窘乏，取民財以助軍，河南府計出二十萬緡，延廣欲並緣以圖羨利，增爲三十七萬緡。億諫曰：「公位兼將相，既富且貴。今國帑空竭，不得已而取貲於民，公何忍利之乎？」延廣慚而止。

漢初，以魏王承訓爲開封尹，授億水部員外郎，充推官。時侍衞諸軍驕恣，朝廷姑息之，軍士成美以驢負鹽入都門，閽者不敢執，反擒平民孟柔送侍衞司。柔自誣伏，論當棄市。億察其寃，言於漢祖而釋之。

周初，爲侍御史。漢末兵亂，法書亡失。至是，大理奏重寫律令格式，統類編敕。乃詔億與刑部員外郎曹匪躬、大理正段濤同加議定。舊本以京兆府改同五府，開封、大名府改同河南府，長安、萬年改爲次赤縣，開封、浚儀、大名、元城改爲赤縣。又定東京諸門薰風等爲京城門，明德等爲皇城門，啓運等爲宮城門，昇龍等爲宮門，崇元等爲殿門。廟諱書不成文，凡改點畫及義理之誤字二百一十有四。又以晉、漢及周初事關刑法敕條者，分爲二卷，附編敕，自爲大周續編敕，詔行之。俄以本官知雜事，加左司員外郎，遷主客度支郎中，並兼弘文館直學士。世宗晏駕，爲山陵判官，出爲河南令。

宋初，遷少尹。億性恬退，聞其子多遜知制誥，即上章求解。乾德二年，以少府監致仕。

多遜，顯德初，舉進士，解褐祕書郎、集賢校理，遷左拾遺、集賢殿修撰。建隆三年，以本官知制誥，歷祠部員外郎。乾德二年，權知貢舉。三年，加兵部郎中。四年，復權知貢舉。

六年，加史館修撰、判館事。開寶二年，車駕征太原，以多遜知太原行府事。移幸常山，又命權知鎭州。師還，直學士院。三年春，復知貢舉。四年冬，命爲翰林學士。六年，使江南還，因言江南衰弱可圖之狀。受詔同修五代史，遷中書舍人、參知政事。丁外艱，數日起復視事。會史館修撰扈蒙請復修時政記，詔多遜專其事。金陵平，加吏部侍郎。

太平興國初，拜中書侍郎、平章事。四年，從平太原還，加兵部尚書。

多遜博涉經史，聰明強力，文辭敏給，好任數，有謀略，發多奇中。太祖好讀書，每取書史館，多遜預戒吏令白己，知所取書，必通夕閱覽，及太祖問書中事，多遜應答無滯，同列皆伏焉。

先是，多遜知制誥，與趙普不協，及在翰林日，每召對，多攻普之短。未幾，普出鎭河陽。太宗踐阼，普入爲少保。數年，普子承宗娶燕國長公主女，承宗適知潭州〔二〕，受詔歸闕成婚禮。未踰月，多遜白遣歸任，普由是憤怒。

初，普出鎭河陽，上言自愬云：「外人謂臣輕議皇弟開封尹，皇弟忠孝全德，豈有間然。矧昭憲皇太后大漸之際，臣實預聞顧命。知臣者君，願賜昭鑒。」太祖手封其書，藏於宮中。至是，普復密奏：「臣開國舊臣，爲權倖所沮。」因言昭憲顧命及先朝自愬之事。上於宮中訪

得普前所上表，因感悟，卽留承宗京師。未幾，復用普爲相，多遜益不自安。普屢諷多遜令引退，多遜貪固權位，不能決。

會有以多遜嘗遣堂吏趙白交通秦王廷美事聞，太宗怒，下詔數其不忠之罪，責授守兵部尙書。明日，以多遜屬吏，命翰林學士承旨李昉、學士扈蒙、衞尉卿崔仁冀、膳部郞中知雜事滕中正雜治之。獄具，召文武常參官集議朝堂，太子太師王溥等七十四人奏議曰：「謹案兵部尙書盧多遜，身處宰司，心懷顧望，密遣堂吏，交結親王，通達語言，咒詛君父，大逆不道，干紀亂常，上負國恩，下虧臣節，宜膏鈇鉞，以正刑章。其盧多遜請依有司所斷，削奪在身官爵，準法誅斬。秦王廷美，亦請同盧多遜處分，其所緣坐，望準律文裁遣。」

遂下詔曰：「臣之事君，貳則有辟，下之謀上，將而必誅。兵部尙書盧多遜，頃自先朝擢參大政，洎予臨御，俾正台衡，職在燮調，任當輔弼。深負倚毗，不思補報，而乃包藏姦宄，窺伺君親，指斥乘輿，交結藩邸，大逆不道，非所宜言。爰遣近臣，雜治其事，醜跡盡露，具獄已成，有司定刑，外廷集議，僉以梟夷其族，汚瀦其宮，用正憲章，以合經義。尙念嘗居重位，久事明廷，特寬盡室之誅，止用投荒之典，實汝有負，非我無恩。其盧多遜在身官爵及三代封贈、妻子官封，並用削奪追毁。一家親屬，並配流崖州，所在馳驛發遣，縱經大赦，不在量移之限。朞周已上親屬，並配隸邊遠州郡。部曲奴婢縱之。餘依百官所議。中書吏

趙白、秦王府吏閻密、王繼勳、樊德明、趙懷祿、閻懷忠並斬都門外，仍籍其家，親屬流配海島。」

閻密初給事廷美左右，太宗卽位，補殿直，仍隸秦邸，恣橫不法。王繼勳尤廷美所親信，嘗使求訪聲妓，繼勳因怙勢以取貨賄。德明素與趙白游處，多遜因之傳達機事，以結廷美。又累遣懷祿私召同母弟軍器庫副使趙廷俊與語。懷忠嘗爲廷美使詣淮海國王錢俶遺白金、釦器、絹扇等，廷美又嘗遣懷忠齎銀器、錦綵、羊酒詣其妻父潘璘營宴軍校。至是皆伏罪。多遜累世墓在河內〔二〕，未敗前，一夕震電，盡焚其林木，聞者異之。

多遜至海外，因部送者還，上表稱謝。雍熙二年，卒于流所，年五十二。詔徙其家於容州，未幾，復移置荆南。端拱初，錄其子雍爲公安主簿，還其懷州籍沒先塋。雍卒，諸弟皆特敕除州縣官。

初，億性儉素，自奉甚薄。及多遜貴顯，賜賚優厚，服用漸侈，愀然不樂，謂親友曰：「家世儒素，一旦富貴暴至，吾未知稅駕之所。」後多遜果敗，人服其有識。

咸平五年，又錄雍弟寬爲襄州司士參軍。寬弟察，中景德進士，將廷試，特詔授以州掾。大中祥符二年，始改簿尉。三年，察奉多遜喪歸葬襄陽，又詔本州賜察錢三十萬。四年，仍錄其孫乂玄爲襄州司士。

宋琪字叔寶，幽州薊人。少好學，晉祖割燕地以奉契丹，契丹歲開貢部，琪舉進士中第，署壽安王侍讀，時天福六年也。

幽帥趙延壽辟琪爲從事，會契丹內侵，隨延壽至京師。延壽子贊領河中節度，漢初改授晉昌軍，皆署琪爲記室。周廣順中，贊罷鎭，補觀城令。世宗征淮南，贊自右龍武統軍爲排陣使，復辟琪從征。及金陵歸款，以贊鎭廬州，表爲觀察判官。部有寃獄，琪辨之，免死者三人，特加朝散大夫。贊仕宋，連移壽陽、延安二鎭，皆表爲從事。

乾德四年，召拜左補闕、開封府推官。太宗爲府尹，初甚加禮遇，琪與宰相趙普、樞密使李崇矩善，出入門下，遂惡之，乃白太祖出琪知龍州〔三〕，移閬州。開寶九年，爲護國軍節度判官。

太宗卽位，召赴闕。時程羽、賈琰皆自府邸攀附致顯要，抑琪久不得調。太平興國三年，授太子洗馬，召見詰責，琪拜謝，請悔過自新。遷太常丞，出知大通監。五年，召歸，將加擢用，爲盧多遜所沮，改都官郞中，出知廣州，將行，復以藩邸舊僚留判三司勾院。七年，與三司使王仁贍廷辨事忤旨，責授兵部員外郞，俄通判開封府事，京府置通判自琪始。

八年春正月，擢拜右諫議大夫、同判三司。三月，改左諫議大夫、參知政事。是秋，上將以工部尙書李昉參預國政，以琪先入，乃遷琪爲刑部尙書。十月，趙普出鎭南陽，琪遂與昉同拜平章事。自員外郞歲中四遷至尙書爲相。上謂曰：「世之治亂，在賞當其功，罰當其罪，卽無不治；謂爲飾喜怒之具，卽無不亂，卿等愼之。」

九年九月，上幸景龍門外觀水磑，因謂侍臣曰：「此水出於山源，淸冷甘美，凡近河水味皆甘，豈非餘潤之所及乎？」琪等對曰：「實由地脉潛通而然，亦猶人之善惡以染習而成也。」其年多，郊祀禮畢，加門下侍郞、昭文館大學士。

一日，上謂琪等曰：「在昔帝王多以崇高自處，顏色嚴毅，左右無敢貢言者。朕與卿等周旋款曲，商榷時事，蓋欲通上下之情，無有壅蔽。卿等但直道而行，無得有所顧避。」琪謝曰：「臣等非才，待罪相府，陛下曲賜溫顏，令盡愚懇，敢不傾竭以副聖意。」會詔廣宮城，宣徽使柴禹錫有別第在表識內，上言願易官邸，上覽奏不悅。禹錫陰結琪，欲因白請盧多遜舊第，上益鄙之。先是，簡州軍事推官王澣引對，上嘉其儁爽，面授朝官。翌日，琪奏澣經學出身，一任幕職，例除七寺丞。上曰：「吾已許之矣，可與東宮官。」琪執不從，擬大理丞告牒進入，上批曰：「可右贊善大夫。」琪勉從命，上滋不悅。

初，上令琪娶馬仁瑀寡妻高繼沖之女，厚加賜與以助采。廣南轉運王延範，高氏之親

也，知廣州徐休復密奏其不軌，且言其依附大臣。上因琪與禹錫入對，問延範何如人，琪未知其端，盛言延範強明忠幹，禹錫旁奏與琪同。上意琪交通，不欲暴其狀，因以琪素好詼諧，無大臣體，罷守本官；禹錫授左驍衞大將軍。琪將罷前數日，有異鳥集琪待漏之所，驅之不去，及是罷相，人以爲先兆云。

端拱初，上親耕籍田，以舊相進位吏部尚書。二年，將討幽薊，詔羣臣各言邊事。琪上疏謂：

大舉精甲，以事討除，靈旗所指，燕城必降。但徑路所趨，不無險易，必若取雄、霸路直進，未免更有陽城之圍。蓋界河之北，陂淀坦平，北路行師，非我所便。況軍行不離於輜重，賊來莫測其淺深。欲望回轅，西適山路，令大軍會於易州，循孤山之北，漆水以西，挾山而行，援糧而進，涉涿水，並大房，抵桑乾河，出安祖砦，則東瞰燕城，裁及一舍，此是周德威收燕之路。

自易水距此二百餘里，並是沿山，村墅連延，溪澗相接，採薪汲水，我占上游。東則林麓平岡，非戎馬奔衝之地，內排槍弩步隊，實王師備禦之方，而於山上列白幟以望之，戎馬之來，二十里外可悉數也。

從安祖砦西北有盧師神祠，是桑乾出山之口，東及幽州四十餘里。趙德鈞作鎭之

時，欲遏西衝，曾壍此水。況河次半有崖岸，不可徑度，其不處築城護之，守以偏師，此斷彼之右臂也。仍慮步奚爲寇，可分雄勇兵士三五千人，至青白軍以來山中防遏，此是新州、嬀川之間，南出易州大路，其桑乾河水屬燕城北隅，繞西壁而轉。大軍如至城下，於燕丹陵東北橫堰此水，灌入高梁河，高梁岸狹，桑水必溢。可於駐蹕寺東引入郊亭淀，三五日瀰漫百餘里，卽幽州隔在水南。王師可於州北繫浮梁以通北路，賊騎來援，已隔水矣。視此孤壘，浹旬必克。幽州管內洎山後八軍，聞薊門不守，必盡歸降，蓋勢使然也。

然後國家命重臣以鎭之，敷恩澤以懷之。奚、霫部落，當劉仁恭及其男守光之時，皆刺面爲義兒，服燕軍指使，人馬疆土少劣於契丹，自被脅從役屬以來，常懷骨髓之恨。渤海兵馬土地，盛於奚帳，雖勉事契丹，俱懷殺主破國之怨。其薊門洎山後雲、朔等州，沙陀、吐渾元是割屬，咸非叛黨。此蕃漢諸部之衆，如將來王師討伐，雖臨陣擒獲，必貸其死，命署置存撫，使之懷恩，但以罪契丹爲名。如此則蕃部之心，願報私憾，契丹小醜，克日殄平。其奚、霫、渤海之國，各選重望親嫡，封册爲王，仍賜分器、鼓旗、車服戈甲〔四〕以優遣之，必竭赤心，永服皇化。

俟克平之後，宣布守臣，令於燕境及山後雲、朔諸州，厚給衣糧料錢，別作禁軍名額，召募三五萬人，教以騎射，隸於本州。此人生長塞垣，諳練戎事，乘機戰鬭，一以當十，兼得奚、霫、渤海以爲外臣，乃守在四夷也。

然自阿保機時至於近日，河朔戶口，虜掠極多，並在錦帳。平盧亦邇柳城，遼海編戶數十萬，耕墾千餘里，旣殄異類，悉爲王民。變其衣冠，被以聲教，願歸者俾復舊貫，懷安者因而撫之，申畫郊圻，列爲州縣，則前代所建松漠、饒落等郡，未爲開拓之盛也。

琪本燕人，以故究知蕃部兵馬山川形勢。俄又上奏曰：

國家將平燕薊，臣敢陳十策：一、契丹種族；二、料賊衆寡；三、賊來布置；四、備邊；五、命將；六、排陣討伐；七、和蕃；八、饋運；九、收幽州；十、滅契丹。

契丹，蕃部之別種，代居遼澤中，南界潢水，西距邢山，疆土幅員，千里而近。其主自阿保機始強盛，因攻渤海，死於遼陽。妻述律氏生三男：長曰東丹；次曰德光，德光南侵還，死於殺胡林；季曰自在太子。東丹生永康，永康代德光爲主，謀起軍南侵，被殺於火神淀〔五〕。德光之子述律代立，號爲「睡王」。二年，爲永康子明記所篡。明記死，幼主代立。明記妻蕭氏，蕃將守興之女，今幼主，蕭氏所生也。

晉末，契丹主頭下兵謂之大帳，有皮室兵約三萬，皆精甲也，爲其爪牙。國母述律

氏頭下，謂之屬珊，屬珊有衆二萬，乃阿保機之牙將，當是時半已老矣。南來時，量分借得三五千騎，述律常留餘兵爲部族根本。其諸大首領有太子、偉王、永康、南北王、于越、麻荅、五押等。于越，謂其國舅也。大者千餘騎，次者數百騎，皆私甲也。

別族則有奚、霫，勝兵亦萬餘人，少馬多步。奚，其王名阿保得者，昔年犯闕時，令送劉琋、崔廷勳屯河、洛者也。又有渤海首領大舍利高模翰步騎萬餘人，並髡髮左衽，竊爲契丹之飾。復有近界尉厥里、室韋、女眞、党項亦被脅屬，每部不過千餘騎。其三部落，吐渾、沙陀，洎幽州管內、鴈門已北十餘州軍部落漢兵合二萬餘衆，此是石晉割以賂蕃之地也。蕃漢諸族，其數可見矣。

每蕃部南侵，其衆不啻十萬。契丹入界之時，步騎車帳不從阡陌，東西一概而行。大帳前及東西面，差大首領三人，各率萬騎，支散遊奕，百十里外，亦交相偵邏，謂之欄子馬。契丹主吹角爲號，衆卽頓合〔六〕，環繞穹廬，以近及遠。折木梢屈之爲弓子鋪，不設槍營壍栅之備。每軍行，聽鼓三伐，不問昏晝，一匝便行。未逢大敵，不乘戰馬，俟近我師，卽競乘之，所以新羈戰蹄有餘力也。且用軍之術，成列而不戰，俟退而乘之，多伏兵斷糧道，冒夜舉火，土風曳柴〔七〕，饋餉自齎，退敗無恥，散而復聚，寒而益堅，此其所長也。中原所長，秋夏霖霪，天時也；山林河津，地利也；槍突劍弩，兵勝

也，財豐士衆，力強也。乘時互用，較然可知。

王師備邊破敵之計，每秋冬時，河朔州軍緣邊砦柵，但專守境，勿輒侵漁，令彼尋戈，其詞無措。或戎馬既肥，長驅入寇，契丹主行，部落萃至，寒雲翳日，朔雪迷空，鞍馬相持，氊褐之利。所宜守陣坐甲，以逸待勞，令騎士並屯於天雄軍、貝磁相州以來，若分在邊城，緩急難於會合；近邊州府，只用步兵，多屯弩手，大者萬卒，小者千人，堅壁固守，勿令出戰。彼以全國之兵，此以一郡之衆，雖勇懦之有殊，慮衆寡之不敵也。國家別命大將，總統前軍，以遏侵軼，只於天雄軍、邢洺貝州以來，設掎戎之備。俟其陽春啓候，虜計既窮，新草未生，陳荄已朽，蕃馬無力，疲寇思歸，逼而逐之，必自奔北。

前軍行陣之法，馬步精卒不過十萬，自招討以下，更命三五人藩侯充都監、副戎、排陣、先鋒等職，臨事分布，所貴有權。追戎之陣，須列前後，其前陣萬五千騎，陣身萬人，是四十指揮，左右梢各十指揮，是二十將。每指揮作一隊，自軍主、都虞候、指揮使、押當，每隊用馬突或刃子槍一百餘，並弓劍、骨朵。其陣身解鐙排之，俟與戎相搏之時，無問厚薄，十分作氣，槍突交衝，馳逐往來，後陣更進。彼若乘我深入，陣身之後，更有馬步人五千，分爲十頭，以撞竿、鐙弩俱進，爲回騎之舍。陣梢不可輕動，蓋防

橫騎奔衝，此陣以都監主之，進退賞罰，便可裁決。後陣以馬步軍八萬，招討董之，與前陣不得過三五里，展梢實心，布常山之勢，左右排陣分押之。或前陣擊破寇兵，後陣亦禁其馳驟輕進，蓋師正之律也。

牧誓云：「四伐五伐，乃止齊焉。」愼重之戒也。是以開運中晉軍掎戎，未嘗放散，三四年間，雖德光爲戎首，多計桀黠，而無勝晉軍之處，蓋併力禦之。厥後以任人不當，爲彥澤之所誤。如將來殺獲驅攘之後，聖人務好生之德，設息兵之謀，雖降志難甘，亦和戎爲便。魏絳嘗陳五利，奉春僅得中策，歷觀載籍，前王皆然。易稱高宗用伐鬼方，詩美宣王薄伐玁狁，是知戎狄侵軼，其來尙矣。然則兵爲凶器，聖人不得已而用之。若精選使臣，不辱君命，通盟繼好，弭戰息民，此亦策之得也。

臣每見國朝發兵，未至屯戍之所，已於兩河諸郡調民運糧，遠近騷然，煩費十倍。臣生居邊土，習知其事。況幽州爲國北門，押蕃重鎭，養兵數萬，應敵乃其常事。每逢調發，惟作糗糧之備，入蕃旬浹，軍糧自齎。每人給麨斗餘，盛之於囊以自隨。征馬每匹給生穀二斗，作口袋，飼秣日以二升爲限，旬日之間，人馬俱無饑色。更以牙官子弟，戮力津擎裹送，則一月之糧，不煩饋運。俟大軍旣至，定議取捨，然後圖轉饟，亦未爲晚。臣去年有平燕之策，入燕之路具在前奏，願加省覽。

疏奏，頗采用之。

淳化二年，詔百官轉對，琪首應詔，建明堂、辟雍之議。五年，李繼遷寇靈武，命侍衞馬軍都指揮使李繼隆爲河西兵馬都部署以討之。西川賊帥李順攻劫州縣，以昭宣使王繼恩爲劍南西川招安使。琪又上書言邊事曰：

臣頃任延州節度判官，經涉五年，雖未嘗躬造夷落，然常令蕃落將和斷公事，歲無虛月，蕃部之事，熟於聞聽。大約党項、吐蕃風俗相類，其帳族有生戶、熟戶，接連漢界、入州城者謂之熟戶，居深山僻遠、橫過寇略者謂之生戶。其俗多有世讎，不相來往，遇有戰鬥，則同惡相濟，傳箭相率，其從如流。雖各有鞍甲，而無魁首統攝，並皆散漫山川，居常不以爲患。

党項界東自河西銀、夏，西至靈、鹽，南距鄜、延，北連豐、會。厥土多荒隙，是前漢呼韓邪所處河南之地，幅員千里。從銀、夏至靑、白兩池，地惟沙磧，俗謂平夏；拓拔，蓋蕃姓也。自鄜、延以北，多土山柏林，謂之南山；野利，蓋羌族之號也。

從延州入平夏有三路：一、東北自豐林縣葦子驛至延川縣接綏州，入夏州界；一、正北從金明縣入蕃界，至盧關四五百里，方入平夏州南界（八）；一、西北歷萬安鎭經永安城，出洪門至宥州四五百里，是夏州西境。我師如入夏州之境，宜先招致接界熟戶，

使爲鄉導，其強壯有馬者，令去官軍三五十里踏白先行。緣此三路，土山柏林，溪谷相接，而復隘陿不得成列，躡此鄉導，可使步卒多持弓弩槍鋸（九）隨之，以三二千人登山偵邏，俟見坦塗寧靜，可傳號勾馬澄路而行，我皆嚴備，保無虞也。

長興四年，夏州李仁福死，有男彝超擅稱留後。當時詔延州安從進與李彝超換鎭，彝超據夏州，固不奉詔，朝廷命邠州藥彥稠總兵五萬送從進赴任。時頓兵城下，議欲攻取，軍儲不繼，遽命班師。而振旅之時，不能嚴整，失戈棄甲，遂爲邊人之利。

臣又聞党項號爲小蕃，非是勍敵，若得出山布陣，止勞一戰，便可盪除。深入則饋運艱難，窮追則窟穴幽險，莫若緣邊州鎭，分屯重兵，俟其入界侵漁，方可隨時掩擊，非爲養勇，亦足安邊。凡烏合之徒，勢不能久，利於速鬥，以騁兵鋒。莫若持重守疆，以挫其銳。彼無城守，衆乏餱糧，威賞不行，部族分散，然後密令覘其保聚之處，預於鱗、府、鄜、延、寧、慶、靈、武等州約期會兵，四面齊進，絕其奔走之路，合勢擊之，可以翦除無噍類矣。仍先告諭諸軍，擊賊所獲生口、資畜，許爲己有，彼爲利誘，則人百其勇也。

靈武路自通遠軍入靑岡峽五百里，皆蕃部熟戶。向來使人、商旅經由，並在部族安泊，所求賂遺無幾，謂之「打當」，亦如漢界逆旅之家宿食之直也。此時大軍或須入

其境，則鄉導踏白，當如夏州之法。況彼靈州便是吾土，芻粟儲畜，率皆有備。緣路五七程，不煩供饋，止令逐都兵騎〔一〇〕，裹糧輕齎，便可足用。諺所謂「磨鎌殺馬」，劫一時之力也，旬浹之餘，固無闕乏矣。

又臣曾受任西川數年，經歷江山，備見形勢要害。利州最是咽喉之地，西過桔柏江，去劍門百里，東南去閬州，水陸二百餘里，西北通白水、淸川，是龍州入川大路，鄧艾於此破蜀，至今廟貌存焉。其外三泉、西縣，興、鳳等州，並爲要衝，請選有武略重臣鎭守之。

奏入，上密寫其奏，令繼遷擇利而行。

至道元年春，大宴於含光殿，上問琪年，對曰：「七十有九。」上因慰撫久之。二年春，拜右僕射，特令月給實奉一百千，又以其衰老，詔許五日一朝。是年九月被病，令其子貽序秉筆，授辭作多幸老民敍，大抵謂洪範五福，人所難全，而已兼有之，實天幸也。又口占遺表數百字而卒。贈司空，謚惠安。起復貽序爲右贊善大夫，貽庥爲大理評事，貽廣童子出身。貽序上表乞終喪制，從之。天禧初，錄其孫宗諒試祕書郎。

琪素有文學，頗諧捷。在使府前後三十年，周知人情，尤通吏術。在相位日，百執事有所求請，多面折之，以是取怨於人。

貽序嘗預修册府元龜，筆札遒勁。未幾，坐事左遷復州副使，起爲殿中丞卒。

宋雄者，亦幽州人。初與琪齊名燕、薊間，謂之「二宋」。雄仕契丹爲應州從事。雍熙三年，王師北伐，雄與其節度副使艾正以城降，授正本州觀察使，以雄爲鴻臚少卿同知州事。改光祿少卿，歷知均、唐二州。未幾，護河陰屯兵，以知河渠利害，因命領護汴口，均節水勢，以達轉漕，京師賴之。改太子詹事，復爲光祿少卿，遷將作監。所至職務修舉，公私倚任焉。

雄涉獵文史，善談論，有氣節，士流多推許之。景德元年，卒，年七十六。錄其子可久爲太常寺奉禮郎，賦祿終制。

論曰：自薛居正而下，嘗居相位者凡四人，其始終出處雖不同，然觀於其行事，概可見矣。初，朗州亡卒嘯聚爲盜，監軍使疑城中僧千餘人皆與謀，欲盡殺之，居正緩其事，賊禽而僧不與，卒賴以活。沈倫使吳越還，請以揚、泗軍儲百萬餘斛貸饑民，朝論難之。倫曰：「國家以廩粟濟民，自當召和氣，致豐稔，豈復有水旱？」得請乃已。太祖每取書史館，盧多遜預戒吏令白己，知所取，必通夕閱覽，以是答問多中。宋琪始爲程羽、賈琰所抑，繼爲多遜所忌，其後自員外郎歲中四遷至尙書，居相位。卽此而觀，則守道蒙福者非幸致，而投荒竄死者非不幸也。宋雄善持論，有氣節，雖與琪齊名，而爵位不侔者，所遇不同焉爾。嗚呼，自昔懷材抱藝，而抑鬱下僚以終其身者多矣，豈特宋雄爲然哉！

校勘記

〔一〕潭州　原作「澤州」，據本書卷二五六趙普傳、長編卷二二改。

〔二〕多遜累世墓在河內　「河內」原作「河南」，據長編卷二三改。按盧多遜懷州河內人，累世祖墓當在懷州河內，下文「還其懷州籍沒先塋」可證。

〔三〕太祖出琪知龍州　「龍州」，東都事略卷三一宋琪傳所載同；太宗實錄卷七九、長編卷一九都作「隴州」。

〔四〕仍賜分器鼓旗車服戈甲　「車服」原作「軍服」，據長編卷二七、宋會要蕃夷一之一八改。

〔五〕火神淀　原作「大神淀」，據通鑑卷二九〇、宋會要蕃夷一之一四改。

〔六〕衆卽噸合　「合」原作「舍」，據長編卷二七、宋會要蕃夷一之一五改。

〔七〕土風曳柴　「土風」，長編卷二七、宋會要蕃夷一之一五都作「上風」，疑以「上風」爲是。

〔八〕方入平夏州南界　長編卷三五作「方入平夏，是夏州南界」，疑是。

〔九〕弓弩槍鋸　「鋸」，長編卷三五作「鐍」，疑是。

〔一〇〕止令逐都兵騎　「都」，長編卷三五作「部」，疑是。

中華書局

宋史卷二百六十五

列傳第二十四

李昉 子宗訥 宗諤 孫昭述等　呂蒙正　張齊賢 子宗誨　賈黃中

李昉字明遠，深州饒陽人。父超，晉工部郎中、集賢殿直學士。從父右資善大夫沼無子，以昉爲後〔一〕，蔭補齋郎，選授太子校書。漢乾祐舉進士，爲祕書郎。宰相馮道引之，與呂端同直弘文館，改右拾遺、集賢殿修撰。

周顯德二年，宰相李穀征淮南，昉爲記室。世宗覽軍中章奏，愛其辭理明白，已知爲昉所作，及見相國寺文英院集，乃昉與扈蒙、崔頌、劉袞、竇儼、趙逢及昉弟載所題，益善昉詩而稱賞之曰：「吾久知有此人矣。」師還，擢爲主客員外郎、知制誥、集賢殿直學士。四年，加史館修撰、判館事。是年冬，世宗南征，從至高郵，會陶穀出使，內署書詔填委，乃命爲屯田郎中、翰林學士。六年春，丁內艱。恭帝嗣位，賜金紫。

宋初，加中書舍人。建隆三年，罷爲給事中。四年，平湖湘，受詔祀南嶽，就命知衡州，踰年代歸。陶穀誣奏昉爲所親求京畿令，上怒，召吏部尚書張昭面質其事。昭老儒，氣直，免冠上前，抗聲云：「穀罔上。」上疑之不釋，出昉爲彰武軍行軍司馬，居延州爲生業以老。三歲當內徙，昉不願。宰相薦其可大用，開寶二年，召還，復拜中書舍人。未幾，直學士院。

三年，知貢舉。五年，復知貢舉。秋，預宴大明殿，上見昉坐盧多遜下，因問宰相，對曰：「多遜學士，昉直殿爾。」卽令眞拜學士，令居多遜上。昉之知貢舉也，其鄉人武濟川預選，既而奏對失次，昉坐左遷太常少卿，俄判國子監。明年五月，復拜中書舍人、翰林學士。多，判吏部銓。時趙普爲多遜所搆，數以其短聞於上，上詢於昉，對曰：「臣職司書詔，普之所爲，非臣所知。」普尋出鎭，多遜遂參知政事。

太宗卽位，加昉戶部侍郎，受詔與扈蒙、李穆、郭贄、宋白同修太祖實錄。從攻太原，車駕次常山，常山卽昉之故里，因賜羊酒，俾召公侯相與宴飲盡歡，里中父老及嘗與遊從者咸預焉。七日而罷，人以爲榮。師還，以勞拜工部尚書兼承旨。太平興國中，改文明殿學士。時趙普、宋琪居相位久，求其能繼之者，宿舊無踰於昉，遂命參知政事。十一月，普出鎭，昉與琪俱拜平章事。未幾，加監修國史，復時政記先進御而後付有司，自昉議始也。

雍熙元年郊祀，命昉與琪並爲左右僕射，昉固辭，乃加中書侍郎。王師討幽薊不利，遣使分詣河南、東，籍民爲兵，凡八丁取一。昉等相率奏曰：「近者分遣使籍河南、東四十餘郡之民以爲邊備，非得已也。然河南之民素習農桑，罔知戰鬬，一旦括集，必致動搖，若因而嘯聚，更須剪除。如此，則河北閭閻既困於戎馬，河南生聚復擾於萑蒲，矧當春和，有妨農作。陛下若以明詔既頒，難於反汗，則當續遣使臣，嚴加戒飭，所至點募，人情若有不安，卽須少緩，密奏取裁，庶免後患。」上嘉納之。

端拱初，布衣翟馬周擊登聞鼓，訟昉居宰相位，當北方有事之時，不爲邊備，徒知賦詩宴樂。屬籍田禮方畢，乃詔學士賈黃中草制，罷昉爲右僕射，且加切責。黃中言：「僕射，百僚師長，實宰相之任，今自工部尚書而遷是職，非黜責也。若曰文昌務簡，以均勞逸爲辭，斯爲得體。」上然之。會邊警益急，詔文武羣臣各進策備禦，昉又引漢、唐故事，深以屈己修好、弭兵息民爲言，時論稱之。

淳化二年，復以本官兼中書侍郎、平章事，監修國史。三年夏，旱蝗，既雨。時昉與張齊賢、賈黃中、李沆同居宰輔，以燮理非材，上表待罪，上不之罪。四年，昉以私門連遭憂戚，求解機務，詔不允，遣齊賢等諭旨，復起視事。後數月，罷爲右僕射。先是，上召張洎草制，授昉左僕射，罷相，洎言：「昉居燮理之任，而陰陽乖戾，不能決意引退，俾居百僚師長之任，何以示勸？」上覽奏，乃令罷守本官。

晉侍中崧者，與昉同宗且同里，時人謂崧爲東李家，昉爲西李家。漢末，崧被誅。至是，其子璨自蘇州常熟縣令赴調，昉爲訟其父寃，且言：「周太祖已爲昭雪贈官，還其田宅，錄璨而官之。然璨年幾五十，尙淹州縣之職，臣昔與之同難，豈宜叨遇聖明。儻推一視之仁，澤及衰微之祚，則已往之寃獲伸於下，而繼絕之恩永光簡册矣。」詔授璨著作佐郎，後官至右贊善大夫。

明年，昉年七十，以特進、司空致事，朝會宴饗，令綴宰相班，歲時賜予，益加厚焉。至道元年正月望，上觀燈乾元樓，召昉賜坐於側，酌御罇酒飲之，自取果餌以賜。上觀京師繁盛，指前朝坊巷省署以諭近臣，令拓爲通衢長廊，因論：「晉、漢君臣昏闇猜貳，枉陷善良，時人不聊生，雖欲營繕，其暇及乎？」昉謂：「晉、漢之事，臣所備經，何可與聖朝同日而語。若今日四海清晏，民物阜康，皆陛下恭勤所致也。」上曰：「勤政憂民，帝王常事。朕不以繁華爲樂，蓋以民安爲樂爾。」因顧侍臣曰：「李昉事朕，兩入中書，未嘗有傷人害物之事，宜其今日所享如此，可謂善人君子矣。」

二年，陪祀南郊，禮畢入賀，因拜舞仆地，臺吏掖之以出，臥疾數日薨，年七十二。贈司徒，謚文正。

昉和厚多恕，不念舊惡，在位小心循謹，無赫赫稱。爲文章慕白居易，尤淺近易曉。好

接賓客，江南平，士大夫歸朝者多從之遊。雅厚張洎而薄張佖，及昉罷相，洎草制深攻詆之，而佖朔望必詣昉。或謂佖曰：「李公待君素不厚，何數詣之？」佖曰：「我爲廷尉日，李公方秉政，未嘗一有請求，此吾所以重之也。」

昉所居有園亭別墅之勝，多召故人親友宴樂其中。既致政，欲尋洛中九老故事，時吏部尚書宋琪年七十九，左諫議大夫楊徽之年七十五，郢州刺史魏丕年七十六，太常少卿致仕李運年八十，水部郎中朱昂年七十一，廬州節度副使武允成年七十九，太子中允致仕張好問年八十五，吳僧贊寧年七十八，議將集，會蜀寇而罷。

昉素與盧多遜善，待之不疑，多遜屢譖昉於上，或以告昉，不之信。及入相，太宗言及多遜事，昉頗爲解釋。帝曰：「多遜居常毀卿一錢不直。」昉始信之。上由此益重昉。

昉居中書日，有求進用者，雖知其材可取，必正色拒絕之，已而擢用；或不足用，必和顏溫語待之。子弟問其故，曰：「用賢，人主之事；若受其請，是市私恩也，故峻絕之，使恩歸於上。若不用者，既失所望，又無善辭，取怨之道也。」

初，沼未有子〔三〕，昉母謝方娠，指腹謂叔母張曰：「生男當與叔母爲子。」故昉出繼于沼。昉再相，因表其事，求贈所生父母官。詔贈其祖溫太子太傅，祖母權氏莒國太夫人，超太子太師，謝氏鄭國太夫人。

昉素病心悸，數歲一發，發必彌年而後愈，蓋典誥命三十餘年，勞役思慮所致。及居相位，益加憂畏。有文集五十卷。子四人：宗訥、宗誨、宗諤、宗諒。宗誨，右贊善大夫。宗諒，主賓客員外郎。

宗訥字大辨，以蔭補太廟齋郎，遷第四室長。代謁吏部銓，邊光範意其年少，未能屬辭，語之曰：「苟援筆成六韻詩，雖不試書判，可入等矣。」宗訥易之，光範試詩賦，立就。明日，擬授祕書省正字；又明日，上命擢國子監丞。蓋上居藩邸時，每有篇詠，令昉屬和，前後數百章，皆宗訥繕寫，上愛其楷麗，問知爲宗訥所書，故有是命。太平興國初，詔賈黃中集神醫普救方，宗訥暨劉錫、吳淑、呂文仲、杜鎬、舒雅皆預焉。雍熙初，昉在相位，上欲命宗訥爲尚書郎，昉懇辭，以爲非承平故事，止改祕書丞，歷太常博士。

宗訥頗習典禮。淳化中，呂端掌禮院，引宗訥同判，累遷比部郎中。咸平六年，卒，年五十五。子昭遘，大中祥符五年獻文，召試賜進士第，後爲屯田員外郎。昭遜，太子中舍。

宗諤字昌武，七歲能屬文，恥以父任得官，獨由鄉舉，第進士，授校書郎。明年，獻文自薦，遷祕書郎、集賢校理、同修起居注。先是，後苑陪宴，校理官不與，京官乘馬不得入禁門。至是，皆因宗諤之請復之，遂爲故事。

眞宗即位，拜起居舍人，預重修太祖實錄。從幸大名，上疏曰：「國家馭邊之術，制勝之謀，將帥之短長，兵衞之衆寡，宸算廟謨，盡在吾術中矣。今之言事者，不過請陛下益兵貯糧，分道掩殺，言之甚易，行之則難。始受命則無不以攻堅陷陣爲壯圖，及遇敵則惟以閉壘塞關爲上計，孤君父之重委，致生靈之重困，興言及此，誠可嘆息。自古行軍出師，無不首擇將帥。夫將帥隨材任使，守一郡，控一城，分領驍勇，爭據要害，又豈直三路主帥之名，然後能制六師生死之命乎？今陛下選任非不至也，權位非不重也，告戒非不丁寧也，處置非不專一也；而外敵犯塞，車駕親征，曾不聞出丁人一騎爲之救助，不知深溝高壘，秣馬厲兵，欲安用哉？臣以爲臨軍易帥，拔卒爲將，在此時也。有功者拔於朝，不用者戮於市，亦此時也。惟陛下圖之。然後下哀痛之詔，行蠲復之恩，回鑾上都，垂衣當宁，豈不盛哉。」

遷知制誥、判集賢院，纂西垣集制，刻石記名氏。嘗牒御史臺不平空，中丞呂文仲移文詰之，往復再三，宗諤執言兩省故事與臺司不相統攝者凡八。事聞，卒如宗諤議。

景德二年，召爲翰林學士。是秋，將郊，命判太常大樂、鼓吹二署。先是，樂工率以年勞遷補，至有抱其器而不知聲者。宗諤素曉音律，遂加審定，奏斥謬濫者五十人。因修完器具，更署職名，條上利病二十事，帝省閱而賞歎之。事具樂志。又著樂纂以獻，命付史館，

自是月再肄習焉。

時諸神祠壇多闕外壝之制，因深塹列樹以表之，營葺齋室，舊典因以振起。屬契丹遣使來賀承天節，詔宗諤爲館伴使，自郊勞至飲餞，皆刊定其儀。

大中祥符初，從封泰山，改工部郎中。二年，始建昭應宮，命副丁謂爲同修宮使。三年，知審官院。屬祀汾陰后土，命爲經度制置副使，同權河中府事。禮成，優拜右諫議大夫。

嘗侍宴玉宸殿，上謂曰：「聞卿至孝，宗族頗多，長幼雍睦。朕嗣守二聖基業，亦如卿之保守門戶也。」又曰：「翰林，淸華之地，前賢敭歷，多有故事，卿父子爲之，必周知也。」宗諤嘗著翰林雜記，以紀國朝制度，明日上之。

宗諤究心典禮，凡創制損益，靡不與聞。修定皇親故事、武舉武選入官資敍、閤門儀制、臣僚導從、貢院條貫，餘多裁正。

五年，迎眞州聖像，副丁謂爲迎奉使。五月，以疾卒，年四十九。帝甚悼之，謂宰相曰：「國朝將相家能以聲名自立，不墜門閥，唯昉與曹彬家爾。宗諤方期大用，不幸短命，深可惜也。」既厚賻其家，以白金賜其繼母，又錄其子若弟以官焉。

初，昉居三館、兩制之職，宗諤不數年，皆踐其地。風流儒雅，藏書萬卷。內行淳至，事

繼母符氏以孝聞。二兄早世，奉嫂字孤，恩禮兼盡。與弟宗諒友愛尤至，覃恩所及，必先羣從，及歿而己子有未仕者。程宿早卒，有弟無所依，宗諤爲表請於朝而官之。勤接士類，無賢不肖，恂恂盡禮，獎拔後進，唯恐不及，以是士人皆歸仰之。

宗諤工隸書。有文集六十卷，內外制三十卷。嘗預修續通典、大中祥符封禪汾陰記、諸路圖經，又作家傳、談錄，並行于世。子昭遹、昭述、昭適。

昭述字仲祖，以父蔭爲祕書省校書郎。召試學士院，賜進士出身，爲刑部詳覆官，累遷祕書丞。羣牧制置使曹利用薦爲判官，鄆州牧地侵於民者凡數千頃，昭述悉復之。以太常博士知開封縣，特遷尚書屯田員外郎、開封推官。坐嘗被曹利用薦，出知常州，遷爲三司度支判官，改河北轉運使。江陵屯兵讙言倉粟陳腐，欲以動衆。昭述取以爲奉，且以飯其僚屬，衆遂定。

徙湖南潭州，戍卒憤監軍酷暴，欲構亂，或指昭述謂曰：「如李公長者，何可負？」其謀遂寢。昭述聞之，以戒監軍，監軍自是不復爲暴。比去，衆遮道羅拜，指妻子曰：「嚮非公，無噍類矣。」

徙淮南轉運使兼發運使，加直史館。徙陝西轉運使，糾察在京刑獄，爲三司戶部副使，

累遷刑部郎中。陝西用兵，提點陝西計置糧草，還授度支、鹽鐵副使，以右諫議大夫爲河北都轉運使。

河決澶淵，久未塞。會契丹遣劉六符來，乃命昭述城澶州，以治隄爲名，調兵農八萬，踰旬而就。初，六符過之，眞以爲隄也，及還而城具，甚駭愕。初置義勇軍，人情詾詾，昭述乘疾置日行數舍，開諭父老，衆始安。宣撫使表其能，除龍圖閣直學士、知澶州，又爲樞密直學士、陝西都轉運使。

河北始置四路，以爲眞定府路安撫使、知成德軍。大水，民多流亡，籍僧舍積粟爲粥糜，活飢民數萬計。改龍圖閣學士、知秦州。諫官、御史言昭述庸懦，不可負重鎭，留眞定府。居四年，入領三班院，以翰林侍讀學士知鄭州。未幾，知通進銀臺司，判太常寺，復領三班，累遷尚書右丞。從祫享致齋於朝堂，得暴疾卒。贈禮部尚書，謚恪。

李氏居京城北崇慶里，凡七世不異爨，至昭述稍自豐殖，爲族人所望，然家法亦不隳。

昭遘字逢吉，宗諤從子也〔三〕，以蔭爲將作監主簿。幼時，楊億嘗過其家，出拜，億命爲賦，旣成，億曰：「桂林之下無雜木，非虛言也。」其後薦之，召試，授館閣校勘，改集賢院校理。坐失課落秩。未幾，復爲鹽鐵判官。

初，議罷天下職田及公使錢，昭遘以爲不可。三司使姚仲孫惡其異己，請詰所以興利之實，昭遘爭不屈，遂罷判官，爲白波發運使。因入奏事，仁宗謂曰：「前所論罷職田等事，卿言是也。」遷直史館、知陝州。諫官歐陽脩言：「陝府，關中要地，昭遘無治劇材，不宜遣。」改判三司理欠司，徙度支判官。

使契丹還，道除陝西轉運使。坐家僮盜遼人銀酒盃，降知澤州。陽城冶鑄鐵錢，民冒山險輸礦炭，苦其役，爲奏罷鑄錢。又言：「河東鐵錢眞僞淆雜，不可不革。」後復直史館、知陝州。城中舊無井，唐武德中，刺史長孫操始疏廣濟渠水入城，衆賴其利。昭遘至，立廟祠之。歸爲三司戶部判官，糾察在京刑獄，進直龍圖閣，改集賢殿修撰，累遷尚書工部郎中。歷知鳳翔河中府、晉州，遷管勾登聞檢院。擢天章閣待制、知滄州，用諫官吳及言，復改知陝州，徙鄭州卒。昭遘性和易，不忤物，能守家法。

呂蒙正字聖功，河南人。祖夢奇，戶部侍郎。父龜圖，起居郎。蒙正，太平興國二年擢進士第一，授將作監丞，通判昇州。陛辭，有旨，民事有不便者，許騎置以聞，賜錢二十萬。代還，會征太原，召見行在，授著作郎、直史館，加左拾遺。五年，親拜左補闕、知制誥。

初，龜圖多內寵，與妻劉氏不睦，并蒙正出之，頗淪躓窘乏，劉誓不復嫁。及蒙正登仕，迎二親，同堂異室，奉養備至。龜圖旋卒，詔起復。未幾，遷都官郎中，入爲翰林學士，擢左諫議大夫、參知政事，賜第麗景門。上謂之曰：「凡士未達，見當世之務戾于理者，則怏怏于心；及列於位，得以獻可替否，當盡其所蘊，雖言未必盡中，亦當僉議而更之，俾協于道。朕固不以崇高自恃，使人不敢言也。」蒙正初入朝堂，有朝士指之曰：「此子亦參政耶？」蒙正陽爲不聞而過之。同列不能平，詰其姓名，蒙正遽止之曰：「若一知其姓名，則終身不能忘，不若毋知之爲愈也。」時皆服其量。

李昉罷相，蒙正拜中書侍郎兼戶部尚書、平章事，監修國史。蒙正質厚寬簡，有重望，以正道自持。遇事敢言，每論時政，有未允者，必固稱不可，上嘉其無隱。趙普開國元老，蒙正後進，歷官一紀，遂同相位，普甚推許之。俄丁內艱，起復。

先是，盧多遜爲相，其子雍起家卽授水部員外郎，後遂以爲常。至是，蒙正奏曰：「臣忝甲科及第，釋褐止授九品京官。況天下才能，老於巖穴，不霑寸祿者多矣。今臣男始離襁褓，膺此寵命，恐罹陰譴，乞以臣釋褐時官補之。」自是宰相子止授九品京官，遂爲定制。

朝士有藏古鏡者，自言能照二百里，欲獻之蒙正以求知。蒙正笑曰：「吾面不過楪子大，安用照二百里哉？」聞者歎服。

淳化中，左正言宋沆[四]上疏忤旨，沆，蒙正妻族，坐是罷爲吏部尚書，復相李昉。四年，昉罷，蒙正復以本官入相。因對，論及征伐，上曰：「朕比來征討，蓋爲民除暴，苟好功黷武，則天下之人熸亡盡矣。」蒙正對曰：「隋、唐數十年中，四征遼碣，人不堪命。煬帝全軍陷沒，太宗自運土木攻城，如此卒無所濟。且治國之要，在內修政事，則遠人來歸，自致安靜。」上韙之。

嘗燈夕設宴，蒙正侍，上語之曰：「五代之際，生靈凋喪，周太祖自鄴南歸，士庶皆罹剽掠，下則火災，上則彗孛，觀者恐懼，當時謂無復太平之日矣。朕躬覽庶政，萬事粗理，每念上天之貺，致此繁盛，乃知理亂在人。」蒙正避席曰：「乘輿所在，士庶走集，故繁盛如此。臣嘗見都城外不數里，饑寒而死者甚衆，不必盡然。願陛下視近以及遠，蒼生之幸也。」上變色不言。蒙正侃然復位，同列多其直諒。

上嘗欲遣人使朔方，諭中書選才而可責以事者，蒙正退以名上，上不許。他日，三問，三以其人對。上曰：「卿何執耶？」蒙正曰：「臣非執，蓋陛下未諒爾。」固稱：「其人可使，餘人不及。臣不欲用媚道妄隨人主意，以害國事。」同列悚息不敢動。上退謂左右曰：「蒙正氣量，我不如。」既而卒用蒙正所薦，果稱職。

至道初，以右僕射出判河南府兼西京留守。蒙正至洛，多引親舊歡宴，政尙寬靜，委任

僚屬，事多總裁而已。

眞宗卽位，進左僕射。會營奉熙陵，蒙正追感先朝不次之遇，奉家財三百餘萬以助用。葬日，伏哭盡哀，人以爲得大臣體。咸平四年，以本官同平章事、昭文館大學士。國朝以來三入相者，惟趙普與蒙正焉。郊祀禮成，加司空兼門下侍郎。六年，授太子太師，封萊國公，改封徐[五]，又封許。

景德二年春，表請歸洛。陛辭日，肩輿至東園門，命二子掖以升殿，因言：「遠人請和，弭兵省財，古今上策，惟願陛下以百姓爲念。」上嘉納之，因遷從簡太子洗馬，知簡奉禮郎。蒙正至洛，有園亭花木，日與親舊宴會，子孫環列，迭奉壽觴，怡然自得。大中祥符而後，上朝永熙陵，封泰山，祠后土，過洛，兩幸其第，錫賚有加。上謂蒙正曰：「卿諸子孰可用？」對曰：「諸子皆不足用。有姪夷簡，任潁州推官，宰相才也。」夷簡由是見知於上。

富言者，蒙正客也。一日白曰：「兒子十許歲，欲令入書院，事廷評、太祝。」蒙正許之。及見，驚曰：「此兒他日名位與吾相似，而勳業遠過於吾。」令與諸子同學，供給甚厚。言之子，卽弼也。後弼兩入相，亦以司徒致仕。其知人類如此。

許國之命甫下而卒，年六十八。贈中書令，謚曰文穆。

蒙正初爲相時，張紳知蔡州，坐贓免。或言於上曰：「紳家富，不至此，特蒙正貧時勾索

不如意，今報之爾。」上命卽復紳官，蒙正不辨。後考課院得紳實狀，復黜爲絳州團練副使。及蒙正再入相，太宗謂曰：「張紳果有贓。」蒙正不辨亦不謝。在西京日，上數遣中貴人將命至，蒙正待之如在相位時，不少貶，時人重焉。

子從簡，再爲國子博士；惟簡，太子中舍；承簡，司門員外郎；行簡，比部員外郎；務簡，亦國子博士；居簡，殿中丞；知簡，太子右贊善大夫。

蒙正弟蒙休，咸平進士，至殿中丞。

龜圖弟龜祥，殿中丞，知壽州。子蒙亨，舉進士高等，旣廷試，以蒙正居中書，故報罷。後歷下蔡、武平主簿。至道初，考課州縣官，蒙亨引對，文學、政事俱優，命爲光祿寺丞，改大理寺丞，卒。次子蒙巽，虞部員外郎；蒙周，淳化進士及第。蒙亨子卽夷簡也。次子宗簡，亦進士及第。

慶曆中，居簡提點京東刑獄，時夏竦有憾於石介，介死，竦言於上曰：「介未嘗死，北走鄰國矣。」乃遣中使發棺驗之。居簡謂曰：「萬一介果死，則朝廷爲無故發人之墓，奈何？」中使曰：「於君何如？」居簡曰：「介死，當時必有內外親族及門生會葬，問之可也。」中使乃令結狀保證以聞，介事乃白。居簡長者，其行事多類此。

徐州妖人孔直温挾左道誘軍士爲變，或詣轉運使告，不受詞。居簡令易其牒，盡捕究

黨與，貸詿誤者，請於朝，斬直温等。濮州復叛，都民驚潰，居簡馳往，獲首惡誅之。因大閱兵享勞，姦不得發。用二事，遷秩鹽鐵判官，拜集賢院學士，知梓州、應天府，徙荆南，進龍圖閣直學士、知廣州，陶甓甃城，人以爲便。以兵部侍郎判西京御史臺，卒，年七十二。

張齊賢，曹州冤句人。生三歲，值晉亂，徙家洛陽。孤貧力學，有遠志，慕唐李大亮之爲人，故字師亮。

太祖幸西都，齊賢以布衣獻策馬前，召至行宮，齊賢以手畫地，條陳十事：曰下幷、汾，曰富民，曰封建，曰敦孝，曰舉賢，曰太學，曰籍田，曰選良吏，曰愼刑，曰懲姦。內四說稱旨，齊賢堅執以爲皆善，上怒，令武士拽出之。及還，語太宗曰：「我幸西都，唯得一張齊賢爾。我不欲爵之以官，異時可使輔汝爲相也。」

太宗擢進士，欲置齊賢高第，有司偶失掄選，上不悅，一榜盡與京官，於是齊賢以大理評事通判衡州。時州鞫刼盜，論皆死，齊賢至，活其失入者五人。自荆渚至桂州，水遞鋪夫數千戶，困於郵役，衣食多不給，論奏減其半。四年，代還，會親征晉陽，齊賢上謁，遷祕書丞。忻州新下，命知州事。明年召還，改著作佐郎，直史館，改左拾遺。多，車駕北征，議者

皆言宜速取幽薊，齊賢上疏曰：

方今海內一家，朝野無事。關聖慮者，豈不以河東新平，屯兵尚衆，幽燕未下，輦運爲勞？臣愚以爲此不足慮也。自河東初下，臣知忻州，捕得契丹納米典吏，皆云自山後轉般以授河東。以臣料，契丹能自備軍食，則於太原非不盡力，然終爲我有者，力不足也。河東初平，人心未固，嵐、憲、忻、代未有軍砦，入寇則田牧頓失，擾邊則守備可虞。及國家守要害，增壁壘，左控右扼，疆事甚嚴，恩信已行，民心已定，乃於鴈門陽武谷來爭小利，此其智力可料而知也。聖人舉事，動在萬全，百戰百勝，不若不戰而勝，若重之愼之，則契丹不足吞，燕薊不足取。

自古疆場之難，非盡由敵國，亦多邊吏擾而致之。若緣邊諸砦撫御得人，但使峻壘深溝，畜力養銳，以逸自處，寧我致人，此李牧所以用趙也。所謂擇卒不如擇將，任力不如任人。如是則邊鄙寧，邊鄙寧則輦運減，輦運減則河北之民獲休息矣。民獲休息，則田業增而蓄積廣，務農積穀，以實邊用。且敵人之心固亦擇利避害，安肯投諸死地而爲寇哉？

臣聞家六合者以天下爲心，豈止爭尺寸之事，角強弱之勢而已乎？是故聖人先本而後末，安內以養外。人民，本也；疆土，末也。五帝三王，未有不先根本者也。堯、

舜之道無他，在乎安民而利之爾。民既安利，則遠人斂衽而至矣。陛下愛民人、利天下之心，眞堯、舜也。臣慮羣臣多以纖微之利，尅下之術，侵苦窮民，以爲功能。至于生民疾苦，見之如不見，聞之如不聞，斂怨速尤，無大于此。伏望愼擇通儒，分路採訪兩浙、江南、荆湖、西川、嶺南、河東，凡前日賦斂苛重者，改而正之，因而利之，使賦稅課利通濟，可經久而行，爲聖朝定法；除去舊弊，天下諸州有不便于民者，委長吏以聞。敢循故常者，重置之法。使天下耳目皆知陛下之心，戴陛下之惠，以德懷遠，以惠利民，則遠人之歸，可立而待也。

六年，爲江南西路轉運副使，冬，改右補闕，加正使。齊賢至官，詢知饒、信、虔州土產銅、鐵、鉛、錫之所，推求前代鑄法，取饒州永平監所鑄以爲定式，歲鑄五十萬貫，凡用銅八十五萬斤，鉛三十六萬斤，錫十六萬斤，詣闕面陳其事，敷奏詳確，議者不能奪。

先是，諸州罪人多錮送闕下，路死者十常五六。齊賢道逢南劍、建昌、虔州所送，索牒視之，率非首犯，悉伸其寃抑。因力言于朝，後凡送囚至京，請委強明吏慮問，不實，則罪及原問官屬。自是江南送罪人者爲減太半。

先是，江南諸州小民，居官地者有地房錢，吉州緣江地雖淪沒，猶納勾欄地錢，編木而浮居者名水場錢，皆前代弊政，齊賢悉論免之。

初，李氏據有江南，民戶稅錢三千已上者戶出丁一人，黥面，自備器甲輸官庫，出卽給之，日支糧二升，名爲義軍。既內附，皆放歸農。至是，言者以爲此輩久在行伍，不樂耕農，乞遣使選充軍伍，并其家屬送闕下。齊賢上言：「江南義軍，例皆良民，橫遭黥配，無所逃避。克復之後，便放歸農，久被皇風，並皆樂業。若逐戶搜索，不無驚擾。法貴有常，政尚清淨，前敕既放營農，不若且仍舊貫。」齊賢居使職，勤究民弊，務行寬大，江左人思之不忘。召還，拜樞密直學士，擢右諫議大夫、簽書樞密院事。

雍熙初，遷左諫議大夫。三年，大舉北伐，代州楊業戰沒。上訪近臣以策，齊賢請行，卽授給事中、知代州，與部署潘美同領緣邊兵馬。是時遼兵自湖谷入寇，薄城下，神衞都校馬正以所部列南門外，衆寡不敵，副部署盧漢贇畏懦，保壁自固。齊賢選廂軍二千，出正之右，誓衆慷慨，一以當百，遼兵遂却。

先是，約潘美以并師來會戰，無何，間使爲遼人所得。齊賢以師期既漏，且虞美衆爲遼所乘。既而美使至，云師出并州，至柏井〔六〕，得密詔，東師敗績于君子館，并之全軍不許出戰，已還州矣。于時遼兵塞川，齊賢曰：「賊知美之來，而不知美之退。」乃閉其使密室，中夜發兵二百，人持一幟，負一束芻，距州城西南三十里，列幟然芻。遼兵遙見火光中有旗幟，意謂并師至矣，駭而北走。齊賢先伏步兵二千於土磴砦，掩擊大敗之，擒其北大王之子一

人，帳前舍利一人，斬數百級，獲馬二千、器甲甚衆。捷奏，且歸功漢贇。

端拱元年冬，拜工部侍郎。遼人又自大石路南侵，齊賢預簡廂兵千人爲二部，分屯繁畤、崞縣。下令曰：「代西有寇，則崞縣之師應之；代東有寇，則繁畤之師應之。比接戰，則郡兵集矣。」至是，果爲繁畤兵所敗。

二年，置屯田，領河東制置方田都部署，入拜刑部侍郎、樞密副使。淳化二年夏，參知政事，數月，拜吏部侍郎、同中書門下平章事。齊賢母孫氏年八十餘，封晉國太夫人，每入謁禁中，上歎其福壽、有令子，多手詔存問，加賜與，搢紳榮之。

初，王延德與朱貽業同掌京庾，欲求補外，貽業與參政李沆有姻婭，託之以請於沆，沆爲請於齊賢，齊賢以聞。太宗以延德嘗事晉邸，怒其不自陳而干祈執政，召見詰責。延德、貽業皆諱不以實對，齊賢不欲累沆，獨任其責。四年六月，罷爲尚書左丞。十月，命知定州，以母老不願往。未幾，丁內艱，水漿不入口者七日，自是日啖粥一器，終喪不食酒肉蔬菓。尋復轉禮部尚書、知河南府。時獄有大辟將決，齊賢至，立辨而釋之。三日，徙知永興軍。時閤門祗候趙贊以言事得幸，提點關中芻糧，所爲多豪橫。齊賢論列其罪，卒抵於法。俄徙襄州，移荆南，又徙安州。踰年，加刑部尚書。

眞宗卽位，召拜兵部尚書、同中書門下平章事。嘗從容爲上言皇王之道，而推本其所以

然，且言：「臣受陛下非常恩，故以非常爲報。」上曰：「朕以爲皇王之道非有跡，但庶事適治道則近之矣。」時戚里有分財不均者更相訟，又入宮自訴。齊賢曰：「是非臺府所能決，臣請自治。」上命之。齊賢坐相府，召訟者問曰：「汝非以彼所分財多、汝所分少乎？」曰：「然。」命具欵。乃召兩吏，令甲家入乙舍，乙家入甲舍，貨財無得動，分書則交易之。明日奏聞，上大悅曰：「朕固知非君莫能定者。」郊祀，加門下侍郎。與李沆同事，不相得。坐冬至朝會被酒失儀，免相。

四年，李繼遷陷清遠軍，命爲涇、原等州軍安撫經略使，以右司諫梁顥爲之副。齊賢上言謂：「清遠軍陷沒以來，青岡砦燒棄之後，靈武一郡，援隔勢孤，此繼遷之所覬覦而必至者也。以事勢言之，加討則不足，防遏則有餘。其計無他，蕃部大族首領素與繼遷有隙者，若能啗以官爵，誘以貨利，結之以恩信，而激之以利害，則山西之蕃部族帳，靡不傾心朝廷矣。臣所領十二州軍，見二萬餘人，若緣邊料柬本城等軍，更得五萬餘人，招致蕃部，其數又踰十數萬。但彼出則我歸，東備則西擊，使之奔走不暇，何能爲我患哉？今靈武軍民不翅六七萬，陷於危亡之地，若繼遷來春於我兵未舉之前，發兵救援靈武，盡驅其衆，幷力攻圍，則靈州孤城必難固守。萬一失陷，賊勢益增，縱多聚甲兵，廣積財貨，亦難保必勝矣。臣所以乞封潘羅支爲六谷王而厚以金帛者，恐繼遷旦暮用兵斷彼賣馬之路也。苟朝廷信使得達

潘羅支，則泥埋等族、西南遠蕃，不難招集。西南既稟命，而緣邊之勢張，則鄜、延、環、慶之淺蕃，原、渭、鎮戎〔七〕之熟戶，自然歸化。然後使之與對替甲兵及駐泊軍馬互爲聲援，則萬山閉之，必不敢於靈州、河西頓兵矣。萬山既退，則賀蘭蕃部亦稍稍叛繼遷矣。若曰名器不可以假人，爵賞不可以濫及，此乃聖人爲治之常道，非隨時變易之義也。」

齊賢又請調江淮、荆湘丁壯八萬以益防禦，朝議以爲動搖，兼澤國人民，遠戍西鄙亦非便，計遂寢。

齊賢又言：「靈州斗絕一隅，當城鎮完全、磧路未梗之時，中外已言合棄，自繼遷爲患已來，危困彌甚。南去鎮戎約五百餘里，東去環州僅六七日程，如此畏途，不須攻奪，則城中之民何由而出，城中之兵何由而歸？欲全軍民，理須應接。爲今之計，若能增益精兵，以合西邊屯駐、對替之兵，從以原、渭、鎮戎之師，率山西熟戶從東界而入，嚴約師期，兩路交進。設若繼遷分兵以應敵，我則乘勢而易攻。且奔命途道，首尾難衞，千里趨利，不敗則禽。臣謂兵鋒未交，而靈州之圍自解。然後取靈州軍民，而置砦於蕭關、武延川險要處以僑寓之，如此則蕃漢士人之心有所依賴。裁候平寧，却歸舊貫，然後縱蕃漢之兵，乘時以爲進退，則成功不難矣。」時不能用。未幾，靈武果陷。

閏十二月，拜右僕射、判邠州〔八〕，不行，改判永興軍兼馬步軍部署。時薛居正子惟吉

妻柴氏無子早寡，盡畜其貨產及書籍論告，欲改適齊賢。惟吉子安上訴其事。上不欲置于理，命司門員外郎張正倫就訊，柴氏所對與安上狀異。下其事於御史，乃齊賢子太子中舍宗誨教柴氏爲詞。齊賢坐責太常卿、分司西京，宗誨貶海州別駕。

景德初，起爲兵部尙書、知青州。上幸澶淵，命兼青、淄、濰州安撫使。二年，改吏部尙書。上疏言曰：「臣在先朝，常憂靈、夏兩鎮終爲繼遷幷吞，言事者以臣所慮爲太過，略舉旣往之事以明本末。當時臣下皆以繼遷只是懷戀父祖舊地，別無他心，先帝與以銀州廉察，庶滿其意。爾後攻刼不已，直至降麟、府州界八部族蕃酋，又脅制賀蘭山下帳族，言事者猶謂封獎未厚。洎陛下賜以銀、夏土壤，寵以節旄，自此姦威愈滋，逆志尤暴。屢斷靈州糧路，復擾緣邊城池，數年之間，靈州終爲吞噬。當靈池、清遠軍垂欲陷沒，臣方受經略之命。臣思繼遷須是得一兩處強大蕃族與之爲敵，此乃以蠻夷攻蠻夷，古今之上策也。遂請以六谷名目封潘羅支，俾其展効。其時近臣所見，全與臣謀不同，多爲沮撓。及繼遷爲潘羅支射殺，邊患謂可少息。今其子德明依前攻刼，析逋遊龍鉢等盡在部下，其志又似不小。向使潘羅支尙在，則德明未足爲虞；今潘羅支已亡，厮鐸督恐非其敵。望委大臣經制其事。」

從東封還，復拜右僕射。時建玉清昭應宮，齊賢言繪畫符瑞，有損謙德，又違奉天之

意，屢請罷其役。

三年，出判河陽，從祀汾陰還，進左僕射。五年，代還，請老，以司空致仕。入辭便坐，方拜而仆，上遽止之，許二子扶掖升殿，命益坐茵爲三。

歸洛，得裴度午橋莊，有池榭松竹之盛，日與親舊觴詠其間，意甚曠適。七年夏，薨，年七十二。贈司徒，謚文定。

齊賢姿儀豐碩，議論慷慨，有大略，以致君自負。留心刑獄，多所全活。喜提獎寒雋。少時家貧，父死無以爲葬，河南縣吏爲辦其事，齊賢深德之，事以兄禮，雖貴不替也。仲兄昭度嘗授齊賢經，及卒，表贈光祿寺丞。又嘗依太子少師李肅家，肅死，爲營葬事，歲時祭之。趙普嘗薦齊賢於太宗，未用，普卽具前列事，以謂：「陛下若進齊賢，則齊賢他日感恩，更過於此。」上大悅，遂大用。种放之起，齊賢所薦也。齊賢四踐兩府，九居八座，以三公就第，康寧福壽，時罕其比。居相日，數起大獄，又與寇準相傾，人或以此少之。

齊賢諸子皆能有立：宗信，內殿崇班；宗理，大理寺丞；宗諒，殿中丞；宗簡，閤門祗候；宗訥，太子中舍；宗禮最賢，雖累資登朝，而畏羈束，故多居田里。

宗誨字習之，齊賢第二子也。少喜學兵法，陰陽、象緯之書無不通究。以父任爲秘書

省正字，遷至太子中舍，貶海州別駕。嘗通判河陽，徙知富順監。會夷人斗郎春叛，羣獠皆騷動，宗誨將郡兵攻破之。擢開封府判官、三司度支勾院。宗誨在開封日，御史王沿劾其嗜酒廢事，及爲河北轉運使，乃發沿居喪假官舟賈販，朝論惡之。

會以調發擾民，徙知徐州。累遷太常少卿，後爲永興軍兵馬鈐轄，又徙鄜延路兼知鄜州。元昊寇延安，劉平、石元孫敗沒，鈐轄黃德和遁還，延州不納，又走鄜州。宗誨曰：「軍奔將無所歸，激之則爲亂矣。」乃納之，拘德和以聞。是時鄜城不完，且無備，傳言寇兵至，人心不安。宗誨乃嚴斥候，籍入而禁出，使老幼併力守禦之，敵亦自引去。領興州防禦使，復徙永興鈐轄兼知邠州，以祕書監致仕。

嘗事干謁，其子曰：「昔賀祕監以道士服東歸會稽，明皇賜以鑑湖，以爲休老之地。今洛下雖無鑑湖，而嵩、少、伊、瀍天下佳處，雖非朝廷所賜，皆閑逸之人所有爾。大人盍衣羽服以優游，何必更事請謁乎？」宗誨曰：「吾作白頭老監祕書而眠，何以賀老流沙之服爲哉？」時以爲名言。

初，齊賢守代州，宗誨嘗預計畫，其保任親族不問疎近，以年爲先後。然性貪，雖謝事，猶事貨殖，以至于卒。

子二人。子皐字叔讓，少有才名而不自負，人樂與之游。最善尹洙，洙曰：「吾交天下

士多矣，不以通否易意者，子皐也。」舉進士，試祕書郎、知新鄭縣。以齊賢相，遷校書郎，館閣獻頌，擢著作佐郎，進直史館，累官至尚書司封員外郎。

子憲字彥章，以蔭將作監主簿，以獻文賜同進士出身，累遷尚書刑部郎中、知光化軍。戍卒逐其帥韓綱，餘黨作亂，子憲招降之。征稅重，人多逋負，子憲奏除之。歷太常少卿、三司鹽鐵判官、直史館、知洪州。遷右諫議大夫、知桂州，不赴，御史劾之，降祕書監。復爲光祿卿，加直祕閣、知廬州，遷祕書監，累職徙揚州，卒。

賈黃中字媧民，滄州南皮人，唐相耽四世孫。父玭字仲寶，晉天福三年進士，解褐。宋初，爲刑部郎中，終水部員外郎、知浚儀縣，年七十卒。玭嚴毅，善教子，士大夫子弟來謁，必諄諄誨誘之。初，通判鎭州，葬鄉黨羣從之未葬者十五喪，孤貧不自給者，咸教育而婚嫁之。

黃中幼聰悟，方五歲，玭每旦令正立，展書卷比之，謂之「等身書」，課其誦讀。六歲舉童子科，七歲能屬文，觸類賦詠。父常令蔬食，曰：「俟業成，乃得食肉。」十五舉進士，授校書郎、集賢校理，遷著作佐郎、直史館。

建隆三年，遷左拾遺，歷左補闕。開寶八年，通判定州，判太常禮院。黃中多識典故，每詳定禮文，損益得中，號爲稱職。

嶺南平，以黃中爲採訪使，廉直平恕，遠人便之。還奏利害數十事，皆稱旨。會克江表，選知宣州。歲饑，民多爲盜，黃中出己奉造糜粥，賴全活者以千數，仍設法弭盜，因悉解去。

太宗即位，遷禮部員外郎。太平興國二年，知昇州。時金陵初附，黃中爲政簡易，部內甚治。一日，案行府署中，見一室扃鑰甚固，命發視之，得金寶數十匱，計直數百萬，乃李氏宮閣中遺物也，即表上之。上覽表謂侍臣曰：「非黃中廉恪，則亡國之寶，將汙法而害人矣。」賜錢三十萬。丁父憂，起復視事。五年，召歸闕。

有薦黃中文學高第，召試中書，拜駕部員外郎、知制誥。八年，與宋白、呂蒙正等同知貢舉，遷司封郎中，充翰林學士。雍熙二年，又知貢舉，俄掌吏部選。端拱初，加中書舍人。二年，兼史館修撰。凡再典貢部，多柬拔寒俊，除擬官吏，品藻精當。淳化二年秋，與李沆並拜給事中、參知政事。太宗召見其母王氏，命坐，謂曰：「教子如是，眞孟母矣。」作詩以賜之，頒賜甚厚。

黃中素重呂端爲人，屬端出鎭襄陽，黃中力薦於上，因留爲樞密直學士，遂參知政事。

當世文行之士，多黃中所薦引，而未嘗言，人莫之知也。然畏慎過甚，中書政事頗留不決。

四年冬，與沆並罷守本官。明年，知襄州，上言母老乞留京，改知澶州。辭日，上戒之曰：「夫小心翼翼，君臣皆當然；若太過，則失大臣之體。」黃中頓首謝。上因謂侍臣曰：「朕嘗念其母有賢德，七十餘年未覺老，每與之語，甚明敏。黃中終日憂畏，必先其母老矣。」因目參知政事蘇易簡曰：「易簡之母亦如之。自古賢母不可多得。」易簡前謝曰：「陛下以孝治天下，獎及人親，臣實何人，膺茲榮遇。」

至道初，黃中遘疾，詔令歸闕。會建儲宮，擇大臣有德望者爲賓友，黃中在選中。以久疾，改命李至、李沆兼賓客，黃中亦特拜禮部侍郎，代至兼祕書監。黃中素嗜文籍，既居內閣，甚以爲慰。

二年，以疾卒，年五十六，其母尚無恙，卒如上言。贈禮部尚書。上聞其素貧，別賜錢三十萬。既葬，其母入謝，又賜白金三百兩。上謂之曰：「勿以諸孫爲念，朕當不忘也。」

黃中端謹，能守家法，廉白無私。多知臺閣故事，談論亹亹，聽者忘倦焉。在翰林日，太宗召見，訪以時政得失，黃中但言：「臣職典書詔，思不出位，軍國政事，非臣所知。」上益重之，以爲謹厚。及知政事，卒無所建明，時論不之許。有文集三十卷。

子守謙，雍熙二年進士；守正，獻文召試，賜進士第，後爲虞部員外郎；守約，國子博

士；守文，殿中丞；守訥，右贊善大夫。

論曰：詩云：「允也天子，降予卿士，實維阿衡〔九〕，實左右商王。」言有是君則有是臣，有是臣則足以相是君也。太宗勵精庶政，注意輔相，以昉耆德，亟加進用；繼擢蒙正、齊賢，迭居相位；復進黄中，俾參大政。而四臣者將順德美，修明庶政，以致承平之治，可謂君臣各盡其道者矣。君子謂李昉爲多遜所毀而不校，蒙正爲張紳所汚而不辨，齊賢爲同列所累而不言，黄中多所薦引而不有其功，此固人之所難也。而況四臣者皆賢宰輔，又能進退有禮，皆以善終，非盛德君子，其孰能與於斯？

校勘記

〔一〕從父右贊善大夫沼無子以昉爲後 「從父」，原作「從大父」。按下文有「當與叔母爲子」句，太宗實錄卷七六也説：「昉自襁褓，叔父沼養爲己子。」據此李沼實爲李昉從父，「大」字衍，故刪。

〔二〕沼未有子 「沼」原作「超」，據上下文和宋會要儀制一〇之一四、太宗實錄卷七六改。下文「故昉出繼于沼」句同改。

〔三〕宗諤從子也 按東都事略卷三二李宗諤傳，昭遘是宗諤之子。

〔四〕左正言宋沆 原作「右正言宋抗」，據本書卷二八七宋湜傳、長編卷三二改。

〔五〕封萊國公改封徐 「萊」原作「蔡」，「徐」原作「隨」。據琬琰集上編卷一五呂蒙正神道碑、東都事略卷三二本傳改。蒙正封萊國公，又見本書卷七眞宗紀、長編卷五五。

〔六〕柏井 原作「北井」，琬琰集下編卷二張齊賢傳、長編卷二七都作「柏井」，據改。

〔七〕鎭戎 原作「振戎」，據長編卷四九、本書卷八七地理志、武經總要前集卷一八上改。

〔八〕邠州 原作「汾州」，據長編卷五一、東都事略卷三二本傳改。

〔九〕實維阿衡 「維」原作「爲」，據詩商頌長發改。

宋史卷二百六十六

列傳第二十五

錢若水 從弟若沖　蘇易簡　郭贄　李至　辛仲甫　王沔

温仲舒　王化基 子舉正　舉元　孫詔

錢若水字澹成，一字長卿，河南新安人。父文敏，漢青州帥劉銖辟爲錄事參軍，歷長水鄠都尉、扶風令、相州錄事參軍。先是，府帥多以筆牘私取官庫錢，韓重贇領節制，頗仍其弊。文敏不從，重贇假他事廷責之，文敏不爲屈。太祖嘉其有守，授右贊善大夫、知瀘州，召見講武殿，謂曰：「瀘州近蠻境，尤宜綏撫。聞知州郭思齊、監軍郭重遷掊斂不法，恃其荒遠，謂朝廷不知爾。至，爲朕鞫之，苟一毫有侵於民，朕必不赦。」至郡，有政迹，夷人詣闕借留。詔改殿中丞，許再任。三遷司封員外郎，又知洛州、建昌軍。卒，年七十二。

若水幼聰悟，十歲能屬文。華山陳摶見之，謂曰：「子神清，可以學道；不然，當富貴，

但忌太速爾。」雍熙中，舉進士，釋褐同州觀察推官，聽決明允，郡治賴之。淳化初，寇準掌選，薦若水洎王扶、程肅、陳充、錢熙五人文學高第，召試翰林，若水最優，擢秘書丞、直史館。歲餘，遷右正言、知制誥。會置理檢院於乾元門外，命若水領之。俄同知貢舉，加屯田員外郎。詔詣原、鹽等州制置邊事，還奏合旨，翌日改職方員外郎、翰林學士，與張洎並命。俄知審官院、銀臺通進封駁司。嘗草賜趙保忠詔，有云：「不斬繼遷，開狡兔之三穴；潛疑光嗣，持首鼠之兩端。」太宗大以爲當。

至道初，以右諫議大夫同知樞密院事。眞宗卽位，加工部侍郎。數月，以母老上章求解機務，詔不許。若水請益堅，遂以本官充集賢院學士、判院事。俄詔修太宗實錄，若水引柴成務、宗度、吳淑、楊億同修，成八十卷。眞宗覽書流涕，錫賚有差。

初，太宗有畜犬甚馴，常在乘輿左右。及崩，嗚號不食，因送永熙陵寢。李至嘗詠其事，欲若水書之以戒浮俗，若水不從。呂端雖爲監修，以不涖局不得署名，至抉其事以爲專美。若水稱詔旨及唐朝故事以折之，時議不能奪。既又重修太祖實錄，參以王禹偁、李宗諤、梁顥、趙安仁，未周歲畢。安仁時爲宗正卿，上言夔王於太宗屬當爲兄，實錄所紀繆誤。若水援國初詔令，廷諍數四乃定。

俄判吏部流内銓。從幸大名，若水陳禦敵安邊之策，有曰：

孫武著書，以伐謀爲主；漢高將將，以用法爲先。伐謀者，以將帥能料敵制勝也；用法者，以朝廷能賞罰不私也。今傅潛領雄師數萬，閉門不出，坐視邊寇俘掠生民，上孤委注之恩，下挫銳師之氣，蓋潛輩不能制勝，朝廷未能用法使然也。軍法，臨陣不用命者斬。今若斬潛以徇，然後擢如楊延朗、楊嗣者五七人，增其爵秩，分授兵柄，使將萬人，間以強弩，分路討除，孰敢不用命哉？敵人聞我將帥莫不用命〔一〕，退則有死，豈獨思遁，抑亦來歲不敢犯邊矣。如此則可以坐清邊塞，然後鑾輅還京，天威懾於四海矣。

臣嘗讀前史，周世宗即位之始，劉崇結敵入寇，敵遣其將楊衮領騎兵數萬，隨崇至高平。當時懦將樊愛能、何徽等臨敵不戰，世宗大陳宴會，斬愛能等，拔偏將十餘人，分兵擊太原。劉崇聞之，股慄不敢出，即日遁去。自是兵威大振。其後收淮甸，下秦、鳳，平關南，特席捲爾。以陛下之神武，豈讓世宗乎？此今日禦敵之奇策也。

若將來安邊之術，請以近事言之，太祖朝制置最得其宜。止以郭進在邢州，李漢超在關南，何繼筠在鎮定，賀惟忠在易州，李謙溥在隰州，姚內斌在慶州，董遵誨在通遠軍，王彥昇在原州，但授緣邊巡檢之名，不加行營部署之號，率皆十餘年不易其任。立邊功者厚加賞賚，其位皆不至觀察使。蓋位不高則朝廷易制，任不易則邊事盡知。

然後授以聖謀，來則掩殺，去則勿追，所以十七年中，北邊、西蕃不敢犯塞，以至屢使乞和，此皆陛下之所知也。苟能遵太祖故事，慎擇名臣，分理邊郡；罷部署之號，使不相統轄；置巡檢之名，俾遞相救應。如此則出必擊寇，入則守城，不數年間，可致邊烽罷警矣。

俄知開封府。時北邊未寧，內出手札訪若水以策。若水陳備邊之要有五：

一曰擇郡守，二曰募鄉兵，三曰積芻粟，四曰革將帥，五曰明賞罰。

何謂擇郡守？今之所患，患在戰守不同心。望陛下選沉厚有謀諳邊事者，任爲邊郡刺史，令兼緣邊巡檢，許召勇敢之士爲隨身部曲。廩贍不充則官爲支給。然後嚴亭障，明斥候，每得事宜，密相報示。寇來則互爲救應，齊出討除；寇去則不令遠追，各務安靜。苟無大過，勿爲替移；儻立微功，就加爵賞。如此則戰守必能同心，敵人不敢近塞矣。

何謂募鄉兵？今之所患，患在不知敵情。望詔逐州沿邊民爲招收軍，給與糧賜，蠲其賦租。彼兩地之中，各有親族，使其懷惠，來布腹心。彼若舉兵，此必預知，苟能預知，則百戰百勝矣。

何謂積芻粟？今之所患，患在困民力。望陛下令緣邊各廣營田，以州郡長官兼其

使額，每歲秋夏，較其課程，立鼓旗以齊之，行賞罰以勸之。仍縱商人入粟緣邊。儻鎮戍有三年之備，則敵人不敢動矣。

何謂革將帥？今之所患，患在重兵居外，輕兵居內。去歲傅潛以八萬騎屯中山，魏、博之間鎮兵全少，非鑾輅親征，則城邑危矣。望陛下慎選將臣任河北近鎮，仍依舊事節制邊兵，未能削部署之名，望且減行營之號；有警則暫巡邊徼，無事則却復舊藩。豈惟不啓戎心，況復待勞以逸。如此則不失備邊之要，又無舉兵之名，且使重兵不屯一處，進退動靜，無施不可矣。

何謂明賞罰？今之所患，患在戎卒驕惰。臣自知府以來，見侍衞、殿前兩司送到邊上亡命軍卒，人數甚多。臣試訊之，皆以思親爲言，此蓋令之不嚴也。平時尚敢如此，況臨大敵乎？望陛下以此言示將帥，俾申嚴號令，以警其下。古人云：「賞不勸謂之止善，罰不懲謂之縱惡。」又曰：「法不可移，令不可違。」臣嘗聞郭進出鎮西山，太祖每遣戍卒，必諭之曰：「汝等謹奉法。我猶赦汝，郭進殺汝矣。」其假借如此，故郭進所至，未嘗少衂。陛下能鑒前日之事，即今日之元龜也。

若水又言：「邊部用兵，唯視太白與月爲進退者，誠以太白者將軍也，星辰者廷尉也。合則有戰，不合則無戰；合於東則主勝，合於西則客勝。陛下能用臣言以謹邊備，則邊部

不召而自來矣。太祖臨御十七年間，未嘗生事疆場，而敵人往往遣使乞和者，以其任用得人而備禦有方也。陛下苟思兵者凶器，戰者危事，而不倒持太阿，授人以柄，則守在四夷，而常獲靜勝，此備禦之上策也。」

未幾，出知天雄軍兼兵馬部署。時言事者請城綏州，屯兵積穀以備党項。邊城互言利害，前後遣使數輩按視，不能決。時已大發丁夫，將興其役，詔若水自大名馳往視之。若水上言：「綏州頃爲內地，民賦登集，尚須旁郡轉餉。自賜地趙保忠以來，人戶凋殘，若復城之，即須增戍。芻糧之給，全仰河東。其地隔越黃河、鐵碣二山，無定河在其城下，緩急用兵，輸送艱阻。且其地險，若未葺未完，邊寇奔衝，難於固守。況城邑焚毀，片瓦不存，所過山林，材木匱乏。城之甚勞，未見其利。」復詣闕面陳其事，上嘉納之，遂罷役。初，若水率衆過河，分布軍伍，咸有節制，深爲戍將推服。上謂左右曰：「若水，儒臣中知兵者也。」是秋，又遣巡撫陝西緣邊諸郡，令便宜制置邊事。還拜鄧州觀察使、并代經略使、知并州事。

六年春，因疾灸兩足，創潰出血數斗，自是體貌羸瘵，手詔慰勞之，俾歸京師。數月，始赴朝謁，因與僚友會食僧舍，假寢而卒，年四十四。贈戶部尚書，賜其母白金五百兩。子延年甫七歲，錄爲太常奉禮郎。

若水美風神，有器識，能斷大事，事繼母以孝聞。雅善談論，尤輕財好施。所至推誠待

物，委任僚佐，總其綱領，無不稱治。汲引後進，推賢重士，襟度豁如也。精術數，知年壽不永，故懇避權位。其死也，士君子尤惜之。有集二十卷。

兄若愚，比部員外郎。從弟若沖，大中祥符中，調河陽令。有僕酗酒，杖之百數。僕挾刀夜潛室中，斷其臂，若沖大呼；又害其幼子。詔磔僕於其門。眞宗念若水母老，遣使存問，賜緡、綿、羊、酒；且賜若沖帛三十端，補孟州別駕。延年後以獻文賜進士出身，歷太常博士、集賢校理。

蘇易簡字太簡，梓州銅山人。父協舉蜀進士，歸宋，累任州縣，以易簡居翰林，任開封縣兵曹參軍，俄遷光祿寺丞，卒，特贈秘書丞。

易簡少聰悟好學，風度奇秀，才思敏贍。太平興國五年，年踰弱冠，舉進士。太宗方留心儒術，貢士皆臨軒覆試。易簡所試三千餘言立就，奏上，覽之稱賞，擢冠甲科。解褐將作監丞，通判昇州，遷左贊善大夫。八年，以右拾遺知制誥。雍熙初，以郊祀恩進秩祠部員外郎。二年，與賈黃中同知貢舉。有詔，凡親屬就舉者，籍名別試。易簡妻弟崔範，匿父喪充

貢，奏名在上第；又王千里者，水部員外郎孚之子，協爲孚門生，千里預薦。上聞，坐範及千里罪。易簡緣是罷知制誥，以本官奉朝請。未幾，復知制誥。三年，充翰林學士。初，易簡充貢，宋白掌貢部，至是裁七年。易簡幼時隨父河南，賈黃中來使，嘗教之屬辭；及是，悉爲同列。易簡連知貢舉，陳堯叟、孫何並甲廷試。

淳化元年，丁外艱。二年，同知京朝官考課，遷中書舍人，充承旨。先是，曲宴將相，翰林學士皆預坐，梁迥啓太祖罷之；又皇帝御丹鳳樓，翰林承旨侍從升樓西南隅，禮亦廢。至是，易簡請之，皆復舊制。易簡續唐李肇翰林志二卷以獻，帝賜詩以嘉之。帝嘗以輕綃飛白大書「玉堂之署」四字，令易簡牓於廳額。易簡會韓伾、畢士安、李至等往觀。上聞，遣中使賜宴甚盛，至等各賦詩紀其事，宰相李昉等亦作詩頌美之。他日，易簡直禁中，以水試欹器。上密聞之，因晚朝，問曰：「卿所玩得非欹器耶？」易簡曰：「然，江南徐邈所作也。」命取試之。易簡奏曰：「臣聞日中則昃，月滿則虧，器盈則覆，物盛則衰。願陛下持盈守成，愼終如始，以固丕基，則天下幸甚。」

會郊祀，充禮儀使。先是，扈蒙建議以宣祖升配。易簡引唐故事，請以宣祖、太祖同配。從之。知審官院，言初任京朝官，未嘗歷州縣，不得擬知州、通判。詔可。改知審刑院，俄掌吏部選，遷給事中、參知政事。時趙昌言亦參知政事，與易簡不協，至忿爭上前，上皆優容

之。未幾，昌言出使劍南，中路命改知鳳翔府。明年，易簡亦以禮部侍郎出知鄧州，移陳州。至道二年，卒，年三十九，贈禮部尚書。

易簡外雖坦率，中有城府。由知制誥入爲學士，年未滿三十。屬文初不達體要，及掌誥命，頗自刻勵。在翰林八年，眷遇夐絕倫等。李沆後入，在易簡下，先參知政事，故以易簡爲承旨，錫賚均焉。太宗遵舊制，且欲稔其名望而後正台輔，易簡以親老急於進用，因亟言時政闕失，遂參大政。

蜀人何光逢，易簡之執友也，嘗任縣令，坐賂削籍，流寓京師。會易簡典貢部，光逢代人充試以取貲，易簡於稠人中屛出之。光逢遂造謗書，斥言朝廷事，且譏易簡。易簡得其書以聞，逮捕光逢，獄具，坐棄市。易簡以殺光逢非其意，居常怏怏。母薛氏以殺父執切責之，易簡泣曰：「不謂及此，易簡罪也。」及易簡參知政事，召薛氏入禁中，賜冠帔，命坐，問曰：「何以教子成此令器？」對曰：「幼則束以禮讓，長則教以詩書。」上顧左右曰：「眞孟母也。」

易簡性嗜酒，初入翰林，謝日飲已微醉，餘日多沉湎。上嘗戒約深切，且草書勸酒二章以賜，令對其母讀之。自是每入直，不敢飲。及卒，上曰：「易簡果以酒死，可惜也。」易簡常居雅善筆札，尤善談笑，旁通釋典，所著文房四譜、續翰林志及文集二十卷，藏於秘閣。三子曰宿、曰壽、曰耆，大中祥符間，皆祿之以官云。

郭贄字仲儀，開封襄邑人。乾德中，舉進士，中首薦。太宗尹京，因事藩邸。太平興國初，擢爲著作佐郎、右贊善大夫。俄兼皇子侍講，賜緋魚。太宗至東宮，出戒子篇命贄注解，且令委曲講說，以喩諸王。三年，與劉兼、張洎、王克正同知貢舉，遷右補闕，與宋白並拜中書舍人，賜金紫。五年，復與程羽、侯陟、宋白同知貢舉。置京朝官差遣院，凡將命出入、受代歸闕官，悉考校勞績，銓量才品，命贄洎滕中正、雷德驤領之。

七年，以本官參知政事。曹彬爲弭德超所誣，贄極言救解，深爲宰相趙普所重。嘗因論事奏曰：「臣受不次之遇，誓以愚直上報。」太宗曰：「愚直何益於事？」贄言：「雖然，猶勝姦邪。」無何，以入對宿醒未解，左遷秘書少監、知荆南府。府俗尚淫祀，屬久旱，盛陳禱雨之具。贄始至，命悉撤去，投之江，不數日大雨。就加左諫議大夫，入爲鹽鐵使。時諸路積逋欠犯人，雖死猶繫其子孫。贄條陳其事，多所蠲貸。籍田，超拜工部侍郎。淳化中，知澶州，坐河決免所居官。久之，起爲給事中，復工部侍郎，知審官院、通進銀臺封駁司。眞宗即位，拜刑部，出知天雄軍。翌日，贄入對，懇辭。上曰：「全魏之地，所寄尤重，卿宜亟去。」入判太常寺、吏部流內銓，加集賢院學士、判院事。知河南府，歸朝，獻詩自陳，進

秩吏部，俄兼秘書監。

初，眞宗未出閤，贊已授經，上嘗至其家，後楊可法繼其任，上以爲輔導不及贊，嘗稱贊純厚長者。至是，在秘府，屢賜對，詢訪舊事。且愍其已老，特拜工部尙書、翰林侍讀學士，作詩賜之，有「啓發沖言曉典常」語。東封，遷禮部尙書。太宗在晉邸時，凡製篇咏，多令屬和。眞宗嘗訪其賜本，贊集爲四卷以獻，詔獎之。大中祥符三年，卒，年七十六。上以舊學之故，特親臨哭之，贈左僕射，謚文懿。錄其子昭度爲大理寺丞，昭升、昭用並大理評事，昭允左贊善大夫。

贊屬文敏速而不雕刻，昭度集爲三十卷上之，賜名文懿集。性温和，頗能延譽時雋。宋白以文學沉下位，贊薦引之，遂同掌誥命。趙昌言兒時，一見器之，及掌貢部，以爲奏名之首，後卒貴顯。贊初充賦有聲，邑人同在籍中者忌之，潛加構毀，自是連上不中選。洎贊再知貢舉，邑人子以明經充薦，詔下日，悔泣而去。贊聞之，命其所親召還，慰諭俾就舉，遂預薦中第。然吝嗇，切於治生，晩節不事事，人頗以是少之。

李至字言幾，眞定人。母張氏，嘗夢八仙人自天降，授字圖使呑之，及寤，猶若有物在胸

中，未幾，生至。七歲而孤，鞠於飛龍使李知審家。幼沉靜好學，能屬文。及長，辭華典贍。舉進士，釋褐將作監丞，通判鄂州。旋擢著作郞、直史館。會征太原，命督澤、潞芻糧，累遷右補闕、知制誥。太平興國八年，轉比部郞中，爲翰林學士。冬，拜右諫議大夫、參知政事。

雍熙初，加給事中。時議親征范陽，至上疏以爲：「兵者凶器，戰者危事，用之之道，必務萬全。幽州爲敵右臂，王師所嚮，彼必拒張，攻城數萬，兵食倍之。今日邊庾未充，況范陽之傍，坦無陵阜，去山既遠，取石尤難。金湯之堅，必資機石，儻有未備，願且繕完。畜威養銳，覩釁以伐謀，更縱彌年，亦未爲晩。必若聖心獨斷，在於必行，則京師天下之本，陛下恭守宗廟，不離京國，示敵人以閒暇，慰億兆之仰望，策之上也。大名，河朔之咽喉，或暫駐鑾輅，揚言自將，以壯軍威，策之中也。若乃遠提師旅，親抵邊陲，北有契丹之虞，南有中原之慮，則曳裾之懇切，斷鞅之狂愚，臣雖不肖，恥在二賢後也。」至以目疾累表求解機政，授禮部侍郞，進秩吏部。

會建秘閣，命兼秘書監，選三館書置閣中，俾至總之。至每與李昉、王化基等觀書閣下，上必遣使賜宴，且命三館學士皆與焉。至是昇秘閣，次於三館，從至請也。上嘗臨幸秘閣，出草書千字文爲賜，至勒石，上曰：「千文乃梁武得破碑鍾繇書，命周興嗣次韻而成，理無足取。若有資於教化，莫孝經若也。」乃書以賜至。薦潘愼修、舒雅、杜鎬、吳淑等入充直館校理。請購亡書，間以新書奏御，必便坐延見，恩禮甚厚。淳化五年，兼判國子監。至上言：「五經書疏已板行，惟二傳、二禮、孝經、論語、爾雅七經疏未備，豈副仁君垂訓之意。今直講崔頤正、孫奭、崔偓佺皆勵精強學，博通經義，望令重加讎校，以備刊刻。」從之。後又引吳淑、舒雅、杜鎬檢正譌謬，至與李沆總領而裁處之。

至道初，眞宗初正儲位，以至與李沆並兼賓客，詔太子事以師傅禮。眞宗每見必先拜，至等上表，不敢當禮。詔答曰：「朕旁稽古訓，肇建承華，用選端良，資於輔導。藉卿宿望，委以護調，蓋將勗以謙冲，故乃異其禮數。勿飾當仁之讓，副予知子之心。」至等相率謝。太宗謂曰：「太子賢明仁孝，國本固矣。卿等可盡心規誨，若動皆由禮，則宜贊助，事有未當，必須力言。至於禮、樂、詩、書義有可裨益者，皆卿等素習，不假朕之言諭也。」

眞宗卽位，拜工部尙書、參知政事。一日，上訪以靈武事，至上疏曰：「河湟之地，夷夏雜居，是以先王置之度外。繼遷異類，騷動疆埸，然臍不足弭其患，擢髮不足數其罪。然聖人之道，務屈己含垢以安億民，蓋所損者小，所益者大。望陛下以元元爲念，不以巨憝介意。料彼脅從亦厭兵久矣，苟朝廷舍之不問，啖以厚利，縻以重爵，亦安肯迷而不復訖於淪胥哉？昨鄭文寶絶青鹽使不入漢界，禁粒食使不及羌夷，致彼有詞，而我無謂，此之失策，雖悔何追。今若復禁止不許通糧，恐非制敵懷遠、不戰屈人之意。昔唐代宗雖畀田承嗣而

不禁魏鹽，陛下宜行此事，以安邊鄙。使其族類有無交易，售鹽以利之，通糧以濟之，彼雖遠夷，必然向化，互相諮諭。一旦懷恩，舍逆效順，則繼遷豎子孤而無輔，又安能爲我蜂蠆哉！今靈州不可不棄，非獨臣愚以爲當然，若移朔方軍額於環州，亦一時之權也。或指靈州爲咽喉之地，西北要衝，安可棄之以爲敵有，此不智之甚，非臣之所敢知也。」後靈武卒不能守。

咸平元年，以目疾求解政柄，授武信軍節度(三)，入辭節制，不允。居二年，徙知河南府。四年，以病求歸本鎭，許之。詔甫下，卒，年五十五。贈侍中，詔給其子惟良、惟允、惟熙等奉終制。

至嘗師徐鉉，手寫鉉及其弟鍇集，置於几案。又賦五君詠，爲鉉及李昉、石熙載、王祐、李穆作也。至剛嚴簡重，人士罕登其門。性吝嗇。幼育於知審，及貴，卽逐其養子以利其貲。知審因至亦至右金吾衞大將軍。

辛仲甫字之翰，汾州孝義人。曾祖實，石州推官。祖迪，壽陽令。父薰，河東節度判官。仲甫少好學，及長，能吏事，偉姿儀，器局沉厚。

周廣順中，郭崇掌親軍，領武定節制，署仲甫掌書記。顯德初，出鎭澶淵，仍署舊職。崇所親吏爲厢虞候，部民有被刼殺者，訴陰識賊魁，即捕盜吏也，官不敢詰。仲甫請自捕逮，鞫之，吏故稽其獄，仲甫曰：「民被寇害而使自誣服，蠹政甚矣，焉用僚佐爲？」請易吏以雪寃憤。崇悟，移鞫之，乃得實狀。崇移鎭眞定，改深、趙、鎭觀察判官。

太祖受命，以崇爲監軍陳思誨密奏崇有姦狀，上怒且疑，遣中使馳往驗之。未至，崇憂懣失據，謂賓佐曰：「苟王人不察，爲之奈何？」皆愕相視。仲甫曰：「皇帝膺運，公首效節，軍民處置，率循常度，且何以加辭。第遠偵使者，率僚屬盡郊迎禮，聽彼伺察，久當自辨矣。」崇如其言。使者至，視崇無他意，還奏，上大喜，歸罪於思誨。仲甫又隨崇爲平盧軍節度判官。崇卒，改鄆、齊觀察判官，累雪寃枉。

乾德五年，入拜右補闕，出知光州。州有橫河與城直〔三〕，會霖潦暴疾，水溢漬廬舍。仲甫集船數百艘，軍資民儲，皆賴以濟。六年，移知彭州。州卒誘營兵及諸屯戍，謀以長春節宴集日爲亂。屬春初，仲甫出城巡視，見壕中草深，意可藏伏，命燒薙之。兇黨疑謀泄，有自首者。禽百餘人，盡斬之。先是州少種樹，暑無所休。仲甫課民栽柳蔭行路，郡人德之，名爲「補闕柳」。太祖問羣臣文武兼資者爲誰，趙普以仲甫對。徙益州兵馬都監，代還，選爲三司戶部判官。

太平興國初，遷起居舍人，奉使契丹。遼主問：「党進何如人？如進之比有幾？」仲甫曰：「國家名將輩出，如進鷹犬材耳，何足道哉！」遼主欲留之，仲甫曰：「信以成命，義不可留，有死而已。」遼主竟不能屈。使還，以刑部郎中知成都府。既至，奏免歲輸銅錢，罷榷酤，政尚寬簡，蜀人安之。八年，加右諫議大夫。時彭州盜賊連結爲害，詔捕未獲。仲甫誘令自縛詣吏者凡百餘人，餘因散去。

九年，入知開封府，拜御史中丞。雍熙二年，拜給事中、參知政事。端拱中，進戶部侍郎。時呂蒙正以長厚居相位，王沔任事，仲甫從容其間而已。淳化二年，以足疾罷爲工部尚書，出知陳州。代歸，會蜀有寇，以仲甫素著恩信，將令輿疾招撫，以疾未行。無何，以太子少保致仕。眞宗即位，加太子少傅。咸平三年，卒，年七十四，贈太子太保。子若沖、若虛、若蒙、若濟、若渝，皆能其官。孫有孚、有隣，俱中進士。

王沔字楚望，齊州人。太平興國初，舉進士，解褐大理評事。四年，太宗親征太原，見於行在，授著作郎、直史館。遷右拾遺，出爲京西轉運副使。明年，加右補闕、知懷州。八年春，與宋白、賈黃中等同知貢舉，擢膳部郎中、樞密直學士。遷右諫議大夫、同簽書樞密

院事，賜第崇德坊。雍熙元年，加左諫議大夫、樞密副使。端拱初，改戶部侍郎、參知政事。

淳化初，宰相趙普出守西洛。呂蒙正以寬簡自任，政事多決於沔，沔與張齊賢同掌樞務，頗不叶，齊賢出知代州，沔遂爲副使，參預政事。陳恕好苛察，亦嘗與沔忤。淳化二年，齊賢洎恕參知政事，沔不自安，慮僚屬有以中書舊事告齊賢等。會左司諫王禹偁上言：「自今宰相及樞密使不得於本廳見客，許於都堂延接。」沔喜，即奏行之。直史館謝泌以爲如此是疑大臣以私也，疏駁之。太宗追還前詔，沔曁恕因是罷守本官。翌日，蒙正亦罷。沔見上，涕泣，不願離左右。未幾，鬚鬢皆白。會省吏事發，連中書，因有奏毀者。上語毀者曰：「呂蒙正有大臣體，王沔甚明敏。」毀者慙而止。

三年，上欲黜陟官吏，命沔與謝泌、王仲華同知京朝官考課。沔上言，應京朝官殿犯，乞令刑部條報，以贓及公私罪分三等以聞。立法苛察，欲因是以求再用。受命甫旬日，方視事，以暴疾卒，年四十三，贈工部尚書。

沔聽察敏辯，有適時之用，上前言事，能委曲敷繹。每對御讀所試進士辭賦，音吐明暢，經讀者多中高第。性苛刻，少誠信。掌機務日，凡謁見者必啗以甘言，皆喜過望，既而進退非允，人胥怨之。

沔弟淮，太平興國五年進士，任殿中丞，嘗掌香藥榷易院，坐贓論當棄市。以沔故，詔

杖一百，降定遠主簿。沔以是頗爲寇準所詆云。

溫仲舒字秉陽，河南人。太平興國二年，舉進士，爲大理評事，通判吉州。再遷祕書丞、知汾州，坐事除名。未幾，復起爲右贊善大夫，通判睦州。端拱初，拜右正言、直史館、判戶部憑由司。三年，拜工部郎中、樞密直學士，知三班院。秋，彗星見，召對別殿，仲舒以爲「國家平太原以來，燕、代之交，城守年深，殺傷剽掠，彼此迭見。大河以北，農桑廢業，戶口減耗。凋弊之餘，極力奉邊。丁壯備徭，老弱供賦。遺廬壞堵，不亡即死。邪人媚上，猶云樂輸。加以兵卒踐更，行者辛苦，居者怨曠。願推恩宥，以綏民庶」。太宗嘉納之，遂赦河北。

淳化二年，拜右諫議大夫、樞密副使，改同知樞密院事。四年，罷知秦州。先是，俗雜羌、戎，有兩馬家、朵藏、梟波等部，唐末以來，居於渭河之南，大洛、小洛門砦，多產良木，爲其所據。歲調卒采伐給京師，必以貲假道於羌戶。然不免攘奪，甚至殺掠，爲平民患。仲舒至，部兵歷按諸砦，諭其酋以威信，諸部獻地內屬。既而悉徙其部落於渭北，立堡砦以限之。民感其惠，爲畫像祠之。會有言仲舒生事者，上謂近臣曰：「仲舒嘗總機密之職，在吾

左右，當以綏懷爲務。古者伊、洛之間，尚有羌、渾雜居，況此羌部內屬，素居渭南，土著已久，一旦擅意斥逐，或至騷動，又煩吾關右之民。」乃命知鳳翔薛惟吉與仲舒對易其任。連知興元、江陵二府，加給事中。會內侍藍繼宗使秦州還，言得地甚利。乃召仲舒，拜戶部侍郎，尋參知政事。二砦後爲內地，歲獲巨木之利。

咸平初，拜禮部尚書，罷政，出知河陽。踰年，知開封府。五年，以京府務劇求罷，遂以本官兼御史中丞，尋遷刑部尚書、知天雄軍，徙河南。景德中，并州缺守，上以北門重鎮須大臣鎮撫，非張齊賢、溫仲舒不可，令宰相諭旨，皆不願往。未幾，復知審官院。大中祥符中，進秩戶部尚書。三年，判昭文館大學士，命下，卒，年六十七。贈左僕射，謚恭肅。

仲舒敏於應務。少與呂蒙正契厚，又同登第。仲舒黜廢累年，蒙正居中書，極力援引，及被任用，反攻蒙正，士論薄之。自爲正言至貳樞密，皆與寇準同進，時人謂之「溫寇」。子嗣宗、嗣良、嗣先、嗣立。仲舒既卒，帝憫其孤弱，並錄以官。

王化基字永圖，眞定人〔一〕。太平興國二年，舉進士，爲大理評事，通判常州。遷太子右贊善大夫、知嵐州。時趙普爲相，建議以縣用人無益于治，改淮南節度判官，入爲著作郎，

遷右拾遺，抗疏自薦。太宗覽奏曰：「化基自結人主，慷慨之士也。」召試，知制誥，以右諫議大夫權御史中丞。一日，侍便殿，問以邊事，對曰：「治天下猶植木焉，所患根本未固，固則枝幹不足憂。朝廷治，則邊鄙何患乎不安？」又嘗令薦士，即一疏數十人，王嗣宗、薛映、耿望，皆其人也。

化基嘗慕范滂爲人，獻澄清略，言時事有五：

其一，復尚書省，曰：國家立制，動必法天。尚書省上應玄象，對臨紫垣，故六卿擬喉舌之官，郎吏應星辰之位，斯實乾文昭著，故事具明。方今省署，名實未稱。夫三司使額，乃近代權制；判官、推官、勾院、開拆、磨勘、憑由、理欠、孔目、勾押、前後行，皆州郡吏局之名。請廢三司，止於尚書省設六尚書分掌其事；廢判官、推官，設郎官分掌二十四司及左右司公事，使一人掌一司；廢孔目、勾押、前後行爲都事、主事、令史；廢勾院、開拆、磨勘、憑由、理欠等司歸比部及左右司。如此即事益精詳，且盡去州郡吏局之名也。六卿如闕，即選名品相近、有才望者權之；郎官如闕，則於兩省三院選名幹有清望者，依資除之。其二十四司公事，若繁簡不同，望下本官府屬參酌其類，均而行之。

其二，慎公舉，曰：朝廷頻年下詔，以類求人。但聞例得舉官，未見擇其舉主。欲望自今先責朝官有聲望者，各舉所知，其舉得官員則置籍，并舉主名姓籍之。所舉之官，實著廉能，則特旌舉主；若所舉貪冒敗事，連坐舉主。陛下自登寶位，十年于茲，七經選掄，得人多矣。然下僚遠官，不無沉滯。望令採訪司及州郡長吏，廉察以聞，籍以待用，則下無遺材矣。

其三，懲貪吏，曰：貪吏之於民，其損甚大。屈法煩刑，徇私肆虐，使民之受害甚於木之受蠹。若乃用非其人而不繩以法，雖夷、齊、顏、閔不能自見。蓋中人之性，如水之在器，方員不常，顧用之者何如爾。望令諸路轉運使副兼採訪之名，責以覺察州、府、軍、監長吏得失，俟其澄清部內，則待以不次之擢，置於侍從之間。所貴周知物理，能備顧問，且足爲外官之勸也。

其四，省冗官，曰：古人建官，初不必備者，惟得其人也。國家封疆雖踰前世，而分設庶官實倍常數，意欲盡籠天下之利，而民物轉加凋弊。二十年前，江、淮諸郡，揚、楚最居要衝，務積事衆，地廣民繁。然止設知州一人署領官事，其餘通判官、推官及州官等，悉皆分莞榷務、倉庫。當時事無不集，兼少獄訟。其後十年，臣任揚州時，朝廷添置監臨、使臣等職，實踰本州官數。諸州冗員，似此非一。今以朝官、諸色使臣及縣令、簿、尉等高卑相折而計之，一人月費不啻十千，以千人約之，歲計用十餘萬

千，更倍萬約之，萬又過倍。使皆廉吏，止糜公帑；設或貪夫參錯其間，則取於民者又加倍焉。望委各路轉運使副，與知州同議裁減。若縣令、簿、尉等官自前多不備置，可兼者兼之，如此則冗官汰矣。

其五，擇遠官，曰：負罪之人，多非良善，貪殘凶暴，無所不至。若授以遠方牧民之官，其或怙惡不悛，恃遠肆毒。小民罹殃，卒莫上訴，甚非撫綏遠人之意也。若自今以往，西川、廣南長吏不任負罪之人，則遠人受賜矣。

書奏，太宗嘉納之。

初，柴禹錫在樞密，有奴受人金，而禹錫實不知也。參知政事陳恕欲因以中禹錫。太宗怒，引囚訊其事，化基爲辨其誣。太宗感悟，以化基爲長者。淳化中，拜中丞，俄知京朝官考課，遷工部侍郎。至道三年，超拜參知政事。咸平四年，以工部尚書罷知揚州。移知河南府，進禮部尚書。大中祥符三年，卒，年六十七。贈右僕射，謚惠獻。化基寬厚有容，喜慍不形，僚佐有相凌慢者，輒優容之。在中書，不以蔭補諸子官，然善教訓，故其子舉正、舉直、舉善、舉元皆有所立。

舉正字伯仲，幼嗜學，厚重寡言。化基以爲類己，器愛異諸子，以蔭補秘書省校書郎。

中華書局

進士及第，知伊闕、任丘縣，館閣校勘、集賢校理、眞宗實錄院檢討、國史編修官。三遷尚書度支員外郎、直集賢院，修三朝寶訓，同修起居注，擢知制誥。其妻父陳堯佐爲相，改龍圖閣待制。堯佐罷，以兵部郎中復知制誥，爲翰林學士，拜右諫議大夫、參知政事。前一日，吏有馳報者，舉正方燕居齋舍，徐謂吏曰：「安得漏禁中語？」既入謝，仁宗曰：「卿恬於進取，未嘗干朝廷以私，故不次用卿。」

時陝西用兵，呂夷簡以宰相判樞密院，舉正曰：「判名重，不可不避也。」乃改兼樞密使。遷給事中。御史臺舉李徽之爲御史，舉正友壻也，格不行。徽之訟曰：「舉正妻悍不能制，如謀國何？」歐陽脩等亦論舉正懦默不任事，舉正亦自求去，遂以資政殿學士、尚書禮部侍郎知許州。光化軍叛卒轉寇傍境，而州兵有謀起爲應者，舉正潛捕首惡者斬之。徙知應天府，累遷左丞。

皇祐初，拜御史中丞，乃奏：「張堯佐庸人，緣妃家，一日領四使，使賢士大夫無所勸。」不報，舉正因留班廷諍，乃奪宣徽、景靈二使。又曰：「先朝用人，雖守邊累年者，官止遙郡刺史。今所用未盡得人，而尅期待遷，使後有功者何所勸耶？且轉運使察官吏能否，生民休戚賴焉。命甫下而數更，不終歲而再易，恩澤所以未宣，民疾所以未瘳者，職此故也。」御史唐介坐言事貶春州，舉正力言之，介得徙英州。居半歲，堯佐復爲宣徽使。家居

凡七上疏。及狄青爲樞密使，又言青出兵伍不可爲執政，力爭不能奪，因請解言職。帝稱其得風憲體，遣賜就第，賜白金三百兩，除觀文殿學士、禮部尚書、知河南府，入兼翰林侍讀學士。每進讀及前代治亂之際，必再三諷諭。

以太子少傅致仕，卒，贈太子太保，諡安簡，賜黃金百兩。文章雅厚如其爲人，有平山集、中書制集、內制集五十卷。

舉元字懿臣，以上父章賜進士出身。知潮州，江水敗隄，盜乘間竊發，舉元夜召里豪計事，盜既獲，乃治隄。爲河陰發運判官。或言大河決，將犯京師。舉元適入對，具論地形證其妄，已而果然。歷羣牧、戶部判官〔五〕、京東轉運使。沙門島多流人，守吏顧貨橐，陰殺之。舉元請立監以較賞罰，自是全活者衆。徙淮南、河東。夏人來爭屈野地。舉元從數騎度河，設幕與之議，示以赤心，夏人感服。

治平中，又徙成都。邛井鹽歲入二百五十萬，爲丹稜卓箇所侵〔六〕，積不售，下令止之，鹽登於舊。召提舉在京修造，英宗勞之曰：「官廬舍害於水，僅有存者，卿究心公家，毋憚其勞。」俄進鹽鐵副使，拜天章閣待制，知滄州，改河北都轉運使，知永興軍。慶人〔七〕夏人屯境上，有窺我意。舉元使二裨將以千騎扼其要害。長安遣從事來會兵涇原，戒勿輕舉。大

將竇舜卿銳意請行，不聽。舉元曰：「不過三日，虜去矣。」至期果去。神宗以細札諮攻守策，舉元請省官減戍，益備去兵，勿營亭障。輿論不合，遂引疾求解，徙陳州，未行而卒。官至給事中，年六十二。子詔。

詔字景獻，用蔭補官，通判廣信軍事，知博州。魏俗尚椎剽，姦盜相囊橐，詔請開反告殺并贖罪法，以携其黨。元祐初，朝廷起回河之議，未決，而開河之役遽興。詔言河朔秋潦水淫爲菑，民人流徙，賴發廩振贍恩，稍蘇其生，謂宜安之，未可以力役傷也。從之。擢開封府推官。富民貸後絕僧牒爲緡錢十三萬，踰期復責倍輸，身死貲籍，又錮其妻子，詔請免之。出爲滑州。州屬縣有退灘百餘頃，歲調民刈草給河隄，民病其役，詔募人佃之，而收其餘。爲度支郎中，使契丹。時方討西夏，迓者耶律誠欲嘗我，言曰：「河西無禮，大國能容之乎？」詔曰：「夏人侮邊，既正其罪矣，何預兩朝和好事？」入賀，故事，跪而飲，蓋有譔拜者，乃彊詔。詔曰：「南北百年，所守者禮，其可紛更耶？」卒跪飲之。

崇寧中，由大理少卿爲卿，徙司農。御史論詔在滁日請蘇軾書醉翁亭碑，罷主崇福宮。起知旋知汝州，鑄錢卒罵大校，詔斬以徇，而上章待罪。除直秘閣，言者復抉滁州事，罷去。起知深、兗二州，徙同州，過闕，留爲左司郎中，遷衞尉、太府卿、刑部侍郎，詳定敕令。舊借緋紫

者不佩魚，詔言：「章服所以辨上下，今與胥吏不異。」遂皆佩魚。歷工、兵、戶三部侍郎，轉開封尹。時子璹使京西，攝尹洛。父子兩京相望，人以爲榮。

進刑部尚書，拜延康殿學士，提舉上清寶籙宮，復爲工部尚書。徽宗閔其老，命毋拜，詔皇恐，於是但朝朔望。俄以銀青光祿大夫致仕，卒，年七十九。

論曰：自昔參大政、贊機務，非明敏特達之士，不能勝其任。若又飭以文雅，濟以治具，則盡善矣。若水機鑒明敏，儒而知兵；李至剛嚴簡重，好古博雅，其於柄用宜矣。王沔臨事精密，能遠私謁，而考課之議，頗傷苛刻；仲甫以吏事爲時用，未免苟容之誚，瑕瑜固不相掩也。仲舒見舉於蒙正，而反攻其短；易簡不能周恤光逢，而置之死地，其不可與郭贄辨曹彬之誣、化基伸禹錫之枉同日而語也明矣。此純厚長者之稱，所以獨歸於二子歟！舉正繼踐台佐，得風憲體；舉元任職邊郡，有持重稱。迺詔之父子又並尹兩京，克濟其美，何王氏子孫之多賢也！

校勘記

〔一〕敵人聞我將帥莫不用命　「莫」字原脫，據長編卷四五補。

〔二〕武信軍節度　「武信軍」，本書卷六眞宗紀、長編卷四八、宋宰輔編年錄卷三、東都事略卷三六李至傳都作「武勝軍」，疑此誤。

〔三〕州有橫河與城直　按光州與城相直的河流，只有黃水，亦名潢河，此處「橫」字疑爲「黃」或「潢」之誤。

〔四〕眞定人　原作「鎭定人」，據隆平集卷六、東都事略卷三七本傳、長編卷二七改。

〔五〕羣牧戶部判官　「羣」原作「郡」。按宋代職官無「郡牧判官」之名，本書卷一六四職官志「太僕寺」條有羣牧判官，宋會要職官二三之七，羣牧判官「以朝臣歷一任知州、館職一任通判者爲之。」舉元資歷正與相合。「郡」字當爲「羣」字之訛，據改。

〔六〕卭井鹽歲入二百五十萬爲丹稜卓箇所侵　按宋無「卭井鹽」，據本書卷八九地理志，成都府路邛州蒲江縣有鹽井，朝野雜記甲集卷一四蜀州官鹽條謂爲大井，疑此「卭井」爲「邛井」之誤。又據宋會要食貨二三之一一，眉州有卓筒井鹽七井。卓筒係民間小井采用的取鹽之法，見文同丹淵集卷三四和同上朝野雜記。丹稜爲眉州屬縣，此處之「丹稜卓箇」疑當爲「丹稜卓筒」。熙寧前，

成都府曾閉卓筒井以保障官鹽，見本書卷一八三食貨志，亦同舉元此事相類。

〔七〕慶人　按長編卷二〇八、東都事略卷一二八西夏傳，都有治平三年夏人進攻慶州大順城的記載，疑此二字有誤。

宋史卷二百六十七

列傳第二十六

張宏　趙昌言　陳恕魏羽附　劉昌言　張洎　李惟淸

張宏字巨卿，青州益都人。高祖茂昭，唐易、定節度使。曾祖玄，易州刺史。祖持，蒲城令。父峭，業春秋，一舉不第，退居丘園，後唐天成中以賢帥後補協律郎，至平利令。宏，太平興國二年，舉進士，爲將作監丞、通判宣州。改太子中允、直史館，遷著作郎，賜緋魚，預修太平御覽，歷左拾遺。六年，出爲峽路轉運副使，就加左補闕。會省副使，知遂州，以勤幹聞，入爲度支員外郎。

雍熙中，呂蒙正、李至、張齊賢、王沔薦其文行，改主客郎中、史館修撰。數日，以本官充樞密直學士，賜金紫。太宗召對便殿，謂曰：「成都重地，卿爲朕鎭之。」因厚賜以遣。至鄭州，促召歸闕，拜右諫議大夫、樞密副使。會太宗親試禮部不合格貢士，令樞密院給牒，

因謂宏曰：「朕自御極以來，親擇羣材，大者爲棟梁，小者爲榱桷，卿與呂蒙正皆中朕選，大臣頗有沮議。非朕獨斷，豈能及此乎？」宏頓首謝。

時河朔用兵，宏居位無所建白，御史中丞趙昌言多言邊事，乃以昌言副樞密，宏爲中丞，兩更其任。端拱初，改工部侍郎，再爲樞密副使。淳化二年，以吏部侍郎罷，俄判吏部銓，權知開封府。太宗御便殿慮囚，以府獄多壅，詔劾其官屬，宏等頓首請罪，乃釋之。眞宗尹京，宏能奉朝請。至道初，出知潞州。二年，就轉右丞。眞宗卽位，加工部尙書。咸平初，還朝，知審官院、通進銀臺封駁司。二年，眞宗以上封者衆，慮其稽留，命宏與王旦知登聞鼓院，再掌吏部選。四年，卒，年六十三。廢朝，贈右僕射，命中使蒞葬事。錄其子可久大理評事，可道太祝，可度奉禮郎。

宏循謹守位，不求赫赫之譽，歷踐通顯，未嘗敗事。可久至虞部員外郎，可道國子博士，可度太子中舍。

趙昌言字仲謨，汾州孝義人。父叡，從事使府，太宗尹開封，選爲雍丘、太康二縣令，後終安、中觀察判官。

昌言少有大志，趙逢、高錫、寇準皆稱許之。太平興國三年，舉進士，文思甚敏，有聲於場屋，爲貢部首薦。廷試日，太宗見其辭氣俊辯，又覩其父名，謂左右曰：「是嘗爲東畿宰，朕之生辰，必獻詩百韻爲壽，善訓其子，亦可嘉也。」擢置甲科，爲將作監丞，通判鄂州。拜右拾遺、直史館，賜緋魚。選爲荆湖轉運副使，遷右補闕，會省副職，改知青州。入拜職方員外郎，知制誥，預修文苑英華。雍熙初，加屯田郎中。明年，同知貢舉，俄出知天雄軍。

時曹彬、崔彥進、米信失律于岐溝，昌言遺觀察支使鄭蒙上疏，請誅彬等。優詔褒答，召拜御史中丞。太宗宴金明池，特召預焉。憲官從宴，自昌言始也。

河朔用兵，樞密副使張宏循默守位，昌言多條上邊事，太宗即以昌言爲左諫議大夫，代宏爲樞密副使，遷工部侍郎。時鹽鐵副使陳象輿與昌言善，知制誥胡旦、度支副使董儼皆昌言同年，右正言梁顥嘗在大名幕下。四人者，日夕會昌言之第。京師爲之語曰：「陳三更，董半夜。」有傭書翟穎，性險誕，與旦狎，旦爲作大言之辭，使穎上之，爲穎改姓名馬周，以爲唐馬周復出也。其言多毀時政，自薦爲大臣，及歷舉數十人皆公輔器，期昌言爲內應。陳王尹開封，廉知以聞，詔捕穎繫獄，鞫之，盡得其狀。昌言坐貶崇信軍節度行軍司馬，穎杖脊黥面，流海島，禁錮終身。

初，太宗厚遇昌言，垂欲相之。趙普以勳舊復入，惡昌言剛戾，乃相呂蒙正。裁數月，

會有穎獄，普以昌言樹黨，再勸太宗誅之，太宗特寬焉。淳化二年，起昌言知蔡州，逾年，召拜右諫議大夫。或議弛茶鹽禁，以省轉漕。命昌言爲江淮、兩浙制置茶鹽使，昌言極言非便，太宗不納，趣昌言往。昌言固執如初。即以戶部副使雷有終代之，卒以無利而罷。

昌言復知天雄軍，賜錢二百萬。大河貫府境，豪民峙芻茭圖利，誘姦人潛穴堤防，歲仍決溢。昌言知之。一日，堤吏告急，命徑取豪家廥積以給用，自是無敢爲姦利者。屬澶州河決，流入御河，漲溢浸府城，昌言籍府兵負土增堤，數不及千，乃索禁卒佐役，皆偃蹇不進。昌言怒曰：「府城將墊，人民且溺，汝輩食厚祿，欲坐觀耶？敢不從命者斬。」衆股慄赴役，不浹旬城完。太宗手詔褒諭之，召拜給事中、參知政事，俾乘疾置以入，即赴中書。

時京城連雨，昌言請出廐馬分牧外郡。或以盛秋備敵，馬不可闕。昌言曰：「塞下積水，敵必不至。」太宗從之。未幾，王小波、李順構亂于蜀，議遣大臣撫慰。昌言獨請發兵，無使滋蔓，廷論未決。會嘉、眉連陷，始命王繼恩等分路進討。昌言攝祭太廟，宿齋中，因召對滋福殿，復贊兵計，遂遣使督繼恩戰。繼恩御衆寡術，餘寇未殄，擁兵留成都，士無鬥志，郡縣復有陷者。太宗意頗厭兵，召昌言謂曰：「西川本自一國，太祖平之，訖今三十年矣。」昌言知意，即前指畫攻取之策。太宗喜，命昌言爲川峽五十二州招安行營馬步軍都部署。自繼恩以下，並懇辭，敦諭不許，賜精鎧、良馬、白金五千兩，別賜手札數幅，皆討賊方略。

受節度。既行，有奏昌言無嗣，鼻折山根，頗有反相，不宜遣握兵入蜀。後旬日，召宰相於北苑門曰：「昨令昌言入蜀，朕思之有所未便。且蜀賊小醜，昌言大臣，未易前進。且令駐鳳翔，止遣內侍衛紹欽齎手書指揮軍事，亦可濟也。」詔書追及，昌言已至鳳州，留候館百餘日。賊平，改戶部侍郎，罷政事，知鳳翔府。徙澶、涇、延三州。

眞宗即位，遷兵部侍郎、知陝州，表求還京，不許。未幾，移知永興軍。咸平三年，與呂蒙正、寇準同召，以本官兼御史中丞、知審官院。有言門資官不宜任親民，昌言手疏，以才不才在人，豈以寒進世家爲限，遂罷其議。加工部尚書，仍兼中丞。

先時，多遣臺吏巡察羣臣踰越法式者，昌言建議請準故事，令左右巡使分領之。會知審刑院趙安仁、判大理寺韓國華斷獄失中解職，昌言因上言：「詳斷官宜加愼擇，自今有議刑不當，嚴示懲罰，授以遠官，若有罪被問不即引伏者，許令追攝。又天下大辟斷訖，皆錄款聞奏，付刑部詳覆，用刑乖理者皆行按劾。惟開封府未嘗奏案，或斷獄有失，止罪元勘官吏，知府、判官、推官、檢法官皆不及責，則何以辨明枉濫，表則方夏？望自今如外州例施行。」從之。會孟州民常德方訟臨津尉任懿以賄登第，事下御史，乃知舉王欽若受之，昌言以聞。欽若自訴，詔邢昺覆按，坐昌言故入，奪官，貶安遠軍行軍司馬，移武勝軍。

景德初，拜刑部侍郎。求兼三館職，命判尚書都省。眞宗幸澶淵，以盟津居要，增屯

兵，命知河陽。歷知天雄軍府。境內有小盜，昌言牓諭：「能告賊者給賞，牙吏即遷職。」樞密使王繼英以爲小盜不當擅爲賞格，乃詔昌言易其牓，有勞者俟朝旨。未幾，徙知鎭州，還戶部侍郎。大中祥符二年，卒，年六十五。贈吏部尚書，謚曰景肅。錄其子慶嗣爲國子監丞，賦祿終喪。姪孫允明同學究出身。

昌言喜推奬後進，掌漕湖外時，李沆通判潭州，昌言謂有台輔之量，表聞于朝。王旦宰岳州平江，昌言一見，識其遠大，以女妻之，後皆爲賢相。王禹偁自卑秩擢詞職，亦昌言所薦也。

昌言強力尚氣槪，當官無所顧避，所至以威斷立名，雖屢經擯斥，未嘗少自抑損。然剛愎縱率，對僚吏倨慢，時論以此少之。慶嗣至太子洗馬。

陳恕字仲言，洪州南昌人。少爲縣吏，折節讀書。江南平，禮部侍郎王明知洪州，恕以儒服見，明與語，大奇之，因資送令預計偕。太平興國二年進士，解褐大理評事、通判洪州，恕以鄉里辭。改澧州。澧自唐季爲節鎭兼領，吏多緣薄書乾沒爲姦。恕盡擿發其弊，郡中稱爲強明，以吏幹聞。

召入，爲右贊善大夫，同判三司勾院，遷左拾遺，充度支判官。與判使王仁贍廷爭本司事，仁贍屈伏，坐貶秩；擢恕爲度支員外郎，仍舊職。

再遷工部郎中、知大名府。時契丹內寇，受詔增浚城隍，其器用取於民者不時集，恕立擒府中大豪一人，會將吏將斬之。宗族號愬，賓佐競前請救，大豪叩頭流血，請翌日集事，違期甘死。恕令械之以徇，民皆恐慄，無敢後期者，數日功就。

會契丹引去，召入爲戶部郎中、戶部副使，遷右諫議大夫、知澶州。驛召爲河北東路營田制置使。太宗諭以農戰之旨，恕對曰：「古者兵出於民，無寇則耕，寇至則戰。今之戎士皆以募致，衣食仰給縣官，若使之冬持兵禦寇，春執耒服田，萬一生變，悔無及矣。」太宗曰：「卿第行，朕思之。」恕行數日，果有詔，止令修完城堡、通導溝瀆而已，營田之議遂寢。俄知代州，入判吏部選事，拜鹽鐵使。恕有心計，釐去宿弊，太宗深器之，親題殿柱曰：「眞鹽鐵陳恕。」

遷給事中、參知政事。數月，太宗言及戶部使樊知古所部不治。恕與知古聯事，情好款洽，密以語之，欲知古修擧其職。知古愬於太宗，太宗怒恕泄禁中語，罷守本官。旋出知江陵府，大發羣吏姦贓，坐徒、流、停、廢者甚衆，郡內惕息。

淳化四年，太宗從魏羽、段惟一之請，分三司爲十道，置左右計使，以魏羽、董儼分主

之；召恕爲工部侍郎，充總計使，判左右計事。左右計使分判十道事，凡議論、計度並令恕等參預。恕以官司各建，政令互出，難以經久，極言其非便。歲餘，果罷，復以恕爲鹽鐵使。

時太宗留意金穀，召三司吏李溥等二十七人對於崇政殿，詢以計司利害。溥等言條目煩多，不可以口占，願給筆札以對。太宗遣中黃門送詣相府，限五日悉條上之。溥等共上七十一事，詔以四十四事付有司行之，其十九事下恕等議可否。遣知雜御史張秉、中使張崇貴監議，令中書籍其事，專檢擧之，無致廢格。賜溥等白金緡錢，悉補侍禁、殿直，領其職。太宗謂宰相曰：「溥等條奏事頗有所長。朕嘗語恕等，若文章稽古，此輩固不可望；若錢穀利病，頗自幼至長寢處其中，必周知根本。卿等但假以顏色，引令剖陳，必有所益。恕等剛強，終不肯降意詢問。」呂端對曰：「耕當問奴，織當問婢。」寇準曰：「夫子入太廟，每事問。乃以貴下賤，先有司之義。」

後數日，太宗又曰：「國家歲入財數倍於唐。唐中葉以降，藩鎭擅命，征賦多不入公家，下陵上替，經制隳壞。若前代爲得，卽已致太平，豈復煩朕心慮也。」因召恕等責以職事曠廢。恕等對曰：「今土宇至廣，庶務至繁，國用軍須，所費浩瀚，又遇諸州凡有災沴，必盡蠲其租。臣等每擧榷利，朝廷必以侵民爲慮，皆尼而不行。縱使耿壽昌〔一〕、桑弘羊復生，亦所不逮。臣等駑力，惟盡心簿領，終不足上裨聖治。」太宗曰：「卿等淸而不通，專守繩墨，終

不能爲國家度長絜大，剖煩析滯。只如京城倉庫，主吏當改職者，簿領中壹處節目未備，卽至十年五年不決，以致貧無資給，轉徙溝壑。此卿等之過，豈不傷和氣哉？」恕等頓首謝。五年，賜三司錢百萬，募吏有能言本司不便者，令恕等量事大小，以錢賞之，錢盡更給。

至道二年，欲併三司，命官總判。其勾院、磨勘、理欠、憑由、支收、行帳、提點等司，令恕條列其事以聞。恕奏曰：「伏以封域寖廣，財穀繁多，三司之中，簿牒塡委，朝廷設法，督責尤嚴，官吏救過不暇。若爲三部各設主司，擇才非難，辦事亦易。事辦過鮮，不撓上心，此亦一時之良策也。其勾院、磨勘兩司，出於舊制，關防之要，莫加於此。理欠、憑由二司，雖非舊設，自理欠失序，憑由散落，故設二司專令典掌。綱目咸具，制置有倫，逋欠無失理之名，憑由鮮流散之弊，實亦要切，不可廢除。若兩司併委一官，方及判官一員之事。其主轄支收司，先因從京支度財貨，轉輸外地，此除彼附，照驗稽滯，若京城得賢主吏，使居此司，專行檢轄，凡支撥官物，便給除破文憑，却於所司置簿記錄，催到收附文記，卽乃勾銷簿書取捷之門，亦爲允當。其行帳司近日權置，了絕舊帳，帳目告盡，司額自除。提點司是中旨特置，提振三司廢怠之事，固非有司敢得擬議也。」詔三司都憑由、理欠司宜令爲一處，命官兼判。應諸道逋負官物，令三司逐部理約〔二〕，理欠司但總其所逋之數糾督之。餘悉從恕奏。

恕將立茶法，召茶商數十人，俾各條利害，恕閱之第爲三等，語副使宋大初曰：「吾觀下等固滅裂無取。上等取利太深，此可行於商賈，不可行於朝廷。惟中等公私皆濟，吾裁損之，可以經久。」於是始爲三法行之，貨財流通。

峽路諸州，承孟氏舊政，賦稅輕重不均，閬州稅錢千八百爲一絹，果州六百爲一絹。民前後擊登聞鼓陳訴，歷二十年，詔下本道官吏，因循不理。轉運副使張曄年少氣銳，會受詔按覆，卽便宜行之。恕奏曄擅改法，計果州一歲虧上供絹萬餘，曄坐削一任免。

恕每便殿奏事，太宗或未深察，必形詰讓。恕斂板蹴縮，退至殿壁負立，若無所容。俟意稍解復進，懇執前奏，終不改易，如是或至三四。太宗以其忠，多從之。遷禮部侍郎。眞宗卽位，加戶部，命條具中外錢穀以聞。恕久不進，屢趣之，恕曰：「陛下富於春秋，若知府庫充實，恐生侈心，臣是以不敢進。」眞宗嘉之。

咸平二年，帝北巡，充行在轉運使。俄以母老求解，拜吏部侍郎，知通進銀臺封駮司、審官院。上言：「封駮之任，實給事中之職，隸於左曹。雖別建官局，不可失其故號。請以門下封駮事隸銀臺司。」從之。五年，知貢擧。恕自以洪人避嫌，凡江南貢士悉被黜退。又援貢擧非其人之條，故所取甚少，而所取以王曾爲首，及廷試糊名考校，曾復得甲科，時議稱之。恕每自歎曰：「吾得曾，名世才也，不愧於知人矣。」

恕事母孝，母亡，哀慕過甚，不食葷茹，遂至羸瘠。起復視事，遷尙書左丞、權知開封府。恕已病，猶勉強親職，數月增劇，表求館殿之職，獲奉以濟其貧。眞宗曰：「卿求一人可代者，聽卿去。」是時寇準罷樞密使，恕卽薦以自代，遂以準爲三司使，恕爲集賢學士、判院事。準卽檢尋恕前後改革興立之事，類以爲册，及以所出榜，别用新板，躬至恕第請判押。恕亦不讓，一一押之，自是計使無不循其舊貫。至李諮爲三司使，始改茶法，恕之規模漸革矣。

帝重恕，詔太醫診療。百日，有司請停奉，不許，未幾，卒，年五十九。恕將卒，口占遺奏及約束後事，送終之具，無不周悉。眞宗悼惜，廢朝，贈吏部尙書。錄其子執中爲太常寺太祝，執古爲奉禮郎。

恕頗涉史傳，多識典故，精於吏理，深刻少恩，人不敢干以私。前後掌利柄十餘年，強力幹事，胥吏畏服，有稱職之譽。善談論，聽者忘倦。素不喜釋氏，嘗請廢譯經院，辭甚激切。眞宗曰：「三教之興，其來已久，前代毀之者多矣，但存而不論可也。」

恕性吝，恕子淳私用錢。及寢疾，上言淳不率教導，多與非類遊，常習武藝，願出爲外州軍校。眞宗曰：「戎校管鎭兵，非丞郎家子弟所莅也。」以爲滁州司馬。恕卒，召復舊官，後竟以賄敗。執中至同中書門下平章事，别有傳；執古至虞部員外郎；執方、執禮，並太

子中舍。

魏羽者，字垂天，歙州婺源人。少能屬文，上書李煜，署弘文館校書郎。時建當塗縣爲雄遠軍，以羽爲判官。宋師渡江出其境，羽以城降，太祖擢爲太子中舍，仍舊職。金陵平，入朝，出知興州。

太平興國初，知棣州，改京兆府。六年，受詔詣瀛州覆軍市租，得隱漏數萬計。因上言：「本州錄事參軍郭震十年未代；河間令崔能前任郎墨，未滿歲遷秩。有司調選失平，疏遠何由聞達，請罪典司，以肅欺弊。」上賜詔褒諭。復命，遷太常博士、知宋州，又徙闐州，就改膳部員外郎。丁外艱，起復莅事，入判大理寺。歷度支、戶部二判官，召拜本曹郎中。因上疏言三司職官頗衆，願省其半，可以責成，仍條列利病凡二十事。詔下有司詳議，皆以爲便。改鹽鐵判官。時北邊多警，朝議耕戰之術，以羽爲河北東路營田副使，改兩浙轉運使，遷兵部郎中。

淳化初，選爲秘書少監，踰月，遷左諫議大夫，俄拜度支使，改鹽鐵使。四年，併三部爲一司，以羽判三司。先是，三司簿領堆積，吏緣爲姦，雖嘗更立新制，未爲適中。是冬，羽上言：「依唐制天下郡縣爲十道，兩京爲左右計，各署判官領之。」制三司使二員，以羽爲左計使，董儼爲右計使，中分諸道以隸焉。未久，以非便罷，守本官，出知滑州。丁內艱，起復，加給事中，徙潭州，遣使諭旨。眞宗卽位，遷工部侍郎，連徙杭、揚二州，召權知開封府。車駕北巡，判留司三司，再爲戶部度支使。

咸平四年，以疾解職，拜禮部侍郎。謝日，召升便殿，從容問論，勉以醫藥。月餘卒，年五十八。

羽涉獵史傳，好言事。淳化中，許王暴薨，或有以宮府舊事上聞者。太宗怒，追捕僚吏，將窮究之。羽乘間上言曰：「漢戾太子竊弄父兵，當時言者以其罪當笞耳。今許王之過，未甚於是。」太宗嘉納之，繇是被劾者皆獲輕典。嘗建議有唐以來，凡制詔皆經門下省審，有非便者許其封駮，請遵故事，擇名臣專領其職，迄今不廢。

羽強力有吏幹，尤小心謹事。太宗嘗謂左右曰：「羽有心計，亦明吏道，但無執守，與物推移耳。」歷劇職十年，始踰四十，鬚鬢盡白，亦可憐也。」羽出入計司凡十八年，習知金穀之事，然頗傷煩急，不達大體。

景德二年，長子玠卒，其妻自陳家貧無祿，上憫之。次子校書郎瓘爲奉禮郎，後爲殿中丞；琰爲太子中舍。孫平仲，天禧三年同進士出身。

羽同時有劉式者，亦久居計司，創端拱中三年磨勘之法，首以式主之。

式字叔度，袁州人也。李煜時，舉三傳中第。歸宋，歷遷大理寺丞、贊善大夫、監通州豐利監及主三司都磨勘司，仍賜緋。式又建議置主轄支收司，以謹財賦出納，時以爲當。遷祕書丞，與陳靖使高麗。至道中，併三勾院爲一，命式領之。再轉工部員外郎，賜金紫。遷刑部。式深究簿領之弊，江、淮間舊有橫賦，逋積至多，式奏免之，人以爲便。然多所條奏，檢校過峻，爲下吏所訟，免官，卒。

眞宗追錄前效，賜其子立本學究出身。次子立之，後爲國子博士。立德、立禮，並進士及第，立禮爲殿中丞。

劉昌言字禹謨，泉州南安人。少篤學，文詞靡麗。本道節度陳洪進辟功曹參軍，掌牋奏。洪進遣子文顯入貢，令昌言偕行，太祖親勞之。

太平興國三年〔三〕，洪進歸朝，改鎭徐州，又辟推官。五年，舉進士入格，太宗初惜科第，止授歸德軍掌書記。八年，復舉得第，遷保信、武信二鎭判官。宰相趙普鎭南陽，重昌言有吏幹。錢俶帥鄧，表薦之。移泰寧軍節度判官。入爲左司諫、廣南安撫使。淳化初，趙普留守西京，表爲通判，委以府政。普疾，屬昌言後事。普卒，昌言感普知己，經理其家事。

太宗以爲忠於所舉，拜起居郎，賜金紫、錢五十萬。連對三日，皆至日旰。昌言捷給詼詭，能揣人主意，無不稱旨。太宗謂宰相曰：「昌言質狀非偉，若以貌取，失之子羽矣。」遷工部郎中，踰月，守本官，充樞密直學士，與錢若水同知審官院。二十八日，遷右諫議大夫、同知樞密院事。

昌言驟用，不爲時望所伏，或短其閩語難曉，太宗曰：「惟朕能曉之。」又短其委母妻鄉里，十餘年不迎侍，別娶旁妻。太宗既寵之，詔令迎歸京師，本州給錢辦裝，縣次續食。時又有光祿丞何亮家果州，秘書丞陳靖家泉州，不迎其親。下詔戒諭文武官，父母在劍南、峽路、漳泉、福建、嶺南，皆令迎侍，敢有違者，御史臺糾舉以聞。

昌言自以登擢非次，懼人傾奪。會誅凶人趙贊，昌言與贊素善，前在河南嘗保任之，心不自安。因太宗言及近侍有與贊交者，昌言蹶然出位，頓首稱死罪。太宗慰勉之，然自此惡其爲人。以給事中罷，出知襄州。上言：「水旱民輸稅愆期。舊制六月開倉，臣令先一月許所在縣驛輸納以便民。獲盜當部送闕下，臣恐吏柔懦不能制，再亡命，配隸軍籍。此二事，臣從便宜，不如詔書，慮讒慝因而浸潤，願陛下察之。」太宗下詔責其不循舊章，斂怨於民，自今敢背棄詔條，譴責不復恕。

至道二年，徙知荊南府。眞宗即位，就拜工部侍郎。咸平二年，卒，年五十八，贈工部尚

書。子有方，比部員外郎；有政，虞部員外郎。

張洎，滁州全椒人。曾祖旼，澄城尉。祖蘊，泗上轉運巡官。父煦，滁州司法掾。

洎，少有俊才，博通墳典。江南舉進士，解褐上元尉。李景長子弘冀卒，有司謚武宣。洎議以爲世子之禮，但當問安視膳，不宜以「武」爲稱。旋命改謚，擢監察御史。洎自以論事稱旨，遂肆彈擊無所忌，大臣游簡言等嫉之。會景遷國豫章，留煜居守，即薦洎爲煜記室，不得從。未幾，景卒，煜嗣。擢工部員外郎、試知制誥；滿歲，爲禮部員外郎、知制誥。遷中書舍人、清輝殿學士，參預機密，恩寵第一。

洎舊字師黯，改字偕仁。清輝殿在後苑中，煜寵洎，不欲離左右，授職內殿，中外之務一以諮之。每兄弟宴飲，作妓樂，洎獨得預。爲建大第宮城東北隅，及賜書萬餘卷。煜嘗至其第，召見妻子，賜予甚厚。

洎尤好建議，每上言，未即行，必稱疾，煜手札慰諭之，始復視事。及王師圍城，踰年，城危甚，洎勸煜勿降，每引符命云：「玄象無變，金湯之固，未易取也。北軍旦夕當自引退。苟一旦不虞，即臣當先死。」既而城陷，洎攜妻子及橐裝，自便門入止宮中，紿光政使陳喬同升閣，欲與俱死。喬自經氣絕，洎反下見煜曰：「臣與喬同掌樞務，國亡當俱死。又念主在，誰能爲主白其事，不死，將有以報也。」

歸朝，太祖召責之曰：「汝教煜不降，使至今日。」因出帛書示之，乃圍城日洎所草詔，召上江救兵蠟丸書也。洎頓首請罪曰：「實臣所爲也。犬吠非其主，此其一爾，他尙多有。今得死，臣之分也。」辭色不變。上奇之，貸其死，謂曰：「卿大有膽，不加卿罪。今之事我，無替昔日之忠也。」拜太子中允，歲餘，判刑部。太宗即位，以其文雅，選直舍人院，考試諸州進士。未幾，使高麗，復命，改戶部員外郎。太平興國四年，出知相州。明年夏，徙貝州。是冬，又知相州。部內不治，轉運使田錫言其狀，代還。洎求見廷辯，上以其儒生，不責以吏事，詔不問。令以本官知譯經院，遷兵部員外郎、禮戶二部郎中。雍熙二年，同知貢舉。

端拱初，契丹寇邊，詔羣臣言事。洎上奏，以練兵聚穀，分屯塞下，來則備禦，去則勿追爲要略。會錢俶薨，太常定謚忠懿。洎時判考功，爲覆狀，經尙書省集議。虞部郎中張佖奏駮曰：「按考功覆狀一句云『亢龍無悔』，實非臣子宜言者。況錢俶生長島夷，夙爲荒服，未嘗略居尊位，終是藩臣，故名不可稱龍，位不可爲亢。其『亢龍無悔』四字，請改正。」事下中書，以詰洎。對狀曰：「竊以故秦國王明德茂勳，格于天壤，處崇高之富貴，絕纖介之譏嫌。太常

禮院稽其功行，定茲嘉謚，考功詳覆之際，率遵至公，故其議狀云：『茲所謂受寵若驚，居亢無悔者也。』謹按易乾之九三云：『君子乾乾，夕惕若厲，無咎。』王弼注云：『處下體之極，居上體之下，履重剛之險，因時而惕，不失其幾，可以無咎。處下卦之極，愈於上九之亢。』易例云：『初九爲元士，九二爲大夫，九三爲諸侯。』正義云：『易之本理，以體爲君臣。九三居下體之極，是人臣之極，可以愼守免禍。故云免亢極之禍也。』漢書梁商傳贊云：『地居亢滿，而能以謹厚自終。』楊植許由碑云：『錙銖九有，亢極一夫。』杜鴻漸讓元帥表云：『祿位亢極，過踰涯量。』盧杞郭子儀碑云：『居亢無悔，其心益降。』李翰書霍光傳云：『有伊、周負荷之明，無九三亢極之悔。』張說祁國公碑云：『一無目牛之全，一無亢龍之悔也。』況考功狀內止稱云：『受寵若驚，居亢無悔。』即本無『亢龍無悔』之語。斯蓋張佖擅改公奏，罔冒天聽。請以元狀看詳，反坐其人，以懲姦妄。」俄下詔曰：「張洎援引故實，皆有依據。張佖學識甚淺，敷陳失實，尙示矜容，免其黜降，可罰一月俸。」

洎未幾選爲太僕少卿、同知京朝官考課，拜右諫議大夫、判大理寺。又充史館修撰、判集賢院事。淳化中，上令史館修撰楊徽之等四人修正入閤舊圖，洎同奉詔，因討論故事，獨草奏以聞。洎又言：

按舊史，中書、門下、御史臺爲三署，謂侍從供奉之官。今起居日侍從官先入殿

庭，東西立定，俟正班入，一時起居。其侍從官東西列拜，甚失北面朝謁之儀。請準舊儀，侍從官先入起居，行畢，分侍立於丹墀之下，謂之「蛾眉班」。然後宰相率正班入起居，雅合於禮。

臣又聞古之王者，躬勤庶務，其臨朝之疏數，視政事之繁簡。唐初五日一朝，景雲初，始修貞觀故事。自天寶兵興之後，四方多故，肅宗而下，咸隻日臨朝，雙日不坐。其隻日或遇陰霾、盛暑、大寒、泥濘，亦放百官起居。雙日宰相當奏事，即特開延英召對。或夷蠻入貢，勳臣歸朝，亦特開紫宸殿引見。陛下自臨大寶，十有五年，未嘗一日不鷄鳴而起，聽天下之政，雖剛健不息，固天德之常然，而游焉息焉，亦聖人之謨訓。儻君父焦勞於上，臣子緘默於下，不能引大體以爭，則忠良之心，有所不至矣。

臣欲望陛下依前代舊規，隻日視朝，雙日不坐。其隻日遇大寒、盛暑、陰霪、泥濘，亦放百官起居，其雙日於崇德、崇政兩殿召對宰臣。常參官以下及非時蠻夷入貢、勳臣歸朝，亦特開上閤引見，並請準前代故事處分。

奏入不報。

時，上令以儒行篇刻於版，印賜近臣及新第舉人。洎得之，上表稱謝，上覽而嘉之。翌日，謂宰相曰：「羣臣上章獻文，朕無不再三省覽。如張洎一表，援引古今，甚不可得。可召

至中書，宣諭朕意。」數月，擢拜中書舍人，充翰林學士。上顧謂近臣曰：「學士之職，清要貴重，非他官可比，朕常恨不得爲之。」故事，赴上日設燕，教坊以雜戲進，久罷其事。至是，令盡設之，仍詔樞密直學士呂端、劉昌言及知制誥柴成務等預會，時以爲榮。

俄判吏部銓。嘗引對選人，上顧之謂近臣曰：「張洎富有文藝，至今尚苦學，江東士人之冠也。」洎與錢若水同在禁林，甚被寵顧。時劉昌言驟擢樞要，人望甚輕，董儼方掌財賦，欲以計傾之。會楊徽之、錢熙嘗言洎及若水且夕當大用。熙以語昌言，昌言曰：「洎必參政柄。若水後進年少，豈遽及此。」時翰林小吏諸事在側，昌言慮洎聞之，即對小吏盡述熙言，令告洎。洎方修飭邊幅以固恩寵，疑徽之遣熙以搆飛語中己，遂白於上。上怒，召昌言質之，以徽之爲鎮安軍行軍司馬。熙罷職，通判朗州。

會皇子益王元傑改封吳王，行揚州、潤州大都督府長史，領淮南、鎮江兩軍節制。洎當草制，因上疏議曰：「謹按前史，皇子封王，以郡爲國，置傅相及內史、中尉等，佐王爲治。自漢、魏以降，所封之王始不之國，朝廷命卿大夫臨郡，即稱內史行郡事。東晉永和、泰元之際，有瑯邪王、會稽王、臨川王，故謝靈運、王羲之等爲會稽、臨川內史，即其事也。唐有天下，以揚、益、潞、幽、荆五郡爲大都督，署長史、司馬爲上佐，即前代內史之類也。其大都督之號，非親王不授；其揚、益等郡，或有親王遙領，朝廷命大臣臨郡者，即皆長史、副大使知

節度事也。臣請質之前代，段文昌出鎮揚州，云『淮南節度副大使知節度事、兼揚州大都督府長史』。李載義鎮幽州，云『盧龍軍節度副大使知節度事、兼幽州大都督府長史』，即其例也。今益王以揚、潤二郡建社爲吳國王，居大都督之任，又已正領節度事，豈宜却加長史之號，乃是國王自爲上佐矣。若或朝廷且以長史拜受，其加銜內又無副大使、知節度使之目，倘或他日別命守將，俾臨本郡，即不知以何名目而授除也。臣草制之夕，便欲上陳，慮奏報往反，有妨明日宣降。茲事有關國體，況吳王未領恩命，尚可改正，乞付中書門下，商議施行。」宰相以制命已行，難於追改。洎又上表論列，呂蒙正言：「越王領福州長史，今吳王獨爲大都督，居越王之上，非便。」上令俟異日除授，幷改正之。至明年，上郊祀覃慶，遂改焉。

俄奉詔與李至、范杲〔四〕、張佖同修國史，又判史館。洎博涉經史，多知典故。每上有著述，或賜近臣詩什，洎必上表，援引經傳，以將順其意。上因賜詩褒美，有「翰長老儒臣」之句。與蘇易簡同在翰林，尤不協，及易簡參知政事，洎多攻其失。既而易簡罷，即以洎爲給事中、參知政事，與寇準同列。

先是，準知吏部選事，洎掌考功，爲吏部官屬。準年少，新進氣銳，思欲老儒附己以自大。洎夙夜坐曹視事，每冠帶候準出入於省門，揖而退，不交一談。準益重焉，因延與語。

洎捷給善持論，多爲準規畫，準心伏，乃兄事之，極口誇洎於上〔五〕。上欲進用，又知其在江左日多譖毀良善，李煜殺潘佑，洎嘗預謀，心疑之。翰林待詔尹熙古、吳郢皆江東人，洎嘗善待之。上一夕召熙古輩侍書禁中，因問以佑得罪故。熙古言煜忿佑諫說太直耳，非洎謀也。自是洗然，遂加擢用，蓋準推挽之也。既同秉政，奉準愈謹，政事一決於準，無所參預。

至道二年五月，四方館使曹璨自河西馳騎入奏邊事，言繼遷率萬餘衆寇靈州。上詔宰相呂端、知樞密院事趙鎔等各以所見畫策，即日具奏來上。呂端相率詣長春殿見上，言曰：「臣等若各述所見，則非詢謀僉同之議，望許共爲一狀，陳其利害。」洎越次奏曰：「端等備位輔弼，上有所詢問，反緘默不言，深失訏謨之體。」端曰：「洎欲有言，不過揣摩陛下意耳，必無鯁切之理。」上默然。翌日，洎上疏引賈捐之棄珠崖事，願棄靈武以省關西饋運。上嘗有此意，既而悔之，洎果迎合，覽奏不悅。既以疏付洎，謂之曰：「卿所陳，朕不曉一句。」洎惶恐而退。上召同知樞密院事向敏中等謂曰：「張洎上言，果爲呂端所料，朕已還其疏矣。」

洎既議事不稱旨，恐懼，欲自固權位。上已嫉準專恣，恩寵衰替。洎慮一旦同罷免，因奏事，大言寇準退後多誹謗。準但色變，不敢自辯。上由是大怒，準旬日罷。未幾，洎病在告，滿百日，力疾請對，方拜，踣於上前，左右掖起之。明日，上章求解職，優詔不允。後月

餘，改刑部侍郎，罷知政事。奉詔嗚咽，疾遂亟，十餘日卒，年六十四。贈刑部尙書，以其二子皆爲京官。

洎風儀灑落，文采清麗，博覽道釋書，兼通禪寂虛無之理。終日清談，亹亹可聽。尤險詖，好攻人之短。李煜既歸朝，貧甚，洎猶丐索之。煜以白金頮面器與洎，洎尙未滿意。時潘愼修掌煜記室，洎疑愼修教煜，素與愼修善，自是亦稍疎之。煜子仲寓雅好蒱博飲宴，洎因切諫之，仲寓謝過。後數月，人有言仲寓蒱博如故，洎遂與之絕。及仲寓死郢州，葬京師，洎亦不赴弔。與張佖議事不協，遂爲讎隙，始以從父禮事佖，既而不拜。尤善事內官，在翰林日，引唐故事，奏內供奉官藍敏政爲學士使，內侍裴愈副之。上覽奏，謂曰：「此唐室弊政，朕安可踵此覆轍，卿言過也。」洎慚而退。性鄙吝，雖親戚無所霑，及江表故舊，亦罕登其門。素與徐鉉厚善，後因議事相忤，遂絕交。然手寫鉉文章，訪求其筆札，藏篋笥，甚於珍玩。洎有文集五十卷行于世。

子安期，至國子博士；方回，後爲虞部員外郎。方回子懷玉，王欽若壻，賜進士及第，大理寺丞，祕書校理。

李惟清字直臣，下邑人。父仲行，爲章丘簿，因徙家焉。惟清，開寶中，以三史解褐涪陵尉。蜀民尙淫祀，病不療治，聽於巫覡，惟清擒大巫笞之，民以爲及禍。他日又加箠焉，民知不神。然後教以醫藥，稍變風俗。時遣宦官督輸造船木，縱恣不法，惟清奏殺之，由是知名。秩滿，遷大理寺丞。

太平興國三年，遷爲荆湖北路轉運判官〔六〕。五年，改左贊善大夫，充轉運副使，升正使，就改監察御史，兼總南路。嘗入奏事，太宗問曰：「荆湖累年豐稔，又無徭役，民間蘇否？」惟清曰：「臣見官賣鹽斤爲錢六十四，民以三數斗稻價，方可買一斤。」乃詔斤減十錢。徙京西轉運使，入爲度支判官，改主客員外郎。

雍熙三年，大舉取幽州，惟清以爲兵食未豐，不可輕動。朝廷業已興師，奏入不報。判度支許仲宣建議通鹽法，以賣鹽歲課賦于鄉村，與戶稅均納。惟清奉詔往荆湖諸路詳定，奏言以鹽配民非便，遂罷。使還，上又問民間苦樂不均事，惟清言：「前在荆湖，民市清酒務官釀轉鬻者，斗給耗二升，今三司給一升，民多他圖，而歲課甚減。」詔復其舊。未幾，出爲京東轉運使。會募丁壯爲義軍，惟清曰：「若是，天下不耕矣。」三上疏諫，繇是獨選河北，而餘路悉罷。擢屯田郎中、度支副使。

端拱初，遷右諫議大夫，歷戶部使，改度支使。會遣使河朔治方田，大發兵。惟清以盛春妨農，懇求罷廢。太宗曰：「兵夫已發矣。止令完治邊城而已。」淳化三年，遷給事中，充鹽鐵使，遂以帳式奏御。太宗曰：「費用若此，民力久何以堪？如可減省，卽便裁度。」惟清曰：「比開寶軍興之際〔七〕，其數倍多，蓋以將帥未得其人，邊事未寧，屯兵至廣也。臣聞漢有衞青、霍去病，唐有郭子儀、李晟，西北望而畏之。如此則邊事息而支用減矣。望愼擢將帥，以有威名者俾安邊塞，庶節費用。」上言：「彼一時，此一時也。今之西北變詐，與古不同。選用將帥，亦須深體今之幾宜。韓、彭雖古之名將，以彼時之見，制今之敵，亦恐不能成功。今縱得人，未可便如古委之。此乃機事，卿所未知也。」

淮南榷貨務賣岳茶，斤爲錢百五十。主吏言陳惡者二十六萬六千餘斤，惟清擅減斤五十錢，不以聞。滁泗濠楚州、漣水軍亦以岳茶陳惡，減價市之。計虧錢萬四千餘貫，爲勾院吏盧守仁所發，左授衞尉少卿，黜判官李琯爲本曹員外郎，賜守仁錢十五萬。俄出知廣州。至道初，就拜右諫議大夫。太宗聞其廉平，詔獎之。二年，徙廣南東、西路都轉運使，尋召拜給事中。踰月，同知樞密院事。

惟清倜儻自任，有鉤距。臨事峻刻，所至稱強幹。然以俗吏進，無人望。纔數月，眞宗卽位，加刑部侍郎，復除御史中丞。既去樞要，怫鬱尤甚，肆情彈擊。咸平元年，卒，年五十六，贈戶部尙書。

子永錫，蔭至光祿寺丞。頗涉學屬辭，尙氣少檢，喜交結。馮拯、王濟、皇甫選多與之游，日聚舉子於家，談議時政。眞宗將幸河朔，永錫猶服父喪，上章大言，列詆近臣，自謂有致太平滅敵之術。選爲戶部判官，因對，袖表以獻，又自薦揚。眞宗駐蹕大名，召赴行在，試策不中，貶瀧水縣主簿。選爲南劍州團練副使，俄復光祿寺丞。六年，又坐交游非類，監和州商稅，後至右贊善大夫。

次子永德，至殿中丞。

論曰：張宏爲樞副，當用兵之際，循默備位；趙昌言爲御史中丞，屢上書言兵，乃兩易之。中丞可使循默者居之乎？宋失政矣。昌言識李沆，器王旦；陳恕取士得王曾，舉代得寇準；皆可謂知人之明。然趙好獎拔，而頗樹黨與，終以取敗；陳典貢舉，務黜南士，以避嫌疑，皆非君子所爲也。昌言尙氣敢言，恕爲宋人能吏之首，庶足稱矣。劉昌言感趙普之遇，身後經理其家；然委親鄉里，十年而不迎侍，厚薄失措，又何取乎？張洎初勸李煜勿降，既而不能死之，「犬吠非主」之對，徒以辯舌，僥倖得免。厥後揣摩百端，譏毀正直，利口之士，鮮不爲反覆小人也。李惟清居臺端，恨失政柄，恣情鷙擊。舊史稱爲俗吏，又奚責焉。

校勘記

〔一〕耿壽昌　原作「耿受昌」，據漢書卷二四食貨志、長編卷三七改。

〔二〕令三司逐部理約　長編卷四〇作「令三司逐部理納」，宋會要職官五之三四作「並令三司逐部行遣催納」，疑「約」爲「納」之誤。

〔三〕太平興國三年　「三」原作「二」，據本書卷四太宗紀、長編卷一九改。

〔四〕范杲　原作「范果」，據本書卷二四九本傳、長編卷三五改。

〔五〕極口誇泊於上　「誇」原作「談」，太宗實錄卷八〇作「誇」，據改。

〔六〕荆湖北路轉運判官　「荆」原作「京」。按北宋無「京湖北路」之名，下文太宗問話有「荆湖累年豐稔」一語，東都事略卷三七本傳作「荆湖」，「京」當爲「荆」之訛，據改。

〔七〕比開寶軍興之際　「比」原作「此」。長編卷三二作「比」，按文義，作「比」是。據改。

宋史卷二百六十八

列傳第二十七

柴禹錫　張遜　楊守一　趙鎔　周瑩　王繼英　王顯

柴禹錫字玄圭，大名人。少時，有客見之曰：「子質不凡，若輔以經術，必致將相。」禹錫由是留心問學。時太宗居晉邸，以善應對，獲給事焉。

太平興國初，授供奉官。三年，改翰林副使，遷如京使，仍掌翰林司。每夜直，上以藩府舊僚，多召訪外事。遷宣徽北院使，賜第賓積坊。告秦王廷美陰謀，擢樞密副使。踰年，轉南院使。服勞既久，益加勤敏。

雍熙中，議廣宮城。禹錫有別業在表識中，請以易官邸，上因是薄之。又與宰相宋琪厚善。會廣州徐休復密奏轉運王延範不軌狀，且言倚附大臣，無敢動搖者。上因訪琪及禹錫曰：「延範何如人？」延範與琪妻爲疎屬，甚言其忠勤，禹錫亦傍贊之。上意其交通，滋不

悅。禹錫又爲琪請盧多遜故第，上益惡其朋比。坐琪以詼諧罷相，不欲顯言之也。下詔切責禹錫，以驍衞大將軍出知滄州。在任勤於政治，部民詣濱州列狀以聞。改涪州觀察使，徙澶、鎭二州駐泊部署。俄知潞州，州民乞留三載，詔獎之。徙知永興軍府，再召爲宣徽北院使、知樞密院事。

至道初，制受鎭寧軍節度、知涇州。入謝日，上謂曰：「由宣徽罷者不過防禦使爾，今委卿旌節，兼之重鎭，可謂優異矣。」禹錫流涕哽咽而已。咸平中，移知貝州。是歲，契丹兵奄至城下，禹錫內嚴備禦，寇尋引去。明年，徙陝州。

景德初，子宗慶選尚，召禹錫歸闕，令公主就第謁見，行舅姑禮，固辭不許。頃之，還鎭。未幾，卒，年六十二，贈太尉。子宗亮，太子中允；宗慶，永清軍節度。

張遜，博州高唐人。數歲喪父，養於叔父職方員外郎幹，後隨母歸魏仁浦家，駙馬都尉咸信，其異父弟也。太宗在晉邸，召隸帳下。

太平興國初，補左班殿直。從征太原還，遷文思副使，再遷香藥庫使。嶺南平後，交阯歲入貢，通關市。並海商人遂浮船販易外國物，闍婆、三佛齊、渤泥、占城諸國亦歲至朝貢，

由是犀象、香藥、珍異充溢府庫。遜請於京置榷易署，稍增其價，聽商人金帛市之，恣其販鬻，歲可獲錢五十萬緡，以濟經費。太宗允之，一歲中果得三十萬緡。自是歲有增羨，至五十萬。

雍熙二年，錄其勞，遷領嫣州刺史。三年，與安忠並命爲東上閤門使。數月，會許仲宣罷判度支，即以遜爲度支使。端拱初，遷鹽鐵使。二年，授宣徽北院使、簽署樞密院事。未幾，兼樞密副使、知院事。與同列寇準不協，每奏事，頗相矛盾。

一日，遜等晚歸私第，準與溫仲舒並轡，有狂民迎馬首拜呼萬歲。街使王賓舊與遜同事晉邸，遜又嘗舉賓，雅相厚善，因奏民迎準拜呼萬歲。準自辯：「實與仲舒同行，蓋遜令賓獨奏斥臣。」辭意俱厲，因互發其私。太宗惡之，下詔切責，遜左降右領軍衞將軍，準亦罷職。

西蜀李順爲亂，詔發兵水陸進討，以荆渚居其要害，命遜爲右驍衞大將軍、知江陵府，會判右金吾街仗蔡玉冒奏富人子爲州大校，黜官，命遜代掌其事。

賜錢二百萬，白金三千兩。遜既至，會峽路諸漕卒數千人聚江陵，有告其謀變以應蜀寇，府中議欲盡誅之。遜止捕首惡楊承進等二十一人斬於市，餘黨親加慰撫，飛奏以聞。太宗嘉之，詔以其卒分配州郡。數月，遜卒，年五十六，時至道元年也。贈桂州觀察使，歸葬京師。遜小心謹慎，徒以攀附至貴顯，其訏謀獻替無聞焉。

子敏中，初補供奉官。遜在宣徽，表言嘗業文，願改秩，即換大理寺丞，累至比部郎中。次子慮中，娶宗室中國公女，至供奉官、閤門祗候。敏中子先，進士及第。

楊守一字象先，其先河南洛陽人。唐末避亂，徙家宋、鄭間。守一稍通周易及左氏春秋，事太宗於晉邸。

太宗即位，補右班殿直。太平興國中，出護登州兵。召還，監儀鸞司。累遷西頭供奉官，其下多貴族子弟，頗豪縱徼幸。始置三班院，令守一專其事，考覈授任，漸有條制。歲餘，改翰林學士〔一〕。守一初名守素，至是詔改之。

七年，與趙鎔、柴禹錫、相里勳等告秦王廷美陰謀事，擢東上閤門使兼樞密都承旨。八年，改判四方館事。雍熙中，詔護遷雲、朔歸附安慶兵屯于潞州。三年，轉內客省使，仍兼都承旨。端拱元年，授宣徽北院使、簽署樞密院事。是秋，卒，年六十四。贈太尉，中使護葬。守一性質直勤謹，無他材術，徒以肇自王府，久事左右，適會時機，故歷職通顯，飾終之禮，率加常數焉。

子安期歷國子博士，坐事貶卒。安期子夢得，進士及第。

趙鎔字化鈞，滄州樂陵人。以刀筆事太宗於藩邸，即位，補東頭供奉官。因使吳越賜國信，及錢俶納土，遣檢校帑廩，轉內酒坊副使。以告秦王廷美陰事，遷六宅使，領羅州刺史。掌翰林司，擢東上閤門使。

郭贄參知政事，鎔以同府之舊，嘗有所請託，贄不從。鎔摭堂吏過失以聞，贄見上，白鎔私謁，即召鎔廷辯。詞屈，出爲梓、遂州都巡檢使，改左驍衞大將軍，領郡如故。代還，知滄州兼兵馬部署。鎔在郡完城壍，嚴戰具。寇嘗數百騎至境上，聞有備，引去。遷左神武大將軍。會崔翰知州，改鎔爲本州鈐轄。

又知廬州，因對，自陳願留，不許。踰年，召爲樞密都承旨，同掌三班，俄拜宣徽北院使、同知樞密院事，與柴禹錫並掌機務。嘗遣吏卒變服，散之京城察事。卒乘醉與賣書人韓玉鬥毆，不勝，因誣玉言涉指斥。禹錫等遽以聞，玉坐抵法。太宗尋知其冤，自後廉事不復聽。禹錫出鎮，鎔加知院事。眞宗即位，改南院使、檢校太傅，以心疾求解。是秋，授壽州觀察使。咸平元年三月，卒，年五十五。贈忠正軍節度，錄其三子官。

鎔少涉獵文史，美書翰，委質晉邸，以勤謹被眷。本名容，太宗改爲鎔，曰：「陶鎔所以成器也。」鎔性好佛，多蓄古書畫。三子：忠輔，西京左藏庫副使；忠愿，虞部員外郎；忠厚，內殿崇班。

周瑩，瀛州景城人。右領軍衞上將軍景之子也。景家富財，好交結，歷事唐、漢、周。習水利，嘗浚汴口，導鄭州郭西水入中牟渠，修滑州河堤，累遷至是官。

太宗潛邸時，瑩得給事左右。即位，補殿直，領武騎卒巡警泉、福州。卒纔數百，捕劇賊千餘，遷供奉官。天雄軍節度孫永祐、轉運使楊緘稱薦之，又使綏、銀州按邊事，還奏稱旨，擢鞍轡庫副使。

雍熙二年，爲杭、睦五州都巡檢使兼杭州都監。會妖僧紹倫爲變，瑩擒獲之，逮捕就戮者三百餘人，人以爲酷濫。代還，改崇儀使、滄州都監。召拜西上閤門使，領鎭、定、高陽關都監，加判四方館事。與郝守濬護塞宋州決河，俄改三路排陣鈐轄，歷知天雄軍、眞定二府，就遷引進使。

至道二年，代還。會李繼隆討西夏，詔瑩詣軍前，授以機事，還拜客省使，簽書樞密院諸房公事，俄兼提點宣徽諸房、鼓司、登聞院，與劉承珪並任。

眞宗嗣位，承珪分使河北告諭，加領富州刺史。上聞其母老病，閔之，特封武功郡太夫人。秋，拜宣徽北院使。先是，宣徽著位在樞密副使上，瑩表請居下，從之。咸平二年，大閱，命爲隨駕部署。從征河朔，又爲駕前馬步都部署。

三年，遷南院使、知樞密院事。會蜀平，部送脅從者數十百人至闕下。西川轉運使馬亮因入奏，請赦其罪遣還。瑩以爲當盡誅之。令瑩、亮廷議，上是亮議，悉原其罪。

五年，高陽關都部署闕，藩侯無足領之者，宰相請輟宣徽使以居其任。時王繼英任北院，上以瑩練達軍事，乃拜永清軍節度，兼領其任，爲三路排陣使。瑩隸人有錢仁度者，頗有軍功，與虎翼小校劉斌相競，爲殿直閻渥所發。以瑩故，詔勿問，止徙斌隸他軍。契丹入寇，詔步兵赴寧邊軍爲援。瑩至，則寇兵已去，卽日還屯所。上聞曰：「瑩何不持重少留，示以不測。輕於舉措，非將帥體也。」

景德初，丁內艱，起復，代王顯爲天雄軍都部署兼知軍府事。嘗召洺州騎士千五百人赴大名，道與寇直，力戰，有死傷者，瑩猶謂其玩寇，將悉誅之。詔賜金帛，諭瑩勿治其罪。車駕北巡，爲駕前東面貝冀路都部署〔二〕。明年，改知陝州，俄徙永興軍府，又移邠州，兼環慶路都部署。時夏州內屬，詔省戍兵還營，以減饋餉之費。仍手詔諭瑩，瑩遽奏乞留，以張邊威。上謂瑩庸懦不智，以曹瑋代之，徙知澶州。

大中祥符初，改天平軍節度。明年，爲鎭定都部署兼知定州。轉運使奏其曠弛，徙知澶州，境內屢有寇盜，宰相以瑩任居將帥，不能以威望鎭靖，請徙他郡。上曰：「處之閑僻，適使其自偷爾。」遂下詔督責，令其擒捕。時發卒修河防，而軍中所給糗糧，多腐敗不可食；又役使不均，瑩不加恤，以故亡命者衆。

七年，入朝，復遣還鎭。又以澶淵當契丹之衝，藉其稟給之厚，復命知澶州。九年，被疾，求還京師。卒，年六十六，贈侍中。初謚忠穆，後改元惠。錄其二子供奉官普、顯爲內殿崇班，二孫永昌、永吉爲殿直。

瑩居樞近，無他謀略，及涖軍旅，歷藩鎭，功業無大過人者。故事，大禮覃慶，外藩無賜物例。東封歲，瑩鎭澶淵，車駕所經，故特有襲衣、金帶、器帛之賜。祀汾陰，瑩知定州，乃預上言：「禮成，所賜望於治所支給。」人咸笑之。普後爲崇儀副使，顯至內殿承制。

王繼英，開封祥符人。少從趙普給筆札，普自罷河陽，爲少保，從者皆去，繼英趣事逾謹。普再入相，繼英隸名中書五房、院。時眞宗在藩邸，選爲導吏兼內知客事。太宗召見，謂曰：「汝昔事趙普，朕所備知。今奉親賢，尤宜盡節。」及建儲，授左清道率府副率兼左春坊謁者。謁者本宮職，副率品秩頗崇，非趨走左右者所宜爲，俾兼領之，執政之誤也。

眞宗卽位，擢爲引進使。咸平初，領恩州刺史兼掌閤門使，遷左神武大將軍、樞密都承旨，改客省使。契丹入寇，繼英密請車駕北巡，上從之，卽命繼英馳傳詣鎭、定、高陽關閱視行宮儲頓，宣諭將士。俄充澶州鈐轄。會大將傅潛逗撓得罪，令繼英卽軍中召還屬吏。

尋掌三班，拜宣徽北院使，與周瑩同知樞密院事。瑩出鎭，繼英遂冠樞宥，小心慎靖，以勤敏稱，上倚賴之。

景德初，授樞密使。舊制，樞密院使祖母及母止封郡太夫人，有詔特加國封。嘗因進補軍校，白上曰：「疎外之人急於攀附者，謂臣蒙蔽不爲薦引。」上曰：「此輩雖有貪緣，亦須因事立功，方許擢用，不可過求僥倖，卿勿復言也。」

從幸澶州，契丹請和，諏訪經略，繼英預焉。明年郊祀，加特進、檢校太傅。三年，卒，年六十一。上臨哭之，賜白金五千兩，贈太尉、侍中，謚恭懿。且爲葬其祖父，贈其妻賈長樂郡太夫人，錄其子壻、門下親吏數十人。

初，繼英幼孤，寄育外氏。既貴，外王父、諸舅有旅殯者〔三〕，時方奏遣其子營葬，會卒，特詔有司給辦焉。

子遵式、遵誨、遵度、遵範，皆至顯官。

王顯字德明，開封人。初爲殿前司小吏，太宗居藩，嘗給事左右。性謹介，不好狎，未嘗踐市肆。卽位，補殿直，稍遷供奉官。

太平興國三年，授軍器庫副使，遷尚食使。逾年，與郭昭敏並爲東上閤門使。八年春，拜宣徽南院使兼樞密副使。是夏，制授樞密使。上謂之曰：「卿世家本儒，少遭亂失學，今典朕機務，無暇博覽羣書，能熟軍戒三篇，亦可免於面牆矣。」因取是書及道德坊宅一區賜之。

其後居位既久，機務益繁，副使趙昌言、寇準鋒氣皆銳，慢顯，顯或失課，護短終不肯改，上每面戒之。淳化二年〔四〕八月，詔加切責，黜授隨州刺史，充崇信軍節度、觀察等使，遣之任。

俄知永興軍，徙延州。時夏臺、益部寇擾，顯上疏曰：「間歲以來，戎事未息，李繼遷負恩於靈夏，王小波干紀於巴邛，河右坤維並興師旅。而繼遷翻然向化，遣弟入覲〔五〕，願修職貢。陛下曲加容納，許其內附，示以德信，伸以恩錫，所以綏懷之者至矣。然而狼子野心，未可深信。所宜謹屯戍，固城壘，積芻糧，然後遴選才勇，付以邊任，縱有緩急，則備禦有

素，彼又奚能爲患哉？至若蜀寇未平，神人共憤，謂宜申飭將帥，速期蕩平，既免老師以費財，且防事久則生變。又況邛蜀物產殷富，其間士卒驕怠，遲留顧戀，實兼有之。莫若勿憚往來，潛爲更代，既可均其勞逸，抑可免於遷延。至於河北關防所當加謹者，誠以國家方事西南，密謀興舉，若分中朝之勢力，則長外寇之姦謀矣。」

時制，沿邊糧斛不許過河西，河西青鹽不得過界販糴，犯者不以多少，處斬。顯請犯多者依法，自餘別爲科斷，以差其罪。章上未報，移知秦州。

初，溫仲舒知州日，開拓山林，諷蕃部獻其地。後朝廷雖嘗給還，而採伐如故。轉運使盧知翰請量給蕃部茶綵，以酬所獻，詔遣張從式與顯同往規度。顯言：「乃者朝命以趙保吉修貢，邊城務使安靜，若今動衆開斥疆境，非便。」議遂罷。

咸平初，入朝，改橫海軍節度，出知鎮州。二年，曹彬卒，復拜樞密使。郊祀，加檢校太師。眞宗幸大名，內樞惟顯與副使宋湜從，言者多謂顯專司兵要，謀略非長。會湜卒，乃以參知政事向敏中權同知樞密院事。三年春，改授山南東道節度、同中書門下平章事、定州路行營都部署、河北都轉運使兼知定州。秋，吏民詣駐泊都部署孔守正言顯治狀，願借留。守正以聞。明年秋，加鎮、定、高陽關三路都部署，許便宜從事。十月，契丹入寇，前軍過威虜軍。比時方積雨，契丹以皮爲弦，濕緩不堪用，顯因大破之，梟獲名王、貴將十五人及羽

林印二鈕，斬首二萬級。顯上言：「先奉詔令於近邊布陣，及應援北平控扼之路。無何，敵騎已越亭障，顯之前陣雖有捷克，終違詔命。」上章請罪。上降手札，以慰其憂悸。

明年，求致仕，不許，改河陽三城節度。將之鎮，時議親征契丹，顯言：「盛寒在序，敵未犯塞，鑾輿輕舉，直抵窮邊，寇若不逢，師乃先老。況今繼遷未滅，西鄙不寧，儻北邊部落，與之結援，則中國之患，未可量也。議者乃於此時請復幽薊，非計之得也。凡建議大事，上下協力，舉必成功。今公卿士大夫以至庶人，尚有異同，未可謂爲萬全之舉。若能選擇將帥，訓練士卒，堅城壘而繕甲兵，亦足以待敵矣。必欲復燕薊舊地，則必修文德、養勇銳，伺時之利，以奉行天罰而後可。」

景德初，徙知天雄軍府。又言：「祖宗以來，多命近臣統領軍旅。今後宣徽使，宜於文武羣臣中擇曉達邊事者爲之。蓋位高則威名著，識遠則勳勞立故也。武臣以罪黜者，宜加容貸，不以一眚遂廢，苟用之有恩，必得其死力，故曰使功不如使過也。至若臨敵命將，則貴專任，出師應敵，則約束將校，使相應援。全是數者，則軍威倍壯，人心增勇矣。」既而上表請赴行在，從之。是年秋，遣還鎮。

契丹入寇，上議親征。顯復陳三策，謂：「大軍方在鎮定〔六〕，契丹必不南侵，車駕止駐澶淵，詔鎮定出兵，會河南軍，合擊之可也。若契丹母子虛張聲勢，以抗我師，潛遣銳兵南攻

駕前諸軍，則令鎮定之師直衝戎帳，攻其營砦，則沿河遊兵不戰而自屈矣。否則遣騎兵千、步兵三千於濮州渡河，橫掠澶州，繼以大軍追北掩擊，亦可出其不意也。」已而契丹請盟，趙德明遣使修貢稱藩，朝廷加賞錫，且許通青鹽以濟邊民，從顯之請也。

三年冬，被病，詔中使偕尙醫療視。明年正月，許還京師。時車駕上陵，顯謂賓佐曰：「余年位偕極，今天子道出虎牢，不得一拜屬車之塵，是遺恨也。」言訖涕下，至京，信宿卒，年七十六。車駕至鄭州，聞之，遣宮苑使鄧永遷馳還護喪，贈中書令，謚忠肅。錄其二子。

顯自三班不數年正樞任，獎擢之速，時無儗之者。顯吏軍司時，張永德以滑州節制爲殿前都點檢。及顯自樞密鎮孟津兼相帥，永德由太子太師爲相帥，同日宣制，永德兼大夫反在顯下，時人訝之。顯居中執政，矯情以厚胥吏，齪齪自固而已。在藩鎮頗縱部曲擾下，論者非之。

子希逸字仲莊，以蔭補供奉官。好學，尤熟唐史，聚書萬餘卷。換秩授朝奉大夫、太子中允。咸平初，改殿中丞、直史館，預修册府元龜，加祠部員外郎，卒。希範至如京副使。

論曰：自柴禹錫而下，率因給事藩邸，以攀附致通顯者凡七人。若守一之質直，趙鎔之

勤謹，服勞雖久而益修乃職，則其被眷遇也宜矣。張遜優於理財而未免於媢嫉，周瑩練習軍旅而頗傷於酷濫，禹錫素稱勤敏而不能不涉於朋比，王顯雖謹介自將而昧於學識，故莫逃於齪齪之譏。若以勤謹被信任，耆德冠樞宥，而善終如始者，其惟繼英乎。易曰：「君子有終，吉。」此之謂也。

校勘記

〔一〕改翰林學士　「學士」當作「副使」，見隆平集卷九、東都事略卷三三本傳和長編卷二三。

〔二〕東面貝冀路都部署　「東面」原作「東西」，據長編卷五七改。

〔三〕外王父諸舅有旅殯者　「旅殯」原作「族殯」，據長編卷六二改。

〔四〕淳化二年　「二年」原作「三年」。按本書卷二一〇宰輔表，王顯自檢校太傅樞密使責授隨州刺史、崇信軍節度觀察處置等使，是在淳化二年九月；宋會要職官七八之五和東都事略卷四三本傳同。據改。

〔五〕遣弟入覲　「弟」原作「子」。按王顯此疏上於淳化五年，是年七月，繼遷遣弟廷信來獻馬及駱駝，見本書卷四八五夏國傳。長編卷三六作「遣弟入覲」，據改。

〔六〕大軍方在鎮定　「軍」上原衍「將」字，據長編卷五七刪。

宋史卷二百六十九

列傳第二十八

陶穀 扈蒙 王著 王祐(二) 子旭 孫質 楊昭儉 魚崇諒 張澹 高錫 從子冕

陶穀字秀實，邠州新平人。本姓唐，避晉祖諱改焉。歷北齊、隋、唐爲名族。祖彥謙，歷慈、絳、澧三州刺史，有詩名，自號鹿門先生。父渙，領夷州刺史，唐季之亂，爲邠帥楊崇本所害。時穀尚幼，隨母柳氏育崇本家。

十餘歲，能屬文，起家校書郎、單州軍事判官。嘗以書干宰相李崧，崧甚重其文。時和凝亦爲相，同奏爲著作佐郎、集賢校理。改監察御史，分司西京，遷虞部員外郎、知制誥。會晉祖廢翰林學士，兼掌內外制。詞目繁委，穀言多委愜，爲當時最。少帝初，賜緋袍、靴、笏、黑銀帶。天福九年，加倉部郎中。

初，崧從契丹以北，高祖入京師，以崧第賜蘇逢吉，而崧別有田宅在西京，逢吉皆取之。崧自北還，因以宅券獻逢吉，逢吉不悅，而崧子弟數出怨言。其後逢吉乃誘告崧與弟嶼、巖等下獄，崧懼，移病不出。

崧族子昉爲祕書郎，嘗往候崧，崧語昉曰：「邇來朝廷於我有何議？」昉曰：「無他聞，唯陶給事往往於稠人中厚誣叔父。」崧歎曰：「穀自單州判官，吾取爲集賢校理，不數年擢掌誥命，吾何負於陶氏子哉？」及崧遇禍，昉嘗因公事詣穀，穀問昉：「識李侍中否？」昉斂衽應曰：「遠從叔爾。」穀曰：「李氏之禍，穀出力焉。」昉聞之汗出。

穀性急率，嘗與兗帥安審信集會，杯酒相失，爲審信所奏。時方姑息武臣，穀坐責授太常少卿。嘗上言：「頃涖西臺，每見臺司詳斷刑獄，少有即時決者。至於閭閻夫婦小有爭訟，淹滯積時，坊市死亡喪葬，必俟臺司判狀，奴婢病亡，亦須檢驗。吏因緣爲姦，而邀求不已，經旬不獲埋瘞。望申條約以革其弊。」從之。俄拜中書舍人。嘗請教習樂工、停二舞郎，及禁民伐桑棗爲薪，並從其請。開運三年，賜金紫。

契丹主北歸，脅穀令從行。穀逃匿僧舍中，衣布褐，陽爲行者狀。軍士意其詐，持刃陵脅者日數四。穀頗工歷數，謂同輩曰：「西南五星連珠，漢地當有王者出。契丹主必不得歸國。」及耶律德光死，有孛光芒指北，穀曰：「自此契丹自相魚肉，永不亂華矣。」遂歸漢，爲給

事中。乾祐中，令常參官轉對。穀上言曰：「五日上章，曾非舊制。百官敍對，且異昌言。徒浼天聽，無益時政，欲乞停轉對。在朝羣臣有所聞見，即許不時詣閤聞奏。」從之。

仕周爲右散騎常侍，世宗即位，遷戶部侍郎。從征太原，時魚崇諒迎母後至，穀乘間言曰：「崇諒宿留不來，有顧望意。」世宗頗疑之。崇諒又表陳母病，詔許歸陝州就養，以穀爲翰林學士。

世宗嘗謂宰相曰：「朕觀歷代君臣治平之道，誠爲不易。又念唐、晉失德之後，亂臣黠將，僭竊者多。今中原甫定，吳、蜀、幽、并尚未平附，聲教未能遠被，宜令近臣各爲論策，宣導經濟之略。」乃命承旨徐台符以下二十餘人，各撰爲君難爲臣不易論、平邊策以進。其策率以修文德、來遠人爲意，惟穀與竇儀、楊昭儉、王朴以封疆密邇江、淮，當用師取之。世宗自克高平，常訓兵講武，思混一天下。及覽其策，忻然聽納，由是平南之意益堅矣。

顯德三年，遷兵部侍郎，加承旨。世宗留心稼穡，命工刻木爲耕夫、織婦、蠶女之狀，置於禁中，思廣勸課之道，穀爲贊辭以進。顯德六年，加吏部侍郎。

宋初，轉禮部尚書，依前翰林承旨。穀在翰林，與竇儀不協，儀有公望，慮其軋己，嘗附宰相趙普與趙逢、高錫輩共排儀，儀終不至相位。

乾德二年，判吏部銓兼知貢舉。再爲南郊禮儀使，法物制度，多穀所定。時范質爲大

禮使，以鹵簿清游隊有甲騎具裝，莫知其制度，以問於穀。穀曰：「梁貞明丁丑歲，河南尹張全義獻人甲三百副、馬具裝二百副。其人甲以布爲裏，黃絁表之，青綠畫爲甲文，紅錦綠青絁爲下帬，絳韋爲絡，金銅玦，長短至膝。前膺爲人面二目，背連膺纏以紅錦騰蛇。馬具裝蓋尋常馬甲，但加珂拂於前膺及後鞦爾。莊宗入洛，悉焚毀。」質命有司如穀說，造以給用。又乘輿大輦，久亡其制，穀創意造之，後承用焉。明德門成，詔穀爲之記。

乾德中，命庫部員外郎王貽孫、周易博士奚嶼同考試品官子弟。穀屬其子邴於嶼，邴書不通，以合格聞，補殿中省進馬。俄爲人所發，下御史府案問，嶼責授乾州司戶，貽孫責授左贊善大夫，奪穀奉兩月。穀後累加刑部、戶部二尚書。開寶三年，卒，年六十八。贈右僕射。

穀強記嗜學，博通經史，諸子佛老，咸所總覽；多蓄法書名畫，善隸書。爲人雋辨宏博，然奔競務進，見後學有文采者，必極言以譽之；聞達官有闕望者，則巧詆以排之，其多忌好名類此。初，太祖將受禪，未有禪文，穀在旁，出諸懷中而進之曰：「已成矣。」太祖甚薄之。嘗自曰：「吾頭骨法相非常，當戴貂蟬冠爾。」蓋有意大用也，人多笑之。子邴，至起居舍人。天禧四年，錄穀孫寔試祕書省校書郎。

扈蒙字日用，幽州安次人。曾祖洋，涿州別駕。祖智周，盧龍軍節度推官。父曾，內園使。

蒙少能文，晉天福中，舉進士，入漢爲鄠縣主簿。趙思綰叛，遣郭從義討之。郡縣吏供給皆戎服趣事，蒙冠服褒博，舉止舒緩，從義頗訝之。轉運使李穀謂曰：「蒙文學名流，不習吏事。」遂不之問。周廣順中，從歸德軍節度趙暉爲掌書記，召爲右拾遺、直史館、知制誥。蒙從弟載時爲翰林學士，兄弟並掌內外制，時號「二扈」。

宋初，由中書舍人遷翰林學士，坐請託於同年仇華，黜爲太子左贊善大夫，稍遷左補闕，掌大名市征。六年，復知制誥，充史館修撰。開寶中，受詔與李穆等同修五代史，詳定古今本草。五年，連知貢舉。

七年，蒙上書言：「昔唐文宗每召大臣論事，必命起居郎、起居舍人執筆立於殿側，以紀時政，故文宗實錄稍爲詳備。至後唐明宗，亦命端明殿學士及樞密直學士輪修日曆，送史官。近來此事都廢，每季雖有內殿日曆，樞密院錄送史館，然所記者不過臣下對見辭謝而已。帝王言動，莫得而書。緣宰相以漏泄爲虞，昧於宣播，史官疏遠，何得與聞。望自今凡有裁制之事〔二〕，優恤之言，發自宸衷、可書簡策者，並委宰臣及參知政事每月輪知抄錄，以備史官撰集。」從之，即以參知政事盧多遜典其事。

九年正月，受朝乾元殿，降王在列，聲明大備。蒙上聖功頌，以述太祖受禪、平一天下之功，其詞誇麗，有詔褒之。爲盧多遜所惡，出知江陵府。

太宗即位，召拜中書舍人，旋復翰林學士。與李昉同修太祖實錄。太平興國四年，從征太原還，轉戶部侍郎，加承旨。雍熙三年，被疾，以工部尚書致仕。未幾，卒，年七十二。贈右僕射。

自張昭、竇儀卒，典章儀注，多蒙所刊定。初，太祖受周禪，追尊四廟，親郊，以宣祖配天。及太宗即位，禮官以爲舜郊嚳，商郊冥，周郊后稷，王業所因興也。若漢高之太公，光武之南頓君，雖有帝父之尊，而無預配天之祭。故自太平興國三年、六年再郊，並以太祖配，於禮爲允。太宗將東封，蒙定議曰：「嚴父莫大於配天，請以宣祖配天。」自雍熙元年罷封禪爲郊祀，遂行其禮，識者非之。

蒙性沉厚，不言人是非，好釋典，不喜殺，縉紳稱善人。有笑疾，雖上前不自禁。多著述，有鰲山集二十卷行於世。載字仲熙，有傳，見五代史。

王著字成象，單州單父人。性豁達，無城府。幼能屬文，漢乾祐中，舉進士。周祖鎮大名，世宗侍行，聞著名，召置門下，因得謁見周祖。廣順中，世宗鎮澶州，辟觀察支使。隨世宗入朝，遷殿中丞；即位，拜度支員外郎。顯德三年，充翰林學士。六年，丁家艱，起復。南唐李景使其子從善來貢〔三〕，會恭帝嗣位，命著伴送至睢陽，加金部郎中、知制誥，賜金紫。世宗靈駕赴慶陵，符后從行，公務悉資於著。

宋初，加中書舍人。建隆二年，知貢舉。時亳州獻紫芝，鄆州獲白兔，隴州貢黃鸚鵡，著獻頌，因以規諫。太祖甚嘉其意，下詔褒之。四年春，宿直禁中，被酒，髮倒垂被面，夜扣滋德殿門求見。帝怒，發其醉宿倡家之過，黜爲比部員外郎。乾德初，改兵部員外郎。二年，復知制誥。數月，加史館修撰、判館事。三年，就轉戶部郎中。六年，復爲翰林學士，加兵部郎中，再知貢舉。開寶二年冬，暴卒，年四十二。

著少有俊才，世宗以幕府舊僚，眷待尤厚，常召見與語，命皇子出拜，每呼學士而不名。屢欲相之，以其嗜酒，故遲留久之。及世宗疾大漸，太祖與范質入受顧命，謂質等曰：「王著藩邸舊人，我若不諱，當命爲相。」世宗崩乃止。著善與人交，好延譽後進，當世士大夫稱之。有傳，見五代史。

王祜字景叔，大名莘人。祖言，仕唐黎陽令。父徹，舉後唐進士，至左拾遺。祜少篤志詞學，性倜儻有俊氣。晉天福中，以書見桑維翰，稱其藻麗，由是名聞京師。鄴帥杜重威辟爲觀察支使。漢初，重威移鎮睢陽，反側不自安，祜嘗勸之，使無反漢，不聽。祜坐是貶沁州司戶參軍〔四〕，因作書貽鄉友以見志，辭氣俊邁，人多稱之。仕周，歷魏縣、南樂二令。

太祖受禪，拜監察御史，由魏縣移知光州，遷殿中侍御史。乾德三年，知制誥。六年，加集賢院修撰，轉戶部員外郎。

太祖征太原，已濟河。諸州餉饋集上黨城中，車乘塞路，上聞之，將以稽留罪轉運使。趙普曰：「六師方至，而轉運使以獲罪聞，敵必謂儲峙不充，有以窺我矣，非威遠之道也。俾能治劇者，往蒞其州足矣。」即命祜知潞州。及至，饋餉無乏，路亦無壅，班師，召還。

會符彥卿鎮大名，頗不治，太祖以祜代之，俾察彥卿動靜，謂曰：「此卿故鄉，所謂晝錦者也。」祜以百口明彥卿無罪，且曰：「五代之君，多因猜忌殺無辜，故享國不永，願陛下以爲戒。」彥卿由是獲免，故世謂祜有陰德。

繼以用兵嶺表，徙知襄州。湖湘平，移知潭州。召還，擢判吏部銓。時左司員外郎侯陟自揚州還，復判銓，祜判門下省，陟所注擬，祜多駁正。盧多遜與陟善，陟因訴之，多遜素

惡祜不比己，遂出祜爲鎭國軍行軍司馬。

太平興國初，移知河中府。入爲左司員外郎，拜中書舍人，充史館修撰。未幾，知開封府，以病請告。太宗謂祜文章、清節兼著，特拜兵部侍郎。月餘卒，年六十四。

初，祜掌誥，會盧多遜爲學士，陰傾趙普，多遜累諷祜比己，祜不從。一日，以宇文融排張說事勸釋之，多遜滋不悅。及普再入，多遜果敗，與宇文融事頗類，識者服其先見。

祜子三人：曰懿，曰旦，曰旭。旦自有傳。初，祜知貢舉，多拔擢寒俊，畢士安、柴成務皆其所取也。後與其子旦同入兩制，居中書。懿字文德，勵志爲學，舉進士，嘗知袁州，有政績，卒，年四十九。

旭字仲明。嚴於治內，恕以接物，尤篤友誼。以蔭補太祝，嘗知緱氏縣。時官鄰邑者多貪猥，民有「永寧三鑁，緱氏一鎌」之謠。又知雍丘縣。眞宗尹京時，素聞其能，及踐祚，三遷至殿中丞。自旦居宰府，旭以嫌不任職。王矩嘗薦旭材堪治劇，眞宗召旦謂曰：「前代弟兄同居要地者多矣，朝廷任才，豈以卿故屈之邪？」命授京府推官，旦固辭，改判南曹。由判國子監出知潁州，荒政修舉。大中祥符間，旦既薨，歷中外，卓有政績，由兵部郎中出知應天府。卒，年六十八。

懿子睦，旭子質，皆能其官。

質字子野。少謹厚淳約，力學問，師事楊億，億歎以爲英妙。伯父旦見其所爲文，嗟賞之。以蔭補太常寺奉禮郎。後獻文召試，賜進士及第，被薦爲館閣校勘，改集賢校理，累遷尙書祠部員外郎。丁父憂，與諸弟飯脫粟茹蔬終喪。

通判蘇州，州守黃宗旦少質，嘗因爭事，宗旦曰：「少年乃與丈人抗邪？」質曰：「事有當爭，職也。」卒不爲屈。宗旦得盜鑄錢者百餘人，下獄治，退告質曰：「吾以術鉤致得之。」喜見於色。質曰：「以術鉤人置之死而又喜，仁者之政，固如是乎？」宗旦慚沮，爲薄其罪。還判尙書刑部、吏部南曹，知蔡州。州人歲時祀吳元濟廟，質曰：「安有逆醜而廟食於民者。」毀之，爲更立狄仁傑、李愬像而祠之，蔡人至今號「雙廟」。以本曹郎中召爲開封府推官。

時兄雍爲三司判官，質不欲兄弟並居省府，懇辭，得知壽州，徙廬州。盜殺其徒，幷貲而遁，捕得之。質論盜死，大理以謂法不當死，質曰：「盜殺其徒，自首者原之，所以疑壞其黨，且許之自新，此法意也。今殺人取貲而捕獲，貸之，豈法意乎？」疏上不報。降監舒州靈仙觀，採古今錄形攝生之術，撰寶元總錄百卷。逾年，韓琦知審刑院，請盜殺其徒、非自首者勿原。著爲令。於是鄭戩、葉清臣皆言質非罪，且稱其材，起知泰州，遷度支郎中，徙荊湖北路轉運使。

嘗攝江陵府事，或訴民約婚後期，民言貧無貲以辦，故違約。質問其費幾何，出私錢予之。吏捕盜人衣者，盜叩頭曰：「平生不爲過，迫飢寒而至於此。」質命取衣衣之，遣去。加史館修撰、同判吏部流內銓。擢天章閣待制，出知陝州，卒。

質家世富貴，兄弟習爲驕侈，而質克己好善，自奉簡素如寒士，不喜畜財，至不能自給。初，旦爲中書舍人，家貧，與昆弟貸人息錢，違期，以所乘馬償之。質閱書得故券，召子弟示之曰：「此吾家素風，爾曹當毋忘也。」范仲淹貶饒州，治朋黨方急，質獨載酒往餞。或以誚質，質曰：「范公賢者，得爲之黨，幸矣。」世以此益賢之。

楊昭儉字仲寶，京兆長安人。曾祖嗣復，唐門下侍郎、平章事、吏部尙書。祖授，唐刑部尙書。父景，梁左諫議大夫。

昭儉少敏俊，後唐長興中，登進士第。解褐成德軍節度推官。歷鎭、魏掌書記，拜左拾遺、直史館，與中書舍人張昭遠等同修明宗實錄。書成，遷殿中侍御史。天福初，改禮部員外郎。晉祖命宰相馮道爲契丹册禮使，以昭儉爲介，授職方員外郎，

旋加虞部郎中，俄以本官知制誥。不逾月三拜命，時人榮之。又爲荆南高從誨生辰國信使，賜金紫。使回，拜中書舍人，又爲翰林學士。

時驕將張彥澤鎭涇原，暴殺從事張式，朝廷不加罪。昭儉與刑部郎中李濤、諫議大夫鄭受益抗疏論列，請置之法。疏奏不報。會有詔令朝臣轉對，或有封事，亦許以不時條奏。昭儉復上疏曰：「天子君臨四海，日有萬機，懋建諍臣，彌縫其闕。今則諫臣雖設，言路不通，藥石之論不達於聖聰，而邪佞之徒取容於左右。御史臺紀綱之府，彈糾之司，銜冤者固當昭雪，爲蠹者難免放流。陛下臨御以來，寬仁太甚，徒置兩司，殆如虛器。遂令節使慢侮朝章，屠害幕吏，始訴冤於丹闕，反執送於本藩。苟安跋扈之心，莫恤冤抑之苦。願回睿斷，誅彥澤以謝軍吏。」由是權臣忌之。

未幾，起爲河南少尹，改祕書少監，尋復中書舍人。時河決數郡，大發丁夫，以本部帥董其役，既而塞之。晉少主喜，詔立碑記其事。昭儉表諫曰：「陛下刻石紀功，不若降哀痛之詔；摛翰頌美，不若頒罪己之文。」言甚切至，少主嗟賞之，卒罷其事。周世宗愛其才，復召入翰林爲學士。歲餘，改御史中丞，多振舉臺憲故事。未幾，以鞫獄之失，與知雜御史趙礪、侍御史張糺並出爲武勝軍節度行軍司馬。

開寶二年，入爲太子詹事，以眼疾求退。六年，以工部尙書致仕。太宗卽位，就加禮

部尚書。太平興國二年，卒，年七十六。

昭儉美風儀，善談名理，事皆有直聲。然利口喜譏訾，執政大臣懼其構謗，多曲徇其意。

魚崇諒字仲益，其先楚州山陽人，後徙於陝。崇諒初名崇遠，後避漢祖諱改之。幼能屬文，弱冠，相州刺史辟爲從事。會魏帥楊師厚卒，建相州爲昭德軍，分魏郡州縣之半以隸之。魏人不便，裨校張彥及帳下，囚節度使賀德倫歸款莊宗，崇諒奔歸陝。

明宗卽位，秦王從榮表爲記室。從榮誅，坐除籍，流慶州。清泰初，移華州。俄以從榮許歸葬，放還陝。三年，起爲陝州司馬。仕晉，歷殿中侍御史，鳳翔李儼表爲觀察支使。奉方物入貢，宰相薦爲屯田員外郎、知制誥。開運末，契丹入汴，契丹相張礪薦爲翰林學士。契丹主北歸，留崇諒京師。

漢祖之入，盡索崇諒所受契丹詔敕，焚於朝堂，復令知制誥。俄拜翰林學士，就加中書舍人。隱帝卽位，崇諒以母老求就養，除保義軍節度副使，領台州刺史，食郡奉。會舉師討三叛，節度使白文珂在軍前，崇諒知後事。凡供軍儲、備調發，皆促期而辦，近鎭賴之。崇

諒親屬盡在鳳翔城中，踰年城破，李穀爲轉運使，庇護崇諒家數十口，皆無恙。崇諒請告，自岐迎居於陝。未幾，王仁裕罷內職，朝議請召崇諒爲學士。

周祖踐阼，書詔繁委，皆崇諒爲之。廣順初，加工部侍郎，充職。會兗州慕容彥超加封邑，彥超已懷反側，遣崇諒充使賜官告，仍慰撫之。時多進策人，命崇諒就樞密院引試，考定升降。

崇諒以母老思鄉里，求解官歸養。詔給長告，賜其母衣服、繒帛、茶藥、緡錢，假滿百日，令本州月給錢三萬，米麪十五斛。俄拜禮部侍郎，復爲學士。詔令侍母歸闕，崇諒再表以母老病乞終養，優詔不允。世宗征高平，崇諒尚未至，陶穀乘間言曰：「魚崇諒逗留不來，有顧望意。」世宗頗疑之。崇諒又表陳母病，詔許歸陝州就養。訖太祖朝不起。

太宗卽位，詔授金紫光祿大夫、尙書兵部侍郎致仕。歲餘卒。

張澹字成文，其先南陽人，徙家河南。澹幼而好學，有才藻。晉開運初，登進士第。宰相桑維翰器之，妻以女。解褐校書郎，直昭文館，再遷祕書郎，充鹽鐵推官，歷左拾遺、禮部員外郎，並充史館修撰。出爲洛陽令，秩滿，授吏部員外，復充史館修撰。周恭帝初，拜右司員外郎、知制誥。

建隆二年，加祠部郎中。會祕書郎張去華上書自薦有文藝，願與澹及祠部員外郎知制誥盧多遜、殿中侍御史師頏並試，覆定優劣。太祖令並試於講武殿，澹所對不應策問，責授左司員外郎。未幾，通判泰州兼海陵鹽監副使。蜀平，通判梓州，復拜祠部郎中。

開寶初，就轉倉部郎中。四年冬，以本官復知制誥。六年，會李昉責授，盧多遜使江南，內署闕學士，太祖令澹權直學士院。七年長春節，攝殿中監，進酒，命賜金紫。六月，權點檢三司事。不踰旬，疽發背卒，年五十六。太祖聞其無子，甚愍之，命中使護葬於洛陽。

澹美風儀，善談論，歷官釐務，所至皆治。初與詞臣校藝，黜居郎署，頗怏怏。晚年附會盧多遜，方再獲進用。

淳化中，太宗論及文士，曰：「澹典書命而試以策，非其所長，此蓋陶穀、高錫黨張去華以阻澹爾。若使穀輩出其不意而遽試之，豈有不失律者邪？」

高錫字天錫，河中虞鄉人。家世業儒，幼穎悟，能屬文。漢乾祐中，舉進士。王晏鎭徐

州，辟掌書記；留守西洛，又辟河南府推官。坐按獄失實奪官，遷置涇州，會赦得歸。周顯德初，劉崇入寇，宰相請選將拒之。世宗銳意親征，破崇高平，誅敗將樊愛能等，由是政無大小悉親決之，不復責成有司。錫徒步詣招諫匭上書，請擇賢任官，分治衆職，疏奏不報。世宗嘗令翰林學士及兩省官分撰俳優詞，付教坊肄習，以奉游宴。錫復上疏諫。後爲蔡州防禦推官。

宋初，棄官歸京師，詣匭上疏，請禁兵器，疏入不報。建隆五年〔三〕，又以書干宰相范質，質奏用爲著作佐郎。明年春，遷監察御史。秋，拜左拾遺、知制誥，加屯田員外郎。

乾德初，賜緋。太宗尹京，石熙載在幕中，錫弟銑應進士舉，干熙載，望首薦。銑辭藝淺薄，熙載不許，錫深銜之，數於帝前言熙載裨贊無狀。帝具以語太宗，且曰：「當爲汝擇人代之。」太宗曰：「熙載勤於乃職，聞高錫嘗求薦其弟，熙載拒之，慮爲錫所構。」帝大悟，雖怒之，未有以發。會使青州，私受節帥郭崇賂遺；又嘗致書澧州刺史爲僧求紫衣，爲人所告。事下御史府核實，責貶萊州司馬。遇赦，改均州別駕，移陳州。太平興國八年，卒。

兄子冕。冕字子莊，周顯德中，詣闕上書，稱旨，擢爲諫議大夫。宰相范質以爲超擢太過，詔特授將仕郎，守右補闕，賜賚加等。宋初，由膳部都官員外郎累至膳部郎中，出知益州。雍熙二年，卒，年五十。贈右諫議大夫，錄其子垂休爲固始主簿。

論曰：自唐以來，翰林直學士與中書舍人對掌訓辭，頌宣功德，箴諫闕失，不專爲文墨之職也。宋興，亦采詞藻以備斯選，若㲄之才儁，著之敏達，澹之治迹，錫之策慮，晁之敦質，咸有可觀。然豫成禪代之詔，見薄時君，終身不獲大用。及夫險詖忌前，酣醟少檢，附勢希榮，構讒謀已，皆無取焉。蒙博洽長厚，繼寶儀裁定儀制，惜乎南郊之議，請去太祖以宣祖配天，爲識者所非。昭儉抗論跋扈，志除驕將，而多言歷詆，自取惡名，抑好訐爲直者與？崇諒奉親篤至，反罹間毀，終身歸養，而不復起，後蒙旌賁之典，則爲善者聳動矣。祜以百口明符彥卿無他志，且言以猜忌殺無辜者享國不長，因以杜太祖〔六〕之他疑，又却盧多遜之傾趙普，以致被黜，仁者有後，宜乎子旦爲宋元臣焉。

校勘記

〔一〕王祜　「祜」原作「祐」。據本書目錄中和太宗實錄卷四二、東都事略卷三〇本傳、王珪華陽集卷三七王素墓誌銘改。下文同。

〔二〕裁制之事　「事」原作「官」，據長編卷一五改。

〔三〕南唐李景使其子從善來貢　「子」原作「弟」。按本書卷四七八南唐李氏傳，從善爲李景之子，李煜之弟。又通鑑卷二九四，顯德六年六月「唐主遣其子紀公從善與鍾謨入貢」。據改。

〔四〕沁州司戶參軍　太宗實錄卷四二、東都事略卷三〇本傳都作「遼州司戶參軍」。

〔五〕建隆五年　按建隆無五年，高錫在建隆三年秋已任左拾遺、知制誥，見長編卷三、宋史全文卷一，「五年」疑是「二年」之誤。

〔六〕太祖　原作「太宗」，誤。據本卷王祜傳改。

宋史卷二百七十

列傳第二十九

顏衎　劇可久　趙逢　蘇曉　高防　馮瓚　邊珝　王明

許仲宣　楊克讓　段思恭　侯陟　李符　魏丕　董樞

顏衎字祖德，兗州曲阜人。自言兗國公四十五世孫。少苦學，治左氏春秋。梁龍德中擢第，解褐授北海主簿，以治行聞。再調臨濟令。臨濟多淫祠，有針姑廟者，里人奉之尤篤。衎至，即焚其廟。

後唐天成中，爲鄒平令。符習初鎮天平，習，武臣之廉慎者，以書告屬邑毋聚斂爲獻賀。衎未領書，以故規行之，尋爲吏所訟。習遽召衎詧之，幕客軍吏咸以爲辱及正人，習甚悔焉，即表爲觀察推官，且塞前事。長興初，召拜太常博士，習力奏留之。習致仕，衎東歸養親。

未幾，房知温鎮青州，復辟置幕下。知温陰愎，厚斂多不法，衎每極言之，不避其患。晉祖入洛，知温恃兵力偃蹇，衎勸其入貢。知温以善終，衎之力也。知温諸子不慧，衎勸令以家財十萬餘上進。晉祖嘉之，歸功於衎。知温子彥儒授沂州刺史，衎拜殿中侍御史。

俄遷都官員外郎，充東都留守判官，改河陽三城節度副使、檢校左庶子，知州事。居半歲，得家問，父在青州有風痺疾，衎不奏棄官去侍疾，不復有仕宦意。歲餘，父疾不能起，衎親自掬矢，未嘗少倦。晉祖聞之，召爲工部郎中、樞密直學士，連使促召至闕，辭曰：「臣無他才術，未知何人誤有聞達。望放臣還，遂其私養。」晉祖曰：「朕自知卿，非他人薦也。」俄廢樞密院，以本官奉朝請。踰年，上表請還侍養，授青州行營司馬。丁父憂，哀毀甚。俄召爲駕部郎中、鹽鐵判官。以母老懇辭，有詔止守本官。

未幾，復出爲天平軍節度副使。開運末，授左諫議大夫，權判河南府，召拜御史中丞。喪亂之後，朝綱不振，衎執憲頗有風采。嘗上言：「纔除御史者，旋授外藩賓佐，復有以私故細事求假外拜，州郡無參謁之儀，出入失風憲之體，漸恐四方得以輕易，百辟無所準繩。請自今藩鎮幕僚，勿得任臺官；雖親王、宰相出鎮，亦不得奏充賓佐。非奉制勘事，勿得出京，自餘不令釐雜務。」詔惟辟召入幕如故，餘從其請。復抗表求侍養，改戶部侍郎。衎又堅乞罷免，詔書褒許，即與其母東歸。

漢乾祐末，丁憂。服除，詔鄆州高行周津遣赴闕，衎辭以足疾，不至。周廣順初，起爲尙書右丞，俄充端明殿學士。太祖征兗州，駐城下，遣衎往曲阜祠文宣王廟。城平，以衎權知州事。歸朝，權知開封。

時王峻持權，衎與陳觀俱爲峻所引用。會峻敗，觀左遷，衎罷職，守兵部侍郎。顯德初，上表求解官，授工部尙書，致仕還鄉里，臺閣縉紳祖餞都門外，冠蓋相望，時人榮之。建隆三年春，卒于家，年七十四。

衎守章句，無文藻，然諒直孝悌，爲時所推。

劇可久字尙賢，涿州范陽人。沉毅方正，明律令。與馮道、趙鳳爲友。後唐同光初，鳳薦於朝，補徐州司法，以幹職聞。召爲大理評事，賜緋。踰年，遷大理正，坐誤治獄責授登州司戶。遇赦，召爲著作郎。仕晉，歷殿中少監、太子右諭德、大理少卿，賜金紫。晉祖崩，可久方在病告，有司糾以不赴國哀，坐免。未幾復官，遷大理卿。

周廣順初，改太僕卿，復爲大理卿。會鄭州民李思美妻詣御史臺訴夫私鬻鹽，罪不至死，判官楊瑛置以大辟。有司攝治瑛，瑛具伏。可久斷瑛失入，減三等，徒二年半。宰相王峻

欲殺瑛，召可久謂之曰：「死者不可復生，瑛枉殺人，其可恕耶？」可久執議益堅，瑛得免死。由是忤峻，改太僕卿，分司西京。顯德三年，所舉官犯贓，可久坐停任。明年，復起爲右庶子。

世宗以刑書深古，條目繁細，難於檢討。又前後敕格重互，亦難詳審，於是中書門下奏曰：「伏以刑法者，御人之銜勒，救弊之斧斤，有國家者不可一日而廢也。雖堯、舜之世，亦不能捨此而致治。今奉制旨，删定律令，有以見明罰敕法之意也。竊以朝廷之所用者，律十二卷、律疏三十卷、式二十卷、令三十卷、開成格一十卷、大中統類一十二卷，後唐以來至漢末編敕三十三卷，及國朝制敕等。律令則文辭古質，或難以詳明；格敕則條目繁多，或有所疑誤。將救舞文之弊，宜伸畫一之規。所冀民不陷刑，吏有所守。臣等商議，望準制旨施行。仍命侍御史知雜事張湜、太子右庶子劇可久、殿中侍御史率汀、職方郎中鄧守中、倉部郎中王瑩、司封員外郎賈玭、太常博士趙礪、國子博士李光贊、大理正蘇曉、太子中允王伸等十人編集新格，勒成部秩。律令之有難解者，就文訓釋；格敕之有繁雜者，隨事删削；其有矛盾相違、輕重失宜者，盡從改正，無或拘牽。候畢日，委御史臺、尙書省四品以上及兩省五品以上官參詳可否，送中書門下議定。」從之。自是湜等於都省集議删定，仍令大官供膳。五年，書成，凡三十卷，目曰刑統〔一〕。宰相請頒天下，與律、疏、令、式並行。

可久復拜大理卿。建隆三年，告老，改光祿卿致仕。卒，年七十七。

可久在廷尉四十年，用法平允，以仁恕稱。

趙逢字常夫，嬀州懷戎人。性剛直，有吏幹。父崇事劉守光爲牙校。後唐天祐中，莊宗遣周德威平幽州，因誅崇。逢尙幼，德威錄爲部曲，令與諸子同就學。及德威戰沒胡柳陂，逢乃游學河朔間。久之西遊，客鳳翔李從曮門下。從曮卒，侯益領節制，逢又依之。漢乾祐中，益入爲開封尹，表逢爲巡官，逢不樂，乃求舉進士。是歲，禮部侍郎、集賢殿學士司徒詡典貢舉，擢登甲科。解褐授祕書郎、直史館。周廣順中，歷左拾遺、右補闕，皆兼史職。世宗嗣位，遷禮部員外郎、史館修撰。顯德四年，改膳部員外郎、知制誥。逾年，轉水部郎中，仍掌誥命。恭帝卽位，賜金紫。

宋初，拜中書舍人。太祖征澤、潞，逢從行。次河內，聞李筠擁兵入寇，又慮太行艱險，乃妄言墜馬傷足，留於懷州。駕還京，有密旨除拜，逢當草制，又稱疾不入。太祖謂宰相曰：「此人得非規避行役者耶？」對曰：「誠如聖言。」遂貶房州司戶。會恩，量移汝州司馬。

乾德初，召赴闕，授都官郎中、知制誥，充史館修撰，判館事。二年，改判昭文館。未幾，充樞密直學士，加左諫議大夫。蜀平，出知閬州。時部內盜賊攻州城，逢防禦有功。賊既平，誅滅者僅千家。妻朱氏病死京師，詔給葬事。代還，遷給事中，充職。六年，權知貢舉。

太祖征太原，以逢爲隨軍轉運使，鑄印賜之。會發諸道丁壯數十萬，築堤壅汾水灌晉陽城。逢白太祖乞效用，卽命督其版築。時方盛暑，逢於烈日中親課力役，因而遘疾，輿歸京師。開寶八年，卒。

逢揚歷清近，所至有聲，然傷慘酷，又言多詆訐，故縉紳目之爲「鐵橛」。大中祥符三年，特詔錄其子極爲三班借職。

蘇曉字表東，京兆武功人。父瓚仕後唐，歷祕書少監。

長興初，曉辟鄧州從事。漢祖鎭太原，表爲觀察支使。周廣順初，由華州支使入爲大理正。以讞獄有功，遷少卿。顯德中，歷屯田郎中。

宋初，詔與竇儀、奚嶼、張希讓等同詳定刑統爲三十卷及編敕四卷。建隆四年，權大理

少卿事，遷度支郎中。乾德三年，出爲淮南轉運使，建議榷蘄、黃、舒、廬、壽五州茶，置十四場，規其利，歲入百餘萬緡。開寶三年，遷司勳郎中，改西川轉運使，仍掌京城市征。

先是，朝廷遣供備庫使李守信市木秦、隴間，守信盜官錢鉅萬，既受代，爲部下所發，守信至中牟，自剄於傳舍。太祖命曉案之，逮捕甚衆。右拾遺、通判秦州馬適妻李，卽守信息女。守信嘗用木爲筏以遺適，曉得守信所遺書以進，太祖將捨之，曉上章固請置於法，仍籍其家。餘所連及者，多至破產，盡得所隱沒官錢。擢拜曉右諫議大夫、判大理寺，賜金紫，遷左諫議大夫。七年，監在京商稅。九年六月，卒，年七十三。

曉深文少恩，當時號爲酷吏。及卒，無子，有一女甚鍾愛，亦先曉卒，人以爲深刻所致。

高防字修己，幷州壽陽人。性沉厚，守禮法。累世將家。父從慶，戍天井關，與梁軍戰死。防年十六，護柩以歸。事母孝，好學，善爲詩。

初，張從恩爲北京副留守，奏攝太原府倉曹掾。從恩移澶州防禦使，表爲判官。有親校段洪進盜官木造器，市取其直。從恩聞之怒，將殺之。洪進懼，思緩其罪，紿曰：「判官使爲之。」從恩召防詰之，防卽引伏，洪進得免。從恩遺防錢十千、馬一疋遣之。防拜受而去，終

不自明。既而悔之，命騎追及，防不得已而還，賓主如初。又居帳下歲餘，稍稍有言防自誣以活人，從恩益加禮重。從恩入爲樞密副使，防授國子監丞。從恩留守西洛，又爲推官。召拜殿中丞，充鹽鐵推官。以母憂去官，服除，隨從恩歷鄆、晉、潞三鎭判官。契丹入汴，晉主北行。從恩欲歸款契丹，召拜計議，防爲陳逆順，請固守臣節。爲左右所搖，從恩不用其言，遂歸契丹。既行，命副使趙行遷知留後，從恩所親王守恩爲巡檢，與防同領郡事。防與守恩謀誅行遷，以城歸漢祖。漢祖召防赴太原，加檢校金部郎中。

乾祐初，授屯田員外郎，改浚儀令。時楊邠用事，與防有隙，未幾，免職。居數月，夢一吏以白帕裹印，自門入授防，防寤而思曰：「白主刑，吾當爲主刑官乎？」俄而周祖卽位，起爲刑部員外郎，吏齎印至，一如夢中所覩。改開封令，遷本府少尹，除刑部郎中。宿州民以刃殺妻，妻族受賂，僞言風狂病瘖。吏引律不加考掠，具獄上請覆。防云：「其人風不能言，無醫驗狀，以何爲證？且禁繫踰旬，亦當須索飲食。願再劾，必得其情。」周祖然之，卒置於法。

世宗尹京，判官崔頌忤旨，簡求僚佐，宰相首以防薦。周祖曰：「朕方欲用之。」乃以防代頌。世宗卽位，拜左諫議大夫，賜金紫、鞍勒馬。顯德二年，遷給事中。從征淮南，初下泰州〔二〕，卽命防權知州事兼判海陵監事。會吳師至，乃遷州民入牙城，分兵固守，以俟外援。俄而揚帥韓令坤馳騎召防，與軍復至廣陵，防與令坤敗之。詔書嘉獎。三年，改左散騎常侍。其秋，召歸闕。復歷知泰、宋二州。再從世宗南征，判行泗州，及城降，命防知州事，復知蔡州。五年，遷戶部侍郎。世宗謀取蜀，以防爲西南面水陸轉運制置使，屢發芻糧赴鳳州，爲征討之備。

太祖還自陳橋，防所居爲里民所略，詔賜綾絹、衣服、衾裯、鞍馬。及征李筠，防又爲潞州東北路計度轉運使。澤、潞平，拜尙書左丞，賜銀器、綵帛、鞍勒馬。

建隆二年，出知秦州，州與夏人雜處，罔知教養，防齊之以刑，舊俗稍革。州西北夕陽鎭，連山谷多大木，夏人利之。防議建採造務，闢地數百里，築堡要地。自渭而北，夏人有之；自渭而南，秦州有之。募卒三百，歲獲木萬章。夏部尙波于〔三〕等率諸族千餘人，涉渭奪木筏，殺役兵。防出與戰，俘四十七人以獻。太祖慮擾邊郡，詔諭酋帥，賜所獲之俘錦袍、銀帶以遣之，遂罷採木之役，命吳廷祚爲節度以代防。歸爲樞密直學士，復出知鳳翔。乾德元年，卒，年五十九。

太祖甚悼惜，賜其子太府寺丞延緒詔曰：「爾父有幹蠱之才，懷匪躬之節，朕所毗倚。遽玆淪亡，聞之軫傷，不能自已。矧素尙淸白，諒無餘貲，殯殮所須，特宜優恤。今遣供奉官陳彥珣部署歸葬西洛，凡所費用，並從官給。」

馮瓚字禮臣，齊州歷城人。性便佞，任數，務巧進。父知兆，後唐司農卿。瓚以蔭補，解褐授祕書省校書郎，遷著作佐郎，出爲諸城令。歲滿，授太子右贊善大夫。

漢初，改監察御史。周廣順元年，遷殿中侍御史。河陽判官宋仁範與洛陽婁嫗交訟，詔瓚劾之。獄成，大理斷以官當徒，追兩官告身，刑部員外郎張處素覆核無異，奏行。仁範詣闕訴其事，詔還一官，瓚洎處素俱坐降一階。顯德初，遷刑部員外郎，充三司判官。歲餘，改祠部郎中，充集賢院直學士。

宋初，轉兵部郎中，加金紫階。瓚風神俊爽，善談論，有吏材，太祖甚寵之，擢拜左諫議大夫，出知舒州。境內有菰蒲魚鱉之饒，居民採以自給，防禦使司超盡征之，瓚奏奪民利，請蠲除，從之。建隆四年春，徙知廬州。乾德三年，以本官充樞密直學士。

時劍外初平，卒有亡命者散匿爲盜，命瓚知梓州。無何，蜀軍校上官進率亡命三千餘人，掠民數萬，夜攻州城。瓚曰：「賊乘夜奄至，此烏合之衆，以箠梃相擊，必無固志。正可持重以鎭之，且自潰矣。」城中止有雲騎兵二百，令分守城門。瓚坐城樓，密令促其更籌，未夜分擊五鼓，賊悉遁去。因縱兵追之，擒上官進，斬於市。誘其餘黨千餘人，並釋其罪，境

內獲安。

初，太祖欲任用瓚，常與趙普言瓚有奇材。普忌之，乃遣詣蜀平寇，潛令所親信從其行，密察其過，卽亡入京師擊登聞鼓，訟瓚及監軍綾錦副使李美、通判殿中侍御史李檝受賕爲姦事。急召歸闕，親問之，詞理屢屈，乃屬吏。旣而普遣人至潼關，閱其囊裝，得金帶珍玩之物，皆封題將以賂劉嶅，嶅方在太宗幕府。瓚具伏，普言法當死，太祖欲貸之，普固執不可，乃削去名籍。瓚流登州沙門島，美配隸通州海門島，嶅免所居官。李檝者，嘗與王德裔佐王饒幕，太祖納孝明皇后，因識之。德裔輕率而檝謹厚，太祖薄德裔而厚檝，至是，檝特免配流。未幾，復爲御史。

瓚在海上凡十年不得召，開寶末，遇赦放還。太宗卽位，授左贊善大夫。太平興國元年冬，與禮部員外郎賈黃中、左補闕程能分掌左藏三庫。先是，貨泉與金帛通。至是，以帑藏充溢，乃命分之。二年，復賜金紫。明年，判大理寺，改度支判官，遷秘書少監，充職。四年，上親征太原，以瓚爲隨駕三司判官。凱旋，改大理卿兼判秘書省。以足疾求解，優詔免朝請，令於本司視事。瓚抗章請退，除給事中致仕，復舊勳階。五年，卒，年六十七。子克忠，至內殿崇班、閤門祗候。

邊珝字待價，華州鄭人也。曾祖頡，石泉令。祖操，下邳令。父蔚，太常卿。珝，晉天福六年，舉進士，解褐秘書省校書郎、直洪文館(四)。漢乾祐初，爲右拾遺，加朝散大夫。澤州饑，奉詔視民田。周廣順元年，遷右補闕。三年，轉起居舍人。顯德二年，改庫部員外郎。丁外艱，服闋，授職方員外郎，知通州。珝課鬻鹽於狼山，歲增萬餘石。宋初，詣滄州視秋稼及掌京倉。建隆二年，兄玗自河南令入爲吏部員外郎，復以珝爲洛陽令。兄弟迭尹赤邑，時人榮之。乾德初，召爲倉部郎中。蜀平，命珝知三泉縣。開寶初，遷職方郎中，監京兆麴務，又掌建安軍榷貨(五)，奏徙務揚州。有富民訴廣陵尉謝圖殺其父，本部收尉囚之，官吏推劾累三百日，獄未具，州以狀聞。詔珝案鞫，盡得其實。乃富民以私憾誣告尉，卽反坐之。就命權知州事，仍兼榷貨務。罷郡，又兼掌酒稅鹽礬務。未幾，丁母憂，起復，知州事。會征江表，兼領淮南轉運使。金陵平，知江北諸州轉運事。太宗卽位，遷吏部郎中。召還，賜金紫，充廣南轉運使。初至，桂州守張頌卒。頌，濰州人，藁葬城外。舊制不許以族行，僕人乃分匿其家財，珝召官吏悉追取之，部送其柩歸濰州。又屬郡守與護軍有忿隙者，但奏令易地，不致之於罪釁。太平興國五年，代歸。拜右諫議大夫，領吏部選事。七年，移知開封府。明年夏，卒，年六十三。

珝精力有吏材，帝方欲倚用，及聞其卒，歎惜數四，賻其家絹四百匹，錢二十萬。珝一子早卒，以其從子俊爲尉氏主簿。兄玗至金部郎中，弟玢右贊善大夫，從子儆至殿中丞，倚爲比部員外郎。

王明字如晦，大名成安人。晉天福中，舉進士不第。驍騎將藥元福爲原州刺史，辟爲從事。馮暉節制靈武，表爲觀察巡官。周廣順初，元福領陳州防禦使，奏署判官。會劉崇寇晉州，命元福將兵援之，事多咨於明。

先是，州縣吏部送丁壯餉糧，一夕，夫盡遁去。元福怒，盡驅官吏出軍門，將就戮。明馳往止之，入白元福曰：「今軍儲無闕，丁夫數萬人，文吏懦不能制，斬之何益，不如寬以待之。賊敗凱旋，公無專殺之名，不亦善乎？」元福感悟，盡免其死。旣而崇衆宵遁，卽命元福爲建雄軍節度留鎭，因奏署明爲書記，賜緋魚。

顯德初，元福移鎭陝，恃功多驕恣，明以直道規之，忤其左右，多毀明於元福，元福亦稍疏之。明以父病求歸省，元福數召明，明因謝絕之。詣闕上書，求任州縣，歷淸平、鄄城二縣令。

宋初，荆南高繼沖入覲，授彰門節鉞，以明爲武寧軍節度掌書記。乾德初，召公卿近臣各舉清白有吏幹者一人，給事中馬士元以明塞詔，召爲左拾遺。蜀平，選知榮州，代歸，遷右補闕。會用兵於嶺南，選爲荆湖轉運使。開寶三年，大舉南征，以明爲隨軍轉運使。山路險絕，舟車不通，但以丁壯數萬人轉遞，供億不闕。每下一郡一城，必先保其簿書，守其倉庫。旣而賀州未下，明入與主帥計曰：「當急取之，恐援兵至，則我師勝負未可知。」諸將頗猶豫。明乃擐甲冑，率所部護送輜重卒百人，擁丁夫數千，畚鍤皆作，堙其塹，直抵城門。城中懼，開門納款，遂據有之。因抵廣州，賊衆十餘萬拒戰。是夕，大風發屋折木，衆乃驚懼。明與都部署潘美等謀，命丁夫數千人，人持二炬，間道先擣賊壘，大軍蓐食，陣以待之。俄而萬炬皆發，焚其柵。賊驚，果來犯，大軍因逆擊之，賊大敗，斬首數萬，劉鋹以城降。廣州平，爲本道轉運使。太祖嘉其功，擢授祕書少監，領韶州刺史，充轉運使。俄以潘美、尹崇珂爲嶺南轉運使，以明爲副使。明徧歷部內，視民疾苦，舊無名科斂，悉條奏除之，嶺表遂安。

七年，代歸，帝召見勞問，賜襲衣、金帶、鞍勒馬。是歲，將用師南唐，以明爲黃州刺史，帝密授成算。明旣視事，卽完葺城壘，訓練士卒，衆莫解其意。俄而王師自荆渚乘戰艦而下，卽以明爲池州至岳州江路巡檢戰櫂都部署。擊鄂州軍於江南，斬首三百級。又破萬餘

人於武昌，殺江南軍七百人，拔樊山砦。破江州軍，斬首三千級。又破江南軍三百人於江中，獲船十餘艘。又擊敗湖口軍萬餘衆，奪戰艦五百艘。

時南唐將朱令贇自上江領衆十五萬，連大艦沿流而下，將焚采石浮梁，抵金陵爲援。明率所部舟師屯獨樹口，遣其子馳奏，請添造戰艦三百艘以襲令贇。帝曰：「非應急策也，令贇朝夕至，金陵之圍解矣。」乃密遣人諭明，令樹長木於洲浦間，若帆檣之狀。令贇望見之，果疑大軍襲其後，逗撓不敢進。明移檄諸軍，相爲掎角，因督兵櫂襲之。至小孤山，與諸軍合勢，大破之，擒令贇，衆赴水死者十五六。金陵平，詔明安撫諸郡，因命知洪州。太宗卽位，兼領江南諸路轉運使。召爲右諫議大夫，充三司副使。

太平興國七年，與侯陟同判三司事。八年，召分三司〔六〕，各命使領之，改左諫議大夫，爲鹽鐵使，遷給事中。雍熙四年，改光州刺史，出知幷州。端拱元年，代還。表求換秩，改禮部侍郎。會契丹擾邊，詔以明知眞定府。契丹遁去。淳化初，詔歸闕，知京朝官差遣事。二年，卒，年七十三。

子挺、扶，並進士及第。歷臺省，累爲轉運使，皆知名。挺至殿中侍御史，扶嘗直集賢院，至工部員外郎。景德中，錄幼子掞爲光祿寺主簿。大中祥符八年，又錄其孫師顏爲三班借職，掞至殿中丞。

許仲宣字希粲，青州人。漢乾祐中，登進士第，時年十八。周顯德初，解褐授濟陰主簿，考功員外郎張乂薦爲淄州團練判官。宋初赴調，引對便殿。仲宣氣貌雄偉，太祖悅之。擢授太子中允，受詔知北海軍。仲宣度其山川形勢、地理廣袤可以爲州郡，因畫圖上之，遂升爲濰州。

初，議建牧馬監，令仲宣行視諸州，頗得善地。從征幷門，掌給納，四十餘州資糧悉能集事。帝益知其彊幹。開寶四年，知荆南轉運事。及征江南，又兼南面隨軍轉運事，兵數十萬，供饋無闕。南唐平，以漕輓功拜刑部郎中。中謝日，召升殿獎諭，賜緋。九年，詔知永興軍府事。

太宗嗣位，遷兵部郎中，驛召赴闕，賜金紫。授西川轉運使，屬西南夷寇鈔邊境，仲宣親至大度河，諭以逆順，示以威福，夷人率服。會言事者云，江表用兵時，仲宣乾沒官錢，召還，令御史臺盡索財計簿鉤校，凡數年而畢，無有欺隱。

改廣南轉運使，會征交州，其地炎瘴，士卒死者十二三，大將孫全興等失律，仲宣因奏罷其兵。不待報，卽以兵分屯諸州。開庫賞賜，草檄書以諭交州。交州卽送款內附，遣使修貢。仲宣復上章待罪，帝嘉之。

太平興國六年冬，南郊畢，遷吏部郎中。八年，與膳部郎中、知雜滕中正，兵部郎中劉保勳，刑部郎中辛仲甫，皆以久次郎署，擢隸諫垣，仲宣爲左諫議大夫。未幾，召還，以本官權度支。雍熙四年，出知廣州，未上，移知江陵府，俄改河南府。端拱中，遷給事中。淳化元年，卒，年六十一。

仲宣性寬恕，倜儻不檢，有心計。初，爲濟陰主簿時，令與簿分掌縣印。令畜孌妾，與其室爭寵，令弗能禁。孌欲陷其主，竊取其印藏之，封識如故，以授仲宣。翌日署事，發匣，則無其印，因逮捕縣吏數輩及令、簿家人，下獄鞫問，果得之於令舍竈突中。令聞之，倉皇失措，仲宣處之晏然，人服其量。嘗從征江南，都部署曹彬令取陶器數萬，給士卒爲燈具。仲宣已預料置，奉之如其數。其才幹類此。

子待用至國子博士，待問再舉及第，至殿中丞，待旦至比部員外郎。待用子亘源，亦登進士第。

楊克讓字慶孫，同州馮翊人。高祖公略，洪州都督。晉末，舉進士不第，州將劉繼勳辟

爲戶曹掾。漢乾祐中，本府節度張彥成表授掌書記。

周廣順初，彥成移鎭安陽、穰下，克讓以舊職從行。彥成入爲執金吾，病篤，奏稱其材可用。克讓以彥成死未葬，不忍就祿，退居別墅，俟張氏子外除。時論稱之。歷鎭寧軍掌書記。顯德二年，調授鳳翔府司錄參軍，加兼監察御史，以祖母老解官歸養。未幾，改延州觀察推官，與通判宋琪並爲節度使趙贊所禮。累加朝散大夫兼殿中侍御史，連以家難去職。

太祖素知其名，會贊入覲，復稱其才，卽起爲左補闕，掌嶄口榷貨務。乾德六年，知果州。上言願畢襄事，特賜緡錢，許葬畢赴任。開寶三年，就命爲西川轉運副使，蜀民懷其善政，璽書褒美。代歸闕下，疏民利病十事，稱旨。太祖召升殿，賜坐勞問，面賜金紫。將大用，爲侯陟所沮，事見陟傳。

征南唐，命克讓知昇州行府。昇州平，就知州事兼水陸計度轉運使事，加兵部員外郎。太平興國初，就加刑部郎中，知大名府。會錢俶、陳洪進來歸疆土，以克讓爲兩浙西南路轉運使。泉州民嘯聚爲盜，克讓在福州，卽率其屯兵至泉州，與王明、王文寶共討平之。四年，徙知廣州，俄兼轉運市舶使。明年，卒，年六十九。

克讓少好學，手寫經籍，盈於篋笥。多收圖畫墨跡。歷官廉謹幹局，所至有聲。每視事，自旦至暮，或通夕，斷決如流，無有凝滯，當時稱爲能吏。

子希閔字無間。生而失明，令諸弟讀經史，一歷耳輒不能忘。屬文善緘尺，趙普守西洛，府中牋疏，皆希閔所爲。將奏署本府掾，固辭不受，普優加給贍。張齊賢、李沆、薛惟吉、張茂宗繼領府事，皆優待之。卒，年三十九，有集二十卷。自教三子：曰華，曰嚴，曰休，皆登進士第。曰華都官員外郎，曰嚴職方員外郎，曰休殿中丞。希閔弟希甫，淳化三年進士，至屯田員外郎。從子曰宣，亦登進士第。

段思恭，澤州晉城人。曾祖約，定州司戶。祖昶，神山令。父希堯，晉祖鎮太原，辟爲從事，與桑維翰同幕府。晉有天下，希堯累歷清顯。思恭以門蔭奏署鎮國軍節度使官。天福中，希堯任棣州刺史兼權鹽礬制置使。思恭解官侍養，奉章入貢，改國子四門博士，賜緋。開運初，出爲華、商等州觀察支使。劉繼勳節制同州，辟爲掌書記。繼勳入朝，會契丹入汴，軍士諠譟，請立思恭爲州帥，思恭諭以禍福，拒而弗從，乃止。

漢祖建國，授左補闕。隱帝時，蝗，詔徧祈山川。思恭上言：「赦過宥罪，議獄緩刑，苟獄訟平允，則災害不生。望令諸州速決重刑，無致淹濫，必召和氣。」從之。歷度支、駕部。

周顯德中，定濱州田賦，世宗嘉之，賜金紫。丁外艱，服闋，拜左司員外郎。

建隆二年，除開封令，遷金部郎中。乾德初，平蜀，通判眉州。時亡命集衆，攻逼州城，刺史趙廷進懼不能敵，將奔嘉州，思恭止之，因率屯兵與賊戰彭山。軍人皆觀望無鬭志，思恭募軍士先登者厚賞，於是諸軍賈勇，大敗賊，思恭矯詔以上供錢帛給之。後度支請按其罪，太祖憐其果幹，不許，令知州事。丁母憂，起復，俄召爲考功郎中，知泗州。

會馮繼業自靈州舉宗來朝，帝以思恭代知州事，仍語之曰：「馮繼業言靈州非衞、霍名將鎭撫之不可，汝其往哉！」思恭曰：「臣奉詔而往，必能治之。」帝壯之，賜窄衣、金帶、錢二百萬，仍以塗涉諸部，令別齎金帛以遺之。思恭下車，矯繼業之失，綏撫夷落，訪求民病，悉條奏免之。俄而回鶻入貢，路出靈州，交易於市，思恭遣吏市硇砂，吏爭直，與之競。思恭釋吏，械其使，數日貰之。使還愬其主，復遣使齎牒詣靈州問故，思恭理屈不報。自是數年，回鶻不復朝貢。

久之，遷右諫議大夫，知揚州。朝廷方經略江表，命思恭兼沿江巡檢。每出巡，委州事於通判，以牌印、鼓角、金鉦自隨。驛書自京師來者，令齎至其所，事多稽滯。因與通判李嵒相告訐，詔以屬吏。思恭辭不直，責授太常少卿，改知宿州。太宗卽位，遷將作監、知秦州。坐擅借官庫銀造器，又妄以貢奉爲名，賤市狨毛虎皮爲馬飾，爲通判王廷範所發，降授少府

少監、知邢州。太平興國六年，遷少府監。雍熙元年，南郊畢，表乞復舊官，再爲右諫議大夫。二年，知壽州。端拱初，遷給事中，尋知陝州。淳化三年，卒，年七十三。

思恭以門資歷顯官，不知書，無學術；然踐更吏事，所至亦著勤績。子惟一至太常博士、三司度支判官。從子惟幾，第進士，仕至兵部員外郎。

侯陟，淄州長山人。漢末，舉明經。周廣順初，試校書郎，爲西州回鶻國信使判官，還補雷澤主簿。司門員外郎姚恕凡四薦陟，爲襄城令、汝州防禦判官、濮陽襄邑令。

建隆初，爲寃句令，以清幹聞。二年，擢爲左拾遺，仍知縣事。節度袁彥頗爲不法，陟抗章言之，彥上表謝，自陳無罪，太祖亦不窮治。四年，令兼領本縣屯兵，俄改淮南轉運使，賜緋衣、黑銀帶，遷右補闕。乾德三年，就改侍御史。明年，入爲左司員外郎、度支判官。朝議欲以本官領省事，改度支員外郎，依前充判官。開寶五年，復爲左司員外郎。六年，權判吏部銓，俄賜金紫。十二月，詔與戶部員外郎、知制誥王祜等同知貢舉，未鎖宿，出知揚州。會出師收金陵，陟以所部敗南唐軍千人於宣化城。俄爲部下所訟，追赴闕，陟度理窮，乃求哀盧多遜，多遜素與陟善，爲其畫計。時江表未拔，太祖厭兵，南土暑熾，軍卒疫死，方

議休兵，以爲後圖。陟適從揚州來，知金陵危甚，多遜令上急變求見。陟時被病，令掖入，卽大言曰：「南唐平在朝夕，陛下奈何欲班師，願急取之。臣若誤陛下，願夷三族。」上屏左右，召升殿問狀，遂寢前議，并赦陟罪，復知吏部選事。

太平興國初，遷戶部郎中。俄而選人有妄冒，事發，詞涉於陟。南曹雷德驤將奏劾之，陟造便殿自首，出爲河北轉運使。征太原，爲太原東路轉運使。駕還，次鎭州，命先還上都供頓軍需。以功遷左諫議大夫，權御史中丞事。五年，同知貢舉。開寶末，趙普在中書，陟嘗上疏言其短。至是，普再入相，陟頗憂恚。六年，南郊畢，加給事中。七年，三司使王仁贍左降，以陟與王明同判三司。八年，卒，贈工部尙書。

陟有吏幹，性狡獪，好進，善事權貴，巧中傷人。太祖嘗召刑部郎中楊克讓，命坐與語，且諭以將大用。陟素忌克讓，偵知之。因奏事，上問識楊克讓否，陟曰：「臣與克讓甚善，知其人才識，朝廷佳士也。近聞其自言上許以大用，多市白金作飲器以自奉，臣頗怪之。」上怒，亟令克讓出典郡。其險詖如此。

李符字德昌，大名內黃人。漢乾祐中，郭從義討趙思綰於京兆，辟符在幕府，表爲京兆

府戶曹掾。歷鄜縣主簿、保義軍節度推官。丁內艱，服除，調汝州防禦判官，權知州事。右庶子楊格薦爲大理正。乾德中，知歸州轉運司制置。歸朝，以京西諸州錢帛不登，選知京西南面轉運事。奏便宜百餘條，凡四十八事，命著爲令，賜緋魚。因奏對稱旨，遷起居郎。後荆湖轉運許仲宣隨軍討南唐，詔符赴荆湖調發芻糧，符領船數千艘順流而下。事畢，賜金紫。符又建議鑿横江河以通漕運，發和州三縣丁壯給其役。太祖欲幸西京，有事于南郊。符上書陳八難曰：「京邑凋弊，一也；宮闕不備，二也；郊廟未修，三也；百司不具，四也；畿內民困，五也；軍食不充，六也；壁壘未設，七也；千乘萬騎盛暑扈行，八也。」不從。禮畢還京，改比部員外郎、判刑部。

太平興國初，遷駕部，轉祠部郎中，知廣州兼轉運使。二年，符圖海外諸城及嶺外花木各一以獻。在任有善政，民爲立生祠。五年，召爲右諫議大夫、判吏部銓兼大理寺理。三司副使范旻得罪，以符代之。賜白金三千兩。車駕幸大名，領行在三司。未幾，坐與官屬競課最，罷職守本官。

七年春，開封尹秦王廷美出守西京，以符知開封府。廷美事發，太宗令歸第省過。趙普令符上言：「廷美在西洛非便，恐有他變，宜遷遠郡，以絕人望。」遂有房陵之貶。普恐泄

言，坐符用刑不當，貶寧國軍行軍司馬。盧多遜貶崖州也，符白普曰：「珠崖雖遠在海中，而水土頗善。春州稍近，瘴氣甚毒，至者必死，願徙多遜處之。」普不答。先是，太宗尹京，符因宋琪薦弭德超事藩邸。符貶，德超爲樞密副使，屢稱其冤。會德超以事貶，帝惡其朋黨，徙符嶺表，普移符知春州。至郡歲餘卒，年五十九。至道二年，郊祀，追復右諫議大夫。

符無文學，有吏幹，好希人主意以求進用，終以此敗。祥符五年，錄其子璜試將作監主簿。

魏丕字齊物，相州人，頗涉學問。周世宗鎮澶淵，辟司法參軍。有盜五人獄具，丕疑其冤，緩之。不數日，果獲眞盜，世宗嘉其明慎。歷頓丘、冠氏、元城三縣令。世宗即位，改右班殿直。自陳本以儒進，願受本資官。世宗曰：「方今天下未一，用武之際，藉卿幹事，勿固辭也。」未幾，出監明靈砦軍。世宗征淮甸，丕獲江南諜者四人，部送行在。詔獎之，賜錢十萬，遷供奉官、供備庫副使。

太祖即位，改作坊副使。時楊承信帥河中，或言其反側未安，命丕賜承信生辰禮物，陰察之。還，言其無狀。太祖嘗召對，語丕曰：「作坊久積弊，爾爲我修整之。」丕在職盡力，以

久次轉正使。開寶九年，領代州刺史。凡典工作十餘年，討澤潞、維揚，下荆廣，收川峽，征河東，平江南，太祖皆先期諭旨，令修創器械，無不精辦。舊床子弩射止七百步，令丕增造至千步。及改繡衣鹵簿，亦專敕丕裁製。丕撤本坊舊屋，爲舍衢中，收僦直及鬻死馬骨，歲得錢七千餘緡，工匠有喪者均給之。太祖幸洛郊祀，三司使王仁贍議雇民車牛運法物，太祖以勞民，不悅，召丕議之。丕請揀本坊匠少壯者二千餘，分爲遞鋪輸之，時以爲便。

雍熙四年，代郝正爲戶部使。端拱初，遷度支使。是冬，出爲黃州刺史。還朝，召對便坐，賜御書急就章、朱邸集。丕退作歌以獻，因自述願授臺省之職。太宗面諭曰：「知卿本儒生，然清望官奉給不若刺史之優也。」淳化初，改汝州刺史。歷知鳳州，改襄州。境內久旱，丕以誠禱之，一夕，雨沾足。明年，召還，屢求退居西洛，不許。

四年，表求致仕，授左武衛大將軍，仍領汝州刺史。俄判金吾街仗。初，六街巡警皆用禁卒，至是，詔左右街各募卒千人，優以廩給，使傳呼備盜。丕以新募卒引對，遂分四營，營設五都，一如禁兵之制。五年，改領鄆州刺史。俄改領復州，遷左驍衛大將軍。咸平二年，卒，年八十一。

丕好歌詩，頗與士大夫遊接，有時稱。南唐主李煜妻卒，遣丕充弔祭使，且使覘其意趣。煜邀丕登昇元閣賦詩，丕有「朝宗海浪拱星辰」之句，以風動之。太宗嘗賜詩，令丕與柴

禹錫和焉。

董樞，眞定元氏人。後唐淸泰中〔七〕，以獻書授校書郎。累歷賓佐。晉天福中，爲左拾遺、知樞密院表奏。周廣順初，爲左補闕。世宗即位，詔常參官各奏封事，樞上平吳策。淮南平，遷浚儀令。恭帝即位，遷殿中侍御史。

太祖乾德初，遷主客員外郎。上書請伐蜀，蜀平，通判劍州。會全師雄叛，攻劍。刺史張仁謙足疾不能戰，欲棄城走。樞固爭，戰賊敗之，因招餘衆降。仁謙飲樞令醉，密殺降數百，誣奏樞與賊通。會中使自成都還，備言其事，太祖並召之，庭辯曲直，仁謙遂屈。下御史臺鞫之，黜宋州教練使，以樞嘗貢西伐計，遷比部郎中。三年，出兼桂陽監使，上書請伐廣南。詔益桂陽戍卒三千，令樞統之。

開寶二年，又上方略。會劉鋹令內侍曾居實侵桂陽，樞擊退之。三年，大舉伐鋹，令樞率兵趨蓮口〔八〕，克之。改兵部郎中，權知連州兼行營招撫使。嶺南平，賜錢三百萬。四年，移知襄州，又爲河北轉運使，改判西京留司御史臺。

初，樞罷桂陽監，以右贊善大夫孔璘〔九〕代之。璘通三禮，嘗講學於河朔。擢第，歷州

縣。及升朝，莅桂陽，歲滿，以太子洗馬趙瑜代之。瑜，趙州人。家世豪右，自言諳練邊事。開寶中，命爲易州通判，歲滿，移桂陽。瑜至，即稱疾，遂以著作郎張侃代之。侃至月餘，奏瑜在任累月，得羨銀數十斤，雖送官而不具數目，計樞與璘隱沒可知矣。詔下御史案之，獄具。有司計盜贓法，俱當死。太祖曰：「趙瑜非自盜，但不能發擿耳。」樞、璘並坐死，瑜決杖流海島。擢侃爲屯田員外郎。

論曰：顏衎振舉風憲，不避彊禦。劇可久居廷尉之任，以平允聞。趙逢果斷之士，而獨尙嚴酷，處之要密之職，則非所宜。蘇曉銳意深刻，樂致人罪，後嗣衰謝，厥報不誣。高防陳逆順以聳臣節，體明慎而究疑獄，治迹清操，沒而彌章。若其自誣以救人之死，古人何加焉。馮瓚省關市之苛賦，設方略以擊賊，功若可稱，而巧宦任數，竟致傾敗，理固然矣。邊珝、王明、許仲宣、楊克讓當官效用，以清幹稱。然仲宣寬簡持重，造次不撓，蓋人之難能者。王明累參戎事，預立戰功，至若開諭元福，止其暴誅，此赴蹈之仁也。段思恭遏亂兵，擊羣寇，便宜從事，以著奇績，斯亦可矣。然不能動遵規矩，速訟左降者再焉。侯陟吏才適用，患在伎刻。李符博通時務，乃事深文，以致投荒自弊，遂爲口實。魏丕久典工效，以濟

戎用，至於平反寃盜之獄，救楊承信之誣，善尤可稱。董樞論平吳伐蜀及取廣南，咸克舉之，且多戰功，而以貪墨取敗。惜哉！

校勘記

〔一〕凡三十卷目曰刑統　「三十卷」，當爲「二十一卷」之誤。據舊五代史卷一四七刑法志、五代會要卷九、通考卷一六六刑考，周世宗顯德五年張湜、劇可久等人刪定的刑統，只有二十一卷。據下文蘇曉傳、本書卷一九九刑法志、長編卷四，宋太祖乾德元年竇儀等人重定的刑統，才是三十卷。

〔二〕泰州　原作「秦州」，查秦州隸屬陝西，不在淮南。通鑑卷二九二顯德三年：「以給事中高防權知泰州。」下文之「海陵監」所隸也是泰州，據改。

〔三〕尙波于　「于」原作「千」。據東都事略卷一二九、通考四裔考改。

〔四〕直洪文館　按唐代於門下省置弘文館，五代沿置。此處「洪文館」原當作「弘文館」，蓋宋人避宋太祖父弘殷諱而改。

〔五〕又掌建安軍榷貨　「建安軍」原作「永安軍」。按九域志卷五載：「乾德二年，以揚州永貞縣迎鑾鎭爲建安軍。」是年置榷貨務於此，即邊珝掌榷貨的所在，見長編卷一三、宋會要食貨三六之一。據改。

〔六〕召分三司　本書卷四太宗紀說：「分三司各置使。」長編卷二四說：「始分三司爲三部，各置使。」「召」疑爲「詔」字之訛。

〔七〕淸泰中　原作「太淸中」，但後唐無太淸年號，後唐末帝年號本爲淸泰；「太」字是「泰」的省寫。傳文倒置，今乙正。

〔八〕連口　按本書卷二太祖紀、卷二五八潘美傳及長編卷一一均作「連州」。

〔九〕右贊善大夫孔璘　「右」原作「左」，據本書卷三太祖紀、長編卷一六改。

宋史

元 脱脱等撰

第二七册

卷二七一至卷二八五（傳）

中華書局

宋史卷二百七十一

列傳第三十

馬令琮 杜漢徽 張廷翰 吳虔裕 蔡審廷 周廣 張勳 石曦 張藏英 陸萬友 解暉 李韶 王晉卿 郭廷謂 趙延進 子延濬 從子延澤 輔超

馬令琮，本名令威，避周祖名改之，大名人。父全節，五代史有傳。全節歷橫海、定遠、昭義、彰德、定武、天雄六節度，皆署令琮爲牙校，累授彰德牙內都指揮使、檢校尚書左僕射，領勤州刺史。令琮少善騎射，嘗從其父平安州及與鎮州安重榮戰，皆有功，由是知名。

晉開運二年，全節卒，令琮起復，拜隰州刺史。漢祖開國，爲西京巡檢使。周祖受命，改陳州刺史。征兗州，爲京城四門外巡檢。世宗嗣位，移隨州。顯德二年，入爲虎捷左第一軍都指揮使。六年，兼領建州刺史。

太祖卽位，出刺懷州。李筠叛，將親征，召三司張美餉兵食，美言河內密邇上黨，令琮日夜儲蓄以俟王師。太祖善之，命授團練使。執政言令琮方供億大軍，不可移他郡，故升懷州爲團練，以令琮充使，又充先鋒都指揮使。澤、潞平，爲昭義兵馬鈐轄。踰年被疾，詔許歸郡。乾德元年，卒，年三十九。太祖甚憐之，錄其子延恩爲殿直。

杜漢徽，京兆長安人。父阿孫，爲太原威勝軍使。漢徽有膂力，善騎射，年十七，仕後唐武皇爲廳直隊長。天成中，累遷護聖軍使。

晉天福六年，與慕容鄴等討安州李金全，生禽指揮使孫厚，以功遷興順指揮使。八年，從征鎮州安重榮，改護聖指揮使，贈阿孫爲左贊善大夫。開運二年，以所部戍深州，破契丹於樂壽，殺獲甚衆。

漢初，從高行周討杜重威於鄴，屢爲流矢所中，身被重創，猶力戰，觀者壯之。又率所部戍鎮州，破契丹於鹽壽，獲車馬甚衆。

周世宗征劉崇，漢徽有戰功，補龍捷左第五軍都虞候，移所部屯安平縣，破契丹於縣南，獲器甲車帳，還本軍左第四軍都虞候。

宋初，補本軍都校，領茂州刺史，改領潮州。從平李筠，又從平李重進，錄功居多。建隆三年，出爲天長軍使，移雄武軍使，知屯田事。是冬，被病，卽以符印授通判宋鸞，請告歸京。家人勸其求醫藥，漢徽笑曰：「我在戎行四十年，大小百餘戰，不死幸矣，安用藥爲？」未幾，卒。

張廷翰，冀州信都人。父愼圖，仕周爲兵部郎中。廷翰少慷慨，有智略，善騎射。晉天福中，冀州刺史張建武召補牙校，其後刺史李沖署爲本州牢城軍校。契丹入中原，署其黨何行通爲刺史，契丹主道殂，州人共殺行通，推廷翰知州事。

漢初，就拜刺史，廷翰盡捕殺行通者戮於市。爲政寬厚簡易，民甚愛之。周廣順初，召赴闕，周祖見其貌魁偉，謂樞密使王峻曰：「冀州近邊，雖吏擇人，亦無踰廷翰者。」卽日遣還。在郡八年，契丹將高牟翰數擾邊，皆爲廷翰擊走。

廷翰家富於財，歲遣人齎金帛北入市善馬，常得數百匹，貢獻外悉遺貴近，甚獲美譽。顯德中，歷棣、海、沂三州團練使，屢率兵敗淮人，移萊州。

宋初，又歷冀、亳二州。乾德二年，卒，年四十七。

吳虔裕，許州許田人。父徽，左屯衞將軍。虔裕少爲郡吏，漢祖鎭許，愛其精謹，署以右職。及移鎭太原，以虔裕從。開國，擢爲引進使，轉內客省使。時鎭州節度劉在明卒，遣虔裕率兵巡護。隱帝卽位，召爲宣徽北院使。

周祖討三叛，以虔裕爲河中行營都監，率護聖諸軍五千以往。李守貞出兵五千餘，設梯橋，分五路於長連城西北以禦周祖。周祖令虔裕率大軍橫擊之，蒲人敗走，奪其梯橋，殺傷大半。師還，賜襲衣、玉帶。

會樞密使楊邠上言求解職，隱帝遣人諭邠曰：「樞機之任，非卿不可，卿何聽間離而爲此請耶？」使至而虔裕在坐，卽颺言曰：「機要重地，非可久處，俾後來者迭居可也。」使還以白帝，帝怒，出虔裕爲鄭州防禦使。乾祐末，誅大臣，急詔入朝，命將兵守澶州。及留子陂戰敗，遂降周祖。

廣順初，遣還，賜以襲衣、玉帶、鞍勒馬。從周祖討慕容彥超，破之。改汝州防禦使，歷右衞、左金吾衞二大將軍兼街仗使。

太平興國六年，遷右千牛衞上將軍，仍判左街仗事。虔裕掌金吾三十餘年，端拱初，卒，年八十八，贈太尉。

虔裕性簡率，言多輕肆。右金吾上將軍王彥超告老，虔裕語人曰：「我縱僵仆殿階下，斷不學王彥超七十致仕。」人傳笑之。每朝會及從遊宴，太宗憐其壽高，常慰撫之。子延彬至儀鸞副使，延彬子仁美至內殿崇班。

蔡審廷，磁州武安人。曾祖凝，邢州別駕。祖綰，武安遠城三冶使。父顒，洛州長史。審廷少能騎射，晉初，應募補護聖散都頭。

周顯德初，擢爲殿前散員，轉鐵騎副兵馬使。從世宗戰高平有功，遷軍使。太祖爲殿前都點檢，從世宗征淮南，審廷隸麾下，預戰紫金山，改副指揮使。

宋初，授殿前散都頭指揮使。從征李筠，攻澤州先登，爲飛石傷足，帝賜以良藥、美酒。及車駕還京，幸其官署問之，賜賚甚厚。尋轉內殿直都虞候，俄改伴飯都指揮使。建隆中，領富州刺史兼內外馬步軍副都軍頭。

乾德初，授冀州刺史。征太原時，爲北面步軍都指揮使，屯兵易州。審廷訓練士卒甚整，太祖過鎭陽，見於行在所，賜名馬、寶劍，命爲鎭州兵馬都鈐轄。開寶八年，卒，年六十九。

周廣字大均，其先應州神武川人。父密，事晉歷鄜、延、晉三鎭節度使。周廣順初，至太子太師致仕。廣幼從其父爲牙校。漢初，授供奉官。未幾，擢左千牛衞將軍。

周祖命將討慕容彥超於兗州，以廣爲行營都監。賊平，錄功遷右武衞將軍。俄改右神武將軍，充鎭淮軍兵馬都監。從世宗征淮南。旣得江北數州，卽命廣勞來安集，民甚德之。因領常州刺史兼內外馬步軍都軍頭。淮南平，改眉州刺史。

宋初，授隰州刺史。乾德三年，遷潘州團練使，令訓練雄武諸營。開寶二年，從征太原，爲攻城樓櫓戰櫂都部署，師還，加內外馬步軍副都軍頭。六年，改右屯衞大將軍，領郡如故。太平興國二年，卒。

張勳，河南洛陽人。晉開運中，事留守景延廣爲典客，延廣表爲供奉官。周世宗將征淮南，以勳爲申州緣淮巡檢。因採光州機事聞于朝廷，卽命勳率兵同討平之，遂監光州軍，

充內外巡檢。後攻黃州，敗吳人於麻城，復破柏業山砦，目中流矢。遷內園副使。及征瀛、莫，以爲霸州兵馬都監。

初，征李筠，勳從石守信董前軍，拔大會砦，及敗筠衆於太行，破澤州，皆預有功。太祖還京，命權知許州。未幾，李重進叛，又詔與石守信、李處耘先率兵進討。拔揚州，以勳爲兵馬都監，遷氈毯使。討朗陵，充前軍兵馬都監。荆湖平，以功就拜衡州刺史。乾德初，克郴州及桂陽監，以勳爲刺史兼監使。五年，代歸，至揚州卒，年六十八。太祖甚憐之，錄其子廷皺爲殿直。

勳性殘忍好殺，每攻破城邑，但揚言曰「且斬」，頗有橫罹鋒刃者。將赴衡州，州民皆涕泣相謂曰：「『張且斬』至矣，吾輩何以安乎！」

石曦，并州太原人，晉祖弟韓王暉之子。天福中，以曦爲右神武將軍。歷漢至周，爲右武衞、左神武二將軍。恭帝卽位，初爲左衞將軍。會高麗王昭加恩，命曦副左驍衞大將軍戴交充使。建隆三年，再使高麗，遷左驍衞大將軍，護秦州屯兵。西人犯邊，曦率所領擊破之，斬渠帥十三人。

太祖征晉，曦領兵二千人自澤、潞除道至太原，壅汾水灌其城，又益兵千人，部攻遼州。俄知雄州，代，爲潭州鈐轄。開寶八年，領兵敗南唐軍二千餘于袁州，平梅山、板倉諸洞蠻寇，俘馘數千人。太平興國中，歷右神武、右羽林大將軍，連知孟、襄二州，遷領誠州刺史。

雍熙四年，改知霸州兼部署。會陳廷山謀以平戎軍叛入北邊，曦察知之，與侯延濟定計，禽廷山以獻。錄其功，加領本州團練使，同知鎭州。淳化二年，移原州，遷右龍武軍大將軍。被病請告，詔特給全奉。四年，卒，年七十四，賵賻加等。

張藏英，涿州范陽人，自言唐相嘉貞之後。唐末，舉族爲賊孫居道所害。藏英年十七，僅以身免。後逢居道於幽州市，引佩刀刺之，不死，爲吏所執。節帥趙德鈞壯之，釋而不問，以補牙職。

藏英後聞居道避地關南，乃求爲關南都巡檢使。至則微服攜鐵檛，匿居道舍側，伺其出擊之，仆於地，齧其耳啖之，遂禽歸。設父母位，陳酒肴，縛居道於前，號泣鞭之，臠其肉，經三日，刳其心以祭。卽詣官首服，官爲上請而釋之。燕、薊間目爲「報讎張孝子」。

契丹用爲盧臺軍使兼榷鹽制置使，領坊州刺史。周廣順三年，率內外親屬并所部兵千餘人，及煑鹽戶長幼七千餘口，牛馬萬計，舟數百艘，航海歸周。至滄州，刺史李暉以聞。周祖頗疑之，令館於封禪寺，俄賜襲衣、銀帶、錢十萬、絹百匹、銀器、鞍勒馬。數月，世宗卽位，授德州刺史。未幾，召歸，對便殿，詢以備邊之策。藏英請於深州李晏口置砦，及誘境上亡命者以隸軍，願爲主將，得便宜討擊。世宗悉從之。以爲緣邊招收都指揮使，賜名馬、金帶。藏英遂築城李晏口，累月，募得勁兵數千人。

會遣鳳翔節度王彥超巡邊，爲契丹所圍，藏英率新募兵馳往擊之，轉戰十餘里，契丹解去，改濮州刺史，仍領邊任。契丹將高牟翰以精騎數千擾邊，藏英逆擊於胡盧河北，自旦至晡，殺傷甚衆。値暮收兵，契丹遁去。後因領兵巡樂壽，契丹幽州驍將姚內斌偵知藏英兵少，以精騎二千陣於縣之北，藏英率麾下擊之，自辰及申，士皆殊死戰，內斌遂解去。世宗降璽書褒美。

征瓦橋關，爲先鋒都指揮使，敗契丹騎數百於關北。下固安縣，又改關南排陣使。宋初，遷瀛州團練使，并護關南軍。建隆三年，卒於治所，年六十九。孫鑑，自有傳。

陸萬友，蔚州靈丘人。少隸太原爲裨校。漢祖起義，擢爲護聖指揮使。隱帝卽位，出

爲天雄軍馬軍都指揮使。

周祖之起兵也，萬友預謀。及踐阼，擢爲散員都指揮使，領奬州刺史。世宗嗣位，遷龍捷左第三軍都指揮使。轉控鶴右廂都校、領虔州團練使，改虎捷右廂、領閬州防禦使。恭帝嗣位，出爲安州防禦使。

宋初，歷沂、蘄二州防禦使。乾德四年，改汝州。開寶中，討南唐，造舟于采石磯以濟師，命萬友守之。江南平，爲和州防禦使。太宗嗣位，以爲晉、絳等州都巡檢使。帝征太原，克汾、石二州，以萬友爲石州都巡檢使，俄兼知石州，移巡警鳳翔、秦、隴。代歸，詔知瀛州，在郡二年，政務苟簡。雍熙二年，改右監門衞大將軍，充河陰兵馬都監。踰年卒，年七十三。萬友始業坊鏝，既貴達，不忘本，以銀爲坊鏝器數十事示子孫。性猛暴，以武勇自任，所至無善政。太宗以其勳舊，恩遇不替，聘其次女爲許王夫人。

解暉，洛州臨洛人。父珪，應募爲州兵，後唐天成中，西征至劍門，沒於陣。暉少有勇力，以父死戎事，得隸兵籍。戍鴈門，與契丹接戰，斬首七級，獲酋長一人。以功遷奉國軍隊長。

晉天福中，安重榮反鎭州，因舉兵向闕〔一〕。至宗城〔二〕，晉師逆戰，大破之。暉募軍中壯士百餘人夜擣賊壘，殺獲甚衆。暉頰中流矢，而督戰自若，顏色不撓，以功遷本軍列校。

周廣順初，劉崇與契丹侵晉州，暉從都部署、樞密使王峻等往援之。暉率敢死士三十餘，夜入契丹帳擊之，殺獲甚衆，遷本軍第五指揮使。從世宗征淮南，率所部下黃州，禽刺史高弼，遷虎捷第一軍都虞候。

宋初，步軍都軍頭，從征澤州，力戰，目中流矢。師還，策勳爲內外馬步軍副都軍頭。建隆四年，充湖廣道行營前軍戰櫂都指揮使。潭州平，降璽書獎諭。僞統軍黃從志據岳州，暉率舟師討平之，生禽從志及將校十四人，俘斬數千，溺死者衆。改控鶴右第二軍都指揮使，領高州刺史。

乾德六年，詔領所部軍屯上黨，從李繼勳略太原。開寶九年，破太原軍於境上，斬首千餘級，獲馬三十四。改均州刺史。

太平興國二年，詔於潞州北亂柳石圍中築城，名威勝軍，以暉爲軍使。從征幷州，與尙食使石彥贇〔三〕率所部先下隆州，殺幷州三百餘〔四〕；禽招討使李詢等六人，以獻于行在所，賜予有加。復令與彥贇督戰士隸城西行營，分攻太原。劉繼元降，太宗以太原宮女三人賜暉，俄以功遷本州團練使，知霸州。

雍熙初，充雲、應、寰、朔、忻、代等州都巡檢使。三年，代歸本郡。淳化二年，被病，上章告老，改右千牛衞上將軍致仕。詔未至而卒，年八十。

暉鷙猛木強，每受詔征伐，常身先之。人所憚者，暉視之若甚易，由是頻立戰功，金創徧體。時稱驍將。子守顒至內殿崇班、閤門祗候。

李韜，河朔人。有勇力膽氣，善用矟，爲禁軍隊長。周祖征三叛，韜從白文珂攻河中，兵傅其城。文珂夜詣周祖議犒軍，留韜城下。時營柵未備，李守貞乘虛來襲，營中忽見火發，知賊驟至，惶怖失據。客省使閻晉卿率左右數十人，遇韜於月城側，謂韜曰：「事急矣，城中人悉被黃紙甲，爲火光所照，色俱白，此殊易辨，奈軍士無鬥志何？」韜憤怒曰：「豈有食君祿而不爲國致死耶！」即援矟而進，軍中死士十餘輩隨韜犯賊鋒。蒲有猛將躍馬持戈擬韜，韜刺之，洞胸而墜。又連殺數十人，蒲軍遂潰，因擊大破之，守貞自是閉壘不敢出。俄驍將王三鐵降，城遂平，韜由此知名。累遷軍校，出爲趙州刺史，移慈州，乾德六年，卒。

王晉卿，河朔人。少勇敢，爲鄉里所推。周世宗在澶淵，晉卿以武藝求見，得隸帳下。及即位，補東頭供奉官。從戰高平，征淮甸，每遣宣傳密旨，甚親信之。洎北征，爲先鋒都監，督戰有功，詔權控鶴都虞候。克關南，授軍器庫使。顯德四年，爲龍捷右第一軍都指揮使，領彭州刺史。恭帝即位，出爲濱州刺史。

乾德中，爲興州刺史。四年，移漢州。時蜀初平，寇盜充斥，晉卿嚴武備，設方略，禽捕剪滅，靡有遺漏，自是雖劇賊無敢窺其境。然以賄聞，太祖惜其才而不問。秩滿歸闕，以疾求頤養，改左監門衞將軍，奉朝請。貢重錦十匹、銀千兩以謝，詔不納，以其黷貨愧之也。未幾，詔戍北邊，疆埸清肅。開寶四年，復授莫州刺史。在郡謹斥候，善撫循，士卒皆樂爲之用，邊民安堵。六年八月，卒，年六十七。

郭廷謂字信臣，徐州彭城人。父全義，仕南唐爲濠州觀察使。廷謂幼好學，工書，善騎射。補殿前承旨，改濠州中軍使，李景每令偵中朝機事入奏。全義卒，擢莊宅使、濠州監軍。周世宗攻淮右，南人屢敗，城中甚恐，廷謂與州將黃仁謙爲固禦之計。周師遣諜以鐵券及其壘，廷謂拒之。城中負販之輩率不逞，廷謂慮其亡逸，籍置大寺，遣兵守之，給日食，

俾製防城具，隨其所習，以故周師卒不得覘城中虛實。

周師爲浮梁渦口，命張從恩、焦繼勳守之，廷謂語仁謙曰：「此濠、壽之患也。彼以騎士勝，故利於陸；我以舟師銳，故便於水。今夏久雨，淮流汎溢，願假舟兵二千，斷其橋，屠其城，直抵壽春。」仁謙初沮其議，不得已從之，即輕櫂銜枚抵其橋，麾兵斷笮，悉焚之。周師大衂，死者不可計，焚其資糧而還。以功授武殿使。

周師退保定遠，又募壯士爲負販狀，入定遠，偵軍多寡及守將之名。還曰：「武行德、周務勍也。」廷謂曰：「是可圖也。」又籍鄉兵萬餘洎卒五千，日夕訓練，依山銜枚設伏以破之，周師大潰，行德單騎脫走。時有以玉帛子女餉廷謂者，悉拒之，唯取良馬二百匹以獻。以功爲滁州刺史、上淮巡檢應援兵馬都監。

及紫金山之戰，南唐諸將多歸降者，獨廷謂以全軍還守濠州，追不能及。時濠守欲棄城走，廷謂止之。俄加本州團練使，繕戈甲，治溝壘，常若敵至。是秋，周師復至，表于景請援，且言周兵四臨，乞卑辭請和，以固鄰好。夜出敢死士千餘襲周營，焚頭車洞屋，周師蹂躪死者甚衆。既而援兵不至，周師急擊，廷謂集諸軍壘門之外，南望大慟而降于周。

至山陽，見世宗，特加宴勞，賜金帶、襲衣、良馬、器皿，拜亳州防禦使。以其弟本州馬步都校廷讚爲和州刺史。命攻天長軍，降其將馬贇。又爲樓櫓戰櫂左右廂都監，俄歸譙郡。

宋初，從征上黨，再知亳州。乾德二年，代還，改絳州防禦使。兩川平，馮瓚知梓州，爲僕大所訟，召延謂爲靜江軍節度觀察留後以代之。州承舊政，有莊宅戶、車脚戶，皆隸州將，鷹鷂戶日獻雉兔，田獵戶歲入皮革；又有鄉將、都將、鎭將輩互擾閭里，延謂悉除之。開寶五年，卒，年五十四。

延謂性恭謹，事母以孝聞，未嘗不束帶立侍。子延濬。延謂兄延諭，仕南唐爲太子洗馬致仕，宋初至秘書監。延諭子延澤。

延濬字利川。幼謙和。初，延謂爲靜江軍節度使，延濬爲桂州牙內都指揮使。延謂卒，太祖錄延濬爲供奉官，屢使西北，宣諭機事。太平興國初，以內庭宣索及殿前賜賚，移文庫務，未有專領之者。乃置合同憑由印〔五〕，命延濬與內藏庫副使劉蒙正掌之。又領八作司，及督治汴河。雍熙三年，改崇儀使。詔與翟守素、田仁朗、王繼恩往河北，分路按行諸州城壘，發鎭兵葺之。端拱二年，詔建河北方田，命延濬等五人共往規畫，會罷其務而止。淳化四年，李順亂，改西京作坊使，充成都十州都巡檢使。時成都將陷，延濬單騎入城，與郭載議募亡卒退保劍門，賊數千來躡其後，擊破之。王繼恩率兵至，以延濬爲先鋒壕

砦使，卽領兵倍道先進。賊出探騎數十，延濬悉禽之，盡得賊機事。延濬易旗變號，賊不知覺，斬關掩入，斬千餘級。繼恩又請延濬知漢州，州經兵燹，廨舍、橋梁、城砦悉毁。延濬募軍民葺之，又率州帑以應軍須。錄功，改洛苑使。又命率兵屯遂州，劍門鈐轄、轉運使劉錫言其勞，詔書嘉獎。眞宗初，改內園使。代還，會河朔用兵，延濬馳往邊城，按視砦壘。咸平二年，疾卒。子有倫，爲供奉官、閤門祗候。

延澤字德潤，南唐試秘書省正字。乾德中，四遷著作佐郎，轉殿中丞、知建州。淳化二年，太宗聞延澤泊右贊善大夫董元亨皆好學，博通典籍，詔宰相召問經史大義，皆條對稱旨，命爲史館檢討。歷國子周易博士、國子博士。咸平中，求休退，授虞部員外郎致仕。居濠州城南，有小園以自娛，其詠牡丹千餘首。聚圖籍萬餘卷，手自刊校。范杲、韓丕皆與之游。景德初，卒。元亨亦至虞部員外郎，嘗纘玄門碑誌三十卷。

趙延進，澶州頓丘人。父暉，周太子太師。暉爲偏將時，趙在禮據鄴。延進頗親學，嘗與軍中少年入民家，競取財賄，延進獨持書數十編以歸，同輩哂之。

漢末，暉領鳳翔節度，未赴鎭，王景崇據城反，命暉爲都招討使擊之。延進年十八，屢當軍鋒。景崇平，延進奉捷奏以入，授鳳翔牙內指揮使，領貴州刺史。暉徙宋州，亦從爲牙職，改領榮州刺史。睢陽有盜數百，各立酋帥，爲民患。延進以父命，領牙兵千餘悉禽戮之，詔書褒美。

丁外艱，表求持服。既終喪，周世宗征淮南，延進獻萬縑以助軍，仍請對，世宗召見之。時延進有從兄爲虎捷都虞候、帳前橫衝指揮使，世宗指延進語之曰：「爾弟拳勇有謀，將授以禁軍大校。」延進自陳好讀書，不願也。翌日，授右千牛衞將軍、濠州兵馬鈐轄。從征瓦橋關，爲隨駕金吾街仗使。

宋初，遷右羽林軍將軍、濠州都監。會伐蜀，以襄州當川路津要，命爲鈐轄，同知州務。蜀平，專領郡事。漢江水歲壞隄，害民田，常興工修護，延進累石爲岸，遂絕其患。入爲兩浙、漳泉國信使。開寶二年，授右龍武將軍，知靈州，以母老願留，得權判右金吾街仗使，歷知河中府、梓相靑三州。

太平興國中，大軍平幷州，討幽薊，皆爲攻城八作壕砦使。嘗詔督造礮具八百，期以半月，延進八日成，太宗親試之，大悅。又令主城北諸洞子。及班師，命與孟玄喆、藥可瓊留

屯定州。

遼人擾邊，命延進與崔翰、李繼隆將兵八萬禦之，賜陣圖，分爲八陣，俾以從事。師次滿城〔六〕，遼騎坌至，延進乘高望之，東西亙野，不見其際。翰等方按圖布陣，陣去各百步，士衆疑懼，略無鬥志。延進謂翰等曰：「主上委吾等以邊事，蓋期於克敵爾。今敵衆若此，而我師星布，其勢懸絕，彼若持我，將何以濟！不如合而擊之，可以決勝。違令而獲利，不猶愈於辱國乎？」翰等曰：「萬一不捷，則若之何？」延進曰：「儻有喪敗，則延進獨當其責。」於是改爲二陣，前後相副。士衆皆喜，三戰大破之，獲人馬、牛羊、鎧甲數十萬。以功遷右監門衞大將軍、知鎭州。及代，吏民數千守闕借留，詔許留一年。

俄改右領軍衞大將軍，出爲高陽關、平戎軍都監兼緣邊巡檢，改鈐轄。知揚州，召入，授右屯衞大將軍，徙知相州。遷右驍衞大將軍，改知鄧州。淳化初，飛蝗不入境，詔褒之。還，判右金吾街仗事。至道二年，拜右金吾衞大將軍。咸平二年，卒，年七十三，贈左武衞上將軍。

延進姿狀秀整，涉獵經史，好作詩什，士流以此多之。延進妻卽淑德皇后之妹，故在顯德、興國中，頗任以腹心。子昴，太平興國二年登進士第，至戶部郎中、直昭文館。

中華書局

輔超，忻州秀容人，家世業農。超少勇悍有力，晉開運中，應募隸澶州軍籍。漢乾祐中，趙思綰據永興叛，周祖護諸將討之，督兵攻城。超率驍勇十七人升雲梯，斫北門樓，樓壞而入，士卒繼進，城遂陷，以功補小校。

顯德中，從太祖征淮南，常執銳前驅，定滁、泗，破淮陰，下揚州，以功轉日騎副兵馬使。宋初，從平上黨，再遷內直都知。太宗卽位，以超爲馬軍都軍頭。會親征太原，冒矢石攀堞先登，身被十三創，帝嘉其勇，賜錦袍、銀帶、帛五十段。詰朝，再乘城，中流矢者八，復加厚賜。大舉襲范陽，分兵三路，超隸偏將米信，爲田重進先鋒，取飛狐、蔚州，遷馬步軍副都軍頭。俄出補曹州馬步軍都指揮使，領峯州刺史，改欒州。召歸，轉都軍頭。

淳化三年，出爲德州刺史，坐誣奏使者毆殺驛吏，責授右監門衞將軍、領誠州刺史。五年，復加都軍頭、領澄州刺史。眞宗卽位，加領獎州團練使，眞拜萊州團練使，以年老願留京師，從之。景德元年，卒，年七十七。

論曰：太祖有天下，凡五代之臣，無不以恩信結之，旣以安其反側，亦藉其威力，以鎭撫四方。故一時諸將吳虔裕、蔡審廷之徒，數從征討，咸有勞績焉。若馬令琮守河內，儲兵食以迎王師；解暉擊湖南，冒鋒鏑以禽敵將：此忠藎驍果，尤可稱者。漢徽之疾危辭藥，藏英之爲親復讎，亦皆一節之美。惟張勳嗜殺，晉卿冒貨，雖立威著勸，所不取也。

校勘記

〔一〕因舉兵向闕　「闕」原作「關」。按此是指天福六年安重榮自河北進攻鄴都事，舊五代史卷九八安重榮傳稱其「揚旌向闕，聲言入覲」，注文引宋史解暉傳，此句「關」字作「闕」。通鑑卷二八二記此事作「南向鄴都，聲言入朝」，也可見作「闕」爲是，據改。

〔二〕宗城　原作「宋城」，據同上二書同卷同篇改。

〔三〕石彥贇　長編卷二〇作「折彥贇」，注說：「解暉傳作石彥贇。按折彥贇十一月庚辰復見，暉傳誤也。」

〔四〕殺幷州三百餘　長編卷二〇記此事作「殺三百餘衆」，太平治蹟統類卷二作「殺三百人」。按本書常稱北漢軍爲「幷軍」、「幷人」，卷二五四李繼勳傳卽有其例。疑此處有脫誤。

〔五〕合同還由印　「印」原作「應」，據長編卷二〇改。

〔六〕滿城　原作「蒲城」。按上文趙延進原屯定州，爲禦遼而進駐此地，不應是遠在陝西的蒲城。據長編卷二〇改。

宋史卷二百七十二

列傳第三十一

楊業 子延昭等　王貴附　荊罕儒 從孫嗣　曹光實 從子克明　張暉　司超

楊業，幷州太原人。父信，爲漢麟州刺史。業幼倜儻任俠，善騎射，好畋獵，所獲倍於人。嘗謂其徒曰：「我他日爲將用兵，亦猶用鷹犬逐雉兔爾。」弱冠事劉崇，爲保衞指揮使，以驍勇聞。累遷至建雄軍節度使，屢立戰功，所向克捷，國人號爲「無敵」。

太宗征太原，素聞其名，嘗購求之。旣而孤壘甚危，業勸其主繼元降，以保生聚。繼元旣降，帝遣中使召見業，大喜，以爲右領軍衞大將軍。師還，授鄭州刺史〔一〕。帝以業老於邊事，復還代州兼三交駐泊兵馬都部署〔二〕，帝密封橐裝，賜予甚厚。會契丹入鴈門，業領麾下數千騎自西陘而出〔三〕，由小陘至鴈門北口，南嚮背擊之，契丹大敗。以功遷雲州觀察

使，仍判鄭州、代州。自是契丹望見業旌旗，卽引去。主將戍邊者多忌之，有潛上謗書斥言其短，帝覽之皆不問，封其奏以付業。

雍熙三年，大兵北征，以忠武軍節度使潘美爲雲、應路行營都部署，命業副之，以西上閤門使、蔚州刺史王侁，軍器庫使、順州團練使劉文裕護其軍。諸軍連拔雲、應、寰、朔四州，師次桑乾河，會曹彬之師不利，諸路班師，美等歸代州。

未幾，詔遷四州之民於內地，令美等以所部之兵護之。時，契丹國母蕭氏，與其大臣耶律漢寧、南北皮室及五押惕隱領衆十餘萬，復陷寰州。業謂美等曰：「今遼兵益盛，不可與戰。朝廷止令取數州之民，但領兵出大石路，先遣人密告雲、朔州守將，俟大軍離代州日，令雲州之衆先出。我師次應州，契丹必來拒，卽令朔州民出城，直入石碣谷。遣強弩千人列於谷口，以騎士援於中路，則三州之衆，保萬全矣。」侁沮其議曰：「領數萬精兵而畏懦如此。但趨鴈門北川中，鼓行而往。」文裕亦贊成之。業曰：「不可，此必敗之勢也。」侁曰：「君侯素號無敵，今見敵逗撓不戰，得非有他志乎？」業曰：「業非避死，蓋時有未利，徒令殺傷士卒而功不立。今君責業以不死，當爲諸公先。」

將行，泣謂美曰：「此行必不利。業，太原降將，分當死。上不殺，寵以連帥，授之兵柄。非縱敵不擊，蓋伺其便，將立尺寸功以報國恩。今諸君責業以避敵，業當先死於敵。」因指

陳家谷口曰：「諸君於此張步兵強弩，爲左右翼以援，俟業轉戰至此，即以步兵夾擊救之，不然，無遺類矣。」

美即與侁領麾下兵陣於谷口。自寅至巳，侁使人登托邏臺望之，以爲契丹敗走，欲爭其功，即領兵離谷口。美不能制，乃緣灰河〔四〕西南行二十里。俄聞業敗，即麾兵却走。業力戰，自午至暮，果至谷口。望見無人，即拊膺大慟，再率帳下士力戰，身被數十創，士卒殆盡，業猶手刃數十百人。馬重傷不能進，遂爲契丹所擒，其子延玉亦沒焉。業因太息曰：「上遇我厚，期討賊捍邊以報，而反爲姦臣所迫，致王師敗績，何面目求活耶！」乃不食，三日死。

帝聞之痛惜甚，俄下詔曰：「執干戈而衞社稷，聞鼓鼙而思將帥。盡力死敵，立節邁倫，不有追崇，曷彰義烈！故雲州觀察使楊業誠堅金石，氣激風雲。挺隴上之雄才，本山西之茂族。自委戎乘，式資戰功。方提貔虎之師，以效邊陲之用；而羣帥敗約，援兵不前。獨以孤軍，陷於沙漠；勁果猋厲，有死不回。求之古人，何以加此！是用特舉徽典，以旌遺忠；魂而有靈，知我深意。可贈太尉、大同軍節度，賜其家布帛千匹，粟千石。」大將軍潘美降三官；監軍王侁除名，隸金州；劉文裕除名，隸登州。」

業不知書，忠烈武勇，有智謀。練習攻戰，與士卒同甘苦。代北苦寒，人多服氈罽，業

但挾纊，露坐治軍事，傍不設火，侍者殆僵仆，而業怡然無寒色。爲政簡易，御下有恩，故士卒樂爲之用。朔州之敗，麾下尚百餘人，業謂曰：「汝等各有父母妻子，與我俱死無益也，可走還報天子。」衆皆感泣不肯去。淄州刺史王貴殺數十人，矢盡遂死。餘亦死，無一生還者。聞者皆流涕。

業既沒，朝廷錄其子供奉官延朗爲崇儀副使，次子殿直延浦、延訓並爲供奉官，延瓌、延貴、延彬並爲殿直。

延昭本名延朗，後改焉。幼沉默寡言，爲兒時，多戲爲軍陣，業嘗曰：「此兒類我。」每征行，必以從。太平興國中，補供奉官。業攻應、朔，延昭爲其軍先鋒，戰朔州城下，流矢貫臂，鬭益急。以崇儀副使出知景州。時江、淮凶歉，命爲江、淮南都巡檢使。改崇儀使，知定遠軍，徙保州緣邊都巡檢使，就加如京使。

咸平二年冬，契丹擾邊，延昭時在遂城。城小無備，契丹攻之甚急，長圍數日。契丹每督戰〔五〕，衆心危懼，延昭悉集城中丁壯登陴，賦器甲護守。會大寒，汲水灌城上，旦悉爲冰，堅滑不可上。契丹遂潰去，獲其鎧仗甚衆。以功拜莫州刺史。時眞宗駐大名，傅潛握重兵頓中山。延昭與楊嗣、石普屢請益兵以戰，潛不許。及潛抵罪，召延昭赴行在，屢得對，訪

以邊要。帝甚悅，指示諸王曰：「延昭父業爲前朝名將，延昭治兵護塞，有父風，深可嘉也。」厚賜遣還。

是冬，契丹南侵，延昭伏銳兵於羊山西，自北掩擊，且戰且退。及西山，伏發，契丹衆大敗，獲其將，函首以獻。進本州團練使，與保州楊嗣並命。帝謂宰相曰：「嗣及延昭，並出疎外，以忠勇自效。朝中忌嫉者衆，朕力爲保庇，以及於此。」五年，契丹侵保州，延昭與嗣提兵援之，未成列，爲契丹所襲，軍士多喪失。命李繼宣、王汀代還，將治其罪。帝曰：「嗣輩素以勇聞，將收其後效。」即宥之。六年夏，契丹復侵望都，繼宣逗遛不進，坐削秩，復用延昭爲都巡檢使。時講防秋之策，詔嗣及延昭條上利害，又從寧邊軍部署。

景德元年，詔益延昭兵滿萬人，如契丹騎入寇，則屯靜安軍〔六〕之東。令莫州部署石普屯馬村西以護屯田。斷黑盧口、萬年橋敵騎奔衝之路，仍會諸路兵掎角追襲，令魏能、張凝、田敏奇兵牽制之。時王超爲都部署，聽不隸屬。延昭上言：「契丹頓澶淵，去北境千里，人馬俱乏，雖衆易敗，凡有剽掠，率在馬上。願飭諸軍，扼其要路，衆可殲焉，即幽、易數州可襲而取。」奏入不報，乃率兵抵遼境，破古城，俘馘甚衆。

及請和，眞宗選邊州守臣，御筆錄以示宰相，命延昭知保州兼緣邊都巡檢使。二年，追敍守禦之勞，進本州防禦使，俄徙高陽關副都部署。在屯所九年，延昭不達吏事，軍中牒

訴，常遣小校周正治之，頗爲正所罔，因緣爲姦。帝知之，斥正還營而戒延昭焉。大中祥符七年，卒，年五十七。

延昭智勇善戰，所得奉賜悉犒軍，未嘗問家事。出入騎從如小校，號令嚴明，與士卒同甘苦，遇敵必身先，行陣克捷，推功於下，故人樂爲用。在邊防二十餘年，契丹憚之，目爲楊六郎。及卒，帝嗟悼之，遣中使護櫬以歸，河朔之人多望柩而泣。錄其三子官，其常從、門客亦試藝甄敍之。子文廣。

文廣字仲容。以班行討賊張海有功，授殿直。范仲淹宣撫陝西，與語奇之，置麾下。從狄青南征，知德順軍，爲廣西鈐轄，知宜、邕二州，累遷左藏庫使、帶御器械。治平中，議宿衞將，英宗曰：「文廣，名將後，且有功。」乃擢成州團練使、龍神衞四廂都指揮使，遷興州防禦使。秦鳳副都總管韓琦使築篳篥城，文廣聲言城噴珠，率衆急趣篳篥，比暮至其所，部分已定。遲明，敵騎大至，知不可犯而去，遺書曰：「當白國主，以數萬精騎逐汝。」文廣遣將襲之，斬獲甚衆。或問其故，文廣曰：「先人有奪人之氣。此必爭之地，彼若知而據之，則未可圖也。」詔書褒諭，賜襲衣、帶、馬。知涇州、鎭戎軍，爲定州路副都總管，遷步軍都虞候。遼人爭代州地界，文廣獻陣圖幷取幽燕策，未報而卒，贈同州觀察使。

中華書局

王貴者，幷州太原人。廣順初，補衞士。宋初，累遷至散員都指揮使、馬步軍都軍頭，領勝州刺史。太平興國二年，出爲淄州刺史。受詔從潘美北征，攻沁州，頗立戰功。及從楊業，爲遼兵所圍，親射殺數十人，矢盡，張空弮又擊殺數人，遂遇害。年七十三。擢其子文晟供奉官，文昱殿直。

荆罕儒，冀州信都人。父基，王屋令。罕儒少無賴，與趙鳳、張輦爲羣盜。晉天福中，相率詣范陽，委質燕王趙延壽，得掌親兵。開運末，延壽從契丹主德光入汴，署罕儒密州刺史。漢初，改山南東道行軍司馬。周廣順初，爲率府率，奉朝請，貧不能振。顯德初，世宗戰高平，戮不用命者，因求驍勇士。通事舍人李延傑以罕儒聞，卽召赴行在，命爲招收都指揮使。會征太原，命罕儒率步卒三千先入敵境。罕儒令人負束芻徑趨太原城，焚其東門。擢爲控鶴、弩手、大劍直都指揮使。從平淮南，領光州刺史，改泰州，爲下蔡守禦都指揮使兼舒、蘄二州招安巡檢使。四年，泰州初下，眞拜刺史兼海陵、鹽城兩監屯田使。明年三月，世宗幸泰州，以罕儒爲團練使，賜金帶、銀器、鞍勒馬。六年春，軍吏耆艾

詣闕請留，恭帝詔褒之。

建隆初，升鄭州防禦，以罕儒爲使，改晉州兵馬鈐轄。罕儒恃勇輕敵，嘗率騎深入晉境，人多閉壁不出，虜獲甚衆。是年冬，復領千餘騎抵汾州城下，焚其草市，案兵以退。夕次京土原，劉鈞遣大將郝貴超領萬餘衆襲罕儒，黎明及之。罕儒遣都監、氈毯副使閻彥進分兵以禦貴超。罕儒錦袍衷甲據胡牀享士，方割羊臂臑以啖，聞彥進小却，卽上馬麾兵徑犯賊鋒。幷人攢戈舂之，罕儒猶格鬥，手殺十數人，遂遇害。劉鈞素畏罕儒之勇，常欲生致，及聞其死，求殺罕儒者戮之。太祖痛惜不已，擢其子守勳爲西京武德副使。因索京土原之不效命者，黜慈州團練使王繼勳爲率府率，閻彥進爲殿直，斬其部下龍捷指揮使石進德等二十九人。

罕儒輕財好施。在泰州，有煑海之利，歲入鉅萬，詔聽十收其八，用猶不足。家財入有籍，出不問其數。有供奉官張奉珪使泰州，自言後唐張承業之子。罕儒曰：「我生平聞張特進名，幸而識其子。」厚加禮待，遺錢五十萬，米千斛。

罕儒雖不知書，好禮接儒士。進士趙保雍登科覆落，客游海陵。罕儒問其所欲，保雍以將歸京師，且言緣江榷務以絲易茗有厚利。罕儒立召主藏奴，令籍藏中絲，得四千餘兩，盡以與之。然好勇善戰，不顧勝負。常欲削平太原，志未果而及於敗，人皆惜之。罕儒兄延福。延福孫嗣。

嗣，乾德初，應募爲控鶴卒，從李繼勳討河東。繼勳擇悍勇百人，間道截洛陽砦。嗣出行間請行，手斬五十餘級，賊焚砦宵遁。進薄汾河，賊將楊業扼橋路，嗣與衆轉戰，賊退踰橋。殺業所部兵千計，射中業從騎，獲旗鼓鎧甲甚衆，業退保城。進焚南門，奪羊馬城，矢集于面。賊數千夜來薄砦，繼勳選勇敢五百人接戰，而嗣爲冠。及旦，戰數合，多所斬馘。

從太祖征太原，賊來拒，焚洞子。遣殿前楊信領百人援之，嗣預焉，率先陷陣。召見，補御龍直。太平興國初，三遷至天武軍校。太宗再征太原，嗣自陳願率一隊先登，命主城西洞子。車駕巡師，嗣登城，手刃數賊，足貫雙箭，中手礮，折二齒。太宗見之，亟召賜錦袍、銀帶。從征幽州，隸殿前崔翰，斬三十級，補龍猛副指揮使。

五年，契丹侵雄州，據龍灣堤。嗣隸袁繼忠，繼忠令率千兵力戰奪路。內侍有至州閱城壘者，出郛外，敵進圍之，亟出兵接戰，十數合，斬騎卒七百餘。嗣軍夜相失，在古城莊外，三鼓突敵圍，壓于莫州城下，又領百人斧敵望樐，斬五十級。敵爲橋界河，將遁，嗣邀擊之，殺獲甚衆。六年，從崔彥進捍契丹于靜戎北，砦于唐興口。彥進遣嗣率所部度河，與

契丹戰，敗之，追奔二十餘里。

八年，李繼遷寇邊，嗣從袁繼忠、田欽祚戍三叉口，爲前鋒，斬賊千餘，追之，獲牛羊、鎧甲、弓矢數千計。進至萬井口、狐路谷，餘賊復來請戰。初以雄武千人爲後殿，爲賊所掩。繼忠命嗣援之，凡數戰，始與雄武合隊，因列陣格鬥，復奪人馬七百餘。欽祚夜還，依山爲營，賊亦砦其下。募勁卒五十往襲之，嗣爲其帥。抵賊所，刺殺百餘人，焚其砦而還，詔賜錦袍、銀帶。

雍熙三年，從田重進、譚延美[七]率師入遼境，疾戰飛狐口，遼師不利。重進引全師合擊，遼騎引去。進至飛狐城北，遼將大鵬翼率衆復至。重進陣壓東偏，數戰不勝，命嗣出西偏，麾兵薄山崖，以短兵接戰。遼兵敗，投崖而下，手斬百餘級。散卒千餘在野，嗣呵止之，悉斷弦折笴來降，追至河槽，復擊退。餘衆屯土嶺，裨將黃明與戰不勝，將退，嗣謂之曰：「汝且頓兵於此，爲我聲援，我當奪此嶺。」遂力戰，追奔五十餘里，抵倉頭而還。又領招收卒千人，克倉頭、小治[八]二砦。黃明與戰，克直谷砦，命嗣屯焉。

數日，遼人復致師，重進與戰，奔突往來，大軍頗擾。重進召嗣合戰，悉走之，奪礮具、鎧冑。賊乘夜復圍直谷、石門二砦，重進遣嗣以精兵五百濟之，嗣曰：「敵二萬餘，今援師甚寡，難以解圍。」重進頗憂之。嗣曰：「譚師屯小治，縮兵二千，願間道以往，邀其策應。」中

夜，西馬詣延美，延美曰：「敵勢若此，何可解也？」嗣曰：「請移全軍就平川，植旗立隊，別擇三二百人張白旗於道側。彼見旗幟綿亙遠甚，謂大軍繼至，嗣自以所部五百疾驅往鬥，必克其砦。」延美許焉。一日凡五七戰，遼兵遂引去，咸如嗣所料。

蔚州之降也，重進先命嗣率勇士數十人縋入，見守將，得其實狀。翌日，將受降，而敵反拒大軍所出之路，遂與鬥，殺傷甚衆，屢縋入城，取守將之歸服者。重進之壘，糧運頗乏，嗣遣降卒韓州虞濟之。遼援兵大至，副都指揮使江謙妄言惑衆，嗣卽斬之。悉收兵斂輜重還重進砦，與遼人轉戰。時軍校五人，其四悉鬥死，至大嶺，嗣與戰，敗走之。師還，太宗引見便殿，重進言其有勞，補本軍都虞候。

又從李繼隆禦敵於北平砦，將赴滿城(九)，道遇敵，疾戰，俘獲甚衆。又戰于鸞女祠，繼隆遣步卒二千，伏定州古城，爲敵所攻，命嗣援之。至唐河橋，嗣扼橋路出戰，解敵圍數重，與伏兵合，分爲三隊，背水爲陣。敵將于越率騎百餘隊臨烽臺求戰，嗣整兵與戰，數合，得與繼隆會，又陣於東偏，大敗之。繼隆以聞，詔嘉獎之，遷本軍都指揮使，領澄州刺史。

至道二年，加御前忠佐馬步軍頭，屯定州。遼人入侵，隸范廷召，提偏師捍遼兵於嘉山。廷召徙高陽，命嗣以兵二千爲殿。過平敵城，遼衆十餘萬來，嗣屢出戰。及桑贊、秦翰來援，夜二鼓，敵再至，嗣曰：「彼不利夜戰，我當破其砦，以趣大軍。」卽與贊、翰合勢，戒所

部望敵炬火多處并力衝之，詰旦，至瀛州。咸平三年，加領本州團練使，出爲郎山路都巡檢使，破敵砦於蒲陰，俘獲甚衆。

四年，命嗣領萬人斷西山路。會敵遽至，大兵不及進而止。五年，眞拜蔡州團練使、趙州部署。踰年，徙滄州。是冬，遼人入侵，命率所部自齊州抵淄、青警備。景德初，又命與劉漢凝、田思明率兵至冀州防邊。俄赴澶州行在所。會遼人請和，復遣還任。歷鄆州、鳳翔、永興部署。車駕幸亳州，留爲舊城內同都巡檢使。大中祥符七年，改虢州防禦使、邠寧環慶副部署，卒。嗣起行間，以勞居方面，經百五十餘戰，歿。兄子信、貴，並爲左侍禁；貴至內殿崇班。

曹光實，雅州百丈人。父曦，爲蜀靜南軍使，控扼邛峽，以捍蠻夷。光實少武勇，有膽氣，輕財好施，不事細行，意豁如也。曦卒，光實嗣職，遷永平軍節度管內捕盜遊奕使。

乾德中，太祖命王全斌等平蜀。俄而盜賊羣起，夷人張忠樂者，嘗羣行攻劫，且憾光實殺其徒黨，率衆數千，中夜奄至，環其居，鼓譟並進。光實負其母，揮戈突圍以出，賊衆辟易不敢近，賊殺其族三百餘口。又發冢墓，壞其棺槨。光實詣全斌具以事白，誓雪寃憤。

時蜀中諸郡未下，乃圖雅州地形要害，兼陳用兵攻取之策，請官軍先下之。全斌壯其志，令率兵先導，果克其城，獲忠樂而甘心焉。全斌乃署光實爲義軍都指揮使。殘寇猶據沈黎，光實以所部盡平之。遂以光實知黎、雅二州兼都巡檢使，安集勞來，蠻族懷之。

六年秋，全斌遣人貢京師，遂言境內安乂，乞罷義軍歸農。太祖喜，謂左右曰：「此蜀中傑俊也。」詔升殿勞問久之，以爲黎州刺史。開寶三年，改唐州刺史。及平交、廣，羣盜未息，以光實爲嶺南諸州都巡檢使。既至，捕逐羣盜，海隅以寧。太平興國二年，就遷本州團練使。車駕征河東，以光實知威勝軍事，令調軍食。光實入告，願提一旅奮銳先登，帝曰：「資糧事重，亦足宣力也。」河東平，命爲汾、遼、石、沁等州都巡檢使。五年，改汝州團練使。大軍北征，與潘美分道出鴈門。光實爲前鋒，遇敵迎擊，敗之，斬首數千級，優詔嘉獎。

李繼捧之入朝也，以光實爲銀、夏、綏、麟、府、豐、宥州都巡檢使。繼捧弟繼遷逃入蕃落，爲邊患，光實乘間掩襲至地斤澤，俘斬甚衆，破其族帳，獲繼遷母妻及牛羊萬計。繼遷僅免，使人給光實曰：「我數奔北，勢窘不能自存矣，公許我降乎？」因致情款陳甥舅之禮，期某日降於葭蘆川。光實信之，且欲專其功，不與人謀。及期，繼遷先設伏兵，令十數人近城迎致光實，光實從數百騎往赴之。繼遷前導北行，將至其地，舉手麾鞭而伏兵應之，光實遂遇害，卒，年五十五。帝聞之驚悼，賵賻加等，以其子大理評事克讓爲右贊善大夫，克恭爲

殿直。淳化二年，又錄克己爲奉職，後至內殿承制；克廣至閤門祗候。從子克明。

克明字堯卿。既生，會敵攻百丈縣，父光遠遇害，姆抱克明匿葦蒲中得免。既長，喜兵法，善騎射，從父光實奇之。補爲衙內都虞候。光實擊敵于葭蘆川，戰歿。克明時護輜重在後，聞光實死，懼軍亂，祕不發喪。陽令人西來傳光實命還軍銀州，而潛與僕張貴入敵中，獲光實尸以還，葬京師，繇是顯名。

初，蜀人留京師者禁不得還鄉里，克明以母老間道歸。李順反，聞克明將家子，且有名，欲脅以官。克明攜母遁山谷，夜止神祠中，夢有人叱之起，既覺而去，賊果至。及賊陷雅州，克明募衆數萬人以迎王師，遂復名山、火井、夾江(一〇)等九縣。分兵嘉、眉、邛三州，立七砦以邀賊。復收雅州，斬六十餘人，賊將何承祿等走雲南。蜀平，擢西頭供奉官、黎州兵馬監押。以餘寇未息，權邛州駐泊巡檢。

明年，峽路潰卒鄧紹等復起攻雅州，克明又平之。還軍邛州，遇賊王珂，戰于延貢鎮，擊以矛，中左踝。後又設伏山下，以數十騎與賊接戰，克明僞北，而所部失期，伏不發。克明挺身走，賊追急，乃倚大石引弓三發，斃三人，由是獲免。入朝，改內殿崇班，爲温、台等七州都巡檢使。

景德中，蠻寇邕州，改供備庫副使、知邕州。左、右江蠻洞三十六，克明召其酋長，諭以恩信，是歲承天節，相率來集。克明慰拊，出衣服遺之，感泣而去。獨如洪峒恃險不至，克明諭兩江防遏使黃衆盈引兵攻之，斬其首領陸木前，梟于市。

宜州澄海軍校陳進反。時鬱江暴漲，州城摧圮，克明率丁夫伐木爲連舫，維之水上，狀如郛郭。又多張旗幟，浮亘桄，陳兵其上，爲守禦備。募溪峒兵三千，而黃衆盈亦濟兵千五百，將趣象州。會巡撫使曹利用約克明會兵，行次貴州，遇賊大敗之，斬首四百餘級。賊平，利用專其功。代還，眞宗問南方事，對稱旨，賜一子官，遷供備庫使，江、淮、兩浙都大提舉捉賊。克明使人捕賊，輒出私錢賫之，以故人人盡力。視賊中驍勇者，釋縛，使還捕其黨，前後獲千餘人。知江寧府張詠以其事聞，賜錢四十萬，領平州刺史，知辰州。

撫水蠻叛，徙宜、融、桂、昭、柳、象、邕、欽、廉、白十州都巡檢使兼安撫使。既至，蠻酋獻藥一器，曰「鎔峒藥」，藥箭中人，以是解之可不死。克明曰：「何以驗之？」曰：「請試以鷄犬。」克明曰：「當試以人。」乃取藥箭刺酋股而飲以藥，卽死，羣蠻慚懼而去。

是年冬，安撫都監王文慶、馬玉出天河砦東，克明與中人楊守珍出環州樟嶺西，磴道危絕，林木深阻，蠻多伏弩以待。玉所向力戰，屢敗蠻軍。是時朝廷意在招附，數詔諭克明，而克明亦憚深入，屢移文止玉。玉至如門團，爲蠻所扼，不得進。克明遷延顧望，月餘，乃

至撫水州，與知州蒙承貴等約盟而還。

未幾，知桂州兼管勾溪峒公事，始置溪峒司。又奏閱廣南兩路土軍爲忠敢軍。州人覆茅爲屋，歲多火，克明選北軍教以陶瓦，又激江水入城，以防火災。代還，知滁州，徙鼎州。會交阯李公蘊寇邕州，以文思使復知邕州。既至，遣人入交阯諭以利害，公蘊拜表謝罪。遷西上閤門使，歷知登、舒、邵三州，復徙鼎州，卒。

張暉，幽州大城人。後唐清泰初，隸控鶴軍，累遷奉國、弩手都頭。晉開運末，與武行德奪契丹甲船於河陰。行德領河陽，以暉爲弩手指揮使，復令引兵趣懷州。契丹將遁去，因領州軍。漢祖入汴，暉迎於滎陽，授懷州刺史。乾祐初，郢州刺史慕容業治多不法，以暉爲緣漢都巡檢使，領唐州，屯兵至郢州，卽代業。還京，改郢州刺史。

周廣順初，劉崇寇晉、絳，召暉爲步軍左廂排陣使。師還，改沂州刺史。三年，吏民詣闕舉留，俄改冀州。會詔築李晏口、束鹿、安平、博野、百八橋、武強等城，命暉護其役，踰月而就。從世宗征淮甸，充壕砦都指揮使。既拔楚、泗，卽授泗州。未幾，改耀州，俄爲西南面橋道使。

宋初，從征澤、潞，爲行營壕砦使，先登陷陣。事平，遷華州團練使，在郡頗有治狀。建隆二年，太原未下，詔入覲問計，暉對曰：「澤、潞經李筠之叛，瘡痍未復，軍旅一興，恐人力重困。不若戢兵育民，俟富庶而後爲謀。」乃賜襲衣、金帶、鞍勒馬，令還州。朝廷方議伐蜀，遷鳳州團練使兼緣邊巡檢壕砦橋道使。暉盡得山川險易，因密疏陳之，太祖覽之大悅。乾德二年，大軍西下，乃以暉充西川行營先鋒都指揮使。督兵開大散關路，躬撫士卒，且役且戰，人忘其勞。十二月，至青泥嶺，卒。

天禧五年，暉妻年百五歲，家貧，詣闕自陳。詔賜束帛，錄其孫永德爲三班借職。

司超，大名元城人。初事邢帥安叔千。漢祖在太原，超往依之，隸帳下爲小校。漢祖將渡河，遣超先領勁騎，由晉、絳趨河陽。及入汴，以超爲鄆州必敵指揮使。時京東諸州寇盜充斥，以超爲宋、宿、亳三州遊奕巡檢使。改宿州西固鎭守禦都指揮使，移屯潁州下蔡鎭。屢與淮人戰，有功。

周世宗命宰相李穀討淮南，以超爲步軍先鋒副都指揮使，又爲廬、壽、光、黃等州巡檢使。大敗淮人三千餘衆於盛唐縣，獲權船四十餘艘，禽其監軍高弼、果毅指揮使許萬以獻。

時黃州未下，卽命超遙領刺史兼樓櫓戰權右廂都校。師還，改光州刺史，敗吳軍千餘於麻城北。顯德四年冬，與王審琦攻舒州，敗吳軍三千，先禽刺史施仁望獻於行在。卽以超爲舒州團練使。

宋初，命副宋偓領舟師巡撫江徼，月餘特詔升舒州爲防禦，以超充使。太祖討李重進，以爲前軍步軍都指揮使，及平，遣歸治所。建隆三年春，遷蔡州防禦使。

乾德六年，改絳州防禦使，徙晉州兵馬鈐轄。是秋，又副趙贊爲邠州行營都部署，進攻河東。及太祖親征，爲行營前軍步軍都指揮使，改鄭州防禦使。開寶七年，朝廷將討江左，以超久在淮右，習知江山險易，徙蘄州防禦使，行至淮西卒，年七十一。天禧元年，錄其孫文睿爲三班奉職。

論曰：昔許子卒於師，葬之加等。春秋書之，所以褒臣節而儆官守也。業、罕儒、光實咸當捍城之寄，臨戎力戰，歿于敵境。雖罕儒恃勇不戒，光實甘賊遷之言，失在輕敵，然其忘軀徇節，誠可嘉也。業本太原驍將，感太宗寵遇，思有以報。常勝之家，千慮一失。然其素得士心，部卒不忍離去，從之以歿，則忠義之風槪可見矣。嗣與延昭並克紹勳伐。延昭

久居邊閫，總戎訓士，威名方略，聞于敵人，於嗣爲優。暉於危時則有陷陣之功，平日則獻息戎之諫。超頻戰以清淮海，其忠誠勇果，率有可尚者焉。

校勘記

〔一〕以爲右領軍衞大將軍師還授鄭州刺史　「右」、「刺史」，長編卷二〇及東都事略卷三四都作「左」、「防禦使」。余嘉錫論學雜著下册楊家將故事考信錄說：「防禦使雖兼刺史，而其官位僅次于觀察使，非尋常刺史可比，業除鄭州防禦史，宋史乃以爲刺史，誤也。」

〔二〕復還代州兼三交駐泊兵馬都部署　按本書卷二五八潘美傳，此時潘美爲三交都部署；長編卷二〇，太平興國四年八月命潘美爲河東三交口都部署，十一月命業知代州兼三交駐泊兵馬部署。疑此處「都」字衍。

〔三〕自西陘而出　「西陘」原作「西京」，按本書卷八六地理志雁門有西陘砦，長編卷二一作「西陘」，據改。

〔四〕灰河　原作「交河」，長編卷二七作「灰河」，宋會要職官六四之六和兵八之七、太平治蹟統類卷三同。據改。

〔五〕契丹每督戰　長編卷四五作「戎母親督戰」，「每」當爲「母」字之誤。契丹母卽上文楊業傳所說

契丹國母蕭氏。據遼史卷七一后妃傳，蕭氏習知軍政，曾「親御戎車，指麾三軍」。

〔六〕靜安軍　長編卷五六作「靜戎軍」，并有注說：「楊延朗去年六月癸酉以莫防爲保州、威虜靜戎軍緣邊都巡檢，代李繼宣。」當以「靜戎軍」爲是。據寰宇記卷六八，靜戎軍本易州宥戎鎭，太平興國六年升爲軍，地正與威虜軍連接。

〔七〕譚延美　原作「譚廷美」，本書卷二七五、隆平集卷一七譚延美傳，作「延」不作「廷」；太宗實錄卷四一說：「以蘄州防禦使譚延美爲亳州防禦使。」也作「延」。據改。下文同。

〔八〕小治　長編卷二七、太平治蹟統類卷三都作「小冶」。

〔九〕滿城　原作「蒲城」。承上文，此役當在雍熙三年以後，按長編卷二九、續通鑑卷一四，都載端拱元年十一月李繼隆敗契丹於唐河，追擊逾曹河事，續通鑑並云是月甲午遼兵拔滿城，庚子至唐河北，李繼隆乃出戰破之。荆嗣從李當在此役。又「蒲城」屬陝西路，非此役所赴，當爲「滿城」之誤，今改。

〔一〇〕夾江　原作「夾門」，據隆平集卷一八、東都事略卷三四曹克明傳改。本書卷八九地理志，嘉州有夾江縣。

宋史卷二百七十三

列傳第三十二

李進卿 子延渥　楊美　何繼筠 子承矩　李漢超 子守恩
郭進 牛思進附　李謙溥 子允正　姚內斌　董遵誨　賀惟忠
馬仁瑀

李進卿，并州晉陽人。少以驍勇隸護聖軍。晉天福中，杜重威帥師敗安重榮於宗城，進卿力戰有功，擢爲興順軍校。周祖開國，命領所部兵戍靈壽，久之，遷龍捷指揮使。顯德初，從世宗戰高平，改鐵騎指揮使，歷散員左射都校，改鐵騎及內殿直都虞候。宋初，領貴州刺史，三遷鐵騎左廂都指揮使，領乾州團練使。乾德初，遷控鶴左廂都指揮使，改漢州團練使。二年，轉虎捷左廂都指揮使，領澄州團練使。是歲冬，伐蜀，以進卿爲歸州路行營步軍都指揮使，拔巫山砦，下夔、萬二州。蜀平，錄功拜侍衞親軍步軍都虞

候，領保順軍節度。開寶二年，太祖親征河東，留進卿爲在京都巡檢，潁州刺史常暉、淄州刺史韓光愿分爲河南、北巡檢。及還，改親軍馬軍都虞候。六年，遷步軍都指揮使，領靜江軍節度。卒，年五十九，贈侍中。子延渥、延信。延信至內殿崇班。

延渥以蔭補供奉官，尋爲閤門祗候，三遷至西京左藏庫使。咸平初，歷知平戎寧邊順安軍、保州、威虜軍鈐轄，又知冀州。六年，徙瀛州。

景德初，契丹大舉擾邊，經胡盧河，踰關南，十月，抵城下。晝夜鼓譟，四面夾攻。旬日，其勢益張，唯擊鼓伐木之聲相聞，驅奚人負板秉燭乘墉而上。延渥率州兵強壯，又集巡檢史普所部乘城，發礧石巨木擊之，皆纍纍而墜，殺傷甚衆。翌日，契丹主與其母親鼓衆急擊，發矢如雨。延渥分兵拒守益堅，契丹遁去，死者三萬餘，傷者倍之，獲鎧甲、兵矢、竿牌數百萬，驛書以聞。賜延渥錦袍、金帶，將士緡錢，遷延渥本州團練使。以通判、太子中允陸元凱爲國子博士，賜緋；推官李翔爲太子中允；錄事參軍蔡亨爲右贊善大夫；侍禁、兵馬監押王誨，殿直、貝冀同巡檢史普爲內殿崇班，充職如故。

初，戍棚垂板護城纔數寸許，契丹射之，矢集其上凡二百餘。及請葺城，詔取板視之，眞宗頗稱其勞。又聞城守之際，陸元凱流矢中面，史普勇敢不避敵，復遷元凱屯田員外郎，

普尙食副使。普尋卒，又錄其子昭度爲右侍禁，昭儉爲奉職。

二年，延渥徙知邢州，歷天雄軍、貝州副都部署，知冀、貝、博三州。大中祥符八年，入朝，以疾，連賜告，換右領軍衞大將軍、領濱州團練使。明年，從其請，以左武衞大將軍致仕。天禧初，卒。子宗禹，爲內殿崇班。

楊美，并州文水人。本名光美，避太宗舊名改焉。美狀貌雄偉，武力絕人，以豪俠自任。漢乾祐中，周祖征三叛，美杖策詣軍門求見，周祖召與語，壯之，留帳下。廣順初，累遷禁軍大校，從世宗征淮南，以功擢鐵騎都指揮使，領白州刺史。

太祖與美有舊，卽位，以爲內殿直都知。建隆三年，升靑州北海縣爲軍，以美爲軍使，爲政尙簡易，民皆德之。乾德二年，召還，北海民數百詣闕乞留，詔諭之不去，笞爲首者始罷。遷馬步軍都頭。會討蜀，以美爲歸州路戰櫂左右廂都指揮使。蜀平，遷內外馬步軍副都軍頭，領恩州團練使。開寶二年，改領端州防禦使。六年，加都軍頭，領宣州觀察使。俄授虎捷左右廂都指揮使，領河西軍節度。會遣党進、潘美征太原，命美爲行營馬軍都虞候。太平興國二年冬，出爲保靜軍節度。三年夏，以疾求解官歸京師，尋醫藥，詔遣內侍與道士

馬志視之。未幾，卒，年四十八，贈侍中，命中使護葬。美爲人任氣好施，凡得予賜及奉祿，盡賙給親戚故舊。死之日，家無餘財，人多歎息之。

何繼筠字化龍，河南人。父福進，歷事後唐至周，累官忠武、成德、天平三節度。繼筠幼時與羣兒戲，必分行伍爲戰陣之象。晉初，補殿直。周祖討三叛，表繼筠從行。賊平，改供奉官。

廣順初，福進鎭眞定，署衙內都校，嘗領偏師出土門，與并人戰，斬首數千級，以功領欽州刺史。契丹將高模翰率二千騎擾深、冀，以葦枝度胡盧河。繼筠與虎捷都指揮使劉誠誨率兵拒之，至武強，獲老稚千餘人，模翰遁去。俄隨福進入朝，爲內殿直都知。福進卒，起復，爲濮州刺史，領兵戍靜安軍。契丹內侵，繼筠逆擊敗之，改棣州刺史。世宗征瓦橋關，命繼筠以所部兵出百井道，破并人數千衆。恭帝卽位，以爲西北面行營都監。

建隆二年，升棣州爲團練，以繼筠充使。三年，命爲關南兵馬都監。乾德四年，加本州防禦使。開寶元年秋，命昭義節度李繼勳等征太原，以繼筠爲先鋒部署。至渦河與并人遇，擊走之，奪汾河橋，敗其衆於城下，獲馬五百匹，擒其將張環、石贇以獻。二年春，太

祖親征晉陽，契丹來援。繼筠時屯兵陽曲縣，驛召至行在所，授以方略，命將精騎數千赴石嶺關拒契丹，謂之曰：「翌日亭午，俟卿來奏捷也。」至期，帝御北臺以俟。見一騎自北來，亟遣逆問之，乃繼筠子承睿來獻捷。生擒刺史二人，獲生口百餘，斬首千餘級，馬七百餘匹，器甲甚衆。初，并人恃契丹爲聲援，及捷奏，太祖命以所獲首級、鎧甲示城下，并人喪氣。繼筠以功拜建武軍節度，判棣州。

三年，來朝，詔賜鞍馬、戎仗，令戍邊。四年秋，來朝，疽發背，車駕幸其第，錫賚甚厚。未幾，卒，年五十一。帝親臨之，爲之流涕，從容謂侍臣曰：「繼筠捍邊有功，朕不早授方鎭者，慮其數奇耳。今纔領節制，果至淪沒，良可惜也。」贈侍中，賻絹五百匹，中使護喪，令以生平佩劍及介胄同葬。

繼筠深沉有智略，前後備邊二十年，與士卒同甘苦，得其死力。善揣邊情，邊人畏伏，多畫像祠之。子承矩。

承矩字正則。幼爲棣州衙內指揮使，從繼筠討劉崇，擒其將胡澄以獻。開寶四年，授閑廐副使。太平興國三年，漳、泉陳洪進納土，詔承矩乘傳監泉州兵。會仙游、莆田、百丈寇賊嘯聚，承矩與喬維岳、王文寶討平之，以功就遷閑廐使。疏爲政之害民者數十事上之，

悉被容納。會改使名，卽爲崇儀使。五年，知河南府。時調丁男百十輩轉送上供綱，承矩以爲橫役，奏罷其事。徙知潭州，凡六年，囹圄屢空，詔嘉獎之。入爲六宅使。端拱元年，領潘州刺史，命護河陽屯兵。

米信知滄州，以其不習吏事，命承矩知節度副使，實專郡治。時契丹撓邊，承矩上疏曰：「臣幼侍先臣關南征行，熟知北邊道路、川源之勢。若於順安砦西開易河蒲口，導水東注于海，東西三百餘里，南北五七十里，資其陂澤，築隄貯水爲屯田，可以遏敵騎之奔軼。俟期歲間，關南諸泊悉壅闐，卽播爲稻田。其緣邊州軍臨塘水者，止留城守軍士，不煩發兵廣戍。收地利以實邊，設險固以防塞，春夏課農，秋冬習武，休息民力，以助國經。如此數年，將見彼弱我強，彼勞我逸，此禦邊之要策也。其順安軍以西，抵西山百里許，無水田處，亦望選兵戍之，簡其精銳，去其冗繆。夫兵不患寡，患驕慢而不精；將不患怯，患偏見而無謀。若兵精將賢，則四境可以高枕而無憂。」太宗嘉納之。

屬霖雨爲災，典者多議其非便。承矩引援漢、魏至唐屯田故事，以折衆論，務在必行。乃以承矩爲制置河北緣邊屯田使，俾董其役。事具食貨志。由是自順安以東瀕海，廣袤數百里，悉爲稻田，而有莞蒲蜃蛤之饒，民賴其利。

淳化四年，擢爲西上閤門使、知滄州，踰年徙雄州。御書印紙錄其功最，仍賜以弓劍。

承矩推誠御衆，同其甘苦。邊民有告機事者，屏左右與之款接，無所猜忌，故契丹動息皆能前知。

至道元年，契丹精騎數千夜襲城下，伐鼓縱火，以逼樓堞。承矩整兵出拒，遲明，列陣酣戰久之，斬馘甚衆，擒其酋所謂鐵林相公者，契丹遁去。是年春，府州嘗敗契丹衆，承矩條殺獲以諭州民，或揭於市，契丹愧忿，故有是役。太宗意其輕率致寇，復命與滄州安守忠兩換其任。魏廷式使河北，得雄州功狀，抗表上言。又遣內侍劉勍覈實，及麾下士有功者千餘人，皆進擢賚賜。

眞宗嗣位，復遣知雄州，賜承矩詔曰：「朕嗣守鴻業，惟懷永圖，思與華夷，共臻富壽。而契丹自太祖在位之日，先帝繼統之初，和好往來，禮幣不絕。其後尅復汾、晉，疆臣貪地，爲國生事，信好不通。今者聖考上仙，禮當訃告。汝任居邊要，洞曉詩書，凡有事機，必能詳究，輕重之際，務在得中。」承矩貽書契丹，諭以懷來之旨，然未得其要。

咸平二年，契丹南侵，屢遣內侍以密詔問禦遏之計，密封以獻。嘗詔聽邊民越拒馬河塞北市馬。承矩上言曰：「緣邊戰櫂司自淘河至泥姑海口，屈曲九百餘里，此天險也。太宗置砦二十六，鋪百二十五，廷臣十一人，戍卒三千餘，部舟百艘，往來巡警，以屏姦詐，則緩急之備，大爲要害。今聽公私貿市，則人馬交度，深非便宜，且砦、鋪皆爲虛設矣。」疏奏，卽停前詔，屢被手札褒飭。

三年，召還，拜引進使。州民百餘詣闕貢馬，乞借留承矩，詔書嘉獎，復遣之。承矩上言曰：

契丹輕而不整，貪而無親，勝不相讓，敗不相救。以馳騁爲容儀，以弋獵爲耕釣。櫛風沐雨，不以爲勞；露宿草行，不以爲苦。復恃騎戰之利，故頻年犯塞。臣聞兵有三陣：日月風雲，天陣也；山陵水泉，地陣也；兵車士卒，人陣也。今用地陣而設險，以水泉而作固，建設陂塘，綿亙滄海，縱有敵騎，安能折衝？昨者契丹犯邊，高陽一路，東負海，西抵順安，士庶安居，卽屯田之利也。今順安西至西山，地雖數軍，路纔百里，縱有丘陵岡阜，亦多川瀆泉源，因而廣之，制爲塘埭，自可息邊患矣。

今緣邊守將多非其才，不悅詩書，不習禮樂，不守疆界，制御無方，動誤國家，雖提貔虎之師，莫遏犬羊之衆。臣按兵法，凡用兵之道，校之以計而索其情，謂將孰有能，天地孰得，法令孰行，兵衆孰強，士卒孰練，賞罰孰明，此料敵制勝之道也。知此而用戰者必勝，否則必敗。夫惟無慮而易敵者必擒於人也。伏望慎擇疆吏，出牧邊民，厚之以奉祿，使悅其心，借之以威權，使嚴其令。然後深溝高壘，秣馬厲兵，爲戰守之備。修仁立德，布政行惠，廣安輯之道。訓士卒，闢田疇，勸農耕，畜芻粟，以備凶年。完長戟，修勁弩，謹烽燧，繕保戍，以防外患。來則禦之，去則備之，如此則邊城按堵矣。

臣又聞古之明王，安集吏民，順俗而教，簡募良材，以備不虞。齊桓、晉文皆募兵以服鄰敵，故強國之君，必料其民有膽勇者聚爲一卒，樂進戰効力以顯忠勇者聚爲一卒，能踰高赴遠輕足善門者聚爲一卒，此三者兵之練銳，內出可以決圍，外入可以屠城。況小大異形，強弱異勢，險易異備。卑身以事強，小國之形也。以蠻夷伐蠻夷，中國之形也。故陳湯統西域而郅支滅，常惠用烏孫而邊部寧。且聚膽勇、樂戰、輕足之徒，古稱良策，請試行之。

且邊鄙之人，多負壯勇，識外邦之情僞，知山川之形勝。望於邊郡置營召募，不須品度人才，止求少壯有武藝者萬人。俟契丹有警，令智勇將統而用之，必顯成功，乃中國之長算也。

又如榷場之設，蓋先朝從權立制，以惠契丹，縱其渝信犯盟，亦不之廢，似全大體。今緣邊榷場，因其犯塞，尋卽停罷。去歲以臣上言，於雄州置場賣茶，雖貲貨並行，而邊氓未有所濟。乞延訪大臣，議其可否，或文武中有抗執獨議，是必別有良謀。請委之邊任，使施方略，責以成功。苟空陳浮議，上惑聖聰，秖如靈州，足爲證驗，況茲契丹又非夏州之比也。

四年十月，建議選銳兵於乾寧軍，挽刀魚船自界河直趣平州境，以牽西面之勢。五年，詔兼領制置屯田使。始建榷場，或者謂承矩意在繼好，然契丹無厭，未足誠信，徒使公行窺伺。會契丹有殺斥候卒者，復罷之。時契丹數窺邊城，大浚渠，頗撓其役。詔承矩握兵深入其境，以分其勢。承矩以無騎兵，第遣數千卒出混泥城，襲之而還。

景德元年，入朝，進領英州團練使。眞宗謂宰相曰：「承矩讀書好名，以才能自許，宜擇善地處之。」冬，出知澶州。承矩自守邊以來，嘗欲朝廷懷柔遠人，爲息兵之計。及是，車駕按巡本部，卒與契丹和，益加歎賞。韓杞之至也，命郊勞之。明年春，復知雄州。是歲，契丹始遣使奉幣。承矩以朝廷待邊人之禮悠久可行者，悉疏以聞。手詔嘉納，仍聽事有未盡者便宜裁處。

三年，眞拜雄州團練使。時邊兵稍息，農政未修。又置緣邊安撫使，命承矩爲之，且詔邊民誘其復業。承矩曰：「契丹聞之，必謂誘其部屬也。」乃易詔文爲水旱流民之意。王欽若時知樞密，援漢蟲達、周仲居改詔，請罪承矩。帝曰：「承矩任邊有功，當優假之。」第詔自今朝旨未便者，奏稟進止。

承矩頗有識鑒，典長沙日，李沆、王旦爲佐，承矩厚待之，以爲有公輔器。善推步，自知冥數，乃以老疾求僻郡。詔自擇其代，承矩以李允則爲請。乃授承矩齊州團練使，遣之任，

至郡裁七日，卒，年六十一。特贈相州觀察使，賻錢五十萬，絹五百匹，中使護葬。以其子龜齡爲侍禁；昌齡、九齡爲殿直；遐齡爲齋郎。緣邊泊涿、易州民，聞承矩卒，皆相率詣雄州發哀飯僧。昌齡娶齊王女太和縣主，至內殿崇班。昌齡子象中，爲閤門祇候。

李漢超，雲州雲中人。始事鄴帥范延光，不爲所知。又事鄆帥高行周，亦不見親信。會周世宗鎮澶淵，漢超遂委質焉。卽位，補殿前指揮使，三遷殿前都虞候。

宋初，改散指揮都指揮使，領綿州刺史，累遷控鶴左廂都校，領恩州團練使。從平李重進，尋遷齊州防禦使兼關南兵馬都監。漢超在關南，人有訟漢超強取其女爲妾及貸而不償者，太祖召而問之曰：「汝女可適何人？」曰：「農家也。」又問：「漢超未至關南，契丹如何？」曰：「歲苦侵暴。」曰：「今復爾耶？」曰：「否。」太祖曰：「漢超，朕之貴臣也，爲其妾不猶愈於農婦乎？使漢超不守關南，尚能保汝家之所有乎？」責而遣之。密使諭漢超曰：「亟還其女幷所貸，朕姑貰汝，勿復爲也。不足於用，何不以告朕耶？」漢超感泣，誓以死報。在郡十七年，政平訟理，吏民愛之，詣闕求立碑頌德。太祖詔率更令徐鉉撰文賜之。

霸州監軍馬仁瑀嘗兄事漢超，多自肆，擅發麾下卒入遼境，剽奪人口、羊馬，由是二將交惡。太祖慮其生變，遣中使賜漢超、仁瑀金帛，令和解之。太平興國初，遷應州觀察使，判齊州，仍爲關南巡檢。二年八月，卒於屯所。太宗甚悼惜，贈太尉、忠武軍節度，中使護葬。漢超善撫士卒，與之同甘苦，死之日，軍中皆流涕。子守恩。

守恩，少驍果善戰，有父風。初補齊州牙職。開寶二年，太祖親征太原，漢超爲北面行營都監，守恩從父軍中。會契丹遣兵援河東，至定州西嘉山，將入土門，守恩領牙兵數千騎戰敗之。斬首三千級，獲戰馬、器甲甚衆，擒首領二十七人。隨漢超見于行在，賜戎服、金帶、器幣、緡錢，太祖謂左右曰：「此稚子能若是，他日將帥才也。」漢超卒，擢爲驍猛軍校，累官至隴州刺史、知靈州。與轉運使陳緯部芻糧過瀚海，爲賊所邀，守恩及子廣文助敎象之、隴州衙內指揮使望之、弟寄班守忠皆沒。眞宗聞之震悼，特贈守恩洪州觀察使。次子祜之、順之、用之、潤之、慶之、成之、藏之。

郭進，深州博野人。少貧賤，爲鉅鹿富家傭保。有膂力，倜儻任氣，結豪俠，嗜酒蒲博。

其家少年患之，欲圖殺進，婦竺氏陰知其謀，以告進，遂走晉陽依漢祖。漢祖壯其材，留帳下。晉開運末，契丹擾邊。漢祖建號太原。契丹主道殂，漢祖將入汴，進請以奇兵間道先趨洛州，因定河北諸郡。累遷乾、坊二州刺史。少帝卽位，改磁州。

周廣順初，移淄州。二年，吏民詣觀察使舉留。是秋，遷登州刺史。會羣盜攻劫居民，進率鎮兵平之，部內淸肅，民吏千餘人詣闕請立屛盜碑，許之。顯德初，移衞州。衞、趙、邢、洺間多亡命者，以汲郡依山帶河，易爲出沒，伺間椎剽，吏捕之輒遁去，故累歲不能絕其黨類。進備知其情狀，因設計擿之，數月間剪滅無餘，郡民又請立碑記其事。改洺州團練使，有善政，郡民復詣闕請立碑頌德，詔左拾遺鄭起撰文賜之。進嘗於城四面植柳，壕中種荷芰蒲藕，後益繁茂。郡民見之有垂涕者，曰：「此郭公所種也。」

建隆初，太祖親征澤、潞，還本州防禦使，充西山巡檢。嘗與曹彬、王全斌入太原境，獲數千人。開寶二年，太祖親征河東，以進爲行營前軍馬軍都指揮使。九年，命將征河東，以進爲河東道、忻代等州行營馬步軍都監，招徠山後諸州民三萬七千餘口。太平興國初，領雲州觀察使，判邢州，仍兼西山巡檢，賜京城道德坊第一區。

四年，車駕將征太原，先命進分兵控石嶺關，爲都部署，以防北邊。契丹果犯關，進大破之，又攻破西龍門砦，俘馘來獻，自是幷人喪氣。時田欽祚護石嶺軍，恣爲姦利諸不法

事，進雖力不能禁，亦屢形於言。進武人，性剛烈，戰功高，欽祚以他事侵之，心不能甘，自經死，年五十八，欽祚以暴卒聞。太宗悼惜久之，贈安國軍節度，中使護葬。後頗聞其事，因罷欽祚內職，出爲房州團練使。

進有材幹，輕財好施，然性喜殺，士卒小違令，必置於死，居家御婢僕亦然。進在西山，太祖遣戍卒，必諭之曰：「汝輩謹奉法。我猶貸汝，郭進殺汝矣。」其御下嚴毅若此。然能以權道任人，嘗有軍校自西山詣闕誣進者，太祖詰知其情狀，謂左右曰：「彼有過畏罰，故誣進求免爾。」遣使送與進，令殺之。會幷人入寇，進謂誣者曰：「汝敢論我，信有膽氣。今捨汝罪，能掩殺幷寇，卽薦汝於朝；如敗，可自投河東。」其人踴躍聽命，果致克捷。進卽以聞，乞遷其職，太祖從之。

初，開寶中，太祖令有司造宅賜進，悉用甯瓦。有司言，舊制非親王公主之第不可用。帝怒曰：「進控扼西山十餘年，使我無北顧憂。我視進豈減兒女耶？亟往督役，無妄言。」太平興國初，又賜宅一區。

牛思進者，祁州無極人。少從軍，以膂力聞。嘗取強弓絓於耳，以手引之令滿。又負墻立，力士二人撮其乳曳之，嶷不動，軍中咸異之。太平興國四年，知平定軍，從征河東，石

嶺關部署郭進卒，命思進代之。師還，以功改本州團練使。七年，授右千牛衞上將軍致仕，卒。

李謙溥字德明，并州盂人。性慷慨，重然諾。父蕘，後唐淸泰中，晉祖鎭并門，署爲參謀。天福初，爲開封府推官，使契丹還，上言：「屈節外國，非久長策。」時晉祖方父事契丹，不悅其言，出爲汝州魯山令，卒官。

謙溥少通左氏春秋。從晉祖入汴，補殿直，奉使契丹。少帝卽位，改西頭供奉官，漢初，遷東頭。周祖討三叛及守鄴都，謙溥往來宣密命，周祖愛之。廣順初，遷供備庫副使。世宗征劉崇，遼州刺史張乙堅壁不下，遣謙溥單騎說之，乙以城降，以功改閑廏使。師還，留爲晉州兵馬都監。以偏師入河東境，頻致克捷，世宗詔褒美之。

會隰州刺史孫議卒，時世宗親征淮南，謙溥謂節帥楊廷璋曰：「大寧，咽喉要地，不可闕守。且車駕出征，若俟報，則孤城陷矣。」廷璋卽署謙溥權隰州事。至郡，亟命浚城隍，嚴兵備，凡八日，并人果以數千騎來寇。時盛暑，謙溥單衣持扇，從二小吏登城，徐步按視戰具。并人退舍，後旬餘，大發衝車攻城。謙溥募敢死士，得百餘人，短兵堅甲，銜枚夜縋出城。

會廷璋兵至，合勢夾攻，掩其不及。并人大擾，悉衆遁去。追北數十里，斬首千餘級，時顯德四年也。明年五月，攻破孝義縣，以功領衞州刺史，監軍如故。世宗北征，召赴行在。恭帝卽位，爲澶州巡檢使，詔城莫州，數旬而就。改丹州刺史。

建隆四年，移慈州，兼晉、隰緣邊都巡檢，行石州事，以與同砦爲治所。冬，將有事于南郊。太祖命四路進兵，略地太原。鄜州刺史孫延進、絳州刺史沈繼深、通事舍人王睿等師出陰地，以謙溥爲先鋒，會霍邑。謙溥因畫攻取之策，繼深等共沮之，延進不能用。軍還，出白壁關，次谷口，謙溥語諸將曰：「王師深入敵境，今旣退軍，彼必乘我，諸君當備之。」諸將不答，謙溥獨令所部擐甲。俄追騎果至，延進等倉皇走谷中，獨謙溥麾兵拒之，并人引退。未幾，移隰州刺史。

開寶元年，命李繼勳等征太原，以謙溥爲汾州路都監。太祖征晉陽，爲東砦都監。前軍副部署党進遣謙溥伐木西山以給軍用，未至，聞鼓聲，乃并人逼西砦。大將趙贊禦之，并衆未退，謙溥麾所部赴之。太祖遽至觀戰，怪其赴援者非精甲，問之，乃謙溥也，帝甚喜。謙溥在州十年，敵人不敢犯境。有招收將劉進者，勇力絕人，謙溥撫之厚，藉其死力，往來境上，以少擊衆。并人患之，爲蠟丸書以間進，佯遺書道中，晉帥趙贊得之以聞。太祖令械進送闕下，謙溥詰其事，進伏請死。謙溥曰：「我以舉宗四十口保汝矣。」卽上言進爲并人所

惡，此乃反間也。奏至，帝悟，遽令釋之，賜以禁軍都校戎帳、服具，進感激，願擊敵自效。

開寶三年，召謙溥爲濟州團練使。後邊將失律，復爲晉、隰緣邊巡檢使，邊民聞之喜，爭相迎勞於道左。六年，領兵入太原，連拔七砦。八年，以疾求歸，肩輿抵洛，太祖遣中使領太醫就視之。至京師，疾篤，累上章辭祿，不許。明年春，卒，年六十二。太祖甚痛惜之，賻贈有加，葬事官給。

謙溥與宣祖同里閈，弟謙昇與太祖爲布衣交。其母閻嘗厚待太祖，及卽位，數迎入宮中，使左右掖之，不令拜，命坐飲食，話及舊故，賜賚優厚。雍熙中，太宗爲許王納謙昇女爲夫人，以謙昇爲如京副使。謙溥子允則、允正，允則至寧州防禦使。從子允恭爲內殿崇班、閤門祗候。

允正字修己，以蔭補供奉官。太平興國中，掌左藏庫，屢得升殿奏事，太宗頗記憶其舊故。雍熙中，與張平同掌三班，俄爲閤門祗候。四年，遷閤門通事舍人。時女弟適許王，以居第質于宋偓，太宗詰之曰：「爾父守邊二十餘年，止有此第耳，何以質之？」允正具以奏，卽遣內侍輦錢贖還，搢紳咸賦詩頌美。

淳化中，命討戎、瀘州叛蠻。還西上閤門副使。太宗慮京城獄囚淹繫，命允正提總之。

嘗請詔御史臺給開封府司錄司、左右軍巡、四排岸司印紙作囚簿，署禁繫月日，條其罪犯，歲滿較其殿最。詔從其請。踰年，開封府上言：「京師浩穰，禁繫尤衆，御史府考較之際，胥吏奔命，有妨推鞫，況無欺隱，不煩推校。」卒罷之。允正又提點左右藏，屢乘傳北面，經度邊要。五年，爲衞州修河部署。會建淸遠軍積石砦，命詣瀚海部分其役。還，拜西上閤門使、并州駐泊鈐轄。俄代張永德知州事，徙代州。

咸平初，使西蜀詢訪民事，還，進秩東上閤門使，歷知鎭、莫二州。又爲并代馬步軍鈐轄。契丹擾邊，車駕駐大名，允正與高瓊率太原軍出土門路來會，召見便殿。所部有廣銳騎士數百，皆素練習，命允正引以入，賜緡錢。遣屯邢州，與石保吉逐遼人，遼人遁去。俄以兵會大名，復還并代。

五年，合涇原儀渭、邠寧環慶兩路爲一界，命王漢忠爲都部署，驛召允正爲鈐轄兼安撫都監，卽日上道。又命與錢若水同詣洪德、懷安沿邊諸砦經度邊事，加領誠州刺史。七月，罷兩路之職，復任并代鈐轄。每錢若水按巡邊壘，卽詔權泣州事。進四方館使，代馬知節爲鄜延部署，兼知延州，改客省使，知定州兼鎭定都鈐轄。

大中祥符三年，累表求還。至京師，將祀汾陰，以疾辭於扈從，命爲河陽部署以便養。會張崇貴卒，趙德明頗踰軼，亟詔徙允正爲鄜延部署，內侍密詔存諭。禮成，領河州團練

使。允正頗知書，性嚴毅，疏財，喜自修飭。素病痼僂，以是罕在要近，累典邊任，多殺戮。是秋，徙知永興軍，卒，年五十一。

姚內斌，平州盧龍人。仕契丹，爲關西巡檢、瓦橋關使。周顯德六年，太祖從世宗北征，兵次瓦橋關，內斌率衆五百人以城降。世宗以爲汝州刺史，吏民詣闕舉留，恭帝詔褒之。內斌本名犯宣祖諱下一字，遂改今名。從平李筠，改虢州刺史。西夏數犯西鄙，以內斌爲慶州刺史兼青、白兩池榷鹽制置使。在郡十數年，西夏畏伏，不敢犯塞，號內斌爲「姚大蟲」，言其武猛也。

初，內斌降，其妻子皆在契丹。乾德四年，子承贊密自幽州來歸。五年，幽州民田光嗣等又以內斌兒女六人間道來歸，太祖並召見，賜以衣服、緡錢、鞍馬，令中使護送還內斌。開寶四年，召赴闕，上待之甚厚，遣歸治所。七年春，暴得疾，卒，年六十四。遣中使護喪，歸葬洛陽，常賻外，賜其子田三十頃。承贊爲供奉官、閤門祗候，死于陣；承鑒至殿中丞。

董遵誨，涿州范陽人。父宗本，善騎射，隸契丹帥趙延壽麾下，嘗以事說延壽不能用。及延壽被執，舉族南奔。漢祖得之，擢拜隨州刺史，署遵誨隨州牙校。周顯德初，世宗北征，大將高懷德，遵誨之舅也，表遵誨從行。師次高平，與晉人遇，將接戰，晉兵未成列，懷德命遵誨先出奇兵擊之，晉人潰，大軍繼進，遂敗之。

二年，討秦、鳳，大將韓通又表遵誨自隨。與賊戰于唐倉，先登陷陣，擒蜀招討使王鸞以獻，克秦、鳳二州。師還，錄其前後功，補東西班押班，又遷驍武指揮使。四年，從世宗征淮南，攻合肥，下之。六年，從韓通平雄、霸二州。

太祖微時，客遊至漢東，依宗本，而遵誨憑藉父勢，太祖每避之。遵誨嘗謂太祖曰：「每見城上紫雲如蓋，又夢登高臺，遇黑蛇約長百尺餘，俄化龍飛騰東北去，雷電隨之，是何祥也？」太祖皆不對。他日論兵戰事，遵誨理多屈，拂衣而起。太祖乃辭宗本去，自是紫雲漸散。及卽位，一日，便殿召見，遵誨伏地請死，帝令左右扶起，因諭之曰：「卿尚記往日紫雲及龍化之夢乎？」遵誨再拜呼萬歲。俄而部下有軍卒擊登聞鼓，訴其不法十餘事，太祖釋不問。遵誨益惶愧待罪，太祖召而諭之曰：「朕方赦過賞功，豈念舊惡耶？汝可勿復憂，吾將錄用汝。」遵誨再拜感泣。又問遵誨：「母安在？」遵誨奏曰：「母氏在幽州，經患難睽隔。」太祖因令人賂邊民，竊迎其母，送與遵誨。遵誨遣外弟劉綜貢馬以謝，太祖解其所服眞珠盤龍衣，命齎賜之。綜曰：「遵誨人臣，豈敢當此。」太祖曰：「吾方委以方面，不此嫌也。」

會李筠叛澤、潞，令遵誨從慕容延釗討之，遷馬軍都軍頭，因留之鎭守。三年，召歸，再遷爲散員都虞候。乾德六年，以西夏近邊，授通遠軍使。遵誨既至，召諸族酋長，諭以朝廷威德，封羊釃酒，宴犒甚至，衆皆悅服。後數月，復來擾邊，遵誨率兵深入其境，擊走之，俘斬甚衆，獲羊馬數萬，夷落以定。太祖嘉其功，就拜羅州刺史，使如故。太宗卽位，兼領靈州路巡檢。

遵誨不知書，豁達無崖岸，多方略，能挽強命中，武藝皆絕人。在通遠軍凡十四年，安撫一面，夏人悅服。嘗有剽略靈武進奉使鞍馬、兵器者，遵誨部署帳下欲討之，夏人懼，盡歸所略，拜伏請罪，遵誨卽慰撫令去。自是各謹封略，秋毫不敢犯。歷太祖、太宗朝，委遇始終不替，許以便宜制軍事。太平興國六年，卒，年五十六。帝軫悼久之，遣中使護葬，賵賻加等，錄其子嗣宗、嗣榮爲殿直。

賀惟忠，忻州定襄人。少勇敢，善騎射。周祖將兵討三叛，惟忠謁於道左，自陳其有武藝，周祖悅之，卽留置所部。洎開國，得隸世宗帳下，奏補供奉官，不辭，輒入朝。世宗怒

之，及嗣位，終不遷擢。

初授儀鸞副使，令知易州，捍邊有功，尋遷正使。開寶二年，太祖駐常山，以惟忠爲本州刺史兼易、定、祁等州都巡檢使。嘗中流矢，六年，金瘡發而卒。太祖聞之嗟悼，卽以其子昭度爲供奉官。

惟忠性剛果，知書，洞曉兵法，有方略。在易州繕完亭障，撫士卒，得其死力，每乘塞用兵，所向必克，威名震北邊，故十餘年間契丹不敢南牧。昭度至西京作坊使。淳化中，知通遠軍，有罪當棄市，減死流商州。

馬仁瑀，大名夏津人。十餘歲時，其父令就學，輒逃歸。又遣於鄉校習孝經，旬餘不識一字。博士笞之，仁瑀夜中獨往焚學堂，博士僅以身免。常集里中羣兒數十人，與之戲，爲行陣之狀，自稱將軍，日與之約，鞭其後期者，羣兒皆畏伏。又市果均給之，益相親附。及長，善射，挽弓二百斤。

漢乾祐中，周祖鎭鄴，仁瑀年十六，願隸帳下，周祖素聞其勇，既見甚喜，留置左右。廣順初，補內殿直。世宗嗣位，命衞士習射苑中，仁瑀弓力最勁，而所發多中，賜錦袍、銀帶。

會太原劉崇入寇，世宗親征至高平，周師不利，諸將多引退。仁瑀謂衆曰：「主辱臣死，安用我輩！」乃控弦躍馬，挺身出陣射賊，斃者數十人，士氣益振，大軍乘之，崇遂敗績。世宗至上黨，諸將坐失律誅者七十餘人。擢仁瑀爲弓箭控鶴直指揮使，及還京，又遷散指揮使。從征淮南，至楚州，攻水砦。砦中建飛樓高百尺餘，世宗觀之，相去殆二百步，樓上望卒厲聲嫚駡，世宗怒甚，命左右射之，遠莫能及。仁瑀引滿，應弦而顚。及淮南平，身被數十創，賜以良藥，遷內殿直都虞候。又從平三關。恭帝嗣位，詔從太祖北伐。

初以佐命功授散員都指揮使，領貴州刺史，俄遷鐵騎右廂都指揮使，又爲虎捷左廂都指揮使，領扶州團練使。從平澤、潞，以功領常州防禦使，改龍捷左廂都指揮使。建隆二年，改領岳州防禦使，俄又移領漢州。

初，詔仁瑀等領荊湖諸郡，不數歲，復其地。至是，將征蜀，又詔領川、峽諸郡，遂平之。先是，薛居正知貢舉，仁瑀私囑所與者，榜出，無其人。聞喜宴日，仁瑀酒酣，擕所囑者詣居正切責之。爲御史中丞劉溫叟所劾，帝優容之。王繼勳以后族驕恣，凌蔑將帥，人皆引避。獨仁瑀詞氣不相下，嘗攘臂欲毆之。會帝將講武郊外，遂欲相圖，各勒所部兵私市白梃。太祖密知之，詔罷講武，出仁瑀爲密州防禦使。

太祖征晉陽，命仁瑀率師巡邊，至上谷、漁陽。契丹素聞仁瑀名，不敢出，因縱兵大掠，

俘生口、牛羊數萬計。駕還，仁瑀歸治所。明年，羣盜起兗州，賊首周弼、毛襲甚勇悍，材貌奇偉，弼號曰「長脚龍」。監軍討捕數不利，詔仁瑀掩擊。仁瑀率帳下十餘卒入泰山，擒弼，盡獲其黨，魯郊遂寧。

開寶四年，遷瀛州防禦使。兄子嘗因醉誤殺平民，繫獄當死。民家自言非有宿憾，但過誤爾，願以過失殺傷論。仁瑀曰：「我爲長吏，而兄子殺人，此怙勢爾，非過失也。豈敢以私親而亂國法哉？」遂論如律，給民家布帛爲棺斂具。太平興國初，移知遂州。四年，車駕征太原，命仁瑀與成州刺史慕容超、飛龍使白重貴、八作使李繼昇分兵攻城。及征范陽，命仁瑀率禁兵擊契丹於盧龍北，契丹兵奔潰。師還，遷朔州觀察使，判瀛州事。七年，卒，年五十。贈河西軍節度，葬事官給。

論曰：宋初，交、廣、劍南、太原各稱大號，荊湖、江表止通貢奉，契丹相抗，西夏未服。太祖常注意於謀帥，命李漢超屯關南〔一〕，馬仁瑀守瀛州，韓令坤鎭常山〔二〕，賀惟忠守易州，何繼筠〔三〕領棣州，以拒北敵。又以郭進控西山，武守琪戍晉州，李謙溥守隰州，李繼勳鎭昭義，以禦太原。趙贊屯延州，姚內斌守慶州，董遵誨屯環州，王彥昇守原州，馮繼業鎭靈武，以備西夏。其族在京師者，撫之甚厚。郡中筦榷之利，悉以與之。恣其貿易，免其所過征稅，許其召募亡命以爲爪牙。凡軍中事皆得便宜，每來朝必召對命坐，厚爲飲食，錫賚以遣之。由是邊臣富貲，能養死士，使爲間諜，洞知敵情；及其入侵，設伏掩擊，多致克捷，二十年間無西北之憂。以至命將出師，平西蜀，拓湖湘，下嶺表，克江南，所向遂志，蓋能推赤心以馭羣下之所致也。

若李進卿、楊美亦專師西征，而美居北海，以樂易結民心，誠得爲政之本。延渥、承矩、守恩、允正皆紹先業，以勳名著。承矩議屯田，贊和好，其謀甚遠。守恩以果敢死事。宋之武功，於斯爲盛焉。

校勘記

〔一〕命李漢超屯關南　「關南」原作「關西」，據上文李漢超傳改。

〔二〕韓令坤鎭常山　「常山」原作「常州」。按本書卷二五一韓令坤傳，令坤於建隆二年爲成德軍節度，成德軍卽常山郡，故傳論說：「平荊、湘則南服底定，鎭常山則北邊載寧。」據改。

〔三〕何繼筠　「筠」原作「勳」，據本卷何繼筠傳改。